DIREITO CIVIL 2

ESQUEMATIZADO®

www.editorasaraiva.com.br/direito
Visite nossa página

Histórico da Obra

- **1.ª edição:** jan./2013
- **2.ª edição:** jan./2014; 2.ª tir., jul./2014
- **3.ª edição:** jan./2015; 2.ª tir., maio/2015
- **4.ª edição:** jan./2016
- **5.ª edição:** jan./2017; 2.ª tir., set./2017
- **6.ª edição:** jan./2018

Carlos Roberto Gonçalves

Mestre em Direito Civil pela PUC-SP,
Desembargador aposentado do Tribunal de Justiça de São Paulo e
Membro da Academia Brasileira de Direito Civil

DIREITO CIVIL 2

CONTRATOS EM ESPÉCIE
DIREITO DAS COISAS

Coordenador
Pedro Lenza

ESQUEMATIZADO®

6ª edição
2018

saraiva jur

SOMOS EDUCAÇÃO | saraiva jur

Av. das Nações Unidas, 7.221, 1º andar, Setor B
Pinheiros – São Paulo – SP – CEP 05425-902

SAC | 0800-0117875
De 2ª a 6ª, das 8h às 18h
www.editorasaraiva.com.br/contato

Vice-presidente Claudio Lensing
Diretora editorial Flávia Alves Bravin

Conselho editorial
Consultor acadêmico Murilo Angeli Dias dos Santos

Gerência
Planejamento e novos projetos Renata Pascual Müller
Editorial Roberto Navarro

Edição Liana Ganiko Brito Catenacci
Patricia Quero

Produção editorial Maria Izabel B. B. Bressan (coord.)
Carolina Massanhi

Arte e digital Mônica Landi (coord.)
Claudirene de Moura Santos Silva
Guilherme H. M. Salvador
Tiago Dela Rosa
Verônica Pivisan Reis

Planejamento e processos Clarissa Boraschi Maria (coord.)
Juliana Bojczuk Fermino
Kelli Priscila Pinto
Marília Cordeiro

Fernando Penteado
Tatiana dos Santos Romão

Novos projetos Laura Paraíso Buldrini Filogônio

Diagramação Fabricando Ideias Design Gráfico
Revisão Juliana Bormio de Sousa

Comunicação e MKT Carolina Bastos
Elaine Cristina da Silva

Capa Aero Comunicação/Danilo Zanott
Produção gráfica Marli Rampim
Impressão e acabamento EGB Editora Gráfica Bernardi Ltda.

ISBN 978-85-472-2347-2

DADOS INTERNACIONAIS DE CATALOGAÇÃO NA PUBLICAÇÃO (CIP)
ANGÉLICA ILACQUA CRB-8/7057

Gonçalves, Carlos Roberto

Direito civil 2 : esquematizado® : contratos em espécie, direito das coisas / Carlos Roberto Gonçalves. – 6. ed. – São Paulo: Saraiva Educação, 2018. (Coleção esquematizado® / coordenador Pedro Lenza)

1. Direito civil 2. Direito civil - Brasil I. Título. II. Lenza, Pedro. III. Série.

17-1366 CDU 347(81)

Índice para catálogo sistemático:

1. Brasil : Direito civil 347(81)

Data de fechamento da edição: 5-12-2017

Dúvidas? Acesse www.editorasaraiva.com.br/direito

METODOLOGIA ESQUEMATIZADO®

Durante o ano de 1999, pensando, naquele primeiro momento, nos alunos que prestariam o exame da OAB, resolvemos criar uma **metodologia** de estudo que tivesse linguagem "fácil" e, ao mesmo tempo, oferecesse o conteúdo necessário à preparação para provas e concursos.

O trabalho foi batizado como ***Direito constitucional esquematizado®***. Em nosso sentir, surgia ali uma metodologia **pioneira**, idealizada com base em nossa experiência no magistério e buscando, sempre, otimizar a preparação dos alunos.

A metodologia se materializou nos seguintes "pilares":

- **esquematizado®**: a parte teórica é apresentada de forma objetiva, dividida em vários itens e subitens e em parágrafos curtos. Essa estrutura revolucionária rapidamente ganhou a preferência dos concurseiros;
- **superatualizado**: doutrina, legislação e jurisprudência em sintonia com as grandes tendências da atualidade e na linha dos concursos públicos de todo o País;
- **linguagem clara**: a exposição fácil e direta, a leitura dinâmica e estimulante trazem a sensação de que o autor está "conversando" com o leitor;
- **palavras-chave (*keywords*)**: os destaques na cor azul possibilitam a leitura "panorâmica" da página, facilitando a fixação dos principais conceitos. O realce colorido recai sobre os termos que o leitor certamente grifaria com a sua caneta marca-texto;
- **recursos gráficos**: esquemas, tabelas e gráficos favorecem a assimilação e a memorização dos principais temas;
- **questões resolvidas**: ao final de cada capítulo, o assunto é ilustrado com questões de concursos ou elaboradas pelos próprios autores, o que permite conhecer as matérias mais cobradas e também checar o aprendizado.

Depois de muitos anos de **aprimoramento**, o trabalho passou a atingir tanto os candidatos ao **Exame de Ordem** quanto todos aqueles que enfrentam os concursos em geral, sejam das **áreas jurídica** ou **não jurídica**, de **nível superior** ou mesmo os de **nível médio**, assim como os **alunos de graduação** e demais **profissionais**.

Ada Pellegrini Grinover, sem dúvida, anteviu, naquele tempo, a evolução do *Esquematizado®*. Segundo a Professora escreveu em 1999, "a obra destina-se, declaradamente, aos candidatos às provas de concursos públicos e aos alunos de graduação, e, por isso mesmo, após cada capítulo, o autor insere questões para aplicação da parte teórica. Mas será útil também aos operadores do direito mais experientes, como fonte de consulta rápida e imediata, por oferecer grande número de informações buscadas em diversos autores, apontando as posições predominantes na doutrina, sem eximir-se de criticar algumas delas e de trazer sua própria contribuição. Da leitura amena surge um livro 'fácil', sem ser reducionista, mas que revela, ao contrário, um grande poder de síntese, difícil de encontrar mesmo em obras de autores mais maduros, sobretudo no campo do direito".

Atendendo ao apelo de "concurseiros" de todo o País, sempre com o apoio incondicional da Editora Saraiva, convidamos professores das principais matérias exigidas nos concursos públicos das *áreas jurídica* e *não jurídica* para compor a **Coleção Esquematizado®**.

Metodologia pioneira, vitoriosa, consagrada, testada e aprovada. **Professores** com larga experiência na área dos concursos públicos. Estrutura, apoio, profissionalismo e *know-how* da **Editora Saraiva**. Sem dúvida, ingredientes indispensáveis para o sucesso da nossa empreitada!

Para o **direito civil**, tivemos a honra de contar com o trabalho de **Carlos Roberto Gonçalves**, que soube, com maestria, aplicar a **metodologia "esquematizado®"** à sua vasta e reconhecida trajetória profissional como professor, desembargador aposentado, advogado e autor de consagradas obras.

Carlos Roberto Gonçalves, além de toda a experiência como magistrado de carreira, ministrou aulas de direito civil no *Damásio Educacional* por mais de 20 anos, ajudando muitos que hoje são juízes, promotores e advogados públicos, a realizarem seus sonhos.

O ilustre professor foi pioneiro ao lançar os seus volumes pela Coleção Sinopses Jurídicas da Editora Saraiva, além de ser autor de várias obras pela mesma editora, consagradas no meio acadêmico e profissional (os sete volumes de *Direito civil brasileiro*, *Responsabilidade civil,* entre outras).

O grande desafio, em nossa opinião concretizado com perfeição, foi condensar todo o direito civil em três únicos volumes, cumprindo, assim, o objetivo da coleção.

Não temos dúvida de que este livro contribuirá para "encurtar" o caminho do ilustre e "guerreiro" concurseiro na busca do "sonho dourado"!

Esperamos que a **Coleção Esquematizado®** cumpra o seu papel. Em constante parceria, estamos juntos e aguardamos suas críticas e sugestões.

Sucesso a todos!

Pedro Lenza

Mestre e Doutor pela USP

pedrolenza@terra.com.br

https://twitter.com/pedrolenza

http://instagram.com/pedrolenza

http://www.periscope.tv/pedrolenza

https://www.facebook.com/pedrolenza

https://www.youtube.com/pedrolenza

saraiva jur http://www.saraivajur.com.br/esquematizado

SUMÁRIO

SEGUNDA PARTE

Direito das Coisas

PRIMEIRA PARTE

CONTRATOS EM ESPÉCIE

1

DA COMPRA E VENDA

1.1. CONCEITO

O Código Civil de 2002 disciplina **vinte e três contratos** típicos e nominados, em vinte capítulos, sendo o primeiro deles o de **compra e venda**. E o art. 425 preceitua que "é lícito às partes estipular contratos atípicos, observadas as normas gerais fixadas neste Código".

A **origem histórica** e remota do contrato de compra e venda está ligada à **troca**. Efetivamente, numa fase primitiva da civilização, predominava a troca ou permuta de objetos.

A princípio, foram utilizadas as cabeças de gado (*pecus*, dando origem à palavra "pecúnia"); posteriormente, os metais preciosos. Quando estes começaram a ser cunhados com o seu peso, tendo valor determinado, surgiu a moeda e, com ela, a **compra e venda**.

Denomina-se compra e venda **o contrato bilateral pelo qual uma das partes (vendedor) se obriga a transferir o domínio de uma coisa à outra (comprador), mediante a contraprestação de certo preço em dinheiro**[1]. O Código Civil o enuncia desta forma:

> "Art. 481. Pelo contrato de compra e venda, um dos contratantes se obriga a transferir o domínio de certa coisa, e o outro, a pagar-lhe certo preço em dinheiro".

1.2. CARACTERÍSTICAS

1.2.1. Objeto

O contrato de compra e venda pode ter por objeto bens de toda natureza: **corpóreos**, compreendendo móveis e imóveis, bem como os **incorpóreos**. Todavia, para a alienação dos últimos reserva-se, como mais adequada e correta tecnicamente, a expressão **cessão** (cessão de direitos hereditários, cessão de crédito etc.).

1.2.2. Caráter obrigacional

Ressalta do texto retrotranscrito o caráter obrigacional do aludido contrato. Por ele, os contratantes apenas obrigam-se reciprocamente. Mas a transferência do domínio depende de outro ato:

---

1 Eduardo Espínola, *Dos contratos nominados no direito civil brasileiro*, p. 23.

- a **tradição**, para os móveis (CC, arts. 1.226 e 1.267); e
- o **registro**, para os imóveis (arts. 1.227 e 1.245).

Dispõe o art. 1.267 do Código Civil, com efeito, que "a propriedade das coisas não se transfere pelos negócios jurídicos antes da **tradição**". Do mesmo modo, "os direitos reais sobre imóveis constituídos, ou transmitidos por atos entre vivos, só se adquirem com o **registro** no Cartório de Registro de Imóveis dos referidos títulos (arts. 1.245 a 1.247), salvo os casos expressos neste Código" (art. 1.227).

Filiou-se o nosso Código, nesse particular, aos sistemas alemão e romano. O sistema **francês**, diferentemente, atribui **caráter real** ao contrato; este, por si só, transfere o domínio da coisa ao comprador. De acordo com o art. 1.582 do Código Napoleão, o contrato cria o vínculo obrigacional e, simultaneamente, transfere o domínio da coisa vendida (*nudus consensus parit proprietatem*). O aludido dispositivo considera a transferência realizada por virtude do próprio contrato.

O sistema alemão (BGB, art. 433) é voltado para a concepção romana, segundo a qual o contrato gera, para o vendedor, apenas uma **obrigação de dar**, ou seja, a de entregar a coisa vendida (*ad tradendum*). Somente com essa efetiva **entrega** (*traditio*) dá-se a transferência do **domínio**. Em nosso país, e em outros que também seguem o sistema alemão, sofre a perda do veículo o alienante que recebeu o pagamento do preço e convencionou entregá-lo no dia seguinte, se ocorrer à noite, por exemplo, o seu perecimento por incêndio ou furto, porque a coisa perece para o dono (*res perit domino*), e o fato aconteceu antes da tradição. Na França (e, também, na Itália e Portugal, que seguem o mesmo sistema), o prejuízo seria do adquirente, que já se tornara dono pela convenção.

O contrato de **alienação fiduciária** constitui **exceção** à regra apontada, pois transfere o domínio independentemente da tradição (CC, art. 1.361).

Entre nós, se o alienante, que assumira a obrigação de efetuar a entrega, não a cumpre e aliena o mesmo bem posteriormente a terceiro, em favor de quem efetua a tradição (procedendo este ao registro da escritura, se se tratar de imóvel), não tem o primeiro adquirente, mesmo provando haver concluído o contrato e pago o preço, o direito de reivindicá-lo, mas tão somente o de reclamar **perdas e danos**.

1.2.3. Compra e venda internacional

No tocante à compra e venda internacional, a **Lei de Introdução às Normas do Direito Brasileiro** estabelece que, "para qualificar e reger as obrigações, aplicar-se-á a lei do país em que se constituírem" (art. 9º) e que "a obrigação resultante do contrato reputa-se constituída no lugar em que residir o proponente" (art. 9º, § 2º). Podem as partes, no entanto, avençar diferentemente, desde que a estipulação não ofenda a soberania nacional, a ordem pública e os bons costumes (art. 17).

1.2.4. Código de Defesa do Consumidor

A respeito da **incidência do Código de Defesa do Consumidor nos contratos de compra e venda**, proclamou a 3ª Turma do Superior Tribunal de Justiça: "Em que pese o contrato de incorporação ser regido pela Lei n. 4.591/64, admite-se a incidência do Código de Defesa do Consumidor, devendo ser observados os princípios gerais do direito que buscam a justiça contratual, a equivalência das prestações e a boa-fé objetiva, vedando-se o locupletamento ilícito"[2].

A aludida Corte considera efetivamente o Código de Defesa do Consumidor aplicável aos contratos de compra e venda de imóveis, **desde que o comprador seja o destinatário final do bem**, inclusive em relação à corretora imobiliária responsável pelo negócio (cf. REsp 1.087.225). Frisou o Egrégio Tribunal em apreço que "o Código de Defesa do Consumidor atinge os contratos de compra e venda nos quais a incorporadora se obriga a construir unidades imobiliárias mediante financiamento"[3].

1.3. NATUREZA JURÍDICA

A compra e venda é o mais importante dos contratos e a origem de quase todo o direito das obrigações, bem como de quase todo o direito comercial[4]. Na sua caracterização jurídica, diz a doutrina[5] que este contrato é:

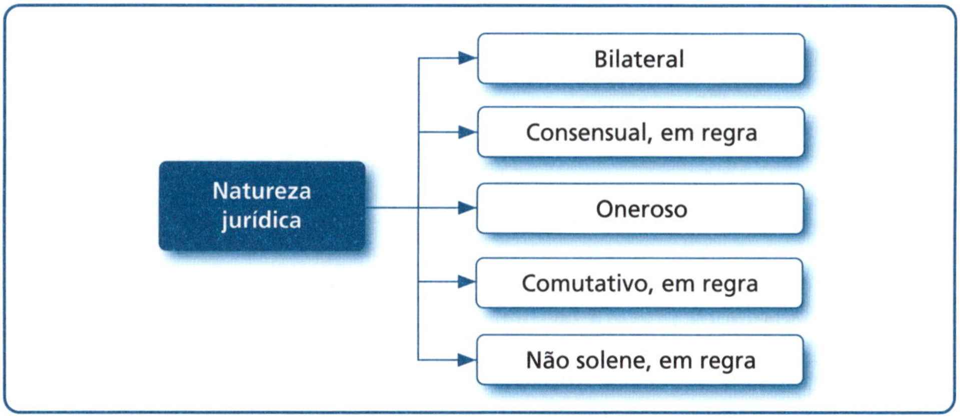

- **Bilateral perfeito** ou **sinalagmático**, uma vez que gera obrigações **recíprocas:**
  a) para o comprador, a de pagar o preço em dinheiro;
  b) para o vendedor, a de transferir o domínio de certa coisa.

---

2 STJ, REsp 1.006.765, 3ª T., rel. Min. Ricardo Villas Bôas Cueva, j. 18-3-2014.

3 STF, REsp 120.905, rel. Min. Ricardo Villas Bôas Cueva, j. 6-5-2014.

4 Cunha Gonçalves, *Dos contratos em especial*, p. 256.

5 Enneccerus, Kipp e Wolff (*Tratado de derecho civil*: derecho de obligaciones, v. 2, p. 29), Cunha Gonçalves (*Dos contratos em especial*, cit., p. 256), Eduardo Espínola (*Dos contratos nominados*, cit., p. 30), Serpa Lopes (*Curso de direito civil*, v. III, p. 257-258) e Silvio Rodrigues (*Direito civil*, v. 3, p. 140-141).

- Em regra, **consensual**, em oposição aos contratos reais, porque se aperfeiçoa com o acordo de vontades, **independentemente da entrega da coisa**, consoante dispõe o art. 482 do Código Civil, *verbis*: "A compra e venda, quando pura, considerar-se-á obrigatória e perfeita, desde que as partes acordarem no objeto e no preço".
- **Oneroso**, pois ambos os contratantes obtêm **proveito**, ao qual corresponde um sacrifício (para um, pagamento do preço e recebimento da coisa; para outro, entrega do bem e recebimento do pagamento).
- Em regra, **comutativo**, porque de imediato se apresenta certo o conteúdo das prestações recíprocas. As **prestações são certas** e as partes podem antever as vantagens e os sacrifícios, que geralmente se equivalem, embora se transforme em **aleatório** quando tem por objeto coisas futuras ou coisas existentes, mas sujeitas a risco.
- Em regra, **não solene**, isto é, **de forma livre**; em certos casos, contudo, como na alienação de imóveis, é solene, sendo exigida a escritura pública (CC, art. 108).

1.4. ELEMENTOS DA COMPRA E VENDA

O contrato de compra e venda, pela sua própria natureza, exige, como elementos integrantes, a **coisa**, o **preço** e o **consentimento** (*res, pretium et consensus*). Confira-se:

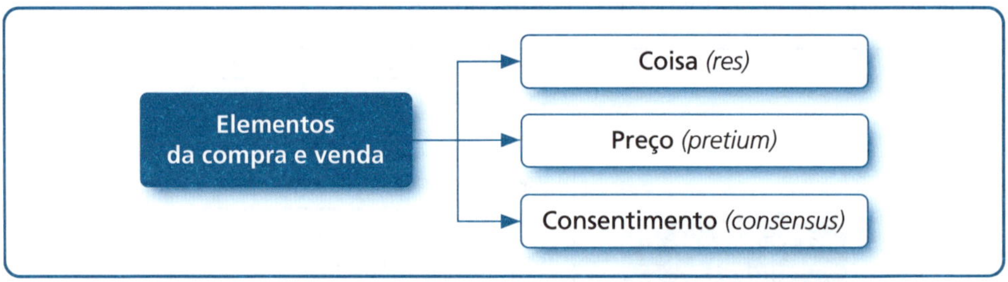

Por se tratar da espécie de contrato mais utilizada no comércio jurídico e na convivência social, a lei procura facilitar a sua celebração, simplificando-a. O art. 482 do Código Civil, retrotranscrito, nessa ordem, considera-a obrigatória e perfeita, desde que as partes **acordem** no **objeto** e no **preço**.

Malgrado a observação de Eduardo Espínola[6] de que aos elementos **coisa**, **preço** e **consentimento** acrescenta-se um quarto requisito, a **forma**, que é exigida na compra de bens imóveis, não é o último requisito, todavia, essencial na generalidade dos casos e, por essa razão, não retira da compra e venda o genérico caráter consensual.

1.4.1. O consentimento

O consentimento pressupõe a **capacidade** das partes para vender e comprar e deve ser **livre** e **espontâneo**, sob pena de anulabilidade, bem como recair sobre os outros dois elementos: a **coisa** e o **preço**.

---

6 *Dos contratos nominados*, p. 31-32.

Não basta a capacidade genérica para os atos da vida civil. Para vender exige-se também a específica para **alienar**, pois o cumprimento da obrigação de entregar a coisa pressupõe o **poder de disposição** do vendedor. No tocante ao comprador, basta a capacidade de obrigar-se.

As **incapacidades genéricas** dos arts. 3º e 4º do Código Civil não impedem, todavia, que os seus portadores realizem toda sorte de negócios jurídicos, especialmente os de compra e venda, porque podem ser supridas pela **representação**, pela **assistência** e pela **autorização do juiz** (CC, arts. 1.634, V, 1.691, 1.748 e 1.774).

Não tem sido exigido o requisito do consenso na compra e venda feita por **incapazes**, especialmente quando estes adquirem produtos no mercado de consumo para sua utilização pessoal. A doutrina tem enquadrado esses fatos negociais como relações contratuais **de fato** ou como condutas sociais típicas, que **independem de vontade real ou tácita e de capacidade negocial** das partes, em razão do irrefreável processo de massificação social[7].

Assim, por exemplo, **não se considera nula** a compra de um doce ou sorvete feita por uma criança de sete ou oito anos de idade, embora não tenha ela capacidade para emitir a vontade qualificada que se exige nos contratos de compra e venda. Em se tratando de ato dotado de ampla aceitação social, deve ser enquadrado na noção de **ato-fato jurídico**, que a lei encara como fato, sem levar em consideração a vontade, a intenção ou a consciência[8].

1.4.2. O preço

O preço é o **segundo elemento essencial** da compra e venda. Sem a sua fixação, a venda é **nula** (*sine pretio nulla venditio*, dizia Ulpiano)[9].

Modos de fixação. O preço é determinado, em regra, pelo livre debate entre os contraentes, conforme as leis do mercado, sendo por isso denominado **preço convencional**. Mas, se não for desde logo **determinado**, deve ser ao menos **determinável**, mediante critérios objetivos estabelecidos pelos próprios contratantes. O art. 486 do Código Civil permite que se deixe "a fixação do preço à taxa do mercado ou de bolsa, em certo e determinado lugar". Se a cotação variar no mesmo dia escolhido, "tomar-se-á por base a média nessa data, caso as partes não tenham convencionado de forma diversa, por aplicação analógica do parágrafo único do art. 488 do Código"[10]. Vários outros modos de determinação futura do preço podem ser escolhidos pelos contraentes: **o preço do custo, o preço em vigor no dia da expedição, a melhor oferta, o preço do costume** etc. O que não se admite é a **indeterminação absoluta**,

---

7 Paulo Luiz Netto Lôbo, *Comentários ao Código Civil*, v. 6, p. 27-28.

8 Carlos Roberto Gonçalves, *Direito civil brasileiro*, v. I, p. 301; Jorge Cesa Ferreira da Silva, *A boa-fé e a violação positiva do contrato*, p. 53.

9 "Contrato. Compromisso de compra e venda. Rescisão. Falta de objeto. Negócio celebrado verbalmente. Preço não fixado. Inadmissibilidade. Elemento essencial ao contrato. Nulidade absoluta. Reconhecimento possível em qualquer instância. Carência da ação" (*JTJ*, Lex, 209/228).

10 Caio Mário da Silva Pereira, *Instituições de direito civil*, v. III, p. 183-184.

como na cláusula "pagarás o que quiseres", deixando ao arbítrio do comprador a taxação do preço. O art. 489 a declara **nula**, por potestativa[11].

■ **Fixação por terceiro.** Permite a lei que a fixação do preço seja "deixada **ao arbítrio de terceiro**, que os contratantes logo designarem ou prometerem designar. Se o terceiro não aceitar a incumbência, ficará sem efeito o contrato, salvo quando acordarem designar outra pessoa" (CC, art. 485). O terceiro age como **mandatário** destes, não se exigindo capacidade especial. Se as partes expressamente convencionarem submeter-se ao preço fixado por terceiro que escolherem, implicitamente renunciam ao direito de impugnar o laudo que este apresentar. Não têm o direito de repudiar a sua estimativa, que se torna obrigatória[12].

■ **Fixação com base em índices ou parâmetros.** O preço pode ser fixado, também, "em função de índices ou parâmetros, desde que suscetíveis de objetiva determinação" (CC, art. 487). **Índices** são os indicadores de cálculo da variação de preços e valores de determinados conjuntos de bens. A inflação tem provocado a criação de índices de atualização monetária, que podem ser adotados pelos contratantes. **Parâmetros** são referenciais que servem como indicativos de custo de vida ou de inflação. Paulo Luiz Netto Lôbo dá o seguinte exemplo, para explicar o seu significado: "o contrato de compra e venda de derivados de petróleo pode ter como parâmetro a variação do preço do petróleo no mercado nacional"[13].

■ **Inovação do CC/2002: venda sem fixação de preço.** Pode ser convencionada, ainda, "a venda sem fixação de preço ou de critérios para a sua determinação", entendendo-se que, nesse caso, "as partes se sujeitaram ao preço corrente nas **vendas habituais** do vendedor", se não houver tabelamento oficial (art. 488). Complementa o parágrafo único: "Na falta de acordo, por ter havido diversidade de preço, prevalecerá o termo médio". O dispositivo mencionado, inovação do Código de 2002, constitui outra hipótese de determinabilidade do preço da coisa, a partir de **comportamentos habituais** dos contraentes. Busca preservar a avença nos casos de ausência de fixação expressa do preço, suprindo a omissão pela adoção do **preço corrente** nos negócios frequentemente celebrados pelo vendedor. A norma tem **caráter supletivo**, somente incidindo nos casos em que não houver manifestação expressa[14]. Veio atenuar o rigor do entendimento de que, sem a fixação do preço, a venda é nula. A expressão **"vendas habituais do vendedor"** significa o que costuma constar de seus catálogos ou tabelas ou ofertas ao público. O preço corrente deve representar a **média** aferida pelo conjunto das transações realizadas[15]. Se houver **tabelamento oficial**, afastada

[11] Cunha Gonçalves, *Dos contratos em especial*, cit., p. 263, n. 154; Washington de Barros Monteiro, *Curso de direito civil*, cit., v. 5, p. 94.

[12] Cunha Gonçalves, *Dos contratos em especial*, cit., p. 265, n. 156.

[13] *Comentários*, cit., v. 6, p. 48.

[14] Paulo Luiz Netto Lôbo, *Comentários*, cit., v. 6, p. 52.

[15] Segundo a lição de Jones Figueirêdo Alves, a "sujeição do preço corrente nas vendas habituais do vendedor, entendida como tal diante da compra e venda sem a sua fixação imediata, ou da escolha de critérios objetivos que a determine, não implica, por sua natureza, que o preço fique deixado ao arbítrio exclusivo de quem vende. Esta presunção legal impõe que o preço seja o geralmente admi-

fica a manifestação de vontade expressa ou tácita das partes na fixação do preço, por se tratar de norma cogente. Enquanto aquele perdurar, não se poderá entender que as partes se sujeitaram ao preço corrente nas vendas habituais do vendedor. O que sobejar ao valor tabelado estará eivado de nulidade.

■ **Forma de pagamento.** O preço deve ser pago **"em dinheiro"**, como prescreve o art. 481, *in fine*, do Código Civil, ou **redutível a dinheiro**, subentendendo-se válido o pagamento efetuado por meio de título de crédito, do qual conste o montante em dinheiro estipulado. Se for pago mediante a entrega de algum objeto, teremos contrato de **troca ou permuta**; se mediante prestação de serviços, o contrato será **inominado**. Quando o pagamento é estipulado parte em dinheiro e parte em outra espécie, a configuração do contrato como compra e venda ou como troca é definida pela predominância de uma ou de outra porcentagem.

■ **Características.** O preço deve ser, também, **sério** e **real**, correspondente ao valor da coisa, e não vil ou fictício. A venda de um edifício suntuoso pelo preço de R$ 1,00 constitui, na verdade, doação. Não se exige, contudo, exata correspondência entre o valor real e o preço pago, pois muitas pessoas preferem negociar o bem por preço abaixo do valor real para vendê-lo rapidamente. O que não pode haver é **erro**, nem **lesão**, que se configura quando uma pessoa, sob premente necessidade ou por inexperiência, obriga-se a prestação manifestamente desproporcional ao valor da assumida pela outra parte (CC, arts. 138 e 157). Quando consta do contrato que a venda é feita pelo **justo preço**, deve-se entender, segundo a doutrina, haver alusão ao **preço normal** ou, conforme o caso, ao corrente no mercado ou na Bolsa.

■ 1.4.3. A coisa

A coisa, objeto do contrato de compra e venda, deve atender a determinados requisitos, quais sejam, os de **existência**, **individuação** e **disponibilidade**.

■ *1.4.3.1. Existência da coisa*

É **nula** a venda de coisa inexistente. A lei se contenta, porém, com a **existência potencial** da coisa, como a safra futura, por exemplo, cuja venda se apresenta como condicional (*emptio rei speratae*) e se resolve se não vier a existir nenhuma **quantidade**, mas que se reputa perfeita desde a data da celebração com o implemento da condição (CC, art. 459).

São suscetíveis de venda as coisas:

a) **atuais** e as **futuras** (CC, art. 483);
b) **corpóreas** e **incorpóreas**.

---

tido como certo, usualmente praticado pelo vendedor, não podendo ser majorado ou reduzido. Quando oscilante, dentro da prática correntia das vendas, este será apurado pelo valor médio exercido" (*Novo Código Civil comentado*, p. 434).

A doutrina fornece vários exemplos de venda de coisa **futura:** a do bezerro da vaca prenhe, obrigando-se o alienante a transferir a propriedade após o nascimento provável; a do produto que está sendo fabricado em série pela indústria etc.

A venda de coisas **incorpóreas**, como o crédito e o direito à sucessão aberta, por exemplo, é denominada **cessão** (cessão de crédito, cessão de direitos hereditários). Mas é proibida a venda de herança de pessoa viva, pois constitui imoral **pacto sucessório** (CC, art. 426). Trata-se de preceito de ordem pública, com origem no direito romano, que considerava a modalidade verdadeiro *votum mortis* ou *pacta corvina*.

■ 1.4.3.2. Individuação da coisa

O objeto da compra e venda há de ser **determinado**, ou **suscetível de determinação** no momento da execução, pois o contrato gera uma obrigação de dar, consistente em entregar, devendo incidir, pois, sobre **coisa individuada**.

Admite-se a venda de **coisa incerta**, indicada ao menos pelo gênero e quantidade (CC, art. 243), que será determinada pela escolha, bem como a venda **alternativa**, cuja indeterminação cessa com a concentração (art. 252). Admite-se também a determinação por meio de comparação com a **amostra**, **protótipo** ou **modelo** exibido, entendendo-se, nesse caso, como se verá a seguir, no item 1.7.1, *infra,* "que o vendedor assegura ter a coisa as qualidades que a elas correspondem" (CC, art. 484).

■ 1.4.3.3. Disponibilidade da coisa

A coisa deve encontrar-se disponível, isto é, **não estar fora do comércio**. Consideram-se nesta situação as coisas **insuscetíveis de apropriação** (indisponibilidade *natural*) e as **legalmente inalienáveis**, sejam estas indisponíveis por força de lei (indisponibilidade *legal*) ou devido a cláusula de inalienabilidade colocada em doação ou testamento (indisponibilidade *voluntária*). São igualmente inalienáveis os valores e direitos da personalidade (CC, art. 11), bem como os órgãos do corpo humano (CF, art. 199, § 4º).

A disponibilidade alcança a **coisa litigiosa**, como se extrai do art. 457 do Código Civil, que impede o adquirente de demandar pela evicção se sabia da litigiosidade, quando adquiriu a coisa, pois assumiu voluntariamente o risco de o alienante sucumbir. Por sua vez, o art. 109 do Código de Processo Civil confirma a possibilidade de ser alienada coisa litigiosa. Embora a citação válida torne a coisa litigiosa (CPC, art. 240), tal fato, como visto, não impede a sua alienação.

Nem sempre, porém, a coisa *in commercium* pode ser transferida ao comprador. Não o pode a **coisa alheia** (venda *a non domino*), salvo se o adquirente estiver de boa-fé, e o alienante adquirir depois a propriedade. Nesse caso, considera-se realizada a transferência desde o momento em que ocorreu a tradição (CC, art. 1.268, § 1º). **A eficácia da venda de coisa alheia depende de sua posterior revalidação pela superveniência do domínio.** Se se admite a convalidação, a venda em princípio não é nula, mas **anulável**. Não pode ser transferida ao comprador, pelo aludido contrato, **coisa que já lhe pertence**. Ninguém pode adquirir o que já é seu, ainda que o desconheça (*Suae rei emptio non valet, sive sciens, sive ignorans emi*).

1.5. EFEITOS DA COMPRA E VENDA

1.5.1. Efeitos principais: geração de obrigações recíprocas e da responsabilidade pelos vícios redibitórios e pela evicção

Os **principais** efeitos da compra e venda são:

- gerar **obrigações recíprocas** para os contratantes:
  a) para o vendedor, a de transferir o domínio de certa coisa;
  b) para o comprador, a de pagar-lhe certo preço em dinheiro (CC, art. 481);
- acarretar a responsabilidade do vendedor pelos **vícios redibitórios** e pela **evicção**.

Como já dito, o caráter sinalagmático da compra e venda acarreta:

PARA O COMPRADOR	PARA O VENDEDOR
O direito de receber a coisa A obrigação de pagar o preço	O direito de receber o preço A obrigação de entregar a coisa

A principal obrigação do vendedor é, pois, a entrega da coisa ou **tradição**, que é o ato pelo qual se consuma a compra e venda. Não haverá compra e venda, como sublinha Cunha Gonçalves, se for feita com a cláusula de nunca se fazer a tradição[16].

A **tradição** pode ser:

- **real** (ou efetiva) quando envolve a **entrega efetiva e material** da coisa, ou seja, quando o comprador recebe a posse material, tendo a coisa em mãos ou em seu poder. É a entrega propriamente dita.
- **simbólica** (ou virtual), quando representada por **ato que traduz a alienação**, como a entrega das chaves do apartamento vendido, ou de documentos concernentes à coisa, tais como conhecimento de carga, ordem de remessa, fatura ou qualquer outro que autorize a entrega[17].
- **ficta** (ou tácita), no caso do **constituto possessório** ou cláusula *constituti*, que se configura, por exemplo, quando o vendedor, transferindo a outrem o domínio da coisa, conserva-a, todavia, em seu poder, mas agora na qualidade de locatário. A referida cláusula tem a finalidade de evitar complicações decorrentes de duas convenções, com duas entregas sucessivas. O Código Civil a adotou no parágrafo único do art. 1.267, segundo o qual a propriedade das coisas "não se transfere pelos negócios jurídicos antes da tradição", mas esta se subentende "quando o transmitente continua a possuir pelo **constituto possessório**".

---

16 *Dos contratos em especial*, cit., p. 281.

17 Cunha Gonçalves, *Dos contratos em especial*, cit., p. 283.

1.5.2. Efeitos secundários ou subsidiários

Outras consequências ou efeitos a compra e venda acarreta e que podem ser chamados de **secundários** ou **subsidiários**, destacando-se os que seguem.

1.5.2.1. A responsabilidade pelos riscos

Até o momento da **tradição** dos móveis e o registro dos imóveis, **a coisa pertence ao vendedor**. Os riscos de a **coisa** perecer ou se danificar, até esse momento, correm, portanto, por sua conta (*res perit domino*); e os de o **preço** se perder, por conta do comprador. Preceitua, com efeito, o art. 492 do Código Civil:

> "Até o momento da tradição, os riscos da coisa correm por conta do vendedor, e os do preço por conta do comprador".

Essa regra é uma consequência da vinculação do nosso Código ao sistema alemão. Se já houve a transferência do domínio, pela **tradição ou pelo registro**, quem sofre as consequências do perecimento é o **comprador**; e da perda do dinheiro, depois de pago, é o **vendedor**.

1.5.2.1.1. Casos fortuitos ocorrentes no ato de contar, marcar ou assinalar coisas

O § 1º do supratranscrito art. 492 prevê hipótese de **tradição simbólica**, ao proclamar que "os casos fortuitos, ocorrentes no ato de contar, marcar ou assinalar coisas" e que "já tiverem sido postas à disposição do **comprador**, correrão por conta deste". Na compra e venda de gado, por exemplo, o comprador costuma contar, pesar e marcar os animais, ao retirá-los.

Enquanto tais operações não forem feitas, não se pode considerar certa a coisa vendida, principalmente porque ainda se encontram na propriedade do vendedor. Mas se este os colocou **à disposição do comprador**, que os contou e marcou nessa mesma propriedade, os casos fortuitos ocorridos durante tais atos correrão por conta deste[18].

1.5.2.1.2. Local de entrega

A coisa deve ser entregue, na falta de estipulação expressa, **no local em que se encontrava ao tempo da venda**, como proclama o art. 493 do Código Civil, *verbis*:

> "A tradição da coisa vendida, na falta de estipulação expressa, dar-se-á no lugar onde ela se encontrava, ao tempo da venda".

---

[18] "Compra e venda. Semoventes. Reses já contadas e marcadas. O comprador recebe o gado no momento em que o aparta, conta e marca. Desse instante para frente deixa o vendedor de ser responsável pelos riscos, ainda que os animais fiquem por alguns dias em sua propriedade. Entregue a coisa pelo vendedor, opera-se a tradição, e, a não ser que haja culpa deste, o dono da coisa é quem sofre o prejuízo se ela desaparecer ('res perit domino')" (*RT*, 640/179).

A norma é de **caráter supletivo**, pois os contraentes podem estipular o que quiserem a respeito do lugar onde deva ocorrer a tradição da coisa. A coisa móvel pode ter, assim, qualquer lugar para sua entrega ou tradição. Em regra, esse lugar é onde o contrato foi concluído. No caso de omissão ou dúvida, incidirá a norma supratranscrita.

1.5.2.1.3. *Expedição da coisa para lugar diverso*

Se a coisa for expedida **"para lugar diverso"** de onde se encontrava ao tempo da venda, "**por ordem do comprador**, por sua conta correrão os riscos", uma vez entregue à transportadora indicada, porque houve tradição, "salvo se das instruções dele se afastar o vendedor", remetendo-a por meio diverso do solicitado, como dispõe o art. 494 do estatuto civil, porque, assim procedendo, age como mandatário infiel.

1.5.2.1.4. *Inversão do risco, quando o comprador está em mora de receber*

Quando **o** comprador está em mora de receber a coisa adquirida, **"colocada à sua disposição"** conforme ajustado, os riscos correrão por sua conta (CC, art. 492, § 2º). A ***mora accipiendi*** traz como consequência, pois, a **inversão do risco**, sem que tenha havido a tradição. Mesmo que a coisa "venha a desaparecer, por motivo de caso fortuito, e estando em poder do vendedor, poderá este exigir o preço"[19].

1.5.2.2. *A repartição das despesas*

Dispõe o art. 490 do Código Civil:

> "Salvo cláusula em contrário, ficarão as despesas de escritura e registro a cargo do comprador, e a cargo do vendedor as da tradição".

Pode, no entanto, em face do princípio da autonomia da vontade, **ser adotada outra solução**, de comum acordo, carreando, por exemplo, ao vendedor todos os ônus, inclusive o de arcar com o pagamento das despesas da própria escritura e registro[20].

Despesas da tradição são as efetuadas com o transporte da coisa e sua entrega no domicílio do comprador, ou outro lugar por ele indicado. Assim:

NO TOCANTE À REPARTIÇÃO DAS DESPESAS	
As da tradição (transporte)	ficam a cargo do vendedor
As da escritura e registro	ficam a cargo do comprador

Pode ser convencionado que incumbe ao adquirente retirá-la no endereço do vendedor, fornecer embalagem mais segura ou veículo adequado para o seu transporte. A norma supratranscrita incidirá na falta de cláusula expressa.

---

19 Paulo Luiz Netto Lôbo, *Comentários*, cit., v. 6, p. 68.

20 "Escritura pública. Despesas que o autor, adquirente, vem a cobrar das rés. Obrigação que é de ser atribuída ao próprio demandante, pelo fato de ter sido adquirente do prédio, com ressalva de reversão convencional, no caso inocorrente, pois, os réus, segundo a prova, não assumiram o gravame" (TJSP, Ap. 266.534-1-SP, 3ª Câm. Dir. Priv., rel. Des. Ney Almada, j. 30-7-1996).

■ 1.5.2.3. *O direito de reter a coisa ou o preço*

Na compra e venda **à vista**, as obrigações são recíprocas e simultâneas. Mas **cabe ao comprador** o primeiro passo: **pagar o preço**. Antes disso, o vendedor não é obrigado a entregar a coisa, **podendo retê-la**, ou negar-se a assinar a escritura definitiva, até que o comprador satisfaça a sua parte. É o que estatui o art. 491 do Código Civil, *verbis*:

> "Não sendo a venda a crédito, o vendedor não é obrigado a entregar a coisa antes de receber o preço".

Se o vendedor não está em condições de entregar a coisa, deve o comprador se precaver, **consignando o preço**. Sendo a venda **a crédito**, pode o vendedor **sobrestar a entrega**, se antes de tradição "o comprador cair em insolvência", até obter dele "caução" de que pagará "no tempo ajustado" (CC, art. 495). Preceito semelhante consta do art. 477 do mesmo diploma, de caráter geral: "Se, depois de concluído o contrato, sobrevier a uma das partes contratantes diminuição em seu patrimônio capaz de comprometer ou tornar duvidosa a prestação pela qual se obrigou, pode a outra recusar-se à prestação que lhe incumbe, até que aquela satisfaça a que lhe compete ou dê garantia bastante de satisfazê-la".

Tal dispositivo fala, porém, em **diminuição do patrimônio** do devedor, enquanto o art. 495, aplicável à compra e venda, mais rigoroso, exige que ele tenha caído em **insolvência**. Da mesma forma, e para que haja igualdade de tratamento das partes, se é o vendedor que se torna insolvente, pode o comprador **reter o pagamento** até que a coisa lhe seja entregue, ou prestada caução.

■ 1.6. LIMITAÇÕES À COMPRA E VENDA

Algumas pessoas sofrem limitações, decorrentes da **falta de legitimação**, em razão de determinadas circunstâncias ou da situação em que se encontram, que não se confundem com incapacidade. Só não podem vender ou comprar de certas pessoas. A lei, nessas hipóteses, não cogita de qualquer deficiência individual que constitua ou acarrete incapacidade genérica de agir. São pessoas **maiores e dotadas de pleno discernimento**, mas que, em face de sua posição na relação jurídica, isto é, por serem ascendentes, condôminos, tutores ou, ainda, cônjuges, ficam impedidas de comprar e vender até estarem devidamente legitimadas.

■ 1.6.1. Venda de ascendente a descendente

Prescreve o art. 496 do Código Civil:

> "É **anulável** a venda de ascendente a descendente, salvo se os outros descendentes e o cônjuge do alienante expressamente houverem consentido.
>
> Parágrafo único. Em ambos os casos, dispensa-se o consentimento do cônjuge se o regime de bens for o da separação obrigatória".

A lei não distingue entre bens móveis e imóveis, nem proíbe a venda feita por descendente a ascendente. **A exigência subsiste mesmo na venda de avô a neto**, e não só aos descendentes que estiverem na condição de herdeiros, pois a lei referiu-se a todos os descendentes. Não fosse assim, bastaria que a negociação "fosse feita diretamente com o neto, filho do filho predileto do 'vendedor', para não ser impugnada. O legislador, ao dispor que os ascendentes não podem vender aos descendentes, referiu-se a **todos os descendentes**, indistintamente (filhos, netos, bisnetos, trinetos, etc.), e não só aos descendentes que estiverem na condição de herdeiros"[21].

No caso de venda ao neto, todos os filhos vivos, incluindo o pai ou a mãe do comprador, seus tios e os demais netos do vendedor devem anuir[22]. Há, contudo, uma corrente que sustenta o contrário, sob alegação de que o aludido dispositivo aplica-se somente a herdeiro imediato[23].

A finalidade da vedação é **evitar as simulações fraudulentas**: doações inoficiosas disfarçadas de compra e venda. **Os outros descendentes e o cônjuge devem fiscalizar o ato do ascendente**, para evitar que faça doação a um só dos filhos, conferindo ao ato a aparência e a forma de compra e venda, para que este último não fique obrigado à colação, em prejuízo das legítimas dos demais. Esta é necessária, nas doações de pais a filhos (CC, art. 2.002), sendo dispensada na compra e venda[24].

Dação em pagamento a descendente

Inclui-se na proibição legal a *dação em pagamento* do devedor a descendente, pois envolve alienação de bem.

Troca de bens com descendente

No tocante à *troca*, o art. 533, II, do Código Civil, semelhantemente, exige o consentimento dos outros descendentes.

Hipoteca de bem a descendente

O ascendente, malgrado respeitáveis opiniões em contrário, **pode hipotecar bens** a descendente, sem consentimento dos outros, não se lhe aplicando a limitação referente à venda, imposta no art. 496 do Código Civil, que deve ser interpretado restritivamente por cercear o direito de propriedade.

Quem deve consentir?

Devem consentir os **herdeiros necessários** ao tempo do contrato, ou seja, os mais próximos em grau, salvo o direito de representação, havidos ou não do casamento (os últimos, desde que reconhecidos), e os adotivos, pois o art. 227, § 6º, da Constituição Federal, e o art. 1.596 do novo Código Civil os equipararam.

Pronunciou-se o Superior Tribunal de Justiça no sentido de que a venda por ascendente aos filhos **depende do consentimento de todos os descendentes**, sendo

---

21 TJSP, Ap. 1.676.4/6-Guararapes, rel. Des. Benini Cabral j. 29-5-1996. Também já se decidiu: "É nula a compra e venda realizada por avô a neta, sem o consentimento do pai desta. Art. 1.132 do Código Civil (*de 1916*)" (TJRJ, 5ª Câm., Ap. 1.476/98, j. 4-6-1998).

22 Paulo Luiz Netto Lôbo, *Comentários*, cit., v. 6, p. 83.

23 Maria Helena Diniz, *Tratado teórico e prático dos contratos*, v. 1, p. 388.

24 "Venda de ascendente a descendente. Promessa de cessão e transferência de cotas societárias. Negócio realizado sem a anuência dos demais herdeiros. Inadmissibilidade. Fraude à lei caracterizada. Desnecessidade de prova da simulação" (*RT*, 631/116).

irrelevante "o fato de o reconhecimento e registro daqueles concebidos fora da relação matrimonial, mas em sua constância, terem ocorrido após a alienação dos imóveis, porquanto, se a existência de irmãos era desconhecida dos filhos legítimos, o mesmo não acontecia em relação ao genitor, na hipótese".

Aduziu a aludida Corte que, embora anulável o ato, "o seu desfazimento depende de **prova de que a venda se fez por preço inferior ao valor real dos bens**"[25]. O genitor, no caso em apreço, reconheceu voluntariamente, cinco anos após a venda, os filhos havidos fora do casamento, demonstrando que tinha ciência de sua existência na data da celebração do contrato.

■ **Dispensa do consentimento do cônjuge**

Quando o regime da separação total de bens for livremente escolhido pelos cônjuges **(separação voluntária)**, o que pretender vender bem a descendente deverá obter o consentimento do outro. Somente estará dispensado dessa exigência nos casos em que o regime da separação é imposto pela lei (**separação obrigatória ou legal:** CC, art. 1.641).

■ **A forma do consentimento**

A anuência para a venda deve ser **expressa**. Mas o art. 496 é omisso no tocante à **forma**. Aplica-se, então, a regra geral constante do art. 220 do mesmo diploma, pelo qual a "anuência, ou a autorização de outrem, necessária à validade de um ato, provar-se-á do mesmo modo que este, e constará, sempre que se possa, do próprio instrumento".

Desse modo, será concedida por instrumento público (na própria escritura, se possível), em se tratando de venda de imóvel de valor superior à taxa legal, podendo ser dada por instrumento particular, em se tratando de bem móvel.

■ **Descendente menor ou nascituro**

Se um dos descendentes é menor, ou nascituro, cabe ao juiz nomear-lhe **curador especial** (CC, art. 1.692), em razão da colidência de interesses. Verificada a inexistência de propósito fraudulento, este comparecerá à escritura, para anuir à venda em nome do incapaz.

Se a hipótese é de **recusa em dar o consentimento**, ou de **impossibilidade** (caso do amental), pode o ascendente requerer o **suprimento judicial**. Será deferido, na primeira hipótese, desde que a discordância seja **imotivada**, fruto de mero capricho[26], malgrado respeitáveis opiniões em contrário, baseadas na inexistência de permissão expressa. Tal omissão, entretanto, não constitui óbice ao **suprimento judicial do consentimento** do descendente, como decidido nos arestos citados na nota de rodapé n. 24, porque inexiste proibição expressa.

■ **Dispensa da anuência do cônjuge do descendente**

Aduza-se que o cônjuge do descendente **não precisa consentir**[27]. Não se pode estender exigência legal a situações não expressamente previstas. Ademais, o descen-

---

[25] *RT*, 789/180.

[26] STF, *RF*, 121/187, 126/450, 145/110; *RT*, 354/506, 520/259, 607/166.

[27] *RT*, 534/82.

dente nada está alienando, mas apenas praticando um ato pessoal, anuindo na venda. O art. 1.647 do Código Civil só exige o consentimento do cônjuge nas alienações ou onerações de bens imóveis. Portanto, quem necessita de outorga uxória é somente o ascendente alienante.

Consequência da falta de consentimento

A venda realizada com inobservância do disposto no art. 496 do Código Civil é **anulável**, estando legitimados para a ação anulatória os descendentes preteridos.

Não colhe o entendimento de que a ação de anulação só pode ser intentada depois de ocorrido o falecimento do ascendente-vendedor, por não ser lícito litigar a respeito de herança de pessoa viva. A hipótese, em verdade, nada tem que ver com abertura de sucessão ou com litígio sobre herança de pessoa viva, como corretamente sustenta Paulo Luiz Netto Lôbo, pois "a anulação é relativa ao contrato de compra e venda, que é **ato entre vivos** e produz efeitos imediatamente após sua conclusão"[28].

Trata-se de **imperfeição do negócio jurídico** resultante da falta de legitimação que a lei exige dos ascendentes[29].

Pessoas legitimadas a apontar a irregularidade

Legitimados para arguir a anulabilidade de venda são **os demais descendentes e o cônjuge** do vendedor. Embora não mencionado expressamente, o companheiro, por equiparado ao cônjuge, também goza de legitimidade, uma vez que o art. 1.725 do Código Civil dispõe que, "na união estável, salvo contrato escrito entre os companheiros, aplica-se às relações patrimoniais, no que couber, o regime da comunhão parcial de bens".

Prazo para a propositura da ação anulatória

Não tendo o Código Civil indicado prazo para que a demanda anulatória seja proposta, aplica-se a regra geral do art. 179, segundo a qual "quando a lei dispuser que determinado ato é anulável, sem estabelecer prazo para pleitear-se a anulação, será este de **dois anos**, a contar da data da conclusão do ato".

Esse prazo é **decadencial**, por não estar elencado expressamente entre os prazos prescricionais (CC, art. 189) e por serem dessa natureza os relativos à anulação de negócio jurídico (art. 178). Dessa forma, se a decadência se consumar em virtude do ingresso em juízo do interessado após o prazo de dois anos contado da data do conhecimento da conclusão do contrato, deve o juiz reconhecê-la **de ofício**, como prescreve o art. 210 do aludido diploma.

---

28 *Comentários*, cit., v. 6, p. 89.

29 Já decidiu o Supremo Tribunal Federal que a "ação do descendente, para obter a declaração de nulidade da venda feita pelo ascendente a outros descendentes, pode ser proposta ainda em vida do alienante, isso porque sua legitimação ativa decorre não de sua expectativa, como herdeiro, o que seria matéria de direito das sucessões, mas sim da infringência por parte do ascendente de norma cogente de direito das obrigações, que condiciona a validade da alienação ao prévio assentimento dos outros descendentes" (*RTJ*, 52/829).

Bem alienado a terceiro e adquirido pelo descendente

Já se decidiu que, "havendo prova da venda do ascendente a terceiro (negócio simulado) e não se demonstrando a venda efetiva do terceiro ao descendente (negócio real), inaplicável é a disposição do art. 1.132 do Código Civil (*de 1916, correspondente ao art. 496 do CC/2002*). Falta um pressuposto essencial: a transmissão ao descendente"[30].

O Supremo Tribunal Federal, por sua vez, proclamou que não ocorre ofensa à lei quando o descendente readquire, **sem fraude**, bem alienado legitimamente pelo pai a terceiro[31]. Na mesma linha, proclamou o Superior Tribunal de Justiça: "Não há impedimento a que, alienado bem a terceiro, venha o mesmo bem a ser adquirido por descendente do alienante, mais de sete anos após, sem prova de que o negócio fora simulado"[32].

1.6.2. Aquisição de bens por pessoa encarregada de zelar pelos interesses do vendedor

Embora em regra a compra e venda possa ser efetuada por qualquer pessoa capaz, o Código Civil **recusa legitimação a certas pessoas, encarregadas de zelar pelo interesse** dos vendedores, para adquirir bens pertencentes a estes. A intenção é manter a **isenção de ânimo** naqueles que, por dever de ofício ou por profissão, têm de zelar por interesses alheios, como **o tutor, o curador, o administrador, o empregado público, o juiz e outros**, que foram impedidos de comprar bens de seus tutelados, curatelados etc.

Preceitua, com efeito, o art. 497 do Código Civil:

> "Art. 497. Sob pena de **nulidade**, não podem ser comprados, ainda que em hasta pública:
>
> I — pelos tutores, curadores, testamenteiros e administradores, os bens confiados à sua guarda ou administração;
>
> II — pelos servidores públicos, em geral, os bens ou direitos da pessoa jurídica a que servirem, ou que estejam sob sua administração direta ou indireta;
>
> III — pelos juízes, secretários de tribunais, arbitradores, peritos e outros serventuários ou auxiliares da justiça, os bens ou direitos sobre que se litigar em tribunal, juízo ou conselho, no lugar onde servirem, ou a que se estender a sua autoridade;
>
> IV — pelos leiloeiros e seus prepostos, os bens de cuja venda estejam encarregados".

A proibição, no caso, é absoluta. As aludidas pessoas não podem comprar ainda que paguem o justo preço ou valor maior, de nada importando as intenções que possam ter de beneficiar os proprietários.

Dispõe ainda o parágrafo único do citado art. 497 do Código Civil que "as proibições deste artigo estendem-se à cessão de crédito". Justifica-se a restrição em razão da proximidade da **cessão** com a compra e venda. Trata-se também de venda, porém de um bem incorpóreo, que é o crédito.

---

30 *RT*, 518/182.

31 *RT*, 561/259.

32 *EJSTJ*, 5/86.

1.6.3. Venda da parte indivisa em condomínio

O **condômino**, como todo proprietário, tem o direito de dispor da coisa. Todavia, se o bem comum for **indivisível**, a prerrogativa de vendê-lo encontra **limitação** no art. 504 do Código Civil, que assim dispõe:

> "Art. 504. Não pode um condômino em coisa indivisível vender a sua parte a estranhos, se outro consorte a quiser, tanto por tanto. O condômino, a quem não se der conhecimento da venda, poderá, depositando o preço, haver para si a parte vendida a estranhos, se o requerer no prazo de cento e oitenta dias, sob pena de decadência.
>
> Parágrafo único. Sendo muitos os condôminos, preferirá o que tiver benfeitorias de maior valor e, na falta de benfeitorias, o de quinhão maior. Se as partes forem iguais, haverão a parte vendida os comproprietários, que a quiserem, depositando previamente o preço".

- **Modo de exercício do direito de preferência** — O condômino preterido pode exercer o seu direito de preferência pela **ação de preempção**, ajuizando-a no prazo decadencial de **cento e oitenta dias**, contados da data em que teve ciência da alienação[33], e na qual efetuará o depósito do preço pago, havendo para si a parte vendida ao terceiro. Em linha de princípio, a orientação legal é no sentido de evitar o ingresso de estranho no condomínio, preservando-o de futuros litígios e inconvenientes[34].
- **Natureza jurídica do direito de preferência** — O direito de preferência é de **natureza real**, pois não se resolve em perdas e danos. O condômino que depositar o preço **haverá para si** a parte vendida. Tal não ocorrerá se este fizer contraproposta diferente da que ofereceu o estranho[35].
- **Inaplicabilidade da regra ao condomínio edilício** — A regra em apreço aplica-se somente ao condomínio tradicional, e não ao edilício. Assim, um condômino em **prédio de apartamentos não precisa dar preferência** aos demais proprietários. Mas se a unidade pertencer também a outras pessoas, estas devem ser notificadas para exercer a preferência legal, pois se instaurou, nesse caso, um condomínio tradicional dentro do horizontal[36].
- **Condomínio em bem divisível** — Se a coisa é divisível, nada impede que o condômino venda a sua parte a estranho, **sem dar preferência aos seus consortes**, pois estes, se não desejarem compartilhar o bem com aquele, poderão requerer a sua divisão.
- **Indivisibilidade do direito dos coerdeiros** — Até a **partilha**, "o direito dos coerdeiros", quanto à propriedade e posse da herança, é "indivisível" e regula-se

33 *RT*, 432/229, 543/144; STJ-REsp 71.731-SP, 4ª T., rel. Min. Asfor Rocha, *DJU*, 13-10-1998, p. 110. Na hipótese de coisa imóvel, o prazo começará a correr da data do registro imobiliário, dada a presunção de sua publicidade. A falta de registro ou de tradição da coisa móvel obsta a fluência do prazo decadencial (Paulo Luiz Netto Lôbo, *Comentários*, cit., v. 6, p. 134).

34 STJ, *RF*, 329/223.

35 Paulo Luiz Netto Lôbo, *Comentários*, cit., v. 6, p. 133.

36 Caio Mário da Silva Pereira, *Instituições*, cit., v. III, p. 188.

"pelas normas relativas ao condomínio" (CC, art. 1.791, parágrafo único). Podem, portanto, exercer o direito de preferência em caso de **cessão de direitos hereditários** a estranhos. Proclama, com efeito, o art. 1.794 do estatuto civil: "O coerdeiro não poderá ceder a sua quota hereditária a pessoa estranha à sucessão, se outro coerdeiro a quiser, tanto por tanto". A preferência será exercida mediante o **"depósito do preço"**, no prazo de **"cento e oitenta dias"** contados da transmissão. Sendo vários os coerdeiros a exercer a preferência, "entre eles se distribuirá o quinhão cedido, na proporção das respectivas quotas hereditárias" (CC, art. 1.795 e parágrafo único).

Ressalte-se que o direito de preferência deve ser observado apenas nos casos em que a alienação do bem indivisível se pactue **entre condômino e estranho, e não entre condôminos**. Nessa linha, proclamou o Superior Tribunal de Justiça que a regra do art. 504 do Código Civil aplica-se **somente quando há concorrência entre o condômino e um terceiro estranho**, acrescentando: "**Não há que se falar em direito de preferência entre os próprios condôminos**, que se igualam, de modo que se um condômino alienar a sua parte a um consorte, nenhum outro poderá reclamar invocando direito de preferência"[37].

■ 1.6.4. Venda entre cônjuges

Um cônjuge, qualquer que seja o regime de bens do casamento, **exceto no da separação absoluta**, só estará legitimado a alienar, hipotecar ou gravar de ônus reais os bens imóveis depois de obter a **autorização** do outro, ou o **suprimento judicial** de seu consentimento (CC, arts. 1.657, I, e 1.648; CF, art. 226, § 5º).

O art. 499 do novo Código Civil estatui:

> **"É lícita a compra e venda entre cônjuges, com relação a bens excluídos da comunhão".**

Nada impede, portanto, que o cônjuge aliene ao outro bens que estejam sob sua titularidade exclusiva, fora da comunhão. Na realidade, **no regime da comunhão universal**, tal venda, embora não proibida, **mostra-se inócua**, pois o numerário utilizado na compra sairia do patrimônio comum. Nos demais regimes a permissão é expressa. Inadmissível, todavia, a **doação** entre cônjuges casados no regime da **separação legal ou obrigatória**, por desvirtuar as suas características e finalidades.

■ 1.7. VENDAS ESPECIAIS

■ 1.7.1. Venda mediante amostra

Dispõe o art. 484 do Código Civil:

> "Se a venda se realizar à vista de amostras, protótipos ou modelos, entender-se-á que o vendedor assegura ter a coisa as qualidades que a elas correspondem".

[37] STJ, REsp 1.137.176, 4ª T., rel. Min. Marco Buzzi, disponível em *Revista Consultor Jurídico*, de 18-2-2016.

Amostra é o mesmo que paradigma. Constitui reprodução integral da coisa vendida, com suas qualidades e características, apresentada em tamanho normal ou reduzido. Se a mercadoria entregue não for em tudo igual à amostra, caracteriza-se o **inadimplemento contratual**, devendo o comprador protestar imediatamente, sob pena de o seu silêncio ser interpretado como tendo havido correta e definitiva entrega. Para acautelar-se, pode este requerer a **vistoria da mercadoria**, como medida preparatória da ação de resolução contratual, cumulada com perdas e danos, ou da ação para pedir abatimento do preço.

Acrescenta o parágrafo único do citado dispositivo que "prevalece a amostra, o protótipo ou modelo, **se houver contradição ou diferença** com a maneira pela qual se descreveu a coisa no contrato".

A regra tem relação com o dever de prestar informação adequada e suficiente ao comprador a respeito da mercadoria oferecida à venda, como corolário do **princípio fundamental da boa-fé objetiva** consagrado no art. 422 do Código Civil, comprometendo a responsabilidade contratual do alienante.

A amostra ou modelo é um meio prático e eficiente de evitar minuciosa descrição das características e qualidade da mercadoria ofertada, que fala muito melhor do que as próprias palavras.

1.7.2. Venda *ad corpus* e venda *ad mensuram*

O art. 500 do Código Civil apresenta regra aplicável somente à compra e venda de **imóveis:**

> "Se, na venda de um imóvel, se estipular o preço por medida de extensão, ou se determinar a respectiva área, e esta não corresponder, em qualquer dos casos, às dimensões dadas, o comprador terá o direito de exigir o complemento da área, e, não sendo isso possível, o de reclamar a resolução do contrato ou abatimento proporcional ao preço".

Venda *ad mensuram*

O dispositivo supratranscrito trata da venda *ad mensuram*, em que **o preço é estipulado com base nas dimensões do imóvel** (p. ex., tal preço por alqueire).

A venda é *ad mensuram*, pois, quando se determina o preço de cada unidade, de cada alqueire, hectare ou metro quadrado. Se se verifica, em posterior medição, que a área não corresponde às dimensões dadas, tem o comprador o direito de exigir a sua **complementação**. Somente se esta não for possível (pois não se oferece uma tríplice alternativa), por não ter o vendedor área remanescente contígua, abre-se para aquele a opção de reclamar a **resolução do contrato ou abatimento proporcional ao preço**.

Modo de exigir a complementação

A complementação de área é exigida por meio da **ação *ex empto*** ou ***ex vendito***, de natureza pessoal, porque o que nela se pleiteia é o integral cumprimento do contrato, mediante a entrega de toda a área prometida. Não pode ser pleiteada a resolução da avença, ou abatimento no preço, **se puder ser feita a complementação**. Inexistente essa possibilidade, abre-se então a alternativa para o comprador:

a) ajuizar a ação redibitória (*actio redhibitoria*); **ou**

b) ajuizar a ação estimatória (*actio aestimatoria* ou *quanti minoris*).

Como também ocorre no caso de vícios redibitórios, **"decai do direito"** de propor as referidas ações, bem como a *ex empto*, o comprador que não o fizer no prazo decadencial **"de um ano"**, a contar, porém, **"do registro do título"**, e não da efetiva entrega da coisa (CC, art. 501). Se houver "atraso na imissão de posse no imóvel, atribuível ao alienante, a partir dela fluirá o prazo de decadência" (parágrafo único).

As ações previstas para a hipótese de a área não corresponder às dimensões dadas, na **venda *ad mensuram***, não se confundem com as ações **edilícias** por vício redibitório, cabíveis nas hipóteses de entrega da coisa vendida sem sua integralidade, mas apresentando vícios ou defeitos ocultos.

■ Excesso de área

Se em vez de falta **houver excesso de área**, "e o vendedor provar que tinha motivos para ignorar a medida exata da área vendida, caberá ao comprador, à sua escolha, **completar o valor** correspondente ao preço ou **devolver o excesso**", sob pena de caracterizar-se o enriquecimento sem causa deste (CC, art. 500, § 2º).

É de presumir, em princípio, que **o alienante conhece a coisa que lhe pertence**. Se a vendeu pelo preço estipulado, não pode atribuir ao adquirente uma complementação de preço injustificada, devendo a venda, para ele, ser considerada ***ad corpus***. Ressalva-se-lhe, contudo, o direito de **ilidir essa presunção**, provando que **tinha motivos para ignorar a medida exata** da área vendida, igualmente no prazo decadencial de um ano, a contar do registro do título.

■ Venda *ad corpus*

Na venda *ad corpus* a situação é diferente. O § 3º do citado art. 500 prescreve que "não haverá complemento de área, nem devolução de excesso, se o imóvel for vendido como coisa certa e discriminada, tendo sido **apenas enunciativa** a referência às suas dimensões, ainda que não conste, de modo expresso, ter sido a venda *ad corpus*".

Nessa espécie de venda, o imóvel é adquirido como um todo, como **corpo certo e determinado** (p. ex., Chácara Palmeiras), caracterizado por suas confrontações, **não tendo nenhuma influência na fixação do preço as suas dimensões**. Presume-se que o comprador adquiriu a área pelo conjunto que lhe foi mostrado, e não em atenção à área declarada. Certas circunstâncias, como a expressão "tantos alqueires mais ou menos", a discriminação dos confrontantes e a de se tratar de imóvel urbano totalmente murado ou quase todo cercado, evidenciam que a venda foi *ad corpus*[38].

[38] "Venda *ad corpus*. Caracterização. Face à relevância da descrição das benfeitorias realizadas, bem como dos confrontantes, no contrato, de se reputar que, na venda realizada, a área descrita do imóvel foi meramente enunciativa, jungindo-se à descrição das benfeitorias e confrontantes do imóvel para sua melhor caracterização, e não como elemento essencial ao negócio. Por conseguinte, sendo a menção à área meramente enunciativa, trata-se de venda *ad corpus*" (TJSP, Ap. 262.194-1/0-Buritama, rel. Des. Quaglia Barbosa, j. 3-9-1996).

Presunção de referência meramente enunciativa das dimensões

Aduz o § 1º do mencionado dispositivo:

> "Presume-se que a referência às dimensões foi simplesmente enunciativa, quando **a diferença encontrada não exceder de um vigésimo da área total enunciada**, ressalvado ao comprador o direito de provar que, em tais circunstâncias, não teria realizado o negócio".

Um vigésimo corresponde a 5% da extensão total. Diferença tão pequena não justifica o litígio, salvo se foi convencionado o contrário. A presunção em questão é *juris tantum*: não prevalecerá quando comprovada intenção diversa das partes. O critério deve ser aplicado, assim, **somente em casos de dúvida** sobre a intenção das partes, não dirimida pela leitura do contrato.

Inexistência do direito de exigir complemento de área, na venda *ad corpus*

Nessa modalidade de venda, compreensiva de corpo certo e individuado, presume-se que o comprador teve uma visão geral do imóvel e a intenção de adquirir precisamente o que se continha dentro de suas divisas. **A referência à metragem ou à extensão é meramente acidental**. O preço é global, pago pelo todo vistoriado. Feita nessas condições, a venda **não outorga ao comprador direito de exigir complemento de área**, nos termos do § 3º do art. 500 do Código Civil retrotranscrito[39].

1.8. CLÁUSULAS ESPECIAIS À COMPRA E VENDA

1.8.1. Introdução

O Código de 2002 disciplinou, em subseções autônomas:

- **retrovenda**;
- a **venda a contento**;
- **venda sujeita a prova**;
- a **preempção** ou **preferência**;
- a **venda com reserva de domínio**; e
- a **venda sobre documentos**.

As inovações estão representadas pela venda sujeita a prova, venda com reserva de domínio e venda sobre documentos, que tomam o lugar do pacto de melhor comprador e do pacto comissório, que eram disciplinados no Código de 1916.

1.8.2. Da retrovenda

Conceito

A retrovenda é instituto atualmente em desuso. Constitui esta um **pacto adjeto**, pelo qual o vendedor reserva-se o **direito de reaver o imóvel** que está sendo aliena-

[39] Washington de Barros Monteiro, *Curso*, cit., v. 5, p. 109.

do, em certo prazo, "restituindo o preço", mais as "despesas" feitas pelo comprador, "inclusive as que, durante o período de resgate, se efetuaram com a sua autorização escrita, ou para a realização de benfeitorias necessárias" (CC, art. 505).

■ Natureza jurídica

Trata-se de um **pacto acessório**, adjeto ao contrato de compra e venda. Por conseguinte, a invalidade da cláusula *a retro* não afeta a validade da obrigação principal (CC, art. 184, *in fine*). Caracteriza-se como **condição resolutiva expressa**, trazendo como consequência o desfazimento da venda, retornando as partes ao estado anterior. Não constitui nova alienação e, por isso, não incide o imposto de transmissão *inter vivos*. Só pode ter por objeto **bens imóveis**, pois os móveis se transferem por simples tradição, dificultando o exame da situação.

■ Prazo para o exercício do direito de retrato

O prazo máximo para o exercício do "direito de retrato" ou "de resgate" é de **três anos**. Se as partes ajustarem período maior, reputa-se não escrito somente o excesso. O novo diploma diz enfaticamente que o vendedor pode recobrar a coisa "no prazo máximo de decadência de três anos".

Podem as partes estipular que apenas poderá ser exercido o direito **a partir do segundo ano ou no último ano**. Mais precisamente: "não estipulado prazo menor, prevalecerá o máximo, para o direito de retrato ou de resgate"[40]. Fixado pelas partes, ou presumido pela lei, o prazo é sempre **decadencial** e, por isso, insuscetível de suspensão ou interrupção.

■ Uso indevido do pacto de retrovenda

Muitos credores, em busca de segurança nos contratos de mútuo, fazem uso, indevidamente, do pacto de retrovenda, **simulando uma compra e venda do imóvel dado em garantia**, colocando como preço o valor do empréstimo, em regra inferior ao daquele. Consta da escritura pública, nesses casos, apenas tratar-se de uma compra e venda com cláusula de retrato, que pode ser exercida pelo vendedor (mutuário, na realidade) dentro de certo prazo, que é, de fato, o concedido ao mutuário para pagamento da dívida. Se este não conseguir numerário suficiente para saldá-la (exercer o direito de resgate), não recuperará o imóvel, que já se encontra em nome do mutuante na escritura, na qual figura apenas como adquirente.

Trata-se de **negócio simulado para esconder a usura**, cuja nulidade é declarada pelos tribunais quando o encontram provado[41].

---

[40] Jones Figueirêdo Alves, *Novo Código Civil comentado*, p. 447; Paulo Luiz Netto Lôbo, *Comentários*, cit., v. 6, p. 145.

[41] *V.* a jurisprudência: "É cabível o deferimento de medida liminar para suspender os efeitos de escritura de compra e venda de imóveis que teria sido lavrada com o propósito de encobrir negócio usurário. Fatos processuais que reforçam essa ideia. Conveniência, porém, de que seja prestada caução (art. 804 do CPC [de 1973, correspondente ao art. 300 do CPC/2015])" (STJ, REsp 285.296-MT, 4ª T., rel. Min. Rosado de Aguiar, *DJU*, 7-5-2001). "Pacto de retrovenda. Contrato celebrado como garantia de empréstimo em dinheiro dissimulado. Alienação do imóvel a tercei-

1.8.3. Da venda a contento

Conceito

A venda a contento do comprador constitui **pacto adjeto** a contratos de compra e venda relativos, em geral, a gêneros alimentícios, bebidas finas e roupas sob medida. A cláusula que a institui é denominada ***ad gustum***. Entende-se realizada "**sob condição suspensiva**, ainda que a coisa tenha sido entregue" ao comprador. E "não se reputará perfeita, enquanto o adquirente não manifestar seu **agrado**" (CC, art. 509).

A tradição da coisa não transfere o domínio, limitando-se a transmitir a posse direta, visto que efetuada a venda sob **condição suspensiva**. A compra e venda não se aperfeiçoa enquanto não houver a **manifestação de agrado** do potencial comprador.

Posição do comprador

Preceitua o art. 511 do Código Civil que "as obrigações do comprador, que recebeu, sob condição suspensiva, a coisa comprada, são as de **mero comodatário**, enquanto não manifeste aceitá-la".

Aperfeiçoamento do negócio

O aperfeiçoamento do negócio depende exclusivamente do arbítrio, isto é, do **gosto do comprador**, não podendo o vendedor alegar que a recusa é fruto de capricho. Não está em jogo a qualidade ou utilidade objetiva da coisa. Trata-se de exceção à regra geral do art. 122 do mesmo diploma, que proíbe as condições puramente potestativas. Na realidade, a cláusula *ad gustum* não é condição potestativa pura, como a que o art. 123 do Código Civil considera ilícita, mas, sim, condição **simplesmente potestativa**, como entende a doutrina, tendo em vista que se não apresenta o ato dependente do arbítrio exclusivo do comprador (*si voluero*), porém do **fato** de agradar-lhe a coisa, o que é bem diferente[42].

O contrato somente se perfaz se houver manifestação expressa do comprador, aceitando a oferta. Não havendo prazo estipulado, "o vendedor terá direito de intimá-lo, judicial ou extrajudicialmente, para que o faça em prazo improrrogável" (art. 512).

A manifestação de vontade do comprador **não pode ser tácita**, pois o art. 509 proclama que a venda não se reputará perfeita, "enquanto o adquirente não **manifestar** seu agrado".

Direito pessoal

O direito resultante da venda a contento (*pactum displicentiae*) é simplesmente **pessoal**, não se transferindo a outras pessoas, quer por ato *inter vivos*, quer por ato *causa mortis*. Extingue-se, **se o comprador morrer antes de exercê-lo**. Mas subsiste, e será manifestado perante os herdeiros do vendedor, se este for o que falecer.

---

ros. Inadmissibilidade" (TJSP, Ap. 024.311-4/0, 7ª Câm. Dir. Priv., rel. Des. Oswaldo Breviglieri, j. 4-4-1998).

42 Caio Mário da Silva Pereira, *Instituições*, cit., v. III, p. 213; Carlos Alberto Dabus Maluf, *As condições no direito civil brasileiro*, p. 42.

1.8.4. Da venda sujeita a prova

Venda feita sob condição suspensiva

Dispõe o art. 510 do Código Civil que também "a venda sujeita a prova presume-se feita sob a **condição suspensiva** de que a coisa tenha as qualidades asseguradas pelo vendedor e seja idônea para o fim a que se destina". Recebida sob essa condição a coisa comprada, as obrigações do comprador também "são as de mero **comodatário**, enquanto não manifeste aceitá-la" (art. 511).

Regulamentação legal

O Código de 2002 deu novo tratamento à **venda sujeita a prova ou experimentação**, disciplinando-a em dispositivo próprio e também presumindo realizar-se sob **condição suspensiva**.

Observa-se que o novel legislador inseriu uma condição não ligada à satisfação ou gosto do comprador, mas, sim, à circunstância de a coisa **ter ou não as qualidades** asseguradas pelo vendedor e **ser ou não idônea** para o fim a que se destina. Por conseguinte, se a coisa tiver as qualidades apregoadas e for adequada às suas finalidades, não poderá o adquirente, depois de prová-la ou experimentá-la, recusá-la por puro arbítrio, **sem a devida justificação**. A redação do art. 510 revela a exigência, para tanto, de comprovação de que o objeto do contrato não é idôneo[43].

1.8.5. Da preempção ou preferência

Conceito

Preempção ou preferência é o pacto, adjeto à compra e venda, pelo qual o comprador de uma coisa, móvel ou imóvel, obriga-se a **oferecê-la ao vendedor**, na hipótese de pretender futuramente vendê-la ou dá-la em pagamento, para que este use do seu **direito de prelação** em igualdade de condições. É, em outras palavras, o direito atribuído ao vendedor de se substituir ao terceiro nos mesmos termos e condições em que este iria adquirir a coisa[44].

Prelação convencional

A preferência do condômino na aquisição de parte indivisa (CC, art. 504) e a do inquilino, quanto ao imóvel locado posto à venda (Lei n. 8.245/91, art. 27), são exemplos de **preferência** ou **prelação legal**. Os arts. 513 a 520 do Código Civil, ora em estudo, tratam, porém, da **preferência convencional**, resultante de acordo de vontades. Pode ser convencionado que o comprador se obriga a "oferecer ao vendedor a coisa que aquele vai vender, ou dar em pagamento, para que este use de seu direito de prelação na compra, tanto por tanto" (CC, art. 513).

Prelação é o mesmo que preferência ou preempção. O vendedor de um objeto de estimação pode, assim, fazer constar do contrato, com a concordância do comprador,

---

43 Caio Mário da Silva Pereira, *Instituições*, cit., v. III, p. 215; Jones Figueirêdo Alves, *Novo Código*, cit., p. 452-453.

44 Eduardo Espínola, *Dos contratos nominados no direito civil brasileiro*, p. 109; Caio Mário da Silva Pereira, *Instituições*, cit., v. III, p. 215-216; Paulo Luiz Netto Lôbo, *Comentários*, cit., v. 6, p. 170.

que este dará preferência ao primeiro, quando resolver vender o referido bem. O direito de preferência só será exercido **se** e **quando** o comprador vier a revender a coisa comprada, não podendo ser compelido a tanto. Embora seja peculiar ao contrato de compra e venda, não se exclui a sua aplicabilidade a outros contratos compatíveis, por exemplo, o de **locação**.

■ Prazo para o exercício da preempção

O prazo para o exercício da preempção pode ser convencionado por lapso **não excedente** "a cento e oitenta dias, se a coisa for móvel, ou a dois anos, se imóvel" (art. 513, parágrafo único). A regra foi introduzida no Código Civil para estabelecer um limite temporal, um **prazo máximo de decadência** dentro do qual pode ser estipulado o direito de preferência. Diante da inovação, o adquirente está livre para revender o bem sem respeitar o direito de preferência do vendedor, uma vez decorridos os mencionados prazos legais.

Dispõe o art. 516 do Código Civil que, "inexistindo prazo estipulado, o direito de preempção caducará, se a coisa for móvel, não se exercendo nos três dias, e, se for imóvel, não se exercendo nos sessenta dias subsequentes à data em que o comprador tiver notificado o vendedor". Contam-se os prazos não da data da expedição **da notificação**, mas da do **efetivo recebimento**.

Os aludidos prazos são exíguos e constituem o **mínimo** que a lei admite, tendo **caráter subsidiário:** aplicam-se quando inexistir prazo maior estipulado. Pode o comprador, por exemplo, fixar o prazo de trinta dias, inexistindo outro na cláusula de preempção, a contar da notificação, para que o vendedor exerça a prelação para readquirir coisa móvel por ele alienada. A notificação pode ser **judicial ou extrajudicial**.

Se o comprador desrespeitar a avença, não dando ciência ao vendedor do preço e das vantagens que lhe oferecem pela coisa, **"responderá por perdas e danos"** (CC, art. 518, primeira parte), **desde que este prove efetivo prejuízo**. "Responderá solidariamente o adquirente, se tiver procedido de má-fé" (art. 518, segunda parte). O direito de preferência convencional é, portanto, de **natureza pessoal**, e não real. Não se pode "ceder nem passa aos herdeiros" (art. 520).

■ Exigência de convenção expressa

O pacto de preempção depende da existência de **cláusula expressa**, não se admitindo preferência tácita. A obrigação, para o comprador, é correlata a um direito do vendedor. Este "pode também exercer o seu direito de prelação, intimando o comprador, quando lhe constar que este vai vender a coisa" (CC, art. 514).

■ Prelação legal. Retrocessão

O legislador incluiu, no assunto ora em estudo, uma hipótese de **preferência legal**, denominada **retrocessão**. Consiste esta no direito de preferência atribuído ao expropriado no art. 519, "pelo preço atual da coisa", se esta "não tiver o destino para que se desapropriou, ou não for utilizada em obras ou serviços públicos".

Tem-se, pois, ao lado da preferência convencional, a **prelação legal**, em favor do ex-proprietário da coisa expropriada, obrigando o Poder Público expropriante a oferecê-la àquele, se não a tiver destinado à finalidade especificada na desapropriação ou não a tiver utilizado em obras e serviços públicos. Considera-se que age de forma condenável o Poder Público que, após despojar o particular da coisa que lhe pertence, para um fim determinado e admitido pela lei, desvia-se dessa finalidade e a utiliza em obra ou atividade diversa, **não lhe dando o aproveitamento previsto no decreto desapropriatório**. Por essa razão, é sancionado com a obrigação de oferecê-la ao ex-proprietário, para que a readquira pelo mesmo preço.

■ Posição da jurisprudência

Tem a jurisprudência proclamado que não caberá a retrocessão se, desapropriado o terreno para nele ser construída, por exemplo, uma escola, outra destinação lhe for dada, **também de interesse público** (se, em vez da escola, construir-se uma creche, p. ex.)[45]. Se em **cinco anos** não for dada ao imóvel expropriado nenhuma finalidade de interesse público ou social, haverá lugar, em tese, para a **retrocessão**, nos termos do mencionado art. 519.

Mas a jurisprudência entende também ser inadmissível a reivindicatória contra o Poder Público, devendo o direito do ex-proprietário resolver-se em **perdas e danos**, mediante a propositura de ação de indenização, dentro de cinco anos (Dec. n. 20.910/32), para receber a diferença entre o valor do imóvel à época em que devia ter sido oferecido ao ex-proprietário e o atual.

Os tribunais têm dado à retrocessão, assim, apenas o caráter de direito pessoal do ex-proprietário às **perdas e danos**, e não um direito de reaver o bem, na hipótese de o expropriante não lhe oferecer o bem pelo mesmo preço da desapropriação, quando desistir de aplicá-lo a um fim público[46].

■ 1.8.6. Da venda com reserva de domínio

■ Conceito

A venda com reserva de domínio constitui modalidade especial de venda de **coisa móvel**, em que o vendedor tem a própria coisa vendida como **garantia** do recebimento do preço. Só a **posse** é transferida ao adquirente. A propriedade permanece com o alienante e só passa àquele após o recebimento integral do preço.

Dispõe, com efeito, o art. 521 do Código Civil que, "na venda de coisa móvel, pode o vendedor reservar para si a propriedade, até que o preço esteja integralmente pago". Resolve-se a propriedade do vendedor automaticamente com o **pagamento integral** do preço, sem necessidade de acordo adicional. O acordo de transmissão

---

[45] "Não há desvio de finalidade no caso de desapropriação *por* necessidade ou utilidade pública, sendo incabível o direito de preferência ou *retrocessão* quando o bem expropriado tiver destinação diferente do ato de desapropriação, mas permanecendo de utilidade pública" (STJ, REsp 7.683-0-SP, rel. Min. Américo Luz, *DJU*, 30-5-1994). "Afasta-se a hipótese de *retrocessão*, se não houve desvio de finalidade. Obra realizada e posteriormente abandonada não gera retrocessão" (STJ, REsp 13.363-MG, 2ª T., rel. Min. Eliana Calmon, *DJU*, 13-9-1999).

[46] "Desapropriação. Desvio de finalidade. Perdas e danos. Resolve-se em perdas e danos o conflito surgido com o desvio de finalidade do bem expropriado. Evidenciado, no caso, o desvio de bem que, destinado à construção de uma quadra esportiva, veio a ser cedido para construção de 'Loja Maçônica'" (STJ, REsp 43.651-SP, 2ª T., rel. Min. Eliana Calmon, *DJU*, 5-6-2000).

insere-se naturalmente no contrato, ficando dependente do implemento da condição suspensiva legalmente estabelecida, qual seja, o pagamento da totalidade do preço[47].

Embora **o domínio e a posse indireta permaneçam com o alienante**, os **"riscos da coisa"** passam para o adquirente, mero possuidor direto (CC, art. 524, segunda parte). Há, assim, uma inversão da regra *res perit domino*, aplicando-se o princípio *res perito emptoris* (a coisa perece para o comprador).

Reserva de domínio e alienação fiduciária. Distinção

O referido pacto adjeto, celebrado em geral nas compras e vendas a crédito de bens móveis, como os eletrodomésticos, objetiva dar maior **garantia aos comerciantes**, enquanto o contrato de **alienação fiduciária** visa a garantir as **financeiras**, que atuam como intermediárias entre o vendedor e o consumidor.

O atual Código Civil introduziu, no art. 528, a figura do financiamento de instituição do mercado de capitais, aproximando os dois tipos, com a vantagem de permanecer o comprador como possuidor direto e de se proporcionar garantia ao agente financiador, que fica investido na qualidade e direitos do vendedor. A venda com reserva de domínio não contempla a ação de depósito, só existente na alienação fiduciária, pois o comprador, na primeira, nunca assume a posição de depositário[48].

Objeto do contrato

O diploma de 2002 espancou qualquer dúvida sobre a incidência do instituto **apenas aos bens móveis**, tendo em vista que restringiu no seu art. 521 a venda com reserva de domínio a esta categoria de bens[49].

Natureza jurídica

Embora muito se tenha discutido a respeito da natureza jurídica do *pactum reservati dominii*, há hoje um consenso de que a modalidade em apreço tem a natureza de venda sob **condição suspensiva**, pois a aquisição do domínio fica subordinada ao pagamento da última prestação. O evento incerto é o **pagamento** do preço.

Não se trata de condição puramente potestativa, mas de uma condição **simplesmente** potestativa, perfeitamente válida. O seu cumprimento não depende exclusivamente do arbítrio do comprador, mas da obtenção de recursos financeiros que possibilitem o pagamento.

O comprador, enquanto pendente o pagamento das prestações, é **mero possuidor** a título precário. Pode, no entanto, desfrutar da coisa como lhe aprouver, bem como praticar todos os atos necessários à conservação de seus direitos, valendo-se, se necessário, dos interditos possessórios para a sua defesa contra as turbações de terceiros ou do próprio vendedor.

Medidas judiciais cabíveis

Constituído "o comprador em mora, mediante protesto do título ou interpelação judicial", poderá "o vendedor mover contra ele a competente ação de cobrança das

---

47 Paulo Luiz Netto Lôbo, *Comentários*, cit., v. 6, p. 192.

48 "Nas vendas a crédito com reserva de domínio, o credor não tem ação de depósito contra o devedor" (*JTACSP*, *RT*, 121/100).

49 Caio Mário da Silva Pereira, *Instituições*, cit., v. III, p. 232.

prestações vencidas e vincendas e o mais que lhe for devido; ou poderá recuperar a posse da coisa vendida" (CC, arts. 525 e 526). Desse modo, a falta de pagamento do preço impede a aquisição do domínio e abre ao vendedor uma alternativa: **cobrá-lo ou recuperar a própria coisa**.

Observe-se que as notificações extrajudiciais não servem mais para constituir o comprador em mora, nesses casos, pois não oferecem a necessária segurança que o ato requer. Poderá o vendedor:

a) cobrar a totalidade da dívida representada pelo título executivo, ou seja, as prestações vencidas e vincendas, penhorando a própria coisa e levando-a a hasta pública para se ressarcir com o produto da arrematação, **ou**

b) optar pela apreensão e depósito da coisa vendida.

No último caso, não havendo contestação, pagamento do preço ou pedido de prazo para efetuá-lo, pode ser requerida a imediata **reintegração na posse** da coisa depositada (CC, art. 526), devendo restituir ao comprador as prestações já pagas, devidamente corrigidas, abatidas do necessário "para cobrir a depreciação da coisa, as despesas feitas e o mais que de direito lhe for devido" (CC, art. 527)[50].

■ Validade contra terceiros

"A cláusula de reserva de domínio será estipulada por escrito" e, "para valer contra terceiros", o contrato deve ser **registrado no Cartório de Títulos e Documentos** do "domicílio do comprador" (CC, art. 522). Dá-se, dessa forma, **publicidade** ao ônus, impedindo que terceiro, a quem eventualmente o bem seja alienado, alegue boa-fé, para impedir a sua apreensão, na ação movida por aquele.

Por conseguinte, alienada a coisa, o ônus igualmente se transfere ao terceiro adquirente. Constando do **registro público** a cláusula de reserva de domínio, o pacto é oponível a este, mesmo que o contrato o silencie, competindo ao vendedor a ação de apreensão e reintegração de posse contra ele (CC, art. 522)[51].

■ 1.8.7. Da venda sobre documentos

■ Noção

A venda sobre documentos, ou contra documentos, é disciplinada no Código Civil como **cláusula especial à compra e venda**. Nas compras e vendas **internacionais de mercadorias** a sua utilidade ressalta, embora possa ser aplicada também aos

50 "Reserva de domínio. Reintegração de posse. Medida utilizada pelo vendedor diante do inadimplemento do contrato. Possibilidade. Inadmissibilidade, no entanto, da cumulação da recuperação dos bens e o pagamento integral da avença se o comprador, diante da não localização dos bens, foi condenado a pagamento do saldo devedor integral" (*RT*, 797/311). "Reserva de domínio. Busca e apreensão. Ação intentada visando a recuperação da posse do bem pelo credor. Admissibilidade se comprovada a mora e o esbulho através do protesto de título ou da notificação do devedor" (*RT*, 785/392). "Reserva de domínio. Ação de apreensão e depósito com posterior reintegração de posse. Circunstância que impõe o desfazimento do negócio, restituindo-se ao comprador eventual saldo entre o valor arbitrado e aquele da dívida acrescido das despesas judiciais e extrajudiciais" (*RT*, 792/329).

51 Caio Mário da Silva Pereira, *Instituições*, cit., v. III, p. 233.

negócios realizados internamente. Por sua natureza, pode ter por objeto apenas **bens móveis**. Dispõe o art. 529 do Código Civil:

> "Na venda sobre documentos, a tradição da coisa é substituída pela entrega do seu título representativo e dos outros documentos exigidos pelo contrato ou, no silêncio deste, pelos usos.
> Parágrafo único. Achando-se a documentação em ordem, não pode o comprador recusar o pagamento, a pretexto de defeito de qualidade ou do estado da coisa vendida, salvo se o defeito já houver sido comprovado".

Característica

O vendedor, **entregando os documentos**, libera-se da obrigação e tem direito ao **preço**; e o comprador, na **posse** justificada de tal documento, pode exigir do transportador (*vettore*) ou depositário a **entrega da mercadoria**. Há uma substituição da tradição real pela simbólica. A entrega física da coisa pode não ser feita, sendo suficiente que esteja **à disposição** do comprador.

Ocorre tal modalidade com frequência na venda de mercadoria que está depositada em armazém, em transporte ou dependente de liberação na alfândega. O vendedor **entrega ao comprador o título**, *warrant* ou outro documento que permite o **recebimento ou levantamento da mercadoria**. A entrega dos documentos gera a presunção de que a coisa **conserva as qualidades** neles apontadas, não podendo o comprador condicionar o pagamento à realização de vistoria para constatação de inexistência de defeitos ocultos (vícios redibitórios) ou aparentes.

Pagamento por intermédio de banco

Segundo dispõe o art. 532 do Código Civil, "estipulado o pagamento por intermédio de estabelecimento bancário, caberá a este efetuá-lo contra a entrega dos documentos, sem obrigação de verificar a coisa vendida, pela qual não responde". "Nesse caso, somente após a recusa do estabelecimento bancário a efetuar o pagamento, poderá o vendedor pretendê-lo, diretamente do comprador" (parágrafo único). Ao banco cabe verificar a **exatidão dos documentos**. Estando em ordem, efetuará o pagamento, a débito do comprador. Satisfeita a dívida pelo pagamento ao vendedor, incumbe à instituição financeira receber o preço diretamente do comprador[52].

Não cabe ao banco o dever de examinar a coisa vendida. Deve efetuar o pagamento **sem fazer a verificação e sem responder** pela *res*. Somente se houver **recusa** do estabelecimento bancário em realizar o pagamento poderá o vendedor exigi-lo **diretamente do comprador**.

Venda de coisa coberta por apólice de seguro

Se a coisa vendida estiver coberta por apólice de seguro, a perda ou deterioração **sub-roga-se** no valor segurado. Eventual prejuízo decorrente de **avaria** será indenizado pela seguradora. Se o vendedor, todavia, proceder de **má-fé**, por já ter prévia ciência de danos sofridos pela coisa vendida, não poderá transferir ao comprador os riscos da coisa, a pretexto de havê-la segurado (CC, art. 531).

---

[52] Caio Mário da Silva Pereira, *Instituições*, cit., v. III, p. 224.

Essa situação é mais comum na venda de coisas que estão sendo transportadas, isto é, em viagem. O comprador somente assume os **riscos do transporte** se entre os documentos recebidos estiver a **apólice do seguro** correspondente. Este será feito tendo o comprador como beneficiário. Receberá este a indenização em caso de perda ou dano sofridos pela coisa durante o transporte, uma vez que os riscos estarão a seu cargo. Com o contrato de seguro, os prejuízos inerentes à coisa são transferidos para a seguradora, que os ressarcirá ao comprador.

1.9. RESUMO

DA COMPRA E VENDA	
CONCEITO	■ É o contrato pelo qual um dos contratantes se obriga a transferir o domínio de certa coisa, e o outro, a pagar-lhe certo preço em dinheiro. Gera apenas obrigações. A transferência do domínio depende da *tradição*, para os móveis (CC, art. 1.226), e do *registro*, para os imóveis (art. 1.227).
NATUREZA JURÍDICA	■ É *bilateral* ou *sinalagmático*, uma vez que gera obrigações recíprocas. ■ É *consensual*, visto que se aperfeiçoa com o acordo de vontades, independentemente da entrega da coisa. ■ É *oneroso*, pois ambos os contratantes obtêm proveito, ao qual corresponde um sacrifício. ■ É, em regra, *comutativo*, porque as prestações são certas, embora se transforme em **aleatório** quando tem por objeto coisas futuras ou sujeitas a risco. ■ É, em regra, *não solene*, de *forma livre*, malgrado em certos casos seja solene, exigindo-se escritura pública (art. 108).
ELEMENTOS	■ **Consentimento:** a) Deve ser *livre* e *espontâneo*, sob pena de anulabilidade do negócio jurídico. b) Deve recair sobre a *coisa* e o *preço*. c) Requer *capacidade* das partes. As incapacidades dos arts. 3º e 4º do CC são supridas pela representação, pela assistência e pela autorização do juiz. d) Exige, também, capacidade específica para *alienar* (poder de disposição) e, em alguns casos, *legitimação* para contratar. ■ **Preço:** a) Deve ser determinado ou determinável. b) Pode ser fixado pela taxa do mercado ou de bolsa, em determinado dia e lugar (art. 486). c) Não pode ser deixado ao arbítrio exclusivo de uma das partes (art. 489). d) Pode a fixação ser deixada ao arbítrio de terceiro (art. 485). e) Se não estabelecido critério para sua fixação, entende-se que as partes se sujeitaram ao preço corrente nas vendas habituais do vendedor (art. 488). f) Deve ser pago em dinheiro ou redutível a dinheiro. g) Deve ser sério e real, e não vil ou fictício. ■ **Coisa:** a) Deve ter *existência*, ainda que potencial, como a safra futura, p. ex. b) Deve ser *individuada* ou suscetível de determinação no momento da execução. c) Deve ser *disponível*, isto é, não estar fora do comércio.
EFEITOS	■ **Principais:** a) gera obrigações recíprocas para os contratantes; b) acarreta a responsabilidade do vendedor pelos vícios redibitórios e pela evicção. ■ **Secundários:** a) a responsabilidade pelos riscos (art. 492); b) a repartição das despesas (art. 490); c) o direito de reter a coisa ou o preço (art. 491).

LIMITAÇÕES	**Venda de ascendente a descendente:** a) É *anulável*, salvo se os outros descendentes e o cônjuge do alienante expressamente houverem consentido (art. 496). b) A finalidade da vedação é evitar doações inoficiosas disfarçadas de compra e venda. c) A forma da anuência será a mesma do ato a ser praticado (art. 220). d) Cabe ao juiz nomear curador especial ao descendente menor ou nascituro (art. 1.692), bem como suprir o consentimento, se a discordância foi imotivada. **Pessoa que deve zelar pelos interesses do vendedor:** O art. 497 do CC nega legitimação a certas pessoas que têm, por dever de ofício, de zelar pelos bens alheios, com a finalidade de manter a isenção de ânimo, p. ex., do tutor, do curador, do administrador, do juiz etc.
	Parte indivisa em condomínio: O condômino não pode alienar a sua ***parte indivisa*** a estranho, se outro consorte a quiser, tanto por tanto. Se preterido, poderá este exercer o seu ***direito de preferência*** pela ação de preempção, no prazo decadencial de cento e oitenta dias, efetuando o depósito do preço pago e havendo para si a parte vendida ao terceiro (art. 504). A regra aplica-se também ao coerdeiro (art. 1.795). **Venda entre cônjuges:** O art. 499 do CC considera "lícita a compra e venda entre cônjuges, com relação a bens excluídos da comunhão". No regime da comunhão universal, tal venda mostra-se inócua. Nos demais regimes, o sistema não impõe proibição. É inadmissível a **doação** entre cônjuges casados no regime da separação legal ou obrigatória.
VENDAS ESPECIAIS	**Venda mediante amostra:** Se a venda se realizar à vista de amostras, protótipos ou modelos, entender-se-á que o vendedor assegura ter a coisa as qualidades que a ela correspondem (art. 484). Prevalece a amostra, se houver diferença com a maneira pela qual se descreveu a coisa no contrato (parágrafo único). **Venda *ad corpus* e *ad mensuram*:** a) Na venda ***ad corpus***, o imóvel é adquirido como um todo (Chácara Palmeiras, p. ex.), sendo apenas enunciativa a referência às suas dimensões, que não têm influência na fixação do preço. b) Na venda ***ad mensuram***, o preço é estipulado com base nas dimensões do imóvel. Se a área não corresponder às dimensões dadas, cabe a ação *ex empto* ou *ex vendito* para exigir a complementação. Se esta não for possível, cabe o ajuizamento da ação redibitória ou da *quanti minoris*.
CLÁUSULAS ESPECIAIS À COMPRA E VENDA	**Da retrovenda:** Constitui um ***pacto acessório***, pelo qual o vendedor reserva-se o direito de reaver o imóvel que está sendo alienado, em certo prazo, restituindo o preço, mais as despesas feitas pelo comprador (art. 505). Caracteriza-se como ***condição resolutiva expressa***. **Da venda a contento e da sujeita a prova:** Constituem cláusulas que subordinam a eficácia do contrato à condição de ficar desfeito se o comprador não se agradar da coisa, ou se não tiver esta as qualidades asseguradas pelo vendedor e for inidônea para o fim a que se destina (arts. 509 e 510). **Da preempção:** A preferência do condômino na aquisição de parte indivisa constitui exemplo de ***preferência*** ou ***prelação legal***. A ***preferência convencional*** resulta de um acordo de vontades, em que o comprador se obriga a oferecer ao vendedor a coisa que aquele vai vender, para que este use o seu direito de prelação (o mesmo que preferência) na compra, tanto por tanto (arts. 513 a 520). **Da venda com reserva de domínio:** É modalidade especial de venda de ***coisa móvel***, em que o vendedor tem a própria coisa vendida como garantia do recebimento do preço. Só a posse é transferida ao adquirente. A propriedade permanece com o alienante e só passa àquele após o recebimento integral do preço (CC, art. 521). **Da venda sobre documentos:** Espécie de venda na qual a tradição da coisa é substituída pelo seu título representativo e por outros documentos exigidos pelo contrato ou, no silêncio deste, pelos usos (art. 529).

1.10. QUESTÕES

1. (DEL/POL/RJ/XI Concurso/Acadepol/RJ/2009) Quanto ao contrato de compra e venda, é INCORRETO afirmar que:

a) a compra e venda pode ter por objeto coisa atual ou futura.
b) ineficaz é o contrato de compra e venda, quando se deixa ao arbítrio exclusivo de uma das partes a fixação do preço.
c) até o momento da tradição, os riscos da coisa correm por conta do vendedor e os do preço por conta do comprador.
d) é anulável a venda de ascendente a descendente, salvo se os outros descendentes e o cônjuge do alienante expressamente houverem consentido.
e) é lícita a compra e venda entre cônjuges, com relação a bens excluídos da comunhão.

2. (TRF/3ª Região/SP/MS/Juiz Federal/XIV/2008) Assinale a alternativa CORRETA:

a) Num contrato de compra e venda de produtos industriais a fixação do preço pode recair para uma das partes, desde que assim expressamente avençado entre elas.
b) Num contrato de compra e venda de produtos industriais a fixação do preço pode recair para uma das partes, desde que assim expressamente avençado entre elas, exceto nos contratos de consumo.
c) É anulável a venda de ascendentes a descendente, salvo se os outros descendentes e o cônjuge do alienante expressamente houverem consentido.
d) É nula a venda de ascendente, exceto se os outros descendentes e o cônjuge do alienante expressamente houverem consentido, independentemente da prova da ocorrência do prejuízo.

3. (Defensoria Pública/SP/Defensor Público/II Concurso/Fundação Carlos Chagas/2007) Cláusula inserida na compra e venda, pela qual o vendedor se reserva o direito de reaver, em certo tempo, o bem alienado, tem efeitos reais e só pode ser exercida durante um prazo de caducidade de, no máximo, 3 anos, a partir da data da venda. Este enunciado diz respeito ao ato negocial:

a) venda a contento.
b) preempção.
c) pacto comissório.
d) *pactum reservati dominii.*
e) retrovenda.

4. (TRT/15ª Região/Campinas-SP/Juiz do Trabalho/XXI Concurso/2006) No contrato de compra e venda, é INCORRETO dizer que:

a) um dos contratantes se obriga a transferir o domínio de certa coisa, e o outro, a pagar-lhe o preço em dinheiro;
b) pode ter por objeto coisa atual ou futura;
c) há nulidade quando se deixa ao arbítrio exclusivo de uma das partes a fixação do preço;
d) podem ser comprados, ainda que em hasta pública, pelos autores, curadores, testamenteiros e administradores, os bens confiados à sua guarda ou administração;
e) nas coisas vendidas conjuntamente, o defeito oculto de uma não autoriza a rejeição de todas.

5. (TJSP/Juiz de Direito/178° Concurso/VUNESP/2006) Indique a asserção ENGANOSA:

a) Se, na venda *ad mensuram* de um imóvel, se verificar que há excesso superior a um vigésimo do total da área enunciada e se o vendedor comprovar que tinha motivos para ignorar a medida exata da área vendida, pode o comprador completar o valor correspondente ou simplesmente devolver o excesso.
b) No caso de separação de bens convencional, é lícita a compra e venda, entre cônjuges, de bens excluídos da comunhão.
c) É nula a venda de ascendente a descendente quando nem os outros descendentes nem o cônjuge do alienante deram expresso consentimento.
d) É nulo o contrato de compra e venda em que se deixa ao arbítrio exclusivo de uma das partes a fixação do preço.

6. (MP/PB/Promotor de Justiça/2005) Sobre o contrato de compra e venda é CORRETO afirmar:

a) a compra e venda feita de ascendente para descendente, sem o consentimento dos demais herdeiros, representa negócio jurídico anulável e não nulo;
b) não sendo a venda a crédito, o vendedor é obrigado a entregar a coisa antes de receber o preço;
c) é ilícita a compra e venda entre cônjuges, com relação a bens excluídos da comunhão;
d) é lícito às partes fixar o preço em função de índices, desde que suscetíveis de subjetiva determinação;
e) em regra nas coisas vendidas conjuntamente, o defeito oculto de uma autoriza a rejeição de todas.

7. (PGE/SP/Procurador do Estado/VUNESP/2005) Em relação ao contrato de compra e venda, é CORRETA a declaração de que há transferência de propriedade da coisa vendida:

a) com a simples tradição, quando se tratar de bem móvel, por ser um contrato de natureza real.
b) com a simples tradição, quando se tratar de bem móvel, por ser o contrato de natureza obrigacional.
c) com a estipulação das condições do pagamento do preço e da entrega do objeto no contrato de compra e venda.
d) com a realização de escritura pública em se tratando de bem imóvel.
e) com a estipulação do objeto e do pagamento do preço no caso de compra e venda pura.

8. (TRF/2ª Região/Analista Judiciário/Fundação Carlos Chagas/2007) A respeito do contrato de compra e venda, é CORRETO afirmar:

a) Se a venda se realizar à vista de amostras, protótipos ou modelos, prevalece sobre estes a matéria pela qual se descrever a coisa no contrato.
b) Em decorrência da liberdade de contratar assegurada pelo Código Civil Brasileiro, a fixação do preço pode ser deixada ao arbítrio exclusivo de uma das partes.
c) Convencionada a venda sem fixação de preço ou critérios para sua determinação, se não houver tabelamento oficial, entende-se que as partes se sujeitaram ao preço corrente nas vendas habituais do vendedor.
d) Não é lícita a compra e venda entre cônjuges com relação a bens excluídos da comunhão, por implicarem em alteração do regime estabelecido por ocasião da celebração do matrimônio.
e) Nas coisas vendidas conjuntamente, o defeito oculto de uma autoriza a rejeição de todas.

9. (ARCE/Procurador Autárquico/Fundação Carlos Chagas/2006) A compra e venda é classificada como contrato

a) real, considerando-se obrigatória e perfeita com o pagamento integral do preço.
b) real, considerando-se obrigatória e perfeita com a tradição do objeto, se for coisa móvel.
c) consensual, considerando-se obrigatória e perfeita desde o registro do título no Serviço de Registro de Imóveis, se o objeto foi coisa imóvel.
d) consensual, se o objeto for coisa móvel e real, se for coisa imóvel.
e) consensual, considerando-se obrigatória e perfeita, desde que as partes acordem no objeto e no preço.

10. (PGE/RR/Procurador do Estado/Fundação Carlos Chagas/2006) No contrato de compra e venda

a) a propriedade da coisa vendida, salvo disposição em contrário, se transfere no momento do contrato, por isto se considera direito real.
b) um dos contratantes se obriga a transferir o domínio de certa coisa, e o outro, a pagar-lhe certo preço em dinheiro.
c) é válido deixar-se ao arbítrio exclusivo de uma das partes a fixação do preço, se assim o contrato dispuser expressamente.
d) desde a celebração do contrato, os riscos da coisa correm por conta do comprador, independentemente da tradição, e os do preço por conta do vendedor.
e) há necessidade de anuência dos outros descendentes se o vendedor for ascendente do comprador, sob pena de nulidade absoluta.

11. (TRT/13ª Região/Campinas/SP/Juiz do Trabalho/2005) No tocante ao contrato de compra e venda é INCORRETO dizer:

a) O objeto da compra e venda, no caso de coisa futura, se esta não vier a ter existência, sempre será considerado sem efeito.

b) Nos casos de a venda se realizar à vista de amostras, protótipo ou modelo, farão estes parte integrante do próprio contrato.
c) No caso da venda de coisa comum, havendo condôminos interessados, preferir-se-á o que tiver benfeitorias de maior valor e, na falta de benfeitorias, o de quinhão maior.
d) Na cláusula de retrovenda, o prazo decadencial de três anos é improrrogável, tendo que o vendedor exercê-lo neste período, sob pena de tornar a venda irretratável.
e) A venda a contento é uma cláusula que subordina o contrato à condição de ficar desfeito se o comprador não se agradar da coisa, sendo esta de natureza suspensiva.

12. (OAB/XXI Exame de Ordem Unificado/Fundação Getulio Vargas/2016) Felipe e Ana, casal de namorados, celebraram contrato de compra e venda com Armando, vendedor, cujo objeto era um carro no valor de R$ 30.000,00, a ser pago em 10 parcelas de R$ 3.000,00, a partir de 1º de agosto de 2016. Em outubro de 2016, Felipe terminou o namoro com Ana. Em novembro, nem Felipe nem Ana realizaram o pagamento da parcela do carro adquirido de Armando. Felipe achava que a responsabilidade era de Ana, pois o carro tinha sido presente pelo seu aniversário. Ana, por sua vez, acreditava que, como Felipe ficou com o carro, não estava mais obrigada a pagar nada, já que ele terminara o relacionamento. Armando procura seu (sua) advogado (a), que o orienta a cobrar:
a) a totalidade da dívida de Ana.
b) a integralidade do débito de Felipe.
c) metade de cada comprador.
d) a dívida de Felipe ou de Ana, pois há solidariedade passiva.

13. (MP/MS/Promotor de Justiça/XXV Concurso/FADEMS/2011) Assinale a alternativa INCORRETA.
a) Na venda *ad corpus* o vendedor aliena o imóvel como corpo certo e determinado; logo, o comprador não poderá exigir o implemento da área, pois o adquiriu pelo conjunto e não em atenção à área declarada, que assume caráter meramente enunciativo;
b) A prescrição iniciada contra o *de cujus* continuará a correr contra seus sucessores, sem distinção ente singulares e universais; logo, continuará a correr contra o herdeiro, o cessionário ou o legatário, salvo se for absolutamente incapaz;
c) A ação redibitória e a estimatória devem ser propostas dentro do prazo de 01 (um) ano, contados da tradição da coisa móvel, ou de 02 (dois) anos, se se tratar de bem imóvel, computado da data da sua efetiva entrega, mas, se já se encontrava na posse do adquirente, tal prazo contar-se-á da alienação, reduzido à metade;
d) A anulabilidade não tem efeito antes de julgada por sentença, nem se pronuncia de ofício; só os interessados a podem alegar, e aproveita exclusivamente aos que a alegarem, salvo o caso de solidariedade ou indivisibilidade;
e) A validade dos atos e negócios jurídicos celebrados antes de 11.1.2003, data da entrada em vigor do CC, obedece ao disposto nas leis anteriores — CC/1916 e parte primeira do CCom —, mas os seus efeitos, produzidos depois da vigência do CC, aos preceitos dele se subordinam, salvo se houver sido prevista pelas partes determinada forma de execução.

14. (OAB/Exame de Ordem Unificado 2010.3/Fundação Getulio Vargas/2011) Maria celebrou contrato de compra e venda do carro da marca X com Pedro, pagando um sinal de R$ 10.000,00. No dia da entrega do veículo, a garagem de Pedro foi invadida por bandidos, que furtaram o referido carro. A respeito da situação narrada, assinale a alternativa CORRETA.
a) Haverá resolução do contrato pela falta superveniente do objeto, sendo restituído o valor já pago por Maria.
b) Não haverá resolução do contrato, pois Pedro pode alegar caso fortuito.
c) Maria poderá exigir a entrega de outro carro.
d) Pedro poderá entregar outro veículo no lugar do automóvel furtado.

15. (OAB/IX Exame de Ordem Unificado/Fundação Getulio Vargas/2012) Marcelo firmou com Augusto contrato de compra e venda de imóvel, tendo sido instituído no contrato o pacto de preempção. Acerca do instituto da preempção, assinale a afirmativa CORRETA.
a) Trata-se de pacto adjeto ao contrato de compra e venda em que Marcelo se reserva o direito de recobrar o imóvel vendido a Augusto no prazo máximo de 3 anos, restituindo o preço recebido e reembolsando as despesas do comprador.

b) Trata-se de pacto adjeto ao contrato de compra e venda em que Marcelo impõe a Augusto a obrigação de oferecer a coisa quando vender, ou dar em pagamento, para que use de seu direito de prelação na compra, tanto por tanto.
c) Trata-se de pacto adjeto ao contrato de compra e venda em que Marcelo reserva para si a propriedade do imóvel até o momento em que Augusto realize o pagamento integral do preço.
d) Trata-se de pacto adjeto ao contrato de compra e venda em que Marcelo, enquanto constituir faculdade de exercício, poderá ceder ou transferir por ato *inter vivos*.

16. (TJSP/Juiz de Direito/184° Concurso/VUNESP/2013) A respeito do contrato de compra e venda, é certo afirmar que

a) nulo é o contrato de compra e venda quando se atrela o preço exclusivamente a taxas de mercado ou bolsa.
b) o direito de preferência que tem o vendedor de uma coisa de adquiri-la do comprador é personalíssimo, não se podendo ceder e nem passar aos herdeiros.
c) o contrato de compra de safra futura ficará sem efeito se esta, por razões climáticas, vier a se perder, sendo nula, nessa hipótese, a cláusula que permita ao vendedor ficar com o preço já recebido.
d) será nula a venda feita sem a observância de direito de preferência estipulado em favor de terceiro.

17. (TJPR/Concurso para delegações de notas e de registro/IBFC/2014) Assinale a assertiva INCORRETA:

a) O direito brasileiro admite a compra e venda com reserva de domínio para os bens móveis e imóveis.
b) A alienação fiduciária em garantia pode recair sobre bens móveis e imóveis.
c) A compra e venda de ascendente para descendente é anulável, salvo se houver concordância dos demais descendentes e do cônjuge do vendedor.
d) É nula a aquisição, pelo tutor, dos bens confiados à sua guarda e administração.

18. (TJSP/Juiz de Direito/185° Concurso/VUNESP/2014) Na venda *ad mensuram* de um imóvel, tendo o comprador recebido área superior à estipulada no contrato, ignorando o vendedor a medida exata, é CORRETO afirmar:

a) O contrato será rescindido na totalidade.
b) Caberá ao comprador, à sua escolha, completar o valor correspondente ao preço ou devolver o excesso.
c) Caberá ao vendedor escolher entre receber a diferença do preço ou receber de volta o excesso da área.
d) Não haverá complemento do preço nem devolução do excesso.

19. (TJPA/Juiz de Direito/VUNESP/2014) No contrato de compra e venda, as despesas de escritura, registro e tradição ficarão a cargo:

a) sempre do comprador.
b) no silêncio do contrato, as de escritura e registro com o comprador, e as da tradição, com o vendedor.
c) sempre do vendedor.
d) salvo cláusula em contrário, todas as despesas serão divididas.
e) na falta de acordo, com o comprador.

20. (TJSP/Juiz de Direito/186° Concurso/VUNESP/2015) No capítulo relativo ao contrato de compra e venda, é CORRETA a seguinte hipótese:

a) a venda realizada diretamente pelo mandante ao mandatário não é maculada de nulidade.
b) juízes, serventuários e auxiliares da justiça não podem comprar bens sobre que se litigar em tribunal, juízo ou conselho, no lugar onde servirem, ou a que se estender a sua autoridade, sob pena de nulidade, hipótese inextensível à cessão de crédito.
c) de regra, ficarão as despesas de escritura e registro a cargo do vendedor, mas as da tradição caberão ao comprador.
d) a fixação do preço pode ser deixada ao arbítrio de terceiro, à taxa de mercado ou de bolsa, em função de índices de subjetiva determinação, mas não ao arbítrio exclusivo de uma das partes.

21. (TRF/1ª Região/Juiz Federal/XVI Concurso/CESPE/2015) Maria, médica cardiologista, que namora Paulo, mas com ele não mantém união estável, ajuizou ação anulatória de negócio jurídico de compra e venda contra a empresa Biotecnologia Ltda. Para tanto, sustentou que adquiriu da ré um aparelho do tipo marca-passo, que foi implantado em seu namorado Paulo, em caráter de urgência, mediante a emissão de um cheque no valor de R$ 10.000,00. O aparelho em questão é comumente vendido no mercado por R$ 4.000,00.

Nessa situação hipotética,

a) Maria teve sua vontade viciada, pois agiu fundada no temor de dano iminente e considerável a Paulo.
b) Maria, por inexperiência, se obrigou ao pagamento de valor desproporcional ao praticado no mercado no ato de celebração do negócio jurídico.
c) para que o pedido seja julgado procedente, deve ficar demonstrado por Maria o dolo de aproveitamento da fornecedora do material, ou seja, a vilania do outro contratante.
d) Maria não tem legitimidade para propor a demanda, já que Paulo não é seu marido nem com ela convive em regime de união estável.
e) segundo a legislação de regência, a hipótese é de nulidade do negócio jurídico, e o juiz deve reconhecer de ofício o vício de consentimento mediante a prolação de sentença declaratória.

22. (TJMG/Titular de Cartório de Notas e de Registro/CONSULPLAN/2015) Com relação às cláusulas especiais à compra e venda, especificamente sobre a preempção ou preferência, conforme disciplina o Código Civil brasileiro, é CORRETO afirmar:

a) Quando o direito de preempção for estipulado a favor de dois ou mais indivíduos em comum, só pode ser exercido em relação à coisa no seu todo. Se alguma das pessoas, a quem ele toque, perder ou não exercer o seu direito, poderão as demais utilizá-lo na forma sobredita.
b) O direito de preferência pode ser cedido a terceiros.
c) O vendedor não pode exercer o seu direito de prelação, intimando o comprador, quando lhe constar que este vai vender a coisa.
d) Responderá por perdas e danos o comprador, se alienar a coisa sem ter dado ao vendedor ciência do preço e das vantagens que por ela lhe oferecem. O adquirente responderá subsidiariamente se tiver procedido de má-fé.

23. (MANAUS/PREV/Procurador Autárquico/Fundação Carlos Chagas/2015) Na compra e venda

a) os riscos da tradição, em regra, correm por conta do vendedor.
b) o vendedor é obrigado a entregar a coisa antes de receber o preço, mesmo que o negócio tenha sido praticado à vista.
c) não pode o cônjuge, na constância do casamento, alienar um bem a outro, ainda que particular.
d) a entrega da coisa é pressuposto de existência do contrato.
e) o vendedor sempre responde pelos débitos, até o momento da tradição.

24. (TRT/1ª Região/Juiz do Trabalho/Fundação Carlos Chagas/2016) A respeito do contrato de compra e venda, é CORRETO afirmar:

a) Até o momento da tradição, os riscos do preço correm por conta do comprador.
b) Não é lícita a compra e venda entre cônjuges com relação a bens excluídos da comunhão.
c) Será anulável a venda de ascendente a descendente quando houver expresso consentimento pelos outros descendentes, mas não pelo cônjuge do alienante, independentemente do regime de bens.
d) Não obstante o prazo ajustado para o pagamento, se antes da tradição o vendedor cair em insolvência, poderá o comprador sobrestar o pagamento da coisa, até que o vendedor garanta a entrega do bem.
e) A fixação do preço não pode ser deixada ao arbítrio de terceiro.

25. (OAB/XXII Exame de Ordem Unificado/Fundação Getulio Vargas/2017) Antonio, vendedor, celebrou contrato de compra e venda com Joaquim, comprador, no dia 1º de setembro de 2016, cujo objeto era um carro da marca X no valor de R$ 20.000,00, sendo o pagamento efetuado à vista na data de assinatura do contrato. Ficou estabelecido ainda que a entrega do bem seria feita 30 dias depois, em 1º de outubro de 2016, na cidade do Rio de Janeiro, domicílio do vendedor. Contudo, no dia 25 de setembro, uma chuva torrencial inundou diversos bairros da cidade e o carro foi destruído pela enchente, com perda total. Considerando a descrição dos fatos, Joaquim

a) não faz jus à devolução do pagamento de R$ 20.000,00.
b) terá direito à devolução de 50% do valor, tendo em vista que Antônio, vendedor, não teve culpa.
c) terá direito à devolução de 50% do valor, tendo em vista que Antônio, vendedor, teve culpa.
d) terá direito à devolução de 100% do valor, pois ainda não havia ocorrido a tradição no momento do perecimento do bem.

■ GABARITO ■

1. "b". *Vide* art. 489 do CC. O contrato não é ineficaz, mas *nulo*.
2. "c". *Vide* art. 496 do CC.
3. "e". *Vide* art. 505 do CC.
4. "d". *Vide* art. 497, I, do CC.
5. "c". O art. 496 do CC diz que tal venda não é nula, mas *anulável*.
6. "a". *Vide* art. 496 do CC.
7. "b". *Vide* art. 1.226 do CC.
8. "c". *Vide* art. 488 do CC.
9. "e". *Vide* art. 482 do CC.
10. "b". *Vide* art. 481 do CC.
11. "a". *Vide* art. 483 do CC.
12. "c". Não se trata de responsabilidade solidária, visto que a solidariedade, segundo dispõe o art. 265 do CC, "não se presume; resulta da lei ou da vontade das partes".
13. "c". *Vide* art. 445 do CC.
14. "a". *Vide* art. 234 do CC.
15. "b". *Vide* art. 513 do CC.
16. "b". *Vide* art. 520 do CC.
17. "a". *Vide* art. 521 do CC.
18. "b". *Vide* art. 500, § 2º, do CC.
19. "b". *Vide* art. 490 do CC.
20. "a". *Vide* art. 685 do CC. O mandato *in rem suam* (em causa própria) equivale à compra e venda se contiver os requisitos desta.
21. "c". O dolo de aproveitamento constitui o elemento subjetivo de outro defeito do negócio jurídico, que é a *lesão*. Configura-se quando alguém se aproveita da situação de premente necessidade ou da inexperiência do outro contratante para obter lucro exagerado, manifestamente desproporcional à natureza do negócio (CC, art. 157).
22. "a". *Vide* art. 517 do CC.
23. "a". *Vide* art. 492 do CC.
24. "a". *Vide* art. 492 do CC.
25. "d". *Vide* arts. 492, 1.226 e 1.267 do CC e item 1.5.2.1. (*A responsabilidade pelos riscos*, *retro*). Até o momento da tradição dos móveis e o registro dos imóveis, a coisa pertence ao vendedor. Os riscos de a coisa perecer ou se danificar, até esse momento, correm, portanto, por sua conta (*res perit domino*).

2

DA TROCA OU PERMUTA

2.1. CONCEITO

Segundo Carvalho de Mendonça, permuta, escambo, troca, permutação, barganha — palavras sinônimas na técnica e no uso vulgar — exprimem "o contrato em que as partes se obrigam a prestar uma coisa por outra, excluindo o dinheiro"[1]. A troca é, portanto, o contrato pelo qual as partes se obrigam a dar **uma coisa por outra, que não seja dinheiro**[2]. Difere da compra e venda apenas porque, nesta, a prestação de uma das partes consiste em dinheiro.

■ **Objeto** — Em regra, "**qualquer coisa ou objeto *in commercium* é suscetível de troca:** móveis por móveis, móveis por imóveis, imóveis por imóveis, coisa por coisa, coisa por direito, direito por direito. Tudo o que pode ser vendido pode ser trocado"[3]. A permuta pode, assim, envolver **coisas distintas e quantidades diversas:** móveis e imóveis, vários móveis por um imóvel etc. Pode ter por objeto, também, **coisas futuras**, sendo frequente, hoje, a permuta de um terreno por apartamentos do edifício que nele será construído pelo incorporador permutante[4].

■ **Reposição parcial em dinheiro** — Quando um dos contraentes faz a **reposição parcial em dinheiro**, a troca não se transmuda em compra e venda, **salvo se representar mais da metade do pagamento**. Assim, se um contratante recebe coisa que vale R$ 100,00 e entrega outra que vale R$ 30,00, fazendo a reposição da diferença (R$ 70,00) em dinheiro, terá havido compra e venda.

---

1 *Contratos no direito civil brasileiro*, t. II, p. 5.

2 Clóvis Beviláqua, *Código Civil dos Estados Unidos do Brasil comentado*, v. IV, obs. ao art. 1.164.

3 Washington de Barros Monteiro, *Curso de direito civil*, v. 5, p. 129.

4 "A hipoteca decorrente de financiamento concedido pelo banco à incorporadora e construtora para construção de edifício não alcança as unidades que o ex-proprietário do terreno recebeu da construtora em troca ou como prévio pagamento deste" (STJ, REsp 146.659-MG, 4ª T., rel. Min. Asfor Rocha, *DJU*, 5-6-2000). "O proprietário de terreno prometido em permuta por um apartamento no prédio em que está sendo construído em regime de condomínio tem legitimidade, pelas peculiaridades da espécie, para embargar de terceiro contra a penhora efetivada na construção, por dívida contraída pelo condomínio, pois são diversas as suas qualidades jurídicas (de condômino e de proprietário do terreno) com que comparece nos distintos feitos" (STJ, REsp 17.631-PR, 4ª T., rel. Min. Asfor Rocha, *DJU*, 19-8-1996).

■ 2.2. NATUREZA JURÍDICA

Como ocorre com a compra e venda, a **troca** é negócio jurídico:

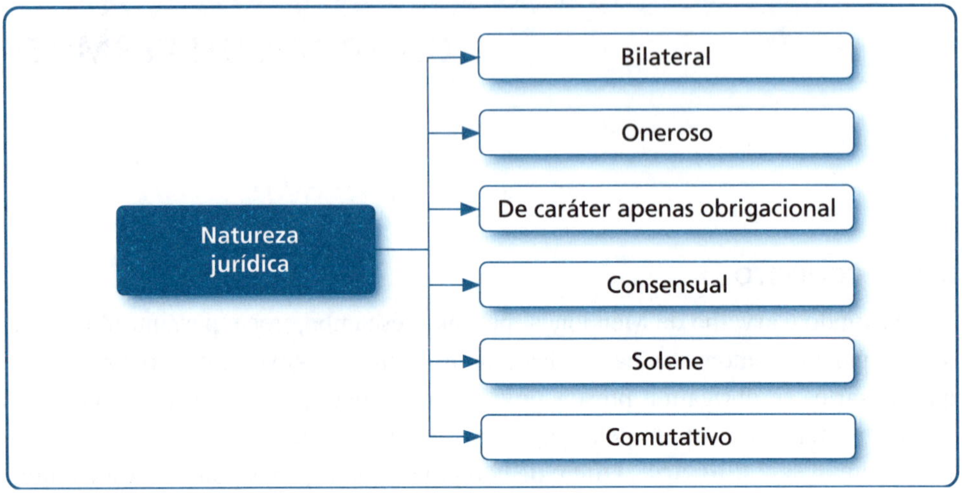

- **Bilateral**, vez que gera obrigações recíprocas;
- **Oneroso**, pois ambos os contratantes obtêm proveito, ao qual corresponde um sacrifício;
- De caráter apenas **obrigacional:** gera para os permutantes a obrigação de transferir, um para o outro, a propriedade de determinada coisa;
- **Consensual**, e não real, porque se aperfeiçoa com o acordo de vontades, independente da tradição;
- **Solene** só por exceção, quando tem por objeto bens imóveis (CC, art. 108);
- **Comutativo**, visto que as prestações são certas e permitem às partes antever as vantagens e desvantagens que dele podem advir.

■ 2.3. REGULAMENTAÇÃO JURÍDICA

Pouco efeito prático produz a distinção suprarreferida, pois o legislador, considerando a semelhança existente entre a permuta e a compra e venda, determinou, no art. 533 do Código Civil, que se aplicassem àquela **todas as disposições referentes a esta** (as que concernem a vícios redibitórios, evicção, perigos e cômodos da coisa etc.), com apenas **duas modificações:**

- salvo disposição em contrário, cada um dos contratantes pagará **por metade** as despesas com o instrumento da troca;
- é anulável a troca de valores desiguais entre **ascendentes e descendentes**, sem consentimento expresso dos outros descendentes e do cônjuge do alienante.

Se os valores são desiguais, e **o objeto que pertence ao ascendente é mais valioso**, os demais descendentes devem ser ouvidos e consentir expressamente, pelas mesmas razões que justificam a necessidade de tal consentimento na venda de ascendente para descendente (art. 496). Se os valores são **iguais**, não há necessidade da referida anuência, pela impossibilidade de haver prejuízo para os demais descendentes. E, embora o Código não mencione, também será dispensável tal anuência se o bem recebido pelo ascendente, na troca, tiver **valor superior** ao por ele entregue, pois haverá, na hipótese, aumento de seu patrimônio, não tendo os demais descendentes legítimo interesse para discordar do negócio.

Sendo as regras comuns aos contratos em geral aplicáveis à permuta, se uma parte não cumpre a obrigação de entregar a coisa, a outra poderá opor a ***exceptio non adimpleti contractus***. Apesar de se aplicar à permuta a teoria dos **vícios redibitórios**, nela não há a opção, ensejada ao comprador, de exigir a resolução do contrato ou o abatimento do preço, cabendo à parte lesada apenas a pretensão à **resolução do contrato**, com a volta ao estado anterior. A **evicção** que atinge uma das coisas afeta todo o contrato. Na hipótese, o evicto tem direito à restituição da coisa, além das despesas com o contrato, da indenização pelas perdas e danos, e das custas processuais[5].

2.4. RESUMO

DA TROCA OU PERMUTA	
CONCEITO	Troca ou permuta é o contrato pelo qual as partes se obrigam a dar uma coisa por outra, que não seja dinheiro. Difere da compra e venda apenas porque, nesta, a prestação de uma das partes consiste em dinheiro. Aplicam-se à troca as disposições referentes à compra e venda, com duas ressalvas (art. 533, I e II).
CARACTERES	Como ocorre com a compra e venda, a troca é negócio jurídico ***bilateral***, ***oneroso*** e ***consensual***, não tendo caráter real, mas apenas ***obrigacional***. Se os valores são ***desiguais***, e o objeto que pertence ao ascendente é mais valioso, os demais descendentes devem consentir expressamente (art. 533, II).

5 Paulo Luiz Netto Lôbo, *Comentários ao Código Civil*, v. 6, p. 230-231. *V.* a jurisprudência: "Se um dos veículos permutados, por ser produto de furto, veio a ser apreendido, evidencia-se a inexecução do contrato, já que quem permuta, tal como no contrato de compra e venda, deve fazer a entrega da coisa permutada a fim de, no caso de móvel, com essa tradição operar-se a transferência do domínio. Essa inexecução do contrato proporciona à parte lesada a sua resolução, com perdas e danos" (TJPR, Ap. Cív. 43.145-8, 10ª Câm. Cív., rel. Des. Pacheco Rocha, j. 9-4-1996).

3

DO CONTRATO ESTIMATÓRIO

3.1. CONCEITO

Contrato **estimatório** ou de **vendas em consignação** é aquele em que uma pessoa (consignante) entrega bens móveis a outra (consignatária), ficando esta autorizada a vendê-los, obrigando-se a pagar um preço ajustado previamente, se não preferir restituir as coisas consignadas dentro do prazo ajustado.

O consignatário recebe o bem com a finalidade de **vendê-lo a terceiro**, segundo estimação feita pelo consignante. Nada impede, porém, que fique com o objeto **para si**, pagando o preço fixado. Se preferir vendê-lo, auferirá lucro no **sobrepreço** que obtiver.

Proclama o art. 534 do Código Civil, tendo como paradigma os arts. 1.556 a 1.558 do Código Civil italiano, que pelo **contrato estimatório** o consignante **entrega bens móveis a outrem**, denominado consignatário, para que os **venda pelo preço estimado**, pagando-o àquele, "salvo se preferir, no prazo ajustado, restituir-lhe a coisa consignada".

É contrato de natureza mercantil, agora disciplinado pelo Código Civil de 2002 como **contrato típico e nominado**, devido à sua importância no mundo moderno, sendo de uso bastante frequente no comércio de joias e antiguidades, de obras de arte e de livros, "com ressalva de restituição, ao fabricante ou proprietário, das unidades não alienadas, e lucrando o comerciante a diferença entre o preço estabelecido pelo consignante e o obtido do comprador"[1].

3.2. NATUREZA JURÍDICA

Embora haja muita incerteza a respeito da natureza jurídica do contrato estimatório, assemelha-se tal modalidade a um **mandato para vender**, com opção de restituição[2]. É tratado no novo diploma como **obrigação alternativa**, pois a autorização para venda não é essencial, uma vez que o consignatário pode optar por adquirir a coisa para si ou simplesmente restituí-la. A tentativa de enquadrar o contrato estimatório em outras modalidades afins de contrato deixou de ter importância a partir do momento em que o legislador optou por discipliná-lo como **contrato típico e autô-**

---

1 Caio Mário da Silva Pereira, *Instituições de direito civil*, v. III, p. 233.

2 Antônio Chaves, *Tratado de direito civil*, v. 2, t. 1, p. 668.

nomo, com definição de seus pressupostos, modos de aplicação e efeitos. Trata-se, assim, de contrato:

- **real**, pois se aperfeiçoa com a entrega do bem ao consignatário. Esta não produz o efeito de lhe transferir a propriedade. A tradição é essencial para que o poder de disposição que foi transferido ao consignatário possa ser exercido;
- **oneroso**, visto que ambas as partes obtêm proveito;
- **comutativo**, porque não envolve risco; e
- **bilateral**, pois acarreta obrigações recíprocas.

3.3. REGULAMENTAÇÃO LEGAL

Transferência dos riscos

Dispõe o art. 535 do Código Civil que o "consignatário não se exonera da obrigação de pagar o preço, se a restituição da coisa, em sua integridade, se tornar impossível, ainda que por fato a ele não imputável". O contrato estimatório **transfere os riscos**, destarte, **ao consignatário**, que suporta a perda ou deterioração da coisa, não se eximindo da obrigação de pagar o preço ainda que a restituição se impossibilite sem culpa sua.

Condição de dono do consignante

O **consignante** ostenta a condição de **dono** da coisa móvel deixada em consignação. Embora se trate de modalidade especial de venda, não têm os credores do consignatário nenhum poder sobre a coisa. Destarte, não pode ela "ser objeto de penhora ou sequestro pelos credores do consignatário, enquanto não pago integralmente o preço" (art. 536). Já o "consignante não pode dispor da coisa antes de lhe ser restituída ou de lhe ser comunicada a restituição" (art. 537).

Findo o prazo do contrato, ou da notificação feita pelo consignante, se não estabelecido o *dies ad quem*, terá ele **direito ao preço ou à restituição da coisa**. Em contrapartida, na fluência do lapso contratual, não poderá pretender a sua restituição, nem perturbar a posse direta do consignatário, sob pena de sujeitar-se aos interditos possessórios.

Proibição imposta ao consignante de dispor da coisa consignada

O art. 537 do novo Código Civil impede que o consignante disponha da coisa consignada, enquanto perdurar o contrato. A restituição é alternativa facultada ao consignatário, que deve ser exercida dentro do prazo ajustado no contrato. O aludido dispositivo prevê **dois modos de restituição:**

a) a **entrega física** da coisa. Neste caso, o bem móvel consignado retorna ao consignante, que recupera o poder de disposição e a posse própria;

b) a **comunicação sem entrega física**, que interrompe a fluência do prazo ajustado, desobrigando o consignatário de pagar o preço, e reintegra fictamente a coisa no domínio do consignante. Se aquele, depois da comunicação, retardar indevidamente a restituição física, haverá esbulho, porque não mais desfruta da posição de contratante.

3.4. RESUMO

DO CONTRATO ESTIMATÓRIO	
CONCEITO	Pelo contrato estimatório ou de consignação, o consignante entrega bens móveis a outrem, denominado consignatário, para que este os venda a terceiro, segundo estimação feita pelo consignante. Nada impede, porém, que fique com o objeto para si, pagando o preço fixado. Se preferir vendê-lo, auferirá lucro no sobrepreço que obtiver.
REGULAMENTAÇÃO	O consignatário não se exonera da obrigação de pagar o preço, se a restituição da coisa, em sua integridade, tornar-se impossível, ainda que por fato a ele não imputável (CC, art. 535). A coisa consignada não pode ser objeto de penhora ou sequestro pelos credores do consignatário, enquanto não pago integralmente o preço, pois o consignante é o seu dono. O consignante não pode dispor da coisa antes de lhe ser restituída ou de lhe ser comunicada a restituição (art. 537).

4

DA DOAÇÃO

4.1. CONCEITO

Doação, define o Código Civil no art. 538, é "o contrato em que uma pessoa, por liberalidade, transfere do seu patrimônio bens ou vantagens para o de outra".

Inspira-se no propósito de fazer uma **liberalidade**, pois o doador transfere do seu patrimônio bens ou vantagens para o donatário, sem exigir remuneração.

4.2. ELEMENTOS PECULIARES À DOAÇÃO

Do conceito legal ressaltam os seus traços característicos:

- a **natureza contratual**;
- o ***animus donandi***, ou seja, a intenção de fazer uma liberalidade;
- a **transferência de bens** para o patrimônio do donatário; e
- a **aceitação** deste.

O primeiro nem precisaria, a rigor, ser mencionado, pois o fato de a doação estar regulada no capítulo dos contratos em espécie já evidencia a sua **natureza contratual** e, *ipso facto*, a necessidade da aceitação, cuja menção foi dispensada. Mas o legislador o incluiu para demonstrar ter optado pela corrente que a considera um contrato, diferentemente do direito francês.

Na realidade, dois são os elementos **peculiares** à doação:

- o ***animus donandi*** (elemento subjetivo), que é a intenção de praticar uma **liberalidade** (principal característica); e
- a **transferência de bens**, acarretando a diminuição do patrimônio do doador (elemento objetivo).

4.2.1. Primeiro elemento: natureza contratual

Predomina, na moderna dogmática, a concepção contratualista, tendo em vista que a doação requer a **intervenção de duas partes**, o doador e o donatário, cujas vontades hão de se completar para que se aperfeiçoe o negócio jurídico.

■ **Capacidade ativa** — Exige-se a mesma requerida para os **contratos em geral**. Todavia, não vigora a restrição imposta aos ascendentes, no caso de permuta ou venda a descendentes. Não necessitam eles da anuência dos demais, nem do cônjuge, para doar a um descendente, importando **adiantamento de legítima** a doação de pai a filho ou de um cônjuge a outro (CC, art. 544).

■ **Doações entre cônjuges** — Marido e mulher podem fazer doações recíprocas, sendo, porém, inócuas no regime da **comunhão universal**. A doação de **cônjuge adúltero** ao seu cúmplice é, no entanto, proibida, podendo ser anulada pelo outro cônjuge (CC, art. 550).

■ **Doação por menor autorizado a casar** — Também o menor não pode doar. No entanto, quando autorizado a casar, pode fazer doação ao outro nubente, no pacto antenupcial, mas a eficácia deste "fica condicionada à aprovação de seu representante legal, salvo as hipóteses de regime obrigatório de separação de bens" (CC, art. 1.654).

■ **Capacidade passiva** — Têm-na todos aqueles que podem praticar os atos da vida civil, sejam pessoas naturais ou pessoas jurídicas de direito privado, e, por exceção, o **nascituro** (CC, art. 542), em função do caráter benéfico do ato. Pela mesma razão, têm-na os **incapazes** (art. 543) e a **prole eventual** de determinado casal (art. 546). As pessoas jurídicas poderão aceitar doações na conformidade das disposições especiais a elas concernentes.

■ **Espécie de contrato** — A doação é contrato, **em regra:**

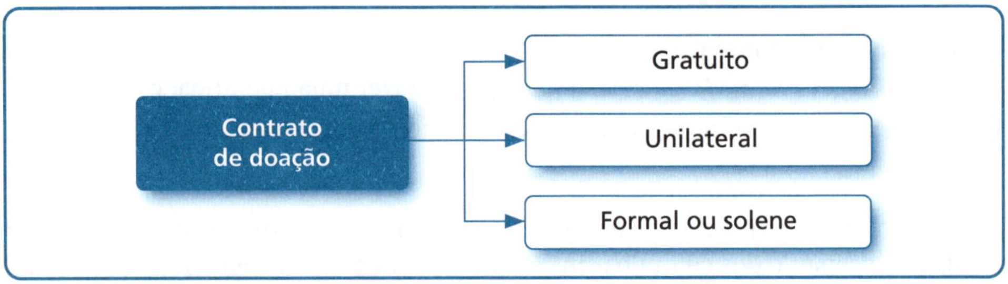

a) Gratuito, porque constitui uma liberalidade, não sendo imposto qualquer ônus ou encargo ao beneficiário. Será, no entanto, **oneroso**, se houver tal imposição.

b) Unilateral, porque cria obrigação para somente uma das partes. Contudo, será **bilateral**, quando modal ou com encargo.

c) Formal ou solene, porque se aperfeiçoa com o acordo de vontades entre doador e donatário e a observância da forma escrita, independentemente da entrega da coisa. Mas a doação **manual** (de bens móveis de pequeno valor) é de natureza **real**, porque o seu aperfeiçoamento depende incontinenti da tradição destes (CC, art. 541, parágrafo único). A melhor posição, e dominante, é a que sustenta ocorrer o seu aperfeiçoamento com a **aceitação**, independentemente da entrega da coisa. Esta é necessária apenas para a transferência do domínio, como ocorre também no contrato de compra e venda, em que há, igualmente, transferência de bens de um patrimônio para outro. A doação é, portanto, em geral, **formal** ou **solene**, porque a lei impõe a forma escrita, por instrumento público ou particular (art. 541, *caput*), salvo a de bens móveis de pequeno valor, que pode ser **verbal** (parágrafo único).

Ato *inter vivos* — A doação constitui ato *inter vivos*. O nosso ordenamento jurídico desconhece doações *causa mortis*, admitidas no direito pré-codificado, pois lhes falta o caráter de irrevogabilidade, que é inerente às liberalidades.

Juros moratórios, evicção e vício redibitório — O doador não é obrigado a pagar **juros moratórios**, nem é sujeito às consequências da **evicção** ou do **vício redibitório** (CC, art. 552, primeira parte), pois não seria justo que surgissem obrigações para quem praticou uma liberalidade. Mas a responsabilidade subsiste nas doações **remuneratórias** e **com encargo**, até o limite do serviço prestado e do ônus imposto. Nas doações para **casamento com certa e determinada pessoa**, o doador ficará sujeito à evicção, salvo convenção em contrário (art. 552, segunda parte).

4.2.2. Segundo elemento: *animus donandi*

O *animus donandi* ou liberalidade é **elemento essencial** para a configuração da doação, tendo o significado de ação desinteressada de dar a outrem, **sem estar obrigado**, parte do próprio patrimônio. Para Savigny[1], não há o *animus donandi* "quando o enriquecimento do donatário **só secundariamente** está na intenção do doador", na hipótese, por exemplo, de a doação ser feita para que os donatários mantenham em funcionamento a empresa ou o empreendimento por ele criado.

Assinala Agostinho Alvim[2] que é possível haver doação mesmo que o *animus donandi* inexista interiormente, como na hipótese de várias pessoas fazerem doação a um parente que está mal de vida e uma delas se sentir contrariada por ter que dar, não escondendo o seu constrangimento. Por essa razão, dizem alguns que a verdadeira característica da doação é a **gratuidade**, e não a liberalidade. Não há em regra doação, por falta de *animus donandi*:

- na **inatividade do proprietário ou do credor**, que deixa consumar-se a usucapião, ou a prescrição;
- na **venda por baixo preço**, salvo se este for meramente simbólico;
- na **emancipação**;
- na **concessão de garantias** reais ou fidejussórias;
- na **concessão de gorjetas, esmolas e donativos**, e na **prestação de serviços gratuitos**, feitos no cumprimento de deveres ou costumes sociais etc.

4.2.3. Terceiro elemento: transferência de bens

O elemento objeto da doação é a **transferência de bens ou vantagens** de um patrimônio para outro. A vantagem há de ser de **natureza patrimonial**, bem como

---

1 *Sistema del diritto romano attuale*, trad. Vittorio Scialoja, v. IV, § 152, p. 95.

2 *Da doação*, p. 11-17. Aduz Agostinho Alvim: "Na doação, o donatário objetiva o aumento do seu patrimônio; e o doador objetiva isso mesmo: o aumento do patrimônio do donatário, mediante ato de liberalidade. O motivo, porém, que tiver levado o doador a doar, se é amor, amizade, vaidade, ou temor da censura alheia, isso não importa, porque não constitui elemento da doação, que se contenta com o rótulo da liberalidade, externado na gratuidade do ato".

deve haver ainda aumento de um patrimônio à custa de outro. É necessário que haja uma relação de causalidade entre o empobrecimento, por liberalidade, e o enriquecimento (*pauperior et locupletior*)[3]. O essencial é a existência de **atribuição patrimonial**. A aludida transferência de bens se perfaz, se se tratar de imóveis, por escritura pública e registro. O título endossável pode ser transferido mediante endosso e entrega ao donatário.

■ 4.2.4. Quarto elemento: aceitação

A **aceitação** é indispensável para o aperfeiçoamento da doação e pode ser:

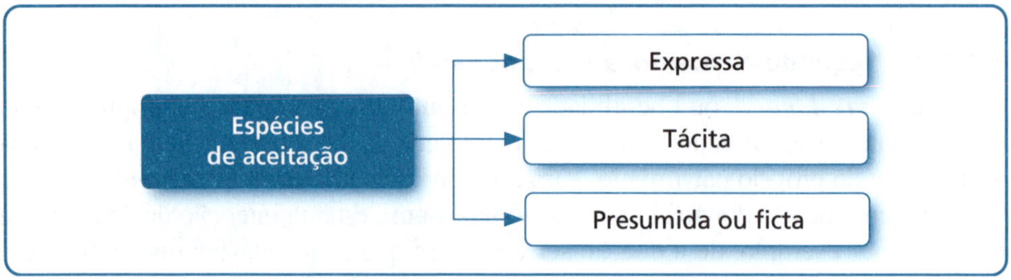

- ■ Em geral, a aceitação vem **expressa** no próprio instrumento. Por exemplo, o donatário comparece à escritura que formaliza a liberalidade para **declarar** que aceita o benefício. Mas não é imprescindível que seja manifestada simultaneamente à doação, podendo ocorrer posteriormente.
- ■ É **tácita** quando revelada pelo **comportamento** do donatário. Este não declara expressamente que aceita o imóvel que lhe foi doado, mas, por exemplo, recolhe o imposto devido, demonstrando, com isso, a sua adesão ao ato do doador; ou, embora não declare aceitar a doação de um veículo, passa a usá-lo e providencia a regularização da documentação, em seu nome.
- ■ A aceitação é **presumida** pela lei:

  a) quando o doador **fixa prazo** ao donatário, para declarar se aceita, ou não, a liberalidade. Desde que o donatário, ciente do prazo, não faça, dentro dele, a declaração, entender-se-á que aceitou (CC, art. 539). O **silêncio** atua, nesse caso, como manifestação de vontade. Tal presunção só se aplica às doações **puras**, que não trazem ônus para o aceitante;

  b) quando a doação é feita em **contemplação de casamento futuro** com certa e determinada pessoa e o casamento se realiza. A celebração gera a presunção de aceitação, não podendo ser arguida a sua falta (CC, art. 546);

  c) quando a doação é feita ao **incapaz**. Ficto é o consentimento, neste caso, dispensando-se a aceitação, "desde que se trate de doação pura, se o donatário for absolutamente incapaz" (CC, art. 543). A dispensa protege o interesse deste, pois a doação pura só pode beneficiá-lo.

3 Agostinho Alvim, *Da doação*, cit., p. 13.

4.3. OBJETO DA DOAÇÃO

O art. 538 do Código Civil retromencionado fala na transferência de "**bens** ou **vantagens**". Objeto da doação é, portanto, a **prestação** de dar coisa ou vantagens. Pode ser objeto da doação todo bem que esteja ***in commercium***, ou seja, **qualquer coisa** que tenha expressão econômica e possa ser alienada. Incluem-se os bens móveis e imóveis, corpóreos e incorpóreos, consumíveis e inconsumíveis.

Doação de coisa alheia. A coisa alheia não pode ser objeto de doação, mas a aquisição posterior do domínio convalida o ato, como estatui o § 1º do art. 1.268 do Código Civil.

Doação de bens futuros. Divergem os doutrinadores a respeito da doação de bens futuros. Entendem alguns que ela é proibida, "pois ninguém pode transferir do seu patrimônio o que neste não está"[4]. A **razão** está, no entanto, com aqueles que, afastando-se da interpretação literal, chegam a conclusão oposta. Agostinho Alvim, por exemplo, afirma que a "**coisa futura pode ser objeto de doação:** ex. os frutos que eu colher este ano, o primeiro bezerro que nascer de tal vaca que me pertence. Isto não é promessa de doar, e sim, **doação condicional:** se colher, se nascer"[5]. Caio Mário, na mesma linha, sublinha que "**não é, porém, vedada a doação de *bens futuros***. O ato terá o caráter de **contrato condicional**, e não chegará a produzir nenhum efeito, se a coisa doada não vier a ter existência e disponibilidade por parte do doador"[6].

4.4. PROMESSA DE DOAÇÃO

Assim como há promessa (ou compromisso) de compra e venda, pode haver, também, **promessa de doação**. Há controvérsias, no entanto, a respeito da exigibilidade de seu cumprimento. Caio Mário sustenta ser **inexigível** o cumprimento de promessa de **doação pura**, porque esta representa uma liberalidade plena. Não cumprida a promessa, haveria uma execução coativa ou poderia o promitente-doador ser responsabilizado por perdas e danos, nos termos do art. 389 do Código Civil — o que se mostra incompatível com a gratuidade do ato. Tal óbice não existe, contudo, na **doação onerosa**, porque o encargo imposto ao donatário estabelece um dever exigível do doador.

Para outra corrente, a **intenção** de praticar a liberalidade manifesta-se **no momento da celebração** da promessa. A sentença proferida na ação movida pelo promitente-donatário nada mais faz do que cumprir o que foi convencionado. Nem faltaria, *in casu*, a espontaneidade, pois se ninguém pode ser compelido a praticar uma liberalidade, pode, contudo, assumir voluntariamente a obrigação de praticá-la. Esta corrente admite **promessa de doação entre cônjuges**, celebrada em separação ou divórcio judicial consensual, e em favor de filhos do casal, cujo cumprimento, em

4 Orlando Gomes, *Contratos*, p. 237-238.

5 *Da doação*, cit., p. 13.

6 *Instituições*, cit., v. III, p. 252.

caso de inadimplemento, pode ser exigido com base no art. 501 do Código de Processo Civil.

A promessa de doação **em favor da prole** é admitida, "atribuindo-se à cláusula do acordo homologado eficácia plena e irrestrita, sem condições de retratabilidade ou arrependimento, assegurando-se ao beneficiário **direito à adjudicação compulsória** do imóvel ou à **sentença condenatória substitutiva da declaração de vontade** recusada"[7]. Nesse diapasão, decidiu o Tribunal de Justiça de São Paulo que "o acordo, quando contém os mesmos requisitos formais e de fundo da liberalidade prometida, erige-se em contrato preliminar, sujeitando-se à execução específica das obrigações de emitir declaração de vontade"[8].

■ 4.5. ESPÉCIES DE DOAÇÃO

A doação pode ser classificada, em razão de seus elementos integrativos, em vários tipos, a seguir especificados.

■ 4.5.1. Doação pura e simples ou típica (*vera et absoluta*)

Configura-se quando o doador não impõe **nenhuma restrição ou encargo** ao beneficiário, nem subordina a sua eficácia a qualquer **condição**. O ato constitui uma liberalidade plena.

■ 4.5.2. Doação onerosa, modal, com encargo ou gravada (*donatione sub modo*)

É aquela em que o doador impõe ao donatário uma **incumbência** ou **dever**. Assim, há doação onerosa, por exemplo, quando o autor da liberalidade sujeita o município donatário a construir uma creche ou escola na área urbana doada. O **encargo** (representado, em geral, pela locução *com a obrigação de*) **não suspende a aquisição, nem o exercício do direito** (CC, art. 136), diferentemente da **condição suspensiva** (identificada pela partícula *se*), que subordina o efeito da liberalidade a evento futuro e incerto (art. 121). Enquanto este se não verificar, o donatário não adquirirá o direito.

■ **Espécies de encargo** — O encargo pode ser imposto:

a) a benefício do **doador**;

b) a benefício de **terceiro**; ou

c) a benefício do **interesse geral** (art. 553).

■ **Exigência de cumprimento** — O cumprimento do encargo, em caso de **mora**, pode ser exigido judicialmente, salvo quando instituído em favor do próprio donatário, valendo, nesse caso, como mero conselho ou recomendação (ex.: "dou-te

---

7 Yussef Said Cahali, *Divórcio e separação,* p. 174-197.

8 *RT,* 460/107.

tal importância para comprares tal imóvel")[9]. Doação com reserva de usufruto não é onerosa, porém pura e simples.

■ **Legítimo interesse para exigir o cumprimento do encargo** — Têm legítimo interesse, na hipótese, o **doador** e o **terceiro** (em geral, alguma entidade), aplicando-se as regras da estipulação em favor de terceiro, bem como o **Ministério Público**; este, somente se o encargo foi imposto no **interesse geral** e o doador já faleceu sem tê-lo feito (CC, art. 553, parágrafo único). Mas somente o doador pode pleitear a **revogação** da doação.

■ **Conservação do caráter de liberalidade** — Não perde o caráter de liberalidade o que **exceder o valor do encargo** imposto. Assim, se o bem doado vale R$ 100.000,00 e o encargo exige o dispêndio de R$ 20.000,00, haverá uma doação de R$ 80.000,00 e uma alienação a título oneroso de R$ 20.000,00.

■ **Encargo ilícito ou impossível** — Preceitua o art. 137 do Código Civil que se considera "**não escrito** o encargo ilícito ou impossível, salvo se constituir o motivo determinante da liberalidade, caso em que se invalida o negócio jurídico". Assim, por exemplo, se a doação de um imóvel é feita para que o donatário nele mantenha casa de prostituição (atividade ilícita), sendo esse o motivo determinante ou a finalidade específica da liberalidade, **será invalidado todo o negócio jurídico**[10]. E o art. 441, parágrafo único, manda aplicar às doações oneradas de encargo a teoria dos vícios redibitórios.

■ 4.5.3. Doação remuneratória

■ *4.5.3.1. Conceito*

Doação *remuneratória* é a feita em retribuição a serviços prestados, cujo pagamento **não pode ser exigido** pelo donatário. É o caso, por exemplo, do cliente que paga serviços prestados por seu médico, mas quando a ação de cobrança já estava prescrita; e, ainda, do que faz uma doação a quem lhe salvou a vida ou lhe deu apoio em momento de dificuldade.

Se a dívida era exigível, a retribuição chama-se pagamento, ou dação em pagamento se ocorrer a substituição da coisa devida por outra; se não era, denomina-se **doação remuneratória**[11]. Nesta, não há dever jurídico exigível pelo donatário. Toda-

---

9 Eduardo Espínola, *Dos contratos nominados*, cit., p. 177.

10 Carlos Roberto Gonçalves, *Direito civil brasileiro*, v. I, p. 354.

11 Eduardo Espínola considera muito difícil estabelecer um critério absoluto de distinção entre as doações remuneratórias que se devam ter como puras liberalidades e as doações remuneratórias com caráter oneroso. Se "um médico declara ao cliente que nada lhe quer cobrar por seu tratamento, ou um cirurgião por uma hábil e feliz operação, cumpre admitir que o valioso presente que lhe faça o cliente restabelecido é uma doação remuneratória, de caráter oneroso, até a correspondência equitativa do serviço prestado. Se, ao invés, sem qualquer manifestação do cirurgião, o operado lhe oferece uma joia para a esposa ou a filha, ou um aparelho cirúrgico, trata-se de uma doação gratuita, que não impede aquele de cobrar a importância de seus serviços" (*Dos contratos nominados*, cit., p. 169, nota 4).

via, o doador sente-se no **dever moral** de remunerá-lo em virtude da prestação de um serviço que aquele lhe prestou e, por alguma razão pessoal, não exigiu o correspectivo ou a ele renunciou[12].

■ 4.5.3.2. *Regulamentação legal*

Se o valor pago exceder o dos serviços prestados, o excesso "não perde o caráter de liberalidade", isto é, de **doação pura** (CC, art. 540).

Sendo o motivo determinante recompensar serviços ou favores prestados ao doador, na parte correspondente à retribuição dos serviços, o ato, em verdade, não é doação, mas pagamento, como foi dito. Neste caso, o doador responde pela evicção na parte equivalente ao serviço prestado. Se os serviços valem R$ 1.000,00 e paga-se R$ 1.500,00, os R$ 500,00 excedentes constituem, porém, pura liberalidade.

■ 4.5.4. Doação mista

É aquela em que se procura **beneficiar** por meio de um contrato de caráter **oneroso**. Decorre da inserção de **liberalidade** em alguma modalidade diversa de **contrato** (p. ex., **venda a preço vil** ou irrisório (venda amistosa), que é venda na aparência, e doação na realidade). Embora haja a intenção de doar, existe um preço fixado, caracterizando a venda (*negotium mixtum cum donatione*). Pode ocorrer, também, na aquisição de um bem por preço **superior ao valor real** (paga-se R$ 1.500,00, sabendo-se que o valor real é R$ 1.000,00). O sobrepreço inspira-se na liberalidade que o adquirente deseja praticar.

Embora sustentem alguns que o negócio deve ser separado em duas partes, aplicando-se a cada uma delas as regras que lhe são próprias, a melhor solução é **verificar a preponderância do negócio**, se oneroso ou gratuito, levando-se em conta o art. 112 do Código Civil.

■ 4.5.5. Doação em contemplação do merecimento do donatário (contemplativa ou meritória)

Configura-se quando o doador menciona, expressamente, o **motivo da liberalidade**, dizendo, por exemplo, que a faz porque o donatário tem determinada virtude, ou porque é seu amigo, consagrado profissional ou renomado cientista (a gratificação pecuniária ao vencedor do Prêmio Nobel, *v.g.*) etc. Não tem como pressuposto a recompensa de um favor ou de um serviço recebido.

Segundo dispõe a primeira parte do art. 540 do Código Civil, **a doação é pura** e como tal se rege, não exigindo que o donatário faça por merecer a dádiva.

■ 4.5.6. Doação feita ao nascituro

Dispõe o art. 542 do Código Civil que tal espécie de doação **"valerá, sendo aceita pelo seu representante legal"**. Pode o nascituro ser contemplado com doações, tendo em vista que o art. 2º põe a salvo os seus direitos desde a concepção.

---

[12] Paulo Luiz Netto Lôbo, *Comentários*, cit., v. 6, p. 296; Silvio Rodrigues, *Direito civil*, v. 3, p. 202.

A aceitação será manifestada pelos **pais**, ou por seu **curador** quando o pai falecer e a mãe não detiver o poder familiar (art. 1.779), neste caso com autorização judicial (CC, art. 1.748, II, c.c. o art. 1.774). Sendo titular de direito eventual, sob condição suspensiva, **caducará a liberalidade, se não nascer com vida**.

4.5.7. Doação em forma de subvenção periódica

Trata-se de uma **pensão**, como favor pessoal ao donatário, cujo pagamento **termina com a morte do doador**, não se transferindo a obrigação a seus herdeiros, salvo se o contrário houver, ele próprio, estipulado. Neste caso, **"não poderá ultrapassar a vida do donatário"** (CC, art. 545), e os herdeiros só serão obrigados **dentro das forças da herança**.

Em vez de entregar ao donatário um objeto, o doador assume a obrigação de ajudá-lo mediante auxílio pecuniário, sob a forma de rendas, dividendos ou alimentos, periodicamente, com intuito de liberalidade. **A periodicidade é definida pelo doador**, sendo comuns a mensal e a anual, como ocorre nas contribuições a entidades sem fins lucrativos. Mas pode ser adotada qualquer outra.

4.5.8. Doação em contemplação de casamento futuro *(donatio propter nuptias)*

Constitui liberalidade realizada em consideração às **núpcias próximas** do donatário com certa e determinada pessoa. Segundo prescreve o art. 546 do Código Civil, "só ficará sem efeito se o casamento não se realizar". A sua eficácia subordina-se, pois, a uma condição suspensiva: **a realização do casamento** (*si nuptiae sequuntur*). Dispensa aceitação, que se presume da celebração.

O dispositivo permite tal espécie de doação quer pelos nubentes entre si, quer por terceiro a um deles, a ambos, ou aos filhos que, de futuro, houverem um do outro. Pode ser beneficiada, portanto, a **prole eventual** do futuro casal. Neste caso, são **duas** as condições suspensivas:

- se o **casamento se realizar**; e
- se os filhos **nascerem com vida**.

A doação à prole futura é **insuscetível de revogação por ingratidão**, por impossibilidade lógica, sendo que a praticada pelos futuros pais não autoriza a revogação. Frustrando-se o casamento ou se a futura prole se inviabilizar, o nubente deverá devolver a coisa, com os efeitos de possuidor de boa-fé[13].

A doação *propter nuptias* **não se resolve pelo divórcio**, nem podem os bens doados para casamento ser reivindicados pelo doador por ter o donatário enviuvado ou divorciado e passado a novas núpcias[14].

---

13 Paulo Luiz Netto Lôbo, *Comentários*, cit., v. 6, p. 322.

14 Carvalho de Mendonça, *Contratos*, cit., t. I, p. 110, n. 23; Caio Mário da Silva Pereira, *Instituições*, cit., v. III, p. 255.

4.5.9. Doação entre cônjuges

O art. 544 do novo Código Civil estatui que a doação "de um cônjuge a outro importa **adiantamento** do que lhes cabe por herança". A regra não constava do Código de 1916 e aplica-se às hipóteses em que o cônjuge participa da sucessão do outro na qualidade de herdeiro, **em concorrência com os descendentes**, previstas no art. 1.829 do Código Civil. Pondera Jones Figueirêdo Alves ser lógica "a conclusão de que a doação versará sobre os **bens particulares** de cada cônjuge, certo que, no regime de comunhão universal, o acervo patrimonial é comum a ambos, o que seria ocioso doar; no de separação obrigatória de bens, o cônjuge não concorre na sucessão, e no da comunhão parcial, apenas concorre se o autor da herança não houver deixado bens particulares"[15].

Conclui-se, portanto, que **podem ser doados** por um cônjuge ao outro:

- no regime de **separação absoluta**, convencional ou legal, todos os bens, em virtude da inexistência de bens comuns;
- no regime da **comunhão parcial**, os bens particulares;
- no regime da **comunhão universal**, os excluídos da comunhão (CC, art. 1.668);
- no regime de **participação final dos aquestos**, os bens próprios de cada cônjuge, excluídos os aquestos (CC, art. 1.672)[16].

A regra instituída no mencionado art. 544 do Código Civil não é, todavia, cogente, pois os arts. 2.005 e 2.006 do mesmo estatuto autorizam o doador, ascendente ou cônjuge, a **dispensar o donatário da colação** no próprio título de liberalidade.

4.5.10. Doação em comum a mais de uma pessoa (conjuntiva)

Quando a doação é feita em comum a várias pessoas, entende-se distribuída entre os beneficiados, **"por igual"**. Estabelece-se, assim, uma obrigação **divisível**. A regra é prevista no art. 551 do Código Civil, que permite, todavia, ao doador **dispor em contrário**, determinando que a parte do que falecer **acresça** à do que venha a sobreviver. O direito de acrescer é previsto também no art. 1.411 do novo diploma, que trata do direito real de usufruto.

"Se os donatários, em tal caso, forem **marido e mulher**", a regra é o direito de acrescer: **"subsistirá na totalidade a doação para o cônjuge sobrevivo"**, em vez de a parte do falecido passar aos seus herdeiros (CC, art. 551, parágrafo único). **Não assim, se foi feita a um só dos cônjuges**, mesmo no regime da comunhão univer-

[15] *Novo Código Civil comentado*, p. 481.

[16] Paulo Luiz Netto Lôbo, *Comentários*, cit., v. 6, p. 312-313.

Decidiu o Tribunal de Justiça de São Paulo: "Cônjuge varão, sexagenário, que doa metade da parte ideal de seu único imóvel à sua mulher. Admissibilidade, ainda que o casamento tenha sido celebrado sob o regime de separação de bens, por força do art. 258, par. ún., II, do CC (*de 1916, correspondente ao art. 1.641, II, do CC/2002*). Impossibilidade de se presumir, nos dias de hoje, que o homem de 60 anos e a mulher de 50 anos, em plena capacidade intelectual e laborativa, não tenham capacidade de discernimento quanto à administração de seus bens" (*RT*, 784/235).

sal[17]. Nos casos em que prevalece o direito de acrescer, o bem doado não deve ser incluído no inventário do cônjuge falecido, excluído que foi do acervo hereditário por ter sido acrescido à quota do cônjuge supérstite.

4.5.11. Doação de ascendentes a descendentes

Proclama o art. 544 do Código Civil que a doação de ascendentes a descendentes "importa **adiantamento** do que lhes cabe por herança". Estes estão obrigados a conferir, no inventário do doador, por meio de **colação**, os bens recebidos, pelo valor que lhes atribuir o ato de liberalidade ou a estimativa feita naquela época (CC, art. 2.004, § 1º), para que sejam **igualados os quinhões dos herdeiros necessários**, salvo se o ascendente os **dispensou** dessa exigência, determinando que saiam de sua metade disponível, contanto que não a excedam, computado o seu valor ao tempo da doação (CC, arts. 2.002 e 2.005).

A obrigatoriedade da colação, na doação dos pais a determinado filho, dispensa, salvo a ressalva feita, a **anuência dos outros filhos**, somente exigível na venda (art. 496) ou permuta de bens de valores desiguais (art. 533, II). A doação do avô a um neto não importa adiantamento da legítima, quando apenas concorrem os filhos do doador, inclusive o pai do donatário. O neto somente estará obrigado à colação se suceder no lugar do pai, por estirpe ou representação[18].

4.5.12. Doação inoficiosa

4.5.12.1. Conceito e regulamentação legal

Doação *inoficiosa* é a que **excede o limite** que o doador, "no momento da liberalidade, poderia dispor em testamento". O art. 549 do Código Civil declara **"nula"** somente a parte que exceder tal limite, e não toda a doação.

Havendo **herdeiros necessários**, o testador só poderá dispor da metade de seus bens, pois a outra "pertence de pleno direito" aos referidos herdeiros (CC, art. 1.846). O art. 549 visa a preservar, pois, a **"legítima"** dos herdeiros necessários. Só tem liberdade plena de testar e, portanto, de doar quem não tem herdeiros dessa espécie, a saber: descendentes, ascendentes e cônjuge[19]. O **companheiro** não foi incluído ex-

---

17 *RT*, 677/218.

O Superior Tribunal de Justiça, na mesma linha, decidiu pela inaplicabilidade da norma que estabelece o direito de acrescer entre cônjuges quando a doação é recebida por apenas um dos cônjuges, que veio a falecer, restringindo a sua incidência às hipóteses em que "figurarem como donatários ambos os cônjuges. Quando, no entanto, somente um deles aceitou a doação, há comunicabilidade do bem doado no monte hereditário, para a composição da meação e da legítima dos herdeiros, em caso de morte de qualquer dos cônjuges" (REsp 6.358-SP, 3ª T., rel. Min. Dias Trindade, *DJU*, 17-6-1991).

18 Paulo Luiz Netto Lôbo, *Comentários*, cit., v. 6, p. 312.

19 "Doação inoficiosa. Momento de aferição. A validade da liberalidade é verificada no momento em que feita a doação e, não, quando da transcrição do título no registro de imóveis" (STJ, REsp 111.426-ES, 3ª T., rel. Min. Eduardo Ribeiro, *DJU*, 29-3-1999). "Se o legislador restringiu a liberdade de testar, das pessoas com herdeiros, à metade de seus bens, tal princípio seria burlado se o

pressamente no rol dos herdeiros necessários, embora o art. 226, § 3º, da Constituição Federal, ao reconhecer a união estável como entidade familiar, equipare-o ao cônjuge, procurando igualar as entidades familiares.

■ 4.5.12.2. Momento em que a inoficiosidade pode ser arguida

Malgrado o argumento de que, ajuizada a ação declaratória de nulidade da parte inoficiosa (*ação de redução*) antes da abertura da sucessão, estar-se-ia a litigar em juízo sobre herança de pessoa viva, inclina-se a doutrina pela possibilidade de tal ação ser ajuizada desde logo, **não sendo necessário aguardar a morte do doador**, porque o excesso é declarado **nulo**, expressamente, pela lei.

Dispõe o art. 168 do Código Civil que as nulidades "podem ser alegadas por qualquer interessado, ou pelo Ministério Público, quando lhe couber intervir", acrescentando o parágrafo único que "devem ser pronunciadas pelo juiz", de ofício. Ademais, a ação tem por objeto **contratos entre vivos** e se reporta ao **"momento da liberalidade"**[20]. A redução do excesso "nada tem que ver com a sucessão hereditária, pois o legislador apenas utilizou o mesmo parâmetro que determinou para o testador"[21].

■ 4.5.12.3. Objeto do pedido

O pedido é feito para que, anulado o ato, **os bens retornem ao patrimônio do doador**. Se forem feitas **várias doações**, tomar-se-á por base a primeira, isto é, o patrimônio então existente, para o cálculo da inoficiosidade. Caso contrário, o doa-

---

testador pudesse doar mais da metade de seus bens, pois desse modo alcançaria, por ato *inter vivos*, aquilo que a lei veda, *causa mortis*" (*RT*, 683/72). "A nulidade da doação inoficiosa pode ser demandada em vida do doador, pois toca aos prejudicados, que não hão de aguardar a abertura de sua sucessão para trazê-la à colação. Cuida-se de nulidade da parte excedente, não de sua redução, aplicável às disposições testamentárias" (TJRJ, Ap. Cív. 106/97, 7ª Câm. Cív., rel. Des. Luiz Roldão F. Gomes, j. 19-8-1997). "A anulação da doação, no tocante à parcela do patrimônio que ultrapassa a cota disponível em testamento, exige que o interessado prove a existência do excesso no momento da liberalidade" (STJ, REsp 160.969-PE, 3ª T., rel. Min. Waldemar Zveiter, *DJU*, 23-11-1998).

20 O Código Civil de 1916 também determinava que a inoficiosidade fosse verificada no momento da doação, como se o doador houvesse falecido nesse dia. Segundo Clóvis, seria injusto considerar o instante da abertura da sucessão, pois o doador abastado, que doasse moderadamente e que por qualquer circunstância viesse a se empobrecer posteriormente, poderia ter reduzida a liberalidade, se esta, ao abrir-se-lhe a sucessão, excedesse o valor da legítima (*Código Civil dos Estados Unidos do Brasil comentado*, v. IV, p. 344). Apesar disso, o Código de Processo Civil alterou o princípio, mandando calcularem-se os bens pelo valor que tiverem ao tempo da abertura da sucessão (art. 639, parágrafo único). O Código Civil de 2002, no entanto, restaurou, em seu art. 549, a regra que manda apreciar a inoficiosidade tomando-se por base os valores vigentes no momento da liberalidade, revogando, destarte, a determinação do estatuto processual civil.

21 Paulo Luiz Netto Lôbo, *Comentários*, cit., v. 6, p. 334-335.

Anota Silvio Rodrigues que outra razão "milita em favor do critério legal. É a questão da segurança das relações sociais. Se a eficácia da doação só se verificasse por ocasião da morte do doador, o domínio do donatário só se afirmaria de maneira inconteste com essa ocorrência, pois, até o seu advento, seria ele resolúvel. Ora, isso representa um elemento de insegurança, que o legislador deve repudiar" (*Direito civil*, cit., v. 3, p. 206).

dor continuaria doando a metade do que possui atualmente, e todas as doações seriam legais, até extinguir todo o seu patrimônio. A redução, neste caso, deve alcançar somente as inoficiosas, a começar pela última.

Não são consideradas as doações feitas ao tempo em que o doador não tinha herdeiros necessários; mas somam-se os valores das que se fizeram em todo o tempo em que o doador tinha herdeiros necessários[22].

Tem-se decidido que "**a inoficiosidade da doação se verifica na data da liberalidade e não ao tempo da abertura da sucessão**. Logo, se ainda não nascido, o segundo apelante não tinha nem direito, nem expectativa de direito sobre o patrimônio de seu genitor. Ao tempo da doação não se violou qualquer direito deste, posto que sequer existia, e a pretensão nasce com a violação do direito (art. 189 do CC/2002), daí sua ilegitimidade ativa"[23].

4.5.13. Doação com cláusula de retorno ou reversão

4.5.13.1. Regulamentação legal

Permite o art. 547 do Código Civil que o doador estipule o **retorno**, "ao seu patrimônio", dos bens doados, **"se sobreviver ao donatário"**. Não fosse essa cláusula, que configura condição resolutiva expressa, os referidos bens passariam aos herdeiros do último. Revela o propósito do doador de beneficiar somente o donatário, e não os herdeiros deste, sendo, portanto, ***intuitu personae***.

A cláusula de reversão só terá eficácia se o doador **sobreviver ao donatário**. Se morrer antes deste, deixa de ocorrer a condição, e os bens doados incorporam-se definitivamente ao patrimônio do beneficiário, transmitindo-se, por sua morte, aos seus próprios herdeiros.

4.5.13.2. Ineficácia da cláusula de reversão em favor de terceiro

O mencionado art. 547 do Código Civil refere-se exclusivamente à reversão em favor do próprio doador, não sendo possível, destarte, convencioná-la em favor de terceiro. Prescreve, com efeito, o parágrafo único do aludido preceito: **"Não prevalece cláusula de reversão em favor de terceiro"**. A razão da proibição é que tal cláusula caracterizaria uma espécie de **fideicomisso** por ato *inter vivos*.

---

22 Paulo Luiz Netto Lôbo, *Comentários*, cit., v. 6, p. 334.

Agostinho Alvim (*Da doação*, cit., p. 185) menciona que autores modernos e antigos ensinam que a redução deve fazer-se a começar pela última, sendo que Carlos Maximiliano defende, porém, a redução proporcional das inoficiosas. Aduz o notável civilista: "Esclareçamos com exemplos. Um viúvo tem dois filhos e possui um milhão, podendo doar a estranhos até Cr$ 500.000,00. Faz três doações de Cr$ 100.000,00 cada uma; outra de Cr$ 300.000,00; e outra de Cr$ 200.000,00. Pelo primeiro sistema, a última doação cai, inteiramente; e a penúltima deve sofrer uma redução de Cr$ 100.000,00. Pelo segundo sistema, como a partir da quarta doação já se manifestou a inoficiosidade, esta quarta doação e a quinta sofrerão redução proporcional. Nós optamos pelo primeiro sistema, que nos parece mais justo, e que congrega a grande maioria dos civilistas, que discorrem sobre sucessões".

23 TJMS, AC n. 00069-72.2010.8.12.0002, 5ª Câm. Cív., rel. Des. Sidnei S. Pimentel, j. 26-7-2016.

■ *4.5.13.3. Admissibilidade de se convencionar a reversão, estando vivo o donatário*

Nada impede que se convencione a reversão do bem, **ainda vivo o donatário**, pois nada há de ilícito, ou de contrário ao nosso sistema, em determinar que uma doação se resolva após o decurso de certo tempo ou verificada certa condição.

■ 4.5.14. Doação manual

■ *4.5.14.1. Conceito e regulamentação legal*

Doação *manual* é a doação verbal de **"bens móveis de pequeno valor"**. Será válida "se lhe seguir incontinenti a **tradição**" (CC, art. 541, parágrafo único).

A doação é contrato **solene** e **consensual**, porque a lei exige a forma pública, quando tem por objeto bens imóveis, e o instrumento particular, quando versa sobre bens móveis de grande valor (art. 541, *caput*), aperfeiçoando-se com o acordo de vontades, **independentemente da entrega da coisa**. Entretanto, a **manual** constitui exceção à regra, porque pode ser feita **verbalmente**, desde que se lhe siga, incontinenti, a **tradição** (tem, pois, natureza **real**). Geralmente, constitui presente de casamento ou de aniversário, homenagem ou demonstração de estima[24].

■ *4.5.14.2. Critério para se aferir o pequeno valor*

Como a lei não fornece critério para se aferir o **pequeno valor**, leva-se em consideração o patrimônio do doador. Em geral, considera-se de pequeno valor a doação que **não ultrapassa dez por cento do patrimônio do doador**.

Tal critério, todavia, não pode ter aplicação generalizada, por não corresponder, em muitos casos, à intenção do legislador. Se o patrimônio for de valor muito elevado, o denominado **"pequeno valor"** poderá perder essa conotação — o que não parece acertado[25].

■ 4.5.15. Doação feita a entidade futura

Dispõe o art. 554 do Código Civil que a doação a **"entidade futura"**, portanto inexistente, "caducará se, em **dois anos**, esta não estiver constituída regularmente". Presume-se a aceitação com a existência da entidade donatária. O prazo para a sua constituição é **decadencial** e de dois anos: não se prorroga nem se interrompe. A

---

[24] "Doação. Bem móvel. Alegação e liberalidade verbal. Inocorrência. Fato não comprovado. Coisa, ademais, de considerável valor. O simples fato de uma coisa mobiliária encontrar-se na posse de quem alega ser donatário dela não é prova suficiente de doação" (*RT*, 693/149). "Doação à namorada. Empréstimo. Matéria de prova. O pequeno valor há de ser considerado em relação à fortuna do doador; se se trata de pessoa abastada, mesmo as coisas de valor elevado podem ser doadas mediante simples doação manual" (STJ, REsp 155.240-RJ, 3ª T., rel. Min. Antônio de Pádua Ribeiro, *DJU*, 5-2-2001).

[25] Washington de Barros Monteiro, *Curso*, cit., v. 5, p. 140; Agostinho Alvim, *Da doação*, cit., p. 79.

existência legal das pessoas jurídicas de direito privado começa com a inscrição do ato constitutivo no respectivo registro (art. 45).

O dispositivo em apreço alude a entidade futura, gênero do qual a pessoa jurídica é espécie. Entidades podem ser tanto as **pessoas jurídicas de direito público** ou **de direito privado** (sociedades, associações, fundações particulares) como **os entes não personificados**, como o condomínio edilício, a massa falida, o espólio etc.[26].

4.6. RESTRIÇÕES LEGAIS

A lei impõe algumas **limitações à liberdade de doar**, visando a preservar o interesse social, o interesse das partes e de terceiros, expostas nos itens seguintes.

4.6.1. Doação feita pelo devedor já insolvente, ou por ela reduzido à insolvência

É proibida a doação feita pelo devedor já insolvente, ou por ela reduzido à insolvência, por configurar **fraude contra credores**, podendo a sua validade ser impugnada por meio da **ação pauliana**, sem a necessidade de comprovar conluio (*consilium fraudis*) entre doador e donatário. O art. 158 do Código Civil, com efeito, **presume fraudulentos** os "negócios de transmissão gratuita de bens, se os praticar o devedor já insolvente, ou por eles reduzido à insolvência". Somente quem não tem dívidas insolúveis tem a faculdade de fazer liberalidades (*nemo liberalis nisi liberatus*).

A regra busca proteger os credores do doador. Se as dívidas deste superam o ativo, ou seja, o seu patrimônio, caracterizando o **estado de insolvência**, a doação constitui inaceitável liberalidade realizada com dinheiro alheio[27].

4.6.2. Doação da parte inoficiosa

O art. 549 do Código Civil proclama ser nula "a doação quanto à parte que exceder à de que o doador, no momento da liberalidade, poderia dispor em testamento" **(cf. item 4.5.12, *retro*)**.

4.6.3. Doação de todos os bens do doador (doação universal)

O art. 548 do Código Civil considera "nula a doação de todos os bens sem reserva de parte, ou renda suficiente para a subsistência do doador". Não haverá restrição se este tiver alguma fonte de renda ou reservar para si o usufruto dos referidos bens, ou de parte deles, pois o que o legislador **não permite é doação universal** (*omnium bonorum*) sem que o doador conserve o necessário para assegurar a sua sobrevivência[28].

---

[26] Paulo Luiz Netto Lôbo, *Comentários*, cit., v. 6, p. 352.

[27] Silvio Rodrigues, *Direito civil*, cit., v. 3, p. 208; Carvalho de Mendonça, *Contratos*, cit., t. I, p. 89, n. 18.

[28] "Não há que se conhecer alegação de nulidade de doação se o doador reserva usufruto de bens ou renda suficiente à sua subsistência" (STJ, REsp 34.271-9-SP, 3ª T., rel. Min. Cláudio Santos, *DJU*, 23-8-1993). "É nula a doação de todos os bens sem reserva de parte ou renda suficiente para subsistência do doador. Tal nulidade, expressamente cominada, deve ser pronunciada pelo juiz quando

A limitação visa a **proteger o autor de liberalidade tão ampla**, impedindo que, por sua imprevidência, fique reduzido à miséria, bem como a sociedade, evitando que o Estado tenha de amparar mais um carente. Não basta que o donatário se comprometa a assisti-lo, moral e materialmente. A nulidade recai sobre a **totalidade dos bens**, mesmo que o doador seja rico e a nulidade de uma parte baste para que viva bem[29].

4.6.4. Doação do cônjuge adúltero a seu cúmplice

4.6.4.1. Regulamentação legal

Dispõe o **art. 550 do Código Civil** que tal doação "pode ser anulada pelo outro cônjuge, ou por seus herdeiros necessários, até dois anos depois de dissolvida a sociedade conjugal". Tal proibição tem o propósito de **proteger a família** e repelir o adultério, que constitui afronta à moral e aos bons costumes.

No **art. 1.801, III**, o Código também proíbe que o testador casado beneficie o **concubino**, em seu testamento. Mas o art. 550 é mais amplo, porque alcança o **cúmplice** no adultério — expressão mais ampla do que **concubino** (*v.* art. 1.727), por abranger também a pessoa que manteve um relacionamento sexual eventual com o doador.

Na mesma linha, prescreve o **art. 1.642, V**, que tanto o marido quanto a mulher podem "reivindicar os bens comuns, móveis ou imóveis, **doados** ou transferidos pelo outro cônjuge **ao concubino**, desde que provado que os bens não foram adquiridos pelo esforço comum destes, se o casal estiver separado de fato por mais de cinco anos", ainda que a doação se dissimule em venda ou outro contrato. A jurisprudência tem, entretanto, limitado a anulação aos casos em que o doador vive em companhia do cônjuge inocente e pratica o adultério (**concubinato adulterino** ou relacionamento extraconjugal), não a admitindo quando aquele se encontra **separado de fato**, de há muito, do cônjuge, vivendo *more uxorio* com a donatária, agora denominada **companheira**[30].

---

conheça do ato e a encontrar provada" (TJSC, EI 280-SC, 2º Gr. de Câms., rel. Des. João José Schaerer, j. 10-3-1997). "Nula é a doação da totalidade dos bens do doador, sem reserva de parte ou renda suficiente para a sua subsistência. Tal nulidade, entretanto, produz efeitos 'ex tunc', indo alcançar a declaração de vontade no momento mesmo da emissão e pode ser arguida por qualquer interessado, pelo Ministério Público, ou ser reconhecida de ofício pelo juiz" (*RT*, 676/95).

29 Silvio Rodrigues, *Direito civil*, cit., v. 3, p. 204-205; Washington de Barros Monteiro, *Curso*, cit., v. 5, p. 143.

30 "O homem que, depois da separação de fato da esposa, une-se a outra mulher e com ela mantém concubinato 'more uxorio' não pode ser considerado como adúltero. E nem a segunda mulher pode ser definida como concubina. No caso trata-se de companheira, abrangida pelo art. 226, § 3º, da CF" (*RT*, 725/271). "Doação. Companheira. União estável. Distinção entre concubina e companheira. O art. 1.177 do Código Civil (*de 1916; CC/2002: art. 550*) não atinge a doação à companheira" (STJ, *RT*, 719/258). "Concubinato impuro. Aquisição de bens pelo cônjuge adúltero em nome da concubina. Tolerância da mulher com o relacionamento. Validade. Se a mulher do cônjuge adúltero tolera, durante largos anos, a situação dúplice, consente com as atribuições patrimoniais, desaparecendo qualquer vício" (TJRS, Ap. Cív. 597.144.328, 5ª Câm. Cív., rel. Des. Araken de Assis, j. 288-1997). "As doações feitas por homem casado à sua companheira, após a separação de fato de sua esposa, são válidas, porque, nesse momento, o concubinato anterior dá lugar à união

4.6.4.2. *A ação anulatória*

A doação não é nula, mas **anulável**, pois não pode ser decretada de ofício pelo juiz. A lei limita as pessoas que podem alegá-la: o **cônjuge inocente e os herdeiros necessários**. Sujeito passivo da ação é o **donatário**, cúmplice do adultério, ou seus sucessores.

A prioridade para o ajuizamento da referida ação é do **cônjuge enganado**. Enquanto estiver vivo, é o único legitimado, pois o adultério é ofensa cometida contra ele. Se não quiser propô-la, para não tornar público o fato constrangedor, ninguém poderá fazê-lo. Pode preferir esgotar o **prazo de dois anos**, que se conta **a partir da dissolução da sociedade conjugal**, sem o referido ajuizamento. Depois, não é mais possível intentar a ação, nem ao cônjuge, nem aos herdeiros necessários. Estes só poderão fazê-lo se o cônjuge inocente falecer antes de vencido o aludido prazo[31].

4.6.4.3. *Possibilidade de se ajuizar a ação na constância do casamento*

Embora a ação deva ser intentada dentro de dois anos a partir da dissolução da sociedade conjugal, nada obsta que o possa ser **na constância do casamento**. O referido prazo é **decadencial**, pois são prescricionais somente os mencionados nos arts. 205 e 206 do Código Civil, sendo decadenciais todos os demais, estabelecidos como complemento de cada artigo que rege a matéria.

4.6.4.4. *Ilegitimidade do curador do cônjuge inocente para a propositura da ação anulatória*

Em razão de sua natureza especial, tal ação **não pode ser ajuizada pelo curador** do cônjuge inocente interditado ou declarado ausente. Mas o prazo permanece suspenso até o levantamento da curatela, pois a decadência não corre contra os incapazes a que se refere o art. 3º (CC, arts. 198, I, e 208)[32].

4.7. DA REVOGAÇÃO DA DOAÇÃO

A doação pode ser revogada:

- pelos modos comuns a todos os contratos;
- por inexecução do encargo (CC, art. 555); e
- por ingratidão do donatário.

4.7.1. Casos comuns a todos os contratos

Tendo natureza contratual, a doação pode contaminar-se de **todos os vícios do negócio jurídico**, como erro, dolo, coação, estado de perigo, lesão ou fraude contra

estável; *a contrario sensu*, as doações feitas antes disso são nulas" (STJ, REsp 408.296, 3ª T., rel. Min. Ari Pargendler, *DJE*, 24-6-2009).

31 Silvio Rodrigues, *Direito civil*, cit., v. 3, p. 210; Agostinho Alvim, *Da doação*, cit., p. 196-197.

32 Agostinho Alvim, *Da doação*, cit., p. 198-199.

credores, sendo desfeita por ação anulatória (CC, art. 171, II). A sua natureza contratual torna dispensável qualquer menção à hipótese, no Código, dada a sua evidência.

Pode também ser declarada **nula como os demais contratos**, se o agente for absolutamente incapaz, o objeto ilícito, impossível ou indeterminável, ou não for observada a forma prescrita no art. 541 e parágrafo único (CC, art. 166, I a IV), bem assim se ocorrerem vícios que lhe são peculiares ou exclusivos, como nas hipóteses de inoficiosidade (art. 549), de compreensão de todos os bens, de ser feita pelo cônjuge adúltero ao seu cúmplice ou entre cônjuges, casados no regime da separação legal. Pode, ainda, ser **rescindida, de comum acordo**, ou **resolver-se**, revertendo os bens para o doador (CC, art. 547)[33].

■ 4.7.2. Revogação por descumprimento do encargo

A expressão **revogação**, utilizada pelo legislador, é inadequada, porque ocorre, na verdade, anulação, rescisão ou resolução.

Se o doador fixa prazo para o cumprimento do encargo, a **mora** se dá, automaticamente, pelo seu **vencimento**. Não havendo termo, começa ela desde a **"interpelação judicial ou extrajudicial"** (art. 397 e parágrafo único), devendo ser fixado prazo razoável para a sua execução. Só depois de esgotado este, ou o fixado pelo doador, começa a fluir o lapso prescricional para a propositura da ação revocatória da doação[34].

A **força maior** afasta a mora, porque exclui a culpa, que lhe é elementar. A revogação será de **toda a doação**, visto que a lei não distingue entre a parte que é liberalidade e a que é negócio oneroso. Apenas define como liberalidade a que exceder aquilo que corresponde ao encargo (art. 540). O fato de ser **total a revogação** pode influir no ânimo do donatário, para que o cumpra.

■ *4.7.2.1. Espécies de encargo*

O encargo pode ser imposto:

- a benefício do **doador**;
- a benefício de **terceiro**; ou
- a benefício do **interesse geral** (art. 553).

■ *4.7.2.2. Legítimo interesse para exigir o cumprimento do encargo*

Têm legítimo interesse, na hipótese, o **doador** e o **terceiro** (em geral, alguma entidade), aplicando-se as regras da estipulação em favor de terceiro, bem como o

[33] Washington de Barros Monteiro, *Curso*, cit., v. 5, p. 147.

[34] "Doação. Encargo. Inexecução. Pretendida anulação por simples ação declaratória. Meio inadequado. Ato jurídico perfeito. Necessidade de ação de revogação" (*RT*, 598/73). "Doação com encargo. Revogação. Prescrição. Estabelecido que o prazo para execução do encargo estava a depender de prévia interpelação, não haveria cogitar de prescrição antes que aquela fosse feita. Não flui prazo prescricional se ainda não pode ser exigido o cumprimento do direito" (STJ, REsp 9.898-GO, 3ª T., rel. Min. Eduardo Ribeiro, *DJU*, 12-8-1991).

Ministério Público; este, somente se o encargo foi imposto no **interesse geral** e o doador já faleceu sem tê-lo feito (CC, art. 553, parágrafo único). Estando vivo o último, nem o Ministério Público, nem o beneficiário poderão agir, mesmo a doação sendo feita no interesse geral.

A **revogação** da doação, entretanto, só pode ser pleiteada pelo doador e em juízo, sendo personalíssima a ação.

4.7.2.3. *Encargo indivisível*

Se vários forem os donatários, e **indivisível** o encargo, o inadimplemento será considerado **total**, e assim também a **revogação**, mesmo que somente um deles não o tenha cumprido.

4.7.2.4. *Encargo divisível*

Se o ônus é **divisível**, por exemplo, dar certa mensalidade a alguém ou plantar determinado número de árvores, não é justo que a revogação alcance a todos, **devendo ser excluídos os que o cumpriram**, bem como aqueles a quem o doador quiser perdoar a falta. Se a pluralidade for de **doadores** e houver um só donatário, pode ocorrer que, não cumprido o encargo, uns queiram revogar a doação e outros não. Tal direito é divisível. Mas os que quiserem revogar só poderão pretender **as suas respectivas quotas**, e não a coisa[35].

4.7.3. Revogação por ingratidão do donatário

O art. 557 do Código Civil admite a revogação da doação também por **ingratidão do donatário**, mas somente se for **pura e simples**, como se infere, por exclusão, da leitura do art. 564.

Rol taxativo das causas que autorizam a revogação da doação por ingratidão do donatário

O **rol** das causas, supervenientes à liberalidade, que autorizam tal espécie de revogação encontra-se nos arts. 557 e 558 do Código Civil e é **taxativo** (*numerus clausus*). Desse modo, dispondo o inc. I, por exemplo, que uma das hipóteses é "se o donatário atentou contra a vida do doador", não ensejará a revogação o atentado praticado pelo filho ou cônjuge do donatário, por não previsto.

Doações não revogáveis por ingratidão do donatário

Encontram-se nessa situação:

a) as **obrigações naturais**, porque haveria um como que pagamento. A doação é uma espécie de devolução, recompensa ou retribuição;

b) as **doações em contemplação de casamento futuro**, por virem revestidas da finalidade de auxiliar o donatário no encargo de constituição da sociedade con-

---

35 Agostinho Alvim, *Da doação,* cit., p. 253-255.

jugal. A revogação acabaria por **atingir indiretamente** o cônjuge inocente e os eventuais filhos do casal.

■ **Inadmissibilidade de renúncia antecipada ao direito de revogar a doação**

O direito de revogar a doação por ingratidão do donatário é de **ordem pública** e, portanto, irrenunciável **antecipadamente**, como o proclama o art. 556, sendo nula cláusula pela qual o doador se obrigue a não exercê-lo. Nada impede, porém, que este deixe escoar o prazo decadencial sem ajuizar a revocatória.

■ **Direitos adquiridos por terceiros**

Não são eles prejudicados pela revogação (art. 563). Como o domínio resolve-se por "causa superveniente", **subsistem os direitos por eles adquiridos** (CC, art. 1.360). O donatário é tratado como possuidor de **boa-fé**, "antes da citação válida", sendo dele, por esse motivo, os "frutos percebidos". Mas, após esse momento, presume-se a sua **má-fé**, ficando "sujeito a pagar os posteriores", respondendo ainda pelos que, culposamente, deixou de perceber. Se não puder restituir em espécie as coisas doadas, transferidas a terceiro, indenizará o doador "pelo meio termo do seu valor" (art. 563).

■ **As causas de revogação**

Vêm elas expressas no art. 557 do Código Civil:

"Art. 557. Podem ser revogadas por ingratidão as doações:

I — se o donatário atentou contra a vida do doador ou cometeu crime de homicídio doloso contra ele;

II — se cometeu contra ele ofensa física;

III — se o injuriou gravemente ou o caluniou;

IV — se, podendo ministrá-los, recusou ao doador os alimentos de que este necessitava".

■ *4.7.3.1. Atentado contra a vida do doador ou cometimento de crime de homicídio doloso contra ele*

A primeira causa de revogação da doação por ingratidão do donatário abrange a **tentativa e o homicídio consumado**, praticados **dolosamente**. O homicídio culposo fica **excluído**, como também não será possível a revogação se a absolvição criminal se der por ausência de imputabilidade, ou por uma das excludentes previstas no art. 23 do Código Penal (**legítima defesa, estado de necessidade** etc.). Não se exige prévia condenação criminal.

■ *4.7.3.2. Ofensa física praticada contra o doador*

Também constitui causa para a revogação **"ofensa física"** cometida pelo donatário **contra o doador** (art. 557, II). É necessário que a agressão tenha-se consumado e havido dolo. Como na hipótese anterior, **não se exige prévia condenação** pelo crime de lesões corporais. A ausência de imputabilidade e as excludentes já citadas impedem a revogação[36].

---

[36] "A ofensa física ao doador fica desclassificada dentre as modalidades de ingratidão autorizadoras

4.7.3.3. *Injúria grave ou calúnia ao doador*

Injúria grave e **calúnia** figuram em terceiro lugar, no rol das causas de revogação da doação (art. 557, III)[37]. As figuras típicas estão previstas nos arts. 138 e 140 do Código Penal, como crimes contra a honra. A difamação, não tendo sido incluída no rol taxativo do art. 557, não pode ser alegada. Faz-se mister a **intenção de ofender**. A injúria deve revestir-se de certa gravidade, exigindo-se a perfeita caracterização do *animus injuriandi*. Em caso de calúnia, deve-se admitir a **exceção da verdade**[38].

4.7.3.4. *Recusa de alimentos ao doador*

Pode, por último, ser revogada a doação se o donatário, "podendo ministrá-los, recusou ao doador os alimentos de que este necessitava" (art. 557, IV). Não se exige que o doador seja parente do donatário, para lhe pedir alimentos, mas é necessário que **não possa prover à própria mantença** (CC, art. 1.695) e **não tenha parentes obrigados** à prestação de alimentos (arts. 1.696 e 1.697). A indicação desses parentes pode ser feita pelo donatário, em defesa, para elidir a revogação. Este, também, deve ter condições de prestar auxílio. A ação que cabe ao doador não é a de alimentos, que podem ser pleiteados pessoalmente por qualquer meio (verbalmente, por escrito, admitindo-se a prova da negativa por testemunhas), mas a **revocatória**, comprovada a recusa injustificada[39].

O art. 558 possibilita a revogação também, em todos os casos, quando o "ofendido" for o **"cônjuge, ascendente, descendente, ainda que adotivo, ou irmão do doador"**. O Código Civil de 1916 restringia essa possibilidade unicamente aos casos de ofensas ao doador.

---

da revogação da doação se resultante de repulsa de agressão ou se não for intencional, sendo do autor da ação de revogação o ônus probatório" (*RT*, 665/70).

37 "Caracteriza injúria, a autorizar a revogação da doação por ingratidão, desferir a donatária, sem motivo, chute no rosto do doador, seu pai que, velho e doente, o mínimo que deveria receber da filha — a quem devotou carinho, a ponto de lhe doar o único imóvel de seu patrimônio — era respeito" (TJDF, Ap. Cív. 5.209.399, 5ª T. Cív., rel. Des. Jair Soares, *DJU*, 2-2-2000, p. 36).

38 Menciona Washington de Barros Monteiro que se reconheceu, perante os tribunais, a gravidade da injúria "no emprego de impropérios, de insultos ofensivos e humilhantes, de referências desairosas, de votos para que o doador morresse brevemente", bem como também constituir injúria grave capaz de legitimar a revogação da liberalidade "exigir o donatário do doador vantagens superiores à doação feita". Mas, aduz o saudoso mestre, "não incorre na penalidade do art. 557 do Código de 2002 donatário que não teve em mente injuriar ou caluniar o doador e sim apenas lançar mãos de fatos em defesa de seus direitos, a final reconhecidos judicialmente; assim, já se julgou que não configurava injúria ter o gratificado chamado o doador a uma ação de prestação de contas" (*Curso*, cit., v. 5, p. 149-150).

39 "A obrigação alimentar cujo inadimplemento enseja o reconhecimento da ocorrência de ingratidão, a autorizar a revogação da doação, não é a decorrente dos vínculos parentais ou de consanguinidade. Tendo, no entanto, a doadora se reservado o direito ao usufruto sobre o bem doado, descabe a revogação do ato de liberalidade por recusa da prestação de alimentos" (TJRS, Ap. Cív. 598.320.331-RS, 7ª Câm. Cív., rel. Des. Maria Berenice Dias, j. 16-12-1998).

4.7.3.5. *Ação revocatória*

Caráter personalíssimo da ação

A revogação, por qualquer desses motivos, deve ser postulada "dentro de **um ano**, a contar de quando chegue ao conhecimento do doador o fato que a autorizar, e de ter sido o donatário o seu autor" (CC, art. 559). Os dois requisitos para o início da contagem do prazo são cumulativos.

Trata-se de ação **personalíssima**, pois o direito de pleitear a revogação "não se transmite aos herdeiros do doador, nem prejudica os do donatário. Mas aqueles podem **prosseguir** na ação iniciada pelo doador, continuando-a contra os herdeiros do donatário, se este falecer depois de ajuizada a lide" (art. 560). Se o que pretende o doador, porém, não é a revogação da liberalidade, mas a anulação do ato por alguma causa prevista nos arts. 166 e 167 do Código Civil, ou mesmo por falsidade de sua assinatura, já não será aplicável o mencionado lapso prescricional[40].

Iniciativa da ação

Pertence exclusivamente ao **doador** injuriado, e só pode ser dirigida contra o ingrato **donatário**. Mas, se o primeiro falecer depois de tê-la ajuizado, podem os **herdeiros** nela prosseguir, assim como pode ser continuada "contra os herdeiros do donatário, se este falecer depois de ajuizada a lide" (CC, art. 560). Se morrer antes, a lide não poderá ser instaurada, pois só o donatário tem elementos para justificar a sua atitude. Contra seus herdeiros a ação só pode ser **continuada**.

Malgrado o caráter personalíssimo, a ação de revogação poderá ser intentada pelos herdeiros "no caso de homicídio doloso do doador", **"exceto se ele houver perdoado"** o ingrato donatário (CC, art. 561). Não seria justo, efetivamente, que a revogação pudesse ser pleiteada em caso de simples ofensas físicas ou injúria grave, e não quando ocorresse fato mais grave, que é o assassinato do doador. Como a lei não exige forma especial, o **perdão** não precisa ser reduzido a escrito, **podendo ser provado por qualquer meio admitido em lei**.

4.8. RESUMO

DA DOAÇÃO	
CONCEITO	É o contrato em que uma pessoa, por liberalidade, transfere do seu patrimônio bens ou vantagens para o de outra (art. 538).
TRAÇOS CARACTERÍSTICOS	*Natureza contratual.* É contrato, em regra, gratuito, unilateral, consensual e solene. Animus donandi: intenção de fazer uma liberalidade. *Transferência de bens* para o patrimônio do donatário. *Aceitação* deste. É indispensável e pode ser expressa, tácita ou presumida.
PROMESSA DE DOAÇÃO	Tem-se entendido ser inexigível o cumprimento de promessa de *doação pura*, porque esta representa uma liberalidade plena. Não cumprida, haveria uma execução coativa ou poderia o promitente-doador ser responsabilizado por perdas e danos — o que se mostra incompatível com a gratuidade do ato. Tal óbice não existe na *doação onerosa*, porque o encargo imposto ao donatário estabelece um dever exigível do doador.

40 Washington de Barros Monteiro, *Curso*, cit., v. 5, p. 151.

ESPÉCIES DE DOAÇÃO	■ *Pura e simples (ou típica).* É aquela em que o doador não impõe nenhuma restrição ou encargo ao beneficiário, nem subordina a sua eficácia a qualquer condição. ■ *Onerosa (modal, com encargo ou gravada).* Aquela em que o doador impõe ao donatário uma incumbência ou dever. O encargo pode ser imposto em benefício do doador, de terceiro ou do interesse geral (art. 553). ■ *Remuneratória.* É a feita em retribuição a serviços prestados, cujo pagamento não pode ser exigido pelo donatário. É o caso, p. ex., do cliente que paga serviços prestados por seu médico, mas quando a ação de cobrança já estava prescrita. ■ *Mista.* Decorre da inserção da liberalidade em alguma modalidade diversa de contrato (p. ex., venda a preço vil, que é venda na aparência e doação na realidade). ■ *Em contemplação do merecimento do donatário (contemplativa).* Quando o doador menciona o motivo da liberalidade (determinada virtude, amizade etc.). ■ *Feita ao nascituro.* Tal espécie, segundo o art. 542 do CC, "valerá, sendo aceita pelo seu representante legal". ■ *Em forma de subvenção periódica.* Trata-se de uma pensão, como favor pessoal ao donatário, cujo pagamento termina com a morte do doador, não se transmitindo a obrigação a seus herdeiros, salvo se o contrário houver, ele próprio, estipulado. Nesse caso, não poderá ultrapassar a vida do donatário (art. 545). ■ *Em contemplação de casamento futuro ("propter nuptias").* É o presente de casamento, dado em consideração às núpcias próximas do donatário com certa e determinada pessoa. Só ficará sem efeito se o casamento não se realizar (art. 546). ■ *Entre cônjuges.* A doação de um cônjuge a outro importa adiantamento do que lhe cabe na herança (art. 544). A regra aplica-se às hipóteses em que o cônjuge participa da sucessão do outro na qualidade de herdeiro (art. 1.829). ■ *Conjuntiva* (em comum a mais de uma pessoa). Entende-se distribuída entre os beneficiados, por igual, salvo se o doador dispuser em contrário (art. 551). ■ *De ascendentes a descendentes.* Importa adiantamento do que lhes cabe por herança (art. 544). Estes são obrigados a conferir, por meio de colação, os bens recebidos (art. 2.004). ■ *Inoficiosa.* É a que excede o limite de que o doador, no momento da liberalidade, poderia dispor em testamento. O art. 549 declara nula somente a parte que exceder tal limite. ■ *Com cláusula de retorno ou reversão.* Permite o art. 547 que o doador estipule o retorno, ao seu patrimônio, dos bens doados, se sobreviver ao donatário, em vez de passarem aos herdeiros. ■ *Manual.* É a doação verbal de bens móveis de pequeno valor. Será válida se lhe seguir, incontinenti, a tradição (art. 541, parágrafo único). ■ *Feita a entidade futura.* Permite o art. 554 doação a entidade futura, dizendo, porém, que caducará se, em dois anos, esta não estiver constituída regularmente.
RESTRIÇÕES LEGAIS	A lei proíbe: ■ Doação *pelo devedor já insolvente*, ou por ela *reduzido à insolvência*, por configurar fraude contra credores (art. 158). ■ Doação da *parte inoficiosa*. O art. 549 proclama a nulidade da parte que exceder a de que o doador poderia dispor em testamento. ■ Doação de *todos os bens do doador*. É nula a doação de todos os bens sem reserva de parte, ou renda suficiente para a subsistência do doador (art. 548). ■ Doação do *cônjuge adúltero a seu cúmplice*. Pode ser anulada pelo outro cônjuge, ou por seus herdeiros necessários, até dois anos depois de dissolvida a sociedade conjugal. A doação não é nula, mas anulável (art. 550).
REVOGAÇÃO DA DOAÇÃO	■ Modos *comuns a todos os contratos*. Tendo natureza contratual, a doação pode contaminar-se de todos os vícios do negócio jurídico, como erro, dolo, coação etc., sendo desfeita por ação anulatória. Pode ser declarada nula, também, como os demais contratos (arts. 104, 166, 541, parágrafo único), e ainda em razão da existência de vícios que lhe são peculiares (arts. 548, 549 e 550). ■ Por *descumprimento do encargo* (art. 562). ■ Por *ingratidão do donatário* (arts. 555 e 557).

■ 4.9. QUESTÕES

1. (OAB/CESPE/UnB/2008.3) Considerando o que dispõe o Código Civil a respeito da doação, assinale a opção CORRETA.

a) Pode-se renunciar antecipadamente ao direito de revogar a doação por ingratidão do donatário.
b) No contrato de doação com encargo, o doador ficará sujeito à responsabilidade pelo vício redibitório, no que concerne à parte correspondente ao serviço prestado ou à incumbência cometida.
c) Na doação sob cláusula resolutiva, pode o doador, se sobreviver ao donatário, estipular que o bem doado seja revertido em favor de terceiro.
d) A doação do cônjuge adúltero ao seu cúmplice pode ser anulada pelo herdeiro colateral.

2. (Pref./Jaboatão dos Guararapes/Auditor Tributário/Fundação Carlos Chagas/2006) A doação

a) feita em contemplação do merecimento do donatário perde o caráter de liberalidade.
b) à entidade futura caducará se, em dois anos, esta não estiver constituída regularmente.
c) do cônjuge adúltero ao seu cúmplice pode ser anulada pelo outro cônjuge até cinco anos depois de dissolvida a sociedade conjugal.
d) em forma de subvenção periódica ao beneficiado não se extingue morrendo o doador, e poderá ultrapassar a vida do donatário.
e) feita ao nascituro é vedada pelo ordenamento jurídico brasileiro, em razão na necessidade de aceitação da doação pelo donatário.

3. (MP/RJ/Promotor de Justiça/XXXII Concurso/6.11.2011) Sobre o contrato de doação, é INCORRETO afirmar que:

a) o Código Civil admite a doação feita ao nascituro, que deverá ser aceita pelo seu representante legal;
b) a dispensa de aceitação, na hipótese de donatário absolutamente incapaz, só é admitida na doação pura, ou seja, desprovida de encargos ou submetida à condição;
c) na doação *mortis causa*, admitida expressamente no novo Código Civil, o doador dispõe que seus efeitos só se produzirão após a sua morte, ressalvando o direito de revogá-la *ad nutum*;
d) a doação verbal é considerada válida pelo Código Civil, sendo necessário o preenchimento de dois requisitos: versar sobre bens móveis de pequeno valor e lhe seguir incontinenti a tradição;
e) a doação remuneratória é aquela que se destina a recompensar serviços prestados, aferíveis economicamente, mas que não traduzem dívidas exigíveis, impossibilitando a revogação por ingratidão.

4. (MP/GO/Promotor de Justiça/2010) Sobre os contratos, é CORRETA a seguinte opção:

a) A doação pura e simples é considerada um negócio jurídico unilateral porque somente uma das partes assume obrigações.
b) O instrumento, a manifestação de vontade, a existência de partes e o objeto são requisitos de existência do contrato.
c) A estipulação em favor de terceiros e a promessa de fato de terceiro são exceções ao princípio da relatividade contratual.
d) A coisa recebida em virtude de contrato unilateral poderá ser enjeitada por vícios ou defeitos ocultos, que a tornem imprópria ao uso a que é destinada, ou lhe diminuam o valor.

5. (OAB/CESPE/UnB/2008.3) A respeito da disciplina dos contratos, segundo o Código Civil, assinale a opção CORRETA.

a) Se resolverem estipular contrato atípico, as partes deverão redigir as cláusulas contratuais de comum acordo e não estarão obrigadas a observar as normas gerais fixadas pelo Código.
b) O alienante responde pela evicção nos contratos onerosos, mas essa garantia não subsiste caso a aquisição tenha sido realizada em hasta pública.
c) O contrato preliminar deve conter todos os requisitos essenciais ao contrato a ser celebrado, mesmo quanto à forma.

d) A disciplina dos vícios redibitórios é aplicável às doações onerosas, de forma que poderá ser enjeitada a coisa recebida em doação em razão de vícios ou defeitos ocultos que a tornem imprópria ao uso a que é destinada, ou lhe diminuam o valor.

6. (TJMG/Juiz de Direito/2006) Conforme dispõe o Código Civil, é CORRETO afirmar que:

a) A revogação por ingratidão obriga o donatário a restituir os frutos percebidos, mesmo antes da citação válida;
b) O direito de revogar a doação por ingratidão transmite-se aos herdeiros do doador;
c) Revogam-se por ingratidão as doações feitas para determinado casamento;
d) A revogação por ingratidão pode ocorrer também quando o ofendido for descendente do doador, ainda que adotivo.

7. (TRT/8ª Região/Juiz do Trabalho/2006) Sobre o contrato de doação é CORRETO afirmar que:

a) A doação far-se-á por escritura pública ou instrumento particular, sendo inválida se feita de forma verbal.
b) O prazo para revogar a doação por ingratidão é decadencial de um ano, contado do conhecimento do fato pelo próprio doador e desde que praticado exclusivamente pelo donatário.
c) A doação de ascendente para um dos descendentes é nula de pleno direito, salvo se houver autorização expressa dos demais descendentes.
d) Considerando que a doação é um contrato em que uma pessoa, por liberalidade, transfere bens ou vantagens de seu patrimônio para o de outra, o doador fica desobrigado de juros moratórios, bem como nunca está sujeito às consequências da evicção ou do vício redibitório.
e) As doações puramente recompensatórias não se revogam pela ingratidão.

8. (TJSP/Juiz de Direito/183º Concurso/2011) Assinale a alternativa CORRETA.

a) O silêncio do donatário quanto à aceitação da doação pura faz presumir que a recusou.
b) A doação remuneratória perde o caráter de liberalidade, se não exceder o valor do serviço prestado.
c) A doação de bem imóvel de qualquer valor pode ser feita por instrumento particular.
d) A doação feita ao nascituro dispensa a aceitação.
e) A doação em forma de subvenção periódica ao beneficiado transmite-se aos herdeiros do donatário.

9. (MP/MG/Promotor de Justiça/51º Concurso/21.8.2011) Quanto à doação, é INCORRETO afirmar que:

a) Feita em contemplação do merecimento do donatário, não perde o caráter de liberalidade, como não o perde a doação remuneratória, ou a gravada, no excedente ao valor dos serviços remunerados ou ao encargo imposto.
b) Feita em contemplação de casamento futuro com certa e determinada pessoa, quer pelos nubentes entre si, quer por terceiro a um deles, a ambos, ou aos filhos que, de futuro, houverem um do outro, não pode ser impugnada por falta de aceitação, e só ficará sem efeito se o casamento não se realizar.
c) Feita ao nascituro, valerá, sendo aceita pelo seu representante legal.
d) A doação de ascendentes a descendentes, ou de um cônjuge a outro, não importa em adiantamento do que lhes cabe por herança.

10. (OAB/Exame de Ordem 2010.3/Fundação Getulio Vargas/2011) Sônia, maior e capaz, decide doar, por instrumento particular, certa quantia em dinheiro em favor de seu sobrinho, Fernando, maior e capaz, caso ele venha a se casar com Leila. Sônia faz constar, ainda, cláusula de irrevogabilidade da doação por eventual ingratidão de seu sobrinho. Fernando, por sua vez, aceita formalmente a doação e, poucos meses depois, casa-se com Leila, conforme estipulado. No dia seguinte ao casamento, ao procurar sua tia para receber a quantia estabelecida, Fernando deflagra uma discussão com Sônia e lhe dirige grave ofensa física.

A respeito da situação narrada, é CORRETO afirmar que Fernando

a) não deve receber a quantia em dinheiro, tendo em vista que a doação é nula, pois deveria ter sido realizada por escritura pública.
b) deve receber a quantia em dinheiro, em razão de o instrumento de doação prever cláusula de irrevogabilidade por eventual ingratidão.

c) não deve receber a quantia em dinheiro, pois dirigiu grave ofensa física à sua tia Sônia.
d) deve receber a quantia em dinheiro, em razão de ter se casado com Leila e independentemente de ter dirigido grave ofensa física a Sônia.

11. (OAB/SC/2006.2) Em relação ao instituto da doação, assinale a alternativa CORRETA.

a) O doador pode estabelecer que os bens voltem a seu patrimônio ou revertam-se a patrimônio de terceiro, caso ambos sobrevivam ao donatário.
b) As doações feitas para determinado casamento não se revogam por ingratidão do donatário.
c) A doação feita ao nascituro é válida independentemente do consentimento do representante legal.
d) Os bens doados aos descendentes em vida precisam ser colacionados com a abertura da sucessão para igualar a legítima dos descendentes, salvo se o doador deixou expresso que a doação referia-se à sua parte disponível e o valor da doação não for superior a ¾ do seu patrimônio.

12. (PGE/SP/Procurador do Estado/2009) A doação pode ser revogada

a) se o doador sobreviver ao donatário, prevalecendo eventual cláusula de reversão em favor de terceiro, a exemplo do fideicomisso.
b) por ingratidão se onerada com encargo já cumprido e em cumprimento de obrigação natural.
c) por inexecução do encargo se o donatário incorrer em mora.
d) por ingratidão se feita a título de remuneração, prejudicando os direitos adquiridos por terceiros.
e) por ingratidão se feita para compensar serviços prestados.

13. (TJSP/Outorga de Delegações de Notas e de Registro/6º Concurso/2009) Na doação conjuntiva, é CORRETO dizer que

a) se os donatários forem marido e mulher, somente subsistirá na totalidade a doação para o cônjuge sobrevivo, se esse direito de acrescer for expressamente estipulado no título de doação.
b) se os donatários forem marido e mulher, subsistirá na totalidade a doação para o cônjuge sobrevivo, mesmo que não estipulado no título de doação tal direito de acrescer.
c) não sendo os donatários marido e mulher, subsistirá na totalidade a doação para os donatários sobrevivos, mesmo que não estipulado o direito de acrescer.
d) entende-se distribuída por igual entre os donatários, desde que expressamente estipulada tal proporcionalidade no título de doação.

14. (PGM/SP/Procurador do Município/VUNESP/2014) Assinale a alternativa CORRETA, no que tange à doação com encargo.

a) Não se admite a doação sem prazo específico para cumprimento do encargo, sendo hipótese de nulidade do ato.
b) Em caso de revogação da doação por inexecução do encargo, admite-se a estipulação de cláusula contratual determinando que o donatário não terá direito a indenização pelas benfeitorias realizadas.
c) Na doação realizada pela Administração Pública ao particular, não se admite cláusula de reversão em seu favor, em caso de descumprimento do encargo, ressalvada a possibilidade de indenização ao Poder Público.
d) Em caso de pedido de revogação por inexecução do encargo, o donatário tem a prerrogativa legal de optar entre a devolução do bem ou a indenização em dinheiro.
e) O encargo deve ser em benefício do doador, sendo vedado o encargo em benefício de terceiro ou do interesse geral.

15. (TJ/PI/Juiz de Direito/CESPE/UnB/2012) Assinale a opção correta no que se refere a doação e seus efeitos.

a) Com o advento do Código Civil de 2002, a promessa de doação que seja ato de liberalidade passou a encerrar manifestação de vontade válida e, portanto, exigível na via judicial.
b) A doação feita pelo pai a um dos filhos, sem a anuência dos demais descendentes, configura negócio jurídico anulável.
c) Serão válidas as doações promovidas, na constância do casamento, por cônjuges que contraírem matrimônio pelo regime da separação legal de bens em razão da idade superior à prevista na lei civil.

d) Não configura fraude à execução, por falta do elemento subjetivo da má-fé, a doação de imóvel penhorado aos filhos menores dos executados que os reduza à insolvência, mesmo que a penhora não seja registrada.
e) São nulas as doações feitas por homem casado à sua companheira, após a separação de fato de sua esposa.

16. (TJRJ/Juiz de Direito/XLV Concurso/VUNESP/2013) É correto afirmar que a doação feita a nascituro

a) deve ser considerada nula tanto nos casos de natimorto como nos casos de nascimento com deficiência mental.
b) deve ser considerada inexistente no caso de natimorto e nula nos casos de nascimento com vida, ainda que haja aceitação por seu representante legal.
c) é nula de pleno direito, já que a personalidade civil começa apenas com o nascimento com vida, independentemente de aceitação por seu representante legal.
d) desde que seja aceita por seu representante legal, é válida, ficando, porém, sujeita a condição, qual seja, o nascimento com vida.

17. (MP/SP/Promotor de Justiça/90° Concurso/2013) Relativamente à revogação de doação, assinale abaixo a assertiva INCORRETA.

a) O direito de revogar a doação não se transmite aos herdeiros do doador, nem prejudica os do donatário, mas os herdeiros podem prosseguir na ação iniciada pelo doador, continuando-a contra os herdeiros do donatário, se este falecer depois de ajuizada a lide.
b) A doação pura poderá ser revogada se o donatário cometeu ofensa física contra o doador.
c) A doação pura poderá ser revogada se o donatário recusou os alimentos que poderia ministrar ao doador, que deles necessitava.
d) Se o donatário cometeu ofensa física contra a esposa do doador, sendo a doação onerada com encargo e se este já tiver sido cumprido, a doação não é passível de revogação por ingratidão.
e) Se o donatário cometeu ofensa física contra ascendente do doador, tratando-se de doação puramente remuneratória, pode ser revogada por ingratidão.

18. (TRF/1ª Região/Juiz Federal/CESPE/UnB/2013) A respeito da transação, da empreitada, do mandato, da doação e da prestação de serviços, assinale a opção CORRETA.

a) De acordo com o Código Civil, o contrato de prestação de serviço não finda em razão da morte de uma das partes.
b) Para a revogação da doação por ingratidão, exige-se que os atos praticados, além de se revestirem objetivamente dessa característica, sejam graves.
c) A transação realizada por instrumento público no curso do processo só valerá após a homologação do juiz.
d) Na empreitada global, o dono da obra será responsabilizado se provada a sua culpa quanto a danos causados a prédio vizinho.
e) É válida a constituição de mandatário, por instrumento particular, para renunciar à herança do mandante.

19. (TRT/15ª Região/Juiz do Trabalho/XXVIII Concurso/2015) Um cidadão doou ao Município um terreno, fazendo constar da escritura, em seguida registrada no Registro de Imóveis, que nele deverá ser construído um prédio e instalada uma creche, para atender crianças cujos pais não tivessem recursos financeiros. A hipótese configura doação

a) a termo, que suspende o exercício, mas não a aquisição do direito de propriedade pelo Município, mas o doador poderá exigir a execução da obra e instalação da creche, ou, depois de sua morte, poderá exigi-las o Ministério Público.
b) sob condição suspensiva, que suspende a aquisição e o exercício do direito de propriedade pelo Município, por isso o doador não poderá exigir a execução da obra ou a instalação da creche.
c) com encargo, que não suspende a aquisição nem o exercício do direito de propriedade pelo Município, mas o doador poderá exigir sua execução, ou, depois de sua morte, poderá exigi-la o Ministério Público.

d) sob condição potestativa, que se considera não escrita, por isso não suspende a aquisição nem o exercício do direito de propriedade pelo Município, que, inclusive, poderá dar outra destinação ao terreno.
e) com encargo, que suspende o exercício, mas não a aquisição do direito de propriedade pelo Município, e o doador poderá exigir a execução da obra e instalação da creche, ou, depois de sua morte, poderá exigi-las o Ministério Público.

20. (TJ/DFT/Juiz de Direito/XLIII Concurso/CESPE/2016) No que se refere ao contrato estimatório do Direito Civil, assinale a opção CORRETA.

a) Pode ter por objeto bem fungível, e a restituição, se for o caso, será por coisa de igual gênero, qualidade e quantidade.
b) Os riscos são do consignante, que suporta a perda ou deterioração da coisa.
c) Após a entrega da coisa, a posse é exercida em nome do consignante, que a mantém de forma mediata ou indireta.
d) O preço de estima é ato unilateral do consignatário e, se não alcançado em determinado lapso temporal, emerge dever de restituir a coisa.
e) Em decorrência da natureza própria do contrato, especialmente a obtenção da posse e o poder de disposição, o Código Civil exige a forma escrita.

21. (TJ/RS/Juiz de Direito/FAURGS/2016) Sobre as várias espécies de contratos típicos, é INCORRETO afirmar que:

a) a garantia, no seguro de dano, como expressão do princípio indenitário, é limitada, no máximo, ao valor do interesse.
b) a obrigação de incolumidade assumida pelo transportador implica a responsabilidade objetiva pela interrupção da execução contratual.
c) todos terão direito à remuneração, quando concluído o negócio com a intermediação de mais de um corretor.
d) a doação de ascendentes a descendentes é inválida se não houver a anuência dos demais herdeiros.
e) pode o comissário reter bens do comitente que estejam em seu poder, como garantia para o recebimento de comissões devidas e reembolso de despesas efetuadas.

■ GABARITO ■

1. "b". *Vide* art. 441, parágrafo único, do CC.
2. "b". *Vide* art. 554 do CC.
3. "c". A doação constitui ato *inter vivos*. O nosso ordenamento jurídico desconhece doações *causa mortis*, admitidas no direito pré-codificado, pois lhes falta o caráter de irrevogabilidade, que é inerente às liberalidades.
4. "c". *Vide* arts. 436 e 439 do CC.
5. "d". *Vide* art. 441, parágrafo único, do CC.
6. "d". *Vide* art. 558 do CC.
7. "e". *Vide* art. 564, I, do CC.
8. "b". *Vide* art. 540 do CC.
9. "d". *Vide* art. 544 do CC.
10. "d". *Vide* art. 564, IV, do CC.
11. "b". *Vide* art. 564, IV, do CC.
12. "c". *Vide* art. 562 do CC.
13. "b". *Vide* art. 551, parágrafo único, do CC.

14. "b". Não há empeço legal à referida estipulação.
15. "c". *Vide* art. 544 do CC.
16. "d". *Vide* arts. 2° e 542 do CC.
17. "e". *Vide* art. 564, I, do CC.
18. "b". *Vide* arts. 557 e 564 do CC.
19. "c". *Vide* arts. 136 e 553, parágrafo único, do CC.
20. "a". Segundo Paulo Lôbo, "a coisa pode ser específica, singular, ou genérica. Não há impedimento de que se trate de bem fungível. A restituição, se for o caso, dar-se-á por coisa de iguais gêneros, qualidades e quantidades" (*Comentários ao Código Civil*, Saraiva, 2003, v. 6, p. 534).
21. "d". A doação de ascendentes a descendentes é válida mesmo realizada sem a anuência dos demais herdeiros, porque importa adiantamento do que cabe aos descendentes por herança (CC, art. 544), os quais são obrigados, para igualar as legítimas, a conferir o valor das doações que receberam, sob pena de sonegação (CC, art. 2.002).

5

DA LOCAÇÃO DE COISAS

5.1. CONCEITO

Locação de coisas é o contrato pelo qual uma das partes se obriga a conceder à outra o uso e gozo de uma **coisa não fungível**, temporariamente e mediante remuneração. Segundo o art. 565 do Código Civil, é contrato pelo qual "uma das partes se obriga a ceder à outra, por tempo determinado ou não, o uso e gozo de coisa não fungível, mediante certa retribuição".

Trata-se de contrato que sempre desfrutou de enorme prestígio no direito privado, figurando hoje logo em seguida à compra e venda, no grau de utilização e importância no mundo negocial.

As partes denominam-se:

- **locador, senhorio** ou **arrendador**; e
- **locatário, inquilino** ou **arrendatário**.

O vocábulo **arrendamento** é sinônimo de locação, podendo ambos ser usados indistintamente. Entre nós, todavia, o primeiro é utilizado, preferentemente, para designar as locações imobiliárias rurais.

A coisa não precisa ser necessariamente de propriedade do locador, uma vez que a locação não acarreta transferência do domínio, malgrado em geral as duas posições, de proprietário e senhorio, coincidam. A retribuição pelo uso e gozo da coisa chama-se **aluguel** ou **renda**.

A locação dos bens **imóveis urbanos residenciais ou comerciais** continua regida pela **Lei do Inquilinato** (Lei n. 8.245, de 18-10-1991), visto que o Código Civil de 2002 não dispõe a respeito da locação de prédios. Os **imóveis rurais** regem-se pelo **Estatuto da Terra** (Lei n. 4.504, de 30-11-1964), que regula o arrendamento rural, aplicando-se supletivamente o Código Civil, segundo dispõe o § 9º do art. 92 do aludido Estatuto.

■ 5.2. NATUREZA JURÍDICA

Multifária a sua **natureza jurídica**. É contrato:

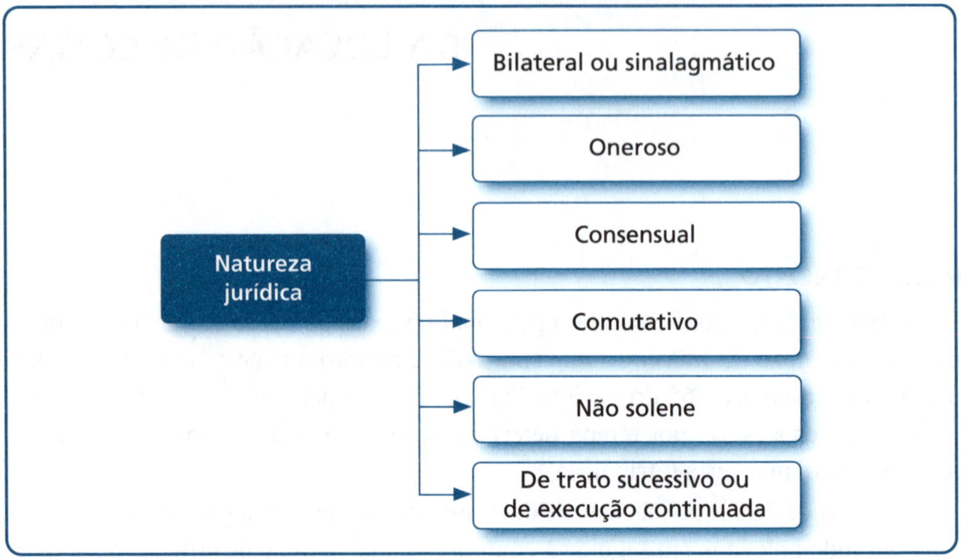

- **Bilateral** ou **sinalagmático**, porque envolve prestações recíprocas. Gera obrigações para ambas as partes e, em consequência, admite a aplicação da *exceptio non adimpleti contractus* prevista no art. 476 do Código Civil.
- **Oneroso**, uma vez que a obrigação de uma das partes tem como equivalente a prestação que a outra lhe faz. Assim, ambas obtêm proveito, sendo patente o propósito especulativo. Se o uso e gozo da coisa for concedido gratuitamente, o contrato se desfigura, transformando-se em comodato.
- **Consensual**, tendo em vista que se aperfeiçoa com o acordo de vontades, gerando um direito de crédito ou pessoal. Considera-se perfeito e acabado quando as partes acordam, constituindo-se, destarte, *solo consensu*. Não se trata de contrato real, pois o locador se obriga a entregar a coisa, não se exigindo a tradição para o seu aperfeiçoamento.
- **Comutativo**, visto que não envolve risco: as prestações recíprocas são certas e não aleatórias.
- **Não solene** porque a forma é livre, ou seja, não lhe é essencial, somente sendo exigida em casos especiais. Pode, assim, ser celebrado por escrito ou verbalmente.
- **De trato sucessivo** ou **de execução continuada**, porque se prolonga no tempo. As prestações são periódicas e, assim, não se extingue com o pagamento. Este tem apenas o efeito de solver o débito relativo a cada período.

■ 5.3. ELEMENTOS DO CONTRATO DE LOCAÇÃO

Do conceito de locação de coisas retromencionado transparecem os seus três **elementos fundamentais:**

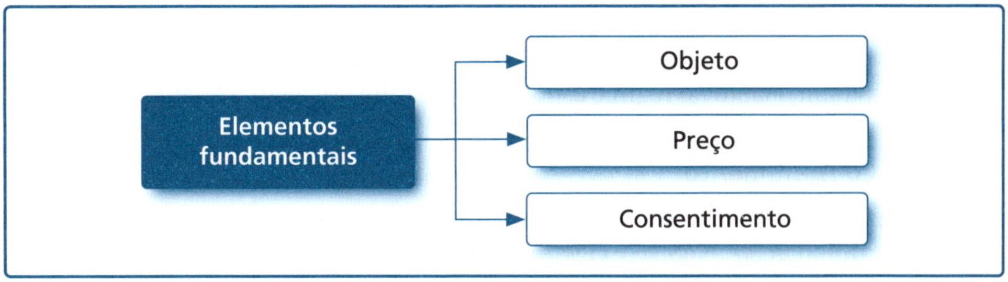

5.3.1. Objeto

O objeto pode ser coisa **móvel ou imóvel**. O bem móvel deve ser **infungível**; se fungível, será contrato de mútuo. Admite-se, no entanto, a locação de coisa **móvel fungível** quando o seu uso tenha sido cedido, por certo prazo e aluguel, *ad pompam et ostentationem*, ou seja, para fins de ornamentação, como uma cesta de frutas com adornos raros, por exemplo[1].

Igualmente não podem ser alugadas coisas móveis consumíveis, **cujo uso importa destruição imediata** da própria substância (CC, art. 86), como a energia elétrica, por exemplo, pois o traço característico da locação é o retorno da coisa locada ao seu dono. Preleciona Cunha Gonçalves que "a **locação de coisa alheia** será válida enquanto durar a posse do locador; e somente ficará sem efeito quando a coisa locada for reivindicada pelo seu verdadeiro proprietário"[2].

5.3.2. Preço

Denominado **aluguel** ou **remuneração**, o preço é essencial para a sua configuração, pois haverá comodato, e não locação, se o uso e gozo da coisa forem cedidos a título gratuito, como retromencionado. Será **fixado pelas partes** ou **mediante arbitramento**, ou ainda imposto por **ato governamental**, como no caso dos táxis e dos prédios urbanos. Não pode, todavia, a sua estipulação ser deixada, potestativamente, ao **arbítrio exclusivo** de um dos contratantes.

Como também ocorre na compra e venda, o preço deve ser **sério**, isto é, real. Deve ser, ainda, **determinado** ou ao menos **determinável**, nada impedindo, todavia, que seja variável de acordo com índices estabelecidos pela lei, ou contratados pelas partes de modo a não contrariá-la. A lei impõe, em regra, tetos aos reajustes. Embora o pagamento deva ser feito, via de regra, em dinheiro, nada obsta que se convencione outro modo, podendo ser **misto**, ou seja, parte em dinheiro e parte em frutos e produtos ou em obras e benfeitorias feitas pelo locatário.

A atual Lei do Inquilinato (Lei n. 8.245/91) veda a estipulação do aluguel em **moeda estrangeira** e a sua vinculação à **variação cambial ou ao salário mínimo** (art.

---

1 Washington de Barros Monteiro, *Curso de direito civil*, v. 5, p. 155.

2 *Dos contratos em especial*, cit., p. 304.

17)[3]. A falta de pagamento do aluguel enseja ao locador o direito de cobrá-lo sob a forma de **execução** (CPC, art. 784, VIII) ou de pleitear a **resolução do contrato**, tanto no direito comum quanto no regime especial do inquilinato, mediante **ação de despejo**.

5.3.3. Consentimento

O consentimento deve ser **expresso** ou **tácito**. É capaz de locar quem tem **poderes de administração**. Não se exige, necessariamente, que seja proprietário, como ocorre com o inventariante em relação aos bens do espólio, com o usufrutuário, com os pais e outros representantes legais no tocante aos bens dos representados etc.

O **proprietário aparente**, como é o possuidor de boa-fé, estando usufruindo a coisa, pode arrendá-la ou locá-la. A simples posse jurídica habilita o possuidor a alugar. O próprio locatário poderá **sublocar**, com o consentimento prévio e escrito do locador (Lei n. 8.245/91, art. 13)[4]. A locação de **coisa indivisa** é deliberada por mútuo acordo entre os condôminos, ou pela maioria em caso de divergência, tendo o condômino preferência ao estranho (art. 1.323).

5.4. OBRIGAÇÕES DO LOCADOR

As obrigações do locador, especificadas no art. 566 do Código Civil, são de três espécies e consistem em:

- **Entregar ao locatário a coisa alugada** (inc. I) — A entrega deve ser feita com os acessórios, inclusive servidões ativas, salvo os expressamente excluídos, **"em estado de servir ao uso a que se destina"**, pois se destina a possibilitar o uso e fruição da coisa. Se a entrega for feita sem qualquer reclamação, presume-se que a coisa foi recebida em ordem pelo locatário. Mas a presunção não é absoluta, admitindo prova em contrário. A **não entrega** caracteriza inadimplência do locador e autoriza o locatário a pedir a resolução do contrato, bem como eventuais perdas e danos. Impossibilitando-se a entrega por **culpa do locador**, responderá ele por **perdas** e danos[5]. A entrega deve ser realizada na data ajusta-

[3] "Locação. Cláusula. Nulidade. Vinculação à moeda estrangeira. Reconhecimento. Art. 17 da Lei 8.245/91. É nula a cláusula contratual que vincula o aluguel à moeda estrangeira, permanecendo válido o contrato de locação" (2º TACSP, Ap. 423.708-00/4, 9ª Câm., rel. Eros Picelli, j. 1º-2-1995). "Admissível a correção monetária em débito de aluguel, pois esta não constitui parcela que se agrega ao principal, mas simplesmente recomposição do valor e poder aquisitivo do mesmo, caracterizando locupletamento ilícito, em época de escalada inflacionária, o pagamento sem ela. Quem recebe correção monetária não recebe um *plus*, mas apenas o principal da dívida em forma atualizada" (*JTACSP*, 109/372).

[4] "Contrato verbal. Habitação precária levantada em favela. Locador que não prova ser proprietário, cessionário, comodatário ou de que teve a posse do bem. Inexistência de condições suficientes para dispor da coisa a título de locação" (*RT*, 788/303).

[5] "Locação. Rescisão contratual cumulada com perdas e danos. Comprovados os danos com a contratação de pessoal e desperdício de insumos por deficiência do equipamento, impõe-se o ressarcimento" (2º TACSP, Ap. 609.358-00/5, 2ª Câm., rel. Juiz Norival Oliva, j. 17-9-2001).

da ou, na falta de ajuste, em tempo útil, conforme as circunstâncias que envolvem a espécie.

■ **Manter a coisa no mesmo estado, pelo tempo do contrato** (inc. I, segunda parte) — Compete ao locador realizar os **reparos necessários** para que a coisa seja mantida em condições de uso, salvo convenção em contrário. Mas correm por conta do **locatário** as reparações de **pequenos estragos**, que não provenham do tempo ou do uso, nas locações de imóveis. Aduz o art. 567 do Código Civil que, se a coisa alugada se deteriorar sem culpa do locatário, poderá este **"pedir redução proporcional do aluguel, ou resolver o contrato"**, caso já não sirva mais para o fim a que se destinava, ou seja, caso a deterioração seja substancial e impossibilite o uso da coisa. Se ocorrer a **destruição total**, o contrato se resolverá, cabendo ao locatário pleitear perdas e danos em caso de culpa do locador.

■ **Garantir o uso pacífico da coisa** (inc. II) — Deve o locador abster-se da prática de qualquer ato que possa perturbar o **uso e gozo** da coisa, como também resguardar o locatário contra embaraços e **turbações de terceiros** (CC, art. 568)[6]. O inquilino é possuidor direto, e sua posse é garantida mesmo contra o proprietário, por meio dos interditos possessórios (CC, art. 1.197). Já se decidiu que o locador não pode ser responsabilizado por localizar-se o imóvel em **lugar perigoso e sujeito a roubos**, pois se trata de fatos sociais que não pode controlar e que não se amoldam ao disposto no art. 22, II e IV, da Lei n. 8.245/91[7]. Responde, ainda, o locador pelos vícios e defeitos ocultos da coisa locada, anteriores à locação (CC, art. 568). Aplica-se à hipótese, portanto, a teoria dos **vícios redibitórios**.

■ 5.5. OBRIGAÇÕES DO LOCATÁRIO

As obrigações do locatário, elencadas no art. 569 do Código Civil, resumem-se a:

■ **Servir-se da coisa alugada para os usos convencionados e a tratá-la como se sua fosse** (inc. I). Assim, se o imóvel locado é residencial, por exemplo, deve ele ser utilizado exclusivamente para moradia, não podendo o locatário nele instalar o seu comércio. O emprego da coisa em uso diverso do ajustado ou daquele a que se destina, ou de forma abusiva a ponto de danificá-la, autoriza o locador a **"rescindir o contrato"**, bem como a **"exigir perdas e danos"** (CC, art. 570). O inquilino deve ainda tratar a coisa "com o mesmo cuidado como se sua fosse", pois se entende que o dono zela pelas suas coisas. A doutrina toma como

6 "O locatário que tiver violado, por ato do locador, seu direito de livre acesso ao bem locado, deve-se valer das ações possessórias adequadas, caso ocorra turbação ou esbulho" (2º TACSP, Ap. 473.532, 5ª Câm., rel. Juiz Artur Marques, j. 24-2-1997). "Dever do locador de garantir o uso pacífico do imóvel, assim como a continuidade da sua forma e destino até o provimento jurisdicional. Cerceamento ao exercício de posse que a locatária vem sofrendo. Possibilidade de o juiz, fundado em seu poder geral de cautela, determinar medidas cautelares com a fixação de pena cominatória. Desnecessidade de ação própria para a defesa desses direitos" (*RT*, 802/291).

7 *RT*, 788/316.

base o critério abstrato do **homem médio** na conservação de seus próprios bens, que não deixaria imóvel de sua propriedade se deteriorar sem tomar nenhuma providência.

- **Pagar o aluguel nos prazos ajustados** (inc. II). Na falta de ajuste de prazo, o pagamento deve ser feito **"segundo o costume do lugar"**; na locação de imóveis urbanos, até o **sexto dia útil** do mês seguinte ao vencido (Lei n. 8.245/91, art. 23, I). O contrato de locação, como foi dito, é oneroso e, por conseguinte, tem como elemento principal o recebimento do aluguel. É obrigatório o fornecimento de **recibo de quitação**, com especificação das parcelas do aluguel e demais encargos (Lei n. 8.245/91, art. 22, VI).
- **Levar ao conhecimento do locador as turbações de terceiros, fundadas em direito** (inc. III). Como já mencionado, o art. 568 do Código Civil impõe ao locador a obrigação de resguardar o locatário dos embaraços e turbações de terceiros que tenham ou pretendam ter direitos sobre a coisa alugada. Para que possa agir, porém, faz-se necessário que o inquilino lhe dê ciência do fato, mediante nomeação à autoria (CPC, art. 338). Se se tratar de questão de fato, como uso nocivo da propriedade vizinha, por exemplo, cabe ao próprio inquilino a defesa de seus direitos[8].
- **Restituir a coisa, finda a locação, no estado em que a recebeu, salvas as deteriorações naturais** (inc. IV). Tem ele o direito de exigir, quando o imóvel lhe é entregue, relação escrita de seu estado, para se resguardar de posterior imputação infundada. Caso se comprove ter havido **dano** à coisa, o **locatário indenizará o proprietário**, visto que a sua obrigação é restituí-la no mesmo estado em que a recebeu, transigindo-se apenas com as naturais depreciações resultantes de seu uso regular.

À falta de convenção em contrário, a dívida é *quérable* **(quesível)** e deve ser paga, pontualmente, no domicílio do **devedor** (CC, art. 327). Pode ser estipulado que o locatário, além de pagar o aluguel, responda também por **impostos e taxas** que incidam sobre o imóvel locado. Como garantia dos aluguéis, tem o locador **penhor legal** sobre os bens móveis que o inquilino tiver guarnecendo o prédio (CC, art. 1.467, II).

5.6. DISPOSIÇÕES COMPLEMENTARES

Retomada da coisa antes do vencimento do prazo

Segundo se infere do art. 571 do Código Civil, é permitido ao "locador **reaver a coisa alugada antes do vencimento do prazo**", desde que seja ressarcido o **locatário** das "**perdas e danos** resultantes". Admite-se, também, que a coisa seja **devolvida** ao locador, desde que o locatário pague, "proporcionalmente, a multa prevista no contrato".

Tal norma é supletiva, podendo ser alterada pela vontade das partes, e **não se aplica à locação de prédios urbanos**, que tem regulamentação própria. Se a obriga-

8 Washington de Barros Monteiro, *Curso*, cit., v. 5, p. 165.

ção de pagar o aluguel pelo tempo que faltar "constituir indenização excessiva, será facultado ao juiz fixá-la em bases razoáveis" (CC, art. 572).

Direito de retenção

Preceitua o parágrafo único do art. 571 do Código Civil que o locatário "gozará do **direito de retenção**, enquanto não for ressarcido". A inovação protege o locatário, facilitando-lhe o recebimento da indenização a ser paga pelo locador quando pretende reaver a coisa alugada antes do vencimento do prazo estipulado no contrato. Em se tratando de **locação predial**, findo o prazo, pode o locador reaver o imóvel locado se o ajuste for por escrito e por prazo igual ou superior a trinta meses (Lei n. 8.245/91, art. 46).

Locação por tempo determinado

Tal espécie de locação **cessa de pleno direito** findo o prazo estipulado (CC, art. 573, mora *ex re*). O locatário que não devolve a coisa no término do contrato passa a ter **posse injusta e de má-fé**, com todos os consectários legais (CC, arts. 1.216 a 1.220)[9]. Se o locatário continuar na posse do bem, sem oposição do locador, **presumir-se-á prorrogada**, sem prazo, pelo mesmo aluguel (art. 574).

Locação sem prazo determinado

Tal modalidade exige **prévia notificação** do locatário. Se este, notificado, "não restituir a coisa, pagará, enquanto a tiver em seu poder, **o aluguel que o locador arbitrar**, e responderá pelo dano que ela venha a sofrer, embora proveniente de caso fortuito" (art. 575). Trata-se de meio coercitivo de que dispõe o locador para forçar o locatário a cumprir sua obrigação. Aduz o parágrafo único do aludido dispositivo que, "se o aluguel arbitrado for manifestamente excessivo, poderá o juiz reduzi-lo, mas tendo sempre em conta o seu caráter de penalidade".

Tais regras **não se aplicam à locação de prédios urbanos**, valendo apenas para as locações de prédios rústicos e às demais locações em geral. Salvo convenção em contrário, o locatário pode reter a coisa alugada, "no caso de **benfeitoria necessária**", mesmo feita sem prévia licença do proprietário. Quanto às **"úteis"**, só pelas realizadas "com expresso consentimento do locador" (CC, art. 578; LI, art. 35)[10].

5.7. LOCAÇÃO DE PRÉDIOS

5.7.1. Legislação aplicável

O Código Civil de 2002 não dispõe a respeito da locação de prédios. A locação urbana rege-se, hoje, pela **Lei n. 8.245/91** (LI — Lei do Inquilinato, com as altera-

[9] Teresa Ancona Lopez, *Comentários*, cit., v. 7, p. 41.

[10] "Indenização. Benfeitorias necessárias. Verba devida ao locatário somente se provadas de maneira inconteste as reformas introduzidas no imóvel" (*RT*, 795/260). "Indenização. Obras realizadas que se destinaram única e exclusivamente a atender aos interesses comerciais da locatária, sem autorização expressa dos locadores. Verba indevida, mesmo que aquelas sejam entendidas como acessões, pois tal conceito insere-se na expressão genérica de benfeitorias e o direito de retenção só está disponível ao locatário que realiza aquelas consideradas necessárias" (*RT*, 787/292).

ções introduzidas pela **Lei n. 12.112, de 9-12-2009**), cujo art. 1º, parágrafo único, proclama continuarem regidas pelo **Código Civil** as locações de imóveis de propriedade da União, dos Estados, dos Municípios; de vagas autônomas de garagem ou de espaços para estacionamento de veículos; de espaços destinados à publicidade; de apart-hotéis, hotéis-residência ou equiparados; e o arrendamento mercantil.

As normas do Código Civil estudadas nos itens anteriores deste capítulo têm, pois, aplicação restrita aos referidos imóveis.

■ 5.7.2. Contrato com prazo determinado

■ *5.7.2.1. Inexistência de limitação legal do prazo*

O contrato de locação predial pode ser estipulado por **qualquer prazo**, embora não deva ser perpétuo (por definição, é temporário). Se **superior a dez anos, depende de vênia conjugal**; ausente esta, o cônjuge não estará obrigado a observar o prazo excedente (LI, art. 3º).

■ *5.7.2.2. Devolução do imóvel pelo locatário*

Durante o prazo convencionado, "não poderá o locador reaver o imóvel alugado. O **locatário**, todavia, poderá devolvê-lo, pagando a **multa** pactuada, **proporcionalmente** ao período de cumprimento do contrato, ou, na sua falta, a que for judicialmente estipulada" (LI, art. 4º, com a redação dada pela Lei n. 12.112, de 9-12-2009). Na hipótese em apreço, tem a multa, portanto, **natureza compensatória**[11].

Não se confunde a cobrança da aludida multa com pedido de indenização de **perdas e danos**. Estas são apuradas na ação e devem corresponder ao exato prejuízo demonstrado pelo lesado. A **cláusula penal** é prefixada de comum acordo pelas partes, podendo ser cobrada mesmo sem alegação de prejuízo (CC, art. 416). Tendo, no caso, natureza compensatória, equivale a uma prefixação das perdas e danos.

O parágrafo único do retromencionado art. 4º da Lei do Inquilinato exonera, todavia, o locatário da obrigação de pagar a multa pela resilição antecipada da locação, em caso de **transferência, determinada pelo empregador, de local de trabalho**. É a única hipótese prevista. Ao mencionar transferência "de local de trabalho", e não de município, o aludido dispositivo legal admite a exoneração do locatário quando ocorre mudança do local de trabalho de **um bairro para outro, nos grandes centros**, quando dificulta a locomoção. Exige a lei que o locatário dispensado da multa **notifique previamente o locador, por escrito**, com o prazo mínimo de trinta dias de antecedência. Se não o fizer e mudar-se abruptamente, incorrerá na indigitada multa.

---

11 "Locação. Prazo determinado. Multa compensatória. Devolução antecipada do imóvel. Aplicação do art. 4º da Lei 8.245/91. O locatário poderá pagar parte da multa, reduzindo-a proporcionalmente ao tempo em que cumpriu o contrato" (2º TACSP, Ap. 625.6800-005/5, 12ª Câm., rel. Juiz Romeu Ricupero, j. 6-12-2001).

5.7.3. Contrato com prazo indeterminado

Nos contratos com prazo determinado, não pode, como visto, o locatário devolver o imóvel, senão pagando a multa referida no art. 4º da Lei n. 8.245/91. Todavia, nas locações por **prazo indeterminado**, ou nas que assim passaram a vigorar pela expiração do prazo original da avença, poderá ele denunciar a locação **mediante aviso por escrito ao locador, com antecedência mínima de trinta dias** (LI, art. 6º). Trata-se de uma consequência do fato de se tratar de obrigação de trato sucessivo, com prazo indeterminado[12].

5.7.4. Sublocação e cessão da locação

Em se tratando de **locação urbana**, a Lei n. 8.245/91 declara, no art. 13, que tanto a **sublocação** como o empréstimo e a **cessão** dependem do **consentimento prévio e escrito** do locador.

5.7.4.1. Distinção entre sublocação e cessão da locação

A cessão não se confunde com a sublocação. Nesta, o locatário continua obrigado pelo contrato celebrado com o locador. Na **cessão da locação, desaparece a responsabilidade do cedente**, que se transmite ao cessionário, com o qual, daí por diante, entender-se-á o locador[13]. **A cessão é mais ampla que a sublocação**, como se verifica pela Súmula 411 do Supremo Tribunal Federal, *verbis*: "O locatário autorizado a ceder a locação pode sublocar o imóvel".

5.7.4.2. Inadmissibilidade de consentimento tácito do locador na sublocação

A lei é expressa em não admitir consentimento tácito do locador na sublocação. Considera-se, no entanto, válido o consentimento escrito **posterior aos negócios**, como ratificação ou confirmação do ocorrido. A sublocação autoriza o manejo, pelo locador, de **ação de despejo**, e não de ação de reintegração de posse, uma vez que a posse mediata do bem se encontra com o locatário, com relação a quem cabe resilir o contrato. Os terceiros serão, então, necessariamente atingidos pela ordem de despejo transitada em julgado[14]. Quando a sublocação é avençada com autorização expressa do locador, dá-se a **cessão da posição contratual** do locatário.

---

12 Sílvio Venosa, *Lei do Inquilinato*, p. 65.

"Locação. Prazo indeterminado. Rescisão unilateral pelo locatário. Inobservância do prazo previsto em lei. Pagamento do aluguel correspondente a estes 30 dias. Obrigatoriedade. Aplicação do art. 6º da Lei 8.245/91" (2º TACSP, EDcl. 568.691-01/5, 10ª Câm., rel. Juiz Gomes Varjão, j. 24-5-2000).

13 Washington de Barros Monteiro, *Curso*, cit., v. 5, p. 170.

"A sublocação com a qual não anuiu o locador expressamente e da qual não foi validamente notificado, contra este não gera efeitos jurídicos, persistindo a responsabilidade do locatário" (2º TACSP, Ap. 542.990, 2ª Câm., rel. Juiz Felipe Ferreira, j. 3-5-1999).

14 *RT*, 644/135.

5.7.4.3. *Responsabilidade subsidiária do sublocatário*

Responde este, **subsidiariamente**, ao senhorio pela importância que dever ao sublocador, quando este for demandado, e ainda pelos aluguéis que se vencerem durante a lide (LI, art. 16). A responsabilidade subsidiária do sublocatário começa com a sua notificação, na ação de cobrança movida pelo senhorio ao inquilino. Rescindida, ou finda a locação, **resolvem-se as sublocações**, salvo o direito de indenização que possa competir ao sublocatário contra o sublocador. Ao sublocatário fica assegurado o **direito de retenção** pelas benfeitorias necessárias, porque é possuidor de boa-fé. Quanto às úteis, só se houverem sido autorizadas pelo locador (LI, art. 15).

5.7.5. Responsabilidade do locador

5.7.5.1. *Obrigação de realizar os necessários reparos urgentes*

Durante a locação, o **senhorio** não pode mudar a **destinação do prédio** alugado. Malgrado tenha a obrigação de não perturbar o gozo do imóvel entregue ao locatário, se o prédio necessitar de **reparos urgentes** terá de fazê-los, sendo o locatário obrigado a consenti-los. Se durarem **mais de dez dias** (LI, art. 26, parágrafo único), poderá este pedir **abatimento proporcional no aluguel**. Se durarem mais de um mês, e tolherem o uso regular do prédio, poderá rescindir o contrato.

5.7.5.2. *Obrigação de assegurar ao locatário o uso e gozo do prédio locado*

O **locador** tem de assegurar ao locatário o **uso e gozo do prédio locado**, por todo o tempo do contrato, nas mesmas condições do início de vigência da avença. Incumbem-lhe, salvo cláusula expressa em contrário, todas as reparações de que o prédio necessitar.

Ao **locatário** incumbem exclusivamente as **pequenas reparações** de estragos que não provenham naturalmente do tempo ou do uso, por exemplo, a substituição de vidros quebrados, a desobstrução de canos e ralos, o conserto de pequenas goteiras, a troca de torneira etc. (LI, art. 23, I).

5.7.5.3. *Responsabilidade pelo incêndio do prédio*

Responderá o locatário pelo **incêndio do prédio** se não provar caso fortuito ou força maior, vício de construção ou propagação de fogo originado em outro prédio. Sendo de natureza contratual a responsabilidade do inquilino, é estranha, no caso de incêndio, qualquer indagação relativa à culpa, **que se presume**[15].

---

[15] Washington de Barros Monteiro, *Curso*, cit., v. 5, p. 172-173.

"Incêndio no imóvel locado. Presunção relativa da culpa do locatário, ficando a seu encargo a comprovação da ocorrência de força maior ou caso fortuito suscetível de elidi-la e impedir o ressarcimento do dano causado pelo sinistro" (STJ, *RT*, 785/191).

5.8. LOCAÇÃO DE PRÉDIO URBANO

5.8.1. Retomada do imóvel locado

Denúncia vazia

A locação de prédio urbano rege-se pela Lei n. 8.245, de 18 de outubro de 1991, que especifica as hipóteses de **retomada**, com as alterações introduzidas pela Lei n. 12.112, de 9-12-2009. Malgrado não possa o locador reaver o imóvel locado, na vigência do prazo de duração do contrato, admite-se, contudo, a retomada **ao final deste**, nas locações ajustadas por escrito e por **prazo igual ou superior a trinta meses**. A resolução opera-se com o fim do prazo, independentemente de notificação ou aviso (art. 46)[16]. Dá-se, na hipótese, a resolução do contrato sem motivação (a chamada **denúncia vazia**).

Mas se o locatário continuar na posse do imóvel por mais de trinta dias, sem oposição do locador, presumir-se-á **prorrogada** a locação por **prazo indeterminado**, mantidas as demais cláusulas e condições do contrato (§ 1º). Ocorrendo a prorrogação, o locador só poderá denunciar o contrato se conceder prazo de trinta dias para desocupação (§ 2º).

Prazo para a propositura da ação de despejo

Assim, findo o contrato por **prazo determinado**, o locador tem o **prazo de trinta dias** para ingressar com ação de despejo. O término do prazo contratual constitui o locatário em **mora**, não sendo este surpreendido com a ação de despejo. Decorrido o referido prazo de trinta dias, fica o senhorio obrigado a promover a **notificação do locatário**. A ação de despejo deve ser proposta em seguida ao escoamento do prazo concedido na notificação, ou seja, nos **trinta dias seguintes**, sob pena de perder a eficácia[17].

Entretanto, a locação ajustada por **prazo inferior a trinta meses prorroga-se** automaticamente e sem termo, admitindo-se a **retomada** somente nas hipóteses do art. 47, I a V (**denúncia cheia** ou motivada).

5.8.2. Morte do locador

Transferência do contrato aos herdeiros

A morte do locador acarreta a transferência do contrato aos **herdeiros** (LI, art. 10). Estes continuam na **posição contratual** por prazo determinado ou indeterminado, podendo ingressar com **pedido de retomada nas mesmas hipóteses** em que poderia fazê-lo o *de cujus*, pois lhes são transmitidos **os mesmos direitos e deveres** anteriormente existentes.

---

16 "É dispensável a notificação premonitória, quando o pedido de retomada de prédio não residencial se dá logo após o término do contrato, notadamente se a ação é ajuizada dentro em 30 (trinta) dias" (2º TACSP, Súmula 14).

17 *JTACSP*, 115/214.

Sendo vários os herdeiros, são todos considerados **locadores solidários**, a teor do estatuído no art. 2º da lei em apreço. Por conseguinte, o pagamento feito a um deles extingue a obrigação, se não houver disposição contratual em contrário[18].

■ **Locador usufrutuário ou fiduciário**

Se o contrato locatício for por **tempo determinado**, deverão os herdeiros, certamente, respeitar o prazo convencional. Todavia, se o locador falecido era **usufrutuário ou fiduciário**, não se operará, segundo os termos do art. 7º da Lei n. 8.245/91, qualquer transferência patrimonial a seus herdeiros, uma vez que o nu-proprietário ou o fideicomissário, sendo pessoas estranhas à avença, **não têm nenhuma obrigação de manter a locação**, mesmo com prazo determinado, a não ser que expressamente tivessem consentido na contratação.

Trata-se de **retomada imotivada** decorrente do fato da extinção do aludido direito real e do mencionado benefício testamentário[19].

■ 5.8.3. Morte do locatário

A morte do locatário determina a **sub-rogação** nos seus direitos, podendo continuar a locação:

- ■ nas locações com **finalidade residencial**, o cônjuge sobrevivente ou o companheiro e, sucessivamente, os herdeiros necessários e as pessoas que viviam na dependência econômica do falecido, **desde que residentes no imóvel**;
- ■ nas locações com **finalidade não residencial**, o espólio e, se for o caso, seu sucessor no negócio (art. 11, I e II).

Tal disciplina denota o caráter ***intuitu personae*** da locação residencial. Servindo o imóvel de moradia da família, defere-se aos seus membros o direito de continuar no imóvel, sob as mesmas condições do locatário falecido. Trata-se de hipótese de **sub-rogação legal**. Para que ela se opere é necessário, todavia, que os beneficiados **estejam residindo no imóvel** por ocasião da morte do inquilino. Terceiros que não se enquadram nas aludidas hipóteses legais são considerados estranhos à locação, não podendo ser tratados como locatários. Se não tiverem, em face do imóvel, nenhuma relação de caráter locatício, poderão ser desalojados pelos meios possessórios.

■ 5.8.4. Separação de fato, separação judicial, divórcio ou dissolução da união estável

Nos casos em epígrafe, a locação **prosseguirá automaticamente** com o cônjuge ou companheiro que permanecer no imóvel. A regra abrange todas as hipóteses em que um dos cônjuges ou companheiros deixa o imóvel, independentemente do vínculo

---

18 Sílvio Venosa, *Lei do Inquilinato*, cit., p. 86; *RT*, 598/164.

19 *JTACSP*, 480/170.

que os une. A solução aplica-se **a qualquer dos cônjuges**, embora, na maioria das vezes, seja a mulher quem permanece no imóvel.

Nos casos mencionados e no previsto no art. 11 (morte do locatário) da Lei do Inquilinato, **a sub-rogação será comunicada por escrito ao locador e ao fiador**, se esta for a modalidade de garantia locatícia. O fiador poderá exonerar-se das suas responsabilidades no prazo de trinta dias contado do recebimento da comunicação oferecida pelo sub-rogado, **ficando responsável pelo efeitos da fiança durante cento e vinte dias após a notificação ao locador** (LI, art. 12 e §§ 1º e 2º, com a redação dada pela Lei n. 12.112, de 9-12-2009).

Assentou, porém, o Superior Tribunal de Justiça que, no caso de **divórcio de casal** que resida em imóvel alugado, **o locador deve ser comunicado se um deles permanecer no imóvel**, para que direitos e responsabilidades sejam transferidos. Se isso não for feito, quem deixou o imóvel continuará obrigado a pagar o aluguel[20].

5.8.5. Alienação do imóvel locado

Possibilidade de o adquirente efetuar a denúncia vazia

Se o prédio for alienado, poderá o adquirente **denunciar a locação**, salvo se for por tempo determinado e o respectivo contrato contiver cláusula de vigência em caso de alienação **e constar do Registro de Imóveis** (LI, art. 8º). A regra permite a **denúncia vazia**, imotivada. O adquirente permanecerá na posição de locador somente se o desejar, exceto na situação expressamente ressalvada no dispositivo.

Não existindo o registro imobiliário do contrato, o adquirente tem direito à **denúncia vazia**, ainda que pendente ação renovatória, pois não se sujeita este à renovatória em curso, salvo se assim desejar. Malgrado as locações de imóveis urbanos sejam regidas, em regra, pela legislação especial, o Código Civil adotou, no art. 576, a mesma disciplina, inclusive no tocante ao registro do contrato.

Preferência do inquilino

O inquilino tem **preferência** (preempção ou prelação legal) para a **aquisição do imóvel**, em caso de alienação (LI, art. 27). Se for preterido no seu direito, poderá reclamar do alienante as **perdas e danos** ou, depositando o preço e demais despesas do ato de transferência, **haver para si o imóvel locado**, se o requerer no prazo de **seis meses**, a contar do registro do ato no Cartório de Imóveis, **desde que o contrato de locação esteja averbado** pelo menos trinta dias antes da alienação junto à matrícula (art. 33).

Existirá para o inquilino, assim, direito real de haver a coisa para si somente se tiver providenciado o registro do contrato, no aludido prazo. Não o tendo feito, o direito de preferência ou prelação legal será **pessoal**, resolvendo-se em **perdas e danos**. Constitui **requisito para o exercício do direito de preempção** o ofereci-

[20] STJ, 5ª T., REsp 540.669-RJ.

mento da coisa **nas mesmas condições propostas pelo terceiro**, seja no tocante ao preço da venda, seja no atinente ao prazo ou a qualquer outra vantagem incluída no negócio.

5.8.6. Liberdade de convenção do aluguel

É **livre** a convenção do aluguel (LI, art. 17), sendo lícito às partes **fixar cláusula de reajuste** (art. 18). A disposição mostra-se fiel ao princípio da autonomia da vontade, que impera no direito contratual brasileiro. **Após três anos** de vigência do contrato ou do ajuste anteriormente realizado, não havendo acordo, ao locador ou locatário caberá o ajuizamento de pedido de **revisão judicial**, a fim de ajustá-lo ao preço de mercado (art. 19).

5.8.7. Modalidades de garantia

O locador só pode exigir do inquilino as seguintes **modalidades de garantia:**

- **caução**, que pode ser em bens móveis ou imóveis, em títulos e ações e em dinheiro, não podendo, neste último caso, exceder o equivalente a três meses de aluguel;
- **fiança**;
- **seguro de fiança locatícia**; e
- **cessão fiduciária de quotas de fundos de investimento (introduzida pela Lei n. 11.196, de 21-11-2005).**

Inadmissibilidade da exigência de mais de uma garantia

É vedada, **sob pena de nulidade**, mais de uma dessas modalidades num mesmo contrato de locação (arts. 37, parágrafo único, e 38). Assim, "é nula de pleno direito a fiança, ainda que lavrada em documento separado, se no contrato de locação houve previsão de caução em dinheiro"[21].

Extensão da garantia até a efetiva devolução do imóvel

Dispõe o art. 39 da Lei n. 8.245/91, com a redação dada pela Lei n. 12.112, de 9-12-2009, que, "**salvo disposição contratual em contrário**, qualquer das garantias da locação se estende **até a efetiva devolução do imóvel**, ainda que prorrogada a locação por prazo indeterminado, por força desta Lei". Já a Lei n. 12.112/2009 introduziu, no art. 40 da mencionada Lei do Inquilinato, o inc. X, assegurando ao **fiador**, depois de **prorrogada a locação por prazo indeterminado**, o direito de **notificar ao locador** sua intenção de desonerar-se da obrigação, ficando, neste caso, obrigado ainda por **cento e vinte dias** após a notificação.

---

[21] *JTACSP*, 101/300.

"Confirmada a existência de mais de uma modalidade de garantia num mesmo contrato de locação e tendo o locador já recebido o valor caucionado, torna-se irretorquível a conclusão de que o depósito em caução deve prevalecer" (2º TACSP, Ap. 267.949, 3ª Câm., rel. Juiz Melo Júnior).

Fiador em regime de recuperação judicial e outras hipóteses

O inc. II do referido art. 40 também sofreu alteração para permitir que o proprietário do imóvel exija novo fiador, caso o anterior ingresse no regime de **recuperação judicial**. Pretende-se, com isso, aumentar as garantias do locador e exonerar da obrigação a empresa fiadora que esteja passando por crise econômico-financeira. Foi acrescentado, ainda, pela Lei n. 12.112/2009, parágrafo único ao art. 40 da Lei n. 8.245/91 para possibilitar ao locador notificar o locatário a apresentar **"nova garantia locatícia no prazo de trinta dias"**, nos casos especificados nos incisos do aludido dispositivo legal, "sob pena de desfazimento da locação".

5.8.8. Exigência de pagamento antecipado do aluguel

Constitui **contravenção penal** a exigência de **pagamento antecipado** do aluguel, salvo a hipótese de **locação para temporada**, ou se a locação não estiver assegurada por qualquer das referidas **espécies de garantia**, caso em que poderá o locador exigir do locatário o pagamento antecipado, até o sexto dia útil ao mês vincendo (LI, arts. 20, 42 e 43). Não precisa, pois, aguardar o decurso do mês.

Em se tratando de **locação de temporada**, o art. 49 da Lei do Inquilinato estipula que o preço da locação pode ser pago não apenas antecipadamente, como **de uma só vez**. Já se decidiu que, pela índole da locação, também é possível o aumento mensal do preço[22].

5.8.9. Ação de despejo por falta de pagamento

5.8.9.1. Cumulação do pedido de despejo com o de cobrança dos aluguéis

Nas ações de despejo por falta de pagamento, o pedido de rescisão da locação poderá ser **cumulado com o de cobrança dos aluguéis** e seus acessórios. Nesta hipótese, citar-se-á o locatário para responder ao pedido de rescisão e o locatário e os fiadores para responderem ao pedido de cobrança, devendo ser apresentado com a inicial cálculo discriminado do valor do débito.

O **locatário e o fiador** poderão evitar a rescisão da locação, efetuando, no prazo de **quinze dias**, contado da citação, **o pagamento do débito atualizado**, independentemente de cálculo e mediante depósito judicial, incluídos os aluguéis que se

[22] *JTACSP*, 97/321.

"Elemento essencial da locação por temporada é o prazo não superior a noventa dias (art. 48, da Lei n. 8.245/91). A celebração sucessiva de contratos de locação 'por temporada', relativa ao mesmo imóvel, sem qualquer intervalo, evidencia tentativa de fraude aos preceitos legais, de ordem pública, com o indisfarçável objetivo de o locador, fugindo da locação residencial ordinária, obter o pagamento antecipado do aluguel de três meses e reajustar, trimestralmente, o valor locativo, ao seu exclusivo talante. Prorrogação do contrato por prazo indeterminado e improcedência do pedido de despejo fundado no término do prazo" (TJDF, Ap. 3411694-DF, 2ª T., rel. Des. Edson Smaniotto, j. 8-5-1995).

vencerem até a data do pagamento, multas, juros, custas e honorários de advogado (LI, art. 62, I e II, com a redação dada pela Lei n. 12.112, de 9-12-2009).

■ 5.8.9.2. *Hipótese de inadmissibilidade de emenda da mora*

Não se admitirá **emenda da mora** se o locatário já houver utilizado essa faculdade nos **vinte e quatro meses** imediatamente anteriores à propositura da ação (art. 62, parágrafo único, da Lei do Inquilinato, introduzido pela referida Lei n. 12.112, de 9-12-2009).

■ 5.8.9.3. *Despejo por medida liminar*

A Lei n. 12.112/2009 ampliou a possibilidade de despejo por **medida liminar**, independentemente de oitiva do locatário, mediante o acréscimo de quatro incisos ao § 1º do art. 59.

O § 3º dispõe que, "no caso do inciso IX do § 1º deste artigo, poderá o locatário evitar a rescisão da locação e elidir a liminar de desocupação se, **dentro dos quinze dias concedidos para a desocupação** do imóvel e independentemente de cálculo, efetuar **depósito judicial** que contemple a totalidade dos valores devidos, na forma prevista no inciso II do art. 62".

■ 5.8.9.4. *Rescisão do contrato com a efetiva entrega das chaves do imóvel ao locador*

Os aluguéis devidos pelo locatário são aqueles vencidos e não pagos até a imissão do locador na posse do imóvel, ainda que este tenha sido anteriormente abandonado. O contrato de locação "somente é rescindido com a **efetiva entrega das chaves do imóvel** ao locador, ou sua imissão na posse por ato judicial, sendo irrelevante para esse fim a simples desocupação do imóvel, fato que não exonera o locatário da responsabilidade pelo pagamento dos aluguéis e demais encargos contratuais"[23].

■ 5.8.9.5. *Efetivação do despejo*

Julgada procedente a ação de despejo, o juiz determinará a expedição de **mandado de despejo**, que conterá o **prazo de trinta dias** para a desocupação voluntária (LI, art. 63, com a redação dada pela Lei n. 12.112/2009). Esse prazo, todavia, poucas vezes será observado, em razão da nova redação conferida à alínea *b* do § 1º do art. 63 pela Lei n. 11.112/2009, pois tanto para os despejos decretados com fundamento no art. 9º como para os decretados no § 2º do art. 46 o prazo para a desocupação voluntária será de apenas **quinze dias**.

---

[23] TJMG, Ap. 1.0069.04.012876-6/001-Belo Horizonte, 17ª Câm. Cív., *DJE*, 18-5-2006.

Os prazos e as formalidades para a efetivação do despejo regular-se-ão pelos arts. 63 a 66 da Lei do Inquilinato, inclusive de **hospitais, estabelecimentos de ensino, asilos** etc., cujos prazos variam, conforme a hipótese, de seis meses a um ano. Será recebida somente no **efeito devolutivo** a apelação interposta contra sentença que decretar o despejo (art. 58, V).

5.8.10. Ação renovatória

A **ação renovatória** dos contratos de locação de imóveis destinados ao uso comercial ou industrial encontra-se regulada nos arts. 71 a 74 da Lei n. 8.245/91, podendo ser ajuizada desde que:

- o contrato a renovar tenha sido celebrado por escrito e com prazo determinado;
- o prazo mínimo do contrato a renovar ou a soma dos prazos ininterruptos dos contratos escritos seja de cinco anos;
- o locatário esteja explorando seu comércio, no mesmo ramo, pelo prazo mínimo e ininterrupto de três anos (art. 51).

Prazo legal

Somam-se os prazos contratuais. Desse modo, o contrato posterior realizado entre locador e locatário, por prazo inferior a cinco anos, não importa em renúncia ao direito de renovação da locação. Para verificação do prazo de carência, basta somar os prazos dos contratos ininterruptos[24].

Prazo decadencial para o ajuizamento da renovatória

A Lei n. 8.245/91 manteve o **prazo decadencial** para o ajuizamento da ação renovatória. Deve esta ser proposta no interregno de **um ano até seis meses anteriores ao final do contrato**. Será intempestiva se ajuizada antes ou depois desse prazo que, por ser decadencial, não se suspende nem se interrompe.

Prova da exploração trienal do mesmo ramo de atividade

O locatário deve apresentar a prova da **exploração trienal** do mesmo ramo de atividade com a inicial da ação. Esse triênio deve remontar à propositura da ação. Entende a lei que o prazo de **três anos é o prazo mínimo para a criação do ponto e da clientela**. Exploração por prazo inferior não confere direito à renovação. O próprio locatário, pessoa natural ou jurídica, é quem deve estar na exploração do ramo (escritório de contabilidade, salão de barbeiro, escola profissional etc.), por si ou por seus prepostos, não se admitindo que terceiros, estranhos à relação locatícia, sejam os exploradores do ponto.

---

[24] STJ, REsp 43.669-SP, 5ª T., rel. Min. Edson Vidigal, j. 13-10-1997.

"Locação comercial. Renovatória. Prazo de cinco anos. Contratos escritos separados por período de locação verbal. *Accessio temporis*. Inadmissibilidade. A '*accessio temporis*' admitida, expressamente, pelo artigo 51, inciso II, da Lei 8.245/91, não admite interrupção entre um contrato e outro, porque emprega a expressão 'ininterrupto', ou seja, continuidade dos contratos escritos que se somam" (2º TACSP, Ap. 647.218-00/8, 11ª Câm., rel. Juiz Artur Marques, j. 29-7-2002).

Improcedência da ação renovatória

Com a nova redação dada ao art. 74 da Lei do Inquilinato pela Lei n. 12.112, de 9-12-2009, não sendo renovada a locação, ou seja, **julgada improcedente** a demanda renovatória, o juiz determinará a expedição de **mandado de despejo**, que conterá o prazo de **trinta dias** para a desocupação voluntária, se houver pedido na contestação.

5.9. RESUMO

DA LOCAÇÃO DE COISAS	
CONCEITO	▪ Locação de coisas é contrato pelo qual "uma das partes se obriga a ceder à outra, por tempo determinado ou não, o uso e gozo de coisa não fungível, mediante certa retribuição" (CC, art. 565).
CARACTERES	▪ é ***bilateral*** (envolve prestações recíprocas); ▪ é ***oneroso*** (ambas as partes obtêm proveito); ▪ é ***consensual*** (aperfeiçoa-se com o acordo de vontades); ▪ é ***comutativo*** (não envolve risco); ▪ é ***não solene*** (a forma é livre); ▪ é ***de trato sucessivo*** (prolonga-se no tempo).
ELEMENTOS ESSENCIAIS	▪ O ***objeto***, que pode ser coisa móvel infungível (se fungível, será contrato de mútuo) ou imóvel. ▪ O ***preço***, denominado aluguel ou remuneração. Se faltar, haverá comodato. É fixado pelas partes, ou mediante arbitramento, ou ainda por ato governamental (táxis, p. ex.). ▪ O ***consentimento***, que pode ser expresso ou tácito.
OBRIGAÇÕES DO LOCADOR	▪ ***Entregar ao locatário a coisa alugada***, em estado de servir ao uso a que se destina (art. 566, I). ▪ ***Manter a coisa no mesmo estado*** (art. 566, I, 2ª parte). ▪ ***Garantir o uso pacífico da coisa*** (arts. 566, II, e 568).
OBRIGAÇÕES DO LOCATÁRIO	▪ Servir-se da coisa alugada para os usos convencionados e tratá-la como se sua fosse (art. 569, I). ▪ Pagar o aluguel nos prazos ajustados (art. 569, II). ▪ Levar ao conhecimento do locador as turbações de terceiros, fundadas em direito (art. 569, III). ▪ Restituir a coisa, finda a locação, no estado em que a recebeu, salvas as deteriorações naturais (art. 569, IV).
LOCAÇÃO DE PRÉDIOS	▪ O Código Civil de 2002 não dispõe a respeito da locação de prédios. A locação urbana rege-se, hoje, pela Lei n. 8.245/91 (LI, com as alterações introduzidas pela Lei n. 12.112/2009), cujo art. 1º, parágrafo único, proclama continuarem regidas pelo Código Civil as locações de imóveis de propriedade da União, dos Estados, dos Municípios; de vagas autônomas de garagem ou de espaços para estacionamento de veículos; de espaços destinados à publicidade; de apart-hotéis, hotéis-residência ou equiparados; e o arrendamento mercantil. As normas do Código Civil têm, pois, aplicação restrita aos referidos imóveis.

5.10. QUESTÕES

1. (OAB/RS/2007-1) Quanto à locação de prédio urbano, assinale a assertiva CORRETA.

a) O aluguel não pode ser estipulado em moeda estrangeira.
b) Quando se tratar de imóveis residenciais construídos no período de vigência da Lei n. 6.649/1979, admite-se a propositura de reintegração de posse pelo locador para reaver o imóvel.
c) O contrato de locação prescinde de autorização conjugal, independentemente de seu prazo.
d) O aluguel pode ser vinculado ao salário mínimo.

2. (Procurador da Fazenda Nacional/ESAF/2007) O locador tem direito de exigir do locatário, na locação de prédio urbano, uma das seguintes garantias:

a) caução em dinheiro, caução em bens móveis ou imóveis, garantia fidejussória, seguro de fiança locatícia e cessão fiduciária de quotas de fundo de investimento;
b) seguro de fiança locatícia, cessão fiduciária de quotas de fundo de investimento e caução em bens móveis ou imóveis;
c) cessão fiduciária de quotas de fundo de investimento, fiança e caução em dinheiro;
d) caução em dinheiro, fiança e caução em bens móveis ou imóveis;
e) garantia fidejussória, penhor, hipoteca, caução em dinheiro e seguro de fiança locatícia.

3. (PGE/AL/Procurador/CS-UFG/2015) A matéria relativa às locações dos imóveis urbanos e os procedimentos a elas pertinentes é objeto de minuciosa normatização pela Lei n. 8.245, de 18 de outubro de 1991, conhecida como Lei do Inquilinato. No tocante às garantias locatícias, esse diploma legal prescreve:

a) a caução, a fiança, o seguro de fiança locatícia e o aval são modalidades específicas.
b) a presença de mais de uma das modalidades de garantia em um mesmo contrato de locação é permitida.
c) a garantia da locação, em qualquer modalidade, se estende até a efetiva devolução do imóvel, independentemente de disposição contratual em contrário.
d) a caução poderá ser em bens móveis ou imóveis.

4. (OAB/SP/124° Exame) Antonio recebeu de Benedito um apartamento em locação, para fins residenciais, sendo celebrado contrato escrito com prazo determinado de 36 meses. No contrato, que não foi averbado na matrícula do imóvel, foi estipulado direito de preferência do inquilino na compra do imóvel, a ser exercido no prazo de 30 dias. Passado um ano de vigência da locação, o apartamento é vendido a um terceiro, sem ser consultado o locatário. Nesse caso,

a) A venda não pode ser desfeita, embora tenha sido estipulado direito de preferência do locatário.
b) A venda pode ser desfeita, por ter sido desrespeitado o direito de preferência do locatário, que pode reclamar do vendedor as perdas e danos e, ainda, requerer, no prazo de 6 meses, contado da data do registro da venda no Cartório Imobiliário, que lhe seja conferida a titularidade do imóvel locado, depositando o preço e demais despesas do ato de transferência.
c) A venda pode ser desfeita, por ter sido desrespeitado o direito de preferência do locatário, que pode reclamar do vendedor as perdas e danos e, ainda, requerer, no prazo de 6 meses, contado da data do registro da venda no Cartório Imobiliário, que lhe seja conferida a titularidade do imóvel locado, depositando somente o preço que constou da venda.
d) A venda pode ser desfeita, por ter sido desrespeitado o direito de preferência do locatário, que pode reclamar do vendedor as perdas e danos ou requerer, no prazo de 6 meses, contado da data do registro da venda no Cartório Imobiliário, que lhe seja conferida a titularidade do imóvel locado, depositando o preço e demais despesas do ato de transferência.

5. (TJSP/Juiz de Direito/178° Concurso/VUNESP/2006) Só um destes enunciados a respeito de locação de imóvel urbano é CORRETO. Aponte-o.

a) Finda a locação e morto o locador, os herdeiros podem reaver o prédio por meio de ação possessória.
b) Em casos de separação de fato, separação judicial, divórcio ou dissolução da sociedade concubinária, a locação permanecerá com o primitivo locatário.
c) Para dar em locação imóvel urbano, é preciso ser dele o proprietário.
d) Silente o contrato, é do locador a obrigação de pagar os impostos, taxas e o prêmio de seguro complementar contra fogo, que incidam ou venham a incidir sobre o imóvel.

6. (TJSP/Juiz de Direito/179° Concurso/VUNESP/2006) Assinale a alternativa INCORRETA a respeito de locação residencial.

a) Seja qual for o fundamento do término da locação, a ação do locador para reaver o imóvel é a de despejo.
b) Extinto o usufruto e consolidada a propriedade em mãos do usufrutuário, a locação pode ser denunciada com prazo de trinta dias para a desocupação, desde que a denúncia seja exercitada no prazo de noventa dias contado da averbação da extinção do usufruto.

c) Na falta de disposição contratual, as benfeitorias necessárias introduzidas pelo locatário serão indenizáveis e permitem o exercício do direito de retenção, ainda que não autorizadas pelo locador.
d) Não estando a locação garantida, o locador poderá exigir do locatário o pagamento de aluguéis e encargos até o sexto dia do mês vincendo.

7. (TRT/11ª Região/Juiz do Trabalho/2007) Antonio é empregado de Pedro & Cia. Ltda., tendo a empregadora a ele cedido imóvel residencial, em locação, pelo prazo de doze meses. Findo este prazo,

a) O locador somente poderá vir a retomar o imóvel depois de transcorridos cinco anos de ocupação, mesmo que a ocupação do imóvel esteja relacionada com o emprego e extinto o contrato de trabalho, porque se trata de locação residencial.
b) O locador, devendo valer-se da ação de despejo, poderá retomar o imóvel, se extinto o contrato de trabalho e se a ocupação do imóvel estiver relacionada com o seu emprego.
c) O locador poderá valer-se da ação de reintegração de posse para retomar o imóvel, depois de o empregado haver sido notificado para desocupá-lo em trinta dias.
d) O locador poderá obter liminar para desocupação em quinze dias, na ação de despejo, ainda que vigente o contrato de trabalho e a ocupação do imóvel esteja relacionada com o emprego.
e) O locador somente poderá retomar o imóvel por falta de pagamento, se o empregado continuar a ocupação depois de extinto o contrato de trabalho.

8. (TRT/MT/Juiz do Trabalho/Fundação Carlos Chagas/2015) Lucas, empregado de Fit Construções, firmou contrato de locação com Mauro, pelo prazo de 30 meses, tendo sido estipulado que, em caso de devolução antecipada do imóvel, seria devida multa equivalente a 3 aluguéis. Depois do início do contrato, Fit Construções transferiu Lucas para localidade diversa, levando-o a devolver o imóvel. Para que ocorra a devolução, Lucas deverá

a) notificar Mauro com antecedência mínima de 30 dias, ficando dispensado do pagamento de multa apenas no caso de Fit Construções se tratar de empresa pública.
b) pagar a multa pactuada, em sua integralidade.
c) pagar a multa pactuada proporcionalmente ao período de cumprimento do contrato.
d) notificar Mauro com antecedência mínima de 30 dias e pagar a multa pactuada proporcionalmente ao período de cumprimento do contrato.
e) notificar Mauro com antecedência mínima de 30 dias, ficando dispensado do pagamento de multa, seja Fit Construções empresa pública ou privada.

9. (OAB/SP/124º Exame) A sociedade ABC Ltda. é locatária de um imóvel, onde explora e sempre explorou a atividade de comércio varejista de calçados. Após decorridos 4 anos do contrato de locação, vendeu seu estabelecimento à sociedade Calçados Brasil S.A., que continuou operando-o normalmente. No prazo assinalado pela Lei 8.245/1991, a Calçados Brasil S.A. moveu ação renovatória, visando à renovação compulsória do contrato de locação em vigor. Supondo-se que os demais requisitos legais para a renovação compulsória estejam presentes, a ação movida pela Calçados Brasil será

a) extinta sem julgamento do mérito, por ilegitimidade passiva, pois a autora não é locatária.
b) julgada improcedente, pois a autora não criou o ponto comercial.
c) julgada procedente, pois a autora sucede a antiga locatária nos contratos relativos à exploração do estabelecimento.
d) julgada procedente, pois a antiga locatária já teria direito à renovação, antes mesmo de ceder o estabelecimento.

10. (OAB/Nordeste II/2005) Na locação empresarial,

a) o prazo da locação é desnecessário para a aquisição do direito de inerência ao ponto.
b) o locador não pode pedir o imóvel, mesmo que tenha proposta de terceiro em melhores condições.
c) a ação renovatória deve ser distribuída nos 6 meses posteriores ao final do contrato.
d) o desenvolvimento da mesma atividade mercantil é considerado requisito essencial para a propositura da ação renovatória.

11. (TJ/AM/Juiz de Direito/Fundação Getulio Vargas/2013) No que se refere à locação predial urbana, assinale a afirmativa CORRETA.

a) O locatário tem a obrigação de pagar os impostos e as taxas que incidam ou venham a incidir sobre o imóvel, assim como as despesas de telefone, luz, gás e esgoto.
b) O locatário pode devolver o imóvel alugado, durante o prazo estipulado para a duração do contrato, pagando o valor dos aluguéis correspondentes ao período que falta para o término do contrato.
c) Em caso de óbito do locatário, ficarão sub-rogados nos seus direitos e obrigações, nas locações residenciais, o cônjuge sobrevivente ou o companheiro e, sucessivamente, os descendentes, ascendentes e os colaterais até o terceiro grau.
d) As benfeitorias necessárias e úteis introduzidas pelo locatário, salvo expressa disposição contratual em contrário, ainda que não autorizadas pelo locador, serão indenizáveis e permitem o exercício do direito de retenção.
e) O locador, em locação por temporada, poderá receber de uma só vez e antecipadamente os aluguéis e encargos.

12. (TRT/1ª Reg./Juiz do Trabalho/Fundação Carlos Chagas/2011) Celebrado contrato de locação entre empregado e empregador, nas posições, respectivamente, de locatário e locador, mediante instrumento escrito, e pelo prazo de vinte e quatro meses, findo esse prazo, o imóvel poderá ser retomado

a) provando-se a rescisão do contrato de trabalho e somente depois do trânsito em julgado de sentença proferida pela Justiça do Trabalho reconhecendo a quitação de todas as verbas devidas ao empregado.
b) em decorrência de extinção do contrato de trabalho, independentemente de a ocupação do imóvel estar relacionada com o emprego do locatário, podendo ser concedida liminar para desocupação em quinze dias, desde que provada a rescisão do contrato de trabalho por escrito.
c) somente depois de cumpridos cinco anos da celebração do contrato, porque a denúncia vazia nas locações residenciais só é admissível, findo o prazo contratual, se esse tiver sido igual ou superior a trinta meses.
d) em decorrência de extinção do contrato de trabalho, se a ocupação do imóvel estiver relacionada com o emprego do locatário, podendo ser concedida liminar para desocupação em quinze dias, havendo prova da rescisão do contrato de trabalho, ou sendo ela demonstrada em audiência.
e) mediante notificação premonitória, com prazo de trinta dias para desocupação, não sendo, porém, admissível decisão liminar de despejo.

13. (MP/RO/Promotor de Justiça/CESPE/UnB/2013) Considere que Camila more em apartamento que tenha alugado de Caio. Nessa situação,

a) Caio continua sendo proprietário do imóvel, mas a posse sobre o bem foi transferida a Camila.
b) se, por determinação do poder público, Caio tiver de realizar reparações urgentes e de grande monta no imóvel, o contrato de locação deverá ser desfeito.
c) estipulado o contrato por prazo determinado, Camila poderá devolver o imóvel a Caio antes do término do contrato, sem pagamento de multa, caso tenha de se mudar de cidade por ter sido aprovada em concurso público.
d) Camila adquiriu uma posse derivada e poderá, em nome próprio, defendê-la contra terceiro que venha a esbulhá-la.
e) a locação não afasta a responsabilidade de Caio quanto a coisas que caírem da janela do imóvel e causarem dano a terceiro.

14. (TJAL/Juiz de Direito/Fundação Carlos Chagas/2015) No contrato de locação predial urbana:

a) salvo disposição contratual em contrário, as benfeitorias necessárias introduzidas pelo locatário, ainda que não autorizadas pelo locador, bem como as úteis, desde que autorizadas, serão indenizáveis e permitem o exercício do direito de retenção.
b) as partes não podem dispor a respeito da indenização por benfeitorias, devendo seguir só o que a lei estabelece.
c) as benfeitorias necessárias introduzidas, ainda que não autorizadas pelo locador, bem como as úteis, desde que autorizadas, serão indenizáveis e permitem o exercício do direito de retenção, não sendo permitida cláusula em sentido contrário, quando tratar de locação de imóvel residencial.

d) as benfeitorias voluptuárias não são indenizáveis, podendo ser levantadas pelo locatário, finda a locação, ainda que sua retirada afete a estrutura ou a substância do imóvel, mas, neste caso, poderá o locador optar pela indenização.
e) somente são indenizáveis as benfeitorias necessárias, independentemente de autorização do locador, não se admitindo cláusula em sentido contrário.

15. (TJSC/Juiz de Direito/Fundação Carlos Chagas/2015) Uma pessoa jurídica de direito privado, que atua na área de supermercados, celebrou com outra pessoa jurídica, que se dedica a atividades no ramo imobiliário, contrato pelo qual esta se comprometeu a adquirir um terreno indicado por aquela e a construir um prédio a fim de que lhe fosse locado pelo prazo de vinte anos, sendo que, se a locatária denunciasse o contrato antes do termo final, ficaria sujeita a multa equivalente à soma dos valores dos aluguéis a receber até o fim do prazo da locação.

I. É um contrato atípico, porque não disciplinado especificamente em lei, vigorando apenas as condições livremente pactuadas entre as partes.
II. A multa contratual devida pela denúncia do contrato será sempre proporcional ao período de cumprimento do contrato, sendo nula a cláusula que estipulou multa equivalente à soma dos valores dos aluguéis a receber até o termo final da locação.
III. Nele poderá ser convencionada a renúncia ao direito de revisão do valor dos aluguéis durante o prazo de sua vigência.
IV. É uma operação imobiliária conhecida como *built to suit*, mas disciplinada na lei que dispõe sobre as locações dos imóveis urbanos.
V. É modalidade de locação residencial ou não residencial para a qual a lei estabelece regras especiais entre as quais a de que o prazo será sempre determinado.

Acerca desse contrato, é correto o que se afirma APENAS em:
a) III e V.
b) I e II.
c) III e IV.
d) I e III.
e) II e IV.

16. (TJRJ/Juiz de Direito/XLVII Concurso/VUNESP/2016) Nos contratos de locação não residencial em que há "construção sob medida", amplamente conhecidos pela expressão inglesa *built-to-suit* ou *build-to-suit*, é CORRETO afirmar que

a) é nula a estipulação de cláusula de renúncia ao direito de revisão do valor dos aluguéis durante o prazo de vigência do contrato de locação.
b) o contrato deverá ser firmado por escrito e com prazo determinado, não podendo ser inferior a 5 (cinco) anos.
c) a vigência da locação, em caso de alienação do imóvel pelo locador, independe de cláusula de vigência e averbação do instrumento contratual na matrícula do imóvel.
d) a cláusula penal estabelecida por denúncia antecipada do locatário poderá alcançar a soma dos valores dos aluguéis a receber até o termo final da locação.
e) é vedada a estipulação de mais de uma modalidade de garantia em benefício do locador.

17. (TJ/DFT/Juiz de Direito/XLIII Concurso/CESPE/2016) A respeito da locação dos imóveis urbanos da Lei n. 8.245/1991, assinale a opção CORRETA.

a) Conforme entendimento consolidado do STJ, o prazo de prorrogação da ação renovatória é igual ao do contrato de locação, sem limitação de interregno máximo.
b) É assente na jurisprudência do STJ que a cláusula de renúncia à indenização por benfeitorias viola a boa-fé objetiva e rende ensejo à nulidade.
c) Nas locações comerciais, exige-se a anuência do locador no trespasse empreendido pelo locatário, conforme jurisprudência prevalente do STJ.
d) Conforme entendimento do STF, a penhora de bem de família do fiador do contrato de locação viola o direito social à moradia.
e) A responsabilidade dos fiadores, no caso de prorrogação da locação por tempo indeterminado, depende de previsão contratual estabelecendo a manutenção da garantia até a entrega das chaves.

18. (OAB/XVII Exame de Ordem Unificado/Fundação Getulio Varga/2017) João e Maria, casados e donos de extenso patrimônio, celebraram contrato de fiança em favor de seu filho, Carlos, contrato este acessório a contrato de locação residencial urbana, com duração de 30 meses, celebrado entre Carlos, locatário, e Marcelo, proprietário do apartamento e locador, com vigência a partir de 1° de setembro de 2015. Contudo, em novembro de 2016, Carlos não pagou o aluguel. Considerando que não houve renúncia a nenhum benefício pelos fiadores, assinale a afirmativa CORRETA.

a) Marcelo poderá cobrar diretamente de João e Maria, fiadores, tendo em vista que eles são devedores solidários do afiançado, Carlos.
b) Marcelo poderá cobrar somente de João, tendo em vista que Maria não é fiadora, mas somente deu a outorga uxória.
c) Marcelo poderá cobrar de Carlos, locatário, mas não dos fiadores, pois não respondem pela dívida do contrato de locação.
d) Marcelo poderá cobrar de João e Maria, fiadores, após tentar cobrar a dívida de Carlos, locatário, tendo em vista que os fiadores são devedores subsidiários.

GABARITO

1. "a". *Vide* art. 17 da LI (Lei n. 8.245/91).
2. "a". *Vide* art. 37 da LI (Lei n. 8.245/91).
3. "d". *Vide* art. 38 da LI (Lei n. 8.245/91).
4. "a". Não tendo o contrato sido averbado na **matrícula do imóvel** pelo menos trinta dias antes da alienação, inexiste para o inquilino direito real de haver a coisa para si. O seu direito é apenas pessoal, resolvendo-se em perdas e danos (LI, art. 33).
5. "d". *Vide* art. 22, VIII, da LI.
6. "b". *Vide* art. 7° e parágrafo único da LI.
7. "b". *Vide* art. 47, II, c/c arts. 58, III, e 59, II, da LI.
8. "e". *Vide* art. 4°, parágrafo único, da LI.
9. "c". *Vide* art. 51, II, da LI.
10. "d". *Vide* art. 51, III, da LI.
11. "e". *Vide* art. 49 da LI.
12. "d". *Vide* arts. 47, II, e 59, § 1°, da LI.
13. "d". *Vide* art. 1.197 do Código Civil. A vantagem da divisão da posse em direta e indireta é que o possuidor direto e o indireto podem invocar a proteção possessória contra terceiro. Uma não anula a outra. Ambas coexistem no tempo e no espaço e são posses jurídicas (*jus possidendi*), não autônomas, pois implicam o exercício de efetivo direito sobre a coisa (Carlos Roberto Gonçalves. *Direito civil brasileiro*, v. 5, 9. ed., p. 80-81).
14. "a". *Vide* art. 35 da LI e art. 578 do CC.
15. "c". *Vide* Lei n. 12.744/2012 e art. 54-A da LI.
16. "d". *Vide* art. 4° da LI.
17. "c". *Vide* art. 13 da LI.
18. "d". *Vide* art. 818 do CC.

6

DO COMODATO

■ 6.1. CONCEITO

O Código Civil designa, com o vocábulo **empréstimo**, dois contratos de reconhecida importância: o **comodato** e o **mútuo**. Têm eles em comum a entrega de uma coisa. Diferenciam-se, todavia, profundamente.

■ Diferenças entre comodato e mútuo:

a) o **comodato** é empréstimo para **uso** apenas, e o **mútuo**, para **consumo**;

b) no **comodato**, a restituição será a da própria coisa emprestada, ao passo que no **mútuo** será de uma coisa equivalente;

c) o **comodato** é essencialmente **gratuito**, enquanto o **mútuo** tem, na compreensão moderna, em regra, caráter **oneroso**. Embora possa ser gratuito, raramente se vê, na prática, as pessoas emprestarem coisas fungíveis, máxime dinheiro, sem o correspondente pagamento de juros.

■ Definição legal

Segundo dispõe o art. 579 do Código Civil, "**comodato** é o empréstimo gratuito de coisas não fungíveis. Perfaz-se com a tradição do objeto". É, portanto, **contrato benéfico**, pelo qual uma pessoa entrega a outrem alguma **coisa infungível**, para que a **use graciosamente** e, posteriormente, **restitua-a**.

(*Vide* quadro esquemático no item 6.2, *infra*.)

■ 6.2. CARACTERÍSTICAS DO COMODATO

Como se infere do conceito retromencionado, são três as características essenciais do contrato de comodato:

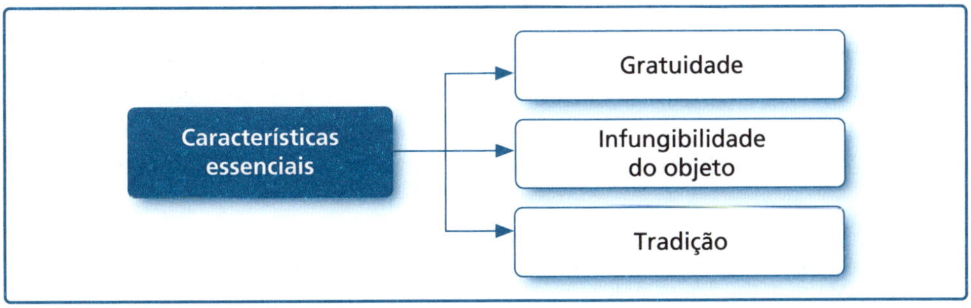

6.2.1. Gratuidade

Decorre da própria natureza do comodato, pois se confundiria com a locação, se fosse oneroso. Não o desnatura, porém, o fato de o comodatário de um apartamento responsabilizar-se pelo pagamento das **despesas condominiais e dos impostos**. Se, no entanto, o empréstimo é feito mediante alguma **compensação**, não existe comodato, mas **contrato inominado**.

Tem-se admitido hodiernamente, todavia, a coexistência do empréstimo de uso e de encargo imposto ao comodatário, configurando-se, no caso, o **comodato modal**, desde que, naturalmente, o ônus não se transforme em contraprestação. Não desnatura o comodato, por exemplo, o empréstimo com a obrigação de o comodatário revender bens de fabricação do comodante, como sucede com as distribuidoras de derivados de petróleo quando fornecem equipamentos, tais como instalações, bombas, elevadores de veículos etc., desde que o posto de serviços de veículos comercialize unicamente produtos de sua bandeira. A obrigação de revenda exclusiva não representa remuneração ao comodato[1].

Em geral, o contrato de comodato tem natureza ***intuitu personae***, traduzindo um favorecimento pessoal do comodatário, embora essa circunstância não seja essencial. Por essa razão, em princípio deve **extinguir-se pela morte** deste, não se estendendo aos seus sucessores, salvo ratificação do comodante ou se o uso ou serviço para o qual foi outorgado não houver terminado.

6.2.2. Infungibilidade do objeto

Implica a restituição da **mesma coisa** recebida em empréstimo. Se **fungível ou consumível, haverá mútuo**. Mas pode ela ser **móvel ou imóvel**. A avença pode consistir, também, na fruição de determinado lugar (*commodatum loci*).

O comodato de bens fungíveis ou consumíveis só é admitido quando, excepcionalmente, as partes convencionam a infungibilidade de coisas naturalmente fungíveis e consumíveis, por exemplo, quando são emprestadas para serem exibidas em uma exposição, devendo ser restituídas as mesmas, ou quando destinadas a ornamentação, como uma cesta de frutas, por exemplo **(*comodatum ad pompam vel ostentationem*)**.

6.2.3. Tradição

A necessidade da tradição para o aperfeiçoamento do comodato torna-o um contrato **real**. Somente com a entrega, e não antes, fica perfeito o contrato. O legislador optou por tratá-lo, expressamente, como contrato dessa espécie (CC, art. 579, segunda parte). Portanto, *de iure condito* é **contrato real**, sendo também assim considerado

1 Caio Mário da Silva Pereira, *Instituições*, cit., v. III, p. 342; Sílvio Venosa, *Direito civil*, v. III, p. 232; Arnaldo Marmitt, *Comodato*, p. 102.

pela doutrina tradicional. Desdobra-se a posse em direta e indireta. Recebendo a coisa, o **comodatário** passa a exercer a **posse direta**, permanecendo a **indireta** com o comodante (CC, art. 1.197). Ambos, sendo possuidores, podem invocar a proteção possessória contra terceiro, bem como um contra o outro (CC, art. 1.197).

6.3. NATUREZA JURÍDICA

O comodato é contrato:

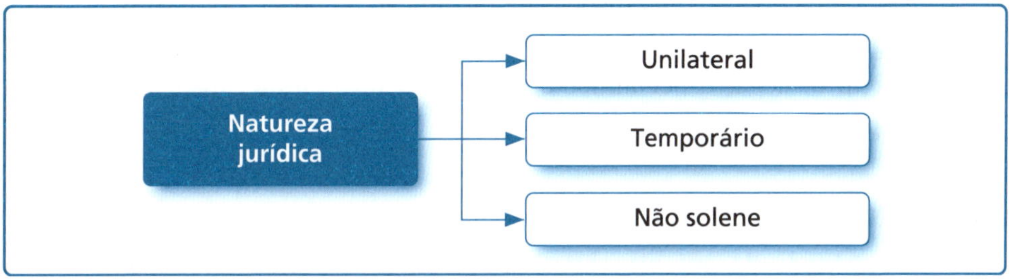

- **Unilateral**, porque, aperfeiçoando-se com a tradição, **gera obrigações apenas para o comodatário**. Uma vez constituído pela tradição, apenas o comodatário passa a ter obrigações definidas e constantes. Só por exceção o comodante pode assumir obrigações, posteriormente. Alguns autores, em razão dessa possibilidade eventual, enquadram o aludido contrato na subcategoria dos contratos **bilaterais imperfeitos**[2]. Silvio Rodrigues considera, com razão, **descabida** a afirmação de que o comodato é contrato bilateral imperfeito, porque as mencionadas obrigações "não são peculiares ao comodato, mas a qualquer contrato"[3].
- **Temporário:** se o empréstimo for perpétuo, transforma-se em doação. O ajuste pode ser por **prazo determinado** ou **indeterminado**. Neste caso, presume-se ser **o necessário** para o comodatário servir-se da coisa para o fim a que se destinava (CC, art. 581). Assim, por exemplo, o empréstimo de máquinas agrícolas entende-se efetivado para determinada safra, finda a qual devem ser restituídas. Se o comodatário falecer antes disso, não se permite ao comodante reclamar dos herdeiros dele a devolução do objeto emprestado. Já se é emprestada uma cadeira de rodas, *verbi gratia*, a um doente em recuperação, e este vem a falecer durante o tratamento, pode o comodante, por haver cessado o motivo determinante do uso concedido, reclamar dos herdeiros a restituição do objeto emprestado. Deve o comodante abster-se de pedir a restituição da coisa emprestada, **antes de expirado o prazo convencional ou presumido pelo uso**, salvo se demonstrar em juízo a sua necessidade, **urgente e imprevista**, sendo esta reconhecida pelo juiz. Nesta hipótese, poderá ser autorizado a antecipar a sua

---

2 Caio Mário da Silva Pereira, *Instituições*, cit., v. III, p. 67 e 341; Orlando Gomes, *Contratos*, p. 351.

3 *Direito civil*, cit., v. 3, p. 257.

recuperação, como previsto no art. 581 do Código Civil. Esta regra decorre do caráter benéfico do contrato.

- **Não solene:** A lei não exige forma especial para validade do contrato, podendo ser utilizada até a **verbal**. A sua existência pode ser comprovada até mesmo por **testemunhas**, pois são admitidos todos os gêneros de prova. Muitas vezes, no entanto, sua prova só por escrito se poderá fazer eficientemente, especialmente porque há necessidade de distingui-lo da locação, que exige uma retribuição, ou da doação, que dispensa a restituição da coisa. Por isso se costuma dizer que **o comodato não se presume**, devendo ser cumpridamente provado por quem o alega, especialmente porque, sendo gratuito, dispensa qualquer contraprestação[4].

6.4. REQUISITOS LEGAIS

Necessidade de autorização especial para os administradores de bens alheios em geral

Os tutores, curadores, e em geral todos os **administradores de bens alheios** "não poderão dar em comodato, **sem autorização especial**, os bens confiados à sua guarda" (CC, art. 580). Com efeito, os **administradores em geral**, como inventariantes, testamenteiros e depositários, podem ceder em comodato os bens confiados à sua guarda, desde que **autorizados pelo juiz** a que estejam sujeitos os bens do incapaz. Denota-se a intenção do legislador em proteger o **incapaz**, e todos aqueles que **não têm a livre administração de seus bens**, contra atos lesivos que possam ser eventualmente praticados pelos responsáveis por essa administração[5].

Capacidade geral para contratar

Para figurar em contrato de comodato, as partes devem ter **capacidade geral** para contratar. Consistindo apenas em cessão de uso, **não se exige que o comodante seja proprietário**, como dito acima. Basta que tenha a posse ou por direito lhe pertença o mesmo uso, como sucede com o enfiteuta, o usufrutuário e o usuário, por exemplo, salvo as hipóteses de vedação contratual ou legal, como no caso dos tutores e curadores, há pouco mencionado. Na locação de imóveis, por exemplo, o empréstimo da coisa locada pelo locatário depende de autorização expressa do locador (Lei n. 8.245/91, art. 13).

---

4 "Comodato. Contrato. Prova escrita. Inexigibilidade. Prova testemunhal. Admissibilidade" (*JTACSP*, Lex, 144/349).

5 "Comodato. Celebração por inventariante. Autorização especial prevista no art. 1.249 do Código Civil (*de 1916, correspondente ao art. 580 do CC/2002*). Ausência. Ato anulável" (*JTACSP*, Lex, 157/501).

6.5. SUBCOMODATO

Sendo o comodato baseado na confiança, **é vedada** a cessão de uso mediante **subcomodato**, à falta de expressa autorização. Sem ela, a subcontratação constitui abuso, com desvio de finalidade[6].

6.6. DIREITOS E OBRIGAÇÕES DO COMODATÁRIO

Direitos

Concernem ao **uso e gozo** da coisa emprestada, que não são ilimitados, mas sujeitos a regras disciplinadoras, que formam um feixe de deveres e obrigações.

Obrigações

Consistem, basicamente, em:

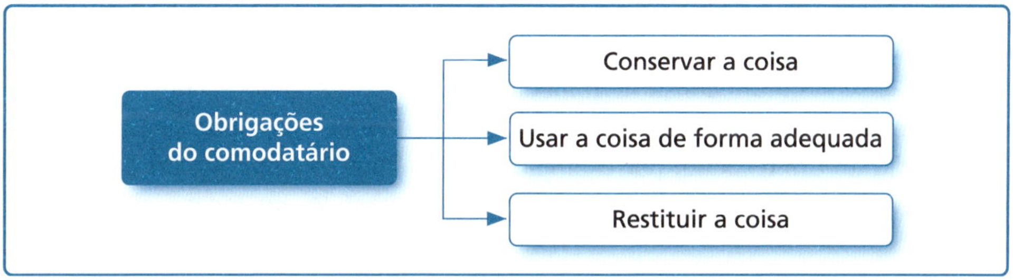

6.6.1. Obrigação de conservar a coisa

O comodatário deve "conservar, **'como se sua própria fora'**, a coisa emprestada", evitando desgastá-la (CC, art. 582). Não pode alugá-la, nem emprestá-la **sem autorização**. Da obrigação de conservar a coisa emerge a de responder pelas **despesas de conservação ou necessárias**, não podendo recobrar do comodante as comuns, "feitas com o uso e gozo da coisa", como a alimentação do animal emprestado, por exemplo (art. 584).

As **despesas extraordinárias** devem ser comunicadas ao comodante, para que as faça ou o autorize a fazê-las. Já decidiu o Superior Tribunal de Justiça que os gastos somente serão **indenizáveis se urgentes e necessários, classificando-se como extraordinários**[7]. Preceitua, ainda, o art. 583 do Código Civil que, em caso de

---

6 Orlando Gomes, *Contratos*, cit., p. 352; Sílvio Venosa, *Direito civil*, cit., v. III, p. 226.

7 *RT*, 790/227.

V. ainda: "Comodato. Retenção do imóvel por benfeitorias. Inadmissibilidade. Tratando-se de comodato, não cabe a retenção do imóvel por benfeitorias se estas foram feitas para possibilitar o uso e gozo da coisa emprestada" (*RT*, 680/135). "Consoante o art. 1.254 do CC (*de 1916, correspondente ao art. 584 do CC/2002*), o comodatário não poderá jamais recobrar do comodante as despesas feitas com uso e gozo da coisa emprestada. Entretanto, admite-se o recobro, excepcionalmente, quando se tratar de despesas extraordinárias, necessárias e urgentes, sem tempo para que o comodatário faça a devida comunicação ao comodante" (*Adcoas*, 79.736, 1981).

perigo, **preferindo** o comodatário salvar os seus bens, "**abandonando o do comodante**, responderá pelo dano ocorrido, ainda que se possa atribuir" o evento **"a caso fortuito, ou força maior"**. A obrigação de conservar e manter a coisa traz como consequência a responsabilidade do comodatário pelo dano que lhe advenha. Como não basta um cuidado elementar, devendo dela cuidar com tanta ou maior solicitude do que dos seus próprios bens, responde não apenas por dolo, mas por toda espécie de **culpa**, mesmo a **levíssima**; não, porém, pelo que a ela ocorrer em razão do uso normal ou pela ação do tempo, nem pelo **fortuito ou força maior**.

6.6.2. Obrigação de usar a coisa de forma adequada

O comodatário não pode "usá-la senão de acordo com o contrato, ou a natureza dela, sob pena de responder por **perdas e danos**" (CC, art. 582). Se o contrato não traçar as regras e os limites de sua utilização, serão eles dados pela natureza da coisa[8].

O **uso inadequado** constitui, também, causa de **resolução do contrato**. A propósito, preleciona Washington de Barros Monteiro, com suporte na jurisprudência: "Se o contrato diz respeito, por exemplo, a um automóvel emprestado para curtos passeios na cidade, não pode o comodatário empregá-lo em longas viagens pelo interior"[9].

6.6.3. Obrigação de restituir a coisa

Deve a coisa ser restituída **no prazo convencionado**, ou, não sendo este determinado, findo **o necessário ao uso concedido**. Assim, se alguém empresta um trator para ser utilizado na colheita, presume-se que o prazo do comodato se estende até o final desta. O comodatário que se negar a restituir a coisa praticará esbulho e estará sujeito à **ação de reintegração de posse**, além de incidir em dupla sanção: responderá pelos riscos da **mora** e terá de pagar **aluguel** arbitrado pelo comodante durante o tempo do atraso (CC, art. 582, segunda parte)[10]. Não cabe, no caso, ação de despejo, por inexistir relação *ex locato* entre as partes.

Em regra, o comodatário não responde pelos **riscos da coisa**. Mas, se estiver em **mora**, responde por sua perda ou deterioração, ainda que decorrentes de caso fortuito (art. 399). A expressão **aluguel** vem sendo interpretada como **perdas e danos**, arbitradas pelo comodante, não transformando o contrato em locação. Pode este arbitrar o valor desse aluguel na petição inicial ou no curso da ação possessória. So-

---

8 Orlando Gomes, *Contratos*, cit., p. 352.

9 *Curso*, cit., v. 5, p. 204.

10 "No comodato a termo, a recusa em devolver a coisa emprestada importa em esbulho" (STJ, REsp 11.631-PR, 3ª T., rel. Min. Dias Trindade, *DJU*, 16-9-1991). "Comodato. Prazo findo. Recusa em devolver o bem. Esbulho caracterizado. Sujeição ao remédio possessório cabível como ainda ao pagamento de aluguel durante o tempo do atraso da restituição da coisa" (*RT*, 717/193).

mente por **exceção** pode o comodante exigir a restituição da coisa **antes de findo o prazo convencionado ou o necessário** à sua utilização: em caso de **necessidade imprevista e urgente, reconhecida pelo juiz** (art. 581), como visto no item anterior.

■ 6.7. DIREITOS E OBRIGAÇÕES DO COMODANTE

■ Obrigações

A rigor, o comodante não tem obrigações, pois o comodato, segundo a dicção legal, perfaz-se com a tradição do objeto (CC, art. 579). Efetuada esta, restam obrigações somente para o comodatário. Todavia, é possível que obrigações possam surgir, eventualmente. Assim:

a) O comodante tem a obrigação de reembolsar o comodatário pelas despesas **extraordinárias** e **urgentes** que este fizer na coisa, que importem em gastos que excedam da sua conservação normal e não possam esperar que, avisado, o primeiro as efetue tempestivamente.

b) Compete também ao comodante indenizar o comodatário dos prejuízos causados por **vício oculto da coisa**, dos quais tinha conhecimento, e dolosamente não preveniu em tempo o comodatário[11].

c) Tem o comodante, ainda, a obrigação de **receber a coisa em restituição**, findo o prazo do comodato. Recusando-se a isso, pode ser constituído em mora, sujeitando-se à ação de consignação em pagamento e arcando com todas as consequências da mora.

Frise-se que as obrigações mencionadas são peculiares a todos os contratos e não permitem, por isso, que se denomine o comodato de contrato bilateral imperfeito, como esclarecido no item 6.3, *retro*.

■ Direitos

Os direitos do comodante correspondem às obrigações do comodatário. Os principais são:

a) Exigir do comodatário que **conserve a coisa como se fora sua**, usando-a apenas de acordo com sua destinação, finalidade e natureza.

b) Exigir que o comodatário efetue os **gastos ordinários** para conservação, uso e gozo da coisa emprestada, **restituindo-a** findo o prazo convencionado ou presumido.

c) **Arbitrar e cobrar aluguel**, como penalidade e para satisfação de **perdas e danos**, em caso de atraso na restituição[12].

---

[11] Caio Mário da Silva Pereira, *Instituições*, cit., v. III, p. 347.

[12] Orlando Gomes, *Contratos*, cit., p. 352; Sílvio Venosa, *Direito civil*, cit., v. III, p. 230.

6.8. EXTINÇÃO DO COMODATO

Extingue-se o comodato por diversas formas. Confira-se:

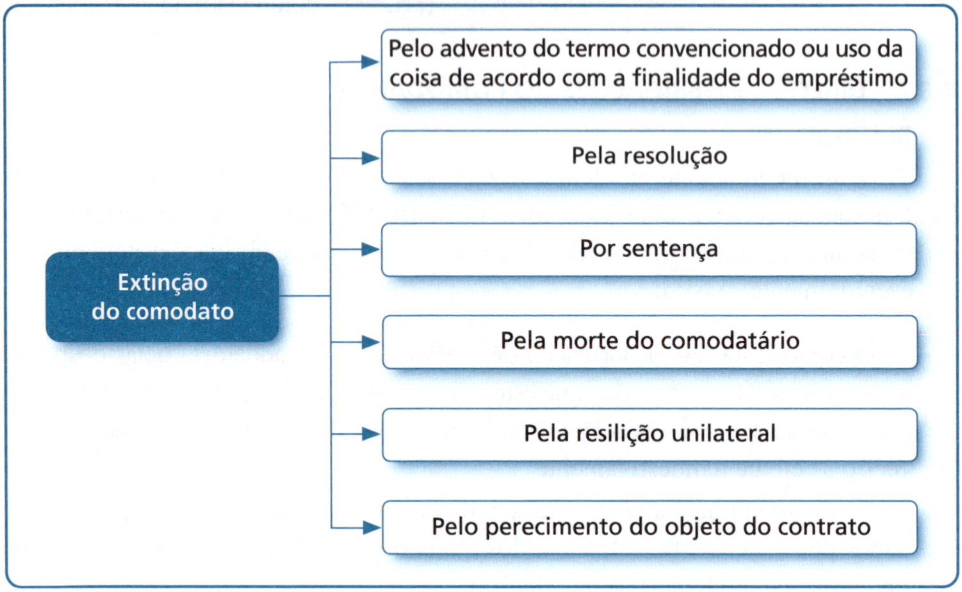

- O **advento do termo convencionado** ou a **utilização da coisa de acordo com a finalidade** para que foi emprestada acarretam, efetivamente, a extinção do contrato, devendo a coisa ser restituída.
- **Pela resolução**, por iniciativa do comodante, em caso de descumprimento, pelo comodatário, de suas obrigações, especialmente por **usá-la de forma diversa** da convencionada ou determinada por sua natureza.
- **Por sentença**, a pedido do comodante, provada a necessidade imprevista e urgente. A benesse só será deferida ao comodante se ele provar o surgimento de **urgente** necessidade, que não podia ser prevista por ocasião do empréstimo (CC, art. 581)[13].
- **Pela morte do comodatário**, se o contrato foi celebrado *intuitu personae*, pois nesse caso as vantagens dele decorrentes não se transmitem ao herdeiro (p. ex., quando morre o paralítico a quem foi emprestada a cadeira de rodas). Se, no entanto, o empréstimo do trator ao vizinho, por exemplo, foi feito para uso na colheita, a sua morte prematura não obriga os herdeiros a efetuarem a devolução antes do término da aludida tarefa.
- **Pela resilição unilateral**, nos contratos de **duração indeterminada sem destinação ou finalidade específica**. Deve o comodante notificar o comodatário para que efetue a devolução no prazo que lhe for assinado. Se a iniciativa for do comodatário, deverá efetuar a restituição da coisa ou consigná-la judicialmente, se houver recusa do comodante, sem justa causa, em recebê-la (CC, art. 335, II).

[13] Silvio Rodrigues, *Direito civil*, cit., v. 3, p. 260.

■ **Pelo perecimento do objeto do contrato.** Neste caso, o comodatário responderá por **perdas e danos** se a perda ocorreu por sua **culpa**. Também será ele responsabilizado, ainda que a perda tenha decorrido do fortuito e da força maior, se, correndo risco o objeto do comodato, **antepuser a salvação dos seus, abandonando o do comodante** (CC, art. 583), ou se se encontrava **em mora** de devolver (CC, art. 399), como retromencionado (item 6.6.1, *retro*).

■ 6.9. RESUMO

DO COMODATO	
CONCEITO	■ É o empréstimo gratuito de coisas não fungíveis. Perfaz-se com a tradição do objeto (art. 579).
CARACTERÍSTICAS	■ ***Gratuidade do contrato:*** decorre de sua própria natureza, pois se confundiria com a locação, se fosse oneroso. ■ ***Infungibilidade do objeto:*** implica a restituição da mesma coisa recebida em empréstimo. Se fungível ou consumível, haverá mútuo. ■ ***Necessidade da tradição para o seu aperfeiçoamento:*** o que o torna um contrato real. ■ É contrato ***unilateral, temporário e não solene:*** é unilateral porque, aperfeiçoando-se com a tradição, gera obrigações apenas para o comodatário.
OBRIGAÇÕES DO COMODATÁRIO	■ ***Conservar a coisa***, como se sua fora, evitando desgastá-la (art. 582). ■ ***Usar a coisa de forma adequada*** (art. 582). ■ ***Restituir a coisa***, no prazo convencionado, ou, não sendo este determinado, findo o necessário ao uso concedido.
EXTINÇÃO DO COMODATO	■ Pelo ***advento do termo convencionado*** ou pela ***utilização da coisa*** de acordo com a finalidade para que foi emprestada. ■ Pela ***resolução***, em caso de descumprimento, pelo comodatário, de suas obrigações. ■ Por ***sentença***, a pedido do comodante, provada a necessidade imprevista e urgente. ■ Pela ***morte do comodatário***, se o contrato foi celebrado *intuitu personae*.

7

DO MÚTUO

7.1. CONCEITO

O mútuo é o **"empréstimo de coisas fungíveis"**, pelo qual o mutuário obriga-se "a restituir ao mutuante o que dele recebeu em coisa do mesmo gênero, qualidade e quantidade" (CC, art. 586). Por ele, o mutuante "**transfere o domínio** da coisa emprestada ao mutuário". Por conta deste, que se torna proprietário, "correm todos os riscos dela desde a tradição" (art. 587).

Constitui empréstimo para **consumo**, pois o mutuário não é obrigado a devolver o mesmo bem, do qual se torna dono (pode consumi-lo, aliená-lo, abandoná-lo, p. ex.), mas, sim, **coisa da mesma espécie**. É realmente o empréstimo de coisas que podem ser consumidas por aquele que as recebe. Se o mutuário puder restituir coisa de natureza diversa, ou soma em dinheiro, haverá respectivamente troca ou compra e venda, e não mútuo, salvo, no último caso, se o empréstimo for de dinheiro, que é bem fungível.

7.2. DIFERENÇAS ENTRE MÚTUO E COMODATO

O mútuo difere do comodato conforme os aspectos mencionados no quadro esquemático abaixo:

MÚTUO	COMODATO
■ É empréstimo de consumo (*prêt a consommation*)	■ É empréstimo de uso (*prêt a usage*)
■ Tem por objeto coisas fungíveis	■ Tem por objeto bens infungíveis
■ O mutuário desobriga-se restituindo coisa da mesma espécie, qualidade e quantidade	■ O comodatário só se exonera restituindo a própria coisa emprestada
■ Acarreta a transferência do domínio	■ Não transfere o domínio
■ Permite a alienação da coisa emprestada	■ O comodatário é proibido de transferir a coisa a terceiro

7.3. NATUREZA JURÍDICA

O mútuo é contrato:

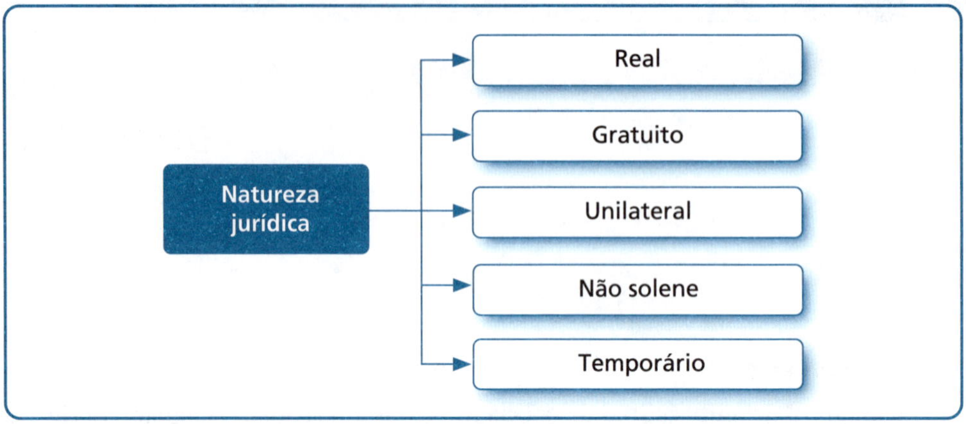

- **Contrato real**, porque se aperfeiçoa com a **entrega da coisa** emprestada, não bastando o acordo de vontades ou promessa de emprestar. A *traditio* é, pois, requisito de constituição da relação contratual, sem a qual há apenas promessa de mutuar (*pactum de mutuo dando*), contrato preliminar que se não confunde com o próprio mútuo.
- **Gratuito**, como tradicionalmente considerado, embora o empréstimo de **dinheiro** seja, em regra, **oneroso**, com estipulação de juros, sendo por isso denominado **mútuo feneratício**. Como o aludido contrato tem por objeto, comumente, dinheiro, que hoje não se costuma emprestar gratuitamente, mas, sim, mediante a cobrança de juros[1], o Código de 2002, atento a essa evolução, proclama no art. 591 que, "destinando-se o mútuo a **fins econômicos**, presumem-se **devidos juros**, os quais, sob pena de redução, não poderão exceder a taxa a que se refere o art. 406, permitida a capitalização anual". A **presunção**, portanto, nesse caso, é da onerosidade do empréstimo. A **finalidade econômica** define, portanto, a **onerosidade** do mútuo. Tem fins econômicos o mútuo que não é feito por simples amizade ou cortesia, mas visando a uma contraprestação.
- **Unilateral**, porque, entregue a coisa emprestada — instante em que se aperfeiçoa —, **nada mais cabe ao mutuante**, recaindo as obrigações somente sobre o mutuário. "O mútuo é o único contrato unilateral oneroso, **quando feneratício**"[2]. Destarte, não se lhe aplicam as regras sobre os contratos sinalagmáticos, por exemplo, a *exceptio non adimpleti contractus*.

1 Comenta Silvio Rodrigues que o Código de 1916, tendo em vista concepção tradicional, baseada na ideia de *que* dinheiro não gera dinheiro — *numus numum non gerat* —, presumiu gratuito o mútuo, aduzindo que tal entendimento, porém, "pertence ao passado e sua superação se explica pela distinção entre *crédito ao consumo* e *crédito à produção*. Enquanto no primeiro talvez se justificasse a restrição, pois quem socorre um necessitado faz ato de caridade, no crédito à produção a ideia de gratuidade é inconcebível. Com efeito, o empresário que toma dinheiro emprestado e o reaplica, obtém ou visa obter um ganho. De modo que se pode dizer, na hipótese, que *numus numum gerat*. Daí a legitimidade da cobrança de interesses" (*Direito civil*, cit., v. 3, p. 266).

2 Orlando Gomes, *Contratos*, cit., p. 355.

■ **Não solene**, por não ser exigida **nenhuma formalidade especial** para a sua celebração. Todavia, para possibilitar e facilitar a prova de sua existência, deve obedecer à forma escrita, malgrado o art. 442 do Código de Processo Civil proclame que "**A prova testemunhal é sempre admissível**, não dispondo a lei de modo diverso".

■ **Temporário**, pois será doação se não houver prazo determinado ou determinável e for, assim, perpétuo. A propósito, prescreve o art. 592 do Código Civil que, "não se tendo convencionado expressamente, o prazo do mútuo será: I — até a próxima colheita, se o mútuo for de produtos agrícolas, assim para o consumo, como para semeadura; II — de trinta dias, pelo menos, se for de dinheiro; III — do espaço de tempo que declarar o mutuante, se for de qualquer outra coisa fungível".

■ 7.4. REQUISITOS SUBJETIVOS

São os seguintes:

■ Como o mútuo transfere o domínio, o mutuante deve ser **proprietário** daquilo que empresta.

■ O mutuante também deve ter **capacidade** para dispor da coisa.

■ O mutuário, por sua vez, há de ser **habilitado a obrigar-se**.

■ 7.4.1. Mútuo feito a pessoa menor

Dispõe o art. 588 do Código Civil que "o mútuo feito a pessoa menor, sem prévia autorização daquele sob cuja guarda estiver, não pode ser reavido nem do mutuário, nem de seus fiadores". A origem da restrição encontra-se nas leis romanas, mais propriamente no **senatusconsulto macedoniano**, como explica Washington de Barros Monteiro: "Certo menor, filho do Senador Macedo, premido pelos credores, assassinou o próprio pai a fim de obter recursos para solução de suas dívidas; desse parricídio surgiu mencionado *senatusconsulto*, a que se atribuiu o nome da vítima e cujo princípio logrou sobreviver no direito contemporâneo, figurando em nosso Código Civil de 2002 no citado art. 588"[3].

■ 7.4.2. Exceções à regra estabelecida no dispositivo anterior

O art. 589 do novo diploma estabelece, todavia, **exceções à regra** acima, exceções estas que permitem, nas hipóteses mencionadas, que o mutuante **cobre do mutuário** ou de seus fiadores o **mútuo feito a menor**. Dispõe, com efeito, o mencionado art. 589 que "cessa" a disposição do artigo antecedente:

a) se o representante do menor **"ratificar"** o empréstimo;

3 *Curso*, cit., v. 5, p. 210-211.

b) se o menor, estando ausente essa pessoa, viu-se obrigado a contrair empréstimo "para os seus **alimentos habituais**";

c) "se o menor tiver **bens ganhos com o seu trabalho**", caso em que a execução do credor "não lhes poderá ultrapassar as forças";

d) se o empréstimo **"reverteu em benefício do menor"**; e

e) se este "obteve o empréstimo **maliciosamente**".

■ 7.4.3. Proibição imposta aos pais

O art. 1.691 do Código Civil, por sua vez, proíbe os pais de contrair, em nome dos filhos menores, "obrigações que ultrapassem os limites da simples administração, salvo por necessidade ou evidente interesse da prole, mediante prévia autorização do juiz". **A restrição estende-se aos tutores e curadores.** Como o mútuo é contrato translativo, uma vez que por ele se transfere o domínio da coisa emprestada (CC, art. 586), aplica-se-lhe o disposto no mencionado art. 1.691.

■ 7.5. OBJETO DO MÚTUO

O mútuo, como já foi dito, é **empréstimo de consumo** e tem por objeto coisas fungíveis. Mercadorias e títulos podem ser objeto de mútuo, embora tal modalidade de empréstimo não se mostre muito frequente. Na maioria das vezes, o mútuo **tem por objeto o dinheiro** (*una pro alia moneta solvi potest*).

O Código Civil, na seção concernente ao objeto do pagamento e sua prova, adotou o princípio do **nominalismo** (art. 315), pelo qual se considera como valor da moeda o nominal, atribuído pelo Estado. O devedor de uma quantia em dinheiro libera-se entregando **a quantidade de moeda mencionada no contrato ou título da dívida**, e em curso no lugar do pagamento, ainda que desvalorizada pela inflação, ou seja, mesmo que tal quantidade não seja suficiente para a compra dos mesmos bens que podiam ser adquiridos quando contraída a obrigação.

Com o passar do tempo, buscaram os credores outros meios para fugir aos efeitos ruinosos da inflação, dentre eles a adoção da **cláusula de escala móvel**, pela qual o valor da prestação deve variar segundo os índices de custo de vida. Surgiram, assim, os diversos índices de **correção monetária**, que podiam ser aplicados sem limite temporal, até a edição da Medida Provisória n. 1.106, de 29 de agosto de 1995, que se transformou na Lei n. 10.192/2001, que, pretendendo **desindexar** a economia, declarou "nula de pleno direito qualquer estipulação de reajuste ou correção monetária de periodicidade inferior a um ano" (art. 2º, § 1º).

Estatui o art. 317 do novo Código Civil: "Quando, por motivos imprevisíveis, sobrevier desproporção manifesta entre o valor da prestação devida e o do momento de sua execução, **poderá o juiz corrigi-lo**, a pedido da parte, de modo que assegure, quanto possível, o valor real da prestação". Acrescenta o art. 318: "São **nulas as convenções de pagamento em ouro ou em moeda estrangeira**, bem como para compensar a diferença entre o valor desta e o da moeda nacional, excetuados os casos previstos na legislação especial".

A Lei n. 9.069, de 29 de junho de 1995, que dispõe sobre o Plano Real, recepcionou o aludido Decreto-Lei n. 857/69, que **veda o pagamento em moeda estrangeira**, mas estabelece **algumas exceções**, tais como a permissão de tal estipulação nos contratos referentes a importação e exportação de mercadorias e naqueles em que o credor ou devedor seja pessoa domiciliada no exterior. Mesmo antes da referida lei, a jurisprudência permitia estipulações contratuais em moeda estrangeira, efetuando-se, porém, a conversão de seu valor para a moeda nacional, por ocasião do pagamento ou de sua cobrança.

O **mútuo oneroso**, mediante o pagamento de juros, é responsável pelo desenvolvimento do **comércio bancário**, que se rege pelas normas do **Código de Defesa do Consumidor**, como proclama a Súmula 297 do Superior Tribunal de Justiça, *verbis*: "O Código de Defesa do Consumidor é aplicável às instituições financeiras". Idêntica posição assumiu o Supremo Tribunal Federal no julgamento da ADIn 2.591, realizado aos 4 de maio de 2006, proclamando que **as instituições financeiras se submetem às regras do Código de Defesa do Consumidor**.

7.6. DIREITOS E OBRIGAÇÕES DAS PARTES

Obrigações do mutuante

Sendo o mútuo contrato **real** e **unilateral**, que se perfaz com a entrega da coisa emprestada, uma vez efetuada a tradição, nada mais cabe ao mutuante, recaindo as obrigações somente sobre o mutuário. Em princípio, pois, inexistem obrigações para o **mutuante**. Todavia, admite a doutrina a sua responsabilidade pelos prejuízos decorrentes de **vícios ou defeitos da coisa**, de que tinha conhecimento, e a respeito dos quais não informou o mutuário, malgrado se trate de hipótese rara[4].

Direitos e obrigações do mutuário

As **obrigações** do mutuário, pode-se dizer, resumem-se numa só: **restituir**, no prazo convencionado, a mesma quantidade e qualidade de coisas recebidas e, na sua falta, pagar o seu **valor**, tendo em vista o tempo e o lugar em que, segundo a estipulação, devia-se fazer a restituição, quando o contrato não tiver dinheiro por objeto. Se a coisa, ao tempo do pagamento, estiver **desvalorizada**, deve ser restituído o valor que tinha na data do empréstimo, pelo qual ingressou no patrimônio do mutuário[5]. O mutuante tem o **direito** de exigir "**garantia da restituição**, se antes do vencimento o mutuário sofrer **notória mudança em sua situação econômica**" (CC, art. 590). A regra constitui aplicação, ao contrato de empréstimo, do princípio destinado aos contratos bilaterais, pelo qual pode uma das partes exigir que a outra dê garantia bastante de satisfazer a prestação que lhe compete, se ocorrer diminuição em seu patrimônio capaz de tornar duvidoso o cumprimento da obrigação (CC, art. 477). Abs-

4 Cunha Gonçalves, *Dos contratos em especial*, cit., p. 252, n. 146; Caio Mário da Silva Pereira, *Instituições*, cit., v. III, p. 351.

5 Roberto de Ruggiero, *Instituições*, v. III, p. 319; Cunha Gonçalves, *Dos contratos em especial*, cit., p. 252.

tendo-se o mutuário de prestar a garantia exigida, pode o mutuante considerar **antecipadamente vencida a obrigação**, descontando da importância os juros legalmente cabíveis (CC, art. 333, III).

7.7. RESUMO

DO MÚTUO	
CONCEITO	■ É o empréstimo de coisas fungíveis, pelo qual o mutuário obriga-se a restituir ao mutuante o que dele recebeu em coisa do mesmo gênero, qualidade e quantidade (CC, art. 586). O mutuante ***transfere o domínio*** da coisa emprestada ao mutuário. É empréstimo para ***consumo***.
COMO SE DISTINGUE DO COMODATO	■ É empréstimo de consumo, enquanto o comodato é de uso. ■ Tem por objeto coisas fungíveis, e o comodato, bens infungíveis. ■ O mutuário desobriga-se, restituindo coisa da mesma espécie, qualidade e quantidade, mas o comodatário só se exonera restituindo a própria coisa emprestada. ■ Acarreta a transferência do domínio — o que não ocorre no comodato. ■ Permite a alienação da coisa emprestada, ao passo que o comodatário é proibido de transferir a coisa a terceiro.
CARACTERES	■ É contrato ***real:*** aperfeiçoa-se com a entrega da coisa emprestada. ■ É tratado no Código como contrato ***gratuito***, embora o empréstimo de dinheiro seja, em regra, ***oneroso***, com estipulação de juros, sendo por isso denominado ***mútuo feneratício***. ■ É contrato ***unilateral***, porque, entregue a coisa, quando se aperfeiçoa, as obrigações recaem somente sobre o mutuário. ■ É contrato ***não solene*** (de forma livre). ■ É contrato ***temporário***, pois será doação se for perpétuo.

7.8. QUESTÕES

1. (TRT/Juiz do Trabalho Substituto/XVIII Concurso/2010) José emprestou a Antônio sua bicicleta de corrida, para que Antônio participasse de um passeio ciclístico a ser promovido na cidade onde moravam. Durante o passeio, houve um "arrastão" e diversas pessoas que participavam tiveram seus pertences roubados. Antônio foi vítima e teve a bicicleta roubada sob mira de armas de fogo. Nesse caso:

a) Antônio terá que pagar a José o valor da bicicleta, mais perdas e danos.
b) Antônio terá de pagar a José o valor da bicicleta, sem perdas e danos.
c) Antônio terá de pagar a José 50% do valor da bicicleta, sem perdas e danos.
d) Antônio não terá de pagar nada a José.
e) Antônio terá de pagar a José apenas perdas e danos.

2. (BACEN/Procurador/12° Concurso/CESPE/UnB/2009) Assinale a opção CORRETA quanto aos contratos regulados no Código Civil.

a) Não existe comodato, mas contrato atípico, na situação em que empresa distribuidora de derivados de petróleo ceda a outrem o uso de determinados equipamentos que serão utilizados na revenda de seus produtos.
b) O contrato de mútuo é essencialmente gratuito, de modo que, mesmo se tratando de empréstimo de dinheiro, o silêncio das partes impedirá a cobrança de juros.
c) Não desnatura o contrato de depósito o fato de o depositário ser contratado para transportar a coisa de um lugar a outro e tê-la consigo até que o depositante a reclame no prazo máximo estipulado.
d) A fiança, como contrato acessório que é, admite ser feita em valor inferior, igual ou superior à obrigação principal garantida.
e) Apesar de a doação ter na aceitação um ato indispensável a seu aperfeiçoamento, essa aceitação poderá ser até mesmo ficta, se o donatário for absolutamente incapaz e a doação for pura.

3. (MP/Rondônia/Promotor de Justiça/2006) Das alternativas abaixo, qual delas não é característica do contrato de comodato?

a) é contrato real;
b) é contrato gratuito;
c) é contrato bilateral;
d) é contrato de execução futura;
e) é contrato típico.

4. (PGE/SP/Procurador do Estado Nível I/2009) É CORRETO afirmar:

a) O comodatário que estiver em mora suportará os riscos e pagará o aluguel arbitrado pelo comodante, passando à condição de locatário.
b) O comodatário pode recobrar do comodante as despesas feitas com o uso da coisa emprestada.
c) O comodato, empréstimo de coisa fungível, não comporta cobrança por parte do comodatário das despesas ordinárias com o uso da coisa emprestada.
d) Se duas ou mais pessoas forem simultaneamente comodatárias de uma coisa, ficarão subsidiariamente responsáveis para com o comodante.
e) O comodatário que estiver em mora arcará com as consequências da deterioração ou perda da coisa emprestada e pagará o aluguel arbitrado pelo comodante até restituí-la.

5. (TJ/GO/Juiz de Direito/Fundação Carlos Chagas/2015) O comodato é o empréstimo de bem

a) fungível, a exemplo do dinheiro, aperfeiçoando-se com a tradição, tal como ocorre com o mútuo.
b) fungível, a exemplo de obra de arte autografada por seu autor, aperfeiçoando-se com a tradição, diferentemente do que ocorre com o mútuo.
c) infungível, a exemplo do dinheiro, aperfeiçoando-se com o acordo de vontades, tal como ocorre com o mútuo.
d) infungível, a exemplo de obra de arte autografada por seu autor, aperfeiçoando-se com o acordo de vontades, tal como ocorre com o mútuo.
e) infungível, a exemplo de obra de arte autografada por seu autor, aperfeiçoando-se com a tradição, tal como ocorre com o mútuo.

6. (Secretaria da Fazenda/PI/Auditor Fiscal/Fundação Carlos Chagas/2015) De acordo com o Código Civil, o mútuo

a) não transfere ao mutuário o domínio da coisa emprestada.
b) autoriza o mutuário a devolver coisa de gênero, qualidade e quantidades diferentes da emprestada, desde que de igual valor.
c) é empréstimo de coisa infungível.
d) será de um ano, pelo menos, se for de dinheiro e as partes não houverem estipulado prazo.
e) pode se destinar a fins econômicos, presumindo-se, neste caso, serem devidos juros, permitida a capitalização anual.

7. (TRT/MT/Juiz do Trabalho/Fundação Carlos Chagas/2015) Luiz Henrique emprestou a Cláudio, sem nenhum ônus, obra de arte assinada pelo respectivo autor, a qual ficou exposta na sala de sua residência. A residência, durante uma tempestade, foi atingida por um raio e se incendiou. Durante o incêndio, Cláudio houve por bem salvar outras obras de arte, de sua propriedade, por possuírem maior valor. Considerada a situação descrita, analise:

I. O contrato celebrado entre Luiz Henrique e Cláudio chama-se comodato, o qual tem por objeto bem infungível, como é o caso da obra de arte assinada pelo respectivo autor.
II. O empréstimo de bem fungível ou infungível é um contrato de natureza real, perfazendo-se com a entrega do objeto.
III. Cláudio não será obrigado a indenizar Luiz Henrique pelo perecimento da obra de arte, tendo em vista que o caso fortuito e a força maior afastam o nexo de causalidade, o qual é pressuposto para a responsabilização civil.
IV. Independentemente do dever de indenizar, Cláudio poderá recobrar de Luiz Henrique as despesas feitas com o uso e gozo da coisa emprestada.

Está CORRETO o que consta APENAS em

a) III e IV.
b) I e III.
c) I e II.
d) II e IV.
e) I, II e III.

8. (OAB/XIII Exame de Ordem Unificado/Fundação Getulio Vargas/2014) Pedro, menor impúbere, e sem o consentimento de seu representante legal, celebrou contrato de mútuo com Marcos, tendo este lhe entregue a quantia de R$ 400,00, a fim de que pudesse comprar uma bicicleta. A respeito desse caso, assinale a afirmativa INCORRETA.

a) O mútuo poderá ser reavido somente se o representante legal de Pedro ratificar o contrato.
b) Se o contrato tivesse por fim suprir despesas com a própria manutenção, o mútuo poderia ser reavido, ainda que ausente ao ato o representante legal de Pedro.
c) Se Pedro tiver bens obtidos com o seu trabalho, o mútuo poderá ser reavido, ainda que contraído sem o consentimento do seu representante legal.
d) O mútuo também poderia ser reavido caso Pedro tivesse obtido o empréstimo maliciosamente.

9. (OAB/SP/124° Exame) Negando-se o comodatário, constituído em mora, a devolver o bem ao comodante,

a) fica obrigado a restituir a coisa com juros legais, juros compensatórios e penalidades moratórias e, em se tratando de comodato de dinheiro, a restituir em dobro o valor emprestado.
b) passa a dever ao comodante valor correspondente a aluguel pelo uso do bem, até a sua efetiva devolução.
c) comete esbulho, sujeitando-se à propositura de ação de reintegração de posse, sem pagamento de aluguel, pois é gratuito o comodato.
d) não responde pelo perecimento do bem em caso de força maior ou por caso fortuito, a não ser que não tenha tomado as cautelas de praxe para a guarda da coisa e que não tenha registrado o contrato de comodato no Cartório competente.

10. (OAB/SP/124° Exame) Antônio emprestou para Benedito seu automóvel, por um dia. Benedito estava trafegando pela cidade quando foi assaltado em um semáforo. Nesse caso,

a) Benedito terá que restituir o valor do automóvel, mais perdas e danos.
b) Benedito terá que restituir o valor do automóvel, pura e simplesmente.
c) Benedito nada terá que restituir a Antônio.
d) Benedito terá que pagar, tão somente, perdas e danos.

11. (MP/SP/Promotor de Justiça/88° Concurso/2011) É hipótese de anulabilidade do negócio jurídico:

a) contrato de mútuo, cujo devedor à época contava com 17 (dezessete) anos e intencionalmente omitiu idade.
b) casamento de menor em idade núbil, não autorizado por representantes legais, tendo resultado gravidez da cônjuge mulher.
c) contrato de locação que contém erro no cálculo do valor do aluguel, constatado pelo locatário após o pagamento dos três primeiros meses de locação.
d) legado deixado por testamento a pessoa que ameaçou testador de ajuizar ação de despejo por falta de pagamento.
e) escritura de hipoteca de devedor, em favor de credor, não possuindo outros bens e com notório estado de insolvência.

12. (TRT/2ª Região/Juiz do Trabalho/XXXVIII Concurso/2013) Aponte dentre as alternativas abaixo qual contenha a definição INCORRETA de contrato:

a) Compra e venda vem a ser o contrato em que uma pessoa se obriga a transferir a outra a propriedade corpórea ou incorpórea de uma coisa, mediante o pagamento de certo preço em dinheiro.
b) Comodato é o empréstimo gratuito de coisas fungíveis, por liberalidade, com a transferência do patrimônio, bens e vantagens para o patrimônio de outra pessoa.
c) Mútuo é o empréstimo de coisas fungíveis, com a transferência do domínio da coisa emprestada ao mutuário, por cuja conta correm todos os riscos dela desde a tradição.

d) Opera-se o mandato quando alguém recebe de outrem poderes para, em seu nome, praticar atos ou administrar interesses.
e) Transação é um negócio jurídico bilateral, pelo qual as partes interessadas, fazendo-se concessões mútuas, previnem ou extinguem obrigações litigiosas ou duvidosas.

13. (TJGO/Juiz de Direito/Fundação Carlos Chagas/2012) Os contratos de mútuo e comodato têm em comum as seguintes características:

a) constituem-se desde o consentimento das partes e se extinguem com o pedido de devolução do dono da coisa.
b) uma vez realizada a entrega da coisa transfere a propriedade ao devedor e obriga o dono a aguardar o fim do contrato para reavê-la.
c) obriga o devedor ao pagamento de juros sempre que houver atraso na devolução da coisa.
d) só se aperfeiçoam com a entrega da coisa e tornam o devedor obrigado a devolver o bem sob pena de pagamento de aluguel pelo atraso na devolução.
e) são contratos considerados reais, *intuitu personae* e não solenes.

14. (TJPR/Juiz de Direito/UFPR/2013) Com relação ao contrato de empréstimo, podemos dizer que pode ser gratuito ou oneroso, do qual são espécies o mútuo e o comodato. Neste, certo é que "O comodatário é obrigado a conservar, como se sua própria fora, a coisa emprestada, não podendo usá-la senão de acordo com o contrato ou a natureza dela, sob pena de responder por perdas e danos" (Código Civil, art. 582).

A partir daí, tendo em vista as normas civis que disciplinam o comodato, é correto afirmar:

a) O comodato é contrato que se caracteriza como o empréstimo de coisas fungíveis ou infungíveis, desde que gratuito, ou seja, o comodatário recebe e pode usar a coisa independente de pagamento de aluguel, arrendamento ou verba equivalente.
b) Se, correndo risco o objeto do comodato juntamente com outros do comodatário, antepuser este a salvação dos seus abandonando o do comodante, responderá pelo dano ocorrido, ainda que se possa atribuir a caso fortuito ou força maior.
c) O comodatário poderá recobrar do comodante as despesas feitas com o uso e gozo da coisa emprestada.
d) Não constando do contrato o prazo do comodato, presume-se estabelecido por prazo indeterminado, qualquer que seja a natureza do uso concedido, podendo o comodante pedir a restituição da coisa a qualquer tempo, desde que mediante comunicação prévia e inequívoca, assinalando prazo de 30 dias.

15. (OAB/XVI Exame de Ordem Unificado/Fundação Getulio Vargas/2015) Joana deu seu carro a Lúcia, em comodato, pelo prazo de 5 dias, findo o qual Lúcia não devolveu o veículo. Dois dias depois, forte tempestade danificou a lanterna e o para-choque dianteiro do carro de Joana. Inconformada com o ocorrido, Joana exigiu que Lúcia a indenizasse pelos danos causados ao veículo.

Diante do fato narrado, assinale a afirmativa CORRETA.

a) Lúcia incorreu em inadimplemento absoluto, pois não cumpriu sua prestação no termo ajustado, o que inutilizou a prestação para Joana.
b) Lúcia não está em mora, pois Joana não a interpelou, judicial ou extrajudicialmente.
c) Lúcia deve indenizar Joana pelos danos causados ao veículo, salvo se provar que os mesmos ocorreriam ainda que tivesse adimplido sua prestação no termo ajustado.
d) Lúcia não responde pelos danos causados ao veículo, pois foram decorrentes de força maior. Não constando do contrato o prazo do comodato, presume-se estabelecido por prazo indeterminado, qualquer que seja a natureza do uso concedido, podendo o comodante pedir a restituição da coisa a qualquer tempo, desde que mediante comunicação prévia e inequívoca, assinalando prazo de 30 dias.

16. (PGE/MT/Procurador do Estado/MT/Fundação Carlos Chagas/2016) Acerca do comodato, considere:

I. O comodato é contrato real, perfazendo-se com a tradição do objeto.
II. O comodatário constituído em mora, além de por ela responder, pagará, até restituí-la, o aluguel da coisa que for arbitrado pelo comodante.
III. O comodatário responde pelo dano decorrente de caso fortuito ou força maior se, correndo risco o objeto do comodato, juntamente com os seus, antepuser a salvação destes, abandonando o do comodante.

IV. Se o comodato não tiver prazo convencional, o comodante poderá, a qualquer momento, suspender o uso e gozo da coisa emprestada, independentemente de decisão judicial e da finalidade do negócio.

Está CORRETO o que se afirma em

a) I, II e III, apenas.
b) II e III, apenas.
c) II e IV, apenas.
d) I, III e IV, apenas.
e) I, II, III e IV.

17. (TJ/PR/Juiz de Direito/CESP-CEBRASPE/2017) Assinale a opção CORRETA a respeito das espécies de contratos.

a) Em contrato de comodato, jamais o comodatário poderá pleitear restituição ao comodante das despesas realizadas com o uso e gozo da coisa.
b) No contrato de prestação de serviço, o aliciamento de pessoa já obrigada em contrato escrito anterior é causa violadora da boa-fé subjetiva.
c) Devido ao fato de o contrato de empreitada ser personalíssimo, em regra, nessa modalidade de contrato, a morte do empreiteiro é causa de extinção do contrato.
d) Não será devida a remuneração ao corretor, no contrato de corretagem em que se obtenha o resultado almejado pela mediação, se tal contrato for desfeito posteriormente pelas partes.

GABARITO

1. "d". A jurisprudência equipara o roubo a mão armada à força maior, que afasta a responsabilidade do agente.
2. "e". *Vide* art. 543 do CC.
3. "c". O comodato é contrato unilateral, porque, aperfeiçoando-se com a tradição, gera obrigações apenas para o comodatário. Uma vez constituído pela tradição, apenas o comodatário passa a ter obrigações definidas e constantes.
4. "e". *Vide* arts. 395 e 582, 2ª parte, do CC.
5. "e". *Vide* arts. 579 e 587 do CC.
6. "e". *Vide* art. 591 do CC.
7. "e". *Vide* art. 579 do CC.
8. "a". *Vide* art. 589, I, do CC.
9. "b". *Vide* art. 582, 2ª parte, do CC.
10. "c". O assalto ou roubo a mão armada é considerado motivo de força maior, que libera o comodatário da obrigação de restituir.
11. "e". *Vide* arts. 159 e 163 do CC.
12. "b". *Vide* art. 579 do CC.
13. "e". *Vide* itens 6.2.1, 6.3 e 7.3, *retro*.
14. "b". *Vide* art. 583 do CC.
15. "c". *Vide* art. 399 do CC.
16. "a". *Vide* arts. 579, 582, 583 e 581 do CC, respectivamente.
17. "a". *Vide* art. 584 do CC.

8

DA PRESTAÇÃO DE SERVIÇO

8.1. CONCEITO

O presente capítulo denominava-se "locação de serviços" no Código Civil de 1916. Em consequência dos novos rumos, porém, tal modalidade contratual desdobrou-se em duas figuras independentes: **contrato de trabalho**, sujeito às leis de ordem pública, e contrato de **prestação de serviço**, como consta do Código Civil de 2002.

Constitui **prestação de serviço** toda espécie de serviço ou trabalho lícito, material ou imaterial, contratado mediante retribuição (CC, art. 594)[1].

8.2. CARÁTER RESIDUAL

Hoje, porém, as regras do Código Civil têm **caráter residual**, aplicando-se somente às relações **não regidas** pela **Consolidação das Leis do Trabalho** e pelo **Código do Consumidor**, sem distinguir a espécie de atividade prestada pelo locador ou prestador de serviços, que pode ser profissional liberal ou trabalhador braçal (CC, art. 593).

O capítulo concernente à prestação de serviço, no **Código Civil**, teve, destarte, sua importância diminuída, interessando mais ao **prestador de menor porte**, seja pessoa física ou jurídica, e ao **trabalhador autônomo**, como os profissionais liberais[2]. O aludido diploma cogita do contrato de prestação de serviço apenas **enquanto civil no seu objeto e na disciplina**, executado sem habitualidade, com autonomia técnica e sem subordinação.

---

[1] Segundo Sílvio Venosa, prestação de serviço pode ser conceituada como "o contrato sinalagmático pelo qual uma das partes, denominada prestador, obriga-se a prestar serviços a outra, denominada dono do serviço, mediante remuneração" (*Direito civil*, v. III, p. 187).

[2] Teresa Ancona Lopez, *Comentários*, cit., v. 7, p. 191-192.

"Para os modos de prestação de serviços que não se ajustam ao conceito legal de contrato de trabalho, seja pela inexistência de subordinação, ou falta de continuidade, ou pelo fim da atividade do trabalhador, como no caso de procuração 'ad judicia', aplicam-se as regras da 'locação de serviços'. Tais contratos, em consequência, permanecem civis, por isso que se regulam pelo Direito Comum, embora alguns sejam essencialmente trabalhistas. Quem se obriga a prestar serviços sob esse regime jurídico faz jus a remuneração conhecida pelo nome de honorários. Assim, no caso de revogação sem justa causa do mandato, caracterizadora de ilícito contratual, não prevista a hipótese no contrato, que deve ser o guia para a solução da espécie, o mandante pagará por inteiro os honorários estipulados até o dia da despedida, e por metade de então ao termo previsto no ajuste, conforme determina o art. 1.228 do CC (*de 1916, correspondente ao art. 603 do CC/2002*)" (*RT*, 635/294).

■ 8.3. OBJETO DO CONTRATO

Dispõe o art. 594 do Código Civil que "toda a espécie de serviço ou trabalho lícito, material ou imaterial, pode ser contratada mediante retribuição".

Desse modo, seja qual for a sua natureza, **qualquer serviço, desde que lícito**, pode ser objeto do aludido contrato, não se fazendo distinção entre trabalho braçal ou intelectual.

■ 8.4. NATUREZA JURÍDICA

O contrato de prestação de serviço é:

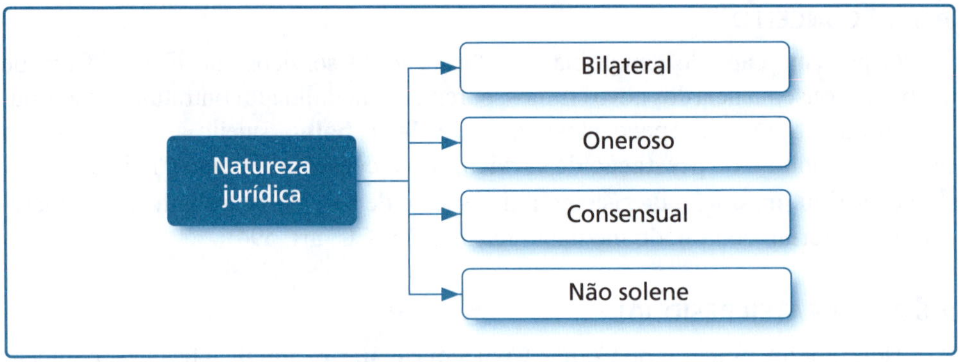

- **Bilateral ou sinalagmático**, porque gera obrigações para **ambos os contratantes**. O prestador assume uma obrigação de fazer perante o dono do serviço, que, por sua vez, compromete-se a remunerá-lo pela atividade desenvolvida.
- **Oneroso**, por trazer benefícios ou vantagens para um e outro contratante. A **remuneração** é ajustada normalmente sob a forma de retribuição pecuniária. Nada obsta seja convencionada em outras espécies, sendo comum consistir em fornecimento de morada, alimentos, vestuário, condução etc. Se, todavia, constituir outra prestação de serviços, o contrato será atípico[3]. **Não se presume a gratuidade na prestação de serviços**, malgrado não seja ela incompatível com essa espécie de contrato. No entanto, só valerá se **ajustada expressamente e não configurar abuso ou má-fé** do outro contratante. Na ausência de estipulação, nem chegando a acordo as partes, "fixar-se-á por **arbitramento** a retribuição, segundo o **costume** do lugar, o tempo de serviço e sua qualidade" (CC, art. 596).
- **Consensual**, uma vez que se aperfeiçoa mediante o simples **acordo de vontades**.
- **Não solene**, porque pode ser celebrado **verbalmente** ou por escrito. Estatui o art. 595 do Código Civil que, "quando qualquer das partes não souber ler, nem escrever, o instrumento poderá ser assinado a rogo e subscrito por duas testemunhas". A falta de contrato não é fundamento suficiente para que uma pessoa que

[3] Caio Mário da Silva Pereira, *Instituições de direito civil*, v. III, p. 379-380.

realmente se utilizou dos serviços de outrem se negue a efetuar a retribuição pecuniária. Entende-se que **o consentimento pode ser implícito**, inferido do próprio fato da prestação do serviço[4].

■ 8.5. DURAÇÃO DO CONTRATO

■ Limitação do tempo de duração do contrato a quatro anos, no máximo

Para evitar prestações de serviço por tempo demasiadamente longo, caracterizando verdadeira escravidão, o tempo de duração do contrato é limitado a **quatro anos**, no máximo, pelo art. 598 do CC (*nemo potest locare opus in perpetuum*). "Decorridos quatro anos, dar-se-á por findo o contrato, ainda que não concluída a obra."

■ Possibilidade de ajuste, a final, de novo contrato, pelo mesmo prazo

Nada obsta a que, findo o quatriênio, novo contrato seja ajustado entre as partes **pelo mesmo prazo**. Não será nula a avença celebrada por prazo superior a quatro anos, podendo o juiz, neste caso, **reduzir o excesso** ao tempo máximo permitido na lei.

■ Contrato celebrado sem prazo determinado

Neste caso, e se o prazo não puder ser inferido de sua natureza, ou do costume do lugar, admitir-se-á a **resilição unilateral**, por arbítrio de qualquer das partes, mediante aviso prévio (CC, art. 599), que será dado:

> "I — com antecedência de oito dias, se o salário se houver fixado por tempo de um mês, ou mais;
>
> II — com antecipação de quatro dias, se o salário se tiver ajustado por semana, ou quinzena;
>
> III — de véspera, quando se tenha contratado por menos de sete dias" (parágrafo único).

A inobservância do aviso prévio pode acarretar prejuízo à outra parte, que terá o direito, em consequência, de reclamar **perdas e danos**. Havendo justa causa, porém, para a resolução do contrato, desnecessário se torna o aviso prévio.

■ Proibição de denúncia imotivada, no contrato por tempo certo ou por obra determinada

O art. 602 do novo estatuto civil proíbe, no contrato **"por tempo certo ou por obra determinada"**, que o prestador de serviço o denuncie imotivadamente, ausentando-se ou despedindo-se "antes de preenchido o tempo, ou concluída a obra". Complementa o parágrafo único que, se o fizer, embora tenha direito à retribuição vencida, **"responderá por perdas e danos"**. Dar-se-á o mesmo, "se despedido por **justa causa**". As perdas e danos, no sistema do Código Civil, constituem consectário da infração contratual. "Se o prestador de serviço for despedido **sem justa causa**, a outra parte será obrigada a pagar-lhe por inteiro a retribuição vencida, e por metade a que lhe tocaria de então ao termo legal do contrato" (CC, art. 603).

---

4 Caio Mário da Silva Pereira, *Instituições*, cit., v. III, p. 380.

■ 8.6. EXTINÇÃO DO CONTRATO

Segundo dispõe o art. 607 do Código Civil, ocorre o **término do contrato** de prestação de serviço:

- com a **morte** de qualquer das partes;
- pelo **escoamento do prazo**;
- pela conclusão da obra;
- pela **rescisão do contrato** mediante aviso prévio;
- por **inadimplemento** de qualquer das partes;
- pela **impossibilidade de sua continuação**, motivada por força maior.

A inserção da morte de **qualquer das partes** como causa de extinção da prestação de serviço demonstra o **caráter personalíssimo** ou *intuitu personae* da avença, insuscetível de transmissão *causa mortis*.

Prescreve o art. 604 do novo diploma que, "findo o contrato, o prestador de serviço tem direito a **exigir da outra parte a declaração de que o contrato está findo**", cabendo-lhe igual direito "se for despedido sem justa causa, ou se tiver havido motivo justo para deixar o serviço".

■ 8.7. DISPOSIÇÕES COMPLEMENTARES

■ Terceirização dos serviços

A obrigação de fazer assumida pelo prestador de serviço não pode ser transferida a **terceiro**, sem a **anuência** da outra parte, assim como não pode esta, em respeito ao trabalho humano, ceder a outrem os serviços que lhe seriam prestados, pois pode ocorrer de serem piores as exigências do novo contratante[5] (CC, art. 605). Desse modo, o subcontrato ou **"terceirização"** dos serviços tem de ser **autorizado**.

■ Serviço prestado, de boa-fé, por quem não possua título de habilitação

Prevê o art. 606 e seu parágrafo único do Código Civil a possibilidade de a pessoa **não habilitada legalmente** a prestar determinado serviço poder **cobrar a retribuição, se tiver agido de boa-fé e o trabalho houver beneficiado** o outro contratante. Visou o legislador a impedir o **enriquecimento sem causa** por parte de quem se aproveitou do serviço, procurando prestigiar, como de regra, a **boa-fé e a probidade** nos negócios em geral. A compensação razoável a ser arbitrada pelo juiz poderá beneficiar os que trabalham na economia informal, especialmente corretores de imóveis não credenciados, técnicos não diplomados etc. Observa-se que não poderá o juiz arbitrar retribuição ao prestador de serviço que agiu de **má-fé**, se esta tiver sido provada pelo outro contraente, nem quando a proibição da prestação

[5] A transferência e a cessão de jogadores de futebol para outras agremiações são regidas por legislação especial (Lei n. 9.615, de 1998, conhecida como "Lei Pelé"), estando fora do âmbito do direito civil.

de serviço resultar de **lei de ordem pública** (proibição de exercício ilegal de atividade profissional)[6].

8.8. RESUMO

DA PRESTAÇÃO DE SERVIÇO	
CONCEITO	Constitui locação ou prestação de serviço toda espécie de serviço ou trabalho lícito, material ou imaterial, contratado mediante retribuição (CC, art. 594). As regras do CC têm caráter residual, aplicando-se somente às relações não regidas pela CLT e pelo CDC, sem distinguir a espécie de prestador de serviços, que pode ser profissional liberal ou trabalhador braçal (art. 593).
NATUREZA JURÍDICA	É contrato: ■ bilateral ou sinalagmático; ■ oneroso; ■ consensual; ■ não solene.
DURAÇÃO	É limitada a, no máximo, ***quatro anos***, para evitar prestações de serviço por tempo demasiadamente longo, caracterizando verdadeira escravidão, sob pena de redução pelo juiz (art. 598). Quando celebrado ***sem prazo determinado***, pode ser objeto de ***resilição unilateral*** (art. 599).
EXTINÇÃO DO CONTRATO	Ocorre o término do contrato (art. 607): ■ com a morte de qualquer das partes; ■ pelo escoamento do prazo; ■ pela conclusão da obra; ■ pela resilição do contrato mediante aviso prévio; ■ por inadimplemento de qualquer das partes; ■ pela impossibilidade de sua continuação, por força maior.

6 Jones Figueirêdo Alves, *Novo Código*, cit., p. 543.

9

DA EMPREITADA

9.1. CONCEITO

Empreitada (*locatio operis*) é contrato em que uma das partes **(o empreiteiro)**, mediante remuneração a ser paga pelo outro contraente **(o dono da obra)**, obriga-se a realizar determinada obra, pessoalmente ou por meio de terceiros, de acordo com as instruções deste e **sem relação de subordinação**.

Constitui, também, uma prestação de serviço (*locatio operarum*), mas de **natureza especial**. No Código Civil de 2002, o contrato em apreço só se refere à construção e, por esse motivo, não se enquadra mais no conceito de locação de que desfrutava no Código de 1916.

9.2. DIFERENÇAS ENTRE O CONTRATO DE EMPREITADA E O DE PRESTAÇÃO DE SERVIÇO

Podem ser apontadas as seguintes diferenças:

PRESTAÇÃO DE SERVIÇO	EMPREITADA
■ O objeto do contrato é apenas a atividade do prestador, sendo a remuneração proporcional ao tempo dedicado ao trabalho	■ O objeto da prestação não é a atividade do prestador, mas a obra em si, permanecendo inalterada a remuneração qualquer que seja o tempo de trabalho despendido
■ A execução do serviço é dirigida e fiscalizada por quem contratou o prestador, a quem este fica diretamente subordinado	■ A direção compete ao próprio empreiteiro
■ O patrão assume os riscos do negócio	■ É o empreiteiro que assume os riscos do empreendimento, sem estar subordinado ao dono da obra

Verifica-se assim que a empreitada, por gerar uma obrigação de resultado, tem por escopo apenas o **resultado final**, que pode ser a construção de uma obra material ou criação intelectual ou artística, não levando em consideração a atividade do empreiteiro em si, como objeto da relação contratual.

Remunera-se o resultado do serviço, pois o empreiteiro se obriga a entregar a **obra pronta**, por preço previamente estipulado, **sem consideração ao tempo nela empregado**. Mesmo que haja dispêndio de tempo maior do que o previsto, não terá ele direito a qualquer acréscimo. Da mesma forma, fará jus à remuneração integral, se porventura consumir tempo menor. A direção e fiscalização da obra são feitas pelo próprio empreiteiro, que contrata os empregados com total independência e sem vínculo de subordinação[1].

9.3. INCIDÊNCIA DO CÓDIGO DE DEFESA DO CONSUMIDOR

Em regra, a construção civil se insere no âmbito das **relações de consumo**, sendo então regida pelo Código de Defesa do Consumidor. Com efeito, o art. 3º deste diploma define **fornecedor** como pessoa física ou jurídica que desenvolva determinados tipos de atividade. Entre as atividades enumeradas, encontra-se expressamente consignada a **construção**. Da mesma forma, o art. 12, que já trata especificamente da "responsabilidade pelo fato do produto e do serviço", menciona expressamente o **construtor** como responsável, nas condições fixadas.

Com isso, percebe-se desde logo que os contratos de construção, em que o fornecedor desenvolva tal **atividade**, em benefício de pessoa física ou jurídica que utilize seus produtos ou serviços como **destinatária final**, tipificam-se perfeitamente como **relações de consumo**. E, certamente, a maioria dos contratos de construção integra a categoria dos contratos de consumo.

O **Código Civil de 2002**, posterior à legislação consumerista, aplica-se aos contratos celebrados entre particulares **que não configuram relação de consumo**. Tendo sido ressalvada a legislação especial, continua aplicável o **Código do Consumidor** aos contratos celebrados por construtor que exerce a atividade de venda dos imóveis que constrói, habitual e profissionalmente.

A relação de **subsidiariedade** permite dizer que a estrutura do contrato, no que concerne, por exemplo, à mora do devedor ou do credor, aos requisitos de validade, aos elementos acidentais (condição, termo e encargo), às regras sobre pagamento, reger-se-á pelo Código Civil. O estatuto consumerista fornecerá, por sua vez, os **elementos especiais** aplicáveis a esse tipo de relação, por exemplo, os atinentes à **responsabilidade objetiva**, respondendo o empreiteiro pelo fato do serviço, com excludentes limitadas (CDC, art. 14, § 3º); aos **vícios da obra**, segundo os arts. 18 a 25 do aludido diploma; às **cláusulas abusivas** (art. 51); à interpretação das cláusulas contratuais da maneira **mais favorável ao consumidor** etc.

9.4. NATUREZA JURÍDICA

A empreitada é contrato:

---

[1] Maria Helena Diniz, *Tratado teórico e prático dos contratos*, v. 2, p. 180; Washington de Barros Monteiro, *Curso de direito civil*, v. 5, p. 223.

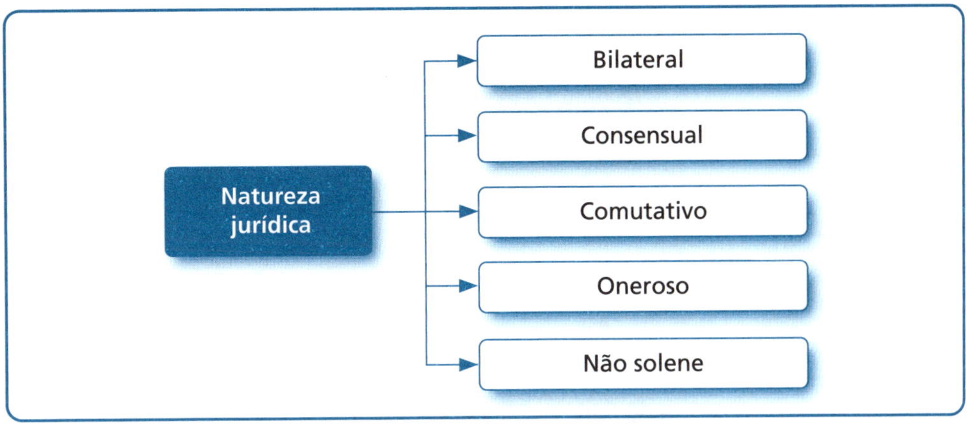

- **Bilateral ou sinalagmático**, porque gera obrigações recíprocas para as partes: a realização e entrega da obra, para o empreiteiro, e o pagamento do preço, para o proprietário.
- **Consensual**, porque se aperfeiçoa com o acordo de vontades, independentemente de tradição.
- **Comutativo**, uma vez que cada parte pode antever os ônus e vantagens dela advindos. Cada parte recebe da outra prestação equivalente à sua, podendo vislumbrar, desde logo, essa equivalência.
- **Oneroso**, pois ambas as partes obtêm um proveito, ao qual corresponde um sacrifício. A onerosidade é da essência da empreitada, seja em dinheiro, seja em outra espécie, e característica que a distingue da doação.
- **Não solene**, uma vez que não se exige forma especial para a sua validade. A forma é livre, em regra.

O contrato de empreitada é cumprido mediante uma série de atos concatenados, necessitando de certo espaço de tempo para a sua conclusão. Sob esse aspecto, pode ser considerado de **trato sucessivo**. Todavia, como tem por objeto a realização de determinada obra, é normalmente contrato de **execução única**, embora não se desnature, como assinala Orlando Gomes, se tem como objeto prestações periódicas, como sucede quando o empreiteiro se obriga a executar a obra por unidades autônomas[2].

9.5. ESPÉCIES DE EMPREITADA

As várias espécies de empreitada podem ser classificadas **quanto à execução** e **quanto ao modo de fixação do preço**. Confira-se:

[2] *Contratos*, p. 334.

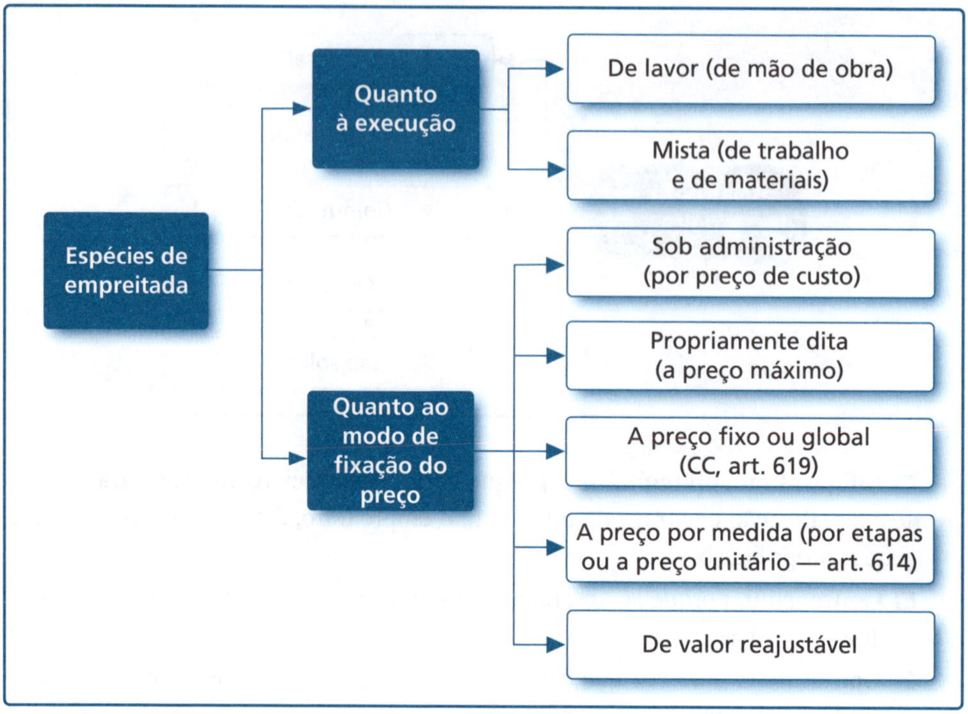

■ Empreitada de lavor (de mão de obra)

O empreiteiro assume apenas obrigação de **fazer**, consistente em **executar o serviço**, cabendo ao proprietário fornecer materiais. Se a coisa perece, antes da entrega e sem culpa do empreiteiro, quem sofre a perda é o **dono da obra**, por conta de quem correm os **riscos**. Dispõe, com efeito, o art. 612 do Código Civil que, "se o empreiteiro só forneceu mão de obra, todos os riscos em que não tiver culpa correrão por conta do dono". E não havendo, também, "mora do dono", o empreiteiro perde a retribuição (**repartem-se, assim, os prejuízos**, não havendo culpa de qualquer dos contratantes). Entretanto, o empreiteiro fará jus à remuneração, se provar "que a perda resultou de defeito dos materiais e que em tempo reclamara contra a sua quantidade ou qualidade" (art. 613).

■ Empreitada mista (de trabalho e de materiais)

O empreiteiro obriga-se não só a realizar um trabalho de qualidade (*obligatio in faciendo*), mas também a **dar**, consistente em **fornecer os materiais**. Com efeito, o empreiteiro de uma obra pode contribuir para ela "só com seu trabalho" (empreitada de **mão de obra** ou de **lavor**), ou "com ele e os materiais" (empreitada **mista**), consoante dispõe o art. 610 do Código Civil. Os **riscos** correm por conta do empreiteiro, "até o momento da entrega da obra", salvo se o dono "estiver em mora de receber" (CC, art. 611). Neste último caso, os riscos dividem-se entre as duas partes.

■ Empreitada ou construção sob administração (por preço de custo)

Nessa modalidade, o construtor, segundo Hely Lopes Meirelles, "se encarrega da execução de um projeto, mediante remuneração fixa ou percentual sobre o **custo**

da obra, correndo por conta do proprietário os encargos econômicos do empreendimento"[3]. A obra é impulsionada à medida que o dono oferece os recursos necessários. Embora o Código Civil não regulamente o contrato de construção por administração, aplicam-se-lhe, **subsidiariamente**, as regras sobre a empreitada. Os **riscos correm por conta do dono da obra**, a menos que seja provada a culpa do construtor. A Lei n. 4.591/64, que trata dos **condomínios em edificação e incorporação imobiliária**, prevê a construção pelo regime de administração, também chamado **"a preço de custo"**, no qual será de responsabilidade do **proprietário** ou adquirente o **custo integral** da obra, observados os requisitos estabelecidos no art. 58. Malgrado a parte da referida lei concernente ao condomínio em edificação tenha sido absorvida pelo novo Código Civil, que a disciplinou nos arts. 1.331 a 1.358 sob o título "Do Condomínio Edilício", permanece em vigor a atinente às incorporações.

Empreitada propriamente dita (a preço máximo)

Trata-se de espécie em que, diferentemente, o construtor-empreiteiro assume os encargos técnicos da obra e também os riscos econômicos, e ainda custeia a construção por **preço fixado de início**, que **não pode ser reajustado** ainda que o material encareça e aumente o salário dos empregados.

Empreitada a preço fixo ou global

A obra é ajustada por **preço invariável**, fixado antecipadamente pelas partes e insuscetível de alteração, para mais ou para menos. Nessa espécie, que os franceses chamam de *marché a prix* ou *à forfait*, o dono da obra fica **protegido de eventuais aumentos** no preço dos materiais e da mão de obra, pois o empreiteiro nada mais poderá exigir, se tal fato vier a ocorrer.

Empreitada a preço por medida ou por etapas

A sua fixação é feita de acordo com as fases da construção ou a medida (*marché sur devis*). Tal modalidade atende ao fracionamento da obra, considerando as partes em que ela se divide. O pagamento pode ser convencionado por parte concluída ou por unidade. Não há fixação do preço para a obra como um todo. Pode-se estabelecer o preço de certa medida, como o do metro quadrado de área construída, por exemplo. Desse modo, somente ao final, depois de feita a medição completa, o empreiteiro conhecerá o exato valor de sua remuneração. Esta modalidade proporciona ao proprietário a liberdade de efetuar mudanças no projeto originário, aumentando ou diminuindo os trabalhos inicialmente convencionados[4].

Empreitada de valor reajustável

Trata-se de hipótese prevista no § 2º do art. 55 da Lei de Incorporações, que permite a **previsão contratual** da forma, do tempo e do índice de **reajustes**. A vantagem, *in casu*, será do empreiteiro, cujos ganhos serão protegidos se ocorrer a depreciação da moeda no decorrer da execução do serviço.

---

[3] *Direito de construir*, p. 240.

[4] Caio Mário da Silva Pereira, *Instituições*, cit., v. III, p. 317; Teresa Ancona Lopez, *Comentários*, cit., v. 7, p. 254-255; Sílvio Venosa, *Direito civil*, v. III, p. 204.

9.6. SUBEMPREITADA

A **subempreitada** pode ser efetivada, se não houver cláusula proibitiva expressa no contrato, ou se, pelas circunstâncias, verificar-se não ter a empreitada sido avençada *intuitu personae*.

Subempreitada é contrato por meio do qual o empreiteiro **transfere a outrem**, total ou parcialmente, sua obrigação de realizar uma obra. A interpretação *a contrario sensu* do art. 626 do Código Civil conduz à ilação de que o contrato de empreitada **não é, em regra, *intuitu personae***. Pode-se afirmar, assim, que a subempreitada é permitida sempre que o ajuste não tiver sido concretizado em consideração às qualidades pessoais do empreiteiro.

9.7. VERIFICAÇÃO E RECEBIMENTO DA OBRA

9.7.1. Responsabilidade do empreiteiro pela perfeição da obra

Pode ser convencionada a entrega da obra **por partes** ou só **depois de concluída**. Se o dono a recebe e paga o que lhe foi entregue, presume-se verificado e em ordem, pois segundo o § 1º do art. 614 do Código Civil, **"tudo o que se pagou presume-se verificado"**. Mas poderá **enjeitá-la**, se o empreiteiro se afastou das instruções recebidas ou das regras técnicas em trabalhos de tal natureza, ou recebê-la com **abatimento no preço**.

O empreiteiro responde, assim, pela **perfeição da obra**. Daí a importância do ato verificatório, pois "recebida a obra como boa e perfeita, nenhuma reclamação poderá ser posteriormente formulada por quem a encomendou, a menos que se trate de **vícios ocultos ou redibitórios**, que evidentemente não ficarão cobertos pelo simples ato de recebimento"[5] (CC, art. 615). Acrescenta o art. 616 que, "no caso da segunda parte do artigo antecedente, pode quem encomendou a obra, em vez de enjeitá-la, recebê-la com **abatimento no preço**".

9.7.2. Justo motivo para o dono negar-se a receber a obra

Se, concluída a obra, constata-se que o empreiteiro a realizou de acordo com a encomenda e, portanto, que o resultado prometido foi alcançado, não pode o dono negar-se a recebê-la e a pagar o preço ajustado. A **recusa sem justo motivo** dá ensejo à constituição em **mora** do *accipiens*, com a **consignação judicial** da coisa e a cobrança da contraprestação ajustada.

Pode o dono, todavia, como adverte Washington de Barros Monteiro, com apoio na lição de Clóvis Beviláqua, ter justo motivo para a recusa:

- se o empreiteiro se afastou do plano ou das instruções ministradas;
- se, na falta de plano ou de instruções específicas, arredou-se das regras da arte ou do costume do lugar, apresentando obra defeituosa e impeditiva de uso regular;

[5] Alfredo de Almeida Paiva, *Aspectos do contrato de empreitada*, p. 39.

- se empregou materiais de segunda ou de má qualidade;
- se não entregou a obra no tempo contratado[6].

De nada adiantará o empreiteiro alegar que a sua intenção foi obter coisa melhor, pois o credor de coisa certa não pode ser obrigado a receber outra, ainda que mais valiosa (CC, art. 313).

9.7.3. Aplicação da teoria dos vícios redibitórios

Estatui ainda o § 2º do mencionado art. 614 do Código Civil: "O que se mediu presume-se verificado se, em trinta dias, a contar da medição, não forem denunciados os vícios ou defeitos pelo dono da obra ou por quem estiver incumbido da sua fiscalização".

Utiliza-se o Código Civil, como se verifica, da teoria tradicional dos **vícios redibitórios**. O prazo de um ano para reclamar dos defeitos ocultos só abrange os que não afetem a **segurança e solidez** da obra, pois para estes há o prazo de **cinco anos** do art. 618. Este prazo é de **garantia**. Só se o defeito aparecer dentro nele é que poderá ser ajuizada ação de indenização, de caráter pessoal[7]. **"Decairá do direito"** de ajuizá-la "o dono da obra que não propuser a ação contra o empreiteiro, nos **cento e oitenta dias seguintes ao aparecimento do vício ou defeito**" (art. 618, parágrafo único). Ressalte-se que o Código de Defesa do Consumidor considera vícios redibitórios os defeitos ocultos e também os **aparentes**, diferindo apenas no que concerne ao marco inicial do prazo decadencial.

9.8. RESPONSABILIDADE DO EMPREITEIRO

9.8.1. Quanto aos riscos da obra

Faz-se mister distinguir:

- Se a empreitada é apenas **de lavor**, o **dono da obra** sofre o prejuízo pelo seu perecimento. Todavia, o empreiteiro perderá a **retribuição**, "se não provar que a perda resultou de defeito dos materiais e que em tempo reclamara contra a sua quantidade ou qualidade" (CC, art. 613). Se não lograr se desincumbir desse pesado ônus, haverá **repartição dos prejuízos**, não havendo culpa de qualquer dos contraentes.
- Se a empreitada for **de lavor e materiais**, os prejuízos são sofridos pelo **empreiteiro**, exceto em caso de **mora** do dono da obra, caso em que este responde pelo prejuízo (art. 611)[8].

---

6 *Curso*, cit., v. 5, p. 226.

7 *RT*, 612/73 e 787/218; STJ, REsp 37.556-SP, 3ª T., rel. Min. Eduardo Ribeiro, *DJU*, 13-3-1985, e REsp 161.351-SC, 3ª T., rel. Min. Waldemar Zveiter, *DJU*, 3-12-1998.

8 Em caso de desabamento de prédio em construção e em que se discutia a responsabilidade do engenheiro, em empreitada de lavor, assim se pronunciou o Superior Tribunal de Justiça: "Embora somente concorrendo com o serviço, e recebendo do dono da obra os materiais a serem empre-

Como se observa, nada mais fez a lei do que adotar, nas duas espécies de empreitada, a regra geral segundo a qual **a coisa perece para o dono** (*res perit domino*).

9.8.2. Quanto à solidez e segurança das construções de grande envergadura

Preceitua o art. 618 do Código Civil: "Nos contratos de empreitada de edifícios ou outras construções consideráveis, o empreiteiro de materiais e execução responderá, durante o prazo irredutível de cinco anos, pela solidez e segurança do trabalho, assim em razão dos materiais, como do solo". Complementa o parágrafo único: "Decairá do direito assegurado neste artigo o dono da obra que não propuser a ação contra o empreiteiro, nos cento e oitenta dias seguintes ao aparecimento do vício ou defeito".

Concluída e entregue a obra, subsiste, pois, a responsabilidade do empreiteiro, durante **cinco anos**, pela solidez e segurança da construção. Esse prazo é de **garantia da obra**, como já foi dito no item anterior. Não é, todavia, a qualquer obra que tal responsabilidade se aplica, mas somente às construções de vulto, ou seja, aos **"edifícios"** e **"construções consideráveis"**, conforme as expressões empregadas no mencionado art. 618. A expressão **"construções consideráveis"** é de cunho mais genérico, pois construção abrange a totalidade das obras relacionadas com o progresso, tais como: pontes, metrô, viadutos etc.[9].

Embora cesse a responsabilidade do construtor, no tocante aos vícios referentes à perfeição da obra, com a sua entrega ao proprietário, ela remanesce com relação aos defeitos ligados à **garantia e solidez** da construção. O prazo quinquenal é **extintivo da garantia**. Se, durante o seu curso, surgir algum vício ou defeito, o dono da obra deverá, nos "cento e oitenta dias" seguintes ao seu aparecimento, deduzir em juízo a sua pretensão à reparação civil, **sob pena de decaimento** (CC, art. 618, parágrafo único).

Contrato regido pelo Código de Defesa do Consumidor

Em se tratando, porém, de empreitada que configure **relação de consumo**, sendo regida, por essa razão, pela legislação consumerista, não incidirá a regra do citado parágrafo único do art. 618. Aplicar-se-á o disposto no **art. 27 do Código de Defesa do Consumidor** (Lei n. 8.078/90), que prevê **prazo prescricional de cinco anos** para o exercício da pretensão à reparação de danos, iniciando-se a contagem a partir do conhecimento do dano e de sua autoria, por se tratar de legislação especial de proteção do consumidor[10].

Responsabilidade do empreiteiro pelos pequenos defeitos da obra

Os **pequenos defeitos**, que não afetam a segurança e a solidez da obra, são considerados **vícios redibitórios**, que devem ser alegados no prazo decadencial de **um**

gados, o engenheiro contratado para elaborar o projeto e fiscalizar a construção é civilmente responsável pelo evento danoso, pois era de seu dever examinar os materiais empregados, tais como os tijolos, e recusá-los se frágeis ou defeituosos. A ocorrência de chuvas excessivas, máxime na região da Serra do Mar, não constitui fato da natureza imprevisível aos construtores de edifícios" (REsp 8.410-SP, 4ª T., rel. Min. Athos Carneiro, *DJU*, 9-12-1991, p. 18.036, n. 238).

9 Iolanda Moreira Leite, Responsabilidade civil do construtor, in *Responsabilidade civil*: doutrina e jurisprudência, p. 142.

10 Caio Mário da Silva Pereira, *Instituições*, cit., v. III, p. 323.

ano, contado da entrega efetiva. Se o lesado já estava na posse do imóvel, o prazo é reduzido à metade. Quando o vício, por sua natureza, só puder ser conhecido mais tarde, o prazo contar-se-á do momento em que dele se tiver ciência, até o prazo máximo de um ano (CC, art. 445, *caput* e § 1º).

9.8.3. Quanto à perfeição da obra

Embora não consignada no contrato, **é de presumir-se** a responsabilidade pela perfeição da obra em todo ajuste de construção como encargo ético-profissional do construtor. Fundado nessa responsabilidade, o Código Civil autoriza o cliente a **rejeitar a obra** imperfeita ou defeituosa (art. 615) ou a **recebê-la com abatimento** no preço, se assim lhe convier (art. 616).

Responsabilidade do projetista da obra

O art. 622 do Código de 2002, inovando, regula a responsabilidade do **projetista da obra**, quando também assume a direção ou fiscalização desta, estatuindo: "Se a execução da obra for confiada a terceiros, a responsabilidade do autor do projeto respectivo, desde que não assuma a direção ou fiscalização daquela, ficará limitada aos danos resultantes de defeitos previstos no art. 618 e seu parágrafo único".

9.8.4. Quanto ao custo dos materiais

É preciso distinguir:

- Em se tratando de empreitada apenas **de mão de obra**, compete ela exclusivamente ao **dono da obra**. Dispõe, todavia, o art. 617 do Código Civil que "o empreiteiro é obrigado a pagar os materiais que recebeu, se por imperícia ou negligência os inutilizar".
- Cuidando-se de **empreitada mista**, é o **empreiteiro** de execução e materiais que responde pelo custo destes, não podendo os fornecedores cobrar o seu valor do proprietário, com quem não mantêm vínculo obrigacional.

9.8.5. Quanto aos danos causados a terceiros

A jurisprudência pátria tem acolhido a **responsabilidade solidária do construtor e do proprietário** no tocante aos danos causados às **propriedades vizinhas**, admitindo, porém, a redução da indenização quando a obra prejudicada concorreu efetivamente para o dano, por insegurança ou ancianidade[11]. A responsabilidade solidária do proprietário e do construtor decorre da simples **nocividade** da obra,

[11] "Direito de vizinhança. Construção. Danos causados a prédio vizinho. É solidária a obrigação do dono da obra e do engenheiro que a executa pelo ressarcimento dos danos causados pela construção" (STF, *RT*, 376/209, 406/162; *RJTJSP*, 48/61). "Danos aos prédios vizinhos. Desabamento. Responsabilidade solidária dos donos da obra, dos autores do projeto e dos responsáveis pela execução do edifício em construção que desmoronou, causando danos aos prédios vizinhos" (*RT*, 751/305). "Danos ao prédio urbano vizinho. Responsabilidade solidária do proprietário e do

independentemente da culpa (responsabilidade **objetiva**) de qualquer deles. Sendo solidária, o que pagar sozinho a indenização terá direito de exigir do outro a sua quota, nos termos dos arts. 283 do Código Civil e 130, III, e 132 do Código de Processo Civil. No entanto, se o dano resultou de culpa do construtor e o proprietário pagou a indenização, assistir-lhe-á direito à ação regressiva contra o construtor culpado, para haver dele o que pagou[12]. A doutrina segue, de modo geral, a distinção que faz Hely Lopes Meirelles:

- se se trata de **vizinhos** (trincas, rachaduras etc.), haveria **solidariedade** entre o proprietário e o construtor, e seria **independente da culpa** de um e de outro;
- em relação ao terceiro **"não vizinho"** (queda de material, desabamento etc.), a responsabilidade é do **construtor**; o proprietário somente com ele se solidariza se houver confiado a obra a pessoa inabilitada para os trabalhos de engenharia e arquitetura[13]. Assim, "o dano sofrido por um transeunte durante o período de construção é da responsabilidade do **construtor**, pois este é quem tem a guarda da coisa e **direção dos trabalhos**. Idêntica conclusão, se os danos resultam de ruído, poeira, fumaça etc., decorrentes da execução da obra"[14].

9.9. RESPONSABILIDADE DO PROPRIETÁRIO

9.9.1. Obrigação de efetuar o pagamento do preço

A **principal** obrigação do dono da obra é efetuar o **pagamento do preço**, visto que a empreitada, sendo contrato sinalagmático, gera obrigações para ambos os contratantes. Trata-se de obrigação fundamental, cuja falta pode importar na **resolução do contrato, com perdas e danos**.

Reajuste do preço

O dono da obra é obrigado ao **preço ajustado**, sem majoração, salvo estipulação em contrário. Nas épocas de inflação elevada costuma-se convencionar a **atualização monetária** da contraprestação, como forma de proteger o empreiteiro da desvalorização da moeda e instabilidade do preço dos materiais. Sem cláusula de reajustamento, o preço torna-se insuscetível de variação, **ainda que o dos salários ou dos materiais aumente**.

Apesar de o art. 619 do Código Civil só permitir **reajuste do preço** se convencionado **por escrito**, a jurisprudência[15] o tem admitido, para **evitar o enriquecimento**

---

construtor que decorre da simples ofensa ao direito de vizinhança, independendo de culpa, certo de que, havendo defeitos preexistentes, a indenização há de se limitar aos danos agravados" (2º TACSP, Ap. 480.278, rel. Vianna Cotrim, j. 26-5-1997).

12 Mário Moacyr Porto, Responsabilidade civil do construtor, *RT*, 623/11.

13 *Direito de construir*, cit., p. 295-300.

14 Mário Moacyr Porto, Responsabilidade, cit., p. 11, n. 5.

15 "Cláusula *rebus sic stantibus*. Aplicabilidade aos contratos de empreitada. A cláusula só ampara ocontratante contra alterações fundamentais, extraordinárias das condições objetivas, em que o contrato se realizou" (STF, RE 56.960-SP, 2ª T., rel. Min. Hermes Lima, *DJU*, 8-12-1964).

ilícito do proprietário, se o trabalho foi executado a pedido verbal seu, ou com seu conhecimento e sem qualquer impugnação. Entende Teresa Ancona Lopez que não deve prosperar a ideia de que o empreiteiro deveria cumprir a avença a qualquer custo, ainda que isso significasse a sua ruína e mesmo que isso inviabilizasse a sua atividade profissional[16].

Diminuição no preço do material ou da mão de obra

Se a diminuição for "superior a um décimo do preço global convencionado, poderá este ser revisto, a pedido do dono da obra, para que se lhe assegure a diferença apurada" (CC, art. 620). Denota-se *in casu* uma atenuação do princípio da obrigatoriedade dos contratos, com aplicação do **princípio da onerosidade excessiva** à empreitada por preço fixo ou global. É nítida a intenção do legislador de evitar o enriquecimento sem causa do empreiteiro. Na empreitada mista, o percentual de 10% pode ser representado pela soma do concernente aos materiais e o atinente à mão de obra.

Direito de retenção

O empreiteiro pode invocar **direito de retenção** para assegurar o recebimento do preço, se cumpriu todas as obrigações contratuais, como o reconhece a nossa doutrina, malgrado o Código de 2002 tenha silenciado a esse respeito. Reconhecido o direito, pode ele permanecer de posse da coisa, até que seja pago, sem que cometa turbação ou esbulho[17].

9.9.2. Obrigação de pagar indenização ao empreiteiro em caso de rescisão do contrato sem justa causa

Compete ao proprietário, ainda, indenizar o empreiteiro pelos serviços e despesas que houver realizado, se, após iniciada a construção, **rescindir o contrato sem justa causa**, ou der razão a que se resolva, calculando-se a indenização "em função do que ele teria ganho, se concluída a obra" (CC, art. 623).

9.9.3. Obrigação de receber a obra

Outra obrigação importante do proprietário é a de **receber a obra**, se estiver "de acordo com o **ajuste** ou o **costume** do lugar" (CC, art. 615). A entrega pode ser **parcial** se a obra constar de partes distintas, se assim se ajustou ou se for daquelas que se determinam por **medida**, como prevê o art. 614 do Código Civil e foi examinado no item 9.7, *retro* (*Verificação e recebimento da obra*), ao qual nos reportamos.

Como foi dito, o proprietário poderá, porém, **rejeitar a obra**, "se o empreiteiro se afastou das instruções recebidas e dos planos dados, ou das regras técnicas em

---

16 *Comentários*, cit., v. 7, p. 308.

17 Washington de Barros Monteiro, *Curso*, cit., v. 5, p. 232; Caio Mário da Silva Pereira, *Instituições*, cit., v. III, p. 320; Silvio Rodrigues, *Direito civil*, cit., v. 3, p. 253; Eduardo Espínola, *Dos contratos nominados no direito civil brasileiro*, p. 288.

trabalhos de tal natureza", ou, "em vez de enjeitá-la, recebê-la com abatimento no preço" (CC, arts. 615 e 616). A **recusa injustificada** do dono da obra em recebê-la configura sua **mora**, passando a responder por todos os seus efeitos, inclusive pelos decorrentes do seu perecimento **fortuito**. Ao empreiteiro é assegurado, neste caso, o direito de consignar judicialmente a coisa.

A Segunda Seção do Superior Tribunal de Justiça considerou válida a cobrança, pela incorporadora do edifício, dos chamados "juros no pé". São juros de caráter compensatório cobrados antes da entrega das chaves do prédio em construção. Segundo o relator, Min. Antonio Carlos Ferreira, a exclusão dos juros compensatórios convencionados entre as partes altera o equilíbrio financeiro da operação e a reciprocidade do contrato[18].

Também decidiu a aludida Corte que é abusiva a cláusula de contrato que determina, em caso de atraso da construtora na entrega de imóvel, a restituição das parcelas somente ao término da obra, pois o vendedor pode revender o imóvel a terceiros e auferir vantagem, também, com os valores retidos[19].

Por outro lado, frisou a 3ª Turma do referido Tribunal que o **atraso na entrega de imóvel comprado na planta**, em regra, **não dá direito a dano moral**. Segundo o relator, Min. Villas Bôas Cueva, "o simples inadimplemento contratual não é capaz, por si só, de gerar dano moral indenizável, devendo haver **consequências fáticas que repercutam na esfera de dignidade da vítima**"[20].

■ 9.10. EXTINÇÃO DA EMPREITADA

O contrato de empreitada extingue-se por vários modos, quais sejam:

- Pelo **cumprimento** ou **execução**. É o modo normal de extinção da empreitada, pois toda obrigação se extingue depois de cumprida. Recebida e aceita a obra e efetuado o pagamento do preço, consideram-se cumpridas as obrigações emergentes do aludido contrato.
- Pela **morte do empreiteiro**, se o contrato foi celebrado *intuitu personae*. Não o tendo sido, as obrigações por ele assumidas transmitem-se aos sucessores. Certas empreitadas, por sua natureza, geram **obrigações personalíssimas**, como a confecção de uma obra artística ou um projeto e execução de uma grande e moderna incorporação imobiliária, por exemplo. Estas se extinguem com a morte do empreiteiro, uma vez que a sua contratação se deu em razão das qualidades artísticas e técnicas do seu trabalho.
- Pela **resilição bilateral**, mediante o exercício da autonomia da vontade.

---

18 STJ, EREsp 670.117, 2ª Seção, rel. Min. Antonio Carlos Ferreira, in www.editoramagister.com, de 18-6-2012.

19 STJ, REsp 877.980-SC, 4ª T., rel. Min. Luis Felipe Salomão, j. 3-8-2010.

20 STJ, REsp 1.536.354, disponível em *Revista Consultor Jurídico,* de 16-6-2016.

■ Pela **resolução**, se um dos contraentes deixar de cumprir qualquer das obrigações contraídas. Não pode o dono da obra, por exemplo, efetuar alterações de vulto, que possam acarretar dificuldades para o empreiteiro. Se tal ocorrer, poderá este pleitear a resolução da avença, ainda que aquele se disponha a arcar com o aumento do preço. Todo inadimplemento se presume culposo, acarretando a responsabilidade pelo ressarcimento das **perdas e danos** (CC, art. 389).

■ Pela **resilição unilateral** por parte do dono da obra, no curso de sua execução, pagando ao empreiteiro as despesas com materiais e mão de obra já efetuadas, "mais indenização razoável, calculada em função do que ele teria ganho, se concluída a obra" (CC, art. 623).

■ Pela **excessiva onerosidade** superveniente da obra, em virtude da ocorrência de fatos extraordinários e imprevisíveis, ensejadores de "alterações fundamentais, extraordinárias das condições objetivas, em que o contrato se realizou"[21].

■ Pelo **perecimento da coisa**, por força maior ou caso fortuito, aplicando-se nessa hipótese as regras concernentes ao risco.

■ Pela **falência do empreiteiro** ou **insolvência do proprietário**. Prevê o art. 117 da nova lei falimentar a notificação do síndico, para que declare se cumprirá ou não o contrato[22].

■ 9.11. RESUMO

DA EMPREITADA	
CONCEITO	■ É contrato em que uma das partes (*o empreiteiro*) obriga-se a realizar determinada obra, pessoalmente ou por meio de terceiros, mediante remuneração a ser paga pela outra (*o dono da obra*), de acordo com as instruções desta e sem relação de subordinação.
NATUREZA JURÍDICA	É contrato: ■ bilateral; ■ consensual; ■ comutativo; ■ oneroso; ■ não solene.
ESPÉCIES	■ **Quanto à execução:** a) empreitada de *lavor* (de *mão de obra*); b) empreitada *mista* (de *trabalho* e de *materiais*). ■ **Quanto ao modo de fixação do preço:** a) empreitada *sob administração* (por *preço de custo*); b) empreitada *propriamente dita* (a *preço máximo*); c) empreitada *a preço fixo* ou *global*; d) empreitada a *preço por medida* ou *por etapas*; e) empreitada *de valor reajustável*.

21 STF, RE 56.960-SP, 2ª T., rel. Min. Hermes Lima, *DJU*, 8-12-1964.

22 Caio Mário da Silva Pereira, *Instituições*, cit., v. III, p. 325-326; Orlando Gomes, *Contratos*, cit., p. 337-338; Eduardo Espínola, *Dos contratos nominados*, cit., p. 288-289.

VERIFICAÇÃO E RECEBIMENTO DA OBRA	■ Pode ser convencionada a entrega da obra ***por partes*** ou só ***depois de concluída***. ■ Se o dono a recebe e paga o que lhe foi entregue, presume-se verificado e em ordem (art. 614 e § 1º). Mas poderá ***enjeitá-la*** ou recebê-la com ***abatimento no preço***, em caso de imperfeição (art. 616). ■ O empreiteiro responde pela ***perfeição da obra***. ■ Utiliza-se o Código Civil da teoria dos vícios redibitórios. O prazo de um ano para reclamar dos defeitos ocultos só abrange os que não afetem a ***segurança e solidez*** da obra, pois para estes há o ***prazo de garantia de cinco anos*** do art. 618.
EXTINÇÃO	■ cumprimento ou execução da obra; ■ morte do empreiteiro, se o contrato foi celebrado *intuitu personae* (art. 626); ■ resilição unilateral; ■ resilição bilateral ou distrato; ■ resolução por inexecução contratual; ■ falência do empreiteiro ou insolvência do proprietário; ■ excessiva onerosidade superveniente da obra, em virtude da ocorrência de fatos extraordinários e imprevisíveis; ■ perecimento da coisa por força maior ou caso fortuito.

■ 9.12. QUESTÕES

1. (TRT/11ª Região/Juiz do Trabalho/2007) A prestação de serviço NÃO se poderá convencionar por

a) instrumento particular quando qualquer das partes não souber ler nem escrever.
b) prazo indeterminado, sob pena de nulidade do contrato.
c) mais de quatro anos, embora o contrato tenha por causa o pagamento de dívida de quem o presta, ou se destine à execução de certa e determinada obra.
d) mais de três anos, embora se destine à execução de certa e determinada obra.
e) tempo inferior a um ano, sob pena de nulidade do contrato.

2. (TRF/5ª Região/Juiz Federal/CESPE/UnB/2011) Em relação à disciplina dos contratos em espécie, assinale a opção CORRETA.

a) Nos contratos de empreitada em que não seja admitida variação de preço, não cabe nenhum acréscimo.
b) Em regra, a nulidade de uma cláusula da transação não acarreta a nulidade total do ajuste.
c) O excesso de prazo no contrato de prestação de serviço implica a sua nulidade.
d) Ciente da revogação, o mandatário somente pode praticar atos que visem evitar prejuízo ao mandante.
e) Admite-se a retratação de fiança firmada para débito futuro, caso esteja suspensa a exigibilidade da obrigação principal.

3. (TRT/PE/Juiz do Trabalho/Fundação Carlos Chagas/2015) Na prestação de serviço,

a) não havendo prazo estipulado, qualquer das partes pode resolver o contrato, a seu arbítrio, independentemente de prévio aviso.
b) o contrato correspondente termina, exclusivamente, pela morte do prestador do serviço, pelo escoamento do prazo ou pela conclusão da obra.
c) mesmo que o contrato tenha por causa o pagamento de dívida de quem o presta, ou ainda que se destine à execução de certa e determinada obra, não se pode convencioná-la por mais de dois anos.
d) a retribuição será paga sempre após prestado o serviço contratado.
e) não se tendo estipulado, nem chegado a acordo entre as partes, fixar-se-á por arbitramento a retribuição, segundo o costume do lugar, o tempo de serviço e sua qualidade.

4. (TCE/CE/Procurador de Contas/Fundação Carlos Chagas/2015) No que se refere à prestação de serviço, é CORRETO afirmar:

a) Pode ser contratada somente para trabalhos lícitos de natureza material, pois serviços imateriais são regidos somente pelas normas de direito autoral.
b) Pode ser estipulada por prazo indeterminado, a não ser que se destine à execução de obra certa e determinada, caso em que a convenção deverá ser o tempo de sua execução.

c) Sua retribuição será paga sempre antecipadamente, salvo se ajustada em parcelas sucessivas.
d) Não havendo prazo estipulado, nem se podendo inferir da natureza do contrato, ou do costume do lugar, qualquer das partes, a seu arbítrio, mediante prévio aviso, pode resolver o contrato.
e) Se o serviço for prestado por quem não possua título de habilitação, ou não satisfaça requisitos estabelecidos em lei, não poderá quem os prestou cobrar qualquer quantia a título de retribuição.

5. (TJPR/Juiz de Direito/2007) Sobre os contratos no direito civil, é CORRETO afirmar que:

a) A figura jurídica da representação não se restringe ao contrato típico de mandato, nem se pode apontar sinonímia entre representação convencional e mandato.
b) Na empreitada mista, correm por conta do empreiteiro todos os riscos da obra até o momento de sua entrega, exceto quando o dono da obra estiver em mora de receber, hipótese em que os riscos correm por igual para o empreiteiro e para o dono da obra.
c) O mútuo, no silêncio do contrato, nem sempre se presume feneratício.
d) A disposição em contrato de doação por meio da qual o doador estipula que os bens doados voltem ao seu patrimônio se sobreviver ao donatário contém o elemento acidental termo final, uma vez que a morte de alguém é evento futuro e certo.

6. (TRT/18ª Região/Juiz do Trabalho/2006) Nos contratos de empreitada de edifícios ou outras construções consideráveis, qual o prazo seguinte ao aparecimento do vício ou defeito para o dono da obra propor ação contra o empreiteiro de materiais e de construção?

a) o prazo é decadencial de 5 anos.
b) o prazo é prescricional de 5 anos.
c) o prazo é decadencial de 1 ano.
d) o prazo é prescricional de 3 meses.
e) o prazo é decadencial de 180 dias.

7. (PGE/SP/Procurador do Estado/Fundação Carlos Chagas/2009) Acerca do contrato de empreitada, é INCORRETO afirmar:

a) Será de lavor ou de mão de obra se o empreiteiro, contribuindo com seu trabalho, assume apenas uma obrigação de fazer.
b) O comitente terá direito, mesmo após o início da construção, de rescindir unilateralmente o contrato, mediante o pagamento ao empreiteiro das despesas e lucros relativos aos serviços já executados, mais indenização razoável, calculada em função do que teria ganho se concluísse a obra.
c) O dono da obra tem o prazo decadencial de cento e oitenta dias seguintes ao aparecimento do defeito para reclamar junto ao empreiteiro no prazo de garantia pela solidez e segurança do trabalho executado.
d) Nos contratos de empreitada de edifícios ou outras construções consideráveis, o empreiteiro de materiais e execução responderá, durante o prazo irredutível de dois anos, pela solidez e segurança do trabalho, assim em razão dos materiais, como do solo.
e) Será mista, se o empreiteiro contribui não só com o trabalho, mas também com materiais.

8. (TRT/24ª Região/Juiz do Trabalho/2007) O contrato de prestação de serviços acaba:

I. com a morte de qualquer das partes.
II. pelo escoamento do prazo.
III. pela conclusão da obra.
IV. pela rescisão do contrato mediante aviso prévio.
V. por inadimplemento de qualquer das partes ou pela impossibilidade da continuação do contrato, motivada por força maior.

Considerando as proposições acima como Verdadeira (V) ou Falsa (F), assinale a alternativa CORRETA:

a) V, V, V, F, F.
b) V, V, V, F, V.
c) V, V, V, V, V.
d) V, V, V, V, F.
e) V, F, V, F, V.

9. (TRT/14ª Região/Juiz do Trabalho/2006) Contrato de empreitada.

I. O empreiteiro de uma obra pode contribuir para ela só com seu trabalho ou com ele e os materiais. No primeiro caso, pode ser empreiteira tanto a pessoa natural quanto a pessoa jurídica. No segundo caso, somente a pessoa jurídica pode assumir a condição de empreiteira.
II. O empreiteiro é obrigado a pagar os materiais que recebeu, se por imperícia ou negligência os inutilizar.
III. Se o empreiteiro só forneceu mão de obra, todos os riscos em que não tiver culpa correrão por conta do dono.
IV. Concluída a obra de acordo com o ajuste, ou o costume do lugar, o dono é obrigado a recebê-la. Poderá, porém, rejeitá-la, se o empreiteiro se afastou das instruções recebidas e dos planos dados, ou das regras técnicas em trabalho de tal natureza.

Responda:
a) todas as opções estão corretas.
b) apenas as opções I e II estão corretas.
c) apenas as opções II e III estão corretas.
d) as opções II, III e IV estão corretas.
e) todas as opções estão incorretas.

10. (OAB/MG/Dezembro de 2006) Quanto à empreitada, marque a alternativa CORRETA:

a) O empreiteiro de uma obra poderá cumprir apenas com o seu trabalho, devendo os materiais correrem por conta do contratante.
b) Os riscos da obra, independente da culpa, correrão sempre por conta do empreiteiro.
c) Sem anuência do autor, não pode o proprietário introduzir modificações no projeto por ele aprovado.
d) Só poderá o empreiteiro suspender a obra se as modificações exigidas pelo dono da obra, por seu vulto e natureza, foram desproporcionais ao projeto.

11. (TRF/3ª Região/Juiz Federal/XV Concurso/2010) Aponte a alternativa INCORRETA: No contrato de empreitada:

a) A obrigação de fornecer materiais pode resultar da vontade das partes;
b) O empreiteiro de uma obra pode contribuir para ela só com seu trabalho;
c) O empreiteiro de uma obra pode contribuir para ela com o seu trabalho e com materiais;
d) Sempre correm por conta do empreiteiro os riscos da obra, até o momento da entrega da obra.

12. (OAB/Exame unificado 2009.3/CESPE/UnB/2010) Assinale a opção CORRETA no que se refere aos contratos tipificados no Código Civil brasileiro.

a) O contrato de compra e venda subordinado à condição de dissolução caso o objeto do contrato não seja do agrado do comprador denomina-se venda a contento, cláusula sempre presumida nos contratos de compra e venda.
b) O contrato estimatório é aleatório e deve ter por objeto coisa móvel.
c) No contrato de doação, são revogáveis por ingratidão as doações puramente remuneratórias e as oneradas com encargo já cumprido.
d) Tanto o contrato de empreitada quanto o de prestação de serviço geram obrigação de resultado.

13. (MP/SC/Promotor de Justiça/XXXIV Concurso/2009)

I. Nos contratos de compra e venda, as despesas de escritura e registro ficarão a cargo do vendedor e as da tradição a cargo do comprador.
II. É lícita a compra e venda entre cônjuges, com relação a bens excluídos da comunhão.
III. A revogação da doação por ingratidão deve ser pleiteada dentro de um ano, a contar do conhecimento pelo doador do fato que a autoriza, praticado pelo donatário.
IV. Não pode ser revogada por ingratidão a doação feita para determinado casamento.
V. O dono da obra decai, em cinco anos a contar do aparecimento do defeito, do direito de responsabilizar o empreiteiro, por meio de ação judicial, em razão da falta de solidez do edifício.

Com fundamento no Código Civil, em sua redação atual, estão CORRETAS:
a) Apenas a assertiva V.
b) Apenas as assertivas III e V.

c) Apenas as assertivas II, III e IV.
d) Apenas as assertivas I, II e V.
e) Apenas as assertivas I e II.

14. (TRT/3ª Região/Juiz do Trabalho/2012) Leia as afirmativas abaixo e assinale a alternativa CORRETA:

I. A recusa à perícia médica ordenada pelo juiz deverá suprir a prova que se pretendia obter com o exame.
II. O contrato de prestação de serviços não poderá ser convencionado por mais de quatro anos, embora o contrato tenha por causa o pagamento de dívida de quem o presta, ou se destine à execução de certa e determinada obra. Nesse caso, decorridos quatro anos, dar-se-à por findo o contrato, ainda que não concluída a obra.
III. Nem aquele a quem os serviços são prestados poderá transferir a outrem o direito aos serviços ajustados, nem o prestador de serviços, sem o aprazimento da outra parte, dar substituto que os preste.
IV. O contrato de prestação de serviços se diferencia do contrato de empreitada, porque, neste, o empreiteiro de uma obra pode contribuir para ela só com seu trabalho ou com ele e os materiais. O contrato de prestação de serviços é oneroso, sinalagmático, comutativo e consensual. Diferentemente do contrato de prestação de serviço, o de empreitada pode ser permanente, como, por exemplo, a manutenção e conservação de um imóvel. No contrato de empreitada, se a execução da obra for confiada a terceiros, a responsabilidade do autor do projeto respectivo, ainda que assuma a direção ou fiscalização daquela, ficará limitada aos danos resultantes de defeitos até cinco anos pela obra.

a) Somente as afirmativas I e II estão corretas.
b) Somente as afirmativas II e III estão corretas.
c) Somente as afirmativas III e IV estão corretas.
d) Somente as afirmativas II e V estão corretas.
e) Todas as afirmativas estão corretas.

15. (TRE/AM/Analista Judiciário/IBFC/2013) Considerando as disposições do Código Civil, o contrato de prestação de serviços NÃO se acaba:

a) Pelo escoamento do prazo.
b) Pela rescisão do contrato mediante aviso prévio, por inadimplemento de qualquer das partes.
c) Diante da impossibilidade da continuação do contrato, independentemente do motivo.
d) Com a morte de qualquer das partes.

16. (TRT/18ª Região/Juiz do Trabalho/Fundação Carlos Chagas/2014) Em relação à empreitada, é CORRETO afirmar que:

a) após iniciada a construção, o dono da obra só poderá suspendê-la por motivo de caso fortuito ou força maior.
b) salvo estipulação em contrário, o empreiteiro que se incumbir de executar uma obra, segundo plano aceito por quem a encomendou, como regra, não terá direito a exigir acréscimo no preço, mesmo que introduzidas modificações no projeto, a não ser que estas resultem de instruções escritas do dono da obra.
c) nos contratos de empreitada de edifícios ou outras construções consideráveis, o empreiteiro de materiais e execução responderá, durante o prazo irredutível de dez anos, pela solidez e segurança do trabalho, assim em razão dos materiais, como do solo.
d) sendo a empreitada unicamente de lavor, se a coisa perecer antes de entregue, sem mora do dono nem culpa do empreiteiro, este não perderá sua remuneração, devida independentemente da qualidade dos materiais ou de reclamação do empreiteiro a esse respeito.
e) se o empreiteiro só forneceu mão de obra, todos os riscos correrão por sua conta, haja ou não culpa de sua parte.

17. (TRT/18ª Região/Juiz do Trabalho/Fundação Carlos Chagas/2014) No tocante à prestação de serviço, é INCORRETO afirmar que:

a) não se tendo estipulado, nem chegado a acordo as partes, fixar-se-á por arbitramento a retribuição, segundo o costume do lugar, o tempo de serviço e sua qualidade.
b) toda a espécie de serviço ou trabalho lícito, material ou imaterial, pode ser contratada mediante retribuição.

c) no contrato de prestação de serviço, quando qualquer das partes não souber ler, nem escrever, o instrumento poderá ser assinado a rogo e subscrito por duas testemunhas.
d) o contrato de prestação de serviço não termina com a morte de qualquer das partes, devendo ter seguimento por seus herdeiros, dado seu caráter meramente pessoal.
e) a retribuição pagar-se-á depois de prestado o serviço, se, por convenção, ou costume, não houver de ser adiantada, ou paga em prestações.

18. (TRF/1ª Região/Juiz Federal/XVI Concurso/CESPE/2015) De acordo com o Código Civil, assinale a opção CORRETA a respeito da prestação de serviço, da empreitada, do mandato, do transporte e do depósito.

a) No contrato de depósito, em caso de superveniente incapacidade do depositário, o depósito será estendido, até o prazo avençado, à pessoa que assumir a administração dos bens.
b) No contrato de prestação de serviço, a ausência de habilitação para o serviço contratado acarreta o não recebimento do objeto e o impedimento do pagamento.
c) No contrato de empreitada, a ausência de verificação da obra por parte do comitente não obsta à rejeição da obra.
d) No mandato, os atos praticados pelo substabelecido serão considerados inexistentes se a proibição de substabelecer constar da procuração.
e) No contrato de transporte, o conhecimento de transporte é documento essencial para a comprovação do recebimento da carga e para a conclusão do negócio.

19. (OAB/XX Exame de Ordem Unificado/Fundação Getulio Vargas/2016) Vítor, Paulo e Márcia são coproprietários, em regime de condomínio *pro indiviso*, de uma casa, sendo cada um deles titular de parte ideal representativa de um terço (1/3) da coisa comum. Todos usam esporadicamente a casa nos finais de semana. Certo dia, ao visitar a casa, Márcia descobre um vazamento no encanamento de água. Sem perder tempo, contrata, em nome próprio, uma sociedade empreiteira para a realização da substituição do cano danificado. Pelo serviço, ficou ajustado contratualmente o pagamento de R$ 900,00 (novecentos reais).

Tendo em vista os fatos expostos, assinale a afirmativa CORRETA.

a) A empreiteira pode cobrar a remuneração ajustada contratualmente de qualquer um dos condôminos.
b) A empreiteira pode cobrar a remuneração ajustada contratualmente apenas de Márcia, que, por sua vez, tem direito de regresso contra os demais condôminos.
c) A empreiteira não pode cobrar a remuneração contratualmente ajustada de Márcia ou de qualquer outro condômino, uma vez que o serviço foi contratado sem a prévia aprovação da totalidade dos condôminos.
d) A empreiteira pode cobrar a remuneração ajustada contratualmente apenas de Márcia, que deverá suportar sozinha a despesa, sem direito de regresso contra os demais condôminos, uma vez que contratou a empreiteira sem o prévio consentimento dos demais condôminos.

20. (OAB/XXI Exame de Ordem Unificado/Fundação Getulio Vargas/2016) Tiago celebrou contrato de empreitada com a sociedade Obras Já Ltda. para a construção de piscina e duas quadras de esporte em sua casa de campo, pelo preço total de R$ 50.000,00. No contrato ficou estabelecido que a empreiteira seria responsável pelo fornecimento dos materiais necessários à execução da obra. Durante a obra, ocorreu uma enchente que alagou a região e parte do material a ser usado na obra foi destruída. A empreiteira, em razão disso, entrou em contato com Tiago cobrando um adicional de R$ 10.000,00 para adquirir os novos materiais necessários para terminar a obra. Diante dos fatos narrados, assinale a afirmativa CORRETA.

a) Tiago não terá que arcar com o adicional de R$ 10.000,00, ainda que a destruição do material não tenha ocorrido por culpa do devedor.
b) Tiago não terá que arcar com o adicional de R$ 10.000,00, porém a empreiteira não está mais obrigada a terminar a obra, tendo em vista a ocorrência de um fato fortuito ou de força maior.
c) Tiago terá que arcar com o adicional de R$ 10.000,00, tendo em vista que a destruição do material não foi causada por um fato fortuito ou de força maior.
d) Tiago terá que arcar com o adicional de R$ 10.000,00 e a empreiteira não está mais obrigada a terminar a obra, ante a ocorrência de um caso fortuito ou de força maior.

GABARITO

1. "c". *Vide* art. 598 do CC.
2. "a". *Vide* art. 619 do CC.
3. "e". *Vide* art. 596 do CC.
4. "d". *Vide* art. 599 do CC.
5. "c". O mútuo somente será feneratício se se destinar a fins econômicos (CC, art. 591).
6. "e". *Vide* art. 618, parágrafo único, do CC.
7. "d". *Vide* art. 618 do CC.
8. "c". *Vide* art. 607 do CC.
9. "d". *Vide* arts. 617, 612 e 615 do CC.
10. "c". *Vide* art. 621 do CC.
11. "d". *Vide* arts. 611 e 612 do CC.
12. "b". O gabarito apresenta como correta a opção sob letra "b". Todavia, a opinião dominante, na doutrina, é a de que o contrato estimatório é comutativo, e não aleatório. Segundo Sylvio Capanema de Souza, "a comutatividade do contrato resulta do razoável equilíbrio econômico entre o valor da prestação e da contraprestação" (*Comentários ao novo Código Civil*, Forense, 2004, v. VIII, p. 55).
13. "c". *Vide* II — CC, art. 499; III — CC, art. 559; IV — CC, art. 618.
14. "b". II — *Vide* art. 598 do CC; III — *Vide* art. 605 do CC.
15. "c". *Vide* art. 607 do CC.
16. "b". *Vide* art. 619 do CC.
17. "d". *Vide* art. 607 do CC.
18. "c". *Vide* art. 615 do CC.
19. "b". *Vide* art. 1.318 do CC.
20. "a". *Vide* art. 611 do CC.

10

DO DEPÓSITO

10.1. CONCEITO

Depósito é o contrato em que uma das partes, nomeada depositário, recebe da outra, denominada depositante, uma **coisa móvel**, para **guardá-la**, com a obrigação de restituí-la na ocasião ajustada ou quando lhe for reclamada[1].

Dispõe o art. 627 do Código Civil que "pelo contrato de depósito recebe o depositário um objeto móvel, para guardar, até que o depositante o reclame". O termo **depósito**, todavia, é empregado em duplo sentido: ora refere-se à relação contratual ou **contrato propriamente dito**, ora ao seu objeto ou **coisa depositada**. O art. 644 do aludido diploma, por exemplo, declara que "o depositário poderá reter o depósito até que se lhe pague a retribuição devida...".

10.2. CARACTERÍSTICAS

O contrato de depósito apresenta as seguintes características:

- Tem por finalidade a guarda de coisa alheia.
- Exige a entrega da coisa.
- Tem por objeto coisa móvel.
- Impõe ao depositário a obrigação de restituir.
- É-lhe peculiar a gratuidade.

10.2.1. Guarda de coisa alheia

A principal característica do depósito reside na sua finalidade, que é a **guarda de coisa alheia**. É o traço que o distingue do comodato, pois o comodatário recebe a coisa para seu uso. No depósito, todavia, **não pode o depositário dela se servir** "sem licença expressa do depositante" (CC, art. 640). Se "o depositário, devidamente autorizado, confiar a coisa em **depósito a terceiro**, será responsável se agiu com **culpa na escolha deste**" (parágrafo único).

[1] Carvalho de Mendonça, *Contratos no direito civil brasileiro*, t. I, p. 171; Eduardo Espínola, *Dos contratos nominados no direito civil brasileiro*, p. 299; Roberto de Ruggiero, *Instituições*, cit., v. III, p. 322; Washington de Barros Monteiro, *Curso de direito civil*, v. 5, p. 238.

Em vários outros contratos, um dos contraentes assume também a obrigação de guardar a coisa recebida, como ocorre, por exemplo, na locação (CC, art. 569, I) e no comodato (art. 582), mas não como a finalidade primordial da avença. Nesses contratos, tal obrigação se mostra **secundária**. No depósito, no entanto, a obrigação de guardar a coisa constitui o **elemento fundamental e exclusivo**. O contrato não fica, todavia, desnaturado, se o depositário realizar **algum serviço** na coisa depositada, como ocorre frequentemente em garages e estacionamentos, onde se procede à lavagem e lubrificação do veículo entregue para ser guardado. Do mesmo modo **se vier a usá-la**, desde que tal uso não se constitua no fim precípuo do contrato. Se tal ocorrer, transformar-se-á em **comodato** ou **em locação**, conforme seja gratuito ou oneroso, ou mesmo em alguma outra modalidade atípica[2].

Se a coisa é entregue não para ser guardada, mas para ser **administrada**, haverá contrato de **mandato**. Mas o depositário pode ser, **simultaneamente**, mandatário. É o que acontece, por exemplo, com os bancos que se encarregam da custódia de ações, com a obrigação de receberem, também, as bonificações e dividendos.

10.2.2. Exigência da entrega da coisa

O segundo traço característico do contrato de depósito é a exigência, para a sua configuração, da **entrega da coisa** pelo depositante ao depositário. Tal requisito demonstra a **natureza real** do aludido contrato, que só se aperfeiçoa com a **entrega** da coisa, a qual, todavia, presume-se caso o objeto já esteja em poder do depositário **(tradição ficta)**.

Não basta o acordo de vontades. Por conseguinte, mesmo que tenha havido, por exemplo, acordo entre o proprietário de veículo e o dono do estacionamento sobre o preço e o período de guarda, enquanto **não houver a entrega, não haverá depósito**.

10.2.3. Natureza móvel do objeto

O art. 627 do Código Civil diz expressamente que, pelo contrato de depósito, recebe o depositário **"um objeto móvel"**, para guardar, até que o depositante o reclame. A exclusão dos imóveis não é, todavia, universal, pois alguns códigos os incluem no elenco dos bens suscetíveis de depósito. Lembra Cunha Gonçalves que "pode também depositar-se um imóvel, pelo menos no **depósito forense**, quer civil, quer processual"[3]. Efetivamente, nas execuções, os imóveis penhorados ou arrestados são entregues a um depositário. Em muitos litígios, determina-se que a coisa litigiosa seja colocada em depósito, até a solução final da lide.

Portanto, apesar de o retromencionado art. 627 do Código Civil aludir apenas a "objeto móvel", a doutrina moderna e a jurisprudência não excluem a possibilidade de se pôr em depósito um **bem imóvel**.

---

2 Washington de Barros Monteiro, *Curso*, cit., v. 5, p. 241; Caio Mário da Silva Pereira, *Instituições de direito civil*, v. III, p. 365.

3 *Dos contratos em especial*, cit., p. 192.

10.2.4. Obrigação de restituir

Tal obrigação é, também, da essência do contrato de depósito, acarretando a sua **temporariedade**, pois o depositário recebe o objeto móvel, para guardar, "até que o depositante o reclame" (CC, art. 627). Ainda que as partes tenham fixado prazo à restituição, o depositante pode pedir a coisa mesmo **antes de seu término**, devendo o depositário entregá-la **"logo que se lhe exija"**, salvo em algumas hipóteses específicas mencionadas no art. 633 do Código Civil, pois se presume que o depósito regular é feito em benefício do depositante.

A obrigação imposta ao depositário, de restituir a coisa no momento em que lhe for exigida, é **pressuposto** de tamanha significação que, se for relevada, já não haverá depósito.

10.2.5. Gratuidade

É, ainda, peculiar ao depósito, em quinto lugar, a **gratuidade**, **exceto** se houver "convenção em contrário, se resultante de atividade negocial ou se o depositário o praticar por profissão" (CC, art. 628). Nestas hipóteses, se a retribuição do depositário "não constar de lei, nem resultar de ajuste, será determinada pelos usos do lugar, e, na falta destes, por arbitramento" (parágrafo único).

Quando remunerado, o depósito é contrato **bilateral**; sendo gratuito, é **unilateral**, pois se aperfeiçoa com a entrega da coisa, após a qual restarão obrigações só para o depositário. Como podem surgir obrigações para o depositante, como a de pagar ao depositário as despesas feitas com a coisa (CC, art. 643), alguns o consideram **contrato bilateral imperfeito**, porém **incorretamente**, porque tal obrigação resulta de **fatos posteriores**, externos e independentes do contrato[4]. Assevera, a propósito, Silvio Rodrigues que "a prática vem distorcendo mais e cada vez mais esse aspecto do depósito, de tal maneira que hoje a presunção de gratuidade, se bem que constante da lei, não mais corresponde ao *quod plerumque fit*"[5].

A convenção, quando onerosa, pode configurar **relação de consumo** e, por conseguinte, colocar-se sob a égide do **Código de Defesa do Consumidor**. Com efeito, o aludido contrato, como sucede com os de empreitada, transporte e outros, envolve uma prestação de serviços. Segundo a regra estabelecida no art. 593 do Código Civil, este diploma incidirá de forma apenas subsidiária, ou seja, somente quando a **prestação de serviço** não estiver sujeita à lei especial. O depositário passa à condição de prestador de serviços e o depositante à de consumidor, com direito à proteção especial da legislação consumerista.

10.3. ESPÉCIES DE DEPÓSITO

Podem ser mencionadas as seguintes espécies de depósito:

---

[4] Planiol, *Traité élémentaire de droit civil*, v. II, n. 2.205.

[5] *Direito civil*, v. 3, p. 273.

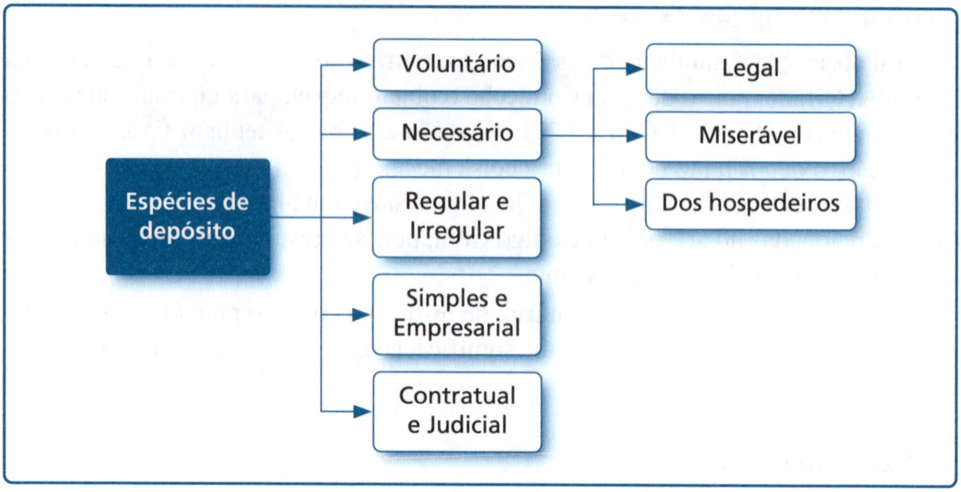

O Código Civil distingue e regula, em seções autônomas, as principais modalidades de depósito: o **voluntário** e o **necessário**. Mas no art. 648 estabelece que o último, quando realizado em desempenho de obrigação legal, reger-se-á pela disposição da respectiva lei e, no silêncio dela, pelas concernentes ao primeiro. Serão estudados, nos itens seguintes, o depósito **voluntário e o necessário**, bem como o **regular e o irregular**. Não se faz mais a distinção entre depósito civil e mercantil.

■ **Depósito simples e empresarial**

Em virtude da unificação do direito das obrigações promovida pelo novo Código Civil, deixou de existir a diferenciação entre depósito civil e mercantil, pois todos agora são depósitos civis. Podem, no entanto, ser denominados **simples** e **empresarial**. Será da última espécie somente o que for feito por causa econômica, em poder de empresário, ou por conta de empresário. Os demais serão simples.

■ **Depósito contratual e judicial**

O depósito **contratual** se confunde com o voluntário e é o mais comum. Resulta de **acordo de vontades**, com livre escolha do depositário pelo depositante. O **judicial** é determinado por **mandado do juiz**, entregando a alguém coisa móvel ou imóvel, que é objeto de um processo, com finalidade de preservá-la até que se decida o seu destino. É, portanto, disciplinado no direito processual civil. **O depositário contratual é possuidor direto** da coisa, ficando o depositante com a posse indireta. **O depositário judicial não tem posse**, mas a mera detenção da coisa, que mantém consigo em nome do Estado e no exercício de um *munus*.

■ 10.4. DEPÓSITO VOLUNTÁRIO

■ 10.4.1. Conceito

O depósito voluntário resulta de **acordo de vontades** (CC, arts. 627 a 646). É livremente ajustado pelas partes, segundo o princípio da autonomia da vontade. Caracteriza-se, portanto, pelo **consenso** espontâneo. Não há mister ser dono para depositar: basta a **capacidade de administrar**, "pois quem deposita conserva e não aliena"[6]. Os **menores** relativamente incapazes podem efetuar depósitos e movimentar contas em caixas econômicas e agências bancárias, desde que autorizados pelos seus **representantes legais**.

Para alguém ser **depositário**, no entanto, é necessário ter a **capacidade de se obrigar**. Por essa razão, **o menor e o interdito não podem receber depósitos**. Dispõe o art. 641 do Código Civil que, se, na pendência do contrato, "o depositário se tornar incapaz, a pessoa que lhe assumir a administração dos bens diligenciará imediatamente restituir a coisa depositada e, não querendo ou não podendo o depositante recebê-la, recolhê-la-á ao Depósito Público ou promoverá nomeação de outro depositário".

10.4.2. Requisitos

Quanto aos **requisitos formais**, a lei exige a forma escrita para a prova do depósito. Dispõe expressamente o art. 646 do Código Civil que "o depósito voluntário **provar-se-á por escrito**". Embora o depósito se aperfeiçoe independentemente de qualquer documento, mister se faz, para prová-lo, um começo de prova escrita.

Em suma, o depósito voluntário **não exige, para a sua celebração, forma especial**. Somente para a **prova de sua existência** faz-se mister o instrumento **escrito**, que assume, assim, a característica de formalidade *ad probationem tantum*. O **depósito necessário** pode ser demonstrado por qualquer meio de prova, não se exigindo que seja escrita.

10.4.3. Natureza jurídica

O contrato de depósito é:

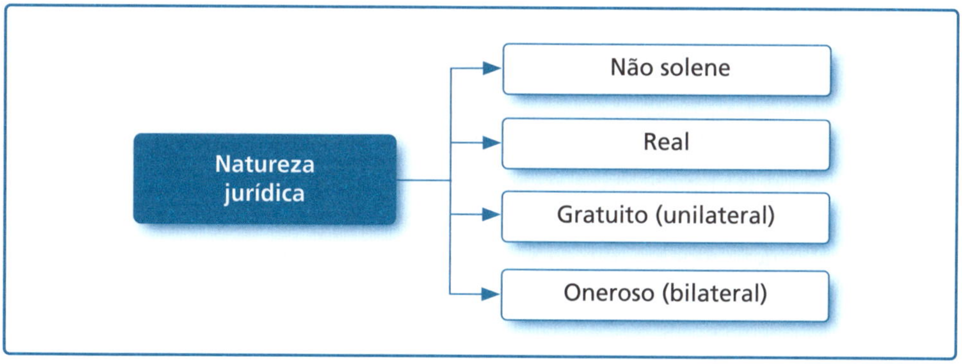

- **Não solene**, porque a lei não exige nenhuma formalidade para que se aperfeiçoe. A forma escrita é apenas *ad probationem tantum*.

[6] Cunha Gonçalves, *Dos contratos em especial*, cit., p. 191.

- **Real**, uma vez que se perfaz com a efetiva entrega da coisa. Pode ser precedido de **promessa de depósito**, que se regula pelos princípios relativos ao contrato preliminar. A *traditio* pode ser ficta e verificar-se pelo constituto possessório.
- **Gratuito (unilateral)**, pois se aperfeiçoa com a entrega da coisa, após a qual restarão obrigações só para o depositário.
- **Oneroso (bilateral):** embora a lei insista em presumir gratuito tal contrato, a realidade do mundo moderno é outra. Em virtude da evolução das relações humanas, quase sempre é remunerado. Quando pago, o contrato é **bilateral** ou **sinalagmático**, uma vez que ao dever de guarda se contrapõe a remuneração.

10.5. OBRIGAÇÕES DO DEPOSITANTE

Quando o depósito é **oneroso** e, portanto, bilateral, constitui obrigação do depositante pagar ao depositário a **remuneração** convencionada.

Quando, no entanto, o aludido contrato é **gratuito**, aperfeiçoa-se com a entrega da coisa, após a qual só o depositário terá obrigações. Neste caso, é unilateral. Por conseguinte, as eventuais obrigações do depositante decorrerão de **fatos posteriores** à sua formação.

Essas obrigações decorrentes de fato eventual resumem-se a duas:

- A de **reembolsar as despesas** feitas pelo depositário com o depósito, respondendo *ex lege* pelas necessárias (os gastos com a alimentação do animal depositado, p. ex.) e contratualmente, pelas úteis ou necessárias que houver autorizado.
- A de **indenizar o depositário pelos prejuízos** que lhe advierem do depósito, por exemplo, os decorrentes de vício ou defeito da coisa que se tenham estendido a bens do depositário. Pode ser mencionada, ilustrativamente, a hipótese de o animal deixado em depósito ser portador de doença contagiosa e ter contaminado os pertencentes ao depositário[7].

O art. 644 do Código Civil assegura ao depositário o **direito de retenção**, como meio direto de defesa para forçar o devedor a efetuar o pagamento da retribuição devida e das despesas e indenizações mencionadas, concedendo-lhe ainda a faculdade de exigir "caução idônea", ou, na sua falta, "a remoção da coisa para o Depósito Público, até que se liquidem" (parágrafo único).

10.6. OBRIGAÇÕES DO DEPOSITÁRIO

As obrigações do depositário são de **três espécies** e consistem em:

---

7 Washington de Barros Monteiro, *Curso*, cit., v. 5, p. 253; Silvio Rodrigues, *Direito civil*, cit., v. 3, p. 277.

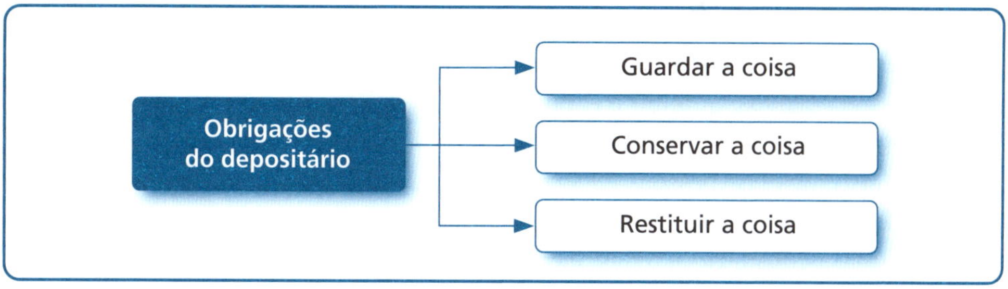

As **duas primeiras** encontram-se discriminadas no art. 629 do Código Civil, segundo o qual o depositário "é obrigado a ter na guarda e conservação da coisa depositada o cuidado e diligência que costuma com o que lhe pertence...".

Guardar a coisa

A guarda de coisa alheia é a **principal finalidade** do contrato de depósito. O depositário deve cuidar dela como se fosse sua (*diligentiam suam quam suis*), não o exonerando a falta de diligência habitual. Pode confiá-la, para maior segurança, a um banco, a cofres de aluguel ou a **terceiro**, por não se tratar de dever personalíssimo e intransferível. Neste caso, deve obter **autorização prévia** do depositante, uma vez que o art. 640 do Código Civil prescreve que, "sob pena de responder por perdas e danos, não poderá o depositário, sem licença expressa do depositante, servir-se da coisa depositada, nem a dar em depósito a outrem".

Acrescenta o parágrafo único que, se o depositário, "devidamente autorizado, confiar a coisa em depósito a terceiro, **será responsável se agiu com culpa na escolha deste**".

A obrigação de guardar a coisa pode, porém, **cessar** antes do término do contrato, havendo **motivo justificável**. O art. 635 do Código Civil concede ao depositário a faculdade de resilir o contrato unilateralmente havendo **"motivo plausível"** que o impeça de cumpri-lo integralmente, podendo, neste caso, requerer o depósito judicial da coisa se o depositante não quiser recebê-la.

Conservar a coisa

A lei impõe ao depositário o dever de **zelar** pela coisa depositada, para poder restituí-la no estado em que a recebeu. O depositário responde por **culpa ou dolo**, se a coisa perecer ou deteriorar-se, seja o depósito gratuito ou remunerado, e só se exonera nos casos de **"força maior"**. Mas, segundo o art. 642 do Código Civil, "para que lhe valha a escusa, terá de **prová-los**". Há, portanto, em princípio, uma **presunção de culpa** do depositário, pois para ilidir sua responsabilidade deve provar a ocorrência da *vis major.*

Deve ser admitida, também, a excludente do **caso fortuito**, aplicando-se o art. 393 do Código Civil. No dever de conservar a coisa insere-se o de **não devassá-la**, se estiver fechada e não houver expresso consentimento do depositante. Proclama, com efeito, o art. 630 do Código Civil: "Se o depósito se entregou fechado, colado, selado, ou lacrado, nesse mesmo estado se manterá".

■ Restituir a coisa

Em terceiro lugar figura a obrigação do depositário de restituir a coisa, "com os seus frutos e acrescidos, **quando o exija o depositante**" (CC, art. 629, segunda parte).

Nessa linha, decidiu o Superior Tribunal de Justiça que os lucros cessantes dos bens administrados por pessoas designadas pela Justiça, no curso de um processo, também **devem ser devolvidos com o julgamento final**. Com esse entendimento, determinou ao depositário judicial que devolvesse os valores não apenas da venda das 1.040 cabeças de gado sob sua guarda, mas também das crias desses animais durante o período em que cuidou deles[8].

Aduz a primeira parte do art. 633 do Código Civil que o depositário entregará o depósito "logo que se lhe exija", ainda que o contrato **"fixe prazo à restituição"**. Não estará, todavia, obrigado a fazê-lo, segundo ressalva o aludido dispositivo, se tiver o **"direito de retenção"** pelo valor da retribuição, das despesas e dos prejuízos que do depósito provierem, "se o objeto for **judicialmente embargado**, se sobre ele **pender execução, notificada ao depositário**, ou se houver **motivo razoável de suspeitar** que a coisa foi **dolosamente obtida**" (por furto ou roubo, *v.g.*), caso em que, "expondo o fundamento da suspeita, requererá que se recolha o objeto ao Depósito Público" (CC, art. 634).

Salvo as hipóteses mencionadas, não poderá o depositário furtar-se à restituição, "alegando **não pertencer a coisa ao depositante**, ou opondo compensação, exceto se noutro depósito se fundar" (CC, art. 638). O depositário que conservar consigo a coisa ou depositá-la judicialmente, sob pretexto de que pertence a outrem que não o depositante, estará procedendo de modo ilícito, sujeitando-se a pagar **perdas e danos**. Se descobrir que a coisa lhe pertence, deve pedir o recolhimento da coisa ao **depósito público**[9].

O **direito de retenção** é assegurado ao depositário até que se lhe pague a retribuição devida, o valor líquido das despesas necessárias à conservação da coisa, ou dos prejuízos que do depósito provierem (art. 644), que o depositante é obrigado a lhe pagar (art. 643). Se o depositário morrer e os **herdeiros**, de boa-fé, venderem a coisa depositada, serão obrigados "a assistir o depositante" na ação reivindicatória contra o terceiro-adquirente, "e a restituir ao comprador o preço recebido" (CC, art. 637).

Não cabe ação de depósito contra o falido, por ter perdido a disponibilidade dos bens em decorrência da arrecadação procedida na ação falimentar[10]. Se, por **força maior**, o depositário **perder a coisa e receber outra** em seu lugar, é obrigado a entregar a segunda ao depositante.

---

8 STJ, REsp 1.117.644-MS, 4ª T., rel. Min. Luis Felipe Salomão, j. 07-10-2014.

9 Serpa Lopes, *Curso de direito civil*, v. IV, p. 226.

10 "O falido perde a disponibilidade de seus bens, ainda que não tenham sido arrecadados na falência, e, portanto, já não pode entregar a coisa de que era depositário" (*RTJ*, 115/1.397; STJ, *RT*, 654/191).

10.7. DEPÓSITO NECESSÁRIO

10.7.1. Conceito

Depósito necessário é aquele que o depositante, por **imposição legal** ou premido por **circunstâncias imperiosas**, realiza com **pessoa não escolhida livremente**. Essas circunstâncias impõem não só a realização do depósito, como também a designação do depositário. Não se trata, pois, de negócio *intuitu personae*, fundado na confiança, sendo também denominado **depósito obrigatório**.

10.7.2. Espécies

Dispõe o art. 647 do Código Civil:

> "É depósito **necessário:**
> I — o que se faz em desempenho de obrigação legal;
> II — o que se efetua por ocasião de alguma calamidade, como o incêndio, a inundação, o naufrágio ou o saque".

O art. 649 do mesmo diploma, por sua vez, proclama que ao depósito necessário "**é equiparado o das bagagens dos viajantes ou hóspedes** nas hospedarias onde estiverem".

Pode-se dizer, pois, que três são as **espécies** de depósito necessário:

- o depósito **legal**;
- o depósito **miserável**; e
- o depósito do **hospedeiro ou hoteleiro**.

10.7.2.1. Depósito legal

Depósito legal é o que decorre do desempenho de **obrigação imposta pela lei**. Washington de Barros Monteiro elenca as seguintes hipóteses dessa modalidade de depósito:

> "**a)** aquele que é obrigado a fazer o inventor da coisa perdida (CC/2002, art. 1.233, parágrafo único);
>
> **b)** o de dívida vencida, pendente a lide, quando vários credores lhe disputarem o montante, uns excluindo outros (art. 345);
>
> **c)** o que deve ser feito pelo administrador dos bens do depositário que se tenha tornado incapaz (art. 641);
>
> **d)** o do lote compromissado, no caso de recusa de recebimento da escritura definitiva (Decreto-Lei n. 58, de 10-12-1937, art. 17, parágrafo único, e Dec. n. 3.079, de 15-9-1938, art. 17, parágrafo único)"[11].

[11] *Curso*, cit., v. 5, p. 254.

Nesses casos, o depósito se rege pelas disposições que o houverem criado, e, no **"silêncio ou deficiência"** da lei, pelas próprias disposições concernentes ao **"depósito voluntário"**, as quais também se aplicam aos **depósitos necessários**, "podendo estes certificarem-se por qualquer meio de prova" (CC, art. 648 e parágrafo único).

Verifica-se, assim, que as disposições relativas ao depósito voluntário aplicam-se **subsidiariamente** ao necessário, sendo omissa ou deficiente a respectiva lei.

■ *10.7.2.2. Depósito miserável*

A segunda espécie de depósito necessário (CC, art. 647, II) é denominada **depósito miserável**, por se realizar em ocasião de **calamidades**. O Código Civil enumera exemplificativamente as calamidades, podendo ser acrescentadas outras análogas, como **terremoto, guerra, furacão** etc.

A **premente necessidade** que tem o depositante de evitar o perecimento de seus bens, nessa situação de emergência, impele-o a deixá-los com a primeira pessoa que aceite guardá-los. O depositário se dispõe a prestar um serviço ao depositante necessitado e, por essa razão, "o depósito necessário **não se presume gratuito**. Na hipótese do art. 649, a remuneração pelo depósito está incluída no preço da hospedagem" (CC, art. 651).

O depósito miserável pode ser provado por **qualquer meio de prova**, inclusive a testemunhal, ainda que seu valor seja superior à taxa legal, visto que a necessidade e a urgência de sua realização impedem, muitas vezes, a observância das formalidades legais. Inclui-se a hipótese na ressalva constante do art. 227 do Código Civil.

■ *10.7.2.3. Depósito do hospedeiro*

A terceira hipótese de depósito necessário é o realizado por **hoteleiros** ou **hospedeiros**, também denominado **necessário por assimilação**, que se equipara ao depósito legal, como enuncia o art. 649 do Código Civil, e tem por objeto **"as bagagens dos viajantes ou hóspedes"**. O dispositivo se aplica ao contrato de **hospedagem**, estendendo-se aos **internatos, colégios, hospitais e outros locais** que forneçam leito, e não apenas comida e bebida.

■ Responsabilidade dos hospedeiros como depositários

Os hospedeiros respondem pelas bagagens como **depositários**. Proclama, com efeito, o parágrafo único do mencionado art. 649 do Código Civil: "Os hospedeiros responderão como depositários, assim como pelos furtos e roubos que perpetrarem as pessoas empregadas ou admitidas nos seus estabelecimentos". Cumpre-lhes, em consequência, assegurar a incolumidade pessoal do hóspede no local, bem como a de seus bens que se achem em poder dele[12].

A responsabilidade decorre tanto de **atos de terceiros** como de **empregados** ou pessoas admitidas nas hospedarias. Restringe-se, porém, aos bens que, **habitual-**

---

[12] *RT*, 632/96.

mente, costumam levar consigo os que viajam, como roupas e coisas de uso pessoal, **não alcançando quantias vultosas ou joias**, exceto se proceder culposamente ou se o hóspede fizer depósito voluntário com a administração da hospedaria. O hospedeiro tem o dever de manter a bagagem no estado em que a recebeu em seu estabelecimento; se esta **se perder ou se deteriorar**, há presunção *juris tantum* de sua culpabilidade[13].

■ Cessação da responsabilidade

Cessa, porém, tal responsabilidade provado "que os fatos prejudiciais aos hóspedes não podiam ser evitados" (CC, art. 650), como nas hipóteses de **culpa destes**, por deixarem aberta a porta do quarto, por exemplo, e de **caso fortuito ou força maior** (art. 642), como nas ocorrências de **roubo a mão armada** ou violências semelhantes. Mas permanece, se se tratar de furto simples, com emprego de chaves falsas, ou sem violência.

O roubo a mão armada costuma ser considerado caso de **força maior**, excludente da responsabilidade dos depositários em geral[14], desde que tenha sido executado em circunstâncias que excluam toda a culpa daquele que o invoca. Diante da manifesta negligência do depositário, não se configura força maior[15]. Assim, no caso de depósito voluntário (joias guardadas no cofre do hotel), pode o hoteleiro invocar a excludente da força maior, em caso de roubo a mão armada, **provada a inexistência de negligência** de sua parte e que o fato não pôde ser afastado ou evitado.

■ Invalidade de cláusula de não indenizar

A obrigação de ressarcir o prejuízo não pode ser excluída nem mediante **cláusula de não indenizar** pactuada com o hóspede, pois o hoteleiro é um prestador de serviços, sujeitando-se ao Código de Defesa do Consumidor, no que este não contrariar o Código Civil (CC, art. 593). E o art. 51, I e IV, do diploma consumerista considera **nulas de pleno direito** as cláusulas contratuais que atenuem, por qualquer forma, a responsabilidade do fornecedor de produtos e prestador de serviços.

■ 10.8. DEPÓSITOS IRREGULAR E REGULAR

■ Depósito irregular

O depósito diz-se **irregular** quando o depositário pode devolver ao depositante coisas da **mesma espécie, quantidade e qualidade** (*tantundem eiusdem generis et qualitatis*), e não exatamente a que lhe foi confiada. O depósito de dinheiro nos bancos é irregular. Como assinala Silvio Rodrigues, "esse negócio tem seu *habitat* predileto no **comércio bancário**, pois para os bancos converge, em forma de depósito irregular, a maior parte do dinheiro em circulação no mundo inteiro"[16].

---

13 Washington de Barros Monteiro, *Curso*, cit., v. 5, p. 255; Carlos Roberto Gonçalves, *Responsabilidade civil*, p. 164; *RF*, 128/117.

14 *RT*, 604/84.

15 *RJTJSP*, 101/141.

16 *Direito civil*, cit., v. 3, p. 278.

A lei equipara o depósito de coisas fungíveis, cujo objeto na prática é o dinheiro, ao **mútuo**, por cujas regras é regido. Em consequência, uma vez realizado, o depositário se torna **proprietário** da coisa depositada, assumindo os riscos por sua deterioração e perda. Se a coisa fungível é dinheiro, é praticamente certo tratar-se de mútuo, e não de depósito, ainda que no contrato conste esta designação. Não há, entretanto, a rigor, perfeita identificação entre depósito irregular e o mútuo, pois diverso o fim econômico. O **depósito** é realizado no **interesse do depositante** e o é, no **mútuo**, no interesse do **mutuário**. No depósito bancário, por exemplo, diz Orlando Gomes, desvirtua-se a natureza do instituto, razão pela qual deve ser regulado pelas regras do mútuo[17].

■ Depósito regular

Em contrapartida, o depósito **regular** ou **ordinário** é caracterizado pela **infungibilidade** da coisa depositada. É esta que se identifica pelos seus **caracteres individuais**, e não outra igual que deve guardar, conservar e restituir. Se o depósito bancário de dinheiro, à ordem ou a prazo, é irregular, o do cofre de aluguel com joias e valores ou títulos de crédito é depósito regular. Nem sempre, todavia, a fungibilidade do objeto gera depósito irregular. Se estiver caracterizada a obrigação de devolver a mesma coisa, embora fungível, o depósito é **regular**.

■ 10.9. PRISÃO DO DEPOSITÁRIO INFIEL

A Constituição Federal proíbe a prisão por dívida civil, mas ressalva a do devedor de pensão alimentícia e a do **depositário infiel**. Dispõe, com efeito, o art. 5º, LXVII, da Carta Magna que "não haverá prisão civil por dívida, salvo a do responsável pelo inadimplemento voluntário e inescusável de obrigação alimentícia e a do depositário infiel".

Por sua vez, o **art. 652 do Código Civil**, reproduzindo o art. 1.287 do diploma de 1916, preceitua que, "seja o depósito voluntário ou necessário, o depositário que não o restituir quando exigido será compelido a fazê-lo mediante **prisão não excedente a um ano**, e ressarcir os prejuízos".

Todavia, no dia 3 de dezembro de 2008, o **Supremo Tribunal Federal**, por maioria do Plenário, negou provimento ao RE 466.343-SP, oriundo de uma ação concernente a um contrato de alienação fiduciária. A referida decisão **pôs fim à prisão civil do depositário infiel**, tanto nas hipóteses de **contratos**, como os de depósito, de alienação fiduciária, de arrendamento mercantil ou *leasing*, por exemplo, como no caso do depositário **judicial**. Em consequência, o mesmo Tribunal **revogou a Súmula 619**, segundo a qual a prisão do depositário judicial podia "ser decretada no próprio processo em que se constituiu o encargo, independentemente da propositura de ação de depósito".

---

[17] *Contratos*, p. 380.

A tese majoritária atribuiu *status* supralegal, acima da legislação ordinária, aos **tratados sobre Direitos Humanos**, embora situados em nível abaixo da Constituição. Por força da Emenda Constitucional n. 45/2004, foi acrescentado ao art. 5º da Constituição Federal um novo parágrafo (§ 3º), que confere valor de emenda constitucional ao tratado que for aprovado com *quorum* qualificado de três quintos dos votos de cada Casa Legislativa, em duas votações — o que ainda não veio a ocorrer com nenhum tratado internacional.

Prevaleceu, no aludido julgamento da nossa Suprema Corte, o entendimento de que o direito à liberdade é um dos **direitos humanos fundamentais** priorizados pela Constituição Federal, somente podendo ocorrer a sua privação em casos excepcionalíssimos, como no da prisão por **dívida alimentar**. O **Pacto de São José da Costa Rica** proíbe, em seu art. 7º, n. 7, a prisão civil por dívida, excetuando apenas o devedor voluntário de **pensão alimentícia**. O mesmo ocorre com outros tratados sobre direitos humanos aos quais o Brasil aderiu, como, *verbi gratia*, o Pacto Internacional sobre Direitos Civis e Políticos, de 1966, patrocinado pela ONU, e a Declaração Americana dos Direitos da Pessoa Humana, firmada em Bogotá em 1948. Em consequência, a aludida Corte editou a **Súmula Vinculante 25**, do seguinte teor: "É ilícita a prisão civil do depositário infiel, qualquer que seja a modalidade do depósito".

O **Superior Tribunal de Justiça**, por sua vez, adequou o seu posicionamento à referida decisão do Supremo Tribunal Federal, tendo a Ministra Nancy Andrighi, da 3ª Turma, no julgamento do *Habeas Corpus* n. 12.2251, ponderado que, em face do pronunciamento do Pretório Excelso de 3 de dezembro de 2008, os tratados e convenções internacionais sobre direitos humanos aos quais o Brasil aderiu têm *status* de norma supralegal. Assim, "por ter havido adesão ao Pacto de São José da Costa Rica, que permite a prisão civil por dívida apenas na hipótese de descumprimento inescusável de prestação alimentícia, **não é cabível a prisão civil do depositário**, qualquer que seja a natureza do depósito". Proclama, por seu turno, a Súmula 419 da aludida Corte: "Descabe a prisão civil do depositário judicial infiel".

10.10. RESUMO

DO DEPÓSITO	
CONCEITO	É o contrato pelo qual um dos contratantes (depositário) recebe um objeto móvel, para guardar, até que o depositante o reclame (CC, art. 627). A sua principal finalidade é a ***guarda de coisa alheia***.
CARACTERES	É contrato: ■ ***real*** (exige a tradição); ■ ***temporário*** (art. 627); ■ ***gratuito***, exceto se houver convenção em contrário, se resultante de atividade negocial ou se o depositário o praticar por profissão (art. 628); ■ ***unilateral***; quando assalariado, é ***bilateral***; ■ gera obrigação de ***restituir***; ■ o objeto deve ser coisa ***móvel corpórea***.

ESPÉCIES	■ **Voluntário:** resulta de acordo de vontades (arts. 627 a 646). ■ **Necessário:** a) ***Conceito:*** é o que independe da vontade das partes, por resultar de fatos imprevistos e irremovíveis. b) **Modalidades***:* depósito **legal** (faz-se em desempenho de obrigação legal — art. 647, I); depósito **miserável** (é o que se efetua por ocasião de alguma calamidade pública — art. 647, II); depósito dos **hospedeiros** (é o depósito da bagagem dos hóspedes, que a lei (art. 649) equipara ao depósito legal). ■ **Regular:** é o que recai sobre coisa ***infungível***, que deve ser restituída. ■ **Irregular:** envolve bens ***fungíveis***, como o dinheiro, obrigando-se o depositário a restituir coisa do mesmo gênero, qualidade e quantidade (depósito bancário, p. ex., que se rege pelo disposto acerca do **mútuo**, segundo o art. 645 do CC). ■ **Empresarial:** o que é feito por causa econômica, em poder de empresário, ou por conta de empresário. Os demais são ***simples***. ■ **Judicial:** é o que se verifica por ordem judicial, com o intuito de preservar a incolumidade de coisa litigiosa, até que se decida a causa (art. 635).
OBRIGAÇÕES DO DEPOSITÁRIO	■ ***Guardar a coisa*** depositada com o cuidado e a diligência que costuma ter com o que lhe pertence (art. 629). ■ **Conservar a coisa** alheia, para poder restituí-la no estado em que a recebeu. ■ ***Restituir a coisa****,* com os seus frutos e acrescidos, quando o exija o depositante (art. 629), ainda que o contrato fixe prazo para a restituição. Não estará obrigado a fazê-lo se tiver ***direito de retenção*** pelo valor das despesas e prejuízos advindos do depósito (art. 644), se o objeto for judicialmente embargado, se sobre ele pender execução notificada ao depositário, se houver motivo razoável de suspeitar que a coisa foi dolosamente obtida — caso em que requererá que se recolha o objeto ao Depósito Público (arts. 633 e 634).
PRISÃO DO DEPOSITÁRIO INFIEL	■ A CF proíbe a prisão por dívida civil, mas ressalva a do devedor de pensão alimentícia e a do depositário infiel (art. 5º, LXVII). Por sua vez, o art. 652 do CC sujeita o último a prisão não excedente a um ano. Todavia, o STF pôs fim à prisão civil do depositário infiel, tanto nas hipóteses de contratos como nas de depósito e de alienação fiduciária, *v.g.*, no caso do depositário judicial, revogando, em consequência, a Súmula 619.

11

DO MANDATO

11.1. CONCEITO

Opera-se o **mandato**, diz o art. 653 do Código Civil, "quando alguém recebe de outrem poderes para, em seu nome, praticar atos ou administrar interesses".

A denominação deriva de *manu datum*, porque as partes se davam as mãos, simbolizando a aceitação do encargo e a promessa de fidelidade no cumprimento da incumbência. A pessoa que confere os poderes chama-se **mandante** e é o **representado**; a que os aceita diz-se **mandatário** e é **representante** daquela. Mandato não se confunde com **mandado**, que é uma ordem judicial.

A principal característica do mandato, que ressalta da expressão **"em seu nome"**, constante do retrotranscrito art. 653 do Código Civil, é a ideia de **representação**, que o distingue da locação de serviços e da comissão mercantil. Por essa razão, os atos do **mandatário** vinculam o **mandante**, se dentro dos poderes outorgados (art. 679). Os praticados além dos poderes conferidos no mandato só o vinculam se forem por ele ratificados (art. 665).

Mandato e prestação de serviços

O **mandato** e a **prestação de serviços** têm pontos comuns. Enquanto os profissionais liberais são, em geral, apenas prestadores de serviços, o advogado é, ao mesmo tempo, mandatário e prestador de serviço. O mandatário **representa** o mandante, enquanto o prestador de serviços **não tem essa representação**.

Mandato e comissão mercantil

Igualmente, o contrato de mandato não se confunde com o de **comissão mercantil**, que é contrato em que o comissário trata de negócios por conta do comitente. Basta mencionar que o comissário contrata **em seu próprio nome**, ficando diretamente obrigado com as pessoas com quem contrata, enquanto o mandatário age **em nome do mandante**, não se vinculando às pessoas com quem negocia.

Mandato e representação

A doutrina em geral entende que o que caracteriza o mandato é a ideia de **representação**. Não resta dúvida de que esta se encontra presente na maioria dos casos, mas **não é essencial à configuração do mandato**, havendo hipóteses em que este subsiste sem aquela; e outras ainda em que a mesma ideia existe, porém em contratos de natureza diversa, como se verá adiante, no item 11.4.

■ 11.2. ESPÉCIES DE REPRESENTANTES

Vide o quadro esquemático a seguir:

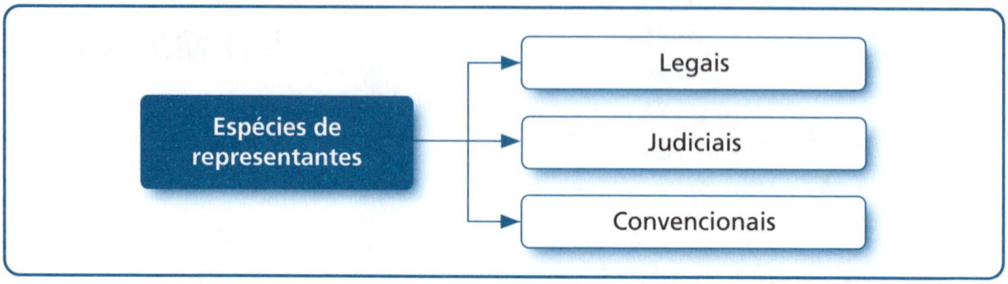

- **Legais:** quando a lei lhes confere mandato para administrar bens e interesses alheios, como os pais, tutores, curadores etc.
- **Judiciais:** quando nomeados pelo juiz, como o inventariante e o síndico da falência, p. ex.
- **Convencionais:** quando recebem procuração para agir em nome do mandante.

■ Atos que podem ser realizados por meio de procurador

Em regra, **todos os atos** podem ser realizados por meio de procurador. Constitui requisito inafastável que o ato ou negócio colimado seja **lícito** e conforme aos **bons costumes** e à **moral**.

O objeto do mandato não se limita, porém, aos atos patrimoniais. A adoção e o reconhecimento do filho natural, por exemplo, podem ser efetuados por meio de mandato. Até mesmo o **casamento**, que é um dos atos mais solenes do Código Civil e de reconhecida importância para a vida das pessoas, pode ser celebrado "mediante procuração, por instrumento público, com poderes especiais" (CC, art. 1.542).

Alguns poucos, todavia, como o **testamento**, a prestação de concurso público, o serviço militar, o mandato eletivo, o exercício do poder familiar e outros, por serem **personalíssimos**, não podem ser praticados por representante.

■ 11.3. NATUREZA JURÍDICA

O mandato é **contrato**, porque resulta de um **acordo de vontades:** a do mandante, que outorga a procuração, e a do mandatário, que a aceita. A **aceitação** pode ser **expressa** ou **tácita**. Esta se configura pelo começo de execução (CC, art. 659). Trata-se de contrato:

■ **Personalíssimo** ou ***intuitu personae***, porque se baseia na **confiança**, na presunção de lealdade e probidade do mandatário, podendo ser revogado ou renunciado quando aquela cessar e extinguindo-se pela morte de qualquer das partes. Celebra-se o contrato em consideração à pessoa do mandatário.

■ **Consensual**, porque se aperfeiçoa com o consenso das partes, em oposição aos contratos reais, que se aperfeiçoam somente com a entrega do objeto.

■ **Não solene**, por serem admitidos o mandato tácito e o verbal (CC, art. 656), malgrado a afirmação constante do art. 653, segunda parte, de que "a procuração é o instrumento do mandato".

■ **Em regra, gratuito**, porque o art. 658 do Código Civil diz presumir-se a gratuidade "quando não houver sido estipulada retribuição, exceto se o seu objeto corresponder ao daqueles que o mandatário trata por ofício ou profissão lucrativa". O mandato confiado a **advogado**, **corretor** ou **despachante**, por exemplo, presume-se **oneroso**. Nesses casos, inexistindo acordo sobre a remuneração a ser paga, "será ela determinada pelos usos do lugar, ou, na falta destes, por arbitramento" pelo juiz, que naturalmente levará em conta a natureza, a complexidade e a duração do serviço (CC, art. 658, parágrafo único, segunda parte).

■ **Em regra, unilateral**, porque gera obrigações somente para o **mandatário**, podendo classificar-se como **bilateral imperfeito** devido à possibilidade de acarretar para o mandante, posteriormente, a obrigação de reparar as perdas e danos sofridas pelo mandatário e de reembolsar as despesas por ele feitas. Toda vez que se convenciona a remuneração, o mandato passa a ser **bilateral** e **oneroso**.

■ 11.4. MANDATO E REPRESENTAÇÃO

Como já dito, a doutrina em geral entende que o que caracteriza o mandato é a ideia de **representação**. Esta seria elemento essencial à sua configuração. No entanto, como salienta Renan Lotufo, "pode ainda haver mandato sem representação, como nos casos em que o mandatário tem poderes para agir por conta do mandante mas em nome próprio. E há representação sem mandato, quando nasce de um negócio unilateral, a procuração, que pode ser autônoma como pode coexistir com um contrato de mandato"[1].

Em verdade, a representação é distinta do mandato, uma vez que **pode haver representação sem mandato** (na tutela, *v.g.*) e **mandato sem representação**, como na comissão mercantil.

O Código Civil brasileiro não adotou a **teoria da separação**, adotada no Código Civil português (arts. 258º e s.), no Código Civil alemão (BGB, §§ 164 e s.), entre outros, tendo disciplinado unitariamente, na Parte Especial, o contrato de mandato e a representação voluntária. No entanto, age contraditoriamente ou de forma dúbia, como o fez o Código de 1916, quando no art. 663 trata de hipótese em que o mandatário age **em seu próprio nome**, mas no **interesse do mandante**.

A teoria da separação consagra o entendimento de que o poder de representação nasce não do mandato, mas de um negócio jurídico unilateral, autônomo e abstrato, a que a doutrina tem dado o nome de **"procuração"**[2].

■ 11.5. PESSOAS QUE PODEM OUTORGAR PROCURAÇÃO

Toda **pessoa capaz** é apta para dar procuração mediante **instrumento particular**, que valerá desde que tenha a assinatura do outorgante (CC, art. 654).

■ **Os absoluta e relativamente incapazes** — Não podem estes, destarte, fazê-lo. Como os primeiros não assinam a procuração, que é outorgada pelo seu **representante legal**, pode ser dada por instrumento particular[3]. Os menores púberes são **assistidos** pelos seus representantes legais e firmam a procuração junto com estes, devendo outorgá-la por **instrumento público**, se for *ad negotia*, por força do supratranscrito art. 654. O mandante pode constituir mandatário só para os atos que pessoalmente pode praticar. Assim, o menor púbere, autorizado a casar, tem aptidão para **constituir mandatário** para representá-lo no ato da celebração do matrimônio.

■ **Procuração judicial** — Tal modalidade não é, todavia, regulada pelo mencionado dispositivo, e sim pela lei processual (CC, art. 692; CPC, art. 105). Como esta não faz distinção entre parte capaz ou relativamente incapaz, o menor púbere pode outorgar procuração *ad judicia* por **instrumento particular, assistido** por seu representante legal, não sendo exigido o instrumento público[4].

---

1 *Código Civil comentado*, v. 1, p. 322.

2 Leonardo Mattietto, A representação voluntária e o negócio jurídico da procuração, *Revista Trimestral de Direito Civil*, v. 4, p. 55-71, 2000.

3 *RJTJSP*, 56/132.

4 STJ, *RT*, 698/225. *V.* ainda: "O art. 38, do CPC [de 1973], com a nova redação dada pela Lei 8.952/1994 [atual CPC, art. 105], a teor do que ensina a melhor doutrina, veio desburocratizar os

■ **A mulher casada** — Em virtude da isonomia conjugal (CF, art. 226, § 5º), a mulher casada **não sofre mais restrições** para outorgar mandato. O conferido por um dos cônjuges ao outro, para "alienar ou gravar de ônus real os bens imóveis" (CC, art. 1.647, I), deve observar a **forma pública** (CC, arts. 220 e 657).

■ **O analfabeto** — Por não possuir firma, deve também valer-se da **forma pública** para outorgar mandato.

■ **Aferição da capacidade** — A capacidade é aferida na **data da celebração do contrato**. Se faltar no momento da formação do contrato, não terão validade os atos dele decorrentes, não se convalidando o vício com a superveniente aquisição da capacidade por parte do mandante.

■ 11.6. PESSOAS QUE PODEM RECEBER MANDATO

■ **O menor relativamente incapaz** — Proclama o art. 666 do Código Civil que "o maior de dezesseis e menor de dezoito anos não emancipado pode ser mandatário, mas o mandante não tem ação contra ele senão de conformidade com as regras gerais, aplicáveis às obrigações contraídas por menores". As relações entre o mandante e o terceiro não são afetadas. Os bens do incapaz não são atingidos. **O risco é do mandante**, ao admitir mandatário relativamente incapaz, não podendo arguir a incapacidade deste para **anular** o ato. O mandatário, por sua vez, não responderá por perdas e danos em razão de má execução do mandato.

■ **O pródigo e o falido** — Não são eles impedidos de exercer mandato, uma vez que a restrição que os atinge **se limita à disposição de bens** de seu patrimônio, e não os inibe de exercer outras atividades. Ademais, não comprometem eles os seus bens, pois é o mandante, e não o mandatário, quem se obriga[5].

■ 11.7. A PROCURAÇÃO COMO INSTRUMENTO DO MANDATO. REQUISITOS

Sendo de natureza consensual, o mandato não exige requisito formal para a sua validade, nem para a sua prova. Pode, assim, ser tácito ou expresso, e este, verbal ou escrito (CC, art. 656). O mais comum é o mandato **escrito**, tendo como instrumento a **procuração**. Preceitua, com efeito, o art. 653, segunda parte, do Código Civil que "a procuração é o instrumento do mandato". Mas devia acrescentar "desde que não seja verbal ou tácito"[6].

Os **requisitos da procuração** encontram-se no § 1º do art. 654, que assim dispõe: "O instrumento particular deve conter a indicação do lugar onde foi passado, a qualificação do outorgante e do outorgado, a data e o objetivo da outorga com a

---

trâmites processuais, razão pela qual não mais se exige seja reconhecida a firma de procuração outorgada a advogado, com o fim de postular em juízo, mesmo aquela que contenha poderes especiais" (STJ, REsp 154.245-RS, 6ª T., rel. Min. Fernando Gonçalves, *DJU*, 16-2-1998).

5 Eduardo Espínola, *Dos contratos nominados*, cit., p. 327; Cunha Gonçalves, *Dos contratos em especial*, cit., p. 65.

6 Cunha Gonçalves, *Dos contratos em especial*, cit., p. 51.

designação e a extensão dos poderes conferidos". Pode ser **manuscrito ou datilografado, xerocopiado**[7] **ou impresso**. Não se deve, modernamente, proibir procuração transmitida por **meios informatizados ou *fax***, ou ainda por carta, cuja aceitação resulta da execução do contrato proposto[8].

Se o ato objetivado exigir instrumento público, como a **compra e venda de imóvel de valor superior à taxa legal**, por exemplo, a procuração outorgada para a sua prática deve observar, necessariamente, a **forma pública**, pois o art. 657, primeira parte, do Código Civil preceitua que "a outorga do mandato está sujeita à forma exigida por lei para o ato a ser praticado".

O **reconhecimento da firma** no instrumento particular ***ad negotia*** poderá ser exigido pelo terceiro com quem o mandatário tratar (CC, art. 654, § 2º). Mas a procuração ***ad judicia*** não o exige (CPC, art. 105)[9]. Pode esta ser assinada **digitalmente** com base em certificado emitido por Autoridade Certificadora credenciada, na forma da lei específica (parágrafo único, acrescentado pela Lei n. 11.419, de 19-12-2006), bem como do § 1º do mencionado art. 105 do novo Código de Processo Civil. Denomina-se ***apud acta*** a procuração outorgada verbalmente, no momento da realização do ato (em geral, na audiência), perante o juiz e constante de termo lavrado pelo escrivão.

■ 11.8. O SUBSTABELECIMENTO DOS PODERES OUTORGADOS NO MANDATO

Pode o mandatário transferir a outrem os poderes recebidos do mandante. A este ato de transferência dá-se o nome de **substabelecimento**, considerado subcontrato ou contrato derivado.

O substabelecimento, diz o art. 655 do Código Civil, pode ser feito "mediante instrumento **particular**", ainda que a procuração originária tenha sido outorgada "por instrumento **público**", **com reserva** ou **sem reserva** de poderes. Na primeira

---

7 "Mandato. Juntada através de cópia xerográfica. As reproduções fotográficas ou obtidas por outros processos valem como certidões, sempre que o escrivão portar por fé a sua conformidade com o original" (*RT*, 681/140). "Procuração. Cópia do instrumento não autenticada. Insuficiência da mera alegação de inautenticidade ou falta de autenticidade do documento para demonstrar sua falsidade ou não correspondência com a realidade. Necessidade de impugnação do conteúdo. Ônus que compete àquele contra quem foi utilizada a fotocópia, sob pena de, implicitamente, reconhecer a conformidade" (*RT*, 676/171). "Procuração. Fotocópia autenticada por escrivão. Admissibilidade. Precedentes do STJ" (STJ, REsp 145.008-SP, rel. Min. Adhemar Maciel, *DJU*, 17-11-1997).

Dispõe o art. 225 do novo Código Civil que quaisquer "reproduções mecânicas ou eletrônicas" de fatos ou de coisas "fazem prova plena destes, se a parte, contra quem forem exibidos, não lhes impugnar a exatidão". Decidiu o STJ: "Não é permitido ao juiz indeferir liminarmente o pedido, ao fundamento de que as cópias que o instruem carecem de autenticação. O documento ofertado pelo autor presume-se verdadeiro, se o demandado, na resposta, silencia quanto à autenticidade" (*RSTJ*, 141/17).

8 Sílvio Venosa, *Direito civil*, v. III, p. 278.

9 "A exigência de reconhecimento de firma na procuração ou no substabelecimento 'ad judicia', constante da redação primitiva do CPC, foi cancelada pela Lei 8.952, de 13-12-1994" (*RT*, 724/368).

hipótese, o substabelecente pode continuar a usar dos poderes substabelecidos; na segunda, ocorre verdadeira renúncia do mandato.

Quando o substabelecimento é feito **com reserva** de poderes, o substabelecente conserva os poderes recebidos, para poder usá-los juntamente com o substabelecido, total ou parcialmente; sendo **sem reserva**, a cessão dos poderes é integral, e o mandatário desvincula-se do contrato, que passa à responsabilidade exclusiva do substabelecido. Por ser definitiva, equivale à **renúncia** ao poder de representação. No substabelecimento **com reserva** de poderes, ao procurador é dado reassumi-los em qualquer momento, por se tratar de transferência provisória[10].

O substabelecimento pode ser, também, **total** ou **parcial**. No primeiro caso, o substabelecido outorga a outrem todos os poderes recebidos; no segundo, o substabelecido fica inibido de praticar certos atos. Confira-se o quadro esquematizado abaixo:

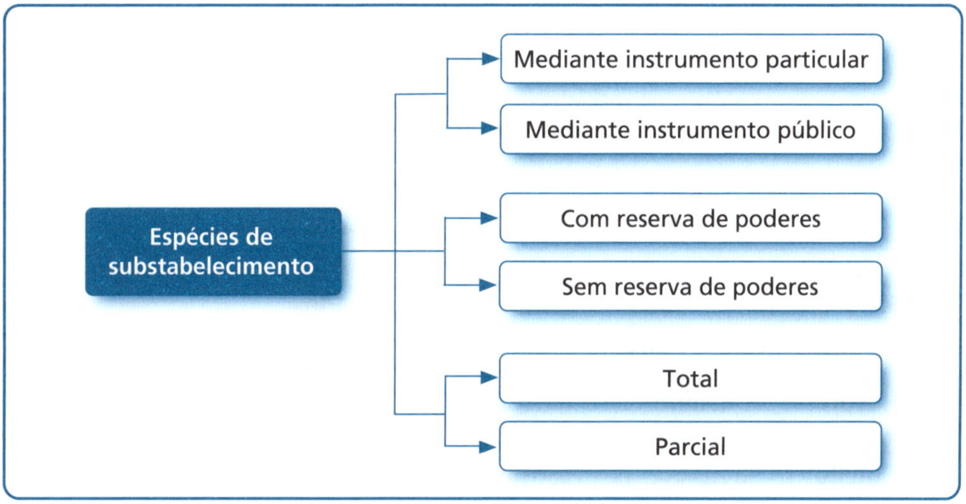

■ 11.9. ESPÉCIES DE MANDATO

Há várias espécies de mandato, como se pode verificar no quadro esquemático a seguir:

[10] Orlando Gomes, *Contratos*, p. 398.

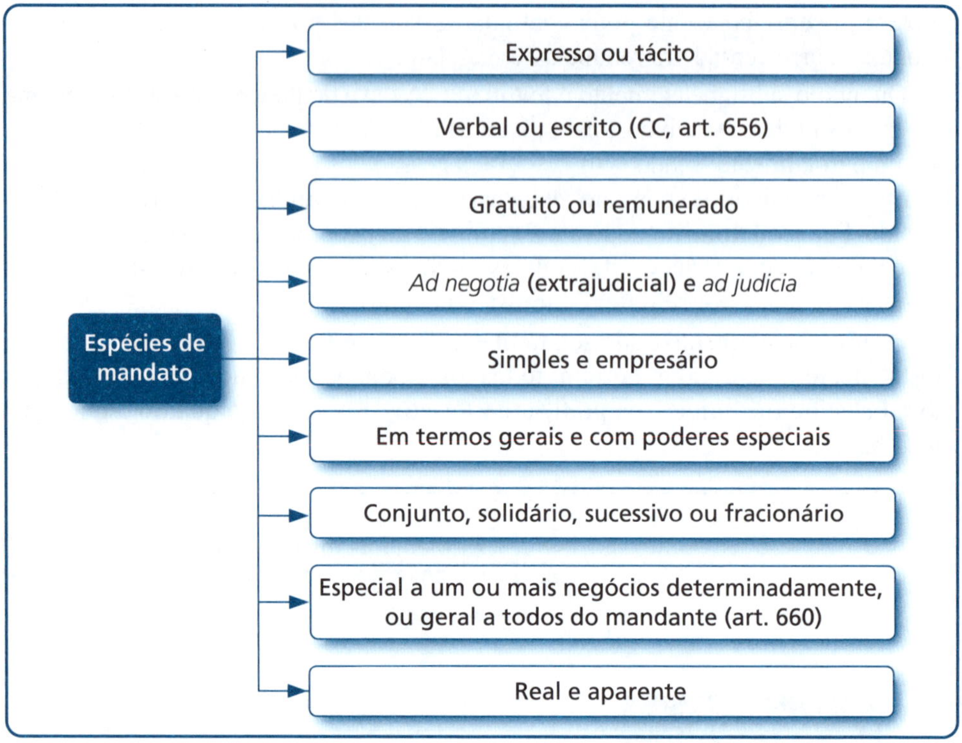

11.9.1. Quanto ao modo de declaração da vontade

Sob esse aspecto, o mandato pode ser:

- **expresso:** a manifestação da vontade revela-se de modo inequívoco, como nos casos que exigem procuração com poderes especiais; ou
- **tácito:** só admissível nos casos em que a lei não exija mandato expresso. A aceitação do encargo, neste caso, dá-se por atos que a presumem, como sucede quando há começo de execução[11].

O Código Civil de 2002 **presume**, em alguns casos, a existência de mandato para a prática de determinados atos, hipóteses estas que são mencionadas pela doutrina como de **mandato tácito** (cf. arts. 891, 1.643 e incs. I e II, 1.324 e 1.652, II). A jurisprudência tem admitido a existência de mandato tácito pelo **início da execução**, em alguns casos, especialmente nos de mandato judicial, **sem o efetivo poder de representação**[12].

[11] Orlando Gomes, *Contratos*, cit., p. 391.

[12] "O mandato tácito somente se configura quando o advogado, acompanhado da parte, tenha participado de pelo menos um ato de audiência. A simples assinatura na contestação, ou na peça recursal, não se traduz em ato suficiente, para demonstrar a ocorrência de mandato tácito" (*Bol. AASP*, 1.825/535). "O reconhecimento de mandato tácito não confere ao mandatário o poder de substabelecer" (*Bol. AASP*, 1.776/10).

11.9.2. Sob o ponto de vista da forma

Sob esse prisma, o mandato pode ser ainda (CC, art. 656):

- **verbal:** manifestado por via oral, só vale nos casos em que não se exija o escrito e pode ser comprovado por **testemunhas** e outros **meios de prova** admitidos em direito[13] **não dispondo a lei de modo diverso** (CPC, art. 442);
- **escrito:** pode ser outorgado por instrumento **particular** (CC, art. 654) ou por instrumento **público**, nos casos expressos em **lei**. É o mais comum. Proclama o art. 657 do Código Civil que "a outorga do mandato está sujeita à forma exigida por lei para o ato a ser praticado", e que "não se admite mandato verbal quando o ato deva ser celebrado por escrito", adotando-se, assim, o princípio da atração da forma.

11.9.3. Quanto às relações entre o mandante e o mandatário

Sob essa ótica, o mandato pode ser:

- **gratuito**; ou
- **remunerado**, conforme seja estipulada ou não retribuição ao mandatário (*V.* comentários no item 11.3, *retro*, ao qual nos reportamos).

11.9.4. Sob o aspecto da finalidade para a qual o mandatário assume o encargo

Neste caso, o mandato pode ser classificado em:

- **judicial:** habilita o advogado a agir em juízo e é regido por normas especiais. O art. 692 do Código Civil declara que "o mandato judicial fica subordinado às normas que lhe dizem respeito, constantes da legislação processual". O Código Civil aplica-se-lhe apenas **subsidiariamente**;
- **extrajudicial:** não se destina à atividade postulatória. Neste caso, o seu instrumento, a procuração outorgada pelo mandante ao mandatário, será *ad negotia*. Procuração ***ad negotia*** é a conferida para a prática e administração de negócios em geral; ***ad judicia***, a outorgada para o foro, autorizando o procurador a propor ações e a praticar atos judiciais em geral.

11.9.5. Quanto ao conteúdo

Assim considerado, o mandato pode ser, ainda:

- **simples**; e
- **empresário**.

---

13 "Confere mandato verbal ao advogado a parte que comparece acompanhada dele em audiência" (*RJTJSP*, Lex, 82/205). No Juizado Especial, admite-se expressamente o mandato verbal para o foro em geral (LJE, art. 9º, § 3º).

Com a entrada em vigor do Código Civil de 2002, unificando o direito das obrigações e criando novo livro denominado "Direito de Empresa", bem como revogando a Parte Primeira do Código Comercial, todos os mandatos passaram a ser **civis**. Podem eles, no entanto, ser classificados em **simples** e **empresários**. Estes são restritos aos **negócios mercantis**, entre empresários (CC, art. 966).

11.9.6. Quanto à aparência

Sob esse aspecto, o mandato pode ser, por fim:

- **real**; e
- **aparente**.

Os arts. 686 e 689 são apontados pela doutrina como exemplos de **mandato aparente**. Caracteriza-se o mandato aparente quando **terceiro de boa-fé** contrata com alguém que tem toda a **aparência** de ser representante de outrem, mas na verdade não o é. Segundo Caio Mário, pelo princípio da boa-fé, reputar-se-á válido o ato e vinculado ao terceiro o pretenso mandante. O fundamento da eficácia reside na **aparência do mandato**, sem necessidade de apurar a causa do erro[14].

11.10. MANDATO ESPECIAL E GERAL, E MANDATO EM TERMOS GERAIS E COM PODERES ESPECIAIS

O mandato, tendo em vista a **extensão dos poderes conferidos**, pode ser:

a) **especial** a um ou mais negócios determinadamente; ou
b) **geral** a todos os do mandante (CC, art. 660).

- O **especial** é restrito ao negócio especificado no mandato (como para a venda de determinado imóvel ou requerer a falência do comerciante impontual, p. ex.), não podendo ser estendido a outros.
- O **geral**, como dito, abrange todos os negócios do mandante.
- Tais modalidades não se confundem com os mandatos:

a) em **termos gerais**; e
b) com **poderes especiais**.

- O mandato **em termos gerais** (dizendo, p. ex., que o mandatário pode praticar todos os atos necessários à defesa dos interesses do mandante) sofre uma restrição determinada pelo legislador: "só confere poderes de administração" (CC, art. 661). Para atribuir os que ultrapassem a **administração ordinária** ("alienar, hipotecar, transigir" etc.), "depende a procuração de poderes **especiais e expressos**" (art. 661, § 1º). A **"administração ordinária"** compreende atos de simples gerência, como, *verbi gratia*, pagamento de impostos, contratação e despedida de empregados etc.

---

[14] *Instituições*, cit., v. III, p. 411.

O mandato **com poderes especiais** só autoriza a prática de um ou mais negócios jurídicos especificados no instrumento. Limita-se aos referidos atos, sem possibilidade de estendê-lo por analogia. Portanto, o mandatário só pode exercer tais poderes **no limite da outorga recebida**[15]. Embora o objeto do mandato seja de **interpretação estrita**, a outorga de alguns poderes implica a de outros, que lhes são **conexos:** o de receber envolve o de dar quitação; o de vender imóvel, o de assinar escritura, por exemplo.

11.11. MANDATO OUTORGADO A DUAS OU MAIS PESSOAS

Dispõe o art. 672 do Código Civil que, "sendo **dois ou mais os mandatários** nomeados no mesmo instrumento, qualquer deles poderá exercer os poderes outorgados, se não forem expressamente declarados **conjuntos**, nem especificamente designados para atos diferentes, ou subordinados a atos sucessivos. Se os mandatários forem declarados **conjuntos**, não terá eficácia o ato praticado sem interferência de todos, salvo havendo ratificação, que retroagirá à data do ato".

Presunção de solidariedade — A presunção é a de que o mandato outorgado a mais de uma pessoa é **solidário**, podendo qualquer delas atuar e substabelecer separadamente. Para que os mandatários sejam considerados **conjuntos**, ou especificamente designados para **atos diferentes**, ou **sucessivos**, é indispensável que assim conste do instrumento. A cláusula *in solidum* significa que os procuradores são declarados **solidários** e autoriza a atuação conjunta ou separadamente, consoante as regras da solidariedade passiva.

Mandatários declarados conjuntos — Se os nomeados forem declarados **conjuntos**, ficarão impedidos de validamente atuar em separado, podendo, no entanto, os que não participaram do ato ratificá-lo posteriormente.

Nomeados declarados sucessivos — Se forem considerados **sucessivos**, devem proceder na ordem de sua nomeação, e cada um no impedimento do anteriormente referido. No silêncio do contrato, serão **simultâneos e solidários**, podendo qualquer deles exercer os poderes outorgados.

Mandato fracionário — O mandato diz-se **fracionário** quando se concede a um mandatário poder distinto do que foi outorgado ao outro.

11.12. ACEITAÇÃO DO MANDATO

Sendo o mandato um contrato, exige **aceitação** para se aperfeiçoar, ainda que não seja **expressa**. Vigora nessa matéria a **liberdade de forma**. A aceitação do mandatário nunca figura na procuração. Esta é, via de regra, a conclusão de um **acordo verbal** ou por **simples proposta** do mandante, às vezes até residente em local distante. O mandante entrega ou remete a procuração ao mandatário, e este, recebendo-a, dá início à sua execução[16].

---

[15] *RT*, 624/142.

[16] Cunha Gonçalves, *Dos contratos em especial*, cit., p. 56-57.

Prescreve, com efeito, o art. 659 do Código Civil: "A aceitação do mandato pode ser **tácita**, e resulta do começo de execução". Quase sempre ela é **tácita**. O silêncio do mandatário e a não devolução imediata da procuração são sinais de aceitação, especialmente da parte de profissionais, como advogados, despachantes, comissários, agentes etc.

■ 11.13. RATIFICAÇÃO DO MANDATO

A regra é a de que o mandatário só pode, validamente, agir nos estritos limites dos **poderes** que lhe foram conferidos. Se houver **excesso de mandato** quanto a esses limites e ao tempo em que poderiam ser exercidos, o ato será **ineficaz** em relação àquele em cujo nome foram praticados.

Dispõe, com efeito, o art. 662 do Código Civil: "Os atos praticados por quem não tenha mandato, ou o tenha sem poderes suficientes, são ineficazes em relação àquele em cujo nome foram praticados, **salvo se este os ratificar**". Acrescenta o parágrafo único que "a ratificação há de ser **expressa**, ou resultar de **ato inequívoco**, e retroagirá à data do ato".

Pode o mandante, portanto:

- **impugnar o ato** fundamentadamente; ou
- optar por **ratificá-lo**.

A ratificação, como visto, pode ser **expressa** ou **tácita**, resultando esta de **ato inequívoco** que demonstre a **vontade do mandante** em cumprir o negócio realizado em seu nome pelo mandatário. Se o locador, por exemplo, receber os aluguéis de imóvel locado por mandatário com excesso de poderes, ter-se-á por ratificado o contrato de locação, aplicando-se à hipótese os arts. 172 a 174 do novo diploma.

Proclama, por fim, o art. 665 do Código Civil: "O mandatário que exceder os poderes do mandato, ou proceder contra eles, será considerado mero **gestor de negócios**, enquanto o mandante lhe não ratificar os atos"[17].

■ 11.14. OBRIGAÇÕES DO MANDATÁRIO

Ao aceitar o mandato, o mandatário assume a obrigação de praticar determinado ato ou realizar um negócio jurídico em nome do mandante. Desdobrando-se os vários deveres que daí decorrem, pode-se dizer que as obrigações do mandatário consistem em:

- **Agir em nome do mandante, dentro dos poderes conferidos na procuração.**

Se excedê-los, ou proceder contra eles, reputar-se-á "mero gestor de negócios, enquanto o mandante lhe não ratificar os atos" (CC, art. 665). Mas o mandante pode

---

[17] "Evicção. Indenização. Imóvel objeto de compromisso de compra e venda. Responsabilidade assumida por mandatário, compromitente-vendedor, por si e por seu mandante, em desacordo com a procuração. Ato não ratificado, transformando-o em mero gestor de negócios" (*RJTJSP*, Lex, 135/99).

impugná-los, pois o excesso será anulável. A **ratificação** valida o ato, fazendo com que os seus efeitos retroajam à data em que foi praticado (art. 662, parágrafo único).

■ **Aplicar toda a sua diligência habitual na execução do mandato e em indenizar qualquer prejuízo causado por culpa sua ou daquele a quem substabelecer (CC, art. 667).**

O dispositivo em apreço pressupõe a **diligência ordinária**, a ser aferida *in concreto*. Tratando-se de responsabilidade contratual, o mandante não tem de provar a culpa do mandatário, **culpa que se presume** sempre que não houver **bom desempenho do mandato**. Ao mandante que comparece em juízo basta demonstrar esse fato. O mandatário deve alegar e provar quais as razões por que não cumpriu ou executou mal o seu mandato e a ausência de qualquer comportamento culposo de sua parte, para subtrair-se ao dever de indenizar[18].

O Código Civil trata também da responsabilidade do mandatário por **atos praticados pelo substabelecido**, figurando quatro diferentes hipóteses:

I — Primeiramente, havendo poderes de substabelecer, diz o art. 667, § 2º, "só serão imputáveis ao mandatário os danos causados pelo substabelecido, **se tiver agido com culpa** na escolha deste ou nas instruções dadas a ele".

II — Se o procurador, **na segunda hipótese**, vier a substabelecer a procuração **sem ter sido autorizado a fazê-lo**, responderá pelos **prejuízos** que o mandante sofrer "por **culpa** sua ou daquele a quem substabelecer" (CC, art. 667, *caput*).

III — Em terceiro lugar, se havia **proibição do mandante**, responderá o mandatário perante este "pelos **prejuízos** ocorridos sob a gerência do substituto", derivados de **culpa** deste e até mesmo pelos decorrentes do "**fortuito, salvo provando** que o caso teria sobrevindo, ainda que não tivesse havido substabelecimento" (CC, art. 667, § 1º).

IV — E, **em quarto lugar, sendo omissa a procuração** quanto ao substabelecimento, o procurador será responsável **"se o substabelecido proceder culposamente"** (CC, art. 667, § 4º). O mandatário somente responderá se o substituto incorrer em **culpa**.

■ **Prestar contas de sua gerência ao mandante, transferindo-lhe as vantagens provenientes do mandato, por qualquer título que seja (CC, art. 668).**

Só estará dispensado de prestá-las o procurador **em causa própria** (*v.* item 11.17, *infra*). Todas as pessoas que recebem ou administram bens e interesses de outrem são obrigadas a **prestar contas** de sua gestão[19]. O mandatário "**não pode compensar**

---

18 Cunha Gonçalves, *Dos contratos em especial*, cit., p. 67; Silvio Rodrigues, *Direito civil*, cit., v. 3, p. 293.

19 "Advogado. Prestação de contas. Quitação dada pelo mandante ao mandatário que não obsta a que se exija do último as contas" (*RT*, 803/272). "Advogado. Prestação de contas. Todo aquele que administra patrimônio ou interesses alheios, é obrigado a prestar contas. O recibo juntado aos autos não as substitui, porque a prestação deve ser feita em forma contábil" (TJSP, Ap. 13.458-4/4-SP, rel. Des. Egas Galbiatti, j. 9-10-1996). "Se o advogado firma acordo em nome de seu constituinte e recebe valores, deve de tudo prestar-lhe contas, principalmente se entre o profissional e o cliente lavra conflito sobre o quanto devido" (*Bol. AASP*, 1.480/104).

os prejuízos a que deu causa com os proveitos que, por outro lado, tenha granjeado ao seu constituinte" (art. 669). Pelas somas que devia entregar ao mandante, mas "empregou em proveito seu, **pagará o mandatário juros**, desde o momento em que abusou" (art. 670). Se, todavia, não houver abuso do mandatário, mas aplicação das referidas somas em proveito próprio com expressa autorização do mandante, haverá **contrato de mútuo**.

Dispõe, ainda, o art. 671 do Código Civil que, "se o mandatário, tendo fundos ou crédito do mandante, comprar, em nome próprio, algo que devera comprar para o mandante, por ter sido expressamente designado no mandato, terá este ação para obrigá-lo à **entrega da coisa comprada**".

- **Apresentar o instrumento do mandato às pessoas, com quem tratar em nome do mandante.**

Se o terceiro exige a procuração e verifica que o mandatário não tem poderes para praticar o ato e, assim mesmo, negocia com ele, está **assumindo um risco**, pois não poderá agir contra o **mandatário**, que não obrou no próprio nome, "salvo se este lhe prometeu ratificação do mandante ou se responsabilizou pessoalmente", nem contra o **mandante**, cuja responsabilidade é definida pelos poderes que conferiu (CC, art. 673).

Prescreve o art. 663 do Código Civil que, "sempre que o mandatário estipular negócios expressamente em nome do mandante, será este o único responsável; ficará, porém, **o mandatário pessoalmente obrigado, se agir no seu próprio nome**, ainda que o negócio seja de conta do mandante". A obrigação do mandatário é agir em nome do mandante. Se, todavia, obrar **em seu próprio nome**, como se fora seu o negócio, não ficará o mandante vinculado às obrigações advindas da aludida atuação, ficando aquele **obrigado direta e pessoalmente**, ainda que o negócio seja de interesse do mandante.

- **Concluir o negócio já começado, "embora ciente da morte, interdição ou mudança de estado do mandante", se houver perigo na demora (CC, art. 674).**

Embora tais fatos constituam causas de extinção do mandato, deve o mandatário concluir o negócio, **se já estiver iniciado e houver perigo na demora**, para o mandante ou seus herdeiros ou ainda para as pessoas com as quais estiver contratando. Na mesma linha, dispõe o art. 112, § 1º, do Código de Processo Civil que o procurador que renunciar ao mandato judicial continuará, durante os dez dias seguintes à notificação da renúncia, a representar o mandante desde que necessário para evitar-lhe prejuízo. A intenção, nos dois casos, é preservar os interesses em jogo, ultimando-se o negócio já começado, **desde que haja perigo na demora** da substituição pelos herdeiros ou do advogado renunciante.

Não pode, todavia, o outorgante da procuração exigir contas do substabelecido, que é estranho ao contrato firmado entre mandante e mandatário e "somente está obrigado perante aquele que o substabeleceu" (*RT*, 660/119).

11.15. OBRIGAÇÕES DO MANDANTE

As obrigações do mandante são de **duas naturezas** e dizem respeito:

- **Ao dever de satisfazer as obrigações assumidas pelo mandatário dentro dos poderes conferidos no mandato** (CC, art. 675).

Ainda que este desatenda alguma instrução, tem o mandante de **cumprir o contrato**, se não foram excedidos os limites do mandato, só lhe restando **ação regressiva** contra o procurador desobediente (art. 679). Como o mandatário atua em nome do mandante, é este que se vincula. Por essa razão, o seu **principal dever é responder perante o terceiro, com seu patrimônio**, pelos efeitos da declaração de vontade emitida pelo representante, cumprindo as obrigações assumidas dentro nos poderes outorgados.

- **À satisfação das obrigações de caráter pecuniário.**

O mandante tem, com efeito, as seguintes obrigações de caráter pecuniário:

I — a de **adiantar a importância das despesas** necessárias à execução do mandato, quando o mandatário lho pedir, ou **reembolsá-lo**, com os juros eventualmente devidos pelo atraso, **do valor das despesas** por ele despendido, uma vez que o mandatário pode, ao seu alvitre, efetuar as despesas e em seguida solicitar seu reembolso, ou pedir ao mandante que adiante as importâncias necessárias ao desempenho do mandato;

II — a **de pagar-lhe a remuneração** ajustada; e

III — a de **indenizá-lo dos prejuízos** experimentados na execução do mandato (CC, arts. 675 a 677).

A obrigação de **reembolsar as despesas efetuadas pelo mandatário** subsiste, ainda que o negócio não surta o resultado esperado, "salvo tendo o mandatário culpa" (CC, art. 676), ou seja, salvo se o negócio malograr por culpa sua. O mandatário tem, para assegurar o recebimento dessas importâncias, **"direito de retenção"** sobre o objeto do mandato, "até se reembolsar do que no desempenho do encargo despendeu" (CC, art. 681). A retenção não é permitida para cobrança de honorários e perdas e danos. Se forem vários os outorgantes e se tratar de negócio comum, todos são **solidariamente** responsáveis pelas verbas a este devidas (CC, art. 680).

11.16. EXTINÇÃO DO MANDATO

O art. 682 do Código Civil elenca **quatro** modos de cessação ou de extinção do mandato:

> "I — pela revogação ou pela renúncia;
>
> II — pela morte ou interdição de uma das partes;
>
> III — pela mudança de estado que inabilite o mandante a conferir os poderes, ou o mandatário para os exercer;
>
> IV — pelo término do prazo ou pela conclusão do negócio".

A doutrina costuma ainda lembrar outras causas extintivas, de caráter geral[20]. Pondera a propósito Henri de Page[21] que o mandato se extingue não somente pelas causas especiais destacadas em dispositivo próprio no Código Civil, mas ainda pelas **aplicáveis ao direito comum das obrigações**, como o termo certo ou incerto, a impossibilidade de execução por efeito de uma causa estranha, a nulidade do contrato, a resolução por inadimplemento culposo se o mandato é remunerado e a superveniência de uma condição resolutiva expressa.

Registre-se que a ancianidade da procuração não configura motivo bastante para a cessação do mandato[22]. Vejamos as causas supramencionadas, separadamente.

■ Pela revogação ou pela renúncia

O mandato, por se basear na confiança, que pode deixar de existir, admite **resilição unilateral**. Se esta partir do mandante, há **revogação**; se do mandatário, há **renúncia**. A *revogação* pode ser:

a) expressa, quando o mandante faz declaração nesse sentido; ou

b) tácita, quando resulta de atos do mandante que revelam tal propósito, como quando assume pessoalmente a direção do negócio ou nomeia novo procurador, sem ressalva da procuração anterior (CC, art. 687).

Os **efeitos** da resilição são ***ex nunc***. Os atos praticados não são atingidos. A revogação deve ser comunicada ao mandatário, para ter eficácia. E, para produzir efeitos em relação aos **terceiros de boa-fé**, há de ser comunicada também a estes, diretamente por todas as formas possíveis ou por meio de **editais**, sob pena de serem válidos os contratos com estes ajustados pelo procurador em nome do constituinte (CC, art. 686).

Pode haver **revogação total** ou **parcial** (quando se revogam, por exemplo, apenas os poderes conferidos para alienação de bens, mantendo-se os outorgados para fins de administração).

Pode ainda ocorrer **antes ou durante** a execução do mandato. O mandante **não é obrigado** a apresentar as razões que o levam a revogar o mandato, nem o mandatário a explicar o motivo da renúncia. Igualmente pode esta ser manifestada **a qualquer tempo**, seja o contrato gratuito ou remunerado.

■ Pela morte ou interdição de uma das partes

Não se admite mandato para ter execução **depois da morte** do **mandante** (*mandatum solvitur morte*), a não ser por meio de **testamento**. Para atenuar o rigor do

---

[20] Eduardo Espínola, *Dos contratos nominados*, cit., p. 338, n. 68; Serpa Lopes, *Curso*, cit., v. IV, p. 289.

[21] *Traité élémentaire de droit belge*, v. 5, p. 444, n. 453.

[22] "Não tendo o mandato prazo fixado para sua vigência, não há como se exigir sua atualização pelo simples fato de haver decorrido longo tempo entre a outorga e o exercício dos poderes conferidos" (*Adcoas*, 1982, n. 84.000). "Advogado. Extinção do processo, sem julgamento do mérito, por defeito de representação, em razão de a procuração outorgada não conter data recente. Inadmissibilidade. Circunstância que não configura motivo bastante para a cessação do mandato" (*RT*, 794/433). "Não se admite a renovação periódica de procuração, quando tal exigência constitui imposição limitativa aos termos do art. 38 da lei processual civil" (*RSTJ*, 99/331).

retrotranscrito art. 682 do Código Civil, dispõe o art. 689 do mesmo diploma que "são válidos, a respeito dos contratantes de boa-fé, os atos com estes ajustados em nome do mandante pelo mandatário, **enquanto este ignorar** a morte daquele ou a extinção do mandato, por qualquer outra causa".

Se falecer o **mandatário** pendente o negócio a ele cometido, seus **herdeiros** "avisarão o mandante, e providenciarão a bem dele, como as circunstâncias exigirem" (CC, art. 690). Sua atividade, porém, deve limitar-se às **medidas conservatórias**, ou à **continuação dos negócios pendentes** que se "não possam demorar sem perigo, regulando-se os seus serviços dentro desse limite, pelas mesmas normas a que os do mandatário estão sujeitos" (art. 691).

Também a **interdição** de qualquer das partes, por modificar o estado de **capacidade**, extingue o mandato. Tal circunstância torna o mandante incapaz de manter o contrato e o mandatário incapaz de cumpri-lo.

Decidiu a 3ª Turma do Superior Tribunal de Justiça que é necessária a interpretação "lógico-sistemática" da legislação para permitir o afastamento da incidência do art. 682, II, ao caso específico do mandato outorgado pelo interditando para a sua defesa na própria ação de interdição, não impedindo, assim, o advogado de apelar[23].

Pela mudança de estado

Toda mudança de estado de qualquer das partes, inclusive pela interdição, acarreta **automaticamente** a extinção do mandato, desde que afete a **capacidade** para dar ou receber procuração. Todavia, valerão, em relação aos contraentes de **boa-fé**, os negócios realizados pelo mandatário, que ignorar a causa extintiva[24].

A extinção processa-se *ipso jure*, independente de notificação, mas só ocorre quando tal mudança "**inabilite** o mandante a conferir os poderes, ou o mandatário para os exercer"[25]. Por exemplo: extingue-se o mandato conferido pelo pai, representando filho absolutamente incapaz, quando este se torne relativamente incapaz, devendo a outorga, agora, ser feita pelo filho, assistido por aquele. A **maioridade não extingue**, porém, o mandato outorgado por relativamente incapaz, porque não o inabilita para a concessão.

Vale lembrar que a hipótese é de modificação de estado civil da pessoa, e não de perda de capacidade propriamente dita. Assim, o mandato para alienar imóvel cessa pelo casamento, em razão da necessidade de outorga do outro cônjuge, se o regime não for o da separação absoluta de bens, sem acarretar, porém, a incapacidade do nubente.

Pelo término do prazo ou pela conclusão do negócio

Quando a procuração é dada com data certa de vigência, cessa a sua eficácia com o advento do **termo final**. Se a procuração é outorgada para um negócio

---

23 STJ, REsp 1.251.728-PE, rel. Min. Paulo de Tarso Sanseverino, *DJE*, 23-5-2013, j. 14-5-2013.

24 Caio Mário da Silva Pereira, *Instituições*, cit., v. III, p. 414.

25 "Procuração. Mudança do estado civil da representada. Fato que, porém, não a inabilita a conferir os poderes. Tratando-se de ação locatícia, de natureza pessoal, desnecessário o consentimento de um dos cônjuges ao outro" (*RT*, 631/162, 506/187).

determinado (levantamento de uma quantia ou a outorga de escritura, p. ex.), extingue-se com a sua realização, por **falta de objeto**.

11.17. IRREVOGABILIDADE DO MANDATO

Embora o mandato seja negócio jurídico essencialmente revogável, como foi dito, pode tornar-se irrevogável em determinados casos definidos na **lei** (CC, arts. 683 a 686, parágrafo único). Pode-se afirmar que o mandato é **irrevogável** quando:

- contiver **cláusula de irrevogabilidade**;
- for conferido com a cláusula **"em causa própria"** (art. 685);
- a cláusula de irrevogabilidade for **condição de um negócio bilateral** (mandato acessório de outro contrato), ou tiver sido estipulada no **exclusivo interesse do mandatário**;
- contenha poderes de **cumprimento ou confirmação** de negócios encetados, aos quais se ache vinculado (art. 686, parágrafo único).

Vejamos cada uma das hipóteses, separadamente.

- Em regra, o mandato é celebrado no interesse do mandante, que, por esse motivo, pode revogá-lo a qualquer tempo. Nada impede, todavia, que **as partes estipulem a irrevogabilidade**. O exemplo mais comum na prática é o do mandato irrevogável conferido pelo promitente vendedor a terceiro indicado pelo compromissário comprador, estando quitado o compromisso. No entanto, como a revogação é da **própria essência** do mandato, o Código Civil admite a revogação de mandato que contenha cláusula de irrevogabilidade, **sujeitando o mandante apenas ao pagamento das perdas e danos** sofridas pelo mandatário[26]. Dispõe, com efeito, o art. 683 do aludido diploma: "Quando o mandato contiver a cláusula de irrevogabilidade e o mandante o revogar, pagará perdas e danos".
- A procuração **em causa própria** ou mandato ***in rem suam*** é outorgada no interesse exclusivo do mandatário e utilizada como **forma de alienação de bens**. Recebe este poderes para transferi-los para o seu nome ou para o de terceiro (finalidade mista), dispensando nova intervenção dos outorgantes e prestação de contas. Segundo dispõe o art. 685 do Código Civil, conferido o mandato com essa espécie de cláusula, "a sua revogação não terá eficácia, nem se extinguirá pela morte de qualquer das partes, ficando o mandatário dispensado de prestar contas, e podendo transferir para si os bens móveis ou imóveis objeto do mandato, obedecidas as formalidades legais". O mandato *in rem suam* equivale à **compra e venda**, se contém os **requisitos** desta, quais sejam: *res, pretium et consensus*. Sendo pago o imposto de transmissão *inter vivos*, pode ser levado a registro como se fosse o ato definitivo, desde que também satisfaça os requisitos

[26] "Irrevogabilidade convencionada. Hipótese em que o mandante procede à revogação. Possibilidade, desde que aquele se sujeite ao pagamento das perdas e danos acarretados ao mandatário" (*RT*, 805/301).

exigidos para o contrato a que ela se destina: outorga por instrumento público, descrição do imóvel e a quitação do preço ou a forma de pagamento[27].

■ Prescreve o art. 684 do Código Civil que, "quando a cláusula de irrevogabilidade for **condição de um negócio bilateral, ou tiver sido estipulada no exclusivo interesse do mandatário**, a revogação do mandato será ineficaz". Trata-se de hipótese em que o mandato é **acessório de outro contrato**, como, nas letras à ordem, o mandato de pagá-las, ou, nos contratos preliminares, a outorga de poderes para que fique o promissário com liberdade de ação na execução do ajuste. Na hipótese versada, o mandato constitui, em realidade, fato gerador de **ato jurídico diverso**, como, *verbi gratia*, a ordem de pagar um cheque a determinado indivíduo[28].

■ Segundo dispõe o art. 686, parágrafo único, do Código Civil, "é irrevogável o mandato que contenha **poderes de cumprimento ou confirmação** de negócios encetados, aos quais se ache vinculado". A vinculação do mandato a negócios já entabulados e que devem ser cumpridos ou confirmados **impede a sua revogação**.

■ 11.18. MANDATO JUDICIAL

Mandato *judicial* é o outorgado a pessoa legalmente habilitada, para a defesa de direitos e interesses **em juízo**. Constitui, ao mesmo tempo, **mandato** e **prestação de serviços**. Preceitua o art. 692 do Código Civil que "o mandato judicial fica subordinado às normas que lhe dizem respeito, constantes da legislação processual, e, supletivamente, às estabelecidas neste Código".

São **nulos** os atos privativos de advogado praticados por pessoa não inscrita na OAB (Lei n. 8.906, de 4-7-1994, art. 4º), pois o ingresso das partes em juízo requer, além da capacidade legal, a outorga de mandato escrito a **advogado habilitado** (CPC, arts. 103 e 104), salvo **algumas exceções**, como os que advogam **em causa própria** e os procuradores de **órgãos públicos**, por exemplo[29]. Proclama a Súmula 115 do Superior Tribunal de Justiça: "Na instância especial é inexistente recurso interposto por advogado sem procuração nos autos".

A procuração pode ser conferida por **instrumento público** ou **particular** e valerá desde que assinada pelo outorgante. Havendo **urgência**, pode o advogado atuar sem procuração, obrigando-se a apresentá-la no prazo de quinze dias, prorrogável até outros quinze, "por despacho do juiz" (CPC, art. 104; Estatuto da OAB, art. 5º, § 1º).

---

27 STF, *Arquivo Judiciário*, 97/282.

28 Washington de Barros Monteiro, *Curso*, cit., v. 5, p. 294; Maria Helena Diniz, *Tratado teórico e prático dos contratos*, v. 3, p. 297-298.

29 "Representação processual. Ausência de procuração nos autos. Irregularidade constatada em fase recursal. Impossibilidade de sanação do vício. Circunstância que implica na inexistência de todos os atos praticados pelo advogado da parte" (*RT*, 797/291). "Os procuradores de órgão público estão dispensados de exibir procuração (*RT*, 495/86), mesmo para receber e dar quitação em juízo" (*RJTJSP*, Lex, 109/262). "Mesmo para receber e dar quitação, os procuradores de autarquias e fundações públicas (não os advogados extraquadros) estão dispensados de apresentar instrumento de mandato" (*RJTJSP*, Lex, 109/262).

Esse prazo é automático, dispensando qualquer ato da autoridade judicial, previsto apenas para a hipótese de prorrogação[30].

Não se anula o processo por ter sido o advogado constituído por via de substabelecimento de mandato conferido a **pessoa não habilitada**. A procuração geral para o foro habilita o advogado a praticar todos os atos do processo, **salvo os especiais**, como receber citação inicial, transigir, receber e dar quitação etc. (CPC, art. 105). Se **renunciar ao mandato**, continuará o advogado, durante os dez dias seguintes à notificação da renúncia, a representar o mandante, desde que necessário para lhe evitar prejuízo (CPC, art. 112, § 1º).

■ 11.19. RESUMO

DO MANDATO	
CONCEITO	■ Opera-se o mandato quando alguém recebe de outrem poderes para, em seu nome, praticar atos ou administrar interesses (CC, art. 653).
PRINCIPAL CARACTERÍSTICA	■ É a ideia de ***representação***, que o distingue da locação de serviços e da comissão mercantil. Por essa razão, os atos do mandatário vinculam o mandante, se dentro dos poderes outorgados (art. 679). Os praticados além deles só o vinculam se forem por ele ratificados (art. 665).
ESPÉCIES DE REPRESENTANTES	■ ***legais*** (pais, tutores, curadores); ■ ***judiciais*** (nomeados pelo juiz); ■ ***convencionais*** (recebem procuração para agir em nome do mandante).
NATUREZA JURÍDICA	■ É ***contrato***, porque depende de ***aceitação***, que pode ser ***expressa*** ou ***tácita*** (pelo começo de execução: art. 659). ■ É ***consensual*** (aperfeiçoa-se com o acordo de vontades). ■ É ***personalíssimo*** ou ***intuitu personae*** (baseia-se na confiança). ■ É ***não solene***, por serem admitidos o mandato tácito e o verbal (art. 656). ■ Em regra, ***gratuito*** (art. 658), exceto se outorgado a quem exerce a profissão de mandatário, quando se ***presume oneroso***. ■ Em regra, ***unilateral***, porque gera obrigações somente para o mandatário, podendo classificar-se como bilateral imperfeito (pode gerar a obrigação de pagar perdas e danos sofridos pelo mandatário). Toda vez que se convenciona a remuneração, passa a ser contrato bilateral e oneroso.
PESSOAS QUE PODEM DAR E RECEBER MANDATO	■ Sendo um contrato, o mandato reclama o ***consentimento*** das partes, exigindo ***capacidade*** do mandante e do mandatário. ■ Toda pessoa ***capaz*** é apta para outorgar mandato mediante instrumento particular (art. 654). Os menores púberes, assistidos, firmam a procuração junto com os seus representantes, por instrumento público se for ***ad negotia***. A ***ad judicia*** pode ser outorgada por instrumento particular (CPC, art. 105). ■ O maior de 16 e menor de 18 anos não emancipado pode ser ***mandatário***, mas o mandante não tem ação contra ele, senão de conformidade com as regras gerais, aplicáveis às obrigações contraídas por menores (art. 666).
REQUISITOS DA PROCURAÇÃO	■ Encontram-se no § 1º do art. 654, dentre eles a ***qualificação*** do outorgante e do outorgado e a ***natureza*** e ***extensão*** dos poderes conferidos. ■ A outorga do mandato está sujeita à **forma** exigida por lei para o ato a ser praticado (art. 657). Assim, a procuração outorgada para a venda de imóvel deve observar a forma pública. ■ O ***substabelecimento*** pode ser feito por instrumento particular, ainda que a procuração tenha sido outorgada por instrumento público (art. 655).

[30] *RTJ*, 116/700; *RT*, 709/87.

ESPÉCIES	▪ expresso ou tácito, verbal ou escrito (art. 656); ▪ gratuito ou remunerado; ▪ *ad negotia* (extrajudicial) e *ad judicia*; ▪ simples e empresário; ▪ em termos gerais e com poderes especiais; ▪ conjunto, solidário, sucessivo ou fracionário; ▪ especial a um ou mais negócios determinadamente, ou geral a todos os do mandante (art. 660).
OBRIGAÇÕES DO MANDATÁRIO	▪ Agir em nome do mandante, dentro dos poderes conferidos na procuração (art. 665). ▪ Aplicar toda a sua diligência habitual na execução do contrato e indenizar qualquer prejuízo causado por culpa sua. ▪ Prestar contas de sua gerência ao mandante, transferindo-lhe as vantagens provenientes do mandato (art. 668). ▪ Apresentar o instrumento do mandato às pessoas com quem tratar em nome do mandante. ▪ Concluir o negócio já começado, embora ciente da morte, interdição ou mudança de estado do mandante, se houver perigo na demora (art. 674).
OBRIGAÇÕES DO MANDANTE	▪ Satisfazer as obrigações assumidas pelo mandatário dentro dos poderes conferidos no mandato (art. 675). ▪ Reembolsar as despesas efetuadas pelo mandatário. ▪ Pagar-lhe a remuneração ajustada. ▪ Indenizá-lo dos prejuízos experimentados na execução do mandato (arts. 675 a 677).
EXTINÇÃO DO MANDATO	▪ pela ***revogação*** ou pela ***renúncia***; ▪ pela ***morte*** ou ***interdição*** de uma das partes; ▪ pela ***mudança de estado***; ▪ pelo ***término do prazo*** ou pela ***conclusão do negócio***.
IRREVOGABILIDADE DO MANDATO	▪ Quando contiver cláusula de irrevogabilidade. ▪ Quando a cláusula de irrevogabilidade for condição de um negócio bilateral ou tiver sido estipulada no exclusivo interesse do mandatário. ▪ Quando conferido com a cláusula "em causa própria". ▪ Quando contenha poderes de cumprimento ou confirmação de negócios encetados, aos quais se ache vinculado (arts. 683 a 686).

11.20. QUESTÕES

1. (MP/SC/Promotor de Justiça/FEPESE/2014) Assinale a alternativa que não está de acordo com o disposto no Código Civil.

a) O contrato de depósito é oneroso, exceto se houver convenção em contrário.

b) O depositário, que por força maior houver perdido a coisa depositada e recebido outra em seu lugar, é obrigado a entregar a segunda ao depositante, e ceder-lhe as ações que no caso tiver contra o terceiro responsável pela restituição da primeira.

c) Sempre que o mandatário estipular negócios expressamente em nome do mandante, será este o único responsável; ficará, porém, o mandatário pessoalmente obrigado, se agir no seu próprio nome, ainda que o negócio seja de conta do mandante.

d) Se o locatário empregar a coisa em uso diverso do ajustado, ou do uso a que se destina, ou se ela se danificar por abuso do locatário, poderá o locador, além de rescindir o contrato, exigir perdas e danos.

e) Havendo prazo estipulado à duração do contrato, antes do vencimento, não poderá o locador reaver a coisa alugada, senão ressarcindo ao locatário as perdas e danos resultantes, nem o locatário devolvê-la ao locador, senão pagando, proporcionalmente, a multa prevista no contrato.

2. (BACEN/Procurador Autárquico/2006) Sobre o depósito considere as seguintes afirmações:

I. O contrato de depósito é oneroso, exceto se houver convenção em sentido contrário.

II. O depósito necessário não se presume gratuito.
III. O depósito miserável não se inclui na classificação de depósito necessário.
IV. O contrato de depósito só pode ter por objeto coisa móvel.
V. O depósito voluntário provar-se-á por escrito.

São CORRETAS
a) I, II e III.
b) I, III e IV.
c) II, III e IV.
d) II, IV e V.
e) III, IV e V.

3. (TJ/PR/Juiz de Direito/CESPE/CEBRASPE/2017) Lúcia, advogada, celebrou com Aldo contrato de prestação de serviços advocatícios, com previsão de pagamento exclusivamente *ad exitum*. No curso do processo, antes do julgamento, Aldo revogou unilateralmente o mandato. Inconformada, Lúcia ajuizou ação de cobrança de honorários após o julgamento do mérito favorável a Aldo. A respeito dessa situação hipotética, assinale a opção CORRETA à luz da legislação aplicável ao caso e da jurisprudência do STJ.
a) Após a revogação do mandato, Lúcia poderá exigir honorários pelo trabalho executado.
b) A pretensão de Lúcia será exercitável após a prolação de sentença favorável aos pedidos formulados por Aldo.
c) A eficácia da revogação do mandato entre as partes ocorre no momento da comunicação de Aldo ao juízo.
d) A obrigação assumida por Lúcia foi de meio, pois caberia a ela empreender todos os meios e recursos adequados no processo.

4. (OAB/IV Exame Unificado/Fundação Getulio Vargas/2011) Jonas, maior e capaz, confiou em depósito a Silas, também maior e capaz, por instrumento particular, dois automóveis de sua propriedade para serem conservados por seis meses, estabelecendo, como remuneração, o pagamento de certa quantia em dinheiro a Silas. Findo o prazo, caberia a Silas restituir os automóveis na residência de Jonas. Na vigência do depósito, Silas decidiu, certo dia, utilizar um dos automóveis para ir ao trabalho e, quando já regressava, foi abalroado, sem culpa sua, por seu vizinho Francisco, em uma moto, amassando a porta lateral direita. Transcorrido o prazo ajustado, Silas providenciou a entrega dos dois automóveis no local estipulado.
A respeito da situação narrada, é CORRETO afirmar que Jonas
a) não deve pagar a Silas as despesas relativas à manutenção dos dois automóveis durante o período ajustado.
b) deve cobrar diretamente de Francisco as despesas referentes ao conserto da porta lateral direita.
c) deve arcar com as despesas referentes à restituição dos dois automóveis no local estipulado.
d) poderá reter integralmente o valor da contraprestação em dinheiro devido a Silas, tendo em vista a ocorrência do acidente com um dos automóveis.

5. (OAB/Unificado/CESPE/UnB/2009.3) No que se refere aos contratos, assinale a opção CORRETA.
a) Somente é lícito às partes estipular contratos tipificados no Código Civil.
b) O tutor pode dar em comodato, sem autorização especial, as coisas confiadas à sua guarda, desde que o faça para atender às necessidades do tutelado.
c) O mandato escrito é materializado por meio da procuração, como ocorre com o mandato judicial que o advogado recebe de seu cliente.
d) Dono de hotel, por não ser considerado depositário, não responde por roubo de bagagem dos hóspedes, efetuado pelos empregados dentre do estabelecimento.

6. (TRF/3ª Região/Juiz Federal/XV Concurso/2010) Assinale a alternativa CORRETA:
O mandato:
a) É modalidade de contrato de prestação de serviço de advocacia;
b) O mandato para o foro em geral não se impõe seja dado ao advogado;
c) A nomeação de outro mandatário para o mesmo negócio, sem ressalva, constitui revogação tácita do mandato anterior;
d) Ciente da morte do mandante, o mandatário deve fazer cessar todo e qualquer ato ou negócio decorrente da execução do mandato.

7. (TJSP/Outorga de delegações de notas e de registro/6° Concurso/2009) Analise as seguintes assertivas.

I. O mandato para alienar bem imóvel depende de poderes especiais e expressos.
II. Sempre que o mandato contiver cláusula de irrevogabilidade e o mandante o revogar, tal revogação será ineficaz.
III. O maior de dezesseis anos e o menor de dezoito anos não emancipado podem ser mandatários.
IV. Os atos praticados por quem não tenha mandato, ou o tenha sem poderes suficientes, são ineficazes em relação àquele em cujo nome foram praticados, salvo se este os ratificar.

Está CORRETO apenas o contido em
a) I, II e III.
b) I, II e IV.
c) I, III e IV.
d) II, III e IV.

8. (OAB/SP/2007) Sobre o mandato, é ERRADO afirmar que
a) o noivo pode ser representado por mandatário na celebração do casamento.
b) outorgado mandato por instrumento público com o fim especial de o mandatário alugar a casa do mandante, eventual substabelecimento pode ser feito por instrumento particular.
c) o mandato pode ser verbal.
d) é nulo o mandato que contiver a cláusula "em causa própria".

9. (TRT/13ª Região/Juiz do Trabalho/2006) Quando se fala em mandato, como espécie de contrato, qual das alternativas abaixo está INCORRETA:
a) ainda quando se outorgue mandato por instrumento público, pode substabelecer-se mediante instrumento particular.
b) a aceitação do mandato pode ser tácita, e resulta do começo da execução.
c) o mandato em termos gerais só confere poderes de administração; para alienar, hipotecar, transigir ou praticar outros quaisquer atos que exorbitem da administração ordinária, depende a procuração de poderes especiais e expressos.
d) o maior de dezesseis e menor de dezoito não emancipado não podem ser mandatários.
e) o mandatário que exceder os poderes do mandato, ou proceder contra eles, será considerado mero gestor de negócios, enquanto o mandante não lhe ratificar os atos.

10. (TJSP/Juiz de Direito/183° Concurso/2011) Assinale a alternativa CORRETA.
a) A outorga de mandato por instrumento público exige que o substabelecimento seja feito pela mesma forma.
b) O mandato pode ser verbal, ainda que o ato deva ser celebrado por escrito.
c) Se os mandatários forem declarados conjuntos, qualquer deles poderá exercer os poderes outorgados.
d) Sendo omissa a procuração quanto ao substabelecimento, o procurador será responsável se o substabelecido proceder culposamente.

11. (MP/MG/Promotor de Justiça/51° Concurso/22.8.2011) Quanto à cessação do mandato, é INCORRETO afirmar que ela ocorre pelo(a):
a) desídia do mandatário.
b) revogação ou renúncia.
c) morte ou interdição de uma das partes.
d) término do prazo ou conclusão do negócio.

12. (OAB/MG/2005) Sobre o mandato judicial, é INCORRETO afirmar que
a) extingue-se pela renúncia.
b) não admite a revogação.
c) rege-se exclusivamente pelas normas do Estatuto da Advocacia e da Ordem dos Advogados do Brasil.
d) não permite que o mandatário retenha valores suficientes ao pagamento do que lhe é devido pelo cumprimento do mandato.

13. (TCE/MA/Auditor/2005) Com relação ao mandato é CORRETO afirmar que

a) ainda quando se outorgue mandato por instrumento público, pode substabelecer-se mediante instrumento particular.
b) o mandato em termos gerais confere poderes de administração, inclusive para alienar, hipotecar ou transigir.
c) o mandatário pode compensar os prejuízos a que deu causa com os proveitos que, por outro lado, tenha granjeado ao seu constituinte.
d) tendo o mandatário conhecimento da morte, interdição ou mudança de estado do mandante, não poderá, em nenhuma hipótese, começar ou concluir negócio já começado.
e) quando a cláusula de irrevogabilidade for condição de um negócio bilateral a renovação do mandato será eficaz, porém, responderá o mandante por perdas e danos.

14. (MP/SP/Promotor de Justiça/88° Concurso/3.8.2011) Considere as assertivas a seguir:

I. decorridos 4 (quatro) anos, o Contrato de Prestação de Serviços é considerado findo, independentemente da conclusão dos serviços;
II. o mandato outorgado por meio de instrumento público somente admite substabelecimento por instrumento público;
III. na doação sujeita a encargo, o silêncio do donatário, no prazo fixado pelo doador, não implica aceitação da doação.

É verdadeiro o que se afirma em
a) I, apenas.
b) I e II, apenas.
c) I e III, apenas.
d) II e III, apenas.
e) I, II e III.

15. (TJ/GO/Juiz de Direito/Fundação Carlos Chagas/2012) Uma pessoa outorga poderes a outra, para que alugue um imóvel de sua propriedade. O mandante determina que o imóvel não seja alugado para pessoa jurídica pública nem por valor inferior a R$ 5.000,00 mensais. O mandatário aluga o imóvel por R$ 4.000,00 ao município, para instalação de uma repartição pública. Neste caso, o mandante deverá

a) ajuizar ação anulatória do negócio jurídico contratado pelo mandatário, com alegação de erro.
b) notificar o locatário, exigindo a sua saída do imóvel por não terem sido respeitadas as determinações do mandante.
c) ajuizar ação declaratória de nulidade absoluta do negócio jurídico celebrado pelo mandatário, com fundamento na inobservância das instruções.
d) ajuizar ação de perdas e danos contra o mandatário, uma vez que não poderá anular o negócio jurídico feito com terceiro.
e) ajuizar ação revisional de aluguel contra o locatário somente para ajustar o preço da locação do imóvel, desde o início da locação.

16. (TJ/MG/Juiz de Direito/VUNESP/2012) Com relação ao mandato, assinale a alternativa que apresenta informação INCORRETA.

a) Ainda quando se outorgue mandato por instrumento público, pode substabelecer-se mediante instrumento particular.
b) Opera-se o mandato quando alguém recebe de outrem poderes para, em seu nome, praticar atos ou administrar interesses.
c) Na falta de previsão no contrato ou na lei, a retribuição no mandato oneroso poderá ser determinada pelos usos do lugar ou, na falta destes, por arbitramento.
d) O mandatário não tem o direito de reter, do objeto da operação que lhe foi cometida, o que baste para pagamento do que lhe for devido em consequência do mandato.

17. (OAB/X Exame de Ordem Unificado/Fundação Getulio Vargas/2013) De acordo com o Código Civil, opera-se o mandato quando alguém recebe de outrem poderes para, em nome deste, praticar atos ou administrar interesses. Daniel outorgou a Heron, por instrumento público, poderes especiais e expressos, por prazo indeterminado, para vender sua casa na Rua da Abolição, em Salvador, Bahia. Ocorre que, três dias depois de lavrada e assinada a procuração, em viagem para um congresso realizado no exterior, Daniel sofre um acidente automobilístico e vem a falecer,

quando ainda fora do país. Heron, no mesmo dia da morte de Daniel, ignorando o óbito, vende a casa para Fábio, que a compra, estando ambos de boa-fé.

De acordo com a situação narrada, assinale a afirmativa CORRETA.

a) A compra e venda é nula, em razão de ter cessado o mandato automaticamente, com a morte do mandante.
b) A compra e venda é válida, em relação aos contratantes.
c) A compra e venda é inválida, em razão de ter o mandato sido celebrado por prazo indeterminado, quando deveria, no caso, ter termo certo.
d) A compra e venda é anulável pelos herdeiros de Daniel, que podem escolher entre corroborar o negócio realizado em nome do mandante falecido, revogá-lo, ou cobrar indenização do mandatário.

18. (TRT/1ª Região/Juiz do Trabalho/Fundação Carlos Chagas/2013) Sobre o mandato, é CORRETO afirmar que:

a) Ainda quando se outorgue mandato por instrumento público, pode substabelecer-se mediante instrumento particular.
b) O mandato em termos gerais confere poderes de administração, bem como para alienar bens móveis e transigir, dependendo o mandatário de poderes especiais e expressos para alienar e hipotecar bens imóveis.
c) O mandato presume-se oneroso, salvo estipulação contrária prevendo sua gratuidade.
d) O mandato pode ser expresso ou tácito, mas sua aceitação deverá ser sempre expressa.
e) A outorga do mandato está sujeita à forma exigida por lei para o ato a ser praticado, admitindo mandato verbal quando o ato deva ser celebrado por escrito.

19. (Fazenda Estadual/PI/Auditor Fiscal/Fundação Carlos Chagas/2015) De acordo com o Código Civil, o depósito

a) obriga a restituição da coisa, em regra, no lugar em que tiver sido celebrado o negócio, ainda que não seja o mesmo em que a coisa tenha sido guardada.
b) transfere ao depositário o domínio de bem móvel e necessariamente infungível.
c) obriga o depositário a pagar as despesas feitas com a coisa.
d) é oneroso, em regra.
e) não autoriza o depositário a servir-se da coisa depositada, salvo licença expressa do depositante.

20. (TRT/2ª Região/Juiz do Trabalho/XLI Concurso/2016) Com relação aos contratos em espécie, assinale a alternativa CORRETA:

a) Não podem ser objeto de compra e venda, ou cessão de crédito, envolvendo os respectivos servidores públicos, os bens da pessoa jurídica a que servirem, salvo se adquiridos por meio de regular hasta pública.
b) Firmado contrato de empreitada de obra certa, os serviços e os materiais pertinentes presumem-se incluídos, salvo se o contrário dispuserem os contratantes.
c) O doador pode fixar prazo para o aceite do donatário, presumindo-se o aceite se o donatário não o declarar no prazo dado, salvo se a doação for sujeita a encargo.
d) O herdeiro do depositário, que de boa-fé vendeu a coisa depositada, é obrigado a restituir ao depositante o preço recebido, mais perdas e danos.
e) Os atos praticados por quem não tenha mandato, ou o tenha sem poderes suficientes, são nulos em relação àquele em cujo nome foram praticados.

21. (TJ/SP/Juiz de Direito/187º Concurso/VUNESP/2017) José outorga mandato verbal a advogado para em seu nome propor ação de revisão de benefício previdenciário. A ação é julgada improcedente em primeiro grau e o advogado perde o prazo para interpor apelação. Entendendo que poderia ter sido vencedor na referida ação, José propõe ação de indenização, pleiteando a condenação do advogado ao pagamento de indenização por dano material correspondente ao valor que receberia na ação de revisão, caso esta fosse procedente, e por dano moral. A ação de indenização é julgada procedente. Assinale a alternativa que corresponde CORRETAMENTE aos fundamentos adotados na sentença.

a) Conduta negligente do advogado, decorrente de responsabilidade contratual pelo fato do serviço e do descumprimento de obrigação de resultado.

b) Conduta ilícita do advogado pela perda de uma chance, decorrente de responsabilidade contratual objetiva, independentemente da existência de culpa.
c) Conduta negligente do advogado, decorrente de responsabilidade contratual e do descumprimento da obrigação de aplicar a diligência habitual na execução do mandato.
d) Conduta ilícita do advogado pela perda de uma chance, decorrente de culpa aquiliana e do descumprimento de dever comum de cuidado na prática de atividade profissional.

■ GABARITO ■

1. "a". *Vide* art. 628 do CC, segundo o qual o contrato de depósito é gratuito, exceto se houver convenção em contrário.
2. "d". *Vide* arts. 651, 627 e 646 do CC.
3. "b". Em se tratando de contrato com previsão de pagamento exclusivamente *ad exitum*, obviamente Lúcia somente fará jus aos honorários após o julgamento de mérito favorável.
4. "c". *Vide* art. 631, 2ª parte, do CC.
5. "c". *Vide* art. 653, 2ª parte.
6. "c". *Vide* art. 687 do CC.
7. "c". I — *Vide* art. 661, § 1º, do CC; III — *Vide* art. 666 do CC; IV — *Vide* art. 662 do CC.
8. "d". *Vide* art. 685 do CC.
9. "d". *Vide* art. 666 do CC.
10. "d". *Vide* art. 667 do CC.
11. "a". *Vide* art. 682 do CC.
12. "c". *Vide* art. 692 do CC.
13. "a". *Vide* art. 655 do CC.
14. "c". I — *Vide* art. 598, 2ª parte, do CC; III — *Vide* art. 539, 2ª parte, do CC.
15. "d". *Vide* art. 679 do CC.
16. "d". *Vide* art. 664 do CC.
17. "b". *Vide* art. 689 do CC.
18. "a". *Vide* art. 655 do CC.
19. "e". *Vide* art. 640 do CC.
20. "c". *Vide* art. 539 do CC.
21. "c". *Vide* decisão sobre negligência de advogado que deixa prescrever o direito de seu constituinte em RT, 749:267.

12

DA COMISSÃO

12.1. CONCEITO

Pelo contrato de comissão, um dos contraentes, denominado **comissário**, obriga-se a realizar negócios em favor do outro, intitulado **comitente**, segundo instruções deste, porém em nome daquele. O comissário obriga-se, portanto, perante terceiros **em seu próprio nome**, figurando no contrato como parte. Neste, em geral, não consta o nome do comitente, porque o comissário age em nome próprio. Nada impede, contudo, que venha a constar, por conveniência de melhor divulgação do produto e incrementação dos negócios[1].

Semelhança e diferença em relação ao mandato

O Código Comercial disciplinava o contrato de comissão mercantil nos arts. 165 a 190. Como esse contrato pode ter **conteúdo civil**, o Código Civil de 2002, que revogou os citados dispositivos do Código Comercial, dedicou-lhe um capítulo próprio, dos arts. 693 a 709, restrito à compra e venda de bens. Segundo o art. 693 do novo diploma, é contrato de comissão o que "tem por objeto a aquisição ou a venda de bens pelo comissário, em seu próprio nome, à conta do comitente".

A hipótese em que o mandatário age em seu próprio nome aproxima-se da comissão. Todavia, como regra geral, o **mandatário** age em nome do mandante, representando-o, o que não ocorre no contrato de **comissão**. Neste, há outorga de poderes sem representação (*Vide* o quadro esquemático do item 12.4, *infra*).

Tipo contratual autônomo

No atual Código Civil, o contrato de comissão é tipo contratual **autônomo**, que se rege por normas próprias, peculiares e distintas do mandato. A sua aplicação ocorre, geralmente, na atividade de exportação, ligada a empresas multinacionais. Hodiernamente, todavia, vem sendo utilizado no comércio de bancas de revistas e

[1] O contrato de comissão foi muito utilizado em nosso país, no passado, no mercado de café, na praça de Santos, como rememora Sílvio Venosa: "Os comissários atuavam nas operações de exportação, armazenagem e venda interna de café, acumulando as funções de banqueiros e concluindo contratos de diversas naturezas. Sua atividade foi sendo reduzida com o surgimento das cooperativas agrícolas e o sistema de crédito rural implantado pelo Banco do Brasil, ficando restrita praticamente à atividade de exportação, ligada a empresas multinacionais" (*Direito civil*, v. III, p. 552-553).

jornais e de vendas ambulantes de cosméticos e de utilidades do lar, no comércio de veículos usados e de produtos agrícolas, entre outros.

■ Objeto do contrato

O objeto do contrato de comissão "é a **compra ou venda de bens por conta de outrem**", muito embora as pessoas com quem trata o comissário não conheçam o comitente[2]. Malgrado o art. 693 apenas mencione que o aludido contrato tem por objeto "a aquisição ou a venda de bens pelo comissário", sem distinguir entre bens móveis e imóveis, o sistema jurídico de transmissão da propriedade vigente no Brasil permite afirmar que "só se tornam passíveis de alienação por atuação do comissário **os bens móveis**, jamais os imóveis"[3].

Contrato de comissão, portanto, é aquele pelo qual uma pessoa, denominada comitente, encarrega a outra, intitulada comissário, de adquirir ou vender **bens móveis**, mediante remuneração, agindo esta em nome próprio e obrigando-se para com terceiros com quem contrata, mas por conta daquela.

■ 12.2. NATUREZA JURÍDICA

No concernente à natureza jurídica, o contrato de comissão é:

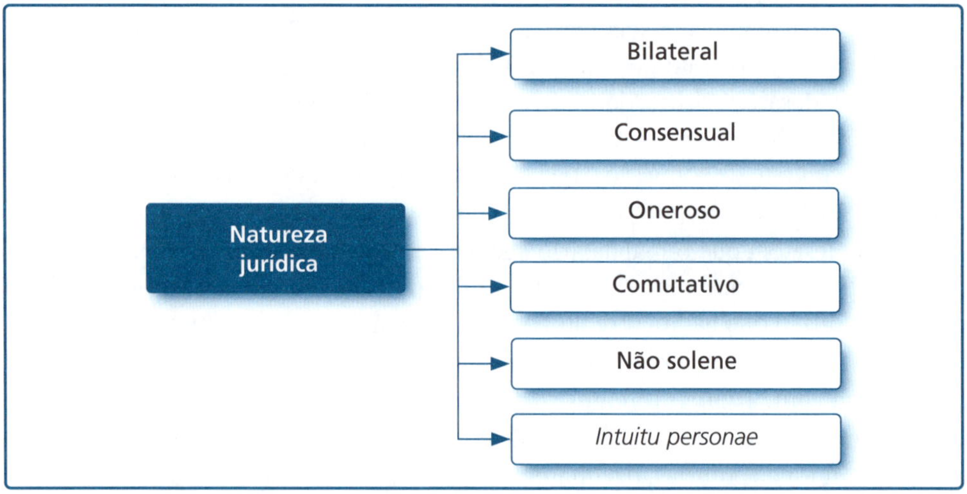

■ **Bilateral ou sinalagmático**, uma vez que gera obrigações para o comitente e para o comissário: este tem de realizar a alienação ou aquisição a que se obrigou, e aquele tem de prestar-lhe a remuneração ajustada.

■ **Consensual**, porque se aperfeiçoa com o acordo de vontades, independentemente da entrega do objeto e de qualquer solenidade especial.

---

2 Arnoldo Wald, *Obrigações e contratos*, p. 472, n. 170.

3 Humberto Theodoro Júnior, Do contrato de comissão, p. 33-34.

- **Oneroso**, pois ambos os contratantes obtêm proveito, tendo o comissário direito à contraprestação ou comissão pelos serviços prestados. Por sua natureza, opõe-se a qualquer ideia de liberalidade ou doação.
- **Comutativo**, tendo em vista que as obrigações recíprocas são certas e conhecidas das partes. Se uma delas não cumpre a que assumiu, a outra pode deixar de executar a sua, invocando a *exceptio non adimpleti contractus*.
- **Não solene**, visto que não está adstrito a forma prescrita em lei, podendo ser celebrado verbalmente e provado por todos os meios de prova permitidos em direito, inclusive por verificação dos livros mercantis do comissário.
- ***Intuitu personae***, por ser celebrado em consideração à pessoa do comissário, levando-se em conta as suas qualidades específicas e profissionais, como competência e honestidade, que a credenciam à realização do negócio.

12.3. REMUNERAÇÃO DO COMISSÁRIO

A comissão costuma ser **convencionada** pelas partes em porcentagem sobre os valores das vendas ou de outros negócios. Não estipulada, "será ela **arbitrada** segundo os usos correntes no lugar" (CC, art. 701). É devida a retribuição desde o momento da conclusão do negócio. Se o cumprimento do encargo foi apenas **parcial**, o comissário fará jus à remuneração **proporcional** aos atos praticados, bem como ao reembolso das importâncias despendidas em razão do trabalho realizado.

Em caso de **morte do comissário**, ou quando, por motivo de **força maior**, não puder concluir o negócio, "será devida pelo comitente uma remuneração **proporcional** aos trabalhos realizados" (CC, art. 702). A morte do **comissário**, por se tratar de contrato personalíssimo, sempre extingue o contrato, se a atividade é exercida de forma individual. A do **comitente** produz o mesmo efeito: **extingue-se o contrato e serão prestadas as contas**.

Ainda que tenha dado motivo à dispensa, terá o comissário direito a ser "remunerado pelos **serviços úteis** prestados ao comitente, ressalvado a este o direito de exigir daquele os prejuízos sofridos" (CC, art. 703). Se o comissário for despedido **sem justa causa**, terá direito a ser "remunerado pelos trabalhos prestados, bem como a ser ressarcido pelas perdas e danos resultantes de sua dispensa" (CC, art. 705). A despedida imotivada gera o direito às **perdas e danos** decorrentes da dispensa.

Dispõe o art. 708 do Código Civil: "Para reembolso das despesas feitas, bem como para recebimento das comissões devidas, tem o comissário **direito de retenção** sobre os bens e valores em seu poder em virtude da comissão".

12.4. CARACTERÍSTICAS DO CONTRATO DE COMISSÃO

O contrato de comissão é regulado no Código Civil como um **contrato típico**, e não como subespécie de mandato. É, como foi dito, figura contratual **autônoma**, que se rege por normas específicas, distintas das concernentes a este (arts. 693 a 700).

■ **Personagens.** Denomina-se **comitente** a parte que encarrega outra pessoa de comprar ou vender bens móveis segundo as suas instruções e no seu interesse. **Comissário** é a outra parte, a que realiza os negócios por conta ou em favor do comitente, nos limites das instruções recebidas, mediante retribuição denominada **comissão**.

■ **Contrato de comissão e contrato de mandato. Distinções.** O **mandato** é disciplinado como contrato pelo qual alguém, denominado mandatário, recebe poderes de outrem, intitulado mandante, para "em seu nome" praticar atos ou administrar interesses (CC, art. 653). A **comissão**, todavia, é contrato que impõe a uma pessoa, denominada comissário, o encargo de adquirir ou vender "bens em nome próprio", mas à conta do comitente (art. 693). Em resumo:

COMISSÃO	MANDATO
■ O comissário age sempre em seu próprio nome, sendo o comitente desconhecido	■ O mandatário age sempre em nome do mandante, e, portanto, este é conhecido
■ A comissão tem sempre por objeto negócios determinados	■ O mandato pode versar sobre atos que ficam sujeitos à deliberação e arbítrio do mandatário
■ O comissário integra o contrato como parte contratante	■ O mandatário não integra o contrato, limitando-se a atuar segundo as ordens do mandante
■ O comissário não é obrigado a declarar o nome do comitente	■ O mandatário não age em nome próprio e, por isso, o terceiro que com ele contrata sabe que ele está a agir em nome de determinado mandante

Prescreve o art. 709 do Código Civil, reconhecendo a similitude e afinidade existentes entre as duas espécies de contrato, que "são aplicáveis à comissão, no que couber, as regras sobre mandato". Longe de igualá-los, a disposição em apreço reconhece tratar-se de institutos diversos, malgrado os pontos de contato existentes, admitindo a subsidiariedade somente "no que couber".

■ **Contrato de comissão e contrato de agência ou representação comercial.** O contrato de comissão distingue-se também do contrato de agência ou representação comercial, embora ambos tenham igual objetivo mercadológico. Senão, vejamos:

COMISSÃO	AGÊNCIA OU REPRESENTAÇÃO
■ Mesmo não tendo representação, o comissário se encarrega de realizar negócio jurídico de interesse do comitente. Concluindo o negócio em seu nome, será o único responsável pelo contrato firmado com o terceiro.	■ O agente não realiza o negócio, mas se limita aos atos preparatórios que lhe foram incumbidos. Promove ele a negociação, que, no entanto, será concluída e consumada diretamente entre o preponente e o cliente angariado pelo agente. Sua função é exercida no terreno da captação da clientela para o fornecedor.

■ **Contrato de comissão e contrato de corretagem ou mediação.** A comissão difere também da corretagem ou mediação, pois o corretor não passa de um intermediário, que aproxima as pessoas. Assim, vejamos:

COMISSÃO	CORRETAGEM OU MEDIAÇÃO
■ O comissário age como se fosse o dono do negócio, constituindo uma das partes da operação negocial	■ A mediação é exaurida com a conclusão do negócio entre um terceiro e o comitente, graças à atividade de aproximação promovida pelo corretor

■ **Contrato de comissão e contrato estimatório.** É grande a semelhança entre o contrato de comissão e o contrato estimatório, pois ambos se destinam à venda de bens por negociação de outrem, em nome próprio. Diferem, no entanto, no seguinte aspecto:

COMISSÃO	CONTRATO ESTIMATÓRIO
■ O comissário não se propõe a comprar as mercadorias, que ficam apenas em seu poder para procurar um terceiro que possa adquiri-las, sendo remunerado por essa atividade.	■ O consignatário recebe o bem com a finalidade de vendê-lo a terceiro, segundo estimação feita pelo consignante, podendo optar por ficar com o objeto para si, pagando o preço fixado. Se preferir vendê-lo, auferirá lucro no sobrepreço que obtiver.

■ 12.5. DIREITOS DO COMISSÁRIO

O comissário tem os seguintes **direitos:**

■ Reembolso das despesas efetuadas

Dentre os direitos do comissário figura o de ser **reembolsado** das despesas que efetuou, salvo estipulação em contrário, uma vez que, sendo o contrato concluído no interesse do comitente, deve ele suportar as **despesas da operação**. A quantia por ele desembolsada vence **juros** a partir do desembolso (CC, art. 706).

■ Percepção da comissão

Pelo serviço que presta, tem direito o comissário a uma **remuneração** denominada comissão, fixada de acordo com os usos da praça, caso não tenha sido ajustada, como explanado no item *Remuneração do comissário* (12.3, *retro*), ao qual nos reportamos. Pelas comissões ou reembolsos, o comissário é credor **privilegiado** na "**falência ou insolvência** do comitente" (CC, art. 707).

■ Contrato consigo mesmo

Tem sido admitida a celebração de *contrato consigo mesmo* pelo comissário. Em vez de vender o bem a terceiro, **ele próprio o adquire**. Intervém no contrato uma só pessoa, que declara, entretanto, **duas vontades**: a própria, como adquirente, e a que produz efeitos na esfera jurídica da pessoa por conta de quem realiza o contrato.

Sendo ele representante do comitente, que age, porém, em nome próprio, não há empeço, do ponto de vista jurídico, a que realize a operação como contraparte, salvo se aquele a proibir ou o fato caracterizar **conflito de interesses** (CC, art. 117).

■ 12.6. OBRIGAÇÕES DO COMISSÁRIO

O comissário tem as seguintes **obrigações:**

■ Concluir o negócio, agindo de conformidade com as ordens e instruções recebidas do comitente.

Na falta destas, não podendo pedi-las a tempo, deve "proceder segundo os usos em casos semelhantes" (CC, art. 695). Se o comissário se afastar das instruções recebidas, **respondera pelos danos** causados perante o comitente e também perante terceiros (art. 696, parágrafo único).

Todavia, "ter-se-ão por justificados os atos do comissário, se deles houver resultado **vantagem** para o comitente, e ainda no caso em que, não admitindo demora a realização do negócio, o comissário agiu de acordo com **os usos**" (art. 695, parágrafo único).

■ **Agir com cuidado e diligência**

Dispõe, com efeito, o art. 696 do Código Civil que, "no desempenho das suas incumbências o comissário é obrigado a agir com cuidado e diligência, não só para **evitar qualquer prejuízo** ao comitente, mas ainda para lhe proporcionar o **lucro** que razoavelmente se podia esperar do negócio". Somente a **força maior** poderá afastar a sua responsabilidade, como estabelece o parágrafo único do mencionado art. 696 do Código Civil.

Mas "o comissário não responde pela **insolvência** das pessoas com quem tratar, exceto em caso de **culpa**" e "se do contrato constar a cláusula ***del credere***" (CC, arts. 697 e 698). Responde o comissário se, ao tempo da conclusão do negócio, a insolvência do terceiro era **notória**, ou se, vencida a dívida, não se empenhou para haver o pagamento, sobrevindo a insolvência do devedor.

■ **Cumprir as instruções imperativas do comitente**

As consequências do descumprimento das instruções imperativas do comitente vêm especificadas no art. 700 do Código Civil: "Se houver instruções do comitente proibindo prorrogação de prazos para pagamento, ou se esta não for conforme os usos locais, poderá o comitente exigir que o comissário **pague incontinenti ou responda pelas consequências** da dilação concedida, procedendo-se de igual modo se o comissário não der ciência ao comitente dos prazos concedidos e de quem é seu beneficiário".

Estatui o art. 704 do Código Civil que, se não houver estipulação em contrário, "pode o comitente, a qualquer tempo, **alterar as instruções** dadas ao comissário, entendendo-se por elas regidos também os negócios pendentes". O legislador leva em conta a possibilidade de haver modificação da tendência e da dinâmica do mercado, que recomendam a mudança de rumos, ao alvedrio do comitente.

■ 12.7. DIREITOS DO COMITENTE

É **direito** do comitente **alterar**, a qualquer tempo, como mencionado no item anterior, **as instruções dadas ao comissário**, que valerão também para os negócios pendentes, sem que este possa oferecer qualquer reclamação. No entanto, se as novas instruções lhe trouxerem **despesas**, poderá exigir que lhe sejam adiantadas ou ressarcidas. Se lhe causarem prejuízo, terá direito de ser **indenizado**.

■ 12.8. OBRIGAÇÕES DO COMITENTE

O comitente é **obrigado:**

■ **A executar o contrato concluído pelo comissário na conformidade de suas instruções**

Cumpre-lhe colocar as mercadorias, nos casos de venda, à disposição do comissário, antecipadamente ou no prazo fixado para sua entrega. É comum a entrega ao comissário antes da venda, tornando-se este depositário de tais bens. Como o comitente conserva a propriedade das mercadorias depositadas, pode reivindicá-las na falência do comissário[4].

■ **A pagar a remuneração devida sob a forma de comissão, bem como a adiantar o numerário necessário às despesas do comissário**

Deve ainda fornecer as instruções que possibilitem a este o bom desempenho do encargo, sob pena de sujeitar-se às deliberações por ele tomadas, na conformidade dos usos e costumes locais. As pessoas com quem o comissário contratar, agindo em seu próprio nome, **não têm ação contra o comitente**, nem este contra elas, salvo se aquele ceder seus direitos a qualquer das partes — o que lhe é permitido expressamente pelo art. 694 do Código Civil.

■ **A não despedir o comissário sem justa causa**

Se o fizer, retirando os poderes que lhe atribuíra, sem comprovação de culpa, como se se tratasse de uma denúncia vazia, terá o dispensado não só direito a ser remunerado pelos trabalhos prestados, como também "a ser ressarcido pelas perdas e danos resultantes de sua dispensa" (CC, art. 705).

■ 12.9. COMISSÃO *DEL CREDERE*

O comissário não responde, em geral, pela **insolvência** das pessoas com quem tratar, exceto em caso de **culpa** e de constar do contrato a cláusula ***del credere*** (CC, art. 697). Neste último caso, "responderá o comissário **solidariamente** com as pessoas com que houver tratado em nome do comitente, caso em que, salvo estipulação em contrário, o comissário tem direito a remuneração mais elevada, para compensar o ônus assumido" (art. 698).

A referida cláusula visa a estimular o comissário a ser **cuidadoso** na escolha das pessoas com quem realiza negócios, pois, em consequência dela, assume o risco dos negócios, solidariamente com estas. Não se trata de aval ou fiança, mas de **garantia solidária** resultante de acordo de vontades e autorizada por lei.

Pela cláusula de garante, "o comissário compromete-se à liquidez do débito contraído, pelo que se tem entendido apenas cabível nos casos de **vendas a prazo**, porquanto a remuneração exacerbada tem seu escopo e razão de ser nos maiores riscos assumidos pelo comissário"[5].

---

4 Orlando Gomes, *Contratos*, cit., p. 406.

5 Jones Figueirêdo Alves, *Novo Código*, cit., p. 635.

■ 12.10. RESUMO

DA COMISSÃO	
CONCEITO	■ É o contrato pelo qual um dos contraentes, denominado comissário, obriga-se a realizar negócios em favor do outro, intitulado comitente, segundo instruções deste, porém em nome daquele.
CARACTERES	■ É contrato bilateral, consensual, oneroso, comutativo, não solene e *intuitu personae*. ■ O comissário obriga-se perante terceiros em seu próprio nome, figurando no contrato como parte. ■ São aplicáveis à comissão, no que couber, as regras sobre mandato (art. 709).
COMISSÃO *DEL CREDERE*	■ O comissário não responde pela insolvência das pessoas com quem tratar, exceto em caso de culpa e de constar do contrato a cláusula *del credere* (art. 697). Nesse último caso, responderá o comissário solidariamente com as pessoas com que houver contratado em nome do comitente, caso em que, salvo estipulação em contrário, o comissário tem direito a remuneração mais elevada, para compensar o ônus assumido (art. 698).

13

DA AGÊNCIA E DISTRIBUIÇÃO

13.1. CONCEITO

Dispõe o art. 710 do Código Civil: "Pelo **contrato de agência**, uma pessoa assume, em caráter não eventual e sem vínculos de dependência, a obrigação de promover, à conta de outra, mediante retribuição, a realização de certos negócios, em zona determinada, caracterizando-se a **distribuição** quando o agente tiver à sua disposição a coisa a ser negociada. Parágrafo único. O proponente pode conferir poderes ao agente para que este o represente na conclusão dos contratos".

Configura-se, portanto, o **contrato de agência** quando uma pessoa assume, com autonomia, a obrigação de promover habitualmente, por conta de outra, mediante remuneração, a realização de certos negócios, em zona determinada. E o de **distribuição**, quando a coisa a ser negociada estiver à disposição do agente.

13.2. CONTRATO DE REPRESENTAÇÃO COMERCIAL AUTÔNOMA

Quando ocorre a situação prevista no parágrafo único supratranscrito, em que o proponente confere poderes ao agente para que este o represente na conclusão dos contratos, **configura-se o contrato de representação comercial autônoma**, regido pela Lei n. 4.886, de 9 de dezembro de 1965, com as alterações feitas pela Lei n. 8.420, de 8 de maio de 1992. Neste, as partes **necessariamente** serão **empresárias**.

No contrato de agência, regulamentado pelo novo Código Civil, não é necessário que o agente ou o proponente sejam empresários, como sucede, por exemplo, com o agente de um atleta profissional ou de renomado ator ou cantor.

13.3. APLICAÇÃO SUBSIDIÁRIA DAS REGRAS DO MANDATO E DA COMISSÃO

Preceitua o art. 721 do Código Civil que "aplicam-se ao contrato de agência e distribuição, no que couber, as regras concernentes **ao mandato e à comissão** e as constantes de **lei especial**".

A expressão **"no que couber"** indica que se trata de aplicação subsidiária, preponderando as normas específicas traçadas no novo diploma para os contratos de agência e distribuição. O agente atua como **promotor de negócios** em favor de uma ou mais empresas, em determinadas praças. **Não é corretor**, porque **não efetua a conclusão** dos negócios jurídicos. Não é **mandatário**, nem **procurador**, tampouco **empregado ou prestador de serviço** no sentido técnico. Fomenta o negócio do agenciado, mas não o representa, nem com ele possui vínculo trabalhista. Efetua a coleta de propostas ou pedidos para transmiti-los ao representado.

Como exemplos de pessoas que exercem essa atividade podem ser citados os agentes de seguros, de aplicações financeiras, de atividades artísticas, podendo ser lembrada, ainda, a atividade do agente que se encarrega de indicar novos atletas de futebol ou de outro esporte para determinada agremiação esportiva.

13.4. NATUREZA JURÍDICA

O contrato de agência tem a mesma natureza jurídica do contrato de comissão. É, assim:

- bilateral ou sinalagmático;
- consensual;
- oneroso;
- comutativo;
- não solene; e
- *intuitu personae* (*v.* item 12.2, *retro*).

13.5. CARACTERÍSTICAS DO CONTRATO DE AGÊNCIA

Da conceituação legal (CC, art. 710), deduz-se que o contrato de agência envolve:

- **Relação de independência hierárquica** entre representante e representado, pois aquele age com autonomia na organização de seu negócio e na promoção dos negócios do último, embora deva cumprir programas e instruções do preponente.
- **Prática não eventual da atividade** em prol do representado. A atividade do agente não se limita a determinado negócio, mas a uma atuação **habitual**, de modo que se estabeleça um vínculo duradouro entre as partes.
- **Intermediação e promoção de negócios** de interesse do representado, que são realizados à conta deste.
- **Pagamento de uma remuneração ou retribuição** dos serviços agenciados, conferindo ao contrato o caráter de bilateral, comutativo e oneroso.
- **Delimitação da zona** onde os serviços são prestados. Compete ao agente praticar o agenciamento dentro de um **território** estipulado pelo contrato, ou algo que a isso corresponda, como determinado setor ou determinada categoria de pessoas[1].

A lei não exige a forma escrita. Por essa razão, prova-se o contrato **por todos os meios em direito admitidos**, especialmente troca de correspondência, notas fiscais, formulários de pedidos, publicidade, conduta e comportamento das partes.

---

1 José Maria Trepat Cases, *Código Civil comentado*, v. VIII, p. 54; Humberto Theodoro Júnior, Do contrato de agência e distribuição no novo Código Civil, *RT*, 812/22.

■ 13.6. CARACTERÍSTICAS DO CONTRATO DE DISTRIBUIÇÃO

O Código Civil de 2002 trata conjuntamente dos contratos de **agência** e **distribuição**, uma vez que não são, a rigor, dois contratos distintos, mas o mesmo contrato de agência, no qual se pode atribuir maior ou menor soma de funções ao preposto. O aludido diploma os distingue pelo fato de, no primeiro, não ter o agente a disposição da coisa a ser negociada. Caracteriza-se a **distribuição**, diz o art. 710, "quando o agente tiver **à sua disposição** a coisa a ser negociada".

Assinala Humberto Theodoro que, a teor do mencionado dispositivo legal, a **distribuição** não é a revenda feita pelo agente. Este nunca compra a mercadoria do preponente. Ele **age como depositário** apenas da mercadoria a este pertencente, de maneira que, ao concluir a compra e venda e promover a entrega de produtos ao comprador, **não age em nome próprio**, mas o faz em nome e por conta da empresa que representa. Em vez de atuar como vendedor, atua como mandatário do vendedor. Tal contrato difere do **contrato de concessão comercial**, este, sim, baseado na revenda de mercadorias e sujeito a princípios que nem sequer foram reduzidos a contrato típico pelo Código Civil[2].

Tem a jurisprudência respeitado a **liberdade de contratar** e também a de **extinguir o contrato**, seja ao seu termo final, seja pela denúncia unilateral do contrato de termo indeterminado, seja, finalmente, pela negativa de renovação do contrato[3]. O simples exercício do **direito de resilir** o contrato unilateralmente no seu vencimento, desde que cumprida a exigência de notificação prévia do distribuidor com a antecedência estipulada no contrato, não constitui conduta ilícita e, em decorrência, não acarreta a obrigação de indenizar perdas e danos.

Em caso de contrato por **prazo indeterminado**, "qualquer das partes poderá resolvê-lo, mediante **aviso prévio** de noventa dias, desde que transcorrido prazo compatível com a natureza e o vulto do investimento exigido do agente" (CC, art. 720). No caso de divergência entre as partes, "o juiz decidirá da razoabilidade do prazo e do valor devido" (parágrafo único).

■ 13.7. REMUNERAÇÃO DO AGENTE

Segundo dispõe o art. 714 do Código Civil, salvo estipulação em contrário, "o agente ou distribuidor terá direito à **remuneração** correspondente aos negócios concluídos dentro de sua **zona**, ainda que **sem a sua interferência**". O proponente não pode constituir, ao mesmo tempo, "mais de um agente, na mesma zona, com idêntica incumbência", **salvo estipulação diversa**; "nem pode o agente assumir o encargo de nela tratar de negócios do mesmo gênero, à conta de outros proponentes" (CC, art. 711).

Por conseguinte, se o proponente realiza, ainda que indiretamente, negócios que competiam ao agente, **deve pagar a este a remuneração**. Em geral, esta é estipulada

---

[2] Do contrato de agência, cit., p. 23.

[3] Adriana Mandim Theodoro de Mello e Humberto Theodoro Júnior, *Apontamentos sobre a responsabilidade civil na denúncia dos contratos de distribuição, franquia e concessão comercial*, p. 36.

em porcentagem sobre os negócios bem-sucedidos, podendo também ser fixa. Se não adotado nenhum critério para a remuneração devida ao agente, "será ela **arbitrada** segundo os usos correntes no lugar", como preceitua o art. 701 do Código Civil, aplicável à agência e à distribuição.

É permitido às partes **dispor de forma diferente**, admitindo-se mais de um distribuidor para a mesma área. Se o contrato não contiver, neste caso, cláusula sobre a divisão da remuneração devida em caso de negociação concluída sem a interferência dos agentes ou distribuidores, o *quantum* será partilhado por igual entre eles.

O agente encaminha as propostas e terá direito à **indenização** se o proponente, **sem justa causa**, "cessar o atendimento" destas "ou reduzi-lo tanto que se torna antieconômica a continuação do contrato" (CC, art. 715). A remuneração será devida ao agente "também quando o negócio deixar de ser realizado por fato imputável ao proponente" (art. 716). Se o agente cumpre a sua parte, promovendo a aproximação útil das partes, e o negócio não se conclui por desinteresse ou negligência do proponente, terá aquele **direito à remuneração** pelos serviços prestados de forma diligente. O **fortuito e a força maior**, como uma greve ou um fenômeno inevitável e imprevisível da natureza, que impedem, por exemplo, a realização do espetáculo teatral ou do *show* musical agenciados, **excluem, todavia, a responsabilidade do proponente**.

Na mesma linha, dispõe o art. 717 do aludido diploma: "Ainda que dispensado por **justa causa**, terá o agente direito a ser **remunerado** pelos serviços úteis prestados ao proponente, sem embargo de haver este perdas e danos pelos prejuízos sofridos". A importância da aproximação útil é destacada no aludido dispositivo. Nem mesmo a justa causa, motivada pelo agente ou distribuidor, acarreta a perda do direito à retribuição pelos serviços úteis por estes prestados. Não fosse assim, o agenciado experimentaria uma vantagem indevida, incompatível com o princípio da boa-fé contratual consagrado no art. 422 do novo Código.

Já a parte final do mencionado art. 717 estabelece que o **proponente**, por sua vez, prejudicado pelo ato do agente configurador da justa causa que motivou a resilição do contrato, tem o direito de haver deste **"perdas e danos"**. Neste caso, poderá haver a **compensação** dos valores devidos por ambas as partes, desde que líquidos[4]. Mesmo quando o agente "não puder continuar o trabalho por motivo de **força maior**, terá **direito à remuneração** correspondente aos serviços realizados, cabendo esse direito aos herdeiros no caso de morte" (CC, art. 719). O dispositivo reitera o princípio de que serviço efetivamente prestado pelo agente ou distribuidor deve ser retribuído. Mais uma vez, objetiva a lei evitar o **enriquecimento sem causa** da parte favorecida pelo resultado útil do serviço.

O art. 718 do Código Civil, por sua vez, trata da **resilição unilateral** do contrato de agência ou distribuição **sem culpa** do agente ou distribuidor. Neste caso,

---

4 José Maria Trepat Cases, *Código Civil*, cit., v. III, p. 82; Jones Figueirêdo Alves, *Novo Código Civil comentado*, p. 649; Sílvio Venosa, *Direito civil*, v. III, p. 631.

este fará jus não só às comissões dos negócios por ele promovidos e não pagas, como também às devidas pelos agenciados utilmente e ainda **pendentes de conclusão** por parte do agenciado. A esses valores devem ser acrescidas as indenizações previstas em lei especial, ou seja, na referida Lei n. 4.886/65, com as alterações da Lei n. 8.420/92.

13.8. DIREITOS DO AGENTE

Prescreve o art. 712 do Código Civil que o "agente, no desempenho que lhe foi cometido, deve agir com toda **diligência**, atendo-se às instruções recebidas do proponente".

Malgrado, portanto, a relativa autonomia na execução dos serviços que presta, o agente ou distribuidor deve exercer sua atividade na conformidade das instruções recebidas, com zelo e dedicação, para o bom e útil desempenho de sua obrigação.

Dentre os principais **direitos do agente** destacam-se os:

- de exclusividade territorial;
- de receber remuneração; e
- de indenização se o proponente, sem justa causa, cessar os fornecimentos ou reduzi-los de tal forma que se torne antieconômica a manutenção do contrato.

13.9. OBRIGAÇÕES DO AGENTE

Incumbem-lhe as seguintes **obrigações:**

- exercer sua atividade com diligência;
- seguir as instruções do agenciado;
- não assumir, na mesma zona, negócios de outros proponentes;
- manter o agenciado informado quanto às condições mercadológicas e solvabilidade dos clientes;
- prestar contas ao proponente dos serviços realizados à sua conta etc.

13.10. DIREITOS DO AGENCIADO

O agenciado, por sua vez, tem direito:

a) à retenção do pagamento por resilição contratual do agente para garantia do ressarcimento que for devido;

b) de exigir que o agente lhe preste contas dos negócios realizados no seu interesse;

c) de outorgar poderes a este para a conclusão de contratos.

13.11. OBRIGAÇÕES DO AGENCIADO

O agenciado, em contrapartida, tem a **obrigação**, dentre outras, de:

- remunerar os serviços promovidos pelo agente;
- não constituir mais de um agente na mesma zona;

■ indenizar o agente na hipótese de, sem justa causa, cessar o atendimento das propostas ou reduzi-las a níveis que tornem antieconômica a continuação da agência[5].

■ 13.12. RESUMO

DA AGÊNCIA E DISTRIBUIÇÃO	
CONCEITO	■ Configura-se o ***contrato de agência*** quando uma pessoa assume, em caráter não eventual e sem vínculos de dependência, a obrigação de promover, à conta de outra, mediante retribuição, a realização de certos negócios, em zona determinada. ■ E o de ***distribuição***, quando o agente tiver à sua disposição a coisa a ser negociada (art. 710).
REGULAMENTAÇÃO	■ Salvo ajuste, o agente ou distribuidor terá direito à remuneração correspondente aos negócios concluídos dentro de sua zona, ainda que sem a sua interferência (art. 714). ■ O proponente pode conferir poderes ao agente para que este o represente na conclusão dos contratos. Nesse caso, caracterizar-se-á o contrato de representação autônoma, regido pela Lei n. 4.886/65. ■ O proponente não pode constituir, ao mesmo tempo, mais de um agente, na mesma zona, com idêntica incumbência, salvo estipulação diversa (art. 711). ■ A remuneração será devida ao agente também quando o negócio deixar de ser realizado por fato imputável ao proponente (art. 716).

[5] José Maria Trepat Cases, *Código Civil*, cit., v. III, p. 55-56.

14

DA CORRETAGEM

14.1. CONCEITO

Contrato de corretagem é aquele pelo qual uma pessoa, não vinculada a outra em virtude de mandato, de prestação de serviços ou por qualquer relação de dependência, obriga-se, mediante remuneração, a **intermediar negócios** para a segunda, conforme as instruções recebidas, fornecendo a esta todas as informações necessárias para que possam ser celebrados exitosamente.

É o que se depreende do art. 722 do Código Civil. O corretor **aproxima pessoas** interessadas na realização de um determinado negócio, fazendo jus a uma retribuição se este se concretizar. A **retribuição** será devida quando a **conclusão do negócio** tenha decorrido exclusivamente dessa aproximação.

14.2. PERSONAGENS

As partes denominam-se **comitente** e **corretor**. O primeiro é o que contrata a intermediação do corretor. A obrigação por este assumida é de **resultado**. Somente fará jus à comissão se houver resultado útil, ou seja, se a aproximação entre o comitente e o terceiro resultar na **efetivação do negócio**.

A propósito, preceitua o art. 725 do Código Civil:

> "A remuneração é devida ao corretor uma vez que tenha conseguido o resultado previsto no contrato de mediação, ou ainda que este não se efetive em virtude de arrependimento das partes".

14.3. CONTRATO TÍPICO E NOMINADO

O contrato de corretagem é tratado no Código Civil como **típico** e **nominado**, em capítulo próprio, pois não se confunde, dadas as suas características, com o **mandato**, a **prestação de serviços**, a **comissão** ou **qualquer outro contrato** que estabeleça vínculo de subordinação. É também chamado de **mediação**, embora esta seja mais ampla, podendo verificar-se em outras modalidades de contrato. O mediador é pessoa neutra, sem vinculação com qualquer das partes, devendo ser imparcial. Procura aproximá-las, para que se conciliem.

■ 14.4. LEGISLAÇÃO ESPECIAL

O art. 729 do novo diploma ressalva expressamente as normas da legislação especial, *verbis*: "Os preceitos sobre corretagem constantes deste Código não excluem a aplicação de outras normas da legislação especial".

A legislação especial é incumbida de tecer normas mais minudentes a respeito da matéria, ficando reservado ao Código Civil o estabelecimento de preceitos genéricos. Em face do regramento do mencionado contrato no Código como contrato típico, **a legislação especial tem aplicação subsidiária ou complementar**.

■ 14.5. REQUISITOS DE VALIDADE DO CONTRATO DE CORRETAGEM

Para a validade do contrato de corretagem exigem-se os mesmos **requisitos gerais**, aplicáveis a todos os contratos:

- capacidade do agente;
- objeto lícito, possível, determinado ou determinável.

Não há forma prescrita em lei para a sua celebração, como se verá a seguir.

Quanto ao **requisito de ordem subjetiva**, pode haver **restrições especiais**, a par das incapacidades genéricas. Assim, por exemplo, os servidores públicos e autárquicos não podem agenciar negócios com a pessoa jurídica a que servem. Os corretores públicos, por sua vez, estão sujeitos a limitações previstas na legislação própria.

■ 14.6. NATUREZA JURÍDICA

A corretagem é contrato:

- **Bilateral** ou **sinalagmático**, porque gera obrigações para ambos os contratantes, uma vez que o corretor se obriga a obter um ou mais negócios para o comitente, e este, por sua vez, obriga-se a pagar a remuneração ajustada ou arbitrada (CC, arts. 722 e 725).

■ **Consensual**, visto que se aperfeiçoa com o acordo de vontades, não exigindo nenhum outro procedimento.

■ **Acessório**, porque prepara a conclusão de outro negócio, que é realizado pelas partes, considerado principal.

■ **Oneroso**, uma vez que ambos os contratantes obtêm proveito, ao qual corresponde um sacrifício: para o comitente, pagamento da comissão e realização do negócio sem o desgaste de procurar interessados; para o corretor, eventual remuneração como contraprestação de seu trabalho e empenho.

■ **Aleatório**, porque o corretor assume o risco do insucesso da aproximação. Pode, no entanto, haver **comutatividade** ou equivalência das prestações em determinadas corretagens, feitas à base de negócios rotineiros, com efeitos mercantis, e nas praticadas por servidores públicos, por exemplo, por corretores de navios[1].

■ **Não solene**, pois não exige forma especial. Basta o acordo de vontades, que se prova por qualquer meio. Destarte, pode concretizar-se "por meios diversos, como, por exemplo, entendimento verbal direto entre o comitente e corretor, telefone, correspondência escrita, computador, fax e outras formas de comunicação"[2].

■ 14.7. ESPÉCIES DE CORRETORES

Os corretores podem ser **livres** e **oficiais**.

■ **Corretores livres —** São pessoas que, **sem nomeação oficial**, exercem, com ou sem exclusividade, a atividade de intermediação de negócios, em caráter contínuo ou intermitente. Como exemplos de corretagem livre menciona-se a de móveis e imóveis, de espetáculos públicos e diversões, de publicidade etc.

■ **Corretores oficiais ou públicos —** São os de valores públicos, de mercadorias, de navios, de seguros e de operações de câmbio, que têm a sua profissão legalmente disciplinada e são investidos em cargo público, cujos atos por esta razão gozam de **fé pública**, estando sujeitos a requisitos especiais para exercê-la, tais como idade, idoneidade e cidadania (Lei n. 6.530/78, regulamentada pelo Dec. n. 81.871/78). Investidos em seu cargo mediante **nomeação governamental**, devem ter matrícula na **Junta Comercial** ou em outro órgão público competente e possuir os livros necessários ao exercício da função, denominados **cadernos manuais**, para registro das operações em que atuaram como intermediários. São ainda obrigados a **prestar fiança**, como garantia de seu bom desempenho.

---

1 Maria Helena Diniz, *Tratado teórico e prático dos contratos*, v. 3, p. 380.

2 Antonio Carlos Mathias Coltro, *Contrato de corretagem imobiliária*, p. 131.

V. a jurisprudência: "Corretagem de imóvel. Comissão ajustada verbalmente. Prova exclusivamente testemunhal. Possibilidade. Valor superior a dez salários mínimos. Irrelevância" (STJ, *RT*, 803/170). "O contrato de corretagem não exige a observância de requisito formal. Basta o acordo de vontades, que se prova por qualquer meio" (*RT*, 426/192). "Acerto de corretagem que se funda em prova testemunhal. Comissão devida em face do caráter informal que permeia esse acordo e da não oponibilidade da regra do art. 401 do CPC [de 1973, atual art. 442] pela sua imperfeição" (STJ, *RT*, 802/184).

■ 14.8. DIREITOS DO CORRETOR

A profissão de corretor de imóveis é disciplinada pela Lei n. 6.530/78, que é a Lei Orgânica da Profissão de Corretor de Imóveis, regulamentada pelo Decreto n. 81.871/78, que limita o seu exercício, no território nacional, ao possuidor de título técnico em transações imobiliárias, inscrito no Conselho Regional de Corretores de Imóveis (CRECI) da circunscrição. O fato de não ser corretor habilitado pode sujeitá-lo a sanções administrativas, mas **não o inibe de receber a remuneração**, sob pena de **o comitente locupletar-se indevidamente** à custa de seu trabalho se não pagá-la[3].

O principal **direito** do corretor é justamente o de **perceber a comissão**. Se "não estiver fixada em lei, nem ajustada entre as partes, será **arbitrada** segundo a natureza do negócio e os usos locais" (CC, art. 724).

■ 14.9. DEVERES DO CORRETOR

Dentre os **deveres** do corretor destacam-se os seguintes:

- o de executar a mediação "com a **diligência e prudência** que o negócio requer", prestando ao cliente, espontaneamente, "todas as informações sobre o andamento dos negócios";
- o de prestar ao cliente, "sob pena de responder por **perdas e danos**", todos os "**esclarecimentos** acerca da **segurança ou do risco** do negócio, das alterações de valores e de outros fatores que possam influir nos resultados da incumbência" (CC, art. 723, parágrafo único, com a redação dada pela Lei n. 12.236, de 19-5-2010).

■ 14.10. A REMUNERAÇÃO DO CORRETOR

■ Direito à percepção da comissão

A principal obrigação do comitente é **pagar a comissão**, na forma convencionada pelas partes, ou segundo o que determinam a lei ou os costumes locais (CC, art. 724). Em princípio, quem usualmente paga a comissão é quem **procura os serviços do corretor**, encarregando-o de procurar determinado negócio.

Não determinando a lei quem deve pagar a corretagem, prevalecem os **usos locais**. Nos contratos de venda, a praxe é a comissão ficar a cargo do vendedor.

Decidiu a 2ª Seção do Superior Tribunal de Justiça, a propósito, em sede de *recurso repetitivo*: "**Validade da cláusula contratual que transfere ao promitente-comprador a obrigação de pagar a comissão de corretagem** nos contratos de promessa de compra e venda de unidade autônoma em regime de incorporação imobiliária, **desde que previamente informado o preço total da aquisição da unidade autônoma, com o destaque do valor da comissão de corretagem**. Abusividade da

---

3 "Mediação de compra e venda de lotes. Negócio consumado. Comissão respectiva devida. Irrelevância de que o mediador não esteja inscrito no Creci, pois trata-se de falta de caráter administrativo, que apenas interessa ao órgão fiscalizador da profissão, não ensejando a nulidade do contrato" (*RT*, 783/329).

cobrança pelo promitente-vendedor do serviço de assessoria técnico-imobiliária (SATI), ou atividade congênere, vinculado à celebração de promessa de compra e venda de imóvel"[4].

A remuneração é denominada **comissão** ou **corretagem** e representa o pagamento do preço do serviço pelo **resultado útil** que o trabalho proporcionou, aproximando as partes e tornando possível a conclusão do negócio.

Momento em que a comissão se torna devida

Não depende ela do recebimento integral do preço ou da execução do contrato. É devida desde que se considere **concluído o negócio**, representado o ajuste final pela assinatura de instrumento particular ou pela entrega do sinal ou arras. Embora o pagamento, em regra, faça-se em dinheiro, não há empeço a que as partes o convencionem de modo diverso[5].

A partir, portanto, do momento em que o contrato é **aperfeiçoado** mediante o acordo de vontades, o corretor faz jus à comissão, ainda que posteriormente venham as partes a **desistir do negócio**. Dispõe, com efeito, o art. 725 do novo Código Civil que "a remuneração é devida ao corretor uma vez que tenha conseguido o resultado previsto no contrato de mediação, ou ainda que este não se efetive em virtude de arrependimento das partes".

A posição do Superior Tribunal de Justiça

A referida Corte tem-se posicionado da seguinte forma: "Proposta aceita pelo comprador. **Desistência posterior**. Resultado útil não configurado. Comissão indevida. Nos termos do entendimento do STJ, a comissão de corretagem só é devida se ocorre a conclusão efetiva do negócio e não há desistência por parte dos contratantes. É indevida a comissão de corretagem se, mesmo após a aceitação da proposta, o comprador se arrepende e **desiste da compra**"[6].

Correta a observação de Pablo Stolze Gagliano e Rodolfo Pamplona Filho no sentido de que "não se pode confundir arrependimento com desistência. **Arrependimento** pressupõe a celebração do negócio, com a retratação posterior, o que é uma

4 STJ, REsp 1.599.521-SP, 2ª Seção, rel. Min. Paulo de Tarso Sanseverino, j. 24-8-2016.

5 Caio Mário da Silva Pereira, *Instituições de direito civil*, v. III, p. 386; Washington de Barros Monteiro, *Curso de direito civil*, v. 5, p. 318.

"Mediação de compra e venda de imóvel. Corretor que realiza a aproximação da vontade das partes, com a efetiva assinatura de instrumento particular de venda e compra do imóvel. Remuneração devida" (*RT*, 804/270).

6 STJ, REsp 753.566-RJ, 3ª T., rel. Min. Nancy Andrighi, j. 17-10-2006.

V. ainda: "Contrato de corretagem. Compra e venda de imóvel. Não realização do negócio. Desistência. Comissão de corretagem indevida. Tribunal de origem alinhado à jurisprudência do STJ. Agravo regimental não provido. Segundo o entendimento firmado no STJ, a comissão de corretagem apenas é devida quando se tem como aperfeiçoado o negócio imobiliário — o que se dá com a efetiva venda do imóvel" (AgRg no AI 719.434-RS, 4ª T., rel. Min. Luis Felipe Salomão, *DJU*, 2-4-2009); "Corretagem. Proposta aceita pelo comprador. Negócio não concretizado. Comissão indevida. A comissão de corretagem só é devida se o negócio é efetivamente concluído e não há desistência por parte dos contratantes" (AgRg no AI 867.805-SP, 3ª T., rel. Min. Humberto Gomes de Barros, *DJU*, 31-10-2007).

situação excepcional. **Desistência**, por sua vez, se situa ainda na fase pré-contratual, motivo pelo qual, não havendo ainda o negócio jurídico principal, não há que se falar em direito à comissão"[7]. Nessa linha, decidiu o Superior Tribunal de Justiça que, nas hipóteses de arrependimento das partes, a comissão por corretagem permanece devida, e que a assinatura da promessa de compra e venda e o pagamento do sinal demonstram que o resultado útil foi alcançado[8].

O corretor perde, no entanto, a comissão **se nulo o negócio** que ensejou o seu pagamento. A simples anulabilidade somente se lhe torna oponível, todavia, se conhecia a causa[9].

■ Negócio realizado diretamente entre as partes

Estatui a primeira parte do art. 726 do Código Civil que, se o negócio, todavia, é efetuado diretamente entre as partes, **"nenhuma remuneração será devida ao corretor"**. Desse modo, se o dono do negócio anuncia diretamente a aceitação de oferta, por exemplo, não está obrigado a pagar comissão a quem quer que seja, porque esta só é devida a quem **intermedeia o negócio** de modo que a sua atividade tenha relação direta com a concretização deste.

Se não houve nenhuma intervenção do corretor, não tendo este contribuído para a aproximação das partes e a obtenção do resultado por elas desejado, nenhuma remuneração é devida.

■ Corretagem ajustada com exclusividade, por escrito

Acrescenta a segunda parte do aludido art. 726 que, se, todavia, "por escrito, for ajustada a corretagem com **exclusividade**, terá o corretor direito à remuneração integral, ainda que realizado o negócio sem a sua mediação, salvo se comprovada sua inércia ou ociosidade". Portanto, ajustada a **corretagem exclusiva**, a solução é outra: a comissão se torna **devida**, ainda que o negócio seja concluído diretamente pelo comitente. Em geral, a chamada **opção de venda**, que configura a exclusividade, é concedida por prazo determinado.

No período estipulado, a atuação do corretor deve ser **plena e produtiva**, sob pena de descaracterizar-se, pela comprovada inércia ou ociosidade, o direito à remuneração, quando efetivada a venda pelo próprio comitente[10]. Observe-se que o mencionado art. 726 exige que a exclusividade seja ajustada **por escrito**. Essa avença é denominada, como foi dito, **opção de venda** e se constitui no documento que traça as regras básicas do negócio, delimitando a atuação do corretor e o prazo de que dispõe para obter o resultado almejado.

■ Conclusão do negócio após o vencimento do prazo concedido ao corretor

Já decidiu o Superior Tribunal de Justiça que o corretor fará jus à sua remuneração se o negócio agenciado for concluído mesmo **após o vencimento do lapso tem-**

---

7 *Novo curso de direito civil*, v. IV, t. 2, p. 410.

8 STJ, REsp 1.339.642-RJ, 3ª T., rel. Min. Nancy Andrighi, j. 12-3-2013.

9 Orlando Gomes, *Contratos*, p. 429.

10 Jones Figueiredo Alves, *Novo Código Civil comentado*, p. 657.

poral previsto na autorização, "desde que com pessoa por ele indicada ainda quando em curso o prazo do credenciamento e nas mesmas bases e condições propostas"[11].

Essa solução é prevista na segunda parte do art. 727 do novo Código Civil, que considera devida a corretagem "se o negócio se realizar após a decorrência do prazo contratual, mas por efeito dos trabalhos do corretor". Igual solução se adotará se, **não havendo prazo determinado**, o dono do negócio "dispensar o corretor, e o negócio se realizar posteriormente, como fruto da sua mediação" (art. 727, primeira parte).

Justifica-se o pagamento da corretagem nesses casos em função do **resultado útil obtido** e para o qual contribuiu o trabalho do corretor.

Negócio efetuado com a intermediação de mais de um corretor

Estabelece por fim o art. 728 do Código Civil que, "se o negócio se concluir com a intermediação de mais de um corretor, a remuneração será paga a todos **em partes iguais**, salvo ajuste em contrário".

O dispositivo não distingue a atuação de cada um, afastando a possibilidade de se proporcionalizar a remuneração com base na maior ou menor participação de cada um na conclusão exitosa do negócio, salvo naturalmente ajuste em contrário. O critério não se afigura o mais justo, especialmente naqueles casos em que um corretor dedica todo o seu tempo na busca da efetivação do negócio, e outro tem uma discreta atuação, de poucos minutos.

Parece-nos que a melhor solução é interpretar a determinação do art. 728, de que a remuneração seja paga a todos os corretores em partes iguais, como endereçada às hipóteses em que **todos eles tenham tido participação equivalente, efetiva e decisiva**, como intermediários, na conclusão do negócio, não devendo ser aplicada quando for evidente a desproporção da atuação de cada um, sob pena de se configurar uma inominável injustiça. Pressupõe a regra, portanto, a participação razoavelmente igualitária.

14.11. RESUMO

DA CORRETAGEM	
CONCEITO	■ É o contrato em que uma pessoa, não ligada a outra em virtude de mandato, de prestação de serviços ou por qualquer relação de dependência, obriga-se a obter para a segunda um ou mais negócios, conforme as instruções recebidas (art. 722).
CARACTERES	■ É contrato bilateral, consensual, acessório, oneroso, aleatório e não solene.
DIREITOS E DEVERES DO CORRETOR	■ A profissão é regida pela Lei n. 6.530/78, regulamentada pelo Decreto n. 81.871/78. ■ O principal direito do mediador é justamente o de perceber a comissão. Se não estiver fixada em lei, nem ajustada entre as partes, será arbitrada segundo a natureza do negócio e os usos locais (art. 724). ■ Quanto aos deveres, destacam-se: **a)** o de executar a mediação com a diligência e prudência que o negócio requer; **b)** o de prestar ao cliente, sob pena de responder por perdas e danos, todos os esclarecimentos que estiverem ao seu alcance (art. 723).

[11] REsp 29.286-RJ, 4ª T., Também decidiu o extinto 2º TACSP: "Corretor de imóveis. Venda ocorrida posteriormente e diretamente pelas mesmas partes aproximadas pelo corretor. Comissão devida sobre o valor real do negócio" (*RT*, 785/285).

15

DO TRANSPORTE

15.1. CONCEITO DE CONTRATO DE TRANSPORTE

Contrato de transporte é aquele em que alguém se obriga, mediante retribuição, a transportar, **de um lugar para outro**, pessoas ou coisas (CC, art. 730).

Observa-se que o contrato de transporte se compõe de três **elementos:**

- o transportador;
- o passageiro; e
- a transladação.

O **passageiro** pode ser o que adquiriu a passagem ou o que a recebeu deste. No tocante à **transladação**, é necessário que haja transferência ou remoção **de um lugar para outro**, ainda que não se percorra uma distância geográfica. É possível efetuar-se o transporte dentro da própria casa, do próprio prédio, de um andar para outro, do térreo para a cobertura. Em todos esses casos há transladação.

Não basta, todavia, efetuar o deslocamento de pessoas e coisas de um lugar para outro. É mister que **o objeto da avença seja especificamente o deslocamento**, pois a relação de transporte pode apresentar-se como **acessória** de outro negócio jurídico, como na hipótese em que o fabricante vende uma mercadoria que deverá ser entregue em outra praça. Se o transporte é **secundário ou acessório** de outra prestação, o contratante, seja vendedor ou de outra espécie, **não pode ser considerado um transportador**, cuja obrigação é exclusivamente a de efetuar o traslado de uma coisa ou pessoa, regendo-se a sua responsabilidade pelas normas que disciplinam o contrato principal. Não se lhe aplicam as normas próprias do contrato de transporte.

O contrato de transporte gera, para o transportador, **obrigação de resultado**, qual seja, a de transportar o passageiro são e salvo, e a mercadoria, sem avarias, ao seu destino. A não obtenção desse resultado importa o **inadimplemento** das obrigações assumidas e a responsabilidade pelo dano ocasionado. Não se eximirá da responsabilidade provando apenas ausência de culpa. Incumbe-lhe o ônus de demonstrar que o evento danoso se verificou por **culpa exclusiva da vítima, força maior ou ainda por fato exclusivo de terceiro**. Denomina-se **cláusula de incolumidade** a obrigação tacitamente assumida pelo transportador de conduzir o passageiro incólume ao local do destino.

Embora tenha características próprias, o contrato de transporte "rege-se, no que couber, pelas disposições relativas a **depósito**", quando a coisa trasladada é "depositada ou guardada nos armazéns do transportador" (CC, art. 751). Não se confunde com o **fretamento** ou contrato de ***charter***, em que é cedido o uso do meio de transporte — navio, avião, ônibus — ao outorgado, que lhe dará o destino que lhe aprouver. No contrato de transporte, quem dirige e se responsabiliza pelo deslocamento das pessoas ou coisas é o transportador.

■ 15.2. NATUREZA JURÍDICA

O transporte é contrato:

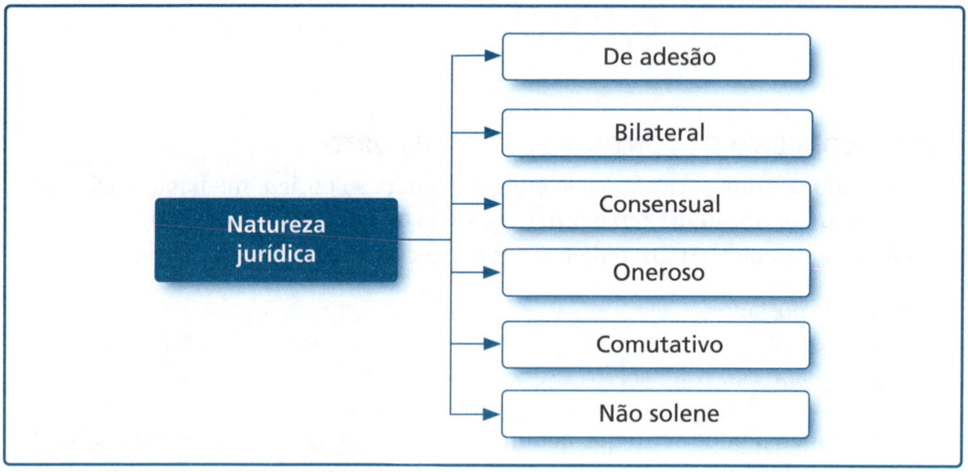

- **De adesão**, pois o viajante adere ao regulamento da empresa de transporte, que elabora todas as suas cláusulas. No contrato de adesão, as cláusulas são previamente estipuladas por uma das partes, às quais a outra simplesmente **adere**. As partes **não discutem amplamente** as suas cláusulas, como acontece no tipo tradicional. Há uma espécie de preponderância da vontade de um dos contratantes.
- **Bilateral** ou **sinalagmático**, porque gera obrigações recíprocas.
- **Consensual**, porque se aperfeiçoa com o acordo de vontades, muitas vezes tácito, como no atendimento do taxista ou do motorista do ônibus ao aceno do passageiro.
- **Oneroso**, uma vez que a obrigação do transportador é assumida mediante remuneração a ser prestada pelo alienante (CC, art. 730).
- **Comutativo**, porque as prestações são certas e determinadas, antevendo as partes as vantagens e os sacrifícios que dele podem advir.
- **Não solene**, pois não depende de forma prescrita na lei, sendo válida a celebração verbal.

■ 15.3. ESPÉCIES DE TRANSPORTE

O Código Civil disciplinou o contrato de transporte em capítulo próprio, dividindo-o em três seções intituladas: "Disposições gerais", "Do transporte de pessoas" e "Do transporte de coisas" (arts. 730 a 756).

O transporte é, portanto, de **pessoas** e **coisas**, e pode ser:

- terrestre;
- aéreo; e
- marítimo ou fluvial.

A diferença localiza-se no **meio de deslocamento** de um local para outro. O **terrestre**, por sua vez, subdivide-se em:

- ferroviário; e
- rodoviário.

Em **função da extensão coberta**, o transporte pode ser, também:

- urbano;
- intermunicipal;
- interestadual; e
- internacional.

O contrato de transporte pode ser ainda:

- coletivo; e
- individual.

Há contrato **coletivo** de transporte quando várias pessoas utilizam o mesmo veículo, cada qual pagando a sua passagem e estabelecendo contratos individuais com a transportadora. Se o contrato for **um só**, beneficiando várias pessoas, **não será coletivo**.

Confira-se o quadro esquemático abaixo:

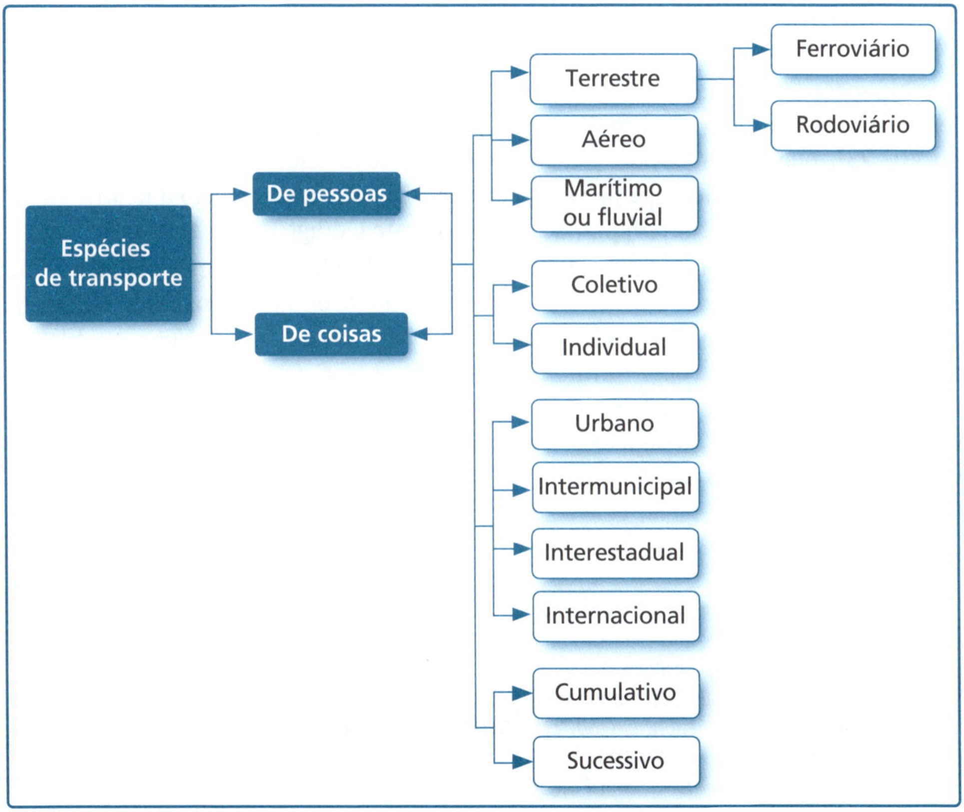

15.4. TRANSPORTE DE BAGAGEM

O transporte de bagagem é **acessório** do contrato de transporte de pessoas. O viajante, ao comprar a passagem, assegura o direito de transportar consigo a sua bagagem. Ao mesmo tempo, o transportador assume, tacitamente, a obrigação de efetuar esse transporte. Essa obrigação é de **resultado**, como já dito, e só se considera cumprida quando a pessoa transportada **e sua bagagem**, ou a **mercadoria**, chegarem incólumes ao seu destino[1]. O passageiro só pagará o transporte de sua bagagem se houver excesso de peso, de tamanho ou de volume.

O parágrafo único do art. 734 do Código de 2002 inova ao prever que "é lícito ao transportador exigir a declaração do valor da bagagem a fim de fixar o limite da indenização". Nesse caso, o **valor declarado** determina o **montante da indenização**. Pelo sistema anterior, transferia-se para o transportado a obrigação de produzir a prova do valor da bagagem. O novo diploma altera o critério, para afirmar que, em princípio, há de se aceitar o valor atribuído à bagagem pelo **passageiro**. Se a empresa quiser se resguardar quanto a esse *quantum*, deverá tomar a iniciativa de obter a declaração de valor da bagagem por parte do transportado. Desse modo, transferiu-se para a empresa a obrigação de definir previamente o valor da bagagem para, com isso, limitar a indenização. Não o fazendo, não haverá limitação.

Poderá o transportador exigir o pagamento de prêmio extra de **seguro**, para a necessária cobertura de valores elevados.

15.5. DISPOSIÇÕES GERAIS APLICÁVEIS ÀS VÁRIAS ESPÉCIES DE TRANSPORTE

Na seção intitulada "Disposições gerais", o Código Civil traçou regras comuns a todos os contratos de transporte, fazendo, porém, **duas ressalvas**. A primeira consta do art. 731, que assim dispõe: "O transporte exercido em virtude de autorização, permissão ou concessão, rege-se pelas normas regulamentares e pelo que for estabelecido naqueles atos, sem prejuízo do disposto neste Código".

Sempre que o transporte for privativo do Poder Público, pode este conferir a sua exploração a particulares por meio dos institutos do direito público, como a **autorização**, a **permissão** e a **concessão**. Neste caso, como assinala Zeno Veloso, o Estado fixa as regras, as condições, enfim, as normas que regerão a prestação dos serviços. O transporte "obedecerá, prioritariamente, ao que for estabelecido nos atos de autorização, permissão ou concessão — especialmente quanto às obrigações, itinerários, tarifas, prazos — e normas regulamentares", **sem prejuízo do que dispõe o Código Civil**[2].

---

1 "Transporte coletivo de passageiros. Via rodoviária. Extravio de bagagem. Indenização. Responsabilidade da empresa, vez que se obriga necessariamente a garantir a segurança do bem. Nulidade, portanto, da cláusula que coloca o consumidor em desvantagem exagerada. Verba devida" (*RT*, 697/140). "Transporte aéreo. Extravio de bagagem. Convenção de Varsóvia. Indenização tarifada. Inadmissibilidade. Prevalência do Código de Defesa do Consumidor" (TJRJ, Ap. 6.995/97, rel. Des. Sérgio Cavalieri Filho, j. 17-2-1998).

2 *Novo Código Civil comentado*, coord. de Ricardo Fiuza, p. 661.

15.5.1. O caráter subsidiário da legislação especial, dos tratados e convenções internacionais

A **segunda ressalva** encontra-se no art. 732 do Código Civil, que manda aplicar "os preceitos constantes da legislação especial e de tratados e convenções internacionais", **quando couber**, e desde que **não contrariem** as disposições do referido diploma.

O dispositivo em apreço procura compatibilizar as normas deste capítulo com a legislação especial referente a transportes, vindo a repercutir principalmente no transporte aéreo, que é objeto de tratados internacionais ratificados pelo Brasil. Continuam sendo aplicáveis a essa modalidade de transporte, **no que não contrariam o Código Civil**, o Código Brasileiro de Aeronáutica, a Convenção de Varsóvia e o Código de Defesa do Consumidor.

Desse modo, não se pode admitir, no transporte aéreo, a **indenização tarifada**, estabelecida na Convenção de Varsóvia. A Constituição Federal de 1988 dispôs competir à União "explorar, diretamente ou mediante autorização, concessão ou permissão, a navegação aérea, aeroespacial e a infraestrutura aeroportuária" (art. 21, XII, *c*). E o art. 37, § 6º, estendeu a responsabilidade objetiva, fundada no risco administrativo, às pessoas jurídicas de direito privado prestadoras de serviços públicos (empresas aéreas permissionárias), **sem estabelecer qualquer limite para a indenização**.

Tais dispositivos sobrepõem-se à Convenção de Varsóvia e ao Código Brasileiro de Aeronáutica. As normas desses diplomas que limitam a responsabilidade das empresas aéreas, tarifando a indenização, **perderam eficácia** a partir da entrada em vigor da **Constituição Federal de 1988**. Assim como não há limite para a responsabilidade civil do Estado, igualmente não o há para a das concessionárias e permissionárias de serviços públicos, que emana da mesma fonte[3].

A perda da eficácia das aludidas normas limitativas foi reafirmada com a promulgação do **Código de Defesa do Consumidor**. Igualmente, o Código Civil de 2002, lei posterior aos diplomas legais mencionados, dispõe que o "transportador responde pelos danos causados às pessoas transportadas e suas bagagens, salvo motivo de força maior, sendo nula qualquer cláusula excludente da responsabilidade" (art. 734). Não estabeleceu **nenhum limite** para a indenização, salvo o correspondente ao valor da bagagem, quando declarado[4].

---

[3] Carlos Roberto Gonçalves, *Responsabilidade civil*, p. 306-307.

"O atraso de voo internacional, bem como o extravio momentâneo de bagagem, impõe à companhia transportadora o dever de indenizar o passageiro pelos danos morais e materiais experimentados, em observância ao preceito constitucional inserido no art. 5º, V e X, pouco importando que a Convenção de Varsóvia limite a verba indenizatória somente ao dano material, pois a Carta Política da República se sobrepõe a tratados e convenções ratificados pelo Brasil" (STF, *RT*, 755/177). "Transporte aéreo. Extravio de bagagem. O CDC, ao consagrar o princípio da indenização integral para todos os acidentes de consumo, derrogou os dispositivos legais anteriores que estabeleciam responsabilidade limitada para o transportador.

Prevalecem as disposições desse Código sobre a Convenção de Varsóvia porque a Convenção, embora tenha aplicabilidade no Direito Interno brasileiro, não se sobrepõe às leis do País, consoante entendimento firmado pela Suprema Corte" (TJRJ, Ap. 6.995/97, rel. Des. Sérgio Cavalieri Filho, j. 17-2-1998).

[4] Carlos Roberto Gonçalves, *Responsabilidade civil*, cit., p. 307.

Por tais razões, tem o Colendo Superior Tribunal de Justiça proclamado: "Transporte aéreo. Indenização tarifada. Convenção de Varsóvia. Código de Defesa do Consumidor. Tratando-se de relação de consumo, prevalecem as disposições do Código de Defesa do Consumidor em relação à Convenção de Varsóvia. Derrogação dos preceitos desta que estabelecem a limitação da responsabilidade das empresas de transporte aéreo"[5].

■ 15.5.2. Transporte cumulativo e transporte sucessivo

■ Transporte cumulativo

No transporte de responsabilidade de mais de uma empresa, "cada transportador se obriga a cumprir o contrato relativamente ao respectivo percurso, respondendo pelos danos nele causados a pessoas e coisas" (CC, art. 733). "O dano, resultante do atraso ou da interrupção da viagem, será determinado em razão da totalidade do percurso" (§ 1º). "Se houver substituição de algum dos transportadores no decorrer do percurso, a responsabilidade **solidária** estender-se-á ao substituto" (§ 2º).

Ocorre o transporte cumulativo, pois, quando "**vários transportadores** — por terra, água ou ar — efetuam, **sucessivamente**, o deslocamento contratado. Segundo o teor do *caput* do dispositivo comentado, "cada transportador se obriga a cumprir o contrato relativamente ao respectivo percurso, respondendo pelos danos nele causados a pessoas e coisas". Mas para considerar-se cumulativo o transporte é preciso que haja **unidade** da relação contratual a que se vinculam os diversos transportadores[6].

A redação do § 2º do dispositivo em epígrafe não deixa dúvida de que foi estabelecida a **solidariedade passiva** entre todos eles. Prevalece, assim, em face do inadimplemento dos transportadores colegiados, o direito do usuário de reclamar a reparação de qualquer dos coobrigados.

■ Transporte sucessivo

No transporte **cumulativo** ou **combinado**, vários transportadores realizam o transporte, por trechos, mediante um **único bilhete** que estabelece a unidade, como se a obrigação estivesse sendo cumprida por uma única empresa. Sem essa unidade de contrato com vinculação de pluralidade de transportadores inexiste transporte cumulativo, mas, sim, **transporte sucessivo**, que se caracteriza por uma cadeia de contratos, cada um com empresa **independente** das demais.

Ocorre esta modalidade quando uma agência de viagem, por exemplo, vende **duas passagens** para duas transportadoras distintas, prevendo apenas a possível **conexão dos trechos**[7].

---

5 REsp 258.132-0-SP, rel. Min. Barros Monteiro, *DJU*, 28-11-2000, v. u.; REsp 209.527-0-RJ, 3ª T., rel. Min. Menezes Direito, *DJU*, 15-12-2000, v. u.; REsp 154.943-DF, rel. Min. Nilson Naves, *DJU*, 28-8-2000, *RSTJ*, 143/274.

6 Humberto Theodoro Júnior, Do transporte, cit., p. 18.

7 Humberto Theodoro Júnior, Do transporte, cit., p. 20.

15.6. O TRANSPORTE DE PESSOAS

Quando tem início a responsabilidade contratual do transportador?

A partir do momento em que um indivíduo acena para um veículo de transporte público, já o **contrato** teve início, diante da oferta permanente em que se encontra o veículo em trânsito. A **responsabilidade** pela integridade da pessoa do passageiro só se inicia, porém, a partir do momento em que esse mesmo passageiro incide na **esfera da direção do transportador**. Segue-se que o próprio ato de o passageiro **galgar** o veículo já o faz entrar na esfera da obrigação de garantia.

Observa-se que a responsabilidade contratual do transportador pressupõe a formação de um contrato de transporte, de modo que afasta essa responsabilidade quando se trata de um **passageiro clandestino**.

No caso das estradas de ferro, a responsabilidade do transportador tem início quando o passageiro passa pela roleta e **ingressa na estação de embarque**. Daí por diante, estará sob a proteção da cláusula de incolumidade, hoje substituída pela responsabilidade decorrente do vício ou defeito do serviço, respondendo a ferrovia pelos acidentes ocorridos com o passageiro ao **subir ou descer do trem**, por escorregar ou ser empurrado. Só não será responsabilizada se o dano decorrer de fato exclusivo de terceiro, estranho ao transporte[8].

Em certos meios de transporte, distinguem-se perfeitamente o momento da celebração do contrato e o de sua execução. Nas viagens aéreas, por exemplo, é comum a passagem ser comprada com antecedência. Nestes casos, a responsabilidade do transportador só terá início com a **execução** da avença. No transporte rodoviário, tendo em vista que a estação não pertence à transportadora, a execução se inicia somente com o **embarque do passageiro**, e só termina com o **desembarque**. Se o passageiro vem a se ferir em razão de queda ocorrida durante o embarque, porque o ônibus movimentou-se abruptamente, por exemplo, configura-se a responsabilidade do transportador, porque já se iniciara a execução do contrato. Do mesmo modo se a queda ocorrer por ocasião do desembarque.

Responsabilidade objetiva do transportador

O art. 734 do Código Civil de 2002 manteve a responsabilidade **objetiva** do transportador "pelos danos causados às pessoas transportadas e suas bagagens, salvo motivo de **força maior**", proibindo qualquer cláusula de não indenizar.

Culpa de terceiro

Prescreve o art. 735 do novo Código: "A responsabilidade contratual do transportador por acidente com o passageiro **não é elidida por culpa de terceiro**, contra o qual tem ação regressiva".

---

[8] "Transporte ferroviário. Passageiro atingido por uma bala de revólver enquanto aguardava o trem na plataforma de embarque. Ferrovia que se responsabiliza pela incolumidade física do usuário a partir do momento em que este adquire o bilhete de acesso, até o instante em que ele chegue a seu destino. Inocorrência de caso fortuito ou força maior. Indenização devida aos familiares da vítima. Voto vencido" (*RT*, 795/229).

Em matéria de responsabilidade civil do transportador, a jurisprudência já não vinha, com efeito, admitindo a excludente do **fato de terceiro**. Justifica-se o rigor, tendo em vista a maior atenção que deve ter o motorista obrigado a zelar pela integridade de outras pessoas. Absorvendo essa orientação, o Código Civil reproduz, no aludido art. 735, o texto da **Súmula 187** do Supremo Tribunal Federal, com a mesma redação. Assim, ocorrendo um acidente de transporte, não pode o transportador pretender eximir-se da obrigação de indenizar o passageiro, depois de haver descumprido a obrigação de resultado tacitamente assumida, atribuindo culpa ao terceiro (p. ex., ao motorista do caminhão que colidiu com o ônibus). Deve, primeiramente, **indenizar o passageiro**, para depois discutir a culpa pelo acidente, **na ação regressiva movida contra o terceiro**.

O fato de terceiro só exonera o transportador quando efetivamente constitui **causa estranha** ao transporte, isto é, quando elimina, totalmente, a relação de causalidade entre o dano e o desempenho do contrato, como na hipótese de o passageiro ser ferido por uma bala perdida, por exemplo. A jurisprudência tem considerado **causa estranha** ao transporte, que isenta de responsabilidade o transportador, equiparável ao fortuito, disparos efetuados por terceiros contra trens ou ônibus, ou, ainda, disparos efetuados no interior de ônibus, inclusive durante **assaltos** aos viajantes.

■ Responsabilidade extracontratual do transportador

Em relação a danos a terceiros, prevalece o art. 37, § 6º, da Constituição Federal, que responsabiliza, de forma **objetiva**, na modalidade do risco administrativo, as **permissionárias de serviço público** pelos danos que seus agentes causarem a terceiros. Não se eximirão da responsabilidade provando apenas ausência de culpa. Incumbe-lhes o ônus de demonstrar que o evento danoso se verificou por força maior ou por culpa exclusiva da vítima ou ainda por fato exclusivo de terceiro.

■ Culpa exclusiva ou concorrente do passageiro

Segundo o art. 738, *caput*, do Código Civil, o usuário deve velar pela própria segurança. **A responsabilidade do transportador é ilidida se o acidente proveio de culpa do usuário.** Por essa razão, por exemplo, o Superior Tribunal de Justiça vem decidindo, em caso de queda de trem por praticante de "surfismo ferroviário", que "descaracteriza o contrato de transporte a atitude da vítima, que, podendo viajar no interior do trem, se expõe voluntariamente a grave risco, optando injustificadamente por viajar no teto"[9]. Aduz o parágrafo único do aludido art. 738: "Se o prejuízo sofrido pela pessoa transportada for atribuível à transgressão de normas e instruções regulamentares, o juiz reduzirá equitativamente a indenização, na medida em que a vítima houver concorrido para a ocorrência do dano".

Verifica-se, assim, que a **culpa concorrente** da vítima constitui causa de redução do montante da indenização pleiteada, em proporção ao **grau de culpa** comprovado nos autos. No capítulo específico da "Responsabilidade civil", esse princípio já havia sido adotado, no art. 945, com a seguinte redação: "Se a vítima tiver concorrido

---

9 AgI 34.427-1-RJ, rel. Min. Fontes de Alencar, j. 24-3-1993, *DJU*, 6-4-1993, p. 5954, n. 65.

culposamente para o evento danoso, a sua indenização será fixada tendo-se em conta a gravidade de sua culpa em confronto com a do autor do dano".

15.7. O TRANSPORTE DE COISAS

O transporte de coisas está disciplinado nos arts. 743 a 756 do Código Civil, aplicando-se, **no que couber** e não conflitar com este, o **Código de Defesa do Consumidor**. Em sua execução participam em regra três personagens:

- o **expedidor** ou remetente;
- o **transportador**, sendo este o que recebe a coisa com a obrigação de transportá-la; e
- o **destinatário** ou consignatário, pessoa a quem a coisa é destinada. Quando o expedidor despacha ou remete coisas para o seu próprio endereço, atua ele, ao mesmo tempo, como expedidor e destinatário.

Obrigação de descrever a coisa transportada

É importante que a coisa transportada seja **descrita ou especificada** de modo a não se confundir com outra. Por essa razão, ao ser entregue ao transportador, "deve estar caracterizada pela sua natureza, valor, peso e quantidade", devendo ele, ao recebê-la, emitir **conhecimento**, "com a menção dos **dados que a identifiquem**, obedecido o disposto em lei especial" (CC, arts. 743 e 744). Se vier a sofrer prejuízo em virtude de "informação inexata ou falsa descrição" da coisa transportada, "será o transportador **indenizado**", devendo a ação ser ajuizada no prazo decadencial de cento e vinte dias (art. 745). O transportador não pode, com efeito, transportar coisa cuja natureza, espécie ou qualidade desconhece (CC, arts. 746 e 747)[10].

Obrigação de manter a coisa em bom estado e de entregá-la no prazo

É dever do transportador conduzir a coisa ao seu destino, tomando todas as **cautelas necessárias** para "mantê-la em bom estado e entregá-la no prazo ajustado ou previsto" (CC, art. 749). A sua responsabilidade, que é **limitada ao valor constante do conhecimento**, como visto, **começa** no momento em que, diretamente ou por seus prepostos, recebe a coisa[11]; e "**termina** quando é entregue ao destinatário, ou depositada em juízo, se aquele não for encontrado" (art. 750) ou se houver dúvida sobre

[10] "Contrato de transporte. Aceitação, para transporte, de caixa que não estava convenientemente lacrada. Entrega desta aberta, com danos na mercadoria nela contida. Presunção de culpa do transportador não elidida. Regressiva de indenização procedente" (*JTACSP*, 159/208). "Transporte de mercadorias. Indenização. Danos na mercadoria transportada. Alegação de deficiente acondicionamento da carga. Recebimento, pela transportadora, porém, sem qualquer oposição. Culpa desta caracterizada. Verba devida" (*RT*, 715/167).

[11] "*Furto* de carga durante transporte noturno. Caso fortuito ou força maior. Inocorrência. Fato corriqueiro e previsível. Responsabilidade da transportadora pelo evento, mormente se não tomou os cuidados necessários à preservação do patrimônio transportado" (*RT*, 793/255). "O *roubo* da mercadoria em trânsito, uma vez comprovado que o transportador não se desviou das cautelas e precauções a que está obrigado, configura força maior, suscetível, portanto, de excluir a sua responsabilidade" (STJ, REsp 43.756-3-SP, 4ª T., rel. Min. Torreão Braz, *DJU*, 1º-8-1994, p. 18658, n. 145).

"quem seja o destinatário" (art. 755). Até a entrega da coisa, "pode o remetente **desistir** do transporte", pedindo-a de volta ou ordenando seja entregue a outro destinatário, "pagando, em ambos os casos, os acréscimos de despesa decorrentes da contraordem, mais as perdas e danos que houver" (art. 748).

■ **Perda parcial ou avaria não perceptível à primeira vista**

No caso de "perda parcial ou de avaria não perceptível à primeira vista", o destinatário conserva a sua "**ação contra o transportador**, desde que denuncie o dano em dez dias a contar da entrega" (art. 754, parágrafo único). Em regra, quem recebe as mercadorias deve **conferi-las e vistoriá-las,** apresentando prontamente as **reclamações** que tiver, sob pena de **decadência** do direito. Todavia, o dispositivo em apreço ressalva as hipóteses em que não se torna possível perceber o dano ou avaria **à primeira vista**. Observe-se que o decêndio é estabelecido para que a denúncia da avaria e a reclamação sejam feitas, não para a propositura da ação.

■ 15.8. DIREITOS DO TRANSPORTADOR

Tem o transportador o *direito* de:

- ■ Exigir o **pagamento do preço** ajustado, tendo em vista que o contrato de transporte é oneroso (CC, art. 730), não se subordinando a ele o feito gratuitamente, por amizade ou cortesia (art. 736).
- ■ Uma vez executado o transporte, **reter a bagagem e outros objetos pessoais** do passageiro, para o caso de não ter recebido o pagamento da passagem no início ou durante o percurso (CC, art. 742).
- ■ Igualmente, **reter 5% da importância a ser restituída** ao passageiro, quando este desiste da viagem (CC, art. 740, § 3º). A retenção é autorizada a título de multa compensatória.
- ■ Estabelecer **normas disciplinadoras** da viagem, especificando-as no bilhete ou afixando-as à vista dos usuários (CC, art. 738). A transgressão por parte do passageiro das normas estabelecidas para o transporte pode ser motivo para a aplicação de sanções, inclusive a de retirada compulsória do meio de transporte[12].
- ■ **Recusar os passageiros**, nos casos permitidos nos regulamentos ou em que as condições de higiene ou de saúde do interessado o justificarem (CC, art. 739).
- ■ Alegar **força maior** em duas situações: **a)** para excluir a sua responsabilidade por **dano às pessoas** transportadas e suas bagagens (CC, art. 734); e **b)** para excluir a sua responsabilidade pelo **descumprimento do horário ou itinerário**. O transportador está, efetivamente, "sujeito aos horários e itinerários previstos, sob pena de responder por perdas e danos, salvo motivo de força maior" (CC, art. 737)[13].

---

[12] Caio Mário da Silva Pereira, *Instituições de direito civil*, v. III, p. 332.

[13] "O atraso de voos internacionais impõe à companhia transportadora o dever de indenizar o passageiro pelos danos morais e materiais experimentados" (*RT*, 755/177). "Transporte aéreo. Atraso de voo. Responsabilidade objetiva do transportador, sendo o contrato de transporte um contrato de

■ 15.9. DEVERES DO TRANSPORTADOR

Tem o transportador a *obrigação* de:

■ **Transportar o passageiro, no tempo e no modo convencionados.** O art. 737 do Código Civil sujeita o transportador "aos horários e itinerários previstos" nos contratos e regulamentos, sob pena de responder por perdas e danos, salvo motivo de força maior.

■ **Responder objetivamente pelos danos causados** às **pessoas** transportadas e suas **bagagens**, salvo motivo de força maior (CC, art. 734).

■ **Concluir a viagem contratada**, sempre que ela se interromper por qualquer motivo alheio à sua vontade e imprevisível, em outro veículo da mesma categoria, ou por modalidade diferente se a ela anuir o passageiro, sempre à sua custa, correndo por sua conta eventuais despesas de estada e alimentação deste, durante a espera de novo transporte (CC, art. 741).

■ **Não recusar passageiros**, salvo nos casos previstos nos regulamentos, ou se as condições de higiene ou de saúde do interessado o justificarem. Embora não mencionado expressamente, é evidente que também pode o transportador recusar passageiros por **motivo de segurança**. Hoje é notória a preocupação com a segurança nos voos internacionais, exigindo-se a submissão do passageiro a detectores de metais, revistas pessoais e de bagagens etc.

■ 15.10. DIREITOS DO PASSAGEIRO

O transportado tem o direito de:

■ **Exigir o cumprimento do contrato de transporte**, mediante a apresentação do bilhete. Não pode o transportador, como visto, recusar o passageiro, salvo nos casos já mencionados (CC, arts. 730 e 739).

■ **Rescindir o contrato** quando lhe aprouver. Se adquiriu o bilhete com antecedência, poderá desistir da viagem, desde que dê aviso ao transportador "em tempo de ser renegociada" a passagem com terceiro. Esse prazo é de três horas antes da partida, segundo o Decreto n. 2.521, de 20 de março de 1998 (art. 69). Quando o passageiro simplesmente não comparece ao embarque nem avisa previamente a empresa, pode ainda assim obter a restituição do valor pago, "se provado que outra pessoa foi transportada em seu lugar" (CC, art. 740, § 2º). Terá o transportador o "direito de reter até cinco por cento da importância a ser restituída ao passageiro, a título de multa compensatória" (§ 3º).

■ **Ser conduzido são e salvo ao destino convencionado** (CC, art. 734).

■ **Exigir que o transportador conclua a viagem interrompida** por motivo alheio à sua vontade, em outro veículo da mesma categoria, ou de modalidade

resultado. Ausência de excludente de responsabilidade" (*RSTJ*, 128/271). "Transporte aéreo internacional. Atraso de quarenta e oito horas. Indenização devida" (*RT*, 729/224).

diferente se houver concordância do usuário, e responda por todas as despesas provenientes desse fato (CC, art. 741).

15.11. DEVERES DO PASSAGEIRO

Em contrapartida, constituem deveres do passageiro:

- **Pagar o preço ajustado**, no início ou durante a viagem se assim foi ajustado, ou no seu final, ou ainda no prazo eventualmente convencionado.
- **Sujeitar-se às normas estabelecidas pelo regulamento do transportador**, constantes no bilhete ou afixadas à vista dos usuários (CC, art. 738, parágrafo único).
- **Não causar perturbação ou incômodo** aos outros passageiros. Não pode, assim, conduzir armas ou comprometer a segurança dos demais viajantes, ou prejudicá-los, de qualquer outro modo (CC, art. 738, *caput*).
- **Comparecer ao local de partida no horário estabelecido** ou avisar da desistência ou impossibilidade de realizar a viagem, com a antecedência necessária para que outra pessoa possa viajar em seu lugar (CC, art. 740 e parágrafos).

15.12. O TRANSPORTE GRATUITO

O atual Código Civil define o contrato de transporte como aquele pelo qual "alguém se obriga, mediante retribuição, a transportar, de um lugar para outro, pessoas ou coisas" (CC, art. 730). Logo adiante, preceitua: **"Não se subordina às normas do contrato de transporte o feito gratuitamente, por amizade ou cortesia".** E o parágrafo único complementa: "Não se considera gratuito o transporte quando, embora feito sem remuneração, o transportador auferir vantagens **indiretas**" (art. 736).

Ao dizer que "não se subordina às normas do contrato de transporte o feito gratuitamente, por amizade ou cortesia", o Código Civil, no citado art. 736, adota claramente a responsabilidade **extracontratual** ou **aquiliana**, no transporte **puramente gratuito** ou benévolo, e a **contratual**, com a cláusula de garantia, no transporte **oneroso** e no **aparentemente gratuito**. Quem transporta em seu veículo alguém, fazendo-lhe um favor, tem o dever de executar essa gentileza sem colocar em risco, voluntariamente, a segurança e a vida do passageiro. Assim, no transporte exclusivamente de **cortesia**, a existência de qualquer modalidade de culpa **(grave, leve ou levíssima)** é o quanto basta para que a responsabilidade do transportador seja exigível.

No transporte não oneroso há, realmente, o transporte inteiramente gratuito (transporte gratuito típico) e o transporte **aparentemente e pseudamente** gratuito. Naquele, o transportador atua por pura complacência, sem interesse no transporte. Neste, há uma utilidade das partes, porque o transportador pode ter algum interesse em conduzir o convidado, por exemplo, na hipótese do vendedor de automóveis, que conduz o comprador para lhe mostrar as qualidades do veículo, ou do corretor de imóveis, que leva o interessado a visitar diversas casas e terrenos à venda.

Tais casos não constituem hipóteses de contratos verdadeiramente gratuitos, devendo ser regidos, pois, pelas disposições do Código Civil que estabelecem a **culpa presumida do transportador**, só elidível em caso de culpa exclusiva da vítima, força maior ou fato exclusivo de terceiro[14].

■ 15.13. RESUMO

DO TRANSPORTE	
CONCEITO	■ Contrato de transporte é aquele em que alguém se obriga, mediante retribuição, a transportar, de um lugar para outro, pessoas ou coisas (art. 730).
NATUREZA JURÍDICA	■ É contrato bilateral, consensual, em regra oneroso, comutativo e de adesão.
ESPÉCIES	■ É de pessoas e coisas, e, quanto ao meio empregado, pode ser ***terrestre, aéreo*** e ***marítimo***.
RESPONSABILIDADE DO TRANSPORTADOR	■ Responde o transportador, de forma objetiva, pelos danos causados às pessoas transportadas e suas bagagens, salvo motivo de força maior, sendo nula qualquer cláusula excludente da responsabilidade (art. 734).
TRANSPORTE DE PESSOAS	■ A partir do momento em que um indivíduo acena para um veículo de transporte público, já o contrato teve início, diante da oferta permanente em que se encontra o veículo em trânsito. ■ O art. 732 do CC ressalva a legislação especial (CDC, Código Brasileiro de Aeronáutica, Convenção de Varsóvia), no que não contrarie as disposições do diploma civil. ■ Não se subordina às normas do contrato de transporte o feito gratuitamente por amizade ou cortesia (art. 736). ■ O passageiro deve sujeitar-se às normas estabelecidas pelo transportador, abstendo-se de quaisquer atos que causem incômodo ou prejuízo aos demais passageiros (art. 738). Se houver concorrido para o dano, o juiz reduzirá equitativamente a indenização.
TRANSPORTE DE COISAS	■ É dever do transportador conduzir a coisa ao seu destino, tomando todas as cautelas necessárias para mantê-la em bom estado e entregá-la no prazo ajustado (art. 749). ■ Poderá o transportador recusar a coisa cuja embalagem seja inadequada, bem como a que possa pôr em risco a saúde das pessoas, ou danificar o veículo e outros bens (art. 746). ■ A responsabilidade do transportador, limitada ao valor constante do conhecimento, começa no momento em que recebe a coisa e termina quando é entregue ao destinatário, ou depositada em juízo, se aquele não for encontrado (art. 750).

■ 15.14. QUESTÕES

1. (TRF/3ª Região/Juiz Federal/CESPE/UnB/4.12.2011) Supondo que uma pessoa adquira de determinada empresa de transporte passagem para viajar do Rio de Janeiro a São Paulo, fazendo uso de programa de milhagem oferecido por outra empresa, conveniada à primeira, assinale a opção CORRETA.

a) Sendo a gratuidade, na hipótese, apenas aparente, caracteriza-se o contrato de transporte típico.
b) Por ser gratuito, o contrato descrito não se caracteriza como de transporte.
c) Configura-se o negócio descrito como contrato de transporte se entre as partes for firmado instrumento.

[14] "Responsabilidade civil. Acidente de trânsito. Morte durante transporte não de pura e estrita cortesia (transporte por advogado de cliente e escolta policial). Configuração da cláusula de garantia" (*JTACSP*, *RT*, 94/93).

d) Trata-se de simples contrato de prestação de serviços, porque o transporte, no caso, é cumulativo.
e) Não existe contrato na situação descrita, mas simples ato jurídico não negocial.

2. (OAB/Exame Unificado/2008.3) Supondo que Cláudio viaje de ônibus, para ir do interior de um estado à capital, assinale a opção CORRETA.

a) Caso a viagem tenha de ser interrompida em consequência de evento imprevisível, a empresa responsável pelo transporte não é obrigada a concluir o trajeto.
b) Se Cláudio não tiver pago a passagem e se recusar a fazê-lo quando chegar ao destino, será lícito à empresa reter objetos pessoais pertencentes a ele como garantia do pagamento.
c) Cláudio, sob pena de ferir a boa-fé objetiva, somente poderá rescindir o contrato com a empresa de transporte, antes de iniciada a viagem, caso demonstre justo motivo.
d) Cláudio não poderá desistir do transporte após iniciada a viagem.

3. (OAB/SP/2005) O contrato de comissão, além de personalíssimo, tem as seguintes características:

a) bilateral, oneroso e consensual.
b) unilateral, gratuito e consensual.
c) bilateral, oneroso e formal.
d) unilateral, oneroso e formal.

4. (TJSP/Juiz de Direito/2007) O contrato de comissão tem por objeto:

a) a intermediação de aquisição ou venda de bens de terceiro.
b) a aquisição ou a venda de bens pelo comissário, em seu próprio nome, por conta de terceiro.
c) apenas a intermediação de venda de bens de terceiro.
d) qualquer modalidade de intermediação, inclusive de serviços.

5. (TJSP/Juiz de Direito/179° Concurso/2006) Considere as seguintes afirmações:

I. o prestador de serviços civil despedido por justa causa não terá direito à retribuição vencida;
II. quem prestar serviço sem possuir título de habilitação ou sem satisfazer outros requisitos estabelecidos pela lei não terá direito à compensação razoável pelo benefício propiciado a quem desfrutou do serviço, quando a proibição da prestação do serviço resultar de lei de ordem pública, ainda que tenha agido de boa-fé;
III. no transporte de pessoas, o usuário que deixar de embarcar terá direito ao reembolso do valor da passagem se provar que outra pessoa foi transportada em seu lugar, com retenção de até 5% da importância a ser restituída, a título de multa compensatória.

São verdadeiras as proposições:

a) I e III, apenas.
b) I e II, apenas.
c) II e III, apenas.
d) I, II e III.

6. (OAB/Nordeste I/2005) O contrato que tem por objeto a aquisição ou a venda de bens, em nome próprio, à conta de outro, denomina-se:

a) comissão.
b) agência.
c) franquia.
d) concessão mercantil.

7. (OAB/SP/134° Exame) O contrato pelo qual uma pessoa assume, em caráter não eventual e sem vínculos de dependência, a obrigação de promover, à conta de outras, mediante retribuição, a realização de certos negócios, em zona determinada, é denominado contrato de

a) comissão.
b) corretagem.
c) agência.
d) mandato.

8. (TJMG/Juiz de Direito/2006) Em relação ao contrato de transporte de pessoas, conforme dispõe o Código Civil, quando o transportador responde, em juízo, por perdas e danos à pessoa transportada, e verificando-se que esta agiu, transgredindo normas e instruções regulamentares, sendo o prejuízo a isto atribuído, é CORRETO dizer que o juiz:

a) poderá excluir o transportador da obrigação de reparar os danos.
b) considerará irrelevante a circunstância, diante da natureza e da responsabilidade originada do contrato de transporte.
c) reduzirá equitativamente a indenização, na medida em que a vítima houver concorrido para a ocorrência do dano.
d) concederá ao transportador o direito de reter até cinco por cento da importância a ser restituída ao passageiro, a título de multa compensatória.

9. (TJSP/Titular de Cartório de Notas e de Registros/VUNESP/2012) Um usuário de transporte aéreo sofreu intoxicação alimentar derivada de refeição fornecida a bordo da aeronave, por empresa de *catering*, diversa da companhia aérea. Neste caso, é CORRETO afirmar que houve

a) fato exclusivo da vítima, que exclui o dever de indenizar.
b) fortuito interno, inescusável, porquanto atrelado ao risco da atividade empreendida pelo transportador.
c) fato exclusivo de terceiro (empresa de *catering*), excludente válida da responsabilidade do transportador.
d) fortuito externo, já que se tratou de fato estranho à atividade do transportador, bem como aos riscos do transporte aéreo.

10. (OAB/SP/126° Exame) O emitente de um "conhecimento de transporte" será o

a) remetente da mercadoria, que dá conhecimento do transporte e das condições para tanto pactuadas.
b) destinatário da mercadoria, que dá conhecimento da entrega, atestando a condição em que as recebeu.
c) transportador da mercadoria, que assume a obrigação de transportá-la.
d) depositário da mercadoria, quando da entrega da mesma ao transportador, tomando ciência da ordem para tanto emitida pelo depositante.

11. (TJ/AM/Analista Judiciário/Fundação Getulio Vargas/2013) Maria, necessitando transportar uma substância ilícita para Manaus, contrata Pedro, piloto de um avião de pequeno porte. A substância ilícita estava escondida em um fundo falso na mala de Maria. Pedro desconhecia a presença desse material durante o voo. Ao chegarem a Manaus, foram surpreendidos pela polícia, que identificou a substância ilícita nos pertences de Maria.
Considerando o caso descrito, assinale a afirmativa CORRETA.

a) O contrato de transporte é nulo, pois o objeto era ilícito.
b) O contrato de transporte é anulável, pois o motivo era ilícito apenas para Maria.
c) O contrato de transporte é anulável, por falso motivo.
d) O contrato de transporte é nulo, pois objetiva fraudar lei imperativa.
e) O contrato de transporte é válido, pois o motivo ilícito não era comum a ambas as partes.

12. (OAB/SP/133° Exame) No tocante ao contrato de transporte de pessoas, assinale a alternativa CORRETA:

a) O transporte gratuito, assim considerado aquele realizado por amizade ou cortesia, e sem vantagens indiretas para o transportador, submete-se às mesmas regras do contrato de transporte de pessoas regulado pelo Código Civil.
b) É lícito ao transportador exigir a declaração do valor da bagagem a fim de fixar o limite da indenização.
c) É válida a cláusula excludente de responsabilidade, quando demonstrado pelo transportador a ciência inequívoca do transportado acerca de tal condição.
d) O transportador não responde pelos danos causados ao transportado quando demonstrada a culpa exclusiva de terceiro pelo acidente.

13. (MP/RO/Promotor de Justiça/CESPE/UnB/2013) No que se refere aos contratos, assinale a opção CORRETA.

a) O objeto do contrato de comissão, regulado como típico no Código Civil, são negócios determinados, negociando o comissário em nome do comitente, o qual será parte do negócio ajustado com o terceiro.

b) Em se tratando de contrato de agência, a coisa a ser negociada fica à disposição do agente, a quem cabe promover negócios do agenciado em zona determinada, mediante retribuição, em caráter não eventual e sem vínculo de dependência.
c) O mandante tem o dever de satisfazer as obrigações assumidas pelo mandatário, considerando-se os poderes a ele conferidos pelo contrato celebrado, ainda que o mandatário tenha desatendido a alguma instrução.
d) Em caso de morte do proponente de obrigação não personalíssima séria e consciente, os herdeiros não estarão obrigados em relação às consequências do ato praticado.
e) A resolução unilateral do contrato é um direito de ambas as partes em caso de inadimplemento, de forma que o adimplemento substancial por parte do devedor não obsta o exercício de tal faculdade pelo credor.

14. (Procuradoria Municipal/MS/Procurador/Fundação Carlos Chagas/2014) Renato contratou André para transportá-lo onerosamente, de carro, de Cuiabá a Sorriso. No contrato, as partes estabeleceram que, em caso de acidente causado por terceiro, André não teria o dever de indenizar Renato. No trajeto, um caminhão conduzido negligentemente abalroou o veículo que transportava Renato, causando-lhe danos. Renato:

a) poderá pedir indenização contra André, pois a cláusula excludente de responsabilidade é nula e a culpa de terceiro não afasta a responsabilidade do transportador, que possui ação de regresso contra o causador do dano.
b) não poderá pedir indenização contra André, pois a responsabilidade do transportador é subjetiva.
c) não poderá pedir indenização contra André, pois a responsabilidade do transportador é afastada em caso de culpa de terceiro.
d) não poderá pedir indenização contra André, pois pactuou cláusula excludente de responsabilidade.
e) poderá pedir indenização contra André, pois a cláusula excludente de responsabilidade é nula, e a culpa de terceiro não afasta a responsabilidade do transportador, nem lhe confere ação de regresso contra o causador do dano.

15. (Secretaria/Urbanismo/SP/Analista Administrativo/VUNESP/2014) Assinale a alternativa CORRETA acerca do contrato de transporte, de acordo com as disposições constantes do Código Civil de 2002.

a) Não se admite que o transportador exija declaração do valor da bagagem para fins de fixar o limite da indenização.
b) O usuário que deixar de embarcar não terá direito ao reembolso do valor da passagem, ainda que outra pessoa seja transportada em seu lugar.
c) Em caso de interrupção da viagem, o transportador é obrigado a concluir o transporte contratado, salvo se a interrupção se deu por evento imprevisível.
d) Em regra, a culpa de terceiro não exonera o transportador da responsabilidade decorrente de acidente com passageiros.
e) O transportador não possui direito de retenção da bagagem de passageiro em caso de não pagamento do valor da passagem, ressalva sua prerrogativa de cobrança.

16. (TRF/4ª Região/Juiz Federal/XVII Concurso/2016) Assinale a alternativa INCORRETA.

a) As instituições financeiras respondem objetivamente pelos danos gerados por fortuito interno relativo a fraudes e delitos praticados por terceiros no âmbito de operações bancárias.
b) No transporte desinteressado, de simples cortesia, o transportador só será civilmente responsável por danos causados ao transportado quando incorrer em dolo ou culpa grave.
c) Independe de prova do prejuízo a indenização pela publicação não autorizada de imagem de pessoa com fins econômicos ou comerciais.
d) A apresentação antecipada de cheque pré-datado não caracteriza dano moral, visto consistir o cheque em ordem de pagamento à vista.
e) As administradoras de consórcio têm liberdade para estabelecer a respectiva taxa de administração, ainda que fixada em percentual superior a dez por cento.

17. (TRF/4ª Região/Juiz Federal/XVII Concurso/2016) Assinale a alternativa INCORRETA.

a) Conferido o mandato com a cláusula "em causa própria", a sua revogação não terá eficácia, e ele não se extinguirá pela morte de qualquer das partes, ficando o mandatário dispensado de prestar contas e podendo transferir para si os bens móveis ou imóveis objeto do mandato, obedecidas as formalidades legais.

b) O contrato de comissão tem por objeto a aquisição ou a venda de bens pelo comissário, em seu próprio nome, à conta do comitente. Nessa espécie contratual, o comissário fica diretamente obrigado para com as pessoas com quem contratar, sem que estas tenham ação contra o comitente, nem este contra elas, salvo se o comissário ceder seus direitos a qualquer das partes.
c) Se uma prestação não for divisível e houver dois ou mais devedores, cada um será obrigado pela dívida toda. O devedor, que paga a dívida, sub-roga-se no direito do credor em relação aos outros coobrigados.
d) Não cumprida a obrigação, responde o devedor por perdas e danos, mais juros e atualização monetária segundo índices oficiais regularmente estabelecidos e honorários de advogado.
e) O transportador responde pelos danos causados às pessoas transportadas e às suas bagagens, salvo motivo de força maior e expressa cláusula de não indenizar.

18. (TJRS/Juiz de Direito/FAURGS/2016) Sobre as várias espécies de contratos típicos, é INCORRETO afirmar que

a) a garantia, no seguro de dano, como expressão do princípio indenitário, é limitada, no máximo, ao valor do interesse.
b) a obrigação de incolumidade assumida pelo transportador implica a responsabilidade objetiva pela interrupção da execução contratual.
c) todos terão direito à remuneração, quando concluído o negócio com a intermediação de mais de um corretor.
d) a doação de ascendentes a descendentes é inválida se não houver a anuência dos demais herdeiros.
e) pode o comissário reter bens do comitente que estejam em seu poder, como garantia para o recebimento de comissões devidas e reembolso de despesas efetuadas.

19. (TJPR/Juiz de Direito/CESPE/CEBRASPE/2017) Ana, maior de sessenta e cinco anos de idade, valendo-se da gratuidade constitucional do transporte coletivo urbano, ingressou em ônibus da empresa Transpark S.A. e declarou o valor da bagagem em R$ 10.000, o que foi aceito pela transportadora. Durante o trajeto, o veículo que estava à frente do ônibus freou abruptamente, sem causa aparente. O motorista do coletivo, visando não colidir, perdeu o controle do carro e caiu em uma ponte, ocasionando perda de bens e lesões em vários passageiros, entre eles, Ana, que ingressou em juízo pleiteando danos morais e estéticos, além de danos materiais pela perda total da bagagem. A empresa, por sua vez, alegou a ocorrência de fato exclusivo de terceiro, o que ficou comprovado mediante laudo pericial da polícia civil. Nessa situação hipotética, de acordo com o Código Civil, com o entendimento doutrinário sobre o tema e com a jurisprudência do STJ,

a) por se tratar de transporte gratuito, não se pode cogitar a incidência da cláusula de incolumidade.
b) ainda que demonstrado o fato exclusivo de terceiro, a responsabilidade da empresa não é elidida em relação a Ana.
c) a transportadora não poderia exigir de Ana a declaração do valor da bagagem, com vistas à limitação da indenização, pois essa conduta viola o princípio da reparação integral dos danos.
d) os danos estéticos são espécie de danos morais, razão pela qual os pedidos não podem ser cumulados.

20. (OAB/XXII Exame de Ordem Unificado/Fundação Getulio Vargas/2017) André é motorista da transportadora Via Rápida Ltda. Certo dia, enquanto dirigia um ônibus da empresa, se distraiu ao tentar se comunicar com um colega, que dirigia outro coletivo ao seu lado, e precisou fazer uma freada brusca para evitar um acidente. Durante a manobra, Olívia, uma passageira do ônibus, sofreu uma queda no interior do veículo, fraturanbdo o fêmur direito. Além do abalo moral, a passageira teve despesas médicas e permaneceu por semanas sem trabalhar para se recuperar da fratura. Olívia decide, então, ajuizar ação indenizatória pelos danos morais e materiais sofridos. Em referência ao caso narrado, assinale a afirmativa CORRETA.

a) Olívia deve, primeiramente, ajuizar a ação em face da transportadora, e apenas demandar André se não obtiver a reparação pretendida, pois a responsabilidade do motorista é subsidiária.
b) Olívia pode ajuizar ação em face da transportadora e de André, simultânea ou alternativamente, pois ambos são solidariamente responsáveis.
c) Olívia apenas pode demandar, nesse caso, a transportadora, mas esta terá direito de regresso em face de André, se for condenada ao dever de indenizar.

d) André e a transportadora são solidariamente responsáveis e podem ser demandados diretamente por Olívia, mas aquele que vier a pagar a indenização não terá regresso em face do outro.

21. (TJSP/Juiz de Direito/187° Concurso/VUNESP/2017) Mediante contrato escrito, José efetua a venda de imóvel a Maria. Embora consumado o negócio, Maria desiste da compra depois de noventa dias. O corretor Antônio exige de José o pagamento de remuneração pelo trabalho de mediação. A respeito do caso hipotético, é CORRETO afirmar que a remuneração

a) não é exigível, ainda que a corretagem tenha sido contratada por escrito e com exclusividade.
b) é exigível, exceto se a compradora deixou de efetuar o pagamento total ou parcial do preço, independentemente de tal circunstância ter sido prevista em contrato pelo vendedor e pelo corretor.
c) não é exigível, uma vez que o rompimento do contrato de venda e compra equivale à não obtenção do resultado do trabalho do corretor.
d) é exigível, uma vez que o contrato de venda e compra foi concluído e que o arrependimento de uma das partes não é oponível ao corretor.

■ GABARITO ■

1. "a". *Vide* art. 736, parágrafo único, do CC.
2. "b". *Vide* art. 742 do CC.
3. "a". *Vide* Maria Helena Diniz, *Curso de direito civil brasileiro*, 23. ed., v. 3, p. 405-406.
4. "b". *Vide* art. 693 do CC.
5. "c". *Vide* II — art. 606 e parágrafo único do CC; III — art. 740, § 2°, do CC.
6. "a". *Vide* art. 693 do CC.
7. "c". *Vide* art. 710 do CC.
8. "c". *Vide* art. 738, parágrafo único, do CC.
9. "b". *Vide* art. 735 do CC. Somente o fortuito externo, isto é, a causa ligada à natureza, estranha à pessoa do agente e à máquina, excluiria a responsabilidade, principalmente se esta se fundar no risco. O fortuito interno, não.
10. "c". *Vide* art. 744 do CC.
11. "e". *Vide* art. 741 do CC.
12. "b". *Vide* art. 734, parágrafo único, do CC.
13. "c". *Vide* arts. 675 e 679 do CC.
14. "a". *Vide* art. 735 do CC e Súmula 187 do Superior Tribunal de Justiça.
15. "d". *Vide* art. 735 do CC.
16. "d". *Vide* Súmula 370 do STJ, *verbis*: "Caracteriza dano moral a apresentação antecipada de cheque pré-datado".
17. "e". *Vide* art. 734 do CC.
18. "d". *Vide* art. 544 do CC.
19. "b". *Vide* a Súmula 187 do Supremo Tribunal Federal, *verbis*: "A responsabilidade contratual do transportador, pelo acidente com o passageiro, não é elidida por culpa de terceiro, contra o qual tem ação regressiva".
20. "b". *Vide* art. 942, 2ª parte, do CC.
21"d". *Vide* art. 725 do CC.

16

DO SEGURO

16.1. CONCEITO E CARACTERÍSTICAS

Considera-se contrato de seguro aquele pelo qual uma das partes, denominada segurador, obriga-se, mediante o recebimento de um "prêmio", a "garantir interesse legítimo" da outra, intitulada segurado, "relativo a pessoa ou a coisa, contra riscos predeterminados" (CC, art. 757).

O seu **principal elemento** é o **risco**, que se transfere para outra pessoa. Nele intervêm o **segurado** e o **segurador**, sendo este, necessariamente, uma sociedade anônima, uma sociedade mútua ou uma cooperativa, com autorização governamental (CC, art. 757, parágrafo único), que assume o **risco**, mediante recebimento do **prêmio**, que é pago geralmente em prestações, obrigando-se a pagar ao primeiro a quantia estipulada como **indenização** para a hipótese de se concretizar o fato aleatório, denominado **sinistro**.

No seguro de vida e no obrigatório em que ocorrer morte por acidente, pode surgir a figura do **beneficiário**, o terceiro a quem é pago o valor do seguro. O **risco** é o objeto do contrato e está sempre presente, mas o sinistro é eventual: pode, ou não, ocorrer. Se inocorrer, o segurador recebe o prêmio sem efetuar nenhum reembolso e sem pagar indenização.

O seguro social de acidentes do trabalho tem como segurador o **Instituto Nacional de Seguridade Social** (INSS). É realizado pelo Estado diretamente ou por via de entidades autárquicas e não cabe no presente estudo. Firmas individuais não podem exercer habitualmente a exploração da atividade securitária.

O resseguro consiste na **transferência** de parte ou de toda responsabilidade do segurador para o **ressegurador**. A finalidade é distribuir entre mais de um segurador a responsabilidade pela contraprestação.

O Código Civil de 2002 distribui a matéria por três Seções: I — Disposições gerais (arts. 757 a 777); II — Do seguro de dano (arts. 778 a 788); III — Do seguro de pessoa (arts. 789 a 802). O seguro marítimo continua regido pelo Código Comercial de 1850, nos arts. 666 a 730.

16.2. NATUREZA JURÍDICA

O contrato de seguro é:

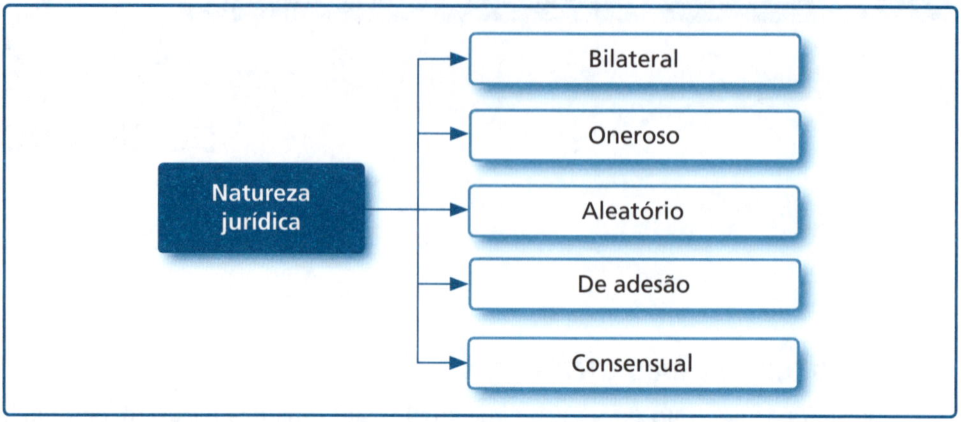

- **Bilateral** ou **sinalagmático**, porque gera obrigações para ambas as partes: para o segurado, as de pagar o prêmio, não agravar o risco do contrato e cumprir as demais obrigações convencionadas; para o segurador, a de efetuar o pagamento da indenização prevista no contrato.
- **Oneroso**, porque ambos os contraentes obtêm proveito, ao qual corresponde um sacrifício.
- **Aleatório**, visto que, embora o segurado assuma obrigação certa, que é a de pagar o prêmio estipulado na apólice, a avença é sempre aleatória para o **segurador**, porque a sua prestação depende de fato eventual: a ocorrência ou não do sinistro.
- **De adesão**, uma vez que se aperfeiçoa com a aceitação, pelo segurado, das cláusulas previamente **elaboradas pelo segurador e impressas na apólice**, impostas sem discussão entre as partes. O art. 47 do Código de Defesa do Consumidor estatui que as cláusulas contratuais serão interpretadas de maneira mais favorável ao consumidor. Assim também, há muito tempo, vem proclamando a jurisprudência[1].
- **Consensual**, porque se aperfeiçoa com o **acordo de vontades**. Há, todavia, divergências a esse respeito. Afirmam alguns, com base no art. 758 do Código Civil, que ele não se aperfeiçoa com a convenção, mas somente depois de emitida a apólice. Seria, então, um contrato **solene**. Dispõe o mencionado dispositivo legal que "o contrato de seguro prova-se com a exibição da apólice ou do bilhete do seguro, e, na falta deles, por documento comprobatório do pagamento do respectivo prêmio". Tem-se entendido, no entanto, que a forma escrita é exigida apenas ***ad probationem***, ou seja, como prova preconstituída, não sendo, porém,

[1] "O contrato de seguro, típico de adesão, deve ser interpretado, em caso de dúvida, no interesse do segurado e dos beneficiários" (*RT*, 603/94).

essencial, visto que a parte final do art. 758 também considera perfeito o contrato desde que o segurado tenha efetuado o pagamento do prêmio. A falta de apólice é, portanto, **suprível por outras provas**, especialmente a perícia nos livros do segurador.

16.3. A APÓLICE E O BILHETE DE SEGURO

A **apólice** constitui, em regra, o instrumento do contrato de seguro e pode ser:

- nominativa;
- à ordem; e
- ao portador (CC, art. 760, primeira parte).

As de seguro de vida não podem ser ao portador (parágrafo único).

As apólices **nominativas** podem ser transferidas mediante **cessão civil**, e as **à ordem**, por **endosso**. Naquelas, alienada a coisa que se ache no seguro, transfere-se ao adquirente o contrato, pelo prazo que ainda faltar. O "segurador tem ação regressiva contra o causador do dano, pelo que efetivamente pagou, até ao limite previsto no contrato de seguro" (STF, Súmula 188). Todavia, "nos seguros de pessoas, o segurador não pode sub-rogar-se nos direitos e ações do segurado, ou do beneficiário, contra o causador do sinistro" (CC, art. 800). E, no seguro de coisas, "salvo dolo, a sub-rogação não tem lugar se o dano foi causado pelo cônjuge do segurado, seus descendentes ou ascendentes, consanguíneos ou afins" (art. 786, § 1º).

Determinados seguros, quando houver autorização legal, podem ser efetivados de plano por meio de **bilhetes**, como sucede com o **obrigatório de veículos automotores**, conforme permissão constante do art. 10 do Decreto-Lei n. 73/66, que **dispensa expressamente a remessa de apólice** ao segurado.

A apólice ou o bilhete de seguro "mencionarão os riscos assumidos, o início e o fim de sua validade, o limite da garantia e o prêmio devido, e, quando for o caso, o nome do segurado e o do beneficiário" (CC, art. 760). Os **riscos cobertos pelo segurador** são exclusivamente **os constantes da apólice**, dentro dos limites que ela fixar, não se admitindo interpretação extensiva nem analógica. Mas sendo de **adesão** o contrato, a interpretação, como foi dito no item anterior, deve ser feita em benefício da parte aderente, ou seja, do segurado, nos casos de dúvida (CC, art. 423).

Dispõe a Súmula 402 do Superior Tribunal de Justiça: "O contrato de seguro por danos pessoais compreende os danos morais, salvo cláusula expressa de exclusão".

16.4. O RISCO

Como já foi dito, o risco é um **elemento essencial** no contrato de seguro, a ponto de se afirmar que falta objeto a este se a coisa ou interesse não estiver sujeito a nenhuma álea. Na realidade, a estrutura técnico-jurídica do seguro dele depende como seu elemento fundamental.

■ **Preceitos proibitivos**

O risco pode, em princípio, incidir em todo bem jurídico. A maioria das legislações, todavia, inclusive a nossa, **veda** certas modalidades de seguro, ou seja, os que contêm:

a) Objeto ilícito. Como regra, todo contrato há de ter objeto lícito. Em matéria securitária, todavia, há **ilícitos especiais**, como o seguro por mais do que valha a coisa segurada, ou a pluralidade de seguros sobre o mesmo bem (seguro cumulativo), com exceção do de vida (CC, arts. 778, 781, 782 e 789)[2].

b) Cláusulas contrárias a normas de ordem pública. Embora vigore o princípio da liberdade contratual, não podem as cláusulas contrariar normas de **ordem pública**. Desse modo, "nulo será o contrato para garantia de risco proveniente de ato **doloso** do segurado, do beneficiário, ou de representante de um ou de outro" (CC, art. 762). Assim, não pode ser segurado o risco que se filia a atos ilícitos, como o do contrabando, do jogo proibido etc.

c) Ultrapassagem do valor do interesse segurado. Outro preceito *proibitivo* é o que dispõe que "a indenização não pode ultrapassar o valor do interesse segurado no momento do sinistro, e, em hipótese alguma, o limite máximo da garantia fixado na apólice, salvo em caso de mora do segurador" (CC, art. 781). As coisas não podem ser seguradas por **mais do que valem**, nem ser objeto de **segundo seguro**. A **vida**, porém, pode ter mais de um seguro e ser estimada por qualquer valor, já que é insuscetível de apreciação pecuniária (art. 789).

■ 16.5. A BOA-FÉ NOS CONTRATOS DE SEGURO

A boa-fé, reclamada nos contratos em geral, é mais **energicamente exigida** nos contratos de seguro. Dispõe, com efeito, o art. 765 do Código Civil: "O segurado e o segurador são obrigados a guardar na conclusão e na execução do contrato, a mais **estrita boa-fé e veracidade**, tanto a respeito do objeto como das circunstâncias e declarações a ele concernentes".

Assim, "se o segurado, por si ou por seu representante, **fizer declarações inexatas ou omitir circunstâncias** que possam influir na aceitação da proposta ou na taxa do prêmio, perderá o direito à garantia, além de ficar obrigado ao prêmio vencido" (art. 766). Aplicam-se os aludidos dispositivos ao segurado que, ciente de estar acometido de doença grave, responde negativamente ao quesito correspondente, ao subscrever a proposta[3].

---

2 Caio Mário da Silva Pereira, *Instituições*, cit., v. III, p. 455-456.

3 *RT*, 642/144. *V.* ainda: "Omissão no contrato, pelo segurado, da implantação de três pontes de safena. *Causa mortis* relacionada diretamente com a intervenção cirúrgica e com o estado de saúde do segurado. Indenização indevida" (*RT*, 788/304). "Seguradora que dispensa o exame médico antes

"A penalidade para o segurado que **agir de má-fé**, ao fazer declarações inexatas ou omitir circunstâncias que possam influir na aceitação da proposta pela seguradora ou na taxa do prêmio, **é a perda do direito à garantia** na ocorrência do sinistro (art. 766 do CC)"[4].

Conforme entendimento pacificado no Superior Tribunal de Justiça, "a seguradora, ao receber o pagamento do prêmio e concretizar o seguro, **sem exigir exames prévios**, responde pelo risco assumido, não podendo esquivar-se do pagamento da indenização, sob a alegação de doença preexistente, **salvo se comprove a deliberada má-fé do segurado**"[5].

Se **não houve má-fé** do segurado no fornecimento inexato ou na omissão das declarações, "o segurador terá direito a resolver o contrato, ou a cobrar, mesmo após o sinistro, a diferença do prêmio" (CC, art. 766, parágrafo único). Em contrapartida, pagará **"em dobro"** a indenização, segundo estatui o art. 773, "o segurador que, ao tempo do contrato, **sabe estar passado o risco** de que o segurado se pretende cobrir, e, não obstante, expede a apólice" (quando, p. ex., aceita seguro contra naufrágio, embora saiba que o navio já atracou no porto com segurança).

16.6. O PRINCÍPIO DA MUTUALIDADE DOS SEGURADOS

O mecanismo do contrato de seguro assenta-se no princípio da **mutualidade dos segurados**. A empresa seguradora privada nada mais é do que uma **intermediária** que recolhe os prêmios pagos pelos segurados e os utiliza para pagar as indenizações pelos sinistros ocorridos. Dessa forma, são os próprios milhares de segurados que pagam as indenizações devidas.

O **prêmio** é fixado de antemão com base em **cálculos atuariais**, que se apoiam na análise das **probabilidades**. Os dados estatísticos mostram a incidência dos sinistros num determinado risco e possibilitam ao analista estabelecer, com precisão, qual será a referida incidência em futuro próximo. Com base nesses dados, fixa o segurador a **taxa de seguro**, suficiente para pagar todas as indenizações e ainda proporcionar-lhe um lucro razoável.

16.7. ESPÉCIES DE SEGURO

Podem-se distinguir as seguintes espécies de seguro:

---

de celebrar o contrato. Inexistência de prova de que as declarações do segurado foram falsas e de que tenha agido de má-fé. Indenização devida" (*RT*, 793/345). "Seguradora que se nega a pagar a indenização sob a alegação de má-fé do segurado ao contratar. Inadmissibilidade se o segurador ou seu agente não exigiram a realização de exames médicos de saúde do proponente. Verba devida" (*RT*, 786/419).

4 STJ, REsp 1.340.100-GO, 3ª T., rel. Min. Ricardo Villas Bôas Cueva, j. 31-8-2014.

5 REsp 777.974-MG, 3ª T., rel. Min. Castro Filho, *DJE*, 12-3-2007. No mesmo sentido: REsp 1.289.628-SP, 3ª T., rel. Min. Villas Bôas Cueva, j. 25-9-2012.

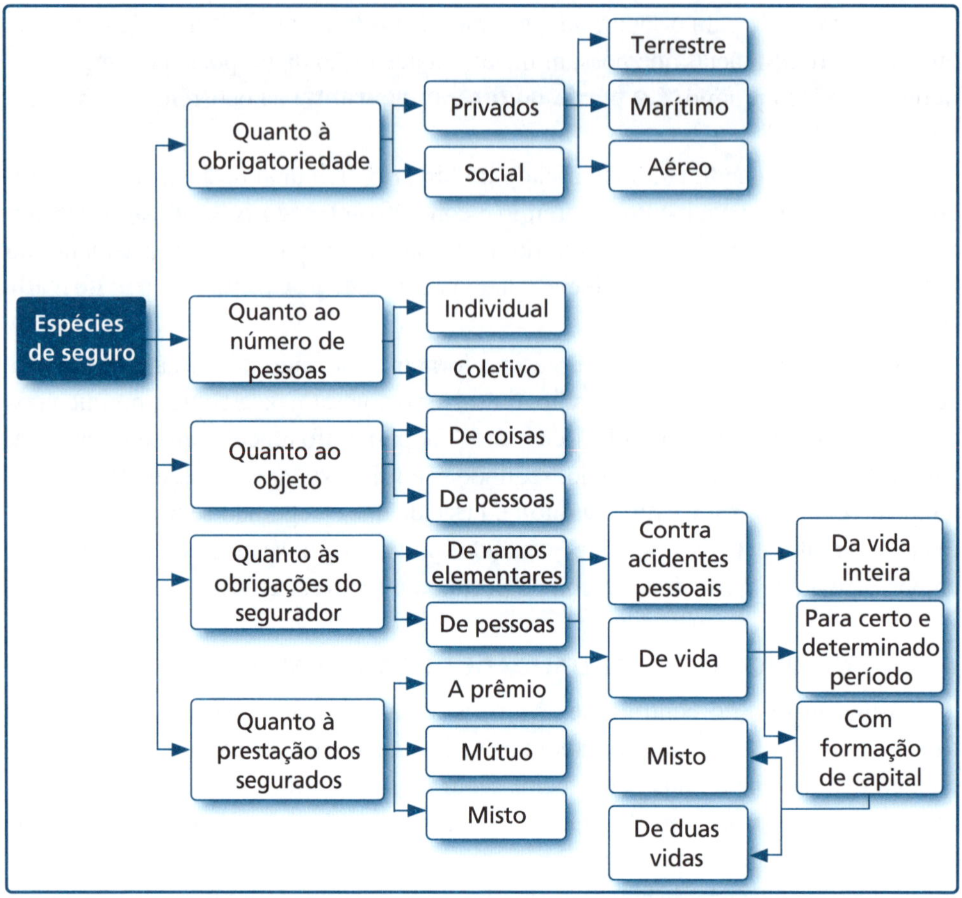

Distinguem-se, de início, os seguros **sociais** dos seguros **privados**. Estes são, em regra, **facultativos** e dizem respeito a coisas e pessoas. Aqueles, de cunho **obrigatório**, tutelam determinadas classes de pessoas, como os idosos, os inválidos, os acidentados no trabalho etc. Os seguros privados dividem-se em **terrestres**, **marítimos** e **aéreos**.

Quanto ao objeto, os seguros são de **coisas** e de **pessoas** e podem especializar-se em operações de seguros de vida, de seguros mútuos, de seguro agrário, dos ramos elementares e de capitalização. Podem-se classificar, ainda, em seguros **individuais** e **coletivos** ou **em grupo**. O seguro de **ramos elementares** cobre os riscos de fogo, transporte, acidentes e outros eventos danosos a coisas ou pessoas.

No **seguro mútuo**, várias pessoas unem-se para assumir os riscos inerentes às suas vidas ou aos seus bens, partilhando entre si os eventuais prejuízos. Em tal caso, o **conjunto dos segurados** constitui a pessoa jurídica, a que pertencem as funções de **segurador**. Ela não tem fim lucrativo. Os segurados são exclusivamente os próprios associados.

As sociedades de seguros mútuos devem ser pessoas jurídicas, estando disciplinadas pelo Decreto-Lei n. 73, de 21 de novembro de 1966, que proibiu a constituição de novas entidades, por não terem alcançado o sucesso esperado em nosso país, ressalvando, no entanto, a possibilidade de cooperativas se dedicarem aos seguros agrícolas, de saúde e de acidentes do trabalho. Em lugar do prêmio, os segurados contribuem com **quotas** necessárias para ocorrer às despesas da administração e aos prejuízos verificados. As quotas dos sócios serão fixadas conforme o valor dos respectivos seguros, podendo-se também levar em conta riscos diferentes.

O Código Civil trata dos seguros terrestres, de coisas e pessoas, respectivamente nas seções **"Do seguro de dano"** e **"Do seguro de pessoa"**. O de **dano** subdivide-se em:

- seguro de **coisas**, cuidando da cobertura por danos a bens imóveis, móveis propriamente ditos e semoventes; e
- seguro de **responsabilidade civil**, concernente à cobertura por danos a terceiros.

O seguro de **pessoa**, por sua vez, desdobra-se em:

- seguro de **vida**; e
- seguro de **acidentes pessoais**.

16.7.1. Seguro de dano

Proibição de recebimento de indenização de valor superior ao interesse segurado

Na seção concernente ao seguro de dano, o Código Civil preceitua, inicialmente, que, nessa modalidade, "a **garantia** prometida não pode ultrapassar o valor do interesse segurado no momento da conclusão do contrato, sob pena do disposto no art. 766, e sem prejuízo da ação penal que no caso couber" (CC, art. 778).

O vocábulo **"garantia"** é empregado como sinônimo de **cobertura** dos riscos assumidos por um segurador. O contrato de seguro não se destina à obtenção de um lucro. Ao celebrá-lo, **o segurado** procura cobrir-se de eventuais prejuízos decorrentes de um sinistro, não podendo visar **nenhum proveito**.

O Código Civil considera **locupletamento ilícito** o segurado receber pelo sinistro valor indenizatório superior ao do interesse segurado ou da coisa sinistrada. A infração à proibição acarreta como consequência a **perda do direito de garantia** e a obrigação ao pagamento do prêmio vencido, além de responder o segurado pela **ação penal** que no caso couber por ter feito declaração falsa com o fim de obter vantagem patrimonial. **Compete ao segurador** o ônus de provar que o valor da garantia ultrapassa o da coisa segurada e que o segurado agiu **dolosamente** ao apresentar a sua proposta.

Proibição de recebimento do prêmio por valor superior ao do interesse segurado

Não pode o **segurador** segurar o bem por valor superior, **recebendo o prêmio sobre esse mesmo montante**. Dispõe efetivamente o art. 781 do Código Civil que "a indenização não pode ultrapassar o valor do interesse segurado no momento do sinistro, e, em hipótese alguma, o limite máximo da garantia fixado na apólice, salvo em caso de mora do segurador".

Reitera o legislador a ideia de que a indenização a ser paga ao segurado em caso de consumação do risco provocador do sinistro deve corresponder **ao real prejuízo** do interesse segurado. Pode ocorrer **variação do valor** do interesse segurado. Tal circunstância deve ser considerada, para que o sinistro não resulte em fonte de lucro para o segurado, ou, ao contrário, em fonte de prejuízo, quando, por exemplo, o pagamento do prêmio foi feito com base no valor fixado inicialmente na apólice.

A rigor, o montante do prêmio é fixado com base na indenização estimada em função do valor do interesse segurado. Se a coisa se **desvaloriza**, a indenização não pode ultrapassar o valor que possuía **no momento do sinistro**. Neste caso, porém, o **excesso de prêmio** recebido com base em valor superior fixado na apólice deve **ser restituído**, para manter o equilíbrio do contrato[6].

Em caso de **mora do segurador**, prevê a parte final do mencionado art. 781, de modo compreensível, que poderá a indenização **ultrapassar o limite** máximo de garantia fixado na apólice. Por não ter efetuado o pagamento do *quantum* devido no prazo estipulado, fica ele sujeito a responder pelos prejuízos a que a sua mora deu causa (CC, art. 395).

■ Mais de um seguro para proteger o bem contra o mesmo risco

O princípio de que o bem não pode ser segurado por valor superior àquele que efetivamente possui ressalta também do art. 782 do estatuto civil, quando este dispõe que, se o segurado "pretender obter novo seguro sobre o mesmo interesse, e contra o mesmo risco junto a outro segurador, deve previamente **comunicar sua intenção por escrito** ao primeiro, indicando a soma por que pretende segurar-se", para que se possa averiguar se não está sendo ultrapassado, no total, o valor do interesse segurado.

Embora o legislador não proíba que o segurado faça mais de um seguro para proteger o bem contra o mesmo risco, com o mesmo segurador ou com outro, uma condição é imposta: a de **comunicar previamente sua intenção por escrito ao primeiro segurador**, indicando a soma por que pretende segurar-se. Desse modo evita-se que o segurado receba valor maior do que o do interesse segurado, **impedindo-o** de lucrar por meio do seguro contratado.

■ Cobertura de todos os prejuízos resultantes ou consequentes

O art. 779 do Código Civil dispõe que "o risco do seguro compreenderá todos os prejuízos **resultantes ou consequentes**, como sejam os estragos ocasionados para evitar o sinistro, minorar o dano, ou salvar a coisa". A responsabilidade do segurador não pode ser afastada no tocante aos danos ocasionados na tentativa de **preservação do bem** assegurado, como os causados, por exemplo, pelas demolições que se fizerem necessárias para evitar a propagação do fogo, ou pela água usada para debelar o incêndio.

■ Período de vigência da garantia

Prescreve o art. 780 do Código Civil que "a vigência da garantia, no seguro de coisas transportadas, **começa** no momento em que são pelo transportador recebidas, e **cessa** com a sua entrega ao destinatário".

---

6 "Contrato que coloca o segurado em desvantagem exagerada em relação ao segurador. Cláusula abusiva. Desequilíbrio contratual. Aplicação do Código de Defesa do Consumidor" (*RT*, 804/392).

Vigência da garantia é o **período de tempo** durante o qual perdura a validade da cobertura securitária. A responsabilidade do transportador de mercadorias é **objetiva**, devendo ele, desde o recebimento destas, tomar todas as cautelas necessárias para mantê-las em bom estado e entregá-las no prazo ajustado ou previsto, só terminando com a entrega ao destinatário (CC, arts. 749/750)[7].

■ Cláusula de rateio

O seguro de um interesse por **menos do que efetivamente valha** acarretará a **redução proporcional** da indenização, na hipótese de sinistro **parcial**, em não havendo disposição expressa em contrário (CC, art. 783).

O dispositivo em tela trata da **cláusula de rateio**, que não costuma ser bem recebida pelos segurados por ocasião do sinistro. Aplica-se a referida cláusula quando a cobertura contratada for **inferior ao valor** da coisa e dos danos. A diferença será suportada pelo segurado, que assumiu esse risco. O pagamento da contraprestação será rateado proporcionalmente ao prêmio. Malgrado o Código Civil tenha admitido expressamente o rateio "no caso de sinistro parcial", deve ele ser aplicado também em caso de **perda total** da coisa.

■ Vício intrínseco da coisa segurada

Na sequência, reza o art. 784 do Código Civil que "não se inclui na garantia o sinistro provocado por vício intrínseco da coisa segurada, não declarado pelo segurado".

Trata o dispositivo de causa excludente da garantia. Esta assegura o beneficiário contra risco eventual que advém de causa externa, estranha à coisa segurada. É **afastada**, pois, a indenização de sinistro ocorrido em razão de **defeito dela intrínseco e não conhecido** do segurador[8]. Este ficará isento de qualquer responsabilidade se o risco não for o normalmente previsto e declarado[9].

Pode, portanto, o seguro ser contratado para proteger coisa portadora de vício intrínseco, desde que este seja declarado ao segurador. Neste caso, a avença é celebrada com conhecimento do grau de risco que incide sobre o interesse protegido.

■ Transferência do contrato de seguro a terceiros

O art. 785 do Código Civil admite a validade da **transferência do contrato** de seguro a terceiro, por alienação ou cessão do interesse segurado, especificando os modos como pode ser feita, "salvo disposição em contrário"[10].

---

[7] "Transporte de mercadorias. Seguradora que repara o dano nos limites da apólice. Circunstância que lhe confere o direito como sub-rogada ao exercício de ação regressiva contra o transportador, em razão da má execução do serviço, limitado à quantia paga ao segurado" (*RT*, 796/276).

[8] "No contrato de transporte presume-se a culpa do transportador. Para se isentar de responsabilidade, cabe-lhe provar que os danos decorreram de vício próprio da mercadoria, força maior ou caso fortuito" (STJ, REsp 28.118-SP, 3ª T., rel. Min. Nilson Naves, j. 30-3-1993).

[9] Washington de Barros Monteiro, *Curso de direito civil*, v. 5, p. 349.

[10] "Transmissão do direito à indenização a terceiro adquirente do bem segurado. Admissibilidade, desde que não haja vedação na apólice. Em linha de princípio, cabe à seguradora o direito de ser informada dessa transferência, pois, desde que exista razão suficiente, pode opor-se a ela. Todavia, se não for comunicada e não indicando qualquer dado que torne a oposição razoável, ou melhor,

Podem as partes, portanto, no exercício da autonomia da vontade, de comum acordo estipular a **vedação** do ato de transferência. "Se o instrumento contratual é nominativo, a transferência só produz efeitos em relação ao segurador mediante aviso escrito assinado pelo cedente e pelo cessionário" (§ 1º). "A apólice ou o bilhete à ordem só se transfere por endosso em preto, datado e assinado pelo endossante e pelo endossatário" (§ 2º).

De qualquer forma, a aludida transferência, com a transmissão do direito à indenização, não pode agravar por qualquer modo a situação do segurador.

■ Sub-rogação do segurador nos direitos do segurado

Por seu turno, o art. 786 do Código Civil prevê a sub-rogação do segurador nos direitos do segurado, nestes termos: "**Paga a indenização**, o segurador sub-roga-se, nos limites do valor respectivo, nos direitos e ações que competirem ao segurado contra o autor do dano".

Na mesma trilha proclama a Súmula 188 do Supremo Tribunal Federal: "O segurador tem ação regressiva contra o causador do dano pelo que efetivamente pagou, até o limite máximo previsto no contrato de seguro". Como o seguro nem sempre cobre integralmente o dano sofrido pelo segurado, o segurador **sub-roga-se apenas no valor que tiver efetivamente pago**, não sendo aquele obrigado a transferir-lhe o direito sobre o crédito remanescente de que seja titular contra o responsável civil.

■ Hipóteses em que a sub-rogação não tem lugar

O § 1º do citado art. 786 dispõe que, "salvo dolo, a sub-rogação não tem lugar se o dano foi causado pelo cônjuge do segurado, seus descendentes ou ascendentes, consanguíneos ou afins". Justifica-se a restrição, que tem a finalidade de evitar que o exercício da sub-rogação venha a afetar o **patrimônio da família do segurado**, salvo em caso de **dolo** de seus membros. Mas a ação meramente culposa de qualquer das pessoas expressamente mencionadas não autoriza o exercício de qualquer ação regressiva.

Embora o § 1º em epígrafe não tenha incluído o **companheiro ou companheira** do segurado no referido rol, o fato de a Constituição Federal reconhecer a união estável como entidade familiar (art. 226, § 3º) e de os arts. 1.723 a 1.727 do Código Civil terem regulamentado a aludida norma constitucional, permitindo, autorizando, no art. 1.562, a propositura de ação para a sua dissolução, permite que também não se admita a ação regressiva contra tais pessoas, exceto em caso de dolo.

Tendo em conta a natureza diversa dos seguros pessoais, o Código Civil **veda expressamente**, nessa modalidade, a sub-rogação "nos **direitos e ações** do segurado, ou do beneficiário, contra o causador do sinistro" (CC, art. 800), uma vez que o segurador não paga dívida do segurado, nem o indeniza por danos patrimoniais so-

---

tratando-se de mera possibilidade de recusa, não pode a seguradora se eximir de sua obrigação, sendo devida a indenização" (*RT*, 647/85). "Seguro. Alienação do bem segurado na vigência da apólice. Ação julgada improcedente. Possibilidade de transmissão dos direitos à indenização. Inexistência de cláusula que vede a transferência. Falta de comunicação à seguradora. Irrelevância. Recurso provido" (TJSP, Ap. 264.206-1/0-Americana, rel. Des. Cunha Cintra, j. 15-8-1996, v. u.).

fridos. Ele apenas paga, segundo esclarece José Augusto Delgado, um capital que foi ajustado para o caso de o evento acontecer e para que isso possa acontecer o segurado assumiu a obrigação de pagar, periodicamente, o prêmio ajustado. A proibição da sub-rogação, sendo expressa, é de natureza imperativa e recebe interpretação restritiva[11].

Seguro de responsabilidade civil

Trata ainda o Código Civil do seguro de responsabilidade civil, no qual, segundo dispõe o art. 787, "o segurador garante o pagamento de perdas e danos devidos pelo segurado a terceiro".

Compreende a cobertura ao **segurado** pelas indenizações que ele eventualmente seja obrigado a pagar por **danos causados a terceiros**, resultantes de atos ilícitos, independentemente de ter ou não agido culposamente.

Particularidades do seguro de responsabilidade civil

a) Estatui o § 1º do aludido dispositivo que, "tão logo saiba o segurado das consequências de ato seu, suscetível de lhe acarretar a responsabilidade incluída na garantia, comunicará o fato ao segurador". A omissão do segurado, salvo impedimento comprovado **e desde que demonstrada a possibilidade de o segurador minimizar as consequências do sinistro**[12], exime-o da responsabilidade.

b) O § 2º do dispositivo ora comentado, por sua vez, **proíbe** que o segurado reconheça sua responsabilidade, confesse a ação ou transija com o terceiro ou ainda o indenize diretamente, **"sem anuência expressa do segurador"**, uma vez que, sendo deste a responsabilidade, compete-lhe definir pelo pagamento ou pelo reconhecimento de culpa. A proibição visa a inibir a frustração de eventual direito do segurador, em caso de negociação direta do segurado com o terceiro.

c) Por sua vez, o § 3º do mencionado art. 787 dispõe que o segurado, quando demandado pelo terceiro prejudicado, dará "ciência da lide ao segurador". O atendimento a essa determinação deve ser feito pela **denunciação da lide**, prevista no art. 125, II, do Código de Processo Civil, endereçada "àquele que estiver obrigado, por lei ou pelo contrato, a indenizar, em ação regressiva, o prejuízo de quem for vencido no processo". A **falência ou insolvência do segurador** mantém o **segurado** responsável pela reparação dos danos.

O seguro obrigatório

Por fim, estabelece o art. 788 do Código Civil que, "nos seguros de responsabilidade legalmente obrigatórios, a indenização por sinistro será paga pelo segurador diretamente ao terceiro prejudicado".

---

[11] *Comentários ao novo Código Civil*, v. XI, t. I, p. 840.

[12] "Indenização. Contrato que estipula a obrigação de o segurado comunicar à companhia a ocorrência do sinistro tão logo tenha ciência do mesmo. Empresa seguradora que só se exime do pagamento da verba se provar que, avisada desde logo, poderia minorar as consequências do sinistro" (*RT*, 801/329). "Ausência de prova de comunicação do sinistro à seguradora. Fato que não causa a perda do direito ao recebimento da verba. Penalidade somente aplicável se a seguradora comprovar que, sendo avisada oportunamente, poderia ter evitado ou atenuado as consequências do evento" (*RT*, 793/397).

O **seguro obrigatório** constitui medida de reconhecido e elevado alcance social, e, por essa razão, a simples ocorrência do dano, **independentemente da apuração da culpa**, implica o imediato pagamento da indenização diretamente ao terceiro prejudicado, sem a participação ou intermediação de pessoas que possam, eventualmente, dele obter vantagens indevidas.

■ Regulamentação do seguro obrigatório

O Decreto-Lei n. 73/66, que regulamentou essa modalidade de seguro, aplica em favor do segurado a **teoria do risco**. Impõe a lei a obrigatoriedade de seu pagamento no prazo de quinze dias, mediante simples apresentação dos documentos que comprovem o acidente e a condição de beneficiário (Lei n. 6.194/74, art. 5º, com a nova redação dada pela Lei n. 8.441, de 13-7-1992).

No art. 7º, a referida lei, com a nova redação mencionada, deixa clara a opção pela **teoria objetiva**, ao estatuir: "A indenização por pessoa vitimada por veículo não identificado, com seguradora não identificada, seguro não realizado ou vencido, será paga nos mesmos valores, condições e prazos dos demais casos por um Consórcio constituído, obrigatoriamente, por todas as Sociedades Seguradoras que operem no seguro objeto desta Lei".

■ Posição da jurisprudência

Tem a jurisprudência proclamado, em face do princípio da universalidade do seguro obrigatório, que a cobertura à vítima do dano é efetuada **independentemente** de o veículo ou a própria seguradora serem identificados, acionando o beneficiário do seguro qualquer das empresas seguradoras integrantes do **consórcio securitário** (Lei n. 6.194/74, art. 7º), bem como que o terceiro prejudicado terá direito à indenização pelo sinistro, mesmo que não efetuado o pagamento do prêmio pelo segurado[13].

O Superior Tribunal de Justiça decidiu que é possível a atuação direta de terceiro contra a seguradora, sem a participação do segurado no polo passivo da demanda. Alegava a seguradora a impossibilidade de a indenização ser cobrada diretamente por terceiro, no caso de danos sofridos em razão de acidente de veículo. Segundo entendimento da Terceira Turma, embora o contrato tenha sido celebrado apenas entre o segurado e a seguradora, ele contém uma estipulação em favor de terceiro. A interpretação do contrato de seguro dentro de uma perspectiva social autoriza que a indenização seja diretamente reclamada por terceiro[14].

---

[13] "Indenização. Seguro obrigatório de veículos automotores de vias terrestres. Morte da vítima. Verba devida pelas sociedades seguradoras que obrigatoriamente participam do consórcio, ainda que não identificados o veículo ou sua seguradora ou mesmo se o seguro estiver vencido na data do evento" (*RT*, 761/255). "Seguro obrigatório. Indenização tarifada. Verba devida a quem de direito, ainda que não tenha sido pago o prêmio respectivo" (*RT*, 786/300). "Seguro obrigatório. Indenização. Pagamento condicionado à apresentação de documento comprovando o pagamento do prêmio à época do acidente. Inexigibilidade. Necessidade apenas da entrega de certidão de óbito, do registro da ocorrência elaborado por órgão policial competente e prova da qualidade de beneficiário no caso de morte" (*RT*, 801/236).

[14] REsp 1.245.618-RS, 3ª T., rel. Min. Nancy Andrighi, j. 22-11-2011.

16.7.2. Seguro de pessoa

O seguro de pessoa tem por finalidade beneficiar **a vida** e as **faculdades humanas**. Diferentemente do seguro de dano, não tem caráter indenitário. Seu valor não depende de qualquer limitação e varia de acordo com a vontade e as condições financeiras do segurado, que pode fazer tantos seguros quantos desejar[15].

O Código Civil, na Seção III do Capítulo XV, concernente ao contrato de seguro, disciplina o **seguro de pessoa** nos arts. 789 a 802. Tal modalidade compreende o **de vida**, o de acidentes pessoais, o de natalidade, o de pensão, o de aposentadoria e de invalidez e o seguro-saúde. Todavia, o art. 802 do referido diploma exclui expressamente este último do âmbito do Código Civil, deixando a sua disciplina para a legislação especial.

O seguro de pessoa é denominado **seguro de valores futuros**, por não prever uma indenização em razão de prejuízos materiais, ou de danos causados à coisa, "porém, uma segurança financeira para **o amanhã** com a entrega de valores. O seu objetivo fundamental é o **de prevenir dificuldades para a própria pessoa**. No caso de seguro de vida a intenção é a de resguardar os herdeiros ou protegidos, em razão da morte"[16].

O seguro de **acidentes pessoais** destina-se a garantir ao segurado, quando vitimado por um acidente coberto, "**indenização** em dinheiro por invalidez permanente, total ou parcial, diárias de incapacidade temporária, prestação de assistência médica ou reembolso das despesas com essa assistência, bem como indenização pecuniária aos beneficiários do segurado no caso de sua morte, também por acidente"[17].

16.7.2.1. Seguro de vida

O seguro de vida é o mais importante seguro de pessoas. Na sua constituição, a **duração da vida humana** atua como parâmetro para o **cálculo do prêmio** devido ao segurador, que se obriga a pagar ao beneficiário um capital ou uma renda, por **morte** do segurado ou para a hipótese de **sobreviver** por um prazo determinado.

O seguro de vida é:

- **de vida propriamente dito** ou **ordinário de vida** quando convencionado que o pagamento será feito aos herdeiros ou a pessoa designada, por **morte** do segurado;
- **dotal** ou **de sobrevivência**, quando o segurado só tiver direito a ele se chegar a certa idade, ou for vivo a certo tempo, ou seja, se **sobreviver** ao prazo do seu contrato; e
- **misto**, que concilia os dois primeiros. "O segurador se compromete, mediante um prêmio fixo e anual devido pelo segurado, a pagar-lhe, ao fim de certo prazo (vinte ou trinta anos), determinada importância. Em caso de **morte** do segurado

[15] José Maria Trepat Cases, *Código Civil comentado*, v. VIII, p. 286; Pedro Alvim, *O contrato de seguro*, cit., p. 80.

[16] José Augusto Delgado, *Comentários*, cit., v. XI, t. I, p. 693.

[17] José Maria Trepat Cases, *Código Civil*, cit., v. VIII, p. 286.

antes do vencimento desse prazo, referida importância será paga a pessoas por ele designadas na apólice, sem que sejam devidos os prêmios ainda não pagos"[18].

■ **Natureza aleatória e caráter de uma estipulação em favor de terceiros**

O seguro de vida tem também natureza **aleatória** e nítido caráter de uma **estipulação em favor de terceiros**, uma vez que, de um lado, encontra-se o segurado, como **estipulante**; de outro, o segurador, como **promitente-devedor**; e, por fim, o **beneficiário**, como terceiro em favor de quem se faz a estipulação.

■ **Regras próprias**

O seguro de pessoa regula-se, no geral, pelas mesmas disposições concernentes ao seguro de dano, especificadas na seção concernente às "Disposições gerais" do Código Civil (arts. 765, 766 e 768). Há, contudo, certas disposições sobre seguros em geral que não se aplicam aos seguros sobre pessoa. Neste, o segurado pode fazer **quantos seguros quiser e pelo valor que entender**, e a **apólice não pode ser ao portador** (art. 760, parágrafo único). Dispõe, com efeito, o art. 789 do Código Civil que "nos seguros de pessoas, o capital segurado é livremente estipulado pelo proponente, que pode contratar mais de um seguro sobre o mesmo interesse, com o mesmo ou diversos seguradores".

■ *16.7.2.1.1. Seguro sobre a vida de outrem*

Pode uma pessoa fazer o seguro sobre a própria vida ou sobre a **de outrem**. No último caso, deverá justificar **"o seu interesse pela preservação"** daquela que segura, salvo se for cônjuge, ascendente ou descendente do proponente (CC, art. 790 e parágrafo único). Considera-se, pois, **presumido** o interesse, quando a pessoa segurada é **cônjuge, ascendente ou descendente** do proponente.

Deve ser incluído nesse rol também o **companheiro**, não só em face do reconhecimento, em nível constitucional, da união estável como entidade familiar, como ainda do disposto no art. 793 do Código Civil, que expressamente considera válida a instituição do companheiro como beneficiário do seguro. Nesse mesmo sentido o Enunciado 186, aprovado na III Jornada de Direito Civil promovida pelo Conselho da Justiça Federal.

■ *16.7.2.1.2. Modalidades de seguro de vida admitidas*

Várias são as modalidades de seguro de vida admitidas. Pode:

- ■ ter por objeto o **seguro da vida inteira**, mediante pagamento de prêmio anual, beneficiando terceiros indicados com a morte do segurado;
- ■ ser fixado o pagamento para **certo e determinado período**, após o qual o segurado libera-se do pagamento, beneficiando também terceiros no caso de morte;
- ■ consistir na **formação de capital** para ser usufruído pelo segurado após certo tempo ou quando atingir determinada idade;

[18] Silvio Rodrigues, *Direito civil*, cit., v. 3, p. 345.

- ser **individual** ou **em grupo**;
- ser, ainda, **misto**, constituindo uma combinação do seguro de vida inteira com o de formação de capital;
- ser, por fim, de **duas vidas**, geralmente marido e mulher, em que a indenização é paga ao sobrevivente.

Algumas modalidades encontram-se previstas no art. 796 do Código Civil, que dispõe: "O prêmio, no seguro de vida, será conveniado por prazo limitado, ou por toda a vida do segurado". Adverte o parágrafo único: "Em qualquer hipótese, no seguro individual, o segurador não terá ação para cobrar o prêmio vencido, cuja falta de pagamento, nos prazos previstos, acarretará, conforme se estipular, a resolução do contrato, com a restituição da reserva já formada, ou a redução do capital garantido proporcionalmente ao prêmio pago".

A importância do seguro de vida pode ser constatada pela disposição do art. 795, que considera "**nula**, no seguro de pessoa, **qualquer transação para pagamento reduzido** do capital segurado", embora a hipótese seja, na realidade, de **ineficácia**. A finalidade da vedação é assegurar que o capital ajustado não sofra **nenhuma redução** por transações estranhas à finalidade do seguro[19].

É **lícita** a estipulação de um **prazo de carência**, no seguro de vida para o caso de morte, "durante o qual o segurador não responde pela ocorrência do sinistro" (CC, art. 797). Neste caso, "o segurador é obrigado a devolver ao beneficiário o montante da reserva técnica já formada" (parágrafo único).

16.7.2.1.3. *Escolha do beneficiário*

No seguro de vida, o estipulante pode **escolher livremente** os beneficiários, preterindo, se assim o desejar, os próprios parentes em favor de estranhos, como pode também não indicar, desde logo, o nome do beneficiário. Se **omitir a indicação**, ou se por qualquer motivo não prevalecer a que for feita, a sua vontade será **suprida pela lei**, que determina **(benefício subsidiário)** seja o montante segurado, nessas duas hipóteses, "pago por metade ao cônjuge não separado judicialmente, e o restante aos herdeiros do segurado, obedecida a ordem da vocação hereditária" (CC, art. 792).

"Estando o cônjuge **falecido**, ou **separado judicialmente** do segurado, aliado à **ausência de qualquer herdeiro** deste último, beneficiar-se-ão aqueles que necessitassem do segurado para sua própria subsistência, desde que provem, efetivamente,

---

19 José Augusto Delgado, *Comentários*, cit., v. XI, t. I, p. 756-757. Jones Figueirêdo Alves, *Novo Código*, cit., p. 720, com a seguinte jurisprudência que cita: "O recibo de quitação passado de forma geral, mas relativo à obtenção de parte do direito legalmente assegurado, não traduz renúncia a este direito e, muito menos, extinção da obrigação" (STJ, REsp 129.182-SP, 3ª T., rel. Min. Waldemar Zveiter, *DJU*, 30-3-1998). "A correção monetária, no caso específico do seguro, quando não efetuada a indenização no prazo legal, é devida e o recibo de quitação, passado de forma geral, por si só, não a exclui" (STJ, REsp 43.768-PE, 3ª T., rel. Min. Waldemar Zveiter, *DJU*, 15-8-1994).

V. ainda: "Assinatura de recibo com quitação à seguradora, seguida de comunicação com ressalva quanto ao saldo a que o segurado se julga com direito. Circunstância que não extingue o direito de pleitear em juízo o pagamento da importância estipulada no contrato" (STJ, *RT*, 779/205).

tal **dependência econômica**, como condição *sine qua non* para receber o seguro"[20], como estatui o parágrafo único do mencionado art. 792.

Se inexistir cônjuge, mas houver **companheira**, malgrado a omissão do Código, esta deverá receber a metade do valor pago, tendo em vista o reconhecimento em nível constitucional da união estável como **entidade familiar**. Não é justo afastá-la, tendo o seguro sido contratado, por exemplo, durante a vigência da vida em comum. Por sinal, o mesmo Código, reconhecendo essa realidade, proclama, no art. 793, que "é válida a instituição do companheiro como beneficiário, se ao tempo do contrato o segurado era separado judicialmente, ou já se encontrava separado de fato".

■ *16.7.2.1.4. Substituição do beneficiário*

É também lícita a **substituição** da pessoa originalmente designada como beneficiária, no curso do contrato, por **ato *inter vivos* ou testamento**, se o segurado, expressamente, "não renunciar à faculdade, ou se o seguro não tiver como causa declarada a garantia de alguma obrigação" (CC, art. 791). Quando não cientificado oportunamente da substituição, o segurador poderá desobrigar-se "pagando o capital segurado ao antigo beneficiário" (parágrafo único).

■ *16.7.2.1.5. Morte por suicídio*

Proclama a Súmula 61 do Superior Tribunal de Justiça: "O seguro de vida cobre morte por suicídio **não premeditado**". E a de número 105 do Supremo Tribunal Federal estabelece: "Salvo se tiver havido premeditação, o suicídio do segurado no período contratual de carência não exime o segurador do pagamento do seguro".

O Código Civil de 2002 inovou nessa matéria, dispondo, no art. 798: "O beneficiário não tem direito ao capital estipulado quando o segurado se suicida nos primeiros dois anos de vigência inicial do contrato, ou da sua recondução depois de suspenso, observado o disposto no parágrafo único do artigo antecedente". Aduz o parágrafo único: "Ressalvada a hipótese prevista neste artigo, é nula a cláusula contratual que exclui o pagamento do capital por suicídio do segurado".

A lei, agora, como se observa, estabelece um **limite temporal**, como condição para pagamento do capital segurado. A rigor, a única restrição trazida pelo novo diploma é ter o suicídio ocorrido nos "**primeiros dois anos** de vigência inicial do contrato, ou de sua recondução depois de suspenso". A nova regra deve ser interpretada, portanto, no sentido de que, **após dois anos** da contratação do seguro, **presume-se que o suicídio não foi premeditado**. Se este ocorrer **antes** da consumação do referido prazo, caberá à seguradora demonstrar que o segurado assim agiu exclusivamente para obter em favor de terceiro o pagamento da indenização.

Essa prova da premeditação é imprescindível, como assevera Caio Mário, sob pena de o segurador obter enriquecimento sem causa, "diante das pesquisas da ciência no campo da medicina envolvendo a patologia da depressão"[21].

---

[20] Jones Figueirêdo Alves, *Novo Código*, cit., p. 717-718.

[21] *Instituições*, cit., v. III, p. 467.

A Segunda Seção do Superior Tribunal de Justiça voltou a discutir a questão, frisando que, "durante os dois primeiros anos de vigência do contrato de seguro de vida, o suicídio é risco não coberto. Deve ser observado, porém, o direito do beneficiário ao ressarcimento do montante da reserva técnica já formada (CC, art. 798, c/c o art. 797, parágrafo único). O art. 798 adotou critério objetivo temporal para determinar a cobertura relativa ao suicídio do segurado, afastando o critério subjetivo da premeditação. Após o período de carência de dois anos, portanto, a seguradora será obrigada a indenizar, mesmo diante da prova mais cabal da premeditação"[22].

16.7.2.1.6. *Prática, pelo segurado, de atividades arriscadas*

O segurador não pode eximir-se ao pagamento do seguro, ainda que da apólice conste a restrição, "se a morte ou a incapacidade do segurado provier da utilização de meio de transporte mais arriscado, da prestação de serviço militar, da prática de esporte, ou de atos de humanidade em auxílio de outrem", como expressamente dispõe o art. 799 do Código Civil.

Anote-se que a regra não se aplica somente aos casos de sinistro com morte, mas também àqueles em que o dano resulta em incapacidade. A expressão "atos de humanidade em auxílio de outrem" compreende os praticados em **estado de necessidade**, quando alguém arrisca a própria vida para salvar a de outra pessoa; em **legítima defesa de terceiro**; para salvar alguém de **incêndio, naufrágio** ou **outro meio violento**, bem como o ato de **doação de órgãos** para salvar a vida do seu semelhante[23]. Embora constituam atividades arriscadas, são de resultado imprevisível e praticadas sob o império do altruísmo[24].

16.7.2.1.7. *Beneficiário provocador da morte do segurado*

Com respaldo nas lições de Clóvis Beviláqua e Serpa Lopes, obtempera Caio Mário que o **beneficiário** que seja **autor do homicídio do segurado** "não tem direito ao seguro, não só por falta de causa moral para a obrigação (*Nemo de improbitate sua consequitur actionem*), como também porque a morte é condição do seu vencimento, e reputa-se não verificada (Código Civil, art. 129) a condição maliciosamente provocada por aquele a quem aproveita"[25].

16.7.2.2. *Seguro de vida em grupo*

O seguro **em grupo** ou **coletivo** é subespécie do seguro de vida. O Código Civil autoriza a sua celebração no art. 801, *verbis*: "O seguro de pessoas pode ser estipulado por pessoa natural ou jurídica em proveito de grupo que a ela, de qualquer modo, se vincule". Nessa hipótese, subsiste relação jurídica entre o estipulante, o segurador e os segurados.

No seguro de vida em grupo há, com efeito, três **personagens:**

---

[22] STJ, Segunda Seção, REsp 1.334.005-GO, rel. Min. Tarso Sanseverino, j. 8-4-2015.

[23] José Augusto Delgado, *Comentários*, v. XI, t. I, p. 827.

[24] Jones Figueirêdo Alves, *Novo Código*, cit., p. 724-725.

[25] *Instituições*, cit., v. III, p. 467.

- o **estipulante**, que pode ser pessoa natural ou jurídica e, segundo dispõe o § 1º do aludido art. 801, "não representa o segurador perante o grupo segurado", mas "é o único responsável, para com o segurador, pelo cumprimento de todas as obrigações contratuais";
- o **segurador**; e
- os **segurados** (*grupo segurável*).

Se os últimos tiverem alguma pretensão contra a seguradora, deverão deduzi-la **diretamente**, e não por intermédio do estipulante, que não responde por aquela perante o aludido grupo. Todavia, o estipulante tem a responsabilidade, perante a seguradora, de fiscalizar o cumprimento de todas as obrigações pelo grupo contraídas, tendo em vista que foi sua a iniciativa de procurá-la para a celebração do ajuste[26].

Essa modalidade de seguro é celebrada entre uma seguradora e uma grande empresa ou associação, **em benefício de seus empregados ou associados**, que desfrutarão das vantagens da estipulação, mediante uma contribuição determinada e global, paga pela estipulante.

Proclama o § 2º do retrotranscrito art. 801 do Código Civil que "a **modificação da apólice** em vigor dependerá da anuência expressa de segurados que representem **três quartos** do grupo". A exigência do referido *quorum* tem a finalidade de proteger a estabilidade nas relações contratuais, como uma forma de acautelar os interesses da maioria.

Uma importante característica do seguro de vida em grupo é que, embora o estipulante e o segurador sejam fixos, ficando jungidos ao contrato até o final de sua execução, **o grupo segurado está em permanente mutação**, havendo constante fluxo de ingressos e saídas de segurados. Em razão dessa circunstância, o estipulante tem a obrigação de remeter ao segurador relação mensal dos atuais segurados e das mutações ocorridas, uma vez que o prêmio varia conforme o maior ou menor número de beneficiários.

16.8. OBRIGAÇÕES DO SEGURADO

Constituem obrigações do segurado:

Pagar o prêmio estipulado no contrato

Esta é a principal obrigação do segurado. Não pode exonerar-se, alegando que o risco não se verificou (CC, art. 764), pois se trata de contrato aleatório. A "**diminuição do risco** no curso do contrato", estatui o art. 770 do Código Civil, salvo disposição em contrário, "**não acarreta a redução do prêmio** estipulado; mas, se a redução do risco for **considerável**, o segurado poderá exigir a **revisão** do prêmio, ou a **resolução** do contrato".

---

[26] "O segurado não tem ação contra a estipulante de seguro em grupo para haver o pagamento da indenização, mas tem legitimidade para promover ação contra a seguradora a fim de obter o cumprimento do contrato de seguro feito em favor de terceiro, indicado como primeiro beneficiário, pois, no caso de haver saldo, este reverterá em favor do segurado" (STJ, REsp 240.945-SP, 4ª T., rel. Min. Ruy Rosado de Aguiar Júnior, *DJU*, 19-6-2000). "Ação movida por segurado. Interposição contra entidade estipulante de seguro facultativo em grupo. Ilegitimidade passiva *ad causam*. Legitimidade somente quando incorrer em falta que impeça a cobertura do sinistro pela seguradora" (*RT*, 790/347).

Assim, se o piloto de provas abandona definitivamente a profissão, o risco de vida diminui consideravelmente, ensejando-lhe a possibilidade de exigir a redução do prêmio ou a resolução do seguro de vida.

Em princípio, estando o segurado **inadimplente**, não é devida a indenização. Pode haver a reabilitação, quando convencionada, pela **purgação da mora** no prazo da notificação, que é obrigatória. Preceitua o art. 763 do Código Civil que "não terá direito a indenização o segurado que estiver em mora no pagamento do prêmio, se ocorrer o sinistro antes de sua purgação". Interpretação literal do mencionado dispositivo, entretanto, pode fazer com que, em contrato de seguro cujo prêmio tenha sido pago durante muitos anos, a **mora de apenas um dia** determine a perda da indenização — o que não é justo[27].

O Superior Tribunal de Justiça, em acórdão paradigma, afirmou a propósito que a companhia seguradora "não pode dar por extinto o contrato de seguro, por falta de pagamento da **última prestação** do prêmio"[28]. Doutra feita, decidiu a referida Corte que o simples atraso no cumprimento da prestação "não implica suspensão ou cancelamento automático do contrato de seguro, sendo necessário, ao menos, a **interpelação do segurado**, comunicando-o da suspensão dos efeitos da avença enquanto durar a mora"[29].

Por seu turno, dispõe o Enunciado 371, aprovado na IV Jornada de Direito Civil realizada em Brasília e promovida pelo Conselho da Justiça Federal:

> "A mora do segurado, sendo de escassa importância, não autoriza a resolução do contrato, por atentar ao princípio da boa-fé objetiva".

Comunicar ao segurador todo incidente suscetível de agravar consideravelmente o risco coberto

Tal comunicação o segurado deve fazer logo que o saiba, "sob pena de perder o direito à garantia, se provar que **silenciou de má-fé**" (art. 769). Só caberá a sanção se a mudança tiver sido de tal modo **significativa**, que o segurador não teria aceito a oferta, ou teria exigido prêmio maior, se o risco agravado já existisse ao tempo da aceitação da proposta.

Abster-se de tudo quanto possa aumentar o risco

Isto porque, se é **ele próprio que o agrava**, por sua conta, inscrevendo o veículo segurado em perigosa prova de velocidade, por exemplo, **perde o direito ao seguro** (CC, art. 768). A perda só ocorrerá, no entanto, se o segurado **"agravar intencionalmente"**[30], dolosamente, o risco objeto do contrato. Assinala Caio Mário, roboran-

---

[27] 1º TACSP, Ap. 748.965-4-S. José do Rio Preto, j. 28-1-1998. "Nos contratos de seguro, a cláusula contratual prevendo a perda do direito à indenização pelo atraso ou falta de pagamento do prêmio, mormente se inadimplidas apenas as duas últimas prestações, é abusiva e iníqua. Pois coloca o segurado em admissível desvantagem, uma vez que lhe acarreta a perda total da cobertura securitária, embora a seguradora tenha recebido a quase totalidade do valor do prêmio" (*RT*, 773/254).

[28] REsp 76.362-MT, 4ª T., rel. Min. Ruy Rosado de Aguiar, *DJU*, 1º-4-1996.

[29] REsp 737.061-RS, 3ª T., rel. Min. Castro Filho, *DJU*, 1º-7-2005.

[30] A jurisprudência tem-se posicionado, efetivamente, no sentido de que o fenômeno do agravamento do risco deve merecer interpretação restritiva, só se podendo considerá-lo presente quando houver prova efetiva de que o segurado agiu intencionalmente para a sua consumação. Nessa linha, decidiu o TJSP,

do as afirmativas de Serpa Lopes, que "não terá consequência o gravame oriundo do **fortuito**, salvo se de má-fé não o comunicou ao segurador (art. 769)"[31].

Enfatizou a Quarta Câmara do Superior Tribunal de Justiça que a jurisprudência da referida Corte "sedimentou-se no sentido de que a simples ausência de comunicação de venda do veículo à seguradora não exclui o dever da seguradora, que recebeu o pagamento do prêmio, perante o novo proprietário, desde que não haja agravamento do risco"[32]. Tal entendimento restou consolidado com a edição da Súmula 465 do STJ, do seguinte teor: "Ressalvada a hipótese de efetivo agravamento do risco, a seguradora não se exime do dever de indenizar em razão da transferência do veículo sem a sua prévia comunicação".

O Superior Tribunal de Justiça tem reiteradamente proclamado que a culpa ou dolo do **preposto** não é causa da perda do direito ao seguro, porquanto o agravamento "deve ser imputado à **conduta direta do próprio segurado**"[33]. Assim, se é o empregado que provoca o acidente por dirigir embriagado, não se pode acusar o empregador e proprietário do veículo de agravar intencionalmente o risco, se o preposto é legalmente habilitado para dirigir e não tem antecedentes que o recriminem.

■ **Comunicar o sinistro ao segurador e tomar as providências imediatas para minorar-lhe as consequências**

Tal comunicação também deve ser feita logo que o saiba, sob pena de perder o direito à indenização (CC, art. 771). A empresa seguradora se exonera em razão da omissão injustificada, se provar que, **oportunamente avisada**, ter-lhe-ia sido possível evitar, ou atenuar, as consequências do sinistro, como visto no item 16.7.1, *retro* (*v.* nota 10).

Entretanto, não é em qualquer situação que a falta de notificação imediata acarreta a perda do direito à indenização. Consoante decidiu a 3ª Turma do Superior Tribunal de Justiça, "Deve ser imputada ao segurado uma omissão dolosa, que beire à má-fé, ou culpa grave que prejudique de forma desproporcional a atuação da seguradora, que não poderá se beneficiar, concretamente, da redução dos prejuízos indenizáveis com possíveis medidas de salvamento, de preservação e de minimização das consequências"[34].

---

em caso de furto de veículo, que não se podia considerar configurado o agravamento do risco, conforme pretendido pelo segurador, o fato de o segurado estacioná-lo à margem da rodovia, em lugar ermo com a chave no contato, para fazer necessidades fisiológicas. Entendeu a Corte que não ficou comprovada intenção do agente ao agravar o risco, inexistindo ação com culpa grave ou dolosa (*RT*, 691/91).

31 *Instituições*, cit., v. III, p. 458-459.

32 STJ, REsp 771.375-SP, 4ª T., rel. Min. Aldir Passarinho Jr., *DJE*, 22-6-2010.

33 "Agravamento do risco. Inocorrência. Acidente de trânsito. Sinistro ocasionado por preposto ao dirigir embriagado. Fato que não pode ser imputado ao segurado" (*RT*, 786/241). "Não se estende ao segurado a culpa ou dolo que se possa atribuir ao preposto. Diferentemente do ilícito civil, o contrato de seguro se atém entre a linha seguradora-segurado, não se podendo transferir para este último um comportamento alheio, conquanto de preposto, se circunstância nenhuma aflora para jungir o preponente ao procedimento fora da lei" (*RT*, 589/118). "Reconhecida a boa-fé da beneficiária do seguro, o ato ilícito cometido pelo segurado — provocação do incêndio — não a atinge, sendo, pois, válido o contrato em relação a ela" (STJ, REsp 464.426-SP, 4ª T., rel. Min. Barros Monteiro, *DJU*, 1º-8-2005).

34 STJ, REsp 1.546.178-SP, rel. Min. Villas Bôas Cueva, disponível em *Revista Consultor Jurídico*, de 21-9-2016.

16.9. OBRIGAÇÕES DO SEGURADOR

Constituem obrigações do segurador:

Pagar o prejuízo resultante do risco assumido

O pagamento deve ser feito em dinheiro, se outra forma não foi convencionada (a reposição da coisa, p. ex. — CC, art. 776). Em muitos seguros, como no de automóveis ou no de incêndio de casas, armazéns e edifícios, por exemplo, o segurador ressalva o direito de mandar reparar o veículo ou de reconstruir o prédio, como preferir.

Nos seguros **pessoais**, a indenização será paga sempre pela importância constante da apólice, porque os bens por eles cobertos são inestimáveis. Nos seguros de bens **materiais**, contudo, a indenização nem sempre corresponde exatamente à quantia declarada, porque o seguro não tem finalidade lucrativa e exige, por isso, a **apuração real do prejuízo** (CC, art. 781).

O segurador poderá **exonerar-se**, provando, dentre outras circunstâncias:

a) que houve dolo do segurado;

b) que o valor dado à coisa é superior ao real (art. 778);

c) que se trata de segundo seguro da coisa, pelo mesmo risco e no seu valor integral (art. 782);

d) caducidade da apólice pelo não pagamento do prêmio;

e) inexistência de cobertura para o sinistro ocorrido;

f) descumprimento de obrigações, especialmente no tocante ao agravamento dos riscos e à falta de comunicação do sinistro etc.

Quanto à **extensão da responsabilidade do segurador**, responde este somente pelos **riscos assumidos**, particularizados na apólice. Mas, salvo expressa disposição em contrário, o risco do seguro compreenderá **todos os prejuízos resultantes ou consequentes**, caso sejam os estragos ocasionados para evitar o sinistro, minorar o dano ou salvar a coisa (art. 779), por exemplo, a demolição de parede para evitar a propagação do incêndio.

O não pagamento do sinistro no prazo avençado pelo segurador implicará a responsabilidade pelos efeitos da sua **mora**. Preceitua o art. 772 do Código Civil que "a mora do segurador em pagar o sinistro obriga à atualização monetária da indenização devida segundo índices oficiais regularmente estabelecidos, sem prejuízo dos juros moratórios".

Proceder sempre de boa-fé

Não só o segurado, mas também o segurador, com efeito, tem o dever de "guardar na conclusão e na execução do contrato, a mais **estrita boa-fé e veracidade**, tanto a respeito do objeto como das circunstâncias e declarações a ele concernentes" (CC, art. 765). Como corolário, "o segurador que, ao tempo do contrato, sabe estar passado o risco de que o segurado se pretende cobrir, e, não obstante, expede a apólice, **pagará em dobro o prêmio** estipulado" (CC, art. 773).

■ 16.10. O RESSEGURO

O **resseguro** tem a mesma finalidade do **cosseguro**, qual seja distribuir, entre **mais de um segurador**, a responsabilidade pela contraprestação. Perante o segurado, a responsabilidade é unicamente do segurador. Mas o resseguro transfere parte ou toda a responsabilidade **do segurador para o ressegurador**. Sua utilidade reside na maior pulverização dos riscos, mormente nos seguros vultosos[35].

O Instituto de Resseguros do Brasil, criado pelo Decreto-Lei n. 1.186/39, integra o Sistema Nacional de Seguros Privados, de acordo com o art. 8º do Decreto-Lei n. 73, de 21 de novembro de 1966, juntamente com o Conselho Nacional de Seguros Privados (CNSP) e a Superintendência de Seguros Privados (Susep). O IRB é sociedade de economia mista, com personalidade de direito privado. As seguradoras são obrigadas a ressegurar no IRB as responsabilidades **excedentes de seu limite técnico**, em cada ramo de operações.

De acordo com o art. 68 do aludido Decreto-Lei n. 73/66, "o Instituto de Resseguros do Brasil será considerado **litisconsorte necessário** nas ações de seguro, sempre que tiver **responsabilidade** no pedido". Este artigo não se aplica ao seguro obrigatório de danos pessoais causados por **veículos automotores** de via terrestre, disciplinado pela Lei n. 6.194, de 19 de dezembro de 1974, cujo art. 5º preceitua: "O pagamento da indenização será efetuado mediante simples prova do acidente e do dano decorrente, independentemente da existência de culpa, haja ou não resseguro...".

O Supremo Tribunal Federal entendeu razoável a interpretação de que, nos termos do citado art. 68, se o IRB não "tiver **responsabilidade** no pedido", não será litisconsorte passivo necessário[36]. Por sua vez, decidiu o Superior Tribunal de Justiça que, "declarando a seguradora ré, na contestação, que houve resseguro, sendo responsável o IRB por parte da indenização, deverá ele ser **citado**. Não se exige traga-se, desde logo, prova da existência do resseguro, o que se fará caso o litisconsorte negue a qualidade que lhe é atribuída"[37].

■ 16.11. PRAZOS PRESCRITIVOS

Os prazos prescritivos em matéria de seguros estão regulados no art. 206, § 1º, II, letras *a* e *b*, e § 3º, IX, do Código Civil.

Segundo o § 1º, II, do aludido dispositivo legal, prescreve em "**um ano** (...) a pretensão do segurado contra o segurador, ou a deste contra aquele, contado o prazo: *a)* para o segurado, no caso de seguro de responsabilidade civil, da data em que é citado para responder à ação de indenização proposta pelo terceiro prejudicado, ou da data que a este indeniza, com a anuência do segurador; *b)* quanto aos demais seguros, da ciência do fato gerador da pretensão".

---

35 Sílvio Venosa, *Direito civil*, v. III, p. 405.

36 *RTJ*, 122/846.

37 *RSTJ*, 27/421.

O § 3º do mencionado dispositivo dispõe que prescreve em "**três anos** (...) IX — a pretensão do beneficiário contra o segurador, e a do terceiro prejudicado, no caso de seguro de responsabilidade civil obrigatório".

Proclama a Súmula 101 do Superior Tribunal de Justiça: "A ação de indenização do segurado em grupo contra a seguradora prescreve em um ano".

16.12. RESUMO

DO SEGURO	
CONCEITO	Contrato de seguro é aquele pelo qual uma das partes, denominada segurador, obriga-se a garantir interesse legítimo da outra, intitulada segurado, relativo a pessoa ou a coisa, contra riscos determinados (CC, art. 757). O seu principal elemento é o ***risco***, que se transfere para outra pessoa.
NATUREZA JURÍDICA	É contrato bilateral, oneroso, consensual, aleatório e de adesão.
REQUISITOS	O segurador deve ser uma sociedade anônima, uma sociedade mútua ou uma cooperativa, com autorização governamental, que assume o risco, mediante recebimento do ***prêmio***, obrigando-se a pagar ao primeiro a ***indenização***. O segurado deve ter capacidade civil. Nem todas as pessoas podem ser beneficiárias (arts. 793, 550 e 1.801, III). O objeto, que é o risco descrito na apólice, deve ser lícito e possível. O seu valor deve ser determinado (arts. 778, 782 e 789). A boa-fé, que é mais energicamente exigida nos contratos de seguro (art. 765).
ESPÉCIES	**Quanto à obrigatoriedade:** a) ***privados*** (facultativos); b) ***sociais*** (obrigatórios). Os ***privados***, por sua vez, dividem-se em: a) terrestres; b) marítimos; e c) aéreos. **Quanto ao número de pessoas:** a) ***individual;*** b) ***coletivo.*** **Quanto ao objeto:** a) ***de coisas;*** b) ***de pessoas.*** **Quanto às obrigações do segurador:** a) ***de ramos elementares*** (risco de fogo, transporte e outros eventos danosos); b) ***de pessoas.*** Os **seguros de pessoas**, por sua vez, classificam-se em: a) contra acidentes pessoais; b) de vida. Os **seguros de vida**, por seu turno, dividem-se em: a) da vida inteira; b) para certo e determinado período; c) com formação de capital; d) misto (de vida inteira com o de formação de capital); e) de duas vidas. **Quanto à prestação dos segurados:** a) ***a prêmio***; b) ***mútuo***; c) ***misto*** (abrange os anteriores).

PRINCIPAL OBRIGAÇÃO DO SEGURADO	▪ Consiste em pagar o **prêmio** estipulado no contrato. Não pode exonerar-se, alegando que o risco não se verificou (art. 764), pois se trata de contrato aleatório.
PRINCIPAL OBRIGAÇÃO DO SEGURADOR	▪ Consiste em **pagar em dinheiro**, se outra forma não foi convencionada (a de consertar o veículo, p. ex.), o prejuízo resultante do risco assumido e, conforme as circunstâncias, o valor total (reposição) da coisa segura (art. 776).

▪ 16.13. QUESTÕES

1. (PGE/SC/Procurador do Estado/7º Concurso/2009) Assinale a alternativa CORRETA.

a) Nos seguros de dano, a garantia prometida pode ultrapassar o valor do interesse segurado no momento da conclusão do contrato.
b) Nos casos regulados pela responsabilidade objetiva, a vítima não necessita provar o nexo de causalidade entre o dano e a ação ou omissão do agente.
c) O contrato de mandato deve ser expresso.
d) Salvo disposição em contrário, o seguro de um interesse por menos do que valha acarreta a redução proporcional da indenização, no caso de sinistro parcial.
e) Aquele que aliciar pessoas obrigadas em contrato escrito a prestar serviço a outrem pagará a este a importância que ao prestador de serviços, pelo ajuste desfeito, houvesse de caber durante cinco anos.

2. (OAB/MT/2006.1) Sobre o contrato de seguro NÃO podemos dizer:

a) a apólice pode ser nominativa, à ordem ou ao portador, seja qual for o objeto segurado.
b) o segurado perderá o direito à garantia se agravar intencionalmente o risco objeto do contrato.
c) nulo é o contrato que garante risco de ato doloso do segurado.
d) o contrato prova-se pela exibição da apólice, do bilhete de seguro ou do comprovante de pagamento do prêmio.

3. (TJ/DFT/Juiz de Direito/2007.II) Referindo-se ao contrato de seguro, tendo em conta as proposições abaixo, responda:

I. mediante tal modalidade contratual, o segurador se obriga, através do pagamento do prêmio, a garantir interesse legítimo do segurado, relativo a pessoa ou a coisa, contra riscos predeterminados;
II. o princípio da boa-fé se avulta como de natureza relativa;
III. a minoração do risco no curso do contrato resulta sempre na redução do prêmio estipulado;
IV. o prazo prescricional da pretensão do segurado contra do segurador é de 2 (dois) anos.

a) são verdadeiras as alternativas I, II e III;
b) são verdadeiras as alternativas III e IV;
c) são verdadeiras as alternativas I e III;
d) somente a alternativa I está correta.

4. (TJSC/Juiz de Direito/2010) Assinale a alternativa CORRETA:

I. Nos contratos de seguro, segurado e segurador são obrigados a guardar na conclusão e na execução do contrato a mais estrita boa-fé e veracidade, tanto a respeito do objeto como das circunstâncias e declarações a ele concernentes. Somente as falsas declarações intencional e voluntariamente prestadas na proposta, capazes de influenciar na sua aceitação pela seguradora, é que ensejam a estas fazer valer a sanção da perda do direito à indenização pelo segurado.
II. As benfeitorias podem ser: voluptuárias, como, por exemplo, a construção de uma piscina em casa particular; necessárias, como a construção de uma garagem ou a realização de serviços em alicerce de uma casa que cedeu; úteis, como a troca de encanamento enferrujado ou de fiação elétrica que possa provocar curto-circuito.
III. O absolutamente incapaz tem por domicílio o de seu representante legal. O domicílio do preso é o do lugar em que cumprir a sua sentença. O denominado domicílio necessário é aquele determinado por lei em razão da condição ou situação de certas pessoas.
IV. É lícito às partes estipular contratos atípicos desde que observadas as normas gerais do Código Civil. Os contratos atípicos são os que não são expressamente disciplinados pelo Código

Civil e são admitidos ante o princípio da autonomia da vontade, desde que não contrariem, por exemplo, a ordem pública, os bons costumes e a função social do contrato.

a) Somente as proposições I, III e IV estão corretas.
b) Somente as proposições I e IV estão corretas.
c) Somente as proposições II, III e IV estão corretas.
d) Somente as proposições II e III estão corretas.
e) Todas as proposições estão corretas.

5. (Fazenda Nacional/Procurador/2006) A propósito dos contratos, assinale a opção FALSA.

a) Nos contratos de seguro de pessoas o segurador não se sub-roga nos direitos do segurado.
b) É válida a instituição da companheira de homem casado, separado de fato na data da contratação, como beneficiária do seguro.
c) Pode-se estipular fiança sem o consentimento do devedor ou contra a sua vontade.
d) É nula a cláusula contratual que exclui o pagamento do capital por suicídio do segurado.
e) No seguro de pessoa admite-se a transação para pagamento inferior ao capital segurado.

6. (TJSP/Juiz de Direito/VUNESP/2014) Assinale a opção CORRETA.

a) O recebimento do seguro obrigatório implica em quitação das verbas especificamente recebidas, inibindo o beneficiário de promover a cobrança de eventual diferença.
b) Na implantação de *stent*, embora seja ato inerente à cirurgia cardíaca/vascular, não se configura abusiva a negativa de sua cobertura, se o contrato for anterior à Lei n. 9.656/98.
c) É abusiva a cláusula contratual de plano de saúde que limita o tempo de internação do segurado ou usuário.
d) A devolução das quantias pagas em contrato de compromisso de compra e venda de imóvel obedecerá rigorosamente à forma prevista em contrato.

7. (TRF/Juiz Federal/XIV Concurso/2008) José contratou um seguro contra roubo e furto para a sua residência em que era elevadíssimo o índice de violência em seu bairro, em particular de crimes contra o patrimônio. Em razão disso, pagou um elevado preço pelo seguro. Meses depois, em razão de um bem sucedido programa de segurança pública e privada implantado em seu bairro, os índices de crime contra o patrimônio foram reduzidos em mais de 80%. Maria e Ticiana realizaram o mesmo tipo de contrato com a mesma seguradora. Contudo, durante o período, no bairro onde reside Maria, houve redução de apenas 3% nos crimes contra o patrimônio. No bairro onde reside Ticiana, o mesmo tipo de criminalidade teve um aumento de 20%. Assinale a alternativa CORRETA:

a) A seguradora poderá exigir de Ticiana uma elevação de 20% no valor do prêmio ou rescindir o contrato.
b) José tem o direito a uma redução do prêmio na mesma proporção da diminuição da criminalidade em seu bairro, exceto se tal hipótese for expressamente excluída pelo contrato.
c) Maria tem o direito a uma redução no valor do prêmio na mesma proporção da diminuição da criminalidade em seu bairro.
d) José poderá exigir a revisão do prêmio ou a resolução do contrato.

8. (TJPR/Juiz de Direito/2012) Assinale a alternativa CORRETA.

a) O contrato de comissão tem por objeto a aquisição ou a venda dos bens pelo comissário em nome do comitente.
b) O risco do seguro compreenderá todos os prejuízos resultantes ou consequentes, como sejam os estragos ocasionados para evitar o sinistro, minorar o dano, ou salvar a coisa.
c) O sorteio para dirimir questões ou dividir coisas comuns considera-se sempre como sistema de partilha.
d) O gestor de negócio não responde pelo caso fortuito quando fizer operações arriscadas semelhantes às que o dono costumava fazer.

9. (TJPE/Juiz de Direito/Fundação Carlos Chagas/2013) No seguro de vida ou de acidentes pessoais para o caso de morte,

a) a indenização sempre beneficiará o cônjuge sobrevivente casado sob o regime da comunhão universal ou parcial de bens.

b) o capital estipulado só fica sujeito às dívidas do segurado que gozem de privilégio geral ou especial.
c) é obrigatória a indicação de beneficiário, sob pena de ineficácia, revertendo o prêmio pago à herança do segurado falecido.
d) o capital estipulado não está sujeito às dívidas do segurado, nem se considera herança para todos os efeitos de direito.
e) o capital segurado só pode ser pago a herdeiros legítimos, não se admitindo a indicação de pessoa estranha à ordem de vocação hereditária para recebê-lo.

10. (TJ/AC/Juiz de Direito/2007) A respeito dos contratos regidos pelo Código Civil, assinale a opção CORRETA.

a) O contrato de comissão tem por objeto a aquisição ou a venda de bens pelo comissário, que deve exercer profissionalmente essa atividade, recebendo uma remuneração em decorrência da realização do negócio ou como ressarcimento das despesas efetuadas, quando houver resilição da avença. Esse contrato tem natureza exclusivamente mercantil. Nele, um dos contratantes age em nome e por conta do outro, embora se obrigando para com as pessoas com quem contrata.
b) No contrato de seguro, a proposta é vinculativa e obrigatória. O teor da apólice deve com ela coincidir, pois, em caso de divergência, prevalecerá o disposto na proposta porque esta é o documento vinculativo do seguro. Assim, se não aceitar acobertar determinado risco constante da proposta de contratação, o segurador deverá, obrigatoriamente, dar ciência desse fato ao segurado.
c) No transporte cumulativo de mercadorias, embora o ajuste figure, para o remetente, como se houvesse um único contratado, todos os transportadores respondem solidariamente pelo dano causado ao expedidor, inclusive pelo roubo praticado mediante ameaça exercida com arma de fogo, por se tratar de contrato de resultado e de responsabilidade objetiva.
d) O objeto do contrato de fiança é determinado pela obrigação cujo cumprimento ela garante, podendo as dívidas garantidas ser atuais ou futuras, totais ou parciais, compreender ou não os seus acessórios e, ainda, garantir obrigações nulas ou naturais, desde que sejam lícitas.

11. (DELPOL/RJ/Delegado de Polícia/XII Concurso/Fundação Professor Carlos Augusto Bittencourt/2012) Em 11 de janeiro de 2010, Caio celebrou contrato de seguro de vida com a Seguradora Boa Passagem S.A. Em 2 de fevereiro de 2012, Caio, desgostoso da vida, lança-se do alto de um edifício e vem a falecer. Sua mulher, Isabela, beneficiária do seguro, procura a Seguradora, que afirma que não pagará o seguro porque o contrato continha cláusula excluindo o pagamento em caso de suicídio. À luz da disciplina do seguro de vida no Código Civil, é CORRETO afirmar:

a) Isabela não tem direito ao recebimento do seguro porque prevalece, neste particular, a autonomia das partes.
b) Isabela não tem direito ao recebimento do seguro porque o pagamento do seguro de vida não é devido em casos de morte voluntária (suicídio).
c) Isabela não tem direito ao pagamento do seguro porque o suicídio ocorreu nos primeiros três anos de vigência do contrato.
d) Isabela tem direito ao recebimento do seguro porque a cláusula que afasta o pagamento do seguro de vida em caso de suicídio é nula, ressalvada a hipótese de suicídio ocorrido nos primeiros dois anos de vigência inicial do contrato, ou da sua recondição depois de suspenso.
e) Isabela tem direito ao recebimento do seguro porque a cláusula que afasta o pagamento do seguro de vida em caso de suicídio é anulável, desde que o beneficiário proponha ação anulatória até dois anos após a data do suicídio.

12. (TJ/MG/Juiz de Direito/VUNESP/2012) Quanto ao contrato de seguro, assinale a alternativa que apresenta informação INCORRETA.

a) A apólice ou o bilhete de seguro serão nominativos, à ordem ou ao portador, e mencionarão os riscos assumidos, o início e o fim de sua validade, o limite da garantia e o prêmio devido.
b) Pelo contrato de seguro, o segurador se obriga, mediante o pagamento da indenização, a garantir interesse legítimo de segurado, contra riscos predeterminados.
c) O segurador, desde que o faça nos 15 (quinze) dias seguintes ao recebimento do aviso de agravação do risco sem culpa do segurado, poderá dar-lhe ciência, por escrito, de sua decisão de resolver o contrato.

d) Somente pode ser parte no contrato de seguro, como segurador, entidade legalmente autorizada.

13. (TJSP/Juiz de Direito/184º Concurso/VUNESP/2013) Acerca do contrato de seguro, é correto afirmar que

a) os credores do devedor insolvente que vem a falecer podem penhorar o capital estipulado em seguro de vida por ele próprio contratado e pago, independentemente de quem seja o beneficiário.
b) por meio desse contrato, que se prova mediante a exibição da apólice ou bilhete de seguro, o segurado, mediante a paga de uma contraprestação, faz jus, na hipótese de se verificar determinado evento, a receber indenização denominada prêmio.
c) no seguro de responsabilidade civil, o segurado não pode reconhecer sua responsabilidade sem anuência expressa do segurador.
d) ao segurado que agrava intencionalmente o risco objeto do contrato a lei impõe multa e redução de garantia prevista na apólice.

14. (TJPA/Juiz de Direito/VUNESP/2014) No seguro de vida, para o caso de morte,

a) o beneficiário tem direito ao capital estipulado quando o segurado se suicida, ainda que no início da vigência do contrato de seguro.
b) proveniente da utilização de meio de transporte mais arriscado ou da prestação de serviço militar pode eximir o segurador e pagar o benefício.
c) é lícito estipular-se um prazo de carência, durante o qual o segurador não responde pela ocorrência do sinistro.
d) não poderá ser instituído para beneficiar companheiro ou cônjuge quando já houver separação do casal.
e) o prêmio será pago apenas se o contrato for conveniado por prazo limitado.

15. (TJ/RR/Juiz de Direito/Fundação Carlos Chagas/2015) A respeito dos contratos de seguro, considere as seguintes assertivas:

I. Nos seguros de dano, a garantia prometida não pode ultrapassar o valor do interesse segurado no momento da contratação e a indenização não pode ultrapassar o valor do interesse segurado no momento do sinistro.
II. Nos seguros de pessoas, o capital segurado é livremente estipulado pelo proponente, que pode contratar mais de um seguro sobre o mesmo interesse, com o mesmo ou diversos seguradores.
III. Salvo disposição em contrário, não se admite a transferência do contrato de seguro de dano a terceiro com a alienação ou cessão do interesse segurado.
IV No seguro de vida, só podem figurar como beneficiárias pessoas que estejam sob a dependência econômica do segurado, exceto se se tratar de cônjuge ou companheiro.
V. No seguro de vida ou de acidentes pessoais para o caso de morte, o capital estipulado, para o caso de morte, não está sujeito às dívidas do segurado, nem se considera herança.

Está CORRETO o que se afirma APENAS em

a) III, IV e V.
b) I, III e IV.
c) II, III e V.
d) I, II e V.
e) I, III e V.

16. (TRF/4ª Região/Juiz Federal/XVII Concurso/2016) Dadas as assertivas abaixo, assinale a alternativa CORRETA.

I. O simples atraso no pagamento de prestação do prêmio do seguro importa desfazimento automático do contrato, dispensada a prévia constituição do contratante em mora, contanto que previsto no instrumento contratual.
II. O que define a responsabilidade pelo pagamento das obrigações condominiais não é o registro do compromisso de compra e venda, mas a relação jurídica material com o imóvel, representada pela imissão na posse pelo promissário comprador e pela ciência inequívoca do condomínio acerca do negócio.

III. A ocorrência do suicídio antes do prazo bienal previsto na lei civil não exime, por si só, a seguradora do dever de indenizar, sendo imprescindível a comprovação da premeditação por parte do segurado, ônus que recai sobre a seguradora.
IV. O contrato de compra e venda, uma vez firmado em observância aos pressupostos de existência e aos requisitos de validade do negócio jurídico, implica transferência imediata da propriedade da coisa que tem por objeto.

a) Estão incorretas apenas as assertivas I e III.
b) Estão incorretas apenas as assertivas I e IV.
c) Estão incorretas apenas as assertivas II e IV.
d) Estão incorretas apenas as assertivas I, III e IV.
e) Nenhuma assertiva está correta.

17. (TJSP/Juiz de Direito/187° Concurso/VUNESP/2017) Pedro celebra contrato de seguro, com cobertura para invalidez total e permanente. Em 20 de outubro de 2008, é vítima de acidente. Fica hospitalizado e passa por longo tratamento médico. Cientificado em 20 de julho de 2010 de que é portador de incapacidade total e permanente, formula pedido administrativo de pagamento da indenização securitária em 20 de novembro de 2010. A seguradora alega que não há cobertura e, em 20 de setembro de 2011, formaliza a recusa ao pagamento da indenização, cientificando o segurado. Inconformado, Pedro propõe ação de cobrança de indenização securitária em 20 de janeiro de 2012. Assinale a alternativa CORRETA.

a) A ação deve ter prosseguimento, uma vez que o prazo para propositura teve início no momento em que Pedro teve ciência da incapacidade, que o prazo foi suspenso com a formulação do pedido administrativo e voltou a fluir com a cientificação da recusa da seguradora, e que na relação entre segurado e seguradora o prazo para a propositura é de 1 (um) ano, conforme dispõe o artigo 206, § 1°, inciso II, "b", do Código Civil.
b) O direito de ação está atingido pela prescrição, uma vez que o prazo para propositura teve início na data do acidente e que na relação entre segurado e seguradora o prazo para a propositura é de 1 (um) ano, conforme dispõe o artigo 206, § 1°, inciso II, "b", do Código Civil.
c) A ação deve ter prosseguimento porque o prazo de prescrição envolvendo a pretensão de beneficiário contra a seguradora é de 3 (três) anos, conforme dispõe o artigo 206, § 3°, do Código Civil, e a contagem tem início com a cientificação da incapacidade.
d) O direito de ação está atingido pela prescrição, uma vez que, embora o prazo para propositura seja de 3 (três) anos, conforme dispõe o artigo 206, § 3°, do Código Civil, a contagem teve início na data do acidente e não houve causa de interrupção.

18. (OAB/XXII Exame de Ordem Unificado/Fundação Getulio Vargas/2017) Mário firmou contrato de seguro de vida e acidentes pessoais, apontando como beneficiários sua esposa e seu filho. O negócio foi feito via *telemarketing*, com áudio gravado, recebendo informações superficiais a respeito da cobertura completa a partir do momento da contratação, atendido pequeno prazo de carência em caso de morte ou invalidez parcial e total, além do envio de brindes em caso de contratação imediata. Mário contratou o serviço na mesma oportunidade por via telefônica, com posterior envio de contrato escrito para a residência do segurado. Mário veio a óbito noventa dias após a contratação. Os beneficiários de Mário, ao entrarem em contato com a seguradora, foram informados de que não poderiam receber a indenização securitária contratada, que ainda estaria no período de carência, ainda que a operadora de *telemarketing*, que vendeu o seguro para Mário, garantisse a cobertura. Verificando o contrato, os beneficiários perceberam o engano de compreensão da informação, já que estava descrito haver período de carência para o evento morte *"nos termos da lei civil"*.

Com base na hipótese apresentada, assinale a alternativa CORRETA.

a) A informação foi clara por estar escrita, embora mencionada superficialmente pela operadora de *telemarketing*, e o período de carência é lícito, mesmo nas relações de consumo.
b) A fixação do período de carência é lícita, mesmo nas relações de consumo. Todavia, a informação prestada quanto ao prazo de carência, embora descrita no contrato, não foi clara o suficiente, evidenciando, portanto, a vulnerabilidade do consumidor.

c) A falta de informação e o equívoco na imposição de prazo de carência não são admitidos nas relações de consumo, e sim nas relações genuinamente civilistas.
d) O dever de informação do consumidor foi respeitado, na medida em que estava descrito no contrato, sendo o período de carência instituto ilícito, por se tratar de relação de consumo.

GABARITO

1. "d". *Vide* art. 783 do CC.
2. "a". *Vide* art. 760, parágrafo único, do CC.
3. "d". *Vide* art. 757 do CC.
4. "a". *Vide* I — arts. 765 e 766 do CC; III — art. 76 e parágrafo único do CC; IV — art. 425 do CC.
5. "e". *Vide* art. 795 do CC.
6. "c". *Vide* art. 51, IV, do CDC e Súmula 543 do STJ.
7. "d". *Vide* art. 770, 2ª parte, do CC.
8. "b". *Vide* art. 779 do CC.
9. "d". *Vide* art. 794 do CC.
10. "b". *Vide* art. 759 do CC.
11. "d". *Vide* art. 798 e parágrafo único do CC.
12. "b". O segurador se obriga mediante o pagamento do prêmio (*Vide* art. 757 do CC).
13. "c". *Vide* art. 787, § 2º, do CC.
14. "c". *Vide* art. 797 do CC.
15. "d". *Vide* I — arts. 778 e 781; II — art. 789; e V — art. 794.
16. "b". *Vide* arts. 763 e 1.245 do CC.
17. "a". *Vide* art. 206, § 1º, II, letras "a" e "b", e § 3º, IX, do CC.
18. "b". *Vide* art. 4º, I, do Código de Defesa do Consumidor.

17

DA CONSTITUIÇÃO DE RENDA

17.1. CONCEITO

Segundo Carvalho de Mendonça, contrato de constituição de renda é aquele pelo qual "alguém se obriga para com outrem a **prestar uma renda** em períodos determinados, durante um tempo certo de vida, ou em período indeterminado, mediante cessão de um capital cuja propriedade é transferida na ocasião em que é criado o encargo, ou, ainda, sobre os próprios bens imóveis e sem remuneração alguma"[1].

Dispõe o art. 803 do Código Civil que "pode uma pessoa, pelo contrato de constituição de renda, obrigar-se para com outra a uma prestação periódica, a título **gratuito**". Acrescenta o art. 804 do mesmo diploma que "o contrato pode ser também a título **oneroso**, entregando-se bens móveis ou imóveis à pessoa que se obriga a satisfazer as prestações a favor do credor ou de terceiros".

Pelo contrato de constituição de renda a título **oneroso**, pois, uma pessoa **(o instituidor)** entrega a outra (**rendeiro** ou **censuário**) um capital, que pode consistir em bens móveis ou imóveis, obrigando-se esta a pagar àquela ou a terceiro por ela indicado, periodicamente, uma **determinada prestação**. Quando se convenciona o pagamento de uma renda vitalícia a **terceiro**, este passa a denominar-se **beneficiário**.

Trata-se de modalidade contratual raramente encontrada na atualidade, especialmente em países de moeda instável como o Brasil. Somente um insensato, pondera Silvio Rodrigues, seria capaz de permutar um imóvel de sua propriedade por uma renda hoje considerada remuneradora[2]. Nada obsta, todavia, que a renda seja **indexada** ou vinculada a um determinado padrão, para que possa ser majorada e **atualizada periodicamente**[3].

17.2. NATUREZA JURÍDICA

O contrato de constituição de renda é:

---

[1] *Contratos no direito civil brasileiro,* t. II, p. 419.

[2] *Direito civil*, v. 3, p. 324.

[3] Caio Mário da Silva Pereira, *Instituições de direito civil*, v. III, p. 475.

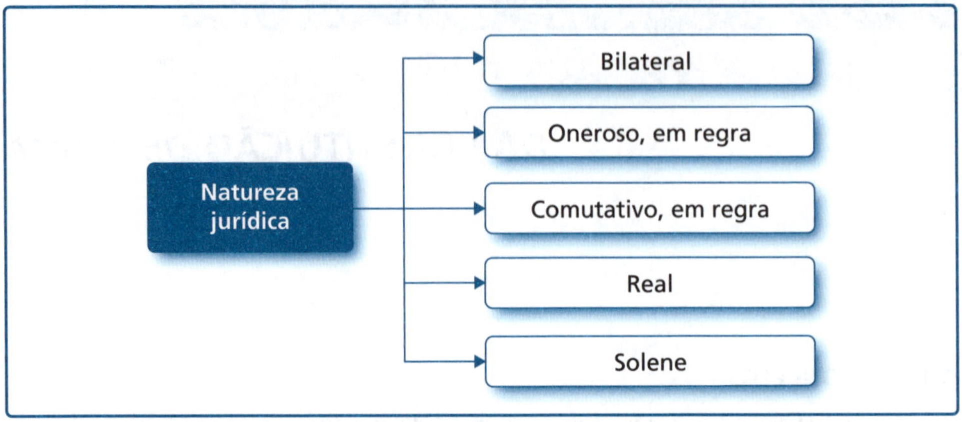

- **Bilateral**, porque gera obrigações recíprocas: o dono do capital convenciona transferi-lo ao rendeiro que, por sua vez, obriga-se a lhe fornecer uma renda fixa durante certo prazo ou até que venha a falecer.
- **Oneroso**, em regra, uma vez que o instituidor transfere um capital ao censuário, em troca de uma renda por este prometida. Mas o negócio pode ser **gratuito**, se o beneficiário não dever ao instituidor qualquer retribuição, equiparando-se a estipulação a uma doação.
- **Comutativo**, em regra, porque o censuário, ao receber o capital, obriga-se a efetuar número certo de prestações, por tempo determinado; mas será **aleatório**, se a sua execução depender da duração da vida, quer do rendeiro, quer do beneficiário. No entanto, somente pode ser tido como aleatório, quando oneroso, pois o contrato aleatório pressupõe, de um lado, uma prestação, e de outro uma contraprestação cuja exigibilidade depende do acontecimento sujeito a um evento incerto[4].
- **Real**, porque se aperfeiçoa com a **entrega dos bens** ao rendeiro, a quem o domínio é transferido desde a tradição. Dispõe, com efeito, o art. 809 do Código Civil que "os bens dados em compensação da renda caem, desde a tradição, no domínio da pessoa que por aquela se obrigou".
- **Solene**, tendo em vista que, segundo dispõe o art. 807 do Código Civil, "a constituição de renda requer **escritura pública**".

17.3. CARACTERÍSTICAS

17.3.1. Constituição por ato *inter vivos* ou *causa mortis*

A renda pode ser, efetivamente, constituída por ato *inter vivos* ou *causa mortis*. Mesmo quando constituída por testamento não perde o **caráter contratual**. O *de cujus* pode, por exemplo, em sua disposição de última vontade, legar a determinada pessoa certo capital, com o encargo de pagar uma renda ao beneficiário (CC, arts.

[4] Serpa Lopes, *Curso*, cit., v. IV, p. 345; Caio Mário da Silva Pereira, *Instituições*, cit., v. III, p. 476.

1.927 e 1.928). Pode advir, também, de decisão judicial que condene o autor de um ato ilícito a prestar alimentos ao ofendido (CC, art. 950) ou às pessoas de sua família (art. 948, II).

17.3.2. Tempo de duração da pensão

O instituidor, que entrega a outrem um capital ou bens móveis ou imóveis, está interessado na segurança de uma pensão periódica que garanta sua subsistência por toda a vida. Por essa razão, permite o art. 806 do Código Civil que a constituição de renda seja feita a **prazo certo**, ou **por vida**, "podendo ultrapassar a vida do devedor mas não a do credor, seja ele o contratante, seja terceiro". É ela, em regra, **vitalícia**.

17.3.3. Instituição do benefício limitada às pessoas vivas

Como se trata de negócio que se liga à maior ou menor duração de vida do beneficiário, a constituição de renda será **"nula"**, por falta de objeto, se este for **pessoa falecida**. Somente pode ser instituída, pois, em favor de **pessoa viva**, ficando sem efeito se o credor "vier a falecer", dentro dos trinta dias subsequentes à sua constituição, "de moléstia que já sofria, quando foi celebrado o contrato" (CC, art. 808).

A **moléstia superveniente**, todavia, não anula o contrato, ainda que o óbito ocorra nesse período. Também não o anulam a **senilidade** e a **gravidez**, por não serem consideradas estados patológicos, ainda que daí advenha morte dentro dos mencionados trinta dias. Morrendo um credor, no caso de ser a renda constituída em favor de vários, o contrato não caduca em relação aos sobreviventes[5].

17.3.4. Exigência de prestação, pelo rendeiro, de garantia real ou fidejussória

Sendo o contrato a título oneroso, "pode o credor, ao contratar, exigir que o rendeiro lhe preste garantia real, ou fidejussória" (CC, art. 805). A garantia **real** vincula determinado bem do rendeiro ao cumprimento da obrigação por ele assumida. A fidejussória é de natureza **pessoal**, a exemplo da fiança, da caução de títulos de crédito pessoal etc.

17.4. REGRAS APLICÁVEIS

17.4.1. Obrigação do devedor de pagar as prestações avençadas

A **obrigação principal** do devedor é efetuar o pagamento das prestações nas épocas convencionadas. Se deixar de pagá-las, "poderá o credor da renda acioná-lo", tanto para receber "as prestações atrasadas como para que lhe dê garantias das futuras, sob pena de rescisão do contrato" (CC, art. 810).

A **cláusula penal** adapta-se aos contratos em geral e pode ser inserida também no de constituição de renda.

[5] Serpa Lopes, *Curso*, cit., v. IV, p. 349; Caio Mário da Silva Pereira, *Instituições*, cit., v. III, p. 477.

Pode-se ajustar o **pagamento adiantado** das prestações. Neste caso, a obrigação terá de cumprir-se no começo de cada período. Não sendo feita tal estipulação, "o credor adquire o direito à renda **dia a dia**" (CC, art. 811), embora as prestações se tornem exigíveis nas datas fixadas. Assim, se as prestações forem mensais e devidas ao término de cada mês, o credor, decorridos dez dias, por exemplo, já terá adquirido o direito ao valor correspondente ao decêndio.

Como foi dito, podem as partes estabelecer, porém, que o vencimento das parcelas se dará no **início de cada período**. Se a renda foi constituída por **testamento**, começarão a fluir com a **"morte do testador"** (CC, art. 1.926). "Se as prestações forem deixadas a título de **alimentos**, pagar-se-ão no começo de cada período, sempre que outra coisa não tenha disposto o testador" (art. 1.928, parágrafo único).

■ 17.4.2. Instituição do benefício em favor de duas ou mais pessoas

Estatui o art. 812 do Código Civil que, "quando a renda for constituída em benefício de duas ou mais pessoas, sem determinação da parte de cada uma, entende-se que os seus direitos são iguais; e, salvo estipulação diversa, não adquirirão os sobrevivos direito à parte dos que morrerem".

Os beneficiários que vierem a faltar **não serão, portanto, substituídos pelos sobreviventes**, salvo se ficar estipulado que são **sucessivos**, ou seja, que a parte do que faltar **acresce** à dos que sobreviverem.

Mas o **direito de acrescer** depende de cláusula expressa, como também ocorre com o usufruto, a doação e os legados, conforme dispõem, respectivamente, os arts. 1.411, 551 e 1.942 do Código Civil. Afasta-se essa exigência, todavia, se os beneficiários são **marido e mulher**, aplicando-se, por analogia, a regra do parágrafo único do art. 551 do Código Civil, *verbis*: "subsistirá na totalidade a doação para o cônjuge sobrevivo".

■ 17.4.3. Admissibilidade das cláusulas de inalienabilidade e impenhorabilidade da renda constituída a título gratuito

Dispõe, por fim, o art. 813 do Código Civil que "a renda constituída por título gratuito pode, por ato do instituidor, ficar **isenta de todas as execuções** pendentes e futuras". A isenção prevista neste artigo, aduz o parágrafo único, "prevalece de pleno direito em favor dos **montepios** e **pensões alimentícias**".

A renda constituída a título **gratuito** pode, assim, "por ato do instituidor, vir gravada com a cláusula de **inalienabilidade** e **impenhorabilidade**, porque, tratando-se de liberalidade, em que o estipulante visa garantir a sobrevivência do beneficiário, a intenção daquele seria frustrada, se se possibilitasse a alienação da renda ou sua penhora pelos credores de seu titular"[6].

Os mencionados gravames não podem, no entanto, ser instituídos na renda **onerosa**, porque a ninguém é lícito, por ato próprio, subtrair os seus bens à garantia de seus credores.

---

6 Silvio Rodrigues, *Direito civil*, v. 3, p. 326-327.

17.5. EXTINÇÃO DA CONSTITUIÇÃO DE RENDA

Além dos **modos comuns** a todos os contratos, **extingue-se** o contrato de constituição de renda:

- pelo **vencimento do prazo**, se for a termo;
- pelo **implemento de condição resolutiva**, expressa ou tácita;
- pela **morte do rendeiro ou do credor**, se for instituída pela vida de um ou de outro; extingue-se **sempre**, contudo, pela morte do credor;
- por qualquer dos casos de **anulação**, **redução** ou **revogação** da doação ou do legado, se tiver caráter de liberalidade *inter vivos* ou *causa mortis*;
- pela **caducidade**, em razão da morte do beneficiário anteriormente à sua constituição ou nos trinta dias subsequentes, devido a moléstia preexistente do beneficiário;
- pelo **resgate**, que é uma causa extintiva específica: o rendeiro tem a faculdade de extinguir o encargo de pagar a renda por períodos, antecipando ao credor a solução das prestações futuras, mediante um capital que, ao juro legal, assegure igualmente a renda a termo certo ou pela vida do credor[7].

17.6. RESUMO

DA CONSTITUIÇÃO DE RENDA	
CONCEITO	Pelo contrato de constituição de renda, uma pessoa (o *instituidor*) entrega a outrem (*rendeiro* ou *censuário*) um capital, que pode consistir em bens móveis ou imóveis, obrigando-se este a pagar àquela ou a terceiro por ela indicado, periodicamente, determinada prestação (arts. 803 e 804).
MODO CONSTITUTIVO	▪ por ato *inter vivos*, oneroso ou gratuito; ▪ por testamento.
CARACTERES	▪ É, em regra, *vitalícia* e, consequentemente, *aleatória*. ▪ Pode ser *a prazo certo*, ou **por vida**, podendo ultrapassar a vida do devedor, mas não a do credor (art. 806). ▪ Pode ser *bilateral* e *oneroso* ou *gratuito* e em regra *comutativo*. Quando oneroso, é de natureza real (art. 809). ▪ É *solene*, pois a lei exige escritura pública (art. 807).

7 Caio Mário da Silva Pereira, *Instituições*, cit., v. III, p. 479-480.

18

DO JOGO E DA APOSTA

18.1. CONCEITO

O Código Civil inclui o jogo e a aposta no rol dos contratos nominados, regulando-os nos arts. 814 a 817. Embora tenham conteúdos diversos, as duas modalidades aparecem sempre geminadas e assim reguladas pelos códigos, tendo em vista o elemento comum a ambas: a **álea ou acaso**, que pode tomar a forma de risco, sorte ou azar. Jogo e aposta são, pois, contratos **aleatórios**.

■ **Jogo** — No **jogo**, o resultado decorre da **participação** dos contratantes. O êxito ou o insucesso dependem da atuação de cada jogador. O vencedor fará jus a uma certa soma, previamente estipulada. **Jogo** é, pois, a convenção em que duas ou mais pessoas se obrigam a pagar certa importância àquela que se sair vencedora na prática de determinado ato de que **todas participam**.

■ **Aposta** — Na aposta, o resultado não depende das partes, mas de um **ato ou fato alheio e incerto**. Considera-se vencedora aquela cujo ponto de vista a respeito de fato praticado por outrem se verifique ser o verdadeiro. **Aposta** é, assim, o contrato em que duas ou mais pessoas, cujos pontos de vista a respeito de determinado acontecimento incerto sejam divergentes, obrigam-se a pagar certa soma àquela **cuja opinião prevalecer**.

Enquanto no **jogo** há propósito de distração ou ganho, com a participação dos contendores, na **aposta** há o sentido de afirmação da opinião manifestada, ficando nas mãos do acaso a decisão sobre a sua prevalência ou não.

18.2. CONSTITUIÇÃO DE OBRIGAÇÃO NATURAL

A característica marcante do jogo e da aposta reside no fato de constituírem uma **obrigação natural**, inexigível por natureza.

Tal modalidade de obrigação é considerada relação de fato *sui generis*, porque, mediante certas condições, como o pagamento espontâneo por parte do devedor, vem a ser atraída para a órbita jurídica, porém, para um único efeito, a ***soluti retentio***, ou seja, a **retenção** pelo credor do que lhe foi pago pelo devedor. Se o devedor, que não está obrigado a pagá-la, vier a solvê-la voluntariamente, o seu ato torna-se irretratável, **não cabendo a repetição** (*soluti retentio*).

O principal efeito da obrigação natural, todavia, consiste na **validade** de seu pagamento. Ao dizer que não se pode repetir o que se pagou para cumprir obrigação judicialmente inexigível, o art. 882 do Código Civil admite a validade de seu pagamento.

■ 18.3. NATUREZA JURÍDICA

O jogo e a aposta são contratos:

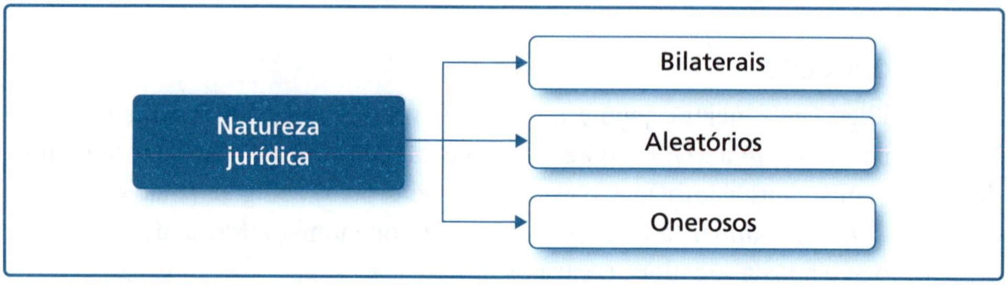

- **Bilaterais** ou **sinalagmáticos**, uma vez que geram obrigações para ambos os contratantes.
- **Aleatórios**, por terem por objeto certo risco ou álea, ou seja, a incerteza do acontecimento.
- **Onerosos**, quando ambos os contratantes obtêm um proveito, ao qual corresponde um sacrifício. O jogo e a aposta tornam-se **relevantes** para o direito quando ocorrem de forma **onerosa**, por gerarem, neste caso, relações jurídicas. Quando **gratuitos**, tornam-se juridicamente **irrelevantes**, merecendo a atenção de outras ciências.

■ 18.4. ESPÉCIES DE JOGO

Classificam-se os jogos em:

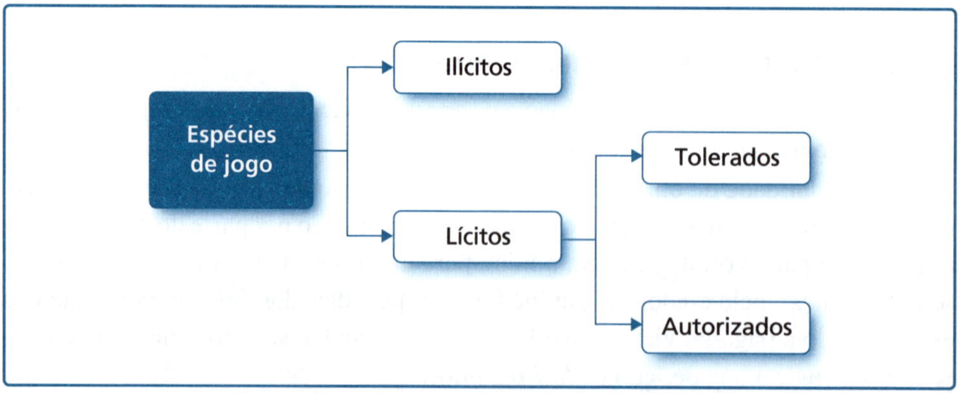

18.4.1. Jogos ilícitos

Nos jogos ilícitos ou proibidos, o resultado depende exclusivamente da **sorte**, como ocorre no jogo do bicho, na roleta, no jogo de dados, na víspora, no bacará etc. São chamados de **jogos de azar**, tendo em vista que o fator sorte tem caráter predominante. São incriminados pela Lei das Contravenções Penais e por leis especiais. **Não geram direitos** para o infrator e o sujeitam a punição; e, se perde, **não pode ser compelido a pagar**.

Além dos exemplos supramencionados, é proibida a aposta sobre corrida de cavalos fora de hipódromos, bem como a extração de loteria sem autorização.

18.4.2. Jogos lícitos

Nestes, o ganho decorre da habilidade, da força ou da inteligência dos contendores, como no futebol, no tênis, no xadrez, no bilhar, bem como nos carteados em geral, como o pôquer, o truco, o *bridge* etc., em que o ganho e a perda dependem também da **habilidade** dos parceiros.

18.4.3. Jogos tolerados

Embora não ingressem no campo da ilicitude, não são bem-vistos pela lei, pois **sofrem as mesmas limitações impostas aos ilícitos**. O § 2º do art. 814 do Código Civil declara, com efeito, que têm elas aplicação, "ainda que se trate de jogo não proibido, só se excetuando os jogos e apostas legalmente permitidos".

O contrato de jogo tolerado também **não cria, portanto, a obrigação de pagar a dívida** resultante da perda. E ao credor **não é lícito exigi-la**. Não passando de divertimentos sem utilidade, como a disputa de uma corrida entre amigos ou o carteado a dinheiro entre membros da família e não constituindo contravenções penais, a ordem legal não penetra na sua órbita e não lhes regula os efeitos.

18.4.4. Jogos autorizados

Assim são chamados os **legalmente** permitidos. São "aqueles socialmente úteis, pelo benefício que trazem a quem os pratica (competições esportivas, tiro ao pombo, corridas automobilísticas, de bicicletas ou a pé etc.), ou porque estimulam atividades econômicas de interesse geral (turfe, trote), ou pelo proveito que deles aufere o Estado, empregado no sentido de realizar obras sociais relevantes (loterias).

Regularmente autorizados, os referidos jogos dão nascimento a negócios jurídicos, **cujos efeitos são legalmente previstos**, e, conseguintemente, **quem ganha tem ação para receber o crédito**, revestido que fica de todas as características de obrigação exigível (CC, 2ª parte dos §§ 2º e 3º do art. 814)"[1]. Se a loteria ou a rifa

[1] Caio Mário da Silva Pereira, *Instituições*, cit., v. III, p. 488.

não é autorizada, considera-se jogo de azar. Neste caso, o adquirente do bilhete sorteado não tem ação para reclamar o prêmio, nem para pedir a devolução do valor pago.

■ 18.5. CONSEQUÊNCIAS JURÍDICAS

■ 18.5.1. Inexigibilidade do pagamento

Dispõe o art. 814 do Código Civil que "as dívidas de jogo ou de aposta **não obrigam a pagamento**; mas não se pode recobrar a quantia, que voluntariamente se pagou, salvo se foi ganha por dolo, ou se o perdente é menor ou interdito".

A inutilidade social do jogo é apontada como a razão pela qual a sua realização **não cria obrigações exigíveis**. Desse modo, a dívida resultante da perda no jogo, quer seja lícito (tolerável), quer ilícito (proibido), constitui **obrigação natural**, como já foi dito: o ganhador não dispõe, no ordenamento, de ação para exigir seu pagamento. Mas o que foi pago **voluntariamente** não pode mais ser recobrado (CC, art. 882).

O princípio estende-se, também, "a qualquer contrato que encubra ou envolva reconhecimento, novação ou fiança de dívida de jogo", porque não se pode **reconhecer, novar ou afiançar** obrigação que juridicamente não existe (CC, art. 814, § 1º). "Mas a nulidade resultante não pode ser oposta ao **terceiro de boa-fé**" (art. 814, § 1º, segunda parte).

■ 18.5.2. Exceções ao princípio da inexigibilidade do pagamento

O art. 814 retrotranscrito estabelece **duas exceções** à referida regra:

- a primeira, fundada no **dolo do ganhador**, quando este utiliza um artifício **malicioso** para vencer a disputa e afastar a álea existente, ficando o *solvens*, neste caso, autorizado a recobrar o que pagou;
- a segunda, se o perdedor é **menor** ou **interdito**. Mesmo o fato se passando à margem do direito, não descura este da ideia de proteção ao incapaz, devido à sua falta de discernimento.

■ 18.5.3. Dívida de jogo representada por títulos de crédito

É carecedor de ação o apostador que se tenha tornado credor por **cheque ou outro título de crédito**, emitido para pagamento de dívida proveniente de jogo ou aposta. Não o será, porém, o terceiro de **boa-fé**, a quem o título ao portador foi transmitido. Contudo, não se pode arguir a boa-fé se há prova de que o terceiro **conhecia perfeitamente** a origem da dívida[2].

[2] *RT*, 670/94. *V.* ainda: "Cheque. Emissão para pagamento de *dívida de jogo*. Inexigibilidade. O título emitido para pagamento de dívida de jogo não pode ser cobrado, posto que, para efeitos civis, a

Igualmente, "não se pode exigir reembolso do que se emprestou para jogo, ou aposta, **no ato de apostar ou jogar**" (CC, art. 815). Para que a dívida se torne incobrável é necessário que o empréstimo tenha ocorrido no momento da aposta ou do jogo, como o efetuado pelo dono do cassino para que o mutuário continue a jogar. Podem ser cobrados, no entanto, os empréstimos contraídos posteriormente, para pagar tais dívidas.

18.6. CONTRATOS DIFERENCIAIS

Segundo Orlando Gomes, **contratos diferenciais** são "os contratos de venda pelos quais as partes não se propõem realmente a entregar a mercadoria, o título, ou o valor, e a pagar o preço, mas, tão só, à liquidação pela **diferença** entre o preço estipulado e a cotação do bem vendido no dia do vencimento"[3].

O Código Civil de 2002, diferentemente do diploma de 1916, **não equipara** o **mercado a termo** ao jogo, prescrevendo, diversamente, que "as disposições dos arts. 814 e 815 não se aplicam aos contratos sobre títulos de bolsa, mercadorias ou valores, em que se estipulem a liquidação exclusivamente pela diferença entre o preço ajustado e a cotação que eles tiverem no vencimento do ajuste" (art. 816).

Não se justificava, efetivamente, a equiparação das bolsas de futuros a **jogo ou aposta**. O objetivo daquelas é a organização de um mercado livre e aberto para a negociação de produtos derivados de mercadorias e ativos financeiros. Os negócios nelas realizados apresentam um certo risco, estando sempre presente a possibilidade, de um lado, de alguém perder e, de outro, de alguém lucrar. Todavia, não há razão para considerá-los jogo ou aposta **proibidos**.

18.7. A UTILIZAÇÃO DO SORTEIO

Proclama o art. 817 do Código Civil que "o sorteio para dirimir questões ou dividir coisas comuns considera-se sistema de partilha ou processo de transação, conforme o caso".

O **sorteio**, utilizado para dirimir questões ou dividir coisas comuns, **não é tratado como jogo**. A razão é que, em tais hipóteses, não existe lucro ou perda, sendo que os interessados apenas elegem um determinado **critério** para dirimir as questões sobre as quais divergem. Podem os herdeiros, por exemplo, deixar à sorte a divisão dos quinhões, realizando o sorteio.

Tal sistema é usado pelo próprio direito em várias situações, como no sorteio dos jurados, do relator dos feitos em segunda instância etc., bem como pelas loterias autorizadas.

---

lei considera ato ilícito. Nulidade que não pode, porém, ser oposta ao terceiro de boa-fé" (*RT*, 693/211, 696/199). "Cheque. Emissão para pagamento de *dívida de jogo*. Inexigibilidade. Irrelevância de a obrigação haver sido contraída em país em que é legítima a jogatina" (*RT*, 794/381).

[3] *Contratos*, cit., p. 489.

18.8. RESUMO

DO JOGO E DA APOSTA	
CONCEITO	■ ***Jogo*** é o contrato em que duas ou mais pessoas prometem, entre si, pagar certa soma àquela que obtiver êxito ou sucesso em sua atuação. O resultado decorre da **participação** dos contratantes. ■ A ***aposta*** é convenção na qual o resultado não depende das partes, mas de um ato ou fato alheio e incerto. Vence a aposta aquele cujo ponto de vista a respeito de fato praticado por outrem se verifique ser o verdadeiro.
ESPÉCIES DE JOGO	■ ***Ilícitos*** (ou proibidos): quando o resultado depende exclusivamente da sorte (roleta, jogo do bicho etc.). ■ ***Lícitos:*** quando o ganho decorre da habilidade, força ou inteligência dos contendores (tênis, carteados etc.). Geram obrigações naturais, inexigíveis (art. 814). **Podem ser:** **a)** ***Tolerados:*** embora não ingressem no campo da ilicitude, não são bem-vistos pela lei e não geram efeitos entre as partes. **b)** ***Autorizados*** ou ***regulamentados*** pela lei, como o turfe e diversas loterias. Geram obrigações civis, permitindo a cobrança judicial da recompensa (art. 814, § 2º, 2ª parte).
CONTRATOS DIFERENCIAIS	■ O ***mercado a termo***, que versa sobre títulos de bolsa em que se estipule a liquidação pela diferença entre o preço ajustado e a cotação que eles tiverem no vencimento do ajuste, era equiparado, no CC/1916, ao jogo. O atual diploma, diversamente, prescreveu que as disposições dos arts. 814 e 815 não se aplicam a tais contratos (art. 816).

19

DA FIANÇA

19.1. CONCEITO

Dispõe o art. 818 do Código Civil que, "pelo contrato de fiança, uma pessoa garante satisfazer ao credor uma obrigação assumida pelo devedor, caso este não a cumpra". A fiança é, portanto, o contrato pelo qual alguém se obriga a pagar ao credor o que **a este** deve determinada pessoa. Um terceiro, denominado **fiador**, obriga-se perante o credor, **garantindo** com o seu patrimônio a **satisfação do crédito** deste, caso não o solva o devedor.

A fiança constitui garantia **fidejussória**, de natureza **pessoal** (representada pelo patrimônio geral de terceiro), diferente da **caução real**, que se caracteriza pela vinculação de determinado bem ao cumprimento da obrigação (penhor, hipoteca etc.).

19.2. FIANÇA E AVAL

O **aval** também constitui garantia pessoal, mas não se confunde com a fiança. Confiram-se, no quadro esquemático abaixo, as principais diferenças:

FIANÇA	AVAL
■ Constitui uma garantia fidejussória ampla, que acede a qualquer espécie de obrigação, seja convencional, legal ou judicial	■ É instituto do direito cambiário, restrito aos débitos submetidos aos princípios deste
■ É contrato típico	■ Trata-se de declaração unilateral
■ Gera responsabilidade subsidiária ou solidária, conforme avençado pelas partes	■ Gera responsabilidade sempre solidária

19.3. FIANÇA E OUTRAS FORMAS DE GARANTIA

O Código Civil prevê ainda outras formas de garantia que têm **afinidade** com a fiança, mas que com ela não se confundem, como:

- a **comissão *del credere*** (CC, art. 698), pela qual o **comissário** garante, solidariamente, a pontualidade e a solvabilidade daqueles com quem trata. Não constitui aval ou fiança, mas **garantia solidária** decorrente de acordo de vontade, autorizada por lei;

- a **assunção de dívida**, pela qual o assuntor assume a dívida de outrem, com modificação subjetiva na relação jurídica. É modo de **transmissão de obrigações** (CC, art. 299)[1].

Trata-se de institutos que se regem por regras e princípios próprios, embora tenham muitos pontos de contato com a fiança.

19.4. NATUREZA JURÍDICA DA FIANÇA

Conforme o quadro esquemático abaixo, a fiança é contrato:

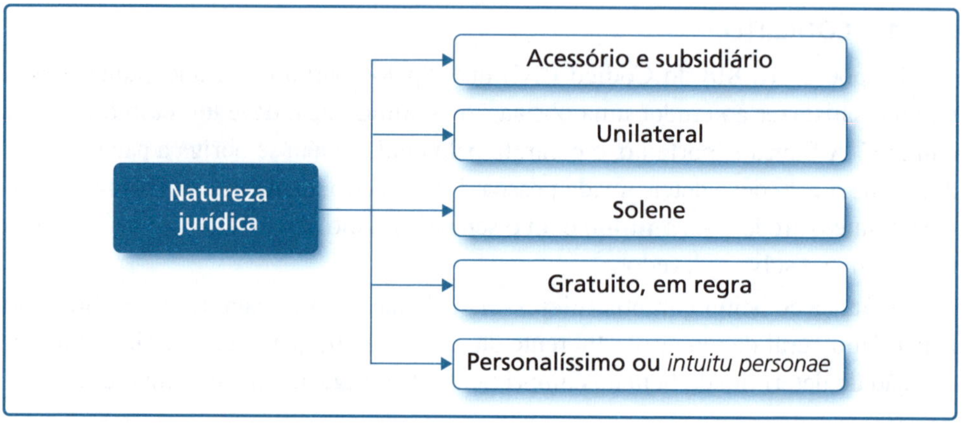

- Caráter **acessório** e **subsidiário**, porque depende da existência do **contrato principal** e tem sua execução subordinada ao não cumprimento deste, pelo devedor. **Nula** a obrigação principal, **a fiança desaparece**, "exceto se a nulidade resultar apenas de **incapacidade** pessoal do devedor" (CC, art. 824). A exceção não abrange, contudo, "o caso de **mútuo feito a menor**" (parágrafo único). Por ter caráter acessório, a fiança pode ser de "**valor inferior** ao da obrigação principal e contraída em condições **menos onerosas**", não podendo, entretanto, ser de valor **superior ou mais onerosa** do que esta (*in duriorem causam*), uma vez que o acessório não pode exceder o principal. Se tal acontecer, não se anula toda a fiança, mas **somente o excesso**, reduzindo-a ao montante da obrigação afiançada (CC, art. 823). É possível também dar fiança **condicional** ou a **termo** a uma obrigação pura e simples.
- **Unilateral**, porque gera obrigações, depois de ultimado, unicamente para o fiador.
- **Solene**, porque a efetivação da fiança depende de **forma escrita** *ad solemnitatem*, imposta pela lei (CC, art. 819), por instrumento público ou particular, no próprio corpo do contrato principal ou em separado. Basta que seja dada **"por escrito"**, não se exigindo determinada forma especial para a sua comprovação.

[1] Washington de Barros Monteiro, *Curso de direito civil*, v. 5, p. 308 e 376; Sílvio Venosa, *Direito civil*, v. III, p. 420.

É, destarte, contrato **formal**, pois fiança jamais se presume. Pode constar de simples carta ou outro documento, em que se mencionarão a modalidade e a extensão, sem exigência de termos sacramentais[2]. Já se decidiu, no entanto, que não pode ser admitida como fiança declaração constante de documento que não apresente os requisitos peculiares ao seu teor jurídico[3].

- **Gratuito**, porque o fiador, em regra, auxilia o afiançado de favor, nada recebendo em troca. Mas pode a avença assumir caráter **oneroso**, quando o afiançado remunera o fiador pela fiança prestada, como acontece comumente no caso das fianças bancárias e mercantis e até mesmo entre particulares, como se verifica nos anúncios publicados em jornais.
- **Personalíssimo** ou ***intuitu personae***, porque celebrado em função da confiança que o fiador merece.

Consolidou-se a jurisprudência do Superior Tribunal de Justiça no seguinte sentido: "Existindo cláusula expressa no contrato de aluguel de que a responsabilidade do fiador perdurará até a efetiva entrega das chaves do imóvel objeto da locação, não há falar em desobrigação automática deste, ainda que o contrato tenha se prorrogado por prazo indeterminado"[4]. Nesse caso, a exoneração do devedor depende de notificação ao locador, manifestando a sua intenção de extinguir a fiança.

Sendo contrato benéfico, a fiança **"não admite interpretação extensiva"** (CC, arts. 114 e 819, segunda parte). Não se pode, assim, por analogia ampliar as obrigações do fiador, quer no tocante à sua **extensão**, quer no concernente à sua **duração**. Não deve compreender senão o que for expressamente declarado como seu objeto[5]. Proclama, nessa linha, a Súmula 214 do Superior Tribunal de Justiça: "O fiador não responde por obrigações resultantes de aditamento ao qual não anuiu".

Se a fiança é prestada sem que constem do instrumento as restrições, ter-se-á como dada em caráter universal, tornando o fiador corresponsável por todo e **qualquer** prejuízo causado pelo afiançado (CC, art. 822)[6].

---

2 Caio Mário da Silva Pereira, *Instituições*, cit., v. III, p. 497; Washington de Barros Monteiro, *Curso*, cit., v. 5, p. 378.

3 *RF*, 124/483. *V.* ainda: "Fiança. Contrato inexistente. Simples assinatura lançada em documento abaixo da palavra 'fiador'. Hipótese em que não representa o conteúdo de um ajuste. Necessidade de forma escrita, com explicitação da responsabilidade própria do fiador, não se confundindo com o aval. Signatário, portanto, não obrigado" (*RT*, 620/195).

4 STJ, AgRg nos EAg 711.699-SP, 3ª Seção, *DJE*, 6-4-2009.

5 "A jurisprudência assentada nesta Corte construiu o pensamento de que, devendo ser o contrato de fiança interpretado restritivamente, não se pode admitir a responsabilização do fiador por encargos locatícios decorrentes de contrato de locação prorrogado sem a sua anuência, ainda que exista cláusula estendendo sua obrigação até a entrega das chaves" (STJ, REsp 299.154-MG, 6ª T., rel. Min. Vicente Leal, *DJU*, 15-10-2001). "Fiança. Contrato de natureza gratuita. Convenções benéficas que devem ser interpretadas estritamente, sem se poder ampliar as obrigações do fiador, quer no que respeita à sua abrangência, quer no que concerne à sua duração" (*RT*, 791/402).

6 STJ, REsp 49.568-SP, 6ª T., rel. Min. Anselmo Santiago, *DJU*, 16-2-1998.

■ 19.5. ESPÉCIES DE FIANÇA

Consoante o quadro esquematizado a seguir, a fiança pode ser:

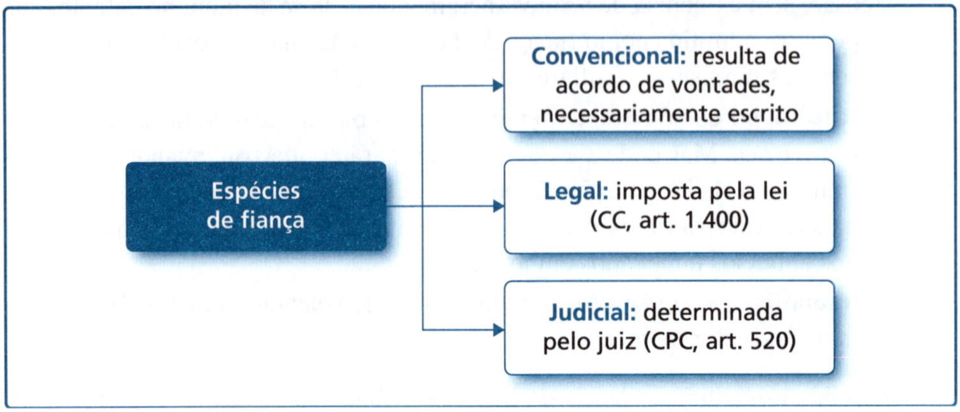

Como exemplos de fiança **legal** podem ser mencionados, ainda, dentre outros, os arts. 260, II, 495 e 1.305, parágrafo único, todos do Código Civil; e o art. 121 do Código de Águas.

■ 19.6. REQUISITOS SUBJETIVOS

■ 19.6.1. Capacidade para ser fiador

A **capacidade** para ser fiador é a **genérica:** podem ser fiadoras todas as pessoas que tenham a livre disposição de seus bens. Ficam afastados, portanto, os **incapazes** em geral. Se o outorgante for **analfabeto** ou **cego**, a procuração deve ser dada por instrumento público. O **pródigo** não pode prestar fiança, porque o ato coloca em risco o seu patrimônio, e está inibido de, sem curador, praticar atos que não sejam de mera administração (CC, art. 1.782). Concedida por mandato, a fiança requer **poderes especiais**.

Algumas **restrições** são impostas, no entanto, **pela lei**. Assim, não podem prestar fiança certas pessoas, em razão de ofício ou função que exercem, como os agentes fiscais, tesoureiros, leiloeiros (Dec. n. 21.981, de 19-10-1930, art. 30), tutores e curadores pelos pupilos e curatelados etc. Outras vezes a restrição alcança as entidades públicas. No mútuo feito a menor, a fiança dada a este é inválida, e não é lícito ao credor recobrar o empréstimo do fiador (CC, art. 588)[7].

Pode haver, ainda, restrições de **ordem convencional** que acarretam a falta de legitimação, como as estabelecidas em contrato social, proibindo expressamente a firma de dar fiança, ou aos seus gerentes e administradores de assumirem esta responsabilidade em negócios estranhos aos interesses sociais. Diz o art. 820 do Código Civil que "pode-se estipular a fiança, **ainda que sem consentimento do devedor ou contra a sua vontade**".

---

[7] Caio Mário da Silva Pereira, *Instituições*, cit., v. III, p. 495-496.

19.6.2. Possibilidade de recusa, pelo credor, do fiador indicado pelo devedor

Muitas vezes incumbe ao devedor, por determinação legal, por ordem judicial ou ainda em cumprimento de contrato, apresentar fiador que lhe garanta as obrigações. A lei, nesses casos, busca garantir o credor, permitindo-lhe **recusar** o indicado "se não for pessoa idônea, domiciliada no município onde tenha de prestar a fiança, e não possua bens suficientes para cumprir a obrigação" (CC, art. 825).

19.6.3. Direito do credor de exigir do devedor a substituição do fiador

Ainda com o objetivo de proteger o credor, confere-lhe a lei o direito de exigir do devedor a **substituição do fiador**, quando este, depois de celebrado o contrato, "se tornar insolvente ou incapaz" (CC, art. 826). Todavia, não poderá fazer tal exigência se a fiança foi estipulada sem o consentimento do devedor ou contra a sua vontade.

19.6.4. Concessão de fiança por pessoa casada e por convivente

Um cônjuge não pode, **sem o consentimento do outro**, exceto no regime da separação absoluta, prestar fiança (CC, art. 1.647, III). A falta da aludida autorização torna o ato **anulável** (art. 1.649), estando legitimado a postular a anulação, "até dois anos depois de terminada a sociedade conjugal", somente o cônjuge que não deu a outorga, ou seus herdeiros, se já falecido, podendo, ainda, ser confirmado **por ele, desde que "por instrumento público, ou particular, autenticado" (arts. 172**, 1.649, parágrafo único, e 1.650)[8].

Proclama a Súmula 332 do Superior Tribunal de Justiça: "A anulação de fiança prestada sem outorga uxória (sem autorização de um dos cônjuges) implica a ineficácia total da garantia".

Por outro lado, decidiu a 4ª Turma que, todavia, ao editar e aplicar a referida súmula, a mencionada Corte sempre o fez no âmbito do casamento. Assim, concluiu o relator: "É por intermédio do ato jurídico cartorário e solene do casamento que se presume a publicidade do estado civil dos contratantes, de modo que, em sendo eles **conviventes em união estável**, hão de ser dispensadas as vênias conjugais para a concessão de fiança. Desse modo, **não é nula nem anulável** a fiança prestada por fiador convivente em união estável sem a outorga uxória do outro companheiro. Não incidência da Súmula 332/STJ à união estável"[9].

---

[8] "Locação. Garantia prestada pelo marido sem outorga uxória. Irrelevância. Mera anulabilidade do ato" (*RT*, 803/266). "Fiança. Nulidade. Inocorrência. Cônjuge que, declarando-se solteiro, deixa de apresentar a devida outorga uxória. Desobrigação do cônjuge que não participou do ato e que, em razão da sua boa-fé, deve ter resguardada sua meação" (*RT*, 799/387). "Garantia prestada sem a outorga uxória. Eficácia restrita à meação do fiador-varão, ainda que havendo comunhão universal de bens" (*RT*, 791/272).

[9] STJ, REsp 1.299.894-DF, 4ª T., rel. Min. Luis Felipe Salomão, *DJE* 28-3-2014.

19.6.5. Diferença entre consentimento e fiança conjunta

Preleciona Sílvio Venosa que o **consentimento** "não se confunde com **fiança conjunta**. O cônjuge pode autorizar a fiança. Preenche-se desse modo a exigência legal, mas não há fiança de ambos: um cônjuge afiança e o outro simplesmente autoriza, não se convertendo em fiador.

Os cônjuges podem, por outro lado, **afiançar conjuntamente**. Assim fazendo, ambos colocam-se como **fiadores**. Quando apenas um dos cônjuges é fiador, unicamente seus bens dentro do regime respectivo podem ser constrangidos"[10].

19.6.6. Fiador do fiador

Admite-se a existência de fiador do fiador, que, no direito português, denomina-se **abonador**. Nessa hipótese, o abonador assume as obrigações do fiador, aplicando-se-lhe todas as prescrições legais relativas à fiança.

Trata-se de uma **subfiança**, em que o abonador garante a solvência do fiador. Não se confunde com a cofiança, quando vários fiadores garantem a mesma dívida.

19.7. REQUISITOS OBJETIVOS

No tocante aos requisitos objetivos, a fiança pode ser dada a **toda espécie** de obrigação.

19.7.1. Eficácia dependente da validade da obrigação principal

Tendo natureza **acessória**, a eficácia da fiança depende da **validade** da obrigação principal. Assim, "se esta for nula, nula será a fiança; se for inexigível, como a dívida de jogo, incobrável será do fiador; se anulável não pode ser eficazmente afiançada, salvo se a anulabilidade provier de incapacidade pessoal do devedor, e ainda assim se o caso não for de contrato de mútuo feito a menor (CC, art. 824), presumindo-se neste caso que foi dada com o objetivo específico de resguardar o credor do risco de não vir a receber do incapaz"[11].

19.7.2. Fiança de dívidas futuras

Embora, em regra, a fiança seja concedida a obrigações atuais, as "dívidas futuras" **podem ser objeto de fiança**; "mas o fiador, neste caso, não será demandado senão depois que se fizer certa e líquida a obrigação do principal devedor" (CC, art. 821), porque o acessório segue o destino do principal.

Tem a jurisprudência reconhecido, efetivamente, que o princípio da acessoriedade impõe a eficácia da fiança quando somente resultar assente e afirmada a obriga-

---

[10] *Direito civil*, 8. ed., p. 398.

[11] Caio Mário da Silva Pereira, *Instituições*, cit., v. III, p. 496.

ção que determinou a garantia, ou seja, somente quando se tornar exigível a obrigação afiançada[12].

19.8. EFEITOS DA FIANÇA

O fiador, ao conceder a fiança, assume a obrigação de pagar a dívida do devedor, se este não o fizer no tempo e na forma devidos. Tal obrigação transmite-se aos seus **herdeiros**. Como estes, entretanto, "não são obrigados a afiançar dívidas alheias, se assim não quiserem, a responsabilidade que a lei lhes impõe se limita ao tempo decorrido até a **morte do fiador**. E não pode ultrapassar as **forças da herança**"[13], segundo dispõe o art. 836 do Código Civil.

O **fiador** garante, pois, com o seu próprio patrimônio geral, o adimplemento do **afiançado**. A garantia é pessoal ou fidejussória, defluindo os **efeitos principais** e imediatos do vínculo contratual no plano das relações entre **fiador** e **credor**, e, mediatamente, no das relações entre **fiador** e **devedor**.

O fiador responde por juros desde o vencimento de aluguéis. "A mora *ex re* independe de qualquer ato do credor, como interpelação ou citação, porquanto decorre do próprio inadimplemento de obrigação positiva, líquida e com termo implementado, cuja matriz normativa é o art. 960, primeira parte, do Código Civil de 1916, reproduzido no Código Civil atual no *caput* do art. 397. Dessarte, como consignado no acórdão recorrido, se o contrato de locação especifica o valor do aluguel e a data de pagamento, os juros de mora fluem a partir do vencimento das prestações, a teor do art. 397 do Código Civil"[14].

19.8.1. Efeitos nas relações entre fiador e credor

19.8.1.1. Benefício de ordem

Destaca-se, nas relações entre o **credor** e o **fiador**, o **benefício de ordem** ou de **excussão**. Pode o fiador, quando demandado, indicar bens do devedor, livres e desembaraçados, e **somente até a fase da contestação**, que sejam suficientes para saldar o débito, a fim de evitar a excussão de seus próprios bens (CC, art. 827), visto que a sua obrigação é **acessória** e **subsidiária**. Tal benefício consiste, portanto, no direito de exigir "que sejam primeiro executados os bens do devedor".

Tal benefício **não pode ser invocado**, contudo:

- se o fiador "o renunciou expressamente";
- "se se obrigou como principal pagador ou devedor solidário";

---

[12] STJ, REsp 216.704-SP, 5ª T., rel. Min. Edson Vidigal, *DJU*, 29-11-1999; STJ, REsp 2.069-SP, 4ª T., rel. Min. Sálvio de Figueiredo Teixeira, *DJU*, 11-6-1990.

[13] Silvio Rodrigues, *Direito civil*, cit., v. 3, p. 360. *V.* ainda: "Fiança. Extinção. Ocorrência. Morte do fiador. Eventuais herdeiros do *de cujus* que só respondem pelos débitos garantidos vencidos até a data do óbito do garante" (*RT*, 778/319).

[14] STJ, REsp 1.264.820-RS, 4ª T., rel. Min. Luis Felipe Salomão, j. 13-11-2012.

- "se o devedor for insolvente, ou falido" (CC, art. 828).

O benefício de ordem consiste, pois, na prerrogativa, conferida ao fiador, de exigir que os bens do devedor principal sejam excutidos **antes dos seus**.

Obrigando-se como principal pagador, o fiador torna-se **solidário** do devedor principal, e o credor pode exigir dele, desde logo, o pagamento da dívida[15]. Se, porventura, **inexistir** tal cláusula, o fiador terá direito ao benefício de ordem se:

- "**nomear bens do devedor**, sitos no mesmo município, livres e desembaraçados, quantos bastem para solver o débito";
- invocá-lo **"até a contestação da lide"**, se demandado em ação de cobrança da dívida principal, ou no **prazo da nomeação de bens à penhora**, se cobrado em execução (CPC, art. 794, *caput* e § 1º)[16].

Segundo o Enunciado 364, aprovado na IV Jornada de Direito Civil promovida pelo Conselho da Justiça Federal, "no contrato de fiança é nula a cláusula de renúncia antecipada ao benefício de ordem quando inserida em contrato de adesão".

19.8.1.2. *Solidariedade dos cofiadores*

Dispõe o fiador, ainda, do **benefício de divisão**, nestes termos: "A fiança conjuntamente prestada a um só débito por mais de uma pessoa importa o compromisso de solidariedade entre elas, se declaradamente não se reservarem o **benefício de divisão**" (CC, art. 829). Aduz o parágrafo único: "Estipulado este benefício, cada fiador responde unicamente pela parte que, em proporção, lhe couber no pagamento".

Presume-se, pois, que os cofiadores são **solidários**, admitindo-se, porém, que se ilida a presunção pela **estipulação contrária**. Neste caso, cada um responderá ***pro rata***. Se não houver especificação da parte da dívida que cada qual garante, pode o credor, em caso de inadimplência do devedor principal, exigir de um, de alguns, ou de todos os fiadores o **total** da dívida (CC, art. 275).

O aludido benefício afasta a solidariedade, tornando **divisível** a obrigação. Já se decidiu que a fiança prestada por marido e mulher, se inexiste a reserva do benefício de divisão, cai na regra da solidariedade estipulada para o caso de fiança prestada conjuntamente. Assim, a morte de um fiador não limita a garantia até a data do seu falecimento, já que não se aplica ao garante solidário a norma que limita a responsabilidade dos herdeiros ao tempo decorrido até a morte do fiador[17], salvo se a mulher apenas concedeu anuência[18].

---

15 "Benefício de ordem. Inaplicabilidade, se o fiador renuncia à ordem, se obrigado como principal pagador ou devedor solidário, ou, ainda, se o locatário é insolvente ou falido" (*RT*, 760/300 e 765/274).

16 Jones Figueirêdo Alves, *Novo Código Civil comentado*, p. 746.

17 *RT*, 635/268.

18 *RSTJ*, 111/327.

Assim como o fiador único pode **limitar a garantia a uma parte da dívida** somente (CC, art. 823), admite-se, também, sendo vários os garantes, que **cada qual especifique**, no contrato, a parte da dívida que toma sob sua responsabilidade, e, neste caso, "não será por mais obrigado" (CC, art. 830).

19.8.2. Efeitos nas relações entre fiador e afiançado

19.8.2.1. Sub-rogação legal do fiador

Efeito importante da fiança é a **sub-rogação legal** do garante. O fiador que pagar integralmente a dívida "fica **sub-rogado de pleno direito** nos direitos do credor", com todos os direitos, ações, privilégios e garantias de que este desfrutava (CC, arts. 346, III, e 349). Mas "só poderá demandar a cada um dos outros fiadores pela respectiva quota" (art. 831, segunda parte). A parte "do insolvente distribuir-se-á pelos outros" (art. 831, parágrafo único), uma vez que, na relação entre os cofiadores entre si, como devedores solidários, a obrigação é divisível *pro parte* (CC, art. 283).

Nas relações entre **fiador** e **afiançado**, observa-se que pode o primeiro, sub-rogando-se nos direitos do credor, exigir do último o que pagou, acrescido dos "**juros** do desembolso pela taxa estipulada na obrigação principal" ou, à sua falta, pela taxa legal, além das **"perdas e danos"** que pagar e "pelos que sofrer em razão da fiança" (arts. 832 e 833). Mas, para ter direito à sub-rogação, deverá pagar **integralmente** a dívida, pois que, sendo garante do afiançado, não pode concorrer com o credor, não totalmente satisfeito, na excussão dos bens do devedor[19].

Se o credor, depois de iniciar a execução contra o devedor, mostrar-se **desidioso**, não dando ao feito o regular andamento, poderá fazê-lo o fiador, que tem interesse em liberar-se da responsabilidade (CC, art. 834). O fiador tem o direito de ver definida a sua situação e de não permanecer indefinidamente sujeito às consequências da obrigação assumida. Por essa razão, permite a lei que promova o **andamento da execução iniciada pelo credor** contra o devedor, se ficar injustificadamente paralisada.

19.8.2.2. Exoneração da obrigação

Quando nem a obrigação **nem** a fiança têm **prazo certo**, pode o fiador **"exonerar-se"** quando "lhe convier", "ficando obrigado por todos os efeitos da fiança, durante **sessenta dias** após a **notificação** do credor" (CC, art. 835).

Observe-se que a fiança por **prazo determinado** extingue-se com o **advento do termo**, e que a prestada por **prazo indeterminado**, mas garantindo negócio com **prazo determinado**, cessa com a **extinção do negócio** subjacente, tendo em vista que o acessório segue o principal. Todavia, se a fiança **não for prestada por prazo**

---

19 Caio Mário da Silva Pereira, *Instituições*, cit., v. III, p. 500-501.

certo, garantindo negócio também **indeterminado**, a todo tempo é lícito ao fiador exigir a sua **exoneração** com base no aludido art. 835 do Código Civil[20].

Não é nula a cláusula de **renúncia** do direito de exoneração da fiança oferecida por tempo **indeterminado**[21]. Considera-se, entretanto, renúncia o fato de o fiador ter-se obrigado até a efetiva entrega das chaves[22].

19.9. EXTINÇÃO DA FIANÇA

A **morte** do fiador extingue a fiança, mas a obrigação passa aos seus **herdeiros**, limitada, porém, às forças da herança e aos débitos existentes **até o momento** do falecimento (CC, art. 836). A do **afiançado**, contudo, não a extingue; os herdeiros respectivos são meros continuadores do *de cujus*[23].

Quaisquer responsabilidades que surjam **após o falecimento do fiador**, ainda que cobertas pela garantia fidejussória, **não podem atingir os sucessores:** "por exemplo, os herdeiros do fiador por alugueres respondem, *intra vires hereditatis*, pelos que se vencerem até a data da abertura da sucessão, mas não são obrigados pelos subsequentes"[24].

Além das causas que extinguem os contratos **em geral** (confusão, compensação etc.), a fiança extingue-se também por atos praticados pelo **credor**, especificados no art. 838 do Código Civil:

- **concessão de moratória** (dilação do prazo contratual) ao devedor, sem consentimento do fiador, ainda que solidário[25];
- **frustração da sub-rogação legal** do fiador nos direitos e preferências (por abrir mão de hipoteca, que também garantia a dívida, p. ex.);
- aceitação, em pagamento da dívida, de **dação em pagamento** feita pelo devedor, ainda que depois venha a perder o objeto por evicção, pois neste caso ocorre pagamento indireto, que extingue a própria obrigação principal. A obrigação acessória não se revigora, neste caso, com a eventual evicção da coisa dada em pagamento.

A enumeração legal é **taxativa**. Assim, a fiança não desaparece com a falência ou a redução do aluguel ou partilha do prédio locado, por exemplo[26].

A propósito, decidiu a 4ª Turma do Superior Tribunal de Justiça que é possível a exclusão dos fiadores do polo passivo da execução, por conta de *transação* entre credor e devedor feita sem a anuência daqueles. Confira-se:

---

[20] Jones Figueirêdo Alves, *Novo Código*, cit., p. 753.

[21] *RT*, 703/122.

[22] *RT*, 704/140.

[23] Washington de Barros Monteiro, *Curso*, cit., v. 5, p. 387.

[24] Caio Mário da Silva Pereira, *Instituições*, cit., v. III, p. 502.

[25] *RT*, 673/162.

[26] Washington de Barros Monteiro, *Curso*, cit., v. 5, p. 388.

"A transação e a moratória, conquanto sejam institutos jurídicos diversos, têm um efeito em comum quanto à exoneração do fiador que não anuiu com o acordo firmado entre o credor e o devedor (arts. 1.031, § 1º, e 1.503, I, do CC de 1916). Assim, mesmo existindo cláusula prevendo a permanência da garantia fidejussória, esta é considerada extinta, porquanto o contrato de fiança deve ser interpretado restritivamente, nos termos do art. 1.483 do CC de 1916, ou seja, a responsabilidade dos fiadores restringe-se aos termos do pactuado na avença original, com a qual expressamente consentiram"[27].

O fiador pode opor ao credor "as **exceções** que lhe são **pessoais**" (as dos arts. 204, § 3º, 366, 371 e 376, p. ex.), bem como as que caibam ao **devedor principal** (como prescrição e nulidade da obrigação, p. ex.), "se não provierem simplesmente da incapacidade pessoal, salvo o caso do mútuo feito a pessoa menor" (CC, art. 837).

Ficará **exonerado** o fiador se nomeou bens à penhora valendo-se do "benefício da excussão", ainda que mais tarde, havendo demora na execução por negligência do credor, o devedor venha a **"cair em insolvência"** (CC, art. 839). Basta provar que, ao tempo da penhora, os bens nomeados eram "**suficientes** para a solução da dívida afiançada".

O art. 130 do Código de Processo Civil permite o **chamamento do devedor** na própria ação em que o fiador seja réu, e dos outros fiadores, quando para a ação seja citado apenas um deles.

Proclamou a 2ª Seção do Superior Tribunal de Justiça que, por ter o **contrato bancário** como característica a **longa duração**, com renovação periódica e automática, a fiança deve ser considerada **prorrogada, mesmo sem autorização expressa do fiador**, desde que previsto em cláusula contratual.

Desse modo, estendeu aos contratos bancários a tese já adotada para os casos de fianças em contrato de locação[28].

19.10. RESUMO

DA FIANÇA	
CONCEITO	Dá-se o contrato de fiança quando uma pessoa garante satisfazer ao credor uma obrigação assumida pelo devedor, caso este não a cumpra (art. 818).
NATUREZA JURÍDICA	A fiança é contrato acessório, subsidiário, solene, personalíssimo ou *intuitu personae*, em regra, unilateral, embora possa assumir caráter oneroso.
ESPÉCIES	*convencional:* resulta de acordo de vontades; *legal:* imposta pela lei (arts. 1.400 e 1.745, parágrafo único); *judicial:* determinada pelo juiz (CPC, arts. 520 e 559).
REQUISITOS SUBJETIVOS	Capacidade genérica para ser fiador: todas as pessoas que tenham a livre disposição de seus bens. Concedida por mandato, requer poderes especiais. Um cônjuge não pode, sem o consentimento do outro, exceto no regime da separação absoluta, prestar fiança (art. 1.647, III). A falta de autorização torna o ato **anulável** (art. 1.649).

27 STJ, REsp 1.013.436-RS, 4ª T., rel. Min. Luis Felipe Salomão, j. 11-9-2012.

28 STJ, REsp 1.253.411, 2ª Seção, rel. Min. Luis Felipe Salomão, disponível em: <http://www.conjur.com.br>. Acesso em: 28 jul. 2015.

REQUISITOS OBJETIVOS	■ A fiança pode ser dada a toda espécie de obrigação. ■ Tendo natureza acessória, sua eficácia depende da validade da obrigação principal. ■ As ***dívidas futuras*** podem ser objeto de fiança (art. 821).
EFEITOS	■ **Nas relações entre credor e fiador** — ***Benefício de ordem*** ou ***excussão:*** pode o fiador indicar bens do devedor, que sejam suficientes para saldar o débito (art. 827). — Estipulado o ***benefício de divisão***, fica afastada a solidariedade, tornando divisível a obrigação (art. 829, parágrafo único). — O fiador que pagar integralmente a dívida fica sub-rogado nos direitos do credor (art. 831). — Cada fiador pode fixar no contrato a parte da dívida que toma sob sua responsabilidade, caso em que não será por mais obrigado (art. 830). ■ **Nas relações entre devedor afiançado e fiador** — Pode o fiador, sub-rogando-se nos direitos do credor, exigir do devedor o que pagou, acrescido dos juros pela taxa estipulada na obrigação principal, além das perdas e danos que pagar e pelos que sofrer em razão da fiança (arts. 832 e 833). — Se o credor mostrar-se desidioso, não dando ao feito o regular andamento, poderá fazê-lo o fiador (art. 834). — Quando nem a obrigação, nem a fiança têm prazo certo, pode o fiador exonerar-se quando lhe convier (art. 853).
EXTINÇÃO DA FIANÇA	■ Além das causas que extinguem os contratos em geral, a fiança extingue-se por atos praticados pelo credor, especificados no art. 838: — Concessão de ***moratória*** (dilação do prazo contratual) ao devedor, sem o consentimento do fiador, ainda que solidário. — ***Frustração da sub-rogação legal*** do fiador nos direitos e preferências (por abrir mão da hipoteca, p. ex.). — Aceitação, em pagamento da dívida, de ***dação em pagamento*** feita pelo devedor.

20

DA TRANSAÇÃO

■ 20.1. CONCEITO

A palavra **transação** costuma ser empregada, na linguagem comum, para designar todo e qualquer tipo de negócio, especialmente os de compra e venda de bens. É qualquer convenção econômica, sobretudo de natureza comercial. Fala-se, nesse sentido, em transação comercial, transação bancária, transação na Bolsa etc.

No sentido técnico-jurídico do termo, contudo, constitui **negócio jurídico bilateral, pelo qual as partes *previnem* ou *terminam* relações jurídicas controvertidas, por meio de concessões mútuas**. Resulta de um acordo de vontades, para **evitar** os riscos de futura demanda ou para **extinguir** litígios judiciais já instaurados, em que cada parte abre mão de uma parcela de seus direitos, em troca de tranquilidade.

Dispõe o art. 840 do Código Civil:

> "É lícito aos interessados prevenirem ou terminarem o litígio mediante concessões mútuas".

Trata-se, pois, de instituto do direito civil. Não se confunde com **conciliação**, que é um momento processual. Quando, nessa fase, é celebrada a transação, passa ela a constituir o seu conteúdo.

■ 20.2. ELEMENTOS CONSTITUTIVOS

Confira-se o quadro esquemático abaixo:

■ Existência de relações jurídicas controvertidas

A existência de uma **dúvida** é essencial. É **nula** a transação, se ela não mais existe porque a controvérsia já foi judicialmente solucionada, "por sentença **passada**

em julgado", sem que um ou ambos os transatores tivessem **"ciência"** desse fato, ou se **jamais existiu** qualquer possibilidade de conflito, por se verificar, por título ulteriormente descoberto, "que nenhum deles tinha direito sobre o objeto da transação" (CC, art. 850), pois ninguém pode transigir a respeito de coisa que não lhe pertence.

A primeira hipótese é difícil de suceder, porque a sentença não passa em julgado sem que as partes dela sejam intimadas. Pode ser lembrada, no entanto, a hipótese de a parte vencedora **morrer**, depois de cientificada da decisão e do trânsito em julgado, e o **herdeiro** celebrar acordo com o vencido, desconhecendo a existência da sentença favorável.

■ **Intenção de extinguir as dúvidas, para prevenir ou terminar o litígio**

Faz-se mister que elas estejam imbuídas de espírito **conciliador** e realizem o ato com o ***animus*** de colocar um paradeiro na controvérsia, visando à tranquilidade e ao imediatismo da fruição do direito objeto da contenciosidade.

■ **Acordo de vontades**

Exige-se **capacidade** das partes e **legitimação** para alienar, bem como a outorga de **poderes especiais**, quando realizada por mandatário (CC, art. 661, § 1º). Só as pessoas maiores e capazes podem transigir (*qui transigit alienat*). Mas a algumas a lei **proíbe** a transação, por importar sempre renúncia de direitos. Encontram-se nessa situação, dentre outras, as seguintes pessoas:

a) o **tutor**, em relação aos negócios do tutelado, salvo autorização judicial (CC, art. 1.748, III);

b) o **curador**, referentemente ao curatelado, nas mesmas condições (art. 1.774, c/c o art. 1.748, III);

c) os **pais**, em relação aos bens dos filhos, salvo autorização judicial e a bem deles (art. 1.691);

d) o **pródigo**, salvo com a assistência de seu curador (art. 1.782);

e) um dos **cônjuges**, sem a vênia do outro, exceto se o regime de bens for o da separação;

f) o **administrador judicial**, salvo licença do juiz e oitiva do falido e do Comitê (art. 22, III, § 3º, da Lei de Falências);

g) o **mandatário** sem poderes especiais e expressos (CC, art. 661, § 1º);

h) os **procuradores** fiscais e judiciais das pessoas jurídicas de direito público interno;

i) o inventariante, salvo autorização judicial (CPC, art. 619, II)[1].

■ **Concessões recíprocas**

Se apenas uma delas cede, não há, juridicamente falando, transação, mas renúncia, desistência ou doação. Se uma parte não concede alguma coisa em troca do que recebe, participa de uma **liberalidade**, e **não de transação**.

1 Washington de Barros Monteiro, *Curso de direito civil*, v. 5, p. 393. "Acidente de trânsito. Evento que produziu a morte de marido e pai de família. Acordo havido entre a empresa de transportes e a viúva. Invalidade desse em relação aos filhos menores impúberes, absolutamente incapazes à época do fato. Viúva que não detinha capacidade para agir em nome dos seus filhos, por ausência de autorização judicial para tanto" (*RT*, 804/243).

20.3. NATUREZA JURÍDICA

Divergem os autores sobre a natureza jurídica da transação. Entendem uns ter natureza **contratual**; outros, porém, consideram-na **meio de extinção** de obrigações, não podendo ser equiparada a um contrato, que tem por fim **gerar** obrigações. Na realidade:

- na sua **constituição**, aproxima-se do **contrato**, por resultar de um acordo de vontades sobre determinado objeto;
- nos seus **efeitos**, porém, tem a natureza de **pagamento indireto**.

O Código Civil de 2002 incluiu a transação no título dedicado às "várias espécies de contratos", reconhecendo que sua força obrigatória emana exatamente da convenção, do **acordo de vontades**, ao prescrever, no art. 849, que "a transação só se anula por dolo, coação, ou erro essencial quanto à pessoa ou coisa controversa".

Não se admite, pois, retratação **unilateral** de transação. Daí a afirmação, inicialmente feita, de que constitui **negócio jurídico bilateral**, como os contratos em geral.

20.4. AÇÃO CABÍVEL PARA IMPUGNAR SENTENÇA HOMOLOGATÓRIA DE TRANSAÇÃO

A ação cabível para atacar sentença homologatória de transação é a **ação anulatória** do § 4º do art. 966 do Código de Processo Civil, e **não a rescisória**, prevista no *caput* do aludido dispositivo[2], exceto quando a sentença aprecia o mérito do negócio jurídico. Quando o juiz se limita a **homologar** a transação, a parte que se sente prejudicada poderá intentar **ação anulatória do art. 966, § 4º**, do Código de Processo Civil, com fundamento nos **vícios da vontade:** erro, dolo, coação, fraude contra credores, estado de perigo e lesão. Esta ação é da competência do juízo de primeiro grau[3].

A **rescisória**, que se processa em segundo grau (CPC, art. 966, *caput*), somente é cabível "quando a sentença enfrenta a validade e eficácia da confissão, desistência ou transação, **decidindo o mérito**"[4].

Cândido Dinamarco esclarece que, quando se trata de atacar o **ato homologador**, que é **jurisdicional**, o caminho é a **ação rescisória**. Impõe-se esta sempre que a parte não esteja a alegar **vícios internos** do ato, mas a sustentar que ele não deveria ter sido homologado porque para tanto faltaria algum **requisito**. Todavia, "quando se impugna **o próprio ato negocial** em seu conteúdo ou na efetividade da vontade livremente manifestada, são adequadas as chamadas **vias ordinárias** apontadas pelo **art. 486** do Código de Processo Civil (atual art. 966, § 4º) — ou seja, ter-se-á um processo

---

2 STJ, REsp 9.651-SP, 3ª T., rel. Min. Cláudio Santos, *DJU*, 23-9-1991, p. 13082, 1ª col.; VI ENTA, tese n. 2.

3 Ênio Zuliani, *Transação*, p. 24. "Transação. Homologação. Vício de consentimento. Pretendido reconhecimento em sede de apelação. Inadmissibilidade. Alegação que demanda dilação instrutória, somente alcançável através de ação própria" (*RT*, 798/277).

4 *RT*, 741/262.

de conhecimento da competência do juízo de primeiro grau de jurisdição, tal como se dá sempre para o pleito de anulação ou declaração de nulidade dos **atos negociais em geral**"[5].

20.5. ESPÉCIES DE TRANSAÇÃO

A transação pode ser:

- judicial; ou
- extrajudicial.

Transação judicial

Já foi dito que, mediante acordo, as partes podem **prevenir**, isto é, evitar a instauração de um litígio, ou **terminar** demanda já em andamento. Nesta última hipótese, a transação é **judicial**. É o que sucede, *verbi gratia*, quando dois vizinhos divergem a respeito da exata divisa entre os seus terrenos e, após um deles ter **ingressado em juízo** com alguma ação em defesa de seus interesses, chegam a um entendimento. A transação será classificada como **judicial**, mesmo se obtida no escritório de um dos advogados e sacramentada em cartório, por instrumento público, por envolver direitos sobre imóveis.

Transação extrajudicial

Se, no exemplo acima, os dois vizinhos acabam celebrando um acordo, mediante instrumento público, afastando as **dúvidas** até então existentes, quando não havia ainda **nenhum litígio** instaurado, a transação é definida como **extrajudicial**.

20.6. FORMA DA TRANSAÇÃO

Quanto à **forma**, a transação pode realizar-se:

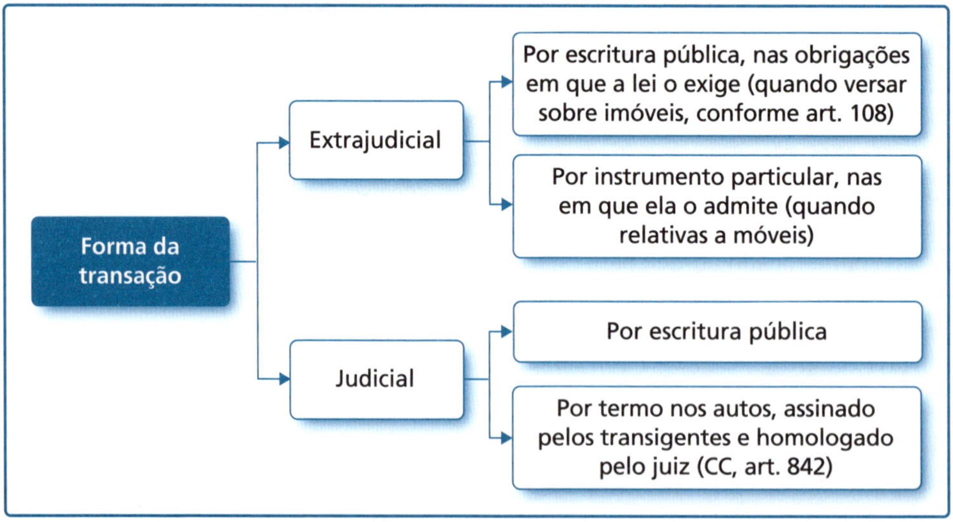

[5] *Fundamentos do processo civil moderno*, t. II, p. 1067-1069.

Transação extrajudicial

Nessa modalidade dispensa-se a **homologação**, uma vez que sua eficácia, entre as partes, independe desse ato judicial, indispensável apenas para efeitos processuais, isto é, para a extinção do feito[6].

Transação judicial

Se as partes realizarem a transação no próprio processo, mediante **termo nos autos** (ato realizado na presença do juiz, como uma espécie de ata), deverá este ser **homologado**, extinguindo-se o processo com julgamento do mérito (CPC, art. 487, III, *b*). Se elegerem o **instrumento público**, valerá a transação desde que assinada pelos transigentes, **independentemente da homologação judicial**. O traslado deve ser juntado aos autos, para conhecimento do juiz. A homologação torna-se indispensável apenas para efeitos processuais, ou seja, para a **extinção do processo**, como já dito[7]. Mesmo sem homologação, transação adquire efeito de coisa julgada[8].

Dispensa da intervenção de advogados

A transação extrajudicial independe do assessoramento de **advogados**. Tem a jurisprudência proclamado que mesmo a transação **judicial** "dispensa a intervenção dos advogados das partes"[9]. A intervenção do **Ministério Público** é imprescindível, sempre que houver transação envolvendo direitos de incapazes e idosos (CPC, art. 178, II; Lei n. 10.741, de 1º-10-2003, art. 75). A falta acarreta a **nulidade** da sentença que homologa a transação[10].

A transação referendada pelo Ministério Público adquire caráter de título executivo extrajudicial (Lei dos Juizados Especiais: n. 9.099/95; e Estatuto do Idoso: Lei n. 10.741/2003, art. 13)[11].

20.7. PRINCIPAIS CARACTERÍSTICAS DA TRANSAÇÃO

Estas são as principais características da transação:

Indivisibilidade

Deve a transação formar **um só todo**, sem fracionar-se, mesmo abrangendo os vários aspectos do negócio. Preceitua, com efeito, o art. 848 do Código Civil: **"Sendo nula qualquer das cláusulas da transação, nula será esta"**. Uma só cláusula que se

---

6 *RT*, 669/103, 702/120; *RJTJSP*, 113/301.

7 *RT*, 511/139; *RJTJSP*, 99/235; *JTACSP*, 105/408. *V.* ainda: "Transação. Acordo firmado entre as partes, ainda não homologado judicialmente por desídia da justiça. Ajuste que produz efeito de coisa julgada, somente rescindível por dolo, violência ou erro essencial quanto à pessoa ou coisa controversa" (*RT*, 790/356).

8 *RT*, 770/265.

9 *RT*, 724/362; *JTJ*, Lex, 165/204; *JTACSP*, 142/326. *V.* ainda: "Transação. Homologação. Advogado. Dispensabilidade da presença do profissional para o ato, se o acordo não versa sobre direitos indisponíveis e se as partes estão habilitadas para transigir" (*RT*, 798/277).

10 *JTJ*, Lex, 214/172.

11 "Composição dos danos civis por meio de transação nos Juizados Especiais. Circunstância que acarreta renúncia dos ofendidos ao direito de pleitear demais reparações. Inteligência dos arts. 72 e 74 da Lei 9.099/95" (*RT*, 800/309).

ressinta de ineficácia contaminará todo o ato. É que a transação decorre de renúncias ou concessões **recíprocas**, não sendo justo que, sendo nula uma, prevaleça a outra. Se o marido, por exemplo, na transação celebrada para converter a separação litigiosa em amigável, abre mão de determinado imóvel, porque em contrapartida a mulher renunciou à pensão alimentícia, nula a primeira cláusula, não será justo que permaneça válida a segunda.

O parágrafo único do aludido dispositivo admite, no entanto, a validade de determinada cláusula da transação, mesmo sendo nula outra, quando autônoma e **"independente"** desta, sem nenhuma relação com a cláusula considerada ineficaz, malgrado os diversos e distintos negócios tenham sido englobados no mesmo instrumento. Confira-se: "Parágrafo único. Quando a transação versar sobre diversos direitos contestados, **independentes entre si**, o fato de não prevalecer em relação a um não prejudicará os demais".

■ **A transação é de interpretação restrita**

Declara o art. 843 do diploma civil que "a transação interpreta-se **restritivamente**".

A regra, que inviabiliza o emprego da **analogia** ou qualquer interpretação **extensiva**, decorre do fato de toda transação implicar **renúncia de direito**. Presume-se que o renunciante age da forma menos onerosa possível em relação a seus direitos. Na dúvida sobre se determinado bem fez parte do acordo, ou se foram convencionados juros, por exemplo, devem ser eles excluídos, pois só pode ser considerado o que foi **expressamente mencionado**.

■ **A transação é de natureza declaratória**

O mesmo art. 843, na segunda parte, apresenta a terceira característica da transação, ao afirmar que "por ela não se transmitem, apenas se **declaram** ou **reconhecem** direitos". A transação é, pois, negócio jurídico **declaratório**. Por ela são apenas declarados direitos **preexistentes**. No exemplo retromencionado, sobre transação extrajudicial (*v.* item 20.5), em que dois vizinhos divergiam a respeito da exata divisa de seus terrenos, a transação apenas solucionou a dúvida, não constituindo o direito. Este preexistia àquela.

Entretanto, o art. 843, ora em estudo, deve ser combinado com o art. 845 do mesmo diploma, que fala em coisa **"transferida"** de uma à outra parte. Admite-se, portanto, que um dos transigentes transfira coisa de sua propriedade ao outro, pelo instrumento da transação. Se for imóvel, a forma será a **escritura pública**, ocorrendo a transferência do domínio somente após o **registro**.

■ **A transação admite pena convencional** (CC, art. 847)

É bastante comum a sua previsão nos acordos, especialmente nos celebrados perante a Justiça do Trabalho. Como o Código Civil considera a transação um **contrato**, não havia necessidade da inserção do dispositivo legal em epígrafe.

■ 20.8. OBJETO DA TRANSAÇÃO

Dispõe o art. 841 do Código Civil que "só quanto a direitos **patrimoniais** de caráter **privado** se permite a transação".

Desde logo são afastados todos os direitos não patrimoniais, relativos à **personalidade**. Não se admite transação a respeito do direito à vida, à honra, à liberdade etc.

Mesmo no tocante aos **direitos patrimoniais**, só se permite a transação sobre os de **caráter puramente privado**, que não interessam à ordem pública. Excluem-se os bens fora do comércio, insuscetíveis de apropriação e de alienação, e as relações jurídicas de caráter privado que despertam interesse social. Encontram-se nessa situação as questões relativas ao **direito de família** e ao **estado das pessoas**. Não se admite, por exemplo, transação sobre adoção, reconhecimento de filhos, poder familiar etc.

Quanto aos **alimentos**, são ademais irrenunciáveis (CC, art. 1.707). Por isso, a transação somente pode versar sobre o ***quantum*** da prestação, **mas não sobre o direito em si**. Se assim não fosse, a transação em que o necessitado liberasse seu parente do encargo alimentar sobrecarregaria o Estado, sobre quem recairia o ônus de sustentá-lo. Interessa à ordem pública que a pessoa, em condições de fazê-lo, sustente o parente sem recursos para sobreviver. Admite-se a transação sobre as **pensões vencidas**, porque passam a integrar o patrimônio do alimentando, que bem ou mal sobreviveu sem elas.

Aduz o art. 846 do mesmo diploma que "a transação concernente a obrigações resultantes de delito **não extingue a ação penal pública**". O dispositivo é considerado ocioso, uma vez que a transação só pode versar sobre direitos patrimoniais de caráter **privado**. A responsabilidade civil é independente da criminal (CC, art. 935). Mesmo que o fato seja, ao mesmo tempo, ilícito penal e ilícito civil, por ter o ato criminoso causado danos patrimoniais à vítima, pode a reparação ser objeto de transação, sem acarretar, com isso, a extinção da ação penal movida pela justiça pública, **salvo se a transação foi efetuada com essa finalidade**, nos casos em que a **legislação penal** especial admite tal efeito. Assim, a composição amigável, pela qual o motorista causador de um acidente de veículos indeniza a vítima, não produz necessariamente o efeito de sustar o andamento da ação penal.

O mencionado art. 846 refere-se somente à ação penal pública, pois se o titular da ação penal for o **particular**, admite-se a transação de caráter patrimonial, da qual resulte a não interposição ou retirada da **queixa**. A transação que a Lei n. 9.099/95 permite na justiça criminal para infrações de menor poder ofensivo tem a finalidade de harmonizar as jurisdições civis e criminais em busca de soluções rápidas que somente a transação permite alcançar[12].

---

[12] "Dano moral. Composição dos danos civis por meio de transação nos Juizados Especiais. Circunstância que acarreta renúncia dos ofendidos ao direito de pleitear demais reparações" (*RT*, 800/309). "Transação penal. Homologação judicial. Descumprimento do acordo. Oferecimento de denúncia. Admissibilidade. Decisão que produz, apenas, coisa julgada formal e possui eficácia *rebus sic stantibus*" (*RT*, 806/557). "Crime contra o meio ambiente. Denúncia que atribui a prática de crime ambiental em determinada área. Causador do dano que celebra acordo se comprometendo a recuperar toda a área danificada. Admissibilidade" (*RT*, 805/531).

■ 20.9. EFEITOS EM RELAÇÃO A TERCEIROS

Em regra, a transação só produz efeitos **entre os transatores**. É o que prescreve o art. 844 do Código Civil: "A transação não aproveita, nem prejudica senão aos que nela intervierem, ainda que diga respeito a coisa indivisível". A transação é válida *inter partes*, e **somente entre elas produz os seus efeitos**.

Nos parágrafos, entretanto, o aludido dispositivo abre **três exceções** a esse princípio:

a) A **primeira** delas é no sentido de que o acordo celebrado entre o credor e o devedor principal **desobriga o fiador**. Como o acessório segue o **principal**, extinta a obrigação controvertida, extinguem-se, também, os seus **acessórios**, como a fiança, cuja existência depende daquela. A garantia fidejussória somente sobrevive à transação quando o fiador intervém na renegociação, anuindo à avença.

b) A **segunda exceção** decorre de aplicação de regra da **solidariedade ativa**. Confira-se: "Art. 844. (...) § 2º (A transação) Se (for concluída) entre um dos credores solidários e o devedor, extingue a obrigação deste para com os outros credores" (solidariedade ativa). O que caracteriza a solidariedade ativa é o fato de cada credor ter direito a exigir do devedor o cumprimento da prestação **"por inteiro"** (CC, art. 267). Por conseguinte, a transação realizada com **um só credor** solidário envolve a dívida **inteira**, e não a quota de cada um.

c) A **terceira exceção** decorre de aplicação de regra da **solidariedade passiva**. Confira-se: "Art. 844. (...) § 3º (A transação) Se (for concluída) entre um dos devedores solidários e seu credor, extingue a dívida em relação aos codevedores" (solidariedade passiva). A transação realizada com **um só devedor** solidário envolve a dívida inteira, e não a quota da cada um. Como a transação tem efeitos liberatórios do pagamento, por ela ficam **exonerados** os demais, que não participaram do acordo. O princípio é o mesmo aplicado no caso de novação operada entre o credor e um dos devedores solidários (CC, art. 365)[13].

■ Evicção da coisa objeto da transação

Se a coisa, objeto da transação, "renunciada" ou "transferida", não pertencer a um dos transigentes, e sofrer **evicção**, não ficará sem efeito o acordo. Dispõe o art. 845 do Código Civil que, nesse caso, "não revive a obrigação extinta pela transação; mas ao evicto cabe o direito de reclamar perdas e danos".

Por essa regulamentação, o transator **não dá garantia** pelos riscos da evicção, mas fica sujeito ao **ressarcimento dos danos** causados ao lesado (evicto), para que não se locuplete à custa da outra parte.

■ Anulação da transação

No art. 849, o Código de 2002 reproduz regra que já existia no Código de 1916: "A transação só se anula por dolo, coação, ou erro essencial quanto à pessoa ou coisa

---

[13] "Transação. Acordo concluído entre um dos devedores solidários e seu credor. Ato que extingue a obrigação também com relação aos codevedores. Irrelevância, ademais, de se tratar de ação indenizatória em fase de instrução e sem definição do *quantum* resultante da sentença condenatória, pois é lícito às partes prevenirem o litígio mediante concessões mútuas" (*RT*, 763/294).

controversa". Tal afirmativa contém uma impropriedade, porque a transação pode ser invalidada por **qualquer das causas** que conduzem à anulação dos negócios jurídicos em geral. Além disso, como lembra ainda Caio Mário, sendo a transação "um contrato, gerando obrigações para ambos os transigentes, pode comportar a resolução por inadimplemento"[14].

O referido diploma, seguindo a linha dos Códigos francês e italiano, exclui, como inovação, a anulação por **erro de direito**, malgrado o considere erro substancial, no art. 139, III, quando, "não implicando recusa à aplicação da lei, for o motivo único ou principal do negócio jurídico". No erro de direito, por exemplo, uma das partes transige porque interpreta mal ou inadequadamente um preceito jurídico, o que a leva a acreditar que sua pretensão não está firmemente apoiada nele. Esse erro **não dá ensejo à anulação da transação**[15].

20.10. RESUMO

DA TRANSAÇÃO	
CONCEITO	É negócio jurídico bilateral, pelo qual as partes previnem ou terminam relações jurídicas controvertidas, por meio de concessões mútuas (art. 840).
ELEMENTOS CONSTITUTIVOS	existência de relações jurídicas *controvertidas*; *intenção de extinguir as dúvidas*, para prevenir ou terminar o litígio; *acordo de vontades*, para o qual se exige capacidade das partes e legitimação para alienar; *concessões recíprocas*.
NATUREZA JURÍDICA	Na sua *constituição*, aproxima-se do contrato, por resultar de um acordo de vontades; nos seus *efeitos*, porém, tem a natureza de pagamento indireto.
ESPÉCIES	**Extrajudicial** Destina-se a *prevenir*, a evitar a instauração de um litígio. Realizar-se-á por *escritura pública*, nas obrigações em que a lei o exige (quando versar sobre imóveis), ou por *instrumento particular*, nas em que ela o admite. Dispensa-se a homologação. **Judicial** Visa a extinguir um litígio já instaurado, uma ação em curso. Far-se-á por escritura ou por termo nos autos, devendo este ser homologado.
CARACTERÍSTICAS	indivisibilidade (art. 848); de interpretação restrita (art. 843); negócio jurídico declaratório (art. 843, 2ª parte).
OBJETO	Só quanto a direitos patrimoniais de caráter privado se permite transação (art. 841).
EFEITOS	A transação só produz efeitos entre os transatores, salvo as exceções previstas nos parágrafos do art. 844 do Código Civil. Se a coisa, renunciada ou transferida, não pertencer a um dos transigentes, e sofrer evicção, não ficará sem efeito o acordo. Nesse caso, não revive a obrigação extinta pela transação; mas ao evicto cabe o direito de reclamar perdas e danos (art. 845).

[14] *Instituições*, cit., v. III, p. 513.
[15] Carlos Alberto Dabus Maluf, *Novo Código Civil comentado*, p. 764.

21

DO COMPROMISSO E DA ARBITRAGEM

21.1. CONCEITO

Arbitragem é o acordo de vontades por meio do qual as partes, preferindo não se submeterem à decisão judicial, confiam a **árbitros** a solução de seus conflitos de interesses.

É uma espécie de complemento da transação. Nesta, porém, os próprios interessados, mediante concessões mútuas, dirimem suas controvérsias. Na arbitragem, de comum acordo transferem a terceiros a solução, por não se sentirem habilitados a resolvê-las pessoalmente.

21.2. REGULAMENTAÇÃO LEGAL

O Código Civil regula, nos arts. 851 a 853, a formação do **compromisso**, que precede ao **juízo arbitral**, sendo meio de existência deste. Atualmente, a arbitragem nacional e a internacional estão submetidas ao mesmo regramento. A arbitragem **internacional** constitui processo para a solução pacífica de controvérsias entre entidades de direito público externo.

O Código Civil preceitua, no art. 853, que "admite-se nos contratos a cláusula compromissória, para resolver divergências mediante juízo arbitral, na forma estabelecida em lei especial". A **cláusula compromissória** ou **cláusula arbitral** constitui simples **promessa** de celebração de um compromisso, se surgirem dúvidas ou conflitos na execução do contrato então firmado. O **compromisso** (CC) e o **juízo arbitral** (CPC) foram aglutinados na Lei n. 9.307/96 (Lei da Arbitragem), sob a rubrica de **compromisso arbitral**.

A **Lei n. 13.129, de 26 de maio de 2015**, alterou a referida Lei n. 9.307, de 23 de setembro de 1996, e a Lei n. 6.404, de 15 de dezembro de 1976, para: a) ampliar o âmbito de aplicação da arbitragem e dispor sobre a escolha dos árbitros quando as partes recorrem a órgão arbitral; b) estabelecer a interrupção da prescrição pela instituição da arbitragem; c) prever a concessão de tutelas cautelares e de urgência nos casos de arbitragem; d) instituir a carta arbitral; e) revogar dispositivos da Lei n. 9.307/96.

21.3. CONVENÇÃO DE ARBITRAGEM

Em virtude da referida lei, a convenção de arbitragem é, hoje, de duas espécies:

- **cláusula compromissória** (simples promessa de celebrar compromisso); e
- **compromisso arbitral** (regulamentação definitiva da arbitragem, feita após o surgimento do conflito de interesses).

A arbitragem é meio rápido e racional de solução de conflitos de interesses, especialmente de natureza contratual, muito utilizado em países da Europa, como a Inglaterra e a França[1].

21.4. QUESTÕES EXCLUÍDAS DA ARBITRAGEM

A referida Lei n. 9.307/96 dispõe no art. 1º que "as pessoas **capazes** de contratar poderão valer-se da arbitragem para dirimir litígios relativos a **direitos patrimoniais disponíveis**". Exclui, portanto, desse sistema as questões relativas aos **direitos da personalidade** e aos **direitos de família**, como alimentos, interdição, investigação de paternidade etc.

No mesmo sentido, dispõe o art. 852 do novo estatuto civil: "É vedado compromisso para solução de questões de estado, de direito pessoal de família e de outras que não tenham **caráter estritamente patrimonial**".

21.5. NATUREZA JURÍDICA

Diverge-se a respeito da natureza jurídica do compromisso. Para uns, equipara-se a um **contrato**, por resultar de um acordo de vontades e requerer capacidade das partes, objeto lícito e forma especial. Entretanto, considerando que o seu objetivo não é criar, modificar ou extinguir direitos, o Código Civil de 1916 o incluiu entre os **meios extintivos de obrigações**, recebendo esse mesmo tratamento na Lei n. 9.307/96.

O atual Código Civil, diversamente, inseriu o compromisso no Título VI ("Das várias espécies de contrato"), dispensando-lhe o tratamento de **contrato nominado**.

21.6. CONSTITUCIONALIDADE DA ARBITRAGEM

Pelo compromisso arbitral os juízes togados são afastados, confiando-se a prestação jurisdicional a **juízes particulares**, escolhidos de comum acordo pelas próprias partes. Trata-se de uma espécie de privatização da justiça.

Faz-se mister analisar a constitucionalidade da referida Lei n. 9.307/96, que regula atualmente o citado sistema, por aparentemente colidir com o preceito do art. 5º, XXXV, da Constituição Federal, de que a lei não poderá excluir do Poder Judiciário qualquer lesão de direito individual. No caso da arbitragem, entretanto, ela é escolhida **livremente** pelas partes, não havendo qualquer imposição do legislador. A lei **faculta**, e não impõe, aos interessados esse modo de composição privada de lides.

---

1 "Juízo arbitral. Execução. Contrato de exportação. Alegação, pela parte contrária, da existência de cláusula compromissória ou compromisso arbitral. Impossibilidade do julgamento e processamento do feito pelo juízo comum. Extinção do processo sem julgamento do mérito" (*RT*, 759/125).

O art. 33 da mencionada lei, **com a redação determinada pela Lei n. 13.129/2015,** permite a arguição de **nulidade da sentença arbitral** perante juiz **togado**, bem como quando houver **resistência** de uma das partes para a celebração do compromisso, havendo cláusula compromissória, além de outras hipóteses. A **execução coativa** da decisão arbitral só ocorre perante o **Judiciário**.

Desse modo, em caso de **ilicitudes e irregularidades**, o Judiciário pode ser acionado, para evitar ou reparar lesões eventualmente ocorridas. Embora as convenções arbitrais resultem de acordo dos interessados, têm os seus limites na lei. As decisões, na arbitragem, não cabem ao Judiciário, mas a sua intervenção se faz necessária para **coibir abusos**, nos casos previstos na **lei**.

Já decidiu, com efeito, o Supremo Tribunal Federal: "Juízo arbitral. Cláusula compromissória. Opção convencionada pelas partes contratantes para dirimir possível litígio oriundo de inadimplemento contratual. Possibilidade de que o contratante, caso sobrevenha litígio, recorra ao Poder Judiciário para compelir o inadimplente ao cumprimento do avençado que atende o disposto no art. 5º, XXXV, da CF"[2].

21.7. CLÁUSULA COMPROMISSÓRIA E COMPROMISSO ARBITRAL

21.7.1. Cláusula compromissória

Ao celebrarem qualquer contrato que tenha por objeto direitos patrimoniais disponíveis, podem as partes estipular, **preventivamente**, que eventual dúvida ou conflito de interesses que venha a surgir durante a sua execução seja submetido à decisão do juízo arbitral. Tal deliberação denomina-se **cláusula compromissória**, e é simultânea à formação da obrigação. Nasce junto com o contrato principal, do qual é parte acessória. Pode estar nele inserta ou em documento apartado que **a ela se refira**. Assim dispõe o § 1º do art. 4º da Lei da Arbitragem, cujo *caput* estabelece: "A **cláusula compromissória** é a **convenção** através da qual as partes em um contrato comprometem-se a submeter à arbitragem os litígios que possam vir a surgir, relativamente a tal contrato". Percebe-se o caráter **preventivo** da estipulação pela expressão "litígios que possam vir a surgir".

21.7.2. Autonomia e eficácia da cláusula compromissória

O art. 8º da aludida lei complementa: "A cláusula compromissória é **autônoma** em relação ao contrato em que estiver inserta, de tal sorte que a nulidade deste não implica, necessariamente, a nulidade da cláusula compromissória". Deve esta ser estipulada **por escrito**. Nos **contratos de adesão**, só terá eficácia se o **aderente** tomar a iniciativa de instituir a arbitragem ou concordar, expressamente, com a sua instituição, desde que por escrito em documento anexo ou em negrito, com a assinatura ou visto especialmente para essa cláusula (art. 4º, §§ 1º e 2º). Na cláusula compromissória, se as partes reportarem-se ou escolherem as regras de algum **órgão arbitral** institucional ou especializado, a arbitragem será instituída e processada de acordo com tais regras (art. 5º).

2 *RT*, 777/189.

21.7.3. Compromisso arbitral

O compromisso arbitral constitui "convenção através da qual as partes **submetem um litígio à arbitragem** de uma ou mais pessoas, podendo ser judicial ou extrajudicial" (art. 9º). Só será firmado se, durante a execução do contrato, surgir algum conflito de interesses entre os contratantes. Pode ser celebrado **em cumprimento a cláusula compromissória** ou **independentemente desta**, se as partes já estiverem a litigar ou na iminência de fazê-lo.

21.7.4. Renúncia à justiça comum

A **qualquer tempo**, durante a vigência de um contrato, no qual não haja previsão sobre a maneira de se eliminarem dúvidas futuras, tenha sido ou não ajuizada a demanda, podem as partes **renunciar** à justiça comum e atribuir a **árbitros** a solução.

21.7.5. Forma para a instituição da arbitragem

Os contratantes podem escolher a **forma** para instituição da arbitragem, reportando-se, inclusive, às regras de algum órgão institucional ou entidade especializada. Existindo cláusula compromissória, e não havendo acordo sobre a forma de instituir a arbitragem, a parte interessada manifestará à outra sua intenção de dar início à arbitragem, convocando-a para firmar o compromisso (art. 6º).

A **interpelação** poderá ser feita por qualquer meio de comunicação, mediante comprovação de recebimento. Se esta não comparecer ou, comparecendo, recusar-se a firmar o compromisso arbitral, a que tomou a iniciativa da convocação poderá propor a demanda de que trata o art. 7º da lei, **a fim de lavrar-se o compromisso**, designando o juiz audiência especial para tal fim.

21.7.6. O procedimento judicial

O autor deverá indicar, com precisão, o **objeto** da arbitragem, instruindo o pedido com o documento que contiver a cláusula compromissória.

Na **audiência**, frustrada a tentativa de conciliação, decidirá o juiz. Se a cláusula compromissória nada dispuser sobre a nomeação de árbitros, caberá ao juiz, ouvidas as partes, estatuir a respeito, podendo nomear árbitro único para a solução do litígio.

A **sentença** que julgar o pedido **valerá como compromisso arbitral**.

Distinção entre compromisso e cláusula compromissória

Enquanto **o compromisso é contrato definitivo**, perfeito e acabado, a **cláusula compromissória** ou *pactum de compromittento* é apenas **contrato preliminar**, em que as partes prometem efetuar contrato definitivo de compromisso, caso apareçam dúvidas a serem dirimidas.

O **compromisso** é o contrato em que as partes decidem submeter suas pendências a árbitros nele nomeados, como dizia o art. 1.037 do Código Civil de 1916[3].

3 Silvio Rodrigues, *Direito civil*, cit., v. 3, p. 379.

21.8. ESPÉCIES DE COMPROMISSO ARBITRAL

Segundo dispõe o art. 9º da Lei da Arbitragem, o compromisso pode ser:

- **Judicial:** pressupõe demanda em andamento. Nesse caso, celebrar-se-á o compromisso no próprio processo, por **termo nos autos**.
- **Extrajudicial:** se ainda não foi ajuizada **nenhuma** demanda. Poderá ser celebrado por **escritura pública** ou **escrito particular**, assinado pelas partes e por duas testemunhas.

Celebrado o compromisso na **pendência da lide**, cessam as funções do juiz togado, que passam a ser exercidas pelos árbitros, inclusive a de proferir decisão. Aperfeiçoado o compromisso **extrajudicial**, a ação não poderá ser mais ajuizada, salvo nos casos expressos em lei. No primeiro caso, o termo será assinado pelas próprias partes, ou por mandatário com poderes especiais (CC, art. 661, § 2º; CPC, art. 105).

A arbitragem poderá ser **de direito** ou **de equidade**, a critério das partes, que devem ser **capazes** de contratar. Podem escolher, livremente, as regras de direito que serão aplicadas na arbitragem, desde que não haja violação aos bons costumes e à ordem pública.

Poderão, também, as partes convencionar que a arbitragem se realize com base nos princípios gerais de direito, nos usos e costumes e nas regras internacionais de comércio (LA, arts. 1º e 2º).

21.9. REQUISITOS LEGAIS

O art. 10 da Lei da Arbitragem prescreve que deve constar, **obrigatoriamente**, do compromisso arbitral:

- o nome, profissão, estado civil e domicílio das partes;
- o nome, profissão e domicílio do árbitro, ou dos árbitros, ou, se for o caso, a identificação da entidade à qual as partes delegaram a indicação de árbitros;
- a matéria que será objeto da arbitragem;
- o lugar em que será proferida a sentença arbitral.

Além dessas cláusulas, consideradas essenciais, **faculta** o art. 11 a inserção de outras, se as partes o desejarem, que contenham:

- local, ou locais, onde se desenvolverá a arbitragem;
- a autorização para que o árbitro ou os árbitros julguem por equidade, se assim for convencionado pelas partes;
- o prazo para apresentação da sentença arbitral;
- a indicação da lei nacional ou das regras corporativas aplicáveis à arbitragem, quando assim convencionarem as partes;
- a declaração da responsabilidade pelo pagamento dos honorários e das despesas com a arbitragem;

- a fixação dos honorários do árbitro, ou dos árbitros.

21.10. EXTINÇÃO DO COMPROMISSO ARBITRAL

Consoante dispõe o art. 12 da Lei n. 9.307/96, **extingue-se** o compromisso arbitral:

- escusando-se qualquer dos árbitros, antes de aceitar a nomeação, desde que as partes tenham declarado, expressamente, não aceitar substituto;
- falecendo ou ficando impossibilitado de dar seu voto algum dos árbitros, desde que as partes declarem, expressamente, não aceitar substituto;
- tendo expirado o prazo a que se refere o art. 11, III, desde que a parte interessada tenha notificado o árbitro, ou o presidente do tribunal arbitral, concedendo-lhe o prazo de dez dias para a prolação e apresentação da sentença arbitral.

21.11. DOS ÁRBITROS

Pode ser árbitro qualquer pessoa **capaz**, que tenha a confiança das partes. Estão afastados os **analfabetos** e os **incapazes**, nada impedindo, porém, sejam nomeados árbitros juízes de qualquer grau de jurisdição, despidos, todavia, de sua função jurisdicional[4]. É comum a nomeação de juízes de direito aposentados para exercer essa função.

As partes nomearão um ou mais árbitros, sempre **em número ímpar**, podendo nomear, também, os respectivos **suplentes**; se em número **par**, presumem-se também autorizados a nomear mais um árbitro. Não havendo acordo, requererão as partes ao órgão do Judiciário a que tocaria o julgamento da causa a **nomeação**.

No desempenho de sua função, deverá o árbitro proceder com imparcialidade, independência, diligência e discrição. Aplicam-se-lhe as mesmas regras sobre **impedimentos e suspeições** previstas para todos os juízes (LA, art. 13), sendo equiparados aos funcionários públicos para os efeitos da legislação penal.

Dispõe o § 4º do art. 13 da Lei n. 9.307/96, com a redação dada pela Lei n. 13.129/2015: "As partes, de comum acordo, poderão **afastar a aplicação** de dispositivo do regulamento do órgão arbitral institucional ou entidade especializada **que limite a escolha do árbitro único, coárbitro ou presidente do tribunal à respectiva lista de árbitros**, autorizado o controle da escolha pelos órgãos competentes da instituição, sendo que, nos casos de impasse e arbitragem multiparte, deverá ser observado o que dispuser o regulamento aplicável".

21.12. DO PROCEDIMENTO ARBITRAL

Considera-se instituída a arbitragem quando **aceita a nomeação** pelos árbitros (LA, art. 19). Após essa fase, o nomeado só poderá ser recusado mediante oposição de **exceção** diretamente ao árbitro ou ao presidente do tribunal arbitral.

---

4 Washington de Barros Monteiro, *Curso de direito civil*, v. 5, p. 406.

É lícito às partes estabelecer o **procedimento** a ser seguido. Não havendo previsão a respeito, competirá ao árbitro ou ao tribunal arbitral discipliná-lo. Serão sempre respeitados, no procedimento arbitral, os **princípios** do contraditório, da igualdade das partes, da imparcialidade do árbitro e de seu livre convencimento (art. 21, §§ 1º e 2º), tendo este poderes para proceder a **instrução probatória** que entenda conveniente ou seja requerida pelas partes.

No curso do processo arbitral, ou antes mesmo da instauração do tribunal arbitral, pode tornar-se imprescindível a **concessão de medida** que evite dano irreparável ou que torne inútil a decisão que será proferida. Na segunda hipótese, abre-se à parte necessitada a **via judicial**, sem que fique prejudicada a arbitragem, apenas para que o juiz togado examine se é caso de conceder a tutela de urgência (CPC, art. 300; Lei n. 9.307/2015, arts. 22-A e s.); concedida a medida, cessa a competência do juiz togado, **cabendo aos árbitros**, tão logo sejam investidos no cargo, manter, cassar ou modificar a medida concedida.

A competência do juiz **togado**, portanto, ficará adstrita apenas à análise da medida **emergencial**, passando a direção do processo na sequência aos árbitros, tão logo seja instituída a arbitragem. Por conta disso, o autor deve, ao promover a demanda cautelar, informar sempre o juiz togado acerca de sua incompetência, explicando que a demanda principal será arbitral[5].

A propósito, reconheceu o Tribunal de Justiça de São Paulo a possibilidade de se **conceder liminar em medida cautelar, ou antecipação de tutela**, para que os sócios recorrentes possam administrar, de forma provisória e exclusiva, a empresa, independentemente da participação dos demais sócios, até que a sociedade seja dissolvida total ou parcialmente, no juízo arbitral, conforme convenção contratual[6].

21.13. DA CARTA ARBITRAL

No direito processual, "carta" é um instrumento de comunicação e colaboração entre juízos distintos, pelo qual um deles, tendo sua competência restrita a limites territoriais, solicita a outro que pratique determinado ato na esfera de sua competência.

O Código de Processo Civil refere-se ***às cartas arbitrais no art. 260, § 3º***, determinando que elas deverão atender, no que couber, aos requisitos das demais cartas, quais sejam, de ordem, precatória e rogatória, e serão instruídas com "a convenção de arbitragem e com as provas da nomeação do árbitro e de sua aceitação da função".

O art. 22-C da Lei n. 9.307/1996, com a redação que lhe foi conferida pela Lei n. 13.129/2015, por sua vez, proclama: "**O árbitro ou o tribunal arbitral poderá expedir carta arbitral** para que o órgão jurisdicional nacional pratique ou determine o cumprimento, na área de sua competência territorial, de ato solicitado pelo árbitro".

---

5 Carlos Alberto Carmona, *Arbitragem e processo*, p. 265-269.

6 AgI 388.797-4/1-00, 10ª Câm. Dir. Priv., rel. Des. Testa Marchi, j. 10-5-2005.

21.14. DA SENTENÇA ARBITRAL

A sentença arbitral será proferida no **prazo estipulado** pelas partes, ou no prazo de **seis meses**, contado da instituição da arbitragem ou da substituição do árbitro, caso nada tenha sido convencionado (LA, art. 23). Produz entre as partes, e seus sucessores, os mesmos efeitos da sentença proferida pelos juízes togados. Sendo condenatória, constitui **título executivo** (art. 31).

Deverá ser prolatada em documento **escrito**, apresentando, obrigatoriamente:

- **relatório**;
- os **fundamentos** da decisão, com exposição das questões de fato e de direito analisadas, e indicação de eventual julgamento por equidade;
- **dispositivo** em que estarão resolvidas as questões submetidas à arbitragem, com prazo para o seu cumprimento; e
- a **data e o lugar** em que foi proferida, com a **assinatura** do árbitro.

O art. 32 da lei em epígrafe declara **nula** a sentença se:

- for nulo o compromisso;
- emanou de quem não podia ser árbitro;
- não contiver os requisitos do art. 26 da mesma lei;
- for proferida fora dos limites da convenção de arbitragem;
- comprovado que foi proferida por prevaricação, concussão ou corrupção passiva;
- proferida fora do prazo, respeitado o disposto no art. 12, III, da referida lei;
- forem desrespeitados os princípios de que trata o art. 21, § 2º, da aludida lei[7].

Preceitua, ainda, o art. 34 que a sentença arbitral estrangeira será reconhecida ou executada no Brasil de conformidade com os **tratados internacionais** com eficácia no **ordenamento interno** e, na sua ausência, estritamente de acordo com os termos da mesma lei, devendo ser homologada pelo Superior Tribunal de Justiça (LA, arts. 34 e 35).

No Brasil, tradicionalmente, outorgava-se ao Supremo Tribunal Federal a competência originária para a homologação de sentenças arbitrais estrangeiras. Todavia, a Emenda Constitucional n. 45, de 8 de dezembro de 2004, acrescentou ao art. 105 da Constituição Federal a alínea *i*, estabelecendo a **competência do Superior Tribunal**

7 "Sentença arbitral. Tutela antecipada. Inviabilidade de se conceder a medida para o fim de anular e suspender os efeitos da decisão arbitral. Impossibilidade de se impedir ao executante de exercer o seu direito à execução, pois o direito de ação é de ordem constitucional. Caso, ademais, que não se encontra dentro das hipóteses que autorizam a nulidade da sentença arbitral. Nulidade que pode ser alegada em regular embargos do devedor" (*RT*, 803/262). "Sentença estrangeira. Homologação. Compromisso celebrado entre a requerente e a requerida relativo a direitos patrimoniais disponíveis. Alegada nulidade da citação feita por via postal, antes da vigência da Lei 9.307/96. Inadmissibilidade, se configurado o comparecimento e a consequente aceitação do juízo arbitral" (STF, *RT*, 789/153).

de Justiça para “a homologação de sentenças estrangeiras e a concessão de *exequatur* às cartas rogatórias”.

■ 21.15. IRRECORRIBILIDADE DA DECISÃO ARBITRAL

O árbitro é juiz de fato e de direito, e a sentença que proferir **não fica sujeita a recurso ou a homologação** pelo Poder Judiciário (LA, art. 18). Na legislação revogada, em princípio não cabia recurso da decisão arbitral, mas podia ser convencionada a recorribilidade. Havia, portanto, o compromisso sem recurso e com recurso. Hoje, entretanto, não se admite que fique sujeita a recurso ou a homologação pelo Poder Judiciário. Mas pode ser **impugnada judiciariamente** a sentença arbitral, se for **nula**, nas hipóteses previstas no art. 32, retrotranscrito (*v.* item 21.13).

Dispõe o art. 33 da Lei da Arbitragem que a parte interessada poderá pleitear ao órgão do **Poder Judiciário** competente a decretação de **nulidade** nos referidos casos, e que a demanda seguirá o procedimento comum, previsto no Código de Processo Civil, devendo ser proposta no prazo de até noventa dias após o recebimento da notificação da respectiva sentença, parcial ou final, ou da decisão do pedido de esclarecimentos (§ 1º, com a redação dada pela Lei n. 13.129/2015).

A decretação da *nulidade* da sentença arbitral também poderá ser arguida **mediante impugnação**, conforme os arts. 525, § 1º, III, e 515, VII, do Código de Processo Civil, se for exigido o seu cumprimento.

■ 21.16. ARBITRAGEM E ADMINISTRAÇÃO PÚBLICA

Algumas leis esparsas preveem a possibilidade de haver arbitragem em determinados **contratos administrativos**. A Lei n. 13.129/2015, todavia, deu um grande passo ao admitir, de forma genérica, que a **Administração Pública** possa valer-se da arbitragem nos casos em que a lide verse sobre **direitos disponíveis**. Para esse fim, acrescentou dois parágrafos ao art. 1º da Lei n. 9.307/96, *verbis*:

> “Art. 1º (...)
>
> § 1º A administração pública direta e indireta poderá utilizar-se da arbitragem para dirimir conflitos relativos a direitos patrimoniais disponíveis.
>
> § 2º A autoridade ou o órgão competente da administração pública direta para a celebração de convenção de arbitragem é a mesma para a realização de acordos ou transações”.

A regra vale para a **União, os Estados e os Municípios**.

Tendo em vista que a Administração Pública deve observar o princípio da legalidade, previsto no art. 37 da Carta Magna, o § 3º do art. 2º da Lei n. 9.307/96 (LA), com a redação conferida pela Lei n. 13.219/2015, dispõe: “A arbitragem que envolva a administração pública será sempre de direito e respeitará o **princípio da publicidade**”.

■ 21.17. ARBITRAGEM E INTERRUPÇÃO DA PRESCRIÇÃO

A Lei n. 13.129/2015 acrescentou um parágrafo ao art. 19 da Lei n. 9.307/96 (LA), estabelecendo um marco interruptivo da prescrição. Confira-se:

> "Art. 19 (...)
> § 2º A instituição da arbitragem **interrompe a prescrição, retroagindo à data do requerimento de sua instauração**, ainda que extinta a arbitragem por ausência de jurisdição".

A referida Lei da Arbitragem permanece não estabelecendo prazos prescricionais — o que compete às leis de direito material, especialmente ao Código Civil.

21.18. MEDIAÇÃO

A Lei n. 13.140, de 26 de junho de 2015, dispõe sobre a mediação **entre particulares** como meio de solução de controvérsias e sobre a **autocomposição de conflitos no âmbito da administração pública**. Também altera a Lei n. 9.469, de 10 de julho de 1997, e o Decreto n. 70.235, de 6 de março de 1972, e revoga o § 2º da Lei n. 9.469, de 10 de julho de 1997.

O art. 1º, parágrafo único, da aludida lei conceitua dessa forma a mediação:

> "Art. 1º (...)
> Parágrafo único. Considera-se mediação a atividade técnica exercida por terceiro imparcial sem poder decisório, que, escolhido ou aceito pelas partes, as auxilia e estimula a identificar ou desenvolver soluções consensuais para a controvérsia".

Pode ser objeto de mediação o conflito que verse sobre **direitos disponíveis** ou sobre **direitos indisponíveis que admitam transação** (art. 3º). A mediação pode versar sobre **todo o conflito ou parte dele** (§ 1º). O consenso das partes envolvendo direitos indisponíveis, mas transigíveis, deve ser **homologado em juízo, exigida a oitiva do Ministério Público** (§ 2º).

O Código de Processo Civil, no art. 165, §§ 2º e 3º, aponta a diferença entre **conciliação e mediação**. Embora ambas sejam forma de autocomposição do conflito e o terceiro não o decida, mas apenas facilite que as partes cheguem a um acordo, na conciliação ele atua preferencialmente nos casos em que não houver vínculo e propõe soluções para os litigantes, ao passo que na mediação atua preferencialmente nos casos em que houver vínculo anterior entre as partes e não propõe soluções para os litigantes.

Já a **arbitragem** é forma de heterocomposição do conflito, que é decidido por terceiro, o qual atua em ambos os casos, ou seja, naqueles em que não houver vínculo anterior entre as partes e nos que houver.

A mediação pode ocorrer tanto **na órbita judicial como também extrajudicialmente**. A Lei n. 13.140/2015, por essa razão, regulamenta tanto a mediação extrajudicial (arts. 21 a 23) como a judicial (arts. 24 a 29), os mediadores extrajudiciais (arts. 9º e 10) e os judiciais (arts. 11 a 13).

Um ponto positivo e de destaque da referida lei é que ela dispõe sobre a mediação como meio de solução de controvérsias entre particulares e **também sobre a autocomposição de conflitos no âmbito da administração pública**, como consta expressamente de seu art. 1º.

21.19. RESUMO

DO COMPROMISSO E DA ARBITRAGEM	
CONCEITO	Arbitragem é o acordo de vontades por meio do qual as partes, preferindo não se submeterem à decisão judicial, confiam a árbitros a solução de seus conflitos de interesses.
REGULAMENTAÇÃO	O Código Civil regula, nos arts. 851 a 853, a formação do ***compromisso***, que precede ao juízo arbitral (é meio de existência deste). A Lei n. 9.307, de 23-9--1996, com as modificações introduzidas pela Lei n. 13.129/2015, unificou a legislação sobre arbitragem. O art. 853 do Código dispõe que "admite-se nos contratos a cláusula compromissória, para resolver divergências mediante juízo arbitral, na forma estabelecida em *lei especial*".
CLÁUSULA COMPROMISSÓRIA E COMPROMISSO	A ***cláusula compromissória*** constitui simples promessa de celebração de um compromisso, se surgirem dúvidas ou conflitos na execução do contrato. ***Compromisso arbitral*** é a regulamentação definitiva da arbitragem, feita após o surgimento do conflito de interesses.
NATUREZA JURÍDICA DO COMPROMISSO	Constitui meio extintivo de obrigações, sendo assim tratado na Lei n. 9.307/96. O CC/2002, todavia, dispensou-lhe o tratamento de contrato nominado, equiparando-o, portanto, a um contrato.
EFEITOS DO COMPROMISSO ARBITRAL	exclusão da intervenção do juiz na solução do litígio; submissão dos comprometentes à sentença arbitral.

21.20. QUESTÕES

1. (OAB/MT/2006.1) Sobre a constituição de renda NÃO podemos dizer:

a) é sempre onerosa.
b) requer escritura pública.
c) os bens dados em compensação de renda caem, desde a tradição, no domínio da pessoa que por aquela se obrigou.
d) é nula a constituição instituída em favor de pessoa já falecida.

2. (OAB/SP/127° Exame) É CORRETO afirmar que

a) as dívidas de jogo ou de aposta obrigam a pagamento, quando cobradas pelo credor.
b) o fiador, ainda que solidário, ficará desobrigado se o credor conceder moratória ao devedor, sem o consentimento do mesmo fiador.
c) não é admissível, na transação, a pena convencional (ou multa).
d) aquele que, sem justa causa, se enriquecer à custa de outrem, será obrigado a reembolsar/restituir tão somente o que auferiu indevidamente.

3. (TJGO/Juiz de Direito/53° Concurso) Assinale a afirmação ERRADA:

A fiança pode ser dada:

a) por escrito ou verbalmente, devendo, neste último caso, ser comprovado por no mínimo duas (2) testemunhas.
b) exclusivamente por escrito.
c) sem o consentimento do devedor.
d) em relação a dívidas futuras.

4. (BACEN/Procurador/Fundação Carlos Chagas/2006) O contrato de fiança

a) estabelece solidariedade legal do fiador e do afiançado pelo pagamento ao credor.
b) admite prova exclusivamente testemunhal se for de valor inferior a dez (10) salários mínimos.
c) não admite renúncia ao benefício de ordem.
d) não admite que, existindo vários fiadores, cada um fixe a parte da dívida que toma sob sua responsabilidade.
e) pode ser estipulado sem consentimento do devedor ou contra sua vontade.

5. (TRF/4ª Região/Analista Judiciário/Fundação Carlos Chagas/2014) Considere:

I. Fiança estipulada sem o consentimento do devedor.
II. Fiança estipulada contra a vontade do devedor.
Nestes casos, em regra, no tocante às normas específicas sobre fianças previstas no Código Civil brasileiro,

a) há desrespeito às normas, apenas, na segunda hipótese.
b) não há desrespeito às normas.
c) há desrespeito às normas, apenas, quando se tratar de contrato de compra e venda.
d) há desrespeito às normas em ambas as hipóteses.
e) há desrespeito às normas, apenas, na primeira hipótese.

6. (CESGRANRIO/Analista Jurídico/FINEP/2014) Na denominada teoria geral dos contratos, o jogo e a aposta são considerados contratos

a) comutativos.
b) certificados.
c) aleatórios.
d) contraprestacionais.

7. (OAB/X Exame de Ordem Unificado/Fundação Getulio Vargas/2013) Amélia e Alberto são casados pelo regime de comunhão parcial de bens. Alfredo, amigo de Alberto, pede que ele seja seu fiador na compra de um imóvel. Diante da situação apresentada, assinale a afirmativa CORRETA.

a) A garantia acessória poderá ser prestada exclusivamente por Alberto.
b) A outorga de Amélia se fará indispensável, independente do regime de bens.
c) A fiança, se prestada por Alberto sem o consentimento de Amélia, será anulável.
d) A anulação do aval somente poderá ser pleiteada por Amélia durante o período em que estiver casada.

8. (TRT/15ª Região/Juiz do Trabalho/XXII Concurso/2007) Em relação à transação, levando em conta a interpretação literal da legislação vigente, bem como as assertivas abaixo, assinale a alternativa CORRETA:

I. Só se destina a término do litígio;
II. A transação concernente a obrigações resultantes de delito extingue a ação penal pública;
III. A transação pode ser anulada se ocorrer erro de direito a respeito das questões que foram objeto da controvérsia entre as partes;
IV. Se um dos transatores não tiver ciência de sentença passada em julgado a transação será nula.

a) todas as assertivas estão corretas;
b) somente uma assertiva está correta;
c) somente duas assertivas estão corretas;
d) somente três assertivas estão corretas;
e) todas as assertivas estão erradas.

9. (TJGO/Juiz de Direito/53º Concurso) Assinale a afirmação ERRADA:
A nulidade da transação ocorre quando:

a) houver dolo, coação ou erro essencial quanto à pessoa ou coisa controversa.
b) versar sobre litígio decidido por sentença transitada em julgado, se dela não teve ciência algum dos transatores.
c) nenhum dos transatores tinha direito sobre o objeto da transação.
d) houver erro de direito a respeito das questões que foram objeto de controvérsia entre as partes.

10. (TRT/PE/Juiz do Trabalho/Fundação Carlos Chagas/2015) A transação:

a) é interpretada restritivamente, mas por ela transmitem-se, declaram-se e reconhecem-se direitos.
b) será admitida quanto a direitos de qualquer natureza, desde que as partes sejam maiores e capazes.
c) só se anula por dolo, coação ou erro essencial quanto à pessoa ou coisa controversa, não se anulando por erro de direito a respeito das questões que foram objeto de controvérsia entre as partes.

d) concernente a obrigações resultantes de delito, extinguirá a ação penal de qualquer natureza.
e) não desobrigará o fiador, salvo cláusula expressa nesse sentido, se for concluída entre o credor e o devedor.

11. (PGE/PA/Procurador do Estado/XVIII Concurso/2-10-2011) Sobre a fiança, assinale a alternativa CORRETA:

a) O fiador e principal pagador é vinculado a todas as obrigações locatícias, respondendo pelo cumprimento da sentença judicial na ação de despejo, mesmo que não tenha integrado a relação processual.
b) Assumindo a obrigação na condição de principal pagador, o fiador responde pelas obrigações locatícias até a efetiva entrega das chaves, estando obrigado a cumprir os deveres resultantes de aditamento ao qual não anuiu.
c) O fiador, obrigado como principal pagador, pode exigir que sejam primeiro executados os bens do devedor, desde que nomeie bens do afiançado livres e desembaraçados, quantos bastem para solver o débito.
d) Para validade da fiança, é indispensável que o fiador obrigue-se a responder pelo valor global da dívida, não sendo admitida a formalização de fiança limitada, parcial ou menor que a obrigação afiançada.
e) Poderá o fiador exonerar-se da fiança caso tenha assinado por prazo indeterminado, sempre que lhe convier, ficando obrigado por todos os efeitos da fiança, durante sessenta dias após a notificação do credor.

12. (TJSP/Juiz de Direito/183º Concurso/2011) Assinale a alternativa CORRETA.

a) A estipulação da fiança depende do consentimento do devedor.
b) A fiança deve ser de valor igual ou superior ao da obrigação principal.
c) O fiador não poderá exonerar-se da fiança se a prestou sem limitação de tempo.
d) A obrigação do fiador extingue-se com sua morte e a responsabilidade da fiança não se transmite aos herdeiros.
e) O fiador ficará desobrigado se, sem o seu consentimento, o credor conceder moratória ao devedor.

13. (OAB/IV Exame Unificado/Fundação Getulio Vargas/2011) Gustavo tornou-se fiador do seu amigo Henrique, em razão de operação de empréstimo bancário que este tomou com o Banco Pechincha. No entanto, Gustavo, apreensivo, descobriu que Henrique está desempregado há algum tempo e que deixou de pagar várias parcelas do referido empréstimo. Sem o consentimento de Gustavo, Henrique e o Banco Pechincha aditaram o contrato original, tendo sido concedida moratória a Henrique.

Com base no relato acima e no regime legal do contrato de fiança, assinale a alternativa CORRETA.

a) Por ter a fiança o objetivo de garantir o débito principal, sendo acessória a este, deve ela ser de valor igual ao da obrigação principal e ser contraída nas mesmas condições de onerosidade de tal obrigação.
b) Gustavo não poderá exonerar-se da fiança que tiver assinado sem limitação de tempo, ficando obrigado por todos os efeitos da fiança até o efetivo pagamento do débito principal.
c) A concessão da moratória pelo Banco Pechincha a Henrique, tal como narrado, não tem o condão de desobrigar o fiador.
d) Se o Banco Pechincha, sem justa causa, demorar a execução iniciada contra Henrique, poderá Gustavo promover-lhe o andamento.

14. (TJ/GO/Juiz de Direito/Fundação Carlos Chagas/2012) Sobre a fiança é INCORRETO afirmar:

a) Pode ser contratada para garantir apenas parcialmente a dívida.
b) O fiador exonera-se da fiança dada por prazo indeterminado a qualquer tempo, bastando notificar o credor, ficando porém obrigado por todos os efeitos da força por prazo fixado na lei.
c) O fiador pode propor a execução contra o devedor quando o credor sem justa causa retardar o ajuizamento.
d) Pelas obrigações decorrentes da fiança respondem os herdeiros do fiador, limitadas ao tempo decorrido até a morte do fiador e desde que não ultrapassem as forças da herança.
e) A moratória concedida ao devedor exonera o fiador, se este não a consentiu.

15. (MP/MG/Promotor de Justiça/52º Concurso/2012) Quanto à fiança, é INCORRETO afirmar que:

a) Pode ser de valor inferior ao da obrigação principal e contraída em condições menos onerosas, e, quando exceder o valor da dívida, ou for mais onerosa que ela, não valerá senão até ao limite da obrigação afiançada.
b) Dar-se-á por escrito e admite interpretação extensiva.
c) Se o fiador se tornar insolvente ou incapaz, poderá o credor exigir que seja substituído.
d) Pode-se estipular a fiança, ainda que sem consentimento do devedor ou contra a sua vontade.

16. (TJ/AM/Juiz de Direito/Fundação Getulio Vargas/2013) Com relação aos contratos de locação, analise as afirmativas a seguir.

I. O fiador, ainda que solidário, ficará desobrigado se, sem consentimento seu, o credor conceder moratória ao devedor.
II. O fiador, ainda que solidário, ficará desobrigado se, por fato do credor, for impossível a sub-rogação nos seus direitos e preferências.
III. O fiador, ainda que solidário, ficará desobrigado se o credor, em pagamento da dívida, aceitar amigavelmente do devedor objeto diverso do que este era obrigado a lhe dar, ainda que depois venha a perdê-lo por evicção.

Assinale:

a) se somente a afirmativa I estiver correta.
b) se somente a afirmativa II estiver correta.
c) se somente a afirmativa III estiver correta.
d) se somente as afirmativas II e III estiverem corretas.
e) se todas as afirmativas estiverem corretas.

17. (BACEN/Procurador/CESPE/UnB/2013) Assinale a opção CORRETA a respeito da fiança.

a) O benefício de ordem é direito garantido legalmente ao fiador, considerando-se não escrita cláusula de renúncia.
b) Não extingue a fiança o fato de o credor aceitar, em pagamento da dívida, dação em pagamento feita pelo devedor, se este vier a perder o objeto pela evicção.
c) Independentemente do regime de bens do casamento, será anulável e ineficaz a fiança prestada pelo cônjuge sem o consentimento do outro.
d) Ainda que a consequência da fiança seja onerosa, dada a garantia da dívida à custa do patrimônio do fiador, a solidariedade entre os fiadores se presume.
e) A obrigação de pagar a dívida do devedor não se transmite aos herdeiros, que não são obrigados a afiançar dívidas alheias.

18. (MP/PR/Promotor de Justiça/2013) Está incorreta a alternativa:

a) A revogação do mandato "em causa própria" é ineficaz.
b) Pode-se estipular fiança mesmo sem consentimento do devedor.
c) A responsabilidade por evicção existe mesmo no caso de aquisição por hasta pública.
d) A doação pode ser revogada por ingratidão do donatário, entre outras hipóteses, no caso de homicídio culposo praticado pelo donatário contra o doador.
e) É anulável a venda de ascendente para descendente, salvo se houver assentimento dos demais descendentes e do cônjuge do alienante.

19. (OAB/XI Exame de Ordem Unificado/Fundação Getulio Vargas/2013) A Lanchonete Mirim celebrou contrato de fornecimento de bebidas com a distribuidora Céu Azul, ficando ajustada a entrega mensal de 200 latas de refrigerante, com pagamento em 30 dias após a entrega. Para tanto, Luciana, mãe de uma das sócias da lanchonete, sem o conhecimento das sócias da sociedade e de seu marido, celebrou contrato de fiança, por prazo indeterminado, com a distribuidora, a fim de garantir o cumprimento das obrigações assumidas pela lanchonete.

Diante desse quadro, assinale a afirmativa CORRETA.

a) Luciana não carece da autorização do cônjuge para celebrar o contrato de fiança com a sociedade Céu Azul, qualquer que seja o regime de bens.
b) Pode-se estipular a fiança, ainda que sem o consentimento do devedor ou mesmo contra a sua vontade, sendo sempre por escrito e não se admitindo interpretação extensiva.

c) Em caso de dação em pagamento, se a distribuidora vier a perder, por evicção, o bem dado pela lanchonete para pagar o débito, remanesce a obrigação do fiador.
d) Luciana não poderá se exonerar, quando lhe convier, da fiança que tiver assinado, ficando obrigada por todos os efeitos da fiança até a extinção do contrato de fornecimento de bebidas.

20. (TRT/16ª Região/Analista Judiciário/Oficial de Justiça Avaliador/Fundação Carlos Chagas/2014) A respeito da transação, considere:

I. Em regra, se for concluída entre o credor e o devedor, desobrigará o fiador.
II. Se for concluída entre um dos credores solidários e o devedor, extinguirá a obrigação deste com os outros credores.
III. A nulidade de qualquer de suas cláusulas não implicará nulidade da transação.
IV. Se for concluída entre um dos devedores solidários e seu credor, extinguirá a dívida em relação aos codevedores.

Está CORRETO o que se afirma APENAS em
a) I, II e IV.
b) II e IV.
c) I e III.
d) II, III e IV.
e) I, II e III.

21. (TJSP/Juiz de Direito/186º Concurso/VUNESP/2015) Em tema de outorga marital ou uxória, é CORRETO afirmar que

a) é válida a fiança prestada durante união estável sem anuência do companheiro, conforme entendimento do Superior Tribunal de Justiça.
b) o fiador tem legitimidade para arguir a invalidade da garantia fidejussória independentemente de tal consentimento.
c) a assinatura do cônjuge, na qualidade de testemunha instrumental do contrato, supre a outorga exigida na garantia fidejussória, conforme o entendimento do Superior Tribunal de Justiça.
d) é exigível em todos os regimes de bens, e sua ausência implica ineficácia total do contrato.

22. (TJSP/Juiz de Direito/187º Concurso/VUNESP/2017) Assinale a alternativa CORRETA.

a) O fiador pode se exonerar do cumprimento da garantia estabelecida sem limitação de tempo, desde que promova a notificação do credor.
b) A ausência de renúncia ao benefício de ordem impede a excussão de bens do fiador, caso o devedor recaia em insolvência.
c) A fiança por dívida futura não admite exoneração do fiador, exceto se a obrigação ainda não exigível for cumprida antecipadamente.
d) A manifestação de vontade do devedor é requisito essencial à validade da fiança.

GABARITO

1. "a". *Vide* art. 803 do CC.
2. "b". *Vide* art. 838, I, do CC.
3. "a". *Vide* art. 819 do CC.
4. "e". *Vide* art. 820 do CC.
5. "b". *Vide* art. 820 do CC.
6. "c". *Vide* item 18.1 (Conceito), *retro*.
7. "c". *Vide* art. 1.649 do CC.
8. "b". Está correta somente a assertiva de n. IV (*Vide* art. 850 do CC).
9. "d". *Vide* o parágrafo único do art. 849 do CC.

10. "c". *Vide* art. 849 do CC.
11. "e". *Vide* art. 835 do CC.
12. "e". *Vide* art. 838, I, do CC.
13. "d". *Vide* art. 834 do CC.
14. "c". *Vide* art. 834 do CC.
15. "b". *Vide* art. 819 do CC.
16. "e". *Vide* art. 838 do CC.
17. "d". *Vide* art. 829 do CC.
18. "d". *Vide* art. 557, I, do CC.
19. "b". *Vide* arts. 819 e 820 do CC.
20. "a". *Vide* art. 844, §§ 1º, 2º e 3º, do CC.
21. "a". *Vide* STJ, REsp 1.299.894-DF, 4ª T., rel. Min. Luis Felipe Salomão, *DJE* 28-3-2014.
22. "a". *Vide* art. 835 do CC.

SEGUNDA PARTE

DIREITO DAS COISAS

1

INTRODUÇÃO AO ESTUDO DO DIREITO DAS COISAS

1.1. CONCEITO

Segundo a clássica definição de Clóvis Beviláqua, **direito das coisas** "é o complexo de normas reguladoras das relações jurídicas referentes às coisas suscetíveis de apropriação pelo homem. Tais coisas são, ordinariamente, do mundo físico, porque sobre elas é que é possível exercer o poder de domínio"[1].

■ **Coisa:** é o gênero do qual *bem* é espécie. É tudo o que existe objetivamente, com exclusão do homem.

■ **Bens:** são coisas que, por serem úteis e raras, são suscetíveis de apropriação e contêm valor econômico.

Somente interessam ao direito coisas **suscetíveis de apropriação exclusiva pelo homem**, sobre as quais possa existir um vínculo jurídico, que é o domínio. As que existem em abundância no universo, como o ar atmosférico e a água dos oceanos, por exemplo, deixam de ser bens em sentido jurídico[2].

Pode-se afirmar que, tomado nos seus lineamentos básicos, o direito das coisas resume-se em **regular o poder dos homens**, no aspecto jurídico, **sobre os bens e os modos de sua utilização econômica**[3]. **Para enfatizar a sua importância basta relembrar que se trata da parte do direito civil que rege a propriedade**, instituto de significativa influência na estrutura da sociedade.

O conceito de coisa é mais amplo do que o de bem. O direito das coisas (CC, Livro III) trata do direito real **pleno**, isto é, da **propriedade**, tendo por objeto coisa móvel ou imóvel corpórea, **do próprio titular**; e dos direitos reais **limitados**, incidentes sobre **coisa alheia**.

1.2. CONTEÚDO

Os direitos romano, canônico e feudal impregnaram o direito das Ordenações Filipinas, que firmaram, por sua vez, a presença da Idade Média nos tempos modernos. O Código Civil de 1916 acolheu a tradição jurídica lusitana, sendo influenciado também pela doutrina germânica. Assim, seguindo o exemplo do Código Civil ale-

[1] *Direito das coisas*, v. I, p. 11.

[2] Silvio Rodrigues, *Direito civil*, v. 5, p. 3; Washington de Barros Monteiro, *Curso de direito civil*, v. 3, p. 1.

[3] Lafayette Rodrigues Pereira, *Direito das coisas*, t. I, p. 16; Orlando Gomes, *Direitos reais*, p. 7.

mão (BGB), o legislador brasileiro dedicou **um livro** da parte especial **ao direito das coisas**, enquanto na **parte geral definiu e classificou os bens**. Esse mesmo sistema foi adotado no Código Civil de 2002, colocando-se a matéria da parte especial na mesma ordem do BGB[4].

Cumpre salientar que o direito das coisas não está regulado apenas no Código Civil, senão também em inúmeras **leis especiais**, como as que disciplinam, por exemplo, a alienação fiduciária, a propriedade horizontal, os loteamentos, o penhor agrícola, pecuário e industrial, o financiamento para aquisição da casa própria, além dos Códigos especiais concernentes às minas, águas, caça e pesca e florestas, e da própria Constituição Federal.

O Código Civil regula o direito das coisas no Livro III de sua Parte Especial. Trata primeiramente da **posse** e, em seguida, dos **direitos reais**. Destes, o mais importante e mais completo é o direito de ***propriedade***, que constitui o título básico (III) desse Livro. Os demais resultam de seu desmembramento e são denominados direitos reais menores ou **direitos reais sobre coisas alheias**. São regulados nos Títulos IV a X do aludido Livro III, sendo os primeiros (superfície, servidões, usufruto, uso, habitação, direito do promitente comprador, concessão de uso especial para fins de moradia e a concessão de direito real de uso) chamados de direitos reais de **gozo ou fruição**, e os três últimos (penhor, hipoteca e anticrese), de direitos reais de **garantia**. Veja-se o quadro esquemático abaixo:

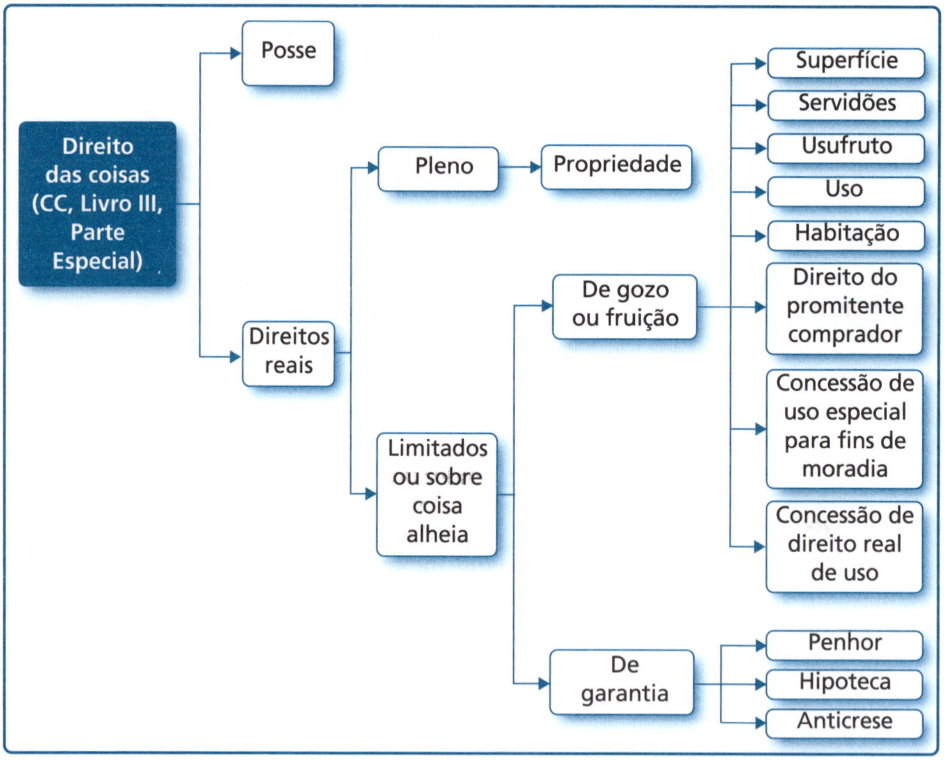

4 Arnoldo Wald, *Direito das coisas*, p. 5-6.

Observa Lafayette[5] que, embora a **posse jurídica** não seja um direito real, senão um fato, costumam os escritores, todavia, incluí-la no direito das coisas, dando-lhe a **precedência na ordem das matérias**, considerando que ela põe o homem em contato com as coisas corpóreas, gera direitos relativos a tais coisas e, pela maneira como funciona, usurpa as exterioridades do domínio.

Malgrado a posse se distinga da propriedade, o possuidor encontra-se em uma situação de fato, aparentando ser o proprietário. Como o legislador deseja proteger o *dominus*, **protege o possuidor**, por exercer poderes de fato inerentes ao **domínio ou propriedade**.

O atual Código:

- **no tocante à posse**, cuida de sua classificação, aquisição, efeitos e perda, deixando, todavia, de se ocupar da proteção possessória, já amplamente disciplinada no Código de Processo Civil (CPC/73: arts. 920 a 933; CPC/2015: arts. 554 a 568);
- no **capítulo da propriedade**, disciplina os modos de sua aquisição e perda, no tocante a móveis e imóveis;
- e, no atinente aos **direitos reais** sobre coisas alheias, já elencados, introduz, como inovação, a **superfície em substituição à antiga enfiteuse**, que é um resquício da Idade Média.

O diploma de 1916 regulava no direito das coisas os **direitos autorais**. No entanto, como ensinava Vicente Ráo, na lição trazida à colação por Washington de Barros Monteiro[6], o legislador foi contraditório consigo mesmo, porquanto é clássica a sistematização do referido direito, não sendo possível sair do estudo das coisas corpóreas quando os direitos concernentes à propriedade literária, científica e artística, também denominados autorais, são de natureza imaterial, de fundo moral, decorrentes da própria personalidade humana.

O Código Civil de 2002, corretamente, não disciplinou essa matéria, que hoje é tratada em **lei específica (Lei n. 9.610, de 19-2-1998)**.

1.3. DIREITOS REAIS E PESSOAIS

O direito das coisas, como visto, trata das relações jurídicas concernentes aos bens corpóreos suscetíveis de apropriação pelo homem. Incluem-se no seu âmbito somente os direitos reais. Faz-se mister, portanto, estabelecer a distinção entre direitos reais e pessoais, para delimitar e precisar o objeto do direito das coisas.

Direitos reais

As expressões *jus in re* e *jus ad rem* são empregadas, desde o direito canônico, para distinguir os direitos reais dos pessoais. O vocábulo **reais** deriva de *res*, *rei*, que

---

5 *Direito das coisas*, cit., t. I, p. 28.
Para José de Oliveira Ascensão, direitos reais são "direitos absolutos, inerentes a uma coisa e funcionalmente dirigidos à afetação desta aos interesses do sujeito" (*Direito civil — reais*, p. 56, n. 26).

6 *Curso*, cit., v. 3, p. 8.

significa coisa. Segundo a concepção clássica, o **direito real** consiste no poder jurídico, direto e imediato, do titular sobre a coisa, com exclusividade e contra todos.

No **polo passivo** incluem-se os membros da coletividade, pois todos devem abster-se de qualquer atitude que possa turbar o direito do titular. No instante em que alguém viola esse dever, o sujeito passivo, que era indeterminado, torna-se determinado.

Os direitos reais têm como **elementos essenciais:** o sujeito ativo, a coisa e a relação ou poder do sujeito sobre a coisa, chamado **domínio**.

■ Direitos pessoais

O **direito pessoal**, por sua vez, consiste numa relação jurídica pela qual o sujeito ativo pode exigir do sujeito passivo determinada prestação. Constitui uma relação de pessoa a pessoa e tem, como **elementos**, o sujeito ativo, o sujeito passivo e a prestação.

■ Teoria dualista

A mencionada teoria clássica ou tradicional é também denominada **dualista**, precisamente pela apontada contraposição entre os conceitos de direito pessoal e direito real, que são apresentados como **dois conceitos completamente distintos:** o de direito real é formulado, como foi dito, considerando-se como uma relação direta e imediata entre seu **titular** (sujeito de direito) e a **coisa** (objeto do direito); e o daquele, por oposição, é concebido como a relação entre uma **pessoa**, titular do direito (sujeito ativo) e o **devedor** (sujeito passivo) obrigado a cumprir uma prestação (objeto do direito) em benefício do primeiro[7].

■ Teoria unitária

Opõem-se à teoria dualista, no entanto, as teses **unitárias**, que não aceitam o aludido dualismo e procuram integrar ambos os grupos de normas num só sistema. Dividem-se elas em duas teorias opostas:

a) a **personalista:** baseia-se na existência de um sujeito passivo universal. O **direito das obrigações** é colocado no centro de todo o direito civil, abrangendo todas as relações jurídicas civis, inclusive o direito real;

b) a **realista** ou **impersonalista:** procura unificar os direitos reais e obrigacionais a partir do critério **patrimônio**, considerando que o direito das coisas e o direito das obrigações fazem parte de uma realidade mais ampla, que seria o direito patrimonial. Propõe, portanto, a aludida teoria, **a absorção do direito obrigacional pelo real**.

Na realidade, a diversidade de princípios que orientam os direitos reais e os direitos pessoais dificulta a sua unificação num só sistema. A doutrina denominada **dualista** ou clássica mostra-se, com efeito, **mais adequada à realidade**, tendo sido por isso acolhida no direito positivo brasileiro, que "consagra e sanciona a clássica

---

[7] Edmundo Gatti, *Teoría general de los derechos reales*, p. 35.

distinção entre direitos reais e pessoais, isto é, direitos sobre as coisas e direitos contra as pessoas"[8].

1.4. PRINCÍPIOS FUNDAMENTAIS DOS DIREITOS REAIS

A disciplina dos direitos reais observa, dentre outros, os **princípios** adiante elencados, que traçam o seu perfil e norteiam a sua disciplina, enfatizando as suas características próprias, **que os distinguem dos direitos pessoais** ou obrigacionais:

1.4.1. Princípio da aderência, especialização ou inerência

O aludido princípio estabelece um **vínculo**, uma relação de senhoria entre o **sujeito** e a **coisa**, não dependendo da colaboração de nenhum sujeito passivo para existir. O direito real gera, pois, entre a pessoa e a coisa, como foi dito, uma relação direta e imediata.

Esta característica é alheia aos direitos pessoais, nos quais o vínculo obrigacional existente entre **credor e devedor** confere ao primeiro somente o direito de exigir a prestação prometida. No **direito real**, todavia, a pessoa do devedor, se existe, é secundária ante a primordial importância da *res*. É com esta que o vínculo jurídico se apega, de tal sorte que o titular do direito pode **reivindicar a coisa**, onde quer que ela se encontre, seja quem for o devedor[9].

Tal princípio é encontrado no art. 1.228 do Código Civil, que faculta ao proprietário usar, gozar e dispor da coisa, e reavê-la do poder de quem quer que injustamente a possua ou detenha, bem como nos diversos direitos reais, de acordo com a função desempenhada por cada qual.

1.4.2. Princípio do absolutismo

Os direitos reais se exercem *erga omnes*, ou seja, **contra todos**, que devem abster-se de molestar o titular. Surge, daí, o direito de **sequela** ou *jus persequendi*, isto é, de perseguir a coisa e de reivindicá-la em poder de quem quer que esteja (ação real), bem como o *jus praeferendi* ou **direito de preferência**.

Os **obrigacionais**, por não estabelecerem vínculo dessa natureza, resolvem-se em perdas e danos e não se exercem contra todos, mas em face de um ou de alguns sujeitos determinados. Dispõem de **ação pessoal**.

1.4.3. Princípio da publicidade ou da visibilidade

Os direitos reais sobre **imóveis** só se adquirem com o **registro**, no Cartório de Registro de Imóveis, do respectivo título (CC, art. 1.227). Sendo oponíveis *erga omnes*, faz-se necessário que todos possam conhecer os seus titulares, para não

[8] Washington de Barros Monteiro, *Curso*, cit., v. 3, p. 11.

[9] San Tiago Dantas, *Programa*, v. III, p. 11-12.

molestá-los. Os que recaem sobre **móveis** só se adquirem depois da **tradição** (CC, arts. 1.226 e 1.267).

O registro e a tradição atuam como meios de **publicidade da titularidade dos direitos reais**. Os **pessoais** ou obrigacionais seguem o princípio do **consensualismo:** aperfeiçoam-se com o acordo de vontades. A relatividade que os caracteriza faz com que dispensem a publicidade.

1.4.4. Princípio da taxatividade ou *numerus clausus*

A lei enumera de forma taxativa os direitos reais, não ensejando, assim, aplicação analógica da lei. O número dos direitos reais é, pois, **limitado**, taxativo, sendo assim considerados somente os **elencados na lei** (*numerus clausus*).

O art. 1.225 do Código Civil enumera, além da **propriedade**, mais **onze** (*superfície, servidões, usufruto* etc.). São direitos reais não apenas os apontados no dispositivo em apreço, mas também outros disciplinados de modo esparso no mesmo diploma e os instituídos em diversas leis especiais.

Assim, embora o art. 1.227 do Código Civil exija o registro do título como condição para a aquisição do direito real sobre imóveis, ressalva ***"os casos expressos neste Código"***. Um deles, segundo Arnoldo Medeiros da Fonseca[10], é o **direito de retenção**, que deve ser incluído no aludido rol por poder ser invocado pelo possuidor de boa-fé até em face da reivindicatória do legítimo dono, nos termos do art. 1.219 do Código Civil.

A doutrina[11] também considera que o próprio Código Civil criou, nos arts. 506 a 508, um outro direito real, que é o **pacto de retrovenda**, pelo qual o vendedor, no prazo máximo de três anos, poderá obter a devolução do objeto vendido, de quem for o seu proprietário na ocasião, restituindo o preço pelo qual vendera o bem e as despesas feitas pelo comprador.

Com a legislação concernente ao mercado de capitais, assumiu especial importância a **alienação fiduciária**, como garantia nas vendas realizadas ao consumidor. O mencionado instituto é disciplinado no Código Civil de 2002 como **espécie de propriedade**, nos arts. 1.361 e s. do capítulo intitulado "Da Propriedade Fiduciária", aplicando-se-lhe, no que couber, o disposto nos arts. 1.421, 1.425, 1.426, 1.427 e 1.436, que dizem respeito à hipoteca e ao penhor, que são direitos reais de garantia.

Nos **direitos pessoais** não há esse sistema de delimitação legal das figuras e de tipificação. Existe certo número de contratos nominados, previstos no texto legal, podendo as partes criar os chamados **inominados**. Basta que sejam capazes e lícito o objeto. Assim, contrapõe-se à técnica do *numerus clausus* a do ***numerus apertus***, para a consecução prática do princípio da autonomia da vontade.

[10] *Direito de retenção*, p. 255-256, n. 142.

[11] San Tiago Dantas, *Programa*, cit., v. III, p. 19; Arnoldo Wald, *Direito das coisas*, cit., p. 25.

1.4.5. Princípio da tipicidade

Os direitos reais existem de acordo com os **tipos legais**. São definidos e enumerados determinados tipos pela norma, e só a estes correspondem os direitos reais, sendo, pois, seus modelos. Somente os direitos "constituídos e configurados à luz dos **tipos rígidos** (modelos) consagrados no texto positivo é que poderão ser tidos como reais. Estes tipos são previstos pela lei de forma **taxativa**"[12].

Nos direitos **obrigacionais**, ao contrário, admitem-se, ao lado dos contratos típicos, os **atípicos**, em número ilimitado.

1.4.6. Princípio da perpetuidade

A propriedade é um direito perpétuo, pois não se perde pelo não uso, mas somente pelos meios e formas legais: desapropriação, usucapião, renúncia, abandono etc.

Já os direitos **obrigacionais**, pela sua natureza, são eminentemente **transitórios:** cumprida a obrigação, extinguem-se. Não exigido o seu cumprimento dentro de certo lapso de tempo, **prescrevem**.

1.4.7. Princípio da exclusividade

Não pode haver dois direitos reais, **de igual conteúdo**, sobre a mesma coisa. Duas pessoas não ocupam o mesmo espaço jurídico, deferido com exclusividade a alguém, que é o sujeito do direito real. Assim, não é possível instalar-se direito real onde outro já exista. No **condomínio**, cada consorte tem direito a porções ideais, distintas e exclusivas.

É certo que, nos **direitos reais sobre coisas alheias**, há dois sujeitos: o dono e o titular do direito real. Mas, em razão do desmembramento da propriedade, cada um deles exerce, direta e imediatamente, sobre a coisa, **direitos distintos**, vale dizer, sem a intermediação do outro. No caso do **usufruto**, por exemplo, o usufrutuário tem direito aos frutos, enquanto o nu-proprietário conserva o direito à substância da coisa.

Os direitos **pessoais**, todavia, admitem amplamente a unidade ou a pluralidade de seus sujeitos, tanto ativos como passivos[13].

1.4.8. Princípio do desmembramento

Conquanto os direitos reais sobre coisas alheias tenham normalmente mais estabilidade do que os obrigacionais, são também transitórios, pois, como exposto, **desmembram-se do direito-matriz**, que é a propriedade.

---

12 Arruda Alvim, Breves anotações, cit., p. 48.

13 Darcy Bessone, *Direitos reais*, cit., p. 6; Edmundo Gatti, *Teoría*, cit., p. 69; Washington de Barros Monteiro, *Curso*, cit., p. 14; Arruda Alvim, Breves anotações, cit., p. 50.

Dispõe a propósito o art. 2.508 do Código Civil argentino: "El dominio es exclusivo. Dos personas no pueden tener cada una en el todo el dominio de una cosa; mas pueden ser propietarios en común de la misma cosa, por la parte que cada una pueda tener".

Quando se extinguem, como no caso de morte do usufrutuário, por exemplo, o poder que existia em mão de seus titulares retorna às mãos do proprietário, em virtude do princípio da **consolidação**. Este, embora seja o inverso daquele, complementa-o e com ele convive.

■ 1.5. FIGURAS HÍBRIDAS OU INTERMÉDIAS

Entre o direito de propriedade, que é o direito real por excelência, e o crédito de uma quantia certa, que é o direito pessoal mais característico, há uma grande **variedade de figuras** que, à medida que se distanciam dos extremos, tendem a confundir-se. A lei diz, por exemplo, que, se dois prédios são vizinhos, um dos proprietários tem obrigação de concorrer para a construção do muro comum. Trata-se de **direito real** ou **de uma obrigação**?

Para esses casos, anota San Tiago Dantas, "a doutrina medieval engendrou a figura das obrigações ***propter rem***, obrigações em consequência da coisa. Elas são **ambulatórias**, acompanham a coisa nas mãos de qualquer novo titular, de tal maneira que, se se vende um prédio, **transfere-se para o adquirente a obrigação** de entrar com sua metade das despesas do muro comum, assim como para ele também são transferidas todas as obrigações que estão compreendidas na vizinhança"[14].

A doutrina menciona, com efeito, a existência de algumas figuras **híbridas** ou **intermédias**, que se situam entre o direito pessoal e o direito real. Constituem elas, aparentemente, um **misto** de **obrigação e de direito real**, e provocam alguma perplexidade nos juristas, que chegam a dar-lhes, impropriamente, o nome de *obrigação real*. Outros preferem a expressão *obrigação mista*. Os jurisconsultos romanos as denominavam, com mais propriedade, *obligationes ob rem* ou ***propter rem***. Os ônus reais, uma das figuras híbridas, têm mais afinidade com os direitos reais de garantia[15].

■ 1.5.1. Obrigações *propter rem*

Obrigação ***propter rem*** é a que recai sobre uma pessoa, **por força de determinado direito real**. Só existe em razão da situação jurídica do obrigado, de titular do domínio ou de detentor de determinada coisa. É o que ocorre, por exemplo, com a obrigação imposta aos proprietários e inquilinos de um prédio de não prejudicarem a segurança, o sossego e a saúde dos vizinhos (CC, art. 1.277). **Decorre da contiguidade dos dois prédios**. Por se transferir a eventuais novos ocupantes do imóvel (*ambulat cum domino*), é também denominada **obrigação ambulatória**.

São obrigações que surgem *ex vi legis*, **atreladas a direitos reais**, mas com eles não se confundem, em sua estruturação. Enquanto estes representam *ius in re* (direito sobre a coisa, ou na coisa), essas obrigações são concebidas como *ius ad rem* (direitos por causa da coisa, ou advindos da coisa)[16].

---

[14] *Programa*, cit., v. III, p. 20.

[15] Antunes Varela, *Direito das obrigações*, v. I, p. 44-45.

[16] Carlos Alberto Bittar, *Direito das obrigações*, p. 40.

Embora o Código Civil não tenha isolado e disciplinado essa modalidade de obrigação, pode ela ser identificada em vários dispositivos esparsos e em diversas situações, **por exemplo:**

- na obrigação imposta ao condômino de concorrer para as despesas de conservação da coisa comum (CC, art. 1.315);
- na do condômino, no condomínio em edificações, de não alterar a fachada do prédio (CC, art. 1.336, III);
- na obrigação que tem o dono da coisa perdida de recompensar e indenizar o descobridor (CC, art. 1.234);
- na dos donos de imóveis confinantes, de concorrerem para as despesas de construção e conservação de tapumes divisórios (CC, art. 1.297, § 1º) ou de demarcação entre os prédios (CC, art. 1.297);
- na obrigação de dar caução pelo dano iminente (dano infecto) quando o prédio vizinho estiver ameaçado de ruína (CC, art. 1.280);
- na obrigação de indenizar benfeitorias (CC, art. 1.219) etc.[17].

Com relação à **natureza jurídica**, entende a moderna doutrina, a obrigação *propter rem* situa-se em terreno fronteiriço entre os direitos reais e os pessoais. Configura um **direito misto**, constituindo um ***tertium genus***, por revelar a existência de direitos que não são puramente reais nem essencialmente obrigacionais. Tem características de **direito obrigacional**, por recair sobre uma pessoa que fica adstrita a satisfazer uma prestação, **e de direito real**, pois vincula sempre o titular da coisa.

1.5.2. Ônus reais

Ônus reais são obrigações que **limitam o uso e gozo da propriedade**, constituindo gravames ou direitos oponíveis *erga omnes*, por exemplo, a renda constituída sobre imóvel. Aderem e acompanham a coisa. Por isso se diz que quem deve é esta, e não a pessoa.

Para que haja, efetivamente, um **ônus real** e não um simples direito real de garantia (como a hipoteca, ou o privilégio creditório especial), conforme foi dito, é es-

---

[17] Carlos Roberto Gonçalves, *Direito civil brasileiro*, v. II, p. 12.

"*Despesas condominiais.* A inexistência de registro do título aquisitivo da unidade residencial não afasta a responsabilidade dos novos adquirentes pelo pagamento das cotas condominiais relativamente ao período posterior à compra, sendo indevida a cobrança feita ao antigo condômino" (*RSTJ*, 128/323, 129/344).

"*Despesas condominiais.* O promissário-comprador, investido na posse do imóvel, responde pelas despesas de condomínio, independentemente de ainda não ter sido feito o registro" (STJ, REsp 136.562-DF, 4ª T., rel. Min. Sálvio Figueiredo, *DJU*, 1º-3-1999).

"*Despesas condominiais.* Pretendida imposição do encargo ao credor hipotecário. Inadmissibilidade. Obrigação *propter rem* que deve ser suportada pelo proprietário do imóvel" (*RT*, 797/311).

"*Despesas condominiais.* Responsabilidade do proprietário da unidade autônoma pelas cotas em atraso, ainda que o imóvel esteja ocupado por terceiro" (*RT*, 799/321).

sencial que **o titular da coisa seja realmente devedor**, sujeito passivo de uma obrigação, e não apenas proprietário ou possuidor de determinado bem cujo valor assegura o cumprimento de dívida alheia.

Embora controvertida a **distinção entre ônus reais** e **obrigações *propter rem***, costumam os autores apontar as seguintes diferenças:

- a responsabilidade pelo **ônus real** é limitada ao bem onerado, não respondendo o proprietário além dos limites do respectivo valor, pois é a coisa que se encontra gravada; na **obrigação *propter rem***, responde o devedor com todos os seus bens, ilimitadamente, pois é este que se encontra vinculado;
- **os primeiros** desaparecem, perecendo o objeto, enquanto os efeitos da **obrigação *propter rem*** podem permanecer, mesmo havendo perecimento da coisa;
- os **ônus reais** implicam sempre uma prestação positiva, enquanto a **obrigação *propter rem*** pode surgir com uma prestação negativa;
- nos **ônus reais**, a ação cabível é de natureza real (*in rem scriptae*); nas **obrigações *propter rem***, é de índole pessoal.

Também se tem dito que, nas **obrigações *propter rem***, o titular da coisa só responde, em princípio, pelos vínculos constituídos na vigência do seu direito. Nos **ônus reais**, porém, o titular da coisa responde mesmo pelo cumprimento de obrigações constituídas antes da aquisição do seu direito. Tal critério, no entanto, tem sofrido desvios, como se pode observar pela redação do art. 4º da Lei n. 4.591, de 16 de dezembro de 1964, responsabilizando o adquirente da fração autônoma do condômino pelos débitos do alienante, em relação ao condomínio.

1.5.3. Obrigações com eficácia real

Obrigações com **eficácia real** são as que, sem perder seu caráter de direito a uma prestação, transmitem-se e são **oponíveis a terceiro que adquira direito sobre determinado bem**. Certas obrigações resultantes de contratos alcançam, por força de lei, a dimensão de direito real.

Embora os direitos reais só possam ser criados por lei, nossa legislação traz **exemplos** de relações contratuais que, por sua importância, podem ser **registradas no cartório imobiliário**, ganhando eficácia que transcende o direito pessoal.

Podem ser mencionadas, como **exemplos:**

- a obrigação estabelecida no art. 576 do Código Civil, pelo qual a locação pode ser oposta ao adquirente da coisa locada, se constar do registro;
- a que resulta de compromisso de compra e venda, em favor do promitente comprador, quando não se pactua o arrependimento e o instrumento é registrado no Cartório de Registro de Imóveis, adquirindo este direito real à aquisição do imóvel e à sua adjudicação compulsória (CC, arts. 1.417 e 1.418).

Observa-se, assim, que o legislador, quando entende que determinada relação obrigacional merece tratamento de **maior proteção**, concede **eficácia real** a uma relação obrigacional, criando uma exceção à regra geral dos efeitos pessoais das relações obrigacionais[18].

■ 1.6. RESUMO

INTRODUÇÃO AO ESTUDO DO DIREITO DAS COISAS	
DIREITO DAS COISAS	■ **Conceito** — Direito das coisas é o complexo das normas reguladoras das relações jurídicas concernentes aos bens corpóreos suscetíveis de apropriação pelo homem. ■ **Conteúdo** — O CC divide a matéria em duas partes: **posse** e **direitos reais**, dedicando, nesta última, títulos específicos à propriedade e a cada um de seus desmembramentos, denominados direitos reais sobre coisas alheias.
DIREITO REAL E DIREITO PESSOAL	■ **Conceito:** a) **direito real** é o poder jurídico, direto e imediato, do titular sobre a coisa, com exclusividade e contra todos; b) o **direito pessoal** consiste numa relação jurídica pela qual o sujeito ativo pode exigir do sujeito passivo determinada prestação. ■ **Teorias:** a) a teoria **unitária realista** procura unificar os direitos reais e obrigacionais a partir do critério do **patrimônio**, considerando que o direito das coisas e o direito das obrigações fazem parte de uma realidade mais ampla, que seria o direito patrimonial; b) segundo a teoria **dualista** ou **clássica**, mais adequada à realidade, o direito real apresenta características próprias, que o distinguem dos direitos pessoais.
PRINCÍPIOS QUE REGEM OS DIREITOS REAIS	a) **aderência**, **especialização** ou **inerência:** estabelece um vínculo entre o sujeito e a coisa; b) **absolutismo:** os direitos reais exercem-se ***erga omnes*** (contra todos), que devem abster-se de molestar o titular. Surge daí o direito de sequela ou ***jus persequendi*** e o ***jus praeferendi***; c) **publicidade** ou **visibilidade:** o registro e a tradição atuam como meios de publicidade da titularidade dos direitos reais; d) **taxatividade:** o número dos direitos reais é limitado, taxativo. Direitos reais são somente os enumerados na lei (***numerus clausus***); e) **tipificação** ou **tipicidade:** os direitos reais existem de acordo com os tipos legais; f) **perpetuidade:** a propriedade é um direito perpétuo, pois não é perdido pelo não uso. Já os direitos obrigacionais são transitórios: cumprida a obrigação, extinguem-se; g) **exclusividade:** não pode haver dois direitos reais, de igual conteúdo, sobre a mesma coisa; h) **desmembramento:** desmembram-se do direito-matriz, que é a propriedade, constituindo os direitos reais sobre coisas alheias. Quando estes se extinguem, a titularidade plena retorna às mãos do proprietário (princípio da consolidação).
FIGURAS HÍBRIDAS	■ Situam-se entre o direito pessoal e o direito real. Constituem um **misto** de obrigação e de direito real: a) **Obrigação *propter rem*:** é a que recai sobre uma pessoa, por força de determinado direito real. b) **Ônus reais:** são obrigações que limitam o uso e gozo da propriedade, constituindo gravames ou direitos oponíveis *erga omnes*, por exemplo, a renda constituída sobre imóvel. Aderem e acompanham a coisa. c) **Obrigações com eficácia real:** são as que, sem perder seu caráter de direito a uma prestação, transmitem-se e são oponíveis a terceiro que adquira direito sobre determinado bem (*v.* arts. 576, 1.417 e 1.418 do CC).

[18] Sílvio Venosa, *Direito civil*, cit., v. V, p. 34.

2

NOÇÕES GERAIS SOBRE A POSSE

2.1. FUNDAMENTO DA POSSE

José Carlos Moreira Alves comenta que "poucas matérias há, em direito, que tenham dado margem a tantas controvérsias como a posse. Sua bibliografia é amplíssima, e constante a afirmação dos embaraços de seu estudo"[1].

O nosso direito protege não só a posse correspondente ao direito de propriedade e a outros direitos reais como também a **posse como figura autônoma** e independente da existência de um título. Embora possa um proprietário violentamente desapossado de um imóvel valer-se da ação reivindicatória para reavê-lo, preferível se mostra, no entanto, a possessória, cuja principal vantagem é **possibilitar a reintegração do autor na posse do bem logo no início da lide**. E a posse, como situação de fato, não é difícil de ser provada.

A posse é protegida para **evitar a violência e assegurar a paz social**, bem como porque a situação de fato aparenta ser uma situação de direito. É, assim, uma situação de fato protegida pelo legislador.

Como se pode verificar, a posse distingue-se da propriedade, mas o possuidor encontra-se em uma situação de fato, **aparentando ser o proprietário**. Se realmente o é, como normalmente acontece, resulta daí, como consta da lição de Ascensão, "a coincidência da titularidade e do exercício, sem que tenha sido necessário proceder à verificação dos seus títulos"[2].

Todavia, se o possuidor não é realmente o titular do direito a que a posse se refere, das duas uma:

- o titular abstém-se de defender os seus direitos e a inércia vai consolidando a posição do possuidor, que acabará eventualmente por ter um direito à aquisição da própria coisa possuída, por meio da **usucapião**; ou
- o verdadeiro titular não se conforma e exige a entrega da coisa, pelos meios judiciais que a ordem jurídica lhe faculta, que culminam na **reivindicação** e permitem a sua vitória. Enquanto não o fizer, o possuidor continuará a ser protegido. Assim, se o titular do direito não toma a iniciativa de solicitar a intervenção

---

1 *Posse*, v. I, p. 1.

2 *Direito civil*, cit., p. 80.

da pesada máquina judicial, as finalidades sociais são suficientemente satisfeitas com a mera estabilização da situação fundada na aparência do direito[3].

2.1.1. *Jus possessionis*

Se alguém, assim, instala-se em um imóvel e nele se mantém, mansa e pacificamente, por mais de ano e dia, cria uma situação possessória, que lhe proporciona direito a proteção. Tal direito é chamado ***jus possessionis*** ou **posse formal**, derivado de uma **posse autônoma**, independentemente de qualquer título.

É tão somente o direito fundado no fato da posse (*possideo quod possideo*) que é protegido contra terceiros e até mesmo o proprietário. O possuidor só perderá o imóvel para este, futuramente, nas vias ordinárias. Enquanto isso, aquela situação será mantida. E será sempre mantida contra terceiros que não possuam nenhum título nem melhor posse.

2.1.2. *Jus possidendi*

Já o **direito à posse**, conferido ao portador de título devidamente transcrito, bem como ao titular de outros direitos reais, é denominado ***jus possidendi*** ou **posse causal**. Nesses exemplos, a posse não tem qualquer autonomia, constituindo-se em **conteúdo do direito real**.

Tanto no caso do *jus possidendi* (posse causal, titulada) como no do *jus possessionis* (posse autônoma ou formal, sem título) é assegurado o direito à proteção dessa situação contra atos de violência, para garantia da paz social.

Em suma:

- no ***jus possidendi*** se perquire o direito, ou qual o fato em que se estriba o direito que se argui; e
- no ***jus possessionis*** não se atende senão à posse; somente essa situação de fato é que se considera, para que logre os efeitos jurídicos que a lei lhe confere. Não se indaga então da correspondência da expressão externa com a substância, isto é, com a existência do direito. A lei socorre a posse enquanto o direito do proprietário não desfizer esse estado de coisas e se sobreleve como dominante. O ***jus possessionis*** persevera até que o ***jus possidendi*** o extinga[4].

2.2. TEORIAS SOBRE A POSSE

O estudo da posse é repleto de teorias que procuram explicar o seu conceito. Têm, entretanto, sido reduzidas a dois grupos:

- o das teorias **subjetivas**, no qual se integra a de Friedrich Karl Von Savigny, que foi quem primeiro tratou da questão nos tempos modernos; e
- o das **objetivas**, cujo principal propugnador foi Rudolf Von Ihering.

---

[3] José de Oliveira Ascensão, *Direito civil*, cit., p. 81.

[4] Octávio Moreira Guimarães, *Da posse e seus efeitos*, p. 19.

No início do século passado, novas teorias surgiram, dando ênfase ao caráter econômico e à função social da posse, sendo denominadas teorias **sociológicas**. Merecem destaque as de Perozzi, na Itália; de Saleilles, na França; e de Hernandez Gil, na Espanha.

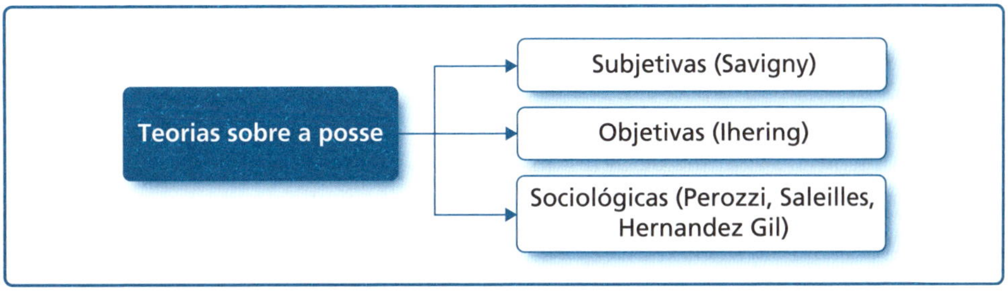

■ 2.2.1. Teoria subjetiva de Savigny

Para Savigny, a posse caracteriza-se pela conjugação de dois elementos:

- o ***corpus***, elemento objetivo que consiste na detenção física da coisa; e
- o ***animus***, elemento subjetivo, que se encontra na intenção de exercer sobre a coisa um poder no interesse próprio e de defendê-la contra a intervenção de outrem. Não é propriamente a convicção de ser dono (*opinio seu cogitatio domini*), mas a vontade de tê-la como sua (*animus domini* ou *animus rem sibi habendi*), de exercer o direito de propriedade como se fosse o seu titular.

Os dois citados elementos são indispensáveis, pois, se faltar o *corpus*, inexiste posse, e, se faltar o *animus*, não existe posse, mas mera detenção. A teoria se diz **subjetiva** em razão deste último elemento. Para Savigny, adquire-se a posse quando, ao elemento material (poder físico sobre a coisa), vem juntar-se o elemento espiritual, anímico **(intenção de tê-la como sua)**[5].

Tanto o conceito do ***corpus*** como o do ***animus*** sofreram **mutações** na própria teoria subjetiva. O primeiro, inicialmente considerado simples contato físico com a coisa (é, por exemplo, a situação daquele que mora na casa ou conduz o seu automóvel), posteriormente passou a consistir na **mera possibilidade** de exercer esse contato, tendo sempre a coisa à sua disposição. Assim, não o perde o dono do veículo que entrou no cinema e o deixou no estacionamento.

Também a noção de *animus* evoluiu para abranger **não apenas o domínio**, senão também os direitos reais, sustentando-se ainda a possibilidade de posse sobre coisas incorpóreas[6].

■ 2.2.2. Teoria objetiva de Ihering

A teoria de Rudolf Von Ihering é por ele próprio denominada **objetiva** porque não empresta à intenção, ao *animus*, a importância que lhe confere a teoria subjetiva.

5 Caio Mário da Silva Pereira, *Instituições de direito civil*, v. IV, p. 19.

6 Washington de Barros Monteiro, *Curso*, cit., v. 3, p. 17.

Considera-o como já incluído no ***corpus*** e dá ênfase, na posse, ao seu caráter de **exteriorização da propriedade**. Para que a posse exista, basta o elemento objetivo, pois ela se revela na maneira como o proprietário age em face da coisa.

Para Ihering, portanto, **basta o *corpus*** para a caracterização da posse. Tal expressão, porém, não significa *contato físico* com a coisa, mas, sim, **conduta de dono**. Ela se revela na maneira como o proprietário age em face da coisa, tendo em vista sua **função econômica**. Tem posse quem se comporta como dono, e nesse comportamento já está incluído o *animus*. O elemento psíquico não se situa na intenção de dono, mas tão somente na vontade de agir como habitualmente o faz o proprietário (*affectio tenendi*), independentemente de querer ser dono (*animus domini*).

A **conduta de dono** pode ser analisada **objetivamente**, sem a necessidade de pesquisar-se a intenção do agente. A posse, então, é a **exteriorização da propriedade, a visibilidade do domínio, o uso econômico da coisa**. Ela é protegida, em resumo, porque representa a forma como o domínio se manifesta.

Assim, "o lavrador que deixa sua colheita no campo não a tem fisicamente; entretanto, a conserva em sua posse, pois que age, em relação ao produto colhido, como o proprietário ordinariamente o faz. Mas, se deixa no mesmo local uma joia, evidentemente não mais conserva a posse sobre ela, pois não é assim que o proprietário age em relação a um bem dessa natureza"[7].

Acrescenta Ihering, na sequência, que a **visibilidade** da posse tem uma influência decisiva sobre sua **segurança**, e toda a teoria da aquisição da posse deve referir-se a essa visibilidade. O proprietário da coisa deve ser visível: *omnia ut dominum fecisse oportet*. Chamar a posse de exterioridade ou **visibilidade do domínio** é resumir, numa frase, toda a teoria possessória.

Para Ihering[8], portanto, a posse não é o poder físico, e sim a **exteriorização da propriedade**. Indague-se, diz o aludido jurista, como o proprietário costuma proceder com as suas coisas, e saber-se-á quando se deve admitir ou contestar a posse. Protege-se a posse, aduz, não certamente para dar ao possuidor a elevada satisfação de ter o poder físico sobre a coisa, mas para tornar possível o **uso econômico** desta em relação às suas necessidades. Partindo-se disto, tudo se torna claro.

O que sobreleva, portanto, no conceito de posse é a **destinação econômica** da coisa.

Assim, o comportamento da pessoa em relação à coisa, **similar à conduta normal do proprietário**, é posse, independentemente da perquirição do *animus* ou intenção de possuir. O que retira desse comportamento tal caráter, e converte-o em simples **detenção**, segundo Ihering, é a incidência de obstáculo legal, pois a lei desqualifica a relação para mera detenção em certas situações. **Detenção**, para este, é uma posse degradada: uma posse que, em **virtude da lei**, avilta-se em detenção[9].

---

7 Silvio Rodrigues, *Direito civil*, v. 5, p. 18.

8 *Teoria simplificada da posse*, p. 59.

9 José Carlos Moreira Alves, A detenção no direito civil brasileiro, in *Posse e propriedade:* doutrina e jurisprudência, p. 4.

2.2.2.1. *Motivo legislativo da proteção possessória*

Sublinha Ihering[10] que a proteção possessória foi instituída com o objetivo de **facilitar** e **aliviar** a proteção da propriedade. Em vez da **prova da propriedade**, que o proprietário deve fazer quando reclamar uma coisa em mãos de terceiros (*reivindicatio*), bastará exibir a **prova de posse**, em relação àquele que dela o privou.

A posse poderá representar a propriedade, porque é esta em seu estado normal: a posse é a exterioridade, a **visibilidade da propriedade**. Desse modo, "a proteção possessória serve de escudo à propriedade, apresenta-se como **um complemento** de sua defesa, visto que por intermédio dela, no mais das vezes, vai o proprietário ficar dispensado da prova de seu domínio.

É verdade que, para facilitar ao proprietário a defesa de seu interesse, em alguns casos vai o possuidor obter imerecida proteção. Isso ocorre quando o possuidor não é proprietário, mas um intruso. Como a lei protege a posse, independentemente de se estribar ou não em direito, esse possuidor vai ser protegido, em detrimento do verdadeiro proprietário.

Ihering reconhece tal inconveniente. Mas explica que esse é o preço que se paga, nalguns casos, para facilitar o proprietário, protegendo-lhe a posse"[11]. Essa proteção é, no entanto, **provisória**, até o intruso ser convencido pelos **meios ordinários**, na própria ação possessória.

2.2.2.2. *Adoção da teoria de Ihering*

Malgrado o prestígio de Savigny e a adoção de sua teoria nos códigos de diversos países, **a teoria objetiva de Ihering revela-se a mais adequada e satisfatória**, tendo, por essa razão, sido perfilhada pelo Código Civil de 1916, no art. 485, e pelo de 2002, como se depreende da definição de possuidor constante do art. 1.196, que assim considera **aquele que se comporta como proprietário, exercendo algum dos poderes que lhe são inerentes**.

Embora, no entanto, a posse possa ser considerada uma forma de conduta que se assemelha à de dono, **aponta a lei, expressamente, as situações em que tal conduta configura detenção**, e não posse. Assim, não é possuidor o servo na posse, aquele que conserva a posse em nome de outrem, ou em cumprimento de ordens ou instruções daquele em cuja dependência se encontre, di-lo o art. 1.198 do Código Civil.

Igualmente, não induzem posse, proclama o art. 1.208 do Código Civil, "os atos de mera permissão ou tolerância assim como não autorizam a sua aquisição os atos violentos, ou clandestinos, senão depois de cessar a violência ou a clandestinidade".

2.2.3. Teorias sociológicas

A alteração das estruturas sociais tem trazido aos estudos possessórios, a partir do início do século passado, a contribuição de **juristas sociólogos** como Silvio Perozzi,

---

10 *Teoria*, cit., p. 33-35.

11 Silvio Rodrigues, *Direito civil*, cit., v. 5, p. 19.

na Itália, Raymond Saleilles, na França, e Antonio Hernandez Gil, na Espanha. Deram eles novos rumos à posse, fazendo-a adquirir a sua autonomia em face da propriedade.

Essas novas teorias, que dão ênfase ao caráter econômico e à **função social da posse**, aliadas à nova concepção do direito de propriedade, que também deve exercer uma função social, como prescreve a Constituição da República, constituem instrumento jurídico de fortalecimento da posse, permitindo que, em alguns casos e diante de certas circunstâncias, venha a preponderar sobre o direito de propriedade.

■ 2.2.3.1. *Teoria sociológica de Perozzi*

Para o referido autor, a posse prescinde do *corpus* e do *animus*, e resulta do **"fator social"**, dependente da abstenção de terceiros, que se verifica costumeiramente, como no exemplo por ele fornecido de um homem que caminha por uma rua com um chapéu na cabeça.

Há, nesse caso, posse, pois quem tem o chapéu na cabeça torna aparente que quer dispor dele só, e todos, espontaneamente, abstêm-se de importuná-lo[12].

■ 2.2.3.2. *Teoria sociológica de Saleilles*

Por seu turno, a **teoria da apropriação econômica** de Saleilles preconiza a independência da posse em relação ao direito real, tendo em vista que ela se manifesta pelo juízo de valor segundo a **consciência social** considerada economicamente.

O critério para distinguir a posse da detenção não é o da intervenção direta do legislador para dizer em que casos não há posse, como entende Ihering, mas, sim, o de **observação dos fatos sociais:** há posse onde há relação de fato suficiente para estabelecer a independência econômica do possuidor[13].

■ 2.2.3.3. *Teoria sociológica de Hernandez Gil*[14]

Segundo o mencionado professor espanhol, a **"função social"** atua como pressuposto e como fim das instituições reguladas pelo direito. Na sua doutrina, as grandes coordenadas da ação prática humana, que são a necessidade e o trabalho, passam pela posse.

---

12 Apud Joel Dias Figueira Júnior, *Posse e ações possessórias*, v. I, p. 91.

13 Joel Dias Figueira Júnior, *Posse*, cit., v. I, p. 91; José Carlos Moreira Alves, *Posse*, v. I, p. 237.
"Reintegração de posse. Invasão coletiva em área de terras particulares. Milhares de pessoas que, se desalojadas, não terão para onde ir. Fato que faz com que o princípio da função social da propriedade seja invocado. Particular que deve buscar no Poder Público a indenização a que faz jus decorrente da desapropriação indireta" (*RT*, 811/243). "Invasão de área particular de grande extensão, com a construção de centenas de habitações populares. Liminar reintegratória deferida no início da lide e revogada, posteriormente, com base em questões sociais. Inadmissibilidade. Finalidade social da propriedade, mencionada na Constituição Federal, que não derrogou todas as normas de proteção ao direito de posse derivada dos títulos atribuídos aos proprietários" (*RT*, 771/251).

14 *La posesión*, p. 94-95.

"A posse, enquadrada na estrutura e na função do Estado social com um programa de igualdade na distribuição dos recursos coletivos, encontra-se chamada a desempenhar um importante papel. Para tal fim seria conveniente a colaboração de juristas e sociólogos, ou afrontar a investigação jurídica com preocupações sociológicas".

2.2.3.4. *A concepção social da posse na Constituição Federal de 1988 e no Código Civil*

Em nosso país, o grande passo na direção da concepção social da posse foi dado com a reafirmação, no inc. XXIII do art. 5º da Constituição Federal de 1988, do princípio de que **"a propriedade atenderá a sua função social"**, complementado pelas regras sobre a política urbana, atinentes à **usucapião urbana e rural** (CF, arts. 183 e 191).

O Código Civil de 2002 demonstra preocupação com a compreensão solidária dos valores individuais e coletivos, procurando satisfazer aos superiores interesses coletivos com salvaguarda dos direitos individuais. Nessa consonância, "o proprietário também pode ser privado da coisa se o imóvel reivindicado consistir em extensa área, na posse ininterrupta e de boa-fé, por mais de cinco anos, de considerável número de pessoas, e estas nela houverem realizado, em conjunto ou separadamente, obras e serviços considerados pelo juiz de interesse social e econômico relevante" (art. 1.228, § 4º).

Trata-se, como assinala Miguel Reale, "de inovação do mais alto alcance, inspirada no sentido social do direito de propriedade, implicando não só novo conceito desta, mas também **novo conceito de posse**, que se poderia qualificar como sendo de ***posse-trabalho***"[15].

Na realidade, aduz, "a lei deve outorgar especial proteção à posse que se traduz em trabalho criador, quer este se corporifique na construção de uma residência, quer se concretize em investimentos de caráter produtivo ou cultural. Não há como situar no mesmo plano a posse, como simples poder manifestado sobre uma coisa, 'como se' fora atividade do proprietário, com a 'posse qualificada', enriquecida pelos valores do trabalho. Este conceito fundante de 'posse-trabalho' justifica e legitima que, ao invés de reaver a coisa, dada a relevância dos interesses sociais em jogo, o titular da propriedade reivindicanda receba, em dinheiro, o seu pleno e justo valor, tal como o determina a Constituição".

2.3. CONCEITO DE POSSE

Para Ihering, cuja teoria o nosso direito positivo acolheu, **posse é conduta de dono**. Sempre que haja o exercício dos poderes de fato, inerentes à propriedade, existe a posse, a não ser que alguma norma diga que esse exercício configura a detenção,

---

15 *O Projeto do novo Código Civil*, p. 82.

"Reintegração de posse. Ocupação por mais de 15 anos de área de terras que é parte de um todo maior desapropriado pelo Incra para fins de reforma agrária. Cultivo para a retirada dos meios de subsistência. Circunstâncias que tornam legítima a posse dos colonos" (*RT*, 810/430).

e não a posse. Nem todo "estado de fato, relativamente à coisa ou à sua utilização, é juridicamente posse. Às vezes o é. Outras vezes não passa de mera ***detenção***, que muito se assemelha à posse, mas que dela difere na essência, como nos efeitos. Aí é que surge a doutrina, com os elementos de caracterização, e com os pressupostos que autorizam estremar uma de outra"[16].

O conceito de posse, no direito positivo brasileiro, indiretamente nos é dado pelo art. 1.196 do Código Civil, ao considerar possuidor **"todo aquele que tem de fato o exercício, pleno ou não, de algum dos poderes inerentes à propriedade"**.

Como o legislador deve dizer em que casos esse exercício configura detenção, e não posse, o art. 1.198 do mesmo diploma proclama:

> "Considera-se **detentor** aquele que, achando-se em relação de dependência para com outro, conserva a posse **em nome deste** e em cumprimento de ordens ou instruções suas".

O parágrafo único do dispositivo em tela, que não encontra paralelo no Código de 1916, estabelece **presunção *juris tantum* de detenção:**

> "Aquele que começou a comportar-se do modo como prescreve este artigo, em relação ao bem e à outra pessoa, **presume-se detentor, até que prove o contrário**".

Para tanto, o agente terá de demonstrar, de forma inequívoca, que deixou de conservar a posse em nome de outrem e de cumprir as ordens e instruções suas.

Evidentemente que, "se essa mudança decorrer de uma causa ou fato lícito, o detentor transmutar-se-á em possuidor justo, em relação àquele de quem houve a coisa. Assim, se o empregado adquirir o bem que até então pertenceu ao patrão, ele deixará de ser detentor, e tornar-se-á justo possuidor da coisa. Se, no entanto, a modificação de comportamento for oriunda de força própria proibida, o fâmulo da posse tornar-se-á possuidor precário da coisa, em relação ao possuidor anterior"[17].

Complementa o quadro o art. 1.208, prescrevendo:

> "Não induzem posse os atos de **mera permissão ou tolerância** assim como não autorizam a sua aquisição os **atos violentos, ou clandestinos**, senão depois de cessar a violência ou a clandestinidade".

Portanto, o conceito de posse resulta da conjugação dos três dispositivos legais mencionados.

Embora não possa haver posse de direitos, podem-se possuir bens **nos termos de certos direitos pessoais**, tais como a locação, o comodato, o depósito, o penhor e outros, que implicam o exercício de poderes de fato sobre a coisa, como expressamente previsto no art. 1.197 do Código Civil, que autoriza, ao desdobrar a posse em direta e indireta, o exercício, por força de um direito pessoal, da posse direta sobre a coisa.

---

16 Caio Mário da Silva Pereira, *Instituições*, cit., v. IV, p. 17.

17 Marcus Vinicius Rios Gonçalves, *Dos vícios da posse*, p. 76.

Joel Dias Figueira Júnior[18] critica com razão a redação do retrotranscrito art. 1.196 do Código Civil, no ponto em que considera a posse o ***exercício*** de algum dos poderes inerentes à propriedade. A posse, afirma, "*não é o exercício do poder*, mas sim o ***poder propriamente dito*** *que tem o titular da relação fática sobre um determinado bem*, caracterizando-se tanto pelo exercício como pela possibilidade de exercício. Ela é a ***disponibilidade*** e não a disposição; é a *relação potestativa* e não, necessariamente, o efetivo exercício".

■ 2.4. POSSE E DETENÇÃO

Segundo Ihering, a detenção encontra-se em último lugar na escala das relações jurídicas entre a pessoa e a coisa. Na linha de frente estão a propriedade e seus desmembramentos; em segundo lugar, a posse de boa-fé; em terceiro, a posse; e, por fim, a detenção[19].

Para o referido jurista, o que distingue a posse da detenção é um elemento externo e, portanto, objetivo, que se traduz no **dispositivo legal** que, com referência a certas relações que preenchem os requisitos da posse e têm a aparência de posse, suprime delas os efeitos possessórios. A detenção é, pois, uma posse degradada: uma posse que, **em virtude da lei**, avilta-se em detenção[20]. **Somente a posse gera efeitos jurídicos**, conferindo direitos e pretensões possessórias em nome próprio: esta a grande distinção.

■ 2.4.1. Relação de dependência do detentor para com o dono

Há situações em que uma pessoa não é considerada possuidora, mesmo exercendo poderes de fato sobre uma coisa. Isso acontece quando a lei desqualifica a relação para **mera detenção**, como o faz no art. 1.198, considerando detentor aquele que se acha **"em relação de dependência para com outro"** e conserva a posse **"em nome deste e em cumprimento de ordens ou instruções suas"**.

Embora, portanto, a posse possa ser considerada uma forma de conduta que se assemelha à de dono, não é possuidor o **servo na posse**, aquele que a conserva em nome de outrem ou em cumprimento de ordens ou instruções daquele em cuja dependência se encontre. O possuidor exerce o poder de fato em razão de um interesse próprio; **o detentor, no interesse de outrem**. É o caso típico dos **caseiros** e de todos aqueles que zelam por propriedades em nome do dono[21].

---

[18] *Novo Código Civil comentado*, p. 1062-1063, e *Posse*, cit., v. I, p. 95-97.

[19] *Du rôle de la volonté dans la possession*, p. 44; Washington de Barros Monteiro, *Curso*, cit., v. 3, p. 31; Caio Mário da Silva Pereira, *Instituições*, cit., v. IV, p. 21.

[20] José Carlos Moreira Alves, A detenção, cit., p. 4.

[21] "Reintegração de posse. Liminar deferida contra empregado, ocupante de imóvel existente em chácara de lazer, contratado para exercer a função de caseiro da propriedade. Admissibilidade, pois apenas conserva a posse em nome do possuidor e em cumprimento de ordem e instruções suas" (*RT*, 778/300). "Interdito proibitório. Proteção pretendida por simples detentor de imóvel. Inadmissibilidade, pois apenas detém coisa alheia em nome do possuidor" (*RT*, 771/353).

Outros **exemplos de detenção** são citados por Pontes de Miranda[22]: a situação do soldado em relação às armas e à cama do quartel; a dos funcionários públicos quanto aos móveis da repartição; a do preso em relação às ferramentas da prisão com que trabalha; a dos domésticos quanto às coisas do empregador.

Em todas essas hipóteses, aduz, o que sobreleva é a **falta de independência da vontade do detentor**, que age como lhe determina o possuidor. Há uma relação de ordem, obediência e autoridade. Tais servidores não têm posse e não lhes assiste o direito de invocar, em nome próprio, a proteção possessória. São chamados de **"fâmulos da posse"**. Embora não tenham o direito de invocar, em seu nome, a proteção possessória, não se lhes recusa, contudo, o direito de exercer a autoproteção do possuidor, quanto às coisas confiadas a seu cuidado, consequência natural de seu dever de vigilância.

2.4.2. Atos de mera permissão ou tolerância

Os autores em geral, quando tratam da detenção em nosso direito, referem-se apenas à hipótese contida no art. 1.198 retromencionado ("Considera-se detentor..."). Todavia, o aludido diploma vai além, uma vez que em mais dois dispositivos menciona outras hipóteses em que aquele **exercício de fato** não constitui posse, configurando, portanto, **detenção**.

Assim, a primeira parte do art. 1.208 proclama que **"não induzem posse os atos de mera permissão ou tolerância"**. A permissão se distingue da tolerância:

- pela existência, na primeira, do consentimento expresso do possuidor. Na **tolerância**, há uma atitude espontânea de inação, de passividade, de não intervenção;
- por representar uma manifestação de vontade, embora sem natureza negocial, configurando um ato jurídico em sentido estrito, enquanto na hipótese de **tolerância** não se leva em conta a vontade do que tolera, sendo considerada simples comportamento a que o ordenamento atribui consequências jurídicas, ou seja, um ato-fato jurídico;
- por dizer respeito a atividade que ainda deve ser realizada, enquanto a **tolerância** concerne a atividade que se desenvolveu ou que já se exauriu[23].

2.4.3. Atos violentos ou clandestinos

A segunda parte do citado art. 1.208 do Código Civil acrescenta que igualmente não autorizam a aquisição da posse **"os atos violentos, ou clandestinos, senão depois de cessar a violência ou a clandestinidade"**.

---

[22] *Tratado de direito privado*, t. X, p. 87.

"Reintegração de posse. Admissão pelo réu de sua condição de fâmulo da posse, exercendo-a em nome de terceiros. Posse do autor comprovada, somando-a com a de seus antecessores. Ação procedente" (1º TACSP, Ap. 0.648.755-6, 1ª Câm. de Férias Julho/97, rel. Juiz Elliot Akel, j. 22-9-1997).

[23] José Carlos Moreira Alves, A detenção, cit., p. 15-16.

"Reivindicatória. Contestação. Alegação de usucapião. Existência de relação empregatícia entre proprietário e possuidor. Hipótese de detenção de coisa alheia. Ademais, ocorrência de atos de permissão ou tolerância que não induzem posse" (TJSP, Ap. 178.255-1, 5ª Câm. Cív., rel. Des. Matheus Fontes, j. 4-2-1993).

Assim, os aludidos atos **impedem o surgimento da posse**, sendo aquele que os pratica considerado **mero detentor**, sem qualquer relação de dependência com o possuidor. O dispositivo em apreço, aliás, trata de hipótese de **detenção sem dependência** do detentor para com o possuidor, denominada ***detenção independente***. Todavia, cessada a violência ou a clandestinidade, continuam os mencionados atos a produzir o efeito de qualificar, como ***injusta*** e com os efeitos daí resultantes, a posse que a partir de então surge.

Preleciona a propósito Carvalho Santos: "Só depois de cessar a violência é que começa a posse útil. O que quer dizer que, desde que a violência cessou, os atos de posse daí por diante praticados constituirão o ponto de partida da posse útil, como se nunca tivesse sido eivada de tal vício"[24].

Em suma, enquanto perdurar a violência ou a clandestinidade não haverá posse. Cessada a prática de tais ilícitos, surge a ***posse injusta***, viciada, assim considerada em relação ao precedente possuidor. Desse modo, ainda que este, esbulhado há mais de um ano, não obtenha a liminar na ação de reintegração de posse ajuizada, deverá ser, afinal, reintegrado em sua posse. Todavia, em relação às demais pessoas, o detentor, agora possuidor em virtude da cessação dos vícios iniciais, será havido como possuidor. **A injustiça da posse fica circunscrita ao esbulhado e ao esbulhador.**

2.4.4. Ocupação de imóvel de pessoa ausente

Outro exemplo de detenção por disposição expressa da lei encontra-se no art. 1.224 do Código Civil:

> "Só se considera perdida a posse para quem não presenciou o esbulho, quando, tendo notícia dele, se abstém de retornar a coisa, ou, tentando recuperá-la, é violentamente repelido".

Embora conste da publicação oficial a expressão "se abstém de retornar a coisa", é evidente o erro terminológico, pois o correto seria "se abstém de *retomar* a coisa".

Até que o não presente tenha notícia do esbulho e se abstenha de retomar a coisa, ou seja repelido ao tentar recuperá-la, **o ocupante é mero detentor**. Assim, o fato de alguém ocupar imóvel de pessoa ausente não faz desaparecer a posse do proprietário, sendo aquele tratado pelo dispositivo em epígrafe como **simples detentor**.

2.4.5. Detenção de bem público

Pode-se, ainda, dizer que também **não há posse de bens públicos**, principalmente depois que a Constituição Federal de 1988 proibiu a usucapião especial de tais bens (arts. 183 e 191). Se há **tolerância** do Poder Público, o uso do bem pelo particular não passa de **mera detenção consentida**. Nesse sentido, decidiu o Tribunal de Justiça de São Paulo:

---

[24] *Código Civil brasileiro interpretado*, v. III, p. 75.

"Reintegração de posse. Área que se constitui em bem público, subjetivamente indisponível e insuscetível de usucapião. Mera detenção, sendo irrelevante o período em que perdura. Liminar concedida"[25].

2.4.6. Nomeação à autoria do proprietário

O art. 338 do Código de Processo Civil impõe àquele que detém a coisa em nome alheio e é demandado em nome próprio o ônus de **nomear à autoria o proprietário ou possuidor**.

Assim, o detentor, quando demandado em nome próprio, deve indicar o possuidor ou proprietário legitimado para responder ao processo, **sob pena de responder por perdas e danos**, nos termos do art. 339 do citado diploma.

2.5. POSSE E QUASE POSSE

Para os romanos só se considerava posse a emanada do direito de propriedade. A exercida nos termos de qualquer direito real menor *(iura in re aliena* ou direitos reais sobre coisas alheias) desmembrado do direito de propriedade, como a servidão e o usufruto, por exemplo, era chamada de quase posse (*quasi-possessio, quasi-possidere* ou *quasi in possessione esse*), por ser aplicada aos direitos ou coisas incorpóreas. Assim também o poder de fato ou posse emanada de um direito obrigacional ou pessoal, como na locação, no comodato etc.

Os direitos que, segundo os romanos, podiam constituir objeto de uma quase posse eram os seguintes:

- as **servidões pessoais**, notadamente o usufruto e o uso, que se estabelecem pela entrega da coisa ou pela introdução do usufrutuário ou do usuário no imóvel;
- as **servidões prediais**, também ligadas a coisa corpórea;
- a **superfície**, único *jus in re*, fora as servidões, a que aplicaram a noção da quase posse[26].

Tal distinção não passa, entretanto, de uma **reminiscência histórica**, pois não se coaduna com o sistema do Código Civil brasileiro, que não a prevê. Com efeito, as situações que os romanos chamavam de **quase posse** são, hoje, tratadas como **posse** propriamente dita. O art. 1.196 do aludido diploma, ao mencionar o vocábulo "propriedade", **nele incluiu os direitos reais menores**. E o art. 1.197, ao desdobrar a posse em **direta e indireta**, permite o exercício da primeira por força de um direito obrigacional.

2.6. O OBJETO DA POSSE E A POSSE DOS DIREITOS PESSOAIS

No fim do século XIX, passaram os autores a restringir o conceito de posse ao âmbito dos direitos reais e dos direitos obrigacionais que implicam o exercício de

---

[25] *RT*, 803/226.

[26] Astolpho Rezende, *A posse e sua proteção*, p. 53-54.

poderes sobre uma coisa. Tal posição é considerada atualmente prevalente. A ideia de posse é, com efeito, absolutamente **inaplicável aos *direitos pessoais***. Em relação a esses direitos não se concebe a possibilidade de violências físicas, que careçam do remédio dos interditos.

Os interditos possessórios chegaram a ser utilizados para a defesa de direitos pessoais, incorpóreos, como o direito a determinado cargo, por influência de Ruy Barbosa, mas por curto período histórico, que terminou com a instituição do **mandado de segurança**, a partir de 1934. Hoje, no entanto, para esse fim são utilizadas as **tutelas provisórias**, baseadas no poder cautelar geral do juiz (CPC, art. 297).

Há uma certa dificuldade em classificar certos bens como corpóreos ou incorpóreos, surgindo daí a expressão **"bens semi-incorpóreos"**, utilizada por alguns doutrinadores quando se referem a novas espécies que surgiram como decorrência do desenvolvimento científico, tecnológico e cultural do homem, como a **energia elétrica, as linhas telefônicas e as ondas de frequência televisivas**. A proteção possessória não tem sido negada a esses bens. Predomina, no entanto, o entendimento de que nunca há de ser ela deferida contra o concedente do serviço, mas contra aqueles que turbam a utilização da linha telefônica, da televisão a cabo, dos dados transmitidos a distância etc.

Nessa consonância, decidiu o antigo Primeiro Tribunal de Alçada Civil de São Paulo[27] ser **incabível o ajuizamento de ação possessória contra a Telesp para religar linha telefônica**, proclamando:

> "Consigne que a jurisprudência tem admitido remédio possessório versando aquisição, ou não, de linha telefônica, em decorrência de negócio jurídico, redutível, todavia, *à mera disputa sobre o direito ao aparelho*, e, por *mera implicação* ou *consequência virtual* ao uso do serviço ensejado pelo mesmo... A propriedade do terminal, em função do qual funciona a linha telefônica, pertence à apelante, e, assim, não tendo o apelado o domínio, não se encontra na situação material, '*conditio sine qua non*', para o uso dos interditos. Desdobrando-se a questão, se não é possível o domínio, '*ipso facto*', impossível também o é a *posse*".

O mesmo Tribunal também reconheceu a possibilidade de se consumar a **usucapião do direito real de uso de linha telefônica[28], firmando-se no mesmo sentido a orientação do Superior Tribunal de Justiça, conforme se depreende do seguinte aresto:**

> "A jurisprudência do **STJ** acolhe entendimento haurido na doutrina no sentido de que o direito de utilização de linha telefônica, que se exerce sobre a coisa, cuja tradição se efetivou, se apresenta como daqueles que ensejam extinção por desuso, e, por consequência, sua aquisição pela posse durante o tempo que a lei prevê como suficiente para usucapir (prescrição aquisitiva da propriedade)"[29].

[27] *JTACSP*, 68/64, rel. Juiz Arruda Alvim.

[28] *RT*, 623/187; *JTACSP*, 116/94.

[29] REsp 41.611-RS, 3ª T., rel. Min. Waldemar Zveiter, *DJU*, 30-5-1994.

Essa orientação acabou culminando na edição, por esta Corte, da **Súmula 193**, do seguinte teor:

> **"O direito de uso de linha telefônica pode ser adquirido por usucapião"**.

O Superior Tribunal de Justiça, de outra feita, decidiu:

> "A doutrina e a jurisprudência assentaram entendimento segundo o qual **a proteção do direito de propriedade, decorrente de patente industrial, portanto, bem imaterial, no nosso direito, pode ser exercida através de ações possessórias**. O prejudicado, em casos tais, dispõe de outras ações para coibir e ressarcir-se dos prejuízos resultantes de contrafação de patente de invenção. Mas tendo o interdito proibitório índole, eminentemente, preventiva, inequivocamente é ele o meio processual mais eficaz para fazer cessar, de pronto, a violação daquele direito"[30].

Proclama a **Súmula 228** do aludido Tribunal que **"é inadmissível o interdito proibitório para a proteção do direito autoral"**, reconhecendo, assim, que os princípios dos direitos das coisas são inaplicáveis à situação dos chamados direitos intelectuais.

■ 2.7. NATUREZA JURÍDICA DA POSSE

É profunda e antiga a divergência sobre a natureza jurídica da posse. Cumpre defini-la e estremá-la, no entanto, não apenas em razão do interesse teórico-dogmático que desperta no âmbito do direito civil, senão também em consequência dos efeitos que gera no campo do direito processual.

■ 2.7.1. Posse: fato ou direito?

Indaga-se, inicialmente, se a posse é um **fato** ou um **direito**. Essa divergência já era observada nos textos romanos. Muitos séculos se passaram e a discussão ainda persiste, dividindo-se a doutrina em três correntes:

- Para Ihering[31], **a posse é um direito**. Apoia-se ele em sua própria definição de direito: "os direitos são os interesses juridicamente protegidos". Assim, a posse consiste em um interesse juridicamente protegido. Ela constitui condição da econômica utilização da propriedade e por isso o direito a protege. É relação jurídica, tendo por causa determinante um fato. Comungam desse entendimento Teixeira de Freitas, Demolombe, Sintenis, Molitor, Pescatore, Orlando Gomes e Caio Mário da Silva Pereira, entre outros.
- Outra corrente sustenta que **a posse é um fato**, uma vez que não tem autonomia, não tem valor jurídico próprio. O **fato possessório** não está subordinado aos princípios que regulam a relação jurídica no seu nascimento, transferência e

---

30 REsp 7.196-RJ, 3ª T., rel. Min. Waldemar Zveiter, *DJU*, 5-8-1991.

31 *Teoria*, cit., p. 41-51.

extinção. Pertencem a esta corrente Windscheid, Pacificci-Mazzoni, Bonfante, Dernburg, Trabucchi, Cujacius e outros.

A corrente mais comum, como aponta Barassi[32], é a **eclética**, que admite que a posse seja **fato e direito**. Sustenta Savigny[33] que a posse é, **ao mesmo tempo**, um **fato** e um **direito**. Considerada em si mesma, é um **fato**. Considerada nos efeitos que produz — a usucapião e os interditos —, é um **direito**. Nessa linha, assinala Lafayette: "É, pois, força reconhecer que a posse é **um fato e um direito:** um fato pelo que respeita à detenção, um direito por seus efeitos"[34]. Assim também entendem Pothier, Brinz, Domat, Ribas, Laurent, Wodon e outros.

2.7.2. Posse: direito pessoal, real ou especial?

Como visto, Savigny e Ihering admitem que a posse seja um direito, embora o primeiro entenda que ela é, também, um fato. A divergência permanece, agora, no tocante à sua exata colocação no Código Civil. Para o primeiro, ela é **direito pessoal ou obrigacional**; para o segundo, **direito real**. A posse, sendo um direito, diz Ihering, só pode pertencer à categoria dos direitos reais. Para outros doutrinadores, no entanto, a posse não é direito real nem pessoal, mas **direito especial**, *sui generis*, por não se encaixar perfeitamente em nenhuma dessas categorias.

A resposta a essas indagações tem importância prática, pois as ações reais, por exemplo, exigem a presença do cônjuge na relação processual concernente a bem imóvel (CPC, art. 73). Os reflexos da distinção em apreço são observados, no âmbito do direito processual, precipuamente na determinação da competência, da legitimação ativa e passiva *ad causam* e do litisconsórcio.

Para saber se a posse deve ser incluída entre os direitos reais, ou entre os direitos pessoais, faz-se mister averiguar se os princípios que a regulam aproximam-na mais daqueles ou destes.

Em razão das dificuldades encontradas, Clóvis Beviláqua relutou em reconhecer a natureza real da posse, dizendo: "Aceita a noção que Ihering nos dá, a posse é, por certo, direito; mas reconheçamos que um direito de **natureza especial**. Antes, conviria dizer, é a manifestação de um direito real"[35].

Não nos parece que as ações possessórias envolvam o *ius in re*, pois visam tão somente a preservar ou restaurar um estado de fato ameaçado ou inovado arbitrariamente. **Na sistemática do Código Civil brasileiro, a posse não pode ser considerada direito real.** Tanto o diploma de 1916 quanto o de 2002, tendo adotado o princípio do ***numerus clausus***, não a incluíram no rol taxativo dos direitos reais (art. 674 do CC/1916; art. 1.225 do CC/2002). Todavia, é ela regulada na lei como uma situação de fato: pode ser perdida, no caso de imóveis, sem a intervenção da mulher, se o marido os abandona.

---

32 *Diritti reali e possesso*, v. II, p. 479, n. 239.

33 *Traité de la possession*, cit., p. 21.

34 *Direito das coisas*, t. I, p. 45.

35 *Projeto de Código Civil brasileiro*, apud José Carlos Moreira Alves, *Posse*, cit., v. II, p. 98.

No entanto, o fato de a posse não pertencer à categoria dos direitos reais **não significa que, necessariamente, seja um direito pessoal**. Consiste este em um vínculo jurídico que confere ao sujeito ativo o direito de exigir do sujeito passivo o cumprimento da prestação.

Melhor, desse modo, ficar com a opinião de Clóvis Beviláqua, supramencionada: **a posse não é direito real, mas, sim, direito especial**.

José Carlos Moreira Alves acolhe tal entendimento, dizendo que, "desanimados, em razão das peculiaridades que a posse apresenta, de a enquadrarem em qualquer das categorias jurídicas da dogmática moderna, vários autores se têm limitado a salientar que a posse é uma figura especialíssima, e, portanto, ***sui generis***"[36].

Assim, aduz: "Em verdade, no direito moderno, a posse é um instituto jurídico *sui generis*... Sendo instituto *sui generis*, não só não se encaixa nas categorias dogmáticas existentes, mas também não dá margem à criação de uma categoria própria que se adstringiria a essa figura única".

Arremata o insigne jurista, afirmando que considera mais próxima da realidade a conclusão de Hernandez Gil, "de que a posse é uma estrutura que não se transformou totalmente numa instituição jurídica, uma vez que a efetividade jurídica continua se apoiando na realidade social, o que a faz infensa a sistematizações rígidas... O ser uma estrutura que não se transformou totalmente numa instituição jurídica é o que explica as singularidades da posse, que, desde o direito romano, ora é disciplinada como estado de fato real, ora é regulada com abstração, mais ou menos intensa, desse aspecto, como se fora um instituto jurídico perfeito à semelhança do direito subjetivo".

Igualmente, para Joel Dias Figueira Júnior, dizer que a posse apresenta natureza real "significa enquadrá-la, equivocadamente, na categoria jurídica dos direitos reais, quando na verdade é pertencente a ***uma categoria especial, típica e autônoma***, cuja base é o *fato*, a *potestade*, a *ingerência socioeconômica* do sujeito sobre um determinado bem da vida destinado à satisfação de suas necessidades, e não o direito"[37].

A questão foi regulamentada pelo legislador, com a inclusão, pela Lei n. 8.952, de 13 de dezembro de 1994, do **§ 2º ao art. 10 do Código de Processo Civil de 1973, reproduzido no § 2º do art. 73 do atual diploma**, do seguinte teor:

> **"Nas ações possessórias, a participação do cônjuge do autor ou do réu somente é indispensável nas hipóteses de composse ou de ato por ambos praticado".**

O aludido parágrafo, como observou o Superior Tribunal de Justiça, resolve a controvérsia em torno da necessidade ou não de intervenção do outro cônjuge nas ações possessórias, tornando-a dispensável **(o que importa no reconhecimento de que a ação não tem natureza real)**, "salvo nos casos de composse ou de atos por ambos praticados"[38].

---

36 *Posse*, cit., p. 120-125.

37 *Posse*, cit., p. 127.

38 *RSTJ*, 74/229.

2.8. RESUMO

NOÇÕES GERAIS SOBRE A POSSE	
INTRODUÇÃO	Se alguém se mantém, pacificamente, em um imóvel, por mais de ano e dia, cria uma situação possessória, que lhe proporciona direito a proteção, chamado de ***jus possessionis*** (posse autônoma). A posse titulada é denominada ***jus possidendi*** ou posse **causal**. Em ambos os casos, é assegurado o direito à proteção dessa situação contra atos de violência, para garantia da paz social.
TEORIAS	**Subjetiva** (de Savigny): a posse caracteriza-se pela conjugação do ***corpus*** (elemento objetivo que consiste na detenção física da coisa) e do ***animus*** (elemento subjetivo, que se encontra na intenção de exercer sobre a coisa um poder no interesse próprio — ***animus rem sibi habendi***). **Objetiva** (de Ihering): considera o ***animus*** já incluído no ***corpus***, que significa **conduta de dono**. Esta pode ser analisada objetivamente, sem a necessidade de pesquisar-se a intenção do agente. A posse, então, é a exteriorização do domínio. O CC brasileiro adotou tal teoria (art. 1.196). **Sociológica** (de Perozzi, Saleilles e Hernandez Gil): dá ênfase ao caráter econômico e à função social da posse.
CONCEITO	Para Ihering, cuja teoria o nosso direito positivo acolheu, posse é conduta de dono. Sempre que haja o exercício dos poderes de fato, inerentes à propriedade, existe posse, a não ser que alguma norma (como os arts. 1.198 e 1.208, p. ex.) diga que esse exercício configura a detenção, e não a posse.
POSSE E DETENÇÃO	Há situações em que uma pessoa não é considerada possuidora, mesmo exercendo poderes de fato sobre uma coisa. Isso acontece quando a lei desqualifica a relação para mera detenção, como o faz nos arts. 1.198, 1.208 e 1.224, p. ex. Somente a posse gera efeitos jurídicos.
QUASE POSSE	Os romanos só consideravam posse a emanada do direito de propriedade. A exercida nos termos de qualquer direito real menor (servidão e usufruto, p. ex.) era chamada de **quase posse**, por ser aplicada aos direitos ou coisas incorpóreas. Tais situações são hoje tratadas como posse propriamente dita.
POSSE DOS DIREITOS PESSOAIS	O direito das coisas compreende tão só bens materiais: a propriedade e seus desmembramentos. Tem por objeto, pois, bens corpóreos. Para a defesa dos direitos pessoais, incorpóreos, são hoje utilizadas as cautelares inominadas.
NATUREZA JURÍDICA	A posse tem natureza dupla: é fato e direito. Considerada em si mesma, é um fato, mas, pelos efeitos que gera, entra na esfera do direito. Segundo Beviláqua, a posse não é direito real, nem pessoal, mas um direito especial.

3

CLASSIFICAÇÃO DA POSSE

3.1. ESPÉCIES DE POSSE

No Capítulo I do Livro III da Parte Especial, o Código Civil trata da posse e de sua classificação, distinguindo:

- a posse direta da indireta;
- a posse justa da posse injusta; e
- a posse de boa-fé da posse de má-fé.

O exame do texto legal permite, todavia, que sejam apontadas outras espécies:

- posse exclusiva, composse e posses paralelas;
- posse nova e posse velha;
- posse natural e posse civil ou jurídica;
- posse *ad interdicta* e posse *ad usucapionem*; e
- posse *pro diviso* e posse *pro indiviso*.

3.2. POSSE DIRETA E POSSE INDIRETA

A clássica distinção entre posse direta e indireta surge do **desdobramento** da posse plena, podendo haver desdobramentos sucessivos.

O proprietário ou titular de outro direito real pode usar e gozar a coisa objeto de seu direito, direta e pessoalmente, ou dá-la em locação, em usufruto, em comodato, em penhor, em enfiteuse etc. Nestes casos, a posse se dissocia: **o titular do direito real fica com a posse indireta** (ou mediata), enquanto **o terceiro fica com a posse direta** (ou imediata, também chamada derivada, confiada, irregular ou imprópria)[1].

Observe-se que o ato de locar, de dar a coisa em comodato ou em usufruto, constitui conduta própria de dono, não implicando a perda da posse, que apenas se transmuda em indireta.

Na classificação em apreço, não se propõe o problema da **qualificação** da posse, porque **ambas são jurídicas** e têm o mesmo valor (*jus possidendi* ou posses causais). A questão da qualificação aparece na distinção entre posse justa e injusta (CC, art. 1.200) e de boa e má-fé (art. 1.201).

---

1 João Batista Monteiro, *Ação de reintegração de posse*, p. 33.

3.2.1. Regulamentação no Código Civil

A divisão da posse em direta e indireta encontra-se definida com melhor técnica no art. 1.197 do Código Civil de 2002, em comparação com o art. 486 do diploma anterior, que enumerava, exemplificativamente, alguns casos: usufruto, penhor e locação. Dispõe o aludido art. 1.197:

> **"A posse direta, de pessoa que tem a coisa em seu poder, temporariamente, em virtude de direito pessoal, ou real, não anula a indireta, de quem aquela foi havida, podendo o possuidor direto defender a sua posse contra o indireto".**

A relação possessória, no caso, **desdobra-se**. O proprietário exerce a posse **indireta**, como consequência de seu domínio. O locatário, por exemplo, exerce a posse **direta** por concessão do locador. Uma não anula a outra. **Ambas coexistem** no tempo e no espaço e são posses jurídicas (*jus possidendi*), não autônomas, pois implicam o exercício de efetivo direito sobre a coisa.

A vantagem dessa divisão é que **o possuidor direto e o indireto podem invocar a proteção possessória contra terceiro**, mas só o segundo pode adquirir a propriedade em virtude da usucapião. O possuidor direto jamais poderá adquiri-la por esse meio, por faltar-lhe o ânimo de dono, a não ser que, excepcionalmente, ocorra mudança da *causa possessionis*, com inversão do referido ânimo, passando a possuí-la como dono.

A jurisprudência já vinha admitindo que cada possuidor, o direto e o indireto, recorresse aos interditos possessórios contra o outro, para defender a sua posse, quando se encontrasse por ele ameaçado[2]. Tal possibilidade encontra-se, agora, expressamente prevista na parte final do supratranscrito art. 1.197 do novo Código.

O **desmembramento da posse** em direta e indireta pode ocorrer em várias espécies de contrato, como no de compra e venda com reserva de domínio, no de alienação fiduciária, no compromisso de compra e venda etc.

3.2.2. Desdobramentos sucessivos

Os desdobramentos da posse podem ser **sucessivos**. Assim, feito o primeiro desdobramento da posse, poderá o possuidor direto efetivar novo desmembramento, tornando-se, destarte, possuidor indireto, já que deixa de ter a coisa consigo. **Havendo desdobramentos sucessivos da posse, terá posse direta apenas aquele que tiver a coisa consigo:** o último integrante da cadeia dos desdobramentos sucessivos. Os demais integrantes da cadeia terão, todos, posse indireta, em gradações sucessivas.

Assim, por exemplo, esclarece Moreira Alves, "o proprietário, ao constituir sobre a coisa de sua propriedade direito de usufruto em favor de outrem, transferindo-lhe a posse direta da coisa, torna o usufrutuário possuidor direto dela, e fica como possuidor indireto; se o usufrutuário locar a coisa a terceiro, **novo desmembramento da posse se verifica**, tornando-se o locatário possuidor direto, e passando o

---

2 *RT*, 654/145, 668/125.

usufrutuário-locador a ser possuidor indireto, sem excluir, no entanto, da posse indireta o proprietário que constituiu o usufruto, pois surge entre ambos uma graduação de posses indiretas; e, ainda, se o locatário-possuidor direto sublocar a coisa, processa-se novo desdobramento, ficando o sublocatário com a posse direta, e ingressando o sublocador na escala de graduação das posses indiretas"[3].

Acrescenta o mencionado autor que esses desdobramentos sucessivos da posse podem também ocorrer por atuação do possuidor indireto, quando, por exemplo, constitui, antes dele, na graduação de posses indiretas, outro possuidor indireto, sem alterar a posse direta, ou ainda quando o possuidor indireto intercala entre si e o possuidor direto outro possuidor indireto.

3.3. POSSE EXCLUSIVA, COMPOSSE E POSSES PARALELAS

3.3.1. Posse exclusiva

Exclusiva é a posse de um único possuidor. É aquela em que uma **única pessoa**, física ou jurídica, tem, sobre a mesma coisa, posse plena, direta ou indireta. Assim, a posse do esbulhador, cessada a violência ou a clandestinidade, é, perante a comunidade, posse plena exclusiva; se ele a arrendar a uma só pessoa, **sua posse indireta será igualmente exclusiva, como exclusiva será a posse direta do arrendatário**. Assim, o desdobramento da posse em direta e indireta não é incompatível com a possibilidade de ambas as posses desdobradas serem, ou não, exclusivas.

A posse exclusiva pode ser plena ou não. **Plena** é a posse em que o possuidor exerce de fato os poderes inerentes à propriedade, como se sua fosse a coisa. É uma denominação que tem em vista o seu conteúdo. Assim também a posse plena pode, ou não, ser, concomitantemente, posse exclusiva[4].

A posse **exclusiva** se contrapõe não à posse desdobrada em direta e indireta, porém à **composse**. Na primeira, seja ela direta ou indireta, **um só possuidor** exerce os poderes de fato inerentes à propriedade. Na composse, porém, há **vários compossuidores** que têm, sobre a mesma coisa, posse direta ou posse indireta.

3.3.2. Composse

Composse é, assim, a situação pela qual duas ou mais pessoas exercem, **simultaneamente**, poderes possessórios sobre a mesma coisa. Dispõe a propósito o art. 1.199 do Código Civil:

> **"Se duas ou mais pessoas possuírem coisa indivisa, poderá cada uma exercer sobre ela atos possessórios, contanto que não excluam os dos outros compossuidores".**

É o que sucede com adquirentes de coisa comum, com marido e mulher em regime de comunhão de bens ou com coerdeiros antes da partilha. Como a posse é a

---

3 *Posse*, cit., v. II, p. 443-444.

4 Moreira Alves, *Posse*, cit., v. II, 475-476.

exteriorização do domínio, **admite-se a composse em todos os casos em que ocorre o condomínio**, pois ela está para a posse assim como este para o domínio.

A situação que se apresenta é, na realidade, como ensina Molitor, "a de que cada compossuidor não possui senão a sua parte, e não a parte dos outros. Cada qual possuirá, pois, uma ***parte abstrata***, assim como, no condomínio, cada comproprietário é dono de uma **parte ideal** da coisa. Isso não significa que cada compossuidor esteja impedido de exercer o seu direito sobre toda a coisa. Dado lhe é praticar todos os atos possessórios que não excluam a posse dos outros compossuidores. Cada qual, *per se*, pode invocar a proteção possessória para defesa do objeto comum"[5].

3.3.2.1. *Composse simples e composse em mão comum*

No direito alemão, distingue-se a composse simples da composse em mão comum.

A **composse simples** é a composse romana, na qual cada um dos compossuidores pode exercer sozinho o poder de fato sobre a coisa, sem excluir, todavia, o dos outros compossuidores.

A **composse em mão comum** tem origem no direito alemão antigo e se configura quando somente todos os compossuidores, em conjunto, podem exercer o poder de fato sobre a coisa. Como a primeira é **a única admitida em nosso direito**, dispensa o qualificativo *simples*, bastando dizer-se **composse**.

3.3.2.2. *Interdito possessório de um compossuidor contra outro*

Qualquer dos compossuidores **pode valer-se do interdito possessório** ou da legítima defesa para impedir que outro compossuidor **exerça uma posse exclusiva** sobre qualquer fração da comunhão.

Nessa consonância, decidiu-se que, "em se tratando de composse, ou compossessão, não pode o marido, sob pretexto de ser administrador dos bens do casal, despojar o consorte do uso e gozo dos móveis e utensílios existentes na habitação conjugal, para deles dispor à sua vontade, com ofensa da igualdade de direito de que gozam os cônjuges. Nos termos do art. 488 do Código Civil (*de 1916; CC/2002: art. 1.199*), cada possuidor só pode exercer na coisa comum atos possessórios que não excluam a posse dos outros. É a ação de manutenção, ou a de esbulho, a que compete ao consorte para conservar ou restabelecer o estado anterior"[6].

3.3.2.3. *Composse "pro diviso"*

Podem os compossuidores, também, estabelecer uma **divisão de fato** para a utilização pacífica do direito de cada um, surgindo, assim, a composse ***pro diviso***. Permanecerá ***pro indiviso*** se todos exercerem, ao mesmo tempo e **sobre a totalidade da coisa**, os poderes de fato (utilização ou exploração comum do bem). Na composse ***pro diviso***, exercendo os compossuidores poderes apenas sobre uma parte definida da coisa, e estando tal situação consolidada no tempo (há mais de ano e dia), **poderá**

[5] Orlando Gomes, *Direitos reais*, cit., p. 49.

[6] *RT*, 396/186.

cada qual recorrer aos interditos contra aquele que atentar contra tal exercício[7]. **Em relação a terceiros**, como se fossem um único sujeito, qualquer deles poderá usar os remédios possessórios que se fizerem necessários, tal como acontece no condomínio (CC, art. 1.314).

3.3.2.4. *Composse entre companheiros*

São comuns, após a dissolução da união estável, ações de natureza possessória entre companheiros, versando sobre a **posse dos bens comuns**. Numa delas, decidiu o Superior Tribunal de Justiça:

> "Reconhecida a composse da companheira em terreno acrescido de marinha, o término da união não é bastante para caracterizar a sua posse como injusta, mesmo que o título de ocupação tenha sido concedido apenas ao companheiro"[8].

Também já decidiu o antigo Segundo Tribunal de Alçada Civil de São Paulo, em sintonia com a evolução legislativa da situação dos conviventes, que, "diante da inovação constitucional que protege a união estável entre o homem e a mulher, **é idêntica à do cônjuge a posse da concubina**, que agora tem protegida a posse que conserva em razão de situação de fato anterior à abertura de sucessão de seu companheiro, não se reconhecendo esbulho nem mesmo em favor do espólio, ainda que sua permanência se dê em imóvel adquirido em nome da *de cujus*"[9].

3.3.3. Posses paralelas

Não se deve confundir composse (várias posses concomitantes sobre a mesma coisa) com **posses paralelas**, também denominadas posses múltiplas, em que ocorre concorrência ou **sobreposição de posses** (existência de posses de natureza diversa sobre a mesma coisa). Neste caso, dá-se o **desdobramento da posse em direta e indireta**, como visto no item 3.2, *retro*.

3.4. POSSE JUSTA E POSSE INJUSTA

Posse justa

Segundo o art. 1.200 do Código Civil, **"é justa a posse que não for violenta, clandestina ou precária"**.

---

[7] "A composse *pro diviso* ocorre quando não há uma divisão de direito, mas existe uma repartição de fato, que faz com que cada compossuidor já possua uma parte certa. Faz-se uma partilha aritmética, distribuindo-se um imóvel a diversas pessoas, de maneira que cada uma delas toma posse do terreno que corresponde à sua parte, embora o imóvel ainda seja indiviso. O exercício da composse permite essa divisão de fato para proporcionar uma utilização pacífica do direito de posse de cada um dos compossuidores" (TJSP, Ap. 185.521-1, rel. Des. Guimarães e Souza, j. 7-6-1994). "Possessória. Propositura por possuidor em condomínio *pro diviso*. Admissibilidade. No condomínio *pro diviso* que se rege pelo art. 488 do Código Civil (*de 1916*) assiste ao condômino esbulhado o direito a defender a sua posse contra o consorte que a espolie" (*RT*, 401/183).

[8] *RSTJ*, 93/230.

[9] Ap. 432.655-06/1, 7ª Câm., rel. Juiz Luiz Henrique.

Posse **justa**, destarte, é aquela isenta de vícios, aquela que não repugna ao direito, por ter sido adquirida por algum dos modos previstos na lei, ou, segundo a técnica romana, a posse adquirida legitimamente, **sem vício jurídico externo** (*nec vim, nec clam, nec precario*)[10].

■ **Posse injusta**

Posse injusta, portanto, por oposição, é a posse que foi adquirida viciosamente, por **violência** ou **clandestinidade** ou por **abuso do precário**.

■ 3.4.1. O vício da violência

É **violenta**, por exemplo, a posse do que toma o objeto de alguém, despojando-o à força, ou expulsa de um imóvel, por meios violentos, o anterior possuidor. Isenta de violência, denomina-se **posse mansa e pacífica**. Em questões possessórias não se deve confundir violência com má-fé, pois a primeira pode existir sem a segunda[11].

A violência pode ser **física** ou **moral**. As **ameaças** de toda sorte, que tenham como consequência o abandono da posse por parte de quem as sofreu, devem ser equiparadas à violência material, e **tornam viciosa a posse** assim adquirida[12].

Se a tradição pelo coato foi feita como símbolo de transmissão de propriedade, há necessidade de **anulação do negócio jurídico** de transferência do domínio, para que esta deixe de valer. Todavia, se a tradição foi feita unicamente como modo de transmitir a posse, sem representar um negócio jurídico de transferência de domínio, desde logo **a posse transmitida será injusta**, porque obtida por coação moral, podendo aquele que a perdeu fazer uso das **ações possessórias**[13].

A violência estigmatiza a posse, impedindo que a sua aquisição gere efeitos no âmbito do direito. **Ainda que exercida pelo proprietário**, deve a vítima ser reintegrada, porque não pode o esbulhador fazer justiça pelas próprias mãos[14].

■ 3.4.2. O vício da clandestinidade

É **clandestina** a posse do que **furta** um objeto ou ocupa imóvel de outro **às escondidas**. É aquela obtida furtivamente, que se estabelece sub-repticiamente, às ocultas da pessoa de cujo poder se tira a coisa e que tem interesse em conhecê-la.

O ladrão que furta, que tira a coisa com sutileza, por exemplo, estabelece a **posse clandestina**, do mesmo modo que o ladrão que rouba estabelece a posse violenta[15].

---

10 Lafayette, *Direito das coisas*, p. 51; João Batista Monteiro, *Ação*, cit., p. 33.
"Reintegração de posse. Existência de pré-contrato de venda de imóvel. Posse justa e boa-fé caracterizadas. Possibilidade do ajuizamento da ação somente pela rescisão contratual" (*RT*, 748/252).

11 Washington de Barros Monteiro, *Curso de direito civil*, v. 3, p. 28.

12 San Tiago Dantas, *Programa de direito civil*, v. III, p. 60-61; Astolpho Rezende, *A posse e sua proteção*, p. 241.

13 Marcus Vinicius Rios Gonçalves, *Dos vícios da posse*, p. 50.

14 Silvio Rodrigues, *Direito civil*, v. 5, p. 27; Caio Mário da Silva Pereira, *Instituições*, cit., v. IV, p. 28.

15 Washington de Barros Monteiro, *Curso*, cit., v. 3, p. 28; San Tiago Dantas, *Programa*, cit., v. III, 61.
"Reintegração de posse. Ação intentada por proprietário de veículo roubado. Admissibilidade, ainda que o réu tenha adquirido o produto em negócio aparentemente idôneo, dada a origem viciada da posse" (*RT*, 756/244).

3.4.3. O vício da precariedade

É **precária** a posse quando **o agente se nega a devolver a coisa**, findo o contrato (*vim, clam aut precario*).

Segundo Lafayette[16], diz-se viciada de precariedade a posse daqueles que, tendo recebido a coisa das mãos do proprietário por um título que os obriga a restituí-la em prazo certo ou incerto, como por empréstimo ou aluguel, recusam-se injustamente a fazer a entrega, **passando a possuí-la em seu próprio nome**.

3.4.4. Esbulho praticado mediante invasão pacífica de terreno alheio

Os três vícios mencionados correspondem às figuras definidas no Código Penal como **roubo** (violência), **furto** (clandestinidade) e **apropriação indébita** (precariedade). O aludido art. 1.200 do Código Civil não esgota, porém, as hipóteses em que a posse é viciosa. Aquele que, **pacificamente, ingressa em terreno alheio**, sem procurar ocultar a invasão, **também pratica esbulho**, malgrado a sua conduta não se identifique com nenhum dos três vícios apontados.

Nessa trilha, assevera Marcus Vinicius Rios Gonçalves[17] que, se o Código Civil limitasse os vícios da posse àqueles três, chegar-se-ia à conclusão de que o que **esbulhou a céu aberto**, sem empregar violência, ou sem abusar da confiança, não tornou viciosa a posse que adquiriu.

"Nada mais absurdo, porém", aduz o aludido autor, acrescentando que o dispositivo em apreço, "ao enumerar os vícios da posse, não esgotou as possibilidades pelas quais uma posse torna-se viciosa. Mais simples seria, pois, dizer que **há posse viciosa quando houve esbulho, considerando tal expressão como a tomada de posse não permitida, nem autorizada**. Inegável, portanto, que o que invade, **ainda que a céu aberto**, e sem incorrer em nenhuma das hipóteses do art. 489, do Código Civil (*de 1916; CC/2002: art. 1.200*), **ainda assim terá praticado esbulho**, e ainda assim terá contaminado a posse por ele adquirida, em relação ao anterior proprietário".

3.4.5. Vícios da violência e da clandestinidade ligados ao momento da aquisição da posse

Os vícios que maculam a posse se configuram **no momento da sua aquisição**. O legislador brasileiro classifica a posse como justa ou injusta, levando em conta a forma pela qual ela foi adquirida. Por essa razão, dispõe o art. 1.208 do Código Civil,

---

16 *Direito das coisas*, cit., p. 52.

"Reintegração de posse. Comodato. Recusa do ocupante do imóvel em devolver o bem após ter sido notificado. Esbulho caracterizado. Irrelevância de o proprietário nunca ter exercido a posse direta sobre o bem" (STJ, *RT*, 754/245). No mesmo sentido: *RT*, 779/264 e 754/364.

17 *Dos vícios*, cit., p. 52-53.

"Reintegração de posse. Edificação de torre de radiodifusão em terreno alheio. Esbulho caracterizado. Procedência do pedido" (*RT*, 748/318). "Reintegração de posse. Inadimplemento de contrato de permuta de bem imóvel, decorrente da não outorga das escrituras. Admissibilidade, pois se trata de posse injusta" (*RT*, 803/352).

segunda parte, que não autorizam a aquisição da posse **"os atos violentos ou clandestinos, senão depois de cessar a violência ou a clandestinidade"**.

Ainda que viciada, pois, a posse injusta não deixa de ser posse, visto que **a sua qualificação é feita em face de determinada pessoa**, sendo, portanto, relativa. Será **injusta em face do legítimo possuidor**. Mesmo viciada, porém, será **justa**, suscetível de proteção em relação às **demais pessoas estranhas ao fato**. Assim, a posse obtida clandestinamente, até por furto, é injusta em relação ao legítimo possuidor, **mas poderá ser justa em relação a um terceiro** que não tenha posse alguma. Para a proteção da posse não importa seja justa ou injusta, em sentido absoluto. **Basta que seja justa em relação ao adversário**. A tutela é dispensada em atenção à paz social[18].

Enfatiza Arruda Alvim[19] que a **injustiça** da posse ocorre entre o esbulhado e o esbulhador, sendo a situação deste **viciada** em relação à do outro.

Se se assumir situação possessória por **violência**, aduz o mencionado autor, "enquanto perdurar a violência ou enquanto subsistir a situação na **clandestinidade**, não haverá situação possessória. A posse que venha a ser assim adquirida, em decorrência da prática de tais ilícitos, é **injusta**, cuja injustiça se mantém, **em relação ao precedente possuidor**, viciando essa posse, **em face desse precedente possuidor**. Isto significa, por exemplo, que numa reintegração de posse, **ainda que não obtida a medida liminar pelo autor**, que foi esbulhado há mais de um ano, nem por isso deverá esse que foi esbulhado não vir a ser, afinal, reintegrado em sua posse".

Essa **injustiça da posse**, acrescenta o renomado civilista citado, "do detentor que se haja ilicitamente transmudado em possuidor, fica circunscrita à situação entre ele e o precedente possuidor, *i.e.*, em relação à comunidade, esse antigo detentor, e, agora possuidor, será havido como possuidor. Vale dizer, há uma **dualidade** de configurações de sua situação, **variável em relação ou em confronto de quem essa se oferta:** (a) em face do precedente possuidor, é uma, com sua posse injusta; (b) em face da comunidade, não há vício".

3.4.6. Momento em que se caracteriza o vício da precariedade

A precariedade **difere** dos vícios da violência e da clandestinidade quanto ao **momento de seu surgimento**. Enquanto os fatos que caracterizam estas ocorrem no momento da aquisição da posse, aquela somente se origina de **atos posteriores**, ou seja, a partir do instante em que o possuidor direto se **recusa a obedecer à ordem de restituição do bem** ao possuidor indireto.

A concessão da posse precária é perfeitamente lícita. Enquanto não chegado o momento de devolver a coisa, o possuidor (o comodatário, p. ex.) **tem posse justa**. O vício se manifesta quando fica caracterizado o abuso de confiança. No instante em

---

18 Pietro Bonfante, *Corso di diritto romano*, v. III, p. 208; Washington de Barros Monteiro, *Curso*, cit., v. 3, p. 28.

19 Algumas notas sobre a distinção entre posse e detenção, in *Aspectos controvertidos do novo Código Civil*: escritos em homenagem ao Ministro José Carlos Moreira Alves, p. 79-80.

que **se recusa a restituí-la, sua posse torna-se viciada e injusta**, passando à condição de esbulhador.

3.4.7. Cessação da violência e da clandestinidade

A violência e a clandestinidade podem, porém, cessar. Nesse caso, dá-se, segundo expressão usada por alguns doutrinadores, o **convalescimento dos vícios**. Enquanto não findam, existe apenas **detenção**. Cessados, surge a posse, porém **injusta**, em relação a quem a perdeu. Com efeito, dispõe o retrotranscrito art. 1.208 do Código Civil que não induzem posse os atos violentos ou clandestinos, **"senão depois de cessar a violência ou a clandestinidade"**.

Para cessar a clandestinidade não se exige demonstração de que a vítima tenha efetivamente ciência da perpetração do esbulho. Impõe-se tão só que o **esbulhador não o oculte mais dela, tornando possível** que venha a saber do ocorrido. Não se exige, destarte, a difícil prova de que a vítima tomou conhecimento do esbulho, mas apenas de que **tinha condições de tomar**, porque o esbulhador **não mais oculta a coisa**. Se considerarmos a clandestinidade em função única e exclusiva da ocultação da posse em face do proprietário, tornaremos inviável a subsistência da usucapião, porque se permitiria que o proprietário sempre invocasse o desconhecimento do exercício da posse por outrem[20].

O exemplo formulado por Mourlon, aplicável à usucapião, diz Azevedo Marques[21], esclarece bastante: "A fim de aumentar a minha adega (ou porão de casa) eu prolonguei-a debaixo da casa do vizinho e a possuí durante trinta anos sem descontinuidade nem interrupção. Adquiri-a por prescrição? Sim se o proprietário da casa vizinha pôde conhecê-la, isto é, se existe algum sinal aparente, tal como um respiradouro que indique e assinale a usurpação feita. Pouco importa que ele tenha conhecido, ou não; **basta que ele pudesse conhecê-la**. Não, porém, se não existe qualquer sinal, nem porta, nem respiradouro, construído de modo a lhe revelar a posse que a ele interessava conhecer".

3.4.8. O propalado não convalescimento do vício da precariedade

Segundo vários autores, dentre eles Silvio Rodrigues[22], o aludido art. 1.208 do Código Civil **arredou a possibilidade de ocorrer o convalescimento do vício da precariedade**, seja porque representa um abuso de confiança, seja porque a obrigação de devolver a coisa recebida em confiança nunca cessa.

Na realidade, porém, ao estabelecer que, enquanto não cessadas a violência ou a clandestinidade, não se adquire posse, mas detenção, o dispositivo em apreço estabelece uma **fase de transição**, em que o esbulhador terá mera detenção, **antes de adquirir posse, injusta ante o esbulhado**. Assim, não há convalescimento de posse,

[20] Marcus Vinicius Rios Gonçalves, *Dos vícios*, cit., p. 51; Nélson Luiz Pinto, *Ação de usucapião*, p. 108.

[21] *A ação possessória*, p. 37-38.

[22] *Direito civil*, cit., v. 5, p. 29.

mas **transmudação de detenção em posse**, com a cessação dos vícios da violência e da clandestinidade.

Como assinala Marcus Vinicius Rios Gonçalves, "**não há, porém, esse momento de transição, na hipótese de precariedade**. E a razão é evidente: trata-se de situação única, em que o esbulho decorre não da retirada da coisa, do poder de fato do esbulhado, mas da **inversão de *animus*** daquele que já tinha a coisa consigo. O possuidor precário já tinha a posse da coisa, e posse justa. Com a inversão do *animus*, pela recusa em devolver a coisa, **a posse do precário, então justa, transfigura-se em injusta, sem uma fase intermediária de transição**. Daí o equívoco em dizer-se que há convalescimento da violência e clandestinidade, mas não da precariedade"[23].

Ocorre, de fato, prossegue o mencionado autor, "é que, por algum tempo (enquanto não cessar a violência ou clandestinidade), o esbulhador terá mera detenção. Cessadas uma e outra, a situação transmudar-se-á em posse. Ao passo que **o precarista, sem transição, passará de possuidor justo a injusto, em relação ao esbulhado**. O que alguns autores, como Silvio Rodrigues, chamam de convalescimento da posse violenta e clandestina, nada mais é, a nosso ver, que uma **substituição de um estado de detenção, por um estado de posse**. Tal substituição não ocorre nas hipóteses de precariedade, porquanto neste não há a fase transitória de detenção".

O que o legislador chama de precariedade é, em realidade, **a inversão manifesta do ânimo do possuidor precário**, que passa a não mais reconhecer os direitos do possuidor anterior (indireto). Configura-se, nessa hipótese, o **esbulho**[24].

3.4.9. Esbulho caracterizado pela modificação do ânimo da posse

Também caracteriza o esbulho a **modificação do ânimo do mero detentor**, que se opõe ao possuidor anterior, recusando-se a restituir a coisa, como na hipótese do **caseiro** que, abusando da confiança que lhe foi depositada, toma a coisa para si, recusando-se a devolvê-la ao proprietário, ou possuidor anterior[25].

Conforme, porém, anota Lenine Nequete[26], nada impede que "o caráter originário da posse se modifique quando, acompanhando a mudança da vontade, sobrevém igualmente uma **nova *causa possessionis***". Assim, o **locatário**, por exemplo, aduz,

---

[23] *Dos vícios*, cit., p. 46.

[24] "Esbulho possessório caracterizado. Permanência ilícita do réu no imóvel, quando já cessada a legitimidade da ocupação em virtude da dispensa de cargo que autorizava o exercício da posse do bem" (*RT*, 804/401). "Reintegração de posse. Admissibilidade. Posse precária de locatário que, despejado, clandestinamente retorna a ocupar o imóvel. Esbulho caracterizado" (*RT*, 791/230). "Esbulho. Caracterização. Veículo automotor. Proprietário que deixa veículo em consignação para revenda e vem a perdê-lo, para terceiro, sem que recebesse o preço avençado. Inadmissibilidade. Tradição feita por quem era mero detentor" (*RT*, 805/277).

[25] "Reintegração de posse. Liminar deferida contra empregado, ocupante de imóvel existente em chácara de lazer, contratado para exercer a função de caseiro da propriedade. Admissibilidade, pois apenas conserva a posse em nome do possuidor e em cumprimento de ordem e instruções suas" (*RT*, 778/300).

[26] *Da prescrição aquisitiva (usucapião)*, p. 123.

"**desde que adquira a propriedade** a um *non dominus*, ou que tenha **repelido o proprietário**, deixando de pagar-lhe os aluguéis e fazendo-lhe sentir inequivocamente a sua pretensão dominial, é fora de dúvida que passou a possuir como dono".

Tal posse, em virtude da nova *causa possessionis*, tornar-se-ia capaz de conduzir à usucapião, iniciando-se a contagem do prazo a partir dessa inversão.

Os atos de oposição ao proprietário, entretanto, "devem ser tais que não deixem nenhuma dúvida quanto à vontade do possuidor de transmutar a sua posse precária em posse a título de proprietário e quanto à ciência que dessa inversão tenha tido o proprietário: pois que **a mera falta de pagamento dos locativos**, ou outras circunstâncias semelhantes das quais o proprietário não possa concluir claramente a intenção de se inverter o título, **não constituem atos de contradição eficazes**"[27].

No tocante à **violência**, a situação de fato consolida-se se o esbulhado deixar de reagir, e a mera detenção do invasor, existente antes de cessada a violência, passa à condição de posse, **embora qualificada como injusta em relação ao espoliado**. A lei não estabelece prazo para a aquisição dessa posse. Para que cesse o vício, basta que o possuidor passe a usar a coisa publicamente, com conhecimento do proprietário ou com a possibilidade de existir tal conhecimento, sem que este reaja.

Cessadas a violência e a clandestinidade, a mera detenção, que então estava caracterizada, **transforma-se em posse injusta em relação ao esbulhado**, que permite ao novo possuidor ser mantido provisoriamente, contra os que não tiverem melhor posse. Na posse de mais de ano e dia, o possuidor será mantido provisoriamente, inclusive contra o proprietário, até ser convencido pelos meios ordinários (CC, arts. 1.210 e 1.211; CPC, art. 558, *caput* e parágrafo único). Cessadas a violência e a clandestinidade, a posse passa a ser **"útil"**, surtindo todos os efeitos, nomeadamente para a **usucapião** e para a utilização dos interditos.

Procura-se conciliar o art. 1.208 do Código Civil, que admite a cessação dos vícios da posse, com a regra do art. 1.203, que presume manter esta o mesmo caráter com que foi adquirida, afirmando-se que este último dispositivo contém uma **presunção *juris tantum***, no sentido de que a posse guarda o caráter de sua aquisição. Assim, **admite prova em contrário**.

3.5. POSSE DE BOA-FÉ E POSSE DE MÁ-FÉ

3.5.1. Conceito

A boa-fé constitui um dos princípios básicos e seculares do direito civil, ao lado de muitos outros. Os princípios gerais de direito são, com efeito, os elementos fundamentais da cultura jurídica humana em nossos dias.

No âmbito do direito das coisas, a **posse de boa-fé**, aliada a outros relevantes elementos, segundo expressiva síntese de Caio Mário da Silva Pereira[28]:

- cria o domínio, premiando a constância e abençoando o trabalho;

[27] Lenine Nequete, *Da prescrição aquisitiva*, cit., p. 123.

[28] Ideia de boa-fé, *RF*, 72/33.

- confere ao possuidor, não proprietário, os frutos provenientes da coisa possuída;
- exime-o de indenizar a perda ou deterioração do bem em sua posse;
- regulamenta a hipótese de quem, com material próprio, edifica ou planta em terreno alheio;
- ainda, outorga direito de ressarcimento ao possuidor pelos melhoramentos realizados.

O Código Civil brasileiro, no art. 1.201, conceitua a posse de boa-fé como aquela em que **"o possuidor ignora o vício, ou o obstáculo que impede a aquisição da coisa"**. Decorre da consciência de se ter adquirido a posse por meios legítimos. O seu conceito, portanto, funda-se em dados psicológicos, **em critério subjetivo**.

É de suma importância, para caracterizar a posse de boa-fé, **a crença do possuidor** de se encontrar em uma situação legítima. Se **ignora a existência de vício** na aquisição da posse, ela é de ***boa-fé***; se o vício **é de seu conhecimento**, a posse é de ***má-fé***. Para verificar se uma posse é **justa** ou **injusta**, o critério, entretanto, é **objetivo**: examina-se a existência ou não dos vícios apontados.

Assim, segundo Silvio Rodrigues[29], o que distingue uma posse da outra é a **posição psicológica do possuidor**. Se sabe da existência do vício, sua posse é de má-fé. Se ignora o vício que a macula, sua posse é de boa-fé. Cumpre, entretanto, notar, aduz, "que não se pode considerar de boa-fé a posse de quem, por erro inescusável, ou ignorância grosseira, desconhece o vício que mina sua posse".

3.5.2. Teorias a respeito da configuração da má-fé

Dentre as várias teorias existentes a esse respeito, destacam-se:

- a **ética**, que liga a má-fé à ideia de culpa; e
- a **psicológica**, que só indaga da ciência por parte do possuidor do impedimento para a aquisição da posse.

Na concepção **psicológica**, o interessado deve possuir apenas a crença de que não lesa o direito alheio. Na concepção **ética**, todavia, essa crença deve derivar de um **erro escusável** ou de averiguação e exame de **circunstâncias** que circundam o fato. Analisa-se, nesta, se o indivíduo agiu com as diligências normais exigidas para a situação.

Tem sido salientada a necessidade de a ignorância derivar de um **erro escusável**. Assim, em sintonia com a concepção **ética**, sublinha Silvio Rodrigues[30], "se o possuidor adquiriu a coisa possuída de menor impúbere e de aparência infantil, não pode alegar ignorância da nulidade que pesa sobre o seu título. Como também não pode ignorá-la se comprou o imóvel sem examinar a prova de domínio do alienante. Nos dois casos, sua ignorância deflui de **culpa grave, de negligência imperdoável**, que por isso mesmo é inalegável".

[29] *Direito civil*, cit., v. 5, p. 31.

[30] *Direito civil*, cit., v. 5, p. 31.

O direito pátrio, conforme acentua Orlando Gomes[31], concebe a boa-fé de modo negativo, como **ignorância**, não como **convicção**. Se o possuidor tem consciência do vício que impede a aquisição da coisa e, não obstante, adquire-a, torna-se possuidor de **má-fé**. Observa, todavia, o mencionado autor que a aquisição deve ter causa legítima, mesmo aparente, admitindo-se, porém, **erro escusável**. E que **a dúvida relevante exclui a possibilidade da boa-fé**, bem como a exclui a **culpa do possuidor** na aquisição da posse. O erro, de que resulta a posse de boa-fé, aduz, "há de ser invencível, sendo evidente que erro oriundo de culpa não tem escusa".

A culpa, a negligência ou a falta de diligência comum são enfocadas, pois, como **excludentes da boa-fé**, como o fazem os adeptos da **concepção ética**. A jurisprudência tem firmemente salientado a necessidade de a ignorância derivar de um erro escusável, acolhendo, assim, os princípios da teoria ética. Confira-se:

> "Entre o proprietário que voluntariamente se despoja da posse em favor de pessoa de má-fé e o detentor da posse que a adquiriu **em negócio normal**, de boa-fé, e **mediante a diligência comum**, não pode haver dúvida quanto à solução favorável a este último"[32].

A boa-fé não é essencial para o uso das ações possessórias. **Basta que a posse seja justa.** Ainda que de má-fé, o possuidor não perde o direito de ajuizar a ação possessória competente para proteger-se de um ataque à sua posse. A boa-fé **somente ganha relevância**, com relação à posse, em se tratando de usucapião, de disputa sobre os frutos e benfeitorias da coisa possuída ou da definição da responsabilidade pela sua perda ou deterioração.

Um testamento, pelo qual alguém recebe um imóvel, por exemplo, ignorando que o ato é nulo, é hábil, não obstante o vício, para transmitir-lhe a crença de que o adquiriu legitimamente. Essa crença, embora calcada em título defeituoso, mas aparentemente legal, produz efeito igual ao de um título perfeito e autoriza reputar-se de boa-fé quem se encontrar em tal situação.

3.5.3. Presunção de boa-fé

O Código Civil estabelece **"presunção de boa-fé"** em favor de quem tem **justo título**, "salvo prova em contrário, ou quando a lei expressamente não admite esta presunção" (art. 1.201, parágrafo único).

Segundo a lição de Lenine Nequete, **justo título** (*justa causa possessionis*) para fins de usucapião "é todo ato formalmente adequado a transferir o domínio ou o direito real de que trata, mas que deixa de produzir tal efeito (e aqui a enumeração é

---

31 *Direitos reais*, cit., p. 54-55.

32 *RT*, 526/106.

V. ainda: "Não se amparando o possuidor em título de legitimidade ao menos aparente, a posse não é de boa-fé" (*RT*, 563/229). "A boa-fé é legítima quando provém de erro escusável, invencível. Erro invencível é o que não se origina de culpa. Erro oriundo de culpa não tem escusa. O ato que dela provém não se reveste de boa-fé; não encontra apoio na lei; não produz efeitos jurídicos" (*Arq. Jud.*, 65/405).

meramente exemplificativa) em virtude de não ser o transmitente senhor da coisa ou do direito, ou de faltar-lhe o poder de alienar"[33].

Justo título, em suma, é o que **seria hábil para transmitir o domínio e a posse se não contivesse nenhum vício impeditivo dessa transmissão**. Uma escritura de compra e venda, devidamente registrada, por exemplo, é um título hábil para a transmissão de imóvel. No entanto, se o vendedor não era o verdadeiro dono (aquisição *a non domino*) ou se era um menor não assistido por seu representante legal, a aquisição não se perfecciona e pode ser anulada. Porém, a posse do adquirente **presume-se ser de boa-fé, porque estribada em justo título**.

Essa presunção, no entanto, é ***juris tantum*** e, como tal, admite prova em contrário. De qualquer forma, ela ampara o possuidor de boa-fé, pois transfere o ônus da prova à parte contrária, a quem incumbirá demonstrar que, a despeito do justo título, estava o possuidor ciente de não ser justa a posse.

Isso significa, como enfatiza José Rogério Cruz e Tucci, citando Tito Fulgêncio, "que cessará a verdade presumida ante a verdade verdadeira, ou seja, tal presunção *iuris tantum* de boa-fé, na hipótese de a posse fundar-se em justo título, só não prevalecerá diante de elementos probatórios contrários que tenham o condão de demonstrar a má-fé do possuidor"[34].

Convém observar, dizem Cristiano Chaves de Farias e Nelson Rosenvald, "que **o conceito de justo título para posse é mais amplo que o de justo título para fins de usucapião**. Para se alcançar a modalidade ordinária de usucapião (art. 1.242 do CC), requer-se um ato jurídico em tese formalmente perfeito a transferir a propriedade (*v.g.*, a escritura de compra e venda, formal de partilha). Já o justo título para posse demanda apenas um título que aparenta ao possuidor que a causa de sua posse é legítima (*v.g.*, contrato de locação ou cessão de direitos possessórios)"[35].

Com efeito, o justo título capaz de emprestar boa-fé à posse, para fins de **usucapião ordinário**, deve ser hábil para transmitir o **domínio**, se não contiver nenhum vício impeditivo dessa transmissão. No entanto, para a qualificação da posse como de **boa-fé**, para fins exclusivamente possessórios, não se exige que seja capaz, em tese, de transmitir o domínio, sendo definido simplesmente como a **causa jurídica, a razão eficiente da posse**. Nessa visão, um contrato de locação, de comodato, de compromisso de compra e venda, bem como a cessão de direitos hereditários, configuram um estado de aparência que permite concluir estar o sujeito gozando de boa posse, devendo ser considerado justo título para os fins do parágrafo único do art. 1.201 do Código Civil.

Desnecessário dizer, por evidente, que a posse de boa-fé pode existir sem o justo título.

---

[33] *Da prescrição aquisitiva*, cit., p. 207.

[34] Da posse de boa-fé e os embargos de retenção por benfeitorias, in *Posse e propriedade*: doutrina e jurisprudência, p. 613-614.

[35] *Direitos reais*, 5. ed., p. 82-83.

3.5.4. Transformação da posse de boa-fé em posse de má-fé

O art. 1.202 do Código Civil dispõe a respeito da transformação da posse de boa-fé em posse de má-fé:

> "A posse de boa-fé só perde este caráter no caso e desde o momento em que **as circunstâncias** façam presumir que o possuidor não ignora que possui indevidamente".

Divergem os romanos e os canonistas quanto à admissibilidade ou não da mudança jurídica do caráter da posse. Para o sistema do direito romano, aprecia-se a existência da boa-fé em um momento único: **o da aquisição da posse**. A adquirida de boa-fé conserva essa qualificação, ainda que o possuidor, em dado momento, tenha conhecimento de que adquiriu coisa alheia. Daí a parêmia latina: *Mala fides superveniens (id est scientia rei alienae) non impedit usucapionem.* **A má-fé superveniente não prejudica** (*mala fides superveniens non nocet*).

O direito canônico inspira-se em uma moral severa, mormente a partir do Concílio de Latrão, de 1215, e exige que **a boa-fé exista durante todo o tempo** em que a coisa se encontre em poder do possuidor.

O Código Civil brasileiro acolheu, no citado art. 1.202, a mesma regra, filiando-se ao sistema canônico e afastando a parêmia *mala fides superveniens non nocet.*

Destarte, no que respeita aos frutos, benfeitorias e acessões, "não se há de perquirir apenas se a posse foi adquirida com boa ou má-fé, mas se no momento da colheita daqueles, ou da realização destas, a boa-fé persistia. **Apenas enquanto perdurar a boa-fé** o possuidor torna seus os frutos colhidos, e faz jus à indenização pelas benfeitorias necessárias e úteis, com direito de retenção, podendo, ainda, levantar as voluptuárias que não lhe forem indenizadas. Também para fins de usucapião exige-se que a boa-fé persista durante todo o lapso prescricional. **A má-fé superveniente obstaculiza a usucapião ordinária**"[36].

A solução, para se definir o momento em que a posse de boa-fé perde esse caráter, desloca a questão para o **objetivismo**. A conversão da posse "não se verifica no momento em que o possuidor tem conhecimento da existência do vício ou do obstáculo, mas, sim, quando **as circunstâncias firmem a presunção de que não os ignora**. Essa exteriorização é inevitável, porquanto não se pode apanhar, na mente do possuidor, o momento preciso em que soube que possui indevidamente"[37].

Costuma-se fixar o momento da transmudação do caráter da posse em função do procedimento judicial intentado contra o possuidor, parecendo a alguns, como observa Orlando Gomes[38], que deve ser o da propositura da ação, a outros o da **citação inicial**, ou, ainda, o da **contestação da lide**. Entretanto, como lembra ainda o mencionado autor, "as circunstâncias podem ser tão notórias que, sem qualquer procedimento judicial de quem quer que seja, façam, de logo, presumir que o possuidor possui indevidamente".

---

[36] Marcus Vinicius Rios Gonçalves, *Dos vícios da posse*, cit., p. 40.

[37] Orlando Gomes, *Direitos reais*, cit., p. 56.

[38] *Direitos reais*, cit., p. 56.

A jurisprudência tem proclamado que **a citação** para a ação **é uma dessas circunstâncias que demonstram a transformação da posse de boa-fé em posse de má-fé**, pois, em razão dela, recebendo a cópia da inicial, o possuidor toma ciência dos vícios de sua posse. Os efeitos da sentença retroagirão ao momento da citação, a partir do qual o possuidor será tratado como possuidor de má-fé, com todas as consequências especificadas nos arts. 1.216 a 1.220 do Código Civil[39].

Não somente quando é citado para responder à ação o possuidor toma ciência dos vícios de sua posse, mas igualmente quando é turbado e figura como autor da ação, e o réu oferece **contestação**, juntando os documentos comprobatórios de seu melhor direito. Assim, conforme a sua posição na demanda, se a de autor ou se a de réu, poderá tomar conhecimento dos vícios de sua posse ou pela citação, ou pela contestação apresentada pela parte contrária, malgrado a existência de algumas vozes discordantes dessa solução. Com efeito, essa regra não pode ser considerada absoluta, uma vez que, **em alguns casos, o possuidor, a despeito de citado, poderá ter fortes razões para manter a convicção de que possui legitimamente**. José Rogério Cruz e Tucci[40], *verbi gratia*, entende que não se deve solucionar esse problema à luz de regras apriorísticas inflexíveis e que o posicionamento mais adequado é o de examinar-se acuradamente litígio por litígio, situação por situação.

Pontes de Miranda, por sua vez, afirma que "tanto cai em apriorismo descabido quem afirma a necessária incursão em má-fé a partir da citação, como quem afirma que tal se dê a partir da contestação"[41]. No seu entender, assiste razão a Lafayette Rodrigues Pereira em afirmar que é falsa a opinião dos que pensam que a citação induz sempre o possuidor em má-fé, pois **"bem pode o possuidor, sem embargo dos fundamentos da citação, continuar por julgá-los improcedentes, na crença de que a coisa lhe pertence"**.

Apesar da crítica dos doutrinadores, a **jurisprudência**, como já se viu, entende deva-se presumir a má-fé do possuidor desde a data da citação ou, conforme a hipótese, desde a data do conhecimento dos termos da contestação[42].

Nada impede, entretanto, que o interessado prove outro fato que demonstre que a parte contrária, mesmo antes da citação, já sabia que possuía indevidamente.

3.6. POSSE NOVA E POSSE VELHA

É de grande importância a distinção entre posse nova e velha:

- **posse nova** é a de menos de ano e dia;
- **posse velha** é a de ano e dia ou mais.

O decurso do aludido prazo tem o condão de consolidar a situação de fato, permitindo que a posse seja considerada purgada dos defeitos da violência e da clandestinidade, malgrado tal purgação possa ocorrer antes.

---

[39] *RTJ*, 99/804; *RJTJRS*, 68/393.

[40] Da posse de boa-fé, cit., p. 616-617.

[41] *Tratado de direito privado*, t. X, p. 378.

[42] *RTJ*, 99/804; *JTACSP*, 85/336.

3.6.1. Origem histórica da distinção

É bastante obscura a história do direito a propósito da fixação desse prazo, havendo notícia de que estaria relacionado ao plantio e às colheitas, que geralmente levam um ano.

A versão mais corrente é que a anualidade surgiu nos costumes germanos, sendo necessária para a posse poder constituir uma presunção de propriedade, pois se entendeu que só quando a posse tivesse uma certa duração poderia produzir tal efeito[43].

3.6.2. Critérios adotados no Código Civil

Dizia o art. 507 do Código Civil de 1916 que, na posse de ***menos de ano e dia***, "nenhum possuidor será manutenido ou reintegrado judicialmente, senão contra os que não tiverem melhor posse". E o parágrafo único fornecia os subsídios para se apurar quem tinha melhor posse, entendendo-se como tal a "que se fundar em justo título; na falta de título, ou sendo os títulos iguais, a mais antiga; se da mesma data, a posse atual. Mas, se todas forem duvidosas, será sequestrada a coisa, enquanto se não apurar a quem toque".

Esses critérios **não são enunciados no Código Civil de 2002**, que apenas dispõe, genericamente, no art. 1.211:

> "Quando mais de uma pessoa se disser possuidora, manter-se-á provisoriamente a que tiver a coisa, se não estiver manifesto que a obteve de alguma das outras por modo vicioso".

O dispositivo em apreço **não distingue entre a posse velha e a posse nova**. Caberá ao juiz, em cada caso, avaliar a melhor posse, assim considerando a que não contiver nenhum vício.

3.6.3. Critérios adotados no Código de Processo Civil

O art. 558 do Código de Processo Civil possibilita a concessão de **liminar** *initio litis* ao possuidor que intentar a ação possessória "**dentro de ano e dia** da turbação ou do esbulho". Passado esse prazo, "**será comum o procedimento**, não perdendo, contudo, o caráter possessório"[44].

[43] Manuel Rodrigues, *A posse*, cit., p. 332; Washington de Barros Monteiro, *Curso*, cit., v. 3, p. 32; Sílvio Venosa, *Direito civil*, v. V, p. 86.

[44] "O prazo de ano e dia para a caracterização da posse nova e a consequente viabilidade da liminar na ação possessória conta-se, em regra, desde a data do esbulho ou turbação até o ajuizamento da ação, nos termos do art. 924 do CPC [de 1973, atual art. 558]" (STJ, REsp 313.581-RJ, 4ª T., rel. Min. Sálvio de Figueiredo Teixeira, j. 21-6-2001). "É cabível a ação possessória mesmo superado o ano e dia, com a única alteração relativa ao descabimento da concessão liminar da manutenção ou reintegração" (*RT*, 722/168). "Esbulho datado de mais de ano e dia. Pretendida concessão de liminar. Inadmissibilidade" (*RT*, 753/410). "É cabível a liminar, ainda que a moléstia à posse tenha ocorrido há mais de ano e dia, se for praticada por particular contra bem público de uso comum" (*JTA*, Lex, 147/45; TJSP, AgI 193.570.5/3-SP, rel. Des. Sidnei Beneti).

3.6.4. Ação de força nova e ação de força velha

Não se deve confundir posse nova com **ação de força nova**, nem posse velha com **ação de força velha**. Classifica-se a posse em nova ou velha quanto à sua idade. Todavia, para saber se a ação é de força nova ou velha, leva-se em conta **o tempo decorrido desde a ocorrência da turbação ou do esbulho**. Se o turbado ou esbulhado reagiu logo, intentando a ação dentro do prazo de ano e dia, contado da data da turbação ou do esbulho, poderá pleitear a concessão da liminar (CPC, art. 558), por se tratar de **ação de força nova**. Passado esse prazo, no entanto, como visto, **o procedimento será o comum**, sem direito a liminar, sendo a **ação de força velha**.

É possível, assim, alguém que tenha posse velha ajuizar ação de força nova, ou de força velha, dependendo do tempo que levar para intentá-la, contado o prazo da turbação ou do esbulho, assim como também alguém que tenha posse nova ajuizar ação de força nova ou de força velha.

3.7. POSSE NATURAL E POSSE CIVIL OU JURÍDICA

Posse natural

É a que se constitui pelo exercício de **poderes de fato** sobre a coisa, ou, segundo Limongi França, a "que se assenta na detenção material e efetiva da coisa"[45].

Posse civil ou jurídica

É a que se adquire por força da lei, sem necessidade de atos físicos ou da apreensão material da coisa. Exemplifica-se com o constituto possessório: *A* vende sua casa a *B*, mas continua no imóvel como inquilino; não obstante, *B* fica sendo possuidor da coisa (posse indireta), mesmo sem jamais tê-la ocupado fisicamente, em virtude da cláusula *constituti*, que aí sequer depende de ser expressa[46].

Posse civil ou jurídica é, portanto, a que se transmite ou se adquire pelo título. Adquire-se a posse por qualquer dos modos de aquisição em geral, desde o momento em que se torna possível o exercício, em nome próprio, de qualquer dos poderes inerentes à propriedade. A jurisprudência tem, iterativamente, considerado válida a transmissão da posse por **escritura pública**[47].

3.8. POSSE *AD INTERDICTA* E POSSE *AD USUCAPIONEM*

Posse *ad interdicta*

É a que pode ser defendida pelos **interditos**, isto é, pelas ações possessórias, quando molestada, **mas não conduz à usucapião**.

O possuidor, como o **locatário**, por exemplo, vítima de ameaça ou de efetiva turbação ou esbulho, tem a faculdade de defendê-la ou de recuperá-la pela ação possessória adequada até mesmo contra o proprietário[48]. Para ser protegida pelos inter-

---

45 *A posse no Código Civil*, p. 18.

46 Lafayette, *Direito das coisas*, cit., p. 51; Limongi França, *A posse no Código Civil*, p. 18.

47 STJ, REsp 21.125-0-MS, 3ª T., rel. Min. Dias Trindade, *DJU*, 15-6-1992, n. 113, p. 9267; *JTACSP*, 78/99.

48 "Usucapião extraordinária. Modificação do caráter originário da posse que teve origem em relação locatícia. Admissibilidade, visto que, a partir de um determinado momento, essa mesma assumiu a

ditos **basta que a posse seja justa**, isto é, que não contenha os vícios da violência, da clandestinidade ou da precariedade.

Posse *ad usucapionem*

É a que se prolonga por determinado lapso de tempo estabelecido na lei, deferindo a seu titular a **aquisição do domínio**. É, em suma, aquela capaz de gerar o direito de propriedade. Ao fim de um período de dez anos, aliado a outros requisitos, como o ânimo de dono, o exercício contínuo e de forma mansa e pacífica, além do justo título e boa-fé, dá origem à **usucapião ordinária** (CC, art. 1.242).

Quando a posse, com essas características, prolonga-se por quinze anos, a lei defere a aquisição do domínio pela **usucapião extraordinária**, independentemente de título e boa-fé (CC, art. 1.238)[49].

Como se percebe, embora seja suficiente a ausência de vícios (posse justa) para que a posse se denomine ***ad interdicta***, torna-se necessário, para que dê origem à usucapião **(*ad usucapionem*)**, que, além dos elementos essenciais à posse, contenha outros, como o decurso do tempo exigido na lei, o exercício de maneira mansa e pacífica, o *animus domini* e, em determinados casos, a boa-fé e o justo título.

3.9. POSSE *PRO DIVISO* E POSSE *PRO INDIVISO*

Posse *pro diviso*

Configura-se quando cada compossuidor se localiza em **partes determinadas** do imóvel, estabelecendo uma **divisão de fato**. Neste caso, cada compossuidor poderá mover ação possessória contra outro compossuidor que o moleste no exercício de seus direitos, nascidos daquela situação de fato.

Posse *pro indiviso*

Caracteriza-se quando os compossuidores têm posse somente de **partes ideais** da coisa.

Essas modalidades já foram examinadas no item 3.3.2, *retro*, concernente à composse, ao qual nos reportamos.

Segundo Limongi França[50], posse ***pro indiviso*** é a posse de partes ideais da coisa objeto de composse. Já a posse ***pro diviso*** é a posse materialmente localizada dentro da composse. É uma verdadeira **posse individual dentro da composse**, uma vez que o possuidor *pro diviso*, sendo a posse justa, pode executar seus direitos contra os demais compossuidores.

feição de posse em nome próprio, sem subordinação ao antigo dono e, por isso mesmo, com força *ad usucapionem*. Comprovação, ademais, dos requisitos dispostos no art. 550 do CC (*de 1916; CC/2002: art. 1.238*)" (STJ, *RT*, 790/216).

49 "Usucapião extraordinária. Necessidade de comprovar a posse e o tempo de permanência, sendo a primeira justa e desprovida de violência. Presunção de boa-fé. Comprovação do tempo aquisitivo, constatada a realização de benfeitorias, que não foram contestadas. Posse justa. Caracterização. Direito a aquisição do imóvel" (*RT*, 804/346). "Reintegração de posse. Suspensão do processo. Medida decretada até o julgamento final de ação de usucapião anteriormente interposta. Admissibilidade, embora não seja caso de conexão, eis que evidente a prejudicialidade, em face da possibilidade da ocorrência de decisões conflitantes" (*RT*, 793/278).

50 *A posse no Código Civil*, cit., p. 18.

Washington de Barros Monteiro[51], por sua vez, esclarece que, na posse ***pro diviso***, a compossessão subsiste de direito, mas não de fato; e na posse ***pro indiviso*** existe compossessão de fato e de direito. Se, aduz, "o compossuidor tem posse *pro diviso* exercitada sobre *pars certa, locus certa ex fundo*, tem direito de ser respeitado na porção que ocupa, até mesmo contra outro compossuidor. Se não existe, porém, sinal de posse em qualquer trecho do imóvel, se vago se acha o lugar, o compossuidor tem direito de nele instalar-se, desde que não exclua os demais".

3.10. RESUMO

CLASSIFICAÇÃO DA POSSE
Posse direta ou **imediata:** é a daquele que tem a coisa em seu poder, temporariamente, em virtude de contrato (a posse do locatário, p. ex., que a exerce por concessão do locador — CC, art. 1.197).
Posse indireta ou **mediata:** é a daquele que cede o uso do bem (a do locador, p. ex.). Dá-se o desdobramento da posse. Uma não anula a outra. Nessa classificação não se propõe o problema da qualificação da posse, porque ambas são posses jurídicas ***(jus possidendi)*** e têm o mesmo valor.
Posse justa: é a não violenta, clandestina ou precária (CC, art. 1.200). É a adquirida legitimamente, sem vício jurídico externo.
Posse injusta: é a adquirida viciosamente ***(vim, clam aut precario)***. Ainda que viciada, não deixa de ser posse, visto que a sua qualificação é feita em face de determinada pessoa. Será injusta em face do legítimo possuidor; será, porém, justa e suscetível de proteção em relação às demais pessoas estranhas ao fato.
Posse de boa-fé: configura-se quando o possuidor ignora o vício, ou o obstáculo que impede a aquisição da coisa (art. 1.201). É de suma importância a crença do possuidor de encontrar-se em uma situação legítima. O CC estabelece presunção de boa-fé em favor de quem tem justo título (art. 1.201, parágrafo único).
Posse de má-fé: é aquela em que o possuidor tem conhecimento dos vícios na aquisição da posse e, portanto, da ilegitimidade de seu direito. A posse de boa-fé se transforma em posse de má-fé desde o momento em que as circunstâncias demonstrem que o possuidor não mais ignora que possui indevidamente (CC, art. 1.202).
Posse nova: é a de menos de ano e dia. Não se confunde com **ação de força nova**, que leva em conta não a duração temporal da posse, mas o tempo decorrido desde a ocorrência da turbação ou do esbulho.
Posse velha: é a de ano e dia ou mais. Não se confunde com **ação de força velha**, intentada depois de ano e dia da turbação ou esbulho.
Posse natural: é a que se constitui pelo exercício de poderes de fato sobre a coisa.
Posse civil ou jurídica: é a que assim se considera por força da lei, sem necessidade de atos físicos ou materiais. É a que se transmite ou se adquire pelo título (escritura pública, p. ex.).
Posse *ad interdicta*: é a que pode ser defendida pelos interditos ou ações possessórias, quando molestada, mas não conduz à usucapião (a do locatário, p. ex.).
Posse *ad usucapionem*: é a que se prolonga por determinado lapso de tempo estabelecido na lei, deferindo a seu titular a aquisição do domínio.
Posse *pro diviso*: é a exercida simultaneamente (composse), estabelecendo-se, porém, uma divisão de fato entre os compossuidores.
Posse *pro indiviso*: é aquela em que se exercem, ao mesmo tempo e sobre a totalidade da coisa, os poderes de utilização ou exploração comum do bem.

3.11. QUESTÕES

1. (DELPOL/CE/Delegado de Polícia/VUNESP/2015) Sobre o instituto da posse, é CORRETO afirmar:

a) a posse não pode ser adquirida por representante, haja ou não instrumento de mandato.
b) é facultado ao sucessor singular unir sua posse à de seu antecessor, para os efeitos legais.

[51] *Curso*, cit., v. 3, p. 76.

c) o possuidor direto não tem proteção possessória contra o possuidor indireto.
d) em razão da vedação à autotutela, o possuidor esbulhado não pode adotar medidas imediatas, por sua própria força, para recuperar a posse.
e) o detentor possui proteção possessória equivalente à do possuidor.

2. (OAB/RS/2005.1) Em relação à posse, assinale a assertiva CORRETA

a) O direito brasileiro adotou a teoria objetiva da posse, de autoria de Savigny.
b) A tutela da posse pode ser arguida pelo detentor.
c) Atendidos os requisitos legais, o possuidor poderá defender-se do esbulho por seus próprios meios.
d) O possuidor direto não tem proteção possessória frente ao possuidor indireto.

3. (TJ/AL/Juiz de Direito/Fundação Carlos Chagas/2015) A posse direta de pessoa que tem a coisa em seu poder, temporariamente, em virtude de algum direito

a) pessoal ou real anula a indireta, de quem aquela foi havida, podendo o possuidor direto defender a sua posse contra o indireto, não podendo, porém, defender sua posse contra o que teve posse direta.
b) real não anula a indireta, de quem aquela foi havida, podendo o possuidor direto defender a sua posse contra o indireto, mas esse mesmo direito não terá, se a posse direta advier de direito pessoal.
c) pessoal ou real não anula a indireta, de quem aquela foi havida, podendo o possuidor direto defender a sua posse contra o indireto.
d) pessoal não anula a indireta, de quem aquela foi havida, podendo o possuidor direto defender a sua posse contra o indireto, mas esse mesmo direito não terá se a posse direta advier de direito real.
e) pessoal ou real anula a indireta, de quem aquela foi havida, podendo o possuidor direto defender a sua posse contra o indireto, bem como defender a sua posse contra o que teve posse direta.

4. (OAB/MT/2005.1) Assinale a alternativa que caracteriza a posse de fâmulo:

a) a posse exercida pelo locatário.
b) a posse exercida pelo proprietário.
c) a posse exercida pelo caseiro.
d) a posse exercida pelo usufrutuário.

5. (PGE/Procurador do Estado/SE/Fundação Carlos Chagas/2005) É de boa-fé a posse

a) somente se autorizada expressamente pelo proprietário ou pelo titular do domínio útil.
b) se o possuidor ignorar o vício ou o obstáculo que impede a aquisição da coisa.
c) apenas quando o possuidor ostentar título de domínio.
d) depois de decorrido prazo para aquisição da propriedade por usucapião ordinária.
e) se, entre presentes, for tolerada pelo proprietário ou pelo titular de domínio útil.

6. (TCE/PB/Auditor de Contas Públicas/Fundação Carlos Chagas/2006) Paulo é proprietário de um sítio. Pedro é locatário desse imóvel. João é o caseiro. De acordo com o Código Civil brasileiro, Paulo, Pedro e João são considerados, respectivamente,

a) possuidor direto, possuidor indireto e detentor.
b) possuidor indireto, possuidor direto e detentor.
c) possuidor indireto, detentor e possuidor direto.
d) possuidor direto, detentor e possuidor indireto.
e) detentor, possuidor indireto e possuidor direto.

7. (Pref. Mun./Santos/Procurador do Município/Fundação Carlos Chagas/2005) Tício é locatário de um imóvel urbano de propriedade de Zeus, estando o contrato de locação em plena vigência. Nesse caso, Tício é

a) titular de direito real sobre coisa alheia.
b) possuidor indireto.
c) detentor.
d) compossuidor.
e) possuidor direto.

8. (TJMG/Titular de Cartório de Notas e de Registro/CONSULPLAN/2015) Sobre os efeitos da posse, segundo dispõe o Código Civil brasileiro, é CORRETO afirmar, EXCETO:

a) Quando mais de uma pessoa se disser possuidora, manter-se-á provisoriamente a que tiver a coisa, se não estiver manifesto que a obteve de alguma das outras por modo vicioso.
b) O possuidor de boa-fé tem direito, enquanto ela durar, aos frutos percebidos. Os frutos pendentes ao tempo em que cessar a boa-fé devem ser restituídos, depois de deduzidas as despesas da produção e custeio; devem ser também restituídos os frutos colhidos com antecipação.
c) Ao possuidor da má-fé serão ressarcidas somente as benfeitorias necessárias, assistindo-lhe o direito de retenção pela importância destas.
d) os frutos naturais e industriais reputam-se colhidos e percebidos, logo que são separados; os civis reputam-se percebidos dia por dia.

9. (TCE/CE/Procurador de Contas/Fundação Carlos Chagas/2006) João é caseiro de uma fazenda de propriedade de Pedro e conserva a posse em nome deste em cumprimento às ordens ou instruções suas. De acordo com o Código Civil, em relação a João está caracterizada a figura

a) do constituto possessório.
b) do detentor.
c) da composse.
d) da posse direta.
e) da posse indireta.

10. (TRF/1ª Região/Analista Judiciário/Fundação Carlos Chagas/2006) Segundo o Código Civil brasileiro, a posse direta de pessoa que tem a coisa em seu poder, temporariamente, em virtude de direito pessoal, ou real,

a) anula a indireta, de quem aquela foi havida, podendo o possuidor direto defender a sua posse contra o indireto.
b) não anula a indireta, de quem aquela foi havida, podendo o possuidor direto defender a sua posse contra o indireto.
c) anula a indireta, de quem aquela foi havida, mas não pode o possuidor direto defender a sua posse contra o indireto.
d) não anula a indireta, de quem aquela foi havida, mas não pode o possuidor direto defender a sua posse contra o indireto.
e) anula a indireta, de quem aquela foi havida, bem como de terceiros ocupantes ou detentores, não havendo meio de defesa da posse em razão de sua anulação.

11. (TJSP/Juiz de Direito/186° Concurso/VUNESP/2015) Assinale a alternativa CORRETA.

a) De regra, a posse do imóvel não faz presumir a das coisas móveis que nele estiverem.
b) Os direitos autorais não podem ser objeto de proteção por meio de interdito proibitório, dada a impossibilidade do exercício da posse sobre coisas incorpóreas.
c) A via adequada para fazer cessar o esbulho é a ação de manutenção de posse, enquanto que o remédio para a turbação é a de reintegração de posse, conquanto as ações possessórias sejam fungíveis.
d) É também possuidor aquele que, mesmo achando-se em situação de dependência para com o outro, conserva a posse em nome deste, sob suas instruções.

12. (MP/SP/Promotor de Justiça/2010) Assinale a alternativa CORRETA:

a) são exemplos de possuidor direto: o usufrutuário, o locador, o credor pignoratício.
b) o compossuidor só pode exercer atos possessórios sobre a sua parte ideal no bem.
c) o sucessor universal e o sucessor singular continuam de direito a posse do seu antecessor.
d) a posse turbada ou esbulhada pode ser autotutelada, sendo requisitos indispensáveis de tal espécie de defesa a imediatidade e a proporcionalidade.
e) o possuidor direto não pode defender sua posse contra o possuidor indireto.

13. (TJSC/Juiz de Direito/2010) Assinale a alternativa CORRETA:

I. O desdobramento vertical da posse se dá em casos como os da locação, comodato ou compra e venda simples.
II. O detentor tem legitimidade para agir processualmente na defesa da posse que exerça.

III. A composse exige litisconsórcio necessário dos compossuidores no manejo dos interditos contra terceiros.
IV. A qualificação de "injusta" da posse não é idêntica nas hipóteses de interditos possessórios e de reivindicação.

a) Somente as proposições I e IV estão corretas.
b) Somente as proposições I e II estão corretas.
c) Somente as proposições III e IV estão corretas.
d) Somente a proposição IV está correta.
e) Somente as proposições I, II e III estão corretas.

14. (TJSP/Juiz de Direito/184º Concurso/VUNESP/2013) Em relação à posse, é correto afirmar que

a) o locatário não tem a posse direta do imóvel que ele aluga, mas sim a indireta.
b) o motorista de um caminhão da empresa para a qual trabalha tem a posse *ad usucapionem* desse bem.
c) O possuidor direto tem direito de lançar mão dos interditos contra turbação, esbulho e violência iminente, se tiver justo receio de ser molestado, inclusive contra o possuidor indireto.
d) o possuidor responde pela perda da coisa, ainda que de boa-fé e sem ter dado causa à perda.

15. (MP/AC/Promotor de Justiça/CESPE/UnB/2014) Com base no que dispõe o Código Civil sobre posse, assinale a opção CORRETA.

a) Caracteriza-se como clandestina a posse adquirida via processo de ocultamento em relação àquele contra quem é praticado o apossamento, embora possa ser ele público para os demais. Por tal razão, a clandestinidade da posse é considerada defeito relativo.
b) Na posse precária, o vício se inicia no momento em que o possuidor recebe a coisa com a obrigação de restituí-la ao proprietário ou ao possuidor legítimo.
c) A ocupação de área pública, mesmo quando irregular, pode ser reconhecida como posse, podendo-se admitir desta o surgimento dos direitos de retenção e de indenização pelas acessões realizadas.
d) É possível reconhecer a posse a quem não possa ser proprietário ou não possa gozar dos poderes inerentes à propriedade.
e) É injusta a posse violenta, por meio da qual o usurpado seja obrigado a entregar a coisa para não ver concretizado o mal prometido, incluindo-se entre os atos de violência que tornam a posse injusta o temor reverencial e o exercício regular de um direito.

16. (TJPR/Delegações de Notas e Registro/IBFC/2014) Sobre o direito possessório, assinale a proposição CORRETA.

a) A posse direta, de pessoa que tem a coisa em seu poder, temporariamente, em virtude de direito pessoal, ou real, não anula a indireta, de quem aquela foi havida, não podendo o possuidor direto defender a sua posse contra o indireto.
b) Se duas ou mais pessoas possuírem coisa indivisa, poderá cada uma exercer sobre ela atos possessórios, contanto que não excluam os dos outros compossuidores.
c) Se duas ou mais pessoas possuírem coisa indivisa, nenhuma poderá exercer a posse sobre ela, porque exclui a dos outros compossuidores.
d) Considera-se detentor da coisa aquele que exerce a posse em seu próprio nome, mas em cumprimento a ordem de terceiros.

17. (TJSP/Outorga de Delegações de Notas e Registro/VUNESP/2014) Assinale a alternativa CORRETA.

a) Ao possuidor de má-fé serão ressarcidas somente as benfeitorias necessárias e úteis, não lhe assistindo o direito de retenção pela importância destas, nem o de levantar as voluptuárias.
b) A posse fundada no *jus possidendi* (autônoma) é desprovida de título e tem origem em uma situação de fato apenas, não se confundindo com a posse *jus possessionis*, também denominada causal.
c) A posse, qualificada como o exercício de fato de algum dos poderes inerentes à propriedade, produz efeitos jurídicos relevantes, notadamente a legítima defesa, o desforço imediato, o manuseio dos interditos possessórios, o direito de retenção, a indisponibilidade do bem possuído e a aquisição da propriedade pela usucapião.

d) Entende-se por fâmulo da posse a situação jurídica do sujeito que, achando-se em relação de dependência ou na condição de subordinado, detém a coisa em nome do proprietário ou possuidor.

18. (TJRS/Juiz de Direito/FAURGS/2016) Assinale a alternativa CORRETA a respeito da disciplina da Posse no Código Civil.

a) Considera-se possuidor todo aquele que tem de direito o exercício, pleno ou não, de algum dos direitos inerentes à propriedade.
b) A posse direta anula a indireta, de quem aquela foi havida, podendo o possuidor direto defender a sua posse contra o indireto.
c) Considera-se possuidor indireto aquele que, achando-se em relação de dependência para com outro, conserva a posse em nome deste e em cumprimento de ordens ou instruções suas.
d) Se duas ou mais pessoas possuírem coisa indivisa, pode cada uma exercer sobre ela atos possessórios, contanto que não excluam os dos outros compossuidores.
e) É justa a posse, se o possuidor ignora o vício ou o obstáculo que impede a aquisição da coisa.

19. (Pref. Mun./São Luiz/MA/Fundação Carlos Chagas/2016) Ao observar uma pessoa dirigindo um automóvel na rua, não se sabe, pela mera observação, se o condutor possui a qualidade de possuidor ou detentor. Isto acontece em razão da posse se distinguir da detenção em razão:

a) da boa-fé do agente.
b) dos critérios estabelecidos em lei.
c) da posse indireta.
d) dos interditos possessórios.
e) do título de legitimação da posse.

■ GABARITO ■

1. "b". *Vide* art. 1.243 do CC.
2. "c". *Vide* art. 1.210, § 1º, do CC.
3. "c". *Vide* art. 1.197 do CC.
4. "c". *Vide* art. 1.198 do CC.
5. "b". *Vide* art. 1.201 do CC.
6. "b". *Vide* arts. 1.197 e 1.198 do CC.
7. "e". *Vide* art. 1.197 do CC.
8. "c". *Vide* art. 1.220 do CC.
9. "b". *Vide* art. 1.198 do CC.
10. "b". *Vide* art. 1.197 do CC.
11. "b". *Vide* Súmula 228 do Superior Tribunal de Justiça: "É inadmissível o interdito proibitório para a proteção do direito autoral".
12. "d". *Vide* art. 1.210, § 1º, do CC. Assinale-se (letra "a") que, nos penhores especiais mencionados no art. 1.431 do CC, as coisas empenhadas não ficam na posse do credor pignoratício, continuando em poder do devedor.
13. "d". A expressão "injustamente", constante da segunda parte do art. 1.228 do CC, que serve de fundamento para a ação reivindicatória, é genérica, significando *sem título*, isto é, *sem causa jurídica*. Não se tem, pois, a acepção restrita de posse injusta do art. 1.200 do mesmo diploma. Na reivindicatória, detém injustamente a posse quem não tem título que a justifique, mesmo que não seja violenta, clandestina ou precária, e ainda que seja de boa-fé.
14. "c". *Vide* art. 1.197 do CC.

15. "a". *Vide* arts. 1.200 e 1.208 do CC. É clandestina a posse obtida furtivamente, que se estabelece sub-repticiamente, às ocultas da pessoa de cujo poder se tira a coisa e que tem interesse em conhecê-la. Ainda que viciada, a posse injusta não deixa de ser posse, visto que a sua qualificação é feita em face de determinada pessoa, sendo, portanto, relativa. Será injusta em face do legítimo possuidor. Mesmo viciada, porém, será justa, suscetível de proteção em relação às demais pessoas estranhas ao fato (Carlos Roberto Gonçalves, *Direito civil brasileiro*, v. 5, 9. ed., p. 870-88).
16. "b". *Vide* art. 1.199 do CC.
17. "d". *Vide* art. 1.198 do CC e item 2.4.1, 2ª Parte, *retro*.
18. "d". *Vide* art. 1.199 do CC.
19. "b". *Vide* arts. 1.198 e 1.208 do CC.

4

DA AQUISIÇÃO E PERDA DA POSSE

4.1. MODOS DE AQUISIÇÃO DA POSSE

O Código Civil de 2002, coerente com a teoria objetiva de Ihering, adotada no art. 1.196, não fez discriminação dos modos de aquisição da posse, limitando-se a proclamar, no art. 1.204:

> "Adquire-se a posse desde o momento em que se torna possível o exercício, em nome próprio, de qualquer dos poderes inerentes à propriedade".

A sua **aquisição** pode concretizar-se, portanto, por **qualquer dos modos de aquisição em geral**, como, exemplificativamente, a apreensão, o constituto possessório e qualquer outro ato ou negócio jurídico, a título gratuito ou oneroso, *inter vivos* ou *causa mortis*.

Aproximou-se o novel legislador da fórmula sintética e genérica do art. 854 do Código Civil alemão, que assim dispõe: "A posse de uma coisa se adquire pela obtenção do poder de fato sobre essa coisa". Tal critério, enunciativo e abrangente, permite ao intérprete o enquadramento de cada hipótese que venha a surgir.

4.1.1. Modos originários de aquisição da posse

Os modos de aquisição da posse costumam ser classificados em:

- **Originários:** quando **não há relação de causalidade** entre a posse atual e a anterior. É o que acontece quando há esbulho, e o vício, posteriormente, convalesce. Adquire-se a posse por modo **originário**, segundo Orlando Gomes[1], quando não há consentimento de possuidor precedente.
- **Derivados:** quando há **anuência do anterior possuidor**, como na tradição precedida de negócio jurídico. Neste caso ocorre a transmissão da posse ao adquirente, pelo alienante.

Se o modo de aquisição é **originário**, a posse apresenta-se **escoimada dos vícios que anteriormente a contaminavam**. Assim, se o antigo possuidor era titular de uma posse de má-fé, por havê-la adquirido clandestinamente ou *a non domino*, por

[1] *Direitos reais*, p. 66.

exemplo, tais vícios desaparecem ao ser ele esbulhado. Neste caso, inexistindo qualquer relação negocial com o esbulhador, este se transforma em titular de uma **nova situação de fato**. Embora injusta perante o esbulhado, essa nova posse se apresentará, perante a sociedade, despida dos vícios de que era portadora nas mãos do esbulhado, depois do seu convalescimento[2].

Já o mesmo não acontece com a posse adquirida por meios **derivados**. O adquirente a recebe **com todos os vícios** que a inquinavam nas mãos do alienante. Assim, se este desfrutava de uma posse violenta, clandestina ou precária, aquele a adquire com os mesmos defeitos. De acordo com o art. 1.203 do Código Civil, essa posse conservará **"o mesmo caráter"** de antes. A adquirida por herdeiros ou legatários, por exemplo, mantém os mesmos vícios anteriores (CC, art. 1.206).

O art. 1.207, segunda parte, do Código Civil traz uma **exceção** à regra de que a posse mantém o caráter com que foi adquirida, ao facultar ao sucessor singular **unir a sua posse à de seu antecessor**, para os efeitos legais. Assim, pode deixar de fazê-lo, se o quiser. No caso da usucapião, por exemplo, pode desconsiderar certo período se a posse adquirida era viciosa. Unindo a sua posse à de seu antecessor, terá direito às mesmas ações que a este competiam.

O art. 1.208 do Código Civil, já comentado no item 2.4, concernente à "posse e detenção", *retro*, apresenta obstáculos à aquisição da posse, dispondo que "**não induzem posse** os atos de mera permissão ou tolerância assim como não autorizam a sua aquisição os atos violentos, ou clandestinos, senão depois de cessar a violência ou a clandestinidade".

Muito embora, em face do caráter genérico da regra constante do art. 1.208 do Código Civil, a aquisição da posse possa concretizar-se por qualquer dos modos de aquisição em geral, é ela adquirida, **originariamente**,

- pela apreensão da coisa;
- pelo exercício do direito; e
- pelo fato de se dispor da coisa ou do direito.

■ *4.1.1.1. Apreensão da coisa*

A **apreensão** consiste:

- na apropriação unilateral de coisa **"sem dono"**. A coisa diz-se "sem dono" quando tiver sido **abandonada** (*res derelicta*) ou quando **não for de ninguém** (*res nullius*).
- na **retirada** da coisa, de outrem, **sem a sua permissão**. Configura-se, também nesse caso, a aquisição da posse, embora tenha ocorrido violência ou clandestinidade, porque, se o primitivo possuidor omitir-se, não reagindo *incontinenti* em defesa de sua posse ou não a defendendo por meio dos interditos (CC, art. 1.210, *caput* e § 1º; CPC, art. 560), os vícios que comprometiam o ato detentivo do

[2] Silvio Rodrigues, *Direito civil*, cit., v. 5, p. 41.

turbador ou esbulhador **desaparecem**, e terá ele **obtido a posse, que, embora injusta** perante o esbulhado, é merecedora de proteção em face de terceiros que não têm melhor posse (arts. 1.210 e 1.211).

A apreensão é, assim, a **apropriação da coisa mediante ato unilateral do adquirente**, desde que subordinada aos requisitos da teoria possessória. Basta que se adquira o poder de fato em relação a determinado bem da vida e que o titular desse poder tenha ingerência potestativa socioeconômica sobre ele, para que a posse seja efetivamente adquirida.

4.1.1.1.1. *Apreensão de bens móveis*

No tocante aos **bens móveis**, a apreensão se dá não apenas pelo contato físico, mas pelo fato de **o possuidor os deslocar para a sua esfera de influência**[3].

Esclarece Tito Fulgêncio[4] que o caçador só adquire a posse da caça que abateu quando a apanha, sujeitando-a ao seu poder físico. Todavia, aduz, se a caça cai na armadilha, o caçador adquire-lhe a posse, mesmo achando-se ausente e inexistente o contato material, porque sua vontade de se apropriar da coisa se exterioriza de modo claro, enérgico e positivo.

4.1.1.1.2. *Apreensão de imóveis*

Relativamente aos **bens imóveis**, a apreensão se revela pela ocupação, pelo uso da coisa.

4.1.1.2. *Exercício do direito*

Adquire-se também a posse pelo **exercício do direito**. Exemplo clássico é o da **servidão**. Se constituída pela passagem de um aqueduto por terreno alheio, por exemplo, adquire o agente a sua posse se o dono do prédio serviente permanece inerte. O art. 1.379 do Código Civil proclama que "o exercício incontestado e contínuo de uma servidão aparente" pode, preenchidos os demais requisitos legais, conduzir à usucapião.

- Pelo **exercício do direito** adquire-se a posse dos **direitos reais sobre coisas alheias**. Não é o exercício de qualquer direito que constitui modo originário de aquisição da posse, mas daqueles direitos que podem ser objeto da relação possessória, como **a servidão, o uso** etc. Exemplo de exercício de direito: a passagem constante de água por um terreno alheio, capaz de gerar a servidão de águas[5].

- Pela **apreensão**, adquire-se a posse das **coisas propriamente ditas**. Exemplo de apreensão de coisa: o cultivo de um campo abandonado.

---

3 Washington de Barros Monteiro, *Curso de direito civil*, v. 3, p. 34.

4 *Da posse e das ações possessórias*, cit., v. 1, p. 51-52.

5 Caio Mário da Silva Pereira, *Instituições de direito civil*, v. IV, p. 46; Limongi França, *A posse no Código Civil*, p. 30.

O exercício do direito **não se confunde com gozo**. Ter o exercício de um direito **é poder usar esse direito**, é ter-lhe a utilização, a realização do poder que ele contém. O locatário, por exemplo, adquire a posse da coisa locada quando assume o exercício desse direito. O mesmo sucederá com todos aqueles que sejam titulares de direitos exercidos sobre coisas corpóreas[6].

■ 4.1.1.3. *Disposição da coisa ou do direito*

O fato de se **dispor da coisa** caracteriza conduta normal do titular da posse ou domínio. Constitui desdobramento da ideia de exercício do direito, pois possibilita a evidenciação inequívoca da apreensão da coisa ou do direito. Se o possuidor vende a sua posse ou cede possíveis direitos de servidão de águas, por exemplo, está realizando **ato de disposição**, capaz de induzir condição de **possuidor**.

Igualmente, se alguém dá em comodato coisa de outrem, tal fato revela que esta pessoa se encontra no exercício de um dos poderes inerentes ao domínio (*jus abutendi*). Pode-se daí inferir que **adquiriu a posse da coisa**, visto que a desfrutava[7].

Carvalho Santos[8], firmado na opinião de Tito Fulgêncio, assinala que, se alguém **dispõe da coisa ou do direito** de modo claro e significativo, demonstra a exterioridade da propriedade, ou seja, **a posse**, pois um tal comportamento é o mais forte sinal inequívoco da visibilidade do proprietário. Nenhum outro fato, como a disponibilidade da coisa, é capaz de traduzir melhor a intenção de ser proprietário.

■ 4.1.2. Modos derivados de aquisição da posse

Há **aquisição derivada** ou **bilateral** quando a posse decorre de um **negócio jurídico**, caso em que é inteiramente aplicável o art. 104 do Código Civil. A posse, neste caso, é **transmitida** pelo possuidor a outrem. Segundo Orlando Gomes[9], adquire-se a posse por modo derivado quando há consentimento de precedente possuidor, ou seja, **quando a posse é transferida** — o que se verifica com a transmissão da coisa.

A aludida transmissão pode decorrer:

- de tradição; e
- da sucessão *inter vivos* e *mortis causa*.

■ 4.1.2.1. *Tradição*

Podendo a posse ser adquirida por qualquer ato jurídico, também o será pela **tradição**, que pressupõe um acordo de vontades, **um negócio jurídico de alienação**, quer a título gratuito, como na doação, quer a título oneroso, como na compra e venda.

---

6 Tito Fulgêncio, *Da posse e das ações possessórias*, cit., v. 1, p. 52.

7 Silvio Rodrigues, *Direito civil*, cit., v. 5, p. 40.

8 *Código Civil brasileiro interpretado*, v. VII, p. 57.

9 *Direitos reais*, cit., p. 67.

Na sua acepção mais pura, a tradição se manifesta por um **ato material de entrega** da coisa, ou a sua **transferência de mão a mão**, passando do antigo ao novo possuidor. Nem sempre, todavia, a tradição se completa com tal simplicidade, seja porque o objeto, pelo seu volume ou pela sua fixação, não permite o deslocamento, seja porque não há necessidade da remoção. Daí a existência de três espécies de tradição, como se pode verificar pelo quadro abaixo:

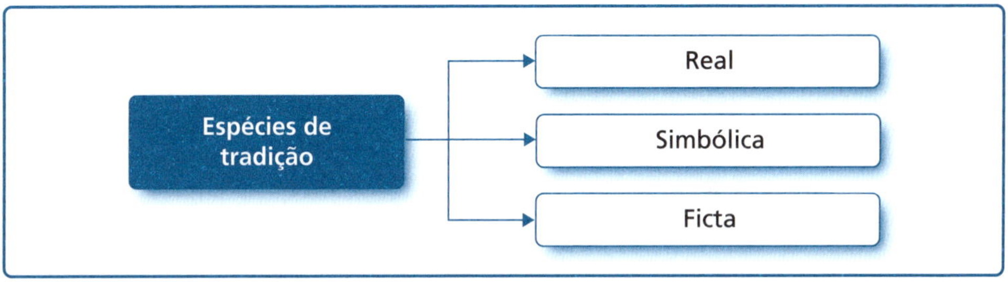

- **Tradição real:** envolve a entrega efetiva e material da coisa. Pressupõe, porém, uma causa negocial.
- **Tradição simbólica:** é representada por ato que traduz a alienação, como a entrega das chaves do apartamento ou do veículo vendidos. Estes não foram materialmente entregues, mas o simbolismo do ato é indicativo do propósito de transmitir a posse, significando que o adquirente passa a ter a disponibilidade física da coisa.
- **Tradição ficta:** ocorre no caso do **constituto possessório** (cláusula *constituti*) e da ***traditio brevi manu***.

4.1.2.1.1. Constituto possessório

Dá-se o **constituto possessório** quando o vendedor, por exemplo, transferindo a outrem o domínio da coisa, **conserva-a, todavia, em seu poder**, mas agora na qualidade de locatário. A referida cláusula tem a finalidade de evitar complicações decorrentes de duas convenções, com duas entregas sucessivas.

A cláusula *constituti* não se presume. Deve constar expressamente do ato ou resultar de estipulação que a pressuponha. Por ela, a posse desdobra-se em **direta e indireta**. O primitivo possuidor, que tinha posse plena, converte-se em possuidor direto, enquanto o novo proprietário se investe na posse indireta, em virtude do acordo celebrado. **O comprador só adquire a posse indireta**, que lhe é transferida sem entrega material da coisa, pela aludida cláusula[10].

[10] Washington de Barros Monteiro, *Curso*, cit., v. 3, p. 35; Silvio Rodrigues, *Direito civil*, cit., v. 5, p. 41. "Reintegração de posse. Ajuizamento por adquirente de imóvel contra alienante. Inexigibilidade de exercício físico da posse para a propositura, em face da cláusula *constituti*, constante da escritura pública" (*JTJ*, Lex, 180/193). "Reintegração de posse. Compra e venda de imóvel. Transmissão da posse na respectiva escritura, pela cláusula *constituti*. Recusa de entrega da coisa vendida. Esbulho cometido. Remédio processual cabível" (*RT*, 478/75). "Tratando-se de posse adquirida pelo constituto

No constituto possessório, o possuidor de uma coisa em nome próprio passa a possuí-la em nome alheio. No momento em que o vendedor, por uma declaração de vontade, transmite a posse da coisa ao comprador, permanecendo, no entanto, na sua detenção material, converte-se, por um ato de sua vontade, em fâmulo da posse do comprador. De detentor em nome próprio, possuidor que era, converte-se em detentor *pro alieno*[11].

4.1.2.1.2. *"Traditio brevi manu"*

A ***traditio brevi manu*** é exatamente o **inverso do constituto possessório**, pois se configura quando o possuidor de uma coisa alheia (o locatário, *v.g.*) passa a **possuí-la como própria**. É o que sucede quando o arrendatário, por exemplo, que exerce posse com *animus nomine alieno*, **adquire o imóvel arrendado, dele tornando-se proprietário**. Pelo simples efeito da declaração de vontade, passa ele a possuir com *animus domini*.

Assim, o que tem posse direta do bem em razão de contrato celebrado com o possuidor indireto, e adquire o seu domínio, **não precisa devolvê-lo ao dono, para que este novamente lhe faça a entrega real da coisa**. Basta a demissão voluntária da posse indireta pelo transmitente, para que se repute efetuada a tradição.

Nos dois modos de tradição *ficta* mencionados não é preciso renovar a entrega da coisa, pois tanto a cláusula *constituti* como a que estabelece a *traditio brevi manu* têm a finalidade de **evitar complicações decorrentes de duas convenções, com duas entregas sucessivas**. Em ambos os casos o possuidor mantém a apreensão da coisa (*corpus*) e altera o *animus*.

4.1.2.2. *Sucessão na posse*

A posse pode ser adquirida, também, em virtude de:

- sucessão *inter vivos*; e
- sucessão *mortis causa*.

Preceitua o art. 1.206 do Código Civil que "a posse transmite-se aos herdeiros ou legatários do possuidor com **os mesmos caracteres**". O art. 1.207 do mesmo

possessório, quando o imóvel foi alienado por escritura pública de dação em pagamento, com imissão na posse e cláusula *constituti*, devidamente registrada, cabe ação reintegratória contra detentor da coisa, sem relação jurídica com o adquirente, que se opõe à transferência da posse e, assim, pratica esbulho" (*RT*, 500/222).

11 San Tiago Dantas, *Programa*, cit., v. III, p. 68.

"A posse pode ser transmitida por via contratual antes da alienação do domínio e, depois desta, pelo *constituto possessório*, que se tem por expresso na respectiva escritura em que a mesma é transmitida ao adquirente da propriedade imóvel, de modo a legitimar, de logo, para o uso dos interditos possessórios, o novo titular do domínio, até mesmo em face do alienante que continua a deter o imóvel, mas em nome de quem o adquiriu" (STJ, REsp 21.125-MS, 3ª T., rel. Min. Dias Trindade, j. 11-5-1992). "A aquisição da posse se dá também pela 'cláusula constituti' inserida em escritura pública de compra e venda de imóvel, o que autoriza o manejo dos interditos possessórios pelo adquirente, mesmo que nunca tenha exercido atos de posse direta sobre o bem" (*RSTJ*, 106/357).

diploma, por sua vez, aduz que "o **sucessor universal** continua de direito a posse do seu antecessor; e ao **sucessor singular** é facultado unir sua posse à do antecessor, para os efeitos legais".

A segunda parte deste último dispositivo traz uma exceção à regra de que a posse mantém o caráter com que foi adquirida, estabelecida no primeiro.

4.1.2.2.1. Sucessão "mortis causa"

Na transmissão da posse por sucessão *mortis causa* pode haver:

- **sucessão universal:** quando o herdeiro é chamado a suceder na totalidade da herança, fração ou parte-alíquota (porcentagem) dela. Pode ocorrer tanto na sucessão legítima como na testamentária;
- **sucessão a título singular:** em que o testador deixa ao beneficiário um bem certo e determinado, denominado **legado**, como um veículo ou um terreno, por exemplo.

A **sucessão legítima** é sempre a título universal, porque transfere aos herdeiros a totalidade ou fração ideal do patrimônio do *de cujus*; a **testamentária** pode ser a título universal ou a título singular, dizendo respeito, neste caso, a coisa determinada e individualizada, dependendo da vontade do testador.

A transmissão da posse por ato *causa mortis* se opera automaticamente, sem solução de continuidade e de forma cogente, **independentemente da manifestação de vontade do interessado**. A expressão **"de direito"**, contida no aludido art. 1.207 do Código Civil, corresponde ao *ipso iure* do direito romano e significa "compulsoriamente, necessariamente"[12].

Entendeu o legislador, como sublinha Silvio Rodrigues, que, "recebendo o herdeiro o todo ou parte-alíquota do patrimônio do *de cujus*, é a posse que o mesmo desfrutava, e não outra, que o sucessor a título universal passa a desfrutar. De modo que, **se a posse daquele era viciada ou de má-fé, a posse do sucessor é viciada e de má-fé**"[13].

Assim, só há um meio de o adquirente a título universal não suceder no *ius possessionis* do autor da herança: é **renunciar à própria aquisição**. Se, porém, aceita a coisa, aceita-a com o direito e qualidades a ela inerentes. Por isso se diz que, na sucessão universal, existe verdadeira *subcessio patrimonio* (*successio possessionis*),

---

[12] Washington de Barros Monteiro, *Curso*, cit., v. 3, p. 36-37; Limongi França, *A posse no Código Civil*, cit., p. 34; San Tiago Dantas, *Programa*, cit., v. III, p. 71.

[13] *Direito civil*, cit., v. 5, p. 42.

"Prescrição aquisitiva. Inocorrência. Posse exercida pelo genitor a título de arrendatário, e posteriormente transferida aos sucessores pela *mortis causa*" (*RT*, 750/431). "Interdito proibitório. Inadmissibilidade. Filhos do *de cujus* que constroem a residência em gleba de terra pertencente ao pai e que é ocupada por outrem. Descendentes que fazem jus à herança deixada pelo seu genitor" (*RT*, 801/347). "Posse adquirida por transmissão *causa mortis*. Herdeiro que reclama o uso físico do imóvel. Irrelevância. Necessidade apenas de demonstrar a intenção de possuí-la como dono" (*RT*, 804/395).

enquanto na aquisição a título singular prefere-se dizer que existe *accessio possessionis* (acessão da posse, e não sucessão da posse)[14].

4.1.2.2.2. *Sucessão "inter vivos"*

A sucessão *inter vivos* opera, em geral, **a título singular**. É o que acontece quando alguém compra alguma coisa. De acordo com o disposto no retrotranscrito art. 1.207 do Código Civil, pode o comprador unir sua posse à do antecessor. A *accessio possessionis* não é, portanto, obrigatória, mas **facultativa**. Se fizer uso da faculdade legal, sua posse permanecerá **eivada dos mesmos vícios da anterior**. Se preferir desligar sua posse da do antecessor, estará purgando-a dos vícios que a maculavam, iniciando, com a nova posse, prazo para a usucapião.

A usucapião extraordinária, de prazo mais longo, dispensa a boa-fé (CC, art. 1.238). Pode o comprador utilizar, portanto, o período de posse de má-fé de seu antecessor, para que se consume, em menor prazo, tal espécie de prescrição aquisitiva. Se não houver a junção das posses, a atual ficará expurgada do vício originário, mas o prazo para usucapião terá de ser maior, pela inutilização de tempo vencido pelo antecessor. O expediente poderá ser utilizado para a usucapião ordinária, que exige posse de boa-fé (CC, art. 1.242).

O citado art. 1.206 do Código Civil, que tem a mesma redação do art. 495 do diploma de 1916, refere-se a **herdeiros e legatários**, embora estes sejam sucessores a título singular, dizendo que a posse lhes é transmitida **"com os mesmos caracteres"**. A explicação de Beviláqua[15] é que isso se dá porque o legatário **sucede por herança**, que é modo universal de transmitir.

4.2. QUEM PODE ADQUIRIR A POSSE

Proclama o art. 1.205 do Código Civil:

> "A posse pode ser adquirida:
>
> I — pela própria pessoa que a pretende ou por seu representante;
>
> II — por terceiro sem mandato, dependendo de ratificação".

4.2.1. Aquisição da posse pela própria pessoa que a pretende

4.2.1.1. *A exigência de capacidade*

A posse pode ser adquirida **pela própria pessoa que a pretende**, desde que **capaz**. Se não tiver capacidade legal, poderá adquiri-la se estiver representada ou assistida por seu **representante** (art. 1.205, I).

---

[14] San Tiago Dantas, *Programa*, cit., v. III, p. 71.
"Usucapião. Pedido amparado na *accessio possessionis*. Obrigatoriedade de os autores provarem o efetivo exercício da posse pelos seus antecessores pelo tempo necessário" (*RT*, 764/212). "Reintegração de posse. Falecimento do proprietário. Transmissão da posse, por herança, a seus filhos com todos os vícios e qualidades existentes. Caracterização como sucessão a título universal. Exercício do direito de posse sobre o imóvel reconhecido" (1º TACSP, Ap. 0.533.305-1, 2ª Câm., rel. Juiz Alberto Tedesco, j. 15-2-1995).

[15] *Código Civil dos Estados Unidos do Brasil comentado*, obs. 1 ao art. 496 do CC/1916.

O Código Civil de 2002 não se refere à aquisição por "procurador", como o fazia o de 1916, considerando que a expressão "representante" abrange **tanto o representante legal como o representante convencional ou procurador** (cf. arts. 115 e s.). Entende-se, por uma ficção, que a vontade do representante é a do próprio representado.

É preciso distinguir, no entanto, no tocante à capacidade do sujeito para a aquisição da posse, a mera **situação de fato** da decorrente de uma **relação jurídica**. O constituto possessório, que se concretiza por meio de um contrato, por exemplo, exige uma manifestação de vontade qualificada e, portanto, **capacidade de direito e de fato** (de exercer, por si só, os atos da vida civil).

Por isso, dispõe o art. 1.266 do Código Civil português de 1966: "Podem adquirir posse todos os que têm uso da razão, e ainda os que o não têm, relativamente às coisas suscetíveis de ocupação".

Um garoto de 7 ou 8 anos de idade, por exemplo, torna-se proprietário dos peixes que pesca, pois a incapacidade, no caso, não acarreta nulidade ou anulação, ao contrário do que sucederia se essa mesma pessoa celebrasse um contrato de compra e venda.

Como enfatiza Moreira Alves, "na hipótese de **ocupação**, a vontade exigida pela lei não é a vontade qualificada, necessária para a realização do contrato; **basta a simples intenção** de tornar-se proprietário da *res nullius*, que é o peixe, e essa intenção podem tê-la todos os que possuem consciência dos atos que praticam. O garoto de seis, sete ou oito anos tem perfeitamente consciência do ato de assenhoreamento"[16].

4.2.1.2. *A situação do nascituro*

Segundo Eduardo Espínola e Eduardo Espínola Filho, **o nascituro**, que ainda não é pessoa física ou natural, **não pode ser possuidor**, pois "não há, nunca houve, direito do nascituro, mas, simples, puramente, **expectativas de direito**, que se lhe protegem, se lhe garantem, num efeito preliminar, provisório, numa *Vorwirkung*, porque essa garantia, essa proteção, é inerente e é essencial à expectativa do direito"[17].

Se o nascituro não é titular de direitos subjetivos, obtempera Moreira Alves[18], **não será também, ainda que por ficção, possuidor**. No entanto, aduz, quer as pessoas físicas, quer as pessoas jurídicas podem ser sujeitos da posse, não assim, porém, as coletividades sem personalidade jurídica.

4.2.2. Aquisição da posse por terceiro, sem mandato

Admite-se, ainda, que **terceiro**, mesmo **sem mandato**, adquira posse em nome de outrem, dependendo de ratificação (CC, art. 1.205, II). Trata-se da figura do **gestor de negócios**, prevista nos arts. 861 e s.

Limongi França[19] apresenta o exemplo de alguém que cerca uma área e coloca lá um procurador, mas este não só cultiva, em nome do mandante, a área cercada, senão

[16] O Anteprojeto de 1973, *Revista de Informação Legislativa*, 40/5 e s., out./dez. 1973.

[17] *Tratado de direito civil brasileiro*, v. X, n. 92, p. 458-459.

[18] *Posse*, cit., v. II, p. 142-147.

[19] *A posse no Código Civil*, cit., p. 33.

uma outra circunvizinha. O capataz, nesse caso, não é mandatário para o cultivo da segunda área, "mas a aquisição da posse desta pelo titular daquela pode efetivar-se pela **ratificação, expressa ou tácita**".

■ 4.2.3. Presunção legal de posse dos móveis que estejam no imóvel possuído

Preceitua o art. 1.209 do Código Civil que **"a posse do imóvel faz presumir, até prova contrária, a das coisas móveis que nele estiverem"**.

Trata-se de mais uma aplicação do princípio segundo o qual *accessorium sequitur suum principale*. **A presunção é *juris tantum*** e estabelece a inversão do ônus da prova: o possuidor do imóvel não necessita provar a posse dos objetos nele encontrados, mas o terceiro terá de provar os direitos que alega ter sobre eles.

■ 4.3. PERDA DA POSSE

Proclama o art. 1.223 do Código Civil:

> "Art. 1.223. Perde-se a posse quando cessa, embora contra a vontade do possuidor, o poder sobre o bem, ao qual se refere o art. 1.196".

Não há, em diploma que acolhe a teoria de Ihering, a necessidade de especificar, casuisticamente, os casos e os modos de perda da posse. Exemplificativamente, perde-se a posse das coisas:

- **Pelo abandono**, que se dá quando o possuidor renuncia à posse, manifestando, voluntariamente, **a intenção de largar o que lhe pertence**, como quando atira à rua um objeto seu. A perda definitiva, entretanto, dependerá da **posse de outrem**, que tenha apreendido a coisa abandonada. Nem sempre, todavia, abandono da posse significa abandono da propriedade, como alerta Washington de Barros Monteiro, citando exemplo de Cunha Gonçalves: "para salvação de navio em perigo deitam-se ao mar diversos objetos; arrojados à praia, ou recolhidos por outrem, assiste ao dono o direito de recuperá-los"[20]. A configuração do abandono (*derelictio*) depende, além do não uso da coisa, do **ânimo de renunciar o direito**, realizando-se, concomitantemente, o perecimento dos elementos *corpus* e *animus*. Como assinala Lafayette[21], pode perder-se a posse por **abandono do representante**, do mesmo modo como por via dele se adquire. Todavia, somente se reputa perdida "desde que o possuidor, avisado do ocorrido, **se abstém de reaver a coisa, ou desde que, tentando retomá-la, é repelido**".
- **Pela tradição** (*traditio*), quando envolve a **intenção definitiva de transferi-la a outrem**, como acontece na **venda** do objeto, com transmissão da posse plena ao adquirente. Não há perda da posse na entrega da coisa a um representante, para que a administre. Como foi dito no item 4.1.2.1, *retro*, há três espécies de tradição: **real** (quando envolve a entrega efetiva e material da coisa), **simbólica**

---

20 *Curso*, cit., v. 3, p. 68-69.

21 *Direito das coisas*, cit., t. I, p. 72.

(quando representada por ato que traduz a alienação) e **ficta**. Considera-se *ficta* a tradição no caso da ***traditio brevi manu*** e do **constituto possessório** (cláusula *constituti*). Em ambos os casos pode haver perda da posse (CC, art. 1.267, parágrafo único). A tradição ficta, portanto, seja *brevi manu*, seja constituto possessório, é, concomitantemente, **meio de perda da posse** ou de **conversão do *animus*** para um, e de **aquisição** para outro.

- **Pela perda propriamente dita da coisa.** Como acentua Orlando Gomes, recaindo a posse "em bem determinado, se este desaparece, torna-se impossível exercer o poder físico em que se concretiza. O caso típico de perda da posse por impossibilidade de detenção é o do pássaro que foge da gaiola. Com a perda da coisa, o possuidor vê-se privado da posse sem querer"[22]. Na hipótese de abandono, ao contrário, a privação se dá por ato intencional, deliberado. Washington de Barros Monteiro, com apoio em lição de Carvalho Santos, observa que, extraviando-se **coisa móvel**, sua posse vem a desaparecer, verificada a impossibilidade de reencontrá-la. Se a perda se verifica na rua, "**perco a posse somente quando desisto da busca**, dando por inúteis meus esforços"[23].

- **Pela destruição da coisa**, uma vez que, **perecendo o objeto, extingue-se o direito**. Pode resultar de acontecimento **natural ou fortuito**, como a morte de um animal em consequência de idade avançada ou de um raio; de fato do próprio possuidor, ao provocar, por exemplo, a perda total do veículo por direção perigosa ou imprudente; ou ainda de fato de terceiro, em ato atentatório à propriedade. Perde-se a posse também quando **a coisa deixa de ter as qualidades essenciais** à sua utilização ou o valor econômico, como sucede, por exemplo, com o campo invadido pelo mar e submerso permanentemente; e ainda **quando impossível se torna distinguir uma coisa da outra**, como se dá nos casos de confusão, comistão, adjunção e avulsão[24].

- **Pela colocação da coisa fora do comércio**, porque se tornou inaproveitável ou inalienável. Pode alguém possuir bem que, por razões de ordem pública, de moralidade, de higiene e de segurança coletiva, passe à categoria de **coisa *extra commercium***, verificando-se, então, a perda da posse pela **impossibilidade, daí por diante, de ter o possuidor poder físico sobre o objeto da posse**. Tal consequência, todavia, é limitada às coisas tornadas insuscetíveis de apropriação, uma vez que a só inalienabilidade é frequentemente compatível com a cessão de uso ou posse alheia[25].

- **Pela posse de outrem**, ainda que a nova posse se tenha firmado contra a vontade do primitivo possuidor, **se este não foi mantido ou reintegrado em tempo oportuno**. O desapossamento violento ou clandestino por ato de terceiro dá origem à detenção, viciada pela violência e clandestinidade exercidas. Como foi

22 *Direitos reais*, cit., p. 73.

23 *Curso*, cit., v. 3, p. 69-70.

24 Tito Fulgêncio, *Da posse*, cit., v. 1, p. 195, n. 276.

25 Caio Mário da Silva Pereira, *Instituições*, cit., v. IV, p. 53-54; Washington de Barros Monteiro, *Curso*, cit., v. 3, p. 70; Orlando Gomes, *Direitos reais*, cit., p. 74.

dito no Capítulo intitulado "Classificação da Posse", item 3.4, concernente à posse justa e injusta, **cessadas a violência e a clandestinidade**, a mera detenção, que então estava caracterizada, transforma-se em **posse injusta** em relação ao esbulhado, permitindo ao novo possuidor ser mantido provisoriamente, contra os que não tiverem melhor posse. Na posse de **mais de ano e dia**, o possuidor será mantido provisoriamente, inclusive contra o proprietário, até ser convencido pelos meios ordinários (CC, arts. 1.210 e 1.211; CPC, art. 558). Estes não são os atinentes ao petitório, mas à própria ação possessória em que se deu a manutenção provisória. Tem-se decidido, com efeito: "É cabível a ação possessória mesmo superado o ano e dia, com a única alteração relativa ao descabimento da concessão liminar da manutenção ou reintegração"[26]. A perda da posse pelo primitivo possuidor não é, pois, definitiva. Ela somente ocorrerá se permanecer inerte durante todo o tempo de prescrição da ação possessória.

■ 4.4. RECUPERAÇÃO DE COISAS MÓVEIS E TÍTULOS AO PORTADOR

O Código Civil de 2002 não contém dispositivo semelhante ao art. 521 do diploma anterior, que permitia a reivindicação de coisa móvel furtada, ou título ao portador, ainda que o terceiro demonstrasse ser adquirente de boa-fé. Aquele que achava coisa pertencente a outrem, ou a furtava, ficava obrigado a restituí-la ao legítimo possuidor.

■ 4.4.1. Furto de título ao portador

Nada impede que o proprietário que tenha perdido título ao portador ou dele haja sido injustamente desapossado o reivindique da pessoa que o detiver ou requeira a sua anulação e substituição por outro, **pelo procedimento comum**.

■ 4.4.2. Coisa móvel ou semovente

Em relação à coisa móvel ou semovente, prevalecerá a regra geral, aplicável também aos imóveis, de que **o proprietário injustamente privado da coisa que lhe pertence pode reivindicá-la de quem quer que a detenha** (CC, art. 1.228).

A situação do **terceiro** que vem a adquirir um objeto que foi extraviado ou roubado é traçada pelo art. 1.268 do Código Civil, com relação à tradição:

> "Art. 1.268. Feita por quem não seja proprietário, **a tradição não aliena a propriedade**, exceto se a coisa, oferecida ao público, em **leilão** ou **estabelecimento comercial**, for transferida em circunstâncias tais que, ao adquirente de boa-fé, como a qualquer pessoa, **o alienante se afigurar dono**.
>
> § 1º Se o adquirente estiver de boa-fé e o alienante adquirir depois a propriedade, considera-se realizada a transferência desde o momento em que ocorreu a tradição".

[26] *RT*, 722/168.

Também "não transfere a propriedade a tradição, quando tiver por título um negócio jurídico **nulo**" (art. 1.268, § 2º).

O art. 1.268 em apreço, visando a dar segurança aos negócios realizados mediante oferta pública, em leilão ou estabelecimento comercial, **protege o terceiro de boa-fé**. Assim, "mesmo feita por quem não seja dono, se a coisa foi oferecida ao público em leilão, ou estabelecimento comercial, tudo levando a crer que o alienante é proprietário, esse negócio transfere a propriedade. Dá-se proeminência à boa-fé em detrimento do real proprietário, que deverá responsabilizar o alienante de má-fé, persistindo, porém, a tradição e a alienação feita ao adquirente de boa-fé"[27].

4.4.3. Hipóteses de estelionato ou apropriação indébita

Nos casos de furto, roubo e perda, a coisa sai da esfera de vigilância do possuidor contra a sua vontade. O mesmo não acontece quando este é vítima de **estelionato** ou de **apropriação indébita**, pois, nesses casos, a própria vítima se despoja voluntariamente da coisa, embora às vezes ilaqueada em sua boa-fé.

São comuns os casos de pessoas que vendem e entregam ao adquirente veículo automotor mediante o recebimento de cheque sem fundos. Por isso, a doutrina e a jurisprudência têm entendido que o proprietário não pode reivindicar a coisa que esteja em poder de terceiro de boa-fé, nas hipóteses de **estelionato** ou **apropriação indébita**. Se a vítima pretender, nesses casos, reivindicar a coisa em poder de terceiro de boa-fé, não obterá êxito em sua pretensão. A vítima poderá voltar-se contra o autor do ato ilícito, para exercer os seus eventuais direitos[28].

4.4.4. Reivindicação de bens imóveis

A reivindicação de imóveis segue outra disciplina. Perde-se a **posse dos direitos** em se tornando impossível exercê-los, ou não se exercendo por tempo que baste para prescreverem. As servidões, por exemplo, perdem-se pelo não uso, se o possuidor deste direito real não o tiver conservado por sinais característicos da sua intenção de manter-lhe a posse[29].

[27] Sílvio Venosa, *Código Civil comentado*, v. XII, p. 305.

[28] "Proprietária que entrega seu carro para que seja vendido em uma revendedora. Terceiro adquirente que realiza o negócio no interior da loja. Fato que faz presumir sua boa-fé. Eventual reparação do dano que a intermediária causou ao antigo proprietário que deve ser buscada contra essa e não em face do comprador" (*RT*, 810/240, 805/277). "O dono da coisa subtraída faz jus a que o detentor a restitua, independentemente da boa-fé por este alegada ou do ressarcimento também por este pretendido" (*RT*, 692/318). "O nosso Direito Civil garante ao proprietário do bem móvel de que tenha sido desapossado pela subtração (isto é, tirada do bem contra a sua vontade) a possibilidade de reaver a coisa, das mãos de quem a detiver, ainda que seja este um terceiro de boa-fé. A mesma proteção não é dispensada ao primitivo proprietário que colabora com a sua ação e com o seu consentimento, ainda que viciado pela fraude, para a transferência da posse e da propriedade: nesse caso, prevalece a boa-fé do terceiro que adquire o bem, isento de vício" (STJ, *RT*, 723/293).

[29] Orlando Gomes, *Direitos reais*, cit., p. 75.

4.5. PERDA DA POSSE PARA O AUSENTE

Dispunha o art. 522 do Código Civil de 1916 que só se considerava perdida a posse para o ausente quando, tendo notícia da ocupação, abstinha-se de retomar a coisa, ou, tentando recuperá-la, era violentamente repelido. A palavra "ausente" era empregada no sentido comum, indicando aquele que **não se achava presente**, e não no sentido jurídico concebido no art. 463 do referido diploma, correspondente ao art. 22 do novo estatuto civil, de pessoa desaparecida de seu domicílio.

A interpretação literal do aludido artigo insinuava que a posse estava **perdida** para o ausente quando, ciente do esbulho, permanecia inativo, ou, tentando reaver a coisa, era violentamente repelido.

Melchíades Picanço, em crítica ao dispositivo em apreço, assim se expressou: "O Código, falando de posse perdida, como que dá a entender que o indivíduo esbulhado por ocasião de sua ausência, ausência que pode ser até de dias, não tem mais direito ao possessório, se não consegue retomar logo a posse, mas isso está em desarmonia com a lei. **Se o desapossado é repelido violentamente, nada o impede de recorrer às ações possessórias**"[30].

Não obstante, o Código Civil de 2002 manteve a orientação, dispondo:

> "Art. 1.224. Só se considera perdida a posse para quem **não presenciou o esbulho**, quando, tendo notícia dele, se abstém de *retornar* a coisa, ou, tentando recuperá-la, é violentamente repelido".

Entendemos que o correto é ***retomar***, e não retornar, que consta da publicação oficial.

Aperfeiçoou-se a redação, substituindo-se a palavra "ausente" pela expressão **"para quem não presenciou o esbulho"**.

Naturalmente, a referida perda é provisória, pois, como dito acima, **nada impede o esbulhado não presente de recorrer às ações possessórias**. Preceitua, com efeito, o art. 1.210 do mesmo diploma que "o possuidor tem direito a ser mantido na posse em caso de turbação, restituído no de esbulho, e segurado de violência iminente, se tiver justo receio de ser molestado".

4.6. RESUMO

AQUISIÇÃO E PERDA DA POSSE	
MODOS DE AQUISIÇÃO	■ Adquire-se a posse desde o momento em que se torna possível o exercício, em nome próprio, de qualquer dos poderes inerentes à propriedade (CC, art. 1.196). A sua aquisição pode concretizar-se, portanto, por qualquer dos modos de aquisição em geral, p. ex., a apreensão, o constituto possessório e qualquer outro ato ou negócio jurídico, especialmente a **tradição**, que pode ser **real, simbólica** e **ficta**.

30 *A posse em face do Código Civil*, p. 105.

AQUISIÇÃO ORIGINÁRIA	■ Configura-se nos casos em que não há relação de causalidade entre a posse atual e a anterior. É o que acontece quando há esbulho, e o vício, posteriormente, cessa.
AQUISIÇÃO DERIVADA	■ Diz-se que a posse é derivada quando há anuência do anterior possuidor, como na tradição. De acordo com o art. 1.203 do CC, essa posse conservará o mesmo caráter de antes. Quando o modo é originário, surge uma nova situação de fato, que pode ter outros defeitos, mas não os vícios anteriores.
QUEM PODE ADQUIRIR A POSSE	■ a própria pessoa que a pretende, desde que capaz; ■ o seu representante, legal ou convencional; ■ terceiro sem mandato (gestor de negócios), dependendo de ratificação (CC, art. 1.205).
PERDA DA POSSE	■ Perde-se a posse quando cessa, embora contra a vontade do possuidor, o poder sobre o bem, ao qual se refere o art. 1.196 (CC, art. 1.223). Exemplificativamente, perde-se pelo abandono, pela tradição, pela destruição da coisa, por sua colocação fora do comércio, pela posse de outrem, pelo constituto possessório, pela *traditio brevi manu* etc.
PERDA DA POSSE PARA O AUSENTE	■ Só se considera perdida a posse para quem não presenciou o esbulho, quando, tendo notícia dele, abstém-se de retomar a coisa, ou, tentando recuperá-la, é violentamente repelido (CC, art. 1.224). Essa perda é provisória, pois nada o impede de recorrer às ações possessórias.

■ 4.7. QUESTÕES

1. (Fazenda Nacional/Procurador/2006) Adquire-se a posse:

a) pelo próprio interessado, seu representante ou procurador, terceiro sem mandato e pelo constituto possessório.
b) pelo próprio interessado, seu representante ou procurador, terceiro sem mandato (dependendo de ratificação) e pelo constituto possessório.
c) pelo próprio interessado e pelo constituto possessório.
d) pelo próprio interessado, seu representante ou procurador (dependendo de ratificação), terceiro sem mandato e pelo constituto possessório.
e) pelo próprio interessado, seu representante ou procurador e por terceiro sem mandato (dependendo de ratificação).

2. (Defensoria Pública-SP/Defensor Público/Fundação Carlos Chagas/2006) Dá-se a *traditio brevi manu* quando

a) o possuidor de uma coisa em nome alheio passa a possuí-la como própria.
b) o sucessor universal continua com direito à posse do antecessor.
c) a posse puder ser continuada com a soma do tempo do atual possuidor com a posse de seus antecessores.
d) o possuidor de um imóvel em nome próprio passa a possuí-lo em nome alheio.
e) se exerce a posse em razão de uma situação de dependência econômica ou de um vínculo de subordinação.

3. (OAB/Exame Unificado 2010-2) Sobre o constituto possessório, assinale a alternativa CORRETA.

a) Trata-se de modo originário de aquisição da propriedade.
b) Trata-se de modo originário de aquisição da posse.
c) Representa uma tradição ficta.
d) É imprescindível para que se opere a transferência da posse aos herdeiros na sucessão universal.

4. (PGE/PA/Procurador do Estado/2011) Analise as assertivas abaixo e assinale a alternativa CORRETA:

a) Nos termos do art. 1.196 do Código Civil, considera-se possuidor todo aquele que tem de fato o exercício, pleno ou não, de algum dos poderes inerentes à propriedade, de maneira que o ocupante de bem público dominical poderá gozar dos direitos possessórios definidos em lei.

b) Independentemente da existência de boa-fé, o possuidor tem direito a ser ressarcido acerca das despesas havidas em razão da manutenção da coisa possuída, incluindo as benfeitorias necessárias e úteis.
c) Não induzem posse os atos de mera permissão ou tolerância, assim como não autorizam a sua aquisição os atos violentos, ou clandestinos, senão depois de cessar a violência ou clandestinidade.
d) Os direitos possessórios não são transmissíveis aos herdeiros ou legatários do possuidor.
e) O possuidor de boa-fé não responde pela perda ou deterioração da coisa, a que der causa.

5. (Procuradoria da República/Procurador/23° Concurso/2006) Leia com atenção as proposições abaixo:

I. Pela tradição *longa manu*, opera-se a transferência da posse, havendo, entretanto, uma alteração do elemento subjetivo de quem exerce o poder de fato sobre a coisa: o adquirente do bem, que, na qualidade de detentor, tinha, antes, a *affectio tenendi*, passa, agora, a ter o *animus rem sibi habendi*.
II. Pela tradição *brevi manu*, opera-se a transferência da posse, havendo, entretanto, uma alteração do elemento subjetivo de quem exerce o poder de fato sobre a coisa: o alienante, que antes era possuidor, despe-se do *animus rem sibi habendi* para, ostentando apenas a *affectio tenendi*, figurar, já agora, como mero detentor da coisa.
III. Segundo doutrina prevalente, no tema do instituto da locação não pode haver imóvel rústico dentro das denominadas "áreas metropolitanas".

Dentre as proposições acima:
a) apenas estão corretas a I e a II;
b) apenas estão corretas a I e a III;
c) apenas estão corretas a II e a III;
d) nenhuma das proposições é correta.

6. (TJSP/Juiz de Direito/182° Concurso/VUNESP/2009) Constituto possessório é:
a) forma derivada de aquisição da propriedade móvel.
b) modo de transferência da posse direta ao adquirente do bem.
c) expressamente previsto no Código Civil para os bens móveis e imóveis.
d) modo de transferência da posse indireta ao adquirente do bem.

7. (MP/SC/Promotor de Justiça/XXXIV Concurso)
I. A posse direta, de pessoa que tem a coisa em seu poder, temporariamente, em virtude de direito pessoal, ou real, não anula a indireta, de quem aquela foi havida, podendo o possuidor direto defender a sua posse contra o indireto.
II. A posse de boa-fé só perde este caráter no caso e desde o momento em que as circunstâncias façam presumir que o possuidor não ignora que possui indevidamente.
III. De acordo com a doutrina, dentre os caracteres da propriedade encontram-se a exclusividade, a temporariedade, a generalidade e a elasticidade.
IV. Na aquisição originária, o adquirente assume o domínio em lugar do transmitente e nas condições em que a propriedade mobiliária ou imobiliária se encontrava.
V. Na usucapião *pro labore* de área de terra em zona rural, não superior a cinquenta hectares, tornada produtiva por seu trabalho ou de sua família, prescinde o possuidor de fixar sua moradia para adquirir-lhe a propriedade.

a) Apenas I e IV estão corretos.
b) Apenas IV e V estão corretos.
c) Apenas I e II estão corretos.
d) Apenas II, III e V estão corretos.
e) Apenas III e V estão corretos.

8. (PGE/SC/Procurador do Estado/7° Concurso/2009) Assinale a alternativa CORRETA.
a) O possuidor turbado ou esbulhado na sua posse não poderá, em nenhuma hipótese, manter-se ou restituir-se por sua própria força.
b) Os frutos naturais e industriais reputam-se colhidos e percebidos, logo que são separados; os civis reputam-se percebidos semanalmente.

c) Feita por quem não seja proprietário, a tradição não aliena a propriedade, exceto se a coisa, oferecida ao público, em leilão ou estabelecimento comercial, for transferida em circunstâncias tais que, ao adquirente de boa-fé, como a qualquer pessoa, o alienante se afigurar dono.
d) O usufrutuário tem direito à posse, uso e administração, mas não pode perceber os frutos.
e) Não pode o condômino eximir-se do pagamento das despesas e dívidas, mesmo renunciando à parte ideal.

9. (MP/MS/Promotor de Justiça/XXV Concurso/FADEMS/2011) Assinale a alternativa CORRETA.

a) A posse direta, de pessoa que tem a coisa em seu poder, temporariamente, em virtude de direito pessoal, ou real, anula a indireta, de quem aquela foi havida;
b) O CC/2002 considera o constituto possessório como forma de aquisição da posse de coisa imóvel;
c) O fâmulo da posse acha-se em relação de dependência para com aquele em cujo nome detém a coisa. Não tem direito à proteção possessória. Pode ser compelido à desocupação, no interdito possessório ajuizado por quem tenha efetiva posse do bem;
d) O ato de transformação das sociedades depende de dissolução ou liquidação; inclusive o pedido de transformação não depende do consentimento de todos os sócios;
e) Na sociedade limitada, se o contrato permitir administradores não sócios, a designação deles não dependerá de aprovação da unanimidade dos sócios, enquanto o capital não estiver integralizado.

10. (TJMG/Juiz de Direito/VUNESP/2012) Analise as afirmativas seguintes:

I. Os atos violentos autorizam a aquisição da posse depois de cessar a violência.
II. A posse pode ser adquirida por terceiro sem mandato, que fica dependendo de ratificação.
III. A pessoa que tem a coisa em seu poder, temporariamente, em virtude de direito real, anula a posse indireta, de quem aquela foi havida.
IV. Ao possuidor de má-fé assiste o direito de retenção pela importância das benfeitorias necessárias.

Estão corretas apenas as afirmativas

a) I e II.
b) I e III.
c) II e III.
d) III e IV.

11. (Defensoria Pública/GO/Defensor Público/CS/UFG/2014) A respeito do instituto da posse, o Código Civil de 2002 regula que

a) o sucessor universal continua de direito a posse do seu antecessor; e ao sucessor singular é proibido unir sua posse à do antecessor, para os efeitos legais.
b) o domínio será adquirido por aquele que, por vinte anos, sem interrupção, nem oposição, possuir como seu um imóvel, independentemente de título e boa-fé.
c) a alegação de propriedade, ou outro direito à coisa, não obsta a manutenção ou reintegração na posse, salvo quando quem alega apresente título dominial.
d) o possuidor de boa-fé tem direito, enquanto ela durar, aos frutos percebidos.
e) as benfeitorias úteis serão ressarcidas ao possuidor de má-fé.

12. (Secretaria da Fazenda/PI/Auditor Fiscal/Fundação Carlos Chagas/2015) Em relação à posse, considere:

I. Pode o possuidor direto defender sua posse contra o indireto.
II. A reintegração na posse é obstada pela alegação de propriedade.
III. Se mais de uma pessoa se disser possuidora, será mantida provisoriamente na posse, em regra, aquela que tiver a coisa.
IV. O possuidor de boa-fé não responde pela perda ou deterioração a que não der causa.

Está CORRETO o que se afirma em:

a) III e IV, apenas.
b) I, III e IV, apenas.
c) I, II, III e IV.

d) II e III, apenas.
e) I, II e IV, apenas.

13. (TJ/DFT/Juiz de Direito/XLIII Concurso/CESPE/2016) A respeito da posse e do direito das coisas, assinale a opção CORRETA.

a) A posse *ad interdicta* dá ensejo à prescrição aquisitiva originária pela usucapião.
b) A propriedade, conforme disposição legal, incide exclusivamente sobre bens corpóreos.
c) A resolução da propriedade determinada por causa originária, prevista no título, produzirá efeitos *ex nunc* e *inter partes*.
d) A sentença que reconhece a usucapião tem natureza constitutiva.
e) A posse pode ser adquirida por terceiro, sem mandato do pretendente, caso em que a aquisição depende de ratificação.

14. (TJ/PR/Juiz de Direito/CESPE/CEBRASPE/2017) À luz do Código Civil, do entendimento doutrinário sobre o tema e da jurisprudência do STJ, assinale a opção CORRETA a respeito da responsabilidade civil e da obrigação de indenizar.

a) A embriaguez do segurado que conduz veículo automotor, por si só, é causa suficiente para exclusão da garantia, pois houve o agravamento do risco.
b) No caso de violação da posse, se a coisa se perder e deixar de existir, a indenização em favor do possuidor terá de ser estimada pelo seu valor ordinário e de afeição.
c) A aplicação da teoria da perda de uma chance restringe-se aos danos materiais.
d) A responsabilização do dono de animal pelos danos por este ocasionados a terceiros decorre do instituto da culpa presumida.

15. (TJ/PR/Juiz de Direito/CESPE/CEBRASPE/2017) Acerca do direito das coisas, assinale a opção CORRETA à luz do Código Civil e do entendimento doutrinário sobre o tema.

a) Caso seja instituído o usufruto em favor de dois usufrutuários, o falecimento de um deles gerará de pleno direito o acréscimo ao sobrevivente.
b) Ao efetuar o desdobramento da posse, o proprietário perde a condição de possuidor.
c) Para fins de proteção possessória, deve ser demonstrado algum vício objetivo da posse, não sendo imprescindível a constatação de má-fé do esbulhador.
d) O conceito de multipropriedade, que perpassa a análise de uso compartilhado, fere o atributo de exclusividade da propriedade.

■ GABARITO ■

1. "b". *Vide* art. 1.205 do CC. "A posse pode ser transmitida por via contratual antes da alienação do domínio e, depois desta, pelo *constituto possessório*, que se tem por expresso na respectiva escritura em que a mesma é transmitida ao adquirente da propriedade imóvel, de modo a legitimar, de logo, para o uso dos interditos possessórios, o novo titular do domínio, até mesmo em face do alienante que continua a deter o imóvel, mas em nome de quem o adquiriu" (STJ, REsp 21.125-MS).
2. "a". Configura-se a *traditio brevi manu* quando o possuidor de uma coisa alheia (o locatário, *v.g.*) vem a adquiri-la, passando a possuí-la como própria.
3. "c". A tradição pode ser real, simbólica e ficta. Considera-se ficta a tradição no caso da *traditio brevi manu* e do constituto possessório (cláusula *constituti*).
4. "c". *Vide* art. 1.208 do CC.
5. "d".
6. "d". Ocorre o constituto possessório quando o vendedor, por exemplo, transferindo a outrem o domínio da coisa (posse indireta), conserva-a, todavia, em seu poder (posse direta), mas agora na qualidade de locatário. A referida cláusula tem a finalidade de evitar complicações decorrentes de duas convenções, com duas entregas sucessivas.
7. "c". *Vide* arts. 1.197 e 1.202 do CC, respectivamente.

8. "c". *Vide* art. 1.268 do CC.
9. "c". *Vide* art. 1.198 do CC.
10. "a". *Vide* arts. 1.205, II, e 1.208 do CC.
11. "d". *Vide* art. 1.214, *caput*, do CC.
12. "b". *Vide* I — art. 1.197 do CC; III — art. 1.211 do CC; e IV — art. 1.217 do CC.
13. "e". *Vide* art. 1.205, II, do CC.
14. "b". *Vide* art. 952, parágrafo único, do CC.
15. "c". *Vide* art. 1.210 do CC.

5

DOS EFEITOS DA POSSE

5.1. TUTELA DA POSSE

5.1.1. Introdução

Malgrado Sintenis negasse qualquer efeito à posse, **não paira dúvida de que ela produz vários**, que lhe são próprios. São precisamente eles que lhe imprimem cunho jurídico e a distinguem da mera detenção. A divergência entre os doutrinadores se verifica tão somente a respeito de sua discriminação.

Savigny, depois de mencionar escritor que conseguiu enumerar 72 efeitos (Tapia), reduziu-os a apenas dois: a faculdade de invocar os interditos e a usucapião.

Embora hoje a eficácia jurídica da posse seja unanimemente reconhecida, não se deve chegar a extremos na enumeração de seus efeitos, nem reduzi-los demasiadamente. **O correto é admitir que ela os gera vários**, sem exageros, como o fazem Martin Wolff, Planiol e Ripert e Astolpho Rezende, dentre outros.

Parece-nos, desse modo, bastante racional sistematizar esses efeitos com base no direito positivo (CC, arts. 1.210 a 1.222 e 1.238 e s.), afirmando que **cinco são os mais "evidentes":**

- a proteção possessória, abrangendo a autodefesa e a invocação dos interditos;
- a percepção dos frutos;
- a responsabilidade pela perda ou deterioração da coisa;
- a indenização pelas benfeitorias e o direito de retenção;
- a usucapião.

5.1.2. A proteção possessória

A proteção conferida ao possuidor é o **principal efeito** da posse. Dá-se de dois modos:

- pela **legítima defesa** e pelo **desforço imediato** (autotutela, autodefesa ou defesa direta), em que o possuidor pode manter ou restabelecer a situação de fato pelos seus próprios recursos; e
- pelas **ações possessórias**, criadas especificamente para a defesa da posse (heterotutela).

■ 5.1.2.1. *Interditos possessórios*

As **ações tipicamente possessórias** (manutenção, reintegração e interdito proibitório) são também denominadas **interditos possessórios**, pois constituem formas evoluídas dos antigos interditos do direito romano, que representavam verdadeiras ordens do magistrado. O vocábulo **interdito**, segundo esclarece Washington de Barros Monteiro[1], procede da expressão *interim dicuntur*, que traduz a efemeridade da decisão proferida no juízo possessório, cuja finalização só se alcança no juízo petitório.

■ 5.1.2.2. *Autotutela da posse*

■ 5.1.2.2.1. *Legítima defesa*

Quando o possuidor se acha presente e é **turbado** no exercício de sua posse, pode reagir, fazendo uso da defesa direta, agindo, então, em **legítima defesa**. A situação se assemelha à da excludente prevista no Código Penal. Se, entretanto, a hipótese for de **esbulho**, tendo ocorrido a perda da posse, poderá fazer uso do **desforço imediato**.

É o que preceitua o art. 1.210, § 1º, do Código Civil:

> "O possuidor turbado, ou esbulhado, poderá manter-se ou restituir-se por sua própria força, contanto que o faça logo; os atos de defesa, ou de desforço, não podem ir além do indispensável à manutenção, ou restituição da posse".

A expressão **"por sua própria força"**, constante do texto legal, quer dizer: sem apelar para a autoridade, para a polícia ou para a justiça[2].

■ 5.1.2.2.2. *Desforço imediato*

A legítima defesa não se confunde com o desforço imediato. Este ocorre quando o possuidor, já tendo perdido a posse **(esbulho)**, consegue reagir, em seguida, e **retomar a coisa**. A primeira somente tem lugar enquanto a turbação perdurar, estando o possuidor na posse da coisa. O desforço imediato é praticado diante do **atentado já consumado, mas ainda no calor dos acontecimentos**.

O possuidor tem de agir com suas próprias forças, embora possa ser auxiliado por amigos e empregados, permitindo-se-lhe ainda, se necessário, o emprego de armas.

Pode **o guardião da coisa** exercer a autodefesa, em benefício do possuidor ou representado. Embora não tenha o direito de invocar, em seu nome, a proteção possessória, não se lhe recusa, contudo, o direito de exercer a **autoproteção do possuidor**, consequência natural de seu dever de vigilância.

---

[1] *Curso de direito civil*, v. 3, p. 42.

[2] "Admite-se, quando o atentado é de natureza clandestina, que o desforço em defesa da posse se faça incontinenti ou logo em seguida à notícia que tenha o possuidor da turbação sofrida" (*RT*, 484/142).

5.1.2.2.3. *Requisitos para a utilização da defesa direta*

Preceitua a segunda parte do § 1º do aludido art. 1.210 do Código Civil que "os atos de defesa, ou de desforço, não podem ir além do indispensável à manutenção, ou restituição da posse". Há necessidade, portanto, de se observarem determinados requisitos, para que a defesa direta possa ser considerada legítima:

- **Em primeiro lugar**, é preciso que a reação se faça **logo**, imediatamente após a agressão. Carvalho Santos[3] explica que esse advérbio significa que, se o possuidor não puder exercer o desforço imediatamente, poderá fazê-lo **logo que lhe seja possível agir**. E exemplifica: alguém se encontra com o ladrão de sua capa dias depois do furto. Em tal hipótese, apesar do lapso de tempo decorrido, assiste-lhe o direito de fazer justiça por suas próprias mãos, se presente não estiver a polícia. Assim, o advérbio em questão não pode ser interpretado de forma tão literal que venha a excluir qualquer intervalo. Havendo dúvida, é aconselhável o ajuizamento da ação possessória pertinente, pois haverá o risco de se configurar o crime de "exercício arbitrário das próprias razões", previsto no art. 345 do Código Penal[4].
- **Em segundo lugar**, a reação deve-se limitar ao **indispensável** à retomada da posse. Os meios empregados devem ser proporcionais à agressão. Essa forma excepcional de defesa só favorece quem usa **moderadamente dos meios necessários** para repelir injusta agressão. O excesso na defesa da posse pode acarretar a **indenização** de danos causados.

5.2. AÇÕES POSSESSÓRIAS EM SENTIDO ESTRITO

5.2.1. Legitimação ativa

5.2.1.1. *Condição de possuidor*

Exige-se a condição de **possuidor** para a propositura dos interditos (CPC, art. 560), mesmo que não tenha título (*possideo quod possideo*). **O detentor, por não ser possuidor, não tem essa faculdade.** Não basta ser **proprietário ou titular de outro direito real**. Se somente tem o direito, mas não a posse correspondente, o agente terá de valer-se da via petitória, não da possessória, a não ser que se trate de **sucessor** de quem detinha a posse e foi molestado.

Com efeito, o **herdeiro ou sucessor *mortis causa*** encontra-se, em matéria possessória, em situação privilegiada, pois presume a lei que ***"continua de direito a posse do seu antecessor"*** (CC, art. 1.207). Assim, não necessita provar a sua posse anterior, mas apenas a do *de cujus*. Ao sucessor **a título singular** é facultado **unir a sua posse à do antecessor**, para os efeitos legais. Desse modo, se este tinha posse e foi esbulhado, àquele será facultado assumir sua posição, para o fim de ajuizar a competente ação possessória contra o terceiro.

---

[3] *Código Civil brasileiro interpretado*, v. VII, p. 137.

[4] "Exercício arbitrário das próprias razões. Caracterização em tese. Adquirente de imóvel arrematado em execução hipotecária que, aproveitando a ausência do ocupante, muda o cilindro da fechadura para imitir-se na posse. Ilegalidade" (*RT*, 693/370).

5.2.1.2. *Nascituro*

Embora Pontes de Miranda[5] defenda a tese de que o **nascituro** pode ser possuidor ("a posse vai para o nascituro, como se já tivesse nascido, ou a quem, se o feto não nasce com vida, é herdeiro"), parece-nos mais correta a posição de José Carlos Moreira Alves, no sentido de que **o nascituro, enquanto tal, não é possuidor**, visto "que não há, nunca houve, direito do nascituro, mas, simples, puramente, expectativas de direito, que se lhe protegem, se lhe garantem, num efeito preliminar, provisório, numa *Vorwirkung*, porque essa garantia, essa proteção é inerente e é essencial à expectativa do direito"[6].

Assim, aduz, **se "o nascituro não é titular de direitos subjetivos, não será também, ainda que por ficção, possuidor"**.

5.2.1.3. *Possuidores diretos e indiretos*

Têm ação possessória contra terceiros, e também **um contra o outro**. A jurisprudência já vinha admitindo que cada possuidor, o direto e o indireto, recorresse aos interditos possessórios contra o outro, para defender a sua posse, quando se encontrasse por ele ameaçado[7]. Tal possibilidade encontra-se, agora, **expressamente prevista na parte final do art. 1.197 do novo Código**.

Havendo **posse escalonada ou em níveis** (locador, locatário, sublocatário), em que há um possuidor direto e mais de um possuidor indireto, é preciso verificar qual das posses foi ofendida na ação movida entre eles. Entretanto, contra **terceiros**, há **legitimação concorrente dos possuidores de diferentes níveis**, podendo instaurar-se litisconsórcio não obrigatório.

Assinala, a propósito, Adroaldo Furtado Fabrício: "Para qualificar-se juridicamente à propositura de ação possessória, supõe-se antes de tudo a condição de possuidor que o autor tivesse antes do esbulho, ou ainda tenha nos demais casos. Não é preciso que a posse seja a direta ou a própria. **Legitimam-se à ação possessória, ativamente, possuidores diretos e indiretos, com posse própria ou derivada.** Quando a posse se apresenta **escalonada** (posse imediata e posse mediata, ou posses mediatas), o que se tem de indagar é qual das posses foi ofendida, pois só o titular desta é legitimado. O mais comum, porém, é que o ato de ataque à posse a alcance como um todo, e então a legitimação é **concorrente**, dos possuidores de diferentes níveis"[8].

5.2.2. Legitimação passiva

5.2.2.1. *O autor da ameaça, turbação ou esbulho e o terceiro*

A legitimidade **passiva** nas ações possessórias é do **autor da ameaça, turbação ou esbulho** (CPC, arts. 561, II, e 567), assim como do "**terceiro** que recebeu a coisa

---

[5] *Tratado de direito privado*, t. X, p. 213.

[6] *Posse*, v. II, p. 142.

[7] *RT*, 654/145, 668/125.

[8] *Comentários ao Código de Processo Civil*, v. VIII, t. III, p. 384.

esbulhada, sabendo que o era", isto é, **de má-fé**, como expressamente dispõe o art. 1.212 do Código Civil.

Contra o **terceiro** que recebeu a coisa de **boa-fé** não cabe ação de reintegração de posse, pela interpretação *a contrario sensu* do citado dispositivo legal. Contra este terá o esbulhado a **ação petitória**, como anota Tito Fulgêncio, complementando: "Não a manutenção, porque não tem posse atual, dado o esbulho pelo *tradens*. Não a de esbulho, porque não o há contra o *recipiens* de boa-fé"[9].

5.2.2.2. *Pessoa privada de discernimento ou menor de idade*

Se a turbação e o esbulho forem causados por pessoa **privada de discernimento** ou **menor** incapaz de entender o valor ético da sua ação, o legitimado passivo será o encarregado de sua vigilância **(curador, pai ou tutor)**, a quem competirá responder por autoria moral, se, tendo conhecimento do ato, não tiver recolocado as coisas no *statu quo ante*, voluntariamente, ou por culpa *in vigilando*[10].

5.2.2.3. *A pessoa que ordenou a prática da turbação ou esbulho*

A ação pode ser proposta tanto contra **o autor** do ato molestador como contra quem **ordenou** a sua prática, **ou contra ambos**. Mesmo que o turbador proceda como **representante** legal ou convencional de outrem, e dentro dos limites do mandato, o possuidor molestado não é obrigado a saber que se trata de representação.

A lei não desampara o representante, porque sempre lhe fica aberto o recurso de **nomeação à autoria** da pessoa em cujo nome praticou a turbação. Com maior razão terá legitimidade passiva se agiu por conta própria, **fora e além dos limites** do seu mandato.

5.2.2.4. *O sucessor "mortis causa" ou "inter vivos"*

O *herdeiro a título universal* ou ***mortis causa*** também é legitimado passivo, porque **continua** de direito a posse de seu antecessor (CC, art. 1.207), com as mesmas características.

Já o *sucessor a título singular* ou ***inter vivos*** somente estará legitimado para responder à ação de reintegração de posse se, nos termos do retromencionado art. 1.212 do Código Civil, "recebeu a coisa esbulhada sabendo que o era", ou seja, de **má-fé**.

5.2.2.5. *Pessoas jurídicas*

Legitimada passivamente para a ação é a **pessoa jurídica de direito privado** autora do ato molestador, **não o seu gerente, administrador ou diretor**, se estes não agiram em nome próprio.

---

9 *Da posse e das ações possessórias*, v. 1, p. 135. No mesmo sentido: *RT*, 182/679.

10 João Batista Monteiro, *Ação de reintegração de posse*, p. 154, n. 43.1.

Também são legitimadas as **pessoas jurídicas de direito público**, contra as quais pode até ser deferida medida liminar, desde que sejam previamente ouvidos os seus representantes legais (CPC, art. 562, parágrafo único).

Quando o Poder Público desapossa alguém **sem o processo expropriatório regular**, não há dúvida de que pratica **esbulho**. A jurisprudência, porém, ao fundamento de que a obra pública não pode ser demolida e de que ao proprietário nada mais resta, vem **convertendo os interditos possessórios** em ação de indenização, denominada **desapropriação indireta**. Essa conversão, todavia, deve ocorrer somente se houve pedido alternativo de indenização e se o apossamento está consumado, sendo o imóvel empregado realmente em obra pública[11]. Caso não tenha sido formulado o pedido alternativo, é de se proclamar a **carência de ação** movida contra o Poder Público, ante a **intangibilidade da obra pública**, máxime quando já ultimada, por pertinente, a desapropriação indireta[12].

No entanto, é perfeitamente cabível ação possessória contra o Poder Público quando este comete atentado à posse dos particulares, **agindo *more privatorum***, isto é, como qualquer particular, **e não para realizar obra pública**. Tem-se entendido, contudo, que o particular, nestes últimos casos, deve reagir prontamente, pois não mais poderá pretender interditar a obra se já estiver construída ou em construção, nada mais lhe restando então que pleitear a respectiva indenização.

■ 5.2.2.6. *Nomeação à autoria e denunciação da lide*

Muitas vezes, o turbado ou esbulhado propõe ação contra simples **prepostos**, que praticam os referidos atos **a mando de terceiros**, por desconhecimento da situação fática.

Para corrigir esse endereçamento errôneo da demanda deve ser feita a **nomeação à autoria**. Se o demandado é simples detentor (CC, art. 1.198), nomeia à autoria (CPC, art. 339); se é **possuidor direto** apenas (CC, art. 1.197), **denúncia da lide** ao possuidor indireto (CPC, art. 125, II).

■ 5.2.3. Conversão de ação possessória em ação de indenização

Permite-se que o possuidor possa demandar a proteção possessória e, **cumulativamente**, pleitear a condenação do réu nas perdas e danos (CPC, art. 921, I). Se, no entanto, ocorreu o **perecimento ou a deterioração considerável** da coisa, só resta ao possuidor o caminho da **indenização**. Seria, com efeito, destituída de efeitos práticos a condenação na devolução de uma coisa inexistente ou sem interesse para o possuidor. É o juiz obrigado, nesse caso, a tomar em consideração o fato novo (CPC, art. 493).

---

[11] "Interdito proibitório. Desapropriação indireta. Demanda interposta pelo proprietário do imóvel indiretamente expropriado. Admissibilidade enquanto não concluída a obra ou o serviço público. Ato do Poder Público que, sem o devido processo legal expropriatório, é ilícito" (*RT*, 797/263).

[12] *RT*, 668/103; *JTACSP*, Lex, 84/120.

Tais prejuízos podem ocorrer, todavia, **depois de ajuizada a ação** de reintegração de posse. Embora já não possa ser apreciado o pedido de proteção possessória, nada impede que a pretensão indenizatória seja deferida, **mas somente se formulada na inicial**, cumulativamente com o pedido de proteção possessória.

Nesse sentido, a lição de João Batista Monteiro: "Quando a perda, destruição ou deterioração da coisa se dá após o ajuizamento da demanda, havendo pedido cumulado de indenização, o juiz é obrigado a tomar em consideração o fato novo e a ação deve ser tida como procedente apenas para o efeito de condenar o réu na indenização, em que se abrangem tanto os danos emergentes quanto os lucros cessantes, ou seja, em tal situação, o próprio valor da coisa objeto da posse"[13].

Se a perda tiver lugar **depois da sentença, mas antes de sua execução**, deve aplicar-se, aduz o mencionado autor, por analogia, o disposto no art. 809 do Código de Processo Civil, segundo o qual "o exequente tem direito a receber, além de perdas e danos, **o valor da coisa**, quando essa se deteriorar, não lhe for entregue, não for encontrada ou não for reclamada do poder de terceiro adquirente".

5.3. AÇÕES POSSESSÓRIAS NA TÉCNICA DO CÓDIGO DE PROCESSO CIVIL

5.3.1. A fungibilidade dos interditos

O **princípio da fungibilidade** das ações possessórias está regulamentado no art. 554 do Código de Processo Civil, que assim dispõe:

> "A propositura de uma ação possessória em vez de outra não obstará a que o juiz conheça do pedido e outorgue a proteção legal correspondente àquela cujos requisitos estejam provados".

Desse modo, se a ação cabível for a de **manutenção** de posse, e o autor ingressar com ação de **reintegração**, ou vice-versa, **o juiz conhecerá do pedido da mesma forma** e determinará a expedição do mandado adequado aos requisitos provados. É uma aplicação do princípio *da mihi factum dabo tibi jus*, segundo o qual a parte expõe o fato, e o juiz aplica o direito.

A justificação para a regra encontra-se na própria natureza da tutela possessória. Como bem esclarece Adroaldo Furtado Fabrício, "o possuidor que se dirige ao juiz em busca de amparo contra o ato ofensivo de sua posse pretende, em realidade, que a prestação jurisdicional paralise a ação hostil, quaisquer que tenham sido as consequências já produzidas, e as faça cessar"[14]. O *petitum*, acrescenta, "é sempre ***pedido de proteção possessória***, embora esta possa assumir mais de uma forma e a indicada pelo autor não seja a cabível".

Impõe-se o apontado princípio da fungibilidade ou da conversibilidade **somente às três ações possessórias em sentido estrito: manutenção de posse, reintegração**

---

[13] *Ação*, cit., p. 107.

[14] *Comentários*, cit., v. VIII, t. III, p. 392.

de posse e interdito proibitório. Sendo uma exceção à regra que proíbe o julgamento *extra petita* (CPC, art. 492), deve ter aplicação estrita. Inadmissível o seu emprego entre uma ação possessória e a ação de imissão na posse ou reivindicatória, ou entre uma possessória e uma ação de despejo. Se tal ocorrer, o autor será declarado **carecedor**, por falta de interesse processual adequado, não podendo uma ação ser aceita por outra[15].

O princípio ora em estudo autoriza a conversão do **interdito proibitório** em interdito de manutenção ou reintegração de posse, se, depois de ajuizado, vier a ocorrer a turbação, ou o esbulho, que se temia[16]. Entretanto, ajuizada a ação de manutenção de posse, não há mais lugar para ser intentado o interdito proibitório por falta de interesse de agir.

A correção pode ser feita pelo juiz já ao despachar a inicial e proferir decisão concessiva ou denegatória da liminar, bem como na sentença definitiva. Pode ser realizada também na fase recursal, pelo juízo de segundo grau[17].

5.3.2. Cumulação de pedidos

O diploma processual permite a cumulação de pedidos, na inicial da ação possessória. Dispõe, com efeito, o art. 555 do Código de Processo Civil:

> "É lícito ao autor **cumular** ao pedido possessório o de:
> I — condenação em **perdas e danos**;
> II — indenização dos frutos.
> Parágrafo único. Pode o autor requerer, ainda, imposição de medida necessária e adequada para:
> I — evitar nova turbação ou esbulho;
> II — cumprir-se a tutela provisória ou final".

A cumulação é **facultativa** e pode ocorrer sem prejuízo do rito especial, embora os agregados ao possessório não tenham tal conteúdo. Se não foi formulado pelo autor ou pelo réu o pedido de condenação em perdas e danos, **julgará *ultra petita* o juiz que a decretar de ofício**, pois não se pode tê-lo como implícito.

Todavia, como decidiu o Superior Tribunal de Justiça, embora o autor tenha formulado o pedido de ser a importância relativa às perdas e danos apreciada em liquidação, nada impede o juiz de fixá-la desde logo, se, nos autos, houver elementos para isso. O que ele não pode, proclamou a aludida Corte, é proferir sentença ilíquida, quando for formulado pedido certo (art. 459, parágrafo único, do CPC/1973, atual art. 490)[18].

---

15 *RT*, 333/484, 469/66, 612/106; *JTACSP*, 102/91.

16 "Interdito proibitório. Conversão em reintegração de posse. Admissibilidade em razão da transmutação da realidade fática, caracterizadora de esbulho" (*RT*, 771/242).

17 *JTARS*, 18/193.

18 *RT*, 755/228.

Não se pode relegar à fase da liquidação a prova da existência do dano. Esta tem de ser produzida no processo de conhecimento, para que a sentença possa reconhecê-lo. Em suma: só o *quantum debeatur* pode ter sua apuração relegada à liquidação futura; a prova da *existência* do dano tem de fazer-se no processo de conhecimento, para que a condenação possa ser proferida[19].

Desde que o autor dispense o rito especial, **pode formular outros pedidos cumulados ao possessório**, por exemplo, o de rescisão do compromisso de compra e venda e o demarcatório (CPC, art. 327).

5.3.3. Caráter dúplice das ações possessórias

Na relação jurídico-processual, é o autor quem em regra formula o pedido. O réu a ele se opõe, pleiteando a improcedência da ação. Essa polarização é estabelecida pelo direito material, que determina *a priori* a legitimação ativa e a passiva para a causa. Quando o requerido oferece, eventualmente, **reconvenção**, em verdade propõe outra ação, que se processa nos mesmos autos.

Todavia, em alguns casos, excepcionalmente, inexiste essa predeterminação das legitimações. A situação jurídica se apresenta de tal modo que qualquer dos sujeitos pode ajuizar a ação contra o outro. Quando isso acontece, diz-se que a ação é de **natureza dúplice**.

É o que se dá, *verbi gratia*, nas ações demarcatória e de divisão, em que não há rigorosamente autores e réus, uma vez que qualquer dos confinantes ou consortes poderia ter tomado a iniciativa, bem como na ação de prestação de contas, que pode ser ajuizada não só por aquele a quem são devidas, como também pelo que as deve, servindo a sentença de título executivo contra qualquer deles, independentemente de quem seja autor ou réu. Nessas ações, de natureza dúplice, **a reconvenção se torna despicienda**[20].

O legislador tornou dúplice a ação possessória, permitindo que o juiz, independentemente de reconvenção do réu, confira-lhe a proteção possessória, **se a requerer na contestação** e provar ser o legítimo possuidor. Dispõe, com efeito, o art. 556 do Código de Processo Civil:

> "É lícito ao réu, **na contestação**, alegando que foi o ofendido em sua posse, demandar a proteção possessória e a indenização pelos prejuízos resultantes da turbação ou do esbulho cometido pelo autor".

Desse modo, tendo a lei conferido caráter dúplice às ações possessórias, **não se faz necessário pedido reconvencional**. Se se julgar ofendido em sua posse, o réu pode formular, na própria **contestação**, os pedidos que tiver contra o autor.

A razão da faculdade reside na circunstância de que, no pleito possessório, **ambas as partes costumam arguir a condição de possuidores**, devendo o juiz decidir

---

19 Adroaldo Furtado Fabrício, *Comentários*, cit., v. VIII, t. III, p. 397.

20 Adroaldo Furtado Fabrício, *Comentários*, cit., v. VIII, t. III, p. 401.

qual deles tem melhor posse. A manifestação do réu, pleiteando para si a proteção possessória, não deixa de ter as características de uma **reconvenção**, sem porém os encargos e formalidades que esta envolve por opção do legislador, como política judiciária e em nome da economia processual.

Tem a jurisprudência, a propósito, proclamado:

> "A ação possessória somente é dúplice se o réu também demandar, na contestação, proteção possessória; se assim não proceder, a declaração de improcedência do pedido do autor não define com autoridade de coisa julgada a posse do réu sobre a área litigiosa"[21].

Pode-se afirmar, pois, que as ações possessórias são dúplices **por vontade do legislador, e não por sua natureza**.

Estabelecida *ex lege* a duplicidade da ação, **facultam-se ao réu as mesmas cumulações permitidas ao autor pelo art. 555 do estatuto processual**. Malgrado o art. 556 do aludido diploma silencie quanto à possibilidade de cumulação dos outros pedidos, não se percebe, dada a *eadem ratio*, como salienta Adroaldo Furtado Fabrício, "motivo para que o réu se prive de pedir, se for caso, também a cominação de pena para futuras agressões à posse e o desfazimento de plantações e construções"[22].

No tocante à extensão do pedido do réu, pode ele pedir a proteção possessória não só na contestação às queixas de esbulho e turbação, **como também nas ações de interdito proibitório**[23]. O art. 556 do Código de Processo Civil em apreço só faz menção, em sua parte final, à turbação ou ao esbulho, mas porque nela se refere ao pedido de indenização dos prejuízos. A postulação cumulada de indenização só cabe se a alegação for de esbulho ou turbação, como sucede também quando a pretensão é formulada pelo autor.

Como o réu pode formular, na contestação, os mesmos pedidos permitidos ao autor, não se admite, como foi dito, **reconvenção em ação possessória**, por inútil[24].

Nem por isso se deve concluir pela absoluta e geral inadmissibilidade dessa forma de resposta do réu em ação possessória, adverte Adroaldo Furtado Fabrício[25]. Ela "cabe **para veicular outras pretensões**, que não as contempladas no artigo. Nem mesmo é de excluir-se reconvenção, com a forma e o procedimento que lhe são próprios, para formular pedidos de conteúdo possessório, se referentes, por exemplo, a outro bem, ou a outra parte do mesmo bem".

Inadmissível o julgamento antecipado da lide quando o réu, mercê da natureza dúplice dos interditos possessórios, alega, por seu turno, moléstia a sua posse, reclamando, para si, também, a proteção possessória[26].

---

21 *RT*, 615/187.

22 *Comentários*, cit., v. VIII, t. III, p. 404.

23 *JTACSP*, 96/380; *RT*, 494/152.

24 *RT*, 618/128, 495/233; *JTACSP*, 105/249; *RSTJ*, 105/361.

25 *Comentários*, cit., v. VIII, t. III, p. 405.

26 *RT*, 788/371.

5.3.4. Distinção entre juízo possessório e juízo petitório. A exceção de domínio

A **ação possessória** é o meio de tutela da posse perante uma ameaça, turbação ou esbulho. A sua propositura instaura o juízo possessório, em que se discute o ***ius possessionis*** (posse autônoma ou formal). A **ação petitória** é o meio de tutela dos direitos reais, de propriedade ou outro. No juízo petitório se invoca o ***ius possidendi*** (posse causal).

A doutrina e a legislação têm buscado, ao longo dos anos, a separação entre o possessório e o petitório. A teor dessa concepção, **no juízo possessório não adianta alegar o domínio, porque só se discute posse**[27]. No juízo petitório, a discussão versa sobre o domínio, sendo secundária a questão daquela.

Atualmente, o art. 557 do Código de Processo Civil tem a seguinte redação: **"Na pendência de ação possessória é vedado, tanto ao autor quanto ao réu, propor ação de reconhecimento do domínio, exceto se a pretensão for deduzida em face de terceira pessoa"**.

Com o advento do Código Civil de 2002, ficou evidenciada, de modo irrefragável, a referida **extinção**, pois esse diploma não contempla a possibilidade de se arguir a *exceptio proprietatis*, limitando-se a proclamar, no art. 1.210, § 2º:

> **"Não obsta à manutenção ou reintegração na posse a alegação de propriedade, ou de outro direito sobre a coisa"**.

Enquanto estiver tramitando a ação possessória, **nem o réu, nem o autor podem ajuizar, paralelamente, a ação petitória** para obter a declaração do seu direito à posse. A consequência prática da proibição é que poderá o possuidor não proprietário, desde que ajuíze ação possessória, impedir a recuperação da coisa pelo seu legítimo dono, pois este ficará impedido de recorrer à reivindicatória até que a possessória seja definitivamente julgada.

Pretendendo evitar abusos, a doutrina e a jurisprudência **têm restringido a sua aplicação** aos casos em que, **na possessória, a posse é disputada com base nos títulos de domínio**, não, portanto, àqueles em que as partes alegam apenas posse de fato baseada em atos concretos. Confira-se:

> "O art. 923 (do CPC/1973, atual art. 557) só se refere a ações possessórias em que a posse seja disputada a título de domínio"[28].

Nada impede, portanto, que o réu intente ação de reconhecimento de domínio, na pendência de ação possessória **fundada exclusivamente em atos concretos de posse** (*jus possessionis*).

Já se decidiu:

---

[27] "Reintegração de posse. Pretensão fundada na alegação de domínio pelo dono da coisa. Inadmissibilidade, se a posse está sendo desfrutada por outro" (*RT*, 785/422).

[28] *RT*, 482/273, 605/55, 650/67; *RJTJSP*, 123/217, 124/297.

> "Não se há de cogitar da incidência ou não da regra do art. 923 do CPC, (de 1973, atual art. 557), se a ação petitória foi ajuizada antes da possessória"[29].

5.3.5. Procedimento: ação de força nova e ação de força velha. Ação possessória relativa a coisa móvel

Dispõe o art. 558 do Código de Processo Civil:

> "Regem o procedimento de manutenção e de reintegração de posse as normas da Seção II deste Capítulo quando a ação for proposta dentro de ano e dia da turbação ou do esbulho afirmado na petição inicial.
> Parágrafo único. Passado o prazo referido no *caput*, será comum o procedimento, não perdendo, contudo, o caráter possessório".

As referidas normas estabelecem um procedimento especial, cuja principal diferença e vantagem é a **previsão da medida liminar**. Esta, porém, só será concedida quando a ação for intentada **dentro de ano e dia** da turbação ou esbulho; caso contrário, o rito será ordinário, não perdendo a ação, contudo, o caráter possessório.

Isso significa que somente haverá o rito especial, constituído de duas fases (a primeira para a concessão de liminar), se a ação for ajuizada **no prazo de ano e dia** da turbação ou do esbulho, caso em que a possessória será considerada **"ação de força nova"**. Passado esse prazo, o rito será o ordinário e a ação, **"de força velha"**, seguindo-se, então, o prazo para a contestação, a instrução e o julgamento.

Veja-se, a propósito:

> "É cabível a ação possessória mesmo superado o ano e dia, com a única alteração relativa ao descabimento da concessão liminar da manutenção ou reintegração"[30].

A diferença, pois, entre o procedimento especial das ações possessórias e o ordinário está na possibilidade, prevista no primeiro, de **concessão de liminar, *inaudita altera parte*** ou após a realização de uma audiência de justificação prévia da posse. Não há vantagem alguma para o proprietário em promover ação possessória se o esbulho sofrido data de mais de ano e dia, pois ela seguirá o rito ordinário, sem liminar. Melhor será ajuizar desde logo a reivindicatória.

Se, no entanto, nenhum dos litigantes for proprietário e estiverem disputando o imóvel **a título de possuidores**, com base no *jus possessionis*, a única via judicial de que se podem valer é a **possessória**. Nesse caso, se for intentada **no prazo de ano e dia**, seguirá o **rito especial**, com possibilidade de obtenção da liminar. Se já houver passado o prazo de ano e dia, ao possuidor só restará o ajuizamento da possessória, que seguirá, porém, o **rito ordinário**, sem liminar.

É de se concluir, portanto, que, quando o legislador estabeleceu, no parágrafo único do art. 558 em apreço, que, "passado o prazo referido no *caput*, será comum

---

29 STJ, REsp 139.916-DF, 4ª T., rel. Min. Sálvio de Figueiredo, *DJU*, 1º-2-1999, p. 201.

30 *RT*, 722/168.

o procedimento, não perdendo, contudo, o caráter possessório", teve em mira conferir algum meio de defesa ao mero possuidor, que foi esbulhado e **deixou passar o prazo de ano e dia**. Terá direito à ação possessória assim mesmo, embora de rito comum.

O procedimento das ações possessórias, quer versem sobre bens móveis, quer sobre bens imóveis, sendo ação de força velha, **será sempre o comum**. Se for **ação de força nova**, seguirá o especial dos arts. 560 e s. do Código de Processo Civil, que preveem a possibilidade de se conceder liminar.

5.3.6. A exigência de prestação de caução

Prescreve o art. 559 do estatuto processual civil:

> "Se o réu provar, em qualquer tempo, que o autor provisoriamente mantido ou reintegrado na posse carece de idoneidade financeira para, no caso de sucumbência, responder por perdas e danos, o juiz designar-lhe-á o prazo de 5 (cinco) dias para **requerer caução, real ou fidejussória, sob pena de ser depositada a coisa litigiosa, ressalvada a impossibilidade da parte economicamente hipossuficiente**".

Muitas vezes, a concessão de uma liminar paralisa a realização de obras vultosas e pode acontecer que, a final, não seja confirmada. O requerido, então, fará jus à **indenização** dos prejuízos sofridos. Para garantir-se, poderá o réu, após a concessão da liminar, exigir que o autor **preste caução**, na conformidade do art. 559 do Código de Processo Civil, provando a **falta de idoneidade financeira** deste para arcar com as perdas e danos. Não prestando a caução, **a coisa litigiosa será depositada judicialmente**.

A caução poderá ser:

- **real** (consistente em imóvel, joias, dinheiro); ou
- **fidejussória** (carta de fiança).

Incumbe ao réu, a qualquer tempo, **a prova da falta de idoneidade financeira** do autor. Meras increpações ou suspeitas, não alicerçadas em prova sólida e convincente da carência patrimonial e da ausência de condição para suportar os ônus de eventual improcedência da ação, dentro de um critério de probabilidade, não ensejam a imposição da prestação de caução. Deve ser ensejada oportunidade ao autor de **provar a sua idoneidade e higidez financeira**[31].

Aduza-se, ainda, que o juiz não está adstrito a deferir, sempre, o pedido de caução. Trata-se de um **poder discricionário** atribuído a ele, que certamente, agindo com sensibilidade e bom-senso, saberá distinguir as situações e identificar a necessidade ou não de sua prestação.

---

31 "Possessória. Liminar concedida. Ausência de idoneidade financeira. Caução. Previsão no art. 925 do Código de Processo Civil [de 1973, atual art. 559]. Prova. Ônus do requerente. Não comprovando o requerente a precária situação financeira do adversário, cujo ônus lhe competia, inexigível a prestação da caução" (2º TACSP, Ap. 368.175, 6ª Câm., rel. Juiz Soares Lima, j. 14-9-1994).

A novidade do atual diploma processual, nessa questão, é a liberação da prestação de caução deferida à parte **economicamente hipossuficiente**, como consta da parte final do aludido art. 559.

5.4. RESUMO

EFEITOS DA POSSE	
TUTELA DA POSSE	**Efeitos mais evidentes:** a) a proteção possessória, abrangendo a autodefesa e a invocação dos interditos; b) a percepção dos frutos; c) a responsabilidade pela perda ou deterioração da coisa; d) a indenização pelas benfeitorias e o direito de retenção; e) a usucapião. **A proteção possessória:** a) **legítima defesa e desforço imediato:** os atos de defesa, ou de desforço, não podem ir além do indispensável à manutenção, ou restituição da posse (art. 1.210). b) **ações possessórias (heterotutela):** manutenção de posse, reintegração de posse e interdito proibitório.
AÇÕES POSSESSÓRIAS EM SENTIDO ESTRITO	**Legitimação ativa:** a) exige-se a condição de possuidor, mesmo que não tenha título. O detentor não tem essa faculdade, nem o nascituro, a quem se atribui mera expectativa de direito; b) dos possuidores diretos e indiretos. Têm ação possessória contra terceiros e também um contra o outro. **Legitimação passiva:** a) do autor da ameaça, turbação ou esbulho (CPC, arts. 561, II, e 567); b) do curador, pai ou tutor, se a turbação e o esbulho forem causados por amental ou menor; c) da pessoa que ordenou a prática do ato molestador; d) do herdeiro a título universal ou *mortis causa*, porque continua de direito a posse de seu antecessor; e) a pessoa jurídica de direito privado autora do ato molestador, bem como a pessoa jurídica de direito público, contra a qual pode até ser deferida medida liminar, desde que sejam previamente ouvidos os seus representantes legais (CPC, art. 562, parágrafo único). **Conversão em ação de indenização:** Se ocorrer o perecimento ou a deterioração considerável da coisa, só resta ao possuidor o caminho da indenização.

6

DA MANUTENÇÃO E DA REINTEGRAÇÃO DE POSSE

6.1. CARACTERÍSTICAS

A manutenção e a reintegração de posse são tratadas em uma única seção no estatuto processual civil, visto que apresentam características e requisitos semelhantes. A diferença está apenas em que "o possuidor tem direito a ser ***mantido*** na posse em caso de **turbação** e ***reintegrado*** em caso de **esbulho**", como estatui o art. 560 do estatuto processual.

Por sua vez, semelhantemente, prescreve o art. 1.210 do Código Civil de 2002 que o possuidor tem direito a ser ***mantido*** na posse em caso de **turbação** e ***restituído*** no de **esbulho**.

A turbação distingue-se do esbulho porque, com este, o possuidor vem a ser privado da posse, ao passo que naquela, embora molestado, continua na posse dos bens. A ação de manutenção de posse, pois, é cabível na hipótese em que o possuidor sofre turbação em seu exercício. Em caso de esbulho, adequada é a de reintegração de posse.

6.2. REQUISITOS

Dispõe o art. 561 do Código de Processo Civil:

> "Incumbe ao autor provar:
>
> **I** — a sua **posse**;
>
> **II** — a **turbação** ou o **esbulho** praticado pelo réu;
>
> **III** — a **data** da turbação ou do esbulho;
>
> **IV** — a **continuação** da posse, embora turbada, na ação de manutenção, ou a **perda** da posse, na ação de reintegração".

6.2.1. Posse

Sendo a posse pressuposto fundamental e comum a todas as formas de tutela possessória, o primeiro requisito para a propositura das referidas ações (CPC, art. 561) é, pois, **a prova da posse**. Quem nunca a teve não pode valer-se dos interditos.

Manuel Rodrigues enfatiza esse aspecto: "Quem alegar em ação ou exceção a posse, **há de provar a sua existência** — é princípio geral de direito... A primeira verificação a fazer, sempre que se proponha uma ação possessória, é se há prova da posse do autor e se o direito violado é suscetível de posse. Não o sendo, o interdito deve ser repelido *in limine*"[1].

Assim, a pessoa que adquire um imóvel e **obtém a escritura definitiva, mas não a posse**, por exemplo, porque o vendedor a retém, não pode socorrer-se da ação possessória, porque **nunca teve posse**. A ação apropriada, nesse caso, será a de **imissão na posse**. Na possessória, o autor terá de produzir prova de que tem posse legítima da coisa e que a manteve, apesar da turbação, ou que tinha posse e a perdeu em virtude do esbulho praticado pelo réu[2].

A posse pode ser transmitida por ato ***inter vivos*** ou ***mortis causa***. Logo, se alguém recebeu, **na escritura**, a posse de outrem que a tinha, não está na situação de quem nunca exerceu a posse, porque a recebeu de seu antecessor, **podendo mover ação possessória** contra qualquer intruso[3].

É caso, também, de reintegração se o vendedor **transmite** a posse na escritura e não a entrega de fato. Nesse momento passa a ser esbulhador.

A jurisprudência tem admitido a transmissão da posse por escritura pública, denominada **posse civil** ou **jurídica**, de modo a legitimar o uso dos interditos pelo novo titular do domínio até mesmo em face do alienante, que continua a deter o imóvel, mas em nome de quem o adquiriu (*v.* item 3.7, *retro*).

A falta de prova da posse acarreta a **improcedência** da ação, não cabendo a extinção do processo sem julgamento do mérito[4].

A posse, **para ser tutelada**, não depende de título ou causa, uma vez que se protege a posse formal. Igualmente, não depende da sua duração, como se infere do art. 1.211 do Código Civil (*v.* item 3.6, *retro*), nem da boa ou má-fé do possuidor (*v.* item 3.5, *retro*). A boa-fé não é essencial para o uso das ações possessórias. **Basta que a posse seja justa**. A boa-fé somente ganha relevância, com relação à posse, em se tratando de usucapião, de disputa sobre os frutos e benfeitorias da coisa possuída ou da definição da responsabilidade pela sua perda ou deterioração.

---

1 *A posse*, p. 336-337.

Astolpho Rezende, por sua vez, assevera: "O primeiro requisito, para que se possa intentar qualquer destas ações, é que o autor tenha a posse da coisa, móvel ou imóvel, que constitui objeto da ação" (*A posse e sua proteção*, p. 313).

"O primeiro e essencial requisito para o interdito reintegratório é a posse do autor ao tempo do esbulho, exercido de fato sobre a coisa" (*RT*, 496/49). "Sem a prova do requisito primordial, que é a posse por parte do autor no momento da turbação, não pode ser julgada procedente ação de manutenção de posse" (*Rep. de Jurisp.*, J. G. R. Alckmin, *Direito das coisas*, Max Limonad, p. 93, n. 188).

2 "Manutenção de posse. Alegação de existência de título dominial. Irrelevância. Necessidade de comprovação do desfrute possessório. Demanda que visa assegurar ao possuidor o direito de ser mantido na sua posse" (*RT*, 814/291). "Reintegração de posse. Procedência. Prova testemunhal sólida e harmoniosa. Reconhecimento da posse anterior pela própria ré" (*RT*, 804/303).

3 "O comprador de imóvel com 'cláusula constituti' passa a exercer a posse, que pode ser defendida através da ação de reintegração" (STJ, REsp 173.183-TO, 4ª T., rel. Min. Ruy Rosado de Aguiar, *DJU*, 19-10-1998, p. 110).

4 *RT*, 572/136.

Como já mencionado (item 2.4, *retro*), o **mero detentor** não tem o direito de invocar, em seu nome, a proteção possessória. É assim considerado "aquele que, achando-se em **relação de dependência** para com outro, conserva a posse em nome deste e em cumprimento de ordens ou instruções suas" (CC, art. 1.198).

Também "não induzem posse os atos de **mera permissão ou tolerância** assim como não autorizam a sua aquisição os **atos violentos, ou clandestinos**, senão depois de cessar a violência ou a clandestinidade" (art. 1.208).

6.2.2. Turbação

O segundo requisito é a **prova da turbação ou do esbulho** praticado pelo réu. O autor terá de descrever quais os fatos que o estão molestando, cerceando o exercício da posse. Por exemplo, deverá provar que o réu vem penetrando em seu terreno para extrair lenha ou colocar animais no pasto, ou vem-se utilizando de determinado caminho sem sua permissão.

Turbação é todo ato que embaraça o livre exercício da posse. Os fatos ou atos dessa natureza autorizam a manutenção, não sendo necessário, para tanto, que haja dano ou prejuízo material. **O interesse** que tem o possuidor de fazer respeitar sua posse basta, **por si só**, para justificar a ação de manutenção[5].

A **turbação é ofensa menor do que o esbulho**, no sentido de que não tolhe por inteiro ao possuidor o exercício do poder fático sobre a coisa, mas **embaraça-o e dificulta-o**, embora sem chegar à consequência extrema da impossibilitação. Os atos turbativos privam o possuidor da ***plenitude*** do exercício da posse, mas não do exercício mesmo: o turbado continua a possuir, mas a extensão do poder fático que continua a exercer fica **limitada pela turbação**[6].

6.2.2.1. Turbação de fato e turbação de direito

A **turbação de fato** consiste em agressão material cometida contra a posse. **Distingue-se do esbulho** porque, com este, o possuidor vem a ser privado da posse, que lhe é arrebatada, ao passo que na **turbação**, malgrado o ato turbativo, o possuidor **continua na posse** dos bens, apenas **cerceado em seu exercício**[7].

A **turbação de direito**, por sua vez, consiste na contestação ou **ataques judiciais**, pelo réu, à posse do autor. Entre nós, já proclamou o Tribunal de Justiça de São Paulo que a descrição de um imóvel em inventário como bem do espólio configuraria turbação de direito, por constituir "ameaça de turbação da posse do atual possuidor"[8].

Parece-nos, no entanto, que **a turbação só pode ser de fato, e não de direito**, como também já se decidiu[9], pois contra atos judiciais não cabe a manutenção, mas

5 Astolpho Rezende, *A posse e sua proteção*, cit., p. 340.
6 Adroaldo Furtado Fabrício, *Comentários*, cit., v. VIII, t. III, p. 379.
7 Washington de Barros Monteiro, *Curso*, cit., v. 3, p. 43-44.
8 *RT*, 260/382.
9 *RT*, 491/140.

embargos e outros meios próprios de defesa. Esta a doutrina seguida no Brasil, tanto pelos escritores como pelos tribunais.

Com efeito, o nosso direito só reconhece a **turbação real**. É mister que a turbação de direito seja acompanhada de uma **turbação de fato**. A turbação, segundo a lição de Orlando Gomes, "**há de ser real**, isto é, concreta, efetiva, consistente em fatos"[10], mesmo porque ameaça não é o mesmo que turbação; pode dar ensejo à propositura do interdito proibitório, mas não à da ação de manutenção. Turbação é efetivo embaraço ao exercício da posse.

■ *6.2.2.2. Turbação direta e turbação indireta*

Turbação direta é a comum, a que se exerce **imediatamente** sobre o bem, por exemplo, a abertura de caminho ou o corte de árvores no terreno do autor.

Turbação indireta é a praticada **externamente**, mas que **repercute** sobre a coisa possuída, por exemplo, se, em virtude de manobras do turbador, o possuidor não consegue inquilino para o prédio.

■ *6.2.2.3. Turbação positiva e turbação negativa*

Turbação positiva é a que resulta da prática de **atos materiais** sobre a coisa, como a passagem pela propriedade alheia ou o ingresso para retirar água.

Turbação negativa é a que apenas **dificulta, embaraça ou impede** o livre exercício da posse, pelo possuidor, como a que impede o possuidor de utilizar a porta de entrada de sua propriedade ou o caminho de ingresso em seu imóvel[11].

■ 6.2.3. Esbulho

O esbulho consiste no ato pelo qual o possuidor se vê **privado da posse** mediante violência, clandestinidade ou abuso de confiança. Acarreta, pois, a perda da posse contra a vontade do possuidor.

Quer a perda resulte de **violência**, quer de qualquer outro vício, como a **clandestinidade** ou a **precariedade**, cabe ao possuidor a ação de reintegração de posse, a fim de ser restituído na posse da coisa (CC, art. 1.210).

■ *6.2.3.1. Emprego da violência*

O esbulho é a mais grave das ofensas, máxime se exercido mediante **violência**, porque **despoja da posse o esbulhado**, retirando-lhe por inteiro o poder de fato que

---

[10] *Direitos reais*, cit., p. 100.

[11] Washington de Barros Monteiro, *Curso*, cit., v. 3, p. 44; Orlando Gomes, *Direitos reais*, cit., p. 100.
"Manutenção de posse. Liminar concedida a empregador que teve sua empresa invadida por funcionários e pelo sindicato a que pertencem em face do atraso no pagamento de salários. Admissibilidade, pois tal fato não enseja a promoção de turbação ou esbulho possessório. Conduta que caracteriza exercício arbitrário das próprias razões. Possibilidade da imposição de multa que poderá ser exigida tanto do sindicato como de qualquer empregado que adentrar o recinto para exercitar seu direito de reivindicação trabalhista" (*RT*, 772/261).

exercia sobre a coisa e tornando assim impossível a continuação do respectivo exercício. Em suma: o esbulhado **perde a posse**.

A ação de reintegração objetiva restaurar o desapossado na situação fática anterior, desfeita pelo esbulho[12].

6.2.3.2. *Clandestinidade*

No tocante à clandestinidade, o prazo de ano e dia tem início a partir do momento em que o possuidor **toma conhecimento** da prática do ato. Nessa hipótese, não há oportunidade para o desforço imediato, que deve ser exercido logo após o desapossamento, isto é, ainda no calor dos acontecimentos.

6.2.3.3. *Precariedade*

O esbulho resultante do vício da precariedade é denominado **esbulho pacífico**.

Em várias situações pode ocorrer tal modalidade, resultante do vício da precariedade[13]. Quando o **compromissário comprador** deixa de pagar as prestações avençadas, pode-se ajuizar **ação de rescisão contratual, cumulada com ação de reintegração de posse**. Na mesma sentença, o juiz declara rescindido o contrato e manda restituir o imóvel ao autor. Neste caso, porém, não pode a causa seguir o procedimento especial das ações possessórias, mas o ordinário, em que não cabe a expedição do mandado liminar de reintegração. Só a adoção do procedimento comum torna possível a cumulação desses pedidos[14].

Já decidiu o Supremo Tribunal Federal ser desnecessária a prévia ou concomitante ação de rescisão de compromisso para a procedência da possessória, **havendo cláusula resolutória expressa**[15], pois no pedido de reintegração está contida a pretensão do reconhecimento da rescisão contratual, a fim de se caracterizar o esbulho.

De acordo com a Súmula 76 do Superior Tribunal de Justiça, "a falta de registro do compromisso de compra e venda de imóvel não dispensa a prévia interpelação para constituir em mora o devedor". Há decisões no sentido de que, mesmo em se tratando de comodato por prazo indeterminado, torna-se desnecessária prévia interpelação, porque a citação válida para o processo é a mais eficaz interpelação[16], mas não poderá ser concedida a liminar de plano.

---

[12] Adroaldo Fabrício Furtado, *Comentários*, cit., v. VIII, t. III, p. 379-380.

[13] "Esbulho possessório caracterizado. Permanência ilícita do réu no imóvel, quando já cessada a legitimidade da ocupação em virtude da dispensa de cargo que autorizava o exercício da posse do bem" (*RT*, 804/401). "Comodato. Imóvel objeto do contrato não restituído quando findo o prazo contratual. Esbulho possessório caracterizado, em tese, que justifica a concessão da liminar" (*RT*, 779/264). "Reintegração de posse. Admissibilidade. Posse precária de locatário que, despejado, clandestinamente retorna a ocupar o imóvel. Esbulho caracterizado" (*RT*, 791/230).

[14] *JTACSP*, 116/114.

"Reintegração de posse. Compra e venda mercantil. Ação interposta pelo vendedor visando recuperação do bem objeto do ajuste. Inadmissibilidade se, anteriormente, não houve demanda resolutiva do contrato" (*RT*, 798/267).

[15] *RT*, 472/238, 483/215; *RTJ*, 83/401.

[16] *RT*, 420/215, 422/141, 616/134.

Encontra-se atualmente superada antiga polêmica sobre se o esbulho pacífico daria lugar à ação de reintegração de posse. A lei confere a aludida ação diante de uma posse e de um esbulho, sem fazer qualquer distinção entre o violento e o pacífico. A jurisprudência vem, iterativamente, decidindo que **a proteção possessória não pode ser negada em caso de esbulho pacífico**, uma vez que, mesmo praticado sem violência ou clandestinidade, contém o **vício da precariedade** e priva, de qualquer forma, o possuidor da sua posse. Assim, somente por meio de uma ação de caráter recuperatório, como é a ação em apreço, ser-lhe-á possível restabelecer o *statu quo ante*[17].

6.2.4. Data da turbação ou do esbulho

Exige a lei, em terceiro lugar, **a prova da data da turbação ou do esbulho**. Dela depende o **procedimento** a ser adotado. O **especial**, com pedido de **liminar**, exige prova de turbação ou esbulho praticados há **menos de ano e dia** da data do ajuizamento. Passado esse prazo, será **comum o procedimento**, não perdendo, contudo, o caráter possessório (CPC, art. 558, parágrafo único).

Nesse sentido, a jurisprudência:

> "É cabível a ação possessória mesmo superado o ano e dia, com a única alteração relativa ao descabimento da concessão liminar da manutenção ou reintegração"[18].

O prazo de ano e dia é de **decadência**; portanto, fatal e peremptório, ou seja, não se suspende nem pode ser ampliado ou reduzido pela vontade das partes. É por ele que se estabelece a distinção entre as ações de força nova e as de força velha.

Hodiernamente, todas as ações possessórias, tanto as de força nova como as de força velha, seguem o **procedimento comum**, depois de oferecida a contestação, como estatui o art. 566 do estatuto processual. O único traço distintivo entre elas é que somente nas primeiras, **nas ações de força nova, tem cabimento a expedição de mandado liminar** de manutenção, ou de reintegração[19].

6.2.4.1. Atos reiterados de turbação

Quando reiterados os atos de turbação, sem que exista nexo de causalidade entre eles, a cada um pode corresponder uma ação, **fluindo o prazo de ano e dia da data em que se verifica o respectivo ato**. Se decorrido o prazo de ano e dia a contar do primeiro ato turbativo, nem por isso o possuidor perderá o direito de recorrer ao interdito, para se opor às **turbações subsequentes**, verificadas dentro do prazo legal.

---

[17] João Batista Monteiro, *Ação*, cit., p. 123.

"Reintegração de posse. Admissibilidade. Arrendamento mercantil. Arrendatário que não paga as parcelas avençadas nem entrega o bem ao credor. Esbulho possessório caracterizado" (*RT*, 778/302, 648/127). "Parceria agrícola. Recusa do parceiro em restituir o imóvel, findo o prazo da notificação judicial. Esbulho caracterizado. Da reintegração de posse como ação apropriada para a retomada" (*RT*, 467/132).

[18] *RT*, 722/168.

[19] Washington de Barros Monteiro, *Curso*, cit., v. 3, p. 47.

Todavia, se a turbação resulta de **vários atos que são o complemento do ato inicial**, por exemplo, a construção de uma casa ou de um edifício, que começa pela limpeza e preparação do terreno, **a contagem se deve fazer do aludido ato inicial**.

O prazo de ano e dia, como assinala Manuel Rodrigues[20], não se altera pelo fato de o possuidor ser **menor, interdito, pessoa de direito público, ausente** etc. Embora a prescrição não corra contra os absolutamente incapazes, tal restrição, aduz, nada tem que ver com a posse.

6.2.4.2. *Início da contagem do prazo de ano e dia*

O prazo começa a contar-se, em regra, **no momento em que se dá a violação da posse**[21].

O esbulhador **violento** obtém a posse da coisa mediante o uso ou coação física ou coação moral; o **clandestino**, de modo sub-reptício, às escondidas. No último caso, o prazo de ano e dia para o ajuizamento da ação possessória terá início a partir do momento em que o possuidor **tomou conhecimento** da prática do ato.

O ato **praticado publicamente** não deve considerar-se clandestino, se o esbulhado estava **em condições** de tomar conhecimento dele.

6.2.4.3. *Contagem do prazo no caso de esbulho pacífico*

Nos casos de esbulho pacífico, o prazo de ano e dia se conta da data em que o possuidor direto **deveria restituir a coisa** ao possuidor indireto. Se aquele possuía a coisa por **tempo determinado**, a contagem se inicia a partir do seu vencimento, segundo a regra *dies interpellat pro homine*.

Se, todavia, a posse direta era exercida por **prazo indeterminado**, o possuidor deve ser constituído em mora mediante **notificação prévia**, com fixação do prazo para a devolução da coisa, como condição para o ajuizamento do interdito. Vencido o prazo da notificação, inicia-se a contagem do mencionado prazo de ano e dia.

A prova da data da turbação ou do esbulho é importante também para a verificação de eventual **prescrição da ação**, que se consuma no lapso de dez anos (CC, art. 205).

6.2.5. Continuação ou perda da posse

Em quarto lugar, necessita o autor provar, na ação de **manutenção de posse**, a sua **posse atual**, ou seja, que, apesar de ter sido molestado, ainda a mantém, não a tendo perdido para o réu. Se **não mais conserva a posse**, por haver sido esbulhado, terá de ajuizar ação de **reintegração de posse**, como já mencionado.

---

20 *A posse*, cit., p. 347.

21 "O que a lei exige para a concessão da liminar não é, precipuamente, a data da posse do turbador, mas a data em que terá ocorrido a turbação à posse do turbado, pois se esta for de mais de ano e dia é que incabível será a proteção *initio litis*" (*RT*, 477/203).

6.3. O PROCEDIMENTO

6.3.1. A petição inicial

A petição inicial deve atender ao que dispõem os arts. 555, 561 e 562 do Código de Processo Civil, que regulam o procedimento especial, além de conter todos os requisitos enumerados no art. 319, próprios do procedimento comum, para que a prestação jurisdicional postulada possa ser prestada.

6.3.1.1. Delimitação do objeto da ação

Não se pode ajuizar ação possessória sem que o objeto da ação seja **perfeitamente individualizado e delimitado**. Do contrário, a sentença que eventualmente acolher o pedido não poderá ser executada. A posse que se protege na ação possessória é a certa e localizada[22].

6.3.1.2. Identificação das partes

As partes devem ser **identificadas com precisão**, indicando-se "os nomes, os prenomes, o estado civil, a existência de união estável, a profissão, o número de inscrição no Cadastro de Pessoas Físicas ou no Cadastro Nacional da Pessoa Jurídica, o endereço eletrônico, o domicílio e a residência do autor e do réu" (CPC, art. 319, II). Os nomes e qualificações de todos os coautores podem, para facilidade, ser fornecidos em relação anexa à inicial[23].

Já se decidiu, todavia, que enganos sem consequências devem ser tolerados, encarando-se a exigência "dentro de certa relatividade, porque pode acontecer que o nome certo do réu seja ignorado ou inacessível ao autor"[24].

Fato comum é a invasão de grandes áreas por um **número indeterminado de famílias**, cujos membros são desconhecidos do proprietário. Tem-se admitido a propositura da ação contra os ocupantes do imóvel, que serão **citados e identificados pelo oficial de justiça**, fazendo-se a indicação, na inicial, de somente alguns nomes, geralmente dos que lideram o grupo.

Nessa linha, decidiu o Superior Tribunal de Justiça, na vigência do Código de Processo Civil de 1973:

> "Em caso de ocupação de terras por milhares de pessoas, é inviável a citação de todas para compor a ação de reintegração de posse, eis que essa exigência tornaria impossível qualquer medida judicial"[25].

O atual Código de Processo Civil disciplinou o assunto nos parágrafos do art. 554, *verbis*:

---

22 *RT*, 515/247.

23 STJ, RMS 2.741-SP, 1ª T., rel. Min. César Asfor Rocha, *DJU*, 15-8-1994, p. 20295, *RJTJSP*, 108/333.

24 *RT*, 486/79.

25 *RT*, 744/172. No mesmo sentido: *JTACSP*, 146/96.
"Não constitui óbice ao prosseguimento do feito o fato de, em ação possessória, o autor não indicar, desde logo, na inicial, todas as pessoas que acusa de esbulho" (*RT*, 704/123).

> Art. 554. (...)
>
> § 1º No caso de ação possessória em que figure no polo passivo **grande número de pessoas**, serão feitas a citação pessoal dos ocupantes que forem encontrados no local e a citação por edital dos demais, determinando-se, ainda, a intimação do Ministério Público e, se envolver pessoas em situação de hipossuficiência econômica, da Defensoria Pública.
>
> § 2º Para fim da citação pessoal prevista no § 1º, o oficial de justiça procurará os ocupantes no local por uma vez, citando-se por edital os que não forem encontrados.
>
> § 3º O juiz deverá determinar que se dê ampla publicidade da existência da ação prevista no § 1º e dos respectivos prazos processuais, podendo, para tanto, valer-se de anúncios em jornal ou rádio locais, da publicação de cartazes na região do conflito e de outros meios".

6.3.1.3. Valor da causa

A toda causa será atribuído um **valor certo**, ainda que não tenha conteúdo econômico imediato (CPC, art. 291).

O art. 292 não especifica qual o valor a ser atribuído às ações possessórias, mas declara, no inc. IV, que o valor da **reivindicatória** será o da "**avaliação** da área ou bem objeto do pedido". Tendo em vista que ambas visam à posse do bem, inexiste razão para se diferenciar a orientação.

6.3.2. Da liminar

6.3.2.1. Requisitos

Dispõe o art. 562 do Código de Processo Civil:

> "Estando a petição inicial devidamente instruída, o juiz deferirá, sem ouvir o réu, a expedição do mandado liminar de manutenção ou de reintegração; caso contrário, determinará que o autor justifique previamente o alegado, citando-se o réu para comparecer à audiência que for designada".

Assim, provada a posse anterior do autor e a turbação ou o esbulho ocorridos há **menos de ano e dia**, o juiz determinará a expedição de mandado de manutenção ou de reintegração de posse ***initio litis***, antecipando a proteção possessória pleiteada, que será confirmada ou não na sentença final.

A liminar *inaudita altera parte*, isto é, sem ouvir o réu, será deferida se a petição inicial estiver **devidamente instruída** com prova idônea dos fatos mencionados no art. 561 do diploma processual: posse, data da turbação ou do esbulho etc., como se infere do art. 562 retrotranscrito. A não satisfação dos referidos requisitos não importará, desde logo, na extinção do processo, mas tão só na **denegação do mandado liminar**.

A apreciação da prova fica ao prudente arbítrio do juiz[26], que deverá, no entanto, **fundamentar a sua decisão** (CPC, art. 11), sob pena de ser anulada, em eventual recurso[27].

---

[26] *RT*, 490/111.

[27] *RT*, 603/128.

Se o juiz se convencer, depois de apreciar a prova segundo o critério da persuasão racional, deverá ordenar a imediata expedição do mandado de manutenção ou reintegração liminar do autor na posse da coisa.

6.3.2.2. *Indeferimento da liminar*

Tem-se entendido que, apesar do caráter dúplice das ações possessórias, **é impossível o deferimento de liminar ao réu**[28], bem como que é incabível a reintegração liminar quando o pedido é **cumulado com o de rescisão do compromisso de compra e venda**, em razão da necessidade de ser seguido o rito ordinário.

6.3.2.3. *Descabimento de medida cautelar e de tutela antecipada nas ações de força nova*

Também descabe **medida cautelar** em contraposição a liminar concedida na possessória[29], bem como a **tutela de urgência** (CPC, art. 300), nas **ações de força nova**, admitida somente nas de força velha, em que o rito é o comum, sem liminar.

6.3.2.4. *Justificação prévia*

Se a petição inicial não estiver devidamente instruída, o juiz **determinará** que o autor justifique previamente o alegado, citando-se o réu para comparecer à audiência que for designada (CPC, art. 562). Os termos imperativos do aludido dispositivo legal ("o juiz *determinará*") conduziram à formação de uma corrente jurisprudencial no sentido de que o magistrado não pode indeferir a liminar antes de feita a justificação prévia[30].

Parece-nos, no entanto, que não se pode admitir que ele, *ex officio*, determine a justificação quando não tenha sido requerida sequer nessa forma alternativa. Se o autor só postulou a liminar com base na documentação da inicial, **ao juiz não é lícito determinar justificação**. A propósito, decidiu o Superior Tribunal de Justiça: "O art. 928 do CPC (de 1973, atual art. 562) não obriga o juiz, em qualquer circunstância, a mandar realizar a justificação, na hipótese de indeferimento da liminar de manutenção ou reintegração de posse"[31].

A finalidade da justificação é unicamente **possibilitar ao autor** oportunidade para comprovar a existência dos requisitos legais para a obtenção da liminar. É realizada, pois, no **exclusivo interesse do autor**. As testemunhas a serem ouvidas são, portanto, as por ele arroladas. O réu deve, obrigatoriamente, ser citado para comparecer à audiência. Poderá fazer-se representar por advogado e dela participar, reinquirindo as testemunhas arroladas pelo autor ou contraditando-as. Tem sido tolerada a juntada de documentos destinados a infirmar as declarações e a credibilidade das testemunhas[32].

---

[28] VI ENTA, tese 8, in Theotonio Negrão, *Código de Processo Civil*, cit., nota 1a ao art. 928.

[29] *JTACSP*, 94/159, 116/114.

[30] *RT*, 505/51; *JTACSP*, 110/304.

[31] REsp 9.485-SP, 3ª T., rel. Min. Cláudio Santos, *DJU*, 13-4-1992, p. 4994.

[32] *RT*, 419/116.

Nessa fase, **o réu não poderá** apresentar contestação nem qualquer tipo de defesa, assim como, também, arrolar testemunhas. Já se decidiu, porém, ser facultado ao juiz, "que não se considere devidamente esclarecido para conceder ou não medida liminar, determinar audição de testemunhas eventualmente indicadas também pelo requerido; mas este não tem direito de exigir audição que tal"[33]. Serão ouvidas, portanto, como "testemunhas do juízo".

A audiência de justificação **pode ser substituída por inspeção judicial** do imóvel[34]. Frise-se, ainda, que a prova testemunhal realizada na justificação é destinada à obtenção de liminar e não constitui base de prejulgamento da causa[35].

Como inovação, o atual Código de Processo Civil regulamenta a hipótese de **litígio coletivo**, dispondo, no *caput* do art. 565:

"No litígio coletivo pela posse de imóvel, quando o esbulho ou a turbação afirmado na petição inicial houver ocorrido há mais de ano e dia, o juiz, antes de apreciar o pedido de concessão da medida liminar, deverá designar audiência de mediação, a realizar-se em até 30 (trinta) dias, que observará o disposto nos §§ 2º e 4º".

Observam Nelson Nery e Rosa Maria Nery[36] que, "Quando o CPC 565 fala em litígio coletivo, considera os litígios nos quais uma grande quantidade de pessoas se assenhora da posse de determinado bem imóvel. Mas não faz qualquer discriminação quanto à posição da coletividade nos polos da ação: ela pode tanto atuar como autora da ação ou como ré, conforme as circunstâncias se apresentem. O dispositivo também não faz qualquer restrição quanto ao tipo de litígio ao qual pode ser aplicado, deduzindo-se daí que vale tanto para questões urbanas quanto rurais (o que, aliás, fica referendado pelo teor do § 4º)".

O **Ministério Público**, em qualquer caso, e a **Defensoria Pública**, sempre que houver parte beneficiária de gratuidade da justiça, serão intimados para comparecer à **audiência de mediação** (§ 2º). As referidas intimações constituem um dever que o magistrado é obrigado a cumprir.

O § 4º do art. 565 em apreço concede ao juiz a faculdade de intimar para a aludida audiência de mediação "os órgãos responsáveis pela política agrária e pela política urbana da União, de Estado ou do Distrito Federal e de Município onde se situe a área objeto do litígio", a fim de se manifestarem "sobre seu interesse no processo e sobre a existência de possibilidade de solução para o conflito possessório".

A **audiência de mediação** também deverá ser realizada se, concedida a liminar, **não for ela executada no prazo de 1 (um) ano** a contar da data de distribuição (§ 1º).

"Reintegração de posse. Audiência. Justificação prévia. Ausência de citação da parte requerida. Circunstância que impõe a nulidade da prova oral produzida. Confirmação da concessão da liminar, no entanto, mormente se alicerçada em provas documentais suficientes para a satisfação dos requisitos legais" (*RT*, 777/397).

33 *RT*, 499/105 e 609/98; *RJTJSP*, 106/35.

34 *RT*, 631/189.

35 *RF*, 254/253.

36 *Comentários ao Código de Processo Civil — novo CPC*. São Paulo: RT, 2015, n. 2, p. 565.

Infere-se da inovação comentada que a audiência de mediação somente será designada se se tratar de **posse velha** ou de **não execução, no prazo de um ano, da liminar deferida** (art. 565, *caput*, e § 1º), presumindo-se, nessas hipóteses, a inexistência de relevante interesse da parte no objeto do litígio.

O juiz poderá comparecer à área objeto do litígio quando sua presença se fizer necessária à efetivação da tutela jurisdicional (§ 3º).

Dispõe por fim o § 5º que se aplica o disposto no aludido art. 565 às ações reais, ou seja, às que recaem "sobre propriedade de imóvel".

Decidiu o Superior Tribunal de Justiça que, diante da impossibilidade prática para cumprimento da ordem de reintegração de posse, **o provimento jurisdicional pode ser convertido em perdas e danos**. O relator Ministro Luis Felipe Salomão, invocando os princípios da proporcionalidade e da ponderação como forma de o Judiciário dar aos litígios solução serena e eficiente, ressaltou que **o imóvel originalmente reivindicado não existe mais**, já que no lugar do terreno antes objeto de comodato surgiu um bairro com vida própria e dotado de infraestrutura urbana, e que não pode ser desconsiderado o surgimento do bairro, onde inúmeras famílias construíram suas vidas, sob pena de cometer-se injustiça maior a pretexto de fazer justiça[37].

6.3.2.5. *Concessão de liminar contra pessoa jurídica de direito público*

Dispõe o parágrafo único do art. 562 do Código de Processo Civil:

> "Contra as pessoas jurídicas de direito público não será deferida a manutenção ou a reintegração liminar **sem prévia audiência** dos respectivos representantes judiciais".

Tal regra deve ser observada ainda que devidamente provados os requisitos do art. 561 do mesmo diploma.

Incluem-se "no privilégio as pessoas de **Direito Público externo** (*v.g.*, Estados soberanos estrangeiros) e, sem as dúvidas que antes ocorriam, os **entes autárquicos**. Não se incluem, contudo, as chamadas empresas públicas, e menos ainda as de capital misto, que são pessoas de Direito Privado, assim como as concessionárias e permissionárias de serviços ao público"[38].

Alega-se como justificativa para o tratamento privilegiado a **presunção** de que o Poder Público age em conformidade com a lei e na busca da realização do bem comum. Se o juiz entender que a inicial se encontra "devidamente instruída", mandará intimar de imediato o demandado, para que se manifeste. Se julgar necessária a justificação, determinará a citação deste para acompanhá-la, ouvindo-o após a sua realização.

Como não se trata ainda de contestação, mas de incidente destinado a proporcionar ao magistrado elementos para decidir sobre a concessão ou não da medida liminar, não

---

37 STJ, REsp 1.302.736-MG, 4ª T., rel. Min. Luis Felipe Salomão, disponível em *Revista Consultor Jurídico*, de 21-4-2016.

38 Adroaldo Furtado Fabrício, *Comentários*, cit., v. VIII, t. III, p. 450. "Não se aplica esta disposição às sociedades de economia mista" (*RT*, 694/97).

incide o art. 180 do estatuto processual civil. Assim, **o prazo para a manifestação do representante da ré será fixado pelo juiz**. Se este não o fizer, deve-se entender que se aplica o genérico de cinco dias do art. 218, § 3º, do aludido diploma.

Se ficar comprovado o desapossamento definitivo do bem e o seu emprego em **obra pública**, o autor será julgado carecedor da ação[39], devendo então propor a ação de desapropriação indireta (*v.* item 5.2.2.5, *retro*).

Somente em circunstâncias especialíssimas essa audiência do representante legal da pessoa jurídica de direito público pode ser dispensada[40].

6.3.2.6. *Recurso cabível*

A decisão que concede ou denega medida liminar é interlocutória, uma vez que não põe fim ao processo. É, portanto, atacável por agravo de instrumento (CPC, art. 1.015)[41].

Proclama, com efeito, o art. 1.015 do Código de Processo Civil que "Cabe agravo de instrumento contra as decisões interlocutórias que versarem sobre: I — tutelas provisórias; (...)".

É lícito ao juiz, no **juízo de retratação**, reconsiderar a decisão liminarmente proferida. Na ausência do agravo, a matéria somente poderá ser reapreciada na sentença final. Tem a jurisprudência admitido, no entanto, a cassação de liminar no curso da lide, ante a prova de fato novo, mas, se este não ocorrer, nem se der provimento ao agravo, sua revogação não se justifica, juridicamente[42].

6.3.2.7. *Execução da decisão concessiva de liminar*

A execução da decisão liminar positiva se faz mediante expedição de **mandado** a ser cumprido por oficial de justiça. Não há citação do réu, no caso da reintegração, para entregar a coisa em determinado prazo. **A execução se faz de plano**, imediatamente, pois não há propriamente instância executória[43].

Pode ser promovida não só **contra o réu, como contra terceiro a quem a coisa foi transferida** com a finalidade de fraudar a execução do mandado liminar. Para

---

39 *RT*, 668/103; *JTACSP*, Lex, 84/120.

40 *RJTJSP*, 59/220; *JTACSP*, 105/72.

41 "Cabe agravo da decisão que, em ação possessória, concede ou denega medida liminar" (*RT*, 495/195, 480/174 e 563/215; *RF*, 322/218; *Bol. AASP*, 1.038/210).

42 *JTACSP*, 90/71; *RT*, 572/136.

V. ainda: "Concedida a liminar em ação possessória, o juiz só a poderá revogar, em juízo de retratação, se interposto agravo de instrumento. Trata-se de provimento que visa a adiantar a prestação pleiteada, não se confundindo com aqueles de natureza cautelar, a cujo respeito existe norma específica" (*RSTJ*, 42/494). "Sem a prova de fato novo ou o provimento de recurso não se admite a modificação da decisão que concedeu ou denegou a liminar" (*RJTAMG*, 23/259).

43 *RT*, 487/204.

"Nas ações possessórias, a sentença de procedência tem eficácia executiva 'lato sensu', com execução mediante simples expedição e cumprimento de um mandado" (*RSTJ*, 17/293). No mesmo sentido: STJ, REsp 14.138-0-MS, 4ª T., rel. Min. Sálvio de Figueiredo, *DJU*, 29-11-1993.

evitar retardamentos, costuma constar do mandado a ordem para a expulsão do réu e de qualquer outra pessoa que se encontre no imóvel litigioso (CPC, art. 109), ainda que adquirente ou cessionário.

Em suma, o terceiro que adquiriu o bem depois de movida a ação, ou que recebeu do executado a simples detenção ou posse do imóvel, poderá ser expulso dele na execução do mandado expedido contra o executado. Em outras palavras, **o mandado valerá contra qualquer pessoa encontrada no lugar**, ressalvado apenas aquele que apresentar título de aquisição ou posse proveniente de pessoa estranha ao processo. Para este efeito poderá oferecer embargos de terceiro[44].

Se, depois de cumprido o mandado, o réu voltar a turbar ou esbulhar a posse do autor, poderá este valer-se da **medida de atentado**, alegando ter havido "inovação ilegal no estado de fato de bem ou direito litigioso" (CPC, art. 77, VI, § 7º), ou simplesmente requerer o revigoramento do mandado inicial de posse. Pelo princípio da economia processual, basta uma simples petição dirigida ao juiz, requerendo a constatação, por oficial de justiça, da nova turbação ou esbulho e o revigoramento do mandado inicialmente cumprido[45].

6.3.3. Contestação e procedimento comum

Preceitua o art. 564 do Código de Processo Civil que, "concedido ou não o mandado liminar de manutenção ou de reintegração, o autor promoverá, nos 5 (cinco) dias subsequentes, a citação do réu para, querendo, contestar a ação no prazo de 15 (quinze) dias".

Após a primeira fase, em que o juiz decide sobre a concessão ou não da liminar, a ação possessória assume **feição contenciosa**. Se não houve justificação prévia, deverá o autor promover, nos cinco dias subsequentes, a **citação do réu para que ofereça contestação**, como consta do dispositivo em apreço. Se não o fizer, a liminar perderá eficácia, pois não se pode admitir que o autor deixe de praticar os atos necessários à efetivação da citação, depois de obter a liminar, beneficiando-se indefinidamente dessa situação[46].

Deve o autor, portanto, não só requerer, como também fornecer todos os meios necessários à efetivação do ato, como o depósito das custas e das despesas do oficial de justiça. O prazo para a defesa começará a correr da juntada aos autos do mandado de citação devidamente cumprido.

Se for realizada a justificação prévia, com citação do réu, "o **prazo para contestar** contar-se-á da intimação da decisão que deferir ou não a medida liminar", segundo dispõe o parágrafo único do aludido art. 564, a qual poderá ser feita na pessoa do

---

44 *RT*, 473/186.

45 "O autor pode pedir revigoramento do mandado liminar, desobedecido, após seu cumprimento, pelo réu" (*RT*, 474/99). "Executada a sentença definitiva e havendo nova moléstia à posse, cabe novo mandado de reintegração, nos limites do julgamento" (*JTACSP*, 120/198).

46 Adroaldo Furtado Fabrício, *Comentários*, cit., v. VIII, t. III, p. 456; João Batista Monteiro, *Ação*, cit., p. 189.

advogado constituído, dispensada a intimação pessoal do réu[47]. Esta será necessária se ele ainda não tiver advogado. E, se não contiver a expressa menção ao prazo de defesa e à advertência prevista no art. 250, II, do estatuto processual, a falta de contestação não acarretará o efeito da revelia, referido no art. 344[48].

Se, porém, expedir-se mandado de reintegração, intimando-se pessoalmente o réu a cumprir a determinação judicial, dispensada a do seu advogado por esse motivo, **a fluência do prazo para a defesa terá início a partir da juntada do mandado aos autos e será de quinze dias**, pois o art. 566 do Código de Processo Civil determina que a ação tenha o procedimento comum[49].

Nessa linha, decidiu o Superior Tribunal de Justiça: "O prazo para contestar, a que alude o parágrafo único do art. 930 do CPC (de 1973, atual art. 564), tem início a partir da juntada do mandado cumprido de intimação da decisão liminar (art. 241 do CPC — de 1973, atual art. 231)"[50].

6.4. EXECUÇÃO DA SENTENÇA

A execução se faz mediante a **expedição, de plano, de mandado**. O réu não é citado para entregar a coisa no prazo de 15 dias, como acontece na execução para entrega de coisa certa fundada em título executivo extrajudicial (CPC, art. 806). O juiz **emite uma ordem** para que o oficial de justiça expulse imediatamente o esbulhador e **reintegre na posse o esbulhado**, pois a possessória tem **força executiva**, tal como a ação de despejo, não existindo instância executória.

As ações possessórias não visam, todavia, apenas à repressão ao ato ilícito violador da posse, mas tendem, ainda, à indenização e à emissão de um preceito cominatório (CPC, art. 555).

Na realidade, há uma fase de **execução *sui generis***, que não se subsume a nenhuma das espécies de execução reguladas no Livro II do Código de Processo Civil, podendo ser de **natureza complexa** quando se cumulam pedidos de **perdas e danos, de cominação de pena e de condenação ao desfazimento de obras ou plantações**, caso em que não haverá apenas uma, mas várias execuções, na hipótese de acolhimento de todos os pedidos[51].

A condenação ao pagamento de **perdas** e danos dá lugar à **execução por quantia certa** contra devedor solvente (CPC, arts. 824 e s.), precedida de liquidação pelo procedimento comum (CPC, art. 509, II), a não ser que a condenação tenha sido líquida. A cominação de pena **(*astreinte*)** para o caso de nova turbação ou esbulho

---

[47] "Quando o réu possuir advogado constituído nos autos, o prazo da contestação flui a partir da intimação, feita ao procurador, da decisão que deferir ou não a medida liminar" (*RSTJ*, 67/415, 100/183; *JTACSP*, 145/65).

[48] STJ, *RT*, 660/218.

[49] *RT*, 351/486.

[50] REsp 59.599-1-RS, 4ª T., rel. Min. Sálvio de Figueiredo, *DJU*, 16-6-1995, p. 17732.

[51] João Batista Monteiro, *Ação*, cit., p. 210.

impõe ao vencido uma **obrigação de não fazer**, dando ensejo à aplicação dos arts. 536, § 4º, e 814 do Código de Processo Civil. A procedência do pedido de desfazimento de construção ou plantação dá origem à execução de **obrigação de fazer** (CPC, arts. 815 e s.).

6.5. EMBARGOS DO EXECUTADO

É predominante, na doutrina, o entendimento de que **não cabem embargos do executado em ação possessória**, porque a sentença tem **força executiva**[52]. Pontes de Miranda[53], *v.g.*, afirma que as ações executivas *lato sensu* não estão sujeitas a embargos do devedor, sendo que a ação de reintegração de posse é ação executiva.

Esse entendimento é também dominante na jurisprudência[54].

6.6. EMBARGOS DE RETENÇÃO POR BENFEITORIAS

O art. 1.219 do Código Civil assegura ao possuidor de boafé o direito de retenção por **benfeitorias** necessárias e úteis. Esse direito é exercido **na contestação ou em reconvenção**, conforme dispõe o § 2º do art. 538 do novo Código de Processo Civil, *verbis*: "O direito de retenção por benfeitorias deve ser exercido na contestação, na fase de conhecimento".

O réu deve especificar as benfeitorias, sob pena de se considerar incabível a retenção[55]. O direito abrange tanto as benfeitorias como as acessões[56]. Não arguido o direito de retenção na contestação ou em reconvenção, competirá ao réu cobrar o valor das benfeitorias e acessões, por ele feitas, por intermédio de ação de indenização, porque, do contrário, permitirseia o locupletamento ilícito do vencedor, em detrimento do vencido[57].

Os embargos de retenção por benfeitorias somente são admitidos na execução por **título judicial** (CPC, art. 917, IV).

6.7. EMBARGOS DE TERCEIRO

O Supremo Tribunal Federal já admitiu a oposição de embargos de terceiro em ações possessórias[58], mesmo depois do trânsito em julgado da sentença no processo de conhecimento[59]. Na mesma linha, proclamou o Superior Tribunal de Justiça:

52 Vicente Greco Filho, *Direito processual civil brasileiro*, v. 3, p. 225, n. 57.2; Humberto Theodoro Júnior, Ações possessórias, *Revista Brasileira de Direito Processual*, 44/122.

53 *Comentários ao Código de Processo Civil*, t. XI, p. 304.

54 STJ, REsp 739-RJ, 4ª T., *DJU*, 10-9-1990, p. 9129; *JTACSP*, 121/97.

55 *RT*, 521/199, 576/227.

56 STF, *RTJ*, 60/179; STJ, REsp 739RJ, 4ª T., rel. Min. Athos Carneiro, *DJU*, 1091990, p. 9129.

57 STJ, *Bol. AASP*, 1.864/289; *RT*, 626/88; *JTACSP*, 100/186; *RJTJSP*, 130/313.

58 *RTJ*, 72/296; *RT*, 539/126.

59 *RT*, 496/150.

"O trânsito em julgado de sentença adotada em reintegratória de posse não constitui óbice aos embargos de terceiro"[60].

O quinquídio para a oposição (CPC, art. 675) conta-se do ato que exaure a execução[61]. Decidiu a propósito esta última Corte: "O terceiro que exerce a posse sobre o imóvel objeto da ação de reintegração de posse tem ação de embargos para se opor ao cumprimento do mandado, correndo o prazo do art. 1.048 do CPC (de 1973, atual art. 675) a partir da data em que for cumprida a ordem contra ele"[62].

Tais decisões afiguram-se-nos corretas, pois **quem não foi parte no processo**, mas veio a sofrer turbação ou esbulho na posse da coisa, por apreensão judicial, está legitimado a opor tais embargos para livrar os bens da constrição (CPC, art. 674). Basta a simples ameaça de turbação ou esbulho, desde que concreta e não meramente hipotética, para que sejam cabíveis os embargos[63].

Quem adquire coisa litigiosa, ou seja, quem **sucede na posse** após a citação, entretanto, não é terceiro legitimado a opor embargos; está sujeito ao julgado e, contra este, **não tem embargos de terceiro a opor**, ainda que não haja sido registrada a ação no registro de imóveis[64].

Malgrado o entendimento mencionado, a questão continua controvertida, havendo decisões no sentido de que, transitando em julgado a sentença, já não cabem embargos de terceiro[65].

6.8. RESUMO

DA MANUTENÇÃO E DA REINTEGRAÇÃO DE POSSE	
CARACTERÍSTICAS	Embora apresentem características semelhantes, a ação de manutenção de posse é cabível na hipótese em que o possuidor sofre **turbação** em seu exercício, mas continua na posse dos bens. Em caso de **esbulho**, em que o possuidor vem a ser privado da posse, adequada é a de reintegração de posse (CPC, art. 560).
REQUISITOS	**Posse:** a prova da posse é o primeiro requisito para a propositura das referidas ações. Quem nunca a teve não pode valer-se dos interditos. **Turbação:** é todo ato que embaraça o livre exercício da posse. Deve também ser provada pelo autor. Só pode ser de fato, e não de direito, pois contra atos judiciais cabem embargos e outros meios próprios de defesa. A turbação pode ser, ainda, direta e indireta, positiva e negativa. **Esbulho:** acarreta a perda da posse contra a vontade do possuidor. Resulta de violência, clandestinidade ou precariedade. O esbulho resultante da precariedade é denominado **esbulho pacífico**.

60 REsp 4.004-MT, 4ª T., rel. Min. Fontes de Alencar, *DJU*, 29-10-1996, p. 41649. No mesmo sentido: "Se, na possessória, a reintegração somente ocorre em execução de sentença, os embargos de terceiro são cabíveis" (*RJTJSP*, 124/99).

61 *RT*, 539/126.

62 REsp 112.884-4-SP, 4ª T., rel. Min. Ruy Rosado de Aguiar, *DJU*, 12-5-1997, p. 18819.

63 *RSTJ*, 112/209; STJ, *RT*, 659/184; *JTACSP*, 98/96, 104/19, 128/206.

64 STJ, REsp 79.878-SP, 3ª T., rel. Min. Menezes Direito, *DJU*, 8-9-1997, p. 42490; REsp 9.365-SP, 3ª T., rel. Min. Waldemar Zveiter, *DJU*, 1º-7-1991, p. 9193; STF, RE 97.695-0-GO, 1ª T., rel. Min. Rafael Mayer, *DJU*, 13-3-1983.

65 *RT*, 512/126, 591/152; *RJTJSP*, 50/229.

	■ **Data da turbação ou do esbulho:** a prova da data da turbação ou do esbulho determina o **procedimento** a ser adotado. Se praticado há menos de ano e dia do ajuizamento, será o **especial**, com pedido de liminar. Passado esse prazo, será adotado o rito **ordinário**, não perdendo, contudo, o caráter possessório (CPC, art. 558, parágrafo único). ■ **Continuação ou perda da posse:** na ação de manutenção de posse, o autor deve provar que, apesar de ter sido molestado, ainda a mantém. Se não mais conserva a posse, por ter sido esbulhado, terá de ajuizar ação de reintegração de posse.
PROCEDIMENTO	■ **Petição inicial:** a) deve atender ao que dispõe o art. 561 do CPC e conter todos os requisitos enumerados no art. 282 do mesmo diploma; b) o objeto da ação há de ser perfeitamente individualizado; c) as partes devem ser identificadas com precisão (CPC, art. 319, II); d) deve ser dado valor à causa (CPC, art. 291), correspondente ao venal. ■ **Liminar:** a) ***inaudita altera parte:*** será concedida se a inicial estiver **devidamente instruída** com prova dos fatos mencionados no art. 561 do CPC: posse, turbação ou esbulho ocorridos há menos de ano e dia etc.; b) após **justificação prévia:** se a inicial não estiver devidamente instruída; c) contra **pessoa jurídica de direito público:** somente depois de ouvido o seu representante judicial (CPC, art. 562, parágrafo único), ainda que devidamente provados os requisitos do art. 561; d) **o recurso cabível** contra decisão que concede ou denega medida liminar, de natureza interlocutória, é o **agravo de instrumento** (CPC, art. 1.015); e) a execução da decisão liminar positiva se faz de plano, mediante mandado a ser cumprido por oficial de justiça, sem necessidade de citação para entregar a coisa em determinado prazo. ■ **Contestação e rito ordinário:** Concedida ou não a liminar, deverá o autor promover, nos cinco dias subsequentes, a citação do réu, para que ofereça contestação (CPC, art. 564). Se for realizada a justificação prévia, com citação do réu, o prazo para contestar contar-se-á da intimação do despacho que deferir ou não a liminar (parágrafo único).
EXECUÇÃO DE SENTENÇA	■ A execução se faz mediante a expedição, de plano, de mandado. O juiz emite uma ordem para que o oficial de justiça reintegre na posse o esbulhado, pois a possessória tem força executiva, tal como a ação de despejo. ■ Predomina o entendimento de que não cabem embargos do executado em ação possessória, porque a sentença tem força executiva.
EMBARGOS DE RETENÇÃO POR BENFEITORIAS	■ Os embargos de retenção por benfeitorias somente são admitidos na execução por título judicial (CPC, art. 917, IV). O direito de retenção por benfeitorias deve ser exercido na contestação, na fase de conhecimento (CPC, art. 538, § 2º).

7

DO INTERDITO PROIBITÓRIO

7.1. CARACTERÍSTICAS

Há uma gradação nos atos perturbadores da posse, dando origem a três procedimentos possessórios distintos, embora com idêntica tramitação:

- ameaça;
- turbação; e
- esbulho.

O **esbulho** é a mais grave das ofensas, porque retira do esbulhado o poder de fato que exercia sobre a coisa, acarretando a perda da posse. A ação de **reintegração de posse** visa a restaurar o poder fático anterior, restituindo-o ao prejudicado pelo ato ilícito. Em caso de **turbação**, que apenas embaraça o exercício da posse, mas não acarreta a sua perda, é cabível a ação de **manutenção de posse**.

A terceira ação tipicamente possessória é o **interdito proibitório**. Tem **caráter preventivo**, pois visa a impedir que se concretize uma ameaça à posse. Para cada etapa, destarte, prevê-se uma ação específica. Assim, se o possuidor está apenas sofrendo uma **ameaça**, mas se sente na iminência de uma turbação ou esbulho, poderá evitar, por meio da referida ação, que venham a consumar-se.

Malgrado estejam bem definidas as características dos aludidos atos molestadores, situações há em que se torna extremamente tormentoso afirmar se o ato é de turbação, de esbulho ou simples ameaça. **Não é qualquer receio que constitui ameaça suscetível de ser tutelada por meio da ação de interdito proibitório.** Faz-se mister que o ato, objetivamente considerado, demonstre aptidão para provocar receio numa pessoa normal[1].

7.2. REQUISITOS

Dispõe o art. 567 do Código de Processo Civil:

---

[1] João Batista Monteiro, *Ação de reintegração de posse*, p. 119 e 121.

"Se a autora tem a posse sobre o imóvel, atestada pela existência de cercas, barracão e placa indicativa da possuidora, constituirá ameaça de turbação o ato da ré, notificando-a para retirá-los, justificando assim a procedência do interdito proibitório" (*RT*, 245/449).

"O possuidor direto ou indireto que tenha justo receio de ser molestado na posse poderá requerer ao juiz que o segure da turbação ou esbulho iminente, mediante mandado proibitório em que se comine ao réu determinada pena pecuniária caso transgrida o preceito".

A ação de interdito proibitório pressupõe, portanto, os seguintes requisitos:

- posse atual do autor;
- ameaça de turbação ou esbulho por parte do réu;
- justo receio de ser concretizada a ameaça.

7.2.1. Posse atual do autor

O primeiro requisito é a **posse atual** do autor. O art. 567 supratranscrito afirma que a posse a ser protegida pode ser **a direta ou a indireta**. Na verdade, essa legitimação ocorre também para os outros interditos, não havendo razão para ser destacada no dispositivo em apreço.

É certo que a posse a ser provada é a **atual**, pois se já a perdeu, por consumada a ameaça, o remédio apropriado será, então, a ação de reintegração de posse.

7.2.2. Ameaça de turbação ou de esbulho

O segundo requisito — **ameaça** de turbação ou de esbulho por parte do réu — entrelaça-se com o terceiro, que é o **justo receio** de que seja concretizada. Não é qualquer ameaça, como foi dito, que enseja a propositura dessa ação. É necessário que tenha havido um ato que indique **certeza** de estar a posse na iminência de ser violada.

7.2.3. Justo receio de ser concretizada a ameaça

Para vencer a demanda, o autor deve demonstrar que o seu receio é **justo**, fundado em fatos ou atitudes que indicavam a iminência e a inevitabilidade de moléstia à posse.

Consoante a lição de Adroaldo Furtado Fabrício, "o *justo receio*, de um lado, é o temor justificado, no sentido de estar embasado em fatos exteriores, em dados objetivos. Nesse enfoque, não basta como requisito para obtenção do mandado proibitório o receio infundado, **estritamente subjetivo** — ainda que existente. Por tibieza de temperamento ou até mesmo por deformação psíquica pode alguém tomar como ameaça à posse o que não passa de maus modos de um vizinho incivil"[2].

Nessa consonância, como assentou antigo julgado, "não basta a violência provável, porque o Código, exigindo que seja iminente, exige mais alguma coisa, que a violência

[2] *Comentários ao Código de Processo Civil*, v. VIII, t. III, p. 464.
"Interdito proibitório. Interposição por banco contra sindicato de empregados em estabelecimento bancário que, em face de movimento grevista, cerceou o acesso de clientes e funcionários ao recinto de agência bancária. Admissibilidade, uma vez caracterizada a grave ameaça de turbação, reconhecida pela inequívoca intenção de impedir a continuidade do efetivo exercício da posse" (STJ, *RT*, 771/193). No mesmo sentido: *RT*, 792/293, 787/275, 796/292, 803/257.

seja quase certa diante das **circunstâncias, dos indícios** existentes traduzidos em atos que não tenham outra explicação senão a próxima violência a ser perpetrada"[3].

Tal não significa que a ameaça apenas verbal não basta, por não estar no domínio concreto dos fatos. Na realidade, palavras também são fatos. **O que importa é a seriedade da ameaça**, sua capacidade e aptidão para infundir num espírito normal o justo receio de dano iminente à posse.

Como observa Washington de Barros Monteiro, "assim como não constitui coação a ameaça de exercício normal de um direito (Cód. Civil de 2002, art. 153), também **a afirmativa de que se invocará oportunamente a ação da justiça não configura ameaça**, apta a infundir receio ao autor, bem como seu recurso ao interdito"[4].

Tem-se decidido, por isso, que não se justifica o interdito proibitório com a finalidade de impedir que o réu lance mão de **medidas judiciais** que entenda cabíveis[5].

7.3. COMINAÇÃO DE PENA PECUNIÁRIA

O interdito proibitório assemelha-se à ação cominatória, pois prevê, como forma de evitar a concretização da ameaça, a **cominação ao réu de pena pecuniária**, caso transgrida o preceito. Deve ser pedida pelo autor e fixada pelo juiz, em montante razoável, que sirva para desestimular o réu de transgredir o veto, mas não ultrapasse, excessivamente, o valor do dano que a transgressão acarretaria ao autor.

Quem indica o **valor da pena** pretendida é o autor. Nem por isso fica o juiz adstrito a essa avaliação, podendo reduzi-la, mas não aumentá-la.

Consoante a lição de Pontes de Miranda, "se foi pedida a proibição de turbação e o réu esbulhou, além de se lhe **aplicar a pena** cominada por infração do preceito, expede-se contra ele **o mandado de reintegração**, liquidando-se na execução as perdas e danos em que for então condenado, ainda que acima da pena cominada, mas independente dela (art. 374)"[6].

Nessa direção, decidiu o Tribunal de Justiça de São Paulo:

"Verificada a moléstia à posse, **transmuda-se automaticamente** o interdito proibitório em ação de manutenção ou de reintegração, bastando apenas que a parte comunique o fato ao juiz"[7]. Todavia, essa conversão há de ser feita sem ampliação do objeto do interdito[8].

---

3 *RT*, 175/259. No mesmo sentido: "Justo receio que autoriza a reclamada proteção é o temor fundado em circunstâncias de fato, concretas" (*RJTJSP*, 37/78). Tem-se decidido: "Sendo fato público e notório a constante invasão de terras nos dias atuais, configura-se o justo receio de moléstia à posse" (*RT*, 631/152).

4 *Curso de direito civil*, v. 3, p. 48-49.

5 *Bol. AASP*, 1.421/63.

6 *Comentários ao Código de Processo Civil*, t. VI, p. 157.

7 *RT*, 490/75; *RF*, 302/159.
"Interdito proibitório. Conversão em reintegração de posse. Admissibilidade em razão da transmutação da realidade fática, caracterizadora de esbulho" (*RT*, 771/242).

8 *JTACSP*, 98/186.

Assim, se a ameaça vier a se concretizar no curso do processo, **o interdito proibitório será transformado em ação de manutenção ou de reintegração de posse**, concedendo-se a medida liminar apropriada e prosseguindo-se no rito ordinário. Entretanto, o contrário não é verdadeiro, isto é, ajuizada a ação de manutenção, não há mais lugar para ser intentado o interdito proibitório, por falta de interesse de agir.

Ao determinar a aplicação ao interdito proibitório do disposto na seção anterior, concernente às ações de manutenção e de reintegração de posse, o estatuto processual (art. 568) permitiu, também, que se concedesse **liminar em interdito proibitório**, o que não era admitido na vigência do Código anterior[9].

Hoje não paira mais dúvida sobre a possibilidade de se impetrar tal ação contra **ato da Administração Pública**, visto que o parágrafo único do art. 562 dispõe que a medida não será concedida *in limine litis* contra as pessoas jurídicas de direito público, sem prévia audiência dos respectivos representantes judiciais. A única restrição é que devem ser ouvidos os seus representantes legais antes da concessão da liminar (*v.* itens 5.2.1 e 6.3.2.5, *retro*)[10].

Proclama a Súmula 228 do Superior Tribunal de Justiça: "É inadmissível o interdito proibitório para a proteção do direito autoral".

■ 7.4. RESUMO

DO INTERDITO PROIBITÓRIO	
CARACTERÍSTICAS	■ É a terceira ação tipicamente possessória. Tem caráter preventivo, pois visa a impedir que se concretize uma ameaça à posse.
REQUISITOS	■ posse atual do autor; ■ ameaça de turbação ou esbulho por parte do réu; ■ justo receio de ser efetivada a ameaça (CPC, art. 567).
COMINAÇÃO DE PENA PECUNIÁRIA	■ O interdito proibitório assemelha-se à ação cominatória, pois prevê, como forma de evitar a concretização da ameaça, a cominação ao réu de pena pecuniária, caso transgrida o preceito. Se a ameaça vier a concretizar-se no curso do processo, o interdito proibitório será transformado em ação de manutenção ou de reintegração de posse, concedendo-se a liminar apropriada e prosseguindo-se no rito ordinário.

■ 7.5. QUESTÕES

1. (MP/RJ/Promotor de Justiça/2011) Sobre o direito possessório, é correto afirmar que:

a) a proteção conferida ao possuidor é o principal efeito da posse. Ela pode se dar de dois modos: pela legítima defesa e pelo desforço imediato. Nessa última hipótese, pode ocorrer pelos próprios recursos ou pelas ações possessórias preconizadas em lei;

b) a tradição no caso da *traditio brevi manu* e do constituto possessório é considerada forma de tradição real e simbólica, respectivamente;

---

[9] *RT*, 494/152.

[10] *RT*, 668/133. No mesmo sentido: "Interdito proibitório. Desapropriação indireta. Demanda interposta pelo proprietário do imóvel indiretamente expropriado. Admissibilidade enquanto não concluída a obra ou o serviço público. Ato do Poder Público que, sem o devido processo legal expropriatório, é ilícito" (*RT*, 797/263).

c) a sucessão *mortis causa* da posse se dá a título universal e não a título singular, em razão da aplicação do princípio do direito de *saisine*;
d) a turbação da posse consiste no ato pelo qual o possuidor se vê privado da posse mediante violência, clandestinidade ou abuso de confiança. Acarreta a perda da posse, contra a vontade do possuidor;
e) a composse, também conhecida como posses paralelas (múltiplas) ocorre diante de posses de naturezas diversas sobre a mesma coisa, ou seja, uma concorrência ou sobreposição de posses, ensejando sempre seu desdobramento.

2. (Defensoria Pública/SP/Defensor Público/Fundação Carlos Chagas/2010) Assinale a alternativa INCORRETA:

a) Quando mais de uma pessoa se disser possuidora, será mantida na posse aquela que tiver justo título e estiver na detenção da coisa.
b) É lícito o uso da força própria indispensável para a manutenção ou reintegração da posse.
c) O possuidor tem direito à manutenção ou à reintegração da coisa, inclusive frente ao proprietário.
d) Diante da pretensão daquele que se diz possuidor, o proprietário da coisa pode opor exceção fundada no domínio.
e) Na disputa da posse fundada em domínio, a posse é daquele que dispõe de evidente título de propriedade.

3. (OAB/RJ/28º Exame) Em matéria de posse, é correto afirmar que:

a) O justo título gera presunção *juris et de jure* de boa-fé.
b) O direito de retenção tem seu fulcro na cláusula geral de boa-fé, subjacente a todos os contratos.
c) Pelo constituto possessório ocorre a aquisição da posse, sem a entrega material do bem.
d) A composse somente é admitida em relação aos bens indivisíveis.

4. (Defensoria Pública/AM/Defensor Público/Fundação Carlos Chagas/2013) A posse

a) é de má-fé mesmo que o possuidor ignore o vício.
b) é adquirida quando se detém a coisa a mando de outrem.
c) pode ser oposta ao proprietário.
d) não pode ser defendida, em juízo, pelo possuidor indireto.
e) quando turbada, autoriza o ajuizamento de ação de reintegração.

5. (MP/RO/Promotor de Justiça/2006) Assinale a alternativa INCORRETA: Falando-se de ações possessórias, é correto afirmar que:

a) se "A" (autor) propõe ação possessória contra "B" (réu), caso "B" queira defender-se revertendo a situação, provando ser ele a vítima do esbulho ou turbação, é necessário que "B" use a via da reconvenção;
b) se uma pessoa intenta interdito proibitório, quando deveria ter ingressado com ação de manutenção de posse, não haverá qualquer problema, porque se trata de ações fungíveis;
c) é lícito ao autor da possessória pedir, além da proteção específica para sua posse, a indenização por perdas e danos;
d) para o possuidor casado, é desnecessária a vênia conjugal para a interposição de ação possessória;
e) todas as alternativas acima contêm afirmações incorretas.

6. (Secretaria da Segurança Pública/DF/Delegado de Polícia/2005) Em virtude de viagem, Adriano solicitou de Sérgio que guardasse, durante o período em que estivesse viajando, alguns pertences seus, entre os quais um automóvel, uma motocicleta e um computador. Convencionaram um valor fixo que seria pago por Adriano pela guarda dos bens. Dez dias depois, aproximadamente, Priscila, irmã de Adriano, esteve na residência de Sérgio e exigiu a entrega do computador, pois este lhe pertencia. Diante da negativa de Sérgio em entregar o computador, Priscila tentou usar de violência para pegar o bem. Pode-se afirmar que, neste caso:

a) Sérgio pode fazer uso da autodefesa da posse, pois é possuidor do bem;
b) Sérgio somente pode solucionar a questão ajuizando uma ação de manutenção de posse;
c) Sérgio somente pode solucionar a questão ajuizando uma ação de reintegração de posse;

d) Sérgio somente pode solucionar a questão ajuizando uma ação de interdito proibitório;
e) Sérgio nada pode fazer, pois é mero detentor do bem.

7. (TJ/PR/Juiz de Direito/2007) Sobre a posse, assinale a alternativa CORRETA.

a) Mantém-se no Código Civil de 2002 a previsão expressa de que não deve ser julgada a posse em favor daquele a quem evidentemente não pertencer o domínio.
b) Na evicção, o possuidor de boa-fé tem direito de ser indenizado pelas benfeitorias úteis e necessárias que realizar no imóvel pelo seu valor atual, exceto quando as benfeitorias não mais existirem; nesse caso, serão indenizadas pelo valor do seu custo.
c) No sistema jurídico brasileiro, considera-se detentor aquele que exerce poder de fato sobre a coisa sem, todavia, fazê-lo com *animus domini*, já que este elemento subjetivo é essencial à caracterização da posse.
d) A posse precária adquirida pelo *de cujus* não perde esse caráter quando transmitida *mortis causa* aos seus sucessores, ainda que estes estejam de boa-fé.

8. (TJSP/Titular de Cartório de Notas e de Registros/VUNESP/2014) Assinale a alternativa CORRETA.

a) Ao possuidor de má-fé serão ressarcidas somente as benfeitorias necessárias e úteis, não lhe assistindo o direito de retenção pela importância destas, nem o de levantar as voluptuárias.
b) A posse fundada no *jus possidendi* (autônoma) é desprovida de título e tem origem em uma situação de fato apenas, não se confundindo com a posse *jus possessionis*, também denominada causal.
c) A posse, qualificada como o exercício de fato de algum dos poderes inerentes à propriedade, produz efeitos jurídicos relevantes, notadamente a legítima defesa, o desforço imediato, o manuseio dos interditos possessórios, o direito de retenção, a indisponibilidade do bem possuído e a aquisição da propriedade pela usucapião.
d) Entende-se por fâmulo da posse a situação jurídica do sujeito que, achando-se em relação de dependência ou na condição de subordinado, detém a coisa em nome do proprietário ou possuidor.

9. (OAB/SP/Janeiro-2006) É correto afirmar em nosso sistema jurídico, em relação às ações possessórias:

a) dependem sempre do pedido de concessão de tutela específica prevista no CPC para garantir a efetividade da posse.
b) é inadmissível o interdito proibitório para a proteção do direito autoral.
c) a legitimidade ativa do possuidor independe de estar ou não na posse da coisa ou no seu direito de poder pedir sua restituição.
d) a competência para conhecer e julgar ações possessórias é sempre relativa, ainda que haja conexão da ação com pedido de rescisão contratual.

10. (TJ/PR/Juiz de Direito/2008) Assinale a alternativa CORRETA:

a) O proprietário poderá ser privado da coisa se o imóvel reivindicado consistir em extensa área, na posse ininterrupta e de boa-fé, por mais de cinco anos, de considerável número de pessoas, e estas nela houverem realizado, em conjunto ou separadamente, obras e serviços considerados pelo juiz de interesse social e econômico relevante, sendo, ainda, indispensável que os ocupantes residam na área e que sua posse seja *ad usucapionem*.
b) Uma ação de reintegração de posse jamais poderá ser decidida contra o legítimo proprietário do imóvel.
c) A posse injusta jamais poderá ser de boa-fé.
d) A injustiça da posse não depende do conhecimento do possuidor acerca do vício que está a macular a sua aquisição.

11. (TJ/MG/Juiz de Direito/EJEF/2009) Em relação à posse, assinale a alternativa CORRETA.

a) A posse nascida justa pode tornar-se injusta, especialmente no que se refere ao vício da precariedade.
b) A posse do locatário e a do comodatário são consideradas posses precárias.
c) A posse nascida injusta não poderá se converter em posse justa.
d) A posse adquirida por ameaça, para se considerar injusta, exige prévio ajuizamento de ação anulatória do ato, por vício do consentimento.

12. (Defensoria Pública/TO/Defensor Público/CESPE/UnB/2013) Com relação à posse, assinale a opção CORRETA.

a) Nas ações possessórias, é indispensável a outorga uxória no polo ativo, assim como o litisconsórcio é necessário no polo passivo da demanda.
b) As teorias sociológicas da posse conferem primazia aos valores sociais nela impregnados, como um poder fático de ingerência socioeconômica concreta sobre a coisa, com autonomia em relação à propriedade e aos direitos reais.
c) Tanto na teoria subjetiva quanto na objetiva, a posse é caracterizada como a conjugação do elemento *corpus* com o elemento *animus*, caracterizando-se o *animus*, na primeira, como a vontade de ser dono, o *animus domini*, e, na segunda, referindo-se à própria coisa, *o animus rem sibi habendi*.
d) A natureza jurídica da posse é a de direito real, haja vista que uma de suas características é a oponibilidade *erga omnes*, inclusive contra o proprietário.
e) O direito de sequela do possuidor é absoluto, cedendo apenas ante o direito da propriedade por meio da ação reivindicatória, bem como ante a boa-fé de terceiros, o que se justifica pelo fato de não ser conferida à posse a mesma publicidade conferida à propriedade pelo registro ou tradição.

13. (MP/MG/Promotor de Justiça/52° Concurso/2012) Quanto aos efeitos da posse, é INCORRETO afirmar que:

a) Ao possuidor de má-fé, não serão ressarcidas quaisquer benfeitorias, nem mesmo as necessárias.
b) O possuidor de boa-fé tem direito, enquanto ela durar, aos frutos percebidos.
c) Quando mais de uma pessoa se disser possuidora, manter-se-á provisoriamente a que tiver a coisa, se não estiver manifesto que a obteve de alguma das outras por meio vicioso.
d) O possuidor de boa-fé tem direito à indenização das benfeitorias necessárias e úteis, bem como, quanto às voluptuárias, se não lhe forem pagas, a levantá-las, quando o puder sem detrimento da coisa, e poderá exercer o direito de retenção pelo valor das benfeitorias necessárias e úteis.

14. (TJ/AM/Juiz de Direito/Fundação Getulio Vargas/2013) Em relação ao *possuidor de má-fé*, assinale a afirmativa CORRETA.

a) Ele responde por todos os frutos colhidos e percebidos, responde pela perda ou deterioração da coisa, ainda que acidentais e não pode levantar as benfeitorias voluptuárias.
b) Ele não responde pelos frutos colhidos e percebidos, responde pela perda ou deterioração da coisa, ainda que acidentais e não pode levantar as voluptuárias.
c) Ele responde por todos os frutos colhidos e percebidos, responde pela perda ou deterioração da coisa, ainda que acidentais e pode levantar as voluptuárias.
d) Ele responde por todos os frutos colhidos e percebidos, não responde pela perda ou deterioração da coisa, se acidentais e não pode levantar as benfeitorias voluptuárias.
e) Ele responde por todos os frutos colhidos e percebidos, não responde pela perda ou deterioração da coisa, se acidentais e pode levantar as benfeitorias voluptuárias.

15. (DELPOL/RJ/Delegado de Polícia/XII Concurso/Fundação Professor Carlos Augusto Bittencourt/2012) No tocante à posse no Código Civil, é CORRETO afirmar:

a) O possuidor de boa-fé responde pela perda ou deterioração da coisa, a que não der causa.
b) O possuidor turbado, ou esbulhado, poderá manter-se ou restituir-se por sua própria força, contanto que o faça logo; os atos de defesa ou de desforço podem ir além do indispensável à manutenção ou restituição da posse.
c) Se duas ou mais pessoas possuírem coisa indivisa, poderá cada uma exercer sobre ela atos possessórios, excluindo os dos outros compossuidores.
d) A posse direta, de pessoa que tem a coisa em seu poder, temporariamente, em virtude de direito pessoal, ou real, não anula a indireta, de quem aquela foi havida, podendo o possuidor direto defender a sua posse contra o indireto.
e) Não induzem posse os atos de mera permissão ou tolerância assim como não autorizam a sua aquisição os atos violentos, ou clandestinos, mesmo depois de cessar a violência ou a clandestinidade.

16. (TJ/AP/Juiz de Direito/Fundação Carlos Chagas/2014) Sobre a posse e os direitos do possuidor, é CORRETO afirmar:

I. O possuidor turbado, ou esbulhado, poderá manter-se ou restituir-se por sua própria força, contanto que o faça logo; os atos de defesa, ou de desforço, não podem ir além do indispensável à manutenção, ou restituição da posse.
II. Os frutos naturais e industriais reputam-se colhidos e percebidos, logo que são separados; os civis reputam-se percebidos dia por dia.
III. Ao possuidor da má-fé serão ressarcidas somente as benfeitorias necessárias; não lhe assiste o direito de retenção pela importância destas, nem o de levantar as voluptuárias.
IV. As benfeitorias não se compensam com os danos e não dão direito ao ressarcimento mesmo quando não mais existirem ao tempo da evicção.
V. Considera-se possuidor aquele que, achando-se em relação de dependência para com outro conserva a posse em nome deste e em cumprimento de suas ordens ou instruções.

Está CORRETO o que consta APENAS em
a) III, IV e V.
b) I, II e III.
c) I, IV e V.
d) II, III e IV.
e) II, III e V.

17. (TJSP/Juiz de Direito/186° Concurso/VUNESP/2015) Assinale a alternativa CORRETA.

a) Os direitos autorais não podem ser objeto de proteção por meio de interdito proibitório, dada a impossibilidade do exercício da posse sobre coisas incorpóreas.
b) A via adequada para fazer cessar o esbulho é a ação de manutenção de posse, enquanto que o remédio para a turbação é a de reintegração de posse, conquanto as ações possessórias sejam fungíveis.
c) É também possuidor aquele que, mesmo achando-se em situação de dependência para com o outro, conserva a posse em nome deste, sob suas instruções.
d) De regra, a posse do imóvel não faz presumir a das coisas móveis que nele estiverem.

18. (DPE/BA/Defensor Público/Fundação Carlos Chagas/2016) A posse-trabalho:

a) pode gerar a desapropriação de terras públicas em favor de um grupo de pessoas que realizou obras ou serviços considerados de interesse social e econômico relevante.
b) pode gerar ao proprietário a privação da coisa reivindicada, se for exercida em extensa área por prazo ininterrupto de cinco anos, mas o proprietário tem direito à fixação de justa indenização.
c) é aquela que permite a usucapião especial urbana, em imóveis com áreas não superior a 250 metros quadrados e, por ser forma originária de aquisição da propriedade, independe de indenização.
d) está prevista no Estatuto da Cidade como requisito para a usucapião coletiva de áreas urbanas ou rurais onde não for possível identificar os terrenos ocupados por cada possuidor.
e) se configura como a mera detenção, também chamada de fâmulo da posse, fenômeno pelo qual alguém detém a posse da coisa em nome alheio.

■ GABARITO ■

1. "a". *Vide* art. 1.210 e parágrafos do CC.
2. "d". *Vide* art. 557 do CPC.
3. "c". Segundo Maria Helena Diniz, ocorre o constituto possessório quando o possuidor de um bem, que o possui em nome próprio, passa a possuí-lo em nome alheio (*Curso de direito civil brasileiro*, Saraiva, 22. ed., v. 4, p. 70).
4. "c". *Vide* art. 557, parágrafo único, do CPC.
5. "a". *Vide* art. 556 do CPC.

6. "a". *Vide* art. 1.210, § 1º, do CC.
7. "d". *Vide* art. 1.206 do CC.
8. "d". *Vide* art. 1.198 do CPC.
9. "b". *Vide* Súmula 228 do STJ: "É inadmissível o interdito proibitório para a proteção do direito autoral".
10. "d". *Vide* art. 1.200 do CC, *a contrario sensu*.
11. "a". Enquanto não chegado o momento de devolver a coisa, o possuidor (o comodatário, p. ex.) tem posse justa. No instante em que se recusa a restituí-la, sua posse torna-se viciada e injusta, passando à condição de esbulhador.
12. "b". *Vide* item 2.2.3, da Segunda Parte, *retro*.
13. "a". *Vide* art. 1.220 do CC.
14. "a". *Vide* arts. 1.216, 1.218 e 1.220, *in fine*, do CC.
15. "d". *Vide* art. 1.197 do CC.
16. "b". *Vide* I — art. 1.210, § 1º, do CC; II — art. 1.215 do CC; e III — art. 1.220 do CC.
17. "a". *Vide* Súmula 228 do STJ, *verbis*: "É inadmissível o interdito proibitório para a proteção do direito autoral".
18. "b". *Vide* art. 1.228, §§ 4º e 5º, do CC.

8

AÇÕES AFINS AOS INTERDITOS POSSESSÓRIOS

8.1. AÇÃO DE IMISSÃO NA POSSE

As ações tipicamente possessórias, destinadas à defesa exclusiva da posse, são as três já referidas. Há, no entanto, outros procedimentos em que, por forma direta ou indireta, a posse também é protegida. Tais procedimentos são denominados **ações afins dos interditos possessórios**, que deles se distinguem em razão de outros fatores levados em consideração pelo legislador.

Não se revestem tais ações de natureza eminentemente possessória, uma vez que o pedido se funda ou no direito de propriedade, ou no direito obrigacional de devolução da coisa, ou na proteção contra atos judiciais de constrição etc.

8.1.1. Características

A ação de imissão na posse era regulada pelo Código de Processo Civil de 1939 no art. 381, que dispunha competir tal ação:

- aos **adquirentes** de bens, para **haverem a respectiva posse**, contra os alienantes ou terceiros que os detivessem;
- aos **administradores** e demais **representantes das pessoas jurídicas**, para haverem dos seus antecessores a entrega dos bens pertencentes à pessoa representada;
- aos **mandatários**, para receberem dos antecessores a posse dos bens do mandante.

A hipótese mais frequente é a primeira, em que o autor da ação é proprietário da coisa, mas não possuidor, por haver recebido do alienante **só o domínio** (*jus possidendi*), pela escritura, **mas não a posse**. Como nunca teve posse (CPC, art. 561, I), não pode valer-se dos interditos possessórios. Porém, quando ocorre **a transmissão da posse jurídica** ao adquirente, não acompanhada da entrega efetiva do imóvel, o alienante torna-se esbulhador, ficando o primeiro autorizado a propor contra ele ação de **reintegração de posse**.

A imissão tem sido utilizada, também, por **arrematantes de imóveis**, com suporte na carta de arrematação, para haverem a posse dos bens arrematados em poder dos devedores ou de terceiros, não nomeados depositários judiciais[1].

---

[1] *JTA*, Lex, 161/309; *RT*, 630/117, *Bol. AASP*, 1.829/13; STJ, RMS 431-RJ, 4ª T., rel. Min. Athos Carneiro, *DJU*, 10-9-1990, p. 9129.

No entanto, se o bem se encontra em mãos de **depositário judicial**, o adquirente da coisa por alienação judicial obtém a imissão na posse não por meio de outra ação, mas mediante simples mandado, expedido contra aquele no próprio processo em que obteve carta de adjudicação ou de arrematação[2].

Tal orientação aplica-se também quando **o próprio devedor é nomeado depositário** do bem. Assim, como já decidiu o Superior Tribunal de Justiça, "o adquirente, em hasta pública, de bem que se encontra em poder do executado como depositário, será imitido na respectiva posse mediante mandado, nos próprios autos da execução, desnecessária a propositura de outra ação. O possuidor do bem penhorado passa a depositário, atuando como auxiliar do juízo, e cujas determinações haverá de obedecer incontinenti"[3].

O Código de Processo Civil de 1973 **não tratou da ação de imissão na posse**. Nem por isso ela deixou de existir, pois poderá ser ajuizada sempre que houver uma pretensão à imissão na posse de algum bem. A cada pretensão deve existir uma ação que a garanta (CC, art. 189). Nas aquisições de bens ocorrem, com frequência, situações que ensejam a imissão: o vendedor simplesmente se recusa a entregar o imóvel, ou nele reside um terceiro, que não aceita a ocupação.

Suprimido foi apenas o procedimento especial previsto no diploma de 1939, mas não o direito subjetivo. O mesmo se pode dizer em relação ao Novo Código de Processo Civil, de 2015. A ação obedecerá ao **procedimento comum**, procedendo-se à execução de acordo com os arts. 806 e s. do novo diploma[4].

A referida ação não se confunde com as ações possessórias típicas, embora se revista de caráter possessório. Não se aplica, pois, entre elas o **princípio da fungibilidade**. Tal princípio, autorizado pelo art. 554 do diploma processual, vigora apenas entre as três ações possessórias mencionadas, e não entre elas e qualquer outra.

■ 8.1.2. Natureza jurídica

Tendo por fundamento o domínio, a ação de imissão na posse é **dominial**. O estatuto revogado, embora a situasse entre as possessórias, acabava por considerá-la ação dominial ao exigir que a inicial fosse instruída com o título de propriedade. É, portanto, ação de **natureza petitória**, pois o autor invoca o *jus possidendi*, pedindo uma posse ainda não entregue.

Em razão da sua **natureza real e de seu caráter petitório**, impõe-se a presença de **ambos os cônjuges**, tendo em vista que o art. 73 do Código de Processo Civil exige a outorga uxória quando se litigar sobre bens imóveis, ou sobre direitos reais relativos a imóveis. Na ação em exame, "embora não se configure direito real sobre imóvel, considera-se a mesma como uma ação real sobre imóvel sempre que o litígio

---

2 *RSTJ*, 28/211; *RT*, 761/345, 676/110; *JTACSP*, 106/26.

3 *RSTJ*, 73/407.

4 *RTJ*, 90/486; STJ, REsp 2.449-MT, 4ª T., rel. Min. Barros Monteiro, *DJU*, 11-6-1990; *RT*, 506/98, 503/76; *JTACSP*, 44/146.

envolver bem imóvel, fator que obriga a presença de ambos os cônjuges em qualquer polo da ação"[5].

Tem-se admitido, porém, que possa ser ajuizada pelo **compromissário comprador**, com compromisso irretratável, devidamente registrado e integralmente quitado. Veja-se:

> "Tem o compromissário-comprador acesso à imissão de posse, presente o princípio de que a cada direito corresponde uma ação que o ampara. Se não for assim, se não se permitir ao compromissário-comprador demandar imissão de posse, de nenhuma outra ação poderá ele lançar mão, para efetivar a posse a que tem direito. Não poderá reivindicar, porque não tem domínio; não poderá usar do interdito reintegratório, porque não tem posse, nem a teve antes; não poderá despejar porque o ocupante não é locatário"[6].

Não se confunde, todavia, a ação autônoma ora em estudo com a imissão na posse da coisa expropriada, pedida pelo poder expropriante, em seu favor, mediante o depósito do preço (Lei n. 2.786, de 21-5-1956), nem com o ato de imissão na posse, na execução para a entrega de coisa (CPC, art. 625).

8.1.3. Antecipação da tutela

Havendo risco de dano posterior, decorrente do retardamento do julgamento definitivo, poderá ser manifestado pelo autor pedido de **tutela de urgência**, com fundamento no art. 300 do Código de Processo Civil, assim como de medidas consideradas adequadas para efetivação de tutela provisória, com base, conforme o caso, nos arts. 297 e 300, § 1º, do mesmo diploma.

Preceitua, a propósito, a Súmula 4 da Seção de Direito Privado do Tribunal de Justiça de São Paulo:

> "É cabível **liminar** em ação de imissão de posse, mesmo em se tratando de imóvel objeto de arrematação com base no Decreto-Lei n. 70/66".

8.1.4. Imissão na posse e reivindicatória

Afirmam alguns autores que a reivindicatória atende perfeitamente à finalidade da ação de imissão na posse, tendo esta, portanto, sido absorvida por aquela. Trata-se, no entanto, de ações distintas, que têm aplicações em diferentes situações, pois a **ação de reivindicação**, segundo Gildo dos Santos, "cuida de **domínio e posse que se perderam** por ato injusto de outrem. Na **imissão**, a situação é diversa. O proprietário **quer a posse que nunca teve**. Não perdeu o domínio, nem a posse. Tem o domínio e quer a posse também, na qual nunca entrou"[7].

---

5 Arnaldo Rizzardo, *Direito das coisas*, p. 155.

6 *RT*, 384/292. No mesmo sentido: STF, *RTJ*, 65/718.

7 Ação de imissão de posse, in *Posse e propriedade*: doutrina e jurisprudência, coord. de Yussef Cahali, p. 447.

Assim, o objetivo da imissão é consolidar a propriedade, em sentido amplo, enquanto a reivindicação tem por fim reaver a propriedade.

Na sequência, aduz o mencionado autor: "Enquanto a **imissão** é proposta contra o alienante, a **reivindicatória** deve ser proposta contra o atual detentor da coisa reivindicanda. Será nula, portanto, a que se propuser contra quem já alienou o objeto".

Se o alienante, antes da alienação, tinha **ação possessória contra terceiro esbulhador** que detém a posse em nome próprio, o adquirente também poderá movê-la, pois o art. 1.207 do Código Civil faculta ao sucessor singular "unir sua posse à do antecessor, para os efeitos legais".

Na **imissão**, a matéria de defesa é limitada à nulidade da aquisição, ou à alegação de justa causa para retenção da coisa, pois o autor não pretende discutir a propriedade, que tem como certa, mas apenas consolidar, em concreto, o *jus possidendi* que adquiriu. Na **reivindicatória**, no entanto, o autor pede domínio e posse, podendo o réu opor-lhe toda e qualquer defesa sobre um e outra. Pode, inclusive, pleitear seja reconhecido como dono.

DIFERENÇAS ENTRE AÇÃO DE IMISSÃO NA POSSE E AÇÃO REIVINDICATÓRIA	
Imissão na posse	**Reivindicatória**
■ O proprietário quer a posse que nunca teve.	■ Cuida de domínio e posse que se perderam por ato injusto de outrem.
■ É proposta contra o alienante.	■ Deve ser proposta contra o atual detentor da coisa reivindicanda.
■ O autor não pretende discutir a propriedade, que tem como certa, sendo limitada a matéria de defesa à nulidade da aquisição ou à alegação de justa causa para a retenção da coisa.	■ O autor pede domínio e posse, podendo o réu opor-lhe toda e qualquer defesa sobre um e outra. Pode, inclusive, pleitear seja reconhecido como dono.

■ 8.2. AÇÃO DE NUNCIAÇÃO DE OBRA NOVA

■ 8.2.1. Conteúdo

Dispunha o art. 934 do Código de Processo Civil que compete a **ação de nunciação de obra nova**:

> "I — ao **proprietário ou possuidor**, a fim de impedir que a edificação de obra nova em imóvel vizinho lhe prejudique o prédio, suas servidões ou fins a que é destinado;
>
> II — ao **condômino**, para impedir que o coproprietário execute alguma obra com prejuízo ou alteração da coisa comum;
>
> III — ao **Município**, a fim de impedir que o particular construa em contravenção da lei, do regulamento ou de postura".

O rito especial da referida ação não foi reproduzido no atual diploma processual. Isso não significa, todavia, que não poderá mais ser ajuizada, mas apenas que deverá observar o **procedimento comum**. O que desaparece com o advento do novo Código é apenas o procedimento especial.

Tal ação, também chamada de **embargo de obra nova**, reveste-se de caráter possessório pelo fato de poder ser utilizada também pelo possuidor. Mas não visa, direta e exclusivamente, à defesa da posse. Não existe conflito possessório sobre a mesma coisa, mas, sim, uma obra que afeta o uso pacífico de outra coisa.

O objetivo da ação em apreço é **impedir a continuação** da obra que **prejudique** prédio vizinho ou esteja em **desacordo** com os regulamentos administrativos. O seu fundamento encontra-se na **preservação ao direito dos vizinhos** (CC, art. 1.299), bem como nas disposições dos arts. 1.300, 1.301 e 1.302, que impõem ao proprietário o dever de construir de maneira que o seu prédio não despeje águas, diretamente, sobre o prédio vizinho, proibindo-o, ainda, de abrir janelas, ou fazer eirado, terraço ou varanda, a menos de metro e meio do terreno vizinho.

8.2.2. Pressupostos

A hipótese de maior aplicabilidade da mencionada ação é aquela movida pelo proprietário ou possuidor a fim de impedir edificação prejudicial de **obra nova em imóvel vizinho**.

A expressão **"obra"** tem um **sentido amplo**, abrangendo todo e qualquer ato material lesivo ao direito de propriedade ou à posse. Nela se incluem "demolição, colheita, corte de madeiras, extração de minérios e obras semelhantes", bem como, em razão de sua alta potencialidade danosa, escavações, compactações de solo, terraplenagens e similares. Abrange **toda e qualquer construção** que possa prejudicar os vizinhos, como a destinada a represar águas de córrego que serve os prédios inferiores[8].

8.2.2.1. Necessidade de que a obra seja nova

É pressuposto **essencial** da ação que a obra seja **"nova"**, isto é, **não se encontre em fase final**. Se já está terminada, ou em vias de conclusão, faltando somente os **arremates** finais, julga-se o autor carecedor.

É, com efeito, dominante a jurisprudência no sentido de que, concluída ou praticamente concluída a obra, não cabe mais a ação de nunciação[9]. Todavia, já se decidiu que "um muro, a limitar imóveis urbanos e de reduzidas dimensões, não pode ser considerado como concluído se ainda lhe falta o reboco. Isso porque se trata de obra que pode ser edificada em exíguo período de tempo"[10].

[8] Adroaldo Furtado Fabrício, *Comentários*, cit., v. VIII, t. III, p. 475; Washington de Barros Monteiro, *Curso*, cit., v. 3, p. 53.
"É o mais amplo conceito de 'obra', alcançando escavações no solo" (*RTJE*, 132/173). "A colocação de placa de propaganda que altere a fachada de prédio (em condomínio) se insere no conceito de obra nova, para os efeitos da ação prevista no art. 934 do CPC [de 1973, sem correspondência no CPC/2015], visto que a expressão deve ser compreendida em seu significado mais amplo" (*RJTAMG*, 53/143). "Não é qualquer inconveniente relacionado com construção em imóvel contíguo que lesa direito e autoriza o embargo. Ainda que o prédio sofra algum prejuízo no tocante à ventilação e à vista, o proprietário não pode, só por isso, sem que se haja apurado a infração de disposição legal, impedir que o vizinho realize a obra" (*RT*, 664/129).

[9] *RT*, 490/68, 501/113; *JTJ*, Lex, 189/125; *Bol. AASP*, 1.031/177.

[10] *RJTJRS*, 146/212.

Se a obra já estiver em **fase de conclusão**, o vizinho poderá propor **ação de reparação de danos ou demolitória**[11]. Admite-se a **cumulação** de pedido de nunciação com o de indenização para o caso de, não se admitindo o primeiro, ser acolhido o segundo. Assim, cumulada a ação de nunciação com a de reparação de danos, e sendo incabível a primeira, por já estar finda a construção, impõe-se o prosseguimento do feito para a apreciação do pedido cumulado[12].

Do mesmo modo, se cumulada a ação em epígrafe com o pedido de cominação de multa e de demolição da obra, prejudicada a impugnação, restaria o exame do pedido de demolição[13].

■ 8.2.2.2. *Necessidade de que os prédios sejam vizinhos*

Outro pressuposto da ação de nunciação de obra nova é que os prédios sejam **vizinhos, contíguos**. A contiguidade, entretanto, não deve ter caráter absoluto, podendo abranger não só os prédios confinantes, como os mais afastados, desde que sujeitos às consequências do uso nocivo das propriedades que os rodeiam[14].

■ Invasão do terreno vizinho

Quando a obra nova **invade** o terreno vizinho, o meio processual adequado para impugná-la é a **ação possessória**, não a nunciação, uma vez que o estatuto processual admite a última para impedir construção de obra nova **em imóvel vizinho**.

■ Invasão mínima do terreno vizinho

Quando ocorre invasão mínima do terreno vizinho, mostrando-se desaconselhável a paralisação ou a demolição de obra de certo vulto, **tem-se convertido**, pretorianamente, a nunciação ou a demolitória em **ação de indenização da área invadida**, sem caracterizar decisão *extra petita*[15].

Em alguns casos, essa tem sido também a solução quando se trata de **obra pública**, não estando o Poder Público agindo *more privatorum*, caracterizando-se verdadeira **desapropriação indireta**.

---

11 *RJTJSP*, 113/343.

"Uma vez concluída a obra (faltava apenas a pintura), cabível a ação demolitória" (STJ, REsp 311.507-AL, 4ª T., rel. Min. Ruy Rosado de Aguiar, *DJU*, 5-11-2001, p. 118).

12 *RT*, 518/114.

"Ação de nunciação de obra nova. Obra praticamente concluída. Pedido indenizatório. Mesmo que se admita estar a obra praticamente concluída, no caso, o requerimento de embargo é cumulado com o pedido indenizatório, com o que não deve ser reconhecida a carência da ação" (STJ, REsp 96.685-SP, 3ª T., rel. Min. Menezes Direito, *DJU*, 19-12-1997, p. 67491).

13 *RT*, 576/62, 718/101.

"É possível a cumulação do pedido de sustação da obra com o de demolição, em que o juiz, diante da carência daquela, não fica dispensado do dever de conhecer e decidir esta última" (*RT*, 700/158). No mesmo sentido: *RT*, 739/262; *RJTJSP*, 47/162.

14 *RT*, 509/64.

15 STF, *RTJ*, 58/484; *RT*, 606/97.

"Se o réu agiu de boa-fé e se a demolição da obra construída irregularmente lhe acarretaria vultoso prejuízo, sem razoável vantagem para o autor, pode a pretensão demolitória ser convertida em perdas e danos, perdendo o autor a faixa de terreno invadida" (*RJTJSP*, 96/192).

Já decidiu o Superior Tribunal de Justiça ser lícito determinar que, em lugar de ser a obra demolida, proceda-se aos reparos para eliminar o que contravenha as normas que regulam as relações de vizinhança[16].

Obra executada na rua

Preleciona Washington de Barros Monteiro ser "**inadmissível a ação** se a obra nova vem a ser executada não no prédio do nunciado, mas **na rua ou num logradouro público**. Em tal hipótese, ao prejudicado cabe reclamar administrativamente contra o responsável, desde que seja um particular, sabido que a nunciação destinada a proteger direito público subjetivo não encontra guarida em nosso direito, sendo o entendimento de nossos tribunais há muitos anos"[17].

Em geral, com efeito, não se tem admitido a propositura, **por particular**, da ação de nunciação de obra nova, com fundamento simplesmente na **contravenção às posturas administrativas**, principalmente se aprovada a planta da construção pela Prefeitura. **Falta-lhe direito subjetivo** na hipótese para poder embasar a sua pretensão em juízo. Entretanto, se em consequência da obra erigida em infração às posturas municipais verificar-se **dano à sua propriedade**, o particular poderá impugná-la, com fulcro no art. 1.299 do Código Civil[18], ainda que escorada em alvará de licença para construção fornecido pela municipalidade[19].

Se o autor é declarado carecedor da ação, ou se esta é julgada improcedente, reconhece-se o direito do nunciado à reparação de eventual prejuízo que haja sofrido. Cabe reconvenção na ação de nunciação de obra nova, especialmente para se pleitearem as perdas e danos decorrentes da injusta paralisação da obra[20].

8.2.3. Legitimidade para a ação

8.2.3.1. Legitimidade ativa

A ação de nunciação de obra nova compete ao **proprietário ou possuidor (e, por igual, ao usufrutuário ou qualquer outro titular de direito real de uso e fruição)**, ao condômino, ao município, aos órgãos da administração pública federais e estaduais, bem como às entidades estatais, autárquicas e paraestatais.

8.2.3.2. Legitimidade passiva

Legitimado para figurar como réu na ação é o **dono da obra**, aquele por conta de quem é executada, podendo ser o **dono do terreno ou terceiro responsável pelo empreendimento**, por exemplo, a empresa que prometeu área construída em troca do solo. Nem sempre é o executor material da obra, que pode ser um empreiteiro ou preposto.

16 REsp 85.806-MG, 3ª T., rel. Min. Eduardo Ribeiro, *DJU*, 5-3-2001, p. 152.

17 *Curso*, cit., v. 3, p. 53.

18 STF, *RT*, 459/233.

19 *RT*, 478/93 e 510/106.

20 *RJTJSP*, 105/320; *JTJ*, Lex, 185/165.

Legitimado passivo para a ação pode ser também o **possuidor direto ou indireto**, desde que a obra seja erigida por conta deles[21].

■ **Pessoa jurídica de direito público**

Admite-se a possibilidade de figurar no polo passivo da ação pessoa jurídica de direito público. Em regra, as obras feitas em lugares públicos e no interesse público não são embargáveis. Todavia, se a pessoa de direito público age ***more privatorum***, executando obras em imóvel de seu domínio, **não destinado ao uso público**, pode perfeitamente ser ré na ação nunciatória[22].

A ação nunciativa é de natureza pessoal, de modo a dispensar tanto a outorga uxória como a citação da mulher do réu[23].

■ 8.3. EMBARGOS DE TERCEIRO

■ 8.3.1. Introdução

Dispõe o art. 674 do Código de Processo Civil:

> "Quem, não sendo parte no processo, sofrer **constrição ou ameaça de constrição** sobre bens que possua ou sobre os quais tenha direito incompatível com o ato constritivo, poderá requerer seu desfazimento ou sua inibição por meio de embargos de terceiro".

Observe-se que a **mera ameaça de constrição** autoriza a inibição do ato judicial por meio da referida ação.

A ação de **embargos de terceiro** guarda acentuada **semelhança com as possessórias**, pois, assim como estas, exige uma posse e um ato de turbação ou esbulho. Tal ação pode, com efeito, ser também usada para a defesa da posse, revestindo-se, neste caso, inquestionavelmente, de caráter possessório. Todavia, o legislador, corretamente, não a incluiu entre elas, em razão das diferenças que as distinguem.

■ 8.3.2. Diferenças entre os embargos de terceiro e as ações possessórias

■ **Primeira: o ato de perturbação que dá origem aos embargos é lícito**

A primeira diferença que se constata entre as ações possessórias e os embargos de terceiro reside nas características que assume o ato perturbador da posse. O esbulho, a turbação e a ameaça que justificam as ações possessórias são atos ilícitos. Todavia, o ato de perturbação que dá origem aos embargos de terceiro é lícito, pois advém do cumprimento de uma ordem judicial.

Mesmo sendo um ato lícito, prejudica a posse do terceiro que não é parte no processo, legitimando-o à propositura dos embargos.

---

21 *RT*, 345/246.

22 Adroaldo Furtado Fabrício, *Comentários*, cit., v. VIII, t. III, p. 486.

23 *RT*, 510/106, 594/105; *RJTJSP*, 89/200.

Segunda: apreensão do bem por oficial de justiça

Nos embargos, a apreensão do bem é efetuada por oficial de justiça, em cumprimento de mandado judicial, enquanto nas ações possessórias é feita por um particular[24].

Terceira: possibilidade de oposição dos embargos por quem não se encontra na posse da coisa

Só quem tem ou teve posse pode ajuizar ação possessória. Nos embargos de terceiro, entretanto, tal requisito nem sempre se verifica.

Nos casos do § 2º, III e IV do art. 674 do Código de Processo Civil, pode opor os embargos quem nem está na posse da coisa, fazendo-o com base no seu título de aquisição ou por ser credor com garantia real.

Quarta: necessidade de prestação de caução para que o embargante receba de volta os bens

Outra diferença se verifica no tocante ao cumprimento da liminar, facultando o art. 678 do aludido diploma que o juiz condicione a ordem de manutenção ou de reintegração provisória à **prestação de caução** pelo requerente para receber de volta os bens, "ressalvada a impossibilidade da parte economicamente hipossuficiente".

DIFERENÇAS ENTRE OS EMBARGOS DE TERCEIRO E AS AÇÕES POSSESSÓRIAS	
Embargos de terceiro	**Ações possessórias**
O ato de perturbação que dá origem à ação é lícito, pois advém do cumprimento de uma ordem judicial.	O esbulho, a turbação e a ameaça são atos ilícitos.
A apreensão dos bens é feita por oficial de justiça.	A apreensão é feita por um particular.
Nem sempre se exige que o embargante tenha posse. Confira-se o art. 674 do CPC, que permite a oposição com base no título de aquisição do bem ou por se tratar de credor com garantia real.	Só quem tem ou teve posse pode ajuizar ação possessória.
Exige o art. 678, parágrafo único, do CPC que o embargante preste caução para receber de volta os bens.	Admitem a concessão de liminar, sem a prestação de caução.

8.3.3. Características

8.3.3.1. Embargos de terceiro, senhor e possuidor

Acrescenta o § 1º do retrotranscrito art. 674 que "os embargos podem ser de terceiro proprietário, inclusive fiduciário, ou possuidor". **Proprietário** porque podem ser opostos pelo *dominus*, pelo proprietário, e **possuidor** porque podem ser empregados por quem seja apenas possuidor.

É intuitivo que podem ser opostos também por quem é **apenas proprietário**. Nesse sentido, decidiu o Supremo Tribunal Federal: "É razoável, quando menos, o entendimento de que o titular inquestionável do domínio, embora não tendo a posse, pode utilizar embargos de terceiro"[25].

---

[24] João Batista Monteiro, *Ação de reintegração de posse*, p. 55.

[25] *RT*, 542/259.

Segundo Nelson Nery e Rosa Maria Nery, "A possibilidade de o terceiro proprietário fiduciário poder opor embargos de terceiro foi incluída no CPC sob a justificativa do uso cada vez maior da propriedade fiduciária para garantia ou administração de bens (*RSCD*, p. 419). Ainda que a propriedade fiduciária seja resolúvel e comporte restrições, também corre os mesmos riscos de expropriação indevida aos quais está submetida a propriedade regular (*RSCD*, p. 148)"[26].

8.3.3.2. Oposição dos embargos com caráter preventivo

Podem os aludidos embargos ser opostos com **caráter preventivo**, em face de lesão ainda não ocorrida, mas **iminente**. Não é preciso que a apreensão já tenha sido executada. Basta a simples determinação judicial, a possibilidade **futura e iminente** da apreensão[27].

Nessa linha, decidiu o Superior Tribunal de Justiça:

> "Basta a simples ameaça de turbação ou esbulho para que sejam cabíveis os embargos de terceiro"[28].

Todavia, o temor do embargante **não pode ser meramente hipotético**. Se na ação ajuizada contra outrem não foi deferida liminar nem proferida sentença, de que possa, objetivamente, decorrer fundado receio quanto a ter a sua posse molestada, não está o terceiro autorizado a opor os aludidos embargos[29].

8.3.3.3. Impossibilidade de se discutir, nos embargos, matéria própria da execução

Não tem o terceiro legitimidade ou interesse processual para discutir nos embargos **matéria própria da execução e de interesse único da executada**, pois o seu âmbito é delimitado no art. 674 do estatuto processual civil. Visam eles tão somente a que não se discuta direito próprio em um processo em que **não figurou como parte**. É mera faculdade processual que a lei confere ao lesado. A sua não utilização não prejudica o direito material existente, que poderá vir a ser discutido em ação ordinária própria[30].

Desse modo, cabe ao embargante, nos embargos, "tão somente **defender seu domínio e posse**, não se lhe permitindo, de forma alguma, arguir nulidades por acaso existentes no processo principal, ou, ainda, prescrição da execução movida contra o executado"[31].

---

[26] *Comentários ao Código de Processo Civil — Novo CPC — Lei n. 13.105/2015*, p. 1488-1489, n. 15, § 1º.

[27] STF, *RF*, 119/106 e *RTJ*, 77/915; TJSP, *RT*, 593/120, 605/53.

[28] *RT*, 659/184. No mesmo sentido: *JTACSP*, 98/96, 104/19, 128/206.

[29] *RSTJ*, 112/209.

[30] STJ, AgI 88.561-AC-AgRg, 3ª T., rel. Min. Waldemar Zveiter, *DJU*, 17-6-1996, p. 21488; *RT*, 766/285, 624/116; *RTFR*, 111/89.

[31] Washington de Barros Monteiro, *Curso*, cit., v. 3, p. 51.

8.3.4. Pressupostos

São *pressupostos* da ação de embargos de terceiro:

- um ato de apreensão ou de ameaça de apreensão judicial;
- a condição de proprietário ou possuidor do bem;
- a qualidade de terceiro (CPC, art. 674); e
- a observância do prazo do art. 675.

Um ato de apreensão judicial

A existência de um ato de **constrição ou de ameaça de constrição judicial** constitui o fator que os distingue das ações possessórias, destinadas a sanar os inconvenientes de ameaça, turbação ou esbulho, mas praticados por particulares.

A condição de proprietário ou possuidor do bem

Quem não for **proprietário** nem **possuidor não tem interesse processual**. Neste caso, o juiz os rejeitará *in limine*. Se os embargos de terceiro fundam-se na posse do imóvel, não pode o juiz rejeitá-los *in limine*, sob o fundamento de que não veio a inicial acompanhada da prova do domínio[32].

Pode manifestar os aludidos embargos, com efeito, o possuidor, qualquer que seja o direito em virtude do qual tenha a posse do bem penhorado, seja direito real, seja direito obrigacional[33].

A qualidade de terceiro

Tal qualidade é estabelecida por exclusão: **quem não é parte no feito, ainda que possa vir a ser**. É terceiro quem não é parte na relação jurídica processual, quer porque nunca o foi, quer porque dela tenha sido excluído. Aquele que poderia ter sido parte, mas não o foi, como o **litisconsorte facultativo**, por ser terceiro, **tem legitimidade** para opor esses embargos[34].

É também terceiro quem deles participa **em qualidade diferente**, defendendo um bem que não pode ser atingido pela constrição judicial, porque não foi objeto da ação.

Não é terceiro, porém, aquele que, embora parte ilegítima, é **citado para a ação**. Neste caso, **é parte** e deve alegar, em contestação (CPC, art. 337, XI, X), em impugnação (art. 525, § 1º, II) ou em embargos do devedor (art. 917, VI), essa legitimidade.

Quem **adquire coisa litigiosa** não é terceiro e não pode opor os embargos[35], assim como quem **sucede na posse** após a citação (CPC, 109, § 3º); estão sujeitos ao julgado, e contra este não têm embargos de terceiro a opor, ainda que não registrada a ação no Registro de Imóveis[36].

---

32 *RF*, 321/267.

33 *RSTJ*, 37/384; STJ, *RT*, 691/187.

34 *RJTJSP*, 99/349; *RF*, 292/378.

35 STJ, REsp 79.878-SP, 3ª T., rel. Min. Menezes Direito, *DJU*, 8-9-1997, p. 42490; *RT*, 759/353.

36 STF, RE 97/695-GO, 1ª T., rel. Min. Rafael Mayer, *DJU*, 13-3-1983, p. 2890; STJ, REsp 9.365-SP, rel. Min. Waldemar Zveiter, *DJU*, 1º-7-1991, p. 9193.

■ A observância do prazo do art. 675 do CPC

Assim, no **processo de conhecimento**, os embargos podem ser opostos a qualquer tempo, enquanto não transitada em julgado a sentença; e, no **processo de execução**, até cinco dias depois de arrematação, adjudicação ou remição, mas sempre antes da assinatura da respectiva carta.

Contrariando a Súmula 621 do Supremo Tribunal Federal, prescreve a de n. 84 do Superior Tribunal de Justiça:

> "É admissível a oposição de embargos de terceiro fundados em alegação de posse advinda do **compromisso de compra e venda** de imóvel, ainda que desprovido de registro".

Esta prevalece sobre aquela, que restou superada, uma vez que compete ao Superior Tribunal de Justiça, pelo texto constitucional vigente (CF, art. 105, III, *a*), dizer a última palavra sobre lei federal no País[37].

■ 8.3.5. Parte equiparada a terceiro

Dispõe o § 2º do art. 674 do Código de Processo Civil:

> "Considera-se terceiro, para ajuizamento dos embargos:
>
> I — o cônjuge ou companheiro, quando defende a posse de bens próprios ou de sua meação, ressalvado o disposto no art. 843;
>
> II — o adquirente de bens cuja constrição decorreu de decisão que declara a ineficácia da alienação realizada em fraude à execução;
>
> III — quem sofre constrição judicial de seus bens por força de desconsideração da personalidade jurídica, de cujo incidente não fez parte;
>
> IV — o credor com garantia real para obstar expropriação judicial do objeto de direito real de garantia, caso não tenha sido intimado, nos termos legais, dos atos expropriatórios respectivos".

A mesma pessoa, física ou jurídica, **pode ser parte e terceiro no mesmo processo**, se são diferentes os títulos jurídicos que justificam esse duplo papel. A palavra "terceiro" significa não só a pessoa que não tenha participado do feito, como também a que dele participa, mas que, nos embargos, **é titular de um direito diferente**.

Assim, o executado, que teve penhorado um bem doado com **cláusula de impenhorabilidade**, pode opor embargos de terceiro somente para alegar essa circunstância. O **condômino**, mesmo sendo parte na ação de divisão, pode embargar, como terceiro, se a linha do perímetro invadir o prédio contíguo, que é de sua propriedade.

Também a pessoa que foi parte na possessória poderá valer-se desses embargos quando a execução atingir um bem que, malgrado lhe pertença, **não foi objeto da**

---

[37] *V.* jurisprudência sobre a Súmula 84 do STJ em: *RSTJ*, 10/314, 49/299, 112/135; STJ, *RT*, 675/242, 739/234, 817/254; 1º TACSP, *RT*, 804/239, 808/265.

ação. Embora se trate da mesma pessoa, está agindo com outros títulos, ingressando em juízo em outra qualidade e litigando sobre outros bens[38].

8.3.6. Legitimidade ativa. A legitimidade ativa do cônjuge

A legitimidade ativa *ad causam* é de quem pretende **ter direito** sobre o bem que sofreu a constrição ou a ameaça.

8.3.6.1. Legitimidade do assistente simples

O assistente simples tem legitimidade para opor embargos de terceiro, uma vez que **não é parte no processo**, mas simples interveniente (CPC, art. 119). O **assistente litisconsorcial**, todavia, é considerado litisconsorte da parte principal (art. 124). A lide discutida na ação é, também, do assistente litisconsorcial, de sorte que é considerado **parte na relação jurídica processual**, pois será atingido diretamente pela coisa julgada material. Assim, **não pode opor embargos de terceiro**, já que deles não necessita para defender o seu direito[39].

8.3.6.2. Oposição dos embargos por sócio de sociedade por cotas

Em execução movida contra sociedade por cotas, o **sócio-gerente**, citado em nome próprio, **não tem legitimidade** para opor embargos de terceiro, visando a livrar da constrição judicial seus bens particulares[40].

Admite-se, todavia, que o **sócio não gerente**, citado na execução como **litisconsorte passivo** da sociedade limitada, ofereça embargos de terceiro, para desconstituir penhora incidente sobre seus **bens particulares**[41].

Representando as cotas os direitos do cotista sobre o patrimônio da sociedade, a penhora que recai sobre elas pode ser atacada **pela sociedade** via embargos de terceiro. Assentou a jurisprudência do Superior Tribunal de Justiça, com efeito, que "a sociedade tem legitimidade ativa para opor embargos de terceiro com o objetivo de afastar a penhora incidente sobre as **quotas do sócio**"[42].

O novo Código de Processo Civil, como já visto, admite a oposição de embargos de terceiro por "quem sofre constrição judicial de seus bens por força de **desconside-**

---

38 "O vencido ou o obrigado na ação pode manifestar embargos de terceiro quanto aos bens que, pelo título ou qualidade em que os possuir, não devam ser atingidos pela diligência judicial constritiva" (*JTACSP*, 90/260). "O vencido na ação principal pode embargar como terceiro, se a execução se faz sobre bem que não foi objeto da ação" (*RTJ*, 81/608; *JTACSP*, 47/74).

39 Nelson Nery Junior, *Código de Processo Civil comentado*, nota 6 ao art. 1.046.
"Embargos de terceiro. Ilegitimidade *ad causam*. Caracterização. Oposição por herdeiro que teve todos os bens do *de cujus* adjudicados em seu favor. Inadmissibilidade. Herdeiro que, na execução contra o espólio, é litisconsorte necessário e não terceiro" (*RT*, 810/295).

40 Súmula 184 do TFR. No mesmo sentido: STJ, REsp 76.393-SP, 2ª T., rel. Min. Franciulli Netto, *DJU*, 8-5-2000, p. 78.

41 STJ, *RT*, 761/206.

42 *RSTJ*, 62/250; REsp 285.735-MG, 3ª T., rel. Min. Menezes Direito, *DJU*, 1º-10-2001, p. 210.

ração da personalidade jurídica, de cujo incidente não fez parte" (art. 674, III), bem como pelo "adquirente de bens cuja constrição decorreu de decisão que declara a **ineficácia da alienação realizada em fraude à execução**" (art. 674, II).

■ 8.3.6.3. *Oposição dos embargos quando a penhora recai sobre bem de família*

Tem a jurisprudência admitido também tal oposição com base na Lei n. 8.009/90, por **familiares do devedor**, quando a penhora recai sobre o **bem de família** onde todos residem. Confira-se:

> "Embargos de terceiro. Oposição por menor púbere, filha e irmã das devedoras, contra penhora de imóvel onde todas residem. Legitimidade, ainda que preservada sua quota-parte, pois a proteção prevista na Lei 8.009/90 atinge a inteireza do bem, sob pena de frustrar o seu escopo social"[43].

Sob esse argumento, decidiu ainda o Superior Tribunal de Justiça:

> "A mulher possui legitimidade para manejar embargos de terceiro visando à desconstituição da penhora realizada sobre a metade pertencente ao marido, ao fundamento de tratar-se de **bem de família**, ainda que a meação tenha sido resguardada no ato de constrição"[44].

■ 8.3.6.4. *Oposição dos embargos por mulher casada*

A mulher casada pode defender a sua meação por meio de embargos de terceiro, com base no § 2 º, I, do art. 674 do Código de Processo Civil, **mesmo intimada da penhora** e não tendo ingressado, no prazo legal, com os embargos de devedor.

Dispõe a propósito a Súmula 134 do Superior Tribunal de Justiça:

> "Embora intimado da penhora em imóvel do casal, o cônjuge do executado pode opor embargos de terceiro para defesa de sua **meação**"[45].

Nesse caso, o cônjuge tem "**dupla legitimidade:** para ajuizar embargos à execução, visando a discutir a dívida, e embargos de terceiro, objetivando evitar que sua meação responda pelo débito exequendo"[46].

Se a penhora recaiu sobre **bem de sua meação, próprio, reservado** (desde que adquirido antes da atual Constituição Federal) ou **dotal** (adquirido na vigência do

---

[43] STJ, *RT*, 792/220.

[44] REsp 151.281-SP, 4ª T., rel. Min. Sálvio de Figueiredo, *DJU*, 1º-3-1999, p. 326.

V. ainda: "Têm legitimidade a mulher e os filhos para, em embargos de terceiro, defender bem de família sobre o qual recaiu medida constritiva, mesmo que ela figure juntamente com o marido como executada; vedada tão só a discussão do débito" (STJ, REsp 64.021-SP, 5ª T., rel. Min. José Arnaldo, *DJU*, 11-11-1996, p. 43739).

[45] *V.* jurisprudência sobre essa Súmula em: *RSTJ*, 80/51 a 74; STJ, *RT*, 693/256, 712/292.

[46] *RSTJ*, 46/242; *RT*, 694/197, 726/361.

CC/1916), poderá a mulher casada apresentar **embargos de terceiro**, no prazo do art. 675 do Código de Processo Civil[47], sendo irrelevante que haja sido intimada da penhora[48]. Nos embargos, poderá pleitear que os bens sejam excluídos da penhora, **mas não discutir o débito**, porque isso é matéria a ser deduzida em embargos do devedor[49].

Desse modo, conforme o caso, a mulher poderá intervir no processo, ao mesmo tempo, **como parte e como terceiro**, com base em títulos diversos. Assim, "se a mulher quiser opor-se à dívida contraída pelo marido, a intimação da penhora lhe possibilitará o exercício dessa pretensão nos próprios autos da lide; se, no entanto, pretender afastar a incidência da penhora sobre sua meação, é na posição de terceiro, estranha à 'res in iudicio deducta', que deverá agir, tal como qualquer outro terceiro"[50].

A meação da mulher deve ser considerada **em cada bem do casal**, e não na totalidade do patrimônio, segundo orientação traçada pelo Superior Tribunal de Justiça[51]. Nessa linha, dispõe o art. 843 do Código de Processo Civil: "Tratando-se de penhora de bem indivisível, o equivalente à quota-parte do coproprietário ou do cônjuge alheio à execução recairá sobre o produto da alienação do bem".

8.3.6.5. *Oposição dos embargos por companheira*

Também a companheira está **legitimada** a opor embargos de terceiro, para a defesa de sua meação em bem comum (CPC, art. 674, § 2º, I). Decidiu, a propósito, o Superior Tribunal de Justiça:

> "Reconhecida a união estável por sentença transitada em julgado, é a companheira parte legítima para oferecer embargos de terceiro com o objetivo de excluir a sua meação da penhora incidente sobre imóvel adquirido em conjunto com o companheiro"[52].

Configurada a união estável, **a companheira é parte legítima** para, mediante embargos de terceiro ou mesmo de embargos à penhora, invocar os benefícios da Lei n. 8.009/90, cuja disciplina se aplica por inteiro. "Assim, guarnecendo os bens móveis residência na qual morou o casal, que vivia em união estável, estão eles, em princípio, afastados da penhora"[53].

---

47 *RTJ*, 93/878; STF, *RT*, 514/268.

48 *RJTJSP*, 98/350.

49 *RTJ*, 101/800.

50 *RTJ*, 100/491. No mesmo sentido: *RTJ*, 105/274; STJ, REsp 252.854-RJ, 4ª T., rel. Min. Sálvio de Figueiredo, *DJU*, 11-9-2000, p. 258 (jurisprudência extraída de Theotonio Negrão, *Código de Processo Civil*, cit., nota 16a ao art. 1.046).

51 *RSTJ*, 8/385.

52 STJ, *RJ*, 279/95.

53 *RT*, 726/286; *JTJ*, Lex, 164/136; STJ, REsp 103.011-RJ, 3ª T., rel. Min. Menezes Direito, *DJU*, 16-6-1997, p. 27365.

8.3.7. Legitimidade passiva

A legitimidade passiva é do **exequente**, ou do **promovente do processo** em que ocorreu o ato de apreensão judicial. Figurará como réu aquele que **deu causa à apreensão judicial**, mediante pedido ao Poder Judiciário, ainda que não haja, de sua parte, indicação direta do bem, e a penhora tenha resultado de atuação *ex officio* do oficial de justiça.

Se quem **indicou o bem** à penhora foi o credor exequente, apenas ele deve figurar no polo passivo dos embargos de terceiro. Todavia, se foi o executado, este também deve ser citado como litisconsorte necessário[54]. No primeiro caso, o devedor executado pode intervir como assistente do embargado[55].

8.3.8. Caso especial: embargos do credor com garantia real

Dispõe o art. 674, § 2º, IV, do Código de Processo Civil:

> "§ 2º Considera-se terceiro, para ajuizamento dos embargos:
>
> (...) IV — o credor com garantia real para obstar expropriação judicial do objeto de direito real de garantia, caso não tenha sido intimado, nos termos legais dos atos expropriatórios respectivos".

O dispositivo retrotranscrito só faculta embargos de terceiro ao credor hipotecário quando **não tenha sido intimado** da execução[56]. Tendo direito de preferência sobre o bem dado em hipoteca, deve ser intimado da praça, para que possa exercer a referida preferência (CPC, art. 889) sobre o produto da arrematação. Estando garantido, não tem legitimidade nem interesse na oposição de embargos de terceiro. Quando legitimado a opor os aludidos embargos, por não ter sido intimado da execução, não pode o credor hipotecário deduzir seus direitos mediante simples petição, no processo em que se penhorou o imóvel hipotecado: **há de fazê-lo mediante embargos de terceiro**[57].

8.3.8.1. Contestação aos embargos do credor com garantia real

Contra os embargos do credor com garantia real, o embargado só pode alegar, em contestação, além das matérias preliminares processuais, que:

- "o devedor comum é **insolvente**", e, destarte, deve ser instaurado o processo de insolvência, em que os créditos devem ser habilitados, com a suspensão de todas as execuções, inclusive a do embargado;
- "o título é **nulo** ou **não obriga** a terceiro"; e
- "**outra** é a coisa dada em garantia" (CPC, art. 680).

---

54 *RTFR*, 146/111, 150/105.

55 *JTACSP*, 145/142; *RJTAMG*, 24/306.

56 *RTJ*, 104/870; *RT*, 623/180; STF, *RT*, 541/268.

57 *Bol. AASP*, 1.510/280.

8.3.8.2. *Efeitos dos embargos do credor com garantia real*

Os embargos do credor com garantia real, quando fundados na **falta da intimação da praça**, têm o efeito apenas de **obstar a sua realização**, já designada. Efetivada, entretanto, a intimação, o credor hipotecário não poderá impedir que se faça a arrematação, salvo se tiver alegado nos embargos e comprovado que o devedor possui **outros bens** sobre os quais poderá incidir a penhora[58].

O bem hipotecado não é impenhorável, mas ao credor hipotecário está assegurado o direito de impedir a alienação judicial, por meio de embargos de terceiro, desde que demonstrada **a solvência do devedor**[59]. Se aquele comprova a existência de **outros bens do devedor** sobre os quais poderá incidir a penhora, acolhem-se os embargos por ele oferecidos, mesmo que tenha sido regularmente intimado da praça[60]. Se foi notificado dos termos da execução e deixou o processo correr, sem manifestar o seu interesse, opera-se a extinção da hipoteca[61].

8.3.8.3. *Sequestro de bem determinado em inquérito policial ou em ação penal*

Além das hipóteses enumeradas no citado art. 674 do Código de Processo Civil, "há, ainda, a possibilidade de o terceiro adquirente de boa-fé opor **embargos ao sequestro** determinado em inquérito policial ou em ação penal, sob fundamento de que o bem teria sido adquirido com produto de crime (CPP, art. 130, II). Os embargos devem ser ajuizados **perante o juízo criminal**, cumprindo ao embargante alegar e demonstrar ter sido onerosa a aquisição, bem como sua condição de **terceiro de boa-fé**"[62].

8.3.9. Fraude contra credores e fraude à execução

Não se tem, atualmente, admitido a alegação de fraude contra credores em embargos de terceiro, mesmo tendo sido aprovada, por maioria, no VI ENTA (Encontro Nacional de Tribunais de Alçada), a tese de que "a fraude contra credores pode ser apreciada em embargos de terceiro". O Superior Tribunal de Justiça vem decidindo, com efeito, que "o meio processual adequado para se obter a anulação de ato jurídico por fraude a credores não é a resposta a embargos de terceiro, mas a **ação pauliana**"[63].

Esse entendimento foi sedimentado com a edição, pela aludida Corte, da Súmula 195, do seguinte teor:

> **"Em embargos de terceiro não se anula ato jurídico por fraude contra credores".**

---

[58] *RTJ*, 110/912; STF, *RT*, 593/277; *RJTJSP*, 93/114.

[59] *RT*, 589/115.

[60] *RT*, 597/95.

[61] *RTJ*, 97/817.

[62] Nelson Nery Junior, *Código de Processo Civil*, cit., nota 1 ao art. 1.047.

[63] REsp 27.903-7-RJ.

Num dos precedentes que deram origem à mencionada Súmula, proclamou o Superior Tribunal de Justiça:

> "Consoante a doutrina tradicional, fundada na letra do Código Civil, a hipótese é de **anulabilidade**, sendo inviável concluir pela invalidade em embargos de terceiro, de objeto limitado, destinando-se apenas a afastar a constrição judicial sobre bem de terceiro. De qualquer sorte, admitindo-se a hipótese como de ineficácia, essa, ao contrário do que sucede com a fraude de execução, não é originária, demandando ação constitutiva que lhe retire a eficácia"[64].

O Código Civil de 2002 manteve o sistema do diploma de 1916, segundo o qual a fraude contra credores acarreta a anulabilidade do negócio jurídico. **Não adotou, assim, a tese da ineficácia relativa**, defendida por grande parte da doutrina.

A **fraude à execução**, diferentemente, acarreta a declaração de **ineficácia** da alienação fraudulenta, em face do credor exequente. Assim, se o devedor-alienante, que se encontra em estado de insolvência, conseguir, em razão de algum fato eventual (ganho na loteria, p. ex.), pagar a dívida, mantém-se válida a alienação.

A fraude de execução independe de revocatória, podendo ser **reconhecida incidentalmente**, mediante simples petição, nos próprios autos, sendo objeto de decisão interlocutória.

8.3.10. Procedimento

Proclama o art. 675 do Código de Processo Civil:

> "Os embargos podem ser opostos a qualquer tempo no processo de conhecimento enquanto não transitada em julgado a sentença e, no cumprimento de sentença ou no processo de execução, até 5 (cinco) dias depois da adjudicação, da alienação por iniciativa particular ou da arrematação, mas sempre antes da assinatura da respectiva carta".

8.3.10.1. Processo de conhecimento

Quando o ato de apreensão emana de **processo de conhecimento**, os embargos podem, portanto, ser opostos **a qualquer tempo**, ainda que o processo esteja no tribunal, para apreciação do recurso.

8.3.10.2. Processo de execução

No **processo de execução**, como consta do dispositivo supratranscrito, podem ser opostos ***até cinco dias*** depois da praça em que houve adjudicação, alienação por iniciativa particular ou arrematação, mas sempre **antes da assinatura** da respectiva carta.

---

64 REsp 13.322-0-RJ. No mesmo sentido: *RSTJ*, 101/341, 53/143, 40/422; STJ, *RT*, 698/227, 796/369. Os precedentes que deram origem à mencionada Súmula 195 do STJ são os seguintes: REsp 20.166-8-RJ, 27.903-7-RJ, 13/322-0-RJ, EDiv no REsp 46.192-2-SP e no REsp 24.311.

Se esta for assinada antes, o prazo de cinco dias ficará reduzido. Mas a demora na assinatura não dilata o prazo para a apresentação dos embargos[65].

8.3.10.3. *Perda do prazo*

Se o referido prazo for perdido, não mais haverá oportunidade para a propositura de embargos de terceiro, mas ainda restará a possibilidade de se postular a **anulação do ato judicial**.

Com efeito, a ação anulatória é a adequada, depois de passadas as oportunidades para a oposição de embargos de terceiro ou à arrematação[66]. Se, no entanto, são eles opostos contra **imissão na posse** subsequente à arrematação, o prazo de cinco dias não se conta desta, mas da ordem judicial ou da **consumação da imissão**, porque o embargante não se insurge contra a arrematação, que não o prejudica, e sim contra a imissão na posse[67].

8.3.10.4. *Apreensão dos bens por precatória*

Os embargos de terceiro serão distribuídos por dependência e correrão em autos distintos perante o mesmo juiz que ordenou a apreensão (CPC, art. 676). No caso de apreensão por carta precatória, **competente** para julgar os embargos de terceiro é o **juízo deprecante**, se o bem apreendido foi **por ele** indicado[68]. Se, no entanto, este não indica expressamente qual o bem a ser penhorado, a competência é do **juízo deprecado[69], como dispõe o parágrafo único do art. 676 do novo diploma**.

8.3.10.5. *Valor da causa*

O valor da causa, em embargos de terceiro, deve corresponder ao benefício patrimonial pretendido, isto é, **ao dos bens penhorados**[70].

8.3.10.6. *Petição inicial*

A petição inicial da ação de embargos de terceiro deve atender aos requisitos do art. 319 do estatuto processual. O embargante deve fazer prova sumária de sua posse e da qualidade de terceiro, oferecendo documentos e rol de testemunhas (CPC, art. 677).

O juiz poderá, **liminarmente** ou depois de **justificada** suficientemente a posse em audiência preliminar, ordenar a expedição de mandado de manutenção ou de

65 *JTACSP*, 75/26 e 105, 31/324; *RT*, 730/249.

66 *RT*, 609/24.

67 *RT*, 488/123, 560/131.

"Prazo. Terceiro embargante que não possuía ciência do processo de execução em que se operou a arrematação do bem. Lapso para propositura dos embargos que tem início na data de cumprimento do mandado de imissão na posse. Interpretação do art. 1.048, parte final, do CPC [de 1973, atual art. 675]" (STJ, *RT*, 801/160).

68 STJ, *RT*, 653/213.

69 *RSTJ*, 5/98; Súmula 33 do extinto TFR.

70 *RT*, 549/126, 578,155; *JTACSP*, 95/110, 97/109.

restituição em favor do embargante, que só receberá os bens depois de **prestar caução** de os devolver com seus rendimentos, caso sejam a final declarados improcedentes (CPC, art. 678) se assim entender o magistrado. **Não poderá este, entretanto, exigir a prestação de caução se a parte for economicamente hipossuficiente** (parágrafo único).

Para o deferimento liminar dos embargos de terceiro não há necessidade de prova plena da posse, devendo o juiz contentar-se com a **mera plausibilidade**[71].

8.3.10.7. *Exigência de citação pessoal do embargado*

Alguns julgados afirmam que não é preciso citar pessoalmente o embargado, pois ele é o exequente do processo principal. Basta que se abra vista dos autos ao seu advogado[72].

A orientação mais recente, no entanto, é a que **exige a citação pessoal do embargado**, ao fundamento de que se aplicam aos procedimentos especiais de jurisdição contenciosa as regras do procedimento ordinário. Sem essa citação, não se poderá decretar a revelia do embargado, em caso de não apresentação de contestação[73].

8.3.10.8. *Prazo para oferecimento da contestação*

O prazo de resposta do réu passa a ser de 15 (quinze) dias, "findo o qual se seguirá o procedimento comum" (CPC, art. 679).

Inovando, o parágrafo único do art. 675 do atual Código de Processo Civil prevê importante medida de celeridade e economia processual, dispondo que, "caso identifique a existência de terceiro titular de interesse em embargar o ato, o juiz mandará intimá-lo pessoalmente".

O embargado pode alegar, para defender a manutenção da apreensão, toda a matéria relevante em direito, inclusive a alienação do bem em fraude à execução[74] — não, porém, em fraude aos credores (*v.* item 8.3.9, *retro*) —, bem como apresentar exceção.

Findo aquele prazo, o procedimento segue o rito comum (CPC, art. 679).

Se o embargado não contestar, **presumir-se-ão aceitos por ele, como verdadeiros**, os fatos arguidos pelo embargante.

8.4. RESUMO

AÇÕES AFINS AOS INTERDITOS POSSESSÓRIOS	
AÇÃO DE IMISSÃO NA POSSE	**Características** Era regulada pelo CPC/1939, no art. 381. A hipótese mais frequente é aquela em que o autor da ação é proprietário da coisa, mas não possuidor, por haver recebido

[71] *JTJ*, Lex, 160/95.

[72] *RTJ*, 94/631; *RT*, 578/142; *JTACSP*, 98/15.

[73] STJ, REsp 2.892-RO, 4ª T., rel. Min. Athos Carneiro, *DJU*, 17-9-1990, p. 9514.

[74] *JTACSP*, 103/323; *RT*, 747/292.

	do alienante só o domínio, pela escritura, mas não a posse. Como nunca teve posse, não pode valer-se dos interditos. O Código atual não tratou da imissão na posse. Nem por isso ela deixou de existir, pois poderá ser ajuizada sempre que houver uma pretensão à imissão na posse de algum bem. **Natureza jurídica** A referida ação tem por fundamento o domínio. É, portanto, ação dominial, de **natureza petitória**, pois o autor invoca o ***jus possidendi***, pedindo uma posse ainda não entregue. **Imissão na posse e reivindicatória** São ações distintas. A reivindicatória cuida de domínio e posse que se perderam por ato injusto de outrem. Na imissão, a situação é diversa. O proprietário quer a posse que nunca teve. Não perdeu o domínio, nem a posse. Tem o domínio e quer ter a posse também, na qual nunca entrou.
AÇÃO DE NUNCIAÇÃO DE OBRA NOVA	**Conteúdo** Reveste-se de caráter possessório pelo fato de poder ser utilizada também pelo possuidor. Seu objetivo é impedir a continuação de obra que prejudique prédio vizinho ou esteja em desacordo com os regulamentos administrativos. **Pressupostos** a) que a obra seja "nova", isto é, não se encontre em fase final; b) que os prédios sejam vizinhos, contíguos. A contiguidade não deve ter caráter absoluto, podendo abranger não só os prédios confinantes, como os mais afastados, desde que sujeitos às consequências do uso nocivo das propriedades que os rodeiam. **Legitimidade ativa** Compete a ação: a) ao proprietário; b) ao condômino; e c) ao Município, aos órgãos da administração pública federais e estaduais, bem como às entidades estatais, autárquicas e paraestatais. **Procedimento** Na inicial, o nunciante requererá o embargo para que fique suspensa a obra, bem como a cominação de pena para o caso de inobservância do preceito e a condenação em perdas e danos, podendo o juiz conceder o embargo liminarmente ou após justificação prévia. O oficial de justiça intimará o construtor e os operários a que não continuem os trabalhos, citando o proprietário para contestar a ação em quinze dias, observando-se a seguir o procedimento comum.
EMBARGOS DE TERCEIRO	**Introdução** Também os embargos de terceiro, proprietário e possuidor, podem ser utilizados para a defesa da posse. Diferem das possessórias porque nestas a apreensão do bem é feita por um particular, enquanto naqueles é efetuada por oficial de justiça, em cumprimento de ordem judicial. Mesmo sendo um ato lícito, prejudica a posse do terceiro que não é parte no processo, legitimando-o à propositura dos embargos (CPC, art. 674). **Pressupostos** a) ato de apreensão judicial; b) condição de proprietário ou possuidor do bem; c) qualidade de terceiro; d) observância do prazo do art. 675 do CPC. **Parte equiparada a terceiro** Equipara-se a terceiro a parte que, posto figure no processo, defende bens que, pelo título de sua aquisição ou pela qualidade em que os possuir, não podem ser atingidos pela apreensão judicial. Considera-se também terceiro o cônjuge quando defende a posse dos bens dotais, próprios, reservados ou de sua meação (CPC, art. 674, § 2º, IV). **Legitimidade ativa e passiva** A legitimidade **ativa** *ad causam* é de quem pretende ter direito sobre o bem que sofreu a constrição.

	A **passiva** é do exequente, ou do promovente do processo em que ocorreu o ato de apreensão judicial. A mulher casada pode defender a sua meação, mesmo intimada da penhora e não tendo ingressado, no prazo legal, com os embargos do devedor. ■ **Caso especial** É admissível, ainda, a oposição de embargos de terceiro para: "o credor com garantia real obstar expropriação judicial do objeto de direito real de garantia, caso não tenha sido intimado, nos termos legais dos atos expropriatórios respectivos" (CPC, art. 674, § 2º, IV). ■ **Fraude contra credores** Proclama a Súmula 195 do STJ: "Em embargos de terceiro não se anula ato jurídico, por fraude contra credores". O reconhecimento da fraude, portanto, só pode ser feito na ação pauliana. ■ **Procedimento** Os embargos podem ser opostos a **qualquer tempo** no processo de conhecimento enquanto não transitada em julgado a sentença (CPC, art. 675). No processo de execução, podem ser opostos **até cinco dias** depois da arrematação, adjudicação ou remição, mas sempre antes da assinatura da respectiva carta. Os embargos devem ser **contestados** no prazo de quinze dias. Findo esse prazo, o procedimento será o comum.

■ 8.5. QUESTÕES

1. (MP/GO/Promotor de Justiça/2005) Sobre o tema "ações possessórias", considere as afirmativas abaixo:

I. O réu pode, em reconvenção, alegando que foi o ofendido na posse, demandar a proteção possessória e a indenização pelos prejuízos resultantes da turbação ou do esbulho cometido pelo autor.

II. Contra as pessoas jurídicas de direito público não será deferida a manutenção ou a reintegração liminar sem a realização de audiência prévia de justificação.

III. Os requisitos para a concessão de liminar possessória são a fumaça do bom direito (*fumus boni iuris*) e o risco de dano irreparável ou de difícil reparação (*periculum in mora*).

IV. A ausência do réu à audiência prévia de justificação importa em sua revelia.

Assinale a resposta CORRETA:

a) Todas as afirmativas são verdadeiras.
b) Todas as afirmativas são falsas.
c) As afirmativas I, II e III são verdadeiras; a afirmativa IV é falsa.
d) As afirmativas I e IV são falsas; as afirmativas II e III são verdadeiras.

2. (TJ/MG/Juiz de Direito/2007) Conforme disposto no CPC, no capítulo específico, interposta a ação possessória, se o réu alegar ter sido ele o ofendido pelo autor em sua posse e pretender demandar a proteção possessória e a indenização pelos prejuízos, é CORRETO dizer que:

a) somente poderá fazê-lo através de outra ação possessória conexa.
b) poderá fazê-lo somente através de reconvenção.
c) poderá fazê-lo na própria contestação da ação em que é demandado.
d) poderá fazê-lo através da denunciação da lide.

3. (MP/RO/Promotor de Justiça/2006) Assinale a alternativa INCORRETA. Falando-se de ações possessórias, é incorreto afirmar que:

a) se "A" (autor) propõe possessória contra "B" (réu), caso "B" queira defender-se revertendo a situação, provando ser ela a vítima do esbulho ou turbação, é necessário que "B" use a via da reconvenção.
b) se uma pessoa intenta interdito proibitório, quando deveria ter ingressado com ação de manutenção de posse, não haverá qualquer problema, porque se trata de ações fungíveis.
c) é lícito ao autor da possessória pedir, além da proteção específica para sua posse, a indenização por perdas e danos.
d) para o possuidor casado, é desnecessária a vênia conjugal para a interposição da ação possessória.
e) todas as alternativas acima contêm afirmações incorretas.

4. (PGE/GO/Defensor Público/CS-UFG/2014) A respeito do instituto da posse, o Código Civil de 2002 regula que

a) o sucessor universal continua de direito a posse do seu antecessor; e ao sucessor singular é proibido unir sua posse à do antecessor, para os efeitos legais.
b) o domínio será adquirido por aquele que, por vinte anos, sem interrupção, nem oposição, possuir como seu um imóvel, independentemente de título e boa-fé.
c) a alegação de propriedade, ou outro direito à coisa, não obsta a manutenção ou reintegração na posse, salvo quando quem alega apresente título dominial.
d) o possuidor de boa-fé tem direito, enquanto ela durar, aos frutos percebidos.
e) as benfeitorias úteis serão ressarcidas ao possuidor de má-fé.

5. (TJAP/Juiz de Direito/Fundação Carlos Chagas/2014) Sobre a posse e os direitos do possuidor, é CORRETO afirmar:

I. O possuidor turbado, ou esbulhado, poderá manter-se ou restituir-se por sua própria força, contanto que o faça logo; os atos de defesa, ou de desforço, não podem ir além do indispensável à manutenção, ou restituição da posse.
II. Os frutos naturais e industriais reputam-se colhidos e percebidos, logo que são separados; os civis reputam-se percebidos dia por dia.
III. Ao possuidor de má-fé serão ressarcidas somente as benfeitorias necessárias; não lhe assiste o direito de retenção pela importância destas, nem o de levantar as voluptuárias.
IV. As benfeitorias não se compensam com os danos e não dão direito ao ressarcimento mesmo quando não mais existirem ao tempo da evicção.
V. Considera-se possuidor aquele que, achando-se em relação de dependência para com outro, conserva a posse em nome deste e em cumprimento de suas ordens ou instruções.

Está correto o que consta APENAS em

a) III, IV e V.
b) I, II e III.
c) I, IV e V.
d) II, III e IV.
e) II, III e V.

6. (OAB/MG/Dezembro-2005) Nas ações de reintegração e de manutenção de posse, incumbe ao autor provar, EXCETO:

a) A sua posse, bem como sua propriedade.
b) A turbação ou o esbulho praticado pelo réu.
c) A data da turbação ou do esbulho.
d) A continuação da posse, embora turbada, na ação de manutenção; a perda da posse, na ação de reintegração.

7. (OAB/SP/Abril-2006) Quanto aos embargos de terceiro, é CORRETO afirmar que

a) se a decisão que ordenou a penhora for proferida por juiz absolutamente incompetente, o terceiro prejudicado não tem necessidade de embargar, pois não produzirá qualquer efeito aquela decisão com relação ao seu direito. Dessa forma, no cumprimento do mandado, o oficial poderá deixar de cumprir a ordem do juiz, mediante a simples alegação do terceiro de que a decisão é nula e de nenhum efeito.
b) o compromisso de compra e venda desprovido de registro é negócio nulo e, por isso, não poderá ser fundamento de embargos de terceiro.
c) somente por embargos de terceiro se anula ato jurídico por fraude contra credores.
d) é admissível a oposição de embargos de terceiro fundados em alegação de posse advinda do compromisso de compra e venda de imóvel, ainda que desprovido de registro.

8. (MP/TO/Promotor de Justiça/2006) A respeito da posse e da propriedade, assinale a opção CORRETA.

a) A ocupação de bem público dominical por particulares, com a tolerância da administração pública, gera, para o detentor da posse, o direito de ser indenizado pelas benfeitorias úteis e necessárias erigidas no imóvel, sendo-lhe assegurado o direito de retenção até o recebimento integral das benfeitorias.

b) No curso de ação possessória, o proprietário do imóvel objeto da ação, em defesa de seu domínio, poderá ajuizar ação reivindicatória contra qualquer um dos litigantes ou ação de oposição contra ambos.
c) O ajuizamento de ação de manutenção de posse não obsta a que o juiz conheça do pedido e outorgue a proteção relativa à reintegração de posse, conforme a caracterização da turbação ou do esbulho, em face do princípio da fungibilidade.
d) A instituição de um imóvel como bem de família voluntário constitui motivo impeditivo à sua aquisição por usucapião. Para a instituição do bem de família, exige-se a indicação em escritura pública de sua impenhorabilidade e inalienabilidade, razão pela qual, ainda que o imóvel determinado não esteja servindo de domicílio à família do instituidor, este não pode ser adquirido por usucapião.

9. (DEL/POL/Delegado de Polícia/Acadepol/VUNESP/2014) No que tange ao instituto da posse e ao direito real de propriedade, assinale a alternativa correta, de acordo com as disposições do Código Civil de 2002.

a) Os direitos do detentor equivalem aos direitos do possuidor, havendo legítima pretensão à proteção possessória.
b) Considerando que a propriedade privada é um dos princípios da ordem econômica, não se admite a sua perda em razão do abandono, pelo proprietário.
c) Admite-se que o possuidor turbado ou esbulhado proteja sua posse por força própria, desde que a reação seja imediata e não exceda o indispensável.
d) Em regra, o possuidor não tem pretensão de reintegração de posse quando o esbulho houver sido praticado pelo proprietário do bem.
e) Em caso de perigo público iminente, o Poder Público pode requisitar a propriedade privada, sendo faculdade do proprietário ceder ou não o uso às autoridades competentes.

10. (TRF/5ª Região/Juiz Federal/CESPE/2015) Roberto, juntamente com sua família, ocupou, cercou e construiu uma casa, um curral e um pequeno lago artificial em uma terra pública situada em área rural. O poder público, ao tomar ciência da ocupação ajuizou ação de reintegração de posse. Em defesa, Roberto alegou que a posse se dera de boa-fé e que ele já havia feito um pedido administrativo requerendo a regularização da propriedade. O réu ainda alegou que, caso o pedido do poder público fosse procedente, ele deveria ser indenizado pelas benfeitorias erigidas, com direito de retenção. A respeito dessa situação hipotética, assinale a opção CORRETA.

a) Com exceção do lago artificial, Roberto fará jus à indenização pelas demais benfeitorias erigidas no imóvel.
b) Roberto terá direito à indenização pela casa, mas lhe será descontado o valor correspondente ao tempo de permanência no imóvel.
c) O direito de retenção pelas benfeitorias necessárias não poderá ser deferido.
d) A posse não pode ser considerada de má-fé, o que torna indenizáveis as benfeitorias úteis e necessárias feitas por Roberto.

■ GABARITO ■

1. "b". *Vide* I — art. 556 do CPC; II — art. 562, parágrafo único, do CPC; III — art. 562, *caput*, 1ª parte, do CPC; IV — art. 562, *caput*, 2ª parte, do CPC.
2. "c". *Vide* art. 556 do CPC.
3. "a". *Vide* art. 556 do CPC, que permite ao réu, na contestação, demandar a proteção possessória.
4. "d". *Vide* art. 1.314 do CC.
5. "b". I — *Vide* art. 1.210, § 1º, do CC; II — art. 1.215 do CC; III — art. 1.220 do CC.
6. "a". *Vide* art. 561 do CPC.

7. "d". *Vide* Súmula 84 do STJ: "É admissível a oposição de embargos de terceiro fundados em alegação de posse advinda do compromisso de compra e venda de imóvel, ainda que desprovido de registro".
8. "c". *Vide* art. 554 do CPC.
9. "c". *Vide* art. 1.210, § 1º, do CC.
10. "c". *Vide* art. 1.220 do CC.

9

OS DEMAIS EFEITOS DA POSSE

9.1. A PERCEPÇÃO DOS FRUTOS

9.1.1. Introdução

Os frutos devem pertencer ao proprietário, como **acessórios** da coisa. Sendo dele a coisa principal, dele também terão que ser as coisas acessórias, segundo o princípio *accessorium sequitur suum principale* (CC, art. 92).

9.1.1.1. A importância da boa-fé

Essa regra, contudo, não prevalece quando o possuidor está possuindo de **boa-fé**, isto é, com a convicção de que é seu o bem possuído. Há nesses casos dois direitos que se afrontam, o do proprietário e o do possuidor, e o deste prevalecerá quando se estadear a boa-fé de quem possui. Punir-se-á a culpa ou inércia do proprietário que possibilitou a posse alheia, e dar-se-á ao possuidor o resultado do seu trabalho diante da persuasão de que era sua a coisa que explorava[1].

A condição fundamental, pois, para que o possuidor ganhe os frutos é sua boa-fé, ou seja, o pensamento de que é proprietário. Tal condição vem expressamente exigida pelo art. 1.214 do diploma civil.

9.1.1.2. A exigência de justo título

O Código Civil brasileiro requer a existência de um **justo título** para a aquisição dos frutos, porque deve ter direito a eles a posse que se assemelha à propriedade, ou tem sua aparência.

Todos os atos translativos, mesmo os **nulos, ou putativos**, dão direito aos frutos, desde que convençam o adquirente da legitimidade do seu direito. Só não tem direito aos frutos o possuidor que tem somente a posse, sem título que a valorize. Faz-se mister, assim, que exista um **título real, embora viciado**, ou um título putativo, cuja ineficácia se ignore[2].

---

1 Octávio Moreira Guimarães, *Da posse e seus efeitos*, p. 55; Lafayette Rodrigues Pereira, *Direito das coisas*, t. I, p. 174; Orlando Gomes, *Direitos reais*, p. 79.

2 Octávio Moreira Guimarães, *Da posse*, cit., p. 62.

9.1.2. Conceito de frutos e de produtos

Os frutos são bens **acessórios**, pois dependem da coisa principal. Na grande classe das coisas acessórias compreendem-se duas espécies: ***frutos*** *e* ***produtos*** (CC, art. 95).

- **Produtos** são as utilidades que se retiram da coisa, **diminuindo-lhe a quantidade**, porque não se reproduzem periodicamente, como as pedras e os metais, que se extraem das pedreiras e das minas. Distinguem-se dos frutos porque a colheita destes não diminui o valor nem a substância da fonte, e a daqueles sim.
- **Frutos** são as utilidades que uma coisa **periodicamente** produz. Nascem e renascem da coisa (*fructus est quidquid nasci et renasci potest*), sem acarretar-lhe a destruição no todo ou em parte, como as frutas das árvores, o leite, os cereais, as crias dos animais etc.

Tanto os frutos como os produtos de uma coisa **pertencem ao proprietário**. A posse de boa-fé derroga a regra **unicamente em matéria de frutos**, e não de produtos, ou seja: a boa-fé só expropria o valor relativo aos **frutos**, ficando todo possuidor obrigado a indenizar ao proprietário os **produtos** que tenha obtido da coisa, se não puder restituí-los.

Por motivo de equidade, a indenização deve corresponder ao proveito real que o possuidor obteve com a alienação dos produtos da coisa. A diferença no tratamento jurídico reside na circunstância de que **os produtos** diminuem o valor da coisa, enquanto os **frutos** deixam-na intacta[3].

9.1.3. Espécies de frutos

Dividem-se os frutos, quanto à ***origem***, em:

- **Naturais** — São os que se desenvolvem e se renovam periodicamente, em virtude da força orgânica da própria **natureza**, como os cereais, as frutas das árvores, as crias dos animais etc.
- **Industriais** — Assim se denominam os que aparecem pelo **trabalho do homem**, isto é, os que surgem em razão da atuação do homem sobre a natureza, como a produção de uma fábrica.
- **Civis** — São as **rendas** produzidas pela coisa, em virtude de sua utilização por outrem que não o proprietário, como **os juros e os aluguéis**.

Quanto ao seu ***estado***, dividem-se os frutos em:

- **pendentes**, enquanto unidos à coisa que os produziu;
- **percebidos**, ou **colhidos**, depois de separados;
- **estantes**, os separados e armazenados ou acondicionados para venda;
- **percipiendos**, os que deviam ser, mas não foram colhidos ou percebidos; e
- **consumidos**, os que não existem mais porque foram utilizados.

3 Arturo Valencia Zea, *La posesión*, p. 369; Orlando Gomes, *Direitos reais*, cit., p. 82.

Veja-se o quadro esquemático abaixo:

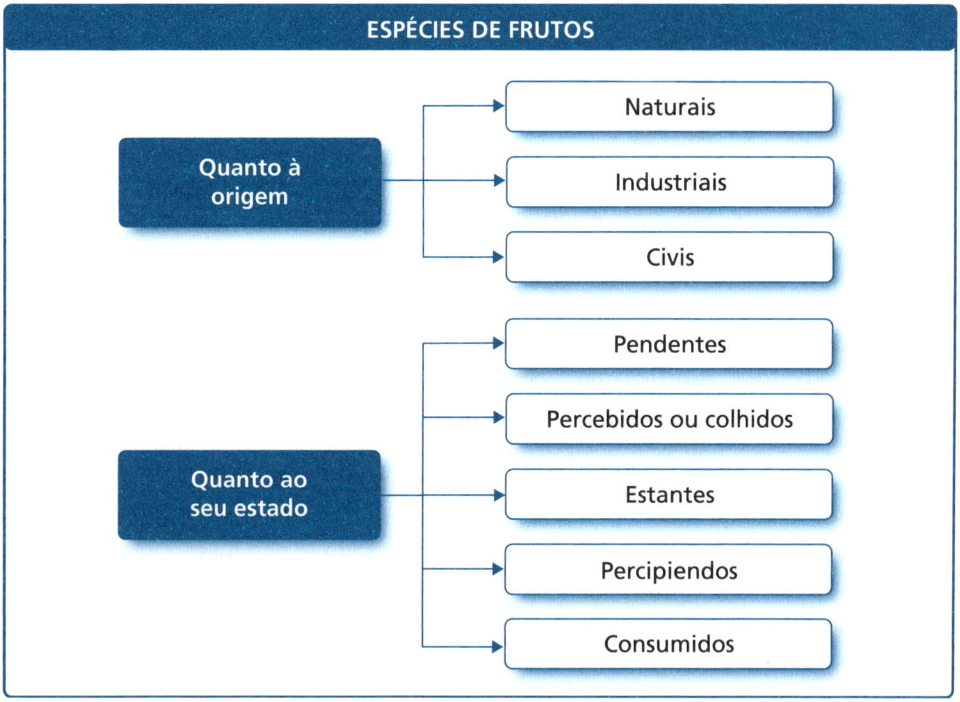

■ 9.1.4. Regras da restituição (CC, arts. 1.214 a 1.216)

■ *9.1.4.1. O art. 1.214 do Código Civil*

Dispõe o art. 1.214 do Código Civil:

> "O possuidor de **boa-fé** tem direito, enquanto ela durar, aos frutos **percebidos**".

A lei protege aquele que deu destinação econômica à terra, na persuasão de que lhe pertencia. Considera-se cessada a boa-fé com a citação para a causa. O possuidor de boa-fé, embora tenha direito aos *frutos percebidos*, **não faz jus aos frutos *pendentes*, nem aos *colhidos antecipadamente***, que devem ser restituídos, deduzidas as despesas da produção e custeio. É o que expressamente dispõe o parágrafo único do art. 1.214 do mesmo diploma.

Caso não houvesse a **dedução dessas despesas**, o vencedor experimentaria um enriquecimento sem causa, algo inadmissível. Esse direito, porém, só é garantido ao possuidor de boa-fé até o momento em que estiver nessa condição. As despesas posteriores, não é o reivindicante obrigado a ressarcir.

A razão por que o possuidor de boa-fé não tem direito aos frutos pendentes no momento em que cessa a boa-fé é que fazem **parte integrante** da coisa principal. Do mesmo modo, os frutos **colhidos com antecipação** não se consideram adquiridos pelo possuidor de boa-fé, porque seriam pendentes no momento em que esta cessou.

Admite-se, no entanto, segundo Orlando Gomes[4], que a colheita antecipada aproveite ao possuidor, se não houver intenção fraudulenta.

9.1.4.2. O art. 1.215 do Código Civil

Estatui, por sua vez, o art. 1.215 do Código Civil:

> "Os frutos naturais e industriais reputam-se colhidos e percebidos, logo que são separados; os civis reputam-se percebidos dia por dia".

- **Frutos naturais** — Como foi dito, *frutos naturais* são os que vêm naturalmente, sem cultura, como as frutas das árvores, as crias dos animais. Reputam-se colhidos **"logo que"** se separam da coisa: *statim ubi a solo separati sunt*. Tal locução adverbial significa que o possuidor faz seus os frutos **desde o instante da separação**, tenha-os consumido ou estejam ainda em celeiros ou armazéns. Em consequência, "não está obrigado o possuidor a restituir os frutos separados, o preço dos consumidos ou estantes, porque somente se restitui a coisa alheia e não a nossa, sendo que sobre eles pode o possuidor já haver praticado operações para venda e já ter feito despesas, que não teria suportado se não fosse a negligência do proprietário em permitir que um estranho gozasse de boa-fé das suas coisas"[5].
- **Frutos industriais** — A disciplina dos frutos *industriais*, que resultam da indústria humana, do trabalho do homem, como os produtos manufaturados, *verbi gratia*, **é a mesma dos frutos naturais**.
- **Frutos civis** — A percepção dos *frutos civis* ou rendimentos, como os juros e aluguéis, não se efetiva por ato material, mas por **presunção da lei**, que os considera **percebidos dia a dia** (*de die in diem*). Segundo a lição de Orlando Gomes, "também devem ser restituídos, se recebidos com antecipação. Mas, ao contrário do que se verifica com os frutos naturais e industriais, não é necessário que tenham sido efetivamente recebidos. O possuidor terá o direito de os receber até o dia em que cessar a boa-fé"[6].

9.1.4.3. O art. 1.216 do Código Civil

O legislador procura desencorajar o surgimento de posses ilegítimas. Desse modo, o art. 1.216 do Código Civil prescreve:

> "O possuidor de **má-fé** responde por todos os frutos colhidos e percebidos, bem como pelos que, **por culpa sua**, deixou de perceber, desde o momento em que se constituiu de má-fé; tem direito às despesas da produção e custeio".

Uma vez que o proprietário conserva o direito de ter como seus os frutos da coisa, ele é certamente prejudicado pelo ato ilícito do possuidor de má-fé, que sabe

4 *Direitos reais*, cit., p. 82.

5 Tito Fulgêncio, *Da posse e das ações possessórias*, v. 1, p. 167.

6 *Direitos reais*, cit., p. 82.

não ter nenhum direito à posse de coisa alheia. Fica o titular do domínio, em consequência, impedido de retirar da coisa os frutos que ela é capaz de produzir. Eis por que o possuidor de má-fé responde não só pelos frutos colhidos e percebidos, como ainda pelos que deixou de perceber, por culpa sua[7].

A posse de má-fé não é totalmente desprovida de eficácia jurídica porque o possuidor nessa condição **faz jus às despesas de produção e custeio**, em atenção ao princípio geral de repúdio ao enriquecimento sem causa.

9.2. A RESPONSABILIDADE PELA PERDA OU DETERIORAÇÃO DA COISA

9.2.1. O possuidor de boa-fé

Preceitua o art. 1.217 do Código Civil:

> "O possuidor de **boa-fé** não responde pela perda ou deterioração da coisa, a que não der causa".

A expressão **"a que não der causa"**, contida na parte final, equivale a dizer que a responsabilidade do possuidor não se caracteriza, a menos que tenha agido com **dolo ou culpa**.

9.2.2. O possuidor de má-fé

Prescreve o art. 1.218 do aludido diploma:

> "O possuidor de **má-fé** responde pela perda, ou deterioração da coisa, ainda que acidentais, salvo se provar que de igual modo se teriam dado, estando ela na posse do reivindicante".

A regra procede da ideia de que o possuidor, sabendo que a coisa não lhe pertencia ou que se devia considerar como administrador de coisa alheia, não podia ter *animus disponendi*, nem abandoná-la ou abusar dela. Quem culposamente causa dano a outrem deve a satisfação[8].

Há, no caso, uma **presunção *juris tantum* de culpa do possuidor de má-fé**, invertendo-se o ônus da prova. A ele compete o ônus de comprovar a exceção, isto é, que **do mesmo modo se teriam dado as perdas**, estando a coisa na posse do reivindicante.

Não basta a prova da ausência de culpa nem da força maior. Assim, se um tufão, por exemplo, "causou prejuízos numa localidade para onde o possuidor de má-fé levou a coisa possuída e não alcançou o lugar em que o reivindicante mantinha o objeto anteriormente, o possuidor será responsável, embora tenha conseguido provar que o prejuízo foi ocasionado por motivo de força maior. No caso, a força maior decorreu de culpa, e a única prova exoneradora seria aquela que convencesse da ocorrência do mesmo prejuízo se não tivesse havido interferência alguma do possuidor"[9].

---

7 Astolpho Rezende, *Manual*, cit., p. 264.

8 Tito Fulgêncio, *Da posse*, cit., v. 1, p. 178.

9 Arnoldo Wald, *Direito das coisas*, p. 82.

9.3. A INDENIZAÇÃO DAS BENFEITORIAS E O DIREITO DE RETENÇÃO

9.3.1. O possuidor e os melhoramentos que realizou na coisa

No tocante ao estado da coisa entre o dia em que a adquiriu o possuidor e o dia em que é condenado a restituí-la, podem ocorrer três hipóteses:

- A coisa se encontra **no mesmo estado**. Nesse caso, não se apresenta nenhum problema;
- A coisa se **deteriorou ou foi danificada ou destruída**. Esta situação foi estudada no item anterior; e
- A coisa foi **melhorada** pelo possuidor, em razão das despesas feitas para conservá-la ou porque nela se edificou ou se plantou.

Esta última hipótese se apresenta com frequência, pois é natural que o possuidor de determinado bem nele introduza melhoramentos. A indagação que se faz é se, neste caso, tem ele o direito de ser indenizado ou se a valorização da coisa pertence a quem a reivindicou, demonstrando a titularidade de um direito patrimonial.

9.3.2. Espécies de benfeitorias

Desde o direito romano, classificam-se em três grupos as despesas ou os melhoramentos que podem ser realizados nas coisas:

- despesas ou benfeitorias **necessárias** (*impensae necesariae*);
- despesas ou benfeitorias **úteis** (*impensae utiles*);
- despesas ou benfeitorias de **luxo** (*impensae voluptuariae*).

O Código Civil brasileiro, no art. 96, considera:

- ***necessárias*** as benfeitorias que têm por fim conservar o bem ou evitar que ele se deteriore;
- ***úteis*** as que aumentam ou facilitam o uso do bem; e
- ***voluptuárias*** as de mero deleite ou recreio, que não aumentam o uso habitual do bem, ainda que o tornem mais agradável ou sejam de elevado valor (art. 96).

A importância jurídica da distinção revela-se especialmente nos **efeitos da posse e no direito de retenção** (CC, art. 1.219), no usufruto (arts. 1.392 e 1.404, § 2º), na locação (art. 578), na extinção do condomínio (art. 1.322), no direito de família (art. 1.660, IV), no direito das obrigações (arts. 453 e 878) e no direito das sucessões (art. 2.004, § 2º).

9.3.2.1. Benfeitorias necessárias

Sob duplo ponto de vista pode-se qualificar de ***necessária*** uma benfeitoria:

a) quando se destina à **conservação** da coisa;
b) quando visa a permitir sua **normal exploração**.

Conservação da coisa

Quanto à letra "a", o possuidor pode realizar despesas de *conservação* da coisa, I — seja para **impedir que pereça** ou se deteriore, II — seja para **conservá-la juridicamente**.

I — Impedem o perecimento despesas para dar suficiente solidez a uma residência, para cura das enfermidades dos animais etc.

II — Destinam-se a **conservar a coisa juridicamente** as efetuadas para o cancelamento de uma hipoteca, liberação de qualquer outro ônus real, pagamento de foros e impostos, promoção de defesa judicial etc.

Normal exploração da coisa

No tocante à letra "b", são também melhoramentos ou benfeitorias **necessárias** as realizadas para permitir a **normal exploração** econômica da coisa, por exemplo, a adubação, o esgotamento de pântanos, as culturas de toda espécie, as máquinas e instalações etc.

Segundo o magistério de Arturo Valencia Zea, "em geral serão os usos sociais que em cada caso determinarão se uma benfeitoria é necessária para a conservação material da coisa, entendendo-se como tal não só o fato de que a despesa impediu a destruição da coisa, como também que impediu que se desvalorizasse ou se tornasse inapta para sua exploração. É este o entendimento unânime dos doutrinadores"[10].

9.3.2.2. *Benfeitorias úteis*

O conceito de benfeitorias **úteis** é negativo: são as que não se enquadram na categoria de necessárias, mas **aumentam** objetivamente o valor do bem. São aquelas de que se poderia ter prescindido, mas que aumentaram o valor do imóvel.

Essa noção, pacífica na doutrina, é acolhida em alguns Códigos, como ocorre com o colombiano, cujo art. 966, segunda parte, reza: "Só se considerarão benfeitorias úteis as que aumentarem o valor venal da coisa". E, também, com o Código mexicano (art. 818): "São benfeitorias úteis aquelas que, sem ser necessárias, aumentam o preço ou produto da coisa".

Para o Código Civil brasileiro, são **úteis** as benfeitorias que **aumentam ou facilitam** o uso do bem. Assim, por exemplo, o acrescentamento de um banheiro ou de uma garagem à casa.

9.3.2.3. *Benfeitorias voluptuárias*

Benfeitorias **voluptuárias** são as que só consistem em objetos de **luxo e recreio**, como jardins, mirantes, fontes, cascatas artificiais, bem como aquelas que não aumentam o valor venal da coisa, no mercado em geral, ou só o aumentam em proporção insignificante, como preceitua o § 2º do art. 967 do Código Civil colombiano.

---

[10] *La posesión*, cit., p. 374.

O Código Civil brasileiro conceitua as benfeitorias *voluptuárias* como as de **mero deleite ou recreio**, que não aumentem o uso habitual do bem, ainda que o tornem mais agradável ou sejam de elevado valor.

9.3.3. Benfeitorias e acessões industriais

Não se confundem *benfeitorias* e *acessões industriais*, malgrado a tendência cada vez mais generalizada de igualar os seus efeitos. As acessões estão previstas nos arts. 1.253 a 1.259 do Código Civil e constituem **construções ou plantações**.

- **Benfeitorias:** são obras ou despesas efetuadas numa coisa para conservá-la, melhorá-la ou apenas embelezá-la. São melhoramentos efetuados em **coisa já existente**.
- **Acessões industriais:** são obras que criam **coisas novas**, como a edificação de uma casa. A pintura ou os reparos feitos em casa já existente constituem benfeitorias.

Nesse sentido, a doutrina de Washington de Barros Monteiro: "Benfeitorias são obras ou despesas efetuadas na coisa para conservá-la, melhorá-la ou embelezá-la; acessões são obras que criam coisas novas, diferentes, e que vêm aderir à coisa anteriormente existente. Mercê dessa diferenciação, claramente estabelecida pela doutrina, **plantações e construções**, sendo coisas novas, que se agregam às já existentes, só podem ser catalogadas como **acessões**"[11].

A jurisprudência segue, uniformemente, essa orientação[12]. Mas, como adverte Washington de Barros Monteiro, "força é reconhecer, empresta-se frequentemente cunho genérico à expressão *benfeitorias*, de molde a compreender não só as benfeitorias propriamente ditas como também as culturas e as obras edificadas"[13].

Apesar de acarretarem consequências diversas, a jurisprudência vem reconhecendo o **direito de retenção** ao possuidor também nos casos de **acessões industriais**, malgrado a legislação o tenha previsto somente para a hipótese de ter sido feita alguma benfeitoria necessária ou útil (CC, art. 1.219). Nesse sentido já se pronunciaram o Supremo Tribunal Federal e o Superior Tribunal de Justiça[14].

9.3.4. Regras da indenização das benfeitorias (CC, arts. 1.219 a 1.222)

9.3.4.1. O art. 1.219 do Código Civil. O possuidor de boa-fé

Dispõe o art. 1.219 do Código Civil:

> "O possuidor de **boa-fé** tem direito à indenização das benfeitorias necessárias e úteis, bem como, quanto às voluptuárias, se não lhe forem pagas, a levantá-las, quando o puder sem detrimento da coisa, e poderá exercer o direito de retenção pelo valor das benfeitorias necessárias e úteis".

---

11 *Curso*, cit., v. 1, p. 187.

12 *RT*, 369/154, 451/228; *RJTJSP*, 87/39.

13 *Curso*, cit., v. 1, p. 187.

14 *RTJ*, 60/179; *RSTJ*, 17/293.

Benfeitorias necessárias e úteis — A indenização das benfeitorias ao possuidor é um dos principais efeitos da posse. Cumpre, no entanto, distinguir se, ao realizá-las na coisa, estava ele de boa-fé ou de má-fé. Se de **boa-fé**, tem direito à indenização das benfeitorias **necessárias** e **úteis**, podendo exercer, pelo valor delas, o direito de retenção, como proclama o dispositivo supratranscrito e reconhece a jurisprudência: "Direito de retenção por benfeitorias. Admissibilidade se possuidor de boa-fé. Hipótese, porém, em que deve restituir o valor correspondente aos frutos e rendimentos obtidos no período de ocupação de má-fé"[15].

Benfeitorias voluptuárias — Quanto às *voluptuárias*, poderá o possuidor de boa-fé **levantá-las** (*jus tollendi*), se não acarretar estrago à coisa e se o reivindicante não preferir ficar com elas, indenizando o seu valor. O objetivo é evitar o locupletamento sem causa do proprietário pelas benfeitorias então realizadas. Somente diante do caso concreto poder-se-á, muitas vezes, distinguir a espécie de benfeitoria. Construir uma piscina, numa casa residencial, por exemplo, poderá ser uma benfeitoria voluptuária, mas num colégio apresentar-se-á como benfeitoria útil e num clube de natação poderá ser uma benfeitoria necessária.

9.3.4.2. *O art. 1.220 do Código Civil. O possuidor de má-fé*

Estatui, por sua vez, o art. 1.220 do aludido diploma:

> "Ao possuidor de **má-fé** serão ressarcidas somente as benfeitorias necessárias; não lhe assiste o direito de retenção pela importância destas, nem o de levantar as voluptuárias".

A restrição é imposta ao possuidor de má-fé, porque obrou com a consciência de que praticava um ato ilícito. **Faz jus, no entanto, à indenização das necessárias**, porque, caso contrário, o reivindicante experimentaria um **enriquecimento indevido**.

Alguns países admitem a indenização ao possuidor de má-fé também das benfeitorias úteis.

Segundo Tito Fulgêncio[16], o nosso Código foi mais severo com a má-fé pela consideração de que as benfeitorias úteis são a compensação do dono pelo tempo em que esteve injustamente privado do seu bem.

9.3.4.3. *O art. 1.221 do Código Civil. A compensação das benfeitorias com os danos*

Prescreve o art. 1.221 do Código Civil:

> "As benfeitorias **compensam-se** com os danos, e só obrigam ao ressarcimento se ao tempo da evicção ainda existirem".

A compensação pressupõe a existência de duas obrigações recíprocas a serem sopesadas, uma em confronto à outra, para que apenas **a diferença** seja computada ao devedor da obrigação maior.

---

[15] *RT*, 755/234.

[16] *Da posse*, cit., v. 1, p. 187.

O confronto levará em consideração que, nos termos do art. 1.219 do Código Civil, o possuidor de boa-fé tem direito à indenização das benfeitorias necessárias e úteis, mas ao mesmo tempo, nos do art. 1.217, responde pelas deteriorações a que der causa. Como o reivindicante é obrigado a indenizá-las, a disposição legal evita demandas ou operações inúteis, debitando apenas um dos dois pela diferença de seus créditos[17].

O direito não é exclusivo do possuidor de boa-fé, pois também ao de **má-fé** o art. 1.220 do mesmo diploma reconhece o direito ao ressarcimento das **benfeitorias necessárias**.

■ *9.3.4.4. O art. 1.222 do Código Civil. Opção concedida ao reivindicante*

O Código Civil impõe, ainda, outra limitação ao direito do possuidor que tenha agido de má-fé, ao dispor, no art. 1.222:

> "O reivindicante, obrigado a indenizar as benfeitorias ao possuidor de má-fé, tem o **direito de optar** entre o seu valor atual e o seu custo; ao possuidor de boa-fé indenizará pelo valor atual".

A justificativa assenta-se na máxima da **equidade**, que não permite que se enriqueça alguém à custa alheia. Só faria sentido, porém, se os níveis de custo fossem estáveis, dado que o valor atual e o do custo geralmente se equivaleriam, mas não em períodos de inflação elevada e crônica pelos quais passou o País.

Daí ter o Supremo Tribunal Federal, na vigência do Código Civil de 1916, mandado aplicar a correção monetária ao preço de custo das benfeitorias, reconhecendo, no caso, a existência de uma dívida de valor[18].

■ 9.3.5. Direito de retenção

■ *9.3.5.1. Conceito*

Consiste o direito de retenção num **meio de defesa** outorgado ao credor, a quem é reconhecida a faculdade de continuar a deter a coisa alheia, **mantendo-a em seu poder até ser indenizado** pelo crédito, que se origina, via de regra, das benfeitorias ou de acessões por ele feitas. Além dos casos previstos expressamente na legislação civil e comercial, os mais comuns, admitidos pela jurisprudência, são os seguintes: a) em favor do empreiteiro-construtor (*RT*, 282/278); b) em favor do locatário contra o senhorio (*RT*, 322/511); c) em favor do artífice, fabricante e daquele que faz consertos na coisa (*RT*, 492/201).

---

17 "Benfeitorias e perdas e danos. Compensação. Se uma das partes fizer benfeitorias e a outra sofrer perdas e danos, dar-se-á a compensação admitida no art. 518 do CC (*de 1916, correspondente ao art. 1.221 do CC/2002*)".

18 *RTJ*, 70/785.

9.3.5.2. Fundamento

No direito romano, o *ius retentionis* surgiu e foi reconhecido como um instituto essencialmente baseado na **equidade**. Também no direito moderno continua ela a ser considerada pela doutrina como o fundamento do aludido direito.

Nessa linha, afirma Arnoldo Medeiros da Fonseca: "Na equidade, portanto, visando manter o princípio da igualdade entre as partes e evitar todo **injusto enriquecimento**, encontramos, também nós, o fundamento do instituto que estudamos"[19].

Afigura-se-nos, todavia, mais apropriado dizer que a ideia de retenção está menos ligada à ideia de enriquecimento sem causa (porque não impede a cobrança da indenização) do que à de **meio coercitivo**, em função do qual fica o devedor compelido a pagar para poder, só então, haver a coisa. Trata-se, na realidade, de um **meio coercitivo de pagamento**, uma modalidade do art. 476 do Código Civil ***(exceptio non adimpleti contractus)***, transportada para o momento da execução, privilegiando o retentor porque esteve de boa-fé.

9.3.5.3. Natureza jurídica

A respeito da *natureza* do direito de retenção, pretendem alguns tratar-se apenas de um direito pessoal. Outros objetam que se trata de direito real, oponível *erga omnes*, havendo, ainda, os que optam por soluções intermédias.

Arnoldo Medeiros da Fonseca[20] — quem mais profundamente estudou o assunto entre nós — sustenta tratar-se de **direito real**. O seu principal argumento é o de que o art. 676 do Código Civil de 1916, correspondente ao art. 1.227 do novo diploma, estabelecendo que os direitos reais sobre imóveis, resultantes de atos entre vivos, só se adquirem depois da transcrição ou da inscrição dos respectivos títulos no registro público, ressalvava textualmente **"salvo os casos expressos neste Código"**.

Menciona, ainda, o fato de o possuidor de boa-fé poder invocar o direito de retenção até em face da reivindicatória do legítimo dono — art. 516 (art. 1.219 do novo Código), aduzindo que essa mesma regra era mandada aplicar a outras situações (arts. 873, 772, 1.279 e 1.315 do Código Civil — *de 1916, correspondentes, respectivamente, aos arts. 242, 1.433, II, 644 e 681 do novo diploma*), constituindo esse vínculo a relação característica de um direito real.

O **direito de retenção** é reconhecido pela jurisprudência como o poder jurídico direto e imediato de uma pessoa sobre uma coisa, com todas as características de um **direito real**. Tem sido proclamado, por exemplo, o direito de retenção em favor de oficina mecânica que consertou o veículo até o pagamento do serviço e do material empregado na reparação[21].

---

19 *Direito de retenção*, p. 100, n. 85.

20 *Direito de retenção*, cit., p. 255-256, n. 142.

21 *RT*, 494/103, 519/213; *RTJ*, 40/358. No mesmo sentido: "A relação jurídica, assentada sobre o fato material do conserto de automóvel, não é uma relação de natureza estritamente pessoal, porém uma relação que se prende à coisa e se traduz numa obrigação *propter rem*, cuja peculiaridade consiste

9.3.5.4. Modo de exercício

A doutrina exige o comparecimento dos seguintes requisitos para o exercício do direito de retenção:

- detenção legítima de coisa que se tenha obrigação de restituir;
- crédito do retentor, exigível;
- relação de conexidade; e
- inexistência de exclusão convencional ou legal de seu exercício.

Via de regra, o direito de retenção deve ser alegado em **contestação** para ser reconhecido na sentença. Pode o devedor, ainda, na execução para entrega de coisa certa constante de título executivo *extrajudicial* (CPC, art. 917, IV), deduzir **embargos de retenção por benfeitorias**. Consistem eles num instrumento do executado, que, citado para entregar a coisa, opõese a ela até que o exequente pague as benfeitorias feitas no imóvel (CPC, art. 917, IV, e § 5º). Não podem, porém, ser opostos na execução por título executivo *judicial*, como dispõe o § 2º do art. 538 do Novo Código de Processo Civil, *verbis*: **"O direito de retenção por benfeitorias deve ser exercido na contestação, na fase de conhecimento"**.

A respeito do cabimento ou não de embargos de retenção por benfeitorias em **ações possessórias** e **ações de despejo**, que têm força executiva, *vide* o item 6.5, *retro*.

9.4. RESUMO

OS DEMAIS EFEITOS DA POSSE	
INTRODUÇÃO	■ Os frutos devem pertencer ao proprietário, como acessórios da coisa. Essa regra, contudo, não prevalece quando o possuidor está possuindo de boa-fé, isto é, com a convicção de que é seu o bem possuído (CC, art. 1.214).
NOÇÃO DE FRUTOS	■ Os frutos são acessórios, pois dependem da coisa principal. Distinguem-se dos produtos, que também são coisas acessórias, porque não exaurem a fonte, quando colhidos. Reproduzem-se periodicamente, ao contrário dos produtos. Frutos são as utilidades que uma coisa periodicamente produz.
ESPÉCIES	■ **Quanto à origem:** a) naturais; b) industriais; c) civis. ■ **Quanto ao seu estado:** a) pendentes; b) percebidos, ou colhidos; c) estantes; d) percipiendos; e) consumidos.

em vincular a coisa à responsabilidade pelo débito, ainda que mude o seu proprietário. Daí não ser de estranhar que a jurisprudência se tenha firmado no sentido de conceder o direito de retenção à oficina que consertou o automóvel, até o pagamento do preço do serviço e do material empregado na reparação" (*RT*, 511/137).

REGRAS DA RESTITUIÇÃO	■ o possuidor de boa-fé tem direito, enquanto ela durar, aos frutos percebidos (CC, art. 1.214); ■ os frutos naturais e industriais reputam-se colhidos e percebidos logo que são separados; os civis reputam-se percebidos dia por dia (art. 1.215); ■ o possuidor de má-fé responde por todos os frutos colhidos e percebidos, bem como pelos que, por culpa sua, deixou de perceber, desde o momento em que se constituiu de má-fé; tem direito às despesas da produção e custeio.
RESPONSABILIDADE PELA PERDA OU DETERIORAÇÃO DA COISA	■ O possuidor de boa-fé não responde pela perda ou deterioração da coisa, a que não der causa, ou seja, se não agir com dolo ou culpa (CC, art. 1.217). O possuidor de má-fé responde pela perda, ou deterioração da coisa, ainda que acidentais, salvo se provar que de igual modo se teriam dado, estando ela na posse do reivindicante (art. 1.218).
INDENIZAÇÃO DAS BENFEITORIAS	O possuidor tem o direito de ser indenizado pelos melhoramentos que introduziu no bem. As benfeitorias podem ser: ■ **necessárias** — que têm por fim conservar o bem; ■ **úteis** — que aumentam ou facilitam o uso do bem; ■ **voluptuárias** — de mero deleite ou recreio. Benfeitorias são melhoramentos feitos em coisa já existente. Distinguem-se das **acessões industriais**, que constituem coisas novas, como a edificação de uma casa.
REGRAS DA INDENIZAÇÃO	■ "O possuidor de boa-fé tem direito à indenização das benfeitorias necessárias e úteis, bem como, quanto às voluptuárias, se não lhe forem pagas, a levantá-las, quando o puder sem detrimento da coisa, e poderá exercer o direito de retenção pelo valor das benfeitorias necessárias e úteis" (CC, art. 1.219); ■ "Ao possuidor de má-fé serão ressarcidas somente as benfeitorias necessárias; não lhe assiste o direito de retenção pela importância destas, nem o de levantar as voluptuárias" (art. 1.220); ■ "As benfeitorias compensam-se com os danos, e só obrigam ao ressarcimento se ao tempo da evicção ainda existirem" (art. 1.221); ■ "O reivindicante, obrigado a indenizar as benfeitorias ao possuidor de má-fé, tem o direito de optar entre o seu valor atual e o seu custo; ao possuidor de boa-fé indenizará pelo valor atual" (art. 1.222).
DIREITO DE RETENÇÃO	■ **Conceito:** Consiste o ***ius retentionis*** num meio de defesa outorgado ao credor, a quem é reconhecida a faculdade de continuar a deter a coisa alheia, mantendo-a em seu poder até ser indenizado pelo crédito, que se origina, via de regra, das benfeitorias ou de acessões por ele feitas. A jurisprudência prevê outras hipóteses em que pode ser exercido. ■ **Natureza jurídica:** O direito de retenção é reconhecido pela jurisprudência como o poder jurídico direto e imediato de uma pessoa sobre uma coisa, com todas as características de um direito real. ■ **Modo de exercício:** Via de regra, o direito de retenção deve ser alegado em contestação para ser reconhecido na sentença (*Vide* o § 2º do art. 538 do CPC).

9.5. QUESTÕES

1. (MP/DFT/Promotor de Justiça/2011) Sobre posse e propriedade, julgue os enunciados a seguir e marque somente a alternativa CORRETA:

a) Ao sucessor universal é facultado iniciar nova posse, inutilizando o tempo vencido pelo antecessor, se houver pretensão de usucapião ordinária e a posse anterior for viciada ou de má-fé.

b) A tradição é modalidade de aquisição derivada da posse, podendo ser real, simbólica ou ficta. Esta última se perfaz pelo constituto possessório, hipótese em que o transmitente continua na posse da coisa alienada, não mais em seu nome, mas em nome do adquirente.

c) Para evitar o enriquecimento injusto, o possuidor, ainda que de má-fé, tem direito de ser indenizado pelas benfeitorias necessárias. Diante da recusa do proprietário em indenizar, o possuidor poderá reter a coisa para forçar o pagamento devido.
d) A usucapião especial urbana e a chamada usucapião familiar têm os mesmos requisitos objetivos e subjetivos. A única distinção diz respeito à legitimação para usucapir, visto que, nesta última modalidade, o pretendente deve ser coproprietário do imóvel em conjunto com seu ex-cônjuge ou ex-companheiro, que abandonou o lar comum.
e) A propriedade fiduciária constitui-se mediante negócio jurídico de disposição condicional porquanto o domínio da coisa móvel ou imóvel cessa em favor do fiduciário uma vez verificado o implemento da condição resolutiva. Segundo entendimento do STJ, em se tratando de veículo, para formalização do pacto a exigência de registro em cartório não é requisito de validade do negócio jurídico.

2. (DEL/POL/RJ/Acadepol/RJ/2009) Assinale a alternativa CORRETA, se houver:

a) Ao possuidor de má-fé é deferido o direito ao recebimento das despesas que realizou para produção e custeio dos bens no objeto possuído.
b) O possuidor de má-fé tem direito de retenção, mas somente quanto às benfeitorias necessárias.
c) Em matéria de proteção possessória, o CC/02 manteve a exceção de domínio.
d) O possuidor de boa-fé, em razão dela, tem direito de retenção por toda e qualquer benfeitoria que tenha introduzido na coisa.
e) Nenhuma das respostas acima.

3. (TJ/GO/Juiz de Direito/53º Concurso/2007) Assinale a resposta CERTA:
O direito de retenção por benfeitorias poderá ser exercido pelo possuidor de boa-fé:

a) para a indenização das benfeitorias úteis e necessárias.
b) apenas para a indenização das benfeitorias necessárias.
c) para a indenização de qualquer tipo de benfeitorias.
d) apenas para a indenização das benfeitorias úteis.

4. (TJSP/Juiz de Direito/178º Concurso/VUNESP/2006) Assinale a única afirmativa inteiramente CORRETA.

a) Ao possuidor de má-fé serão ressarcidas as benfeitorias úteis e necessárias, mas só lhe assiste o direito de retenção pela importância das necessárias.
b) O possuidor de má-fé responde por todos os frutos colhidos e percebidos, bem como pelos que, por culpa sua, deixou de perceber, desde o momento em que se constituiu de má-fé; tem direito às despesas de produção e custeio.
c) O possuidor de boa-fé tem direito à indenização das benfeitorias úteis, necessárias e voluptuárias e pode exercer direito de retenção pelo valor de todas elas.
d) O reivindicante, obrigado a indenizar as benfeitorias, deve pagar o valor atualizado delas, valor esse que, apurado pela perícia, não poderá ultrapassar o reclamado pelo possuidor.

5. (TJ/SC/Juiz de Direito/2010) Assinale a alternativa CORRETA:

I. O possuidor de boa-fé tem direito de indenização pelas benfeitorias necessárias e úteis, mas apenas pode exercer direito de retenção pelas necessárias.
II. O possuidor de boa-fé tem direito de pedir indenização pelas benfeitorias voluptuárias, mas não pode exercer direito de retenção.
III. O possuidor de má-fé tem direito de indenização tanto das benfeitorias necessárias quanto das úteis, em razão da vedação ao enriquecimento sem causa.
IV. O valor de indenização das benfeitorias será, em qualquer caso, o valor de custo e não o atual.

a) Todas as proposições estão incorretas.
b) Somente as proposições I e III estão incorretas.
c) Somente as proposições II e IV estão incorretas.
d) Somente as proposições III e IV estão incorretas.
e) Somente as proposições I e II estão incorretas.

6. (OAB/Exame de Ordem Unificado-2009/2010) No que se refere aos institutos da posse e da propriedade, assinale a opção CORRETA.

a) Aquele que semeia, planta ou edifica em terreno alheio perde, em proveito do proprietário, as sementes, plantas e construções, com direito a indenização se procede de boa-fé.
b) A posse direta, de pessoa que tem a coisa em seu poder, temporariamente, em virtude de direito pessoal, ou real, anula a indireta, de quem aquela foi havida.
c) Ao possuidor de má-fé serão ressarcidas somente as benfeitorias necessárias e úteis, não lhe assistindo o direito de retenção pela importância das benfeitorias necessárias.
d) Caracteriza usucapião a posse, por cinco anos, de coisa móvel, desde que comprovada a boa-fé do possuidor.

7. (TRF/3ª Região/Juiz Federal/XVII Concurso/2013) Considere as assertivas abaixo:

I. O ressarcimento das benfeitorias necessárias realizadas pelo possuidor de má-fé é uma faculdade contida na legislação civil;
II. O ressarcimento das benfeitorias necessárias e úteis realizadas pelo locatário independe de autorização escrita, com base no princípio da vedação ao enriquecimento sem causa;
III. O ressarcimento ao possuidor de má-fé quanto a benfeitorias necessárias realizadas é sacramentado pelo ordenamento civil, sendo admitida a retenção, tão somente, pelas benfeitorias úteis;
IV. As edificações de valor significativo realizadas pelo possuidor de boa-fé não são consideradas benfeitorias, mas acessões, cabendo indenização pelo respectivo valor da construção;
V. O ressarcimento ao possuidor de má-fé quanto a benfeitorias necessárias realizadas é sacramentado pelo ordenamento civil, com base no princípio da vedação ao enriquecimento sem causa, inadmitida a retenção por benfeitorias úteis ou necessárias.

Assinale a única alternativa CERTA:
a) Apenas uma das assertivas está incorreta.
b) Duas assertivas estão corretas.
c) Apenas uma assertiva está correta.
d) Apenas as alíneas I e III estão incorretas.
e) As alíneas I, IV e V estão corretas.

8. (DEL/POL/MG/Delegado de Polícia/2007) Assinale a alternativa INCORRETA:

a) A proteção possessória pode ser invocada tanto pelo que tem posse justa, como injusta, de boa-fé ou má-fé.
b) O possuidor de boa-fé tem direito à indenização pelas benfeitorias necessárias, úteis e voluptuárias e, ainda, de exercer o direito de retenção até o pagamento.
c) O possuidor de má-fé tem direito aos frutos percebidos tempestivamente, mas não faz jus aos frutos pendentes ao tempo que cessar a boa-fé.
d) O possuidor de má-fé tem direito à indenização pelas benfeitorias necessárias.

9. (TJSP/Juiz de Direito/179º Concurso/2007) Assinale a afirmação INCORRETA.

a) O possuidor de má-fé responde pela perda ou deterioração da coisa, ainda que acidentais, salvo se provar que de igual modo se teriam dado, estando ela na posse do reivindicante.
b) A pessoa não pode adquirir a posse por meio de terceiro que não disponha de mandato, ainda que depois ratifique o ato dele.
c) O reivindicante, obrigado a indenizar as benfeitorias ao possuidor de má-fé, tem o direito de optar entre o seu valor atual e o seu custo.
d) A posse de boa-fé só perde este caráter no caso e desde o momento em que as circunstâncias façam presumir que o possuidor não ignora que possui indevidamente.

10. (TJ/DFT/Juiz de Direito/2011) Nos termos da lei civil, "considera-se possuidor todo aquele que tem de fato o exercício, pleno ou não, de algum dos poderes inerentes à propriedade". Ao possuidor de boa-fé a lei civil confere certas prerrogativas. Dentro desse esquadro, considere as proposições abaixo e assinale a INCORRETA.

a) É de boa-fé a posse, se o possuidor ignora o vício, ou o obstáculo que impede a aquisição da coisa.
b) O possuidor de boa-fé não responde pela perda ou deterioração da coisa, a que não der causa.

c) O possuidor de boa-fé tem direito à indenização das benfeitorias necessárias, úteis e voluptuárias. Consequentemente, pelo valor das mesmas poderá exercer o direito de retenção.
d) A posse de boa-fé só perde este caráter no caso e desde o momento em que as circunstâncias façam presumir que o possuidor não ignora que possui indevidamente.

11. (TJSC/Juiz de Direito/Fundação Carlos Chagas/2015) João X, que se estabelecera em um terreno abandonado havia um (01) ano e nele construíra um casebre, foi surpreendido com a citação para defender-se em ação de reintegração de posse, movida por José Y, que alegava e provava ter adquirido o imóvel, conforme escritura de compra e venda devidamente registrada, três (03) anos atrás. A ação possessória deverá ser julgada

a) procedente, mas João X terá direito à retenção do imóvel, enquanto não for indenizado da construção.
b) procedente, mas João X deverá ser indenizado da construção, se possuidor de boa-fé, mas sem direito de retenção.
c) improcedente e José Y ficará impedido de ajuizar ação reivindicatória.
d) procedente, porque o registro da escritura de compra e venda torna o negócio oponível a terceiros e, por isso, a posse de João X é injusta.
e) improcedente, mas José Y não ficará inibido de ajuizar ação reivindicatória.

12. (OAB/XVI Exame de Ordem Unificado/Fundação Getulio Vargas/2015) Mediante o emprego de violência, Mélvio esbulhou a posse da Fazenda Vila Feliz. A vítima do esbulho, Cassandra, ajuizou ação de reintegração de posse em face de Mélvio após um ano e meio, o que impediu a concessão de medida liminar em seu favor. Passados dois anos desde a invasão, Mélvio teve que trocar o telhado da casa situada na fazenda, pois estava danificado. Passados cinco anos desde a referida obra, a ação de reintegração de posse transitou em julgado e, na ocasião, o telhado colocado por Mélvio já se encontrava severamente danificado. Diante de sua derrota, Mélvio argumentou que faria jus ao direito de retenção pelas benfeitorias erigidas, exigindo que Cassandra o reembolsasse.

A respeito do pleito de Mélvio, assinale a afirmativa CORRETA.

a) Mélvio não faz jus ao direito de retenção por benfeitorias, pois sua posse é de má-fé e as benfeitorias, ainda que necessárias, não devem ser indenizadas, porque não mais existiam quando a ação de reintegração de posse transitou em julgado.
b) Mélvio é possuidor de boa-fé, havendo jus ao direito de retenção por benfeitorias e devendo ser indenizado por Cassandra com base no valor delas.
c) Mélvio é possuidor de má-fé, não fazendo jus ao direito de retenção por benfeitorias, mas deve ser indenizado por Cassandra com base no valor delas.
d) Mélvio é possuidor de má-fé, fazendo jus ao direito de retenção por benfeitorias e devendo ser indenizado pelo valor atual delas.

13. (OAB/XXII Exame de Ordem Unificado/Fundação Getulio Vargas/2017) Ricardo realizou diversas obras no imóvel que Cláudia lhe emprestou: reparou um vazamento existente na cozinha; levantou uma divisória na área de serviço para formar um novo cômodo, destinado a servir de despensa; ampliou o número de tomadas disponíveis; e trocou o portão manual da garagem por um eletrônico. Quando Cláudia pediu o imóvel de volta, Ricardo exigiu o ressarcimento por todas as benfeitorias realizadas, embora sequer a tenha consultado previamente sobre as obras. Somente pode-se considerar benfeitoria necessária, a justificar o direito ao ressarcimento,

a) o reparo do vazamento na cozinha.
b) a formação de novo cômodo, destinado a servir de despensa, pelo levantamento de divisória na área de serviço.
c) a ampliação do número de tomadas.
d) a troca do portão manual da garagem por um eletrônico.

■ GABARITO ■

1. "b". Segundo Maria Helena Diniz, ocorre o constituto possessório quando o possuidor de um bem, que o possui em nome próprio, passa a possuí-lo em nome alheio (*Curso de direito civil brasileiro*, Saraiva, 22. ed., v. 4, p. 70).

2. "a". *Vide* art. 1.216, *in fine*, do CC.
3. "a". *Vide* art. 1.219, *in fine*, do CC.
4. "b". *Vide* art. 1.216 do CC.
5. "a". *Vide* arts. 1.219, 1.220 e 1.222 do CC.
6. "a". *Vide* art. 1.255 do CC.
7. "b". IV. Acessões industriais são obras que criam coisas novas, como a edificação de uma casa (*vide* arts. 1.253 a 1.259 do CC). V. *Vide* art. 1.220 do CC.
8. "b". *Vide* art. 1.219 do CC.
9. "b". *Vide* art. 1.205, II, do CC.
10. "c". *Vide* art. 1.219 do CC.
11."e". *Vide* art. 557, *caput* e parágrafo único, do CPC.
12. "a". *Vide* art. 1.220 do CC e considere o fato de as benfeitorias não mais existirem por ocasião do trânsito em julgado da ação possessória.
13. "a". *Vide* item 9.3.2., *retro*.

10

DOS DIREITOS REAIS

10.1. INTRODUÇÃO

O Código Civil de 2002, após disciplinar a posse no Título I do Livro III, concernente ao direito das coisas, trata, no Título II, dos direitos reais. Dispõe o art. 1.225 do aludido diploma:

> "São **direitos reais:**
> I — a propriedade;
> II — a superfície;
> III — as servidões;
> IV — o usufruto;
> V — o uso;
> VI — a habitação;
> VII — o direito do promitente comprador do imóvel;
> VIII — o penhor;
> IX — a hipoteca;
> X — a anticrese;
> XI — a concessão de uso especial para fins de moradia;
> XII — a concessão de direito real de uso;
> XIII — a laje".

Os incs. **XI e XII** foram acrescentados pelo art. 10 da Lei n. 11.481, de 31 de maio de 2007, que prevê medidas voltadas à organização fundiária de interesse social em imóveis da União, e confirmados pela **Lei n. 13.465, de 11 de julho de 2017**. O inciso **XIII, por sua vez**, foi introduzido pela Medida Provisória n. 759, de 2016, sendo atualizado por esta última lei.

O dispositivo transcrito limita-se a enumerar os direitos reais. O referido rol, em comparação com o constante do art. 674 do estatuto de 1916, sofreu as seguintes **alterações:**

- a **enfiteuse** foi substituída pela **superfície**, dispondo o art. 2.038 do novo diploma, no livro das disposições finais e transitórias, que "fica proibida a constituição de enfiteuses e subenfiteuses, subordinando-se as existentes, até sua extinção, às disposições do Código Civil anterior, Lei n. 3.071, de 1º de janeiro de 1916, e leis posteriores";

- as **rendas expressamente constituídas sobre imóveis**, pelo **direito do promitente comprador do imóvel**.

10.2. A CONCESSÃO DE USO ESPECIAL PARA FINS DE MORADIA

O **direito à moradia** é direito social previsto e garantido pelo art. 6º da Constituição Federal.

A Lei n. 11.481/2007 previu como direito real a **concessão de uso especial**, com a finalidade de operacionalizar o direito social de moradia e o direito real de uso. Trata-se de instituto que constitui decorrência da **política urbana** prevista na Carta Magna[1].

O art. 1º da Medida Provisória n. 2.220/2001, com as alterações da Lei n. 13.465, de 11 de julho de 2017, disciplina a questão relativa à concessão de uso especial para fins de moradia de **forma análoga à usucapião especial** prevista no art. 1.240 do Código Civil. O benefício se estabelece em favor da pessoa que comprovar os seguintes **requisitos**: a) posse até 22 de dezembro de 2016; b) ocupação pelo prazo de 5 anos; c) posse ininterrupta e sem oposição; d) imóvel localizado em zona urbana; e) ocupação para moradia do possuidor ou de sua família; f) imóvel público; g) possuidor não proprietário ou concessionário, a qualquer título, de outro imóvel rural ou urbano.

10.3. A CONCESSÃO DE DIREITO REAL DE USO

A concessão de **direito real de uso** (CC, art. 1.225, XII, com a redação dada pela Lei n. 11.481/2007 e **ratificada pela Lei n. 13.465/2017**) dá-se por ato administrativo vinculado do Poder Público, sobre **imóvel de propriedade da União Federal**, ato que deverá ser levado ao registro imobiliário para que o direito real se constitua plenamente, como o exige o art. 1.227 do Código Civil.

A competência para a aludida concessão é exclusiva da SPU — Secretaria do Patrimônio da União (Lei n. 9.636/98, art. 40). Aplicam-se à concessão de direito real de uso as regras do **uso e do usufruto** dos arts. 1.412 e 1.413 do Código Civil, naquilo que for compatível[2].

A inovação promove o **revigoramento da concessão do direito real de uso**, mediante a sua adoção para fins de **regularização fundiária de interesse social**, e do aproveitamento sustentável das várzeas. O objetivo do legislador foi inserir a concessão de uso dentre os instrumentos hábeis à **legitimação de posse sobre bens públicos ocupados por populações de baixa renda**, estendendo-se a terrenos de marinha e acrescidos.

---

1 Nelson Nery Junior e Rosa Maria de Andrade Nery, *Código Civil comentado*, nota 11 ao art. 1.225, p. 845.

2 Nelson Nery Junior e Rosa Maria de Andrade Nery, *Código Civil*, cit., nota 14 ao art. 1.225, p. 845.

10.4. A LAJE

O direito real de *laje* consiste na possibilidade de **coexistência de unidades imobiliárias autônomas de titularidades distintas situadas em uma mesma área**, de maneira a permitir que o proprietário ceda a superfície de sua construção a fim de que terceiro edifique a unidade distinta daquela originalmente construída sobre o solo. Dispõe o art. 1.510-A do Código Civil, com a redação conferida pela referida Lei n. 13.465/2017: "O proprietário de uma construção-base poderá ceder a superfície superior ou inferior de sua construção a fim de que o titular da laje mantenha unidade distinta daquela originalmente construída sobre o solo". Abrange a situação bastante comum da **cessão da laje de suas casas, pelos pais, para a construção na parte superior**, com acesso independente, em benefício de seus filhos, genros e noras, que também participam, financeiramente ou com a mão de obra.

Não se trata propriamente de transferência de "propriedade", uma vez que não abrange o solo, mas de **direito real limitado à laje da construção original**, desde que disponha de isolamento funcional e acesso independente. O referido direito real **não se confunde com o condomínio horizontal**, que confere direito à fração ideal do solo e das unidades autônomas, bem como das áreas comuns (§ 7º).

10.5. A EXISTÊNCIA DE OUTROS DIREITOS REAIS

O aludido art. 1.225 é a referência para os que proclamam a **taxatividade** do número dos direitos reais. Todavia, quando se afirma que não há direito real senão quando a lei o declara, tal não significa que só são direitos reais os apontados no dispositivo em apreço, mas também outros **disciplinados de modo esparso no mesmo diploma** e os instituídos em diversas **leis especiais**. Assim, embora o art. 1.227 do Código Civil de 2002, correspondente ao art. 676 do de 1916, exija o registro do título como condição para a aquisição do direito real sobre imóveis, ressalva o dispositivo em tela **"os casos expressos neste Código"**.

A doutrina considera que o próprio Código Civil criou outros direitos reais, como o **direito de retenção** e o **pacto de retrovenda**. Leis posteriores ao Código Civil de 1916 também criaram outros direitos reais, como o do **promitente comprador** e os decorrentes de contratos de **alienação fiduciária** e de **concessão de uso**.

No ordenamento jurídico brasileiro, toda limitação ao direito de propriedade que **não esteja prevista na lei como direito real** tem natureza obrigacional, uma vez que as partes não podem criar direitos reais. Nele predomina, malgrado algumas poucas opiniões em contrário, o sistema do ***numerus clausus***.

Nos direitos pessoais, não há esse sistema de delimitação legal das figuras e de tipificação. Existe certo número de contratos nominados, previstos no texto legal, podendo as partes criar os chamados inominados. Basta que sejam capazes e lícito o objeto.

10.6. CONCEITO

As expressões *jus in re* e *jus ad rem* são empregadas para distinguir os direitos reais dos pessoais. O vocábulo *reais*, como já foi dito, deriva de *res*, *rei*, que significa coisa.

Segundo a concepção clássica, o **direito real** consiste no **poder jurídico, direto e imediato do titular sobre a coisa, com exclusividade e contra todos**. No polo passivo, incluem-se os membros da coletividade, pois todos devem abster-se de qualquer atitude que possa turbar o direito do titular. No instante em que alguém viola esse dever, o sujeito passivo, que era indeterminado, torna-se determinado.

Nessa linha, obtempera Cunha Gonçalves que o direito real "é a relação jurídica que permite e atribui a uma pessoa singular ou coletiva, ora o gozo completo de certa cousa, corpórea ou incorpórea, incluindo a faculdade de a alienar, consumir ou destruir (*domínio*), ora o gozo limitado de uma cousa, que é propriedade conjunta e indivisa daquela e de outras pessoas (*copropriedade*) ou que é propriedade de outrem (*propriedade imperfeita*), com **exclusão de todas as demais pessoas**, as quais têm o dever correlativo de *abstenção* de perturbar, violar ou lesar, ou do *respeito* dos mesmos direitos"[3].

A expressão **direitos reais**, segundo a lição do mencionado autor, é de formação relativamente recente, porque no latim clássico não se usava o adjetivo *realis*, com o sentido de relativo ou pertencente às cousas; o direito romano desconheceu-o; e de igual modo os códigos civis do século XIX o omitiram.

■ 10.7. ESPÉCIES

O **direito de propriedade** é o mais importante e mais completo dos direitos reais, constituindo o título básico do Livro III do Código Civil. Confere ao seu titular os poderes de usar, gozar e dispor da coisa, assim como de reavê-la do poder de quem quer que injustamente a possua ou detenha (CC, art. 1.228). Quando todas essas prerrogativas acham-se reunidas em uma só pessoa, diz-se que é ela titular da **propriedade plena**.

Entretanto, a propriedade poderá ser **limitada** quando algum ou alguns dos poderes inerentes ao domínio se destacarem e se incorporarem ao patrimônio de outra pessoa. No usufruto, por exemplo, o direito de usar e gozar fica com o usufrutuário, permanecendo com o nu-proprietário somente o de dispor e reivindicar a coisa. O usufrutuário, em razão desse **desmembramento**, passa a ter um **direito real sobre coisa alheia**, sendo oponível *erga omnes*.

O retrotranscrito art. 1.225 do Código Civil, que fornece a relação dos direitos reais, menciona, em primeiro lugar, o direito de propriedade. Os demais resultam de seu desmembramento e são denominados direitos reais menores ou **direitos reais sobre coisas alheias**. Preleciona a propósito Lafayette Rodrigues Pereira que "o domínio é suscetível de se dividir em tantos direitos elementares quantas são as formas por que se manifesta a atividade do homem sobre as coisas corpóreas. E cada um dos direitos elementares do domínio constitui em si um *direito real*: tais são o direito de usufruto, o de uso, o de servidão. Os direitos reais, desmembrados do domínio e transferidos a terceiros, denominam-se direitos reais na coisa alheia (*jura in re aliena*)"[4].

---

3 *Da propriedade e da posse*, p. 53.

4 *Direito das coisas*, t. I, p. 28.

Direitos reais de gozo — São denominados direitos reais de *gozo* ou de *fruição* os seguintes: superfície, servidões, usufruto, uso, habitação, o direito do promitente comprador do imóvel (CC, art. 1.225, II a VII), a concessão de uso especial para fins de moradia e a concessão de direito real de uso.

Direitos reais de garantia — E são chamados de direitos reais de garantia o penhor, a hipoteca e a anticrese (art. 1.225, VIII a X).

10.8. AQUISIÇÃO DOS DIREITOS REAIS

No direito brasileiro, o contrato, por si só, não basta para a transferência do domínio. Por ele, criam-se apenas obrigações e direitos. Dispõe o art. 481 do Código Civil que, "pelo contrato de compra e venda, um dos contratantes se obriga a transferir o domínio de certa coisa, e o outro, a pagar-lhe certo preço em dinheiro".

O **domínio**, porém, só se adquire:

- pela **tradição**, se for coisa **móvel**. Preceitua, com efeito, o art. 1.226 do Código Civil: "Os direitos reais sobre coisas móveis, quando constituídos, ou transmitidos por atos entre vivos, só se adquirem com a tradição". É com a tradição, pois, que o direito pessoal, que foi criado pelo contrato, ganha foro de direito real. Presume-se, com a sua realização, que este se torna socialmente conhecido.
- pelo **registro do título**, se for **imóvel**. Proclama o art. 1.227 do mesmo diploma: "Os direitos reais sobre imóveis constituídos, ou transmitidos por atos entre vivos, só se adquirem com o registro no Cartório de Registro de Imóveis dos referidos títulos (arts. 1.245 a 1.247), **salvo os casos expressos neste Código**". Desse modo, enquanto o contrato que institui uma hipoteca ou uma servidão, por exemplo, não estiver registrado no Cartório de Registro de Imóveis, existirá entre as partes apenas um vínculo obrigacional. O direito real, com todas as suas características, somente surgirá após aquele registro. **O registro é, efetivamente, indispensável para a constituição do direito real entre vivos, bem como sua transmissão.** A transmissão *mortis causa* não está sujeita a essa formalidade, pois, aberta a sucessão, opera-se desde logo a transmissão do domínio e da posse (CC, art. 1.784).

No momento do registro opera-se a **afetação** da coisa pelo direito, nascendo o ônus que se liga à coisa (princípio da *inerência*), que a ela adere e a segue, qualquer que sejam as vicissitudes que sofra a titularidade dominial. E sua extinção se faz apenas havendo uma causa legal, ou seja, causa prevista em lei[5].

Os direitos reais continuarão incidindo sobre os imóveis, ainda que estes sejam alienados, enquanto não se extinguirem por alguma causa legal. Os adquirentes serão donos de coisa sobre a qual recai um direito real pertencente a outrem.

Foi a necessidade social de tornar pública a transferência dos direitos reais, que prevalecem *erga omnes*, que criou para os móveis a formalidade da tradição, e para os imóveis a exigência do registro.

[5] Marco Aurélio S. Viana, *Comentários ao novo Código Civil*, v. XVI, p. 15-16.

11

DA PROPRIEDADE

11.1. CONCEITO

O art. 1.228 do Código Civil não oferece uma definição de propriedade, limitando-se a enunciar **os poderes do proprietário**, nestes termos:

> **"O proprietário tem a faculdade de usar, gozar e dispor da coisa, e o direito de reavê-la do poder de quem quer que injustamente a possua ou detenha".**

Trata-se do mais completo dos direitos subjetivos, a matriz dos direitos reais e o núcleo do direito das coisas. A organização jurídica da propriedade varia de país a país, evoluindo desde a Antiguidade aos tempos modernos. Por essa razão, difícil e árdua se mostra a tarefa de conceituá-la.

A própria origem do vocábulo é obscura, entendendo alguns que vem do latim *proprietas*, derivado de *proprius*, designando o que pertence a uma pessoa. Assim, a propriedade indicaria toda relação jurídica de apropriação de um certo bem corpóreo ou incorpóreo[1].

Num sentido amplo, pois, o direito de propriedade recai tanto sobre coisas corpóreas como incorpóreas. Quando recai exclusivamente sobre coisas **corpóreas**, tem a denominação peculiar de ***domínio***, expressão oriunda de *domare*, significando sujeitar ou dominar, correspondendo à ideia de senhor ou *dominus*. A noção de propriedade "mostra-se, destarte, mais ampla e mais compreensiva do que a de domínio. Aquela representa o gênero de que este vem a ser a espécie"[2].

Considerando-se apenas os seus elementos essenciais, enunciados no art. 1.228 retrotranscrito, pode-se *definir* o direito de propriedade como **o poder jurídico atribuído a uma pessoa de usar, gozar e dispor de um bem, corpóreo ou incorpóreo, em sua plenitude e dentro dos limites estabelecidos na lei, bem como de reivindicá-lo de quem injustamente o detenha**.

11.2. ELEMENTOS CONSTITUTIVOS DA PROPRIEDADE

O conteúdo positivo do direito de propriedade é enunciado no art. 1.228 do Código Civil, ao enumerar os poderes elementares do proprietário: **usar**, **gozar** e **dispor**

---

1 Maria Helena Diniz, *Curso de direito civil brasileiro*, v. 4, p. 105.

2 Washington de Barros Monteiro, *Curso*, cit., v. 3, p. 83.

dos bens, bem como **reavê-los** de quem injustamente os possua. Correspondem eles ao *jus utendi*, *fruendi*, *abutendi* e à *rei vindicatio*, que eram os atributos da propriedade romana.

Quando todos os aludidos elementos constitutivos estiverem reunidos em uma só pessoa, será ela titular da propriedade **plena**. Se, entretanto, ocorrer o fenômeno do **desmembramento**, passando um ou alguns deles a ser exercidos por outra pessoa, diz-se que a propriedade é **limitada**. É o que sucede, *verbi gratia*, no caso do direito real de usufruto, em que os direitos de usar e gozar da coisa passam para o usufrutuário, permanecendo o nu-proprietário somente com os de dispor e de reivindicá-la.

■ Direito de usar

O primeiro elemento constitutivo da propriedade é o direito de **usar** (*jus utendi*), que consiste na faculdade de o dono **servir-se da coisa e de utilizá-la** da maneira que entender mais conveniente, sem, no entanto, alterar-lhe a substância, podendo excluir terceiros de igual uso. A utilização deve ser feita, porém, dentro dos limites legais e de acordo com a **função social** da propriedade.

Preceitua a propósito o § 1º do mesmo art. 1.228 do Código Civil que "o direito de propriedade deve ser exercido em consonância com as suas finalidades econômicas e sociais...". A faculdade em apreço permite também que o *dominus* deixe de usar a coisa, mantendo-a simplesmente inerte em seu poder, em condições de servi-lo quando lhe convier.

■ Direito de gozar

O direito de *gozar* ou *usufruir* (*jus fruendi*) compreende o poder de perceber os **frutos** naturais e civis da coisa e de aproveitar economicamente os seus **produtos**.

■ Direito de dispor da coisa

O direito de *dispor* da coisa (*jus abutendi*) consiste no poder de **transferir** a coisa, de **gravá-la** de ônus e de **aliená-la** a outrem a qualquer título. Não significa, todavia, prerrogativa de abusar da coisa, destruindo-a gratuitamente, pois a própria Constituição Federal prescreve que o uso da propriedade deve ser condicionado ao bem-estar social.

Nem sempre, portanto, é lícito ao *dominus* destruir a coisa que lhe pertence, mas somente quando não caracterizar um ato antissocial. Tal direito é considerado o mais importante dos três já enunciados, porque mais se revela dono quem dispõe da coisa do que aquele que a usa ou frui.

■ Direito de reaver a coisa

O quarto elemento constitutivo é o direito de *reaver* a coisa (*rei vindicatio*), de **reivindicá-la** das mãos de quem injustamente a possua ou detenha, como corolário de seu direito de sequela, que é uma das características do direito real.

Envolve a proteção específica da propriedade, que se perfaz pela **ação reivindicatória**.

■ 11.3. AÇÃO REIVINDICATÓRIA

Prescreve a segunda parte do citado art. 1.228 do Código Civil que o proprietário tem a faculdade de *reaver* a coisa do poder de quem injustamente a possua ou detenha. Para tanto, dispõe da **ação reivindicatória**. O direito de propriedade é dotado, assim, de uma tutela específica, fundada no direito de sequela, esse poder de perseguir a coisa onde quer que ela se encontre.

Compete tal ação, consoante antiga e conhecida regra, ao **proprietário não possuidor contra o possuidor não proprietário**. Pode utilizá-la quem está privado da coisa que lhe pertence e quer retomá-la de quem a possui ou detém injustamente[3].

■ 11.3.1. Pressupostos

A ação reivindicatória tem caráter essencialmente **dominial** e por isso só pode ser utilizada pelo **proprietário**, por quem tenha *jus in re*. Nessa ação, o autor deve provar o seu domínio, oferecendo prova inconcussa da propriedade, com o respectivo registro, e descrevendo o imóvel com suas confrontações, bem como demonstrar que a coisa reivindicada se encontra na posse do réu.

Três, portanto, os **pressupostos** de admissibilidade de tal ação:

- a titularidade do domínio, pelo autor, da área reivindicada;
- a individuação da coisa; e
- a posse injusta do réu[4].

■ Titularidade do domínio

A prova da propriedade atual é dificultosa, uma vez que o autor pode ter adquirido *a non domino*, ou seja, de quem não era o verdadeiro dono, ou a coisa pode ser outra que não a reivindicada. Por isso, entendia-se, outrora, necessária a apresentação, com a inicial, de **certidão de filiação** dos títulos de domínio anteriores, estendendo-se a pesquisa até alcançar o tempo necessário à **usucapião**. Não se faz mister, atualmente, essa comprovação, denominada *probatio diabolica*.

Tem a jurisprudência proclamado que, em se tratando de bem imóvel, o **registro imobiliário** é suficiente para demonstrar a **titularidade do domínio**, "sem necessidade de ser complementada essa prova com filiação dos títulos de domínio anteriores. Somente quando há títulos de domínio em favor de **ambas as partes** é que se aprecia a filiação anterior para se saber qual a transcrição que deve prevalecer"[5].

■ Individuação da coisa

Pressuposto essencial à propositura da ação é a **descrição atualizada do bem**, com os corretos limites e confrontações, de modo a possibilitar a sua exata localização.

Deve o autor, assim, mencionar "todos os elementos que tornem o imóvel conhecido, que o individuem, que lhe permitam exata **localização**, como extensão superfi-

[3] "Reivindicatória. Extinção sem apreciação do mérito decorrente de o proprietário haver exercido e perdido a posse do imóvel. Inadmissibilidade. Proprietário que, embora pudesse valer-se da via possessória, mais fácil e menos abrangente, não está impedido de fazer uso da reivindicatória, mais difícil e abrangente. Extinção afastada" (TJSP, Ap. 329.711-4/9-Peruíbe/Itanhaém, 2ª Câm. Dir. Priv., rel. Des. Maia da Cunha, j. 27-4-2004).

[4] Paulo Tadeu Haendchen e Rêmolo Letteriello, *Ação reivindicatória*, p. 24.

[5] *RT*, 354/206.

cial, acidentes geográficos, **limites e confrontações**, a fim de estremá-lo de outras propriedades. Sem observância dessa formalidade não pode ser julgada procedente uma reivindicação, pela impossibilidade de executar-se ulteriormente a sentença"[6].

■ **Posse injusta do réu**

Na reivindicatória, como já mencionado, o proprietário vai retomar a coisa não de qualquer possuidor ou detentor, porém daquele que a conserva sem causa jurídica, ou a **possui injustamente**. É ação do proprietário que tem título, mas não tem posse, contra quem tem posse, mas não tem título.

Ressalte-se que o art. 524 do Código Civil de 1916 referia-se apenas ao possuidor, não fazendo menção ao mero detentor. Mas nunca pairou dúvida quanto à possibilidade de se dirigir a ação contra este. O art. 1.228 do novo diploma incluiu expressamente o **detentor**, afastando qualquer controvérsia que pudesse eventualmente existir a esse respeito.

O referido dispositivo legal fala em **posse injusta**. Tal expressão é referida em termos genéricos, significando ***sem título***, isto é, **sem causa jurídica**. Não se tem, pois, a acepção restrita de posse injusta do art. 1.200 do mesmo diploma. Na reivindicatória, detém injustamente a posse quem **não tem título** que a justifique, mesmo que **não seja violenta, clandestina ou precária**, e ainda que seja de boa-fé. Não fosse assim, o domínio estaria praticamente extinto ante o fato da posse[7].

■ 11.3.2. Objetivo da ação reivindicatória

Divergem os autores a respeito do **objetivo** da ação reivindicatória.

Sustentam alguns, como o faziam os romanos, que a pretensão visa ao reconhecimento do direito de propriedade, sendo a restituição da coisa mera consequência desse fato.

Outros, no entanto, acertadamente, porque o domínio já pertence ao proprietário e é pressuposto para o próprio ajuizamento, consideram que a **restituição** constitui o objetivo **imediato** da aludida ação, sendo o **restabelecimento** do reivindicante no exercício do seu direito o objetivo **mediato**. Aquele que reivindica quer primeiro ter a posse da coisa para depois usar, gozar e dispor dela[8].

---

6 Washington de Barros Monteiro, *Curso*, cit., v. 3, p. 90-91.
"Ação reivindicatória. Ausência da completa e correta descrição do imóvel reivindicado, inclusive quanto às suas confrontações. Requisito específico de admissibilidade da ação, cuja falta possibilita a declaração de nulidade do processo em qualquer fase e em qualquer grau de jurisdição, inclusive *ex officio*" (*RT*, 779/298). "Incertezas no registro do imóvel, bem como na regularidade da cadeia sucessória, constantes dos títulos de domínio. Necessidade de identificação da área objeto da reivindicação, pois daí decorrem conclusões quanto à legitimidade das partes e da própria viabilidade do pleito" (*RT*, 762/234).

7 "Ação reivindicatória. Posse injusta. Desnecessidade de violência, precariedade ou clandestinidade. Necessidade apenas de que o possuidor não tenha o direito de possuir a coisa reivindicada" (*RT*, 759/374).

8 Paulo Tadeu Haendchen e Rêmolo Letteriello, *Ação reivindicatória*, cit., p. 16; Marco Aurélio S. Viana, *Comentários*, cit., v. XVI, p. 27.

11.3.3. Efeito da ação reivindicatória

Constitui **efeito específico** da *vindicatio* obrigar o possuidor a **restituir ao proprietário** a coisa vindicada, com todos os seus acessórios, tais como **frutos e rendimentos**. Quando a restituição é impossível por ter **perecido a coisa**, o proprietário tem direito a receber o seu valor se o possuidor estava de má-fé (CC, art. 1.217).

Preceitua o art. 1.232 do Código Civil que "os frutos e mais produtos da coisa pertencem, ainda quando separados, ao seu proprietário, salvo se, por preceito jurídico especial, couberem a outrem". Trata-se de uma consequência do princípio de que **a coisa acessória segue a principal**, salvo disposição especial em contrário. Preceitos jurídicos especiais podem ser o art. 1.284 do mesmo diploma, que trata dos frutos caídos de árvores limítrofes em terreno vizinho, e também o art. 1.214, que assegura ao possuidor de boa-fé o direito aos frutos percebidos.

O possuidor de boa-fé pode, todavia, recusar-se a entregar a coisa, se faz jus ao recebimento de indenização por benfeitorias necessárias, pois lhe assegura a lei o direito de retenção (CC, art. 1.219).

11.3.4. Natureza jurídica

A *vindicatio* é **ação real** que compete ao senhor da coisa. Essa, pois, a sua *natureza jurídica*. **Carece da ação** o titular do domínio se a posse do terceiro for **justa**, como a fundada em contrato não rescindido. A justiça da posse pode ter por fundamento uma relação contratual de locação, comodato ou parceria agrícola, por exemplo, bem como de direito real, que legitime o possuidor, como sucede no caso do usufruto[9].

A ação reivindicatória encontra fundamento, pois, na segunda parte do art. 1.228 do Código Civil, que assegura ao proprietário o **direito de sequela**, atributo dos direitos reais que possibilita a este perseguir a coisa onde quer que esteja, de acordo com a máxima romana *res ubicumque sit, pro domino suo clamat* (onde quer que se encontre a coisa, ela clama pelo seu dono).

11.3.5. Imprescritibilidade da reivindicatória

A pretensão reivindicatória é **imprescritível**, embora de natureza real. A ação que lhe corresponde versa sobre o domínio, **que é perpétuo** e somente se extingue nos casos expressos em lei (usucapião, desapropriação etc.), não se extinguindo pelo não uso. Se, no entanto, a coisa foi usucapida pelo possuidor, não mais pode ser proposta a reivindicatória pelo antigo proprietário. Mesmo imprescritível, **esbarra na usucapião**, que pode ser alegada pelo possuidor, em defesa, contra o antigo proprietário para elidir o pedido, como proclama a Súmula 237 do Supremo Tribunal Federal, *verbis*:

---

9 "Ação reivindicatória. Imóvel residencial. Interposição pelos titulares do domínio contra a viúva, titular do usufruto individual. Inadmissibilidade, pois exerce posse justa e jurídica. Bem, ademais, que não comporta divisão cômoda" (*RT*, 784/234).

"O usucapião pode ser arguido em defesa".

Acolhida tal defesa na reivindicatória, a sentença de improcedência ilidirá a pretensão do reivindicante, mas não produzirá efeitos *erga omnes*, **não dispensando, assim, a propositura da ação de usucapião**, com citação de todos os interessados[10]. Nessa linha, enfatizou o Superior Tribunal de Justiça que o magistrado, acolhendo a arguição da defesa, não pode emitir julgado declarando a aquisição do domínio, mas, apenas, julgar **improcedente** o pedido de reivindicação[11].

Se se admitisse a prescrição da pretensão reivindicatória no prazo de dez anos, previsto no art. 205 do Código Civil, estar-se-ia admitindo a possibilidade de eventualmente existir um direito sem sujeito. Por exemplo, se já tivessem decorrido doze anos do dia em que poderia propor a ação, o autor não mais teria o direito de reivindicar. E o réu não poderia usucapir, por não ter quinze anos de posse mansa e pacífica (CC, art. 1.238, *caput*).

■ 11.3.6. Distinção entre ação reivindicatória e ação de imissão de posse

A ação reivindicatória distingue-se da ação de imissão de posse, também de natureza real.

■ **Ação reivindicatória:** "o autor pede **domínio e posse**, e o réu pode opor-lhe toda e qualquer defesa sobre um e outra, inclusive pedir seja ele, réu, reconhecido como dono.

■ **Ação de imissão de posse:** o autor não pretende discutir a propriedade, que tem como certa e como tal tem que prová-la *initio litis*; nem admitirá qualquer discussão sobre o *ius possessionis*. Pretende, apenas, **a consolidação em concreto do *ius possidendi* que adquiriu**, e o réu pode opor-lhe somente a nulidade da aquisição, ou justa causa para retenção da coisa"[12].

Em certos casos, pois, "o adquirente (proprietário) **poderá escolher entre a imissão de posse e a reivindicação**, conforme julgue de seu interesse controverter apenas seu direito à posse, fundado no contrato, ou entenda mais conveniente fundar sua pretensão na condição de titular do domínio, trazendo para o debate, como pressuposto da ação, a propriedade. Certamente, o adquirente terá contra o alienante a ação de imissão de posse, para investir-se na posse da coisa adquirida; contudo, não se lhe pode negar o direito de exercer a ação reivindicatória. Se o fizer, ficará exposto à defesa mais ampla do alienante, ao passo que limitará, drasticamente, a defesa deste se optar pela primeira ação"[13].

---

10 "Ação reivindicatória. Arguição de usucapião como matéria de defesa. Possibilidade. Inadmissibilidade, porém, de o Magistrado emitir julgado declarando a aquisição do domínio, pois deve apenas julgar improcedente o pedido de reivindicação" (STJ, *RT*, 760/214).

11 *RT*, 760/214.

"Reivindicatória. Usucapião utilizada como matéria de defesa. Admissibilidade, desde que em sede de contestação. Especialidade do rito e necessidade de certos requisitos específicos que dificultam o trâmite de uma reconvenção" (*RT*, 765/348).

12 Oswaldo Afonso Borges, *Imissão na posse*, apud Marcos Afonso Borges, Ação de imissão na posse, in *Enciclopédia Saraiva do Direito*, v. 2, p. 470.

13 Ovídio A. Baptista da Silva, *A ação de imissão de posse*, p. 156.

11.3.7. Objeto da ação reivindicatória

Em linhas gerais, podem ser reivindicados **todos os bens** que são objeto de propriedade, ou seja, **todas as coisas corpóreas** que se acham no comércio, sejam móveis ou imóveis, singulares ou coletivas, simples ou compostas, mesmo as universalidades de fato, como um rebanho, por exemplo.

Reivindicação do rebanho

Na reivindicação do rebanho, esclarece Carvalho Santos, "basta que o autor prove que o rebanho considerado no seu conjunto, ou seja, **a maior parte das cabeças que o compõem, é da sua propriedade**. E uma vez feita essa prova, o réu é obrigado a restituir o rebanho, excetuadas as cabeças que provar, de modo direto, serem suas"[14].

Aduz o mencionado autor que "as universalidades de direito, como o patrimônio, a herança, não são reivindicáveis; são-no, porém, as coisas corpóreas que entram na sua composição".

Reivindicação de parte ideal de imóvel indiviso

A parte ideal de imóvel indiviso, como metade ou terço, pode ser reivindicada, desde que o possuidor **não seja condômino**. O coproprietário só pode propor ação reivindicatória contra terceiro (CC, art. 1.314), e não contra outro condômino, porque este também é proprietário e oporia ao reivindicante direito igual.

Reivindicação de coisa que pereceu em parte

Se a coisa pereceu em parte, **reivindica-se o que resta**, como se dá com o terreno e com o material da casa destruída, por exemplo.

Coisas insuscetíveis de reivindicação

Há, todavia, coisas que, pela sua própria natureza, são insuscetíveis de reivindicação. Estão nesse caso "as coisas **incorpóreas**, os direitos considerados em si mesmos, como um direito de usufruto, pois são relações jurídicas dotadas de ações protetoras de outra espécie. Também não são reivindicáveis as coisas futuras, como, *v. g.*, aquelas coisas que ainda vão se separar do imóvel, os frutos pendentes, madeira, terra etc."[15].

11.3.8. Legitimidade ativa

11.3.8.1. O proprietário

A legitimidade ativa é do **proprietário**, seja a propriedade plena ou limitada, irrevogável ou dependente de resolução. Não se exige, efetivamente, que a propriedade seja plena. Mesmo a **limitada**, como ocorre nos direitos reais sobre coisas alheias e na resolúvel, autoriza a sua propositura. Da mesma forma, **cada condômino** pode, individualmente, como foi dito, reivindicar de terceiro a totalidade do imóvel (CC, art. 1.314), não podendo este opor-lhe, em exceção, o caráter parcial do seu direito (art. 1.827).

---

[14] *Código Civil brasileiro interpretado*, v. VII, p. 288.

[15] Serpa Lopes, *Curso de direito civil*, v. VI, p. 498.

Compete a reivindicatória ao senhor da coisa, ao titular do domínio. Sendo uma ação real imobiliária, é indispensável a **outorga uxória** para o seu ajuizamento, bem como a **citação de ambos os cônjuges**, se o réu for casado (CPC, art. 73)[16].

■ 11.3.8.2. *Os sucessores "mortis causa"*

Como o **direito hereditário** é modo de aquisição da propriedade imóvel (CC, art. 1.784), e o domínio e a posse da herança transmitem-se aos herdeiros desde a abertura da sucessão, **podem estes reivindicar os bens** que a integram mesmo sem a existência de formal de partilha, esteja este registrado ou não. Indispensável, no entanto, que o imóvel esteja registrado em nome do *de cujus.*

Igual direito cabe ao **cessionário** dos direitos hereditários.

■ 11.3.8.3. *O titular de compromisso de compra e venda*

Embora durante algum tempo tivesse sido negada ao **titular de compromisso de compra e venda**, por não ter o domínio da coisa, legitimidade para a propositura da ação, a jurisprudência, ao tempo do Código Civil de 1916, vinha se orientando no sentido de **admitir que o promitente comprador ajuizasse a ação reivindicatória**, pois o titular de compromisso de compra e venda irretratável e irrevogável que pagou todas as prestações possui todos os direitos elementares do proprietário, podendo usar, gozar e dispor da coisa. Dispõe, assim, de título para embasar ação reivindicatória contra terceiro que se encontra injustamente na posse do bem.

Nesse sentido, decidiu o Superior Tribunal de Justiça:

> "Ação reivindicatória. Pedido embasado em promessa de compra e venda irretratável e irrevogável. **Admissibilidade**, pois tal título transfere ao promitente comprador os direitos inerentes ao exercício do domínio"[17].

A questão, no entanto, tomou novo rumo com o advento do **Código de 2002**, tendo em vista que o art. 1.417 do aludido diploma enuncia que o promitente comprador adquire direito real à aquisição do imóvel mediante promessa de compra e venda **"registrada no Cartório de Registro de Imóveis"**. Não basta que o compromisso de compra e venda seja irretratável e irrevogável. Há de estar registrado no Cartório de Registro de Imóveis. Por essa razão, assinala Marco Aurélio S. Viana, "não podemos concordar com a legitimidade ativa do promitente comprador para pedir a restituição da coisa. Entendemos, contudo, que se perdeu uma boa oportunidade para dar à promessa de compra e venda quitada o condão de transmitir o domínio, dispensando-se a escritura de compra e venda"[18].

---

16 "Sendo a ação reivindicatória uma ação real, tem-se por necessária a citação de ambos os cônjuges-réus, independentemente do regime de casamento" (STJ, REsp 73.975-PE, 4ª T., rel. Min. Sálvio de Figueiredo, *DJU*, 2-2-1998, p. 109).

17 REsp 55.941-DF, 3ª T., rel. Min. Menezes Direito, *DJU*, 1º-6-1998, p. 77, *RT*, 757/126. No mesmo sentido: *RT*, 500/131.

18 *Comentários*, cit., v. XVI, p. 32-33.

A propósito, proclama o Enunciado 253, aprovado na III Jornada de Direito Civil realizada pelo Conselho da Justiça Federal:

> "O promitente comprador, **titular de direito real (art. 1.417)**, tem a faculdade de reivindicar de terceiro o imóvel prometido à venda".

Tal enunciado garante ao compromissário comprador o direito de sequela, ou seja, de reaver a coisa de quem injustamente a detenha, desde que seja **titular de direito real nos termos do citado art. 1.417**, que, como vimos, exige para tanto que o compromisso de compra e venda esteja registrado no Cartório de Registro de Imóveis.

Todavia, não pode tal ação ser movida contra o compromissário comprador, se não houver prévia ou simultânea **rescisão** do compromisso de compra e venda, ainda que não registrado, uma vez que a posse daquele que se comprometeu a adquirir o imóvel não pode ser considerada injusta enquanto não desfeito o negócio[19].

11.3.9. Legitimidade passiva

11.3.9.1. O possuidor sem título e o detentor

Quanto à legitimidade passiva, a ação deve ser endereçada contra **quem está na posse ou detém a coisa, sem título ou suporte jurídico**. A boa-fé não impede a caracterização da injustiça da posse, para fins de reivindicatória.

A pretensão pode ser oposta a quem possui a coisa em nome de terceiro[20]. Ao possuidor direto, citado para a ação, incumbe a **denunciação da lide** ao possuidor indireto (CPC, art. 125, II).

A reivindicatória pode, assim, ser movida contra **o possuidor sem título e o detentor**, qualquer que seja a causa pela qual possuam ou detenham a coisa. Pode ser endereçada também contra aquele que **deixou de possuí-la com dolo**, isto é, transferindo-a para outro com a intenção de dificultar ao autor sua vindicação. É facultado ao autor, destarte, demandar o possuidor **ficto, ou o verdadeiro**[21].

11.3.9.2. O ficto possuidor

Também pode figurar no polo passivo, como mencionado, aquele que se apresenta como possuidor **sem ter a posse**, sem que o autor saiba. Admite-se a ação contra o *fictus possessor*, ou seja, contra quem é reputado possuidor, embora não tenha em verdade a posse do bem.

Marco Aurélio S. Viana, apoiado nas lições de Carvalho Santos e Lafayette, salienta que duas situações podem ocorrer:

> "**a)** a ação pode ser dirigida contra aquele que **deixou de possuir com dolo**, ou seja, com a intenção de dificultar a vindicação pelo autor. É o que se dá quando o possuidor

---

19 *RT*, 768/357; STJ, *RT*, 763/171.

20 *RT*, 749/404.

21 Washington de Barros Monteiro, *Curso*, cit., v. 3, p. 91.

toma ciência da ação ou da possibilidade de seu ajuizamento, e, para dificultar a atuação do proprietário, transfere o bem para outra pessoa. Se o autor prova o dolo na transferência, fica-lhe facultado demandar **o possuidor ficto ou o verdadeiro**;

b) a *reivindicatio* é movida contra quem, **sem ter a posse**, responde à ação, **como se realmente a possuísse** (*qui se lit obtulit*). O feito desenvolve-se contra quem não é possuidor, mas que apenas intitula-se como tal. O autor desconhece os fatos. Nessa hipótese, ao final, não haverá o que ser restituído, simplesmente porque o réu não tem a posse do bem, não podendo devolvê-la ao autor. O **possuidor ficto**, pela impossibilidade de restituição, é condenado a **indenizar** o autor pelo valor do bem"[22].

A finalidade da lei, sujeitando à condenação o possuidor *quis se lit obtulit*, é impedir que se empregue uma tal fraude para dar tempo ao verdadeiro possuidor de prescrever a coisa. O **possuidor ficto**, pois que não pode restituir a coisa, é condenado a pagar a **estimação**[23].

■ 11.4. OUTROS MEIOS DE DEFESA DA PROPRIEDADE

■ 11.4.1. Ação negatória

■ *11.4.1.1. Características*

A ação negatória é cabível, em regra, quando o domínio do autor, por um ato injusto, esteja sofrendo alguma restrição por alguém que se julgue com direito de **servidão** sobre o imóvel.

Embora seja mais comumente ajuizada nessa hipótese, é certo, porém, que pode ela ser invocada contra **quaisquer atos atentatórios da liberdade do domínio**, embora esses atos não constituam exercício material de servidões. Por conseguinte, a ação negatória é utilizada pelo dono da coisa todas as vezes que o seu domínio, por um ato injusto, esteja sendo molestado em sua **plenitude** ou nos seus limites por outrem que se julgue com um direito sobre o imóvel atacado.

O princípio que norteia tal ação é o do art. 1.231 do Código Civil, declarando presumir-se a propriedade **"plena e exclusiva, até prova em contrário"**.

■ *11.4.1.2. Diferenças entre a ação reivindicatória e a ação negatória*

Segundo Lacerda de Almeida, "a **reivindicatória** defende a substância do domínio, a **negatória** defende-lhe a plenitude"[24].

Efetivamente, embora ambas, a reivindicatória e a negatória, destinem-se a proteger o domínio, cada uma o faz de modo diverso, segundo a natureza da ofensa que buscam reprimir. A **reivindicatória** é provocada pela perda da posse da coisa; a **negatória**, por atos de terceiro que, sem importarem a tirada da coisa do poder do proprietário, restringem ou limitam o exercício do domínio. Uma tem por fim *vindicar* **a própria coisa**, a outra *vindicar* **a liberdade da coisa**[25].

---

22 *Comentários*, cit., v. XVI, p. 33-34.

23 Lafayette, *Direito das coisas*, cit., t. I, p. 232.

24 *Direito das cousas*, v. I, p. 325.

25 Lafayette, *Direito das coisas*, cit., t. I, p. 242.

A ação **negatória** não pressupõe um desapossamento, mas um **embaraço** criado ao livre exercício do domínio pelo senhor da coisa, como na hipótese de o réu fazer passar pelo terreno do vizinho águas que este não está obrigado a receber.

A **reivindicatória** é ação de ataque, uma vez que a coisa se encontra em poder de terceiro, e o proprietário pretende reavê-la, ao passo que a **negatória** integra o grupo das ações defensivas da integridade do domínio. A propriedade é atacada em algum de seus elementos, ou melhor, na sua liberdade e extensão, e o proprietário defende-se contra a usurpação efetiva de alguma das utilidades do domínio[26].

Veja-se o quadro esquemático abaixo:

DIFERENÇAS ENTRE A AÇÃO REIVINDICATÓRIA E A AÇÃO NEGATÓRIA	
Ação reivindicatória	**Ação negatória**
■ Defende a substância do domínio	■ Defende a plenitude do domínio
■ É provocada pela perda da posse da coisa	■ É provocada por atos de terceiro, que restringem ou limitam o exercício do domínio
■ Tem por fim vindicar a própria coisa	■ Tem por fim vindicar a liberdade da coisa
■ Pressupõe um desapossamento da coisa	■ Não pressupõe um desapossamento, mas um embaraço ao livre exercício do domínio
■ É ação de ataque, para reaver a coisa	■ Integra o grupo das ações defensivas da integridade do domínio

■ *11.4.1.3. Requisitos e objetivo*

Trata-se de pretensão de **caráter real**, que tem por base a propriedade. Ao intentá-la, deve o proprietário provar:

- ■ que a coisa lhe **pertence**;
- ■ que o réu o está **molestando** com a prática de atos que o inibem de exercer livremente e em toda a extensão o seu domínio. Não basta a prova de um ato ofensivo esporádico. Exige-se que a lesão contra a qual se insurge o *dominus* seja real e permanente à liberdade de exercício do domínio.

Objetiva a aludida ação o reconhecimento da mencionada liberdade, trazendo como consequências: "a proibição ao réu, **sob certa pena**, de continuar nas mesmas usurpações, e a condenação, se no caso couber, de repor a coisa no antigo estado e satisfazer as perdas e danos causados"[27].

■ 11.4.2. Ação de dano infecto

■ *11.4.2.1. Características*

A ação de dano infecto, isto é, de dano **iminente**, tem caráter preventivo e cominatório, como o interdito proibitório, e pode ser oposta quando haja **fundado receio**

[26] Lacerda de Almeida, *Direito das cousas*, cit., v. I, p. 326-327.

[27] Lafayette, *Direito das coisas*, cit., t. I, p. 244-245.

de dano iminente, em razão de ruína do prédio vizinho ou vício na sua construção. Encontra fundamento no art. 1.280 do Código Civil, que assim dispõe:

> "O proprietário ou o possuidor tem direito a exigir do dono do prédio vizinho a demolição, ou a reparação deste, quando ameace ruína, bem como que lhe preste caução pelo dano iminente".

A ação negatória, estudada no item anterior, visa a resolver, mais frequentemente, um conflito de vizinhança. Do mau uso da propriedade resultam prejuízos ou incômodos ao vizinho. A fim de que cessem, o prejudicado invoca a proteção judicial. Outras vezes, o prejuízo ainda não ocorreu, mas há **fundado receio** de que suceda. Neste caso, o proprietário, em vez da negatória, que é ação defensiva, usa ***ação preventiva***, como a de dano infecto[28].

Assevera Hely Lopes Meirelles que a caução de dano infecto se lhe afigura possível "até mesmo em ação indenizatória comum, quando, além dos danos já consumados, outros estejam **na iminência** de consumar-se ante o estado ruinoso da obra vizinha, ou dos trabalhos lesivos da construção confinante. Embora a lei civil só se refira a danos decorrentes do **estado ruinoso** da obra, **admite-se que a caução se estenda a outras situações capazes de produzir danos**, como trabalhos perigosos executados na construção vizinha, deficiência de tapume da obra, perigo de queda de andaimes e outra mais"[29].

■ *11.4.2.2. Efeitos*

Precavendo-se, o autor obtém que a sentença comine ao réu a **prestação de caução** que o assegure contra o dano futuro (*cautio damni infecti*). Não sendo possível a demolição ou a reparação, pela natureza dos fatos, nada obsta que a pena seja a **suspensão das obras**, alternada com a caução. Se a demolição a ser iniciada representar risco para o prédio do autor, e o proprietário não prestar a caução, o juiz determinará a suspensão dos trabalhos. Também na hipótese de escavações para as fundações de um edifício, por exemplo, se o seu proprietário não prestar caução, o juiz decretará a **suspensão das obras** até que ela seja prestada[30].

A ação em apreço tem sido admitida também nos casos de **mau uso da propriedade vizinha**, que prejudique o sossego, a segurança e a saúde do proprietário ou inquilino de um prédio. Veja-se:

> "Direito de vizinhança. Poluição sonora. **Ação de dano infecto.** Sentença que impõe limites à emissão de ruídos. Descumprimento. Impedimento do funcionamento da atividade poluidora. Ato lícito do juiz"[31].

---

28 Orlando Gomes, *Direitos reais*, p. 295.

29 *Direito de construir*, p. 353.

30 Marco Aurélio S. Viana, *Comentários*, cit., v. XVI, p. 231-232.

31 *RT*, 805/404.

11.4.2.3. *Legitimidade ativa e passiva*

A legitimidade **ativa** é do proprietário ou possuidor. Sujeito **passivo** é o dono do prédio vizinho que provoca a interferência prejudicial. O pedido consistirá em proibi-la, podendo a pena consistir na demolição, na interdição ou mesmo na indenização.

11.5. CARACTERES DA PROPRIEDADE

Preceitua o art. 1.231 do Código Civil:

> **"A propriedade presume-se plena e exclusiva, até prova em contrário".**

11.5.1. Direito ilimitado

O art. 525 do Código Civil de 1916 dizia que "é plena" a propriedade, quando **todos os seus direitos elementares** se acham reunidos no do proprietário. Em caso de **desmembramento** de um ou algum desses direitos (usar, gozar e dispor), nasce o direito real sobre coisa alheia, passando a propriedade à condição de **limitada**.

A **propriedade** é um direito primário ou fundamental, ao passo que os demais direitos reais nele encontram a sua essência. Encontrando-se em mãos do proprietário todas as faculdades inerentes ao domínio, o seu direito se diz **absoluto ou pleno** no sentido de poder usar, gozar e dispor da coisa da maneira que lhe aprouver, podendo dela exigir todas as utilidades que esteja apta a oferecer, sujeito apenas a determinadas limitações impostas no interesse público.

Embora a propriedade plena seja também considerada **ilimitada**, tal expressão há de ser corretamente entendida, "tendo-se presentes os **limites** dentro dos quais a ordem jurídica define a própria ***existência possível*** do direito de propriedade, como adverte Arruda Alvim"[32].

Assinala, por sua vez, Caio Mário da Silva Pereira[33], citando De Page, que o vocábulo **"absoluto"**, com o que se costuma designar o direito do proprietário que tem a propriedade plena, "não foi empregado na acepção de **'ilimitado'**, mas para significar que a propriedade é liberta dos encargos inumeráveis e vexatórios que a constrangiam desde os tempos feudais", quando o que lavrava o solo tinha o dever de pagar foro ao fidalgo.

É de ressaltar que o caráter absoluto e ilimitado da propriedade tem, ao longo dos anos, sofrido limitações e restrições, importando uma incessante redução dos direitos do proprietário.

11.5.2. Direito exclusivo

O segundo atributo do direito de propriedade é ser **exclusivo**. A mesma coisa não pode pertencer com exclusividade e **simultaneamente** a duas ou mais pessoas. O

---

32 Breves anotações para uma teoria geral dos direitos reais, in *Posse e propriedade*: doutrina e jurisprudência, p. 53.

33 *Instituições de direito civil*, v. IV, p. 90.

direito de um sobre determinada coisa exclui o direito de outro sobre essa mesma coisa (*duorum vel plurium dominium in solidum esse non potest*). O termo é empregado no sentido de poder o seu titular afastar da coisa quem quer que dela queira utilizar-se.

Tal noção não se choca com a de condomínio, pois cada **condômino** é proprietário, **com exclusividade**, de sua parte ideal. Os condôminos são, conjuntamente, titulares do direito; o condomínio implica divisão abstrata da propriedade[34].

11.5.3. Direito irrevogável ou perpétuo

Também se diz que a propriedade é **irrevogável** ou **perpétua**, porque **não se extingue pelo não uso**. Não estará perdida enquanto o proprietário não a alienar ou enquanto não ocorrer nenhum dos modos de perda previstos em lei, como a desapropriação, o perecimento, a usucapião etc.

Em suma, a propriedade é irrevogável ou perpétua "no sentido de que **subsiste independentemente de exercício**, enquanto não sobrevier causa legal extintiva. Demolombe declara que a propriedade não existiria se não fosse perpétua, compreendendo essa perpetuidade a possibilidade de sua transmissão *post mortem*"[35].

11.6. EVOLUÇÃO DO DIREITO DE PROPRIEDADE. FUNÇÃO SOCIAL DA PROPRIEDADE

No **direito romano**, a propriedade tinha caráter **individualista**. Na **Idade Média**, passou por uma fase peculiar, com dualidade de sujeitos (o dono e o que explorava economicamente o imóvel, pagando ao primeiro pelo seu uso). Havia todo um sistema hereditário para garantir que o domínio permanecesse numa dada família, de tal forma que esta não perdesse o seu poder no contexto do sistema político.

Após a **Revolução Francesa**, a propriedade assumiu feição marcadamente **individualista**. No **século passado**, no entanto, foi acentuado o seu **caráter social**, contribuindo para essa situação as encíclicas *Rerum Novarum*, do Papa Leão XIII, e *Quadragésimo Ano*, de Pio XI. O sopro da socialização acabou, com efeito, impregnando o século XX, influenciando a concepção da propriedade e o direito das coisas.

O princípio da **função social** da propriedade tem controvertida origem. Teria sido, segundo alguns, formulado por Augusto Comte e postulado por Léon Duguit, no começo do aludido século. Em virtude da influência que a sua obra exerceu nos autores latinos, Duguit é considerado o precursor da ideia de que "a propriedade deixou de ser o direito subjetivo do indivíduo e tende a se tornar a ***função social*** do detentor da riqueza mobiliária e imobiliária; a propriedade implica para todo detentor de uma riqueza a obrigação de empregá-la para o crescimento da riqueza social e para a interdependência social. Só o proprietário pode executar uma certa tarefa social. Só ele pode aumentar a riqueza geral utilizando a sua própria; a propriedade não é, de

34 Washington de Barros Monteiro, *Curso*, cit., v. 3, p. 85.

35 Washington de Barros Monteiro, *Curso*, cit., v. 3, p. 85-86.

modo algum, um direito intangível e sagrado, mas um direito em contínua mudança que se deve modelar sobre as necessidades sociais às quais deve responder"[36].

A atual Constituição Federal dispõe que a propriedade atenderá a sua ***função social*** (art. 5º, XXIII). Também determina que a ordem econômica observará a função da propriedade, impondo freios à atividade empresarial (art. 170, III).

Nessa ordem, o Código Civil de 2002 proclama que "o direito de propriedade deve ser exercido em consonância com as suas **finalidades econômicas e sociais** e de modo que sejam preservados, de conformidade com o estabelecido em lei especial, a flora, a fauna, as belezas naturais, o equilíbrio ecológico e o patrimônio histórico e artístico, bem como evitada a poluição do ar e das águas" (art. 1.228, § 1º); e que "são defesos os atos que não trazem ao proprietário qualquer comodidade, ou utilidade, e sejam animados pela intenção de prejudicar outrem" (§ 2º).

O referido diploma criou uma **nova espécie de desapropriação**, determinada pelo Poder Judiciário na hipótese de "o imóvel reivindicado consistir em extensa área, na posse ininterrupta e de boa-fé, por mais de cinco anos, de considerável número de pessoas, e estas nela houverem realizado, em conjunto ou separadamente, obras e serviços considerados pelo juiz de interesse social e econômico relevante" (§ 4º). Nesse caso, "o juiz fixará a justa indenização devida ao proprietário" (§ 5º).

Trata-se de inovação de elevado alcance, inspirada no sentido social do direito de propriedade e também no novo conceito de posse, qualificada como **posse-trabalho**.

11.7. RESTRIÇÕES AO DIREITO DE PROPRIEDADE

Inúmeras leis impõem **restrições ao direito de propriedade**, como o Código de Mineração, o Código Florestal, a Lei de Proteção do Meio Ambiente etc. Algumas contêm restrições administrativas, de natureza militar, eleitoral etc. A própria Constituição Federal impõe a subordinação da propriedade à sua função social.

Há ainda limitações decorrentes do direito de vizinhança e de cláusulas impostas voluntariamente nas liberalidades, como inalienabilidade, impenhorabilidade e incomunicabilidade.

Todo esse conjunto, no entanto, acaba traçando o **perfil** atual do direito de propriedade no direito brasileiro, que deixou de apresentar as características de direito absoluto e ilimitado, para se transformar em um direito de **finalidade social**.

Como pondera Arruda Alvim, parece mais conveniente falar-se, no lugar de *limitações ao direito de propriedade*, "em elementos que participam do *delinear dos contornos do direito de propriedade*, **do traçar o seu perfil**, tal qual, hoje, se apresenta"[37].

O art. 1.231 do Código Civil, retrotranscrito, considera plena (ou ilimitada) e exclusiva a propriedade, até prova em contrário.

- É **limitada** quando pesa sobre ela **ônus real**, como no caso do usufruto e de outros direitos reais sobre coisas alheias, em virtude do desmembramento dos direi-

---

36 *Las transformaciones del derecho público y privado*, p. 236.

37 Breves anotações, cit., p. 54.

tos elementares do proprietário (usar, gozar etc.), ou quando é **resolúvel** (sujeita a resolução).

■ É **plena** quando o proprietário concentra em suas mãos **todos os direitos elementares** mencionados no art. 1.228.

O art. 1.229 do Código Civil limita a **extensão** da propriedade pelo critério da ***utilidade:*** até onde lhe for útil. Não pode o proprietário opor-se a trabalhos realizados por terceiros a uma altura ou profundidade tais, que não tenha ele interesse algum em impedi-los. A restrição é de cunho social. Dispõe o aludido dispositivo:

> "A propriedade do solo abrange a do espaço aéreo e subsolo correspondentes, em altura e profundidade úteis ao seu exercício, não podendo o proprietário opor-se a atividades que sejam realizadas, por terceiros, a uma altura ou profundidade tais, que não tenha ele interesse legítimo em impedi-las".

Desse modo, o proprietário do imóvel tem direito não só à respectiva superfície como **ao espaço aéreo e ao subsolo** correspondentes. Tendo em vista, porém, que a propriedade é também fato econômico, a extensão do espaço aéreo e do subsolo se delimita pela **utilidade** que ao proprietário pode proporcionar. Por conseguinte, não lhe assiste o direito de impugnar a realização de trabalhos que se efetuem a uma altura ou a uma profundidade tais, que não tenha interesse legítimo em impedi-los. No Rio de Janeiro, por exemplo, o proprietário não poderia opor-se à passagem dos cabos empregados na tração do bonde aéreo do Pão de Açúcar, devido à sua grande altura, assim como não assistiria ao proprietário o direito de contestar a perfuração do subsolo para instalação do metrô nas grandes metrópoles[38].

Não prevalece entre nós, destarte, conhecida fórmula criada pelos glosadores e repetida pelos juristas em toda a Idade Média: *qui dominus est soli dominus est usque ad coelos et usque ad inferos* — quem é dono do solo é também dono até o céu e até o inferno.

Acrescenta o art. 1.230 do estatuto civil que "a propriedade do solo não abrange as jazidas, minas e demais recursos minerais, os potenciais de energia hidráulica, os monumentos arqueológicos e outros bens referidos por leis especiais" que constituem propriedade distinta do solo para efeito de exploração ou aproveitamento e pertencem à União (CF, art. 176; Código de Mineração, art. 84). A propriedade do **produto da lavra** é do concessionário que a explora, cabendo ao proprietário do solo apenas participação nos resultados da lavra.

■ 11.8. FUNDAMENTO JURÍDICO DA PROPRIEDADE

Tem sido objeto de larga controvérsia entre juristas, filósofos e sociólogos o fundamento jurídico da propriedade. Em todos os tempos, muito se discutiu sobre a origem e a legitimidade desse direito. Várias teorias foram formuladas, podendo ser destacadas a da ocupação, a da especificação, a da lei e a da natureza humana.

---

[38] Washington de Barros Monteiro, *Curso*, cit., v. 3, p. 89.

11.8.1. Teoria da ocupação

Vislumbra o fundamento do direito de propriedade na **ocupação das coisas**, quando não pertenciam a ninguém (*res nullius*). É a mais antiga, remontando aos romanos.

Essa teoria é bastante combatida, por entender-se que a ocupação é apenas modo de aquisição da propriedade, mas não tem substância para justificar o direito de propriedade e, portanto, para servir-lhe de fundamento jurídico.

11.8.2. Teoria da especificação

Apoia-se tal teoria no **trabalho**. Somente o trabalho humano, transformando a natureza e a matéria bruta, justifica o direito de propriedade.

Essa concepção é também bastante criticada, porque contém o germe da negação do direito de propriedade. Se o trabalhador se tornasse proprietário em razão de um direito, acabaria perdendo a fábrica ou empresa para os seus próprios empregados. E estes, para os novos empregados que contratassem, havendo, assim, espoliações sucessivas ou justaposição de múltiplas propriedades sobre o mesmo objeto.

A teoria em tela, embora tenha inspirado os **regimes socialistas** no início do século passado, não pode ser aceita, porque não responde à dúvida sobre se deve existir a propriedade, procurando apenas resolver quem deve ser o proprietário.

11.8.3. Teoria da lei

A teoria em tela, sustentada por Montesquieu, em seu *De l'esprit des lois*, e por Bentham, no *Traité de législation*, assenta-se na concepção de que a propriedade é instituição do direito positivo: **existe porque a lei a criou e a garante**.

Essa teoria não está, porém, imune a críticas, pois não pode a propriedade fundar-se somente na vontade humana, porque o legislador poderia ser levado a suprimi-la, quando deveria apenas ter o poder de regular-lhe o exercício. Contrapõe-se, especialmente, que a propriedade sempre existiu, mesmo antes de ser regulamentada pela lei.

11.8.4. Teoria da natureza humana

É a que conta com o maior número de adeptos. Para estes, a propriedade é **inerente à natureza humana**, sendo uma dádiva de Deus aos homens, para que possam prover às suas necessidades e às da família. A propriedade individual, dizem, é condição da existência e da liberdade de todo o homem.

A aludida teoria é, naturalmente, a acolhida pela Igreja Católica, consoante se depreende das encíclicas papais. Pio XI, na *Encíclica Quadragésimo Ano*, afirma que "o direito de possuir bens individualmente não provém da lei dos homens, mas da **natureza**; a autoridade pública não pode aboli-lo, porém, somente regular o seu uso e acomodá-lo ao bem do homem". A propriedade não deriva do Estado e de suas leis, mas lhes antecede, como **direito natural**.

No direito brasileiro, o direito de propriedade encontra seu **fundamento** no art. 5º, XXII, da Constituição Federal, que o garante; e no próprio art. 1.228 do Código Civil, que assegura ao proprietário o direito de usar, gozar e dispor de seus bens, e de reavê-los do poder de quem quer que injustamente os possua.

■ 11.9. DA DESCOBERTA

A Seção II do Capítulo do Código Civil de 2002 que trata da propriedade em geral, sob o título "Da descoberta", figurava, no diploma de 1916, como modo de aquisição e perda da propriedade móvel, com o nome de "invenção".

No entanto, a rigor, **descoberta** não é modo de adquirir a propriedade, uma vez que o descobridor não pode conservar para si o objeto extraviado, tendo a obrigação de restituí-lo. Correta, portanto, a nova posição topográfica do instituto.

■ 11.9.1. Conceito

Descoberta é **achado de coisa perdida** por seu dono. Descobridor é a pessoa que a encontra. Quem quer que ache coisa alheia perdida há de restituí-la ao dono ou legítimo possuidor. Dispõe, a propósito, o art. 1.233 do Código Civil:

> "Quem quer que ache coisa alheia perdida **há de restituí-la** ao dono ou legítimo possuidor.
> Parágrafo único. Não o conhecendo, o descobridor fará por encontrá-lo, e, se não o encontrar, entregará a coisa achada à **autoridade competente**".

A obrigação decorre do fato de o proprietário conservar o domínio por ter apenas perdido a coisa, não a tendo abandonado. O aludido dispositivo cuida, com efeito, de **coisa perdida**, e não de coisa abandonada.

O Código Penal (art. 169, II) considera infração punível a apropriação de coisa achada e a não entrega à autoridade competente ou ao seu dono, no prazo de quinze dias. As obrigações impostas ao descobridor só nascem, todavia, se se apropriar da coisa perdida. Se não o fizer — ninguém está obrigado a recolher a coisa perdida —, o simples achado não gera qualquer efeito.

■ 11.9.2. Efeitos da restituição da coisa achada

Preceitua o art. 1.234 do Código Civil:

> "Aquele que restituir a coisa achada, nos termos do artigo antecedente, terá direito a uma recompensa não inferior a cinco por cento do seu valor, e à indenização pelas despesas que houver feito com a conservação e transporte da coisa, se o dono não preferir abandoná-la.
> Parágrafo único. Na determinação do montante da recompensa, considerar-se-á o esforço desenvolvido pelo descobridor para encontrar o dono, ou o legítimo possuidor, as possibilidades que teria este de encontrar a coisa e a situação econômica de ambos".

Mesmo estando obrigado a restituir a coisa achada, assegura-se ao descobridor o direito a uma **recompensa**, denominada ***achádego***. O critério legal para o seu arbitramento mostra-se satisfatório, pois permite que se considerem as circunstâncias em que se deu a descoberta. O dispositivo em apreço assegura-lhe, ainda, o direito de ser **indenizado pelas despesas** que houver feito, mas apenas as **necessárias**, destinadas à conservação da coisa, e as efetuadas com o seu **transporte**, que forem devidamente comprovadas.

Todavia, o direito à recompensa e à indenização somente é devido se o dono ou possuidor da coisa tiver interesse em recebê-la. Se ele não se interessar pela restituição, pode abandoná-la. Nesse caso, o descobridor, se assim o desejar, pode adquiri-la, pois ela deixa de ser coisa perdida e passa a ser tida como **abandonada**, operando-se sua ocupação (art. 1.263)[39].

11.9.3. Obrigação e responsabilidade do descobridor

Estatui o art. 1.235 do Código Civil:

> "O descobridor responde pelos prejuízos causados ao proprietário ou possuidor legítimo, quando tiver procedido com **dolo**".

O descobridor não é obrigado, como foi dito, a recolher a coisa achada. Mas se o fizer deverá tomar os **cuidados necessários para conservá-la** e restituí-la ao dono, fazendo jus, por isso, à indenização das despesas necessárias. Não é obrigado, por exemplo, a apropriar-se do animal que tenha achado. Se, no entanto, optar por recolhê-lo, não pode deixar que morra de fome, por falta de alimentos.

11.9.4. Destinação do bem

A autoridade competente deve fazer a **comunicação pela imprensa** e outros meios que existirem, "somente expedindo editais se o seu valor os comportar" (CC, art. 1.236).

O art. 1.237 contém normas sobre a destinação do bem cujo dono não o procura perante a autoridade à qual foi entregue, sobre a forma de comunicação e o prazo a ser aguardado depois do aviso pela imprensa ou por edital, bem como a respeito da destinação do que restar do produto da venda, dispondo:

> "Decorridos sessenta dias da divulgação da notícia pela imprensa, ou do edital, não se apresentando quem comprove a propriedade sobre a coisa, será esta vendida em hasta pública e, deduzidas do preço as despesas, mais a recompensa do descobridor, pertencerá o remanescente ao Município em cuja circunscrição se deparou o objeto perdido".

É facultado ao **Município**, que pode beneficiar-se da descoberta, abandoná-la, se o valor apurado for ínfimo. Preceitua, com efeito, o parágrafo único do aludido art. 1.237: "Sendo de diminuto valor, poderá o Município abandonar a coisa em favor de quem a achou".

Em nenhuma hipótese permite a lei que o descobridor se aproprie do bem. É dever de quem o encontra tudo fazer para localizar seu dono. Não o conseguindo, deve procurar a **autoridade policial**, a quem entregará a coisa achada.

---

[39] Marco Aurélio S. Viana, *Comentários*, cit., v. XVI, p. 66.

O processo para a venda de coisa alheia perdida é disciplinado nos arts. 746 e s. do Código de Processo Civil.

■ 11.10. RESUMO

DA PROPRIEDADE	
CONCEITO	■ Trata-se do mais completo dos direitos subjetivos, a matriz dos direitos reais e o núcleo do direito das coisas. O art. 1.228 do CC não oferece uma definição de propriedade, apenas enunciando os poderes do proprietário.
ELEMENTOS CONSTITUTIVOS	■ direito de usar *(jus utendi)*; ■ direito de gozar ou usufruir *(jus fruendi)*; ■ direito de dispor da coisa *(jus abutendi)*; ■ direito de reaver a coisa *(rei vindicatio)*.
AÇÃO REIVINDICATÓRIA	■ **Pressupostos:** a) a titularidade do domínio, pelo autor, da área reivindicanda; b) a individuação da coisa; c) a posse injusta do réu (desprovida de título). ■ **Natureza jurídica:** Tem caráter essencialmente dominial e por isso só pode ser utilizada pelo proprietário, por quem tenha *jus in re*. É, portanto, **ação real** que compete ao senhor da coisa. ■ **Legitimidade ativa:** — compete a reivindicatória ao senhor da coisa, ao titular do domínio; — não se exige que a propriedade seja plena. Mesmo a limitada, como ocorre nos direitos reais sobre coisas alheias e na resolúvel, autoriza a sua propositura; — cada condômino pode, individualmente, reivindicar de terceiro a totalidade do imóvel (CC, art. 1.314); — o compromissário comprador, que pagou todas as prestações, possui todos os direitos elementares do proprietário e dispõe, assim, de título para embasar ação reivindicatória. ■ **Legitimidade passiva:** — a ação deve ser endereçada contra quem está na posse ou detém a coisa, sem título ou suporte jurídico; — a boa-fé não impede a caracterização da injustiça da posse, para fins de reivindicatória; — ao possuidor direto, citado para a ação, incumbe a nomeação à autoria do proprietário (CPC, art. 338).
OUTROS MEIOS DE DEFESA DA PROPRIEDADE	■ **Ação negatória:** É cabível quando o domínio do autor, por um ato injusto, esteja sofrendo alguma restrição por alguém que se julgue com um direito de servidão sobre o imóvel. ■ **Ação de dano infecto:** Tem caráter preventivo e cominatório, como o interdito proibitório, e pode ser oposta quando haja fundado receio de perigo **iminente**, em razão de ruína do prédio vizinho ou vício na sua construção (CC, art. 1.280). Cabe também nos casos de mau uso da propriedade vizinha.
CARACTERES DO DIREITO DE PROPRIEDADE	■ é **exclusivo** (no condomínio, recai sobre a parte ideal); ■ é **ilimitado** (pleno) ou **absoluto**; ■ é **irrevogável** ou **perpétuo**: não se extingue pelo não uso.
EVOLUÇÃO DO DIREITO DE PROPRIEDADE	■ no direito romano: tinha caráter individualista; ■ na Idade Média: passou por uma fase peculiar, com dualidade de sujeitos (o dono e o que explorava economicamente o imóvel, pagando ao primeiro pelo seu uso);

	■ após a Revolução Francesa: assumiu feição marcadamente individualista; ■ na atualidade, desempenha uma **função social:** deve ser exercido em consonância com as suas finalidades econômicas e sociais, e de modo que sejam preservados a flora, a fauna, as belezas naturais, o equilíbrio ecológico e o patrimônio histórico e artístico, bem como evitada a poluição do ar e das águas (CC, art. 1.228; CF, art. 5º, XXIII).
FUNDAMENTO JURÍDICO	■ teoria da **ocupação:** é a mais antiga. Vislumbra o direito de propriedade na ocupação das coisas, quando não pertenciam a ninguém ***(res nullius)***; ■ teoria da **especificação:** apoia-se no trabalho. Inspirou os regimes socialistas; ■ teoria da **lei** (de Montesquieu): sustenta que a propriedade é instituição do direito positivo, ou seja, existe porque a lei a criou e a garante; ■ teoria da **natureza humana:** prega que a propriedade é inerente à natureza humana. Não deriva do Estado e de suas leis, mas lhes antecede, como direito natural. É a que conta com o maior número de adeptos, especialmente a Igreja Católica.
DA DESCOBERTA	■ **Descoberta** é o achado de coisa perdida por seu dono. Descobridor é a pessoa que a encontra. "Quem quer que ache coisa alheia perdida há de restituí-la ao dono ou legítimo possuidor" (CC, art. 1.233). "Não o conhecendo, o descobridor fará por encontrá-lo, e, se não o encontrar, entregará a coisa achada à autoridade competente" (parágrafo único).

12

DA AQUISIÇÃO DA PROPRIEDADE IMÓVEL

12.1. INTRODUÇÃO

O Código Civil de 2002, depois do capítulo da propriedade em geral, trata dos diversos **modos de aquisição**, separando a propriedade imóvel da móvel, conferindo tratamento diferente a uma e outra.

Tal critério acentua a relevância da distinção entre essas duas espécies de bens. A divisão em imóveis e móveis é considerada a mais importante classificação, fundada na efetiva natureza dos bens.

Os **bens imóveis**, denominados *bens de raiz*, sempre desfrutaram de maior prestígio, ficando os móveis relegados a plano secundário. No entanto, **a importância do bem móvel** tem aumentado sensivelmente no moderno mundo dos negócios, em que circulam livremente os papéis e valores dos grandes conglomerados econômicos, sendo de suma importância para a economia o crédito, as energias, as ações de companhias particulares, os títulos públicos, as máquinas, os veículos etc.[1].

O legislador, todavia, seguindo a tradição romana e o direito medieval, **confere relevo à riqueza imobiliária**. Nos arts. 79 e 82, o Código Civil de 2002 faz a distinção entre bens móveis e imóveis, distinguindo também o modo de aquisição de cada um deles.

Quanto aos **imóveis**, mencionam os arts. 1.227 e 1.245 que são eles adquiridos pela transferência da propriedade entre vivos, mediante o **registro** do título translativo no registro de imóveis; e, quanto aos **móveis**, que "só se adquirem com a **tradição**" (art. 1.226).

12.2. MODOS DE AQUISIÇÃO

O atual Código Civil, embora não tenha especificado os modos de aquisição da propriedade imóvel, disciplinou, nos arts. 1.238 a 1.259 e 1.784, os seguintes:

- a usucapião;
- o registro do título;
- a acessão; e
- o direito hereditário.

O **direito hereditário** é, também, modo de aquisição da propriedade imóvel porque, "aberta a sucessão, a herança transmite-se, **desde logo**, aos herdeiros legítimos

1 Carlos Roberto Gonçalves, *Direito civil brasileiro*, v. I, p. 240-241.

e testamentários" (CC, art. 1.784). O inventário será feito em função do princípio da **continuidade** do registro de imóveis, para que o herdeiro ali figure como titular do direito de propriedade. Todavia, a aquisição desse direito dá-se simplesmente em razão do falecimento do *de cujus*, quando então se considera **aberta a sucessão** (princípio da *saisine*, segundo o qual o próprio morto transmite ao sucessor o domínio e a posse da herança: *le mort saisit le vif*).

O mesmo sucede com a **usucapião**, como se verá adiante. Presentes os demais pressupostos legais, considera-se adquirido o domínio pelo **simples decurso do lapso de tempo** previsto na lei. A sentença que reconhecer a usucapião terá natureza meramente **declaratória**.

12.2.1. Classificação quanto à causa da aquisição

Os **modos** de adquirir a propriedade classificam-se segundo critérios diversos. Quanto à **procedência** ou **causa** da aquisição, esta pode ser:

- **Originária:** quando **não há transmissão** de um sujeito para outro, como ocorre na acessão natural e na usucapião. O indivíduo, em dado momento, torna-se dono de uma coisa por fazê-la sua, sem que lhe tenha sido transmitida por alguém, ou porque jamais esteve sob o domínio de outrem. Não há relação causal entre a propriedade adquirida e o estado jurídico anterior da própria coisa.
- **Derivada:** quando resulta de uma relação negocial entre o anterior proprietário e o adquirente, havendo, pois, uma **transmissão do domínio** em razão da manifestação de vontade, como no registro do título translativo e na tradição.

12.2.2. A usucapião como modo originário

Conforme a assertiva de Adroaldo Furtado Fabrício, "a usucapião é forma ***originária*** de adquirir: **o usucapiente não adquire a alguém; adquire, simplesmente**. Se propriedade anterior existiu sobre o bem, é direito que morreu, suplantado pelo do usucapiente, sem transmitir ao direito novo qualquer de seus caracteres, vícios ou limitações. Aliás, é de todo irrelevante, do ponto de vista da prescrição aquisitiva, a existência ou não daquele direito anterior"[2].

Se o modo é **originário**, a propriedade passa ao patrimônio do adquirente **escoimada de quaisquer limitações ou vícios** que porventura a maculavam. Se é **derivado**, a transmissão é feita com **os mesmos atributos e eventuais limitações** que anteriormente recaíam sobre a propriedade, porque, segundo velha máxima de Ulpiano, *nemo plus juris ad alium transferre potest quam ipse haberet*, ou seja, ninguém pode transferir a outrem mais direitos do que tem. A aquisição derivada exige, também, comprovação da legitimidade do direito do antecessor.

12.2.3. Classificação quanto ao objeto

Quanto ao **objeto**, diz-se que a aquisição é:

- A **título singular**, quando tem por objeto bens **individualizados**, particularizados. Verifica-se, ordinariamente, por negócios *inter vivos*.

---

2 *Comentários ao Código de Processo Civil*, v. VIII, t. III, p. 517.

- A **título universal**, quando a transmissão da propriedade recai num **patrimônio**. O único modo de aquisição por essa forma admitido pelo nosso direito é a **sucessão hereditária**. Nessa espécie, "o adquirente sucede em todos os direitos reais e processuais do transmitente, e nas obrigações dele para com terceiros, visto que o sucessor continua a pessoa de quem o adquirente recebe a coisa; na aquisição a **título singular**, o adquirente sucede nos direitos, mas não se torna responsável pelas obrigações pessoais contraídas pelo alienante"[3].

12.2.4. Modos peculiares e modos comuns de aquisição da propriedade

O **registro do título translativo** no Cartório de Registro de Imóveis constitui modo de adquirir a propriedade peculiar aos **bens imóveis**.

Os modos **peculiares** aos **móveis** são:

- a ocupação;
- a especificação;
- a confusão;
- a comistão;
- a adjunção; e
- a tradição.

São **modos comuns** de aquisição da propriedade, servindo tanto para **os móveis como para os imóveis:**

- a sucessão;
- a usucapião; e,
- segundo alguns, a acessão[4].

12.2.5. Resumo

AQUISIÇÃO DA PROPRIEDADE IMÓVEL	
MODOS DE AQUISIÇÃO	**Hipóteses legais (CC, arts. 1.239/1.259 e 1.784)** a) usucapião; b) registro do título de transferência no Registro do Imóvel; c) acessão; d) direito hereditário. **Classificação quanto à causa ou procedência da aquisição** **a) originária:** não há transmissão de um sujeito para outro, como ocorre na acessão natural e na usucapião; **b) derivada:** a aquisição resulta de uma relação negocial entre o anterior proprietário e o adquirente. **Classificação quanto ao objeto** **a) a título singular:** quando tem por objeto bens individualizados, particularizados; **b) a título universal:** quando a transmissão da propriedade recai num patrimônio, como ocorre na sucessão hereditária (única forma admitida pelo nosso direito).

3 Orlando Gomes, *Direitos reais*, p. 161-162.

4 Orlando Gomes, *Direitos reais*, cit., p. 160.

12.3. DA USUCAPIÃO

12.3.1. Conceito

A usucapião é também chamada de **prescrição aquisitiva**, em confronto com a **prescrição extintiva**, que é disciplinada nos arts. 205 e 206 do Código Civil. Em ambas, aparece o elemento tempo, influindo na aquisição e na extinção de direitos.

- **Prescrição aquisitiva** — Regulada no direito das coisas, é **modo originário de aquisição da propriedade e de outros direitos reais** suscetíveis de exercício continuado (entre eles, as servidões e o usufruto) pela **posse** prolongada no tempo, acompanhada de certos requisitos exigidos pela lei.

- **Prescrição extintiva** — É a **perda da pretensão** e, por conseguinte, da ação atribuída a um direito, e de toda a sua capacidade defensiva, em consequência do **não uso** dela durante determinado espaço de tempo[5].

O art. 1.244 do Código Civil, entretanto, demonstra que se trata de **institutos símiles**, ao prescrever:

> "Estende-se ao possuidor o disposto quanto ao devedor acerca das causas que obstam, suspendem ou interrompem a prescrição, as quais também se aplicam à usucapião".

Consequentemente, dentre outras proibições, não se verifica usucapião entre cônjuges, na constância do casamento, entre ascendentes e descendentes, durante o poder familiar etc. Não corre, ainda, a prescrição (art. 198) contra os absolutamente incapazes de que trata o art. 3º.

Já se decidiu que se suspende o prazo da prescrição aquisitiva a partir da data do óbito do pai da herdeira necessária, menor de dezesseis anos, até que complete essa idade, beneficiando os demais condôminos[6].

Na opinião de Cunha Gonçalves[7], "a propriedade, embora seja perpétua, não pode conservar este caráter senão enquanto o proprietário manifestar a sua intenção de manter o seu domínio, exercendo uma permanente atividade sobre a coisa possuída; **a sua inação perante a usurpação feita por outrem, durante 10, 20 ou 30 anos, constitui uma aparente e tácita renúncia ao seu direito**. De outro lado, à sociedade interessa muito que as terras sejam cultivadas, que as casas sejam habitadas, que os móveis sejam utilizados; mas um indivíduo que, durante largos anos, exerceu esses direitos numa coisa alheia, pelo seu dono deixada ao abandono, é também **digno de proteção**. Finalmente, a lei faculta ao proprietário esbulhado o exercício da respectiva ação para reaver a sua posse; mas esta ação não pode ser de duração ilimitada, porque a **paz social** e a tranquilidade das famílias exigem que os litígios cessem, desde que não foram postos em juízo num determinado prazo".

---

[5] Clóvis Beviláqua, *Código Civil dos Estados Unidos do Brasil comentado*, comentários ao art. 161 do CC/1916, obs. n. 5.

[6] *RJTJSP*, 39/143.

[7] *Da propriedade e da posse*, p. 207-208.

12.3.2. Fundamento

O fundamento da usucapião está assentado, assim:

- no princípio da utilidade social;
- na conveniência de se dar segurança e estabilidade à propriedade; e
- na vantagem de se consolidarem as aquisições e de se facilitar a prova do domínio.

Tal instituto, segundo consagrada doutrina, repousa na **paz social** e estabelece a firmeza da propriedade, libertando-a de reivindicações inesperadas; corta pela raiz um grande número de pleitos, planta a paz e a tranquilidade na vida social: tem a aprovação dos séculos e o consenso unânime dos povos antigos e modernos[8].

12.3.3. Usucapião: palavra do gênero feminino

Em toda a legislação romana, especialmente no *Corpus Iuris Civilis*, a palavra **"usucapião"** aparece no feminino, ligando-se à *capio* ou *capionis*, que é feminina e quer dizer tomada, ocupação e aquisição, antecedida de *usu* (através do uso). A Lei n. 6.969, de 10 de dezembro de 1981, que dispõe sobre a aquisição, por usucapião especial, de imóveis rurais, utiliza-a no **gênero feminino**, assim também procedendo o Estatuto da Cidade (Lei n. 10.257/2001). Desse mesmo modo é ela mencionada nos dicionários *Novo Dicionário Aurélio* e *Caldas Aulete*.

O atual Código Civil emprega o vocábulo usucapião no **gênero feminino**, respeitando a sua origem, como ocorre no direito francês, espanhol, italiano e inglês, malgrado seja o último estranho ao grupo[9].

12.3.4. Espécies

Podem ser objeto de usucapião bens **móveis** e **imóveis**, mas a destes é, no entanto, bem mais frequente.

O direito brasileiro distingue as seguintes espécies de usucapião de bens **imóveis:**

- a **extraordinária**;
- a **ordinária**;
- a **especial** ou **constitucional**, dividindo-se a última em
  a) rural (*pro labore*) e
  b) urbana (pró-moradia ou *pro misero*), que pode ser **individual, coletiva ou familiar**;
- a **imobiliária administrativa,** que permite ao Poder Público legitimar posse de ocupantes de imóveis públicos ou particulares;

---

8 Orlando Gomes, *Direitos reais*, cit., p. 187-188; Lafayette Rodrigues Pereira, *Direito das coisas*, cit., p. 184.

9 Benedito Silvério Ribeiro, *Tratado de usucapião*, v. 1, p. 171-186.

- a **indígena**, que constitui modalidade especial, estabelecida no **Estatuto do Índio** (Lei n. 6.001/73), cujo art. 33 dispõe: "O índio integrado ou não, que ocupa como próprio, por dez anos consecutivos, trecho de terra inferior a cinquenta hectares, adquirirlheá a propriedade plena". As terras objeto dessa espécie de usucapião são rurais e particulares, observandose, na ação, o **procedimento comum**, uma vez que o novo Código de Processo Civil não manteve o rito especial previsto nos arts. 941 a 945 do diploma de 1973, apesar de se referir à "ação de usucapião de imóvel" nos arts. 246 e 259. Dispõe, com efeito, o art. 246, § 3º, do novo estatuto processual: "Na ação de usucapião de imóvel, os confinantes serão citados pessoalmente, exceto quando tiver por objeto unidade autônoma de prédio em condomínio, caso em que tal citação é dispensada". Neste caso, é válida a citação feita ao funcionário da portaria responsável pelo recebimento de correspondência, salvo se este recuse o recebimento, declarando, "por escrito, sob as penas da lei, que o destinatário da correspondência está ausente" (CPC, art. 248, § 4º). E o art. 259, I, do aludido diploma proclama que serão publicados editais "na ação de usucapião de imóvel";
- a **extrajudicial**, requerida e processada no Cartório de Registro de Imóveis, e não em juízo (Lei n. 11.977, de 7-7-2009, com as alterações introduzidas pela Lei n. 12.424, de 26-6-2011).

Confira-se o quadro esquemático abaixo:

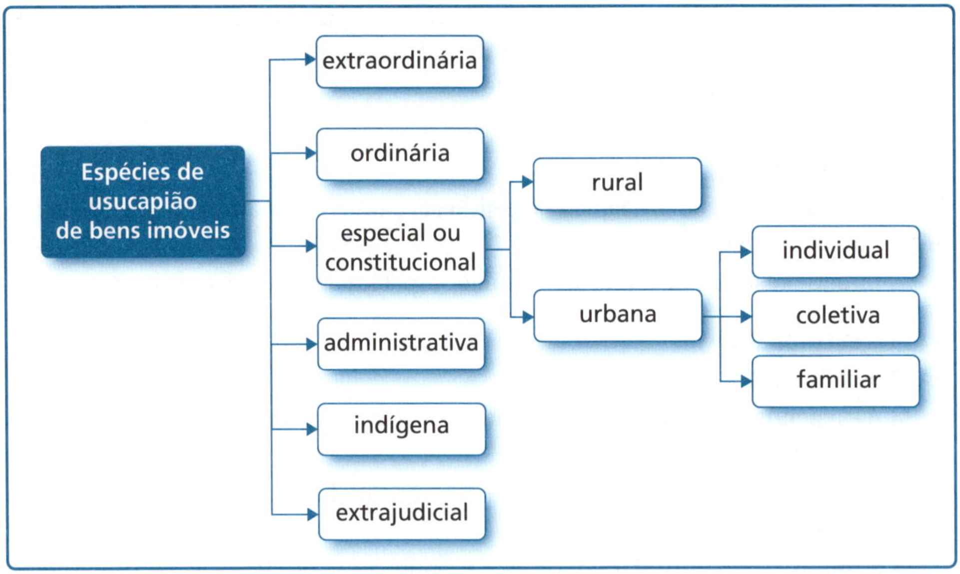

12.3.4.1. *Usucapião extraordinária*

12.3.4.1.1. *Requisitos*

A usucapião **extraordinária** é disciplinada no art. 1.238 do Código Civil e seus requisitos são:

- posse de **quinze anos** (que pode reduzir-se a dez anos se o possuidor houver estabelecido no imóvel a sua moradia habitual ou nele realizado obras ou serviços de caráter produtivo);
- posse exercida com **ânimo de dono**, de forma **contínua**, **mansa** e **pacificamente**. Dispensam-se os requisitos do justo título e da boa-fé.

12.3.4.1.2. Regulamentação legal

Dispõe, com efeito, o aludido dispositivo legal:

> "Aquele que, por **quinze anos, sem interrupção, nem oposição**, possuir **como seu** um imóvel, adquire-lhe a propriedade, independentemente de título e boa-fé; podendo requerer ao juiz que assim o declare por sentença, a qual servirá de título para o registro no Cartório de Registro de Imóveis.
>
> Parágrafo único. O prazo estabelecido neste artigo **reduzir-se-á a dez anos** se o possuidor houver estabelecido no imóvel a sua **moradia habitual**, ou nele realizado **obras ou serviços** de caráter produtivo".

Tal modalidade de prescrição tem como antecedentes históricos a *praescriptio longi* ***temporis***, a *longissimi temporis* (que chegou a ser de quarenta anos) e a prescrição *imemorial* (posse de cujo começo não houvesse memória entre os vivos). Corresponde à espécie de usucapião mais comum e conhecida. Bastam o ânimo de dono e a continuidade e tranquilidade da posse por quinze anos.

O usucapiente não necessita de justo título nem de boa-fé, que nem sequer são presumidos: simplesmente não são requisitos exigidos. O título, se existir, será apenas reforço de prova, nada mais.

12.3.4.1.3. Redução do prazo

O conceito de **"posse-trabalho"**, quer se corporifique na construção de uma residência, quer se concretize em investimentos de caráter produtivo ou cultural, levou o legislador a reduzir para **dez anos** a usucapião extraordinária, como consta do parágrafo único supratranscrito.

Para que ocorra a redução do prazo, não basta comprovar o pagamento de tributos, uma vez que, num país com grandes áreas despovoadas, poderia o fato propiciar direitos a quem não se encontre em situação efetivamente merecedora do amparo legal. Pareceu mais conforme aos ditames sociais, segundo justificativa apresentada por Miguel Reale[10], situar o problema em termos de **"posse-trabalho"**, que se manifesta por meio de **obras e serviços** realizados pelo possuidor ou de **construção**, no local, de sua morada.

---

[10] *O Projeto do novo Código Civil*, p. 82-83.

12.3.4.1.4. Usucapião dos direitos reais sobre coisa alheia

A propriedade adquirida por usucapião compreende não só aquela dotada de todos os seus atributos componentes (CC, art. 1.231), como também as parcelas que dela se destacam, isto é, os direitos reais sobre coisa alheia (*iura in re aliena*), como **a servidão, a enfiteuse, o usufruto, o uso, a habitação, a anticrese etc.**

No tocante à ***servidão***, o Código Civil de 2002 aperfeiçoou a redação, ficando explicitado, no art. 1.379, que a usucapião abrange a **servidão aparente**. Todavia, houve uma falha no que tange ao requisito temporal, uma vez que o mais longo prazo de usucapião devia ser o de quinze anos, que é o da prescrição extraordinária. Mas foi fixado em vinte, no parágrafo único do aludido dispositivo, mesmo sabendo-se que a servidão é apenas parcela da propriedade.

12.3.4.2. Usucapião ordinária

12.3.4.2.1. Requisitos

A usucapião ordinária apresenta os seguintes requisitos:

- posse de dez anos;
- posse exercida com ânimo de dono, de forma contínua, mansa e pacificamente;
- justo título e boa-fé.

12.3.4.2.2. Regulamentação legal

Dispõe, com efeito, o art. 1.242 do Código Civil:

> "Adquire também a propriedade do imóvel aquele que, **contínua** e **incontestadamente**, com **justo título** e **boa-fé**, o possuir por **dez anos**.
> Parágrafo único. Será de **cinco anos** o prazo previsto neste artigo se o imóvel houver sido adquirido, onerosamente, com base no registro constante do respectivo cartório, cancelada posteriormente, desde que os possuidores nele tiverem estabelecido a sua **moradia**, ou realizado **investimentos de interesse social e econômico**".

Preceitua o art. 2.029 das **"Disposições Transitórias"** que, "até dois anos após a entrada em vigor deste Código, os prazos estabelecidos no parágrafo único do art. 1.238 e no parágrafo único do art. 1.242 serão acrescidos de dois anos, qualquer que seja o tempo transcorrido na vigência do anterior, Lei n. 3.071, de 1º de janeiro de 1916".

Os parágrafos mencionados dizem respeito às hipóteses em que o prazo é reduzido porque o possuidor estabeleceu no imóvel a sua **moradia habitual**, ou nele realizou **obras ou serviços de caráter produtivo**. Acrescenta o art. 2.030 do Código Civil que "o acréscimo de que trata o artigo antecedente, será feito nos casos a que se refere o § 4º do art. 1.228".

12.3.4.3. Usucapião especial

Além das duas espécies mencionadas, o nosso ordenamento prevê a usucapião **especial**, também chamada de **constitucional** por ter sido introduzida pela Constituição Federal sob duas formas:

- **Usucapião especial rural**, também denominada ***pro labore***, consagrada na Constituição de 1934, também regulamentada no art. 191 da Carta de 1988 e no art. 1.239 do atual Código Civil.
- **Usucapião especial urbana**, também conhecida como **pró-moradia** e que constitui inovação trazida pela atual Constituição, estando regulamentada em seu art. 183 e também no Estatuto da Cidade (Lei n. 10.257, de 10-7-2001), arts. 9º (usucapião urbana individual) e 10 (usucapião urbana coletiva), assim como no art. 1.240 do Código Civil.

12.3.4.3.1. Usucapião especial rural

12.3.4.3.1.1. Regulamentação legal

A usucapião especial rural ou *pro labore* surgiu, no direito brasileiro, com a Constituição Federal de 1934. A **Constituição Federal de 1988**, no art. 191, aumentou a dimensão da área rural suscetível dessa espécie de usucapião para **cinquenta hectares**, tendo o parágrafo único proibido expressamente a aquisição de **imóveis públicos** por usucapião. O usucapiente não pode ser proprietário de qualquer outro imóvel, seja rural ou urbano.

O Código Civil de 2002 limitou-se, no art. 1.239, a reproduzir, *ipsis litteris*, o mencionado art. 191 da Constituição Federal:

> "Art. 1.239. Aquele que, não sendo proprietário de imóvel rural ou urbano, possua como sua, por cinco anos ininterruptos, sem oposição, **área de terra em zona rural não superior a cinquenta hectares**, tornando-a produtiva por seu trabalho ou de sua família, tendo nela sua moradia, adquirir-lhe-á a propriedade".

12.3.4.3.1.2. Características

A usucapião especial rural não se contenta com a simples posse. O seu objetivo é a **fixação do homem no campo**, exigindo ocupação produtiva do imóvel, devendo neste morar e trabalhar o usucapiente. Constitui a consagração do princípio ruralista de que deve ser dono da terra rural quem a tiver frutificado com o seu suor, tendo nela **a sua morada e a de sua família**[11].

Tais requisitos impedem que a pessoa jurídica requeira usucapião com base no dispositivo legal em apreço, porque ela não tem família nem morada. Tal modalidade **não exige, todavia, justo título nem boa-fé**.

O benefício é instituído **em favor da família**, cujo conceito encontra-se estampado na Constituição Federal: a constituída pelo casamento e a entidade familiar, que envolve a união estável e a família monoparental (art. 226, §§ 1º a 4º). Por essa razão, a morte de um dos cônjuges, de um dos conviventes ou do pai ou da mãe que dirige a família monoparental não prejudica o direito dos demais integrantes.

---

[11] Washington de Barros Monteiro, *Curso*, cit., v. 3, p. 128; Arnaldo Rizzardo, *Direito das coisas*, p. 281.

■ 12.3.4.3.1.3. "Accessio possessionis"

A doutrina e a jurisprudência não agasalham, todavia, a soma ou adição da posse, denominada *accessio possessionis*[12]. **Não pode, assim, o possuidor acrescentar à sua posse a dos seus antecessores**, uma vez que teriam de estar presentes as mesmas qualidades das posses adicionadas, o que seria difícil de ocorrer, visto que há requisitos personalíssimos incompatíveis com a aludida soma, como produtividade do trabalho do possuidor ou de sua família e morada no local.

É afastada até mesmo a hipótese de adicionamento quando o sucessor a título singular faz parte da família e passa a trabalhar a terra e a produzir, nela residindo[13].

■ 12.3.4.3.2. Usucapião especial urbana

■ 12.3.4.3.2.1. Regulamentação constitucional

A usucapião especial urbana constitui inovação trazida pela Constituição Federal de 1988, estando regulamentada em seu art. 183, *verbis*:

> "Aquele que possuir como sua **área urbana de até duzentos e cinquenta metros quadrados**, por cinco anos, ininterruptamente e sem oposição, utilizando-a para sua **moradia** ou de sua família, adquirir-lhe-á o domínio, desde que não seja proprietário de outro imóvel urbano ou rural".

Tal espécie, por um lado, não se aplica à posse de terreno urbano sem construção, pois **é requisito a sua utilização para moradia** do possuidor ou de sua família; e, por outro, **não reclama justo título nem boa-fé**, como também ocorre com a usucapião especial rural e já foi dito.

Acrescentam os §§ 2º e 3º do dispositivo constitucional supratranscrito que "esse direito não será reconhecido ao novo possuidor mais de uma vez" e que os "imóveis públicos não serão adquiridos por usucapião". O título de domínio e a concessão de uso serão conferidos ao homem ou à mulher, ou a ambos, independentemente do estado civil (§ 1º).

■ 12.3.4.3.2.2. Regulamentação no Código Civil

No art. 1.240, o Código Civil de 2002 reproduziu, integralmente, o art. 183, §§ 1º e 2º, da Constituição Federal.

Tem legitimidade para usucapir o possuidor, como **pessoa física**. A lei exige do prescribente que utilize o imóvel para sua **moradia** ou de sua **família**. A pessoa jurídica, tendo sede, e não residência, não tem família e, portanto, não está legitimada para arguir a prescrição aquisitiva.

---

12 *RT*, 305/344; *RJTJSP*, 137/300.

13 Marco Aurélio S. Viana, *Comentários ao novo Código Civil*, v. XVI, p. 4; Benedito Silvério Ribeiro, *Tratado*, cit., v. 2, p. 1020.

O brasileiro nato e o naturalizado podem usucapir. O estrangeiro poderá fazê-lo somente se for residente no País (CF, art. 5º).

■ 12.3.4.3.2.3. *Extensão do imóvel*

Quanto à extensão do imóvel, a área urbana de **"até duzentos e cinquenta metros quadrados"** (CC, art. 1.240) representa um **tamanho máximo**, fixado pelo legislador constitucional como suficiente à moradia do possuidor ou de sua família. Tal metragem abrange tanto a área do terreno quanto a construção, vedado que uma ou outra ultrapasse o limite assinalado. Ademais, não se soma a área construída à do terreno[14].

Nada obsta que se adquira pela usucapião especial **imóvel urbano inserido em área maior**, delimitada a posse ao limite de duzentos e cinquenta metros quadrados. Decidiu o Tribunal de Justiça de São Paulo ser possível incidir a usucapião especial sobre um lote de terreno existente em área que seria objeto de um loteamento, enfatizando:

> "Ora, estando o imóvel usucapiendo bem descrito e identificado, tendo a requerente juntado a planta do loteamento a que pertence, impõe-se o prosseguimento da ação de usucapião especial, pois o imóvel acha-se individualizado, porquanto o condômino pode usucapir, desde que exerça posse pro sua, com exclusividade, em **área delimitada**, demonstrando inequivocamente o animus domini, pelo prazo mínimo previsto em lei. Não há impossibilidade de usucapir área destacada em imóvel urbano, desde que, por suas características de localização e metragem, possa ser desmembrada, como é o caso em testilha"[15].

■ 12.3.4.3.2.4. *Usucapião especial de apartamento*

No tocante a apartamento, assentou o Tribunal de Justiça do Rio de Janeiro, em acórdão citado por Benedito Silvério Ribeiro, que se deve levar em conta a **área do imóvel**.

---

[14] Benedito Silvério Ribeiro, *Tratado*, cit., v. 2, p. 910.

"Usucapião especial. Imóvel urbano com área inferior ao especificado por lei municipal que não prevalece em face do ordenamento constitucional. Competência legislativa da União. Extinção do processo afastada" (*JTJ*, Lex, 266/36). "Usucapião especial. Imóvel urbano. Loteamento irregular. Irrelevância. Questão meramente administrativa que não obsta o reconhecimento da prescrição aquisitiva" (*JTJ*, Lex, 244/188).

[15] *JTJ*, Lex, 245/187.

"Usucapião especial. Domínio. Impossibilidade da sua declaração sobre parte ideal não individualizada. Inocorrência. Pretensão a declaração judicial sobre a totalidade do imóvel usucapiendo. Exercício da posse exclusiva do bem decorrente de sucessão hereditária. Inexistência de óbice ao prosseguimento do feito" (*JTJ*, Lex, 259/233). "Usucapião urbano. Condomínio. Ajuizamento por condôminos titulares de fração certa e determinada. Pretendido reconhecimento do domínio de sua quota-parte. Cabimento, em tese, do pedido. Indeferimento da inicial afastado" (*JTJ*, Lex, 240/133).

Aduz o mencionado autor: "Nos casos de apartamentos, em que a fração ideal do solo é mínima, seria de levar em conta a área da unidade autônoma, que pode ser pouco significativa. A área a ser considerada, no caso, deveria ser a **total, não a útil**"[16].

12.3.4.3.3. *Usucapião urbana individual do Estatuto da Cidade*

O Estatuto da Cidade (Lei n. 10.257, de 10-7-2001) prevê e disciplina a usucapião urbana **individual** e **coletiva**, ambas de inegável alcance social.

A lei em apreço veio conceder poderoso instrumento de intervenção urbana ao Município. Assim, dispõe o art. 9º da Lei n. 10.257/2001 que "aquele que possuir como sua **área ou edificação urbana de até duzentos e cinquenta metros quadrados**, por cinco anos, ininterruptamente e sem oposição, utilizando-a para sua **moradia ou de sua família**, adquirir-lhe-á o domínio, desde que não seja proprietário de outro imóvel urbano ou rural".

O **Estatuto da Cidade** entrou em vigor poucos meses antes da vigência do Código Civil de 2002, contendo preceito quase idêntico ao art. 1.240 deste último diploma. A única diferença é que este fala em "área urbana", e o aludido Estatuto esclarece melhor, falando em **"área ou edificação urbana"**, uma vez que não é possível a aquisição por usucapião urbana apenas da área, tendo em vista que o objetivo visado pela lei é a moradia. Tal fato induz construção, restando concluir que **tanto a área** (com a construção) **como a edificação** (só o direito de superfície) poderão ser objeto de usucapião urbana do Estatuto da Cidade. O limite de duzentos e cinquenta metros quadrados não pode assim ser ultrapassado, seja para a área do terreno, seja para a edificação[17].

O Estatuto da Cidade é **lei especial** que regula dispositivo constitucional. Por essa razão, não sofreu alteração com a superveniência de lei geral (novo Código Civil), uma vez que a lei geral não derroga a especial, segundo dispõe expressamente o art. 2º, § 2º, da Lei de Introdução às Normas do Direito Brasileiro.

Denota-se, do exposto, que a usucapião urbana está contida em **três diplomas** importantes:

- no art. 183 da Constituição Federal;
- no art. 9º do Estatuto da Cidade; e
- no art. 1.240 do Código Civil.

Não há conflito entre o texto do art. 1.240 do Código Civil e o do art. 9º do Estatuto da Cidade. Mas o § 3º deste último diploma estabelece uma **restrição para a *accessio possessionis***, dizendo que "o herdeiro legítimo continua, de pleno direito, a posse de seu antecessor, **desde que já resida no imóvel** por ocasião da abertura da sucessão". A soma das posses não era admitida pela jurisprudência, por se tratar de ocupação pessoal do imóvel para fins de moradia. Todavia, o texto constitucional não a proibia.

---

16 *Tratado*, cit., v. 2, p. 909.

17 Benedito Silvério Ribeiro, *Tratado*, cit., v. 2, p. 930.

Ao falar em herdeiro **legítimo**, o dispositivo em tela afasta o herdeiro testamentário e também outros que não estejam residindo no imóvel usucapiendo na data da abertura da sucessão.

O § 1º do art. 9º do Estatuto da Cidade preceitua que o título de domínio será conferido **ao homem ou à mulher**. Visa à proteção da entidade familiar decorrente do casamento ou da união estável. O estado civil de cada um dos possuidores é secundário, pois **se objetiva beneficiar a família que reside no imóvel** objeto de usucapião. É afastada a exigência de outorga do cônjuge, na hipótese de pessoa casada que viva com outra, por exemplo, a título de companheira, e que visem a usucapir.

O uso para fins outros que não o residencial é vedado pela própria lei, não estando afastada hipótese de utilização de parte do imóvel para **pequeno comércio** (oficina de pequenos consertos, bar, microempresa), **com moradia do usucapiente ou de sua família no local**[18].

12.3.4.3.4. *Usucapião urbana coletiva do Estatuto da Cidade*

O Estatuto da Cidade prevê também, no art. 10, a **usucapião coletiva**, de grande alcance social, de **áreas urbanas**, ocupadas por população de baixa renda para sua moradia por cinco anos, **onde não for possível identificar os terrenos ocupados individualmente**. Essa modalidade não é prevista no Código Civil. Dispõe, com efeito, o aludido dispositivo, com a redação dada pela **Lei n. 13.465, de 11 de julho de 2017**:

> "Os núcleos urbanos informais existentes sem oposição há mais de cinco anos e cuja área total dividida pelo número de possuidores seja inferior a duzentos e cinquenta metros quadrados por possuidor são suscetíveis de serem usucapidos coletivamente, desde que os possuidores não sejam proprietários de outro imóvel urbano ou rural".

12.3.4.3.4.1. *Principal finalidade*

A inovação visa à regularização de áreas de **favelas ou de aglomerados residenciais sem condições de legalização do domínio**.

Dentre as diretrizes da política urbana que têm por objetivo ordenar o pleno desenvolvimento das funções sociais da propriedade urbana encontra-se a norma do inc. XIV do art. 2º do referido Estatuto: "regularização fundiária e urbanização de áreas ocupadas por população de baixa renda mediante o estabelecimento de normas especiais de urbanização, uso e ocupação do solo e edificação, consideradas a situação socioeconômica da população e as normas ambientais".

Essa modalidade veio, assim, possibilitar a regularização de áreas de favelas ou de aglomerados residenciais sem condições de legalização dominial. Fala-se em áreas ocupadas por população de **baixa renda**, para sua moradia, sem que possam adquirir o imóvel por usucapião, haja vista que estará adquirida gleba em **condomínio**.

---

[18] Benedito Silvério Ribeiro, *Tratado*, cit., v. 2, p. 931.

A usucapião urbana coletiva constitui modalidade distinta daquela estabelecida no art. 183 da Constituição Federal. Segundo o magistério de Benedito Silvério Ribeiro[19], trata-se de **nova figura ou modalidade** de usucapião, cuja contagem do prazo prescricional deve ocorrer a partir da vigência do art. 10 do Estatuto da Cidade.

■ 12.3.4.3.4.2. Requisitos

Não há um limite do tamanho da área, que deve ser de **propriedade particular**, uma vez que é proibido usucapir terras públicas (CF, art. 183, § 3º; CC, art. 102; STF, Súmula 340).

Não se trata de terra bruta, mas, sim, ocupada por pessoas que vivem em **barracos ou habitações precárias** construídas com material frágil, até mesmo com coberturas improvisadas. Tendo em vista os parâmetros constitucionais, não se admite que cada um dos ocupantes receba parte ideal, conquanto possa ser diferenciada (Estatuto da Cidade, art. 10, § 3º), superior a duzentos e cinquenta metros quadrados, extensão estipulada para moradia urbana, consoante se infere do preceito contido no *caput* do mencionado art. 183 da Constituição Federal[20].

■ 12.3.4.3.4.3. População de baixa renda

Embora o legislador não explicite o conteúdo da expressão "população de baixa renda", entende-se abranger a camada da população **sem condições de adquirir**, por negócio oneroso, simples **imóvel de moradia**. Os economistas e estudiosos de ciências sociais costumam assim classificar as pessoas que ganham **menos de três salários mínimos** de renda mensal média.

Esse conceito pode, todavia, variar conforme a região. Caberá ao juiz, a quem se conferiu razoável dose de discrição, examinar caso a caso se os requerentes se encaixam no conceito indeterminado "baixa renda" usado pelo legislador. Trata-se de um conceito aberto, para permitir ao juiz um pensamento tópico, de solução do caso concreto[21].

O conceito não pode, todavia, ser confundido com o de população de renda ínfima ou com o conceito jurídico de pobre, adotado, entre outros, para a aferição da concessão de gratuidade de justiça[22].

■ 12.3.4.3.4.4. Áreas urbanas sem identificação individual dos terrenos ocupados

O art. 10 do Estatuto da Cidade menciona áreas urbanas ocupadas por população de baixa renda, "onde **não for possível identificar os terrenos** ocupados por cada possuidor".

---

19 *Tratado*, cit., v. 2, p. 944-946.

20 Benedito Silvério Ribeiro, *Tratado*, cit., v. 2, p. 947.

21 Francisco Eduardo Loureiro, Usucapião coletivo e habitação popular, *RDI*, p. 160; Benedito Silvério Ribeiro, *Tratado*, cit., v. 2, p. 949.

22 Caramuru Afonso Francisco, *Estatuto da Cidade comentado*, p. 144.

Não se trata de composse, em que um terreno é ocupado por várias pessoas, que exercem sobre ele posse em comum. A expressão foi usada em referência ao **núcleo habitacional desorganizado** como uma unidade, na impossibilidade de destacar parcelas individuais. Nos aludidos núcleos habitacionais não há propriamente terrenos identificados, mas, sim, espaços que não seriam passíveis de regularização pela via de usucapião individual[23].

12.3.4.3.4.5. *Legitimidade ativa "ad causam"*

Se alguns poucos moradores, cujas posses estejam estrategicamente localizadas no interior da gleba, **recusam-se a litigar no polo ativo** (podem preferir usucapir individualmente, com base no art. 9º do Estatuto), devem eles ser **citados** para integrarem a lide, no polo ativo, por se tratar de **litisconsórcio necessário**. Se comparecerem, e o juiz verificar que a recusa é justificada, o processo será extinto. Caso entenda injustificada, prosseguirá o feito, em situação semelhante à de suprimento de outorga de cônjuge[24].

Prevê o art. 12, III, do Estatuto da Cidade, como **parte legítima** para a propositura da ação de usucapião especial urbana, "como substituto processual, a **associação de moradores da comunidade**, regularmente constituída, com personalidade jurídica, desde que explicitamente autorizada pelos representados".

Trata-se de inovação, permitindo legitimação para a ocupação do polo ativo da ação de usucapião coletiva.

12.3.4.3.4.6. *Preponderância do uso do imóvel para fins residenciais*

Deve preponderar o uso do imóvel para **fins residenciais**, não se afastando utilização outra para finalidade comercial acanhada, como pequeno bar, por exemplo.

As favelas constituem um todo orgânico e devem ser consideradas como unidades, daí por que alguns **imóveis comerciais** não podem, desde que exista predominância da residência, impedir futura urbanização. Aos possuidores que explorem comércio não fica afastada a via usucapiatória do Código Civil, desde que atendido um mínimo de urbanização que permita **perfeita localização dos imóveis**, com dados idôneos para a abertura da matrícula[25].

12.3.4.3.4.7. *Ação de usucapião*

Na ação judicial de usucapião especial de imóvel urbano, o rito processual a ser observado é o **sumário** (Estatuto, art. 14). Na sentença, o juiz atribuirá **igual fração ideal de terreno a cada possuidor**, independentemente da dimensão do terreno que cada um ocupe, salvo hipótese de acordo escrito entre os condôminos, estabelecendo frações ideais diferenciadas (art. 10, § 3º).

---

23 Francisco Eduardo Loureiro, Usucapião, cit., *RDI*, p. 161.

24 Francisco Eduardo Loureiro, Usucapião, cit., *RDI*, p. 164.

25 Benedito Silvério Ribeiro, *Tratado*, cit., v. 2, p. 951-952.

A usucapião especial de imóvel urbano poderá ser invocada como **matéria de defesa**, valendo a sentença que a reconhecer como título para registro no cartório de registro de imóveis (Estatuto, art. 13). Na pendência da ação ficarão sobrestadas quaisquer outras ações, petitórias ou possessórias, que venham a ser propostas relativamente ao imóvel usucapiendo (art. 11).

■ 12.3.4.3.5. *Usucapião imobiliária administrativa*

A Lei n. 11.977, de 7 de julho de 2009, que criou o programa "Minha Casa, Minha Vida" (PMCMV), destinado ao custeio de moradia à população de baixa renda, instituiu também a **regularização fundiária**, com as alterações introduzidas pela Lei n. 12.424, de 16 de junho de 2011. Trata-se de um processo para transformar **a gleba em terra urbanizada**, com infraestrutura e integração à cidade.

A referida lei disciplina modalidade de usucapião administrativa, requerida e processada no **Cartório de Registro de Imóveis**, e não em juízo, prevendo a possibilidade de o Poder Público **legitimar a posse de ocupantes de imóveis públicos ou particulares**. Foi ela, no entanto, alterada pela **Lei n. 13.465, de 11 de julho de 2017**, que trata da questão dentro do Instituto da Regularização Fundiária Urbana (Reurb).

Dispõe, com efeito, o art. 25 da lei em apreço:

> "Art. 25. A legitimação de posse, instrumento exclusivo para fins de regularização fundiária, constitui ato do poder público destinado a conferir título, por meio do qual fica reconhecida a posse de imóvel objeto da REURB, com a identificação de seus ocupantes, do tempo da ocupação e da natureza da posse, o qual é conversível em direito real de propriedade, na forma desta Lei.
>
> § 1º A legitimação de posse poderá ser transferida por *causa mortis* ou por *ato inter vivos*.
>
> § 2º A legitimação de posse não se aplica aos imóveis urbanos situados em área de titularidade do poder público".

Estatui, por sua vez, o art. 26 da citada lei que

> "Sem prejuízo dos direitos decorrentes do exercício da posse mansa e pacífica no tempo, aquele em cujo favor for expedido título de legitimação de posse, decorrido o prazo de cinco anos de seu registro, terá a conversão automática dele em título de propriedade, desde que atendidos os termos e as condições do art. 183 da Constituição Federal, independentemente de prévia provocação ou prática de ato registral".

Aduz o § 1º:

> "Nos casos não contemplados pelo art. 183 da Constituição Federal, o título de legitimação de posse poderá ser convertido em título de propriedade, desde que satisfeitos os requisitos de usucapião estabelecidos na legislação em vigor, a requerimento do interessado, perante o registro de imóveis competente".

Complementa, por sua vez, o § 2º:

> "A legitimação de posse, após convertida em propriedade, constitui forma originária de aquisição de direito real, de modo que a unidade imobiliária com destinação urbana

> regularizada restará livre e desembaraçada de quaisquer ônus, direitos reais, gravames ou inscrições, eventualmente existentes em sua matrícula de origem, exceto quando disserem respeito ao próprio beneficiário".

Acrescenta o art. 27 da mencionada lei:

> "O título de legitimação de posse poderá ser cancelado pelo poder público emitente, quando constatado que as condições estipuladas nesta Lei deixaram de ser satisfeitas, sem que seja devida qualquer indenização àquele que irregularmente se beneficiou do instrumento".

Observa-se assim que a legislação em vigor prevê, por essa nova modalidade de usucapião, a conversão da legitimação da posse em propriedade.

Segundo Malhim Namen Chalhub, "O Capítulo III da Lei n. 11.077/2009 transpõe para o direito positivo o reconhecimento da eficácia jurídica da **posse com função social**, e, para maior celeridade de sua conversão em propriedade, admite seja processada extrajudicialmente a **usucapião de imóveis localizados em favelas** e assentamentos assemelhados"[26].

12.3.4.3.6. Usucapião familiar

A Lei n. 12.424, de 16 de junho de 2011, criou uma nova modalidade de usucapião especial urbana — também denominada usucapião pró-moradia e que vem sendo chamada de ***usucapião familiar*** —, inserindo no Código Civil o art. 1.240-A e seu § 1º, do seguinte teor:

> "Art. 1.240-A. Aquele que exercer, por 2 (dois) anos ininterruptamente e sem oposição, posse direta, com exclusividade, sobre imóvel urbano de até 250 m² (duzentos e cinquenta metros quadrados) cuja propriedade divida com ex-cônjuge ou ex-companheiro que abandonou o lar, utilizando-o para sua moradia ou de sua família, adquirir-lhe-á o domínio integral, desde que não seja proprietário de outro imóvel urbano ou rural.
>
> § 1º O direito previsto no *caput* não será reconhecido ao mesmo possuidor mais de uma vez".

O que seria o § 2º do aludido dispositivo tratava de isenção de despesas, em favor do hipossuficiente, para o registro da sentença de reconhecimento do direito e foi vetado.

12.3.4.3.6.1. Nova modalidade de usucapião especial urbana

Trata-se, como mencionado, de nova modalidade de usucapião especial urbana, instituída em favor de pessoas de baixa renda, que não têm imóvel próprio, seja urbano ou rural.

A lei em apreço disciplina o novo instituto nos mesmos moldes previstos no art. 183 da Constituição Federal. Tanto no caso da usucapião especial urbana como no da

26 *Usucapião administrativa*. Apud Flávio Tartuce e José Fernando Simão, *Direito civil*, v. 4, p. 176.

usucapião familiar, é necessário que o usucapiente não seja proprietário de outro imóvel urbano ou rural e exerça posse mansa, pacífica e ininterrupta sobre imóvel urbano de até 250 metros quadrados, para fins de sua moradia ou de sua família, não sendo permitida a concessão da medida mais de uma vez em favor da mesma pessoa.

■ 12.3.4.3.6.2. *Diferenças entre a usucapião especial urbana e a usucapião familiar*

Podem ser apontadas, no entanto, as seguintes diferenças entre as duas modalidades:

- na usucapião familiar, ao contrário do que sucede na usucapião especial urbana disciplinada no art. 1.240 do Código Civil, exige-se, além dos requisitos mencionados, que o usucapiente seja **coproprietário** do imóvel, em comunhão ou condomínio com seu **ex-cônjuge ou ex-companheiro**;
- exige-se, também, que estes tenham abandonado o lar de forma **voluntária e injustificada**;
- o tempo necessário para usucapir é flagrantemente inferior às demais espécies de usucapião, consumando-se a prescrição aquisitiva no **prazo de dois anos**.

■ 12.3.4.3.6.3. *Principal crítica à inovação*

A principal crítica que se tem feito à nova espécie é que ela ressuscita a discussão sobre **a causa do término do relacionamento afetivo**, uma vez que o abandono do lar deve ser voluntário, isto é, culposo, numa época em que se prega a extinção da discussão sobre a culpa para a dissolução do casamento e da união estável.

É evidente que, se a saída do lar, por um dos cônjuges, tiver sido determinada judicialmente, mediante, por exemplo, o uso das medidas previstas no art. 22 da Lei Maria da Penha (Lei n. 11.340/2006), não estará caracterizado o abandono voluntário exigido pela nova lei.

■ 12.3.4.3.6.4. *"Dies a quo" da fluência do prazo prescricional*

Observe-se que um dos pressupostos da nova espécie é que a propriedade seja dividida com ex-cônjuge ou ex-companheiro, deixando dúvida sobre o ***dies a quo*** da fluência do prazo prescricional.

À primeira vista pode parecer que o referido prazo somente começaria a fluir a partir da decretação do divórcio ou da dissolução da união estável, uma vez que, antes disso, não se pode falar em ex-cônjuge ou ex-companheiro, além do que não corre prescrição entre cônjuges e companheiros, na constância da sociedade conjugal ou da união estável (CC, arts. 197, I, e 1.244).

Todavia, a mera **separação de fato**, por erodir a arquitetura conjugal, **acarreta o fim** de deveres do casamento e, assim, do regime patrimonial, não se comunicando os bens havidos depois daquele desate matrimonial, como vem decidindo o Superior Tribunal de Justiça. Confira-se:

"1. O cônjuge que se encontra separado de fato não faz jus ao recebimento de quaisquer bens havidos pelo outro por herança transmitida após decisão liminar de separação de corpos.
2. Na data em que se concede a separação de corpos, desfazem-se os deveres conjugais, bem como o regime matrimonial de bens; e **a essa data retroagem os efeitos da sentença de separação judicial ou divórcio**"[27].

Ante tal orientação, a **separação de fato** poderá ser o marco inicial da contagem do prazo da usucapião familiar, uma vez caracterizado o abandono voluntário do lar por um dos cônjuges ou companheiros.

Ressalte-se, por fim, que o **prazo de dois anos** estabelecido na Lei n. 12.424, de 16 de junho de 2011, só começou a contar, para os interessados, a partir de sua vigência. O novo direito não poderia retroagir, surpreendendo um dos coproprietários com uma situação jurídica anteriormente não prevista. Assim, os primeiros pedidos somente poderão ser formulados a partir de 16 de junho de 2013.

■ *12.3.4.4. Usucapião indígena*

Índios ou silvícolas são os habitantes das selvas, não integrados à civilização. Nos termos do art. 4º, parágrafo único, do Código Civil de 2002, a "capacidade dos índios será regulada por legislação especial".

■ *12.3.4.4.1. Regulamentação legal*

O diploma legal que atualmente regula a situação jurídica dos índios no País é a Lei n. 6.001, de 19 de dezembro de 1973, que dispõe sobre o **Estatuto do Índio**, proclamando que ficarão sujeitos à tutela da União, até se adaptarem à civilização.

A **Fundação Nacional do Índio** foi criada pela Lei n. 5.371/67 para exercer a tutela dos indígenas, em nome da União.

Proclama o art. 32 do mencionado Estatuto do Índio que "são de propriedade plena do índio ou da comunidade indígena (...) as terras havidas por qualquer das formas de aquisição do domínio, nos termos da legislação civil".

Por sua vez, preceitua o art. 33:

> "O índio, integrado ou não, que ocupe como próprio, **por dez anos consecutivos**, trecho de terra inferior a cinquenta hectares, **adquirir-lhe-á a propriedade plena**".

■ *12.3.4.4.2. Beneficiário*

É beneficiado pelo favor legal, podendo usucapir, portanto, o índio **já integrado** na civilização, bem como aquele **ainda não integrado**. Segundo dispõe o art. 3º do mesmo diploma, **índio ou silvícola** "é todo indivíduo de origem e ascendência pré-colombiana que se identifica e é identificado como pertencente a um grupo étnico cujas características culturais o distinguem da sociedade nacional".

---

[27] REsp 1.065.209-SP, 4ª T., rel. Min. João Otávio de Noronha, j. 8-6-2010.

A tutela dos índios origina-se no âmbito administrativo. O que vive nas comunidades não integradas à civilização já nasce sob tutela. É, portanto, independentemente de qualquer medida judicial, **incapaz desde o nascimento**, até que preencha os requisitos exigidos pelo art. 9º da mencionada Lei n. 6.001/73 (idade mínima de 21 anos, conhecimento da língua portuguesa, habilitação para o exercício de atividade útil à comunidade nacional, razoável compreensão dos usos e costumes da comunhão nacional) e seja liberado por ato judicial, diretamente, ou por ato da Funai homologado pelo órgão judicial.

Competente para cuidar das questões referentes aos índios é a **Justiça Federal**. Se o índio possuir plena capacidade, poderá propor diretamente a ação de usucapião. Não a tendo, será representado pela Funai.

■ 12.3.4.4.3. *Área usucapienda*

A área usucapienda é somente a **rural e particular**, uma vez que a própria Constituição Federal proíbe a usucapião de bens públicos (art. 191, parágrafo único). Também o parágrafo único do retrotranscrito art. 33 da Lei n. 6.001/73 enfatiza que "o disposto neste artigo não se aplica às terras do domínio da União, ocupadas por grupos tribais, às áreas reservadas de que trata esta Lei, nem às terras de propriedade coletiva de grupo tribal".

Com efeito, as terras habitadas pelos silvícolas, constituindo **bens públicos federais**, são intangíveis, **insuscetíveis** de serem adquiridas por usucapião.

A ocupação a que alude o mencionado art. 33 do Estatuto do Índio tem o significado de **posse**, que deve ser exercida por **dez anos** seguidos com *animus domini*, ou seja, com a intenção de ter a coisa para si, na condição de verdadeiro proprietário. Daí a expressão **"como próprio"**, empregada no dispositivo em apreço. O trecho de terra usucapível **não pode ultrapassar cinquenta hectares**, estabelecido como limite máximo. Não há previsão para um tamanho mínimo.

■ 12.3.4.5. *Usucapião extrajudicial*

O art. 1.071 do atual Código de Processo Civil introduziu na Lei dos Registros Públicos (Lei n. 6.015/73) o art. 216-A, admitindo a **usucapião extrajudicial, processada diretamente perante o cartório do registro de imóveis** da comarca em que estiver situado o imóvel usucapiendo.

O pedido será formulado pelo interessado, representado por advogado, instruído com:

> "I — ata notarial lavrada pelo tabelião, atestando o tempo de posse do requerente e seus antecessores, conforme o caso e suas circunstâncias;
>
> II — planta e memorial descritivo assinado por profissional legalmente habilitado, com prova de anotação de responsabilidade técnica no respectivo conselho de fiscalização profissional, e pelos titulares de direitos reais e de outros direitos registrados ou averbados na matrícula do imóvel usucapiendo e na matrícula dos imóveis confinantes;
>
> III — certidões negativas dos distribuidores da comarca da situação do imóvel e do domicílio do requerente;

IV — justo título ou quaisquer outros documentos que demonstrem a origem, a continuidade, a natureza e o tempo, tais como o pagamento dos impostos e das taxas que incidirem sobre o imóvel".

Verifica-se que o reconhecimento extrajudicial da usucapião será efetivado perante o **Registro de Imóveis**, com apresentação de **documentos e uma ata notarial** lavrada pelo tabelião de notas. A ata notarial, regulada no art. 384 do Código de Processo Civil, é o instrumento público pelo qual o tabelião atesta "a existência e o modo de existir de algum fato", ou seja, é o documento público que tem por finalidade comprovar um fato do conhecimento do tabelião.

A inovação da via extrajudicial é facultativa, pois o **interessado poderá optar pela propositura da ação judicial** ainda que não haja litígio, e integra o fenômeno da desjudicialização do direito, no qual se inserem, por exemplo, entre outros, o inventário e o divórcio extrajudiciais (Lei n. 11.441/2007).

O pedido será autuado pelo registrador, prorrogando-se o prazo da prenotação até o acolhimento ou a rejeição do pedido. O oficial do registro de imóveis dará ciência à União, ao Estado, ao Distrito Federal e ao Município, para que se manifestem, em quinze dias, sobre o pedido, bem como promoverá a publicação de edital em jornal de grande circulação, onde houver, para a ciência de terceiros eventualmente interessados, que podem manifestar-se em quinze dias.

Encontrando-se **em ordem a documentação e não havendo impugnação**, o oficial do registro de imóveis **registrará a aquisição do imóvel** com as descrições apresentadas. A rejeição do pedido extrajudicial não impede o ajuizamento da ação de usucapião.

Em caso de **impugnação** ao pedido de reconhecimento extrajudicial da usucapião, o oficial de registro de imóveis remeterá os autos **ao juízo competente da comarca da situação do imóvel**, cabendo ao requerente emendar a petição inicial para adequá-la ao procedimento comum (LRP, art. 216-A).

12.3.5. Pressupostos da usucapião

Os pressupostos da usucapião são:

- **coisa hábil** (*res habilis*) ou suscetível de usucapião;
- **posse** (*possessio*);
- **decurso do tempo** (*tempus*);
- **justo título** (*titulus*); e
- **boa-fé** (*fides*).

Os três primeiros são indispensáveis e exigidos em todas as espécies de usucapião. O **justo título e a boa-fé** somente são reclamados na usucapião **ordinária**.

Malgrado o entendimento contrário de alguns autores, o fato de o art. 1.238 do Código Civil aludir à circunstância de poder o possuidor requerer ao juiz que declare a aquisição da propriedade **não transforma a sentença em pressuposto essencial** da prescrição aquisitiva. A ação de usucapião é de natureza meramente **declaratória**.

Na sentença, o julgador limita-se a declarar uma situação jurídica preexistente. Tanto assim que, segundo iterativa e consagrada jurisprudência, a usucapião pode ser arguida em defesa, na reivindicatória (antes, portanto, da sentença), como proclama a Súmula 237 do Supremo Tribunal Federal.

■ *12.3.5.1. Coisa hábil*

Preliminarmente, é necessário verificar se o bem que se pretende usucapir é suscetível de prescrição aquisitiva (*res habilis*), pois nem todos se sujeitam a ela, como os bens **fora do comércio** e os **bens públicos**.

■ *12.3.5.1.1. Bens fora do comércio*

Consideram-se fora do comércio, não sujeitos à usucapião:

- Os bens ***naturalmente*** **indisponíveis** (insuscetíveis de apropriação pelo homem, como o ar atmosférico e a água do mar). São, assim, insuscetíveis de apropriação pelo homem os bens que se acham em abundância no universo e escapam de seu poder físico, como a luz, o ar atmosférico, o mar alto etc.
- Os ***legalmente*** **indisponíveis** (bens de uso comum, de uso especial e de incapazes, os direitos da personalidade e os órgãos do corpo humano). Bens legalmente inalienáveis são os que, **por lei**, não podem ser transferidos a outrem, não se incluindo nesse conceito os que se tornaram inalienáveis pela vontade do testador ou do doador. A inalienabilidade decorrente de **ato jurídico** não tem força de subtrair o bem gravado da prescrição aquisitiva, não o colocando fora do comércio. Decidiu, com efeito, o Superior Tribunal de Justiça que, "com o usucapião simplesmente extingue-se o domínio do proprietário anterior, bem como os direitos reais que tiver ele constituído e sem embargo de quaisquer limitações a seu dispor"[28]. Se assim não fosse, decidiu a mesma Corte em outra oportunidade, a inalienabilidade por ato voluntário "poderia ensejar a **burla da lei** se o proprietário instituísse o gravame sobre o imóvel possuído por terceiro, apenas para afastar a possível pretensão aquisitiva deste"[29]. O art. 1.244 do Código Civil manda **aplicar à usucapião os preceitos relativos às causas que obstam, suspendem ou interrompem a prescrição**. Desse modo, não corre prescrição extintiva nem aquisitiva contra as pessoas mencionadas nos arts. 197 e 198 do Código Civil. Não se pode usucapir, por exemplo, coisa móvel ou imóvel de propriedade de pessoa absolutamente incapaz (art. 198, I)[30].
- Os **indisponíveis pela *vontade humana*** (deixados em testamento ou doados, com cláusula de inalienabilidade).

---

[28] REsp 207.167-RJ, 4ª T., rel. Min. Sálvio de Figueiredo.

[29] REsp 418.945-SP, 4ª T., rel. Min. Ruy Rosado de Aguiar Júnior.

[30] "Prescrição aquisitiva. Suspensão. Período em que a coerdeira era absolutamente incapaz. Indivisibilidade da herança. Aproveitamento aos demais proprietários. Ação julgada improcedente. Recurso não provido" (*JTJ*, Lex, 257/184).

12.3.5.1.2. *Bens públicos*

Os bens públicos também não podem ser objeto de usucapião. Dispõe, com efeito, o art. 2º do Decreto n. 22.785/33 que **"os bens públicos, seja qual for sua natureza, não são sujeitos a prescrição"**.

Com relação aos **imóveis**, essa orientação foi reiterada no art. 200 do **Decreto-Lei n. 9.760**, de 5 de setembro de 1946, que disciplina os bens imóveis da União, ao estatuir que, "seja qual for a sua natureza, não são sujeitos a usucapião". A jurisprudência consolidou-se nesse sentido, conforme se verifica pela **Súmula 340 do Supremo Tribunal Federal:**

> "Desde a vigência do Código Civil (*de 1916*), os bens dominicais, como os demais bens públicos, não podem ser adquiridos por usucapião".

Também a **Constituição Federal de 1988**, ao tratar da usucapião especial urbana e rural, respectivamente nos arts. 183 e 191, proclama que "os imóveis públicos não serão adquiridos por usucapião". E o **Código Civil de 2002**, nessa linha, enfatiza:

> **"Os bens públicos não estão sujeitos a usucapião"** (art. 102)[31].

Assim, somente podem ser objeto de usucapião bens do domínio particular, **não podendo sê-lo os terrenos de marinha e as terras devolutas**. Estas não mais podem ser objeto de usucapião *pro labore*, em face da expressa proibição constante do parágrafo único do mencionado art. 191 da Constituição Federal. Tem decidido o Superior Tribunal de Justiça que "a vedação constitucional e infraconstitucional, quanto ao usucapião, alcança somente os bens públicos, excluídos, pois, os imóveis pertencentes às **sociedades de economia mista**. Por conseguinte, lícito o pedido, afora o impedimento legal"[32].

12.3.5.1.3. *Usucapião e sentença declaratória de vacância*

O Superior Tribunal de Justiça, entendendo que unicamente com a sentença declaratória de vacância se opera a transferência do imóvel ao Poder Público, e não desde a morte do titular, havendo um período intermediário em que a herança permanece jacente, proclamou:

> "Se a sentença declaratória de vacância foi proferida depois de completado o prazo da prescrição aquisitiva em favor das autoras da ação de usucapião, não procede a alegação de que o bem não poderia ser usucapido porque do domínio público, uma vez que deste somente se poderia cogitar depois da sentença que declarou vagos os bens jacentes"[33].

---

31 "Usucapião. Área que se constitui em bem público, subjetivamente indisponível e insuscetível de usucapião. Mera detenção, sendo irrelevante o período em que perdura" (*RT*, 803/226).

32 REsp 725.764-DF, 3ª T., rel. Min. Nancy Andrighi, *DJU*, 3-5-2005. No mesmo sentido: REsp 120.702-DF, rel. Min. Ruy Rosado de Aguiar, *DJU*, 20-8-2001; REsp 37.906-7-ES, rel. Min. Barros Monteiro, *DJU*, 15-12-1997.

33 *RSTJ*, 133/400. No mesmo sentido: "Usucapião. Herança jacente. Sentença de declaração de vacân-

12.3.5.2. Posse

A posse (*possessio*) é fundamental para a configuração da prescrição aquisitiva. Não é qualquer espécie de posse, entretanto, que pode conduzir à usucapião. Exige a lei que se revista de certas características. A posse *ad interdicta*, justa, dá direito à proteção possessória, mas não gera a usucapião.

12.3.5.2.1. Primeiro requisito da posse "ad usucapionem": o ânimo de dono

Posse *ad usucapionem* é a que contém os requisitos exigidos pelos arts. 1.238 a 1.242 do Código Civil, sendo o primeiro deles o **ânimo de dono** (*animus domini* ou *animus rem sibi habendi*). Exigem os aludidos dispositivos, com efeito, que o usucapiente possua o imóvel **"como seu"**. Não tem ânimo de dono o locatário, o comodatário, o arrendatário e todos aqueles que exercem posse direta sobre a coisa, sabendo que não lhe pertence e com reconhecimento do direito dominial de outrem, **obrigando-se a devolvê-la**[34].

Ressalte-se que é possível ocorrer a **modificação do caráter da posse**, quando, acompanhando a mudança da vontade, sobrevém uma **nova *causa possessionis***. Assim, diz Lenine Nequete, "se o que vinha possuindo *animo domini* entende-se que renunciou a este ânimo a partir do reconhecimento do direito dominial de outrem, da mesma forma **o que possuía como locatário, por exemplo, desde que adquira a propriedade** a um *non dominus*, ou que tenha repelido o proprietário, deixando de pagar-lhe os aluguéis e fazendo-lhe sentir inequivocamente a sua pretensão dominial, é fora de dúvida que passou a possuir como dono"[35].

12.3.5.2.2. Segundo requisito: posse mansa e pacífica

O segundo requisito da posse *ad usucapionem* é que seja **mansa e pacífica**, isto é, exercida **sem oposição**. Se o possuidor não é molestado, durante todo o tempo estabelecido na lei, por quem tenha legítimo interesse, ou seja, pelo proprietário, diz-se que a sua posse é mansa e pacífica. Todavia, se este tomou alguma providência **na área**

---

cia proferida depois de completado o prazo da prescrição aquisitiva. Fato que não impede que o bem seja usucapido porque de domínio público. Arrecadação dos bens que não interrompe, por si só, a posse que os autores exerciam e continuam exercendo sobre o imóvel" (STJ, *RT*, 778/233). "Usucapião. Herança jacente. Admissibilidade se não houve declaração de vacância" (STJ, *RT*, 755/201).

34 "Prescrição aquisitiva. Inocorrência. Posse exercida pelo genitor a título de arrendatário, e posteriormente transferida aos sucessores pela *mortis causa*" (*RT*, 750/431). "Usucapião. Improcedência da demanda. Inexiste *animus domini* daquele que ingressa no imóvel apenas por força da relação de emprego que possuía com o proprietário da coisa e por autorização deste" (TJRS, Ap. 70.015.727.332, 18ª Câm. Cív., rel. Des. Pedro Celso Dal Prá, j. 21-9-2006).

35 *Da prescrição aquisitiva*, cit., p. 123.

"Usucapião extraordinário. Modificação do caráter originário da posse que teve origem em relação locatícia. Admissibilidade, visto que, a partir de um determinado momento, essa mesma assumiu a feição de posse em nome próprio, sem subordinação ao antigo dono e, por isso mesmo, com força *ad usucapionem*. Comprovação, ademais, dos requisitos dispostos no art. 550 do CC (*de 1916; CC/2002: art. 1.238*)."

judicial, visando a quebrar a continuidade da posse, descaracterizada fica a *ad usucapionem*. Providências **extrajudiciais** não significam, verdadeiramente, oposição.

Se o possuidor defendeu a sua posse em juízo contra invectivas de terceiros e evidenciou o seu **ânimo de dono**, não se pode falar em oposição capaz de retirar da posse a sua característica de mansa e pacífica.

Obtempera Tupinambá Miguel Castro do Nascimento, com razão, que, todavia, "mesmo as oposições feitas na área judiciária devem ser **sérias e procedentes**. Não bastam processos judiciais, citações do possuidor e oposições definidas. O que importa é que a ação tenha seu término com o reconhecimento do direito de quem se opõe. Se a ação é julgada **improcedente** ao contrário do que se poderia argumentar, declara-se, à saciedade, que a oposição com existência formal **não tinha conteúdo substancial**"[36].

Em abono de sua tese, acrescenta o mencionado autor que a 1ª Câmara Cível do Tribunal de Justiça de Santa Catarina, tendo como relator o Des. Eduardo Luz, "em decisão de 1º de setembro de 1977, ementou que 'a citação para a demanda perde o seu efeito interruptivo da prescrição aquisitiva desde que a ação seja rejeitada, pois se assim não fosse até as ações ajuizadas com puro **espírito de emulação** impediriam o reconhecimento da prescrição'".

12.3.5.2.3. *Terceiro requisito: posse contínua*

Como terceiro requisito, deve a posse ser **contínua**, isto é, **sem interrupção**. O possuidor não pode possuir a coisa a intervalos, intermitentemente. **É necessário que a tenha conservado durante todo o tempo e até o ajuizamento da ação de usucapião.** O fato de mudar-se para outro local não significa, necessariamente, abandono da posse, se continuou comportando-se como dono em relação à coisa.

Para evitar a interrupção da posse, em caso de esbulho, deve o usucapiente procurar **recuperá-la imediatamente** pela força, se ainda for possível (CC, art. 1.210, § 1º), ou ingressar em juízo com a ação de reintegração de posse.

12.3.5.2.3.1. *Prazo para que a posse "ad usucapionem" seja considerada interrompida*

O Código Civil brasileiro **não prevê prazo** para que a posse seja interrompida pelo esbulho praticado por terceiro, mas o Tribunal de Justiça de São Paulo já decidiu que, se "o esbulhado interpõe, dentro de **ano e dia**, interdito possessório, **e vence**, conta-se em seu favor o tempo em que esteve privado da posse"[37].

Se o interdito for julgado em favor da outra parte, reconhecendo-se-lhe melhor posse, a do usucapiente será considerada **descontínua**. A interrupção natural não produzirá efeito se, como foi dito, dentro de **ano e dia** o possuidor tiver recuperado a

[36] *Usucapião* (comum e especial), p. 115.

[37] *RF*, 123/469.

posse por meio dos interditos. Esse prazo, entretanto, em se tratando de esbulho praticado clandestinamente, será contado a partir da data de seu conhecimento.

Já em se tratando de interrupção civil, a citação do possuidor para a demanda perde, como igualmente foi afirmado, o seu efeito interruptivo da prescrição aquisitiva **desde que a ação reivindicatória seja julgada improcedente**. A interrupção acarreta o **reinício da contagem do prazo prescricional**, com observância dos demais requisitos, sem aproveitamento do tempo antes decorrido.

■ *12.3.5.2.3.2. Permissão de soma das posses*

Embora exija a continuidade da posse, admite o Código Civil, no art. 1.243, que o possuidor **acrescente** "à sua posse a dos seus **antecessores**", para o fim de contar **o tempo exigido para a usucapião** (*accessio possessionis*), "contanto que todas sejam contínuas, pacíficas e, nos casos do art. 1.242, com justo título e de boa-fé".

O possuidor pode, portanto, demonstrar que mantém posse *ad usucapionem* **por si e por seus antecessores**. Ultrapassada a jurisprudência que exigia prova escrita da transmissão negocial da posse, sendo admitida também a oral[38]. Com efeito, não se exige, para a *accessio possessionis*, escritura pública ou documento escrito. A lei (CC, arts. 1.207 e 1.243) **não subordina a soma das posses à existência de título devidamente formalizado**. Desde que o usucapiente demonstre por **prova testemunhal** concludente e incontroversa que, por si e por seus antecessores, detém o imóvel mansa e pacificamente com *animus domini*, **de forma contínua**, pelo prazo de lei, terá reconhecida em seu favor a propriedade do imóvel adquirida pela usucapião extraordinária[39].

A junção das posses pode decorrer, ainda, da ***successio possessionis*** (aquisição a título universal), quando o **herdeiro** se reputa na continuação da posse do falecido (CC, art. 1.207). Veja-se:

> "Usucapião. Prazo para aquisição da propriedade. Possibilidade de o herdeiro utilizar o tempo de posse do imóvel dos seus genitores para adquiri-lo. Hipótese em que o sucessor universal recebe e continua a posse do seu antecessor com os vícios e qualidades a ela inerentes"[40].

---

[38] "Usucapião. Pedido amparado na *accessio possessionis*. Obrigatoriedade de os autores provarem o efetivo exercício da posse pelos seus antecessores pelo tempo necessário" (*RT*, 764/212).

[39] "A interpretação menos rigorosa do texto legal admite a prova da conjunção da posse exclusivamente testemunhal, impondo-se, porém, que ela seja concludente e incontrovertida, no sentido de configurar a continuação na posse entre antecessores e sucessores com todos os requisitos legais e detalhes das cessões havidas" (*RT*, 472/187). "A transmissão da posse, permissiva da *accessio possessionis*, pode ser comprovada não apenas por ato translativo formalizado, mas, também, passando-se num plano predominantemente fático, por prova testemunhal concludente, máxime se presente e depoente o próprio transmitente da posse, ou sucessor seu autorizado" (*RT*, 596/182).

[40] *RT*, 817/227. No mesmo sentido: "Usucapião. Ação movida por herdeiros. Posse exercida pelos pais dos requerentes de forma ininterrupta e sem oposição. Comprovação do justo título, da posse, o *tempus* e o *animus domini*. Somatória do tempo para a prescrição aquisitiva. Admissibilidade" (*JTJ*, Lex, 271/231).

Na sucessão a título universal, **o herdeiro sucede nas virtudes e nos vícios da posse do defunto**, prosseguindo nesta obrigatoriamente. A soma das posses na sucessão a **título singular** (*accessio possessionis*) não é, todavia, obrigatória, mas **facultativa**, ou seja, utilizada somente quando lhe aproveitar (CC, art. 1.207).

12.3.5.3. Tempo

O atual Código Civil reduziu os **prazos da usucapião** previstos no diploma de 1916, não mais prevendo tempo maior para os ausentes. Assim:

- **Para a extraordinária**, é exigido o de **quinze anos** (art. 1.238), que se reduzirá a **dez anos** (parágrafo único) se o possuidor houver estabelecido no imóvel a sua **moradia habitual**, ou nele realizado **obras ou serviços** de caráter produtivo (*posse-trabalho*).
- **Para a ordinária**, em que o possuidor deve ter justo título e boa-fé, basta o prazo de **dez anos** (art. 1.242). Será de **cinco anos** se o imóvel houver sido adquirido, onerosamente, com base em **transcrição** constante do registro próprio, cancelada posteriormente, desde que os possuidores nele tiverem estabelecido a sua **moradia**, ou realizado investimentos de **interesse social e econômico** (parágrafo único).

A posse deve ter sido exercida por todo o lapso temporal de **modo contínuo**, não interrompido e sem impugnação. Tal assentimento ou aquiescência dos vizinhos, bem como a diuturnidade da posse, faz presumir que não existe direito contrário ao manifestado pelo possuidor. Se essa situação permanecer durante todo o tempo estabelecido na lei, consuma-se a usucapião, e qualquer oposição subsequente mostrar-se-á inoperante, porque esbarrará ante o fato consumado[41].

Há decisões no sentido de que a posse exercida **entre a propositura e o julgamento da ação** pode ser computada no prazo exigido para a aquisição por usucapião[42].

No tocante ao decurso do tempo, contam-se os anos **por dias** (*de die ad diem*), e não por horas. O prazo começa a fluir no dia seguinte ao da posse. Não se conta o primeiro dia (*dies a quo*), porque é necessariamente incompleto, mas se conta o último (*dies ad quem*).

12.3.5.4. Justo título

O justo título (*titulus*) é requisito indispensável somente para a aquisição da propriedade pela usucapião ordinária, conforme dispõe o art. 1.242 do Código Civil:

> "Adquire também a propriedade do imóvel aquele que, contínua e incontestadamente, com justo título e boa-fé, o possuir por dez anos".

[41] Washington de Barros Monteiro, *Curso*, cit., v. 3, p. 124.

[42] *JTJ*, Lex, 236/202.

■ 12.3.5.4.1. *Conceito*

Justo título, **para fins de usucapião**, como foi dito no capítulo concernente à posse de boa-fé e posse de má-fé (item 3.5, *retro*), é o que seria **hábil para transmitir o domínio** e a posse **se não contivesse nenhum vício** impeditivo dessa transmissão. Uma escritura de compra e venda, devidamente registrada, por exemplo, é um título hábil para a transmissão de imóvel. No entanto, se o vendedor não era o verdadeiro dono (aquisição *a non domino*) ou se era um menor não assistido por seu representante legal, a aquisição não se perfecciona e pode ser anulada. Porém, a posse do adquirente presume-se de boa-fé, porque estribada em justo título.

Com efeito, o título normalmente **hábil a transferir o domínio**, e que se apresenta **formalmente perfeito**, provoca no adquirente a **crença** (*opinio domini*) de que se tornou dono. Não se confunde tal crença, indispensável à caracterização da usucapião ordinária, com o *animus domini*, que é a vontade de possuir como dono, de ser dono, necessário para a configuração da usucapião extraordinária.

■ 12.3.5.4.2. *Requisitos*

Tem-se entendido que o justo título, para originar a crença de que se é dono, deve revestir as formalidades externas e estar **registrado** no cartório de registro imobiliário.

Todavia, como assinala Benedito Silvério Ribeiro[43], a entender que o título, para ser justo, "deva, além de válido, certo e real, ser registrado, chegaríamos à conclusão de que **o domínio já estaria cabalmente adquirido**, pois obedecidas todas as formalidades legais intrínsecas ou extrínsecas. Estaria afastada a possibilidade de promover-se usucapião ordinária, salvo mínimas exceções".

A jurisprudência tem evoluído nesse sentido. Veja-se:

> "Usucapião ordinário. Justo título. Caracterização. **Sinal de compra de lote e pagamento do preço** em parcelas integralizado. Ocorrência, ademais, do usucapião urbano referido no artigo 183 da Constituição da República. Ação procedente"[44].

■ 12.3.5.4.3. *Compromisso de compra e venda como justo título*

O compromisso de compra e venda **irretratável e irrevogável**, por conferir direito real ao compromissário comprador e possibilitar a adjudicação compulsória, mesmo não registrado, **é considerado justo título**, para os efeitos de usucapião ordinária. Nesse sentido, posicionou-se o Superior Tribunal de Justiça:

> "**Usucapião ordinário. Promessa de compra e venda. Justo título.** Tendo direito à aquisição do imóvel, o promitente-comprador pode exigir do promitente-vendedor que

---

43 *Tratado*, cit., v. 2, p. 779-781.

44 *JTJ*, Lex, 248/244. Por seu turno, decidiu o Superior Tribunal de Justiça: "O usucapião ordinário exige, para sua caracterização, além da posse mansa e pacífica pelo decurso de 10 anos entre presentes, o justo título e a boa-fé. Justo título é aquele hábil para transmitir o domínio e a posse, tal como se apresenta a cessão de direitos hereditários, ainda que o registro do formal de partilha se concretize posteriormente" (REsp 448.675-MS, 3ª T., rel. Min. Menezes Direito, j. 26-6-2003).

lhe outorgue a escritura definitiva de compra e venda, bem como pode requerer ao juiz a adjudicação do imóvel. Segundo a jurisprudência do STJ, não são necessários o registro e o instrumento público, seja para o fim da Súmula 84, seja para que se requeira a adjudicação. Podendo dispor de tal eficácia, a promessa de compra e venda, gerando direito à adjudicação, **gera direito à aquisição por usucapião ordinário**"[45].

12.3.5.4.4. *Título nulo*

O decurso do tempo, a posse de dez anos e a concorrência dos demais requisitos mencionados vêm sanar as eventuais irregularidades e defeitos desses títulos.

O vício, contudo, não deve ser de forma, nem constituir nulidade absoluta. Se o título é nulo, não enseja a usucapião ordinária. Sendo nulo, não é justo. **Somente o título anulável não impede a usucapião ordinária**, visto que é título eficaz e produz efeitos, enquanto não se lhe decreta a anulação. Se a escritura pública, por exemplo, é nula por falta de assinatura do outorgante vendedor, não constitui justo título hábil à aquisição do bem pela usucapião.

12.3.5.4.5. *Possuidor com título devidamente registrado*

É óbvio que o possuidor, tendo título devidamente registrado, **não necessitará ajuizar a ação de usucapião**, após o decurso do referido prazo. Já tem a sua situação jurídica definida no título. Poderá simplesmente, se algum dia vier a ser molestado por terceiro, **arguir a aquisição *per usucapionem*, em defesa**, como o permite a Súmula 237 do Supremo Tribunal Federal.

Nada impede, no entanto, que tome a iniciativa de obter a declaração judicial do domínio, mediante ação de usucapião (CC, art. 1.241).

12.3.5.5. *Boa-fé*

12.3.5.5.1. *Conceito*

Diz-se de boa-fé (*fides*) a posse se o possuidor **ignora** o vício ou o obstáculo que lhe impede a aquisição da coisa. Segundo Lafayette[46], boa-fé é a **crença do possuidor** de que legitimamente lhe pertence a coisa sob sua posse.

No tocante às **dúvidas e apreensões**, discute-se amiúde se está de má-fé quem duvida da legitimidade do direito adquirido. Lenine Nequete[47] considera a opinião dos praxistas e canonistas como a melhor doutrina. Entendem estes que se deve distinguir entre a **dúvida inicial**, que obsta à prescrição, e a **subsequente**, que não induz má-fé. Com efeito, afirma o mencionado autor, "indesculpável é a conclusão do ne-

---

[45] *RSTJ*, 88/101 e *RT*, 732/181. No mesmo sentido: "Usucapião ordinário. Justo título. Compromisso de compra e venda. Inocorrência de registro. Aceitação. Existência de causa válida a justificar a transferência da posse. Demonstração, ademais, de estar o compromissário possuindo a coisa como dono" (TJSP, *JTJ*, Lex, 236/205).

[46] *Direito das coisas*, cit., t. I, p. 201.

[47] *Da prescrição aquisitiva*, cit., p. 230.

gócio jurídico sem que se desenvolvam certas diligências para eliminar as dúvidas e apreensões sobre a sua legitimidade: não se poderia afirmar que, persistindo elas, foi o negócio celebrado em boa-fé. Mas, se assim é, não é menos exato que as **dúvidas subsequentes** à obtenção do título não servem para eliminar a boa-fé inicial, nem para caracterizar a má-fé, que é a convicção duma aquisição ilegítima".

■ *12.3.5.5.2. Boa-fé e justo título*

A boa-fé costuma ser atrelada ao **justo título**, embora se trate de realidade jurídica autônoma. Acham-se ambos intimamente irmanados, sendo **o título o ato exterior que justifica a posse e motiva a boa-fé**. Esta é a integração ética do justo título e reside na convicção de que o fenômeno jurídico gerou a transferência da propriedade[48].

Como preleciona Lafayette, "boa-fé e justo título são coisas distintas, mas **o justo título estabelece a presunção da boa-fé**. Daí procede que na prescrição ordinária, **uma vez provado o justo título, a boa-fé se presume**.

A boa-fé pode existir sem o justo título, como se o possuidor está na crença de haver comprado a coisa e na realidade não a comprou; e *vice-versa*, pode se dar justo título sem boa-fé, como se o comprador soube que a coisa comprada não pertencia ao vendedor"[49].

O art. 1.201, parágrafo único, do Código Civil estabelece **presunção *juris tantum* de boa-fé em favor de quem tem justo título**. Deve ela existir no começo da posse e permanecer durante todo o decurso do prazo. Se o possuidor vem a saber da existência do vício, deixa de existir a boa-fé, não ficando sanada a mácula. Dispõe, com efeito, o art. 1.202 do Código Civil que "a posse de boa-fé só perde este caráter no caso e desde o momento em que **as circunstâncias** façam presumir que o possuidor **não ignora** que possui indevidamente".

■ *12.3.5.5.3. Inovação introduzida pelo Código Civil de 2002*

O parágrafo único do art. 1.242 do Código Civil trouxe uma inovação: prevalece a aquisição por usucapião ordinária, ainda no caso de ter sido o imóvel adquirido por ato oneroso e conste o instrumento de registro público, **cancelado posteriormente por sentença**. Neste caso, o tempo fica reduzido a **cinco anos**, "desde que os possuidores nele tiverem estabelecido a sua **moradia**, ou realizado investimentos **de interesse social e econômico**", ou seja, desde que nele tenham feito despesas que não sejam de interesse apenas do possuidor, mas que se projetem socialmente.

Se o cancelamento do título decorre da **nulidade** do negócio jurídico, não se tem justo título. Isso só é possível em sendo o negócio jurídico **anulável**, ou se o que se debateu foi a respeito da validade do registro. E assim o é porque o sistema brasileiro

---

48 Benedito Silvério Ribeiro, *Tratado*, cit., v. 2, p. 759; Caio Mário da Silva Pereira, *Instituições*, cit., v. IV, p. 149.

49 *Direito das coisas*, cit., t. I, p. 203.

"Usucapião ordinária. Caracterização. Justo título. Má-fé dos possuidores não demonstrada. Ação julgada procedente" (*JTJ*, Lex, 258/219).

de registro é substantivo, ou seja, a eficácia ou ineficácia do negócio jurídico repercute no registro de imóveis[50].

12.3.6. Ação de usucapião

Dispõe o art. 1.241 do Código Civil:

> "Poderá o possuidor requerer ao juiz seja declarada adquirida, mediante usucapião, a propriedade imóvel".

12.3.6.1. Requisitos

O possuidor com posse *ad usucapionem* pode, assim, ajuizar ação declaratória no **foro da situação do imóvel**, que será **clara e precisamente individuado** na inicial, uma vez que é reivindicado o domínio sobre determinado imóvel.

Deve o autor, além de expor o fundamento do pedido, **juntar planta da área usucapienda** (LRP, art. 216-A, II). A planta pode ser substituída por croqui se houver nos autos elementos suficientes para a identificação do imóvel, com sua descrição, área e confrontações[51].

O novo Código de Processo Civil, diferentemente do anterior, **não prevê um procedimento especial para a ação de usucapião**, embora a ela se refira nos arts. 246, § 3º, e 259, I.

Na ação de usucapião de imóvel, segundo dispõe o mencionado § 3º do art. 246, "os confinantes serão citados pessoalmente, exceto quando tiver por objeto unidade autônoma de prédio em condomínio, caso em que tal citação é dispensada".

12.3.6.2. Legitimidade passiva

Devem ser obrigatoriamente citados para a ação:

- aquele em cujo nome estiver registrado o imóvel; na falta desse registro, juntar-se-á indeclinavelmente certidão negativa comprobatória do fato[52];
- os confinantes do imóvel[53];
- se estiverem em lugar incerto, serão citados por editais, o mesmo ocorrendo em relação a eventuais interessados[54].

---

50 Marco Aurélio S. Viana, *Comentários*, cit., v. XVI, p. 110.

51 *RT*, 741/347; *JTJ*, Lex, 151/88.

52 "Para prevenir nulidade, deve o autor juntar certidão positiva ou negativa do registro de imóveis" (*RT*, 510/217). "Tendo sido citado o titular do domínio do imóvel, não há que se questionar de nulidade pela falta de citação de eventuais sucessores para a ação de usucapião" (STJ, REsp 32.586-SP, 3ª T., rel. Min. Sálvio de Figueiredo, *DJU*, 24-3-1997, p. 9019).

53 Súmula 391 do STF: "O confinante certo deve ser citado, pessoalmente, para a ação de usucapião". "A citação dos confinantes é necessária, sob pena de nulidade" (*RF*, 255/313). "O confrontante não citado para a ação de usucapião tem legitimidade para pleitear a nulidade da sentença proferida nesta" (*RT*, 609/59).

54 Washington de Barros Monteiro, *Curso*, cit., v. 3, p. 132.

O art. 259, I, do Código de Processo Civil determina a **publicação de editais** "na ação de usucapião de imóvel", tendo em vista, obviamente, os **terceiros interessados**.

É indispensável, ainda, a intimação, pessoalmente, por intermédio do oficial de registro de títulos e documentos, ou por via postal, para que manifestem interesse na causa os **representantes da Fazenda Pública da União, dos Estados, do Distrito Federal e dos Municípios** (LRP, art. 216-A, § 3º). Embora tal dispositivo conste somente da Lei dos Registros Públicos, introduzido pelo art. 1.071 do novo Código de Processo Civil, que trata da usucapião extrajudicial, mostra-se relevante e de aplicação obrigatória na ação de usucapião.

Se o autor é casado, deve, sob pena de nulidade, intervir no feito sua **mulher**. Igualmente, no que tange à parte passiva, é preciso que o cônjuge integre a lide. Nos termos do § 1º do art. 73 do Código de Processo Civil, "ambos os cônjuges serão necessariamente citados para a ação: I — que verse sobre direito real imobiliário, salvo quando casados sob o regime de separação absoluta de bens".

■ *12.3.6.3. Legitimidade ativa*

O **espólio** do possuidor tem legitimidade para propor ação de usucapião[55]. A usucapião por **condômino** é possível, desde que a posse seja exercida com exclusividade sobre o bem almejado[56].

Ainda que o imóvel já se ache **registrado no Registro de Imóveis** em nome do possuidor, **pode ele mover ação de usucapião**, máxime se há dúvida quanto à regularidade de seu título de propriedade[57]. Decidiu, com efeito, o Superior Tribunal de Justiça:

> "É cabível a ação de usucapião por titular de domínio que encontra dificuldade, em razão de circunstância ponderável, para unificar as transcrições ou precisar área adquirida escrituralmente"[58].

■ *12.3.6.4. Valor da causa*

Não havendo regra específica sobre a fixação do valor da causa nas ações de usucapião, deve-se adotar o critério estabelecido para a **ação reivindicatória** no art. 292, IV, do Código de Processo Civil, que corresponde ao "**valor de avaliação da área ou do bem** objeto do pedido". Se assim é no juízo petitório, em que se busca a restituição do imóvel, pela mesma razão será na ação de usucapião, cujo objetivo é o reconhecimento do domínio.

---

[55] STJ, REsp 28.817-8-SP, 4ª T., rel. Min. Barros Monteiro, *DJU*, 23-10-1995, p. 35675.

[56] *RJ*, 175/59.

[57] *RJ*, 229/70; *RT*, 731/369.

[58] REsp 292.356-SP, 3ª T., rel. Min. Menezes Direito, *DJU*, 8-10-2001.

12.3.6.5. *Intervenção do Ministério Público*

A sentença que julgar procedente aludida ação será registrada, mediante mandado, no registro de imóveis, satisfeitas as obrigações fiscais. Intervirá **obrigatoriamente** em todos os atos do processo o Ministério Público, **sob pena de nulidade**. Veja-se:

> "Usucapião. Ministério Público. Intervenção obrigatória. Ausência do *Parquet* que viola frontalmente o art. 944 do CPC (de 1973). Nulidade processual"[59].

Malgrado o atual Código de Processo Civil não mencione expressamente a necessidade de intervenção do Ministério Público, ela se justifica por se tratar de **matéria de interesse social relevante** (art. 178, I).

12.3.6.6. *Ação publiciana*

Há entendimento de que a propositura da ação de usucapião somente é permitida a quem tem posse **atual** do imóvel. Se o usucapiente, depois de consumada a usucapião, sofre esbulho e perde a posse, terá de recuperá-la pelos interditos possessórios. Mas, se o imóvel tiver sido transferido a terceiro pelo esbulhador, contra aquele caberá **ação publiciana**, uma espécie de reivindicatória sem título, para poder, assim, ajuizar a ação de usucapião e obter uma sentença favorável, que lhe servirá de título, malgrado já se tenha tornado dono desde o momento do exaurimento do lapso prescricional (CC, art. 1.238), sendo a sentença de natureza meramente declaratória.

Poderá a publiciana ser ajuizada, também, por aquele que está **em via de adquirir a coisa por meio de prescrição ainda não consumada e perdeu a posse para o esbulhador, que em seguida a transferiu para terceiro**. Assinala Lafayette[60] que esse terceiro não se considera esbulhador em relação ao prescribente; contra ele, portanto, não poderia este empregar o interdito possessório. A necessidade de suprir esta falta, aduz, "determinou a criação de uma ação especial: o que se alcançou por meio de uma *ficção*, consistente em se considerar antecipadamente como proprietário quem está em via de prescrever e em se lhe conferir, para vindicar a coisa cuja posse perdera, uma ação real, que do nome de seu introdutor se ficou chamando ***publiciana***".

12.3.6.7. *Exigência de posse atual do imóvel*

A respeito do entendimento de que a propositura da ação de usucapião somente é permitida a quem tem posse atual do imóvel, enfatiza Nélson Luiz Pinto[61]: "Ora, já se tendo o usucapião consumado, quando a posse foi perdida, não vemos como negar o direito à ação declaratória deste, àquele titular desse direito, **mesmo sem posse atual**".

---

59 *RT*, 816/339.

60 *Direito das coisas*, cit., t. I, p. 245.

61 *Ação de usucapião*, p. 73.

12.3.7. Resumo

<table>
<tr><th colspan="2">DA USUCAPIÃO</th></tr>
<tr><td>CONCEITO</td><td>■ Usucapião é modo de aquisição da propriedade e de outros direitos reais pela posse prolongada da coisa com a observância dos requisitos legais. É também chamada de prescrição aquisitiva.</td></tr>
<tr><td>ESPÉCIES</td><td>■ Extraordinária
Tem como requisitos:
a) posse de 15 anos (que pode reduzir-se a 10 anos se o possuidor houver estabelecido no imóvel a sua moradia habitual ou nele realizado obras ou serviços de caráter produtivo);
b) ânimo de dono;
c) posse mansa e pacífica; e
d) posse exercida de forma contínua, ininterrupta.
Dispensam-se os requisitos do justo título e da boa-fé (CC, art. 1.238).
■ Ordinária
É prevista no art. 1.242 do CC e apresenta os seguintes requisitos:
a) posse de 10 anos;
b) ânimo de dono;
c) posse mansa e pacífica;
d) posse exercida de forma contínua, ininterrupta;
e) justo título; e
f) boa-fé.
■ Especial
Rural (pro labore)
Tem como requisitos:
a) não ser o usucapiente proprietário rural nem urbano;
b) posse de 5 anos, contínua, mansa e pacífica;
c) área rural contínua, não excedente de 50 hectares, tornando-a produtiva com seu trabalho e nela tendo sua morada.
Independe de justo título e boa-fé e não pode recair sobre bens públicos (CF, art. 191; CC, art. 1.239).
Urbana
Exige:
a) posse de área urbana de até 250 metros quadrados;
b) prazo de 5 anos;
c) posse contínua, mansa e pacífica;
d) utilização do imóvel para moradia do possuidor ou de sua família; e
e) não propriedade de outro imóvel urbano ou rural.
Não pode recair sobre imóveis públicos, nem ser reconhecido ao novo possuidor mais de uma vez (CF, art. 183; CC, art. 1.240).
A Lei n. 12.424, de 16-6-2011, que criou o art. 1.240-A do CC, estabelece o prazo de dois anos para a consumação da usucapião familiar, que é uma nova modalidade de usucapião especial urbana.
■ Coletiva
O art. 10 do Estatuto da Cidade (Lei n. 10.257/2001) prevê também a usucapião coletiva, de inegável alcance social, de áreas urbanas com mais de 250 metros quadrados, ocupadas por população de baixa renda para sua moradia por 5 anos, onde não for possível identificar os terrenos ocupados individualmente.</td></tr>
<tr><td>PRESSUPOSTOS</td><td>■ coisa hábil ou suscetível de usucapião;
■ posse;
■ decurso do tempo;
■ justo título; e
■ boa-fé.</td></tr>
</table>

12.3.8. Questões sobre usucapião

1. (MP/MG/Promotor de Justiça/51º Concurso/2011) Pelo Código Civil, NÃO é considerado direito real:

a) concessão de uso especial para fins de moradia.
b) energia que tenha valor econômico.
c) direito do promitente comprador do imóvel.
d) hipoteca.

2. (TJ/PR/Juiz de Direito/PUC-PR/2011) Aponte se as assertivas a seguir são verdadeiras (V) ou falsas (F) e assinale a única alternativa CORRETA:

( ) Ocorrendo turbação ou esbulho, o possuidor direto ou indireto tem o direito de ser mantido ou reintegrado na posse através dos interditos proibitórios.
( ) A ação de *dano infecto* é uma medida preventiva que o proprietário ou possuidor de um prédio pode propor contra o vizinho para assegurar segurança, sossego e saúde aos moradores que o habitam.
( ) A lei civil consagra o prazo de 15 anos, sem interrupção e sem oposição, para a usucapião extraordinária geral; são de 10 anos quando o possuidor estabelecer moradia habitual, ou nele realizar obras e serviços de caráter produtivo, denominando usucapião extraordinária de forma abreviada.
( ) O possuidor de área urbana com até 250 metros quadrados, que, por cinco anos ininterruptos e sem oposição, utilizá-la para guarnecer a sua família, poderá adquirir o domínio, desde que não seja proprietário de imóvel rural ou urbano.

a) V, F, F, V
b) F, V, V, V
c) V, V, F, V
d) V, V, V, V

3. (MP/SP/Promotor de Justiça/88º Concurso/2011) É correto afirmar que a aquisição por usucapião de imóvel urbano, por pessoa que seja proprietária de imóvel rural, se dá:

a) após 5 (cinco) anos, independentemente de justo título e boa-fé, limitada a área a 250 m².
b) após 15 (quinze) anos, independentemente de justo título e boa-fé, sem limite de tamanho da área.
c) após 5 (cinco) anos, independentemente de justo título e boa-fé, limitada a área a 350 m².
d) após 10 (dez) anos, independentemente de boa-fé, desde que não utilizado o imóvel para moradia.

4. (MP/SP/Analista de Promotoria — 2ª fase/VUNESP/2010) É CORRETO afirmar que

a) aquele que possuir como seu imóvel urbano por cinco anos ininterruptos, sem oposição, tendo nele sua moradia, adquirir-lhe-á a propriedade pela usucapião constitucional, ainda quando proprietário de outro imóvel, desde que rural.
b) na usucapião especial rural têm legitimidade para usucapir a pessoa natural, nata ou naturalizada, o estrangeiro residente no Brasil e a pessoa jurídica sediada em território nacional.
c) a usucapião, mobiliária ou imobiliária, tem como pressuposto comum ter como objeto coisa hábil, além da posse mansa, pacífica, pública, contínua e exercida com ânimo de dono, durante o lapso prescricional estabelecido em lei.
d) as coisas fora do comércio e os bens públicos, exceto os de uso especial e os dominicais, são suscetíveis de usucapião.
e) o proprietário também pode ser privado da coisa se o imóvel reivindicado consistir em extensa área, na posse ininterrupta independentemente de boa-fé, por mais de cinco anos, de considerável número de pessoas.

5. (Prefeitura Municipal/SP/Auditor Fiscal/ISS/Fundação Carlos Chagas/2007) NÃO enseja a aquisição de propriedade de bem imóvel particular, por usucapião, a posse contínua, ininterrupta e sem oposição, de

a) qualquer bem imóvel, por 10 (dez) anos, com justo título e boa-fé.
b) qualquer bem imóvel, por 10 (dez) anos, independentemente de justo título e boa-fé.

c) imóvel residencial do possuidor, por 10 (dez) anos, independentemente de justo título e boa-fé.
d) imóvel urbano com até 250 m² (duzentos e cinquenta metros quadrados) e que seja o único imóvel do possuidor, destinado a sua residência, por 5 (cinco) anos, independentemente de justo título e boa-fé.
e) imóvel rural com até 50 ha (cinquenta hectares) e que seja o único imóvel do possuidor, destinado a sua residência e subsistência, por 5 (cinco) anos, independentemente de justo título e boa-fé.

6. (MP/ES/Promotor de Justiça/CESPE/UnB/2010) Com relação à usucapião da propriedade imóvel, assinale a opção CORRETA.

a) Se um condômino ocupar área comum, como se sua fosse, e sem qualquer oposição, a duradoura inércia do condomínio, aliada ao prazo legal, poderá provocar a usucapião.
b) Diferentemente do que ocorre com a usucapião ordinária, o prazo para a aquisição de propriedade por usucapião extraordinária é igual ao prazo para a posse simples e qualificada.
c) O justo título que enseja a aquisição da propriedade por usucapião é aquele que foi levado a registro pelo possuidor.
d) De acordo com a jurisprudência dominante, não é possível usucapião voluntária de bem de família.
e) Se determinado condomínio for *pro indiviso* e a posse recair sobre a integralidade do imóvel, é possível que um dos condôminos usucape contra os demais comproprietários.

7. (MP/SP/Promotor de Justiça/87° Concurso/2010) Assinale a alternativa CORRETA:

a) na usucapião urbana individual, prevista na Lei n. 10.257/01 (Estatuto da Cidade), não é possível levar-se a efeito a aquisição de terreno inferior ao mínimo módulo urbano.
b) a usucapião rural consagrada no artigo 1.239 do Código Civil, que exige a chamada posse trabalho/moradia, não reclama *animus domini* da parte usucapiente.
c) a usucapião coletiva pode ter como objeto áreas particulares e públicas.
d) os bens dominicais, à luz do novo Código Civil Brasileiro, podem ser usucapidos.
e) na usucapião coletiva, prevista na Lei n. 10.257/01 (Estatuto da Cidade), como regra geral, a cada possuidor será atribuída, por decisão judicial, igual fração ideal de terreno.

8. (TRF/3ª Região/Juiz Federal/XVII Concurso/2013) Os parágrafos 4° e 5°, do art. 1.228, do Código Civil, reproduzem:

§ 4° *O proprietário também poderá ser privado da coisa se o imóvel consistir em extensa área, na posse ininterrupta e de boa-fé, por mais de cinco anos, de considerável número de pessoas, e estas nela houverem realizado, em conjunto ou separadamente, obras e serviços considerados pelo juiz de interesse social e econômico relevante.*

§ 5° *No caso do parágrafo antecedente, o juiz fixará a justa indenização devida ao proprietário; pago o preço, valerá a sentença como título para o registro do imóvel em nome dos possuidores.*

Após a análise das assertivas abaixo assinale, ao fim, a única opção considerada EQUIVOCADA:

I. Os parágrafos em tela referem-se a uma novel espécie de usucapião, denominada de *usucapião social*, referente à área de terras, em zona rural, não excedente a cinquenta hectares;
II. Os parágrafos em questão reportam-se a inusitada modalidade de desapropriação não constante do Código Civil de 1916;
III. A figura jurídica tratada nos dispositivos acima diz respeito a desapropriação de natureza privada, sem previsão de necessária ingerência do poder executivo;
IV. A quantificação quanto à *justa indenização* devida, assim como à *extensa área* descritas não possuem critérios especificados em lei, tratando-se de cláusulas abertas;
V. Os titulares da denominada posse *pro labore*, acima descrita, poderão buscar a prescrição aquisitiva do bem imóvel rural que ocupam, por mais de cinco anos, desde que se trate de população de baixa renda, com escopo único de moradia.

a) As assertivas II, III e IV estão corretas.
b) As assertivas I e III estão corretas.
c) A assertiva V está incorreta.

d) As assertivas II e IV estão corretas.
e) Apenas duas assertivas estão incorretas.

9. (TJ/TO/Juiz de Direito/2007) A respeito da posse e da propriedade, assinale a opção CORRETA.

a) A posse que gera a usucapião extraordinária, ordinária ou especial é aquela exercida por alguém com ânimo de proprietário e sobre coisa certa, não podendo ser reclamada sobre coisa incerta, salvo quando se tratar de composse de coisa indivisa.
b) Gera a usucapião a posse ininterrupta e sem oposição, com ânimo de dono, por cinco anos ininterruptos, de área de terra em zona rural não superior a cinquenta hectares, utilizada como moradia pelo possuidor, que a torne produtiva pelo seu trabalho e dela tire a sua subsistência e de sua família, não sendo o possuidor proprietário de qualquer outro imóvel.
c) A tolerância da administração pública quanto à ocupação dos bens públicos de uso comum ou especial por particulares faz nascer para estes direito assegurável pelos interditos possessórios e direito à indenização pelas benfeitorias úteis e necessárias, o que lhes assegura a prerrogativa de retenção.
d) O convalescimento da posse adquirida de forma violenta, clandestina ou precária é permitido pela cessação da violência ou da clandestinidade e pelo decurso de ano e dia.

10. (PGE/SP/Procurador do Estado/2005) João faleceu em 5 de agosto de 1985 e deixou três filhos: Antônio, então com 18 anos; José, com 15 anos e Maria, com 3 anos. Como bem passível de herança, deixou um imóvel residencial, localizado em zona urbana, com área superior a 250 m^2. Não houve abertura de inventário. Desde o falecimento de João, seu filho Antônio permaneceu na posse do imóvel, utilizando-os nos finais de semana e dias de veraneio, arcando com todas as despesas de conservação, além de pagamento de tributos que recaíam sobre essa propriedade, ou seja, exerceu posse como se dono fosse. José e Maria, desde o falecimento do pai, foram residir em outro local. Somente em janeiro de 2005 José e Maria tentaram reaver sua posse sobre o imóvel. Diante desses fatos, é CORRETO dizer que

a) Antônio adquiriu o quinhão de José por usucapião, mas não o de Maria, uma vez que não houve causa eficiente em relação a esta.
b) Antônio somente poderia adquirir por usucapião a propriedade do imóvel, em relação a Maria, quando esta completasse 31 anos de idade.
c) Antônio adquiriu o quinhão de José e Maria por usucapião, tendo ocorrido a causa eficiente e o fato operante sem qualquer oposição.
d) não é possível Antônio adquirir por usucapião a parte relativa aos irmãos, haja vista que não ocorre usucapião entre herdeiros.
e) por se tratar de posse velha, não pode ser admitida a reintegração de posse do imóvel em questão.

11. (Fazenda Nacional/Procurador/2006) São requisitos da usucapião *pro labore* (§ 4º do art. 1.228 do CC/2002):

a) posse, por mais de cinco anos, de área traduzida em trabalho criador de um considerável número de pessoas, considerado de interesse social e econômico relevantes reconhecidos pelo Poder Executivo.
b) posse ininterrupta e de boa-fé por mais de dez anos de uma extensa área, traduzida em trabalho criador de um considerável número de pessoas, concretizado em construção de moradia.
c) posse por mais de cinco anos de uma extensa área, traduzida em trabalho criador de um considerável número de pessoas, concretizado em construção de moradia ou investimentos de caráter produtivo ou cultural assim considerados pelo juiz.
d) posse por mais de dez anos de área traduzida em trabalho criador de um considerável número de pessoas, de interesse público, econômico e social relevantes.
e) posse, por mais de cinco anos, de área traduzida em trabalho criador de um considerável número de pessoas, concretizado em construção de moradia ou investimentos de caráter produtivo ou cultural.

12. (OAB/RS/2006/2) Sobre usucapião e sua tutela, assinale a assertiva CORRETA.

a) Trata-se de modo derivado de aquisição de propriedade.
b) Não ocorre entre cônjuges, na constância do casamento.

c) Nos casos de usucapião urbano coletivo, somente o possuidor é legitimado ativo.
d) Não exige intervenção do Ministério Público.

13. (Defensoria Pública/RN/Defensor Público/2006) Dá-se usucapião quando

a) o possuidor ocupar a área por quinze anos, independente de justo título, demonstrando que realizou obras ou serviços de caráter produtivo.
b) em cinco anos quando o possuidor de área rural de até 50 hectares e não possuidor de outro imóvel urbano ou rural, que tenha tornado a área produtiva, por seu trabalho ou de sua família, e nela estabelecido a sua moradia.
c) um número considerável de pessoas ocupar por dez anos, de boa-fé e ininterruptamente, área na qual realizem obras e serviços, considerados pelo juiz de interesse social e econômico relevante.
d) alguém possuir coisa móvel como sua, contínua e incontestadamente por cinco anos, com justo título e boa-fé.

14. (MP/SP/Promotor de Justiça/91º Concurso/2015) O artigo 1.244 do Código Civil reza que: "Estende-se ao possuidor o disposto quanto ao devedor, acerca das causas que obstam, suspendem ou interrompem a prescrição, as quais também se aplicam à usucapião". Assim, entre as alternativas apresentadas abaixo, marque aquela em que a usucapião poderá ser alegada:

a) entre cônjuges na constância do casamento.
b) entre tutelados e seus tutores, durante a tutela.
c) contra os que se acharem servindo nas Forças Armadas, em tempo de guerra.
d) contra os outros condôminos, uma vez cessado o estado de indivisão e comprovada a posse exclusiva da coisa.
e) contra os ausentes do País em serviço público da União, dos Estados e dos Municípios.

15. (TJ/SC/Juiz de Direito/2007) Relativamente à usucapião especial de imóvel urbano (Lei n. 10.257/10-7-2001), assinale a alternativa CORRETA:

a) A usucapião de imóvel urbano será concedida apenas a quem não seja proprietário de outro imóvel urbano, podendo ser o usucapiente, entretanto, proprietário de área rural, desde que seja esta inferior a um módulo rural.
b) A usucapião especial de imóvel urbano pode ser invocada como matéria de defesa, não tendo esse reconhecimento, entretanto, eficácia como título hábil para fins de registro no Cartório de Imóveis.
c) A usucapião especial não pode ser requerida por uma coletividade de pessoas.
d) A sentença atribuirá a cada um dos compossuidores fração ideal idêntica, independentemente da área efetivamente ocupada por cada um deles.
e) Na sentença, de regra, o juiz atribuirá a cada um dos compossuidores a área efetivamente ocupada.

16. (TJ/SE/Juiz de Direito/2008) Quanto à ação de usucapião de terras particulares, assinale a opção CORRETA.

a) A usucapião pode ser alegada como matéria de defesa em qualquer processo em que se discuta a posse ou a propriedade de bem imóvel, e em qualquer fase do processo. Nesse caso, é obrigatória a intervenção do Ministério Público no processo, como fiscal da lei, sob pena de nulidade.
b) A posse pacífica é aquela que se estende ao longo do tempo necessário, sem violência ou oposição de outrem, seja proprietário ou não do bem objeto da posse. Assim, será considerada como interrupção dessa posse, capaz de impedir a aquisição do domínio, a turbação por parte de qualquer pessoa, que obrigue o possuído ao desforço pessoal ou à ação em juízo.
c) Na usucapião, ocorre a sucessão de posses quando o titular da posse *ad usucapionem* a cede ou transfere a outra pessoa que continua a exercê-la até completar o prazo legal, exigindo-se, para se computar esse prazo, que não haja solução de continuidade entre as posses somadas e que todas sejam dotadas dos qualificativos indispensáveis à configuração da prescrição aquisitiva.
d) Na ação de usucapião, serão sempre citados, por via postal, para manifestarem interesse na causa, os representantes da fazenda pública da União, dos estados, do Distrito Federal e dos

municípios. O prazo para contestar a ação conta-se da data da intimação da decisão que considera justificada a posse.

e) Os compossuidores não podem usucapir uns contra os outros, enquanto a posse for exercida conjuntamente, só podendo, portanto, usucapir em comum, pois a composse não gera a aquisição do domínio pela usucapião.

17. (Defensoria Pública/SP/Defensor Público/2007) Com relação à ação de usucapião especial coletiva de imóvel urbano localizado em área ocupada por população de baixa renda,

a) só é admissível a ação se for possível identificar os terrenos ocupados por cada possuidor.
b) a área, objeto da ação, deve ser de até duzentos e cinquenta metros quadrados.
c) o possuidor pode acrescentar sua posse à de seu antecessor, contanto que sejam contínuas.
d) a sentença não servirá como título de registro dominial em razão da indefinição das áreas que compõem o condomínio especial.
e) essa modalidade de ação não tem o condão de suspender as demandas petitórias ou possessórias que venham a ser propostas relativamente ao imóvel usucapiendo.

18. (Defensoria Pública/SP/Defensor Público/2007) É correto afirmar sobre a usucapião especial urbana:

a) Para os efeitos da ação de usucapião especial de imóvel urbano, o herdeiro legítimo continua, de pleno direito, a posse de seu antecessor, independentemente de residir no imóvel usucapiendo por ocasião da abertura da sucessão.
b) A associação de moradores da comunidade, regularmente constituída, com personalidade jurídica e devidamente autorizada pelos representados, detém legitimidade própria para postular ação de usucapião especial coletiva.
c) Pessoas solteiras, que vivem sozinhas, não podem postular a ação de usucapião de imóvel urbano pela não caracterização de moradia familiar exigida pela norma.
d) Os benefícios da assistência judiciária gratuita não se estendem ao registro da sentença perante o serviço de registro imobiliário.
e) Em regra, o condomínio constituído por força da ação de usucapião especial coletiva é indivisível, não sendo passível de extinção.

19. (TJPR/Delegações de Notas e de Registro/IBFC/2014) Relativamente à propriedade, assinale a proposição VERDADEIRA:

a) O proprietário tem a faculdade de usar, gozar e dispor da coisa, e o direito de reavê-la do poder de quem quer que injustamente a possua ou a detenha, desde que esteja na posse da coisa.
b) O proprietário pode ser privado da coisa, nos casos de desapropriação, por necessidade pública, interesse social, em caso de perigo público iminente e nas situações de invasão por movimentos sociais.
c) A propriedade do solo abrange a do espaço aéreo e subsolo correspondentes, em altura e profundidade úteis ao seu exercício, não podendo o proprietário opor-se a atividades que sejam realizadas por terceiros a uma altura ou profundidades tais, que não tenha ele interesse legítimo em impedi-las.
d) A profundidade do solo abrange as jazidas, minas e demais recursos naturais e os potenciais de energia hidráulica.

20. (MP/AC/Promotor de Justiça/CESPE/UnB/2014) Assinale a opção correta acerca da usucapião.

a) Não havendo registro de propriedade de terras, existe, em favor do Estado, a presunção *iuris tantum* de que sejam terras devolutas, sendo, então, desnecessária a prova da titularidade pública do bem, o que torna tais imóveis inalcançáveis pela usucapião.
b) O imóvel público é insuscetível de usucapião, devendo-se, entretanto, reconhecer como possuidor o particular que ocupa, de boa-fé, aquela área, ao qual é devido o pagamento de indenização por acessões ou benfeitorias ali realizadas.
c) O direito do usucapiente funda-se sobre o direito do titular precedente e, constituindo este o pressuposto daquele, determina-lhe a existência, as qualidades e sua extensão.
d) Por ser a usucapião forma de aquisição originária, dispensa-se o recolhimento do imposto de transmissão quando do registro da sentença, não obstante os direitos reais limitados e eventuais defeitos que gravam ou viciam a propriedade serem transmitidos ao usucapiente.

e) Dois elementos estão normalmente presentes nas modalidades de usucapião: o tempo e a posse, exigindo-se desta a característica *ad usucapionem*, referente à visibilidade do domínio e a requisitos especiais, como a continuidade e a pacificidade.

21. (TJSP/Juiz de Direito/184° Concurso/VUNESP/2013) Sobre o imóvel urbano de 350 m² que, sem interrupção e nem oposição, está na posse de Cícero desde fevereiro de 2003, tanto que nele construiu casa pré-fabricada de madeira, onde habita com sua família, é CORRETO dizer que

a) em fevereiro de 2005, a usucapião especial se consumaria.
b) em 2008, já poderia ter sido usucapido de acordo com a regra da usucapião especial urbana.
c) poderia ser usucapido somente em 2018, de acordo com a regra da usucapião ordinária do Código Civil.
d) em fevereiro de 2013, Cícero já pode ajuizar a ação de usucapião para ver reconhecido seu direito de propriedade sobre o imóvel.

22. (MP/SP/Promotor de Justiça/91° Concurso/2015) O artigo 1.244 do Código Civil reza que: "Estende-se ao possuidor o disposto quanto ao devedor acerca das causas que obstam, suspendem ou interrompem a prescrição, as quais também se aplicam à usucapião". Assim, entre as alternativas apresentadas abaixo, marque aquela em que a usucapião poderá ser alegada:

a) entre cônjuges na constância do casamento.
b) entre tutelados e seus tutores, durante a tutela.
c) contra os que se acharem servindo nas Forças Armadas, em tempo de guerra.
d) contra os outros condôminos, uma vez cessado o estado de indivisão e comprovada a posse exclusiva da coisa.
e) contra os ausentes do País em serviço público da União, dos Estados e dos Municípios.

23. (PGE/MT/Procurador do Estado/Fundação Carlos Chagas/2016) José, embora sem justo título nem boa-fé, exerceu, por dez anos, sem interrupção, nem oposição, a posse de imóvel registrado em nome de Caio, menor impúbere, nele estabelecendo sua moradia habitual. De acordo com o Código Civil,

a) ocorreu usucapião ordinária, porque o prazo desta, de quinze anos, é reduzido a dez quando o possuidor estabelece no imóvel sua moradia habitual.
b) ocorreu usucapião extraordinária, porque o prazo desta, de quinze anos, é reduzido a dez quando o possuidor estabelece no imóvel sua moradia habitual.
c) não ocorreu usucapião, porque esta ocorre somente se o possuidor tiver justo título.
d) não ocorreu usucapião, porque se aplicam à usucapião as causas que obstam, suspendem ou interrompem a prescrição.
e) não ocorreu usucapião, porque esta ocorre somente se o possuidor tiver boa-fé.

24. (TRF/4ª Região/Juiz Federal/XVII Concurso/2016) Assinale a alternativa INCORRETA acerca da usucapião de bens imóveis:

a) O prazo da usucapião extraordinária é de 10 anos, podendo ser reduzido para 5 anos se o possuidor houver estabelecido no imóvel sua moradia habitual ou nele realizado obras ou serviços de caráter produtivo.
b) O prazo da usucapião especial por abandono do lar, também conhecida como conjugal, é de 2 anos.
c) O prazo da usucapião *pro labore*, também conhecida como especial rural, é de 5 anos.
d) O prazo da usucapião documental, também conhecida como tabular, é de 5 anos.
e) O prazo da usucapião especial coletiva de bem imóvel, previsto no Estatuto das Cidades, é de 5 anos.

25. (TJRJ/Juiz de Direito/XLVII Concurso/VUNESP/2016) Rony, há 6 (seis) anos ininterruptos e sem oposição, possui como sua uma pequena casa de 90 m², em área urbana, onde reside com sua família. Não é proprietário de outro imóvel, urbano ou rural. Anteriormente à sua posse, a casa era ocupada por um amigo seu que se mudou para outro Estado, mas Rony não sabe a que título seu amigo ocupava o imóvel. Dois anos após a ocupação por Rony, foi averbada na matrícula do imóvel uma certidão de distribuição de uma ação de execução em face do formal proprietário do bem. Rony não recebeu notícia da averbação realizada.

Diante dessas circunstâncias, é CORRETO afirmar que

a) a averbação da certidão de distribuição da execução interrompeu o prazo para prescrição aquisitiva.
b) não se operou a prescrição aquisitiva, por falta de lapso temporal suficiente.
c) a averbação da certidão de distribuição da execução suspende o prazo para prescrição aquisitiva, até que seja cancelada a averbação por algum motivo.
d) Rony não usucapiu o imóvel na medida em que a averbação da certidão de distribuição da execução implica na impossibilidade de usucapir por modalidade diversa da usucapião extraordinária.
e) se operou a prescrição aquisitiva em favor de Rony, pela denominada usucapião especial urbana residencial individual.

26. (TJ/SP/Juiz de Direito/187° Concurso/VUNESP/2017) Não sendo proprietário de imóvel, Nelson passa a ocupar como seu, no ano de 2005, imóvel localizado em área urbana de Brasília, com 450 metros quadrados. Ali estabelece sua moradia habitual, tornando pública a posse. O imóvel é de propriedade de Fábio, embaixador brasileiro em atividade na Bélgica desde o ano 2000. Quando retorna ao Brasil no ano de 2008, Fábio se aposenta e fixa residência em Santa Catarina. No ano de 2016, Nelson propõe ação de usucapião contra Fábio. Considerando ser incontroverso que Nelson exerce a posse, sem quaisquer vícios, assinale a alternativa CORRETA.

a) A ação é procedente, pois foram preenchidos todos os requisitos legais da usucapião especial urbana: posse com *animus domini*, por 5 (cinco) anos, já que Nelson estabeleceu no imóvel sua moradia habitual, sem interrupção e oposição, não sendo proprietário de outro imóvel urbano ou rural.
b) A ação é procedente, pois foram preenchidos todos os requisitos legais da usucapião extraordinária: posse com *animus domini* por 10 (dez) anos, já que Nelson estabeleceu no imóvel sua moradia habitual, sem interrupção ou oposição.
c) A ação é improcedente, pois, embora dispensados o justo título e a boa-fé, e tendo a posse sido contínua e pacífica, não foi preenchido o pressuposto temporal de 15 (quinze) anos.
d) A ação é improcedente, pois, embora a posse tenha sido exercida com *animus domini*, de forma contína e pacífica, faltou o preenchimento do requisito temporal de 10 (dez) anos, em razão da existência de causa impeditiva atinente à ausência de Fábio do país, o que impediu a contagem do prazo da prescrição aquisitiva entre 2005 e 2008.

■ 12.4. DA AQUISIÇÃO PELO REGISTRO DO TÍTULO

Para a aquisição da propriedade imóvel, no direito brasileiro, **não basta o contrato**, ainda que perfeito e acabado. Por ele, criam-se apenas obrigações e direitos, segundo estatui o art. 481 do Código Civil, *verbis*:

> "Pelo contrato de compra e venda, um dos contratantes se obriga a transferir o domínio de certa coisa, e o outro, a pagar-lhe certo preço em dinheiro".

A transferência do domínio, porém, só se opera:

- pela **tradição**, se for coisa móvel (CC, art. 1.267); e
- pelo **registro** do título translativo, se for imóvel (art. 1.245).

O Código Civil, com a finalidade de melhor garantir a propriedade imóvel, exige, para a transferência do domínio, que o acordo de vontades se complete pelo **registro:**

> "Art. 1.245. Transfere-se entre vivos a propriedade mediante o registro do título translativo no Registro de Imóveis.
>
> § 1º Enquanto não se registrar o título translativo, o alienante continua a ser havido como dono do imóvel.

§ 2º Enquanto não se promover, por meio de ação própria, a decretação de invalidade do registro, e o respectivo cancelamento, o adquirente continua a ser havido como dono do imóvel".

O nosso legislador aproximou-se do sistema germânico, atenuando-lhe, porém, o rigor. **No sistema alemão, o registro tem valor absoluto.** Só é proprietário aquele em cujo nome se acha registrado o imóvel, o que constar dos livros cadastrais *pro veritate habetur.* Se alguém, louvado em seus dados, adquire determinada propriedade, que vem a perder mais tarde, por força de decisão judicial, tem direito de voltar-se contra o Estado, para dele reclamar indenização[62].

O BGB oferece, todavia, meios de proteção contra as inscrições inexatas, autorizando as retificações, e até mesmo o cancelamento, uma vez observado o procedimento adequado. Reconhecendo ser excepcional o desacordo entre a verdadeira situação jurídica e o registro, o sistema germânico assenta-se em dois princípios:

- o da **presunção de exatidão** do registro (BGB, art. 891); e
- o da **proteção** a quem confia no registro, embora inexato (BGB, art. 892)[63].

12.4.1. Presunção *juris tantum* decorrente do registro

Não dispomos de um sistema rígido de cadastramento como a Alemanha, mesmo porque as condições da propriedade no país são diversas. O nosso legislador limitou-se a adotar a técnica germânica da aquisição do domínio pelo registro, mas sem estabelecer uma presunção absoluta ao registro imobiliário.

Entre nós, o registro confere apenas **presunção *juris tantum*** de domínio: uma vez efetuada a matrícula, **presume-se** pertencer o direito real à pessoa em cujo nome se registrou (CC, art. 1.245, § 2º). E a propriedade considera-se adquirida na data da apresentação do título a registro (art. 1.246), ainda que entre a prenotação e o registro haja decorrido bastante tempo. Perante o nosso direito, pois, o registro não é apenas meio de se dar publicidade do ato translativo, como no direito francês e nos países que a este se ligaram pela mesma técnica. Ao contrário, é tradição solene, que **gera direito real para o adquirente**, transferindo-lhe o domínio. Mas também não é o registro do direito germânico, uma vez que seu valor não é absoluto, admitindo prova em contrário[64].

A relação dos **atos sujeitos a registro** encontra-se na Lei dos Registros Públicos (Lei n. 6.015, de 31-12-1973). A lei anterior sujeitava alguns atos, como os transmissivos da propriedade, à **transcrição**, e outros, como a hipoteca, à **inscrição**. A atual e o novo Código Civil usam apenas a expressão **"registro"**, que engloba os antigos atos de transcrição e de inscrição.

[62] Washington de Barros Monteiro, *Curso*, cit., v. 3, p. 102.
[63] Caio Mário da Silva Pereira, *Instituições*, cit., v. IV, p. 121.
[64] Washington de Barros Monteiro, *Curso*, cit., v. 3, p. 102.

12.4.2. Princípios que regem o registro de imóveis

Para proporcionar maior segurança aos negócios imobiliários, criou o legislador um sistema de registros públicos, regulado pela Lei dos Registros Públicos (Lei n. 6.015, de 31-12-1973), informado por diversos **princípios**, que garantem a sua eficácia.

12.4.2.1. Princípio da publicidade

O primeiro desses princípios é o da *publicidade*. O registro confere **publicidade** às transações imobiliárias, valendo contra terceiros. Qualquer pessoa poderá requerer certidão do registro sem informar ao oficial ou ao funcionário o motivo ou interesse do pedido (LRP, art. 17).

O serventuário é obrigado, sob penas disciplinares, a **expedir certidões e informar a parte**. O registro, assim, salvo exceções relativas a direitos alusivos à família e à filiação, torna público o que nele se contém, criando a **presunção** de seu conhecimento ou de sua cognoscibilidade.

Aqueles que se acham submetidos ao ordenamento jurídico brasileiro devem respeitar o direito registrado, pois a todos ele é oponível. Registrado, **ninguém pode ignorar o direito a que corresponde**, porque impedido pela publicidade consequente do registro, no âmbito do ordenamento nacional[65].

12.4.2.2. Princípio da força probante (fé pública) ou presunção

O segundo princípio é o da *força probante* (fé pública) ou *presunção*. Os registros têm força probante, pois gozam da **presunção de veracidade**. Presume-se pertencer o direito real à pessoa em cujo nome se encontra registrado.

Trata-se de presunção *juris tantum*, sendo o adquirente tido como titular do direito registrado, **até que o contrário se demonstre**, como estatui o art. 1.247 do Código Civil:

> "Se o teor do registro não exprimir a verdade, poderá o interessado reclamar que se retifique ou anule".

Aduz o art. 1.245, § 2º, do mesmo diploma:

> "Enquanto não se promover, por meio de ação própria, a decretação de invalidade do registro, e o respectivo cancelamento, o adquirente continua a ser havido como dono do imóvel".

Adotou o Código Civil brasileiro, nesse particular, como foi dito no item 12.4.1, *retro*, **solução intermediária**, não considerando absoluta tal presunção (*juris et de jure*), como o fez o direito alemão (na Alemanha, a propriedade imóvel está toda cadastrada), nem afastando a relevância do registro, como o fez o direito francês, para o qual o domínio se adquire pelo contrato, servindo o registro apenas como meio de publicidade.

[65] Walter Ceneviva, *Manual do registro de imóveis*, p. 28.

No Brasil, apenas o registro pelo **sistema *Torrens*** (LRP, art. 277) acarreta **presunção absoluta** sobre a titularidade do domínio, mas só se aplica a imóveis rurais. Assume caráter contencioso, com citação de todos os interessados, sendo o pedido julgado por sentença.

A **presunção** estabelecida pelo registro não beneficia apenas o direito de propriedade, **mas todo e qualquer direito**. Assim como o proprietário por ele beneficiado não precisa provar a sua propriedade, tampouco precisa provar o seu direito de **hipoteca** o credor com registro, ou o seu direito de **servidão** o titular com acesso ao fólio real, bastando qualquer deles invocar tão só o registro. A presunção registral restringe-se, todavia, ao **campo processual**, não atingindo de nenhum modo o direito material. A sua importância prática se cinge em dispensar aquele que propõe uma ação de provar a existência do direito real que afirma, porque tem a seu favor a presunção.

12.4.2.3. *Princípio da legalidade*

O princípio da *legalidade* pode ser mencionado em terceiro lugar. Incumbe ao oficial do cartório, por dever de ofício, examinar a **legalidade** e a **validade** dos títulos que lhe são apresentados para registro, nos seus aspectos intrínsecos e extrínsecos. Não lhe cabe, entretanto, segundo respeitável corrente de opinião, arguir **vícios do consentimento**, destituídos de interesse público e somente invocáveis pelos interessados, devendo limitar-se à verificação de sua natureza, se registrável ou não[66].

Salienta Afrânio de Carvalho que, todavia, "de acordo com a doutrina dominante na prática dos cartórios, onde o costume está inegavelmente fazendo lei, o exame da legalidade dos títulos e, por conseguinte, o levantamento das dúvidas deve ultrapassar as nulidades para alcançar as anulabilidades ostensivas. Neste particular, sem a menor discrepância, vigora por toda parte a regra costumeira traduzida, em termos precisos, pelo tribunal mineiro, segundo a qual '**o oficial pode levantar toda e qualquer dúvida**, quer com relação às formalidades **externas**, quer **internas**, do título, desde que deste, única e exclusivamente, ela provenha'"[67].

12.4.2.3.1. *O procedimento do registro*

Tão logo o título seja protocolizado, faz-se a **prenotação**, devendo o oficial examiná-lo. Se estiver em ordem, será registrado. Havendo exigência a ser satisfeita, indicá-la-á por escrito, tendo o interessado trinta dias para a regularização.

Não se conformando o apresentante com a exigência do oficial, será o título, a seu requerimento e com a declaração de ***dúvida***, remetido ao juízo competente para

[66] "Dúvida. Exame de aspectos substanciais do título considerado. Desnecessidade. Procedimento administrativo em que se discute simplesmente a possibilidade do registro. Inaplicabilidade dos rigores formais do estatuto processual civil" (*RJTJSP*, 104/547). "Dúvida. Processo. Exame formal do título, pelo escrivão. Não cabimento em questão que envolve reconhecimento de alienação em fraude à execução. Existência de penhora, ainda que inscrita, que não impede a alienação do imóvel" (*RJTJSP*, 45/399).

[67] *Registro de imóveis*, cit., p. 277.

dirimi-la (LRP, art. 198). Neste caso, o prazo de trinta dias permanecerá suspenso, até a solução a ser dada pelo juiz[68].

12.4.2.3.2. A suscitação da dúvida

Suscitada a *dúvida* pelo oficial (*suscitante*), a pedido do interessado, cujo procedimento é de **jurisdição voluntária** (em que o juiz administra interesses privados), será o apresentante do título (*suscitado*) **cientificado** dos seus termos, para impugná-la. O **Ministério Público** será ouvido, e a dúvida julgada, por sentença. Se procedente, poderão interpor **recurso de apelação** o interessado, o Ministério Público e o terceiro prejudicado. Se improcedente, não poderá o oficial apelar, por **falta de legítimo interesse**, tendo-a suscitado apenas por dever de ofício. Todavia, poderão fazê-lo o representante do **Ministério Público e o terceiro prejudicado**[69].

O recurso será endereçado ao **Conselho Superior da Magistratura**, que em São Paulo é constituído por 7 Desembargadores, a saber: Presidente do Tribunal de Justiça, Vice-Presidente, Corregedor-Geral da Justiça, Presidente da Seção Criminal, Presidente da Seção de Direito Privado, Presidente da Seção de Direito Público e Decano. Mantida a sentença de improcedência, o interessado apresentará de novo os documentos, para que se proceda ao registro (LRP, art. 203).

12.4.2.3.3. A dúvida inversa

Quando é o **próprio interessado** que peticiona diretamente ao juiz, requerendo a instauração do procedimento de dúvida (passando, então, a suscitante, e o oficial a suscitado), o expediente denomina-se ***dúvida inversa***, não prevista na Lei dos Registros Públicos, mas em geral admitida pelos juízes, por uma questão de economia processual[70].

12.4.2.4. Princípio da territorialidade

Em quarto lugar aparece o princípio da *territorialidade*. É o que exige o registro na circunscrição imobiliária da **situação do imóvel**.

---

[68] "Dúvida. Formalidades. Instauração que não pode ser feita de ofício, mas suscitada a requerimento do apresentante do título. Nulidade do processo de dúvida, à falta de pessoa interessada, devendo restituir-se o título, após cancelada a prenotação" (*RJTJSP*, 49/388). "Dúvida. Deve ser suscitada pelo Oficial do Registro de Imóveis, se o mandado judicial apresentado, a cumprir, versar sobre um direito constante do registro e que não fora objeto da *res judicata* ou quando a ordem judicial implique na ofensa a direito de terceiros que não foram partes na ação" (*RJTJSP*, 36/329).

[69] "Dúvida. Citação de terceiro. Desnecessidade. Procedimento administrativo em que se discute a possibilidade do registro de um título e não o direito nele consubstanciado. Terceiro que, sendo prejudicado, poderá interpor recurso sem que isso implique seu chamamento prévio. Nulidade rejeitada" (*RJTJSP*, 94/513). "Dúvida. Intervenção de terceiros. Inadmissibilidade. Processo que não traz lide e não comporta assistência ou intervenção" (*RJTJSP*, 80/442).

[70] "Dúvida. Cabimento. Irrelevância de se tratar de dúvida inversa. Questão de simples *nomen juris*. Rejeição de preliminar" (*RJTJSP*, 43/402, 52/408). "Dúvida inversa. Título judicial. Análise pelo registrador. Necessidade" (*JTJ*, Lex, 257/497).

A escritura pública pode ser lavrada no Cartório de Notas de qualquer localidade, mas o registro só pode ser efetuado no Registro de Imóveis da situação do imóvel, o que, sem dúvida, facilita a pesquisa em torno dos imóveis (LRP, art. 169).

Havendo na comarca **mais de uma circunscrição imobiliária**, a atribuição do registro de atos pertinentes ao imóvel será a definida nas **leis de organização judiciária**. Deve o oficial, ao receber a documentação a ser registrada, apurar, preliminarmente, se é sua, ou não, a competência territorial, indicando, na hipótese negativa, a circunscrição. Neste caso, está dispensado de prenotar o título e suscitar dúvida. Surgida, porém, a controvérsia, insistindo a parte na atribuição que o serventuário nega, será decidida pelo corregedor permanente, em processo de dúvida[71].

Em se tratando de bens situados em **comarcas diversas**, o registro deverá ser feito em todas elas. O desmembramento da comarca não exige, porém, repetição de registro já efetuado no novo cartório (LRP, art. 170).

■ *12.4.2.5. Princípio da continuidade*

Em quinto lugar figura o princípio da *continuidade*, um dos princípios fundamentais do registro imobiliário, pelo qual somente se admite o registro de um título se a pessoa que nele aparece como *alienante* é **a mesma que figura no registro como o seu proprietário**.

Assim, se "A" consta como o proprietário no registro e aliena o seu imóvel a "B", que por sua vez o transfere a "C", a escritura outorgada por "B" a "C" somente poderá ser registrada depois que "B" figurar como dono no registro de imóveis, ou seja, apenas depois de registrada a escritura outorgada por "A" a "B".

Esse princípio está consagrado no art. 195 da Lei dos Registros Públicos, que assim dispõe:

> "Se o imóvel não estiver matriculado ou registrado em nome do outorgante, o oficial exigirá a prévia matrícula e o registro do título anterior, qualquer que seja a sua natureza, para manter a continuidade do registro"[72].

O princípio da continuidade determina, pois, o imprescindível **encadeamento** entre assentos pertinentes a um dado imóvel e às pessoas nele interessadas. Cumpre ao oficial zelar pela sua observância, cabendo-lhe exigir a matrícula, mesmo para o imóvel adquirido antes do Código Civil de 1916.

O aludido princípio obedece a duas linhas mestras:

---

71 Walter Ceneviva, *Lei dos Registros Públicos comentada*, cit., p. 363.

72 "Registro de imóveis. Exigência da certidão de casamento dos alienantes para verificação de seu estado civil e constatação da regularidade de suas identidades. Admissibilidade. Preservação do princípio da continuidade. Pedido de alvará improcedente" (*JTJ*, Lex, 261/251). "Formal de partilha. Imóvel adquirido na constância do casamento, sob o regime da separação de bens. Ausência de prévio inventário do marido. Comunicação dos aquestos. Ofensa ao princípio da continuidade. Inviabilidade do registro" (*JTJ*, Lex, 267/624).

- a do **imóvel**, como transposto para os livros registrários; e
- a das **pessoas** com interesse nos registros. Ambas devem ser seguidas de modo rigoroso e ininterrupto[73].

12.4.2.6. *Princípio da prioridade*

O sexto princípio é o da *prioridade*, que protege quem **primeiro** registra o seu título. A **prenotação** assegura a **prioridade** do registro. Se mais de um título for apresentado a registro no mesmo dia, será registrado aquele prenotado **em primeiro lugar** no protocolo (LRP, art. 191).

Caso a parte interessada, **em trinta dias**, não atenda às exigências formuladas pelo oficial, cessam os efeitos da prenotação, podendo ser examinado e registrado, se estiver em ordem, o título apresentado em segundo lugar. Se o primeiro apresentante não se conformar com as exigências indicadas e requerer a suscitação de dúvida, o prazo fica prorrogado até o julgamento do referido procedimento.

O art. 192 da Lei dos Registros Públicos declara que "o disposto nos arts. 190 e 191 não se aplica às escrituras públicas, da mesma data e apresentadas no mesmo dia, que determinem, taxativamente, a hora da sua lavratura, prevalecendo, para efeito de prioridade, a que foi lavrada em primeiro lugar".

A aplicação desse dispositivo restringe-se a hipóteses pouco frequentes.

12.4.2.7. *Princípio da especialidade*

Em sétimo lugar aponta-se o princípio da *especialidade*, previsto no art. 225 da Lei dos Registros Públicos, que exige a minuciosa **individualização**, no título, do **bem** a ser registrado.

É o que trata dos **dados geográficos** do imóvel, especialmente os relativos às suas metragens e confrontações. Objetiva proteger o registro de erros que possam confundir as propriedades e causar prejuízos aos seus titulares. Significa tal princípio que todo registro deve recair sobre um objeto precisamente individuado.

Compete ao oficial do cartório exigir que, nas escrituras públicas, nos instrumentos particulares e nos autos judiciais, as partes indiquem, com precisão, **os característicos, as confrontações e as localizações** dos imóveis, mencionando os nomes dos confrontantes e, ainda, quando se tratar de terreno, se fica do lado par ou do lado ímpar do logradouro, em que quadra e a que distância métrica da edificação ou da esquina mais próxima, exigindo dos interessados certidão do registro imobiliário (LRP, art. 225).

No tocante aos vizinhos, não são mais aceitas as velhas indicações tais como "com

[73] "Registro de imóveis. Compromisso de compra e venda. Instituição financeira alienante. Modificação da razão social. Necessário o registro da alteração ainda que o número do CGC continue inalterado. Preservação dos princípios da continuidade e da especialidade. Recurso não provido" (*JTJ*, Lex, 542).

quem de direito", ou "com fulano ou sucessores". É necessária a expressa indicação do confrontante.

Se o título não estiver em ordem, será exigida a sua **retificação**, para que se conforme com a descrição dos imóveis que consta do registro[74].

■ *12.4.2.8. Princípio da instância*

Por último, pode ser mencionado o princípio da *instância*, que não permite que o oficial proceda a registros de ofício, mas somente **a requerimento do interessado**, ainda que verbal. Sem solicitação ou instância da parte ou da autoridade, o registrador não pratica os atos do seu ofício.

Dispõe, com efeito, o art. 13 da Lei dos Registros Públicos:

> "Salvo as anotações e as averbações obrigatórias, os atos do registro serão praticados:
> I — por ordem judicial;
> II — a requerimento verbal ou escrito dos interessados;
> III — a requerimento do Ministério Público, quando a lei autorizar".

Até mesmo a instauração de procedimento de dúvida será feita a requerimento do interessado (LRP, art. 198).

Manteve-se a prática tradicional, facilitadora dos negócios imobiliários, em que não se exige sequer que o interessado formule *expressamente* o requerimento de registro, pois o ofício do Registro de Imóveis se satisfaz com o **requerimento tácito** decorrente da apresentação do título registrável. Essa apresentação pode ser feita por qualquer pessoa, transformando-se assim o interessado em simples *portador*, de acordo com uma prática mais que centenária[75].

■ 12.4.3. Matrícula

A Lei n. 6.015, de 31 de dezembro de 1973, atual Lei dos Registros Públicos, pretendendo melhor individualizar os imóveis, instituiu a *matrícula*, exigindo a sua realização antes do registro, quando **o imóvel sofrer a primeira alteração na titularidade** após a sua vigência (arts. 176, § 1º, e 228). O número de matrícula recebido por ocasião do registro do título translativo (escritura pública, formal de partilha) **sempre o acompanhará**.

---

[74] "Registro de imóveis. Descrição do imóvel em desacordo com o assento registrário. Retificação do título. Necessidade. Princípio da especialidade. Dúvida procedente. Recurso não provido" (*JTJ*, Lex, 260/550). "Escritura de venda e compra. Exigência de retificação do título para que se conforme com a descrição dos imóveis que consta do registro" (*JTJ*, Lex, 267/617). "Escritura pública de compra e venda. Loteamento. Área maior não levada a registro. Gleba sem medidas perimetrais ou pontos de amarração. Princípio da especialidade. Violação. Inviabilidade do registro" (*JTJ*, Lex, 267/619). "Escritura. Inserção unilateral de dados. Inadmissibilidade. Ofensa ao princípio da especialidade. Acesso negado" (*JTJ*, Lex, 268/601).

[75] Afrânio de Carvalho, *Registro de imóveis*, cit., p. 326-327.

As **alienações posteriores** serão registradas na mesma matrícula. Esta é feita somente por ocasião do primeiro registro, após a vigência da atual Lei dos Registros Públicos, e o antecede. Não é a matrícula que produz a transferência da propriedade, **mas, sim, o registro**.

Se o registro anterior tiver sido efetuado **no mesmo cartório** em que se pretende matricular o imóvel, deverá o oficial confrontar os dados de identificação constantes do título exibido com os inseridos no registro, para verificar se foi obedecido o princípio da continuidade.

12.4.3.1. *Registro efetuado em outra circunscrição imobiliária*

Se o registro anterior for de outra circunscrição imobiliária, deverá o interessado no registro apresentar, além do título a ser registrado, **certidão atualizada daquele registro**, que, após a abertura da matrícula, deverá ficar arquivada, para eventual exame.

Também nesse caso deverá o oficial comparar os dados de identificação do imóvel contidos no título registrando com os da certidão do registro anterior[76].

12.4.3.2. *Princípio da unicidade da matrícula*

Na sistemática da lei, **"cada imóvel"** (expressão usada no § 1º do art. 176) corresponde a prédio matriculado, estremando-o de dúvida em relação aos vizinhos. Tratando-se de imóveis autônomos, mesmo negociados em um só título, **cada um tem matrícula individual**[77].

A Lei dos Registros Públicos adotou, assim, o **princípio da unicidade** da matrícula: cada imóvel terá matrícula própria, de maneira que nenhum poderá ser matriculado mais de uma vez, nem duas matrículas poderão ter por objeto o mesmo imóvel, em sua integridade ou partes ideais (frações ideais) do mesmo imóvel[78].

12.4.3.3. *Desmembramento do imóvel*

Se parte de um imóvel for alienada, caracterizando um *desmembramento*, constituirá ela um **novo imóvel**, que deverá, então, ser matriculado, recebendo número próprio.

12.4.3.4. *Fusão de imóveis*

Pode dar-se, também, o fenômeno inverso, que é a *fusão*, ou seja, a **unificação de matrículas** de imóveis pertencentes ao mesmo titular do direito real. Admite-se, com efeito, a fusão de dois ou mais imóveis contíguos, pertencentes ao mesmo proprietário, em uma só matrícula, de novo número, encerrando-se as primitivas (LRP, art. 234).

---

[76] Walter Cruz Swensson, *Manual de registro de imóveis*, p. 64.

[77] Walter Ceneviva, *Manual*, cit., p. 82.

[78] Walter Cruz Swensson, *Manual*, cit., p. 62.

A fusão de matrículas dá **homogeneidade jurídica** a imóveis fisicamente contíguos e que, não obstante constituírem um todo harmônico, aparecem para o direito como entidades apartadas. As matrículas a unificar, embora autônomas, devem permitir verificação registrária da proximidade física dos imóveis.

O encerramento das matrículas primitivas é averbado. Serão feitas averbações em todas as matrículas e registros dos imóveis fundidos.

12.4.4. Registro

O *registro* sucede à matrícula e é o ato que efetivamente **acarreta a transferência** da propriedade. O número inicial da matrícula é mantido, mas os subsequentes registros receberão numerações diferentes, em ordem cronológica, vinculados ao número da matrícula-base.

12.4.5. Averbação

A *averbação* é qualquer **anotação** feita à margem de um registro, para indicar as alterações ocorridas no imóvel, seja quanto à sua **situação física** (edificação de uma casa, mudança de nome de rua), seja quanto à **situação jurídica do seu proprietário** (mudança de solteiro para casado, p. ex.).

Averbam-se fatos posteriores à matrícula e ao registro que não alteram a essência desses atos, modificando apenas as características do imóvel ou do sujeito.

12.4.6. Livros obrigatórios

Os livros obrigatórios do Registro de Imóveis são em número de cinco. Dispõe, com efeito, o art. 173 da Lei dos Registros Públicos:

> "Haverá, no Registro de Imóveis, os seguintes livros:
> I — Livro n. 1 — Protocolo;
> II — Livro n. 2 — Registro Geral;
> III — Livro n. 3 — Registro Auxiliar;
> IV — Livro n. 4 — Indicador Real;
> V — Livro n. 5 — Indicador Pessoal.
> Parágrafo único. Observado o disposto no § 2º do art. 3º desta Lei, os Livros ns. 2, 3, 4 e 5 poderão ser substituídos por fichas".

O Livro n. 1 — *Protocolo*

Serve para **anotação** de todos os títulos apresentados diariamente. É conhecido como "a chave do registro de imóveis" ou a porta de entrada, pela qual devem passar todos os títulos registráveis. A data do registro, para os efeitos legais, é a da **prenotação** do título no protocolo, ainda que efetuado posteriormente (CC, art. 1.246).

O Livro n. 2 — *Registro Geral*

É destinado à **matrícula e ao registro** dos títulos, além de outros atos. É nesse livro que se pratica **o ato que transfere o domínio** dos imóveis (registro, anteriormente chamado de transcrição).

■ O Livro n. 3 — *Registro Auxiliar*

Destina-se ao registro de atos que devem, por lei, ser registrados, embora **não sirvam à transferência do domínio**, como as convenções antenupciais, as convenções de condomínio, as cédulas de crédito rural etc. (LRP, art. 178).

■ O Livro n. 4 — *Indicador Real*

É o **repositório de todos os imóveis** que figurarem nos demais livros, podendo ser localizados por seus dados e características. Os Livros ns. 4 e 5 funcionam como uma espécie de índices.

■ O Livro n. 5 — *Indicador Pessoal*

Contém o nome de todas **as pessoas** que figuram no registro como proprietárias, em ordem alfabética, facilitando a expedição de certidões.

■ 12.4.7. Retificação do registro

É admissível a retificação do registro do imóvel quando há **inexatidão nos lançamentos**, isto é, "*se o teor do registro não exprimir a verdade*" (CC, art. 1.247; LRP, art. 212).

Ao admitir retificação, a lei se mostra de acordo com a realidade brasileira, de imensa extensão física e com grandes áreas de duvidosa confiabilidade dominial e possessória. Não é viável entre nós um sistema de presunção de validade absoluta do assentamento imobiliário, confiado a cartórios cujos elementos humanos e materiais nem sempre são de boa qualidade[79].

■ *12.4.7.1. Sistema misto: administrativo e, em alguns casos, judicial*

A retificabilidade, disciplinada nos arts. 212 e 213 da Lei dos Registros Públicos, é um dos elementos distintivos dos sistemas brasileiro e alemão.

Em sua redação original, os citados dispositivos permitiam o processamento da retificação somente perante o juiz corregedor do registro imobiliário. Todavia, a Lei n. 10.931, de 2 de agosto de 2004, deu-lhes nova redação, permitindo que **o pedido de retificação seja feito ao próprio Oficial do Registro de Imóveis** competente, na hipótese de o registro ou a averbação serem *omissos*, *imprecisos* ou *não exprimirem a verdade*, mas **facultando** ao interessado "requerer a retificação por meio de **procedimento judicial**".

Enquanto o mencionado art. 212 refere-se apenas a "requerimento do interessado", o art. 213 prevê também *ato de ofício*, nas hipóteses descritas nas letras *a* a *g* do inc. I.

Foi adotado, assim, um **sistema misto**, ou seja, **administrativo**, com alguma forma de **contenciosidade:** na retificação de área, para aumentá-la ou diminuí-la, ou na alteração de divisas, alienantes e confrontantes são citados, e, da decisão proferida, cabe apelação.

---

[79] Walter Ceneviva, *Manual*, cit., p. 129.

12.4.7.2. *Espécies de retificação*

Há, atualmente, quatro espécies de retificação:

- a exigida por lei;
- a realizada por vontade da parte;
- a cumprida pelo registrador como ato de ofício; e
- a efetuada em cumprimento de decisão judicial, de natureza administrativa ou contenciosa.

12.4.7.3. *Intervenção judicial*

A intervenção judicial se dará:

- quando o interessado requerer a retificação diretamente ao juiz competente; e
- quando a adoção do procedimento administrativo puder acarretar prejuízo para qualquer interessado ou terceiros[80].

12.4.7.4. *Participação do Ministério Público*

O Ministério Público atua nos procedimentos concernentes aos registros públicos, devendo, pois, ser ouvido no pedido de retificação.

12.4.7.5. *Retificações que podem ser feitas administrativamente pelo Oficial do Registro de Imóveis*

Pelo novo sistema, **diversos atos**, como retificações de área, descrição de perímetros de imóveis, correção de nomes de pessoas e de outros dados importantes, poderão ser **praticados pelo Oficial do Registro de Imóveis**, sem a necessidade de instauração de procedimento perante o juiz corregedor — o que contribuirá para a desburocratização dos serviços registrários. Somente se houver impugnação fundamentada e não ocorrer transação entre os interessados, ou se o pedido envolver direitos de terceiros, a retificação será decidida pelo juiz, ainda em sede correcional.

Se, todavia, a controvérsia versar sobre **direito de propriedade** de alguma das partes, a matéria deverá ser objeto de **processo judicial**[81].

A principal inovação trazida pela mencionada Lei n. 10.931/2004 encontra-se na **permissão concedida ao oficial** do registro imobiliário para **realizar diligências** no imóvel e constatar a sua situação em face dos confrontantes e localização na quadra (art. 213, § 12), deixando a estática posição de recebedor de títulos para se transformar em fiscal da realidade física do bem a ser retificado, com afastamento, nesse particular, do princípio de instância[82].

---

80 Walter Ceneviva, *Lei dos Registros Públicos comentada*, 17. ed., p. 461 e 466.

81 Sílvio Venosa, *Direito civil*, 7. ed., v. V, p. 169.

82 Walter Ceneviva, *Lei dos Registros Públicos comentada*, 17. ed., p. 466.

12.4.7.6. *Remessa das partes às vias ordinárias*

Cumpre salientar que a retificação de erro constante do registro não se confunde com o erro cometido no negócio causal que originou o assentamento imobiliário[83].

Se remetidas as partes às **vias ordinárias**, caberá ao interessado na retificação de registro ajuizar a **ação ordinária** de retificação de registro imobiliário. Pode igualmente ingressar desde logo com a referida ação, **abrindo mão** do direito de pleitear a retificação objetivada pela via administrativa (LRP, art. 216).

12.4.7.7. *Pessoas legitimadas a pleitear a retificação do registro imobiliário*

Têm legitimidade para pleitear a retificação de registro imobiliário não só **o titular do direito real** ali lançado senão também **qualquer interessado**, por exemplo, o titular de direito real imobiliário impedido de ter acesso ao Registro Público em razão de erro, falha ou omissão do registro anterior, a ser retificado. Confira-se:

> "Retificação de matrícula. Ilegitimidade de parte. Inocorrência. Pedido que pode ser formulado por qualquer interessado e não só pelo titular. Art. 213 da Lei dos Registros Públicos"[84].

12.4.8. Resumo

AQUISIÇÃO PELO REGISTRO DO TÍTULO	
INTRODUÇÃO	▪ Não basta o contrato para a transferência ou aquisição do domínio (CC, art. 481). Este só se transfere pela tradição, se for coisa móvel (art. 1.267), e pelo registro do título translativo, se for imóvel (art. 1.245). A relação dos atos sujeitos a registro encontra-se na LRP (Lei n. 6.015/73, art. 167).
PRINCÍPIOS QUE REGEM O REGISTRO DE IMÓVEIS	▪ da **publicidade**; ▪ da **força probante** (fé pública); ▪ da **legalidade**; ▪ da **territorialidade**; ▪ da **continuidade**; ▪ da **prioridade**; ▪ da **especialidade**; ▪ da **instância**.
ATOS DO REGISTRO	▪ ***Matrícula:*** é feita somente por ocasião do primeiro registro do título, após a vigência da atual LRP. Destina-se a individualizar os imóveis. O número de matrícula sempre os acompanhará. As alienações posteriores serão registradas na mesma matrícula. ▪ ***Registro:*** sucede à matrícula. É o ato que efetivamente acarreta a transferência da propriedade. O número inicial da matrícula é mantida, mas os subsequentes registros receberão numerações diferentes, em ordem cronológica, vinculados ao número da matrícula-base. ▪ ***Averbação:*** é qualquer anotação feita à margem de um registro, para indicar as alterações ocorridas no imóvel.

---

83 Walter Ceneviva, *Lei dos Registros Públicos comentada*, 17. ed., p. 465.

84 *RJTJSP*, 97/550. No mesmo sentido: "Registro de imóveis. Retificação de área. Pretensão que pode ser exercida pelo prejudicado ou interessado. Arts. 212 e 213 da Lei dos Registros Públicos" (*RJTJSP*, 119/283).

LIVROS OBRIGATÓRIOS	■ Protocolo (Livro n. 1); ■ Registro geral (Livro n. 2); ■ Registro auxiliar (Livro n. 3); ■ Indicador real (Livro n. 4); ■ Indicador pessoal (Livro n. 5).
RETIFICAÇÃO DO REGISTRO	■ É admissível a retificação do registro quando há inexatidão nos lançamentos, isto é, "se o teor do registro de imóveis não exprimir a verdade" (CC, art. 1.247; LRP, art. 212). A retificação pode ser feita extrajudicialmente quando não afete direito de terceiros.

12.5. DA AQUISIÇÃO POR ACESSÃO

12.5.1. Conceito de acessão

Acessão é modo de aquisição da propriedade, criado por lei, em virtude do qual tudo o que se **incorpora a um bem** fica pertencendo ao seu proprietário. Ou, segundo a lição de Beviláqua, "é o modo originário de adquirir, em virtude do qual fica pertencendo ao proprietário tudo quanto se une ou incorpora ao seu bem"[85].

■ Requisitos

Em todas as suas formas, a acessão depende do concurso de dois **requisitos:**

- a **conjunção** entre duas coisas, até então separadas;
- o caráter **acessório** de uma dessas coisas, em confronto com a outra.

Na acessão predomina, com efeito, o princípio segundo o qual a coisa acessória segue a principal (*accessorium sequitur suum principale*). A coisa acedida é a principal, e a coisa acedente, a acessória[86].

■ Princípio do enriquecimento sem causa

Entretanto, com relação às suas consequências, aplica-se também o princípio que *veda o enriquecimento sem causa.*

O legislador entendeu mais conveniente atribuir o domínio da coisa acessória também ao dono da principal, para evitar o estabelecimento de um condomínio forçado e indesejado, porém, ao mesmo tempo, procurou **evitar o locupletamento indevido**, possibilitando ao proprietário desfalcado o percebimento de uma **indenização**[87].

12.5.2. Formas

A acessão pode dar-se:

- pela formação de ilhas;
- aluvião;
- avulsão;

[85] *Código Civil*, cit., v. 7, p. 356.
[86] Washington de Barros Monteiro, *Curso*, cit., v. 3, p. 108-109.
[87] Silvio Rodrigues, *Direito civil*, cit., v. 5, p. 98.

- abandono de álveo; e
- plantações ou construções (CC, art. 1.248).

A última forma é denominada ***acessão industrial***, por decorrer do trabalho ou indústria do homem, sendo acessão de móvel a imóvel.

As demais são ***acessões físicas*** ou ***naturais***, por decorrerem de fenômenos naturais, sendo acessões de imóvel a imóvel.

A acessão de móvel a móvel será estudada adiante, no capítulo concernente à aquisição de propriedade móvel.

12.5.3. Acessões físicas ou naturais

12.5.3.1. Acessão pela formação de ilhas

O legislador, no art. 1.249 do Código Civil, focaliza o problema da atribuição do domínio das ilhas surgidas em **rios particulares**, ou seja, em rios **não navegáveis**. Refoge ao estudo do direito civil acessão de ilhas ou ilhotas formadas no curso de rios navegáveis ou que banhem mais de um Estado, uma vez que tais correntes são **públicas** (CF, art. 20, IV). Consideram-se navegáveis os rios e as lagoas em que a navegação seja possível por embarcações de qualquer espécie (Dec. n. 21.235, de 2-4-1932).

O aparecimento das ilhas pode ser determinado pelas causas mais diversas. A aquisição da propriedade das que se formaram por **força natural** (acúmulo de areia e materiais levados pela correnteza, movimentos sísmicos, desagregação repentina de uma porção de terra etc.) ocorre de acordo com sua **situação ou posição no leito dos rios**. Assim,

- As ilhas que se formam no **meio do rio** distribuem-se na proporção das testadas dos terrenos até a linha que dividir o álveo ou leito do rio em duas partes iguais.
- As que se formam entre **a linha que divide o rio em duas partes e uma das margens** consideram-se **acréscimos** aos terrenos ribeirinhos fronteiros desse mesmo lado.

Dispõe efetivamente o art. 1.249 do Código Civil:

> "As ilhas que se formarem em correntes comuns ou particulares pertencem aos proprietários ribeirinhos fronteiros, observadas as regras seguintes:
>
> I — as que se formarem no meio do rio consideram-se acréscimos sobrevindos aos terrenos ribeirinhos fronteiros de ambas as margens, na proporção de suas testadas, até a linha que dividir o álveo em duas partes iguais;
>
> II — as que se formarem entre a referida linha e uma das margens consideram-se acréscimos aos terrenos ribeirinhos fronteiros desse mesmo lado;
>
> III — as que se formarem pelo desdobramento de um novo braço do rio continuam a pertencer aos proprietários dos terrenos à custa dos quais se constituíram".

12.5.3.2. Aluvião

Segundo a definição de Justiniano, difundida pela doutrina, ***aluvião*** é o aumento insensível que o rio anexa às terras, tão **vagarosamente** que seria impossível, em dado momento, apreciar a quantidade acrescida[88]. Esses acréscimos pertencem aos donos dos terrenos marginais, conforme a regra de que **o acessório segue o principal**. Nesse sentido, dispõe o art. 1.250 do Código Civil:

> "Os acréscimos formados, sucessiva e imperceptivelmente, por depósitos e aterros naturais ao longo das margens das correntes, ou pelo desvio das águas destas, pertencem aos donos dos terrenos marginais, sem indenização.
>
> Parágrafo único. O terreno aluvial, que se formar em frente de prédios de proprietários diferentes, dividir-se-á entre eles, na proporção da testada de cada um sobre a antiga margem".

O favorecido não está obrigado a pagar indenização ao prejudicado. Nenhum particular, entretanto, pode realizar obra ou trabalho para determinar o aparecimento de terreno aluvial em seu benefício, pois aluvião é **obra da natureza**, não do trabalho humano.

As partes descobertas pela retração das águas dormentes, como lagos e tanques, são chamadas de ***aluvião imprópria***. Não constituíam acessão, conforme dispunha o art. 539 do Código Civil de 1916, motivo pelo qual os donos dos terrenos confinantes não as adquiriam, como não perdiam o que as águas invadissem. O Código Civil de 2002 não reproduziu a aludida restrição, passando a admitir tacitamente a aluvião imprópria como **modo aquisitivo da propriedade**[89].

12.5.3.3. Avulsão

Verifica-se a ***avulsão*** quando a força **súbita** da corrente arranca uma **parte considerável** de um prédio, arrojando-a sobre outro (Código de Águas, art. 19). Porém, segundo se depreende da leitura do art. 1.251 do Código Civil, a avulsão dá-se não só pela força de corrente como ainda por qualquer força natural e violenta. Não se confunde com a aluvião, que é, como visto, acréscimo vagaroso e imperceptível.

Dispõe, com efeito, o aludido dispositivo:

> "Quando, por força natural violenta, uma porção de terra se destacar de um prédio e se juntar a outro, o dono deste adquirirá a propriedade do acréscimo, se indenizar o dono do primeiro ou, sem indenização, se, em um ano, ninguém houver reclamado.
>
> Parágrafo único. Recusando-se ao pagamento de indenização, o dono do prédio a que se juntou a porção de terra deverá aquiescer a que se remova a parte acrescida".

---

[88] Clóvis Beviláqua, *Direito das coisas*, v. 1, p. 132; Washington de Barros Monteiro, *Curso*, cit., v. 3, p. 111.

[89] Caio Mário da Silva Pereira, *Instituições*, cit., v. IV, p. 129.

12.5.3.3.1. *Avulsão de coisa não suscetível de aderência natural*

Desse modo, o fenômeno pode ocorrer também por **superposição**. Entretanto, quando a avulsão é de coisa não suscetível de aderência natural, aplica-se o disposto quanto às **coisas perdidas** (CC, art. 1.233; Código de Águas, art. 21), que devem ser devolvidas ao dono.

Se, por exemplo, um furacão arremessa de um imóvel para outro madeiras cortadas, cercas de arame e outros objetos, inexiste acessão. Tais utilitários devem ser restituídos ao legítimo dono, uma vez que não vem a ocorrer consolidação de duas coisas em uma, conservando cada qual sua própria individualidade. O dono do imóvel em que caíram é obrigado a tolerar a busca e a retirada, mediante indenização, se sofrer algum prejuízo[90].

12.5.3.3.2. *Regulamentação legal*

Na avulsão, o acréscimo passa a pertencer ao **dono da coisa principal**. Se o proprietário do prédio desfalcado reclamar dentro do **prazo decadencial de um ano**, o dono do prédio acrescido, se não quiser devolver, pagará indenização àquele. Decorrido, todavia, *in albis* o aludido prazo, considera-se **consumada a incorporação**, perdendo o proprietário prejudicado não só o direito de reivindicar, como o de receber indenização (Código de Águas, art. 20, parágrafo único; CC, art. 1.251).

Cabe ao dono do prédio acrescido a **opção:** aquiescer a que se remova a parte acrescida, reclamada dentro de um ano, ou indenizar o reclamante (CC, art. 1.251 e parágrafo único; Código de Águas, art. 20). É dessa forma que a lei disciplina o duplo problema jurídico que a avulsão suscita: o referente ao destino da porção de terra que dela foi objeto e o do reequilíbrio dos patrimônios das partes.

12.5.3.4. *Álveo abandonado*

O Código de Águas define o ***álveo*** como "a superfície que as águas cobrem sem transbordar para o solo natural e ordinariamente enxuto" (art. 9º). É, em suma, o **leito do rio**. Ele será **público** de uso comum, ou dominical, conforme a propriedade das respectivas águas; e será **particular**, no caso de águas comuns ou águas particulares (Código de Águas, art. 10).

O álveo abandonado de **rio público ou particular** pertence aos proprietários ribeirinhos das duas margens, na proporção das testadas, até a linha mediana daquele (Código de Águas, art. 10 e parágrafos). Dispõe a propósito o art. 1.252 do Código Civil:

> "O álveo abandonado de corrente pertence aos proprietários ribeirinhos das duas margens, sem que tenham indenização os donos dos terrenos por onde as águas abrirem novo curso, entendendo-se que os prédios marginais se estendem até o meio do álveo".

---

[90] Washington de Barros Monteiro, *Curso*, cit., v. 3, p. 114.

O dispositivo em apreço **não distingue entre a corrente pública e a particular**. O art. 26 do Código de Águas, por sua vez, declara que o álveo abandonado da corrente pública pertence aos proprietários ribeirinhos das duas margens.

Como consta do art. 1.252 do Código Civil retrotranscrito, os donos dos terrenos por onde as águas abrirem novo curso não têm o direito de exigir indenização, uma vez que se está diante de um **acontecimento natural**. Todavia, farão jus a ela se o acontecimento decorrer de ato humano. Se o rio retornar ao seu antigo leito, o abandonado voltará aos seus antigos donos.

Preceitua o art. 27 do Código de Águas que, "se a mudança da corrente se fez por utilidade pública, o prédio ocupado pelo novo álveo deve ser indenizado, e o álveo abandonado passa a pertencer ao expropriante para que se compense da despesa feita".

■ 12.5.4. Acessões industriais: construções e plantações

As construções e plantações são chamadas de acessões ***industriais*** ou ***artificiais***, porque derivam de um comportamento ativo do homem.

A regra básica está consubstanciada na presunção de que toda construção ou plantação existente em um terreno foi feita pelo proprietário e à sua custa. Trata-se, entretanto, de **presunção vencível**, admitindo prova contrária. Nesse sentido, preceitua o art. 1.253 do Código Civil:

> "Toda construção ou plantação existente em um terreno presume-se feita pelo proprietário e à sua custa, até que se prove o contrário".

A presunção se ilide nas hipóteses mencionadas nos arts. 1.254 e s.:

- na primeira, o dono do solo edifica ou planta em terreno próprio, com sementes ou materiais alheios;
- na segunda, o dono das sementes ou materiais planta ou constrói em terreno alheio;
- na última, terceiro planta ou edifica com semente ou material alheios, em terreno igualmente alheio.

Nos aludidos dispositivos, procura o legislador resolver a questão do domínio da coisa principal e da acessória, bem como a da fixação da indenização devida pela parte beneficiada àquela que, em virtude da solução legal, experimentou prejuízo. A solução varia, conforme estejam as partes de **boa ou de má-fé**.

■ *12.5.4.1. Proprietário que semeia, planta ou edifica em seu próprio terreno com sementes, plantas ou materiais alheios*

Assim, se o proprietário semeia, planta ou edifica em seu próprio terreno, mas com "sementes, plantas ou materiais alheios", **adquire a propriedade destes**, visto que o acessório segue o principal. O que adere ao solo a este se incorpora. Entretanto, para evitar o enriquecimento sem causa, estabelece o aludido art. 1.254 do Código Civil que terá de **reembolsar** o valor do que utilizar, respondendo ainda "por perdas e danos, se agiu de **má-fé**".

Portanto, **ainda que de má-fé**, o proprietário do solo adquire automaticamente a propriedade das sementes, plantas e materiais, beneficiado pela acessão. Não haveria interesse social em que se arrancassem plantas e sementes, ou se destruíssem edifícios. O proprietário torna-se dono dessas acessões, mas terá de ressarcir o seu valor[91].

12.5.4.2. *Dono das sementes ou materiais que planta ou constrói em terreno alheio*

Segundo dispõe o art. 1.255, *caput*, do Código Civil, "aquele que semeia, planta ou edifica em terreno alheio **perde**, em proveito do proprietário, as sementes, plantas e construções; se procedeu de **boa-fé**, terá direito a indenização". Se, no entanto, estiver de **má-fé**, o proprietário terá a opção de obrigá-lo a repor as coisas no estado anterior, retirando a planta ou demolindo a edificação, e a pagar os prejuízos, ou deixar que permaneça, a seu benefício e sem indenização.

Não seria justo, realmente, que o plantador ou construtor que procedesse de má-fé fosse encontrar para esta uma proteção da ordem jurídica e receber indenização pelo seu ato ilícito, em condição melhor do que o possuidor de má-fé, que também nenhuma indenização recebe.

Para semear, plantar ou edificar é necessário que o dono da coisa esteja na posse do imóvel. **Se de boa-fé, é legítimo o exercício do direito de retenção**, só o restituindo após receber a indenização.

Tal situação encontra-se bem disciplinada no parágrafo único do mencionado art. 1.255 do Código Civil, que estatui: "Se a construção ou a plantação **exceder consideravelmente** o valor do terreno, aquele que, de boa-fé, plantou ou edificou, adquirirá a propriedade do solo, mediante pagamento da indenização fixada judicialmente, se não houver acordo".

12.5.4.2.1. *Acessão inversa*

Esta última regra constitui inovação introduzida pelo Código Civil de 2002, caracterizando uma espécie de **desapropriação** no interesse privado. Configura a denominada **"acessão inversa"**, lastreada no princípio da função social da propriedade.

É necessário perceber, como ponderam Cristiano Chaves de Farias e Nelson Rosenvald[92], que "certas edificações são **mais relevantes** do ponto de vista socioeconômico do que os terrenos onde se levantam. Assim, seria contrário aos fins constitucionais da propriedade o sacrifício do construtor de boa-fé, em proveito do titular desidioso, proprietário de terreno que nada faz para impedir a edificação, quando poderia ter-se incumbido de realizar oposição judicial, preferencialmente pela via da ação de nunciação de obra nova (arts. 934/940 do CPC/1973)".

---

[91] Washington de Barros Monteiro, *Curso*, cit., v. 3, p. 117.

[92] *Direitos reais*, cit., p. 316-317.

O art. 1.255 em apreço somente se aplica às **construções e plantações**, que são acessões industriais, e **não às benfeitorias**, que não são coisas novas, mas apenas acréscimos ou melhoramentos em obras já feitas. Nas acessões, o proprietário paga o justo valor, isto é, o valor efetivo dos materiais e da mão de obra.

■ 12.5.4.2.2. Má-fé de ambas as partes

Se "de ambas as partes houver má-fé", o **proprietário adquire** as sementes, plantas e construções, mas é obrigado a **ressarcir** o valor das acessões (CC, art. 1.256).

À falta de elementos positivos, presume a lei, ainda, no parágrafo único do citado art. 1.256, a má-fé do proprietário quando o trabalho de construção ou lavoura foi realizado em sua presença e sem impugnação sua.

■ 12.5.4.3. Terceiro que, não sendo dono das sementes, plantas ou materiais, emprega-os em solo alheio

O mesmo critério se aplica quando terceiro, que não é dono das sementes, plantas ou materiais, emprega-os de **boa-fé** em solo alheio. Assim mesmo **o proprietário os adquire**, e o dono das plantas ou dos materiais poderá cobrar a **indenização** do dono do solo quando não puder havê-la do plantador ou construtor (CC, art. 1.257 e parágrafo único).

■ 12.5.4.4. Invasão de solo alheio por construção

O Código Civil de 2002, suprindo a omissão do diploma de 1916, disciplina a questão no art. 1.258, *verbis*:

> "Se a construção, feita parcialmente em solo próprio, invade solo alheio em proporção **não superior à vigésima parte** deste, adquire o construtor de **boa-fé** a propriedade da parte do solo invadido, se o valor da construção exceder o dessa parte, e responde por indenização que represente, também, o valor da área perdida e a desvalorização da área remanescente.
>
> Parágrafo único. Pagando em décuplo as perdas e danos previstos neste artigo, o construtor de **má-fé** adquire a propriedade da parte do solo que invadiu, se em proporção à vigésima parte deste e o valor da construção exceder consideravelmente o dessa parte e não se puder demolir a porção invasora sem grave prejuízo para a construção".

■ 12.5.4.4.1. Requisitos para que ocorra a aquisição da propriedade do solo

São, pois, os seguintes:

- que a construção tenha sido feita parcialmente em solo próprio, mas havendo invasão de solo alheio;
- que a invasão do solo alheio não seja superior à vigésima parte deste;
- que o construtor tenha agido de boa-fé;
- que o valor da construção exceda o da parte invadida;

■ que o construtor indenize o dono do terreno invadido, pagando-lhe o valor da área perdida e a desvalorização da área remanescente[93].

■ *12.5.4.4.2. Invasão considerável do solo alheio*

A invasão, pela construção, de área alheia considerável é disciplinada no art. 1.259 do Código Civil:

> "Se o construtor estiver de **boa-fé**, e a invasão do solo alheio exceder a vigésima parte deste, adquire a propriedade da parte do solo invadido, e responde por perdas e danos que abranjam o valor que a invasão acrescer à construção, mais o da área perdida e o da desvalorização da área remanescente; se de **má-fé**, é obrigado a demolir o que nele construiu, pagando as perdas e danos apurados, que serão devidos em dobro".

■ 12.5.5. Resumo

AQUISIÇÃO PELA ACESSÃO	
CONCEITO DE ACESSÃO	■ É modo originário de aquisição da propriedade, criado por lei, em virtude do qual tudo o que se incorpora a um bem fica pertencendo ao seu proprietário
ESPÉCIES	**a) Acessões físicas ou naturais** (constituem fenômenos naturais e acessões de imóvel a imóvel): ■ **formação de ilhas** pelo acúmulo natural de areia e materiais levados pela correnteza e ocorre de acordo com sua situação ou posição no leito dos rios (CC, art. 1.249); ■ **aluvião** é o aumento insensível que o rio anexa às terras, tão **vagarosamente** que seria impossível, em dado momento, apreciar a quantidade acrescida. Esses acréscimos pertencem aos donos dos terrenos marginais, segundo a regra de que o acessório segue o principal (CC, art. 1.250); ■ **avulsão** quando a força súbita da corrente arranca uma parte considerável de um prédio, arrojando-a sobre outro (art. 1.251); ■ **abandono de álveo**, que é a superfície que as águas cobrem sem transbordar para o solo natural e ordinariamente enxuto. O **álveo abandonado** de rio público ou particular pertence aos proprietários ribeirinhos das duas margens, na proporção das testadas, até a linha mediana daquele (art. 1.252). **b) Acessões industriais** ■ As construções e plantações são chamadas de acessões **industriais** ou **artificiais**, porque derivam de um comportamento ativo do homem. A regra básica está consubstanciada na presunção de que toda construção ou plantação existente em um terreno foi feita pelo proprietário e à sua custa. Trata-se, no entanto, de presunção vencível, admitindo prova contrária (CC, art. 1.253). A presunção se ilide nas hipóteses mencionadas nos arts. 1.245 e s.

■ GABARITO ■

■ 12.3.8. Questões sobre usucapião
1. "b". *Vide* arts. 83, I, e 1.225 do CC.
2. "d". *Vide*, respectivamente, arts. 1.210, 1.280, 1.238 e parágrafo único, e 1.240 do CC.
3. "b". *Vide* art. 1.238 do CC.
4. "c". *Vide* arts. 1.238 e 1.260 do CC.
5. "b". *Vide* art. 1.242 do CC.

93 Marco Aurélio S. Viana, *Comentários*, cit., v. XVI, p. 162.

6. "e". Decidiu o STJ: "Pode o condômino usucapir, desde que exerça posse própria sobre o imóvel, posse exclusiva" (REsp 10.978-RJ, rel. Min. Nilson Naves, j. 25-5-1993).
7. "e". *Vide* art. 10, § 3º, da Lei n. 10.257/2001 (Estatuto da Cidade).
8. "b". *Vide* o item 11.6, da Segunda Parte (Evolução do direito de propriedade. Função social da propriedade), *retro*.
9. "b". *Vide* art. 1.239 do CC.
10. "b". "Aplicando-se o art. 553 do CC de 1916 (art. 1.244 do novo Código), suspender-se-ia a prescrição até Maria completar 16 anos, o que ocorreria em 1998 (art. 169, I, do CC/16, art. 198, I, do novo CC). Com a entrada em vigor do novo CC em 2003, não houve o decurso de tempo necessário para a aplicação do art. 2.028. Sem justo título, proporcionado por eventual abertura de inventário, o prazo para a aquisição da propriedade por usucapião seria o do art. 1.238, ou seja, de 15 anos. Contando-se o prazo a partir de 1998, a usucapião se concretizaria em 2013, ano em que Maria alcançaria a idade de 31 anos" (Elpídio Donizetti, *Para passar em concursos jurídicos*, 6. ed., São Paulo: Gen/Editora Método, n. 469, p. 54).
11. "c". *Vide* art. 1.228, § 4º, do CC.
12. "b". *Vide* art. 1.244, c/c o art. 197, I, do CC.
13. "b". *Vide* art. 1.239 do CC.
14. "d". Confira-se a jurisprudência: "A usucapião por condômino é possível, desde que a posse seja exercida com exclusividade sobre o bem almejado" (*RJ*, 175/59).
15. "d". *Vide* art. 10, § 3º, da Lei n. 10.257/2001 (Estatuto da Cidade).
16. "e". *Vide* art. 1.199 do CC.
17. "c". *Vide* art. 10, § 1º, da Lei n. 10.257/2001 (Estatuto da Cidade).
18. "e". *Vide* art. 10, § 4º, da Lei n. 10.257/2001 (Estatuto da Cidade).
19. "c". *Vide* art. 1.229 do CC.
20. "e". *Vide* art. 1.238 do CC.
21. "d". *Vide* o parágrafo único do art. 1.238 do CC.
22. "e". *Vide* arts. 197 e 198 do CC.
23. "d". *Vide* art. 1.244 do CC.
24. "a". *Vide* art. 1.238 do CC.
25. "e". *Vide* art. 183 da CF.
26. "d". *Vide* art. 198, II, do CC.

13

DA AQUISIÇÃO DA PROPRIEDADE MÓVEL

13.1. INTRODUÇÃO

O Código de 2002 disciplina os seguintes modos de aquisição da propriedade móvel:

- a usucapião;
- a ocupação;
- o achado do tesouro;
- a tradição;
- a especificação; e
- a confusão, juntamente com a comistão e a adjunção.

Essas matérias serão estudadas nos itens seguintes.

13.2. DA USUCAPIÃO

A usucapião de coisas móveis não apresenta a mesma importância da de imóveis. Prevê o Código Civil **prazos mais reduzidos** para a primeira.

Preceitua o art. 1.260 do aludido diploma:

> "Aquele que possuir coisa móvel como sua, contínua e incontestadamente durante três anos, com justo título e boa-fé, adquirir-lhe-á a propriedade"[1].

É uma espécie da **usucapião ordinária**.

A **extraordinária** é prevista no art. 1.261, *verbis*:

> "Se a posse da coisa móvel se prolongar por cinco anos, produzirá usucapião, independentemente de título ou boa-fé".

[1] "Usucapião. Bem móvel. Veículo automotor. Pedido amparado em simples registro para fins de licenciamento em repartição de trânsito. Inadmissibilidade. Inexistência de justo título" (*RT*, 750/378). "Tendo o comprador de um automóvel ciência de que tal bem móvel estava alienado à administradora de consórcio, constando do certificado de registro a sua inalienabilidade, tinha, assim, conhecimento de que a coisa havia sido provisoriamente retirada do comércio e a resolução do domínio dependia da efetiva liquidação da dívida. Portanto, não tem justo título, carecendo, ainda, de boa-fé, deixando de preencher os requisitos da usucapião ordinária" (*RT*, 733/243).

Dispõe ainda o art. 1.262 do Código Civil que se aplica "à usucapião das coisas móveis o disposto nos arts. 1.243 e 1.244". Desse modo, pode o possuidor, para efeito de obter o reconhecimento da usucapião, **acrescentar à sua posse a do seu antecessor**, contanto que ambas sejam contínuas e pacíficas. Aplicam-se também à usucapião dos móveis as causas que **obstam, suspendem ou interrompem** a prescrição.

O princípio que norteia a usucapião dos móveis é o mesmo que inspira a usucapião dos imóveis, isto é, o intuito de emprestar juridicidade a **situações de fato que se alongaram no tempo**[2].

Dispõe a Súmula 193 do Superior Tribunal de Justiça que "o direito de uso de **linha telefônica** pode ser adquirido por usucapião"[3].

■ 13.3. DA OCUPAÇÃO

Ocupação é modo originário de aquisição de bem móvel que consiste na tomada de posse de **coisa sem dono**, com a intenção de se tornar seu proprietário.

Coisas sem dono são:

- *res nullius* ou as **coisas de ninguém** (*res nullius*); e
- *res derelicta* ou as **abandonadas**.

Dispõe o art. 1.263 do Código Civil:

> "Quem se assenhorear de coisa sem dono para logo lhe adquire a propriedade, não sendo essa ocupação defesa por lei".

Cumpre salientar que abandono não se presume, devendo resultar claramente **da vontade do proprietário de se despojar do que lhe pertence**. Destarte, não existe abandono quando, por exemplo, em virtude de mau tempo, o comandante do navio livra-se da carga, lançando-a ao mar. Se esta chega à costa ou vem a ser even-

---

2 Silvio Rodrigues, *Direito civil*, v. 5, p. 193.
"Usucapião. Bem móvel. Ação interposta pretendendo a regularização de veículo junto à repartição de trânsito, uma vez existentes dúvidas quanto à licitude da aquisição do automóvel. Admissibilidade" (*RT*, 762/259). "Usucapião. Automóvel impedido de ser licenciado por haver adulteração de chassi. Ação movida por proprietário que tem a posse do bem, na qualidade de depositário, mas que não pode dele dispor. Interesse de agir caracterizado na necessidade de o autor consolidar o domínio sobre a coisa. Necessidade de citação editalícia dos réus desconhecidos, diante da possibilidade de se tratar de veículo roubado ou furtado" (*RT*, 806/200). "Usucapião. Bem móvel. Pretensão por agente, depositário de veículo, que anteriormente teve o bem apreendido por autoridade policial. Situação que não gera direito à proteção possessória, pois atos de mera permissão ou tolerância não induzem posse" (*RT*, 773/249).

3 "Linha telefônica. Usucapião. Admissibilidade. Telefone não partilhado na separação judicial. Desfeita a sociedade conjugal pela separação, não partilhado o telefone, a parte pode usucapir nos termos dos arts. 48, inciso I, e 619, do CCB (*de 1916*). Possibilidade jurídica do pedido" (*RT*, 712/249).

tualmente recolhida por outra embarcação, assiste ao proprietário o direito de reclamar-lhe a entrega[4].

O Código Civil de 1916 tratava da caça, da pesca, da invenção (descoberta) e do tesoiro como modalidades de ocupação.

Historicamente, o direito de ocupação foi o **primeiro** e o mais importante dos modos de adquirir o domínio. Atualmente, porém, mostra-se bastante restrita sua aplicação, porque extraordinariamente limitado o número de coisas sem dono[5].

13.4. DO ACHADO DO TESOURO

O Código Civil denomina *tesouro* o depósito antigo de coisas preciosas, **oculto e de cujo dono não haja memória**. Se alguém o encontrar em prédio alheio, **dividir-se-á por igual** entre o proprietário deste e o que o achar casualmente. Dispõe nesse sentido o art. 1.264 do aludido diploma:

> "O depósito antigo de coisas preciosas, oculto e de cujo dono não haja memória, será dividido por igual entre o proprietário do prédio e o que achar o tesouro casualmente".

Acrescenta o art. 1.265:

> "O tesouro pertencerá por inteiro ao proprietário do prédio, se for achado por ele, ou em pesquisa que ordenou, ou por terceiro não autorizado".

A doutrina em geral inclui o achado do tesouro na categoria da **ocupação**, como a caça e a pesca. Corresponde a um **acessório do solo** a que adere. Pertence por isso ao dono respectivo, se este o descobre por si mesmo, ou por intermédio de operário especialmente encarregado da busca. Mas se o operário, entregue a outro serviço, como a escavação do terreno para a abertura de um poço, por exemplo, casualmente descobre o tesouro, terá direito à metade. Deixará de considerar-se tesouro o depósito achado, se alguém mostrar que lhe pertence[6].

Praticará crime quem se apropriar da quota a que tem direito o proprietário do prédio (CP, art. 169, parágrafo único, I).

13.5. DA TRADIÇÃO

13.5.1. Conceito

Pelo sistema do Código Civil brasileiro, como já foi dito, o contrato, por si só, não transfere a propriedade, gerando apenas obrigações. A aquisição do domínio de bem móvel só ocorrerá se lhe seguir a **tradição**. Esta consiste, portanto, ***na entrega da coisa do alienante ao adquirente, com a intenção de lhe transferir o domínio, em complementação do contrato***. Com essa entrega, torna-se pública a transferência.

---

4 Washington de Barros Monteiro, *Curso de direito civil*, v. 3, p. 188-189.

5 Washington de Barros Monteiro, *Curso*, cit., v. 3, p. 187.

6 Washington de Barros Monteiro, *Curso*, cit., v. 3, p. 191-192.

Dispõe a propósito o art. 1.267 do Código Civil:

> "A propriedade das coisas não se transfere pelos negócios jurídicos antes da **tradição**. Parágrafo único. **Subentende-se a tradição** quando o transmitente continua a possuir pelo constituto possessório; quando cede ao adquirente o direito à restituição da coisa, que se encontra em poder de terceiro; ou quando o adquirente já está na posse da coisa, por ocasião do negócio jurídico".

13.5.2. Espécies

A tradição pode ser ***real, simbólica*** ou ***ficta***, como já demonstrado no **item 4.1.2.1** desta obra, ao qual nos reportamos.

13.5.3. Hipóteses especiais em que se dispensa a tradição

Há, todavia, hipóteses especiais em que ocorre tal dispensa, como especifica Carvalho Santos[7]:

- na abertura da sucessão legítima, ou testamentária aos herdeiros e legatários da coisa certa;
- na celebração do casamento realizado sob regime da comunhão universal, em que a transferência do domínio efetua-se independentemente de tradição, em virtude da solenidade inerente a esse ato;
- por força dos pactos antenupciais, a contar da data do casamento, ao cônjuge adquirente;
- no caso de contrato de sociedade de todos os bens, em que a transferência se opera com a assinatura do referido contrato, entendendo-se haver tradição tácita;
- idem na sociedade particular, em que a transferência se opera com a simples aquisição dos bens comunicáveis.

13.5.4. Tradição feita por quem não é proprietário

Nessa hipótese, a tradição **não alheia** a propriedade, diz o art. 1.268 do Código Civil, "exceto se a coisa, **oferecida ao público**, em leilão ou estabelecimento comercial, for transferida em circunstâncias tais que, ao adquirente de boa-fé, como a qualquer pessoa, **o alienante se afigurar dono**". Aduz o § 1º:

> "Se o adquirente estiver de boa-fé e o alienante **adquirir depois a propriedade**, considera-se realizada a transferência desde o momento em que ocorreu a tradição".

A aquisição *a non domino* é negócio inexistente, ante o verdadeiro proprietário. Entretanto, por uma questão de equidade e em respeito à boa-fé do adquirente,

[7] *Código Civil brasileiro interpretado*, v. VIII, p. 277.

se aquele vem a **ratificá-la**, ou se o vendedor **se torna proprietário**, fica convalescido o ato[8].

13.5.5. Tradição com base em negócio nulo

Finaliza o § 2º do dispositivo em apreço:

> "**Não transfere a propriedade** a tradição, quando tiver por título um negócio jurídico **nulo**".

Efetivamente, sendo a tradição ato complementar do negócio jurídico, para que gere o seu principal efeito, que é a transferência do domínio, necessário se torna que o negócio em tela seja válido. Se este é inválido, a tradição que nele se apoia não pode, tampouco, ganhar eficácia, pois *quod nullum est, nullum producit effectum.*

13.6. DA ESPECIFICAÇÃO

Dá-se a *especificação* quando uma pessoa, trabalhando em matéria-prima, obtém **espécie nova**. Esta será do **especificador**, se a matéria era sua, ainda que só em parte, e **não se puder restituir à forma anterior**.

Assim, com efeito, dispõe o art. 1.269 do Código Civil:

> "Aquele que, trabalhando em matéria-prima em parte alheia, obtiver espécie nova, desta será proprietário, se não se puder restituir à forma anterior".

13.6.1. Matéria pertencente ao especificador

Se a matéria pertence inteiramente ao especificador, não paira nenhuma dúvida de que continua ele a ser dono da espécie nova. Do mesmo modo se, embora obtendo espécie nova, **a redução à forma anterior for possível** sem qualquer dano, quando, por exemplo, transformam-se barras de ouro em barras menores.

Neste caso, opera-se o restabelecimento do *statu quo* anterior, à custa do especificador, devolvendo-se ao verdadeiro dono o que lhe pertencia.

13.6.2. Matéria não pertencente ao especificador

Se a matéria não for do especificador e **a restituição à forma anterior se mostrar impossível**, como no caso de esculturas ou construções realizadas com, respectivamente, mármore e cimento alheios, por exemplo, a solução dependerá da boa ou má-fé do especificador.

[8] "Negócio jurídico originário, consubstanciado em transmissão errônea de vontade. Tradição do veículo que não teve o condão de transmitir a propriedade, porque feita por quem não era o proprietário. Improcedência da ação" (TJSP, Ap. 16.227-4/2-SP, rel. Des. Antonio Manssur, j. 3-12-1996).

Proclama a propósito o art. 1.270 do Código Civil que, "se toda a matéria for alheia, e não se puder reduzir à forma procedente, será do especificador de **boa-fé** a espécie nova". Todavia, sendo praticável a redução, ou quando impraticável, "se a espécie nova se obteve de **má-fé**, pertencerá ao dono da matéria-prima" (§ 1º).

■ 13.6.3. Hipóteses de confecção de obras de arte

Em casos de confecção de obras de arte (pintura, escultura, escritura e outro qualquer trabalho gráfico), em que **o preço da mão de obra exceda consideravelmente o valor da matéria-prima**, existe o interesse social em preservá-la e em prestigiar o trabalho artístico.

Ainda que realizada de má-fé, **concede a lei a propriedade da obra de arte ao especificador**, mas, neste caso, sujeita-o a indenizar o valor da matéria-prima e a pagar eventuais perdas e danos (CC, arts. 1.270, § 2º, e 1.271).

■ 13.7. DA CONFUSÃO, DA COMISTÃO E DA ADJUNÇÃO

- **confusão** é a mistura de coisas líquidas;
- **comistão**, a mistura de coisas sólidas ou secas (houve um erro gráfico na redação final do CC, constando erradamente "comissão"); e
- **adjunção**, a justaposição de uma coisa a outra.

Se as coisas pertencem a donos diversos e foram misturadas **sem o consentimento deles**, continuam a pertencer-lhes, **sendo possível separar a matéria-prima** sem deterioração. Não o sendo, ou exigindo a separação dispêndio excessivo, subsiste indiviso o todo. A espécie nova pertencerá **aos donos da matéria-prima**, cada qual com o seu quinhão proporcional ao valor do seu material.

Todavia, se uma das coisas puder ser considerada **principal** em relação às outras, a propriedade da espécie nova será atribuída ao **dono da coisa principal**, tendo este, contudo, a obrigação de **indenizar** os outros (CC, art. 1.272, §§ 1º e 2º).

Essas disposições vigem na presunção da **boa-fé** das partes. Se a confusão, comistão ou adjunção derivarem de **má-fé** de uma delas, pode a outra escolher entre guardar o todo, pagando a porção que não for sua, ou renunciar à que lhe pertence, mediante indenização completa (CC, art. 1.273).

■ 13.8. RESUMO

MODOS DE AQUISIÇÃO DA PROPRIEDADE MÓVEL	
USUCAPIÃO	■ **Ordinária:** adquirirá a propriedade da coisa móvel quem a possuir como sua, contínua e incontestadamente durante três anos, com justo título e boa-fé (CC, art. 1.260). ■ **Extraordinária:** exige apenas posse por cinco anos, independentemente de título ou boa-fé. Aplica-se à usucapião das coisas móveis o disposto nos arts. 1.243 e 1.244 (CC, art. 1.262).

OCUPAÇÃO	**Ocupação** é modo originário de aquisição de bem móvel que consiste na tomada de posse de coisa sem dono, com a intenção de se tornar seu proprietário. Dispõe o art. 1.263 do CC: "Quem se assenhorear de coisa sem dono para logo lhe adquire a propriedade, não sendo essa ocupação defesa por lei".
ACHADO DE TESOURO	**Tesouro** é o depósito antigo de coisas preciosas, oculto e de cujo dono não haja memória. Se alguém o encontrar em prédio alheio, dividir-se-á por igual entre o proprietário deste e o que o achar casualmente (CC, art. 1.264).
TRADIÇÃO	**Noção** Dispõe o art. 1.267 do CC que "a propriedade das coisas não se transfere pelos negócios jurídicos antes da tradição". Mas esta se subentende "quando o transmitente continua a possuir pelo constituto possessório; quando cede ao adquirente o direito à restituição da coisa, que se encontra em poder de terceiro; ou quando o adquirente já está na posse da coisa, por ocasião do negócio jurídico" (parágrafo único). **Espécies** a) real; b) simbólica; c) ficta.
ESPECIFICAÇÃO	Dá-se a **especificação** quando uma pessoa, trabalhando em matéria-prima, obtém espécie nova. A espécie nova será do especificador, se a matéria era sua, ainda que só em parte, e não se puder restituir à forma anterior (CC, art. 1.269).
CONFUSÃO, COMISTÃO E ADJUNÇÃO	**confusão** é a mistura de coisas líquidas; **comistão** é a mistura de coisas sólidas ou secas; **adjunção** é a justaposição de uma coisa a outra.

14

DA PERDA DA PROPRIEDADE

14.1. INTRODUÇÃO

O direito de propriedade, sendo perpétuo, só poderá ser perdido:

- pela **vontade do dono** (alienação, renúncia, abandono); ou
- por alguma **causa legal**, como o perecimento, a usucapião, a desapropriação etc.

O simples **não uso**, sem as características do abandono, não determina a sua perda, se não foi usucapido por outrem, ainda que se passem mais de quinze anos.

O art. 1.275 do Código Civil enumera alguns casos de perda da propriedade. Dispõe o aludido dispositivo:

> "Além das causas consideradas neste Código, perde-se a propriedade:
>
> I — por alienação;
>
> II — pela renúncia;
>
> III — por abandono;
>
> IV — por perecimento da coisa;
>
> V — por desapropriação.
>
> Parágrafo único. Nos casos dos incisos I e II, os efeitos da perda da propriedade imóvel serão subordinados ao registro do título transmissivo ou do ato renunciativo no Registro de Imóveis".

- **Modos voluntários** de perda da propriedade: alienação, renúncia e abandono.
- **Modos involuntários:** o perecimento e a desapropriação.

A enumeração do aludido dispositivo é meramente exemplificativa, referindo-se, ao usar a expressão **"além das causas consideradas neste Código"**, à existência de outras causas de extinção, como a usucapião e a acessão.

Podem ser mencionadas, ainda, como modos de perda da propriedade, no todo ou em parte, a **dissolução da sociedade conjugal** instituída pelo regime da comunhão universal de bens, e a **morte natural**, que implica a abertura da sucessão, operando-se a transmissão da herança para os herdeiros legítimos e testamentários.

14.2. MODOS DE PERDA

14.2.1. Perda pela alienação

Dá-se a *alienação* por meio de contrato, ou seja, de **negócio jurídico bilateral**, pelo qual o titular transfere a propriedade a outra pessoa. Pode ser:

- **a título oneroso**, como na compra e venda; ou
- **a título gratuito**, como na doação.

Pode ainda ser:

- **voluntária**, como a dação em pagamento;
- **compulsória**, como a arrematação; e
- **decorrer de um ato potestativo**, que independe da vontade do proprietário, como se dá com o exercício do direito de retrovenda (CC, art. 505).

Em qualquer caso, os efeitos da perda da propriedade imóvel serão subordinados ao **registro** do título transmissivo (CC, art. 1.275, parágrafo único).

14.2.2. Perda pela renúncia

A *renúncia* é **ato unilateral** pelo qual o titular abre mão de seus direitos sobre a coisa, de forma **expressa**.

O ato renunciativo de imóvel deve também ser registrado no **Registro de Imóveis** competente (CC, art. 1.275, parágrafo único). Exige-se a escritura pública para a "renúncia de direitos reais sobre imóveis de valor superior a trinta vezes o maior salário mínimo vigente no País" (CC, art. 108).

Também a **renúncia à sucessão aberta** deve constar expressamente de instrumento público ou ser tomada por termo nos autos, conforme dispõe o art. 1.806 do mesmo diploma.

14.2.3. Perda pelo abandono

O *abandono* também é **ato unilateral**, pelo qual o titular abre mão de seus direitos sobre a coisa. Neste caso, não há manifestação expressa. Pode ocorrer, por exemplo, quando o proprietário não tem meios de pagar os impostos que oneram o imóvel.

A conduta do proprietário caracteriza-se, neste caso, pela **intenção** (*animus*) de não mais ter a coisa para si. **Simples negligência não configura abandono**, que não se presume. Malgrado se dispense declaração expressa, como na renúncia, é necessária a **intenção** de abandonar. Dois, portanto, os **requisitos do abandono:**

- a **derrelição** da coisa; e
- o **propósito** de não a ter mais para si[1].

14.2.3.1. Efeitos do abandono do imóvel em zona urbana

Abandonado o imóvel, qualquer pessoa pode dele apossar-se. Todavia, se for arrecadado como ***coisa vaga*** pelo Município ou pelo Distrito Federal, por se achar nas respectivas circunscrições e "se não encontrar na posse de outrem", permanecerá

[1] Washington de Barros Monteiro, *Curso de direito civil*, v. 3, p. 170.

como **coisa de ninguém** durante **três anos** contados da arrecadação, se estiver em **zona urbana**, segundo dispõe o art. 1.276, *caput*, do Código Civil.

Há, portanto, a possibilidade de o proprietário arrepender-se no decurso do referido prazo, podendo, nesse caso, **reivindicar** o imóvel das mãos alheias, pois a sua condição de dono somente se extinguirá findo o aludido interregno.

14.2.3.2. *Presunção absoluta de abandono*

Presumir-se-á de modo absoluto a intenção de não mais conservar o imóvel em seu patrimônio "quando, cessados os atos de posse, deixar o proprietário de satisfazer os **ônus fiscais**" (CC, art. 1.276, § 2º). Dispõe, a propósito, o Enunciado 242, aprovado na III Jornada de Direito Civil, realizada em Brasília, em 2004:

> "A aplicação do art. 1.276 depende do devido processo legal, em que seja assegurado ao interessado demonstrar a não cessação da posse".

14.2.4. Perda pelo perecimento da coisa

A perda pelo perecimento da coisa decorre da **perda do objeto**. Se, por exemplo, um incêndio destrói uma edificação ou fortes chuvas provocam o deslizamento de um morro, fazendo-o desaparecer, os seus respectivos proprietários perdem o poder que tinham sobre eles.

O art. 1.275, IV, retrotranscrito, nada mais faz do que aplicar, no campo específico da propriedade imobiliária, o preceito genérico que determina **perecer o direito se perecer seu objeto**.

O perecimento da coisa decorre, em regra, de **ato involuntário**, de fenômenos naturais, como incêndio, terremoto, raio e outras catástrofes, mas **pode resultar também de ato voluntário**, com a destruição da coisa.

14.2.5. Perda da propriedade mediante desapropriação

14.2.5.1. *Fundamento jurídico*

A desapropriação é modo involuntário de perda do domínio. Trata-se de instituto de direito público, fundado no direito constitucional e regulado pelo direito administrativo, mas com reflexo no direito civil, por determinar a perda de propriedade do imóvel, de modo unilateral, com a ressalva da prévia e justa indenização.

De acordo com o art. 1.275, V, do Código Civil, também se perde a propriedade **"por desapropriação"**. No art. 1.228, § 3º, assinala o aludido diploma que "o proprietário pode ser privado da coisa, nos casos de desapropriação, por necessidade ou utilidade pública ou interesse social, bem como no de requisição, em caso de perigo público iminente". E, no § 4º, criou o novo Código outra espécie de desapropriação, determinada pelo Poder Judiciário na hipótese de "o imóvel reivindicado consistir em extensa área, na posse ininterrupta e de boa-fé, por mais de cinco anos, de considerável número de pessoas, e estas nela houverem realizado, em conjunto ou separadamente, obras e serviços considerados pelo juiz de interesse social e econômico relevante". Nesse caso, "o juiz fixará a justa indenização devida ao proprietário" (§ 5º).

Trata-se de inovação de grande alcance, inspirada no sentido social do direito de propriedade.

A Constituição Federal, por sua vez, garante o direito de propriedade (art. 5º, XXIV), mas ressalva a desapropriação por necessidade ou utilidade pública, ou por interesse social, mediante prévia e justa indenização em dinheiro, ressalvados os casos nela previstos.

■ 14.2.5.1.1. *Diferenças entre desapropriação, confisco, compra e venda e servidão administrativa*

Com a desapropriação opera-se, no interesse da coletividade, a **transferência do domínio** para a entidade que a promove. Não representa ***confisco***, uma vez que não existe em nosso direito esse modo de perder a propriedade, salvo no caso de bem apreendido em decorrência do tráfico ilícito de entorpecentes e drogas (CF, art. 243, parágrafo único), hipótese esta que, ademais, independe de pagamento de qualquer indenização.

Não se identifica também com a ***compra e venda***, visto que esta decorre de um **ato voluntário**, ao passo que a desapropriação implica alienação compulsória.

Igualmente, não se confunde com a ***servidão administrativa***, pois nesta o Poder Público não adquire o bem, que permanece no domínio do particular, devendo este apenas suportar um **uso público, mediante indenização**, se de tal uso lhe advier algum prejuízo.

Em realidade, a desapropriação constitui um modo de transferência compulsória, forçada, da propriedade, do domínio particular ou do domínio de outra entidade pública de grau inferior, para a Administração Pública ou seus concessionários. Representa, sem dúvida, uma **limitação ao direito de propriedade**, baseada, porém, na ideia da prevalência do interesse social sobre o individual.

■ 14.2.5.1.2. *Modo originário de aquisição da propriedade*

A desapropriação é, portanto, modo originário de aquisição da propriedade. O **registro é meramente declarativo**, ocorrendo a aquisição do domínio independentemente dele. Fala-se em modo originário porque, "para a perda dominial e a aquisição correspondente, não concorre a vontade do titular do direito extinto. A expropriação não é um negócio jurídico de direito privado, nem, portanto, compra e venda forçada ou transmissão forçosa"[2].

■ 14.2.5.1.3. *Momento em que ocorre a transferência de domínio*

Dizer-se que a desapropriação "é forma originária de aquisição de propriedade significa que ela é, por si mesma, **suficiente para instaurar a propriedade em favor do Poder Público**, independentemente de qualquer vinculação com o título

---

2 *RJTJSP*, 110/569.

jurídico do anterior proprietário. É a só vontade do Poder Público e o pagamento do preço que constituem a propriedade do Poder Público sobre o bem expropriado"[3].

Esse, também, o entendimento de José Carlos de Moraes Salles: "Para nós, o **momento consumativo da desapropriação** é aquele em que se verifica **o pagamento ou o depósito judicial da indenização** fixada pela sentença ou estabelecida em acordo. A aquisição decorrente de desapropriação, pela natureza especial desta última, **não se subordina à transcrição do título translativo**, o que não significa, entretanto, que não seja uma formalidade útil, a fim de dar continuidade ao registro e operar efeitos extintivos da propriedade anterior"[4]. Nesse sentido, já decidiu o Tribunal de Justiça de São Paulo[5].

A questão, todavia, não é pacífica. José Cretella Júnior, por exemplo, afirma que há transferência de domínio no instante do registro do título, aduzindo: "E o título hábil é a sentença prolatada pelo juiz"[6]. Também Pontes de Miranda sustenta que "o domínio ou qualquer outro direito real sobre imóvel só se perde pela transcrição no registro de imóveis. Na desapropriação, registra-se a sentença ou o acordo"[7].

14.2.5.2. Pressupostos para a desapropriação

As normas básicas da desapropriação se acham consubstanciadas no Decreto-Lei n. 3.365, de 21 de junho de 1941, com as modificações posteriores.

14.2.5.2.1. Sujeitos ativos da desapropriação

São sujeitos ativos da desapropriação a **União, os Estados, os Municípios, o Distrito Federal e os Territórios** (Decreto-Lei n. 3.365/41, art. 2º), bem como os **concessionários de serviços públicos** e os estabelecimentos de **caráter público**, ou que exerçam **funções delegadas**, de interesse geral. Nesse caso, porém, dependem de autorização expressa, constante de lei ou contrato (art. 3º).

A competência pertence ao Poder Executivo e ao Poder Legislativo. No último caso, cumpre ao Poder Executivo praticar os atos necessários à efetivação da desapropriação (arts. 6º e 8º). O Poder Judiciário apenas intervém na fase contenciosa da desapropriação.

Podem também desapropriar:

- a Petrobras (Lei n. 2.004, de 3-10-1953, art. 24);
- o Departamento de Estradas de Rodagem (Lei n. 302, de 13-7-1948, art. 24);
- a Superintendência do Desenvolvimento do Nordeste (Lei n. 3.692, de 15-12-1959, art. 16);

---

3 Celso Antônio Bandeira de Mello, Apontamentos sobre a desapropriação no direito brasileiro, *RDP*, 23/18.

4 *A desapropriação à luz da doutrina e da jurisprudência*, p. 520.

5 EI 279.223.1/8-03-SP, 3ª Câm. Dir. Priv., rel. Des. Carlos Roberto Gonçalves, j. 6-2-2001.

6 *Tratado de direito administrativo*, v. IX, p. 304.

7 *Comentários à Constituição de 1946*, v. IV, p. 275-276.

- o Instituto Nacional de Colonização e Reforma Agrária (Lei n. 4.504, de 30-11-1964, art. 22);
- as entidades do Sistema Nacional de Previdência e Assistência Social (Lei n. 6.439, de 1º-7-1977, art. 24).

14.2.5.2.2. O decreto de desapropriação

Não basta, todavia, a legitimidade ativa para desapropriar. Faz-se mister ainda que, em cada caso concreto, exista **decreto da autoridade pública competente**, declarando a **utilidade pública** dos bens expropriados.

A desapropriação deve efetuar-se, em qualquer caso, dentro do prazo de **cinco anos** contados da data do respectivo decreto. Findo o quinquênio, sem que tenha sido instaurado o processo expropriatório, caduca a desapropriação. Neste caso, somente decorrido um ano poderá o mesmo bem ser objeto de nova declaração (Decreto-Lei n. 3.365/41, art. 10).

Publicado o decreto que declara o imóvel de utilidade pública, fica o expropriante autorizado a **penetrar nos prédios** compreendidos na declaração, podendo, em caso de oposição, recorrer à força (art. 7º). A autorização para "penetrar nos prédios" é **limitada ao trânsito pelos imóveis**, necessário aos levantamentos topográficos, aos atos de avaliação e outros mais que não prejudiquem a utilização dos bens pelo proprietário. Esse direito, entretanto, não significa imissão na posse, a qual só se dará após o pagamento da justa indenização. Com efeito, se alegar urgência e depositar a quantia adequada, o expropriante pode ainda obter **imissão na posse** dos bens a serem expropriados.

Só após o pagamento do montante arbitrado e munidos de mandado de imissão de posse é que a Administração ou seus delegados poderão utilizar os bens expropriados.

14.2.5.2.3. Desapropriação por necessidade pública

De acordo com o disposto no art. 5º, XXIV, da Constituição Federal, a desapropriação só se justifica para atender a uma necessidade ou utilidade pública, ou a um interesse social. A ***necessidade pública*** surge quando a Administração defronta problemas que só se podem resolver com a transferência de bens particulares para o domínio da pessoa administrativa incumbida de solucioná-los.

14.2.5.2.4. Desapropriação por utilidade pública

A ***utilidade pública*** se apresenta quando a utilização de bens particulares é conveniente aos interesses administrativos, embora não sejam imprescindíveis.

14.2.5.2.5. Desapropriação por interesse social

E o ***interesse social*** ocorre quando a transferência de bens particulares para o domínio público ou de delegados do Poder Público se impõe, como medida destinada a resolver problemas da **coletividade** criados pela propriedade particular de um ou de alguns indivíduos (Lei n. 4.132, de 10-9-1962, que regula a desapropriação por interesse social)[8].

Ocorre motivo de *interesse social*, segundo José Cretella Júnior, "quando a expropriação se destina a solucionar os chamados ***problemas sociais***, isto é, aqueles diretamente atinentes às **classes pobres, aos trabalhadores e à massa do povo** em geral pela melhoria nas condições de vida, pela mais equitativa distribuição da riqueza, enfim, pela atenuação das desigualdades sociais; quando as circunstâncias impõem a distribuição da propriedade para melhor aproveitamento ou maior produtividade em benefício da comunidade"[9].

14.2.5.3. Objeto da desapropriação

14.2.5.3.1. Bens sujeitos a desapropriação

Em princípio, **todos os bens e direitos patrimoniais** estão sujeitos a desapropriação, desde que, de um modo ou de outro, sirvam a uma utilidade ou a um interesse social, inclusive o espaço aéreo e o subsolo (Decreto-Lei n. 3.365/41, art. 2º, *caput* e § 1º).

Excluem-se desse despojamento compulsório:

- os **direitos personalíssimos**, indestacáveis do indivíduo (CC, art. 11);
- e a **moeda corrente** do país, porque ela constitui o próprio meio de pagamento da indenização.

Podem ser desapropriados terrenos, prédios, fazendas, usinas, águas e estradas de ferro, bem como "a área contígua necessária ao desenvolvimento da obra a que se destina, e as zonas que se valorizarem extraordinariamente, em consequência da realização do serviço. Em qualquer caso, a declaração de utilidade pública deverá compreendê-las, mencionando-se quais as indispensáveis à continuação da obra e as que se destinam à revenda" (Decreto-Lei n. 3.365/41, art. 4º).

A **Súmula 157** do Supremo Tribunal Federal considera necessária "prévia autorização do Presidente da República para desapropriação, pelos Estados, de **empresa de energia elétrica**".

Geralmente, no entanto, a desapropriação versa a respeito de bens imóveis. Mas bens de outra natureza podem ser também expropriados, como o **direito autoral** (Lei n. 9.610, de 19-12-1998), privilégio de invenção, navios (Dec. n. 11.860, de 9-12-1915), gêneros alimentícios e de primeira necessidade, gado, medicamentos, máquinas, coleções de objetos de arte e de moedas raras, combustíveis, ferramentas etc.[10].

---

8 Hely Lopes Meirelles, *Direito de construir*, p. 160.

9 *Tratado de direito administrativo*, cit., v. IX, p. 50.

10 Washington de Barros Monteiro, *Curso*, cit., v. 3, p. 176-177.

■ 14.2.5.3.2. Desapropriação de bens imóveis

A desapropriação de bem imóvel pode abranger a sua totalidade, ou somente parte. Todavia, a desapropriação de **edificações** recairá sempre sobre a sua totalidade, indenizando-se os proprietários proporcionalmente ao valor das suas unidades autônomas (CC, arts. 1.357, § 2º, e 1.358).

■ 14.2.5.3.3. Desapropriação de bens públicos

Além dos bens particulares, os bens dos **Estados, dos Municípios, do Distrito Federal e dos Territórios** são suscetíveis de desapropriação pela União, assim como os dos Municípios podem ser desapropriados pelos Estados, devendo o ato, em qualquer caso, ser precedido de autorização legal (Decreto-Lei n. 3.365/41, art. 2º, § 2º).

Respeita-se a **ordem hierárquica**, seguindo-se sempre a descendente, nunca a ascendente. É, porém, vedada a desapropriação pelos Estados, Distrito Federal, Territórios e Municípios de ações, cotas e direitos representativos do capital de instituições e empresas cujo funcionamento dependa de autorização do Governo Federal e se subordine à sua fiscalização, salvo mediante prévia autorização, por decreto do Presidente da República (Decreto-Lei n. 856, de 11-9-1969, art. 1º).

■ 14.2.5.3.4. Desapropriações para a instituição de servidão

São bastante comuns, hodiernamente, desapropriações parciais para a instituição de servidão, seja para a **passagem de fios condutores de energia elétrica e instalação de postes e torres de transmissão, seja para a passagem de oleodutos**. Não necessitando de todo o imóvel, o Poder Público o desapropria para certa finalidade, impondo-lhe certas restrições, ou o utiliza sem afastar o proprietário, que continua a usá-lo com alguma limitação.

Trata-se da denominada **desapropriação administrativa** para a instituição da servidão, pela qual o apossamento do imóvel não envolve todos os direitos sobre ele, mas apenas alguns.

■ 14.2.5.4. Retrocessão

Se a Administração Pública deixa de utilizar o imóvel desapropriado, **não lhe dando a destinação** mencionada no decreto de expropriação, exsurge a **obrigação de oferecê-lo ao ex-proprietário**, pelo preço atual da coisa. Nesse sentido, dispõe o art. 519 do Código Civil:

> "Se a coisa expropriada para fins de necessidade ou utilidade pública, ou por interesse social, não tiver o destino para que se desapropriou, ou não for utilizada em obras ou serviços públicos, caberá ao expropriado direito de preferência, pelo preço atual da coisa".

O legislador tratou do assunto no capítulo concernente à compra e venda, na seção atinente às cláusulas especiais, como hipótese de ***preferência*** ou ***preempção legal***, ao lado da preferência convencional.

Considera-se que age de forma condenável o Poder Público que, após despojar o particular da coisa que lhe pertence, para um fim determinado e admitido pela lei, desvia-se dessa finalidade e a utiliza em obra ou atividade diversa, não lhe dando o aproveitamento previsto no decreto expropriatório. Por essa razão, é sancionado com a obrigação de oferecê-la ao ex-proprietário, para que a readquira pelo preço atual da coisa.

Tem a jurisprudência proclamado que não caberá a retrocessão se, desapropriado o terreno para nele ser construída, por exemplo, uma escola, **outra destinação lhe for dada**, também de **interesse público** (se, em vez da escola, construir-se uma creche, p. ex.)[11].

Se em **cinco anos** não for dada ao imóvel expropriado nenhuma finalidade de interesse público ou social, haverá lugar, em tese, para a **retrocessão**, nos termos do mencionado art. 519 do Código Civil. Mas a jurisprudência entende também ser inadmissível a reivindicatória contra o Poder Público, devendo o direito do ex-proprietário resolver-se em ***perdas e danos***, mediante a propositura de ação de indenização, dentro de cinco anos (Dec. n. 20.910/32), para receber a diferença entre o valor do imóvel à época em que devia ter sido oferecido ao ex-proprietário e o atual[12].

Os tribunais têm dado à **retrocessão**, assim, apenas o caráter de direito pessoal do ex-proprietário às ***perdas e danos***, e não um direito de reaver o bem, na hipótese de o expropriante não lhe oferecer o bem pelo mesmo preço da desapropriação, quando desistir de aplicá-lo a um fim público[13].

Anota Silvio Rodrigues que, "na hipótese de o prédio ser devolvido ao expropriado, por se lhe não haver dado o destino para o que foi desapropriado, não há incidência do imposto de transmissão *inter vivos*, pois não há transferência de domínio, mas apenas desfazimento de negócio jurídico (cf., do Tribunal de Justiça de São Paulo, *RT*, 276/342; e do Tribunal de Alçada, desse Estado, citada Revista, 287/673)"[14].

---

[11] "Não há desvio de finalidade no caso de desapropriação por necessidade ou utilidade pública, sendo incabível o direito de preferência ou *retrocessão* quando o bem expropriado tiver destinação diferente do ato de desapropriação, mas permanecendo de utilidade pública" (STJ, REsp 7.683-0-SP, rel. Min. Américo Luz, *DJU*, 30-5-1994). "Pedido de retrocessão parcial de propriedade de imóvel expropriado. Inadmissibilidade. Bem que teve, em parte, a destinação constante do decreto desapropriatório e na área restante é utilizado para fins públicos inerentes à Municipalidade. Pleito que revela intenção de locupletamento por parte dos desapropriados" (*RT*, 801/310).

[12] Carlos Roberto Gonçalves, *Direito civil brasileiro*, v. III, p. 237.

[13] "Desapropriação. Desvio de finalidade. Perdas e danos. Resolve-se em perdas e danos o conflito surgido com o desvio de finalidade do bem expropriado. Evidenciado, no caso, o desvio de bem que, destinado à construção de uma quadra esportiva, veio a ser cedido para a construção de 'Loja Maçônica'" (STJ, REsp 43.651-SP, 2ª T., rel. Min. Eliana Calmon, *DJU*, 5-6-2000).

[14] *Direito civil*, cit., v. 5, p. 186.

14.3. RESUMO

DA PERDA DA PROPRIEDADE	
MODOS	■ **Voluntários:** a) alienação; b) renúncia; c) abandono. ■ **Involuntários:** a) perecimento; b) desapropriação.
ENUMERAÇÃO MERAMENTE EXEMPLIFICATIVA (CC, ART. 1.275)	■ dá-se a ***alienação*** por meio de contrato (negócio jurídico bilateral); ■ a ***renúncia*** é ato unilateral pelo qual o titular transfere a propriedade a outra pessoa; ■ o ***abandono*** também é ato unilateral, pelo qual o titular abre mão de seus direitos sobre a coisa; ■ a perda pelo ***perecimento da coisa*** decorre da perda do objeto; ■ perde-se a propriedade imóvel pela ***desapropriação*** nos casos expressos na Constituição Federal. Se a Administração Pública deixa de utilizar o imóvel desapropriado, não lhe dando a destinação mencionada no decreto de expropriação, exsurge a obrigação de oferecê-lo ao ex-proprietário, pelo preço atual da coisa ***(retrocessão)***.

14.4. QUESTÕES

1. (TRF/3ª Região/Juiz Federal/CESPE/UnB/2011) Acerca da aquisição e registro da propriedade imobiliária, assinale a opção CORRETA.

a) A retificação correcional é a via adequada para promover a correção necessária de vício capaz de anular o registro imobiliário e afetar terceiros.
b) Com a escritura pública de compra e venda, deixa o alienante de ser proprietário, respondendo, a partir desse momento, o adquirente.
c) A posse transferida pelo poder público na implantação de programa de habitação popular pode gerar registro, independentemente de matrícula anterior.
d) Ainda que juridicamente possível, a cessão de direitos hereditários por instrumento público não pode ser levada a registro.
e) O registro de escritura pública de compra e venda goza de presunção absoluta de veracidade e só pode ser objeto de retificação pelo juízo corregedor dos serviços registrais.

2. (MP/GO/Promotor de Justiça/2010) Quanto aos registros públicos (Lei 6.015, de 31-12-73), é CORRETO afirmar:

a) A justificação em matéria de registro civil, para retificação, restauração ou abertura de assento, será afinal julgada por sentença e os autos serão entregues ao requerente, independentemente de traslado.
b) No procedimento de suscitação de dúvida previsto na Lei de Registros Públicos, quando o notário ou registrador negam o registro ou a averbação e o apresentante insiste no ato, cabe a este último suscitar a dúvida diretamente ao juiz.
c) Da sentença proferida no procedimento de suscitação de dúvida, cabe apelação, com os efeitos devolutivo e suspensivo, possuindo legitimidade para recorrer o interessado, o Ministério Público e terceiro prejudicado.
d) O desmembramento territorial posterior ao registro exige sua repetição no novo cartório.

3. (MP/SP/Analista de Promotoria I/VUNESP/2010) "X" edificou casa, em área urbana, na certeza de lhe pertencer a totalidade da área descrita junto à matrícula imobiliária. Constatou, porém, já concluída a construção, que, por um erro na descrição das linhas limítrofes, a edificação invadiu uma vigésima parte do terreno de seu vizinho. Considerando isso, assinale a seguir a alternativa CORRETA.

a) "X" adquirirá a propriedade da área invadida, devendo pagar o décuplo do valor do terreno lindeiro e a desvalorização da área remanescente.

b) Embora "X" estivesse de boa-fé, deverá demolir a parte da construção que invadiu o terreno alheio, ainda que com grave prejuízo para a edificação.
c) Estando "X" de má-fé, adquire a propriedade da área invadida apenas se o valor da construção exceder o do terreno.
d) Estando "X" de boa-fé, adquire a propriedade da parte do solo invadido e responde por perdas e danos, correspondentes ao valor que a invasão acrescer à construção, mais o da área perdida e o da desvalorização da área remanescente.
e) A posse justa exercida por "X" e a boa-fé empreendida na construção serão suficientes para justificar pedido de usucapião da área invadida, o que deve ser requerido, porém, no lapso de 3 anos após a edificação.

4. (BACEN/Procurador/12° Concurso/CESPE/UnB/2009) No direito brasileiro, quanto à alienação de bem imóvel de valor superior ao limite legal,

a) o contrato de compra e venda firmado por instrumento público é condição bastante à transmissão da propriedade.
b) o contrato de compra e venda do bem estabelece apenas obrigações, de modo que transmitirá a propriedade uma segunda convenção realizada pelas partes no cartório de registro de imóveis.
c) o registro imobiliário é o ato que determina a transmissão da propriedade, sendo irrelevante a posterior nulidade do contrato que o antecedeu.
d) firmado contrato válido de transmissão da propriedade, apenas o registro no cartório imobiliário será bastante à efetiva transmissão, pois o primeiro só estabelece obrigações.
e) a transmissão da propriedade ocorre pela formação de contrato válido, sendo o registro uma condição de eficácia que opera efeitos retroativos à data em que foi firmada a avença.

5. (TJ/SE/Titular de Cartório de Notas e de Registros/CESPE/2014) Assinale a opção CORRETA a respeito de posse e propriedade.

a) A clandestinidade da posse é considerada um vício relativo, uma vez que a posse é adquirida via processo de ocultamento em relação àquele contra quem é praticado o apossamento, embora seja pública para os demais.
b) Há presunção absoluta de que a posse do imóvel abrange as coisas móveis que nele estiverem.
c) O proprietário do solo poderá opor-se a todas as atividades que sejam realizadas tanto no espaço aéreo como no subsolo correspondente ao solo de sua propriedade.
d) Não havendo registro da propriedade de determinadas terras, existe em favor do Estado a presunção *juris tantum* de que sejam essas terras devolutas, caso em que se dispensa a prova da titularidade pública do bem e consideram-se as terras imóveis inalcançáveis pela usucapião.
e) É justa a posse que não seja violenta, clandestina ou precária, incluindo-se na noção de violência o temor reverencial.

6. (Procurador da República/24° Concurso/2008) Tesouro é:

a) Coisa sem dono, porque foi intencionalmente abandonada pelo seu proprietário;
b) Coisa de ninguém, porque nunca foi apropriada, oculta, mas antiga e preciosa;
c) Depósito de coisa preciosa, que nunca teve dono ou da qual o dono não tem memória;
d) Depósito antigo de coisas preciosas, oculto, de cujo dono não haja memória.

7. (TJSP/Titular de Cartório de Notas e de Registros/VUNESP/2014) Assinale a alternativa CORRETA.

a) De acordo com o sistema jurídico brasileiro, adquire-se a propriedade imobiliária por meio do registro do título de transferência junto ao Cartório de Registro de Imóveis, da acessão, da usucapião, da escritura pública e da transmissão automática dos direitos hereditários (princípio da *saisine*).
b) Na aquisição originária do domínio, não há qualquer relação negocial ou obrigacional entre o adquirente e o proprietário, de modo que a propriedade é adquirida sem os vícios originários que existiam sobre ela, ao passo que, na aquisição derivada, existe um vínculo jurídico causal entre o proprietário e o adquirente.
c) Não dispondo a lei em contrário, a escritura pública é essencial à validade dos negócios jurídicos que visem à constituição, transferência, modificação ou renúncia de direitos reais sobre imóveis de valor superior a cinquenta vezes o maior salário mínimo vigente no País.

d) O imóvel urbano que o proprietário abandonar, com a intenção de não mais o conservar em seu patrimônio, e que se não encontrar na posse de outrem, poderá ser arrecadado, como bem vago, e passar, três anos depois, à propriedade da União; presumir-se-á de modo absoluto a intenção de abandonar, quando, cessados os atos de posse, deixar o proprietário de satisfazer os ônus fiscais.

8. (TJSP/Juiz de Direito/181º Concurso/2008) Tratando-se de área extensa, na posse ininterrupta e de boa-fé, por mais de cinco anos, de considerável número de pessoas, local em que elas houverem realizado, em conjunto ou separadamente, obras e serviços considerados pelo juiz de interesse social e econômico relevante. Sobre o assunto em questão, pode-se afirmar que:

a) O proprietário, se vier a propor ação reivindicatória, poderá se ver privado da coisa, hipótese em que deverá ser fixada justa indenização em seu favor, sendo que, pago o preço, a sentença valerá como título para registro do imóvel, em nome dos possuidores, no cartório competente.
b) Neste caso, ocorre situação de usucapião, não de desapropriação judicial.
c) Proposta a ação pelo proprietário, dispensável se fará a citação de todas as pessoas em questão, bastando se ordenar a citação dos possuidores mais antigos.
d) Pela via da desapropriação, surgirá, nas circunstâncias, privado que venha a ser o proprietário de sua coisa, o surgimento não de um "condomínio especial", mas sim, de um loteamento.

9. (TJSP/Delegações de Notas e de Registro/VUNESP/2014) Assinale a alternativa CORRETA.

a) De acordo com o sistema jurídico brasileiro, adquire-se a propriedade imobiliária por meio do registro do título de transferência junto ao Cartório de Registro de Imóveis, da acessão, da usucapião, da escritura pública e da transmissão automática dos direitos hereditários (princípio da *saisine*).
b) Na aquisição originária do domínio, não há qualquer relação negocial ou obrigacional entre o adquirente e o proprietário, de modo que a propriedade é adquirida sem os vícios originários que existiam sobre ela, ao passo que, na aquisição derivada, existe um vínculo jurídico causal entre o proprietário e o adquirente.
c) Não dispondo a lei em contrário, a escritura pública é essencial à validade dos negócios jurídicos que visem à constituição, transferência, modificação ou renúncia de direitos reais sobre imóveis de valor superior a cinquenta vezes o maior salário mínimo vigente no País.
d) O imóvel urbano que o proprietário abandonar, com a intenção de não mais o conservar em seu patrimônio, e que se não encontrar na posse de outrem, poderá ser arrecadado, como bem vago, e passar, três anos depois, à propriedade da União; presumir-se-á de modo absoluto a intenção de abandonar, quando, cessados os atos de posse, deixar o proprietário de satisfazer os ônus fiscais.

10. (OAB/XIII Exame de Ordem Unificado/Fundação Getulio Vargas/2014) Acerca da *desapropriação*, assinale a afirmativa CORRETA.

a) Na desapropriação por interesse social, o expropriante tem o prazo de cinco anos, contados da edição do decreto, para iniciar as providências de aproveitamento do bem expropriado.
b) Na desapropriação por interesse social, em regra, não se exige o requisito da indenização prévia, justa e em dinheiro.
c) O município pode desapropriar um imóvel por interesse social, mediante indenização prévia, justa e em dinheiro.
d) A desapropriação para fins de reforma agrária da propriedade que não esteja cumprindo a sua função social não será indenizada.

11. (BACEN/Procurador Autárquico/2006) Toda construção existente em um terreno presume-se feita pelo proprietário e à sua custa, até que se prove o contrário, porém

a) o dono do terreno, para se tornar proprietário da construção levantada por outrem de boa-fé, terá de pagar metade do valor da construção, exceto se o construtor quiser ficar com o terreno, pagando o décuplo do valor deste.
b) pagando em dobro as perdas e danos, aquele que, construindo em terreno próprio invadir terreno alheio, mesmo que de má-fé, adquire a propriedade da parte do solo que invadiu, se em proporção à vigésima parte deste e o valor da construção exceder consideravelmente o dessa parte e não se puder demolir a porção invasora sem grave prejuízo para a construção.

c) quem constrói em terreno alheio sempre adquirirá a propriedade do solo, pagando o preço do terreno.
d) o que constrói em terreno alheio de boa-fé ou de má-fé, sempre será obrigado a demolir a construção, se o dono do terreno exigir.
e) se a construção, feita parcialmente em solo próprio, invade solo alheio em proporção não superior à vigésima parte deste, adquire o construtor de boa-fé a propriedade da parte do solo invadido, se o valor da construção exceder o dessa parte, e responde por indenização que representa, também, o valor da área perdida e a desvalorização da área remanescente.

12. (TRT/3ª Região/Analista Judiciário/Fundação Carlos Chagas/2005) O imóvel situado na zona rural que o proprietário abandonou, com a intenção de não mais conservar em seu patrimônio, inclusive deixando de satisfazer os ônus fiscais,

a) se não se encontrar na posse de outrem, após 3 anos, será arrecadado pela União.
b) se não se encontrar na posse de outrem, após 5 anos, será arrecadado pelo Estado ou pelo Distrito Federal.
c) será adquirido, decorridos 10 anos, pelo Município onde se situa, por usucapião.
d) será adjudicado em partes iguais pelo Município, pelo Estado e pela União.
e) após 15 anos, passará ao domínio do Município, mediante arrecadação como coisa vaga.

13. (MP/SP/Promotor de Justiça/89º Concurso/2012) A Lei dos Registros Públicos (Lei n. 6.015/73) estabelece que, apresentado o título ao registro imobiliário, o oficial, havendo exigência a ser satisfeita, a indicará por escrito. O apresentante do título, não se conformando com a exigência do oficial ou não a podendo satisfazer, requererá que o oficial suscite a dúvida imobiliária para o juiz dirimi-la, obedecendo-se o seguinte:

I. No Protocolo, anotará o oficial, à margem da prenotação, a ocorrência da dúvida.
II. O oficial dará ciência dos termos da dúvida ao apresentante, fornecendo-lhe cópia da suscitação e notificando-o para impugná-la no próprio cartório de registro de imóveis, no prazo de 15 (quinze) dias, remetendo-se, em seguida, os autos ao juiz.
III. Impugnada a dúvida com os documentos que o interessado apresentar, será ouvido o Ministério Público, no prazo de 10 (dez) dias.
IV. Da sentença, poderão interpor apelação, com os efeitos devolutivo e suspensivo, o oficial do cartório de registro, o interessado, o Ministério Público e o terceiro prejudicado.
V. Transitada em julgado a decisão da dúvida, se for julgada procedente, os documentos serão devolvidos ao apresentante, dando-se ciência da decisão ao oficial, para que a consigne no Protocolo e cancele a Prenotação; se for julgada improcedente, o interessado apresentará, de novo, o título, com o respectivo mandado judicial, para que o oficial proceda ao registro anteriormente negado.

Está CORRETO o que se afirma APENAS em

a) III, IV e V.
b) II, IV e V.
c) I, III, IV e V.
d) I, II e III.
e) I, III e IV.

14. (MP/PR/Promotor de Justiça/2013) Assinale a alternativa INCORRETA:

a) A bipartição da posse em posse direta e indireta pode ter origem em direito real ou pessoal;
b) A posse adquirida por violência é considerada detenção enquanto não cessar a violência;
c) No direito brasileiro, a aquisição da propriedade imóvel por sucessão exige a transcrição ou registro do título (formal de partilha) no Registro de Imóveis;
d) A construção existente em um terreno presume-se feita pelo proprietário e à sua custa, mas esta presunção é relativa;
e) A usucapião de bem móvel pressupõe posse contínua e inconteste por três anos, desde que haja justo título e boa-fé.

15. (TJPI/Delegações de notas e de registro/CESPE/UnB/2013) Em caso de outorga de imóvel, se este não estiver matriculado ou registrado em nome do outorgante, o oficial exigirá a prévia

matrícula e o registro do título anterior, qualquer que seja a sua natureza, para dar cumprimento ao princípio da

a) continuidade.
b) generalidade.
c) especialidade.
d) prioridade.
e) fé pública.

16. (TJRJ/Juiz de Direito/XLV Concurso/VUNESP/2013) O princípio da continuidade registral estabelece que

a) deve cada assento apoiar-se no anterior, formando um encadeamento histórico ininterrupto das titularidades jurídicas de cada imóvel, sendo que a omissão na cadeia registral causará nulidade dos registros que lhe seguirem.
b) o imóvel, suas características, os direitos reais que nele incidirem, bem como o nome do proprietário deverão ser do conhecimento de todos, garantindo-se a continuidade.
c) não poderão ser objeto de registro, para garantir a continuidade, os títulos apresentados que sejam inválidos, ineficazes ou imperfeitos.
d) haverá preferência dos direitos reais, a qual será oponível perante terceiros, em relação àquele que primeiro apresentar seu título, garantindo-se a continuidade do registro prioritário.

17. (MP/MA/Promotor de Justiça/2014) Assinale a alternativa incorreta:

a) O cônjuge que exercer, por 2 (dois) anos ininterruptamente e sem oposição, posse direta, com exclusividade, sobre imóvel urbano de até 250 m² (duzentos e cinquenta metros quadrados) cuja propriedade dividia com ex-cônjuge que abandonou o lar, utilizando-o para sua moradia ou de sua família, adquirir-lhe-á o domínio integral, desde que não seja proprietário de outro imóvel urbano ou rural;
b) A propriedade do solo não abrange as jazidas, minas e demais recursos minerais, os potenciais de energia hidráulica, os monumentos arqueológicos e outros bens referidos por leis especiais. O proprietário, contudo, tem o direito de explorar os recursos minerais de emprego imediato na construção civil, desde que não submetidos a transformação industrial, obedecido o disposto em lei especial;
c) São formas de perda da propriedade imóvel a alienação, a renúncia, o abandono, o perecimento da coisa e a desapropriação. Os efeitos da perda da propriedade imóvel, nos casos de renúncia e desapropriação, não estão subordinados ao registro no Ofício de Registro de Imóveis correspondente;
d) As ilhas que se formarem em correntes comuns ou particulares pertencem aos proprietários ribeirinhos fronteiros, podendo-se afirmar que aquelas que se formarem no meio do rio consideram-se acréscimos sobrevindos aos terrenos ribeirinhos fronteiros de ambas as margens, na proporção de suas testadas, até a linha que dividir o álveo em duas partes iguais; bem como, que aquelas que se formarem pelo desdobramento de um novo braço do rio continuam a pertencer aos proprietários dos terrenos à custa dos quais se constituíram.
e) São formas de aquisição da propriedade imóvel por acessão: formação de ilhas, aluvião, avulsão, abandono de álveo e plantações ou construções.

18. (Defensoria Pública/Defensor Público/SP/Fundação Carlos Chagas/2013) Em tema de direito de propriedade e regularização fundiária, é INCORRETO afirmar:

a) Nenhuma convenção prevalecerá se contrariar preceito de ordem pública, tal como o estabelecido pelo Código Civil para assegurar a função social da propriedade.
b) O detentor do título de legitimação de posse de imóvel objeto de demarcação urbanística pode requerer ao oficial de registro de imóveis a conversão da posse em propriedade em virtude de sua aquisição por usucapião "extrajudicial" após cinco anos do registro da legitimação de posse.
c) O Código Civil presume como absoluto o abandono de imóvel urbano quando, cessados os atos de posse, o proprietário deixar de satisfazer os ônus fiscais.
d) A localização do imóvel em área definida como ZEIS (Zona de Especial Interesse Social) é a única hipótese de regularização fundiária de interesse social de assentamentos ocupados,

predominantemente, por população de baixa renda, prevista na Lei n. 11.977/09 (Regularização Fundiária de assentamentos localizados em áreas urbanas).

e) O direito de propriedade deve ser exercido em consonância com a sua finalidade social e econômica, observada a função ambiental da propriedade.

19. (Secretaria da Fazenda/PI/Auditor Fiscal/Fundação Carlos Chagas/2015) Em relação à propriedade, é CORRETO afirmar:

a) A propriedade imóvel é transferida com a escrituração de compromisso de compra e venda.
b) a propriedade imóvel é transferida com a subscrição de compromisso de compra e venda.
c) Em regra, os frutos, ainda quando separados, pertencem a proprietário da coisa.
d) A tradição transfere a propriedade ainda que tenha por título negócio jurídico nulo.
e) O proprietário tem o direito, contra o dono de propriedade vizinha, de fazer cessar as interferências prejudiciais ao sossego, ainda que sejam justificadas pelo interesse público.

20. (Pref. Mun./Sertãozinho/SP/Procurador Municipal/VUNESP/2016) Com relação à propriedade imóvel, é CORRETO afirmar:

a) não se admite a renúncia à propriedade imóvel quando há débitos de natureza *propter rem* perante a municipalidade.
b) no caso de abandono do imóvel urbano pelo proprietário, havendo sua arrecadação como bem vago, o domínio passrá ao Estado ou ao Distrito Federal, se achar-se nas respectivas circunscrições.
c) a aquisição pelo registro do título somente tem eficácia a partir do efetivo registro pelo oficial do cartório competente, que não poderá ultrapassr o prazo de 30 (trinta) dias.
d) na aquisição por usucapião, em regra não se admite que o possuidor acrescente à sua posse a dos seus antecessores, com o objetivo de cumprir o requisito temporal.
e) a prescrição aquisitiva é forma originária de aquisição da propriedade.

GABARITO

1. "c" e "d". A cessão de direitos hereditários não é suscetível de registro, uma vez que tem por objeto uma universalidade de direitos. A jurisprudência tem reconhecido a inexequibilidade do registro, segundo orientação firmada sob o direito anterior, que não previa o ato, como não o prevê o art. 167, I, da LRP. Confira-se: *RJTJSP*, 106/290.
2. "c". *Vide* art. 202 da Lei dos Registros Públicos (Lei n. 6.015/73).
3. "d". *Vide* art. 1.258 do CC.
4. "d". *Vide* arts. 1.227, 1.245 e 481 do CC.
5. "a". *Vide* item 3.4.5 (Vícios da violência e da clandestinidade ligados ao momento da aquisição da posse), *retro*.
6. "d". *Vide* art. 1.264 do CC.
7. "b". *Vide* item 4.1.1 (Modos originários de aquisição da posse), *retro*.
8. "a". *Vide* art. 1.228, §§ 4º e 5º, do CC.
9. "b". *Vide* item 12.2.1 (Classificação quanto à causa da aquisição), Segunda Parte, *retro*.
10. "c". *Vide* item 14.2.5.2.5 (Desapropriação por interesse social), Segunda Parte, *retro*.
11. "e". *Vide* art. 1.258 do CC.
12. "a". *Vide* art. 1.276, § 1º, do CC.
13. "b". *Vide* II — art. 198, III, da LRP; IV — art. 202 da LRP; V — art. 203 da LRP.
14. "c". *Vide* art. 1.784 do CC.
15. "a". *Vide* art. 195 da Lei dos Registros Públicos (Lei n. 6.015/73).

16. **"a".** *Vide* **art. 195 da Lei dos Registros Públicos (Lei n. 6.015/73).**
17. **"c".** *Vide* **art. 1.275, parágrafo único, do CC.**
18. **"d".** *Vide* **art. 47 da Lei n. 11.977/2009.**
19. **"c".** *Vide* **item 9.1 (A percepção dos frutos),** *retro.*
20. **"e".** *Vide*, **dentre outros, arts. 1.238 e 1.260 do CC.**

15

DOS DIREITOS DE VIZINHANÇA

15.1. INTRODUÇÃO

O direito de propriedade, malgrado seja o mais amplo dos direitos subjetivos concedidos ao homem no campo patrimonial, sofre inúmeras **restrições ao seu exercício**, impostas não só no interesse coletivo, senão também no interesse **individual**. Dentre as últimas, destacam-se as determinadas pelas **relações de vizinhança**.

As regras que constituem o direito de vizinhança destinam-se a **evitar conflitos** de interesses entre proprietários de **prédios contíguos**. Têm sempre em mira a necessidade de conciliar o exercício do direito de propriedade com as relações de vizinhança, uma vez que sempre é possível o advento de conflitos entre os confinantes.

15.1.1. Direito de vizinhança e servidões. Diferenças

Não se confundem, todavia, as limitações impostas às propriedades contíguas com as **servidões** propriamente ditas. Podem ser apontadas as seguintes diferenças:

- As **servidões** resultam da vontade das partes e só excepcionalmente da usucapião, ao passo que os **direitos de vizinhança** emanam da lei.
- As **servidões** constituem direitos reais sobre coisa alheia, estabelecidos no interesse do proprietário do prédio dominante, enquanto os **direitos de vizinhança** limitam o domínio, estabelecendo uma variedade de direitos e deveres recíprocos entre proprietários de prédios contíguos.
- Enquanto a **servidão**, como direito real sobre imóvel, só se constitui ou se transmite por atos entre vivos após seu registro no cartório de Registro de Imóveis (CC, art. 1.227; Lei n. 6.015/73, art. 167, I, n. 6), os **direitos de vizinhança** dispensam registro e surgem da mera contiguidade entre os prédios[1].

15.1.2. Obrigações *propter rem*

Os direitos de vizinhança são obrigações *propter rem*, porque vinculam os confinantes, **acompanhando a coisa**. Obrigações dessa natureza só existem em relação à situação jurídica do obrigado, de titular do domínio ou de detentor de determinada coisa, e, portanto, de vizinho.

---

1 Silvio Rodrigues, *Direito civil*, v. 5, p. 120-121.

Como acontece com toda obrigação *propter rem*, a decorrente das relações de vizinhança **se transmite ao sucessor** a título particular. Por se transferir a eventuais novos ocupantes do imóvel (*ambulat cum domino*), é também denominada obrigação **ambulatória**.

15.1.3. Regras que geram a obrigação de *permitir* a prática de certos atos

Dentre as regras que geram a obrigação de *permitir* a prática de certos atos, **sujeitando** o proprietário a uma invasão de sua esfera dominial, encontram-se:

- a que incide sobre o vizinho do prédio encravado, obrigado a conceder passagem ao dono deste (CC, art. 1.285);
- a que recai sobre o dono do prédio inferior, obrigado a receber as águas que fluem naturalmente do superior (art. 1.288);
- a que impõe ao proprietário a obrigação de permitir a entrada do vizinho em seu prédio, quando seja indispensável à reparação, construção e reconstrução da casa deste (art. 1.313, *caput*, I, e § 3º) etc.

15.1.4. Regras que determinam uma *abstenção*

Dentre as que determinam uma *abstenção*, apontam-se:

- a proibição imposta ao proprietário de fazer mau uso de seu prédio, suscetível de prejudicar a saúde, o sossego ou a segurança do vizinho (CC, art. 1.277); e
- a de abrir janela, eirado ou terraço, a menos de metro e meio do prédio de seu confinante, devassando, desse modo, a propriedade deste (art. 1.301).

15.2. DO USO ANORMAL DA PROPRIEDADE

15.2.1. Espécies de atos nocivos

Dispõe o art. 1.277 do Código Civil:

> "O proprietário ou o possuidor de um prédio tem o direito de fazer cessar as interferências prejudiciais à segurança, ao sossego e à saúde dos que o habitam, provocadas pela utilização de propriedade vizinha.
> Parágrafo único. Proíbem-se as interferências considerando-se a natureza da utilização, a localização do prédio, atendidas as normas que distribuem as edificações em zonas, e os limites ordinários de tolerância dos moradores da vizinhança".

A expressão **"interferências prejudiciais"** substituiu a locução "mau uso" empregada pelo Código de 1916. As interferências ou atos prejudiciais à **segurança**, ao **sossego** e à **saúde** capazes de causar conflitos de vizinhança podem ser classificados em três espécies:

- ilegais;
- abusivos; e
- lesivos.

15.2.1.1. *Atos ilegais*

Ilegais são os atos ilícitos que **obrigam à composição do dano**, nos termos do art. 186 do Código Civil, por exemplo, atear fogo no prédio vizinho. Ainda que não existisse o supratranscrito art. 1.277, o prejudicado estaria protegido pela norma do art. 186, combinada com o art. 927, *caput*, do mesmo diploma, que lhe garantem o **direito à indenização**.

Se o vizinho, por exemplo, danifica as plantações de seu confinante, o ato é ilegal e sujeita o agente à obrigação de ressarcir o prejuízo causado.

15.2.1.2. *Atos abusivos*

Abusivos são os atos que, embora o causador do incômodo se mantenha nos limites de sua propriedade, mesmo assim vêm a prejudicar o vizinho, muitas vezes sob a forma de barulho excessivo.

Consideram-se abusivos não só os atos praticados com o propósito deliberado de prejudicar o vizinho, senão também aqueles em que o titular exerce o seu direito de modo irregular, **em desacordo com a sua finalidade social**. A teoria do abuso do direito é, hoje, acolhida em nosso direito, como se infere do art. 187 do Código Civil, que permite considerar **ilícitos** os atos praticados no **exercício *irregular*** de um direito.

15.2.1.3. *Atos lesivos*

Lesivos são os atos que causam dano ao vizinho, embora o agente não esteja fazendo uso anormal de sua propriedade e a atividade tenha sido até autorizada por alvará expedido pelo Poder Público. É o caso, por exemplo, de uma indústria cuja fuligem esteja prejudicando ou poluindo o ambiente, embora normal a atividade[2].

São atos absolutamente lícitos e regulares, causando, não obstante, dano ao vizinho.

15.2.2. Critérios para verificar a normalidade ou a anormalidade da utilização de um imóvel

Os atos **ilegais e abusivos** estão abrangidos pela norma do aludido art. 1.277, pois neles há o ***uso anormal*** da propriedade. O dispositivo em apreço confere não só ao proprietário como também ao possuidor o direito de fazer cessar as interferências

---

2 "Construção nociva. Direito de o proprietário de imóvel vizinho exigir a demolição da obra. Irrelevância de a Prefeitura ter expedido alvará, pois a autorização administrativa não cria direitos contra a lei nem contra normas edilícias" (*RT*, 760/297). "Embora a construção de heliponto em bairro estritamente residencial tenha sido autorizada por ato administrativo junto à Prefeitura de São Paulo e muito embora tenha o laudo pericial constatado que o ruído existente quando do pouso e decolagem do helicóptero seja compatível com as normas técnicas pertinentes, o enfoque da questão deve levar em consideração não apenas o sossego, mas, acima de tudo, a segurança dos vizinhos" (2º TACív., Ap. 517.388-00/5-SP, 12ª Câm., rel. Juiz Gama Pellegrini, j. 27-8-1998). "Construção de hotel de grande porte. Fato que acarreta transtorno aos vizinhos. Dano moral. Indenização. Responsabilidade objetiva do dono da obra pelos danos causados" (*RT*, 807/300).

ilegais ou abusivas provocadas pela utilização da propriedade vizinha, em detrimento de sua segurança, de seu sossego e de sua saúde.

Uso ***anormal*** é tanto o **ilícito** como o abusivo, em desacordo com sua finalidade econômica ou social, a boa-fé ou os bons costumes. Para se aferir a normalidade ou a anormalidade da utilização de um imóvel, procura-se:

- **Verificar a extensão do dano ou do incômodo causado —** Se, nas circunstâncias, este se contém no limite do ***tolerável***, não há razão para reprimi-lo. Com efeito, a vida em sociedade impõe às pessoas a obrigação de suportar certos incômodos, desde que não ultrapassem os limites do razoável e do tolerável[3].
- **Examinar a zona onde ocorre o conflito, bem como os usos e costumes locais —** Não se pode apreciar com os mesmos padrões a normalidade do uso da propriedade em um bairro residencial e em um industrial, em uma cidade tranquila do interior e em uma capital. O parágrafo único do art. 1.277 determina que se considere "a natureza da utilização, a **localização do prédio**, atendidas as normas que distribuem as edificações em zonas, e os limites ordinários de tolerância dos moradores da vizinhança". Assim, "tratando-se de **zona mista** — residencial, comercial e industrial — é intuitivo que as residências têm que suportar o rumor da indústria e do comércio, nas horas normais dessas atividades, mas esses ruídos não poderão exceder o limite razoável da tolerância, nem se estender aos dias e horas reservados ao repouso humano"[4].
- **Considerar a anterioridade da posse —** Porque, em princípio, não teria razão para reclamar quem construísse nas proximidades de estabelecimentos barulhentos ou perigosos. É o que sustenta a **teoria da *pré-ocupação***. Por ela, aquele que primeiramente se instala em determinado local acaba, de certo modo, estabelecendo a sua destinação. **Tal teoria não pode, entretanto, ser aceita em todos os casos e sem reservas.** Se o barulho é demasiado ou se a lei proíbe o incômodo, o proprietário não pode valer-se da anterioridade de seu estabelecimento para continuar molestando o próximo.

15.2.3. *Bens tutelados*

Os bens tutelados pelo art. 1.277 são:

a) a segurança;

[3] "Nem todo o incômodo é reprimível, só o é o anormal, o intolerável, pois o que não excede a medida da normalidade entra na categoria dos encargos primários da vizinhança" (*RT*, 354/404). "Não se pode considerar mau uso o funcionamento de bomba de gasolina com posto de lavagem de automóveis durante a noite, ainda que produza algum ruído com a carga e descarga do elevador" (STJ, AgRg no AgI 1.769-RJ, 4ª T., rel. Min. Barros Monteiro). "Não pode uma igreja, sob o fundamento de liberdade religiosa, adotar uso nocivo da propriedade, mediante produção de poluição sonora, porque extrapola limite legal. Entretanto, tem a igreja o direito de utilizar música no interior do templo, desde que os sons não atinjam o exterior, causando dano ao sossego dos vizinhos" (TAMG, AgI 279.713-3-Contagem, 2ª Câm., rel. Juiz Caetano Levi Lopes, j. 16-5-2000).

[4] Hely Lopes Meirelles, *Direito de construir*, cit., p. 21.

b) o sossego; e

c) a saúde.

O ***decoro*** não está abrangido pelo aludido artigo. Desse modo, o proprietário ou o possuidor de um prédio não tem como impedir que prostitutas se instalem nos apartamentos, desde que não perturbem o sossego dos demais moradores.

Ofensa à segurança — Constituirá ofensa à ***segurança*** pessoal, ou dos bens, a exploração de indústrias de explosivos e inflamáveis, a provocação de fortes trepidações, o armazenamento de mercadorias excessivamente pesadas, enfim, todo e qualquer ato que possa comprometer a estabilidade e a solidez do prédio.

Perturbação do sossego — Decorre de **ruídos exagerados** em geral, provocados por gritarias, festejos espalhafatosos, atividades de danceterias, emprego de alto-falantes de grande potência etc.[5].

Prejuízo à saúde — É provocado por emanações de gases tóxicos, depósito de lixo, poluição de águas pelo lançamento de resíduos etc.

15.2.4. Soluções para a composição dos conflitos

Na doutrina e na jurisprudência são propostas **soluções** para a composição dos conflitos de vizinhança. Assinale-se que o vocábulo ***vizinhança*** não se restringe à propriedade confinante, possuindo em direito significado mais largo do que na linguagem comum. Estende-se até onde o ato praticado em um prédio possa propagar-se nocivamente, **alcançando via de regra não só os confinantes como também outros prédios próximos**.

Quanto às soluções alvitradas, em resumo:

- **Se o incômodo é normal, tolerável, não deve ser reprimido** — A reclamação da vítima será aferida segundo o critério do ***homo medius***. Só serão atendidas reclamações relativas a danos considerados insuportáveis ao homem normal.
- **Se o dano for intolerável, deve o juiz, primeiramente, determinar que seja reduzido a proporções normais** — Pode o juiz, por exemplo, **fixar horários** de funcionamento da atividade considerada nociva (somente durante o dia, p. ex.), exigindo a colocação de **aparelhos** de controle da poluição, levantando **barreiras de proteção** etc. Preceitua, com efeito, o art. 1.279 do Código Civil: "Ainda que por decisão judicial devam ser toleradas as interferências, poderá o vizinho exigir a sua redução, ou eliminação, quando estas se tornarem possíveis".

[5] "Ruídos intoleráveis. Ofensa ao direito à tranquilidade e sossego. Abusividade reconhecida. Inteligência do art. 1.277 do CC/2002" (*RT*, 817/298). "Uso nocivo da propriedade. Exploração abusiva de atividade comercial. Caracterização. Manutenção de sistema de som em ambiente aberto e aglomeração de clientes em via pública, provocando poluição sonora que incomoda os vizinhos" (*RT*, 785/283). "O confinamento de grande número de cães de grande porte no quintal da residência, gerando incômodo, tanto em razão do mau cheiro como em decorrência do barulho, constitui abuso do direito de propriedade, justificando a imposição de medidas limitatórias" (2º TACív., Ap. 590.936-00/1-Barueri, rel. Juiz Antonio Rigolin, j. 1º-8-2000).

- **Se não for possível reduzir o incômodo a níveis suportáveis, determinará o juiz a cessação da atividade** — Quando nem mediante o emprego de medidas adequadas se conseguir reduzir o incômodo a níveis suportáveis, ou quando a ordem judicial para que sejam adotadas não for cumprida, determinará o juiz o fechamento da indústria ou do estabelecimento, a **cessação da atividade** ou até a demolição de obra, se forem de ***interesse particular***[6].
- **Não se determinará a cessação da atividade se a causadora do incômodo for indústria ou qualquer atividade de interesse social** — Se o incômodo não puder ser reduzido aos graus de tolerabilidade mediante medidas adequadas, será imposta ao causador do dano a **obrigação de indenizar** o vizinho. Dispõe efetivamente o art. 1.278 do Código Civil que o direito atribuído ao prejudicado, de fazer cessar as interferências nocivas especificadas no art. 1.277, não prevalece quando "forem justificadas por interesse público, caso em que o proprietário ou o possuidor, causador delas, pagará ao vizinho **indenização cabal**".

Há, na última hipótese, um conflito de interesses. Os dois, tanto o de caráter privado como o de cunho público, são dignos de proteção. Todavia, considerando a **prevalência do interesse público**, sacrifica-se o interesse privado em favor daquele, mas sem se olvidar da situação do proprietário que sofre a interferência, porque, embora obrigado a suportá-la, é-lhe devida **indenização cabal**. Para estabelecer o seu montante, é de se levar em conta a depreciação do imóvel sob o ponto de vista da sua alienação e também da locação[7].

15.2.5. Medidas judiciais cabíveis

15.2.5.1. Ação cominatória

A ação apropriada para a tutela dos direitos mencionados é a ***cominatória***, na qual se imporá ao réu a obrigação de se abster da prática dos atos prejudiciais ao vizinho, ou a de tomar as medidas adequadas para a redução do incômodo, sob pena de pagamento de **multa diária**, com base nos arts. 536, § 4º, e 537 do Código de Processo Civil[8].

Pode a ação ser movida pelo proprietário, pelo compromissário comprador titular de direito real ou pelo possuidor.

---

6 "Poluição sonora. Ação de dano infecto. Sentença que impõe limites à emissão de ruídos. Descumprimento. Impedimento do funcionamento da atividade poluidora. Ato lícito do juiz" (*RT*, 805/404). "Mesmo que os ruídos produzidos por estabelecimento comercial estejam dentro dos limites máximos permitidos pela legislação municipal, havendo prova pericial de que os mesmos causam incômodos à vizinhança, aquele que explora a atividade causadora da ruidosidade excessiva e vibrações mecânicas é obrigado a realizar obras de adaptação em seu prédio, com o objetivo de diminuir a sonoridade e as vibrações que prejudicam os prédios lindeiros" (2º TACív., Ap. 548.842-00/0-SP, 5ª Câm., rel. Juiz Pereira Calças, j. 10-8-1999).

7 Marco Aurélio S. Viana, *Comentários ao novo Código Civil*, v. XVI, p. 220-221.

8 "Construção nociva. Caracterização. Obrigação de não fazer. Admissibilidade. Utilização de terreno para a abertura de passagem e acesso de caminhões e veículos em loteamento de natureza exclusivamente residencial no qual o titular do lote explora jazida de água mineral" (*RT*, 791/286).

15.2.5.2. *Ação demolitória*

Prescreve, ainda, o art. 1.280 do Código Civil:

> "O proprietário ou o possuidor tem direito a exigir do dono do prédio vizinho a **demolição**, ou a reparação deste, quando ameace ruína, bem como que lhe preste caução pelo dano iminente".

Cuida-se, ainda, de uso anormal de propriedade, pois a ameaça de **desabamento de prédio em ruína** constitui negligência do proprietário. O vizinho ameaçado pode, simplesmente, forçar a reparação, exigindo que a outra parte preste, em juízo, caução pelo dano iminente (CPC, art. 300, § 1º).

15.2.5.3. *Caução de dano infecto*

Essa caução pelo dano iminente é chamada de "*caução de dano infecto*" (cf. Capítulo 11 deste Título, item 11.4.2, *retro*), mas pode o prejudicado preferir mover ação cominatória contra o proprietário negligente, em forma de ação demolitória, ou para exigir a reparação do prédio em ruínas.

Assevera Hely Lopes Meirelles que a caução de dano infecto se lhe afigura possível "até mesmo **em ação indenizatória comum**, quando, além dos danos já consumados, outros estejam na **iminência de consumar-se** ante o estado ruinoso da obra vizinha, ou dos trabalhos lesivos da construção confinante. Embora a lei civil só se refira a danos decorrentes do estado ruinoso da obra, admite-se que a caução se estenda a outras situações capazes de produzir danos, como trabalhos perigosos executados na construção vizinha, deficiência de tapume da obra, perigo de queda de andaimes e outra mais"[9].

A ação em apreço tem sido admitida também contra interferências prejudiciais nos casos de **mau uso da propriedade vizinha**, que prejudique o **sossego, a segurança e a saúde** do proprietário ou inquilino de um prédio[10].

Assiste também à **Municipalidade** o direito de fazer as exigências especificadas no aludido art. 1.280 do Código Civil, uma vez que cabe ao Poder Público, "não só no exercício de seu poder de polícia como no de cumprimento da obrigação de zelar pela segurança do povo, o direito de ajuizar ação, a fim de obter a cessação do uso nocivo da propriedade. Assim, se determinado prédio ameaça ruína, podendo ocasionar acidente pessoal a qualquer momento, **cabe à Prefeitura Municipal providenciar** no sentido de que cesse tal estado de coisas"[11].

15.2.5.4. *Ação indenizatória*

Se há dano consumado, cabível a ação de ressarcimento de danos.

---

9 *Direito de construir*, cit., p. 353.

10 *RT*, 814/338.

11 Washington de Barros Monteiro, *Curso*, cit., v. 3, p. 138.

15.2.5.5. *Garantias que podem ser exigidas da pessoa autorizada a realizar obras em propriedade alheia*

Segundo ainda dispõe o art. 1.281 do Código Civil, "o proprietário ou o possuidor de um prédio, em que alguém tenha direito de fazer obras, pode, no caso de dano iminente, exigir do autor delas as necessárias **garantias** contra o prejuízo eventual".

O dispositivo trata da hipótese de alguém estar legalmente autorizado a entrar na propriedade e nela edificar passagem de tubos, tubulações e outros condutos, ou de se permitir que o dono de prédio encravado faça obra para ter passagem, ou, ainda, construir canais pelo terreno do vizinho, para receber águas, entre outras hipóteses. Nesses casos, o proprietário ou possuidor, **cujo prédio está obrigado a aceitar a execução das obras**, está legitimado a **exigir garantia**, desde que prove, inclusive mediante perícia, se necessária, a presença do dano iminente[12].

A garantia se faz mediante "**caução real ou fidejussória** idônea para ressarcir os danos que a outra parte possa vir a sofrer" (CPC, art. 300, § 1º). No silêncio da lei, a escolha da espécie de caução cabe ao obrigado a prestá-la, não podendo o juiz impor que ela seja feita em dinheiro.

15.3. DAS ÁRVORES LIMÍTROFES

15.3.1. Presunção de condomínio sobre a árvore limítrofe

Preceitua o art. 1.282 do Código Civil:

> "A árvore, cujo tronco estiver na linha divisória, presume-se pertencer em comum aos donos dos prédios confinantes".

Institui-se, assim, a **presunção de condomínio**, que admite, no entanto, prova em contrário.

A árvore que **não tem** seu tronco na linha divisória pertence ao dono do prédio em que ele estiver. Sendo comum a árvore, os **frutos e o tronco** pertencem a ambos os proprietários. Do mesmo modo, se for cortada ou arrancada, deve **ser repartida entre os donos**. Não pode um deles arrancá-la sem o consentimento do outro. Se a sua presença estiver causando prejuízo e não obtiver o consentimento do vizinho, deverá recorrer ao Judiciário.

15.3.2. A propriedade dos frutos

Com relação aos frutos que caírem **naturalmente**, aplica-se a regra do art. 1.284 do Código Civil: pertencem ao dono do solo **onde tombarem**, **"se este for de propriedade particular"**.

Tal regra constitui exceção ao princípio de que o acessório segue o principal, adotado no art. 1.232 do mesmo diploma. Segundo Silvio Rodrigues, para evitar o prejuízo, "pode o dono da árvore apanhá-los antes de naturalmente tombarem.

---

[12] Marco Aurélio S. Viana, *Comentários*, cit., v. XVI, p. 226-227.

Pois é óbvio que só pertencem ao dono do solo os frutos que caírem sem sua provocação"[13].

Conclui-se, pois, que não assiste ao vizinho o direito de sacudir a árvore para provocar a queda dos frutos, nem colher os pendentes, ainda que o galho invada o seu terreno. Pode, no entanto, colhê-los e entregá-los ao dono da árvore[14].

Todavia, se os frutos caírem em uma **propriedade pública**, não mais existirá o perigo das contendas e, por essa razão, **o proprietário continuará sendo o seu dono**, cometendo furto quem deles se apoderar.

15.3.3. Solução legal para as raízes e ramos que ultrapassarem a divisa do prédio

Estatui ainda o art. 1.283 do Código Civil:

> "As raízes e os ramos de árvore, que ultrapassarem a estrema do prédio, poderão ser cortados, até o plano vertical divisório, pelo proprietário do terreno invadido".

Trata-se de uma **espécie de justiça privada**, em oposição à negligência do dono da árvore, que tem o dever de mantê-la em tal situação que não prejudique a propriedade vizinha, as vias públicas e os fios condutores de alta tensão. Por essa razão, se as raízes e ramos forem cortados pelo proprietário do terreno invadido, pela Municipalidade ou pela empresa fornecedora de energia elétrica, não terá aquele direito a qualquer indenização.

O exercício do direito assegurado no dispositivo em apreço não se subordina a qualquer formalidade, como prévia reclamação ou aviso ao dono da árvore. Tal direito, segundo Washington de Barros Monteiro, "de natureza **imprescritível** (*in facultativis non datur praescriptio*), só pode ser exercitado pelo proprietário e **jamais pelo inquilino**, a quem, no máximo, cabe do locador solicitar as providências necessárias.

O dono da árvore que sofre a mutilação **não tem direito a qualquer ressarcimento**, ainda que ela venha a morrer em virtude do corte"[15]. É, portanto, irrelevante que o corte das raízes ou ramos que invadiram a propriedade vizinha acarrete a morte da árvore. Ainda que tal fato aconteça, não terá o confrontante que a mutilou a obrigação de indenizar perdas e danos.

15.4. DA PASSAGEM FORÇADA

Dispõe o art. 1.285, *caput*, do Código Civil:

> "O dono do prédio que não tiver acesso a via pública, nascente ou porto, pode, mediante pagamento de indenização cabal, constranger o vizinho a lhe dar passagem, cujo rumo será judicialmente fixado, se necessário".

---

13 *Direito civil*, cit., v. 5, p. 137.

14 Washington de Barros Monteiro, *Curso*, cit., v. 3, p. 140.

15 *Curso*, cit., v. 3, p. 140.

O **imóvel encravado** não pode ser explorado economicamente e deixará de ser aproveitado, por falta de comunicação com a via pública. O instituto da passagem forçada atende, pois, ao **interesse social**. O direito é exercitável contra o proprietário contíguo e, se necessário, contra o vizinho não imediato.

■ 15.4.1. Exigência de que o encravamento seja natural e absoluto

O direito de exigir do vizinho que lhe deixe passagem só existe quando o encravamento é *natural* e *absoluto*. **Não pode ser provocado pelo proprietário.** Não pode este vender a parte do terreno que lhe dava acesso à via pública e, depois, pretender que outro vizinho lhe dê passagem. Nesse caso, e porque nenhum imóvel deve permanecer encravado, **poderá voltar-se somente contra o adquirente do terreno em que existia a passagem**[16].

Da mesma forma, o adquirente da parte que ficou encravada pelo desmembramento voluntário **só pode exigir passagem do alienante**[17]. A propósito, preceitua o Código Civil:

> "Se ocorrer alienação parcial do prédio, de modo que uma das partes perca o acesso a via pública, nascente ou porto, o proprietário da outra deve tolerar a passagem".

Aplica-se tal regra "ainda quando, antes da alienação, existia passagem através de imóvel vizinho, não estando o proprietário deste constrangido, depois, a dar uma outra" (art. 1.285, §§ 2º e 3º). A razão é que seria injusto deixar ao alvedrio do vendedor tornar encravado o seu prédio e ao mesmo tempo lhe conceder a faculdade de exigir passagem de qualquer vizinho, impondo, assim, ao arbítrio do malicioso ou do negligente, uma restrição à propriedade alheia[18].

■ 15.4.2. Imóvel com saída difícil e penosa

Não se considera encravado o imóvel que tenha outra saída, ainda que *difícil e penosa*. **Razões de comodidade não são atendidas**, para obrigar o vizinho a suportar a passagem por seu imóvel. Veja-se:

> "Imprescindível à configuração de servidão de passagem seja o prédio dominante encravado de modo a impossibilitar o acesso a ele, não se admitindo a servidão na hipótese de consistir em mera comodidade para encurtamento de caminho"[19].

Assim, se o imóvel não se encontra encravado por força natural e de forma absoluta, "impossível se torna a imposição do ônus quando, **mediante obras**, o proprietário da parte relativamente encravada pode **ter acesso à via pública** através de suas

---

16 *RT*, 499/74.

17 *RT*, 363/224.

18 Silvio Rodrigues, *Direito civil*, cit., v. 5, p. 140.

19 *RT*, 723/430. No mesmo sentido: "Passagem forçada. Medida realizada através de ações que encerram cunho mandamental-possessório. Admissibilidade, ainda que inexistente a servidão, mas comprovado o estado de encravamento do imóvel" (*RT*, 772/357).

terras. Direito que não existe para garantir maior comodidade ao interessado, mas para assegurar passagem a quem efetivamente não a tenha”[20].

15.4.3. Indenização devida ao dono do prédio onerado

Tal direito equivale a uma desapropriação no interesse particular, pois o proprietário do prédio onerado com a passagem tem direito a **indenização cabal**, expressamente prevista no art. 1.285 do Código Civil. E, se o proprietário do prédio encravado perder, por culpa sua (não uso), o direito de trânsito pelos prédios contíguos, terá de novamente pleiteá-lo, **sujeitando-se a arbitramento novo e atual** da retribuição pecuniária. Não havendo acordo entre os interessados, a fixação da passagem, em qualquer caso, será feita **judicialmente** (CC, art. 1.285).

Deverá o juiz, então, impor o menor ônus possível ao prédio serviente. Havendo vários imóveis, escolherá aquele que **menor dano sofrerá** com a imposição do encargo[21]. Dispõe, com efeito, o art. 1. 285, § 1º, do Código Civil:

> “Sofrerá o constrangimento o vizinho cujo imóvel mais natural e facilmente se prestar à passagem”.

15.4.4. Extinção da passagem forçada

Extingue-se a passagem forçada e desaparece o encravamento em casos, por exemplo, de **abertura de estrada pública** que atravessa ou passa ao lado de suas divisas, ou quando é **anexado a outro**, que tem acesso para a via pública[22].

A limitação imposta ao prédio serviente só se justifica, efetivamente, em função da necessidade imperiosa de seu vizinho. Cessada tal necessidade, desaparece a razão para a permanência do aludido ônus.

15.4.5. Distinção entre servidão de passagem e passagem forçada

Podem ser apontadas as seguintes diferenças:

- ***Servidão de passagem*** ou de ***trânsito*** constitui **direito real sobre coisa alheia**; a ***passagem forçada***, ora estudada, pertence ao **direito de vizinhança**.
- A ***passagem forçada*** decorre da **lei**, tendo a finalidade de evitar que um prédio fique sem destinação ou utilização econômica. Ocorrendo a hipótese, o dono do prédio encravado pode exigir a passagem, mediante o pagamento da indenização que for judicialmente arbitrada. A ***servidão***, no entanto, constitui direito real sobre coisa alheia e geralmente nasce de um **contrato**, não correspondendo

---

[20] *RT*, 773/327. No mesmo sentido: “Imprescindível à configuração da servidão de passagem seja o prédio dominante encravado, de modo a impossibilitar o acesso a fontes, pontes ou lugares públicos, não se admitindo tal servidão na hipótese de consistir em mera comodidade, salvo se adquirida através de contrato ou por meio de usucapião” (*RT*, 694/168).

[21] *RT*, 491/177.

[22] *RT*, 376/218.

necessariamente a um imperativo determinado pela situação dos imóveis, mas à simples **conveniência e comodidade** do dono de um prédio não encravado que pretende uma comunicação mais fácil e próxima (*v.* item 15.1 deste Capítulo, *retro*).

15.5. DA PASSAGEM DE CABOS E TUBULAÇÕES

Consoante inovação trazida pelo Código Civil de 2002, o proprietário é, igualmente, obrigado a tolerar, mediante recebimento de indenização que atenda também à desvalorização da área remanescente, a passagem, através de seu imóvel, de **cabos, tubulações e outros condutos subterrâneos de serviços de utilidade pública** (luz, água, esgoto, p. ex.), em proveito de proprietários vizinhos, quando de outro modo for impossível ou excessivamente onerosa.

Dispõe, com efeito, o art. 1.286 do aludido diploma:

> "Mediante recebimento de indenização que atenda, também, à desvalorização da área remanescente, o proprietário é obrigado a tolerar a passagem, através de seu imóvel, de cabos, tubulações e outros condutos subterrâneos de serviços de utilidade pública, em proveito de proprietários vizinhos, quando de outro modo for impossível ou excessivamente onerosa.
>
> Parágrafo único. O proprietário prejudicado pode exigir que a instalação seja feita de modo menos gravoso ao prédio onerado, bem como, depois, seja removida, à sua custa, para outro local do imóvel".

O dispositivo em apreço soluciona problemas que afetam diretamente os moradores das grandes cidades, concernentes a passagem de linhas de transmissão elétrica, telefonia e processamento de dados, bem como de grandes adutoras subterrâneas. O direito de passagem, nesses casos, envolve **serviços de utilidade pública**, podendo ser citados, além dos já mencionados, os atinentes a serviços de água e gás, geralmente prestados por concessionárias, como aqueles. Nessa linha, não é qualquer serviço que autoriza, aos vizinhos, exigir a passagem, mas apenas aqueles de **utilidade pública**[23].

15.5.1. Pagamento, em contrapartida, de justa indenização

É previsto o pagamento de justa indenização ao proprietário que teve o seu imóvel atingido, observando-se, na instalação dos cabos e tubulações, o critério da menor onerosidade.

15.5.2. Direito deferido ao dono do prédio onerado de, posteriormente, remover os dutos e cabos

O parágrafo único do dispositivo em tela disciplina a remoção ou a instalação dos dutos e cabos em **local diverso**. Se, após a realização das obras, o dono do prédio

[23] Marco Aurélio S. Viana, *Comentários*, cit., v. XVI, p. 246.

onerado entender de removê-las para outro local no imóvel, que lhe seja mais conveniente, poderá fazê-lo, mas **pagando as respectivas despesas**.

Não poderá, logicamente, exigir que o pagamento seja efetuado pelos vizinhos, em proveito dos quais foram os serviços realizados, uma vez que adotaram estes, segundo a exigência legal, a solução menos gravosa.

15.5.3. Faculdade de exigir a realização de obras de segurança

Acrescenta o art. 1.287 do Código Civil:

> "Se as instalações oferecerem grave risco, será facultado ao proprietário do prédio onerado exigir a realização de **obras de segurança**".

Sempre serão necessárias "as cautelas devidas, principalmente no que toca a segurança, que será sempre de **responsabilidade do poder público ou das concessionárias** que exploram o serviço considerado perigoso, embora essencial, principalmente se levarmos em consideração que a prestação deste serviço é remunerada"[24].

A obra de segurança antecede à instalação dos cabos e tubulações.

15.6. DAS ÁGUAS

Apesar da inegável importância da água, o Código Civil dedicou-lhe poucos artigos, reproduzidos ou complementados pelo Código de Águas (Decreto n. 24.643, de 10-7-1934, modificado pelo Decreto-Lei n. 852/38).

15.6.1. Servidão de aqueduto

O Código Civil disciplina a utilização de *aqueduto* ou *canalização de águas* no art. 1.293, permitindo a todos **canalizar pelo prédio de outrem** as águas a que tenham direito, **mediante prévia indenização** a seu proprietário, não só para as primeiras necessidades da vida como também para os serviços da agricultura ou da indústria, escoamento de águas supérfluas ou acumuladas, ou a drenagem de terrenos.

O dispositivo em apreço consagra o direito à ***servidão de aqueduto***, adotando a orientação do art. 117 do Código de Águas. Impõe uma **restrição** ao direito de propriedade, em favor do vizinho, que em muito se assemelha a uma expropriação feita no interesse particular. Ao mesmo tempo incentiva, indiretamente, a produção, proporcionando a quem por ela se interessa os meios necessários para alcançá-la.

O § 1º prevê **indenização** ao proprietário que sofre prejuízo com a construção da obra destinada à canalização, com infiltrações ou irrupções, advindas do canal. O § 2º dispõe que o proprietário pode exigir que a canalização seja **subterrânea**, para não afetar áreas edificadas, hortas, jardins etc. E o § 3º, por fim, estabelece que a construção do aqueduto é incumbência do seu dono e deve ser feita de modo a causar o **menor prejuízo** aos proprietários dos imóveis vizinhos.

[24] Washington de Barros Monteiro, *Curso*, cit., v. 3, p. 143.

15.6.2. Servidão de águas supérfluas

O art. 1.290 do aludido diploma prevê o **direito às sobras das águas nascentes e das águas pluviais**, dispondo:

> "O proprietário de nascente, ou do solo onde caem águas pluviais, satisfeitas as necessidades de seu consumo, não pode impedir, ou desviar o curso natural das águas remanescentes pelos prédios inferiores".

De modo semelhante dispõe o art. 90 do Código de Águas. Trata-se da ***servidão das águas supérfluas***, pela qual o prédio inferior pode adquirir sobre as sobras uma servidão destinada a usos domésticos, bebedouro de gado e a outras finalidades, especialmente as agrícolas. Observe-se que o direito do prédio inferior é **apenas o de receber as sobras** de fonte não captada.

As **águas pluviais** são, sabidamente, coisas sem dono. Desde que escoem por terrenos particulares, são de propriedade dos respectivos proprietários. "O dono da nascente pode usá-la inteira, e nesse caso não há sobejo, nem, portanto, qualquer direito a ele. Mas se houver **sobras**, o dono do prédio inferior tem o direito de recebê-las e de recebê-las limpas"[25].

15.6.3. Obrigação dos prédios inferiores de receber as águas que correm naturalmente dos superiores

Os prédios inferiores são obrigados a receber as águas que correm **naturalmente** dos superiores. Se o dono ou possuidor do prédio superior fizer **obras de arte** para facilitar o escoamento, procederá de modo que não piore a condição natural e inferior do outro (CC, art. 1.288). Todavia, não se pode forçá-lo a fazer obras de canalização. A lei não lhe impõe obrigação de fazer obras de escoamento ou canalização de águas de chuva[26].

15.6.4. Águas artificialmente levadas ao prédio superior

Prescreve o art. 1.289 do Código Civil:

> "Quando as águas, artificialmente levadas ao prédio superior, ou aí colhidas, correrem dele para o inferior, poderá o dono deste reclamar que se desviem, ou se lhe indenize o prejuízo que sofrer.
>
> Parágrafo único. Da indenização será deduzido o valor do benefício obtido".

Nada impede que o proprietário ou possuidor recolha ou leve ao seu imóvel, de modo **artificial**, a água de que necessita. Todavia, ao contrário do que sucede com as

---

[25] Silvio Rodrigues, *Direito civil*, cit., v. 5, p. 149.

[26] "Águas pluviais. Imóvel em posição inferior ao prédio vizinho do qual escoam as águas. Pretensão de que o proprietário do imóvel superior faça obras de canalização. Inadmissibilidade. Lei que não impõe obrigação de fazer obras de escoamento ou canalização de águas de chuva" (*RT*, 790/314). No mesmo sentido: *RT*, 798/301.

águas que correm **naturalmente**, não está o proprietário do prédio inferior obrigado a suportar as interferências decorrentes de seu escoamento, **podendo exigir que se desvie o fluxo ou optar pela indenização dos prejuízos** que venha a sofrer.

15.6.5. Proibição de poluir águas indispensáveis aos possuidores dos imóveis inferiores

Estatui o art. 1.291 que "o possuidor do imóvel superior não poderá poluir as águas indispensáveis às primeiras necessidades da vida dos possuidores dos imóveis inferiores; as demais, que poluir, deverá recuperar, ressarcindo os danos que estes sofrerem, se não for possível a recuperação ou o desvio do curso artificial das águas".

Preleciona Carlos Alberto Dabus Maluf, na atualização da obra de Washington de Barros Monteiro, que o dispositivo em apreço traz para o bojo do novo Código Civil "a preocupação com o meio ambiente (Lei n. 6.838, de 31-8-1981, que dispõe sobre a Política Nacional do Meio Ambiente). Representa importante inovação, pois **proíbe a poluição**, e, se esta ocorrer, obriga o poluidor a **recuperar as águas poluídas**, sob pena do pagamento de indenização"[27].

15.6.6. Direito do proprietário de construir obras para represamento de água

Proclama o art. 1.292 que "o proprietário tem direito de construir barragens, açudes, ou outras obras para represamento de água em seu prédio; se as águas represadas invadirem prédio alheio, será o seu proprietário indenizado pelo dano sofrido, deduzido o valor do benefício obtido".

Disciplina o dispositivo em tela o **direito de represamento de água mediante a construção de barragens** de todas as formas, inclusive para a construção de hidrelétricas. Todavia, no exercício desse direito, **não pode o proprietário prejudicar os vizinhos**. Se houver invasão de prédio alheio, está obrigado a indenizar o prejudicado, deduzindo-se do valor da indenização o benefício obtido pelo prédio alheio. Cuida-se de aplicação de regra de equidade, estabelecendo-se perfeito equilíbrio entre os direitos em confronto[28].

O Código de Águas, mais amplo, aplica-se às questões decorrentes da utilização das águas no que não contrariar as normas do Código Civil.

15.7. DOS LIMITES ENTRE PRÉDIOS E DO DIREITO DE TAPAGEM

Estabelece o Código Civil regras para a **demarcação dos limites entre prédios**, dispondo que o proprietário "pode constranger o seu confinante a proceder com ele à demarcação entre os dois prédios, a aviventar rumos apagados e a renovar marcos destruídos ou arruinados, **repartindo-se proporcionalmente** entre os interessados as respectivas despesas" (art. 1.297, *caput*, segunda parte).

[27] *Curso*, cit., v. 3, p. 147.

[28] Marco Aurélio S. Viana, *Comentários*, cit., v. XVI, p. 266.

15.7.1. Ação demarcatória

A ação apropriada, nesses casos, é a *demarcatória* (CPC, arts. 569 a 587). É a *actio finium regundorum* do direito romano.

O que caracteriza a demarcação como direito de vizinhança é o fato de **repartirem-se proporcionalmente** entre os interessados as respectivas despesas. Somente se admite a ação demarcatória quando há **confusão de limites** na linha divisória. Se existem limites há longo tempo respeitados, ainda que não correspondam aos títulos dominiais, ou muro divisório construído fora da linha, não cabe a referida ação, que não se confunde com a reivindicatória nem com as ações possessórias.

Se o autor pretende também obter **restituição de áreas** invadidas ou usurpadas, deve **cumulá-la com a possessória ou com a reivindicatória**.

15.7.2. Critérios legais para a demarcação quando os limites são confusos

Estatui o art. 1.298 do Código Civil que, "**sendo confusos**, os limites, em falta de outro meio, se determinarão de conformidade com a **posse justa**; e, não se achando ela provada, o terreno contestado se dividirá por **partes iguais** entre os prédios, ou, não sendo possível a divisão cômoda, se adjudicará a um deles, mediante **indenização** ao outro".

Em princípio, o juiz levará em conta os títulos dominiais, que devem instruir a petição inicial, como determina o art. 574 do Código de Processo Civil. Somente se forem colidentes ou incapazes de provar, com segurança, a real situação dominial, é que o juiz recorrerá ao critério da posse, pois se mostra evidente que o legislador estabeleceu uma hierarquia entre os vários critérios.

15.7.3. Direito do proprietário de cercar o seu imóvel

A lei concede ao proprietário o direito de "**cercar, murar, valar ou tapar** de qualquer modo o seu prédio", quer seja urbano, quer rural (CC, art. 1.297, *caput*, primeira parte).

Na expressão **"tapume"**, empregada nos parágrafos do aludido dispositivo, incluem-se os **muros, cercas, sebes vivas, gradis ou quaisquer outros meios** de separação dos terrenos. **Presumem-se**, até prova em contrário, "pertencer a ambos os proprietários confinantes, sendo estes obrigados, de conformidade com os costumes da localidade, a concorrer, em partes iguais, para as despesas de sua construção e conservação" (CC, art. 1.297, § 1º).

Essa presunção, contudo, é ***juris tantum*** e admite prova em contrário. Por força de tal presunção relativa configura-se o **condomínio forçado** em cercas, muros e valas. Todavia, tal presunção legal cede se o dono de um dos prédios confinantes logra provar seu domínio.

15.7.4. Divisão das despesas

Tem-se entendido que a divisão das despesas deve ser previamente convencionada. À falta de acordo, o proprietário interessado na construção da obra deve obter o reconhecimento judicial da obrigação do confinante de contribuir para a construção do tapume, se a construção decorrer de exigência administrativa constante de lei ou regulamento.

O proprietário **que já tenha fechado** o seu terreno por outra forma (cerca de arame ou de bambus, p. ex.) não está obrigado a levantar tapume especial, a não ser que o exijam as posturas municipais[29].

15.7.5. Tapume comum e tapume especial

Somente existe a obrigação do vizinho de participar das despesas quando se cogita de **tapume comum**, destinado a evitar a passagem de **animais de grande porte**, como o gado vacum, cavalar e muar. Não pode o proprietário abastado e rico impor ao vizinho pobre e sem recursos a feitura de tapume dispendioso ou muito caro. Devem eles ser feitos de conformidade com as posturas municipais e costumes de cada lugar[30].

Quanto aos **tapumes especiais**, destinados à vedação de **animais de pequeno porte** (aves domésticas, cabritos, porcos e carneiros), ou a adorno da propriedade ou sua preservação, entende-se que a sua construção, conservação e utilização **cabem unicamente ao interessado**, que provocou a necessidade deles (CC, art. 1.297, § 3º), ou seja, ao dono desses animais, que poderá ser responsabilizado se não os construir e os animais causarem danos.

15.8. DO DIREITO DE CONSTRUIR

15.8.1. Limitações e responsabilidades

O direito de construir constitui **emanação do direito de propriedade**. Assegura este ao proprietário a faculdade de usar e dispor do que lhe pertence, como lhe aprouver (CC, art. 1.228), nele incluída a de edificar as construções que quiser. Todavia, o exercício do direito de propriedade **não é absoluto**, condicionando-se a outros valores, que merecem igual tutela da lei, seja no interesse dos vizinhos, seja naquele do bem-estar da coletividade.

Tal direito encontra, assim, **limitações:**

a) no **direito dos vizinhos**; e

b) nos **regulamentos administrativos**, para que seja preservada a harmonia social, submetendo-se o uso do solo urbano aos princípios gerais disciplinadores da função social da propriedade.

Dispõe, com efeito, o art. 1.299 do Código Civil:

> "O proprietário pode levantar em seu terreno as construções que lhe aprouver, salvo o direito dos vizinhos e os regulamentos administrativos".

---

29 *RT*, 499/193.

30 Washington de Barros Monteiro, *Curso*, cit., v. 3, p. 158.

■ 15.8.1.1. *Limitações de ordem pública*

As limitações de ordem pública são impostas pelos regulamentos administrativos e geralmente integram os códigos de **posturas municipais**. Têm em vista considerações de **caráter urbanístico**, como altura dos prédios e zoneamento das construções conforme a finalidade, impedindo a construção de edifícios de grande porte e de fábricas em bairros residenciais, bem como considerações relacionadas à segurança, higiene e estrutura dos prédios.

■ 15.8.1.2. *Limitações de direito privado*

Já as limitações de direito privado constituem as **restrições de vizinhança**, consignadas em normas civis ou resultantes de convenções particulares. Assim, por exemplo, "não é lícito encostar à parede divisória chaminés, fogões, fornos" suscetíveis de produzir interferências prejudiciais ao vizinho (CC, art. 1.308), nem construir de maneira que o seu prédio "despeje águas, diretamente, sobre o prédio vizinho" (art. 1.300).

■ 15.8.1.3. *Ação demolitória*

As ações mais comuns entre vizinhos são a *demolitória* e a *indenizatória*. A primeira visa especificamente à **demolição do prédio em ruína** (CC, art. 1.280) ou de obra **em desacordo com as prescrições da lei civil** (art. 1.312).

Os arts. **1.280** e **1.312** concedem ação de demolição ao vizinho para situações diferentes: **o primeiro** faculta a ação para a hipótese de estar o prédio em ruína, oferecendo perigo para os confrontantes; **o segundo** a concede para o lesado por alguma violação das regras de vizinhança[31].

Nem sempre, porém, o juiz determina a demolição da obra, fazendo-o somente quando esta apresenta **vícios insanáveis**. Se, no entanto, puder, mediante os devidos reparos, ser colocada em condições de uso e adaptada aos regulamentos edilícios, poderá permanecer ilesa.

■ 15.8.1.4. *Ação indenizatória. Responsabilidade objetiva pelos danos causados ao vizinho*

O pedido de demolição pode ser cumulado com o de **indenização** dos prejuízos causados e com o de **caução de dano iminente** pelas lesões futuras, se for o caso.

Para a obtenção de **indenização** basta a prova do dano e da relação de causalidade entre o dano e a construção vizinha, sendo desnecessária a demonstração de culpa do agente. A responsabilidade pelos danos causados a vizinhos em virtude de construção é ***objetiva***[32], independentemente de culpa de quem quer que seja, decor-

---

[31] "Construção nociva. Direito de o proprietário de imóvel vizinho exigir a demolição da obra. Irrelevância de a Prefeitura ter expedido alvará, pois a autorização administrativa não cria direitos contra a lei nem contra normas edilícias" (*RT*, 760/297).

[32] "Prejuízos causados ao prédio vizinho. Obrigação de indenizar que independe de culpa" (*RT*, 749/319). "Construção de hotel de grande porte. Fato que acarreta transtorno aos vizinhos. Dano

rendo exclusivamente da **lesividade ou da nocividade** da construção ou de seus atos preparatórios.

Não se exige, para a reparação, como acentua Hely Lopes Meirelles[33], nem dolo, nem culpa, nem voluntariedade do agente da ação lesiva.

15.8.1.5. Responsabilidade solidária do dono da obra e do construtor

Os prejuízos hão de ser ressarcidos por quem os causa e por quem aufere os proveitos da construção, sendo **solidária** a obrigação do **dono da obra** e do **engenheiro** que a executa[34].

Desde que a construção civil passou a ser uma atividade legalmente regulamentada e se tornou privativa de profissionais habilitados e de empresas autorizadas a executar trabalhos de engenharia e arquitetura, tornaram-se os **construtores, os arquitetos ou a sociedade autorizada a construir** responsáveis técnica e economicamente pelos danos da construção perante vizinhos, **em solidariedade com o proprietário** que encomenda a obra[35]. Se, entretanto, o proprietário pagar sozinho a indenização, poderá mover **ação regressiva** contra o construtor, se os danos decorreram de imperícia ou de negligência de sua parte.

Podem, ainda, ser utilizadas, para solucionar conflitos de vizinhança decorrentes de construção, ação cominatória, de nunciação de obra nova, de caução de dano infecto, possessória etc.[36].

15.8.2. Devassamento da propriedade vizinha

Com o propósito de impedir que a propriedade particular seja **devassada** pelo vizinho, proíbe a lei que este construa de modo a perturbar **o recato e a privacidade familiar** do confrontante.

Prescreve, com efeito, o art. 1.301, *caput*, do Código Civil:

> "É defeso abrir janelas, ou fazer eirado, terraço ou varanda, a menos de metro e meio do terreno vizinho".

Conta-se a distância de **metro e meio da linha divisória**, e não do edifício vizinho. Em caso de desrespeito à norma legal, o proprietário lesado pode embargar a construção, mediante o **embargo de obra nova** (*Vide* Segunda Parte, item 8.2, *retro*).

---

moral. Indenização. Responsabilidade objetiva do dono da obra pelos danos causados" (*RT*, 807/300).

33 *Direito de construir*, cit., p. 340-341.

34 *RT*, 400/161; *RJTJSP*, 48/61.

35 "Ação indenizatória. Reparação de danos. Realização de aterro que causou danos no prédio vizinho. Verba devida pelo proprietário ou possuidor daquele, ainda que não seja o autor direto da obra" (*RT*, 748/290).

36 "Construção nociva. Caracterização. Obrigação de não fazer. Admissibilidade. Utilização de terreno para a abertura de passagem e acesso de caminhões e veículos em loteamento de natureza exclusivamente residencial no qual o titular de lote explora jazida de água mineral" (*RT*, 791/286).

A finalidade dessa servidão negativa é **preservar a intimidade das famílias**, resguardando-as da indiscrição dos vizinhos. O § 2º do citado art. 1.301, entretanto, **exclui da proibição** as aberturas para luz ou ventilação, não maiores de dez centímetros de largura sobre vinte de comprimento e construídas a mais de dois metros de altura de cada piso, pois tais vãos dificultam, pelas pequenas dimensões e pela altura, a observação do que se passa no vizinho.

A jurisprudência tem **interpretado restritivamente o art. 1.301** do novo diploma. Assim, tem-se admitido a abertura de janelas a menos de metro e meio, quando entre os prédios existe **muro alto**[37]. Do mesmo modo, permite-se a **abertura de portas** a menos de metro e meio, uma vez que o mencionado dispositivo só se refere a janela, eirado, terraço ou varanda, não aludindo a portas[38].

Igualmente, admite-se a construção de janelas a menos de metro e meio se se apresentam tapadas com caixilhos não basculantes, mas fixos com **vidros opacos** e que **não permitam o devassamento**, com base na Súmula 120 do Supremo Tribunal Federal, que assim dispõe:

> "Parede de tijolos de vidro translúcido pode ser levantada a menos de metro e meio do prédio vizinho, não importando servidão sobre ele".

Já a Súmula 414 desse Sodalício estabelece:

> "Não se distingue a visão **direta da oblíqua**, na proibição de abrir janela, ou fazer terraço, eirado, ou varanda, a menos de metro e meio do prédio de outrem".

Contudo, preceitua o § 1º do retrotranscrito art. 1.301 do Código Civil, como visto, que "as janelas cuja visão não incida sobre a linha divisória, bem como as perpendiculares, não poderão ser abertas a menos de setenta e cinco centímetros".

Se as aberturas para luz tiverem dimensão superior a dez centímetros de largura sobre vinte de comprimento, **serão consideradas janelas**, e caberá ao proprietário prejudicado impugná-las dentro do prazo de ano e dia.

Dispõe o art. 1.302 do Código Civil:

> "O proprietário pode, no lapso de ano e dia após a conclusão da obra, exigir que se desfaça janela, sacada, terraço ou goteira sobre o seu prédio; escoado o prazo, não poderá, por sua vez, edificar sem atender ao disposto no artigo antecedente, nem impedir, ou dificultar, o escoamento das águas da goteira, com prejuízo para o prédio vizinho.
>
> Parágrafo único. Em se tratando de vãos, ou aberturas para luz, seja qual for a quantidade, altura e disposição, o vizinho poderá, a todo tempo, levantar a sua edificação, ou contramuro, ainda que lhes vede a claridade".

---

[37] *RT*, 495/51.

[38] *RT*, 491/72.

Neste caso, **não nasce**, pois, para o infrator **servidão de luz** por usucapião a prazo reduzido, pois o proprietário do prédio poderá construir junto à divisa, ainda que a construção vede a claridade[39].

Na **zona rural**, não se pode edificar "a menos de três metros do terreno vizinho" (CC, art. 1.303).

Frise-se, ainda, que a jurisprudência tem admitido também as **claraboias e janelas bem altas**, colocadas a uma altura tal que torne impossível observar a propriedade vizinha.

15.8.3. Águas e beirais

Dispõe o art. 1.300 do Código Civil:

> "O proprietário construirá de maneira que o seu prédio não despeje águas, diretamente, sobre o prédio vizinho".

Proíbe tal dispositivo o ***estilicídio*** propriamente dito, isto é, o **despejo de águas por gotas**, uma vez que ao proprietário sobre o qual deitem goteiras é facultado o direito de embargar a construção da obra (art. 1.302)[40].

Repete o art. 105 do **Código de Águas** a regra que obriga o proprietário a edificar de maneira que o beiral de seu telhado não despeje sobre o prédio vizinho, acrescentando que "deixará entre este e o beiral, quando por outro modo não o possa evitar, um **intervalo de 10 centímetros**, quando menos, de modo que as águas se escoem".

Não pode o proprietário, portanto, construir de modo que o beiral de seu telhado despeje sobre o vizinho. Embora esteja este obrigado a receber as águas que correm naturalmente para o seu prédio, não pode ser compelido a suportar as que ali fluam **artificialmente**, por meio de **calhas ou beirais**.

Depreende-se, da parte final do dispositivo retrotranscrito, que se o proprietário colocar **calhas** que recolham as goteiras, impedindo que caiam na propriedade vizinha, **poderá encostar o telhado na linha divisória**.

15.8.4. Paredes divisórias

O Código Civil trata das questões referentes a paredes divisórias nos arts. 1.304 a 1.307. A denominada "parede-meia" é hoje de reduzida importância.

Paredes divisórias são as que integram a estrutura do edifício, **na linha de divisa**. Distinguem-se dos muros divisórios, que são regidos pelas disposições concernentes aos tapumes. **Muro** é elemento de vedação, enquanto **parede** é elemento de sustentação e vedação[41].

---

39 TJSP, *RT*, 506/71.

40 Orlando Gomes, *Direitos reais*, cit., p. 231.

41 Hely Lopes Meirelles, *Direito de construir*, cit., p. 42.

No tocante ao assentamento da **parede divisória ou parede-meia**, o art. 1.305 abre ao proprietário que primeiro edificar a seguinte alternativa:

- assentar a parede somente **no seu terreno**, ou
- assentá-la, até meia espessura, no **terreno vizinho**.

Na primeira hipótese, a parede pertencer-lhe-á, inteiramente; na segunda, será de ambos. Nas duas hipóteses, os vizinhos podem usá-la livremente.

O dono do terreno invadido tem o direito de **travejá-la**. Se o fizer, aquele que a construiu pode cobrar **metade de seu valor**. Enquanto não a travejar, pode, se o desejar, e nos termos do art. 1.328 do Código Civil, adquirir meação nela. Porém, após havê-la travejado, não tem mais opção, pois quem a construiu pode exigir o pagamento da meação.

Acrescenta o parágrafo único do mencionado art. 1.305 que, "se a parede divisória pertencer a um dos vizinhos, e não tiver capacidade para ser travejada pelo outro, não poderá este fazer-lhe alicerce ao pé sem prestar caução àquele, pelo risco a que expõe a construção anterior".

Para que o condômino de parede-meia possa utilizá-la, é preciso que, com isso, não ponha em risco **a segurança ou a separação dos dois prédios** e avise previamente o outro comunheiro.

As disposições sobre madeiramento e travejamento na parede divisória são hoje **obsoletas**, uma vez que a multiplicação e diversidade de construções, muitas de grande porte, não permitem, do ponto de vista técnico, a utilização da parede anteriormente construída. O mais lógico e correto será a não utilização da faculdade de assentar a parede divisória até meia espessura no terreno do vizinho, levantando cada qual a sua construção exclusivamente em seu terreno.

15.8.5. Do uso do prédio vizinho

Dispõe o art. 1.313 do Código Civil que o proprietário ou ocupante do imóvel é obrigado a **tolerar** que o vizinho entre no prédio, mediante **aviso prévio**, para:

> "I — dele temporariamente usar, quando indispensável à reparação, construção, reconstrução ou limpeza de sua casa ou do muro divisório;
>
> II — apoderar-se de coisas suas, inclusive animais que aí se encontrem casualmente".

Tal dispositivo aplica-se também "aos casos de limpeza ou reparação de esgotos, goteiras, aparelhos higiênicos, poços e nascentes e ao aparo de cerca viva" (§ 1º). A regra é meramente **exemplificativa**, não taxativa, podendo ser aplicada a outras hipóteses em que fique demonstrada a necessidade temporária de ingresso no prédio vizinho[42].

[42] Pontes de Miranda, *Tratado*, cit., v. XIII, § 1.554.

Uma vez entregues as coisas buscadas pelo vizinho, "poderá ser impedida a sua entrada no imóvel" (§ 2º). Se do exercício do mencionado direito provier dano, "terá o prejudicado **direito a ressarcimento**" (§ 3º).

Muitas vezes, o proprietário tem necessidade de **penetrar no imóvel vizinho**, para proceder aos serviços mencionados no art. 1.313. Tem direito de fazê-lo, desde que **avise previamente** o vizinho. Este, quando muito, poderá fazer **restrições quanto a horários**, disciplinando-os. Todavia, o que tiver de penetrar no imóvel confinante fica obrigado, por lei, a reparar o dano que porventura causar.

São ainda impostas ao direito de construir **outras restrições**, como as do art. 1.308, relativas à feitura de fornalhas, fornos de forja ou de fundição, aparelhos higiênicos, fossos, canos de esgoto, depósitos de substâncias corrosivas, ou suscetíveis de infiltração daninha. Apenas se toleram as chaminés ordinárias e os fornos de cozinha (art. 1.308, parágrafo único). Qualquer obra, realizada com infração à lei, pode ser embargada, assistindo ainda ao dono do prédio ameaçado o direito de reclamar **indenização**, provando o prejuízo.

"São **proibidas** construções capazes de poluir, ou inutilizar, para uso ordinário, **a água** do poço, ou nascente alheia, a elas preexistentes" (art. 1.309). Igualmente não se permite "fazer escavações ou quaisquer obras que tirem ao poço ou à nascente de outrem **a água** indispensável às suas necessidades normais" (art. 1.310).

Proclama o art. 1.312 do aludido diploma:

"Todo aquele que violar as proibições estabelecidas nesta Seção é **obrigado a demolir** as construções feitas, respondendo por **perdas e danos**". Tal dispositivo serve de fundamento para a propositura de ação demolitória.

15.9. RESUMO

DOS DIREITOS DE VIZINHANÇA	
INTRODUÇÃO	■ As regras que constituem o direito de vizinhança destinam-se a evitar e a compor eventuais conflitos de interesses entre proprietários de prédios contíguos. São obrigações ***propter rem***, que acompanham a coisa, vinculando quem quer que se encontre na posição de vizinho, transmitindo-se ao seu sucessor a título singular.
USO ANORMAL DA PROPRIEDADE	■ **Espécies de atos nocivos** **a)** ilegais; **b)** abusivos; **c)** lesivos. ■ **Critérios para se aferir a normalidade** **a)** verificar se o incômodo causado se contém ou não no limite do **tolerável**; **b)** examinar a **zona** onde ocorre conflito, bem como os usos e costumes locais; **c)** considerar a **anterioridade** da posse **(pré-ocupação)**. ■ **Soluções para a composição dos conflitos** — se o dano for **intolerável**, deve o juiz, primeiramente, determinar que seja reduzido a proporções normais (CC, art. 1.279); — se não for possível a redução, então determinará o juiz a **cessação da atividade**, se for **de interesse particular**; — se a atividade danosa for de **interesse social**, não se determinará a sua cessação, mas se imporá ao seu responsável a **obrigação de indenizar** o vizinho (CC, art. 1.278).

ÁRVORES LIMÍTROFES	■ A árvore, cujo tronco estiver na **linha divisória**, presume-se pertencer em comum aos donos dos prédios confinantes (CC, art. 1.282). Institui-se, assim, a presunção de condomínio, que admite, no entanto, prova em contrário.
PASSAGEM FORÇADA	■ O CC assegura ao proprietário de prédio que se achar encravado, de forma **natural** e **absoluta**, sem acesso a via pública, nascente ou porto, o direito de, mediante pagamento de indenização, constranger o vizinho a lhe dar passagem, cujo rumo será judicialmente fixado, se necessário (art. 1.285). Não se considera encravado o imóvel que tenha outra saída, ainda que difícil e penosa. A passagem forçada é instituto do direito de vizinhança e não se confunde com **servidão de passagem**, que constitui direito real sobre coisa alheia.
DA PASSAGEM DE CABOS E TUBULAÇÕES	■ O proprietário é ainda obrigado a tolerar, mediante indenização, a passagem, pelo seu imóvel, de cabos, tubulações e outros condutos subterrâneos de serviços de utilidade pública (luz, água, esgoto, p. ex.), em proveito de proprietários vizinhos, quando de outro modo for impossível ou excessivamente onerosa (CC, art. 1.286).
DAS ÁGUAS	■ O CC disciplina a utilização de **aqueduto** ou canalização das águas no art. 1.293, permitindo a todos canalizar pelo prédio de outrem as águas a que tenham direito, mediante prévia indenização ao proprietário, não só para as primeiras necessidades da vida como também para os serviços da agricultura ou da indústria, escoamento de águas supérfluas ou acumuladas, ou a drenagem de terrenos.
DOS LIMITES ENTRE PRÉDIOS	■ Estabelece o CC regras para demarcação dos limites entre prédios, dispondo que o proprietário "pode constranger o seu confinante a proceder com ele à demarcação entre os dois prédios, a aviventar rumos apagados e a renovar marcos destruídos ou arruinados, repartindo-se proporcionalmente entre os interessados as respectivas despesas" (art. 1.297). A ação apropriada é a **demarcatória** (CPC, arts. 569/587).
DIREITO DE TAPAGEM	■ A lei concede ao proprietário o direito de cercar, murar, valar ou tapar de qualquer modo o seu prédio, quer seja urbano, quer rural (CC, art. 1.297). Tem-se entendido que a divisão das despesas deve ser previamente convencionada. Quanto aos tapumes especiais, destinados à vedação de animais de pequeno porte, ou a adorno da propriedade ou sua preservação, entende-se que a sua construção e conservação cabem unicamente ao interessado, que provocou a necessidade deles.
DIREITO DE CONSTRUIR	■ **Limitações e responsabilidades** Pode o proprietário levantar em seu terreno as construções que lhe aprouverem, salvo o direito dos vizinhos e os regulamentos administrativos (CC, art. 1.299). A ação mais comum entre vizinhos é a de indenização. A responsabilidade pelos danos causados a vizinhos em virtude de construção é **objetiva**. Podem ainda ser utilizadas: ação demolitória (CC, arts. 1.280 e 1.312), cominatória, de nunciação de obra nova, de caução de dano infecto, possessória etc. ■ **Devassamento da propriedade vizinha** É defeso "abrir janelas, ou fazer eirado, terraço ou varanda, a menos de metro e meio do terreno vizinho". Nesse caso, o lesado pode embargar a construção. Conta-se a distância de metro e meio da linha divisória, e não do edifício vizinho. ■ **Águas e beirais** Não pode o proprietário construir de modo que o beiral de seu telhado despeje sobre o vizinho. As águas pluviais devem ser despejadas no solo do próprio dono do prédio, e não no do vizinho. Se, porém, o proprietário colocar calhas que recolham as goteiras, impedindo que caiam na propriedade vizinha, poderá encostar o telhado na linha divisória (CC, art. 1.300). ■ **Paredes divisórias** Paredes divisórias (parede-meia) são as que integram a estrutura do edifício, na linha de divisa. O art. 1.305 do CC abre ao proprietário que primeiro edificar a alternativa: assentar a parede somente no seu terreno, ou assentá-la, até meia espessura, no terreno vizinho. Na primeira hipótese, a parede pertencer-lhe-á inteiramente; na segunda, será de ambos. Nas duas hipóteses, os vizinhos podem usá-la livremente. ■ **Uso do prédio vizinho** O proprietário ou ocupante do imóvel é obrigado a tolerar que o vizinho entre no prédio, mediante aviso prévio, para "dele temporariamente usar, quando indispensável à reparação, construção ou limpeza de sua casa ou do muro divisório", e "apoderar-se de coisas suas, inclusive animais que aí se encontrem casualmente" (CC, art. 1.313).

15.10. QUESTÕES

1. (TJ/MG/Juiz de Direito/2007) O direito de propriedade não é absoluto e, por isso, reconhecem-se limitações de gozo ou de garantia e vizinhança. De acordo com o Código Civil, é CORRETO afirmar que:

a) os direitos de vizinhança têm a mesma finalidade das servidões prediais.
b) a servidão de passagem somente pode ser estabelecida entre proprietários de imóveis encravados.
c) o titular do direito de servidão é sempre o proprietário do imóvel dominante.
d) o proprietário do prédio serviente não é obrigado a permitir que o proprietário do prédio dominante exerça qualquer atividade em seu bem.

2. (TJ/SC/Juiz de Direito/2009) Assinale a alternativa CORRETA:

a) O proprietário de imóvel que não possuir acesso à via pública pode constranger o vizinho a lhe dar passagem independentemente de pagamento de indenização.
b) O dono ou possuidor do prédio inferior é obrigado a receber as águas que correm naturalmente do superior.
c) O proprietário pode, a qualquer tempo, exigir que o vizinho desfaça janela ou goteira sobre o seu prédio.
d) Em zona rural, é defeso levantar edificação a menos de cinco metros do terreno vizinho.
e) Não é permitido ao confinante encostar à parede divisória chaminés ordinárias, nem os fogões de cozinha, suscetíveis de produzir interferências prejudiciais ao vizinho.

3. (Prefeitura Municipal/SP/Procurador/Fundação Carlos Chagas/2008) Em matéria de conflitos de vizinhança aplica-se a seguinte regra:

a) Somente o possuidor e o detentor de um prédio têm o direito de fazer cessar as interferências prejudiciais à segurança ou à saúde dos que o habitam, provocadas por utilização de propriedade vizinha, mas igual direito não assiste ao proprietário que não seja possuidor.
b) Não tem o proprietário ou possuidor de um prédio o direito de fazer cessar interferências prejudiciais a seu sossego, provocadas pela utilização da propriedade vizinha, e tampouco indenização delas decorrentes, se as interferências forem justificadas por interesse público.
c) O proprietário tem direito a exigir do dono do prédio vizinho a demolição ou a reparação deste, quando ameace ruína, mas igual direito não tem o possuidor que só poderá exigir a prestação de caução.
d) Quando, por sentença judicial transitada em julgado, devem ser toleradas as interferências, poderá o vizinho prejudicado exigir cabal indenização, mas não mais lhe assistirá o direito de exigir a redução das interferências, ainda que isso se torne possível.
e) Ainda que por decisão judicial devam ser toleradas as interferências, poderá o vizinho exigir a sua redução, ou eliminação, quando estas se tornarem possíveis.

4. (TJ/SC/Juiz de Direito/2007) Dos enunciados abaixo, assinale a alternativa INCORRETA.

a) O proprietário de fonte não captada não pode impedir o curso natural das sobras dessas águas.
b) As sebes vivas, as árvores ou plantas outras que servem de marco divisório, só podem ser cortadas de comum acordo entre os extremantes.
c) O proprietário de um imóvel tem o direito de represar as águas em seu prédio, mediante a construção de barragens, açudes e outras obras.
d) Nos condomínios de parede-meia, é lícito ao proprietário encostar nas paredes divisórias chaminés ordinárias e fogões de cozinha.
e) A passagem forçada é uma servidão imposta ao direito de propriedade.

5. (TJ/MG/Juiz de Direito/EJEF/2009) Marque a asserção CORRETA.

a) O direito do proprietário do prédio vizinho de cortar os ramos e raízes que ultrapassarem a estrema do prédio está sujeito à prescrição.
b) O direito do proprietário vizinho de cortar os ramos e raízes que ultrapassarem a estrema do prédio se estende até o plano vertical divisório dos imóveis. Pode ser por ele exercido diretamente, não dependendo de prova do prejuízo, nem de concordância ou autorização do proprietário da árvore.

c) O dono da árvore, cujos ramos e raízes ultrapassam a divisa do prédio e for objeto de corte e apara pelo vizinho, tem direito à indenização.
d) A ação do vizinho, consistente no corte de ramos e raízes que ultrapassem o limite da vizinhança, ainda que ponha em risco a vida da árvore e a cobertura vegetal ambiental que ela propicia, não vai depender da autorização administrativa da autoridade ambiental.

6. (OAB/Exame de Ordem Unificado 2010.3/Fundação Getulio Vargas/2011) Félix e Joaquim são proprietários de casas vizinhas há cinco anos e, de comum acordo, haviam regularmente delimitado as suas propriedades pela instalação de uma singela cerca viva. Recentemente, Félix adquiriu um cachorro e, por essa razão, o seu vizinho, Joaquim, solicitou-lhe que substituísse a cerca viva por um tapume que impedisse a entrada do cachorro em sua propriedade. Surpreso, Félix negou-se a atender ao pedido do vizinho, argumentando que o seu cachorro era adestrado e inofensivo e, por isso, jamais lhe causaria qualquer dano. Com base na situação narrada, é CORRETO afirmar que Joaquim:

a) poderá exigir que Félix instale o tapume, a fim de evitar que o cachorro ingresse na sua propriedade, contanto que arque com metade das despesas de instalação, cabendo a Félix arcar com a outra parte das despesas.
b) poderá exigir que Félix instale o tapume, a fim de evitar que o cachorro ingresse em sua propriedade, cabendo a Félix arcar integralmente com as despesas de instalação.
c) não poderá exigir que Félix instale o tapume, uma vez que a cerca viva fora instalada de comum acordo e demarca corretamente os limites de ambas as propriedades, cumprindo, pois, com a sua função, bem como não há indícios de que o cachorro possa vir a lhe causar danos.
d) poderá exigir que Félix instale o tapume, a fim de evitar que o cachorro ingresse em sua propriedade, cabendo a Félix arcar com as despesas de instalação, deduzindo-se desse montante metade do valor, devidamente corrigido, correspondente à cerca viva inicialmente instalada por ambos os vizinhos.

7. (TJ/MG/Juiz de Direito/2007) Tratando-se do direito de vizinhança e do uso anormal da propriedade, de acordo com o Código Civil, é CORRETO dizer que:

a) cabe ao proprietário do prédio, com exclusividade, exercer o direito de fazer cessar as interferências prejudiciais à segurança, ao sossego e à saúde dos que nele habitam provocadas pela propriedade vizinha.
b) a limitação se impõe apenas a imóveis contíguos.
c) não é necessário que se leve em consideração a natureza da utilização e localização do prédio.
d) os direitos de vizinhança são direitos de convivência decorrentes da proximidade ou interferência entre prédios.

8. (Defensoria Pública/SP/Defensor Público/2006) Sobre os direitos de vizinhança, é CORRETO afirmar:

a) Os tapumes especiais são exigidos para impedir que animais de grande porte ultrapassem os limites da propriedade.
b) O dono do terreno invadido pelos galhos de árvore da propriedade vizinha tem o direito de corte condicionado à nocividade da invasão dos ramos.
c) A servidão de aqueduto é contínua e aparente e a de trânsito é descontínua e não aparente.
d) A qualquer tempo, o proprietário pode exigir que se desfaça a janela, sacada, terraço ou goteira sobre o seu prédio.
e) Na passagem forçada, o dono do prédio que não tiver acesso à via pública, nascente ou porto tem direito a exigir que seu vizinho lhe conceda passagem, independentemente do pagamento de indenização.

9. (TJSP/Juiz de Direito/182° Concurso/VUNESP/2009) Assinale a alternativa CORRETA.

a) A existência de outro acesso não impede a passagem forçada.
b) Passagem forçada e servidão de trânsito destinam-se a tornar mais fácil o acesso à via pública.
c) Servidão de passagem está relacionada a prédio encravado e é presumida.
d) Passagem forçada e servidão de trânsito implicam restrição ao direito de propriedade e decorrem, a primeira, da lei, a segunda, de manifestação de vontade.

10. (PGE/RN/Procurador do Estado/2014) João é vizinho de uma indústria poluente, tendo ajuizado ação de natureza cominatória, para fazer cessar a emissão de gases, julgada improcedente, porque a indústria se localiza em local permitido e não haveria como diminuir os incômodos. A sentença transitou em julgado, mas passados alguns anos, surgiram equipamentos capazes de eliminar drasticamente a poluição. Nesse caso, João

a) não poderá exigir a redução das emissões poluentes, mas se alienar seu imóvel, o novo proprietário poderá formular essa pretensão, inclusive judicialmente.
b) não poderá exigir a redução das emissões poluentes, porque prevalece a coisa julgada a favor da proprietária da indústria.
c) poderá, inclusive judicialmente, exigir a redução ou eliminação das emissões poluentes.
d) só poderá exigir a redução das emissões poluentes se ressarcir a proprietária da indústria dos gastos com aquisição dos equipamentos.
e) poderá exigir a redução das emissões poluentes, mediante representação a autoridades ambientais, mas não poderá exigi-la judicialmente.

11. (Prefeitura Municipal/Recife/PE/Auditor do Tesouro Municipal/Fundação Getulio Vargas/2014) Rita comprou um apartamento em um bairro tranquilo. Alguns meses depois de se instalar, Rita foi surpreendida com a inauguração de uma casa noturna no imóvel em frente ao seu. Não bastasse, o primeiro andar do estabelecimento foi transformado em bar que, por conta do movimento, passou a utilizar a calçada para colocar suas mesas. Com o sucesso do empreendimento, os burburinhos na madrugada começaram e, com o passar do tempo, Rita já não conseguia dormir em virtude do barulho. Inconformada, ajuíza uma ação em face do estabelecimento para que sejam tomadas as providências necessárias.

Sobre a hipótese sugerida, assinale a opção CORRETA.

a) Rita deve vender seu imóvel e se mudar para outro lugar, uma vez que a música alta é característica das casas noturnas.
b) Deve ser aplicada multa ao estabelecimento apenas por causar o transtorno a Rita, independentemente de comprovação do excesso de ruído.
c) Ainda que Rita comprove o sofrimento e os prejuízos que esse fato vem lhe causando, além do excesso de ruído, não lhe serão devidos danos morais.
d) Se for comprovado que o barulho excede os limites impostos pela legislação, o juiz imporá multa ao estabelecimento com o fim de evitar reincidência.
e) O livre exercício da atividade empresarial não gera direito à indenização.

12. (DELPOL/RJ/Delegado de Polícia/XII Concurso/Fundação Professor Carlos Augusto Bittencourt/2012) A propósito do direito de vizinhança no Código Civil, é INCORRETO afirmar:

a) O proprietário ou o possuidor de um prédio tem o direito de fazer cessar as interferências prejudiciais à segurança, ao sossego e à saúde dos que o habitam, provocadas pela utilização de propriedade vizinha.
b) Proíbem-se as interferências considerando-se a natureza da utilização, a localização do prédio, atendidas as normas que distribuem as edificações em zonas, e os limites ordinários de tolerância dos moradores da vizinhança.
c) O proprietário ou o possuidor tem direito a exigir do dono do prédio vizinho a demolição, ou a reparação deste, quando ameace ruína, bem como lhe preste caução pelo dano iminente.
d) O proprietário ou o possuidor de um prédio, em que alguém tenha direito de fazer obras, pode, no caso de dano iminente, exigir do autor delas as necessárias garantias contra o prejuízo eventual.
e) Quando decisão judicial determinar sejam toleradas as interferências, não poderá o vizinho exigir a sua redução, ou eliminação, quando estas se tornarem possíveis.

13. (TJ/MG/Juiz de Direito/VUNESP/2012) Assinale a alternativa CORRETA quanto ao direito de propriedade.

a) Fixadas por decisão judicial devem ser toleradas as interferências, não podendo o vizinho exigir a sua redução, ou eliminação, ainda que estas se tornem possíveis.
b) Os frutos caídos de árvore do terreno vizinho pertencem ao dono do solo onde caíram, se este for de propriedade particular.
c) Somente os ramos de árvore, que ultrapassarem a estrema do prédio, poderão ser cortados, até o plano vertical divisório, pelo proprietário do terreno invadido.

d) A propriedade do solo abrange a do espaço aéreo e subsolo correspondentes, abrangendo as jazidas.

14. (UNICAMP/SP/Procurador/VUNESP/2014) Determina o Código Civil que o proprietário ou o possuidor de um prédio tem o direito de fazer cessar as interferências prejudiciais à segurança, ao sossego e à saúde dos que o habitam, provocadas pela utilização de propriedade vizinha. No tocante ao uso anormal da propriedade, é CORRETO afirmar que:

a) o direito estabelecido pelo Código Civil, nesses moldes, não prevalece quando as interferências forem justificadas por interesse público, caso em que o proprietário ou o possuidor causador delas estará desobrigado de indenizar o vizinho prejudicado.
b) se, por decisão judicial, as interferências devam ser toleradas, não poderá o vizinho exigir sua redução ou eliminação, ainda que estas se tornem possíveis.
c) o proprietário ou o possuidor tem direito de exigir do dono do prédio vizinho a demolição, ou a reparação deste, quando ameace ruína, mas não que lhe preste caução pelo dano iminente.
d) o proprietário ou o possuidor de um prédio, em que alguém tenha direito de fazer obras, pode, no caso de dano iminente, exigir do autor delas as necessárias garantias contra o prejuízo eventual.
e) permitem-se as interferências prejudiciais considerando-se a natureza da utilização, a localização do prédio, atendidas as normas que distribuem as edificações em zonas e os limites ordinários de tolerância dos moradores da vizinhança, salvo quando forem justificadas por interesse público.

15. (MP/PE/Promotor de Justiça/Fundação Carlos Chagas/2014) O proprietário ou possuidor de um prédio tem o direito de fazer cessar as interferências prejudiciais à segurança, ao sossego e à saúde dos que o habitam, provocadas pela utilização de propriedade vizinha,

a) e esse direito prevalece, mesmo quando as interferências forem de interesse público, exceto se houver prévia e justa indenização pelo Poder Público, porque configurada parcial desapropriação indireta.
b) entretanto esse direito não prevalece quando as interferências forem justificadas por interesse público, cabendo ao vizinho reclamar indenização apenas do Poder Público que autorizou as obras ou instalações que produzem as interferências.
c) entretanto esse direito não prevalece quando as interferências forem justificadas por interesse público, independentemente de qualquer indenização.
d) entretanto esse direito não prevalece quando as interferências forem justificadas por interesse público, caso em que o proprietário ou o possuidor, causador delas, pagará ao vizinho indenização cabal.
e) e esse direito prevalece mesmo quando as interferências forem de interesse público, porque o direito de propriedade é garantido na Constituição Federal.

16. (PGE/MT/Procurador do Estado/Fundação Getulio Vargas/2015) Em relação ao direito de vizinhança, assinale a afirmativa CORRETA.

a) Os frutos caídos de árvore do terreno vizinho pertencem ao dono da árvore, já que são classificados como bens de natureza acessória.
b) O proprietário ou o possuidor tem direito a exigir do dono do prédio vizinho a demolição ou a reparação deste, quando ameace ruína, bem como que lhe preste caução pelo dano iminente.
c) O dono do prédio que não tiver acesso à via pública pode constranger o vizinho a lhe dar passagem, independentemente do pagamento de indenização.
d) Todo aquele que violar as proibições referentes ao direito de vizinhança é obrigado a demolir as construções feitas, sendo dispensada a indenização por perdas e danos.
e) É defeso abrir janelas, ou fazer terraço ou varanda, a menos de dois metros do terreno vizinho.

17. (PGR/Procurador da República/2015) Assinale a alternativa CORRETA:

a) O direito de passagem forçada não comporta oposição do vizinho, cabendo ao juiz fixar o rumo da passagem de forma mais cômoda e menos onerosa para as partes.
b) O proprietário do prédio inferior é obrigado a receber as águas naturais e as impróprias provenientes de nascente existente no prédio superior.

c) O proprietário de prédio urbano ou rural não pode levantar edificações nem abrir janelas a menos de um metro e meio da propriedade vizinha.
d) O vizinho sempre deve contribuir para as despesas de construção de muro divisório entre as propriedades, independentemente de sua necessidade.

18. (Câm. Municipal/Poá/SP/Procurador/VUNESP/2016) Assinale a alternativa CORRETA sobre a passagem de água sob o enfoque das regras do direito de vizinhança:

a) O proprietário de nascente, ou do solo onde caem águas pluviais, satisfeitas as necessidades de seu consumo, pode impedir e desviar o curso natural das águas remanescentes pelos prédios inferiores.
b) O aqueduto impedirá que os proprietários cerquem os imóveis e construam sobre ele, sem prejuízo para a sua segurança e conservação.
c) O possuidor do imóvel superior não poderá poluir as águas indispensáveis às primeiras necessidades da vida dos possuidores dos imóveis inferiores; as demais, que poluir, deverá recuperar, ressarcindo os danos que estes sofrerem, se não for possível a recuperação ou o desvio do curso artificial das águas.
d) O dono ou o possuidor do prédio inferior não é obrigado a receber as águas que correm naturalmente do superior, podendo realizar obras que embaracem o seu fluxo.
e) O proprietário não tem direito de construir barragens, açudes ou outras obras para represamento de água em seu prédio; se as águas represadas invadirem prédio alheio, será o seu proprietário indenizado pelo dano sofrido, deduzido o valor do benefício obtido.

GABARITO

1. "c". *Vide* art. 1.378 do CC.
2. "b". *Vide* art. 1.288 do CC.
3. "e". *Vide* art. 1.279 do CC.
4. "e". *Servidão de passagem* constitui direito real sobre coisa alheia e não se confunde com *passagem forçada*, pertencente ao direito de vizinhança.
5. "b". *Vide* art. 1.283 do CC.
6. "b". *Vide* art. 1.297, § 1º, do CC.
7. "d". *Vide* art. 1.277, *caput* e parágrafo único, do CC.
8. "c". A servidão de aqueduto é contínua, visto que as águas correm de um prédio a outro, sem necessidade da atuação das pessoas; e aparente, porque os condutos podem ser vistos. Já a servidão de trânsito é descontínua, porque tem o seu exercício condicionado a um ato humano, e não aparente, quando não se exterioriza por meio de obra. Todavia, se visível, aplica-se a Súmula 415 do STF, do seguinte teor: "Servidão de trânsito não titulada, mas tornada permanente, sobretudo pela natureza das obras realizadas, considera-se aparente, conferindo direito à proteção possessória".
9. "d". Esclarece Silvio Rodrigues que a passagem forçada é "uma limitação da propriedade, decorrente da lei", enquanto a servidão de trânsito "decorre da vontade das partes, e não da lei" (*Direito civil*, 27. ed. São Paulo: Saraiva, v. 5, p. 140-141).
10. "c". *Vide* art. 1.279 do CC.
11. "d". *Vide* art. 1.277 do CC.
12. "e". *Vide* art. 1.279 do CC.
13. "b". *Vide* art. 1.284 do CC.
14. "d". *Vide* art. 1.281 do CC.
15. "d". *Vide* art. 1.278 do CC.

16. "b". *Vide* art. 1.280 do CC.
17. "a". *Vide* art. 1.285 do CC.
18. "c". *Vide* art. 1.291 do CC.

16

DO CONDOMÍNIO GERAL

16.1. DO CONDOMÍNIO VOLUNTÁRIO

16.1.1. Conceito

Em regra, a propriedade de qualquer coisa pertence a uma só pessoa. Pode-se dizer que a noção tradicional de propriedade está ligada à ideia de assenhoreamento de um bem, com exclusão de qualquer outro sujeito. Mas há casos em que uma coisa pertence a duas ou mais pessoas simultaneamente. Esta situação é designada por ***indivisão, compropriedade, comunhão*** ou ***condomínio***[1].

Quando os direitos elementares do proprietário (CC, art. 1.228) pertencerem a mais de um titular, existirá o **condomínio** ou domínio comum de um bem. Configura-se este, portanto, quando determinado bem pertence a mais de uma pessoa, cabendo a cada uma delas igual direito, idealmente, sobre o todo e cada uma de suas partes[2].

16.1.1.1. *Titularidade de fração ideal da coisa*

A cada condômino é assegurada uma **quota ou fração ideal** da coisa, e não uma parcela material desta. Atribui-se a exclusividade jurídica ao conjunto de comproprietários, em relação a qualquer pessoa estranha.

Não há conflito, na hipótese, com o princípio da exclusividade que rege os direitos reais, pois se entende que o direito de propriedade é um só e incide sobre as partes ideais de cada condômino. Perante terceiros, cada comunheiro atua como proprietário exclusivo do todo.

16.1.1.2. *Comunhão e condomínio*

O vocábulo ***comunhão*** é mais abrangente do que ***condomínio***, embora os termos sejam usados muitas vezes como sinônimos. Com efeito, compreende a comunhão, além da propriedade em comum, todas as relações jurídicas em que apareça uma pluralidade subjetiva.

De acordo com a abalizada lição de Carlos Maximiliano, "comunhão, no sentido próprio, técnico, estrito, ocorre toda vez que pertencente uma coisa simultaneamente

---

1 Cunha Gonçalves, *Da propriedade e da posse*, p. 95; Caio Mário da Silva Pereira, *Instituições de direito civil*, v. IV, p. 175.

2 Caio Mário da Silva Pereira, *Instituições*, cit., v. IV, p. 175.

a duas ou mais pessoas em virtude de um direito real. Há comunhão de propriedade, servidão, usufruto, uso e habitação. Denomina-se condomínio em geral a **comunhão de propriedade**"[3].

16.1.2. Espécies

O Código Civil disciplina:

- o **condomínio geral** (tradicional ou comum), que pode ser ***voluntário*** (arts. 1.314 e s.) e ***necessário*** ou legal (arts. 1.327 e s.); e
- o **condomínio edilício** ou em **edificações** (arts. 1.331 e s.).

A respeito das várias espécies de condomínio, *vide* o quadro esquemático abaixo:

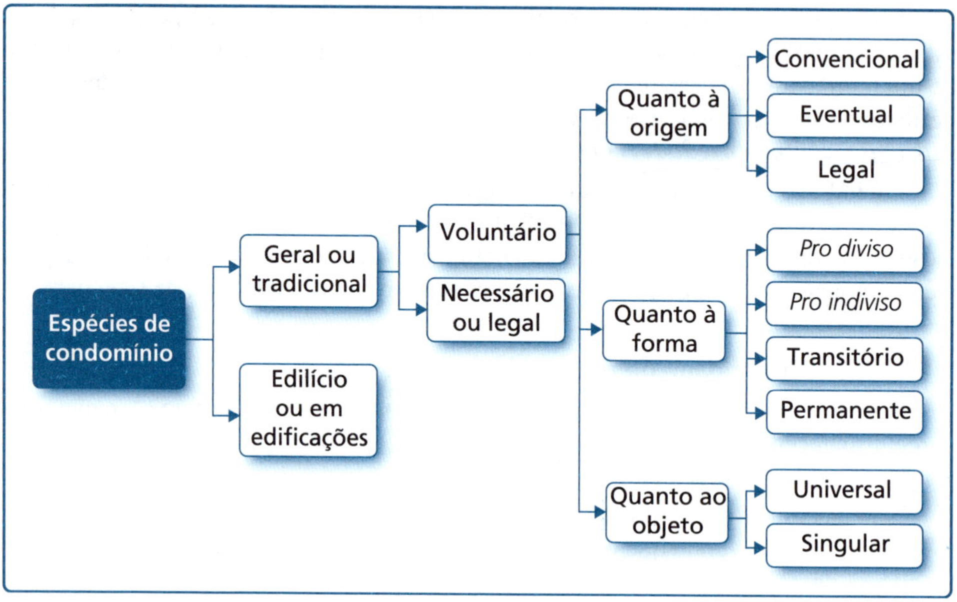

16.1.2.1. Quanto à origem

Sob esse aspecto, o condomínio pode ser:

- **Convencional** ou **voluntário:** é o que se origina da vontade dos condôminos, ou seja, quando duas ou mais pessoas adquirem o mesmo bem.
- **Eventual:** é o que resulta da vontade de terceiros, ou seja, do doador ou do testador, ao efetuarem uma liberalidade a várias pessoas.
- **Legal** ou **necessário:** é o imposto pela lei, como no caso de paredes, cercas, muros e valas (CC, art. 1.327).

[3] *Condomínio*, p. 7.

16.1.2.2. *Quanto à forma*

Assim considerado, o condomínio pode ser:

a) ***pro diviso*** ou ***pro indiviso***;
b) **transitório** ou **permanente**.

- **Condomínio *pro diviso*:** apesar da comunhão de direito, há mera aparência de condomínio, porque cada condômino encontra-se localizado em parte certa e determinada da coisa, agindo como dono exclusivo da porção ocupada. Costuma ser apontado como exemplo característico de partes *pro diviso* o condomínio edilício, estabelecido em prédios cujos andares pertencem a proprietários diversos.
- **Condomínio *pro indiviso*:** não havendo a localização em partes certas e determinadas, a comunhão é de direito e de fato.
- **Condomínio transitório:** é o convencional ou eventual, que pode ser extinto a todo tempo pela vontade de qualquer condômino.
- **Condomínio permanente:** é o legal, que perdura enquanto persistir a situação que o determinou (paredes divisórias, p. ex.).

16.1.2.3. *Quanto ao objeto*

Sob essa ótica, o condomínio pode ser:

- **Universal:** quando abrange todos os bens, inclusive frutos e rendimentos, como na comunhão hereditária.
- **Singular:** o incidente sobre coisa determinada (muro divisório, p. ex.).

16.1.3. O condomínio fechado

Os chamados "condomínios fechados", que proliferaram em virtude de preocupações com a segurança individual e familiar, não passam de **loteamentos** fechados, que nenhum vínculo guardam com o condomínio edilício. Trata-se de figura **anômala**, que não se submete à disciplina do condomínio tradicional, nem do condomínio edilício, tendo acesso ao registro imobiliário somente como modalidade de **parcelamento do solo urbano**.

Todavia, a jurisprudência tem reconhecido **legitimidade às associações de proprietários** desses loteamentos para a cobrança de **despesas de manutenção**, para evitar o **enriquecimento sem causa** daqueles que se beneficiam com os serviços e se recusam a efetuar qualquer pagamento[4].

A matéria não é, todavia, pacífica, tendo a Segunda Seção do Superior Tribunal de Justiça, bem como as Turmas que a compõem, entendimento contrário, como se pode verificar:

---

[4] STJ, REsp 139.952-RJ, 3ª T., rel. Min. Waldemar Zveiter, *DJU*, 19-4-1999, p. 134.

> "As taxas de manutenção criadas por associação de moradores **não podem ser impostas a proprietário de imóvel que não é associado**, nem aderiu ao ato que instituiu o encargo"[5].

Há, ainda, um posicionamento **intermediário**, no sentido da **proibição da cobrança da cota de condomínio quando o loteamento não "nasce" fechado**. Nesse sentido, aresto da 3ª Turma do Superior Tribunal de Justiça:

> "Nada impede que os moradores de determinado loteamento constituam condomínio, mas deve ser obedecido o que dispõe o art. 8º da Lei 4.591/1964. No caso, isso não ocorreu, sendo a autora sociedade civil e os estatutos sociais obrigando apenas aqueles que o subscreverem ou forem posteriormente admitidos"[6].

No caso em exame, a associação se formou posteriormente, ou seja, o requerido já era proprietário da gleba. Ora, afirmou o relator, Min. Menezes Direito, "se uma associação civil é constituída e a pessoa dela não participa porque já tinha a propriedade anterior, não se pode compeli-la a participar, pelo princípio da liberdade de associação".

Parece-nos, todavia, que **a solução mais justa** é a encontrada pela mesma 3ª Turma do Superior Tribunal de Justiça em outro julgamento, *verbis*:

> "O proprietário de lote integrante de loteamento aberto ou fechado, sem condomínio formalmente instituído, cujos moradores constituíram sociedade para prestação de serviços de conservação, limpeza e manutenção, deve contribuir com o valor correspondente ao rateio das despesas daí decorrentes, pois não se afigura justo nem jurídico que se beneficie dos serviços prestados e das benfeitorias realizadas sem a devida contraprestação"[7].

Entretanto, a Segunda Seção do Superior Tribunal de Justiça reiterou o seu posicionamento, no julgamento de dois recursos especiais, agora sob o rito dos repetitivos, aprovando a seguinte tese: "As taxas de manutenção criadas por associação de moradores **não obrigam os não associados** ou os que a elas não anuíram"[8].

Esse posicionamento, todavia, deverá sofrer alteração em virtude da promulgação da **Lei n. 13.465, de 11 de julho de 2017**, que assim dispõe em seu art. 78:

> "A Lei n. 6.766, de 19 de dezembro de 1979 (Lei do Parcelamento do Solo Urbano), passsa a vigorar com as seguintes alterações:
>
> 'Art. 2º (...).
>
> § 7º O lote poderá ser constituído sob a forma de imóvel autônomo ou de unidade imobiliária integrante de condomínio de lotes.

---

5 STJ, EREsp 444.931-SP, 2ª Seção, rel. Min. Fernando Gonçalves, rel. p/ acórdão Min. Humberto Gomes, *DJU*, 1º-2-2006, p. 427. *V.*, ainda: REsp 1.071.772-RJ, rel. Min. Carlos Fernando Mathias, *DJE*, 17-11-2008; REsp 636.358-SP, rel. Min. Nancy Andrighi, *DJE*, 11-4-2008; REsp 623.274-RJ, rel. Min. Menezes Direito, *DJE*, 18-6-2007.

6 STJ, REsp 623.274-RJ, rel. Min. Menezes Direito, *DJU*, 18-6-2007, p. 254.

7 STJ, AgRg no REsp 490.419-SP, 3ª T., rel. Min. Nancy Andrighi, *DJU*, 30-6-2003, p. 248.

8 STJ, REsp 1.439.163-SP, Segunda Seção, rel. Min. Marco Buzzi, j. 11-3-2015.

§ 8º Constitui loteamento de acesso controlado a modalidade de loteamento, definida nos termos do § 1º deste artigo, cujo controle de acesso será regulamentado por ato do poder público Municipal, sendo vedado o impedimento de acesso a pedestres ou a condutores de veículos, não residentes, devidamente identificados ou cadastrados'.

'Art. 4º (...).

§ 4º No caso de lotes integrantes de condomínio de lotes, poderão ser instituídas limitações administrativas e direitos reais sobre coisa alheia em benefício do poder público, da população em geral e da proteção da paisagem urbana, tais como servidões de passagem, usufrutos e restrições à construção de muros'.

'Art. 36-A, As atividades desenvolvidas pelas associações de proprietários de imóveis, titulares de direitos ou moradores em loteamento ou empreendimentos assemelhados, desde que não tenham fins lucrativos, bem como pelas entidades civis organizadas em função da solidariedade de interesses coletivos desse público com o objetivo de administração, conservação, manutenção, disciplina de utilização e convivência, visando à valorização dos imóves que compõem o empreendimento, tendo em vista a sua natureza jurídica, vinculam-se, por critérios de afinidade, similitude e conexão, à atividade de administração de imóveis.

Parágrafo único. A administração de imóveis na forma do *caput* deste artigo sujeita seus titulares à normatização e à disciplina constantes de seus atos constitutivos, **cotizando-se na forma desses atos para suportar a consecução dos seus objetivos**'".

16.1.4. Direitos dos condôminos

A propósito, dispõe o art. 1.314 do Código Civil:

"Cada condômino pode **usar da coisa** conforme sua destinação, sobre ela exercer todos os direitos compatíveis com a indivisão, **reivindicá-la** de terceiro, **defender a sua posse** e **alhear** a respectiva parte ideal, ou **gravá-la**".

O aludido dispositivo assegura, portanto, a cada condômino, discriminada e expressamente, o direito de:

- usar da coisa conforme sua destinação, e sobre ela exercer todos os direitos compatíveis com a indivisão;
- reivindicá-la de terceiro;
- defender a sua posse;
- alhear a respectiva parte indivisa ou gravá-la.

16.1.4.1. Direito de usar da coisa conforme sua destinação

Pode o condômino exercer sobre a coisa **"todos os direitos compatíveis com a indivisão"**, não podendo impedir que os demais consortes se utilizem também de seus direitos, na proporção da cota de cada um e **de acordo com a destinação do bem**. Assim:

- tratando-se de imóvel, **pode nele instalar-se**, desde que não afaste os demais consortes.

- qualquer dos compossuidores pode valer-se do **interdito possessório** ou da **legítima defesa** para impedir que outro compossuidor exerça uma posse exclusiva sobre qualquer fração da comunhão.
- podem também os coproprietários **estabelecer uma divisão de fato** para a utilização pacífica do direito de cada um, surgindo, assim, a composse ***pro diviso***. Nesse caso, exercendo os compossuidores poderes apenas sobre uma parte definida da coisa, e estando tal situação consolidada no tempo (há mais de ano e dia), poderá cada qual **recorrer aos interditos** contra aquele que atentar contra tal exercício[9].

O direito de **"usar da coisa"**, no entanto, não permite ao condômino alterar a destinação da coisa, **"sem o consenso dos outros"** (CC, art. 1.314, parágrafo único). Não pode alterar a substância da coisa nem o modo como é tradicionalmente usada.

Cada condômino responde aos outros **"pelos frutos que percebeu da coisa comum e pelo dano que lhe causou"** (CC, art. 1.319). Assim, se o imóvel é urbano e estiver ocupado por um dos condôminos, podem os demais exigir-lhe pagamento de quantia mensal correspondente ao valor locativo[10].

16.1.4.1.1. *Obrigação de pagar aluguel aos consortes. Situação dos casais separados de fato*

Tem a jurisprudência entendido que o termo inicial da obrigação de pagar o aluguel aos consortes é o da **citação do condômino** que usufrui da coisa com exclusividade, uma vez que o período anterior ao reclamo tem natureza equiparada ao comodato[11].

Não se tem admitido, todavia, nos casos de **separação apenas de fato** do casal, a cobrança de aluguel do cônjuge que permanece no imóvel, em geral com os filhos de ambos, uma vez que **somente após a separação judicial e consequente partilha** se estabelecerá o condomínio sobre o aludido bem. Antes haverá apenas comunhão, estabelecida pelo regime de bens adotado[12].

---

9 "No condomínio *pro diviso* assiste ao condômino esbulhado o direito a defender a sua posse contra o consorte que o espolie" (*RT*, 401/183).

10 "Penhora. Condômina condenada a pagar indenização ao coproprietário, por ocupar com exclusividade imóvel pertencente a ambos. Inexistência de bens penhoráveis para o pagamento da dívida. Possibilidade de a constrição recair sobre parte ideal da propriedade em comum. Inteligência do art. 3º, IV, da Lei 8.009/90" (*RT*, 778/256).

11 "Condomínio. Arbitramento de aluguel entre um condômino e o espólio de outro. *Quantum* a ser apurado desde a ocupação do imóvel. Inadmissibilidade. Ocorrência anterior de comodato. Existência de relação *ex locato* somente verificável após a citação do espólio comodatário. Cálculos dos alugueres a ser efetuado a partir de então" (TJSP, Ap. 228.884-2-Campinas, rel. Des. Benedicto Camargo, j. 3-5-1994). "Coisa comum. Arbitramento de aluguel. Termo inicial que é o da citação da condômina que usufrui da coisa com exclusividade, uma vez que o período anterior ao reclamo tem natureza equiparada ao comodato" (*JTJ*, Lex, 259/38). "Condomínio. Arbitramento de aluguel. Uso exclusivo por um dos condôminos. Ilegalidade configurada a partir do momento em que o outro condômino opõe-se àquela exclusividade. Obrigação, daí por diante, de pagar aluguel com feição indenizatória" (TJSP, Ap. 168.043-2-SP, rel. Des. Franklin Neiva, j. 7-5-1991).

12 TJSP, Ap. 42.259.4/2-00-Praia Grande, 3ª Câm. Dir. Priv., rel. Des. Waldemar Nogueira Filho.

A questão não é, igualmente, pacífica. Obtempera Maria Berenice Dias[13] que essa posição "pode levar a injustiças enormes, pois, estando o casal separado, a posse de fato dos bens por um deles, sem se impor a ele qualquer dever pelo uso, gera injustificável locupletamento".

Nessa linha, decidiu o Tribunal de Justiça de São Paulo:

> "Imóvel indivisível pertencente ao casal separado e ainda não partilhado. **Possibilidade de impor pagamento pelo uso exclusivo do bem comum**, sob pena de enriquecimento injustificado. Decisão mantida"[14].

16.1.4.1.2. Imóvel locado a terceiro

Se o imóvel estiver locado a terceiro, tem o condômino **direito de pedi-lo para uso próprio**, sem a necessidade de obter a anuência prévia dos demais comunheiros, uma vez que, se pode *reivindicar*, pode propor simples despejo, que é menos[15].

Também nenhum condômino pode, sem prévio consenso dos outros, **"dar posse, uso ou gozo da propriedade a estranhos"** (art. 1.314, parágrafo único), pois o uso autorizado pela lei é o pessoal.

16.1.4.1.3. Sujeição do condômino à deliberação da maioria

Embora o Código prescreva que o condômino pode usar da coisa, tem ele de sujeitar-se à deliberação da maioria, que é quem decide se ela deve ser **administrada, vendida ou alugada**, se não for possível o uso e gozo em comum (art. 1.323).

16.1.4.2. Direito de reivindicar a coisa que esteja em poder de terceiro

Dispõe, ainda, o citado art. 1.314 que pode cada condômino ***reivindicar*** a coisa que esteja em poder de terceiro (item *b*).

Aplica-se à hipótese o art. 1.827, que autoriza o herdeiro a "demandar os bens da herança, mesmo em poder de terceiros", bem como o parágrafo único do art. 1.791, *verbis*:

> "Até a partilha, o direito dos coerdeiros, quanto à propriedade e posse da herança, será indivisível, e regular-se-á pelas normas relativas ao condomínio".

Em caso símile, em que o varão-réu discordou apenas do valor cobrado pela esposa, da qual se encontrava separado de fato, submetendo-se ao arbitramento judicial por ela requerido, negou o mesmo Tribunal pedido de trancamento da ação, argumentando o ilustre relator, Des. Roberto Stucchi, que "a utilização do bem comum, ou o exercício de um direito de família próprio, realmente não gera paga ou obrigação em relação ao outro cônjuge, mas quando há uma família, quando há uma união conjugal, quando há um lar, a serem resguardados. Idêntica não é a situação quando há separação de fato" (*JTJ*, Lex, 256/235). Pesou bastante, todavia, no referido julgamento, como se percebe pela leitura integral do aresto, o fato de o varão não ter resistido à pretensão e impugnado apenas o valor postulado pela autora.

[13] *Manual de direito das famílias*, 5. ed., p. 279-280.

[14] AgI 678.438.4/3-Cruzeiro, 4ª Câm. Dir. Priv., rel. Des. Francisco Loureiro, j. 15-10-2009.

[15] Washington de Barros Monteiro, *Curso*, cit., v. 3, p. 209.

Qualquer dos coerdeiros pode **reclamar a universalidade da herança** ao terceiro que indevidamente a possua. Não pode, assim, o terceiro opor-lhe, **em exceção**, o caráter parcial do seu direito nos bens da herança.

Como o direito de reivindicar é deferido ao proprietário, o condômino só pode propor ação reivindicatória contra terceiro, **e não contra outro condômino**, porque este também é proprietário e oporia ao reivindicante direito igual. Contra outro condômino, só pode caber a **possessória**.

Mas a reivindicação, intentada pelo condômino contra terceiro, deve versar sobre **todo o imóvel indiviso**, e não sobre a quota do reivindicante somente. A procedência da ação aproveita a todos os consortes, indistintamente, e não apenas ao autor[16].

■ 16.1.4.3. Direito do condômino de defender a sua posse contra outrem

O condômino, como qualquer outro possuidor, poderá (item *c*) ***defender a sua posse contra outrem*** (art. 1.314). A defesa que lhe é assegurada pode ser exercida:

- contra **terceiro**; e
- contra **outro condômino**.

Não basta, todavia, ser condômino para estar legitimado a fazer uso dos interditos possessórios. Só o condômino que for **também possuidor** tem o direito de ser mantido na posse em caso de turbação, restituído no de esbulho, e segurado de violência iminente, se tiver justo receio de ser molestado (CC, art. 1.210).

■ 16.1.4.4. Direito de alhear ou gravar a respectiva parte indivisa

■ 16.1.4.4.1. Direito de alhear

Pode cada consorte, ainda, ***alhear*** ou ***gravar*** a respectiva parte indivisa (item *d*). O primeiro direito sofre a restrição contida no art. 504, que prevê o direito de **preempção ou preferência** em favor dos demais condôminos. O preterido poderá, depositando o valor correspondente ao preço, "haver para si a parte vendida a estranhos, se o requerer no prazo de cento e oitenta dias, sob pena de decadência". Conta-se esse prazo da data em que teve ciência inequívoca da venda[17].

E o valor para a adjudicação compulsória deve ser o da escritura pública. Veja-se:

> "A interpretação sistemática e teleológica do comando legal permite concluir que o melhor norte para definição do preço a ser depositado pelo arrendatário (art. 92, § 4º, da Lei 4.505/1964) é aquele consignado na escritura pública de compra e venda registrada no cartório de registro de imóveis"[18].

Preceitua o art. 1.793, § 2º, do Código Civil que "é **ineficaz** a cessão, pelo coerdeiro, de seu direito hereditário sobre **qualquer bem da herança considerado singularmente**".

---

[16] Washington de Barros Monteiro, *Curso*, cit., v. 3, p. 209-210.

[17] STF, *RTJ*, 57/322, 59/591.

[18] STJ, REsp 1.175.438-PR, 4ª T., rel. Min. Luis Felipe Salomão, j. 25-3-2014.

Tem-se entendido que, se a cota ideal é alienada, com localização do quinhão, descrição das divisas e confrontações, tal venda será **condicional** e só prevalecerá se, na divisão futura, coincidir o quinhão atribuído ao vendedor com o que havia alienado ao adquirente. Do contrário, ficará desfeita.

16.1.4.4.2. *Direito de gravar*

O art. 1.314 menciona ainda que o condômino pode ***gravar*** sua parte indivisa. Pode, portanto, dá-la em hipoteca. Nesse mesmo sentido, proclama o art. 1.420, § 2º:

> "A coisa comum a dois ou mais proprietários não pode ser dada em garantia real, na sua totalidade, sem o consentimento de todos; mas **cada um pode** individualmente **dar em garantia real a parte que tiver**".

16.1.5. Deveres dos condôminos

O dever de ***concorrer para as despesas de conservação ou divisão*** da coisa, na proporção de sua parte, e a ***responsabilidade pelas dívidas contraídas em proveito da comunhão*** são impostos ao condômino nos arts. 1.316 a 1.318.

Aos direitos dos comproprietários, relativos ao uso e administração da coisa comum, correspondem as **obrigações recíprocas**, a saber:

- todo comproprietário deve usar da coisa comum de maneira que **não a deteriore, sem privar desse uso** os outros consortes;
- todo comproprietário deve contribuir para as **despesas de conservação** da coisa e todas as outras de **interesse comum**, tais como imposto, seguro, licenças e taxas municipais, cultura e colheita, grandes reparações, custas das demandas com terceiros.

16.1.5.1. *Renúncia da parte ideal para eximir-se do pagamento das despesas*

Qualquer comproprietário pode, todavia, segundo o disposto no art. 1.316 do Código Civil, "eximir-se do pagamento das despesas e dívidas, **renunciando à parte ideal**".

Acrescenta o § 1º do dispositivo em apreço que, "se os demais condôminos assumem as despesas e as dívidas, **a renúncia lhes aproveita**, adquirindo a parte ideal de quem renunciou, na proporção dos pagamentos que fizerem".

Por sua vez, o § 2º estabelece:

> **"Se não há condômino que faça os pagamentos, a coisa comum será dividida".**

16.1.5.2. *Dívida contraída por todos os condôminos*

Quando a dívida houver sido contraída por todos os condôminos, sem se discriminar a parte de cada um na obrigação, nem se estipular solidariedade, "entende-se que **cada qual se obrigou proporcionalmente ao seu quinhão** na coisa comum" (art. 1.317).

16.1.5.3. *Dívida contraída por um dos condôminos*

As dívidas contraídas por um dos condôminos em proveito da comunhão, e durante ela, **"obrigam o contratante; mas terá este ação regressiva contra os demais"** (art. 1.318).

Trata o dispositivo em tela da hipótese em que a dívida se faz por utilidade ou necessidade, embora contraída em nome do próprio condômino. Concerne, em regra, às benfeitorias necessárias. Como o consorte atuou no interesse de todos, terá direito à **ação regressiva**, sob pena de haver enriquecimento à custa alheia.

É indispensável a **prova do benefício para todos**. Se a dívida foi contraída visando a um melhoramento de mero recreio, ou nenhuma vantagem trouxe para a comunhão, não compromete os demais comunheiros, salvo se a ela deram o seu consentimento.

16.1.6. Extinção do condomínio

O Código Civil facilita a extinção do condomínio, que é tido por escritores antigos e modernos como fonte de atritos e desavenças. Esse preconceito contra o condomínio, fruto de séculos de tradição, baseia-se na convicção de ser impossível um harmonioso funcionamento da comunhão. *Communio est mater discordiarum*, eis o aforismo consagrado pela jurisprudência romana[19].

É por essa razão, certamente, que o aludido diploma dispõe, no art. 1.320:

> "**A todo tempo** será lícito ao condômino exigir a divisão da coisa comum, respondendo o quinhão de cada um pela sua parte nas despesas da divisão"[20].

Se os condôminos fizerem um pacto de não dividi-la, a avença valerá apenas por "**cinco anos**, suscetível de prorrogação ulterior" (art. 1.320, § 1º). E mais: se a indivisão for condição estabelecida pelo "doador ou pelo testador", entende-se que o foi somente por **"cinco anos"** (§ 2º). A requerimento de qualquer interessado e se graves razões o aconselharem, "pode o juiz determinar a divisão da coisa comum **antes do prazo**" (§ 3º).

16.1.6.1. *Extinção do condomínio em coisa divisível*

A ***divisão*** é o meio adequado para se extinguir o condomínio em **coisa divisível**. Pode ser:

- **amigável**; ou
- **judicial**.

Só se admite a primeira forma, por escritura pública, se todos os condôminos forem **maiores e capazes**. Se um deles for **menor**, ou se **não houver acordo**, será ne-

---

19 Silvio Rodrigues, *Direito civil*, v. 5, p. 196; Washington de Barros Monteiro, *Curso*, cit., v. 3, p. 212.

20 "É lícito ao condômino exigir a divisão do bem em comunhão, a qualquer tempo. Este princípio garante o direito de um condômino não precisar viver, por toda a vida, em comunhão com outros proprietários, contra sua vontade" (TJSP, Ap. 260.784-1-Quatá, 5ª Câm. Dir. Priv., rel. Des. Marcus Andrade, j. 26-9-1996).

cessária a divisão judicial. Isso porque o art. 1.321 do Código Civil determina que se apliquem à divisão do condomínio, no que couber, as regras de partilha da herança (arts. 2.013 a 2.022).

O art. 2.016 do Código Civil, com efeito, estabelece:

> "**Será sempre judicial a partilha**, se os herdeiros divergirem, assim como se algum deles for incapaz".

Pela divisão, cada condômino terá o seu quinhão devidamente individualizado.

16.1.6.1.1. Ação de divisão

A *ação de divisão* (CPC, art. 588) é **imprescritível** (*in facultativis non datur praescriptio*), podendo ser ajuizada a qualquer tempo. Todavia, se o estado de comunhão veio a cessar pela posse exclusiva de um dos condôminos, por lapso de tempo superior a quinze anos, consuma-se a **prescrição aquisitiva**, e o imóvel não mais pode ser objeto de divisão[21].

A divisão entre condôminos é **simplesmente declaratória**, e não atributiva da propriedade (CPC, art. 980). Esta poderá, entretanto, ser julgada preliminarmente no mesmo processo. Os condôminos já eram proprietários; a divisão apenas declara e localiza a parte de cada um. A sentença retroage, pois, à data do início da comunhão, produzindo efeitos *ex tunc*.

As **sentenças** que nas ações de divisão puserem termo à comunhão **estão sujeitas a registro** (Lei n. 6.015, de 31-12-1973, art. 167, I, n. 23), embora a divisão não seja meio de aquisição da propriedade.

16.1.6.1.2. Usucapião em favor de um dos condôminos

Em princípio, não é lícito a um condômino excluir a posse dos demais. Dispõe a propósito o art. 1.324 do Código Civil que "o condômino que administrar sem oposição dos outros **presume-se representante comum**". Por essa razão, mostra-se, em regra, incompatível com a prescrição aquisitiva a convivência condominial, que, por sua natureza, exclui a posse *cum animo domini*.

A jurisprudência tem, todavia, admitido tal modalidade aquisitiva do domínio em casos especiais, ou seja, **desde que a posse do condômino tenha sido exclusiva sobre o bem usucapiendo e com ânimo de dono**, caracterizado por atos exteriores que demonstrem a vontade de impedir a posse dos demais condôminos, como se proprietário único do imóvel fosse[22]. Nessa linha, decidiu-se:

> "Ora, consoante doutrina e jurisprudência, **é possível o reconhecimento de usucapião em favor de um condômino** contra o outro quando o condomínio deixa de existir pela

---

21 Washington de Barros Monteiro, *Curso*, cit., v. 3, p. 213.

22 *JTJ*, Lex, 177/252.

posse exclusiva, exteriorizada por um dos possuidores sobre o imóvel, animo domini, e, pois, a impedir a composse dos demais"[23].

Acontecerá o mesmo quando diversos condôminos possuírem, durante quinze anos, as respectivas porções materialmente determinadas no solo, estabelecendo o **condomínio *pro diviso***, como se tivesse havido efetivamente divisão entre eles. A ação de divisão esbarrará, nesse caso, na usucapião já consumada.

■ 16.1.6.2. *Extinção do condomínio em coisa indivisível*

Se a coisa é *indivisível*, o condomínio só poderá extinguir-se pela **venda judicial da coisa comum**. Estatui o art. 1.322 do Código Civil:

> "Quando a coisa for indivisível, e os consortes não quiserem adjudicá-la a um só, indenizando os outros, **será vendida e repartido o apurado**, preferindo-se, na venda, em condições iguais de oferta, o condômino ao estranho, e entre os condôminos aquele que tiver na coisa benfeitorias mais valiosas, e, não as havendo, o de quinhão maior.
>
> Parágrafo único. Se nenhum dos condôminos tem benfeitorias na coisa comum e participam todos do condomínio em partes iguais, realizar-se-á licitação entre estranhos e, antes de adjudicada a coisa àquele que ofereceu maior lanço, proceder-se-á à licitação entre os condôminos, a fim de que a coisa seja adjudicada a quem afinal oferecer melhor lanço, preferindo, em condições iguais, o condômino ao estranho".

Se todos quiserem vender, a venda será feita **amigavelmente**. Se houver **divergência** e um ou mais condôminos quiserem vender, observar-se-á o procedimento de **jurisdição voluntária** estabelecido nos arts. 720 e s. e 730 do Código de Processo Civil[24].

A alienação, depois da avaliação, será feita em **hasta pública**, durante a qual o condômino poderá manifestar o seu direito de preferência. Vêm os tribunais, todavia, **abrandando a exigência** de que a venda de imóvel de incapaz se faça por hasta pública, pois esta forma, muitas vezes, não traz as vantagens que se esperam[25].

A preferência ao condômino é concedida também pelo art. 504 do Código Civil.

■ E se o bem for indivisível e houver cláusula de inalienabilidade gravando uma das quotas?

---

[23] *RT*, 525/77. No mesmo sentido: *RJTJSP*, 62/197, 63/161, 91/234; *RT*, 493/237; *RTJ*, 76/855.

[24] "Condomínio. Extinção. Venda judicial. Valor de mercado do imóvel enaltecido pelo condômino que produziu benfeitorias no imóvel. Rateio do produto do leilão acrescido até a concorrência da valorização da coisa pela benfeitoria. Admissibilidade. Medida que inibe o enriquecimento injurioso do condômino omisso" (*RT*, 808/229).

[25] "Condomínio. Extinção. Procedimento de jurisdição voluntária. Pretendida autorização para que a venda do bem se dê por intermédio de corretores de imóveis em vez do leilão público. Admissibilidade, ainda que presente o interesse de incapazes no espólio de um dos condôminos ou que a solicitação tenha tido discordância da minoria dos condôminos" (*RT*, 767/238). No mesmo sentido: *RJTJRS*, 176/609.

Decidiu a propósito o Tribunal de Justiça de São Paulo:

"A regra do art. 1.676 do Código Civil (de 1916; CC/2002 art. 1.911) veda em qualquer situação a alienação judicial do bem clausulado. Mas é necessário harmonizar essa norma com as dos arts. 629 e 632 do mesmo estatuto (de 1916; CC/2002: arts. 1.320 e 1.322), que outorgam ao condômino o direito de exigir a extinção da comunhão. Não se pode impingir a inalienabilidade a quem, de direito, recebeu o bem livre e desembaraçado. A solução, portanto, é **admitir a venda judicial, transferindo-se o vínculo** para o depósito judicial da meação do preço"[26].

16.1.7. Administração do condomínio

Os condôminos podem usar a coisa comum pessoalmente. Se não o desejarem ou por desacordo tal não for possível, então resolverão se a coisa deve ser **administrada, vendida ou alugada**.

16.1.7.1. Opção pela administração ou locação da coisa comum

Se os condôminos resolverem que a coisa deve ser administrada, por maioria escolherão também o administrador, que poderá ser estranho ao condomínio. Deliberarão também, se o desejarem, a respeito do regime de administração, remuneração do administrador, prestação de contas etc. Resolvendo **alugá-la**, preferir-se-á, em condições iguais, o condômino ao que não o é (CC, art. 1.323).

Proclama o art. 1.324 do Código Civil que "o condômino que administrar sem oposição dos outros presume-se **representante comum**". Os poderes que lhe são conferidos são os de simples administração. **Não pode praticar atos que exijam poderes especiais**, tais como alienar a coisa, receber citações etc. Poderá, entretanto, alienar bens que **ordinariamente** se destinam à venda, como frutos ou produtos de propriedade agrícola.

16.1.7.2. Opção pela venda da coisa comum

Para que ocorra a venda, **basta a vontade de um só condômino**. Só não será vendida se todos concordarem que se não venda (CC, arts. 1.320 e 1.322). Neste caso, a maioria deliberará sobre a administração ou locação da coisa comum.

A maioria será calculada não pelo número, senão **pelo valor dos quinhões**, e as deliberações só terão validade quando tomadas por **maioria absoluta** (art. 1.325, § 1º), isto é, por votos que representem mais de metade do valor total. Não sendo possível alcançar maioria absoluta, **decidirá o juiz**, a requerimento de qualquer condômino, ouvidos os outros (CC, art. 1.325, § 2º). Havendo dúvida quanto ao valor do quinhão, será este avaliado judicialmente (art. 1.325, § 3º).

---

26 Ap. 273.921-4/5-Guarulhos, 2ª Câm. Dir. Priv., rel. Des. Morato de Andrade, j. 10-8-2004, *Adcoas*, 8233713.

16.2. DO CONDOMÍNIO NECESSÁRIO

Condomínio *necessário* ou *legal* é o **imposto pela lei**, como no caso de paredes, cercas, muros e valas, que se regula pelo disposto nos arts. 1.297 e 1.298, e 1.304 a 1.307 do Código Civil, como preceitua o art. 1.327 do referido diploma, *verbis*:

> "O condomínio por meação de paredes, cercas, muros e valas regula-se pelo disposto neste Código (arts. 1.297 e 1.298; 1.304 a 1.307)".

Reportamo-nos, assim, aos itens 15.7 e 15.8.4 do Capítulo 15 do Título III desta obra, que tratam, respectivamente, "dos limites entre prédios e do direito de tapagem" e das "paredes divisórias".

Nas referidas hipóteses, o "proprietário que tiver direito a estremar um imóvel com paredes, cercas, muros, valas ou valados, tê-lo-á igualmente a **adquirir meação** na parede, muro, valado ou cerca do vizinho, embolsando-lhe **metade** do que atualmente valer a obra e o terreno por ela ocupado" (CC, art. 1.328).

O que de especial se salienta no preceito, observa Caio Mário da Silva Pereira, "é que se não leva em consideração o preço de custo, porém aquilo que a obra valer, **no momento em que o confrontante exerce o direito**"[27].

16.2.1. Preço da obra arbitrado por acordo ou judicialmente

Não havendo acordo entre os vizinhos quanto ao preço da obra, será ele "**arbitrado por peritos**, a expensas de ambos os confinantes" (CC, art. 1.329). Qualquer que seja o valor da meação, enquanto aquele que pretender a divisão **não o pagar ou depositar**, "nenhum uso poderá fazer na parede, muro, vala, cerca ou qualquer outra obra divisória" (art. 1.330). Se antes disso edificar, pode ser compelido a demolir.

16.2.2. Caráter permanente do condomínio necessário

O condomínio necessário não se origina, portanto, de uma convenção ou de sucessão hereditária. Decorre de **imposição da ordem jurídica**, em razão de situações peculiares determinadas pelo direito de vizinhança.

O que o caracteriza é a sua **natureza permanente**, pois perdura enquanto persistir a situação que o determinou, diferentemente do **condomínio voluntário, de caráter transitório**, suscetível de divisão. A **indivisibilidade daquele** decorre da própria natureza da coisa. As paredes, cercas, muros e valas tornar-se-iam, com efeito, imprestáveis ao fim a que se destinam se fossem fisicamente divididas.

16.2.3. Compáscuo

O Código Civil de 1916 regulava, como caso especial de condomínio, o *compáscuo*, que é a **utilização em comum de grandes áreas de pastagens** destinadas a gado, pertencentes a proprietários diversos. O diploma de 2002 não contém norma

[27] *Instituições*, cit., v. IV, p. 182.

específica a esse respeito, aplicando-se à hipótese, pois, supletivamente, o regime do condomínio.

■ 16.3. RESUMO

<table>
<tr><th colspan="2">DO CONDOMÍNIO GERAL</th></tr>
<tr><th colspan="2">Condomínio voluntário</th></tr>
<tr><td>CONCEITO</td><td>■ Quando os direitos elementares do proprietário pertencerem a mais de um titular, existirá o condomínio ou domínio comum de um bem.</td></tr>
<tr><td>ESPÉCIES</td><td>■ Disciplinadas no Código Civil
a) condomínio geral, que pode ser voluntário (arts. 1.314 e s.) e necessário (arts. 1.327 e s.);
b) condomínio edilício ou em edificações (arts. 1.331 e s.).
■ Quanto à origem
a) convencional: origina-se da vontade dos condôminos;
b) eventual: resulta da vontade de terceiros (doador ou testador, p. ex.);
c) legal ou necessário: é imposto pela lei, como no caso de cercas, p. ex. (art. 1.327).
■ Quanto à forma
a) pro diviso ou pro indiviso, conforme os condôminos estejam utilizando parte certa e determinada da coisa, ou não;
b) transitório ou permanente. O primeiro é o convencional e o eventual, que podem ser extintos a todo tempo pela vontade de qualquer condômino; o segundo é o legal, que perdura enquanto persistir a situação que o determinou (paredes divisórias, p. ex.).
■ Quanto ao objeto
a) universal: quando abrange todos os bens, como na comunhão hereditária;
b) singular: é o que incide sobre coisa determinada (muro divisório, p. ex.).</td></tr>
<tr><td>DIREITOS DOS CONDÔMINOS</td><td>■ usar da coisa conforme sua destinação, e sobre ela exercer todos os direitos compatíveis com a indivisão. Não pode, no entanto, alterar o modo como é tradicionalmente usada, "sem o consenso dos outros" (art. 1.314);
■ reivindicá-la de terceiro. Aplica-se à hipótese o art. 1.827, que autoriza o herdeiro a "demandar os bens da herança, mesmo em poder de terceiros";
■ defender a sua posse contra outrem;
■ alhear a respectiva parte indivisa, respeitando o direito de preferência dos demais condôminos (art. 504);
■ gravar a respectiva parte indivisa, p. ex., dá-la em hipoteca (CC, art. 1.420, § 2º).</td></tr>
<tr><td>DEVERES DOS CONDÔMINOS</td><td>■ O dever de concorrer para as despesas de conservação ou divisão da coisa, na proporção de sua parte, bem como a responsabilidade pelas dívidas contraídas em proveito da comunhão, são impostos ao condômino nos arts. 1.316 a 1.318 do CC.</td></tr>
<tr><td>EXTINÇÃO DO CONDOMÍNIO</td><td>■ Bem divisível: divisão amigável (se todos os condôminos forem maiores e capazes) ou judicial (se divergirem ou se um deles for incapaz (CC, art. 2.016)).
■ Bem indivisível: venda da coisa comum (CC, art. 1.322).</td></tr>
<tr><td>ADMINISTRAÇÃO DO CONDOMÍNIO</td><td>■ Os condôminos podem usar a coisa comum pessoalmente. Se não o desejarem ou por desacordo tal não for possível, então resolverão se ela deve ser administrada, vendida ou alugada. Para que ocorra a venda, basta a vontade de um só condômino. Só não será vendida se todos concordarem que se não venda (CC, arts. 1.320 e 1.322). Neste caso, a maioria deliberará sobre a administração ou locação da coisa comum. Se resolverem que deve ser administrada, por maioria escolherão o administrador (art. 1.323).</td></tr>
<tr><th colspan="2">Condomínio necessário</th></tr>
<tr><td colspan="2">■ Condomínio necessário ou legal é o imposto pela lei, como no caso de paredes, cercas, muros e valas, que se regula pelo disposto nos arts. 1.287 e 1.298, e 1.304 a 1.307 do CC. Nas referidas hipóteses, o "proprietário que tiver direito a estremar um imóvel com paredes, cercas, muros, valas ou valados, tê-lo-á igualmente a adquirir meação na parede, muro, valado ou cerca do vizinho, embolsando-lhe metade do que atualmente valer a obra e o terreno por ela ocupado" (art. 1.328).</td></tr>
</table>

17

DO CONDOMÍNIO EDILÍCIO

■ 17.1. CONSIDERAÇÕES INICIAIS

O primeiro diploma a tratar, no Brasil, do *condomínio edilício* ou em *edificações*, também chamado de **horizontal**, foi o Decreto-Lei n. 5.481, de 25 de junho de 1928, que regulou a matéria, no entanto, de forma muito tímida e foi posteriormente modificado pelo Decreto-Lei n. 5.234, de 8 de fevereiro de 1943, e pela Lei n. 285, de 5 de junho de 1948[1].

Posteriormente, o assunto passou a ser regido pela Lei n. 4.591, de 16 de dezembro de 1964, com as alterações da Lei n. 4.864, de 29 de novembro de 1965. As principais inovações trazidas pela referida legislação foram:

- compõe-se a lei de dois títulos, cuidando o primeiro do **condomínio** e o segundo das **incorporações**;
- permitiu o condomínio em prédios de **um pavimento**;
- ao determinar, no parágrafo único do art. 4º, que o adquirente responde pelos débitos do alienante, atribuiu o caráter de ***propter rem*** a essas obrigações;
- estabeleceu a obrigatoriedade da existência de uma **convenção** de condomínio e de um **regulamento**;
- determinou que a representação do condomínio fosse feita pelo **síndico**;
- cuidou das **incorporações** na segunda parte, visando a impedir que o incorporador cause prejuízo aos condôminos, especialmente proibindo reajuste de preços, se não convencionados expressamente.

O Código Civil de 2002, apesar de expressa remissão à lei especial, que continua em vigor, contém dispositivos regrando os **direitos e deveres** dos condôminos, bem como a **competência das assembleias e dos síndicos**. Nesses assuntos, a referida Lei n. 4.591, de 1964, aplica-se apenas subsidiariamente.

Caracteriza-se o condomínio edilício pela apresentação de **uma propriedade comum** ao lado de uma **propriedade privativa**. Cada condômino é titular, com exclusividade, da unidade autônoma (apartamento, escritório, sala, loja, sobreloja, garagem) e titular de partes ideais das áreas comuns (terreno, estrutura do prédio, telhado, rede geral de distribuição de água, esgoto, gás e eletricidade, calefação e

[1] Caio Mário da Silva Pereira, *Instituições de direito civil*, v. IV, p. 184.

refrigeração centrais, corredores de acesso às unidades autônomas e ao logradouro público etc.) (CC, art. 1.331).

17.2. NATUREZA JURÍDICA

17.2.1. Principais teorias

Diversas teorias buscam explicar a natureza jurídica do condomínio em edificações, tendo em vista que não se lhe aplicam os rígidos e tradicionais princípios consagrados para o condomínio geral. Dentre elas, destacam-se:

- a da ***comunhão de bens;***
- a da ***sociedade imobiliária;***
- as que invocam institutos tradicionais para explicar a sua existência, como o ***direito superficiário***, a ***enfiteuse*** e as ***servidões***; e
- a da ***personalização do patrimônio comum***.

A última é uma das mais citadas. Todavia, como acentua João Batista Lopes[2], a pretendida personalização do patrimônio comum é, porém, insustentável, porque não existe uma pessoa jurídica titular das unidades autônomas e das partes comuns do edifício.

17.2.2. Teoria da inexistência da personalidade jurídica

Prevalece, com efeito, o entendimento de que o condomínio **não tem personalidade jurídica**[3]. Entretanto, está legitimado a atuar em juízo, ativa e passivamente, representado pelo síndico (CPC, art. 75, XI), em situação similar à do espólio e da massa falida[4].

Também Caio Mário da Silva Pereira[5] critica as teorias mencionadas, especialmente a última, afirmando que "os titulares dos direitos, quer sobre as unidades autônomas, quer sobre as partes e coisas comuns, **são os condôminos e não uma inexistente ou fictícia pessoa jurídica**. O condomínio dito edilício explica-se por si mesmo. É uma modalidade nova de condomínio, resultante da conjugação orgânica e indissolúvel da propriedade exclusiva e da copropriedade".

---

2 *Condomínio*, cit., p. 49.

3 "Ação proposta por condomínio e condôminos contra incorporadora destituída, objetivando a emissão pela ré de declaração de vontade na outorga de escrituras definitivas de compra e venda de cada unidade. Carência decretada quanto ao condomínio autor, já que não tem personalidade jurídica" (TJSP, AgI 170.900-2, rel. Des. Carlos Ortiz, j. 26-3-1992).

4 "Pessoa formal, o condomínio é representado em juízo pelo síndico" (STJ, REsp 9.584-SP, 4ª T., rel. Min. Sálvio de Figueiredo, *DJU*, 9-3-1992). "O condomínio tem capacidade para estar em juízo, ainda que não tenha sido registrado, pois o teor do art. 12, VII, do CPC permite que a sociedade de fato possa estar em juízo, dispondo, portanto, de capacidade de ser parte, como autora, ré, assistente ou opoente" (*RT*, 776/288). "É impossível o condomínio figurar no polo ativo das ações perante os Juizados Especiais Cíveis" (*Adcoas*, 8234453).

5 *Instituições*, cit., v. IV, p. 187.

O principal argumento em favor da teoria da personalização do condomínio edilício encontra-se no fato de o art. 63, § 3º, da Lei n. 4.591/64, não revogado pelo Código Civil de 2002, conceder **preferência**, após a realização do leilão final, ao **condomínio**, ao qual serão adjudicados os bens.

A circunstância de o aludido dispositivo aludir ao ***condomínio*** como adquirente dos bens levados ao leilão final não confere a este, por si só, os atributos de pessoa jurídica. A situação é **similar à do espólio** que, embora também não tenha personalidade jurídica, é representado pelo inventariante, comparece em escritura de alienação e adquire direitos; ou da **massa falida**, igualmente representada e à qual é reconhecida a faculdade de cumprir contratos bilaterais de que resulta eventualmente a aquisição de direitos[6].

Interpretação em sentido contrário, reforça João Batista Lopes[7], entraria em conflito aberto com o sistema do novo Código Civil, em que fica clara a inexistência de personalidade jurídica no condomínio, como se vê dos arts. 1.331, 1.332 e 1.335.

Na realidade, o condomínio em edificações possui **personificação anômala**. O CPC, no art. 75, como já dito, estabelece como são representadas ativa e passivamente as pessoas jurídicas. O inc. XI atribui ao síndico a representação processual do condomínio. O condomínio tem, portanto, **existência formal e personificação mitigada**. Atua na vida negocial como qualquer pessoa jurídica, dentro de seu âmbito de atuação[8].

17.3. INSTITUIÇÃO E CONSTITUIÇÃO DO CONDOMÍNIO

Todo condomínio em edificações deve ter, obrigatoriamente:

- o **ato de instituição**;
- a **Convenção de Condomínio**; e
- o **Regulamento** (Regimento Interno).

O Código Civil de 2002 distingue, de maneira objetiva:

- os atos de ***instituição***; e
- os de ***constituição*** do condomínio.

17.3.1. O ato de instituição do condomínio

O *ato de instituição* é previsto no art. 1.332 do referido diploma e pode resultar de ato **entre vivos** ou **testamento**, com inscrição obrigatória no **Registro de Imóveis**,

6 Caio Mário da Silva Pereira, *Condomínio e incorporações*, p. 345.

7 *Condomínio*, cit., p. 50.

8 Sílvio Venosa, *Direito civil*, v. V, p. 290.

Já decidiu o STJ: "É devida a contribuição social sobre o pagamento do pró-labore aos síndicos de condomínios imobiliários, assim como sobre a isenção da taxa condominial devida a eles, na vigência da Lei Complementar n. 84/96, porquanto a Instrução Normativa do INSS n. 06/96 não ampliou os seus conceitos, caracterizando-se o condomínio como pessoa jurídica, à semelhança das cooperativas, mormente por não objetivar o lucro e não realizar exploração de atividade econômica" (REsp 1.064.455-SP, 2ª T., rel. Min. Castro Meira, j. 19-8-2008, *DJE*, 11-9-2008).

devendo conter, além do disposto em lei especial, a individualização de cada unidade, a determinação da fração ideal atribuída a cada uma relativamente ao terreno e partes comuns, e o fim a que se destina. É sempre um **ato de vontade**.

Segundo Orlando Gomes[9], as formas de instituição consagradas pela prática são:

- por **destinação do proprietário** do edifício;
- por **incorporação**; e
- por **testamento**.

Instituição por destinação do proprietário

Assinala o mencionado autor que, pela primeira, **o dono do terreno** constrói um edifício, dividindo-o em **apartamentos autônomos**. Edifício já construído também é suscetível de ser adaptado para o mesmo fim, mediante escritura pública.

A venda das unidades pode ser efetuada depois de concluída a obra ou no período da construção, mas, no caso, é o próprio dono do edifício quem constitui o condomínio *sui generis*, ao alienar as unidades em que o secionou.

Instituição por incorporação

A *incorporação imobiliária* é considerada na lei uma atividade, mas tecnicamente é o **negócio jurídico de constituição da propriedade horizontal**. A incorporação é economicamente um empreendimento que consiste em **obter o capital** necessário à construção do edifício, geralmente mediante a venda, por antecipação, dos apartamentos de que se constituirá.

Instituição por testamento

A terceira forma de instituição do condomínio é pelo *testamento*, em que se recebe, **por herança**, um prédio que deverá ter tal configuração. Assim, se constar do acervo hereditário um **edifício de apartamentos** da propriedade exclusiva do *de cujus* e se a partilha entre os coerdeiros consistir na outorga de apartamentos a cada um deles, claro está que esse fato dá origem a uma propriedade horizontal.

17.3.2. Os atos de constituição do condomínio: convenção e regimento interno

17.3.2.1. A convenção de condomínio

A *convenção de condomínio*, apontada no art. 1.333 do Código Civil como **ato de constituição** do condomínio edilício, é um documento escrito no qual se estipulam os **direitos e deveres** de cada condômino, e deve ser subscrita pelos titulares de, no mínimo, **dois terços** das frações ideais. A utilização do prédio é por ela regulada.

---

[9] *Direitos reais*, p. 256. João Batista Lopes, *Condomínio*, cit., p. 69; Caio Mário da Silva Pereira, *Condomínio e incorporações*, cit., p. 130-131; Carlos Alberto Dabus Maluf e Márcio Antero Motta Ramos Marques, *O condomínio edilício*, cit., p. 100; Rodrigo Azevedo Toscano de Brito, *Incorporação imobiliária à luz do CDC*, p. 169-170; Silvio Rodrigues, *Direito civil*, v. 5, p. 215.

17.3.2.1.1. *Caráter estatutário ou institucional*

A convenção difere dos contratos em geral porque estes obrigam somente as partes contratantes, enquanto **a convenção sujeita todos os titulares de direitos sobre as unidades**, ou quantos sobre elas tenham posse ou detenção, **atuais ou futuros**. Por essa razão, reconhece a melhor doutrina o seu **caráter** predominantemente *estatutário* ou *institucional*.

Com efeito, a força coercitiva da convenção ultrapassa as pessoas que assinaram o instrumento de sua constituição. Assim, não só os condôminos, mas também os **locatários** se sujeitam às suas disposições, mesmo não tendo legitimidade para modificá-la. Assim também os **adquirentes de unidades autônomas**, em caso de revenda, sendo irrelevante a alegação de que não assinaram a convenção ou não foram cientificados de suas disposições.

Os seus efeitos atingem qualquer indivíduo que penetre na esfera jurídica de irradiação de suas normas. Nessa linha, decidiu o Superior Tribunal de Justiça[10]. A convenção é, assim, uma autêntica **lei interna** da comunidade, destinada a regrar o comportamento não só dos condôminos, como foi dito, mas de **todas as pessoas que ocupem o edifício**, na qualidade de seus **sucessores, prepostos, inquilinos, comodatários** etc.

Todavia, a despeito de seu caráter normativo, a convenção de condomínio **não pode sobrepor-se à lei**. São nulas as cláusulas da convenção que contrariem não só as disposições da lei condominial, cujo caráter cogente tem sido proclamado pela doutrina nacional e estrangeira, como especialmente a Constituição Federal, limitando o direito de propriedade ou outros direitos nela assegurados[11].

17.3.2.1.2. *Regulamentação da destinação das áreas e coisas de uso comum*

A convenção e o regimento interno podem regular a destinação das áreas e coisas de uso comum. Algumas delas, tais como jardins, piscinas, salas de reuniões, *halls* de entrada, estacionamento, elevadores etc., podem ser **destinadas exclusivamente a determinadas pessoas e interditadas a outras**, como visitantes, pessoas estranhas, empregados do edifício, fornecedores etc. Já decidiu, a propósito, o antigo Tribunal de Alçada Civil do Rio de Janeiro:

> "Cláusula proibitiva do **uso do elevador** social. Consabido que todo regulamento do edifício sói ser repositório de ordens, deveres e proibições, a cláusula proibitiva do uso de elevador social por **empregada doméstica**, malgrado nalguns casos embaraçantes, não malfere o art. 153, §§ 1º e 2º, da Carta Magna. Validade da cláusula"[12].

---

[10] *JSTJ*, 31/251.

[11] "Convenção condominial que proíbe que o proprietário de unidade autônoma a alugue para estudantes. Inadmissibilidade. Discriminação que atenta direitos, e assim é ineficaz, porque ilegal" (*RT*, 779/277). "Garagem. Condômino que deverá cadastrar seu veículo, para só ele ser colocado na vaga a que tem direito. Inadmissibilidade. Garagem que pode ser utilizada por qualquer carro do condômino, seja o seu, emprestado ou alugado" (*RT*, 785/287).

[12] *RT*, 618/201.

■ *17.3.2.1.3. Requisitos de validade*

Dispõe o art. 1.333 do Código Civil que a convenção de condomínio edilício "deve ser subscrita pelos titulares de, no mínimo, **dois terços das frações ideais** e torna-se, desde logo, obrigatória para os titulares de direito sobre as unidades, ou para quantos sobre elas tenham posse ou detenção".

Entre os subscritores da convenção, ela é perfeitamente válida e eficaz, **independentemente de registro**[13]. Todavia, sua **oponibilidade a terceiros** começa a partir de seu registro "no Cartório de Registro de Imóveis", por força do disposto no parágrafo único do mencionado artigo.

A obrigatoriedade da convenção em relação aos subscritores independentemente de registro tem consequências práticas importantes. Por exemplo: não pode o condômino recusar-se ao pagamento das despesas, alegando ausência daquela formalidade, nem lhe é lícito, sob essa alegação, alterar a natureza da destinação de sua unidade[14].

■ *17.3.2.1.4. Forma*

A convenção poderá ser feita "por **escritura pública** ou por **instrumento particular**" (CC, art. 1.334, § 1º). São equiparados aos proprietários, "salvo disposição em contrário", os **promitentes compradores** e os **cessionários de direitos** relativos às unidades autônomas (art. 1.334, § 2º).

A convenção pode conter outras normas aprovadas pelos interessados, além das obrigatórias, desde que, como foi dito, não contrariem a lei. Objetiva, pois, estabelecer regramento para o bom aproveitamento do edifício por todos e para que haja tranquilidade interna.

■ *17.3.2.1.5. Cláusulas obrigatórias*

Segundo dispõe o art. 1.334, *caput*, do Código Civil, a convenção deve *obrigatoriamente* conter, além das cláusulas que os condôminos houverem por bem estipular:

> "I — a quota proporcional e o modo de pagamento das contribuições dos condôminos para atender às despesas ordinárias e extraordinárias do condomínio;
>
> II — sua forma de administração;
>
> III — a competência das assembleias, forma de sua convocação e 'quorum' exigido para as deliberações;
>
> IV — as sanções a que estão sujeitos os condôminos, ou possuidores;
>
> V — o regimento interno".

Qualquer **alteração posterior** da convenção reclama o *quorum* de **dois terços** das frações ideais, também deliberada em assembleia. A modificação da destinação

---

[13] "Convenção aprovada mas não registrada. Condômino que se recusa ao seu cumprimento. Inadmissibilidade, pois tem validade para regular as relações entre as partes" (STJ, *RT*, 772/178).

[14] João Batista Lopes, *Comentários ao Código Civil brasileiro*, v. XII, p. 145-146.

originária das unidades autônomas, bem como mudanças na fachada do prédio, nas frações ideais, nas áreas de uso comum e outras, exige a **unanimidade de votos** (CC, art. 1.351; Lei n. 4.591/64, art. 10, § 2º).

17.3.2.2. *O regulamento ou regimento interno*

O *regulamento*, ou regimento interno, **complementa a convenção**. Geralmente, contém regras minuciosas sobre o **uso das coisas comuns** e é colocado em quadros, no andar térreo, próximo aos elevadores ou à portaria, fixados na parede. É ato *interna corporis*, que **regula o uso e o funcionamento** do edifício.

No regimento interno, encontram-se aquelas regras relativas ao **dia a dia da vida condominial**. Ele desce ao casuísmo, visando a estabelecer as regras necessárias à disciplina do uso e funcionamento do condomínio. Nele encontramos disposições sobre horário de funcionamento da sauna, da piscina, a utilização das entradas de serviço e social, horário de mudança, utilização dos elevadores etc.

Observa Marco Aurélio S. Viana que "sob a égide da Lei n. 4.591/64 o regimento interno podia vir na convenção de condomínio ou ser elaborado à parte. A orientação do diploma civil é diferente porque ele **exige que o regimento interno conste da convenção**. Sua aprovação se faz por **dois terços** dos condôminos e integra o estatuto condominial"[15].

Sendo também fruto de deliberação coletiva, o regulamento do edifício é igualmente ato normativo.

17.4. ESTRUTURA INTERNA DO CONDOMÍNIO

O condomínio é composto de **unidades autônomas** e **áreas comuns**. Preceitua efetivamente o art. 1.331, *caput*, do Código Civil:

> "Pode haver, em edificações, partes que são propriedade exclusiva, e partes que são propriedade comum dos condôminos".

17.4.1. A unidade autônoma

A ***unidade autônoma*** pode consistir em apartamentos, escritórios, salas, lojas, sobrelojas, abrigos para veículos ou casas em vilas particulares, não se reclamando número mínimo de peças nem metragem mínima. Nenhuma unidade autônoma pode ser privada de saída para a via pública (CC, art. 1.331, § 4º). Exige a Lei n. 4.591/64 que cada uma tenha **designação especial**, numérica ou alfabética (art. 1º, §§ 1º e 2º).

Pode o proprietário de cada unidade **alugá-la, cedê-la, gravá-la**, sem que necessite de autorização dos outros condôminos, segundo dispõe o art. 4º da Lei n. 4.591/64. Na mesma linha estatuía o § 1º do citado art. 1.331 do Código Civil, afirmando que as partes suscetíveis de utilização independente poderiam "ser alienadas e gravadas

[15] *Comentários ao novo Código Civil*, v. XVI, p. 419.

livremente por seus proprietários". A Lei n. 12.607, de 4 de abril de 2012, todavia, deu nova redação ao aludido dispositivo, **excetuando os abrigos para veículos** (garagens), "que não poderão ser alienados ou alugados a pessoas estranhas ao condomínio, salvo autorização expressa na convenção do condomínio".

Os demais condôminos, exceto agora no caso das garagens, **não têm preferência na aquisição**, ao contrário do que acontece no condomínio comum e de como é previsto no art. 504 do Código Civil. Se, no entanto, uma mesma unidade pertencer a **dois ou mais proprietários**, aplicam-se-lhes as regras do condomínio comum, tais como as referentes à administração, venda da coisa comum e pagamento de despesas e dívidas (Lei n. 4.591/64, art. 6º).

O art. 1.339, § 2º, do Código Civil permite ao condômino "alienar **parte acessória** de sua unidade imobiliária a outro condômino, só podendo fazê-lo a **terceiro** se essa faculdade constar do ato constitutivo do condomínio, e se a ela não se opuser a respectiva assembleia geral".

Se o condômino resolver "alugar área no abrigo para veículos, **preferir-se-á, em condições iguais, qualquer dos condôminos a estranhos**, e, entre todos, os possuidores" (CC, art. 1.338). Tal regra constitui exceção ao princípio de que o condômino pode alienar e gravar livremente o bem, sem necessidade de dar preferência aos consortes.

Para **efeitos tributários**, cada unidade autônoma será tratada como prédio isolado (art. 11 da Lei n. 4.591/64).

Tem a jurisprudência reconhecido que "o condômino, em face da obrigação *propter rem*, **pode ter sua unidade penhorada** para satisfazer execução movida contra o condomínio. Os condôminos suportam, na propriedade horizontal, e na proporção da respectiva quota-parte, as consequências decorrentes de obrigações do condomínio inadimplente"[16].

■ 17.4.2. As áreas comuns

Os arts. 1.331, § 2º, do Código Civil e 3º da Lei n. 4.591/64 enumeram as ***áreas comuns*** do condomínio. Dispõe o primeiro dispositivo citado:

> "O solo, a estrutura do prédio, o telhado, a rede geral de distribuição de água, esgoto, gás e eletricidade, a calefação e refrigeração centrais, e as demais partes comuns, inclusive o acesso ao logradouro público, **são utilizados em comum pelos condôminos**, não podendo ser alienados separadamente, ou divididos".

Quanto à **utilização das partes comuns**, prescreve o art. 19 da Lei n. 4.591/64 que cada consorte poderá "usar as partes e coisas comuns, de maneira a não causar dano ou incômodo aos demais condôminos ou moradores, nem obstáculo ou embaraço ao bom uso das mesmas partes por todos". Para usá-las com **exclusividade**, só com anuência da unanimidade dos condôminos.

---

16 STJ, REsp 1.654-RJ, 4ª T., rel. Min. Sálvio de Figueiredo Teixeira, j. 11-12-1989. No mesmo sentido: STJ, REsp 45/692-7-SP, 3ª. T., rel. Min. Eduardo Ribeiro, j. 22-4-1996; TJSP, AgI 7.313.305-8, rel. Des. Álvaro Torres, j. 3-8-2009.

Não se admite, pois, usucapião de área comum de condomínio edilício. Todavia, há decisões do Superior Tribunal de Justiça admitindo a continuidade da utilização dessas áreas por condôminos que delas desfrutam com exclusividade há muitos anos, com autorização da assembleia geral. Haveria violação ao princípio da boa-fé objetiva se o condomínio criasse a justa expectativa no condômino de que poderia permanecer utilizando a área com exclusividade e, depois, procedesse à sua retomada.

■ 17.5. DIREITOS E DEVERES DOS CONDÔMINOS

A vida em uma comunidade restrita como a existente no condomínio edilício exige, para que se tenha uma convivência harmoniosa, a observância de diversas normas, algumas delas restritivas de direitos e enumeradas como **"deveres"** dos condôminos, outras indicativas dos **"direitos"** a eles reconhecidos.

Referidas normas encontram-se nos arts. 1.335 a 1.338, no § 2º do art. 1.339 e nos arts. 1.345 e 1.346 do Código Civil, estudados a seguir.

■ 17.5.1. Deveres dos condôminos

Os *deveres* do condômino são elencados de modo taxativo no art. 1.336, *caput*, I a IV, do Código Civil, que assim dispõe:

> "São deveres do condômino:
>
> I — contribuir para as despesas do condomínio na proporção das suas frações ideais, salvo disposição em contrário na convenção;
>
> II — não realizar obras que comprometam a segurança da edificação;
>
> III — não alterar a forma e a cor da fachada, das partes e esquadrias externas;
>
> IV — dar às suas partes a mesma destinação que tem a edificação, e não as utilizar de maneira prejudicial ao sossego, salubridade e segurança dos possuidores, ou aos bons costumes".

■ *17.5.1.1. Contribuir para as despesas de conservação do prédio*

A primeira obrigação do condômino é ***contribuir para as despesas de conservação*** do prédio, sejam elas destinadas aos reparos necessários, à realização de obras que interessam à estrutura integral da edificação ou ao serviço comum.

■ *17.5.1.1.1. Responsabilidade do adquirente do imóvel*

Trata-se de obrigação ***propter rem***, uma vez que deve ser suportada por quem tiver a coisa em seu domínio. Tem-se decidido, com efeito:

> "Despesas condominiais. Ação que pode ser proposta **contra o adquirente do imóvel**. Encargos que constituem uma espécie peculiar de ônus real, gravando a própria unidade do bem"[17].

[17] *RT*, 811/449. No mesmo sentido: "Despesas condominiais. Obrigação de natureza *propter rem*. Dívida que é de responsabilidade do adquirente do bem. Irrelevância de o imóvel ter sido adquirido

Precisamente em razão da **ambulatoriedade** que caracteriza a obrigação ***propter rem***, enfatiza João Batista Lopes[18], citando lição de Trabucchi, não pode o adquirente da coisa eximir-se do pagamento de despesas relativas a período anterior à transferência da unidade. Nessa linha, proclama o art. 1.345 do Código Civil:

> "O **adquirente** de unidade responde pelos débitos do alienante, em relação ao condomínio, inclusive multas e juros moratórios".

■ 17.5.1.1.2. *Responsabilidade do compromissário comprador*

A alienação de imóvel, a rigor, só se aperfeiçoa com o registro do título aquisitivo no Cartório de Registro de Imóveis. Todavia, para os fins do art. 12 da Lei n. 4.591/64, o **compromissário comprador ostenta o mesmo *status* de proprietário**. Desse modo, sendo-lhe transferida a posse direta, responde pelas despesas de condomínio. Veja-se a jurisprudência:

> "Em princípio, o responsável pelas despesas condominiais é o proprietário. Admite-se a ação diretamente contra o compromissário comprador desde que o fato, ou seja, a existência do compromisso de compra e venda, tenha sido **comunicado ao condomínio**, ou se encontre **registrado o contrato**"[19].

Reforçando esse entendimento, o Código Civil de 2002 equipara expressamente o compromissário comprador ao proprietário, afirmando no § 2º do art. 1.334:

> "São equiparados aos proprietários, para os fins deste artigo, salvo disposição em contrário, os promitentes compradores e os cessionários de direitos relativos às unidades autônomas".

Não paira, assim, nenhuma dúvida quanto à **legitimidade do compromissário comprador** na ação de cobrança de despesas de condomínio[20]. Todavia, não está ele obrigado a pagar cotas condominiais antes da imissão na posse. Decidiu

---

por meio de adjudicação ou arrematação" (*RT*, 815/410). "Despesas condominiais. Obrigação *propter rem*. Responsabilidade pelo pagamento que cabe, em princípio, ao adquirente do imóvel. Direito de regresso assegurado" (*RT*, 817/417).

18 *Condomínio*, cit., p. 94.

19 2º TACSP, Ap. 542.783-9, 1ª Câm., rel. Magno Araújo, j. 16-3-1999. No mesmo sentido: "Despesas condominiais. Ação de cobrança. Demanda que pode ser proposta tanto em face do proprietário, quanto do compromissário comprador" (2º TACSP, *RT*, 808/297). "Despesas condominiais. Ação de cobrança. Demanda que pode ser interposta tanto contra aquele em nome de quem está o imóvel registrado no Cartório Imobiliário como contra o promissário comprador sem registro" (2º TACSP, *RT*, 811/286).

20 João Batista Lopes, *Comentários*, cit., v. XII, p. 175.

"É entendimento jurisprudencial que somente quando ficar patente a disponibilidade da posse, do uso e do gozo da coisa é que se reconhece a legitimidade passiva ao promitente comprador de unidade autônoma quanto às obrigações respeitantes aos encargos condominiais, ainda que não tenha havido o registro do contrato de promessa de compra e venda" (TJMS, Ap. 2003.013254-6/0000-00, 3ª T., rel. Des. Oswaldo Rodrigues de Melo, j. 22-11-2004).

o Superior Tribunal de Justiça, com efeito, que o promitente comprador de imóvel só passa a ser responsável pelo pagamento das cotas de condomínio após a imissão na posse do bem. É a partir daí que ele passa a exercer o domínio direto sobre o imóvel, usufruindo dos serviços prestados pelo condomínio — o que justificaria sua contribuição. Até então, pagar a taxa é obrigação do promitente vendedor[21].

17.5.1.1.3. *Pagamento de juros moratórios e multa*

Aduz o § 1º do aludido dispositivo que "o condômino que não pagar a sua contribuição ficará sujeito aos **juros moratórios convencionados** ou, não sendo previstos, os de **um por cento ao mês e multa de até dois por cento** sobre o débito".

Decidiu o Superior Tribunal de Justiça, interpretando o supratranscrito § 1º, que é legítima a cobrança de juros moratórios acima de 1% ao mês em caso de inadimplência das taxas condominiais. Para tanto, basta que exista **previsão expressa** na convenção de condomínio. Concluiu o acórdão que, nos termos do art. 1.336 do Código Civil, devem ser aplicados os juros moratórios expressamente convencionados, ainda que superiores a 1% ao mês; e, apenas quando não há essa previsão, devem-se limitar os juros de mora a esse percentual[22].

A propósito, proclamou o Superior Tribunal de Justiça que a multa por atraso de condomínio é de **dois por cento a partir do novo Código Civil**, devendo as prestações vencidas durante a vigência da Lei n. 4.591/64 continuar com a multa de **vinte por cento** estabelecida na convenção[23].

17.5.1.1.4. *Instituição de bonificação ou abono de pontualidade*

Observa Christiano Cassettari[24] que muitos condomínios tentaram buscar uma alternativa para resolver o problema do aumento da inadimplência que a redução do percentual da cláusula penal lhes causou.

Uma saída muito utilizada foi a cláusula de bonificação ou ***abono de pontualidade***, que é um **desconto**, geralmente de 10%, para o condômino que pagar a taxa até o dia do vencimento. Esse instituto foi criado com intuito de estimular os condôminos a pagarem em dia as despesas mensais do condomínio. O Tribunal de Justiça de São Paulo tem considerado **indevida a cumulação**, nos contratos, **do referido abono com cláusula penal moratória**, por importar previsão de dupla multa e alteração da real data de pagamento da prestação[25].

---

21 STJ, REsp 1.297.239, 3ª T., rel. Min. Nancy Andrighi, j. 8-4-2014.

22 REsp 1.002.525-DF, 3ª T., rel. Min. Nancy Andrighi, in www.conjur.com.br de 8-10-2010.

23 REsp 663.285, rel. Min. Aldir Passarinho Júnior.

24 *Multa contratual:* teoria e prática da cláusula penal, 1. ed., 2009.

25 Confira-se: "Abono por pontualidade. Bonificação por pagamento em dia que só pode ser exigida desde que no contrato não exista cláusula prevendo multa moratória" (TJSP, Ap. 992.090.665.693, 32ª Câm. Dir. Priv., rel. Des. Ruy Coppola, j. 28-8-2009). "Prestação de serviços educacionais. Cobrança. Desconto ou abatimento por pontualidade. Cláusula penal. Apuração dos valores devidos

As partes têm liberdade para convencionar o abono de pontualidade. Nesse caso, porém, não devem estabelecer a cumulação do referido desconto com multa para a hipótese de atraso no cumprimento da prestação. Atende-se, com isso, à função social limitadora da autonomia privada, assegurada no parágrafo único do art. 2.035 do Código Civil.

17.5.1.1.5. Despesas de condomínio e Código de Defesa do Consumidor

Observe-se que as despesas de condomínio suportadas pelo condomínio edilício não decorrem de relação de consumo, sendo consideradas, simplesmente, pagamento de serviços prestados por terceiros. **Não se lhe aplicam, por conseguinte, as normas do Código de Defesa do Consumidor**, que estabelece em dois por cento o teto da multa moratória (art. 52, § 1º).

Nesse sentido, a jurisprudência:

> "Despesas condominiais. Multa moratória. Pretendida aplicação do Código de Defesa do Consumidor. Inadmissibilidade. **Débito condominial que não encerra relação de consumo.** Aplicação do valor estipulado na Convenção Condominial"[26].

17.5.1.2. Não realizar obras que possam comprometer a segurança da edificação

Estabelece o art. 1.336 do Código Civil, ora comentado, no inc. II, a **proibição** de o condômino *realizar obras* que possam **comprometer a segurança da edificação**. Trata-se de **obrigação negativa** imposta aos condôminos, vedando a prática de qualquer ato que possa ameaçar a segurança do edifício, ou prejudicar-lhe a higiene e limpeza.

Assim, ao condômino é vedado introduzir quaisquer inovações nas **partes comuns**, porque, em relação a elas, ele não é proprietário. Não lhe é lícito, por exemplo, fechar parte do corredor para utilização pessoal ou apossar-se do terraço comum, privando os demais condôminos de igual direito.

Dispõe o art. 1.341 do Código Civil que a realização de **obras** no condomínio depende:

> "I — se **voluptuárias**, de voto de dois terços dos condôminos;
>
> II — se **úteis**, de voto da maioria dos condôminos".

As obras ou reparações **necessárias** independem de deliberação da assembleia (§ 1º).

---

a título de mensalidades não pagas. Deverá ser considerado o valor líquido da prestação, descontado o abatimento por pontualidade. Multa contratual. Redução para 2%. Incidência do Código de Defesa do Consumidor. Recurso improvido" (TJSP, Ap. 987.905.004, 31ª Câm. Dir. Priv., rel. Des. Francisco Casconi, j. 11-8-2009).

[26] *RT*, 808/297.

17.5.1.3. *Não modificar a forma ou a cor da fachada*

O terceiro dever é o de *não modificar* **a forma nem a cor da fachada, das partes e esquadrias externas** (CC, art. 1.336, III). Desse modo, nenhum condômino pode alterar a fachada do edifício, pintar suas paredes e esquadrias externas em cor diversa da nele empregada ou realizar qualquer modificação arquitetônica. Qualquer alteração depende da aquiescência da **unanimidade dos condôminos**, como exige a Lei n. 4.591/64 no seu art. 10, § 2º, que continua em vigor ante a ausência de disposição expressa a esse respeito no novo Código Civil.

Observa, todavia, J. Nascimento Franco que "o que se proíbe é a **alteração nociva** e capaz de deteriorar o perfil originário da fachada e não propriamente inovações modernizadoras ou úteis aos moradores. A solução é casuísta e, assim, depende de cada situação concreta a ser verificada em perícia, motivo pelo qual em tais hipóteses não se tem admitido julgamento antecipado, com sacrifício dessa prova fática essencial"[27].

Têm-se admitido, efetivamente, afirma o mencionado autor, **pequenas alterações** nas fachadas e seu aproveitamento para colocação, nas janelas e sacadas, de grades ou redes de proteção, persianas ou venezianas de material diferente (esquadrias de alumínio) do utilizado no restante da fachada, principalmente quando, com o passar do tempo, o material originariamente utilizado não mais existe no mercado, ou quando seu uso se torna obsoleto.

Quanto ao **fechamento dos terraços**, malgrado algumas decisões contrárias, tem-se permitido o **envidraçamento** que não afeta propriamente a harmonia da fachada, ou quando já existirem, na mesma face do edifício, outros terraços fechados com material idêntico[28].

17.5.1.4. *Dar à unidade autônoma a mesma destinação do prédio e não utilizá-la nocivamente*

Em quarto lugar (CC, art. 1.336, IV), os condôminos estão sujeitos, ainda, às normas de **boa vizinhança**, não podendo usar **nocivamente** a propriedade. Prevê o art. 1.336, IV, do Código Civil que o condômino deve dar à sua fração ideal **a mesma destinação que tem o condomínio**, devendo utilizá-la de modo a não causar prejuízo ao sossego, salubridade e segurança dos demais condôminos, ou abalo aos bons costumes.

17.5.1.4.1. *Desvio de destinação*

A destinação genérica do edifício — **residencial, não residencial ou mista** — deve ser estabelecida na convenção. O **desvio de destinação** constitui uma das mais graves infrações da lei e da convenção. Para impedir que tal ocorra, ou para restabelecer

---

27 *Condomínio*, cit., p. 201-202.

28 *RF*, 170/252. No mesmo sentido: "Fechamento de fachada. Colocação de vidros fumê, de forma discreta e sem alterar a harmonia do conjunto. Admissibilidade. Inexistência de infração ao art. 10, I, da Lei 4.591/64" (*RT*, 783/416).

o uso compatível com a finalidade para a qual foi construído o edifício, deve o síndico tomar as providências cabíveis, inclusive judiciais, contra os infratores, sejam condôminos, seus familiares, inquilinos e prepostos, mormente quando o desvio põe em risco a tranquilidade e a segurança dos demais condôminos[29].

O art. 10, III, da Lei n. 4.591/64 traz idêntica limitação, também prescrevendo que o condômino **não pode destinar sua unidade a utilização diversa da finalidade do prédio**. Assim, se é residencial, não podem existir escritórios, gabinetes dentários etc.

■ *17.5.1.4.2. Proibição de uso anormal da propriedade*

A utilização do condomínio sofre, portanto, ***limitações*** impostas pela lei e ***restrições*** previstas na convenção.

Além da norma genérica do art. 1.277 do Código Civil, proibindo o **uso anormal** da propriedade, o art. 1.336, IV, do mesmo diploma considera dever do condômino não utilizar as suas partes de maneira prejudicial ao **sossego, salubridade e segurança** dos possuidores, ou aos **bons costumes**.

■ *17.5.1.4.3. Manutenção de animais no prédio*

Com relação à manutenção de **animais no prédio**, deve haver disposição pertinente na **convenção**. Se omissa, não poderá, em princípio, tal conduta ser censurada.

Se a convenção vedar somente a presença de animais que causam incômodo aos vizinhos ou ameaçam sua segurança, as questões que surgirem serão dirimidas em função da prova dessas duas situações de fato. Se a proibição for genérica, atingindo animais de qualquer espécie, poderá mostrar-se exagerada na hipótese de um condômino possuir um animal de pequeno porte e inofensivo. Por essa razão, têm os tribunais exigido a demonstração de que o animal, de alguma forma, **prejudica a segurança, o sossego ou a saúde dos condôminos**. Veja-se:

> "Cláusula que proíbe a permanência de animais nos apartamentos ou dependências do edifício. Restrição que somente se justifica quando a presença do irracional prejudique a tranquilidade e a higiene ou seja agressivo. **Não comprovação, ademais, da nocividade do animal**"[30].

As cláusulas restritivas e proibitivas da convenção devem ser, assim, interpretadas em consonância com as normas legais referentes aos condomínios, especialmente os arts. 10 e 19 da Lei n. 4.591/64 e 1.277 e 1.336, IV, do Código Civil.

■ *17.5.1.4.4. Imposição de multa ao condômino relapso*

O art. 1.337 do Código Civil prevê **multa** de até **um quíntuplo da cota condominial** para o condômino ou possuidor que é reincidente e não cumpre seus deveres pe-

---

[29] *RT*, 702/116 e 708/159.

[30] *RT*, 791/213.

rante o condomínio, podendo ser imposta, inclusive, ao condômino que **reiteradamente não paga as suas cotas condominiais**, sobrecarregando os demais partícipes.

Deve essa multa ser fixada **em assembleia por três quartos** dos condôminos restantes, excluído o infrator, considerando-se a reiteração e a gravidade da falta, não eximindo o condômino infrator de responder por perdas e danos.

O novo Código de Processo Civil alterou a forma de cobrança de taxas e despesas de condomínio, que passaram a ter natureza de **título executivo extrajudicial** (CPC/2015, art. 784, VIII). Justifica-se a inovação por tornar mais célere a cobrança judicial de contribuições condominiais, dispensando o condomínio de enfrentar o moroso processo de conhecimento. O título executivo extrajudicial, *in casu*, expressando obrigação certa, líquida e exigível, consiste no conjunto da **convenção de condomínio**, da qual se extrai o critério de divisão das despesas entre as unidades autônomas, a **ata da assembleia** aprovando o orçamento, a **especificação do débito** e a **data prevista para o seu vencimento**.

17.5.1.4.5. *Proibição de conduta antissocial*

O parágrafo único do aludido art. 1.337 permite que se aplique pesada multa, correspondente a **dez vezes o valor da cota condominial**, ao "condômino ou possuidor que, por seu reiterado comportamento **antissocial**, gerar incompatibilidade de convivência com os demais condôminos ou possuidores".

Tal multa pode ser imposta de imediato pelo síndico, ou pelo corpo diretivo do edifício, na forma do que for regulado na convenção, devendo, porém, sua imposição ser ratificada por ulterior deliberação da assembleia.

Os condôminos, o condomínio ou o possuidor prejudicado, em que pese a aplicação da multa, **poderão propor ação indenizatória ou de obrigação de fazer ou não fazer, com pedidos de tutela específica**, conforme prevê o Código de Processo Civil em seus arts. 139, IV, 497 a 500, 536, § 1º, e 537. Entre as possibilidades previstas nos dispositivos retromencionados, consta que "o juiz poderá determinar, entre outras medidas, a imposição de multa, a busca e apreensão, a remoção de pessoas e coisas, o desfazimento de obras e o **impedimento de atividade nociva**, podendo, caso necessário, requisitar o auxílio de força policial" (art. 536, § 1º)[31].

Nessa linha, o Enunciado 508 da V Jornada do Centro de Estudos Judiciários do Superior Tribunal de Justiça: "Verificando-se que a sanção pecuniária mostrou-se ineficaz, a garantia fundamental da sanção social da propriedade (artigos 5º, XXIII, da Constituição, e 1.228, § 1º, do Código Civil) justificam a **exclusão do condômino antissocial**, desde que a ulterior assembleia prevista na parte final do parágrafo único do artigo 1.337 do Código Civil delibere a propositura de ação judicial com esse fim, asseguradas todas as garantias inerentes ao devido processo legal".

A multa por comportamento antissocial só pode ser aplicada a condômino, todavia, depois que ele exercer o **direito de defesa**. Nessa linha, proclamou o Superior

---

31 Eduardo Rodolpho Vasconcelos de Morais, *Multas não devem ser única sanção contra condômino antissocial contumaz*. Disponível em *Revista Consultor Jurídico*, de 11-6-2017.

Tribunal de Justiça: "A doutrina especializada reconhece a necessidade de garantir o contraditório ao condômino infrator, possibilitando, assim, o exercício de seu direito de defesa. A propósito, esta é a conclusão do Enunciado 92 da I Jornada de Direito Civil do CJRF: 'Art. 1.337: As sanções do art. 1.337 do novo Código Civil não podem ser aplicadas sem que se garanta o **direito de defesa ao condômino nocivo**'"[32].

17.5.2. Direitos dos condôminos

Os principais direitos dos condôminos estão elencados, no Código Civil, no art. 1.335, *verbis*:

> "São direitos do condômino:
>
> I — usar, fruir e livremente dispor de suas unidades;
>
> II — usar das partes comuns, conforme a sua destinação, e contanto que não exclua a utilização dos demais compossuidores;
>
> III — votar nas deliberações da assembleia e delas participar, estando quite".

Outros direitos estão previstos nos arts. 1.338 e 1.339, § 2º, do aludido diploma.

17.5.2.1. Usufruir, fruir e livremente dispor de suas unidades

Como proprietário da *unidade autônoma* (inc. I), o seu titular pode exercer, em relação a ela, **todos os poderes inerentes ao domínio**, como usar, gozar, dispor e reavê-la de quem quer que injustamente a possua ou detenha, nos termos do art. 1.228 do Código Civil.

Pode assim vendê-la, alugá-la, cedê-la, emprestá-la, ocupá-la ou deixar de fazê-lo, **sem necessidade da anuência dos demais condôminos e sem a obrigação de lhes dar preferência**.

O seu poder jurídico sobre a unidade deve ser exercido, todavia, **dentro dos limites estabelecidos em lei e na convenção** do condomínio, que é lei particular da comunidade e pode proibir, por exemplo, o aluguel de unidades ou lojas para determinados usos. As **alterações internas** da unidade autônoma podem ser realizadas livremente, desde que não haja comprometimento da segurança da edificação (CC, art. 1.336, II)[33].

17.5.2.2. Usar das partes comuns, conforme a sua destinação

A *utilização das partes comuns* (inc. II) deve obedecer à **destinação** do edifício, sendo proibido mudar a finalidade residencial para comercial, ou vice-versa.

---

[32] STJ, REsp 1.365.279-SP, 4ª T., rel. Min. Luis Felipe Salomão, j. 25-8-2015, *DJE* 20-9-2015.

[33] "Condomínio. Alteração das partes comuns. Mudança de portas dos apartamentos. As portas dos apartamentos existentes nos corredores internos não são áreas comuns do prédio e podem ser alteradas tanto no tocante ao material empregado como no desenho e até nas dimensões, pecando por erro de interpretação o entendimento de proibição da mudança das aludidas características, segundo a regra que zela pela uniformidade do espaço comum dos prédios de apartamentos" (TJRJ, Ap. 2004.001.14758, 17ª Câm. Cív., rel. Des. Rudi Loewenkron, *DJE*, 28-10-2004).

Uma das características mais marcantes do condomínio edilício é a vedação do uso exclusivo das partes comuns[34], salvo se o condômino receber a anuência da totalidade dos consortes ou houver aprovação em assembleia geral.

Não pode o condômino, igualmente, na utilização de sua unidade, **excluir, perturbar ou embaraçar a utilização dos demais condôminos**. Todos têm o mesmo direito de usar as partes comuns, devendo o síndico zelar pela observância desse direito.

17.5.2.3. *Votar nas deliberações da assembleia e delas participar, estando quite*

O *direito de votar* e participar das deliberações nas assembleias (inc. III) é assegurado por lei, desde que o condômino **esteja quite com o pagamento da cota condominial**.

O proprietário pode fazer-se representar nas assembleias por procurador com poderes específicos para delas participar e votar nas deliberações.

17.6. DA ADMINISTRAÇÃO DO CONDOMÍNIO EM EDIFICAÇÕES

A administração do condomínio é regulada em seção própria do Código Civil, nos arts. 1.347 a 1.356.

17.6.1. A representação pelo síndico

A administração será exercida por um *síndico*, cujo mandato não pode exceder de **dois anos**, permitida a reeleição, pelo conselho fiscal e pelas assembleias gerais, que terão como diretrizes a convenção e o regimento interno. Preceitua, com efeito, o art. 1.347 do Código Civil:

> "A assembleia escolherá um síndico, que poderá não ser condômino, para administrar o condomínio, por prazo não superior a dois anos, o qual poderá renovar-se".

Os interesses comuns dos condôminos reclamam um administrador. Compete ao *síndico*, como tal, dentre outras atribuições (CC, art. 1.348), **representar ativa e passivamente o condomínio, em juízo ou fora dele** (inc. II). Não faz jus a remuneração se não estiver regularmente prevista. Pode ser **condômino ou pessoa física ou jurídica estranha ao condomínio**. Geralmente, são empresas especializadas, podendo ser a mesma que administra o condomínio.

O síndico **representa a coletividade condominial**, agindo em nome alheio nos limites da convenção e sob a fiscalização da assembleia, praticando os atos de defesa dos interesses comuns. Nas ações movidas contra o condomínio, é ele **citado** e tem poderes para representar e defender a comunidade.

---

[34] João Batista Lopes, *Comentários*, cit., v. XII, p. 152.

17.6.2. Obrigação de prestar contas

Como o síndico administra bens alheios, deve *prestar contas*, dever esse inerente a todo administrador de coisa de terceiros. Assim, as contas do síndico devem ser prestadas em **assembleia anual**, ao findar seu mandato, sempre perante assembleia, e **"quando exigidas"** (CC, art. 1.348, VIII).

Havendo fundadas suspeitas de manobra para que as contas não sejam prestadas em assembleia, os condôminos podem requerer que sejam prestadas diretamente a eles[35].

17.6.3. A figura do subsíndico

A convenção pode prever a figura do *subsíndico*, que será eleito pela assembleia para **auxiliar o síndico** em suas funções e eventualmente substituí-lo.

Pode ainda estipular que dos atos do síndico caiba recurso para a assembleia, convocada pelo interessado.

17.6.4. Constituição de representante para a prática de determinado ato

Como inovação, o § 1º do art. 1.348 do Código Civil admite que a assembleia desdobre os poderes do síndico, quanto à representação do condomínio, e neles invista outra pessoa, nestes termos:

> "Poderá a assembleia **investir outra pessoa, em lugar do síndico**, em poderes de representação".

Assim, por exemplo, se se cuidar da contratação de obras, poderá a assembleia indicar um condômino engenheiro para negociá-las; se se cuidar de matéria jurídica (*v.g.*, exame de minuta de contrato para reforma de elevadores), poderá ser escolhido um advogado; se a questão for contábil, um contador etc.[36].

17.6.5. A destituição do síndico

Tal providência é regulada pelo art. 1.349 do Código Civil, que assim dispõe:

> "A assembleia, especialmente convocada para o fim estabelecido no § 2º do artigo antecedente, poderá, pelo voto da maioria absoluta de seus membros, **destituir o síndico** que praticar irregularidades, não prestar contas, ou não administrar convenientemente o condomínio".

Verifica-se, assim, que a destituição do síndico pela assembleia pode ocorrer em três hipóteses:

- **prática de irregularidades**;

---

35 Carlos Alberto Dabus Maluf e Márcio Antero Motta Ramos Marques, *O condomínio edilício*, cit., p. 107.

36 João Batista Lopes, *Comentários*, cit., v. XII, p. 188-189.

- **falta de prestação de contas**; e
- **administração não conveniente**.

A **"prática de irregularidades"** e **"administração não conveniente"** constituem conceitos vagos e só o exame das circunstâncias indicará, em cada caso, a configuração do requisito legal. Pequenos deslizes que não revelem má-fé, nem causem danos ao condomínio, não justificam a severa medida, sendo certo que não é qualquer irregularidade causa de destituição do síndico.

Já a **"ausência de prestação de contas"** constitui conceito preciso e **grave violação** a um dos principais deveres do síndico. Para a sua caracterização não se exige a má-fé, nem a existência de prejuízo concreto para o condomínio. Desse modo, a simples omissão já representa um prejuízo potencial.

17.6.6. O conselho consultivo

O síndico é assessorado por um *conselho consultivo*, constituído de **três condôminos**, com mandatos que não podem exceder a dois anos, permitida a reeleição. É órgão de **assessoramento e fiscalização** (Lei n. 4.591/64, art. 23).

Dispõe, com efeito, o art. 1.356 do Código Civil que poderá haver no condomínio "um conselho fiscal, composto de três membros, eleitos pela assembleia, por prazo não superior a dois anos, ao qual compete dar parecer sobre as contas do síndico".

17.6.7. Assembleia geral ordinária

Deve haver, anualmente, uma *assembleia geral* ordinária, convocada pelo síndico na forma prevista na convenção, à qual compete, além das demais matérias inscritas na ordem do dia, **aprovar, por maioria** dos presentes, **"o orçamento das despesas, as contribuições dos condôminos e a prestação de contas, e eventualmente eleger-lhe o substituto e alterar o regimento interno"** (CC, art. 1.350).

As decisões da assembleia, tomadas, em cada caso, pelo *quorum* que a convenção fixar, obrigam todos os condôminos, mesmo os vencidos e os que não compareceram.

17.6.8. Assembleias gerais extraordinárias

Podem ser convocadas pelo síndico ou por condôminos que representem um quarto, no mínimo, do condomínio, sempre que o exijam os interesses gerais (CC, art. 1.355).

A **convenção de condomínio e o regimento interno** só podem ser modificados em assembleia geral extraordinária, pela aprovação de **dois terços dos votos dos condôminos**. A **mudança da destinação** do edifício, ou da unidade imobiliária, depende da aprovação pela **unanimidade** dos condôminos (CC, art. 1.351).

A assembleia é o **órgão máximo** do condomínio, tendo poderes, inclusive, para modificar a própria convenção. Sujeita-se somente à lei e às disposições estabelecidas nesta, podendo ser controlada pelo Judiciário. A **convocação de todos os condôminos é obrigatória**, sob pena de nulidade, pois o art. 1.354 do Código Civil estabelece que "a assembleia não poderá deliberar se todos os condôminos não forem convocados para a reunião".

■ 17.7. DA EXTINÇÃO DO CONDOMÍNIO EDILÍCIO

Diferentemente do condomínio tradicional, que pode ser extinto, a todo tempo, pela divisão ou venda da coisa comum, o condomínio edilício, que incide sobre o solo e partes e coisas comuns do edifício e sobre a propriedade exclusiva das unidades, tem como característica essencial a **indivisibilidade**, sendo constituído para perpetuar-se no tempo.

Desse modo, não pode ser extinto pelos condôminos, por **convenção ou por via judicial**, pois a *indivisibilidade* é da própria essência do instituto. Todavia, o condomínio pode extinguir-se por vários motivos, casuais ou jurídicos, como:

- pela **destruição do imóvel** por qualquer motivo, por exemplo, incêndio, terremoto, inundação (CC, art. 1.357, primeira parte);
- pela **demolição voluntária** do prédio, por razões urbanísticas ou arquitetônicas, ou por **condenação do edifício** pela autoridade pública, por motivo de insegurança ou insalubridade (Lei n. 6.709/79, art. 1º), ou por ameaça de ruína (CC, art. 1.357, segunda parte);
- pela **desapropriação** do edifício, caso em que a indenização será repartida na proporção do valor das unidades imobiliárias (CC, art. 1.358);
- pela **confusão**, se todas as unidades autônomas forem adquiridas por uma só pessoa[37].

O art. 1.358 do Código Civil cogita da **desapropriação** do edifício, dispondo:

> "Se ocorrer desapropriação, a indenização será repartida na proporção a que se refere o § 2º do artigo antecedente".

■ 17.8. DO CONDOMÍNIO DE LOTES

A **Lei n. 13.465, de 11 de julho de 2017**, dispôs, no art. 58, que o Código Civil passa a vigorar acrescido da Seção IV no capítulo concernente ao condomínio edilício, do seguinte teor:

> "Seção IV
>
> DO CONDOMÍNIO DE LOTES
>
> Art. 1.358-A. Pode haver, em terrenos, partes designadas de lotes que são propriedade exclusiva e partes que são propriedade comum dos condôminos.
>
> § 1º A fração ideal de cada condômino poderá ser proporcional à área do solo de cada unidade autônoma, ao respectivo potencial construtivo ou a outros critérios indicados no ato de instituição.
>
> § 2º Aplica-se, no que couber, ao condomínio de lotes o disposto sobre condomínio edilício neste Capítulo, respeitada a legislação urbanística.

---

37 Carlos Alberto Dabus Maluf e Márcio Antero Motta Ramos Marques, *O condomínio edilício*, cit., p. 123-124.

§ 3º Para fins de incorporação imobiliária, a implantação de toda a infraestrutura ficará a cargo do empreendedor".

17.9. RESUMO

O CONDOMÍNIO EDILÍCIO	
INTRODUÇÃO	O CC/2002, apesar de expressa remissão à lei especial, que continua em vigor (Lei n. 4.591/64), contém dispositivos regrando os direitos e deveres dos condôminos, bem como a competência das assembleias e dos síndicos. Nesses assuntos, a Lei n. 4.591/64 aplica-se apenas subsidiariamente.
CARACTERÍSTICAS	Caracteriza-se o condomínio edilício pela apresentação de uma propriedade comum ao lado de uma propriedade privativa. Cada condômino é titular, com exclusividade, da unidade autônoma e titular de partes ideais das áreas comuns (CC, art. 1.331).
NATUREZA JURÍDICA	Prevalece o entendimento de que o condomínio não tem personalidade jurídica. Entretanto, está legitimado a atuar em juízo, ativa e passivamente, representado pelo síndico (CPC, art. 75, XI), em situação similar à do espólio e da massa falida.
INSTITUIÇÃO DO CONDOMÍNIO	Institui-se o condomínio edilício por ***ato entre vivos ou testamento***, registrado no Cartório de Registro de Imóveis, devendo conter, além do disposto em lei especial, a individualização de cada unidade, a determinação da fração ideal atribuída a cada uma relativamente ao terreno e partes comuns, e o fim a que se destinam (CC, art. 1.332).
CONSTITUIÇÃO DO CONDOMÍNIO	A ***Convenção de Condomínio*** é o ato de constituição do condomínio edilício (CC, art. 1.333). É um documento escrito (escritura pública ou instrumento particular) no qual se estipulam os direitos e deveres de cada condômino. Deve ser subscrita pelos titulares de, no mínimo, dois terços das frações ideais. A utilização do prédio é por ela regulada. Sujeita todos os titulares de direitos sobre as unidades, atuais ou futuros.
REGULAMENTO	Também denominado "Regimento Interno", complementa a Convenção. Geralmente, contém regras minuciosas sobre o uso das coisas comuns.
ESTRUTURA INTERNA DO CONDOMÍNIO	**unidade autônoma:** pode consistir em apartamentos, escritórios, salas, lojas, abrigos para veículos ou casas em vilas particulares. Não pode ser privada de saída para a via pública. Pode o proprietário alugá-la, cedê-la, gravá-la, sem que necessite de autorização dos outros condôminos, que não têm preferência na aquisição; **áreas comuns:** são insuscetíveis de divisão e de alienação, separadas da respectiva unidade. Cada consorte pode usá-las "de maneira a não causar incômodo aos demais condôminos ou moradores, nem obstáculo ou embaraço ao bom uso das mesmas partes por todos" (CC, art. 1.331, § 2º; Lei n. 4.591/64, art. 19).
ADMINISTRAÇÃO DO CONDOMÍNIO	É exercida por um síndico, cujo mandato não pode exceder de dois anos, permitida a reeleição. Compete-lhe, dentre outras atribuições, representar ativa e passivamente o condomínio, em juízo ou fora dele. Pode ser condômino ou pessoa física ou jurídica estranha ao condomínio. O síndico é assessorado por um Conselho Consultivo, constituído de três condôminos, com mandatos que não podem exceder a dois anos, permitida a reeleição. Deve haver, anualmente, uma assembleia geral ordinária, convocada pelo síndico. A assembleia é o órgão máximo do condomínio, tendo poderes, inclusive, para modificar a própria Convenção.

17.10. QUESTÕES

1. (TJSP/Juiz de Direito/Fundação Carlos Chagas/2015) No condomínio edilício, cada condômino concorrerá nas despesas do condomínio na proporção

a) da respectiva área de suas unidades autônomas, salvo disposição em contrário na convenção, e se não pagar ficará sujeito aos juros moratórios convencionados, ou não sendo previstos, os de dois por cento ao mês e multa de até dez por cento sobre o débito.

b) das suas frações ideais, salvo disposição em contrário na convenção, e se não pagar ficará sujeito aos juros moratórios convencionados ou, não sendo previstos, os de um por cento ao mês e multa de até dois por cento sobre o débito.

c) da respectiva área de suas unidades autônomas, salvo disposição em contrário na convenção, e se não pagar ficará sujeito aos juros moratórios convencionados ou, não sendo previstos, os de um por cento ao mês e multa de até dois por cento sobre o débito.
d) de suas frações ideais, não podendo a convenção estabelecer outro critério de cobrança, e se não pagar ficará sujeito aos juros moratórios convencionados ou, não sendo previstos, os de um por cento ao mês e multa de até dois por cento sobre o débito.
e) das suas frações ideais, salvo disposição em contrário, na convenção e se não pagar ficará sujeito aos juros moratórios convencionados ou, não sendo previstos, os de dois por cento ao mês e multa de até vinte por cento sobre o débito.

2. (TJPA/Juiz de Direito/VUNESP/2014) Considerando unidade autônoma alienada fiduciariamente e havendo despesas de condomínio, assinale a alternativa CORRETA.

a) A dívida condominial autoriza ao credor fiduciário a reivindicar o imóvel pela resolução contratual.
b) Houve a transferência ao credor fiduciário da propriedade resolúvel e a posse indireta do imóvel, por isso, não a obrigação condominial.
c) Dívida de natureza *propter rem*, cuja responsabilidade recai também, sobre o titular da propriedade, ainda que resolúvel.
d) O devedor fiduciário tem a obrigação com as despesas ordinárias, ficando a cargo do credor fiduciário as extraordinárias.
e) O devedor fiduciário não ostenta a condição jurídica de condômino, tendo apenas a obrigação de restituir as despesas condominiais ao credor fiduciário.

3. (OAB/XIII Exame de Ordem Unificado/Fundação Getulio Vargas/2014) Ary celebrou contrato de compra e venda de imóvel com Laurindo e, mesmo sem a devida declaração negativa de débitos condominiais, conseguiu registrar o bem em seu nome. Ocorre que, no mês seguinte à sua mudança, Ary foi surpreendido com a cobrança de três meses de cotas condominiais em atraso. Inconformado com a situação, Ary tentou, sem sucesso, entrar em contato com o vendedor, para que este arcasse com os mencionados valores.

De acordo com as regras concernentes ao direito obrigacional, assinale a opção CORRETA.

a) Perante o condomínio, Laurindo deverá arcar com o pagamento das cotas em atraso, pois cabe ao vendedor solver todos os débitos que gravem o imóvel até o momento da tradição, entregando-o livre e desembargado.
b) Perante o condomínio, Ary deverá arcar com o pagamento das cotas em atraso, pois se trata de obrigação subsidiária, já que o vendedor não foi encontrado, cabendo ação *in rem verso*, quando este for localizado.
c) Perante o condomínio, Laurindo deverá arcar com o pagamento das cotas em atraso, pois se trata de obrigação com eficácia real, uma vez que Ary ainda não possui direito real sobre a coisa.
d) Perante o condomínio, Ary deverá arcar com o pagamento das cotas em atraso, pois se trata de obrigação *propter rem*, entendida como aquela que está a cargo daquele que possui o direito real sobre a coisa e, comprovadamente imitido na posse do imóvel adquirido.

4. (MP/SP/Promotor de Justiça/88° Concurso/2011) Em um condomínio edilício, Antonio é proprietário e possuidor de uma unidade condominial. Ele proporciona festas em sua unidade, com frequência, além do horário permitido; não trata com urbanidade seus vizinhos e os funcionários do condomínio. Em decorrência de tais circunstâncias, recebeu convocação para Assembleia Geral a fim de deliberar sobre aplicação de multa por descumprimento de deveres perante o condomínio e comportamento antissocial. A respeito da deliberação da Assembleia em questão, é CORRETO afirmar que deverá ser tomada:

a) por dois terços dos condôminos restantes, aplicando-se multa de até o sêxtuplo do valor atribuído à contribuição para as despesas condominiais.
b) por maioria simples dos condôminos, aplicando-se multa de até cem salários-mínimos.
c) por três quartos dos condôminos restantes, aplicando-se multa de até o quíntuplo do valor atribuído à contribuição das despesas condominiais.
d) pela unanimidade dos condôminos, limitada ao valor atribuído à contribuição para as despesas condominiais.
e) por maioria qualificada dos condôminos, limitada ao dobro do valor atribuído à contribuição para as despesas condominiais.

5. (TJ/SC/Juiz de Direito/2009) Sobre condomínio, assinale a alternativa CORRETA:

a) O condômino pode alienar parte acessória de sua unidade a outro condômino, mas jamais a terceiro.
b) O síndico pode realizar reparos necessários, independentemente de autorização; na sua omissão ou impedimento, qualquer condômino pode fazê-lo.
c) Os condôminos podem convencionar que fique indivisa a coisa comum por prazo indeterminado.
d) O condomínio edilício pode ser instituído por escritura pública ou por instrumento particular, mas não por testamento.
e) A mudança da destinação do edifício ou da unidade imobiliária depende da aprovação de dois terços dos votos dos condôminos.

6. (TJSP/Juiz de Direito/181º Concurso/2008) Em relação ao condomínio edilício, assinale a alternativa CORRETA.

a) O condômino pode dar à sua fração ideal destinação outra que não a destinação do condomínio, por sua condição de proprietário.
b) O proprietário ou titular de direito à aquisição de unidade poderá fazer obra que modifique a fachada do prédio, na dependência de obtenção de aquiescência de um terço dos votos dos condôminos.
c) A participação e voto nas deliberações dos condôminos nas assembleias nunca dependem de estarem quites quanto ao pagamento dos encargos a que estão sujeitos.
d) As despesas originadas pelo condomínio edilício, a serem suportadas pelos condôminos, não devem ser consideradas relações de consumo, não se lhes aplicando, portanto, as regras do Código de Defesa do Consumidor.

7. (TJ/GO/Juiz de Direito/2007) Assinale a resposta CERTA:

A realização de obras no condomínio edilício depende de:
a) prévia autorização da assembleia, se as obras forem urgentes.
b) deliberação da maioria dos condôminos, se as obras forem úteis.
c) exclusivamente da deliberação do síndico, em qualquer caso.
d) deliberação de dois terços dos condôminos, se as obras forem úteis.

8. (TJ/SP/Juiz de Direito/179º Concurso/2006) Assinale a afirmação INCORRETA sobre o condomínio edilício.

a) O terraço da cobertura é parte sujeita à propriedade exclusiva, desde que assim disponha o instrumento de constituição do condomínio.
b) O condomínio não pode ser instituído por testamento.
c) Qualquer condômino pode realizar obras ou reparações urgentes e necessárias nas áreas comuns, independentemente de autorização da assembleia, em caso de omissão ou impedimento do síndico, ainda que importem em despesas excessivas.
d) A assembleia do condomínio poderá investir outra pessoa, em lugar do síndico, em poderes de representação.

9. (OAB/CESPE/UnB/2008-1) No que diz respeito ao condomínio e aos direitos e deveres dos condôminos, assinale a opção CORRETA.

a) Se um dos consortes contrair dívida em proveito da comunhão, ele não responderá pessoalmente pelo compromisso assumido, devendo todos os condôminos responder pela dívida contraída em benefício de todos.
b) No condomínio edilício, resolvendo o condômino alugar a sua unidade ou a sua garagem, ele deverá dar preferência, em condições iguais, aos demais consortes.
c) É direito dos condôminos requerer a divisão da coisa comum, porém é possível instituir-se a indivisibilidade convencional por prazo não superior a cinco anos, suscetível de prorrogação ulterior.
d) No condomínio edilício, o pagamento das despesas relativas às partes comuns do edifício, ainda que de uso exclusivo de um condômino ou de alguns deles, deve ser rateado entre todos os consortes.

10. (TJ/PE/Juiz de Direito/Fundação Carlos Chagas/2015) Em Assembleia Geral Extraordinária do Condomínio Edifício Parque das Aves, e para a qual todos os condôminos foram convocados, por

maioria absoluta de votos foi deliberada a cobrança de uma contribuição mais alta dos condôminos em cujas unidades haviam sido realizadas reformas que as valorizaram e cujos proprietários ocupam as duas vagas de garagem pertencentes a cada apartamento, enquanto a maioria dos moradores só ocupava uma delas. Essa deliberação é

a) inválida, porque, salvo disposição em contrário na convenção, a contribuição para as despesas do condomínio deve ser proporcional à fração ideal atribuída a cada unidade.
b) inválida, porque, em um condomínio, deve ser igual a contribuição dos condôminos, independentemente do valor da unidade autônoma.
c) válida, porque a decisão foi tomada em assembleia geral extraordinária, por maioria absoluta, atendendo à disposição legal que rege a matéria concernente à cobrança de despesas condominiais.
d) inválida, porque salvo disposição em contrário da convenção, a contribuição para as despesas do condomínio deve ser proporcional à área de cada unidade.
e) válida, porque as decisões tomadas em assembleia regularmente convocada sempre obrigam a todos os condôminos.

11. (Procuradoria do Estado/Procurador/Alagoas/Fundação Carlos Chagas/2013) Quanto ao condomínio em edificações, é correto afirmar:

a) A convenção que constitui o condomínio edilício deve ser subscrita pelos titulares de, no mínimo, três quartos das frações ideais, tornando-se obrigatória contra terceiros a partir do Registro no Cartório Imobiliário.
b) Institui-se o condomínio edilício exclusivamente por ato entre vivos, registrado no Cartório de Registro de Imóveis.
c) A convenção condominial deve necessariamente ser feita por escritura pública.
d) O condômino, ou possuidor, que não cumpre reiteradamente com os seus deveres perante o condomínio poderá, por deliberação de três quartos dos condôminos restantes, ser constrangido a pagar multa correspondente até ao quíntuplo do valor atribuído à contribuição para as despesas condominiais, conforme a gravidade das faltas e a reiteração, independentemente das perdas e danos que se apurem.
e) Não é permitido ao condômino alienar parte acessória de sua unidade imobiliária, seja a outros condôminos, seja a terceiros, pois o acessório vincula-se ao principal.

12. (TJSC/Juiz de Direito/Fundação Carlos Chagas/2015) No condomínio edilício, cada condômino concorrerá nas despesas do condomínio na proporção

a) da respectiva área de suas unidades autônomas, salvo disposição em contrário na convenção, e se não pagar ficará sujeito aos juros moratórios convencionados, ou não sendo previstos, os de dois por cento ao mês e multa de até dez por cento sobre o débito.
b) das suas frações ideais, salvo disposição em contrário na convenção, e se não pagar ficará sujeito aos juros moratórios convencionados ou, não sendo previstos, os de um por cento ao mês e multa de até dois por cento sobre o débito.
c) da respectiva área de suas unidades autônomas, salvo disposição em contrário na convenção, e se não pagar ficará sujeito aos juros moratórios convencionados ou, não sendo previstos, os de um por cento ao mês e multa de até dois por cento sobre o débito.
d) de suas frações ideais, salvo disposição em contrário na convenção e se não pagar ficará sujeito aos juros moratórios convencionados ou, não sendo previstos, os de dois por cento ao mês e multa de até vinte por cento sobre o débito.

13. (TJRJ/Juiz de Direito/XLVII Concurso/VUNESP/2016) Em janeiro de 2015, Wesley adquiriu de Frank, por meio de instrumento particular de compromisso de compra e venda, unidade autônoma integrante do Condomínio San José. Convencionou-se, no mencionado instrumento contratual, que (i) a posse seria imediatamente transmitida ao promitente comprador e (ii) o pagamento pela compra e venda seria realizado em 10 (dez) parcelas, sendo outorgada a competente escritura pública após o total adimplemento. Wesley, regularmente imitido na posse em janeiro de 2015, imediatamente noticiou ao condomínio a compra e venda, disponibilizando o respectivo instrumento contratual, que não foi registrado na matrícula do imóvel. Logo no mês de fevereiro de 2015, Wesley passou a inadimplir as contribuições condominiais, mas não deixou de honrar o pagamento das parcelas da compra e venda, devidas ao vendedor Frank. Em julho de 2015, o síndico optou por ajuizar ação para cobrança das contribuições condominiais em atraso. É certo que o apartamento é o único bem imóvel de Wesley e local onde reside.

Nesse contexto, considerando também a jurisprudência contemporânea do Superior Tribunal de Justiça, é CORRETO afirmar que

a) em razão da natureza da dívida, Frank possui responsabilidade pelo adimplemento das contribuições condominiais em atraso, mas possui a prerrogativa legal de não outorgar a escritura pública de venda e compra enquanto não for indenizado por Wesley.
b) a falta de registro de instrumento particular de compromisso de compra e venda torna Wesley parte ilegítima para a ação de cobrança das contribuições condominiais, que deverá ser manejada exclusivamente em face de Frank.
c) tanto o promitente vendedor quanto o promitente comprador são responsáveis pelo pagamento da dívida, mas não poderá haver constrição judicial do imóvel, pois é protegido pelo instituto do bem de família.
d) em razão da natureza *propter rem* das contribuições condominiais, Wesley e Frank são solidariamente responsáveis pelo pagamento das contribuições em atraso, admitindo-se que Frank cobre Wesley, regressivamente, pelo valor que eventualmente pagar em benefício deste.
e) apesar da falta de registro do instrumento contratual, o condomínio poderá cobrar a integralidade das contribuições condominiais somente de Wesley, contando com a plena possibilidade de penhora e alienação judicial do imóvel para satisfação do crédito.

14. (MP/PR/Promotor de Justiça/2017) Sobre condomínio em edifícios, assinale a alternativa INCORRETA:

a) As partes suscetíveis de utilização independente podem ser alienadas e gravadas livremente por seus proprietários.
b) Os abrigos para veículos não poderão ser alienados ou alugados a pessoas estranhas ao condomínio, salvo autorização expressa na convenção de condomínio.
c) O condomínio edilício pode ser instituído por ato *inter vivos*, sendo vedada sua instituição por testamento.
d) É sempre obrigatório o seguro de toda a edificação contra o risco de incêndio ou destruição, total ou parcial.
e) As despesas relativas a partes comuns de uso exclusivo de um condômino, ou de alguns deles, incumbem a quem delas se serve.

15. (TJ/SP/Juiz de Direito/187° Concurso/VUNESP/2017) Em área rural, objeto de condomínio *pro indiviso*, José, um dos condôminos, passa a exercer atividade de plantio na totalidade do imóvel. O outro condômino, Antônio, insurge-se e propõe ação de indenização por danos materiais. É CORRETO afirmar que o pedido deve ser

a) acolhido, determinando-se a João que responda pelos frutos que percebeu e pelos danos que causou.
b) rejeitado, uma vez que a condição de condômino autoriza José a explorar o imóvel de maneira irrestrita.
c) acolhido, garantindo-se a Antônio a divisão da coisa comum ou a adjudicação do quinhão de José.
d) rejeitado, exceto se Antônio, na qualidade de detentor da administração da coisa comum, requereu previamente a divisão do imóvel.

■ GABARITO ■

1. "b". *Vide* art. 1.336, I e § 1º, do CC.
2. "c". *Vide* art. 1.345 do CC.
3. "d". *Vide* art. 1.345 do CC.
4. "c". *Vide* art. 1.337 do CC.
5. "b". *Vide* art. 1.341, § 1º, do CC.
6. "d". *Vide* a jurisprudência: "Despesas condominiais. Multa moratória. Pretendida aplicação do Código de Defesa do Consumidor. Inadmissibilidade. Débito condominial que não encerra relação de consumo. Aplicação do valor estipulado na Convenção Condominial" (*RT*, 808/297).

7. "b". *Vide* art. 1.341, II, do CC.
8. "b". *Vide* art. 1.332 do CC.
9. "c". *Vide* art. 1.320, *caput* e § 1º, do CC.
10. "a". *Vide* art. 1.336, I, do CC.
11. "d". *Vide* art. 1.337 do CC.
12. "b". *Vide* art. 1.336, I e § 1º, do CC.
13. "e". *Vide* item 17.5.1.1.2 (Responsabilidade do compromissário comprador), *retro*. Entende o STJ que é admissível a penhora de imóvel residencial na execução promovida pelo condomínio para a cobrança de cotas condominiais sobre ele incidentes, inserindo a hipótese nas exceções contempladas pelo inciso IV do art. 3º da Lei n. 8.009/90 (REsp 203.629-SP, 4ª T., rel. Min. Asfor Rocha, j. 18-5-1999).
14. "c". *Vide* art. 1.332 do CC.
15. "a". *Vide* art. 1.319 do CC.

18

DA PROPRIEDADE RESOLÚVEL

18.1. CONCEITO

O Código Civil, no título concernente à propriedade, dedica o Capítulo VIII, composto de dois artigos (1.359 e 1.360), à propriedade resolúvel.

Diz-se que a propriedade é *resolúvel* quando **o título de aquisição está subordinado a uma condição resolutiva ou ao advento do termo**. Ou, segundo Clóvis Beviláqua[1], é aquela que no próprio título de sua aquisição encerra o princípio que a tem de extinguir, realizada a condição resolutória, ou vindo o termo extintivo, seja por força da declaração, seja por determinação da lei.

Nesse caso, deixa de ser plena, assim como quando pesam sobre ela ônus reais, passando a ser **limitada**.

18.2. NATUREZA JURÍDICA

É controvertida a natureza jurídica da propriedade resolúvel. Para uma corrente, ela é **domínio de natureza especial**. Neste caso, aplicam-se os princípios especiais do direito de propriedade, sendo considerada um de seus institutos, colocado na parte do direito civil que sistematiza os direitos reais.

Para outra corrente, trata-se apenas de um caso de **aplicação das regras gerais relativas à condição e ao termo**, previstas na Parte Geral do Código Civil, e dos **princípios concernentes à dissolução dos contratos**. Nessa hipótese, aplicar-se-iam, pura e simplesmente, os preceitos legais atinentes à resolução dos atos jurídicos em geral.

Para Orlando Gomes, "melhor será, nestas condições, considerar a *propriedade resolúvel* como **uma das modalidades do domínio**, ainda se reconheça que a revogação deste é mera consequência da resolução do ato jurídico de que se originou"[2].

Essa sugestão foi **acolhida pelo Código Civil de 2002**, ao disciplinar a propriedade resolúvel no título que regula a propriedade, como uma de suas modalidades.

1 *Código Civil dos Estados Unidos do Brasil comentado*, v. 3, p. 177.

2 *Direitos reais*, p. 268.

18.3. CAUSAS DE RESOLUÇÃO DA PROPRIEDADE

O Código Civil trata dos casos de resolução da propriedade em dois artigos, que estabelecem exceções ao princípio de que o direito de propriedade é perpétuo e irrevogável:

- pelo **advento de uma condição ou termo**; e
- pelo **surgimento de uma causa superveniente**.

No art. 1.359, a causa da resolução se encontra inserta **no título**; no art. 1.360, o elemento que resolve a relação jurídica é **superveniente**.

18.3.1. Resolução pelo implemento da condição ou pelo advento do termo

Dispõe o art. 1.359 do Código Civil:

> "Resolvida a propriedade pelo implemento da condição ou pelo advento do termo, entendem-se também resolvidos os direitos reais concedidos na sua pendência, e o proprietário, em cujo favor se opera a resolução, pode reivindicar a coisa do poder de quem a possua ou detenha".

A condição ou termo referidos **constam do título** constitutivo da propriedade, de tal forma que o terceiro que a adquiriu **não poderá alegar surpresa**. Se alguém, por exemplo, adquirir imóvel em cuja escritura existia um *pacto de retrovenda*, não poderá reclamar se o primeiro alienante exercer o seu direito de retrato antes do prazo de três anos (CC, art. 505). Nesse caso, **resolve-se o domínio do terceiro**, e o primeiro alienante poderá reivindicar o imóvel (*resoluto jure dantis, resolvitur jus accipientis*).

A *condição* ou *termo resolutivo* **operam retroativamente** (*ex tunc*), e todos os direitos constituídos em sua pendência se desfazem, como se jamais houvessem existido. A devolução da coisa faz-se como se nunca tivesse havido mudança de proprietário, aplicando-se o princípio da retroatividade das condições consagrado no art. 128 do Código Civil.

Outros exemplos de propriedade resolúvel podem ser lembrados, além do pacto de retrovenda já mencionado, tais como:

- a venda a estranho, pelo condômino, de sua quota na coisa comum indivisível, sem respeito ao **direito de preferência** assegurado aos consortes. Qualquer destes pode exercer o aludido direito no prazo de seis meses (CC, art. 504), havendo para si a quota vendida e **resolvendo-se a propriedade** do adquirente estranho;
- o **fideicomisso**, pelo qual o testador dispõe que a herança passe a determinada pessoa, chamada fiduciário, para, por morte desta, ou dentro de certo tempo, transmitir-se a outra (fideicomissário). A propriedade do primeiro (fiduciário) é revogável. Verificado o termo prefixado (morte ou vencimento do prazo), **resolve-se a propriedade**, a fim de transmitir-se ao fideicomissário;
- a **alienação fiduciária em garantia**, na qual o fiduciário adquire propriedade restrita e **resolúvel**, estando estabelecida no próprio título de constituição desse direito a causa de sua extinção;

- na **venda com reserva de domínio**, pelas mesmas razões;
- na **venda a contento sob condição resolutiva**, pela qual se estipula que o negócio será desfeito se a coisa vendida não agradar o comprador;
- na **doação com cláusula de reversão**, em que o doador determina que os bens doados voltem ao seu patrimônio, se sobreviver ao donatário[3].

18.3.2. Resolução por causa superveniente

O art. 1.360 do Código Civil cuida de outra hipótese. Preceitua o aludido dispositivo:

> "Se a propriedade se resolver por outra causa superveniente, o possuidor, que a tiver adquirido por **título anterior** à sua resolução, será considerado **proprietário perfeito**, restando à pessoa, em cujo benefício houve a resolução, ação contra aquele cuja propriedade se resolveu para haver a própria coisa ou o seu valor".

Se alguém, por exemplo, receber um imóvel em doação e depois o alienar, o adquirente será considerado proprietário perfeito se, posteriormente, o doador resolver revogar a doação por ingratidão do donatário (CC, art. 557). Embora se permita a revogação, não pode ela prejudicar direitos adquiridos por terceiros.

Como se trata de **causa superveniente**, o adquirente não podia prevê-la. O doador, nesse caso, só poderá cobrar do donatário **o valor da coisa**, porque esta continuará pertencendo ao adquirente de boa-fé.

18.4. RESUMO

DA PROPRIEDADE RESOLÚVEL	
CONCEITO	A propriedade é **resolúvel** quando o título de aquisição está subordinado a uma condição resolutiva ou ao advento do termo. Nesse caso, deixa de ser plena, assim como quando pesam sobre ela ônus reais, passando a ser **limitada**.
EFEITOS	*ex tunc*: se a causa da resolução da propriedade constar do próprio título constitutivo (CC, art. 1.359); *ex nunc*: se a resolução se der por causa superveniente (art. 1.360). Se alguém, p. ex., receber um imóvel em doação e depois o alienar, o adquirente será considerado proprietário perfeito se, posteriormente, o doador revogar a doação por ingratidão do donatário (art. 557).

[3] Orlando Gomes, *Direitos reais*, cit., p. 270-272; Washington de Barros Monteiro, *Curso de direito civil*, v. 3, p. 241-242; Marco Aurélio S. Viana, *Comentários ao novo Código Civil*, v. XVI, p. 514.

19

DA PROPRIEDADE FIDUCIÁRIA

■ 19.1. CONCEITO

O art. 1.361, *caput*, do Código Civil conceitua a *propriedade fiduciária* nestes termos:

> "Considera-se fiduciária a propriedade resolúvel de coisa móvel infungível que o devedor, **com escopo de garantia**, transfere ao credor".

Constitui-se mediante negócio jurídico de disposição condicional. Subordinado a uma condição resolutiva, porque a propriedade fiduciária cessa em favor do alienante, uma vez verificado o implemento da condição resolutiva, não exige nova declaração de vontade do adquirente ou do alienante, nem requer a realização de qualquer novo ato. O alienante, que transferiu fiduciariamente a propriedade, **readquire-a pelo só pagamento da dívida**[1].

■ 19.2. BREVE ESCORÇO HISTÓRICO

A complexidade da vida moderna gerou a necessidade da criação de **novos instrumentos de garantia**, ao lado daqueles de cunho tradicional. O **penhor**, exigindo, na maioria das vezes, a tradição da coisa apenhada, dificulta as negociações mercantis. A **hipoteca** tem o seu campo de incidência bastante restrito, uma vez limitada aos bens imóveis, navios e aviões. A **anticrese**, em razão dos inconvenientes que apresenta, caiu em completo desuso entre nós.

Suprindo essas deficiências, a **Lei de Mercado de Capitais** (Lei n. 4.728/65, art. 66) introduziu no direito brasileiro a **"alienação fiduciária em garantia"**, inspirada na *fiducia cum creditore* do direito romano, pela qual o devedor transferia, por venda, bens seus ao credor, com a ressalva de recuperá-los se, dentro em certo tempo, ou sob dada condição, efetuasse o pagamento da dívida.

O aludido direito conheceu também a *fiducia cum amico*, baseada na confiança e que permitia a uma pessoa acautelar seus bens contra determinados riscos, alienando-os a um amigo, com ressalva de lhe serem restituídos após passado o perigo.

O contrato de venda a crédito com ***reserva de domínio*** representava uma garantia somente para o comerciante de bens móveis duráveis. Com a participação cada

---

[1] Caio Mário da Silva Pereira, *Instituições de direito civil*, v. IV, p. 426.

vez maior das **financeiras** nessa relação jurídica, surgiu a necessidade de se dar **maior garantia a essas intermediárias**. O art. 66 da aludida Lei de Mercado de Capitais foi modificado pelo **Decreto-Lei n. 911/69**, que passou a regular o referido instituto. O Código Civil de 2002 disciplinou-o, em linhas gerais, sob o título **"Da propriedade fiduciária"** (arts. 1.361 a 1.368), permanecendo aplicáveis somente os dispositivos de ordem instrumental da referida legislação especial.

O mencionado Decreto-Lei **n. 911/69**, cujo art. 3º foi alterado pela Lei n. 10.931, de 2 de agosto de 2004, aplica-se, com efeito, apenas, no que couber, às questões de **natureza processual**, estando revogado naquilo que respeita ao direito material[2].

■ 19.3. CARACTERÍSTICAS

Na propriedade fiduciária dá-se a **transferência do domínio** do bem móvel ao credor, denominado *fiduciário* (em geral, uma financeira, que forneceu o numerário para a aquisição), **em garantia do pagamento**, permanecendo o devedor (*fiduciante*) com a **posse direta da coisa**. O *domínio* e a *posse indireta* passam ao credor, em garantia. Não se dá tradição *real*, mas, sim, *ficta*, pelo **constituto possessório**. O domínio do credor é *resolúvel*, pois se resolve automaticamente em favor do devedor alienante, sem necessidade de outro ato, **uma vez paga a última parcela da dívida**.

Com a inserção da propriedade fiduciária no Código Civil, qualquer pessoa física ou jurídica pode se colocar na condição de fiduciário, a exemplo do que ocorre com a alienação fiduciária de imóveis instituída pela Lei n. 9.514/97[3].

No regime anterior admitia-se a alienação fiduciária de bens fungíveis, que não fossem consumíveis, ainda que por destinação. A 2ª Seção do Superior Tribunal de Justiça, competente no tema, uniformizou, todavia, seu entendimento, proclamando a **inadmissibilidade da alienação fiduciária de bens fungíveis e consumíveis** (comerciáveis)[4].

O **Código Civil** é incisivo nessa questão e restringe à coisa **móvel infungível** o objeto da propriedade fiduciária. Infungível, segundo interpretação *a contrario sensu* do art. 85 do Código Civil, é o bem móvel que não pode substituir-se por outro da mesma espécie, qualidade e quantidade.

Quanto ao bem **que já integre o patrimônio do devedor**, é pacífico que pode ser objeto de propriedade fiduciária. Dispõe nesse sentido a Súmula 28 do Superior Tribunal de Justiça:

> "O contrato de alienação fiduciária em garantia pode ter por objeto bem que já integrava o patrimônio do devedor".

---

2 Joel Dias Figueira Júnior, A propriedade fiduciária como novo instituto de direito real no Código Civil brasileiro de 2002, *Informativo INCIJUR*, n. 32, mar. 2002, p. 2.

3 Gleydson Kleber Lopes de Oliveira, *Comentários ao Código Civil brasileiro*, v. XII, p. 219-220.

4 REsp 19.915-8-MG-ED, rel. Min. Sálvio de Figueiredo, *DJU*, 17-12-1992, p. 24207. No mesmo sentido: *RSTJ*, 65/444.

19.4. ALIENAÇÃO FIDUCIÁRIA DE BENS IMÓVEIS

A propriedade fiduciária disciplinada no Código Civil é um novo *direito real de garantia*, que tem por objeto somente bens *móveis infungíveis* e *alienáveis*. A alienação fiduciária de **bens imóveis** continua regulada pela Lei n. 9.514, de 20 de novembro de 1997. O art. 22 da referida lei foi modificado pela Lei n. 11.481, de 31 de maio de 2007, tendo agora a seguinte redação:

> "Art. 22. (...)
>
> § 1º A alienação fiduciária poderá ser contratada por pessoa física ou jurídica, não sendo privativa das entidades que operam no SFI, podendo ter como objeto, além da propriedade plena:
>
> I — bens enfitêuticos, hipótese em que será exigível o pagamento do laudêmio, se houver a consolidação do domínio útil no fiduciário;
>
> II — o direito de uso especial para fins de moradia;
>
> III — o direito real de uso, desde que suscetível de alienação;
>
> IV — a propriedade superficiária.
>
> § 2º Os direitos de garantia instituídos nas hipóteses dos incisos III e IV do § 1º deste artigo ficam limitados à duração da concessão ou direito de superfície, caso tenham sido transferidos por período determinado".

Dispõe o art. 1.368-A do Código Civil, acrescentado pela Lei n. 10.931, de 2 de agosto de 2004: "As demais espécies de propriedade fiduciária ou de titularidade fiduciária submetem-se à disciplina específica das respectivas leis especiais, somente se aplicando as disposições deste Código naquilo que não for incompatível com a legislação especial".

A Lei n. 9.514, de 20 de novembro de 1997, admite que as operações de financiamento imobiliário em geral sejam garantidas, dentre outras formas, por ***cessão fiduciária* de direitos creditórios** decorrentes de contratos de **alienação de imóveis**. O referido instituto teve a sua finalidade ampliada, na medida em que o § 3º do art. 66-B passou a admitir a **cessão fiduciária também de direitos sobre coisas móveis e títulos de crédito**. A essa nova espécie de cessão fiduciária aplicam-se as regras materiais e procedimentais previstas nos arts. 18 a 20 da referida lei.

Nos casos de alienação ou cessão fiduciária previstas na Lei n. 4.728, de 1965, conforme a alteração determinada pela Lei n. 10.931, de 2004, salvo se disposto de forma contrária no contrato, **a posse direta e indireta** do bem objeto da propriedade fiduciária ou do título representativo do direito ou do crédito **é sempre atribuída ao credor fiduciário** (em geral, o banco), conferindo-lhe maior segurança para a liquidação da garantia em caso de inadimplemento da obrigação principal.

A Lei n. 13.043, de 13 de novembro de 2014, alterou o art. 1.367 e acrescentou o art. 1.368-B ao Código Civil. Dispõe, com efeito, o art. 102 da referida lei:

> "Art. 102. A Lei n. 10.406, de 10 de janeiro de 2002 — Código Civil, passa a vigorar com as seguintes alterações:
>
> Art. 1.367. A propriedade fiduciária em garantia de bens móveis ou imóveis sujeita-se às disposições do Capítulo I do Título X do Livro III da Parte Especial deste Código e,

no que for específico, à legislação especial pertinente, não se equiparando, para qualquer efeito, à propriedade plena de que trata o art. 1.231.

Art. 1.368-B. A alienação fiduciária em garantia de bem móvel ou imóvel confere direito real de aquisição ao fiduciante, seu cessionário ou sucessor.

Parágrafo único. O credor fiduciário que se tornar proprietário pleno do bem, por efeito de realização da garantia, mediante consolidação da propriedade, adjudicação, dação ou outra forma pela qual lhe tenha sido transmitida a propriedade plena, passa a responder pelo pagamento dos tributos sobre a propriedade e a posse, taxas, despesas condominiais e quaisquer outros encargos, tributários ou não, incidentes sobre o bem objeto da garantia, a partir da data em que vier a ser imitido na posse direta do bem".

Observa-se que o objetivo do legislador foi: em primeiro lugar, ressaltar que se aplicam à espécie de propriedade fiduciária regida pelo Código Civil as normas dos arts. 1.419 a 1.430 do referido diploma, que tratam das **disposições gerais concernentes ao penhor, à hipoteca e à anticrese**; em segundo, destacar que **há várias espécies de alienação fiduciária** e que cada uma delas possui um regramento próprio, esclarecendo que se aplicam as normas do Código Civil apenas aos casos em que a alienação fiduciária **não for disciplinada em lei específica**; e, por último, esclarecer que as regras da propriedade fiduciária são **diversas e especiais** em relação à propriedade plena, mencionada no art. 1.231 do Código Civil.

■ 19.5. MODOS DE CONSTITUIÇÃO

A propriedade fiduciária é negócio jurídico formal. Para que possa constituir-se juridicamente e tornar-se hábil a produzir seus efeitos no mundo jurídico, deve observar os **requisitos** contidos no art. 1.361, § 1º, do Código Civil, que estatui:

"Constitui-se a propriedade fiduciária com o **registro do contrato**, celebrado por instrumento público ou particular, que lhe serve de título, no Registro de Títulos e Documentos do domicílio do devedor, ou, em se tratando de veículos, na repartição competente para o licenciamento, fazendo-se a anotação no certificado de registro".

■ 19.5.1. Formalidades

O contrato deve ter, portanto, a **forma escrita**, podendo o instrumento ser público ou particular, e conter:

- o **total da dívida**, ou sua **estimativa**;
- o **prazo**, ou a **época** do pagamento;
- a **taxa de juros**, se houver;
- a **descrição da coisa** objeto da transferência, com os elementos indispensáveis à sua identificação (CC, art. 1.362).

A aquisição do domínio exige a **tradição**, que é *ficta*, na hipótese, como já dito. O formalismo do ato completa-se com o **registro** do contrato no Cartório de Títulos e Documentos do domicílio do devedor, ou, em se tratando de **veículos**, na repartição competente para o seu licenciamento, com anotação no certificado de registro (Código de Trânsito Brasileiro, art. 121), conferindo com isso existência legal à propriedade fiduciária e gerando oponibilidade a terceiros.

Proclama a Súmula 92 do Superior Tribunal de Justiça:

> "A terceiro de boa-fé não é oponível a alienação fiduciária não anotada no Certificado de Registro do veículo automotor".

Decidiu a 1ª Turma do referido Tribunal que a exigência de registro em cartório do contrato de alienação fiduciária não é requisito de validade do negócio jurídico. **Para as partes signatárias, o acordo entre elas é perfeito e plenamente válido, independentemente do registro**, que, se ausente, traz como única consequência a ineficácia do contrato perante o terceiro de boa-fé. Destacou o relator, Min. Luiz Fux, a eficácia do registro no licenciamento do veículo, considerando-a maior do que a mera anotação no cartório de títulos e documentos[5].

19.5.2. Efeitos

Preceitua o § 2º do aludido art. 1.361 que, "com a constituição da propriedade fiduciária, dá-se o **desdobramento da posse**, tornando-se o devedor possuidor direto da coisa". Por sua vez, aduz o § 3º: "A propriedade superveniente, adquirida pelo devedor, torna eficaz, desde o arquivamento, a transferência da propriedade fiduciária". A referida aquisição se dá com o adimplemento do contrato em todos os seus termos.

Antes de vencida a dívida, diz o art. 1.363 do Código Civil, "o devedor, a suas expensas e risco, pode usar a coisa segundo sua destinação, sendo obrigado, **como depositário:** I — a empregar na guarda da coisa a diligência exigida por sua natureza; II — a entregá-la ao credor, se a dívida não for paga no vencimento".

O fiduciante pode, assim, **fruir do bem livremente**, respondendo sempre como depositário fiel, devendo entregá-lo ao credor em caso de inadimplemento.

O credor pode exigir outras garantias, como a fiança e o aval. Se o débito é saldado por terceiro, em geral o avalista ou fiador, dá-se a sub-rogação "de pleno direito no crédito e na propriedade fiduciária" (CC, art. 1.368).

19.6. DIREITOS E OBRIGAÇÕES DO FIDUCIANTE

Os direitos e obrigações do *fiduciante* (devedor) resumem-se em:

- ficar com a **posse direta** da coisa e o direito eventual de **reaver a propriedade plena**, com o pagamento da dívida;
- **purgar a mora**, em caso de lhe ser movida ação de busca e apreensão;
- **receber o saldo** apurado na venda do bem efetuada pelo fiduciário para satisfação de seu crédito;
- responder pelo **remanescente da dívida**, se a garantia não se mostrar suficiente;

[5] STJ, REsp 686.932, 1ª T., rel. Min. Luiz Fux.

- **não dispor do bem alienado**, que pertence ao fiduciário (nada impede que ceda o direito eventual de que é titular, consistente na expectativa de vir a ser titular, independentemente da anuência do credor, levando a cessão a registro);
- **entregar o bem**, em caso de inadimplemento de sua obrigação, sujeitando-se ao pagamento de perdas e danos, como depositário infiel.

Tendo em vista a existência de uma relação jurídica de consumo, comum na alienação fiduciária de garantia **que tem veículos por objeto**, considera-se aplicável na hipótese, no tocante à mora do devedor fiduciante, o art. 53, *caput*, do Código de Defesa do Consumidor (Lei n. 8.078/1990), *verbis*:

> "Art. 53. Nos contratos de compra e venda de móveis ou imóveis mediante pagamento em prestações, bem como nas alienações fiduciárias em garantia, **consideram-se nulas de pleno direito as cláusulas que estabeleçam a perda total das prestações pagas em benefício do credor** que, em razão do inadimplemento, pleitear a resolução do contrato e a retomada do produto alienado".

E assim tem decidido o Superior Tribunal de Justiça. Confira-se:

> "No contrato de alienação fiduciária, o credor tem o direito de receber o valor do financiamento, o que pode obter mediante a venda extrajudicial do bem apreendido, e o devedor tem o direito de receber o saldo apurado, mas não a restituição integral do preço pago"[6].

Além disso, a aludida Corte tem aplicado nesses casos a teoria do *adimplemento substancial* para impedir a busca e apreensão da coisa na alienação fiduciária em garantia de bens móveis. Conforme a mencionada teoria, não caberá a extinção do negócio nos casos em que o contrato tiver quase todo cumprido, e sim a cobrança dos valores devidos.

A recuperação da propriedade plena opera-se pela **averbação da *quitação* do credor no cartório em que registrado o contrato**, que pode ser obtida, em caso de recusa, por meio da ação de consignação em pagamento. A recusa do credor pode sujeitá-lo ao ressarcimento das perdas e danos, pois é curial que a subsistência do direito real após a liquidação do débito acarreta prejuízo ao devedor, pelo qual o credor responde[7].

19.7. DIREITOS E OBRIGAÇÕES DO FIDUCIÁRIO

A obrigação principal do *credor fiduciário* consiste em proporcionar ao alienante o **financiamento** a que se obrigou, bem como em **respeitar o direito ao uso** regular da coisa por parte deste. Deve, portanto, não molestar a posse direta do fiduciante e não se apropriar da coisa alienada, uma vez que é defesa a cláusula comissória.

Se o devedor é inadimplente, fica o credor **obrigado a vender o bem**, aplicando o preço no pagamento de seu crédito, acréscimos legais, contratuais e despesas, e a entregar o saldo, se houver, ao devedor (CC, art. 1.364). Para esse fim, pode ajuizar

[6] STJ, REsp 401.702-DF, 4ª T., rel. Min. Barros Monteiro, j. 7-6-2005.

[7] Caio Mário da Silva Pereira, *Instituições*, cit., v. IV, p. 434.

ação de busca e apreensão contra o devedor, a qual poderá ser convertida em **ação de depósito**, caso o bem não seja encontrado.

Quando, vendida a coisa, o produto não bastar para o pagamento da dívida e das despesas de cobrança, **"continuará o devedor obrigado pelo restante"** (CC, art. 1.366). Preceitua o art. 1.367 do novo diploma: "Aplica-se à propriedade fiduciária, no que couber, o disposto nos arts. 1.421, 1.425, 1.426, 1.427 e 1.436".

Os dispositivos mencionados dizem respeito às disposições gerais dos direitos reais de garantia: penhor, hipoteca e anticrese. Devem elas ser aplicadas à propriedade fiduciária "no que couber", ou seja, naquilo que mostra compatibilidade com o aludido instituto. Assim, por exemplo, o pagamento de uma ou mais prestações da dívida não importa exoneração da correspondente garantia, ainda que esta compreenda vários bens, salvo disposição expressa no título ou na aquisição, como prescreve o art. 1.421 do Código Civil, que consagra o princípio da indivisibilidade da garantia.

19.8. PACTO COMISSÓRIO

O art. 1.365 do Código Civil proíbe, declarando **nula**, a inserção, no contrato, de cláusula que permita ao credor **ficar com a coisa** alienada em garantia, em caso de inadimplemento contratual (*pacto comissório*). Se o devedor é inadimplente, cumpre-lhe promover as medidas judiciais mencionadas.

Mas o parágrafo único do aludido dispositivo preceitua que "o devedor pode, com a anuência do credor, dar seu direito eventual à coisa em pagamento da dívida, após o vencimento desta".

A proibição da estipulação de cláusula comissória nos direitos de garantia é tradicional. Sendo o devedor inadimplente, **não pode o credor ficar com a coisa dada em garantia**, mesmo que seu crédito seja maior. Incumbe-lhe **promover as medidas legais** para vender, judicial ou extrajudicialmente, a coisa a terceiros, e aplicar o preço no pagamento de seu crédito, entregando o saldo, se houver, ao devedor (CC, art. 1.364), como já foi dito.

A nulidade, que é *ipso iure*, atinge somente a cláusula comissória, permanecendo íntegro o restante da avença.

19.9. PROCEDIMENTO NO CASO DE INADIMPLEMENTO DO CONTRATO

Comprovada a mora do devedor, pode o credor considerar vencidas todas as obrigações contratuais e ajuizar **ação de busca e apreensão**, obtendo a liminar. A mora decorrerá do simples vencimento do prazo para pagamento, mas deverá ser comprovada mediante o protesto do título ou por carta registrada, expedida por intermédio do Cartório de Títulos e Documentos, a critério do credor (art. 2º, § 2º, do Decreto-Lei n. 911/69).

Dispõe a Súmula 72 do Superior Tribunal de Justiça que "**a comprovação da mora é imprescindível** à busca e apreensão do bem alienado fiduciariamente". Por sua vez, estabelece a Súmula 245 do aludido Sodalício que "a notificação destinada a comprovar a mora nas dívidas garantidas por alienação fiduciária dispensa a indicação do valor do débito".

Cinco dias após executada a liminar, **consolidar-se-ão a propriedade e a posse plena e exclusiva** do bem no patrimônio do credor fiduciário, cabendo às repartições competentes, quando for o caso, expedir novo certificado de registro de propriedade em nome do credor, ou de terceiro por ele indicado, livre do ônus da propriedade fiduciária. **No aludido prazo, o devedor fiduciante poderá pagar a integralidade da dívida pendente**, segundo os valores apresentados pelo credor fiduciário na inicial, hipótese na qual o bem lhe será restituído livre do ônus. O devedor fiduciante apresentará **resposta** no prazo de quinze dias da execução da liminar. A resposta poderá ser apresentada ainda que o devedor se tenha utilizado da faculdade de saldar a dívida segundo os valores apontados na inicial, caso entenda ter havido pagamento a maior e desejar **restituição** (Decreto-Lei n. 911/69, art. 3º, §§ 1º a 4º, com a redação dada pela Lei n. 10.931, de 2-8-2004).

A **sentença**, de que cabe apelação apenas no *efeito devolutivo*, em caso de procedência da ação (na hipótese de improcedência, deve ser recebida em ambos os efeitos)[8], **não impedirá a venda extrajudicial do bem**. Na sentença que decretar a improcedência da ação de busca e apreensão, o juiz condenará o credor fiduciário ao **pagamento de multa**, em favor do devedor fiduciante, equivalente a cinquenta por cento do valor originalmente financiado, devidamente atualizado, caso o bem já tenha sido alienado. A mencionada multa não exclui a responsabilidade do credor fiduciário por **perdas e danos** (Decreto-Lei n. 911/69, art. 3º, §§ 5º a 7º, com a redação dada pela Lei n. 10.931/2004).

A venda pode ser **extrajudicial** ou judicial (CC, art. 1.364). Preferida esta, aplica-se o disposto no art. 730 do Código de Processo Civil.

Se o bem não for encontrado ou não se achar na posse do devedor, o credor poderá requerer a **conversão** do pedido de busca e apreensão, nos mesmos autos, em **ação de depósito** (Decreto-Lei n. 911/69, art. 4º).

O Superior Tribunal de Justiça, entretanto, não vinha admitindo a prisão do depositário, após a vigência da Constituição de 1988, ao fundamento de que se trata de depósito atípico. O Supremo Tribunal Federal, por sua vez, no dia 3 de dezembro de 2008, por maioria do Plenário, negou provimento ao RE 466.343-SP, oriundo de uma ação concernente a um contrato de alienação fiduciária. A referida decisão **pôs fim à prisão civil do depositário infiel**, tanto nas hipóteses de contratos, como os de depósito, de alienação fiduciária, de arrendamento mercantil ou *leasing*, por exemplo, como no caso do depositário judicial. Em consequência, o mesmo Tribunal revogou a Súmula 619, que permitia a decretação da prisão deste último no próprio processo em que se constituiu o encargo, independentemente da propositura da ação de depósito.

De acordo com a Súmula 20 do extinto Primeiro Tribunal de Alçada Civil, o valor da coisa, para efeito da mais adequada estimação do equivalente em dinheiro, "é o correspondente ao do débito contratual, isto é, ao do saldo devedor em aberto".

Se ocorrer a **falência** do devedor, e a busca não tiver ainda sido efetivada, o credor fiduciário poderá simplesmente formular pedido de restituição no juízo falimentar,

---

8 *JTACSP*, 125/258.

não estando sujeito a habilitação (Lei n. 11.101, de 9-2-2005, que regula a recuperação e a falência do empresário e da sociedade empresária, arts. 49, § 3º, e 85).

Se, ao ser decretada a **falência**, a liminar de busca e apreensão já havia sido cumprida, a ação prosseguirá até o final, no juízo em que foi proposta, passando o administrador a representar o falido[9].

19.10. RESUMO

DA PROPRIEDADE FIDUCIÁRIA	
CONCEITO E CARACTERES	Considera-se fiduciária a propriedade resolúvel de coisa móvel infungível que o devedor, com escopo de garantia, transfere ao credor (CC, art. 1.361). Na alienação fiduciária em garantia, dá-se a transferência do domínio do bem móvel ao credor ***(fiduciário)***, em garantia do pagamento, permanecendo o devedor ***(fiduciante)*** com a posse direta da coisa.
REGULAMENTAÇÃO	o **contrato** deve ter a **forma escrita**, podendo o instrumento ser público ou particular, e conter: o total da dívida; o prazo ou a época do pagamento; a taxa de juros, se houver; a descrição da coisa objeto da transferência (CC, art. 1.362); a aquisição do domínio exige a tradição, que é ficta, na hipótese; o registro no Cartório de Títulos e Documentos confere existência legal à propriedade fiduciária, gerando oponibilidade a terceiros.
DIREITOS E OBRIGAÇÕES DO FIDUCIANTE	ficar com a posse direta da coisa e o direito eventual de reaver a propriedade plena, com o pagamento da dívida; purgar a mora, em caso de lhe ser movida ação de busca e apreensão; receber o saldo apurado na venda do bem efetuada pelo fiduciário para satisfação de seu crédito; responder pelo remanescente da dívida, se a garantia não se mostrar suficiente; não dispor do bem alienado, que pertence ao fiduciário, embora possa ceder o direito eventual de que é titular; entregar o bem, em caso de inadimplemento de sua obrigação, sujeitando-se ao pagamento de perdas e danos, como depositário infiel.
OBRIGAÇÕES DO CREDOR FIDUCIÁRIO	a obrigação principal consiste em proporcionar ao alienante o financiamento a que se obrigou, bem como em respeitar o direito ao uso regular da coisa por parte deste; se o devedor é inadimplente, fica o credor obrigado a vender o bem, aplicando o preço no pagamento de seu crédito e acréscimos, e a entregar o saldo, se houver, ao devedor (CC, art. 1.364).
PROCEDIMENTO	pode o credor mover ação de busca e apreensão contra o devedor inadimplente, a qual poderá ser convertida em ação de depósito, caso o bem não seja encontrado; a ***sentença***, de que cabe apelação apenas no ***efeito devolutivo***, em caso de procedência da ação, não impedirá a venda extrajudicial do bem e ***consolidará a propriedade*** e a posse plena e exclusiva nas mãos do proprietário fiduciário; a venda pode ser extrajudicial ou judicial (CC, art. 1.364). Preferida esta, aplica-se o disposto no art. 730 do CPC; se o bem não for encontrado, o credor poderá requerer a ***conversão*** do pedido de busca e apreensão, nos mesmos autos, em ação de depósito; o STF pôs fim à prisão civil do depositário infiel.

9 *RTJ*, 81/620.

20

DA SUPERFÍCIE

20.1. CONCEITO

O Código Civil de 2002 reintroduziu no direito brasileiro o **direito de superfície**, previsto na legislação do Reino de Portugal aqui aplicada no direito pré-codificado, mas não contemplado no diploma de 1916.

Trata-se de **direito real de fruição ou gozo sobre coisa alheia**, de origem romana. Surgiu da necessidade prática de se permitir edificação sobre bens públicos, permanecendo o solo em poder do Estado. No direito romano, o Estado arrendava suas terras a particulares, que se obrigavam ao pagamento dos *vectigali*, com o objetivo precípuo de manter a posse das largas terras conquistadas. Confere ele, em essência, a uma ou várias pessoas o direito de construir ou plantar em terreno alheio.

A Lei n. 10.257, de 10 de julho de 2001, denominada **"Estatuto da Cidade"** e que regulamentou os arts. 182 e 183 da Constituição Federal, antecipou-se ao novo Código Civil, disciplinando o direito de superfície, limitado, porém, a imóvel urbano, **enquanto este cuida do urbano e também do rural**. Com a entrada em vigor, porém, do último diploma, houve a **derrogação do aludido Estatuto**, passando o instituto em apreço a ser regulado inteiramente pelos arts. 1.369 a 1.377 do novo *Codex*[1].

20.1.1. Substituição da enfiteuse pela superfície

O Código Civil de 2002 aboliu a enfiteuse, **substituindo-a pelo direito de superfície** gratuito ou oneroso. Considera-se vantajosa a substituição, porque este último permite **melhor e mais ampla** utilização da coisa. Se o proprietário de uma área de terras não tiver recursos para explorá-la, poderá cedê-la a alguém em superfície para, na referida gleba, por exemplo, construir e explorar um hotel.

20.1.2. Perfil do novo instituto

O direito de superfície é definido no art. 1.369 do Código Civil, *verbis*:

[1] Joel Dias Figueira Jr., *Novo Código Civil comentado*, p. 1210; Carlos Alberto Dabus Maluf, atualizador da obra de Washington de Barros Monteiro, *Curso de direito civil*, v. 3, p. 253-254; José Guilherme Braga Teixeira, *Comentários ao Código Civil brasileiro*, v. XII, p. 266-268.

> "O proprietário pode conceder a outrem o **direito de construir ou de plantar** em seu terreno, por tempo determinado, mediante escritura pública devidamente registrada no Cartório de Registro de Imóveis.
> Parágrafo único. O direito de superfície **não autoriza obra no subsolo**, salvo se for inerente ao objeto da concessão".

Pelo novo instituto, uma pessoa cujo terreno não seja apropriado para a construção que pretende erigir pode, por exemplo, permutar o uso do solo, temporariamente, mantendo a propriedade deste, com outra pessoa que possua terreno que atenda às suas necessidades, cedendo a esta, que nele tem interesse, o direito de superfície de seu imóvel.

Assim, o proprietário de um terreno localizado na zona central, próprio para a edificação de um prédio de escritórios, mas que deseja investir na construção e montagem de uma indústria, pode permutar **o uso do solo de seu imóvel** com o de um terreno localizado na periferia da cidade cujo proprietário tem interesse em construir um prédio de escritórios.

20.1.3. Institutos semelhantes

Sem o caráter real que lhe foi atribuído, o direito de superfície não seria mais do que um **arrendamento**. Igualmente, não se confunde o aludido instituto com a **locação** ou com a **parceria**, pois estes são direitos obrigacionais, e a superfície é um direito real. São também seus parentes no campo jurídico, embora com ele não se confundam, o **uso**, o **usufruto** e a **enfiteuse**.

20.1.4. Construir e/ou plantar em terreno alheio

Trata-se, em suma, de uma **limitação** espontânea ao direito de propriedade por intermédio de concessão por escritura pública registrada no Cartório de Registro Imobiliário, na qual o titular do direito real mais amplo concede à outra parte contratante, doravante denominada ***superficiário***, o direito real de **construir *ou* plantar** em seu terreno[2].

Destaca-se que a disjuntiva ***ou*** (construir ***ou*** plantar) não foi empregada no art. 1.369 com sentido restritivo. Nada impede que o proprietário concedente e o superficiário convencionem que a concessão terá por objeto o direito de **construir *e* plantar**.

Igualmente, nada obsta que mais de uma pessoa seja titular do direito de superfície ou que o superficiário construa para alugar, ou ainda institua hipoteca sobre o imóvel a fim de obter recursos para nele construir.

---

[2] Carlos Alberto Dabus Maluf, atualizador da obra de Washington de Barros Monteiro, *Curso*, cit., v. 3, p. 253.

20.1.5. Subsolo e espaço aéreo

O parágrafo único do art. 1.369 retrotranscrito não autoriza obra no ***subsolo***, salvo se for ela pertinente ao objeto da concessão. Exige-se, portanto, que a utilização do subsolo seja **inerente à obra superficiária**.

Embora o aludido dispositivo seja omisso no tocante ao ***espaço aéreo***, nada impede a sua utilização pelo superficiário, uma vez que constitui ele parte integrante do solo, como expressamente enunciava o art. 43, I, do **Código Civil de 1916**, *verbis*:

> "Art. 43. São bens imóveis:
>
> I — o solo com a sua superfície, os seus acessórios e adjacências naturais, compreendendo as árvores e frutos pendentes, o espaço aéreo e o subsolo.
>
> (...)".

20.1.6. Constituição por tempo determinado

Embora várias legislações, como o Código Civil português, o italiano, o suíço e o de Quebec, permitam seja a superfície constituída por tempo indeterminado, o Código Civil brasileiro só admite a sua contratação **por tempo determinado**.

Não se justifica, realmente, a permissão para que seja indefinida a duração dos direitos reais imobiliários de uso e gozo que implicam desmembramento do domínio. Deve ficar a critério dos contratantes a estipulação de prazo que atenda aos seus interesses.

20.1.7. Imóvel já edificado

De acordo com o sistema adotado pelo Código Civil, se o imóvel já possuir construção ou plantação, **não poderá ser objeto de direito de superfície**, porque somente o terreno se presta a essa finalidade, salvo se for convencionada a demolição da construção existente para a reconstrução ou construção de outra, ou a erradicação da plantação existente para fins de utilização do terreno para os mesmos fins.

O novo diploma não contempla também a possibilidade da ***sobrelevação*** ou da ***superfície em segundo grau***, autorizada nos direitos português, francês (*surélévation*) e suíço (*superfície au deuxième degré*) e que consiste na concessão feita a terceiro, pelo superficiário, do direito de construir sobre a sua propriedade superficiária, ou seja, sobre a sua laje.

A constituição do chamado **"direito de superfície por cisão"** é, todavia, admitida nos direitos civis italiano e português. Essa modalidade parte de um imóvel construído ou plantado, no qual já se tenham operado os efeitos da acessão. O dono do imóvel retém em seu domínio o terreno e transfere a outrem, que passa a ser superficiário, **a propriedade da construção ou plantação**.

20.2. MODOS DE CONSTITUIÇÃO

O Código Civil exige que o direito de superfície se constitua por intermédio de **escritura pública** devidamente **registrada** no Cartório de Registro de Imóveis (CC, art. 1.369). Em se tratando de negócio jurídico que envolve bem imóvel, não poderia realmente ser dispensada a escritura pública, solenidade necessária à própria validade do ato (art. 108).

À escritura pública equipara-se a **carta de sentença** que for extraída de acordo homologado judicialmente que estipule a constituição de direito de superfície. Pode este ser adquirido também por **ato de última vontade**, cujo título é o **testamento**. O direito hereditário é, com efeito, modo aquisitivo e transmissível da propriedade e dos direitos reais sobre imóveis. Nesse caso, o registro do formal de partilha deve ser efetuado na matrícula do imóvel, em atendimento ao art. 1.227 do Código Civil. Embora a superfície seja direito diverso do de propriedade, o registro deverá ser feito, em qualquer hipótese, na própria matrícula do imóvel, não sendo caso de matrícula autônoma, uma vez que os direitos são exercidos sobre um só imóvel[3].

O direito de superfície, embora constituído pelos modos mencionados, somente nascerá quando do **registro da escritura pública no registro de imóveis** (CC, art. 1.227). No direito brasileiro, como se sabe, o contrato, por si só, não basta para a transferência do domínio. O domínio só se adquire pelo *registro do título*, se imóvel (art. 1.227).

■ 20.2.1. Concessão temporária, gratuita ou onerosa

O direito de superfície, como foi dito, importa concessão **temporária**, fixando o documento constitutivo o tempo de duração (CC, art. 1.369). Será ela **gratuita ou onerosa**. Se *onerosa*, diz o art. 1.370 do Código Civil, "estipularão as partes se o pagamento será feito de uma só vez, ou parceladamente".

O ***solarium*** ou **cânon superficiário** é a importância paga periodicamente, ou de uma só vez, pelo concessionário ao concedente, na superfície remunerada.

■ 20.2.2. Surgimento de uma propriedade resolúvel

Surge, em consequência da superfície, uma propriedade resolúvel (art. 1.359). No caso de efetuar o superficiário um negócio jurídico que tenha por objeto o direito de superfície, ou no de sucessão *mortis causa*, o adquirente recebe-o **subordinado à condição resolutiva**[4].

■ 20.2.3. Possibilidade ou não da constituição da superfície por usucapião?

Controverte-se na doutrina a esse respeito. A maior dificuldade, que praticamente inviabiliza a sua ocorrência, concerne à **usucapião extraordinária**, uma vez que, se determinada pessoa exerce a posse de certa edificação com o *animus rem sibi habendi*, desde que satisfeitos os demais requisitos da usucapião, **adquirirá necessa-**

---

[3] José Guilherme Braga Teixeira, *Comentários*, cit., v. XII, p. 275; Regis Fernandes de Oliveira, *Comentários ao Estatuto da Cidade*, p. 70; Caramuru Afonso Francisco, *Estatuto da Cidade comentado*, p. 177.

[4] Caio Mário da Silva Pereira, *Instituições*, cit., v. IV, p. 244.

riamente o domínio do trato de terra sobre o qual assenta dita edificação, tornando-se, dessa maneira, **proprietário do todo**, não se caracterizando logicamente propriedade separada, superficiária, mantida sobre o solo de outrem.

Pode, no entanto, dar-se a aquisição do aludido direito pela **usucapião ordinária**, na hipótese, por exemplo, de sua concessão ter sido feita anteriormente *a non domino*. Nesse caso, o concessionário adquire o direito de superfície **contra o senhor do solo**, desde que haja conservado a posse na qualidade de superficiário pelo tempo necessário, demonstrando ser portador de boa-fé.

Menciona-se também a possibilidade de se configurar a usucapião quando a concessão do direito de construir foi feita por **instrumento particular**, permanecendo a edificação ou plantação na posse do adquirente pelo prazo legal.

20.3. TRANSFERÊNCIA DO DIREITO DE SUPERFÍCIE

Dispõe o art. 1.372 do Código Civil:

> "O direito de superfície pode transferir-se a terceiros e, por morte do superficiário, aos seus herdeiros.
>
> Parágrafo único. **Não poderá ser estipulado** pelo concedente, a nenhum título, **qualquer pagamento pela transferência**".

A proibição imposta ao proprietário do solo de cobrar qualquer taxa ou retribuição pela transferência do direito de superfície incide *ipso iure*, independentemente de previsão no contrato.

Ao contrário do que sucede no caso da enfiteuse, em que o proprietário ou senhorio recebe o laudêmio toda vez que se transfere, a título oneroso, o domínio útil da coisa, e que é representado por uma percentagem sobre o preço da venda, **não se pode estipular, no caso da superfície, a qualquer título, nenhum pagamento pela transferência**.

O art. 1.373 do Código Civil confere o **"direito de preferência, em igualdade de condições"**, no caso de alienação, seja do imóvel ou da superfície, **ao superficiário** ou ao **proprietário**, respectivamente. O aludido dispositivo estabelece, assim, o direito de preferência ***recíproco*** sobre os direitos reais, em benefício de ambos os titulares dos direitos objeto da avença.

Desse modo, se o proprietário concedente resolver alienar o imóvel, o superficiário terá preferência na aquisição. Se este último optar por alienar o direito real de superfície, deverá respeitar a preferência instituída em favor do primeiro, sempre em igualdade de condições para ambas as partes.

Em se tratando de direito patrimonial de caráter privado, **a preferência na aquisição pode ser objeto de transação ou renúncia**, sendo lícito consignar esta última no instrumento de constituição[5].

---

[5] Caio Mário da Silva Pereira, *Instituições*, cit., v. IV, p. 246.

20.4. EXTINÇÃO DO DIREITO DE SUPERFÍCIE

20.4.1. Modos de extinção

A extinção do direito de superfície pode dar-se:

- pelo **advento do termo**;
- em razão de **desvio da finalidade contratual**; e
- pela **desapropriação**.

Extinção pelo advento do termo

Embora várias legislações, como foi dito, permitam seja a superfície constituída por tempo indeterminado, o Código Civil brasileiro só admite a sua contratação por **tempo determinado** (art. 1.369).

Extingue-se, portanto, o direito de superfície com o **advento do termo** estabelecido no contrato.

Extinção em razão de desvio de finalidade contratual

Dispõe o art. 1.374 do Código Civil que, "antes do termo final, resolver-se-á a concessão **se o superficiário der ao terreno destinação diversa** daquela para que foi concedida".

Se, por exemplo, foi concedido o direito de construir um edifício, e o superficiário simplesmente o aluga para estacionamento, sem que haja sinais de início da obra, configura-se o desvio de finalidade contratual, que pode ensejar a extinção da concessão, se nenhum motivo justo for apresentado para a prática do ato faltoso.

Extinção pela desapropriação

O art. 1.376 do Código Civil prevê outro modo de extinção da concessão superficiária: **a desapropriação**. Neste caso, "a indenização cabe ao proprietário e ao superficiário, no valor correspondente ao direito real de cada um". Destarte, o dono do terreno recebe o equivalente ao seu valor, enquanto o superficiário é indenizado pela construção ou plantação.

20.4.2. Efeito da extinção

Prescreve o art. 1.375 do Código Civil, por sua vez, que, "extinta a concessão, o proprietário passará a ter a **propriedade plena sobre o terreno, construção ou plantação**, independentemente de indenização, se as partes não houverem estipulado o contrário".

O proprietário concedente tem, desse modo, a expectativa de receber a coisa com a obra ou plantação. Extinta a concessão, **a construção ou a plantação incorporam-se ao solo em definitivo**, retornando ao princípio *superficies solo cedit*. Tendo em vista que a superfície importa em desmembramento da propriedade, a extinção dela implica o remembramento, que opera em favor do *dominus soli*[6].

---

[6] Caio Mário da Silva Pereira, *Instituições*, cit., v. IV, p. 246; Regis Fernandes de Oliveira, *Comentários*, cit., p. 72.

Têm os interessados a faculdade de ajustar o que melhor lhes convenha, no caso de ficar extinta a superfície. **O art. 1.375 supratranscrito tem, portanto, caráter supletivo**, aplicando-se na falta de estipulação contrária. Nada impede que se convencione o pagamento de indenização pelo dono do terreno ao superficiário, considerando-se que este devolve o terreno em regra valorizado.

20.5. RESUMO

DA SUPERFÍCIE	
CONCEITO	■ Trata-se de direito real de fruição ou gozo sobre coisa alheia, de origem romana, pelo qual o proprietário concede a outrem o direito de construir ou de plantar em seu terreno, por tempo determinado, mediante escritura pública devidamente registrada no Cartório de Registro de Imóveis (CC, art. 1.369). O CC/2002 aboliu a enfiteuse, substituindo-a pelo direito de superfície gratuito ou oneroso.
REGULAMENTAÇÃO	■ o superficiário, que tem o direito de construir ou plantar, responderá pelos encargos e tributos que incidirem sobre o imóvel (CC, art. 1.371); ■ o proprietário (fundieiro) tem a expectativa de receber a coisa com a obra ou plantação (art. 1.375); ■ o direito de superfície pode transferir-se a terceiros e, por morte do superficiário, aos seus herdeiros; ■ não poderá ser estipulado pelo concedente, a nenhum título, qualquer pagamento pela transferência (art. 1.372, parágrafo único).

21

DAS SERVIDÕES

21.1. CONCEITO

A utilização de vantagens de prédio alheio, vizinho ou próximo, pode, sem ser indispensável, mostrar-se **necessária ou útil**, pelo menos, ao prédio dominante, por aumentar-lhe as possibilidades e condições de uso, implicando alguma restrição àquele.

Essa utilização de um prédio por outro, não indispensável, mas necessária ou vantajosa, segundo Lacerda de Almeida[1], chama-se servidão *real, predial*, ou simplesmente *servidão*.

- **Servidão**, porque coloca na relação de sujeito ativo e passivo os prédios entre os quais se constitui.
- **Predial**, porque se estabelece entre prédios.
- **Real**, porque origina uma relação direta de prédio a prédio e não de prédio a pessoa, como ocorre, por exemplo, no usufruto.

Servidão, assim, é um **ônus real**, voluntariamente imposto a um prédio (o serviente) em favor de outro (o dominante), em virtude do qual o proprietário do primeiro **perde o exercício** de algum de seus direitos dominicais sobre o seu prédio, **ou tolera** que dele se utilize o proprietário do segundo, tornando este mais útil, ou pelo menos mais agradável[2].

Para que o proprietário de um prédio possa dele utilizar-se amplamente, torna-se necessário, muitas vezes, como foi dito, valer-se dos prédios vizinhos. As servidões constituem, assim, direitos, por efeito dos quais uns prédios ***servem*** a outros. Daí a origem dessa expressão, que é definida como a restrição imposta a um prédio, para uso e utilidade de outro pertencente a dono diverso.

Dispõe a propósito o art. 1.378 do Código Civil:

> "A servidão proporciona utilidade para o prédio dominante, e grava o prédio serviente, que pertence a diverso dono, e constitui-se mediante declaração expressa dos proprietários, ou por testamento, e subsequente registro no Cartório de Registro de Imóveis".

---

1 *Direito das cousas*, v. II, p. 6-8.

2 Spencer Vampré, *Manual de direito civil brasileiro*, v. II, p. 159.

21.1.1. Servidões prediais e servidões pessoais

O Código Civil trata, no presente Título, das servidões conhecidas como ***prediais***, que se distinguem das ***pessoais***, como eram chamadas, no direito romano, as vantagens proporcionadas a alguém, como o usufruto, o uso e a habitação.

21.1.2. Instituição de direito real

As servidões constituem ***direito real*** instituído em favor de um prédio (dominante) sobre outro (serviente) pertencente a dono diverso. Estabelecem-se pela **separação de certos direitos elementares**, que se destacam do domínio sobre o prédio serviente e passam para o domínio do prédio dominante. A servidão de trânsito, por exemplo, não é senão uma fração do domínio do prédio serviente exercida pelo senhor do prédio dominante.

O desmembramento, que forma a servidão, tem por objeto **ou uma parcela do direito dominial de *usar*** (*jus utendi*), como a servidão de trânsito, ou uma parcela do direito de *usufruir* (*jus fruendi*), como a servidão de pasto, **ou uma parcela do direito de retirar produtos** que não são frutos, como a servidão de tirar água[3].

21.1.3. Servidões prediais e servidões legais

A servidão ***predial*** nasce da vontade dos proprietários, não se confundindo com as servidões ***legais***, que são direitos de vizinhança impostos coativamente. É, assim, um ônus imposto voluntariamente.

A **voluntariedade** é, pois, da essência da servidão.

21.1.4. Formas

As servidões podem tomar as mais variadas formas:

- Servidão de **trânsito ou de passagem:** é a mais conhecida. Assegura ao proprietário de um imóvel a prerrogativa de transitar pelo imóvel de outrem.
- Servidão de **aqueduto** (canalização), pela qual o proprietário de um prédio tem o direito de fazer com que a água a este necessária atravesse pelo prédio serviente.
- Servidão de **iluminação** ou **ventilação**, que impede o dono do prédio serviente de construir em determinada área de seu terreno, para não prejudicar o acesso de luz ou de ar ao prédio dominante.
- Servidão de **pastagem**, que confere ao pecuarista o direito de fazer com que o seu gado penetre e se alimente nos pastos do imóvel serviente.
- Servidão de **não construir a certa altura**, que proíbe o proprietário do prédio serviente de prejudicar a vista que o dono do prédio dominante desfruta de determinada paisagem etc.[4].

---

[3] Lafayette Rodrigues Pereira, *Direito das coisas*, t. I, p. 310.

[4] Silvio Rodrigues, *Direito civil*, v. 5, p. 278.

21.1.5. Necessidade de que os prédios sejam vizinhos

Os prédios devem ser vizinhos (*praedia debent esse vicina*), embora não haja necessidade de que sejam contíguos. Hão de guardar tal **proximidade**, que a servidão se exerça em efetiva utilidade do prédio dominante.

É o que sucede, por exemplo, na servidão de aqueduto, em que o proprietário de um prédio tem o direito real de passar água por muitos outros, dos quais só um deles lhe é contíguo[5].

21.2. CARACTERÍSTICAS DAS SERVIDÕES

A teoria das servidões prediais norteia-se por vários princípios que traçam o seu perfil e realçam as suas características. Assim:

- **A servidão é uma *relação entre dois prédios distintos*: o serviente e o dominante.** O prédio **serviente** sofre as restrições em benefício do outro, chamado **dominante** (*qui servitutem debet*). Estabelece-se um ônus, que se consubstancia num dever, para o proprietário, de abstenção ou de permitir a utilização do imóvel para certo fim (*cui servitus debetur*). A vantagem ou desvantagem adere ao imóvel e transmite-se com ele, tendo existência independente da pessoa do proprietário. Gera uma **obrigação *propter rem*:** vincula o dono do prédio serviente, seja ele quem for.
- **Os prédios devem *pertencer a donos diversos***, como já se dizia no direito romano: *nemini res sua servit*. Se forem do mesmo proprietário, este simplesmente usará o que é seu, sem que se estabeleça uma servidão. Enquanto os prédios se encontram em mãos de um mesmo dono não existe servidão, mas mera **serventia**. Este exerce integralmente os direitos decorrentes do domínio, uno e indivisível. A **serventia se transforma em direito real no momento em que o domínio passa para titulares diferentes**, como se verá a seguir, no estudo da servidão por destinação do proprietário.
- **Nas servidões, *serve a coisa, e não o dono*** (*servitus in faciendo consistere nequit*). Este nada tem a fazer. Sua obrigação não consiste em um *facere*, mas apenas em uma abstenção (obrigação negativa) ou no dever de suportar o exercício da servidão, pois em razão dela perde ele alguns dos seus poderes dominicais. Como direito real que é, **a servidão grava um dos prédios** e o acompanha nas mutações por que venha a passar, até que se extinga por uma das causas legais. Mas não se pode daí concluir que o sujeito da relação jurídica seja o imóvel. Sujeito de direito é sempre o homem: *hominum causa omne ius constitutum*[6].
- **A servidão *não se presume***, pois se constitui mediante declaração expressa dos proprietários, ou por testamento, e subsequente registro no Cartório de Re-

---

[5] Caio Mário da Silva Pereira, *Instituições de direito civil*, v. IV, p. 276; Silvio Rodrigues, *Direito civil*, cit., v. 5, p. 278.

[6] Caio Mário da Silva Pereira, *Instituições*, cit., v. IV, p. 276-277.

gistro de Imóveis (CC, art. 1.378). Deve ser cumpridamente provada por quem alega sua existência. **Na dúvida, decide-se contra ela.** Sua interpretação é sempre restrita, por implicar limitação ao direito de propriedade.

■ **A servidão deve ser *útil ao prédio dominante*** (*servitus fundo utilis esse debet*). A servidão há de trazer alguma **vantagem**, de modo a aumentar o valor do imóvel dominante. A vantagem não precisa ser reduzida a dinheiro. Pode consistir em maior utilidade para o prédio dominante ou em simples comodidade ou deleite.

■ **A servidão é *direito real* e *acessório*.** É direito *real* porque, como já foi dito, incide diretamente sobre bens imóveis, embora alheios. Está munida de sequela e ação real e é oponível *erga omnes*. E é direito *acessório* porque depende do direito de propriedade. Acompanha os prédios quando alienados.

■ **A servidão é de *duração indefinida***, porque perde sua característica de servidão quando estabelecida por tempo limitado. Dura indefinidamente, enquanto não extinta por alguma causa legal, ainda que os prédios passem a outros donos. Por isso, costuma-se dizer que a servidão é **perpétua**. É de tal relevância o princípio, que se entende, como mencionado, perder a característica de servidão quando estabelecida por tempo limitado. Se isto se der, passa a relação jurídica a qualificar-se como direito pessoal ou de crédito[7].

■ **A servidão é *indivisível***, porque não se desdobra em caso de divisão do prédio dominante ou do prédio serviente (*pro parte dominii servitutem adquiri non posse*). Só pode ser reclamada como **um todo**, ainda que o prédio dominante venha a pertencer a diversas pessoas. Significa dizer que **a servidão não se adquire nem se perde por partes**. Nessa consonância, dispõe o art. 1.386 do Código Civil que "as servidões prediais são indivisíveis, e subsistem, no caso de divisão dos imóveis, em benefício de cada uma das porções do prédio dominante, e continuam a gravar cada uma das do prédio serviente, salvo se, por natureza, ou destino, só se aplicarem a certa parte de um ou de outro"[8].

■ **A servidão é *inalienável*.** Por decorrer de uma **necessidade** do prédio dominante, **não se concebe sua transferência** a outro prédio, pois implicaria extinção da antiga servidão e constituição de outra. Daí decorre que o titular desse direito não pode associar outra pessoa ao seu exercício ou sobre ele constituir novo direito real (*servitus servitutis esse non potest*), nem dá-la em hipoteca em separado. Não se pode, assim, de uma servidão constituir outra. O dono do prédio dominante não tem direito de estendê-la ou ampliá-la a outras propriedades. Todavia, se a servidão é insuscetível de alienar-se, passando a outra pessoa ou a

---

[7] Caio Mário da Silva Pereira, *Instituições*, cit., v. IV, p. 279.

[8] "Um dos benefícios legais da servidão é a sua indivisibilidade e um dos corolários dessa característica é que, defendida por um dos condôminos do prédio dominante, a todos aproveita a ação" (*RT*, 163/345). "Servidão de passagem. Caracterização. Canalização de água. Imóvel que depende de ação de divisão para identificar os seus proprietários. Fato que, enquanto não se verificar, faz com que a água que passa por terreno lindeiro a todos pertença" (*RT*, 811/376).

outro prédio, **transmite-se por sucessão *mortis causa*, ou *inter vivos***, acompanhando o prédio nas suas mutações subjetivas, por uma ou outra causa[9].

21.3. CLASSIFICAÇÃO DAS SERVIDÕES

21.3.1. Quanto ao modo de seu exercício

A classificação mais importante das servidões é a que as distingue pelo *exercício*. Sob esse prisma, podem ser *contínuas* e *descontínuas*, *positivas* e *negativas*.

- Uma servidão é **contínua** quando exercida **independentemente de uma ação humana** e, em geral, ininterruptamente. Exemplo típico é a de aqueduto, em que as águas correm de um prédio a outro, sem necessidade da atuação das pessoas. Podem ser mencionadas, ainda, as de passagem de cabos e tubulações condutores de energia elétrica e de outros serviços públicos e as de iluminação e ventilação. Uma vez estabelecidas, subsistem e exercem-se independentemente de ato humano, ainda que na realidade possam deixar de ser praticadas ininterruptamente.
- Servidão **descontínua** é a que tem o seu exercício **condicionado a algum ato humano atual**, como na de trânsito e na de retirada d'água. Todas as servidões que dependem do fato do homem são, necessariamente, descontínuas, como consta expressamente do art. 688 do Código de Napoleão.
- Servidão **positiva** é a que confere ao dono do prédio dominante o **poder de praticar algum ato** no prédio serviente, como a servidão de trânsito e a de tirada d'água.
- Servidão **negativa** é a que lhe impõe o **dever de abster-se** da prática de determinado ato de utilização, como a *non edificandi*.

21.3.2. Quanto à sua visibilidade

Sob esse aspecto, podem ser *aparentes* e *não aparentes*.

- **Aparente** é a servidão que se manifesta por obras exteriores, **visíveis e permanentes**, como a de passagem e a de aqueduto, em que o caminho e os condutos podem ser vistos.
- **Não aparente** é a servidão que **não se revela por obras exteriores**, como a de não edificar além de certa altura ou de não construir em determinado local.

Essas espécies podem **combinar-se**, dando origem, então, às:

- **Servidões contínuas e aparentes**, como as de aqueduto.
- **Contínuas e não aparentes**, como as de não construir além de certa altura (servidão *altius non tollendi*).
- **Descontínuas e aparentes**, como as de passagem por caminho demarcado.
- **Descontínuas e não aparentes**, como as de retirar água, sem caminho visível.

21.3.3. Quanto à localização do imóvel sobre o qual recaem

Antiga classificação divide as servidões em *urbanas* e *rústicas*.

[9] Caio Mário da Silva Pereira, *Instituições*, cit., v. IV, p. 279.

- Servidões **urbanas** são as que recaem sobre prédios urbanos. Por exemplo: *tigni immittendi* (meter trave na parede do vizinho), *altius non tollendi* (não edificar além de certa altura), *oneris ferendi* (direito de apoiar sua construção no edifício do vizinho), *luminis* (direito de abrir janelas na própria parede, ou na do vizinho, para obter luz), *ne luminibus officiatur* (obrigação do dono do prédio serviente em não criar obstáculo à entrada de luz no prédio dominante) etc.

- Servidões **rústicas** ou **rurais** são as que recaem sobre prédios rústicos. Por exemplo: *aquae haustus* (tomada d'água), *aquaeductus* (aqueduto), *servitus pascendi* (pastagem), *pecoris ad aquam ad pulsus* (condução do gado ao poço vizinho), *iter* (servidão de passagem), *actus* (servidão de passagem com rebanhos ou carro) e outras[10].

São denominadas **irregulares** as servidões que não impõem limitações a um prédio em favor de outro, mas limitação a prédio em favor de determinada pessoa, como a de colher frutos em prédio alheio (*pomum decerpere*)[11].

Vide o quadro esquemático abaixo:

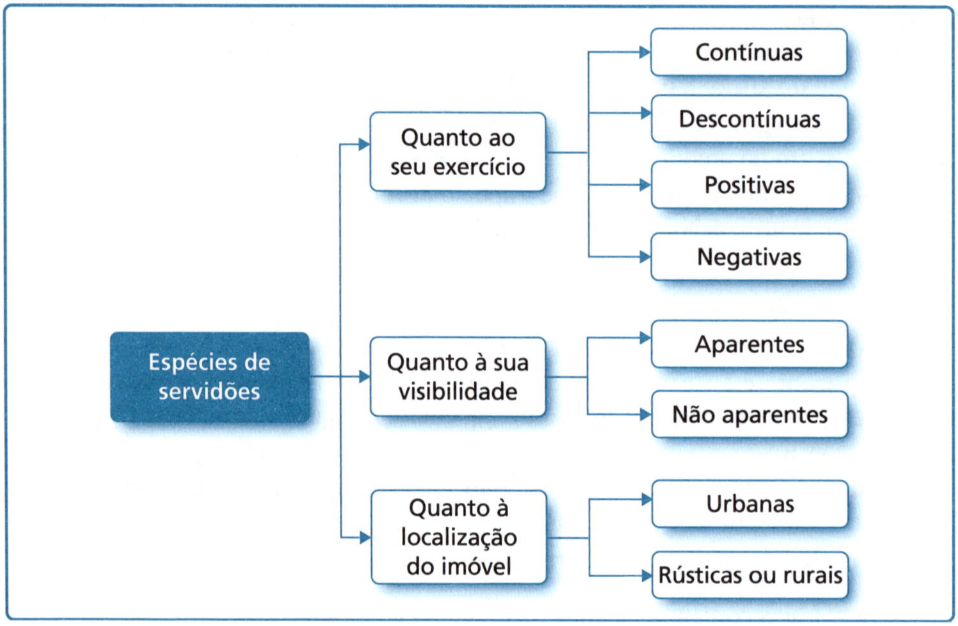

21.4. MODOS DE CONSTITUIÇÃO

As servidões podem ser constituídas de diversos modos. Alguns deles estão previstos na lei (CC, arts. 1.378 e 1.379), enquanto outros resultaram da doutrina e da jurisprudência.

As servidões podem nascer de:

---

[10] Washington de Barros Monteiro, *Curso*, cit., v. 3, p. 279-280.

[11] Washington de Barros Monteiro, *Curso*, cit., v. 3, p. 281.

- **ato** humano; ou
- **fato** humano.

Ato humano

O ato humano gerador de uma servidão pode ser:

- **negócio jurídico;**
- **sentença;**
- **usucapião;**
- **destinação do proprietário.**

Fato humano

O fato humano é gerador somente da **servidão de trânsito**.

Os modos de constituição das servidões por *destinação do proprietário* e por *fato humano* não constam da lei e são criações da doutrina e da jurisprudência.

Na realidade, sendo a servidão direito real sobre imóvel, só se constitui, por ato *inter vivos*, depois de **registrada no Registro de Imóveis** (CC, arts. 1.227 e 1.378). Dessa forma, os modos de constituição mencionados servem apenas como **títulos** ou **pressupostos** à aquisição do direito real de servidão. Este só nasce, como referido, com o aludido registro. Antes disso, tais títulos constituem mero direito pessoal.

21.4.1. Servidão constituída por ato humano

21.4.1.1. Negócio jurídico "causa mortis" ou "inter vivos"

Embora as servidões possam ser constituídas por negócio jurídico *causa mortis*, como o **testamento**, desde que figure o testador como proprietário do prédio que pretende gravar com o ônus da servidão em proveito do prédio vizinho (a lei não menciona o codicilo), o modo mais frequente, no entanto, de sua constituição é por ato *inter vivos*, isto é, **pelo contrato, em regra, a título oneroso**.

Neste caso, deve o ato revestir a **forma pública** se o valor exceder o limite legal, ou ser realizado por instrumento particular em caso contrário, complementado pelo **registro imobiliário** (CC, arts. 108 e 1.378).

Necessidade de capacidade genérica e específica

Em qualquer caso, em se tratando de ato de vontade, pressupõe **capacidade das partes**, não apenas a genérica para os atos da vida civil, senão também a **específica** para os atos de disposição do prédio serviente.

Quem pode estipular servidão?

A resposta é a seguinte: como ato de alienação, somente pode constituí-la quem tiver poder de disposição, como **o proprietário, o enfiteuta e o fiduciário**. Consequentemente, não podem instituí-la o condômino (a não ser com a anuência dos demais condôminos), o nu-proprietário, o senhorio direto, o locatário, o compromissário comprador, o credor anticrético e o simples possuidor. Se casado o concedente, depende de **outorga uxória** (CC, art. 1.647, II)[12].

■ 21.4.1.2. *Sentença proferida em ação de divisão*

A ação de divisão (*actio communi dividundo*) é regulada no Código de Processo Civil, nos arts. 588 a 598. Dispõe o art. 596, parágrafo único, II, do aludido diploma que, **na partilha**, "instituir-se-ão **as servidões**, que forem indispensáveis, em favor de uns quinhões sobre os outros, incluindo o respectivo valor no orçamento para que, não se tratando de servidões naturais, seja compensado o condômino aquinhoado com o prédio serviente".

A servidão pode, assim, ser instituída judicialmente pela **sentença que homologar a divisão**, declarando-se na folha de pagamento **as servidões** indispensáveis que recaírem sobre o quinhão demarcado ou que a seu favor forem instituídas. A servidão, nesta hipótese, surge como forma de proporcionar maior utilidade a um dos quinhões, especialmente quando, em virtude da demarcação, fica ele encravado, sem acesso à via pública.

■ 21.4.1.3. *Usucapião*

■ 21.4.1.3.1. *Usucapião ordinária*

Dispõe o art. 1.379 do Código Civil:

> "O exercício incontestado e contínuo de uma servidão aparente, por **dez anos**, nos termos do art. 1.242, autoriza o interessado a registrá-la em seu nome no Registro de Imóveis, valendo-lhe como título a sentença que julgar consumado a usucapião".

Observa-se que a palavra ***"consumado"*** deveria estar no **feminino**, concordando com usucapião, que o Código trata como substantivo feminino. Para a usucapião ordinária exige-se, portanto, justo título e posse incontestada e contínua por dez anos.

■ 21.4.1.3.2. *Usucapião extraordinária*

Acrescenta o parágrafo único do citado dispositivo:

> "Se o possuidor **não tiver título**, o prazo da usucapião será de **vinte anos**".

O Código Civil aperfeiçoou a redação do dispositivo, ficando explicitado que a usucapião abrange a servidão aparente. Todavia, houve uma falha legislativa no que tange ao requisito temporal, uma vez que o mais longo prazo de usucapião deveria ser o de **quinze anos**, que é o da prescrição extraordinária (CC, art. 1.238). Mas foi fixado em vinte, no aludido parágrafo único, mesmo sabendo-se que a servidão é apenas parcela da propriedade.

---

[12] Washington de Barros Monteiro, *Curso*, cit., v. 3, p. 281; Caio Mário da Silva Pereira, *Instituições*, cit., v. IV, p. 280; Orlando Gomes, *Direitos reais*, p. 327.

21.4.1.3.3. *Requisitos essenciais: posse e servidão aparente*

A **posse** é elemento básico à prescrição aquisitiva. A exigência de que a servidão seja **aparente** decorre do próprio conceito que àquela é atribuído. Sendo definida como exteriorização do domínio, a sua configuração supõe a visibilidade, a publicidade, que inexiste na servidão não aparente.

21.4.1.3.4. *Quase posse*

A doutrina se refere à **posse das servidões** como *quase posse* (a *quasi possessio* dos romanos).

Para os romanos, só se considerava posse a emanada do direito de propriedade. A exercida nos termos de qualquer **direito real menor** (*iura in re aliena* ou direitos reais sobre coisas alheias) desmembrado do direito de propriedade, como a servidão e o usufruto, era chamada de ***quase posse***, por ser aplicada aos direitos ou coisas incorpóreas. Assim também o poder de fato ou posse emanada de um direito obrigacional ou pessoal, como na locação, no comodato etc.

Tal distinção não passa, entretanto, de uma **reminiscência histórica**, pois não se coaduna com o sistema do Código Civil brasileiro, que não a prevê. Com efeito, as situações que os romanos chamavam de *quase posse* são, hoje, tratadas como **posse propriamente dita**.

21.4.1.3.5. *Servidão descontínua, mas tornada permanente pela natureza das obras realizadas*

A servidão não aparente, devido à falta de visibilidade da posse, e a descontínua, devido ao uso intermitente, como no caso da **servidão de trânsito**, não autorizavam o reconhecimento da prescrição aquisitiva.

Todavia, a jurisprudência passou a admitir, somente com relação à referida modalidade, desde que se revele por sinais exteriores, a proteção possessória, como resulta da **Súmula 415 do Supremo Tribunal Federal**, *verbis*:

> "Servidão de trânsito não titulada, mas tornada permanente, sobretudo pela natureza das obras realizadas, considera-se aparente, conferindo direito à proteção possessória".

21.4.1.4. *Destinação do proprietário*

Dá-se a constituição da servidão por destinação do proprietário quando este estabelece uma serventia em favor de um prédio sobre outro, **sendo ambos de sua propriedade**, e um deles é **alienado**.

A servidão nasce, portanto, no momento em que os prédios passam a pertencer a **donos diversos**, deixando de ser mera serventia do anterior e único proprietário. É óbvio que no título de alienação nada constou, porque senão teria ela surgido do contrato. Mesmo assim, considera-se transformada a serventia em servidão porque o adquirente **contava com ela**, já que fora estabelecida pelo proprietário, que dela se valia.

Por isso, é necessário que a serventia seja **visível** ou que exista obra que revele a destinação, bem como a falta de declaração contrária ao estabelecimento da servidão[13].

Pode surgir também a servidão por destinação do proprietário quando a serventia foi estabelecida entre **partes de uma mesma gleba** e o proprietário aliena uma delas, ou então aliena as duas a **pessoas diferentes**. A servidão só surgirá quando os prédios, dominante e serviente, passarem a pertencer a pessoas diversas.

21.4.1.4.1. *Requisitos*

Esse modo de constituição das servidões subordina-se ao concurso de três *requisitos*:

- o **estado visível** da coisa, existência de **obras** que revelem a destinação;
- a **separação dos dois prédios**, que passam a pertencer a proprietários diferentes;
- a **falta de declaração contrária** ao estabelecimento da servidão[14].

21.4.1.4.2. *Modalidade de servidão criada pela doutrina e pela jurisprudência*

O nosso ordenamento não prevê esse modo de constituição das servidões — o que deu margem a muitas controvérsias.

Hoje, a **jurisprudência** o tem admitido, exigindo, porém, como foi dito, o requisito de que o ato de alienação **não exclua expressamente** a servidão e que esta seja **aparente**, porque assim se pode aceitar que o adquirente tinha a justa expectativa de continuar utilizando as vantagens do prédio dominante, estabelecidas pelo anterior proprietário.

21.4.2. Servidão constituída por fato humano

A jurisprudência revelou uma modalidade de constituição de servidão, aplicável exclusivamente à de **trânsito**, decorrente de *fato humano*. Tem-se entendido que, se o dono do prédio dominante costuma servir-se de determinado caminho aberto no prédio serviente, e se este se exterioriza por **sinais visíveis**, como aterros, mata-burros, bueiros, pontilhões etc., **nasce o direito real sobre coisa alheia**, digno de proteção possessória.

Tal entendimento se encontra cristalizado na **Súmula 415 do Supremo Tribunal Federal**, transcrita no item 21.4.1.3.5, *retro*. Depreende-se da aludida Súmula que cabe aquisição por usucapião se as **servidões de trânsito** se apresentarem ostensivas e materializadas em **obras externas**, tais como pontes, viadutos, trechos pavimentados e outros sinais visíveis.

---

13 "Servidão de passagem. Destinação do proprietário. Subsistência. Porteira interditando estrada, única via de acesso à propriedade dos demandantes. Prova testemunhal no sentido de que a produção das terras destes se escoava pela aludida estrada. Demonstrada a servidão por destinação do proprietário. Procedência da ação de reintegração de posse" (*RJTJSP*, 23/163).

14 Washington de Barros Monteiro, *Curso*, cit., v. 3, p. 282.

Entendia-se, antes, que a servidão de trânsito seria não aparente e, portanto, somente nasceria de título transcrito, por se limitar ao direito de passar. Mas a jurisprudência evoluiu, como foi dito, para considerar que tal servidão se torna, então, **aparente e suscetível de proteção possessória** se a passagem se dá por estrada ou caminho demarcado, e visível em virtude das obras realizadas.

Se o caminho não é demarcado e visível, a situação será encarada como **mera tolerância** do dono do prédio serviente. Destarte, se alguém passa constantemente por determinada propriedade, ora por aqui, ora por ali, ou mesmo sempre pelo mesmo lugar, mas sem que exista um caminho visível e conservado, sem possuir título transcrito de servidão, tal passagem será sempre encarada como **mera tolerância** do dono do prédio serviente[15].

Todavia, se a passagem se dá sempre por determinado caminho, que é conservado pelo usuário e se exterioriza por **obras visíveis**, como aterros, bueiros, pontilhões e outros, tornando-se assim **permanente**, nasce a servidão por **fato humano**, suscetível de proteção possessória[16].

Quando se trata de mera tolerância, não haverá essa proteção, ainda que a passagem se prolongue por mais de ano e dia.

21.5. REGULAMENTAÇÃO DAS SERVIDÕES

21.5.1. Obras necessárias à sua conservação e uso

Os arts. 1.380 a 1.382 do Código Civil cuidam da matéria em epígrafe. O primeiro assegura ao dono do prédio dominante os **meios necessários à *"conservação e uso"* das servidões**. Pode ele, na servidão de trânsito, **ingressar** no prédio serviente, a fim de reparar o caminho, levantar aterro, corrigir erosões etc., bem como fazer a limpeza necessária para a condução e escoamento das águas, na servidão de aqueduto.

Para a realização das obras e serviços necessários, pode o dono da servidão, ainda, **penetrar no prédio serviente** com operários e depositar materiais de construção, fazer uso de trator, animais ou veículos. Se houver injustificada oposição do dono deste, o direito do titular do direito real pode ser assegurado por meio do interdito de manutenção de posse.

21.5.1.1. Obrigação de impor o menor incômodo possível ao dono do prédio serviente

Deverá o dono do prédio dominante, contudo, proceder de modo a impor o ***menor incômodo possível*** ao dono do prédio serviente. Se causar **dano ou estrago** a

[15] "Servidão de passagem. Atravessadouros e passagens particulares. Ato de mera tolerância concedido para facilitar o acesso a prédio não encravado. Insuscetibilidade de usucapião e de tutela possessória" (*RT*, 755/410).

[16] "Servidão de trânsito. Possessória. Embaraço do uso de estrada que liga a propriedade dos autores à estrada asfaltada, que facilita o caminho para a cidade. Inadmissibilidade. Posse prolongada e constante utilização comprovadas. Decretada a procedência da ação" (*RT*, 725/247). "Servidão de trânsito contínua e aparente. Existência de outra estrada em favor do imóvel dominante. Circunstância que não tem o condão de obstar a manutenção da servidão. Inteligência da Súm. 415 do STF" (*RT*, 789/246).

este, por culpa (colocando o material de construção sobre uma plantação, por exemplo, estragando-a desnecessariamente), poderá ser responsabilizado civilmente.

■ 21.5.1.2. Servidão pertencente a mais de um prédio

Acrescenta a segunda parte do aludido art. 1.380 que "se a servidão pertencer a mais de um prédio, **serão as despesas rateadas** entre os respectivos donos".

A solução se amolda ao princípio da indivisibilidade das servidões, já comentado, uma vez que o benefício se efetua em favor de vários prédios.

■ 21.5.1.3. Abandono do prédio em favor do proprietário do prédio dominante

Normalmente, as **despesas correm por conta do beneficiado**, pois que em princípio a servidão não consiste em fazer alguma coisa (*aliquid facere*), mas em abster-se de algo ou suportar algum ônus (*aliquid non facere vel pati*). Somente no caso de convenção explícita, o dono do prédio serviente tem de suportar esse encargo (CC, art. 1.381). Ficará, entretanto, exonerado de fazê-las, **"abandonando, total ou parcialmente"**, o prédio em favor do proprietário do prédio dominante.

Assim, na servidão *pecoris pascendi* (direito de fazer pastar o gado nas invernadas do vizinho), por exemplo, ao dono do prédio serviente lícito é abandonar todo o pasto; na de aqueduto, pode renunciar a todo o imóvel, ou apenas ao trecho percorrido pelas instalações.

Mas, se o proprietário do prédio dominante **se recusar a receber a propriedade serviente**, ou parte dela, **"caber-lhe-á custear as obras"** (CC, art. 1.382, parágrafo único)[17].

O abandono do prédio pelo dono do prédio serviente, quando convencionado que lhe incumbe realizar as obras de conservação, não tem o condão de transferir o domínio a quem quer que seja, pois tal ato não se enquadra em nenhum dos modos de aquisição da propriedade imóvel previstos no Código Civil. Ademais, o registro na circunscrição imobiliária permanece em seu nome. O abandono **apenas o libera da obrigação de executar as obras ou de custeá-las**, ao mesmo tempo em que exonera o dono do prédio dominante de efetuar o pagamento de remuneração pelo uso da servidão, quando convencionado.

Se, abandonado o imóvel, o dono do prédio dominante se recusar a receber a propriedade, mas continuar exercendo a posse, custeando as obras, poderá vir a adquirir o domínio mediante **usucapião**.

---

[17] Caio Mário da Silva Pereira, *Instituições*, cit., v. IV, p. 282; Washington de Barros Monteiro, *Curso*, cit., v. 3, p. 286.

"Construção de tapumes laterais para proteção aos usuários da passagem. Em princípio, a posição do titular do prédio serviente é de passividade, cabendo ao dono do prédio encravado o encargo das obras ligadas ao uso da serventia" (*RJTJRS*, 32/361).

21.5.2. Exercício das servidões

21.5.2.1. Direito ao exercício legítimo da servidão

O exercício propriamente dito das servidões é disciplinado nos arts. 1.383 e 1.385 do Código Civil. O primeiro dispõe que "o dono do prédio serviente **não poderá embaraçar** de modo algum o exercício legítimo da servidão". Se o fizer, impedindo o dono do prédio dominante de, por exemplo, realizar obras de conservação ou de limpeza, ou exigindo sua expressa autorização para a fruição da servidão de tirada de água, poderá este utilizar-se dos **interditos possessórios**, para resguardar os seus direitos.

Embora o dono do prédio serviente não fique inibido de conceder novas servidões em favor de outros prédios, somente poderá fazê-lo, todavia, em consequência da regra em apreço, se não prejudicar, com isso, as anteriormente constituídas.

21.5.2.2. Limitação do exercício da servidão ao fim para o qual foi instituída

Proclama o art. 1.385 que "restringir-se-á o exercício da servidão às necessidades do prédio dominante, evitando-se, quanto possível, agravar o encargo ao prédio serviente".

Ao serem analisadas as características das servidões (item 21.2, *retro*), foi dito que sua interpretação é sempre restrita, por implicar limitação ao direito de propriedade. Esse motivo **impede que o beneficiário amplie**, por qualquer modo, o *jus in re aliena*. Instituído para **certo fim**, não se pode estendê-lo a outro (CC, art. 1.385, § 1º), salvo em se tratando de servidão de trânsito, em que a de maior ônus inclui a de menor, como estatui o § 2º do supratranscrito dispositivo.

Todavia, a recíproca não é verdadeira, pois **a de menor ônus "exclui a mais onerosa"**. Por conseguinte, se o dono da servidão está autorizado, pelo título, a passar com veículo, naturalmente pode passar a pé. Mas o contrário não é permitido: não pode passar com caminhão, se a servidão é de passar a pé, pois tal fato constituiria um ônus maior para o prédio serviente.

21.5.2.3. Exceções à referida regra

Duas exceções se apresentam, porém:

- A primeira, fundada na **anuência do prejudicado**. Concordando expressamente com o aumento do gravame, terá de suportá-lo.
- A segunda, prevista no § 3º do citado art. 1.385 do Código Civil, que estabelece ampliação compulsória da extensão da servidão, prescrevendo que, "se as **necessidades da cultura, ou da indústria**, do prédio dominante impuserem à servidão maior largueza, o dono do serviente é obrigado a sofrê-la; mas tem direito a ser indenizado pelo excesso". O preceito visa a atender a um **interesse social**, de desenvolvimento da produção.

21.5.3. Remoção da servidão

Dispõe o art. 1.384 do Código Civil:

> "A servidão pode ser removida, de **um local para outro**, pelo **dono do prédio serviente** e à sua custa, se em nada diminuir as vantagens do prédio dominante, **ou pelo dono deste** e à sua custa, se houver considerável incremento da utilidade e não prejudicar o prédio serviente".

O legislador mantém a ideia de que o ônus representado pela servidão deve ser o menor possível, mas avança quando admite que o dono do **prédio dominante** também possa remover a servidão, uma vez que o Código de 1916 assegurava tal direito somente ao dono do prédio serviente.

21.5.3.1. Remoção promovida pelo dono do prédio serviente

Bastam a **ausência de prejuízo** para o outro prédio e o **pagamento das despesas**, quando a remoção é promovida pelo dono do prédio serviente, não sendo exigida a redução do ônus como elemento integrante necessário da pretensão. Basta que não o aumente.

Não se opõe nenhum obstáculo à mudança, ainda que ela ocorra mais de uma vez, nem existe limitação temporal.

21.5.3.2. Requisitos

O direito de remover a servidão predial se subordina neste caso, portanto, no novo diploma, a três *requisitos*:

- a mudança **não deve acarretar qualquer prejuízo** às vantagens anteriormente desfrutadas pelo dono do prédio dominante;
- todas as **despesas** devem correr por conta do dono do **prédio serviente**;
- pode ser feita pelo dono do **prédio dominante** se isso não prejudicar o dono do prédio serviente, proporcionando ao dono do prédio dominante maior utilidade da coisa[18].

A necessidade de que a mudança feita pelo dono do prédio serviente, à sua custa, **não diminua em nada as vantagens do prédio dominante** impede o seu deferimento se, por exemplo, acarreta significativo aumento de distância para o prédio dominante ou maior risco ou despesa. Deve o interessado na mudança obter **prévia autorização** do outro proprietário.

Contudo, se a negativa deste em dar o consentimento for fruto de capricho e em nada o prejudicar, poderá haver suprimento judicial, pois o retrotranscrito art. 1.384 assegura esse direito a cada proprietário.

---

[18] Washington de Barros Monteiro, *Curso*, cit., v. 3, p. 283-284.

21.5.3.3. *Remoção promovida pelo dono do prédio dominante*

Quando, todavia, a remoção é promovida pelo dono do *prédio dominante*, não basta a inexistência de prejuízo para o dono do prédio serviente. Faz-se mister que acarrete **"considerável incremento"** da utilidade daquele. Os **requisitos exigidos**, nesse caso, são:

- **incremento da utilidade** do prédio dominante;
- **ausência de prejuízo** para o prédio serviente;
- que o dono do prédio dominante faça a remoção **à sua custa**.

A solução prevista na lei, para a remoção da servidão, baseia-se não só na equidade, como também na ideia, de natureza econômica, de permitir uma maior utilização do imóvel, evitando que, em razão de circunstâncias diversas, venha a se tornar inaproveitável ou tenha a sua utilidade diminuída.

21.6. AÇÕES QUE PROTEGEM AS SERVIDÕES

As ações que amparam as servidões são as seguintes: *confessória, negatória, possessória, de nunciação de obra nova* e *de usucapião.*

21.6.1. Ação confessória

Visa à obtenção do reconhecimento judicial da **existência de servidão** negada ou contestada. Esta ação é também competente para proteger o usufruto, o uso e a habitação.

Tem a confessória por fim fazer reconhecer a existência da servidão e, em consequência, condenar o réu a **cessar a lesão**, prestando caução de não reproduzi-la, e a pagar os danos e perdas que houver causado.

Só pode ser invocada e exercida pelo **dono do prédio dominante** e é intentada contra o autor da lesão, que o mais das vezes é o senhor do prédio gravado, mas que pode ser um simples possuidor, ou ainda um terceiro sem posse nem domínio.

21.6.2. Ação negatória

Destina-se a possibilitar ao dono do prédio serviente a obtenção de sentença que declare a **inexistência de servidão ou de direito à sua ampliação**.

É ajuizada contra aquele que, sem título, pretende ter servidão sobre o imóvel ou, então, que almeja ampliar direitos já existentes.

21.6.3. Ação possessória

Cabe em favor do prédio dominante, que é **molestado ou esbulhado** pelo proprietário do prédio serviente. Também pode ser utilizada quando este não permite a realização de obras de conservação da servidão.

Sendo a servidão direito real **suscetível de posse**, pode o seu titular defendê-la por meio dos interditos possessórios (manutenção de posse, reintegração de posse e interdito proibitório), intentados não somente **contra o outro proprietário, como também contra terceiros**.

Alguns autores sustentam ser cabível somente a manutenção de posse, por não se consumar a perda do próprio imóvel. Entretanto, tem a jurisprudência admitido a possibilidade de esbulho. Assim, se o dono do prédio serviente se opõe, por exemplo, à tirada de água, constituída em favor do prédio dominante, pratica **esbulho**, de que resulta a perda do *jus in re aliena*[19].

■ 21.6.4. Ação de nunciação de obra nova

Já se decidiu, com efeito, que a servidão *tigni immittendi* (meter trave na parede do vizinho) comporta defesa pela nunciação de obra nova[20].

■ 21.6.5. Ação de usucapião

É cabível tal ação, conforme expresso no art. 1.379 do Código Civil.

■ 21.7. EXTINÇÃO DAS SERVIDÕES

■ 21.7.1. Extinção pelo cancelamento do registro

Dispõe o art. 1.387 do Código Civil:

> "Salvo nas desapropriações, a servidão, **uma vez registrada**, só se extingue, com respeito a *terceiros*, **quando cancelada**.
> Parágrafo único. Se o prédio dominante estiver hipotecado, e a servidão se mencionar no título hipotecário, será também preciso, para a cancelar, o consentimento do credor".

O dispositivo ora transcrito encontra-se em sintonia com o sistema de constituição das servidões, que só podem ser estabelecidas por meio de **registro** (CC, art. 1.378). Assim, enquanto permanecerem registradas no Cartório de Registro de Imóveis, subsistirão em favor do dono do prédio dominante.

"A aquisição decorrente de **desapropriação**, pela natureza especial desta última, não se subordina ao registro do título translativo, o que não significa, entretanto, que não seja uma formalidade útil, a fim de dar continuidade ao registro e operar efeitos extintivos da propriedade anterior"[21].

---

[19] Washington de Barros Monteiro, *Curso*, cit., v. 3, p. 283.
"Servidão de passagem. Atos de permissão ou mera tolerância que não induzem posse. Fechamento de caminho pelo proprietário que não implica ato de esbulho" (*RT*, 770/386). "Possessória. Servidão de trânsito. Embaraço do uso de estrada que liga a propriedade dos autores à estrada asfaltada, que facilita o caminho para a cidade. Inadmissibilidade. Posse prolongada e constante utilização comprovadas. Procedência da ação" (*RT*, 725/247).

[20] *RT*, 189/299.

[21] José Carlos de Moraes Salles, *A desapropriação à luz da doutrina e da jurisprudência*, p. 520.

21.7.2. Modos de extinção previstos no art. 1.388 do Código Civil

No capítulo concernente à extinção das servidões, cuida o legislador, em dois artigos, das diversas maneiras como as servidões se extinguem. No art. 1.388, defere ao dono do **prédio serviente** o direito de promover o **cancelamento do registro da servidão**, ainda que o dono do prédio dominante lho impugne, nos seguintes casos:

> "I — quando o titular houver **renunciado** a sua servidão;
>
> II — quando tiver **cessado**, para o prédio dominante, a **utilidade ou a comodidade**, que determinou a constituição da servidão;
>
> III — quando o dono do prédio serviente **resgatar** a servidão".

Extinção pela renúncia

O titular da servidão pode abrir mão do benefício instituído em seu favor, renunciando-o expressamente (art. 1.388, I), desde que seja capaz e tenha poder de disposição.

A ***renúncia***, segundo Clóvis Beviláqua, "é ato voluntário do titular do direito e deve ser **expressa**. É o ato renunciativo, que, apresentado ao **registro**, autoriza ao cancelamento da servidão, e consequentemente, a liberação do prédio"[22].

Embora a renúncia deva ser expressa e revestir a forma jurídica adequada, admite-se, no entanto, que possa ser tácita. É **tácita**, segundo Lafayette, quando, por exemplo, "o senhor do prédio não impede que o dono do serviente faça nele obra incompatível com o exercício da servidão"[23].

Extinção em virtude de perda da utilidade ou comodidade

O inc. II do mencionado art. 1.388 autoriza o cancelamento da servidão em decorrência da ***perda da utilidade ou comodidade*** que determinou a sua constituição. É comum a substituição de uma servidão por uma **obra pública**. Tal fato afasta, em regra, a razão para a sua manutenção. Não raramente, os locais destinados ao escoamento de águas, ou à passagem de pessoas, perdem a utilidade em virtude de **esgotos e estradas** que o Poder Público constrói.

A continuação da servidão, por capricho de uma pessoa, é desarrazoada e injustificável, como salienta Arnaldo Rizzardo[24].

Admite-se também a extinção da servidão pelo mesmo fundamento quando **o dono do prédio dominante adquire área contígua, que já possuía saída para estrada pública**.

A regra ora em estudo tem sido especialmente utilizada para negar a existência de servidões de trânsito não tituladas, quando o prédio pertencente a quem a postula tem acesso a estrada pública. Já se decidiu, todavia, que "a construção de estrada municipal, perto do local litigioso, não altera a situação, uma vez que esse novo acesso

---

22 *Código Civil dos Estados Unidos do Brasil comentado*, comentários ao art. 709 (*CC/1916*), p. 1173.

23 *Direito das coisas*, cit., t. I, p. 362.

24 *Direito das coisas*, cit., p. 913.

não se mostra menos oneroso para os autores, titulares da servidão de trânsito, contínua e aparente"[25].

■ **Extinção pelo resgate da servidão**

O *resgate*, mencionado no inc. III do aludido art. 1.388 do Código Civil, só poderá ocorrer **quando convencionado**, ou seja, quando previsto e regulado pelas partes.

Difere, pois, da enfiteuse, que autoriza sempre o resgate (CC/1916, art. 683).

■ 21.7.3. Modos de extinção elencados no art. 1.389 do Código Civil

Extinguem-se, ainda, as servidões prediais, nos termos do art. 1.389 do Código Civil:

- ■ Pela **reunião dos dois prédios no domínio da mesma pessoa**. Nesse caso, opera-se a ***confusão*** (*neminem res sua servit*). Sendo pressuposto básico da existência das servidões a pluralidade de prédios pertencentes a proprietários diferentes, ocorre a sua extinção quando os imóveis passam ao domínio do mesmo dono.
- ■ Pela **supressão das respectivas obras**, por efeito de contrato ou de outro título expresso. Trata-se de modo de extinção que se aplica às servidões **aparentes**.
- ■ Pelo **não uso**, durante **dez anos** contínuos. A falta de uso por prazo prolongado revela não só o desinteresse do titular, como a **desnecessidade da servidão**, para o prédio dominante.

Conta-se o prazo, nas servidões positivas, a partir do momento em que cessa o seu exercício; e, nas negativas, do instante em que o dono do prédio serviente passa a praticar aquilo que devia omitir. "A doutrina dominante manifesta-se no sentido de que o não uso outra coisa não é senão a própria **prescrição**. Nessas condições, todas as normas gerais peculiares à prescrição se aplicam também ao não uso"[26].

■ 21.7.4. Outros modos de extinção das servidões

Além das causas de extinção mencionadas e elencadas na lei, as servidões podem extinguir-se:

- ■ pela **destruição do prédio dominante**, como a invasão das águas do mar, ou a inundação definitiva em virtude do erguimento de uma barragem;
- ■ pela **destruição do prédio serviente**, nos mesmos casos do item anterior;
- ■ por se ter realizado a **condição** ou por se ter chegado ao **termo** convencionado;
- ■ pela **preclusão** do direito da servidão, em virtude de atos opostos;

---

[25] *RT*, 789/246.

V. ainda: "Se a passagem é onerosa ao réu e este entende que o prédio dominante ficou favorecido por nova via pública, a solução para o dono do prédio serviente é a ação negatória, e não o fechamento daquela passagem" (*RT*, 463/74).

[26] Washington de Barros Monteiro, *Curso*, cit., v. 3, p. 289-290.

- por **decisão judicial**, como na hipótese de **desapropriação**; e
- pela **resolução do domínio do prédio serviente**[27].

21.8. RESUMO

DAS SERVIDÕES	
CONCEITO DE SERVIDÃO PREDIAL	Constitui restrição imposta a um imóvel, para uso e utilidade de outro pertencente a dono diverso. Trata-se de direito real instituído em favor de um prédio (dominante) sobre outro (serviente) pertencente a dono diverso (CC, art. 1.378).
CARACTERÍSTICAS	■ a servidão é uma **relação entre dois prédios distintos**; ■ os prédios devem **pertencer a donos diversos**; ■ nas servidões, **serve a coisa, e não o dono**; ■ a servidão **não se presume**; ■ a servidão é **direito real, acessório, de duração indefinida e indivisível**; ■ a servidão é **inalienável**.
CLASSIFICAÇÃO	■ Quanto ao **modo de exercício**, podem ser: ***contínuas*** e ***descontínuas***; e quanto à **visibilidade: *aparentes*** e ***não aparentes***. Essas espécies podem combinar-se, dando origem às servidões: **a) *contínuas*** e ***aparentes***; **b) *contínuas*** e ***não aparentes***; **c) *descontínuas*** e ***aparentes***; **d) *descontínuas*** e ***não aparentes***.
MODOS DE CONSTITUIÇÃO	■ **Ato humano:** **a)** negócio jurídico; **b)** sentença; **c)** usucapião; **d)** destinação do proprietário. ■ **Fato humano:** servidão de trânsito.
AÇÕES QUE PROTEGEM AS SERVIDÕES	■ confessória; ■ negatória; ■ de manutenção e de reintegração de posse; ■ de nunciação de obra nova; ■ de usucapião.
EXTINÇÃO (ARTS. 1.388 E 1.389)	■ pela renúncia; ■ pela cessação, para o prédio dominante, da utilidade que determinou a constituição da servidão; ■ pelo resgate; ■ pela confusão; ■ pela supressão das respectivas obras; ■ pelo não uso, durante dez anos contínuos.

21.9. QUESTÕES

1. (TJSP/Juiz de Direito/178º Concurso/VUNESP/2006) O assunto aqui é alienação fiduciária. Aponte a única declaração inteiramente CORRETA.

a) Vencida e não paga a dívida e, judicial ou extrajudicialmente, vendida a coisa a terceiros, o preço apurado será, desde que bastante e sobejante, inteiramente aplicado no pagamento do crédito e das despesas de cobrança.

27 Arnaldo Rizzardo, *Direito das coisas*, cit., p. 912.

b) No Brasil, somente coisa móvel infungível pode ser objeto de alienação fiduciária.
c) É lícita, na alienação fiduciária, a cláusula comissória.
d) Quando, vendida a coisa, o produto não bastar para o pagamento da dívida, continuará obrigado pelo restante o devedor fiduciário.

2. (TJ/MS/Juiz de Direito/Fundação Carlos Chagas/2010) Direito de Superfície.

a) Qualquer imóvel, mesmo já plantado ou construído, poderá ser objeto de direito de superfície.
b) Não poderá ser convencionada a demolição do que está construído no terreno para que o superficiário nele erga as construções que lhe aprouver.
c) O superficiário não poderá ajustar com o proprietário a erradicação de plantações para no terreno fazer outras do seu interesse.
d) Durante o período do contrato o proprietário confere ao superficiário a propriedade útil do seu imóvel, como titular de um direito real oponível *erga omnes*.
e) O direito de superfície importa uma cessão temporária, mas isso não implica uma propriedade resolúvel.

3. (DEL/POL/MG/Delegado de Polícia/2007) Considerando os dispositivos do Código Civil em vigor sobre o direito de superfície, assinale a alternativa INCORRETA:

a) O proprietário pode conceder a outrem o direito de construir em seu terreno, por tempo indeterminado, mediante escritura pública devidamente registrada no Cartório de Registro de Imóveis.
b) O direito de superfície não autoriza obra no subsolo, salvo se for inerente ao objeto da concessão.
c) O direito de superfície pode transferir-se a terceiros e, por morte do superficiário, aos seus herdeiros.
d) O superficiário pode estabelecer servidões no terreno para facilitar o uso da construção e do imóvel.

4. (DEL/POL/SP/Delegado de Polícia/Acadepol/SP/2008) Não se considera direito real:

a) a superfície.
b) a habitação.
c) o uso.
d) o penhor.
e) a benfeitoria necessária.

5. (DPE/DF/Analista Judiciário/Fundação Getulio Vargas/2014) Valério exerce a posse mansa e pacífica do imóvel rural onde reside há 27 anos. Há três acessos ao imóvel, mas o que Valério mais utiliza é uma pequena estrada, feita e mantida por ele há 21 anos, que passa por dentro de uma outra propriedade pertencente a um casal de nacionalidade inglesa e que pouco frequenta o local. Acontece que, após tantos anos, o referido casal vendeu o imóvel para uma incorporadora, a qual começou a construção de um muro que impede a passagem de Valério. Nesse caso é CORRETO afirmar que:

a) em virtude da existência de dois outros acessos, nenhuma providência pode ser tomada por Valério.
b) Valério, por ser titular do direito de propriedade sobre a pequena passagem, pode ajuizar ação reivindicatória para impedir a construção do muro.
c) Valério, por ser possuidor do direito real de servidão de passagem, pode se valer da proteção possessória que a lei lhe confere.
d) nada pode ser feito, já que Valério é mero invasor do imóvel.
e) nada pode ser feito, já que não há proteção legal para direito de passagem.

6. (NOSSA CAIXA/Advogado/Fundação Carlos Chagas/2011) Dois prédios situados no alto de uma encosta têm acesso à rodovia através de servidão de passagem, instituída por escritura pública e registrada no Cartório de Registro de Imóveis, que atravessa o prédio localizado à margem destas. As obras necessárias à conservação e uso da servidão, como não há disposição a respeito no título constitutivo,

a) serão pagas, metade pelos donos dos prédios dominantes e metade pelo dono do prédio serviente.

b) correrão por conta do dono do prédio serviente.
c) serão rateadas proporcionalmente entre os donos dos prédios dominantes e o dono do prédio serviente.
d) serão rateadas entre os donos dos prédios dominantes.
e) correrão por conta do dono do prédio que a utilizar com mais frequência.

7. (Procurador da República/24º Concurso/2008) Em relação a servidão é CORRETO afirmar que:

I. Servidões prediais são direitos reais de gozo sobre imóveis, que se impõem sobre o prédio serviente em benefício do prédio dominante, em virtude de lei ou vontade das partes.
II. O exercício inconteste e contínuo de uma servidão, aparente ou não, pelo período de dez anos, autoriza o interessado a assentá-la no Registro de Imóveis, valendo como título a sentença judicial.
III. Apesar de sua perpetuidade, a servidão tem seus modos de extinção, que só produzirão efeitos valendo *erga omnes* com o cancelamento do registro do seu título constitutivo.
IV. O dono do prévio serviente, pelos incômodos e gravames que causar, poderá ter a obrigação de repor as coisas em seu estado anterior, além de indenizar as perdas e danos que sobrevierem.

Das proposições acima:
a) I e II estão erradas;
b) II e IV estão erradas;
c) II e III estão erradas;
d) I e IV estão erradas.

8. (PGM/AM/Procurador do Município/2006) A respeito das servidões, pode-se afirmar que

a) a servidão não pode ser removida de um local para outro pelo dono do prédio serviente e à sua custa, mesmo se em nada diminuir as vantagens do prédio dominante.
b) o exercício incontestado e contínuo de uma servidão não aparente, por cinco anos, autoriza o interessado a registrá-la em seu nome no Registro de Imóveis.
c) se as necessidades da cultura, ou da indústria, do prédio dominante impuserem à servidão maior largueza, o dono do serviente é obrigado a sofrê-la, mas tem direito de ser indenizado pelo excesso.
d) o exercício da servidão decorre das necessidades do prédio serviente e, constituída para certo fim, pode se ampliar a outro.
e) a servidão proporciona utilidade para o prédio dominante e grava o prédio serviente, que pertence a diverso dono, sendo que só pode ser constituída por testamento.

9. (OAB/SP/2006) Sobre a servidão, é INCORRETO afirmar:

a) pode ser constituída mediante testamento.
b) pode surgir mediante usucapião.
c) a servidão de trânsito é obrigatória quando favorecer prédio encravado que não tenha saída para a via pública.
d) extingue-se pela reunião do prédio serviente e do prédio dominante no domínio da mesma pessoa.

10. (Procurador Autárquico/ARCE/2006) A respeito das servidões, é CORRETO afirmar que

a) só se extinguem por desapropriação ou quando houver a reunião dos prédios dominante e serviente no domínio da mesma pessoa.
b) proporcionam utilidade ao prédio serviente e gravam o prédio dominante pertencente a diversos donos.
c) não estão sujeitas a registro no serviço de Registro de Imóveis.
d) podem ser adquiridas por usucapião, quando aparentes.
e) jamais se extinguem pelo não uso.

11. (MP/MS/Promotor de Justiça/XXV Concurso/FADEMS/2011) Analise as seguintes afirmações e assinale a alternativa CORRETA.

I. Se o prédio dominante estiver hipotecado, e a servidão se mencionar no título hipotecário, será também preciso, para cancelar, o consentimento do credor.

II. A forma de constituição do direito real de superfície pode se constituir mediante instrumento particular, já que a lei não obriga expressamente que seja através de escritura pública para sua validade.
III. Se a sentença de declaração de vacância foi proferida depois de completado o prazo da prescrição aquisitiva em favor do autor da ação de usucapião, não procede a alegação de que o bem não poderia ser usucapido porque do domínio público, uma vez que deste somente se poderia cogitar depois da sentença que declarou vagos os bens jacentes.
IV. A falta de registro do compromisso de venda e compra descaracteriza a responsabilidade do promitente comprador pelo pagamento das quotas de condomínio.
V. A existência de cláusula de inalienabilidade recaindo sobre uma fração de bem imóvel não impede a extinção do condomínio. Na hipótese, haverá sub-rogação da cláusula de inalienabilidade, que incidirá sobre o produto da alienação do bem, no percentual correspondente à fração gravada.

a) Somente a alternativa II está correta;
b) Todas as alternativas estão corretas;
c) Apenas a questão IV está correta;
d) As alternativas I, III e V estão corretas;
e) As questões II, III e IV estão corretas.

12. (TRF/2ª Seção/Juiz Federal/2014) Sobre as servidões prediais, assinale a assertiva CORRETA.

a) O titular do prédio dominante pode alienar a servidão em separado da propriedade, em favor de outro imóvel vizinho, pertencente a terceiro, mas o ato apenas é oponível ao titular do prédio serviente após o registro do título no assento imobiliário.
b) É inviável usucapir, na forma extraordinária, servidão não aparente e descontínua.
c) O usufrutuário de imóvel pode sobre ele constituir servidão em favor de prédio vizinho, desde que o faça a título gratuito e em caráter real.
d) O desuso da servidão, passados pelo menos quinze anos e desde que notificado o titular do prédio dominante, gera a sua extinção.
e) A posse *ad interdicta* é aquela que conduz à usucapião e que, quando molestada, pode ser defendida pelas ações possessórias.

13. (OAB/XV Exame de Ordem Unificado/Fundação Getulio Vargas/2014) No regime da Alienação Fiduciária que recai sobre bens imóveis, uma vez consolidada a propriedade em seu nome no Registro de Imóveis, o fiduciário, no prazo de trinta dias, contados da data do referido registro, deverá

a) adjudicar o bem.
b) vender diretamente o bem para terceiros.
c) promover leilão público para a alienação do imóvel; não havendo arremate pelo valor de sua avaliação, realizar um segundo leilão em quinze dias.
d) promover leilão público para a alienação do imóvel; não havendo arremate, o fiduciário adjudicará o bem.

14. (MP/RO/Promotor de Justiça/CESPE/UnB/2013) Considerando o disposto no Código Civil sobre direitos reais, assinale a opção CORRETA.

a) A servidão predial é ônus imposto coativamente ao proprietário do prédio serviente, que perderá o exercício de algum dos direitos dominicais sobre o seu prédio.
b) Sendo o direito de habitação concedido a mais de uma pessoa, a que habitar o imóvel deverá pagar à outra aluguel proporcional.
c) A aluvião, mesmo sendo fenômeno da natureza, obriga o favorecido a pagar indenização ao prejudicado, ante a vedação do enriquecimento sem causa.
d) Como a superfície é direito diverso do direito de propriedade, a sua aquisição não depende de registro de escritura pública.
e) Assim como o proprietário, o usufrutuário possui direito de sequela, podendo perseguir o imóvel nas mãos de quem quer que injustamente o detenha.

15. (TJ/RS/Juiz de Direito/FAURGS/2016) Assinale a alternativa CORRETA acerca do direito de superfície no Código Civil.

a) O proprietário pode conceder a outrem o direito de construir em seu terreno, por tempo indeterminado, mediante instrumento particular, devidamente registrado no Cartório de Títulos e Documentos.
b) O direito de superfície abrange a autorização para obra no subsolo, salvo se expressamente excluído no instrumento de concessão celebrado entre as partes.
c) O superficiário não responde pelos encargos e tributos que incidirem sobre o imóvel.
d) O direito de superfície não pode ser transferido a terceiros, exceto, por morte do superficiário, aos seus herdeiros.
e) O proprietário, extinta a concessão, passará a ter a propriedade plena sobre o terreno, construção ou plantação, independentemente de indenização, se as partes não houverem estipulado o contrário.

16. (TJ/RJ/Juiz de Direito/XLVII Concurso/VUNESP/2016) Em 2010, no auge de um "*boom* imobiliário", Luciano adquiriu de uma construtora um apartamento já construído. Deu pequena entrada de R$ 20.000,00 e o saldo financiou junto à própria construtora, subscrevendo escritura pública de compra e venda com pacto de alienação fiduciária em garantia. Em 2015, com a crise financeira que assolou o país, Luciano deixou de pagar as parcelas junto à fiduciária. A esta altura, Luciano já havia pago valor equivalente a 50% do preço, faltando pagar R$ 250.000,00. Assim, a construtora intimou Luciano, via cartório, para que purgasse a mora no prazo legal. Sem meios para tanto, Luciano não pôde purgar a mora. Assim, a fiduciária procedeu à consolidação da propriedade em seu nome e promoveu o público leilão do imóvel, que foi arrematado por Mounir, em primeira hasta, por R$ 650.000,00, lavrando-se imediatamente o auto de arrematação. No dia seguinte, Luciano compareceu à sede da construtora para quitar integralmente sua dívida, mas a fiduciária recusou-se a receber, argumentando que já havia se encerrado o prazo para purgação da mora.

Nesse panorama fático, assinale a alternativa CORRETA, de acordo com a legislação aplicável e jurisprudência sobre a matéria.

a) Luciano pode purgar a mora ou quitar sua dívida antes que haja determinação judicial para imissão do arrematante na posse do imóvel, assegurado ao arrematante a devolução do valor pago.
b) O estágio do procedimento extrajudicial não mais admite que o fiduciante purgue a mora ou quite a dívida, assegurado seu direito de receber o valor que superar a dívida, acrescida de eventuais outras despesas e encargos.
c) Não havendo desocupação voluntária por Luciano, Mounir poderá ajuizar ação de imissão na posse, não se admitindo a concessão de liminar, em razão do tempo de exercício da posse pelo fiduciante.
d) Luciano pode requerer judicialmente a anulação da consolidação da propriedade, com fundamento na teoria do adimplemento substancial.
e) É nula a alienação fiduciária em garantia avençada, na medida em que é modalidade de contratação privativa das entidades autorizadas a operar no Sistema de Financiamento Imobiliário – SFI.

17. (TJ/RS/Juiz de Direito/FAURGS/2016) Assinale a alternativa CORRETA acerca dos Direito Reais no Código Civil.

a) Considera-se fiduciária a propriedade resolúvel de coisa móvel fungível que o devedor, com escopo de garantia, transfere ao credor.
b) É nula a cláusula que autoriza o proprietário fiduciário a ficar com a coisa alienada em garantia, se a dívida não for paga no vencimento.
c) No condomínio edilício, as partes suscetíveis de utilização independente, tais como abrigos para veículos, sujeitam-se à propriedade exclusiva, podendo ser alienadas e gravadas livremente por seus proprietários.
d) Constitui-se o penhor de direito mediante instrumento público ou particular, registrado no Cartório de Registro de Imóveis.
e) A hipoteca não abrange as acessões, melhoramentos ou construções do imóvel, sendo nula de pleno direito a alienação de imóvel hipotecado.

18. (OAB/XXII Exame de Ordem Unificado/Fundação Getulio Vargas/2017) George vende para Marília um terreno não edificado de sua propriedade, enfatizando a existência de uma "*vista eterna para a praia*" que se encontra muito próxima do imóvel, mesmo sem qualquer documento comprovando o fato. Marília adquire o bem, mas, dez anos após a compra, é surpreendida com a construção de um edifício de vinte andares exatamente entre o seu terreno e o mar, impossibilitando totalmente a vista que George havia prometido ser eterna. Diante do exposto e considerando que a construção do edifício ocorreu em um terreno de terceiro, assinale a afirmativa CORRETA.

a) Uma vez transcorrido o prazo de 10 anos, Marília pode pleitear o reconhecimento da usucapião da servidão de vista.
b) Mesmo sem registro, Marília pode ser considerada titular de uma servidão de vista por destinação de George, o antigo proprietário do terreno.
c) Mesmo sendo uma servidão aparente, as circunstâncias do caso não permitem a usucapião de vista.
d) Sem que tenha sido formalmente constituída, não é possível reconhecer servidão de vista em favor de Marília.

■ GABARITO ■

1. "d". *Vide* art. 1.366 do CC.
2. "d". Segundo o art. 1.369 do CC, o direito de superfície caracteriza-se como um direito real sobre coisa alheia (portanto, oponível *erga omnes*), apresentando-se como um desmembramento da propriedade, pois o proprietário concede a outrem o direito de construir ou de plantar em seu terreno, por tempo determinado, mediante escritura pública devidamente registrada no Cartório de Registro de Imóveis.
3. "a". *Vide* art. 1.369 do CC.
4. "e". *Vide* o rol dos direitos reais no art. 1.225 do CC.
5. "c". *Vide* art. 1.383 do CC.
6. "d". *Vide* art. 1.380, 2ª parte, do CC.
7. "c". *Vide* arts. 1.379 e 1.387 do CC.
8. "c". *Vide* art. 1.385, § 3º, do CC.
9. "c". *Vide* art. 1.285 do CC. Quando se trata de prédio encravado, a saída constitui passagem forçada, e não servidão.
10. "d". *Vide* art. 1.379 do CC.
11. "d". I — art. 1.387, parágrafo único, do CC; III — STJ, *RT*, 778/233 e *RSTJ*, 133/400; V — TJSP, Ap. 273.921-4/5-Guarulhos, 2ª Câm. Dir. Priv., rel. Des. Morato de Andrade, j. 10-8-2004.
12. "c". *Vide* art. 1.379 do CC e Súmula 415 do STF.
13. "c". *Vide* Lei n. 13.043, de 13 de novembro de 2014.
14. "e". *Vide* art. 1.394 do Código Civil. "Tem o usufrutuário a posse direta e justa da coisa frugífera, cabendo ao nu-proprietário a posse indireta (CC, art. 1.197), sendo-lhe reconhecido, ainda em consequência, o uso dos interditos possessórios, além do desforço imediato, contra quem quer que venha a molestar a utilização da coisa, ou seja, contra terceiros e também contra o nu-proprietário, se este impedir ou dificultar o livre-exercício do usufruto" (*RT*, 496/199).
15. "e". *Vide* art. 1.375 do CC.
16. "b". *Vide* art. 903 do CPC.
17. "b". *Vide* art. 1.365 do CC.
18. "d". *Vide* arts. 1.378 e 1.379 do CC.

22

DO USUFRUTO

22.1. CONCEITO

Segundo o conceito clássico, originário do direito romano, *usufruto* é o direito de **usar** uma coisa pertencente a outrem e de **perceber-lhe os frutos**, ressalvada sua substância (*usus fructus est ius alienis rebus utendi fruendi, salva rerum substantia*).

Nessa linha, o Código Civil de 1916 definia o aludido instituto, no art. 713, como "o direito real de fruir as utilidades e frutos de uma coisa, enquanto temporariamente destacado da propriedade".

O Código de 2002 não repetiu esse preceito, preferindo deixar implícita a noção. Alguns dos poderes inerentes ao domínio são transferidos ao usufrutuário, que passa a ter, assim, **direito de uso e gozo sobre coisa alheia**. Como o usufruto é temporário, ocorrendo sua extinção, passará o nu-proprietário a ter o domínio pleno da coisa.

A ideia de **preservação da substância** é essencial à noção de usufruto. Efetivamente, enquanto ao usufrutuário se transfere o direito temporário de usar e gozar da coisa alheia, impõe-se-lhe o dever de preservar a substância.

Caracteriza-se o usufruto, assim, pelo **desmembramento**, em face do princípio da elasticidade, dos poderes inerentes ao domínio: de um lado, fica com o **nu-proprietário** o direito à substância da coisa, a prerrogativa de dispor dela, e a expectativa de recuperar a propriedade plena pelo fenômeno da consolidação, tendo em vista que o usufruto é sempre temporário; de outro, passam para as mãos do **usufrutuário** os direitos de uso e gozo, dos quais transitoriamente se torna titular.

Passa a existir, destarte, a **coexistência** harmônica dos **direitos do usufrutuário**, concernentes à utilização e fruição da coisa, e dos **direitos do proprietário**, que os perde em proveito daquele, conservando, todavia, a substância da coisa e a condição jurídica de nu-proprietário[1].

---

[1] Silvio Rodrigues, *Direito civil*, v. 5, p. 296; Caio Mário da Silva Pereira, *Instituições de direito civil*, v. IV, p. 289.

22.2. CARACTERÍSTICAS DO USUFRUTO

Além das já mencionadas, de ter por conteúdo a possibilidade de usar e fruir e de não permitir alteração da substância da coisa ou do direito, outras **características fundamentais** apresenta o usufruto, encarado sob o prisma do usufrutuário:

22.2.1. Direito real sobre coisa alheia

É **direito real sobre coisa alheia**, pois se reveste de todos os elementos que identificam os direitos dessa natureza. Entretanto, foi considerado a princípio como *servidão pessoal*, ao lado do uso e da habitação. Ainda hoje é apontado por muitos autores como tal — **o que não se justifica**, porque não incide sobre pessoas, mas sobre coisas.

Trata-se de direito real sobre coisa alheia, porque "recai diretamente **sobre a coisa**, não precisando seu titular, para exercer seu direito, de prestação positiva de quem quer que seja. Vem munido do **direito de sequela**, ou seja, da prerrogativa concedida ao usufrutuário de perseguir a coisa nas mãos de quem quer que injustamente a detenha, *para usá-la e desfrutá-la* como lhe compete. É um direito **oponível *erga omnes*** e sua defesa se faz através de ação real"[2].

Tal característica distingue o usufruto de qualquer utilização pessoal de coisa alheia, como locação e comodato, por exemplo. Nesta categoria de *ius in re*, **difere do usufruto de direito de família**, que, pela própria natureza, dispensa a formalidade do registro, como ainda das diversas modalidades de utilização obrigacional, submetidas ao direito das obrigações[3].

22.2.2. Temporariedade

Tem caráter temporário, porque se extingue com a **morte** do usufrutuário (CC, art. 1.410, I) ou no prazo de **trinta anos** se constituído em favor de pessoa jurídica, e esta não se extinguir antes (art. 1.410, III), sendo admitida, porém, duração menor, como na hipótese de ser constituído por prazo certo, ou ainda determinado em razão de atingir o beneficiado idade limite ou alcançar certa condição ou estado (obtenção de diploma de nível universitário, casamento).

Desfigura-se o usufruto se lhe for atribuída perpetuidade.

22.2.3. Inalienabilidade

É **inalienável**, permitindo-se, porém, a **cessão de seu exercício** por título gratuito ou oneroso.

Dispõe, com efeito, o art. 1.393 do Código Civil:

---

[2] Silvio Rodrigues, *Direito civil*, cit., v. 5, p. 297.

[3] Caio Mário da Silva Pereira, *Instituições*, cit., v. IV, p. 291-292.

"Não se pode transferir o usufruto por alienação; mas o seu *exercício* pode ceder-se por título gratuito ou oneroso".

O benefício só pode aproveitar ao seu titular, **não se transmitindo a seus herdeiros** devido a seu falecimento. A inalienabilidade é apontada como a principal vantagem do usufruto, porque, assim, melhor corresponde aos intuitos do instituidor. A alienação só poderá ocorrer para enfeixar todos os poderes em mãos de uma só pessoa, extinguindo o direito real de usufruto pela **consolidação** (CC, art. 1.410, VI)[4].

Sendo permitida a cessão do seu ***exercício***, pode o usufrutuário, por exemplo, arrendar propriedade agrícola que lhe foi dada em usufruto, recebendo o arrendamento, em vez de ele mesmo colher os frutos e assumir os riscos do investimento. É o que se infere do art. 1.399 do mesmo diploma, que confere ao usufrutuário o direito de "usufruir em pessoa, ou mediante arrendamento, o prédio", embora não possa mudar-lhe a destinação econômica sem expressa autorização do proprietário.

22.2.4. Impenhorabilidade

É **insuscetível de penhora**. A inalienabilidade ocasiona a *impenhorabilidade* do usufruto. O direito em si não pode ser penhorado, em execução movida por dívida do usufrutuário, porque a penhora destina-se a promover a venda forçada do bem em hasta pública[5]. Mas, como o seu ***exercício*** pode ser cedido, é passível, em consequência, de ser **penhorado**. Nesse caso, o usufrutuário fica provisoriamente privado do direito de retirar da coisa os frutos que ela produz[6].

O juiz que deferir a penhora nomeará um administrador do imóvel. Os frutos produzidos e colhidos servirão para pagar o credor até que se extinga totalmente a dívida. Nessa hipótese, a penhora será levantada, readquirindo o usufrutuário o direito de uso e gozo da coisa (CPC, art. 868).

Observa-se que o usufrutuário não perde o direito de usufruto, o que ocorreria se este pudesse ser penhorado e arrematado por terceiro. **Perde apenas, temporariamente, o exercício desse direito, em razão da penhora.** No entanto, se a dívida for do **nu-proprietário**, a penhora pode recair sobre os seus direitos[7].

---

4 Marco Aurélio S. Viana, *Comentários ao novo Código Civil*, v. XVI, p. 633; Mário Müller Romitti, *Comentários*, cit., v. XIII, p. 11.

5 "Se os direitos de usufruto, por expressa disposição legal, são inalienáveis — exceto ao nu-proprietário — decorrência lógica disso é sua também impenhorabilidade, porquanto a penhora não é ato judicial fim, mas, apenas meio para, passando pela alienação judicial do bem penhorado, satisfazer a obrigação do devedor frente ao credor" (*RT*, 796/304).

6 "Penhora. Constrição incidente sobre usufruto. Inadmissibilidade, mormente em não se tratando de execução movida pelos nu-proprietários contra os usufrutuários. Possibilidade, no entanto, de que o gravame recaia sobre as comodidades e a faculdade de receber os frutos e vantagens da coisa frutuária" (*RT*, 793/283).

7 "Usufruto. Caráter vitalício. Arrematação ou adjudicação da nua-propriedade. Posse do imóvel penhorado não afetada. Direito do usufrutuário resguardado. Constrição que atinge somente a nua-propriedade e não o direito de permanecer no imóvel dos usufrutuários" (*RT*, 733/330).

22.3. MODOS DE CONSTITUIÇÃO

O usufruto pode constituir-se por:

- **determinação legal**;
- **ato de vontade**; e
- **usucapião**.

Por determinação legal

É o modo estabelecido **pela lei** em favor de certas pessoas, como o usufruto dos pais sobre os bens do filho menor (CC, art. 1.689, I). A administração e o usufruto legais são corolários do poder familiar. Tal usufruto não é vitalício, pois que cessa com a maioridade dos filhos. São também exemplos de usufruto constituído por determinação legal:

- o **do cônjuge sobre bens do outro**, quando lhe competir tal direito (CC, art. 1.652, I);
- o **da brasileira casada com estrangeiro** sob regime que exclua a comunhão universal, por morte do marido, sobre a quarta parte dos bens deste, se o casal tiver filhos brasileiros, e de metade, se não os tiver (Decreto-Lei n. 3.200/41, art. 17, alterado pelo Decreto-Lei n. 5.187/43); e
- o dos **silvícolas**, na hipótese do art. 231, § 2º, da Constituição Federal.

O art. 1.611, § 1º, do Código Civil de 1916 previa também um caso de usufruto legal, denominado ***usufruto vidual***, concedido ao cônjuge viúvo sobre uma parte do patrimônio do falecido, se o regime de bens não era o da comunhão universal, e enquanto durasse a viuvez. De acordo, porém, com o sistema do Código Civil de 2002, não lhe assiste mais tal direito, em razão da concorrência à herança com os descendentes e ascendentes.

Por ato de vontade

É o que resulta de **contrato** ou **testamento**. Na primeira hipótese, o ato pode ser oneroso ou gratuito, *inter vivos* ou *mortis causa*. **Em geral, surge a título gratuito**, seja na doação com reserva de usufruto, seja na doação da nua-propriedade a um beneficiário, e na do usufruto a outro.

O *negócio jurídico* em si não basta, todavia, para constituir o usufruto. De fato, quando este tiver por objeto **um imóvel**, a sua aquisição por atos entre vivos só se dará com o **registro do título aquisitivo no Cartório de Registro de Imóveis**, segundo dispõem os arts. 1.277 e 1.391 do Código Civil.

No concernente aos **bens móveis**, é indispensável a **tradição** para a sua transferência (CC, art. 1.267). Igualmente, **não depende de registro** o usufruto decorrente do **direito de família**.

A fonte mais frequente de constituição do usufruto por ato de vontade, todavia, é o **testamento**, quando o ato de última vontade atribui a uma pessoa a fruição e utilização da coisa, destacada da nua-propriedade deixada ou legada a outra.

Por usucapião

Admite-se, ainda, a constituição do usufruto pela *usucapião*, ordinária ou extraordinária, desde que concorram os requisitos legais. Configura-se, de ordinário, quando adquirido pelo **decurso de lapso prescricional em favor, *v.g.*, de quem não seja proprietário**, ou seja, quando o objeto sobre que recai não pertence àquele que o constitui.

Consumada a prescrição, o direito do usufrutuário subsiste em pleno vigor com todos os seus efeitos diante do verdadeiro proprietário, como se por ele mesmo houvesse sido estabelecido[8].

22.4. USUFRUTO E FIDEICOMISSO

Malgrado a semelhança entre usufruto e fideicomisso, decorrente do fato de existirem, em ambos, dois beneficiários ou titulares, nítida é a **diferença** entre os dois institutos, como se pode verificar pelo quadro esquemático abaixo:

USUFRUTO	FIDEICOMISSO
É direito real sobre coisa alheia	Constitui espécie de substituição testamentária
O domínio se desmembra, cabendo ao usufrutuário os direitos de usar e de gozar da coisa, e ao nu-proprietário os de dispor e de reaver	Cada titular tem a propriedade plena
O usufrutuário e o nu-proprietário exercem simultaneamente os seus direitos sobre as parcelas em que se fraciona o domínio	O fiduciário e o fideicomissário exercem os seus direitos sucessivamente (CC, art. 1.951)
São contempladas pessoas já existentes	Só se permite em favor da prole eventual (CC, art. 1.952)

22.5. ESPÉCIES DE USUFRUTO

As várias espécies de usufruto são classificadas sobre diversos prismas:

- quanto à **origem** ou **modo de constituição**;
- quanto à **duração**;
- quanto ao **objeto**;
- quanto à **extensão**;
- quanto aos **titulares**.

22.5.1. Quanto à *origem* ou *modo de constituição*

Sob esse aspecto, o usufruto pode ser:

- **Legal:** é o instituído por lei em benefício de determinadas pessoas, como os mencionados no item 22.3, *retro*, ao qual nos reportamos (dos pais sobre os bens

[8] Lafayette, *Direito das coisas*, cit., t. I, p. 263; Caio Mário da Silva Pereira, *Instituições*, cit., v. IV, p. 294.

do filho menor, do cônjuge sobre os bens do outro quando lhe competir tal direito etc.).

- **Convencional** (voluntário): é o que resulta de um negócio jurídico, seja bilateral e *inter vivos*, como o contrato (em geral sob a forma de doação), seja unilateral e *mortis causa*, como o testamento.

22.5.2. Quanto à sua *duração*

Sob esse prisma, o usufruto pode ser:

- **Temporário:** é o estabelecido com prazo certo de vigência. Extingue-se com o advento do termo. Todo usufruto é, por definição, temporário. Mas pode durar toda a vida do usufrutuário, extinguindo-se somente com a sua morte, ou pode ter a duração subordinada a termo certo.
- **Vitalício:** é o estabelecido para durar enquanto viver o usufrutuário[9]. É assim denominado, portanto, o usufruto que perdura até a morte do usufrutuário ou enquanto não sobrevier causa legal extintiva (CC, arts. 1.410 e 1.411).

22.5.3. Quanto ao seu *objeto*

Assim encarado, o usufruto divide-se em:

- **Próprio:** é o que tem por objeto coisas inconsumíveis e infungíveis, cujas substâncias são conservadas e restituídas ao nu-proprietário.
- **Impróprio:** é o que incide sobre bens consumíveis ou fungíveis, sendo denominado ***quase usufruto*** (CC, art. 1.392, § 1º).

22.5.4. Quanto à sua *extensão*

Sob esse enfoque, o usufruto divide-se em: universal e particular, pleno e restrito.

- **Universal:** é o usufruto que recai sobre uma universalidade de bens, como a herança, o patrimônio, o fundo de comércio, ou parte alíquota desses valores.
- **Particular:** é o que incide sobre determinado objeto, como uma casa, uma fazenda etc.
- **Pleno:** é o usufruto que compreende todos os frutos e utilidades que a coisa produz, sem exclusão de nenhum.
- **Restrito:** é o que restringe o gozo da coisa a alguma de suas utilidades.

Todas as espécies de usufruto classificadas quanto à sua extensão são apontadas no art. 1.390 do Código Civil, quando este dispõe que "o usufruto pode recair em um

[9] Orlando Gomes, *Direitos reais*, p. 341.

ou mais bens, móveis ou imóveis, em um patrimônio inteiro, ou parte deste, abrangendo-lhe, no todo ou em parte, os frutos e utilidades"[10].

■ 22.5.5. Quanto aos *titulares*

Sob essa ótica, o usufruto pode ser:

- **Simultâneo:** é o constituído em favor de **duas ou mais pessoas**, ao mesmo tempo, extinguindo-se gradativamente em relação a cada uma das que falecerem, salvo se expressamente estipulado o *direito de acrescer*. Neste caso, o quinhão do usufrutuário falecido acresce ao do sobrevivente, que passa a desfrutar do bem com exclusividade (CC, art. 1.411). Esse direito, nos usufrutos instituídos por testamento, rege-se pelo disposto no art. 1.946 do Código Civil, que assim dispõe: "Legado um só usufruto conjuntamente a duas ou mais pessoas, a parte da que faltar acresce aos colegatários".
- **Sucessivo:** é o instituído em favor de uma pessoa, para que depois de sua morte transmita-se a terceiro. Essa modalidade **não é admitida pelo nosso ordenamento**, que prevê a extinção do usufruto pela morte do usufrutuário.

Se o doador, ao reservar para si o usufruto **(usufruto *deducto*)** do bem doado, estabelecer a sua **inalienabilidade**, esse gravame só poderá ser cancelado após sua morte, se estiver bem evidenciada a sua intenção de não permitir a alienação do bem somente enquanto permanecer como usufrutuário. Falecendo este, cancelam-se o usufruto *deducto* e a cláusula de inalienabilidade de caráter temporário. Nessa linha, assentou o Tribunal de Justiça de São Paulo:

> "Podem ser canceladas cláusulas de inalienabilidade e impenhorabilidade impostas por doadores que se reservaram o usufruto do bem doado se a intenção dos doadores era de instituir o vínculo só pelo tempo em que vivessem"[11].

Tem a jurisprudência repelido a possibilidade de os pais, nas doações com reserva de usufruto, estipularem o direito de acrescer em favor do doador sobrevivente, **por vulnerar a legítima do herdeiro**. Entende-se que, em tal hipótese, extingue-se o usufruto com relação ao doador falecido.

Vide o quadro esquemático abaixo:

---

10 Washington de Barros Monteiro, *Curso*, cit., v. 3, p. 295-296; Maria Helena Diniz, *Curso de direito civil brasileiro*, v. 4, p. 373.

11 *RT*, 541/79. No mesmo sentido: "Devem ser cancelados os vínculos de impenhorabilidade, inalienabilidade e incomunicabilidade, impostos em doação, se os mesmos visaram a apenas garantir a renda para os doadores" (*RT*, 497/90). "Cessando o usufruto vitalício a favor do doador, cessa, no mesmo instante, a eficácia da cláusula de inalienabilidade, porque este gravame está intimamente ligado ao primeiro, ambos estabelecidos no interesse do doador, e não para tornar bem inalienável enquanto viver o donatário" (*RT*, 600/72).

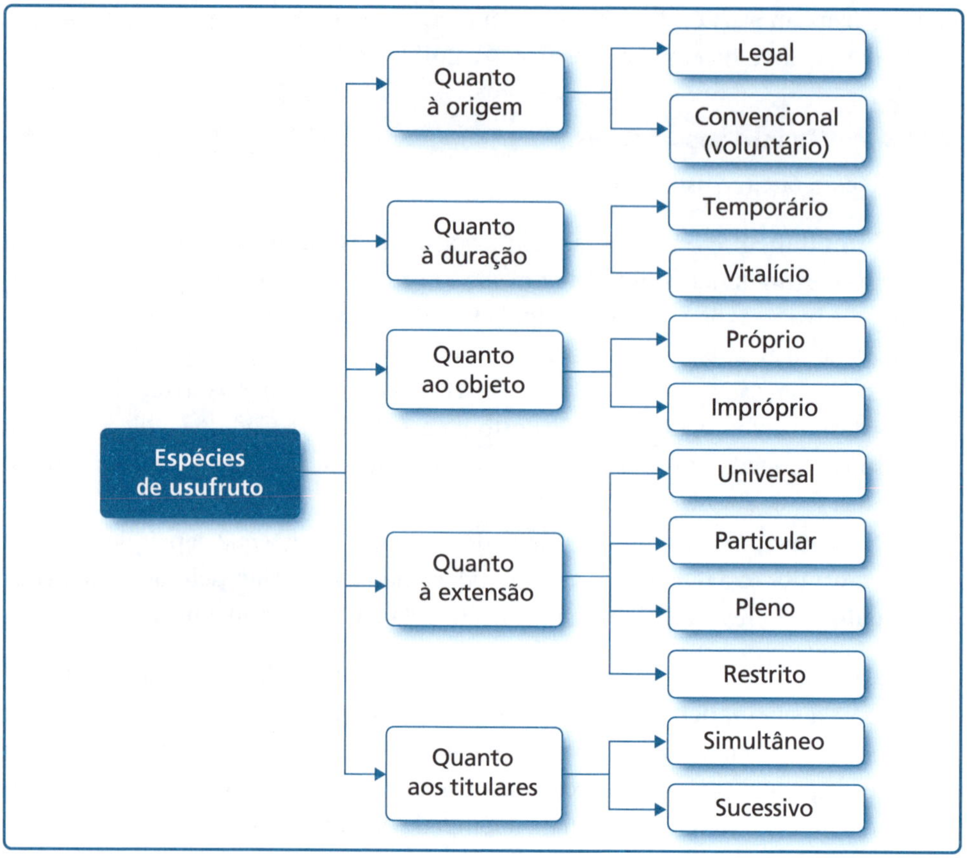

■ 22.6. MODALIDADES PECULIARES DE USUFRUTO

O Código Civil, além de enunciar regra geral relativa aos direitos do usufrutuário, cuida de algumas **modalidades especiais** de usufruto, que serão a seguir analisadas, algumas reguladas no Capítulo I, concernente às disposições gerais, outras no Capítulo II, atinente aos direitos do usufrutuário.

■ 22.6.1. Usufruto dos títulos de crédito

Dispõe o art. 1.395 do Código Civil:

> "Quando o usufruto recai em títulos de crédito, o usufrutuário tem direito a perceber os frutos e a cobrar as respectivas dívidas.
>
> Parágrafo único. Cobradas as dívidas, o usufrutuário aplicará, de imediato, a importância em títulos da mesma natureza, ou em títulos da dívida pública federal, com cláusula de atualização monetária segundo índices oficiais regularmente estabelecidos".

O usufruto **recai sobre o objeto da prestação** devida pelo devedor ao credor, somente se concretizando depois de realizado o respectivo pagamento.

Pode o usufrutuário, antes de vencida a dívida, perceber os frutos e, após o seu vencimento, **cobrar o capital**, não só do devedor como também dos fiadores, como se dele fosse o crédito, sem o concurso do nu-proprietário. Para evitar que o devedor pague diretamente a este os juros ou o capital, **deve o usufrutuário notificá-lo**, dando-lhe ciência do seu direito ao usufruto do título, sob pena de pagar novamente.

O parágrafo único do dispositivo em apreço **impõe limites ao usufrutuário**, determinando o modo como se deve dar a aplicação do numerário recebido. Diante da omissão sobre qualquer responsabilidade que lhe possa advir no cumprimento do comando legal, decorrente de eventual perda, deve-se entender que somente terá a obrigação de indenizar **se houver culpa** de sua parte[12].

22.6.2. Usufruto de um rebanho

Preceitua o art. 1.397 do Código Civil:

> "As crias dos animais pertencem ao usufrutuário, deduzidas quantas bastem para inteirar as cabeças de gado existentes ao começar o usufruto".

As crias dos animais são frutos naturais. Como tais, devem pertencer ao usufrutuário, ao começar o usufruto (CC, art. 1.396). Delas pode ele dispor, deduzidas apenas as necessárias para completar o número de animais existentes *ab initio*.

Objetiva o dispositivo supratranscrito, pois, **assegurar a integridade do rebanho** ao extinguir-se o usufruto, de modo que o nu-proprietário venha a receber o mesmo número de reses inicialmente entregues ao usufrutuário. Morto um ou mais animais, eles são automaticamente substituídos.

O usufruto de um rebanho autoriza o usufrutuário a utilizá-lo **na conformidade do estabelecido no título**. Em princípio, o direito inclui a faculdade de valer-se do trabalho dos animais e de desfrutar de tudo por eles produzido, como o leite e a lã, seja no usufruto sobre uma universalidade (*uti universitas*), seja no que recai sobre algumas cabeças consideradas destacadamente (*uti singuli*)[13].

A doutrina em geral entende que o dispositivo em apreço aplica-se analogicamente **às árvores frutíferas**, de modo que as mortas se substituam por plantas vivas, a fim de que não desfalque o respectivo número.

22.6.3. Usufruto de bens consumíveis (quase usufruto)

Em regra, o usufruto recai sobre bens inconsumíveis, que não perdem a substância pelo uso. Desse modo, podem ser restituídos ao nu-proprietário, extinto o direito real menor instituído em favor do usufrutuário. Este o perfil do aludido direito.

---

[12] Marco Aurélio S. Viana, *Comentários*, cit., v. XVI, p. 642.

[13] Washington de Barros Monteiro, *Curso*, cit., v. 3, p. 303-304; Silvio Rodrigues, *Direito civil*, cit., v. 5, p. 304-305; Marco Aurélio S. Viana, *Comentários*, cit., v. XVI, p. 646-647.

O Código Civil de 1916, todavia, disciplinava, no art. 726, o usufruto de bens móveis **consumíveis**, denominado pela doutrina ***quase usufruto*** ou ***usufruto impróprio*** e que se assemelha ao mútuo, porque o usufrutuário torna-se verdadeiro proprietário, ficando obrigado a restituir coisa equivalente.

O diploma de 2002 não reproduziu o aludido dispositivo, não prevendo, assim, usufruto que tenha por objeto coisas consumíveis. Todavia, admitiu que o usufruto pode alcançar **acessórios** e **acrescidos consumíveis**. Dispõe, com efeito, o § 1º do art. 1.392:

> "Se, entre os acessórios e os acrescidos, houver coisas consumíveis, terá o usufrutuário o dever de restituir, findo o usufruto, as que ainda houver e, das outras, o equivalente em gênero, qualidade e quantidade, ou, não sendo possível, o seu valor, estimado ao tempo da restituição".

Malgrado o dispositivo somente se refira a bens acessórios consumíveis, a realidade é que, mesmo **implicitamente**, admitiu a possibilidade de o usufruto ter por objeto **bens consumíveis**.

Recaindo, portanto, o usufruto em coisas que se consomem pelo uso — *primo usu consummuntur* —, pode desde logo delas dispor o usufrutuário, obrigado, entretanto, findo o usufruto, **a restituí-las em gênero, qualidade e quantidade**. Não sendo possível, a devolução se converte no valor respectivo, mas pelo preço corrente ao tempo da restituição, ou pelo de avaliação no caso de se terem estimado no título constitutivo.

Na realidade, como assevera Caio Mário da Silva Pereira, não se trata propriamente de usufruto, "pois que este consiste na utilização e fruição da coisa sem alteração na sua substância, o que é incompatível com o consumo ao primeiro uso".

■ 22.6.4. Usufruto de florestas e minas

Preceitua o § 2º do art. 1.392 do Código Civil:

> "Se há no prédio em que recai o usufruto florestas ou os recursos minerais a que se refere o art. 1.230, devem o dono e o usufrutuário prefixar-lhe a extensão do gozo e a maneira de exploração".

A regra é bastante simples e objetiva fazer com que as partes **convencionem previamente** a respeito da exploração dos recursos minerais e das florestas, a fim de evitar abusos e a necessidade de regulamentação posterior.

■ 22.6.5. Usufruto sobre universalidade ou quota-parte

Estatui o § 3º do art. 1.392 do Código Civil:

> "Se o usufruto recai sobre universalidade ou quota-parte de bens, o usufrutuário tem direito à parte do tesouro achado por outrem, e ao preço pago pelo vizinho do prédio usufruído, para obter meação em parede, cerca, muro, vala ou valado".

A universalidade compreende **várias coisas singulares**, que se encontram agrupadas, consideradas como um todo unitário, como sucede com a herança, por exemplo. Na quota-parte, apresenta-se a propriedade de **uma parte ideal dentro do todo**, não se especificando a parte do bem em que esta incide.

Recaindo o usufruto, todavia, em imóvel ou imóveis **determinados**, tem-se que tesouro e pagamento de meação em parede não fazem parte do usufruto sobre o imóvel, pertencendo ao nu-proprietário[14].

■ 22.7. DA EXTINÇÃO DO USUFRUTO

O art. 1.410 do Código Civil elenca os modos de extinção do usufruto, cancelando-se o registro no Cartório de Registro de Imóveis:

> "I — pela renúncia ou morte do usufrutuário;
>
> II — pelo termo de sua duração;
>
> III — pela extinção da pessoa jurídica, em favor de quem o usufruto foi constituído, ou, se ela perdurar, pelo decurso de trinta anos da data em que se começou a exercer;
>
> IV — pela cessação do motivo de que se origina;
>
> V — pela destruição da coisa, guardadas as disposições dos arts. 1.407, 1.408, 2ª parte, e 1.409;
>
> VI — pela consolidação;
>
> VII — por culpa do usufrutuário, quando aliena, deteriora ou deixa arruinar os bens, não lhes acudindo com os reparos de conservação, ou quando, no usufruto de títulos de crédito, não dá às importâncias recebidas a aplicação prevista no parágrafo único do art. 1.395;
>
> VIII — pelo não uso, ou não fruição, da coisa em que o usufruto recai (arts. 1.390 e 1.399)".

■ Renúncia

O primeiro caso de extinção do usufruto resulta, pois, da *renúncia* do usufrutuário (art. 1.410, I). Exige-se que seja feita por **escritura pública**, se o direito se refere a bens **imóveis** de valor superior ao estabelecido no art. 108 do mesmo diploma (trinta vezes o maior salário mínimo vigente no País) e de forma **expressa**. Exigem-se, também, a **capacidade** do usufrutuário e a **disponibilidade** do direito.

Tratando-se o usufruto de um direito patrimonial de ordem privada, é suscetível de *renúncia*, que ocorre, frequentemente, nos casos em que os pais doam um imóvel aos filhos e reservam para si o usufruto. Posteriormente, por alguma razão, em geral por problemas financeiros, necessitam vendê-lo, e os filhos concordam em renunciar ao usufruto, no mesmo instrumento em que aqueles realizam a alienação do imóvel.

■ Morte do usufrutuário

Tendo caráter temporário e sendo intransmissível, como já referido, o usufruto cessa com o *falecimento* do seu titular. Esta causa extintiva se aplica ao usufruto **vi-**

---

[14] Mário Müller Romitti, *Comentários*, cit., v. XIII, p. 10.

talício, cujo término é condicionado à sua ocorrência, bem como ao usufruto **temporário**, extinguindo-se, neste caso, antes do termo final. Pode, no entanto, **sobreviver à morte de um dos usufrutuários** quando se constitui **em favor de várias pessoas** conjuntamente.

Dispõe, com efeito, o art. 1.411 do Código Civil que, sendo dois ou mais os usufrutuários, extingue-se o usufruto em relação aos que faleceram, subsistindo *pro parte* em relação aos sobreviventes. Mas se o título estabelece a sua indivisibilidade, ou expressamente estipula o direito de acrescer entre os usufrutuários, subsiste íntegro e irredutível até que todos venham a falecer[15].

Como já mencionado no item 22.5, *retro*, é ineficaz a cláusula que determina o acréscimo do usufruto em favor do consorte sobrevivente, até quando prejudique a reserva dos herdeiros necessários[16]. Referida cláusula opera **somente no tocante à metade disponível**.

■ **Advento do termo de sua duração**

Extingue-se o usufruto, segundo dispõe o inc. II do retrotranscrito art. 1.410 do Código Civil, pelo advento do *termo de sua duração*, estabelecido no seu ato constitutivo, **salvo se o usufrutuário falecer antes**. Não há sucessão em usufruto, ainda que estabelecido por prazo determinado.

Embora não mencionado expressamente no dispositivo em apreço, desaparece também o direito real com o **implemento da condição resolutiva** estabelecida pelo instituidor. Em qualquer hipótese, porém, extingue-se o usufruto, ainda que se não tenha verificado o termo de duração, ou o implemento da condição, vindo a falecer o usufrutuário[17].

■ **Extinção da pessoa jurídica**

Para assegurar a temporariedade do usufruto, o legislador determina extinção da pessoa jurídica com a morte do usufrutuário e limita sua duração, quando o usufrutuário for pessoa jurídica, a **trinta anos** (art. 1.410, III). Neste caso, não há falar em morte, mas em **extinção** da usufrutuária.

Expira antes, todavia, o usufruto, com a **extinção e liquidação** desta, como no caso de dissolução da sociedade, de cessação da fundação e de supressão de um estabelecimento público.

■ **Cessação do motivo de que se origina**

Igualmente se extingue o usufruto pela *cessação do motivo* de que se origina (art. 1.410, IV), que pode ser pio, moral, artístico, científico etc. Se, por exemplo, o usufruto foi estabelecido para que o usufrutuário possa concluir seus estudos, findos estes, cessa a causa que havia determinado a sua instituição.

Esse modo de extinção do usufruto se aplica também aos usufrutos decorrentes do **direito de família**, como o atribuído aos pais sobre os bens dos filhos menores,

---

15 Caio Mário da Silva Pereira, *Instituições*, cit., v. IV, p. 303.

16 Silvio Rodrigues, *Direito civil*, cit., v. 5, p. 310; *RF*, 152/261, 155/259.

17 Washington de Barros Monteiro, *Curso*, cit., v. 3, p. 312.

que cessa quando estes atingem a maioridade ou são emancipados, bem como o deferido ao marido, quando dissolvida a sociedade conjugal.

Destruição da coisa

Extingue-se o usufruto pela *destruição da coisa*, não sendo fungível (art. 1.410, V). **Perecendo o objeto, perece o direito.** Poderá este, no entanto, permanecer, se a perda não for total e a parte restante puder suportá-lo.

Equipara-se à destruição a modificação sofrida pela coisa, que a tornou **imprestável** ao fim a que se destina. Se, no entanto, a coisa foi **desapropriada** ou se encontrava no **seguro**, o direito do usufrutuário se **sub-roga** na indenização recebida (arts. 1.407, 1.408, § 2º, e 1.409). Acontece o mesmo quando a destruição da coisa ocorreu por culpa de terceiro condenado a reparar o dano.

Consolidação

Extingue-se ainda o usufruto pela *consolidação* (art. 1.410, VI), quando **na mesma pessoa** se reúnem as qualidades de usufrutuário e nu-proprietário.

Pode tal situação ocorrer, *verbi gratia*, quando o usufrutuário adquire o domínio do bem, por ato *inter vivos* ou *mortis causa*, ou quando o nu-proprietário adquire o usufruto.

Culpa do usufrutuário

Prevê o Código Civil, em seguida, a extinção do usufruto *por culpa do usufrutuário*, quando falta ao seu dever de cuidar bem da coisa (art. 1.410, VII). A extinção, nesse caso, depende do reconhecimento da culpa por **sentença**.

Também pode ela ocorrer quando, no usufruto de títulos de crédito, o usufrutuário não dá às importâncias recebidas a aplicação prevista no parágrafo único do art. 1.395.

Não uso ou não fruição

Extingue-se, por fim, o usufruto pelo *não uso, ou não fruição*, da coisa em que o usufruto recai (art. 1.410, VIII). Não tendo o dispositivo em epígrafe mencionado o prazo em que ocorre a aludida extinção, cabe a aplicação, à hipótese, do art. 205 do Código Civil, segundo o qual "a prescrição ocorre em **dez anos**, quando a lei não lhe haja fixado prazo menor".

22.8. RESUMO

DO USUFRUTO	
CONCEITO	Usufruto é direito real de fruir as utilidades e frutos de uma coisa, enquanto temporariamente destacado da propriedade. Alguns dos poderes inerentes ao domínio são transferidos ao usufrutuário, que passa a ter, assim, direito de uso e gozo sobre coisa alheia.
CARACTERÍSTICAS	é temporário; é direito real sobre coisa alheia; é inalienável, permitindo-se, porém, a cessão de seu exercício (CC, art. 1.393); é impenhorável.
CONSTITUIÇÃO	por determinação legal; por ato de vontade; pela usucapião.

OBJETO	■ Podem ser objeto de usufruto um ou mais bens, móveis ou imóveis, um patrimônio inteiro ou parte deste (CC, art. 1.390).
USUFRUTO E FIDEICOMISSO: DISTINÇÃO	■ o primeiro é direito real sobre coisa alheia, enquanto o fideicomisso constitui espécie de substituição testamentária; ■ naquele, o domínio se desmembra, cabendo a cada titular certos direitos, ao passo que no fideicomisso cada titular tem a propriedade plena; ■ o usufrutuário e o nu-proprietário exercem simultaneamente os seus direitos; já o fiduciário e o fideicomissário exercem-nos sucessivamente; ■ no usufruto, são contempladas pessoas já existentes, enquanto o fideicomisso somente se permite em favor dos não concebidos ao tempo da morte do testador, ou seja, em favor da prole eventual (CC, art. 1.952).
ESPÉCIES	■ **Quanto à origem:** **a)** legal; **b)** convencional. ■ **Quanto à duração:** **a)** temporário; **b)** vitalício. ■ **Quanto ao seu objeto:** **a)** próprio; **b)** impróprio. ■ **Quanto aos titulares:** **a)** simultâneo; **b)** sucessivo.
EXTINÇÃO (CC, ART. 1.410)	■ pela renúncia ou desistência; ■ pela morte do usufrutuário; ■ pelo advento do termo de sua duração; ■ pela extinção da pessoa jurídica; ■ pela cessação do motivo de que se origina; ■ pela destruição da coisa, não sendo fungível; ■ pela consolidação; ■ por culpa do usufrutuário, quando falta ao seu dever de cuidar bem da coisa; ■ pelo não uso da coisa em que o usufruto recai; ■ pelo implemento de condição resolutiva estabelecida pelo instituidor.

23
DO USO

■ 23.1. CONCEITO

O *uso* é considerado um **usufruto restrito**, porque ostenta as mesmas características de direito **real, temporário e resultante do desmembramento da propriedade**, distinguindo-se, entretanto, pelo fato de o usufrutuário auferir o uso e a fruição da coisa, enquanto ao usuário não é concedida senão a utilização restrita aos limites das **necessidades suas e de sua família**.

Dispõe o art. 1.412 do Código Civil:

> "O usuário usará da coisa e perceberá os seus frutos, quanto o exigirem as necessidades suas e de sua família.
>
> § 1º Avaliar-se-ão as necessidades pessoais do usuário conforme a sua condição social e o lugar onde viver.
>
> § 2º As necessidades da família do usuário compreendem as de seu cônjuge, dos filhos solteiros e das pessoas de seu serviço doméstico".

Em realidade, o uso nada mais é do que um **usufruto limitado**. Destina-se a assegurar ao beneficiário a **utilização imediata de coisa alheia**, limitada às **necessidades** do usuário e de sua família. Por isso, a tendência de se reduzir a um conceito único o direito de usufruto, uso e habitação. Optou, entretanto, o legislador pátrio por distingui-lo dos outros dois direitos reais mencionados[1].

O direito real de uso confere a seu titular, assim, a faculdade de, temporariamente, fruir a utilidade da coisa que grava. Ao usufrutuário correspondem o *jus utendi* e o *jus fruendi*; **ao usuário, apenas o *jus utendi***, isto é, o direito de usar a coisa alheia, sem percepção de seus frutos. Era esse o conceito de uso no direito romano, tal como expresso no Digesto: *uti potest frui non potest*.

Todavia, como preleciona Orlando Gomes[2], esse preceito restritivo foi alterado na prática, pois em muitos casos tornava o direito inútil, vindo a admitir que, **em determinadas situações, o usuário podia perceber frutos da coisa**, se só assim tivesse utilidade prática. Com esta compreensão passou ao direito moderno. Algumas le-

---

1 Marco Aurélio S. Viana, *Comentários ao novo Código Civil*, v. XVI, p. 675-676.

2 *Direitos reais*, p. 351.

gislações, como a nossa, expressamente se referem ao direito do usuário de perceber frutos da coisa dada em uso.

Ao usuário, como esclarece Lafayette, concede-se apenas a faculdade de perceber **uma certa porção de frutos**, tantos quantos bastem para **as suas necessidades e das pessoas da sua família**. Assim, exemplifica o mencionado jurista, "se o objeto do uso é uma fazenda de cultura, o usuário, além do direito de habitar as casas, passear e se recrear nos terrenos (atos de uso), bem pode colher frutos, mas tão somente para as suas necessidades diárias. Neste aspecto o uso, para não ficar estéril, usurpa até certo ponto atribuições do usufruto, mas dentro dos limites das necessidades pessoais do usuário, limite que não entende com o uso exercido em sua pureza, estreme de comparticipação do direito de fruir (*jus fruendi*)"[3].

■ 23.2. CARACTERÍSTICAS

O uso tem características próprias. Ao contrário do usufruto, é ***indivisível***, não podendo ser constituído por partes em uma mesma coisa, bem como ***incessível***. **Nem seu exercício pode ceder-se.** Mas, se o uso que o proprietário fazia da coisa consistia exatamente em arrendá-la, ou locá-la, ou alienar os seus frutos, pode o usuário continuar a empregá-lo no mesmo mister, por exemplo, se foi legado o uso de matas destinadas a cortes regulares. Nestes casos, segundo Lafayette[4], o uso usurpa inteiramente a natureza do usufruto.

O instituto ora em estudo não tem maior significação em nosso país. Aponta-se como hipótese de aplicação do direito de uso o **jazigo perpétuo**, a faculdade de nele sepultar os mortos da família. Todavia, tal questão ainda não ganhou entre nós o necessário relevo e continua disciplinada pelos regulamentos administrativos, não pela lei civil.

Há os que entendem não ser possível considerar como de uso o direito de sepulcro, pois o caráter de bem público do terreno, aliado à sua especial destinação, arreda semelhante conceituação. Por tal razão já se decidiu que o respectivo concessionário não tem posse sobre o sepulcro, muito menos sobre os restos mortais que nele se encerram[5].

■ 23.3. OBJETO DO USO

O direito real de *uso* pode ter como objeto tanto as coisas **móveis como imóveis**. Se recair sobre móvel, diz a doutrina, não poderá ser fungível nem consumível.

Todavia, há também o consenso de que são aplicáveis ao uso, no que não for contrário à sua natureza, **"as disposições relativas ao usufruto"**, como expressamente estatui o art. 1.413 do Código Civil. Por essa razão, alguns autores admitem a incidência do uso sobre bens móveis **consumíveis**, caracterizando o ***quase uso***, a exem-

3 *Direito das coisas*, t. I, p. 304.
4 *Direito das coisas*, cit., t. I, p. 305.
5 Washington de Barros Monteiro, *Curso de direito civil*, v. 3, p. 315.

plo do ***quase usufruto***. O usuário adquiriria a propriedade da coisa cujo uso importa consumo e restituiria coisa equivalente.

Adverte, porém, Orlando Gomes que, "se é verdade que não há incompatibilidade conceitual para a adoção do uso de coisas consumíveis, é patente o desvio de finalidade"[6].

O Decreto-Lei n. 271, de 28 de fevereiro de 1967, disciplina, no art. 7º, a concessão de uso de terrenos públicos ou particulares, remunerada ou gratuita, por tempo certo ou indeterminado, como direito real resolúvel, para fins específicos de urbanização, industrialização, edificação, cultivo da terra, ou outra utilização de interesse social. O art. 8º prevê ainda a concessão de uso do espaço aéreo.

23.4. NECESSIDADES PESSOAIS E DA FAMÍLIA DO USUÁRIO

O § 1º do art. 1.412 retrotranscrito estabelece o critério para aferição das necessidades *pessoais* do usuário: serão avaliadas **"conforme a sua condição social e o lugar onde viver"**.

Como o uso não é imutável e pode alterar-se em razão de diversas circunstâncias, as necessidades pessoais podem sofrer a influência dessas mudanças e aumentar, depois de constituído o direito real. Haverá a mesma adaptação se, ao contrário, diminuírem as necessidades pessoais do usuário.

Como a lei fala em necessidades pessoais, **excluem-se**, por conseguinte, as do **comércio e da indústria** do beneficiário[7].

Preceitua, por sua vez, o § 2º do mencionado art. 1.412 que "as necessidades da família do usuário compreendem as de seu **cônjuge, dos filhos solteiros e das pessoas de seu serviço doméstico**".

O vocábulo *família* é empregado em acepção mais ampla do que a adotada no direito de família, pois abrange até os domésticos a seu serviço. Pouco importa se os vínculos são de parentesco civil ou consanguíneo, e se trata de família constituída pelo casamento ou em virtude de união estável.

Nada impede que o ato constitutivo do direito real possa contemplar, mediante **acordo de vontades**, outras pessoas, além das indicadas.

23.5. MODOS DE EXTINÇÃO DO USO

O uso constitui-se do mesmo modo e extingue-se pela **mesma forma do usufruto**.

Assim, pode ocorrer a extinção do uso pelos mesmos modos elencados no art. 1.410 do Código Civil, por exemplo, a renúncia, a destruição da coisa, a consolidação e outros, com exceção apenas do não uso, que não se aplica também ao direito real de habitação[8].

---

6 *Direitos reais*, cit., p. 353.

7 Washington de Barros Monteiro, *Curso*, cit., v. 3, p. 316.

8 Orlando Gomes, *Direitos reais*, cit., p. 355.

■ 23.6. RESUMO

DO USO	
CONCEITO	■ Trata-se de direito real que autoriza uma pessoa a retirar, temporariamente, de coisa alheia, todas as utilidades para atender às suas próprias necessidades e às de sua família.
USO E USUFRUTO (DISTINÇÃO)	■ Embora seja considerado um usufruto restrito, o uso distingue-se deste instituto pelo fato de o usufrutuário auferir o uso e a fruição da coisa, enquanto ao usuário não é concedida senão a utilização restrita aos limites das necessidades suas e de sua família (CC, art. 1.412).

24

DA HABITAÇÃO

24.1. CONCEITO

O instituto em apreço assegura ao seu titular o direito de morar e residir na casa alheia. Tem, portanto, destinação específica: **servir de moradia ao beneficiário e sua família**. Não podem alugá-la ou emprestá-la. Acentua-se, destarte, a ***incessibilidade*** assim do direito quanto do seu exercício.

Trata-se de direito **real temporário** e **personalíssimo**. Embora tenha também se desprendido do usufruto, como o *uso*, é ainda mais **restrito** do que este. Tem por objeto necessariamente **bem imóvel**, e o titular deve nele **residir**, ele próprio, com sua família. Como foi dito, não pode cedê-lo a terceiro, mediante empréstimo ou locação. Trata-se, portanto, do **mesmo direito de uso** já estudado, **restrito, porém, à casa de moradia**[1].

Não pode o titular do aludido direito, com efeito, extrair do imóvel outra utilidade que não seja a de residir. Não pode dele servir-se para estabelecimento de fundo de comércio ou de indústria. Se o fizer, desaparece o direito real. Todavia, pode o aludido titular utilizar também os seus acessórios e pertenças, tais como varandas, móveis, jardins etc. **Falecendo o titular, o direito se extingue**, ainda que haja cônjuge e familiares[2].

Como direito real, imprescindível se torna o registro do respectivo título no Cartório de Registro de Imóveis (CC, art. 1.227; LRP, art. 167, item I, n. 7).

24.2. REGULAMENTAÇÃO LEGAL

O direito de habitação é regulado em três artigos do Código Civil (1.414 a 1.416). Aplicam-se-lhe, entretanto, "no que não for contrário à sua natureza, **as disposições relativas ao usufruto**", como estatui o art. 1.416. Dentre essas disposições, merecem ser lembradas a **incessibilidade** e a **inexistência do direito de acrescer**. Morto um dos titulares, fica o imóvel liberado na parte que cabia ao que faleceu.

Art. 1.414 do Código Civil

O primeiro dispositivo do título em epígrafe é o **art. 1.414**, que assim dispõe:

---

1 Washington de Barros Monteiro, *Curso de direito civil*, v. 3, p. 318.

2 Mário Müller Romitti, *Comentários ao Código Civil brasileiro*, v. XIII, p. 43-44.

> "Quando o uso consistir no direito de habitar gratuitamente casa alheia, o titular deste direito não a pode alugar, nem emprestar, mas simplesmente **ocupá-la com sua família**".

Assim como ocorre com o direito de uso, o direito real de habitação (*habitatio*) **não se extingue pelo *não uso***. Extingue-se, todavia, por todos os demais modos de extinção do usufruto já mencionados.

Incumbe ao habitador a **obrigação de conservar o prédio**, bem como o cumprimento dos demais deveres enumerados no capítulo concernente aos deveres do usufrutuário (CC, arts. 1.400 a 1.409), especialmente o de recolher os impostos que recaiam sobre ele.

Já se decidiu que "a falta de pagamento dos tributos atinentes ao imóvel, a cargo do habitador, não é fato extintivo do direito real, podendo ser efetuada a correspondente **cobrança** pela via processual própria"[3].

■ Art. 1.415 do Código Civil

Preceitua, por sua vez, o art. 1.415:

> "Se o direito real de habitação for conferido a mais de uma pessoa, qualquer delas que sozinha habite a casa **não terá de pagar aluguel à outra**, ou às outras, mas não as pode inibir de exercerem, querendo, o direito, que também lhes compete, de habitá-la".

A **divisibilidade do direito é admitida** de forma expressa. Trata o dispositivo da hipótese de ser ele conferido a mais de uma pessoa, estando apenas uma delas habitando o imóvel. Não está ela obrigada a pagar aluguel à outra, embora não possa impedir que a última exerça também o seu direito.

Dispõe ainda o art. 1.831 do Código Civil, no capítulo concernente à ordem da vocação hereditária, que, "**ao cônjuge sobrevivente**, qualquer que seja o regime de bens, será assegurado, sem prejuízo da participação que lhe caiba na herança, o **direito real de habitação** relativamente ao imóvel destinado à residência da família, desde que seja o único daquela natureza a inventariar".

O § 2º do art. 1.611 do Código Civil de 1916, introduzido pela Lei n. 4.121, de 1962, já estabelecera o direito real de habitação em favor do cônjuge sobrevivente, mas somente se tivesse sido casado sob o regime da comunhão universal e sob a condição de continuar viúvo — condição esta não exigida no dispositivo do novo diploma supratranscrito.

O direito real de habitação é concedido **sem prejuízo da participação da viúva ou do viúvo na herança**. Mesmo que o cônjuge sobrevivente seja herdeiro ou legatário, não perde o direito de habitação.

■ Art. 1.416 do Código Civil

Como já mencionado, proclama o art. 1.416 do Código Civil que "são aplicáveis à habitação, no que não for contrário à sua natureza, as disposições relativas ao usufruto".

---

[3] *RT*, 643/166.

24.3. RESUMO

DA HABITAÇÃO	
CONCEITO	É direito real temporário de ocupar gratuitamente casa alheia, para morada do titular e de sua família (CC, art. 1.414). É ainda mais restrito do que o uso.
CARACTERÍSTICAS	É direito real temporário, extinguindo-se pelos mesmos modos de extinção do usufruto (CC, art. 1.416).
CONSTITUIÇÃO	por lei (CC, art. 1.831); por ato de vontade (contrato e testamento), devendo ser registrado (LRP, art. 167, I, n. 7).

24.4. QUESTÕES

1. (OAB/CESPE/UnB/2008.3) De acordo com o que dispõe o Código Civil a respeito do usufruto, do uso e da habitação, assinale a opção CORRETA.

a) O uso é o direito real temporário de ocupação gratuita de casa alheia, para moradia do titular e de sua família.

b) A habitação é direito real limitado, personalíssimo, temporário, indivisível, intransmissível e gratuito.

c) O usufruto é direito real que, a título gratuito ou oneroso, autoriza uma pessoa a retirar, temporariamente, de coisa alheia todas as utilidades para atender às próprias necessidades e às de sua família.

d) Pode-se transferir o usufruto por alienação.

2. (Nossa Caixa/Advogado/Fundação Carlos Chagas/2011) O usufruto

a) pode ser transferido por título oneroso, mas o seu exercício só pode ser cedido a título gratuito.

b) pode recair em um ou mais bens do nu-proprietário, não podendo, porém, alcançar-lhe o patrimônio inteiro.

c) não se estende, salvo disposição em contrário, aos acessórios da coisa e seus acréscimos.

d) não se extingue pelo não uso, ou não fruição, da coisa em que recai.

e) de coisa segurada obriga o usufrutuário a pagar, durante a sua duração, as contribuições do seguro.

3. (MP/SP/Promotor de Justiça/87º Concurso/2010) Assinale a alternativa INCORRETA:

a) falecendo o usufrutuário, o direito de usufruto transmite-se aos seus herdeiros.

b) não existe usufruto sucessivo.

c) no usufruto o direito de acrescer depende de estipulação expressa.

d) é possível o usufruto simultâneo.

e) o nu-proprietário, observados os direitos do usufrutuário, pode dispor do bem que se encontra gravado com o usufruto.

4. (TJSP/Outorga de Delegações de Notas e de Registro/6º Concurso/2009) Quanto ao usufruto

a) constituído vitaliciamente em favor de duas ou mais pessoas, reverterá em favor dos sobreviventes, acrescendo aos quinhões destes a parte do falecido, salvo se, por estipulação expressa, extinguir-se em relação a cada uma das que falecerem.

b) constituído vitaliciamente em favor de duas ou mais pessoas, extinguir-se-á a parte em relação a cada uma das que falecerem, salvo se, por estipulação expressa, o quinhão desses couber ao sobrevivente.

c) não se pode transferir por alienação, nem o seu exercício pode ceder-se a título gratuito ou oneroso.

d) não poderá ser instituído com termo (ou prazo) de duração.

5. (OAB/MG/2009) Considerando os dispositivos legais que tratam do USUFRUTO, assinale a alternativa INCORRETA:

a) O usufruto recai apenas sobre bens imóveis.

b) O usufruto não pode ser transferido por alienação, mas seu exercício poderá ser transferido por título oneroso.
c) Incumbe ao usufrutuário o pagamento dos tributos devidos pela posse da coisa usufruída.
d) Caso o usufrutuário faça seguro do bem, o direito dele resultante contra o segurador caberá ao proprietário.

6. (Fazenda Nacional/Procurador/2007) É direito do usufrutuário de:

a) fazer despesas ordinárias e comuns de conservação dos bens no estado em que os recebeu;
b) inventariar, a suas expensas, os bens móveis que receber, determinando o estado em que se acham e estimando o seu valor;
c) não ser obrigado a pagar deteriorações da coisa advindas do exercício regular do usufruto;
d) autorizar a mudança da destinação econômica da coisa usufruída;
e) aceitar a sub-rogação da indenização de danos causados por terceiro ou do valor da desapropriação no ônus do usufruto.

7. (Prefeitura Municipal/SP/Auditor Fiscal/2007) É direito do usufrutuário

a) alienar o usufruto, a título gratuito ou oneroso.
b) a disposição *causa mortis* do usufruto, por testamento.
c) requerer, do nu-proprietário, a consolidação da propriedade em suas mãos a qualquer tempo.
d) exonerar-se do pagamento de quaisquer despesas incidentes sobre o bem.
e) a percepção de alugueres incidentes durante o usufruto.

8. (Prefeitura Municipal/Manaus/Procurador/2006) De acordo com o Código Civil brasileiro, o usufruto

a) não será extinto pela extinção da pessoa jurídica, em favor de quem o usufruto foi constituído, devendo permanecer em favor dos ex-sócios.
b) de imóveis, quando não resulta de usucapião, constituir-se-á mediante registro no Cartório de Registro de Títulos e Documentos.
c) pode recair em um ou mais bens, móveis ou imóveis, em um patrimônio inteiro, ou parte deste, não abrangendo-lhe os frutos e utilidades.
d) constituído em favor de duas ou mais pessoas, se um dos usufrutuários falecer, como regra, extingue o usufruto com relação ao sobrevivente ou sobreviventes.
e) não pode ser transferido por alienação; mas o seu exercício pode ceder-se por título gratuito ou oneroso.

9. (OAB/RJ/28º Exame) O usufruto estabelecido para beneficiar duas ou mais pessoas, quando se extingue gradativamente em relação a cada uma das que falecerem, denomina-se:

a) Usufruto simultâneo.
b) Usufruto temporário.
c) Usufruto sucessivo.
d) Usufruto universal.

10. (MP/SC/Promotor de Justiça/2014) O exercício do usufruto é concedido apenas a título gratuito, sendo vedado a título oneroso.

( ) Certo ( ) Errado

11. (PGE/PE/Defensor Público/CESPE/2015) A respeito da responsabilidade civil, da posse, do usufruto, do contrato de locação e das práticas comerciais no âmbito do direito do consumidor, julgue o item que se segue:

Ainda que o usufruto tenha sido estabelecido com prazo determinado, o falecimento do usufrutuário não gera direito à sucessão hereditária legítima desse usufruto.

( ) Certo ( ) Errado

12. (OAB/IV Exame Unificado/Fundação Getulio Vargas/2011) Noêmia, proprietária de uma casa litorânea, regularmente constituiu usufruto sobre o aludido imóvel em favor de Luísa, mantendo, contudo, a sua propriedade. Inesperadamente, sobreveio uma severa ressaca marítima, que destruiu por completo o imóvel. Ciente do ocorrido, Noêmia decidiu reconstruir integralmente a casa às suas expensas, tendo em vista que o imóvel não se encontrava segurado.

A respeito da situação narrada, assinale a alternativa CORRETA.

a) O usufruto será mantido em favor de Luísa, tendo em vista que o imóvel não fora destruído por culpa sua.
b) O usufruto será extinto, consolidando-se a propriedade em favor de Noêmia, independentemente do pagamento de indenização a Luísa, tendo em vista que Noêmia arcou com as despesas de reconstrução do imóvel.
c) O usufruto será extinto, consolidando-se a propriedade em favor de Noêmia, desde que esta indenize Luísa em valor equivalente a um ano de aluguel do imóvel.
d) O usufruto será mantido em favor de Luísa, independentemente do pagamento de qualquer quantia por ela, tendo em vista que Noêmia somente poderia ter reconstruído o imóvel mediante autorização expressa de Luísa, por escritura pública ou instrumento particular.

13. (TJ/GO/Juiz de Direito/Fundação Carlos Chagas/2012) Constitui requisito para o deferimento do direito real de habitação:

a) que o(a) viúvo(a) não venha a contrair novas núpcias ou união estável.
b) que o imóvel onde resida o casal seja o único imóvel residencial deixado pelo(a) falecido(a).
c) que o(a) falecido(a) tenha deixado ao menos dois imóveis a serem partilhados.
d) que o casal tenha adquirido o imóvel com esforços comuns na constância do casamento.
e) que os filhos do(a) falecido(a) concordem com o direito de habitação do(a) viúvo(a).

14. (TJ/AM/Juiz de Direito/Fundação Getulio Vargas/2013) Acerca dos direitos reais, assinale a afirmativa CORRETA.

a) O direito de superfície é instransferível e, no caso de morte do superficiário, retorna ao concedente.
b) O exercício incontestado e contínuo, com justo título e boa-fé, de uma servidão aparente, por cinco anos, autoriza o interessado a registrá-la em seu nome no Registro de Imóveis.
c) O usufruto em favor de pessoa jurídica extingue-se após o decurso do prazo máximo de trinta anos da data em que se começou a exercer.
d) Aquele que, não sendo proprietário de imóvel rural ou urbano, possua como sua, por cinco anos ininterruptos, sem oposição, área de terra em zona rural não superior a vinte e cinco hectares, tornando-a produtiva por seu trabalho ou de sua família, tendo nela sua moradia, adquirir-lhe-á a propriedade.
e) Se o direito real de habitação for conferido a mais de uma pessoa, qualquer delas que sozinha habite a casa terá de pagar aluguel à outra, deduzida a parte que cabe ao ocupante.

15. (TJPI/Delegações de notas e de registro/CESPE/UnB/2013) Acerca do usufruto, assinale a opção CORRETA.

a) Pode-se penhorar o exercício do usufruto ainda que os frutos advindos dessa cessão não possuam expressão econômica imediata.
b) Ex-cônjuge que ocupa imóvel doado aos filhos pode ser compelido a pagar ao outro ex-cônjuge o equivalente a 50% do valor da locação do imóvel, pelo usufruto, em caráter exclusivo, do bem pertencente à prole.
c) O Código Civil não autoriza a extinção do usufruto pelo não uso ou pela não fruição do bem sobre o qual ele recai, em razão da função social.
d) O STJ reconhece que a renúncia do usufruto efetuada pelo executado constitui fraude à execução, por frustrar a penhora.
e) O fato de o viúvo ser beneficiário de testamento do cônjuge falecido elide o usufruto vidual, que depende da situação financeira do cônjuge sobrevivente.

16. (TJPR/Delegações de Notas e de Registro/IBFC/2014) Assinale a assertiva incorreta:

a) O usufrutuário tem direito à posse, uso, administração e percepção dos frutos.
b) Incumbem ao usufrutuário os tributos devidos pela posse ou rendimento da coisa usufruída.
c) O usufrutuário tem a posse indireta da coisa, enquanto o nu-proprietário tem a posse direta.
d) Entre as hipóteses de extinção do usufruto estão a morte do usufrutuário e a renúncia.

17. (TJSC/Juiz de Direito/Fundação Carlos Chagas/2015) O usufruto pode recair

a) apenas sobre imóveis urbanos, tendo o usufrutuário o direito de neles habitar, administrá-los e perceber os frutos, não podendo, porém, ceder o seu exercício.

b) sobre bens móveis ou imóveis, devendo o usufrutuário deles utilizar, não podendo alugá-los ou emprestá-los.
c) apenas sobre um ou mais bens, móveis ou imóveis, abrangendo-lhe os frutos e utilidades, mas não pode recair em um patrimônio inteiro.
d) em um ou mais bens, móveis ou imóveis, em um patrimônio inteiro, ou parte deste, abrangendo-lhe, no todo ou em parte, os frutos e utilidades.
e) em um ou mais bens, móveis ou imóveis, dependendo no caso de imóveis, de registro e pode ser transferido por alienação, a título gratuito ou oneroso.

18. (MP/PR/Promotor de Justiça/2014) Aponte a alternativa INCORRETA

a) O credor pignoratício tem direito à posse da coisa empenhada.
b) É nula a cláusula que proíbe ao proprietário alienar imóvel hipotecado.
c) A servidão extingue-se pelo não uso, durante dez anos consecutivos.
d) No usufruto, incumbem ao nu-proprietário os tributos devidos pela posse ou rendimento da coisa.
e) O direito de superfície pode transferir-se, por morte do superficiário, aos seus herdeiros.

19. (DEL/POL/PE/Delegado de Polícia/CESPE/CEBRASPE/2016) O direito real, que se notabiliza por autorizar que seu titular retire da coisa alheia os frutos e as utilidades que dela advierem, denomina-se

a) usufruto.
b) uso.
c) habitação.
d) propriedade.
e) servidão.

■ GABARITO ■

1. "b". Embora a resposta sob letra "b" tenha sido apresentada como correta no gabarito, ela também está incorreta, porque a divisibilidade da habitação é admitida, de forma expressa, no art. 1.415 do CC.
2. "e". *Vide* art. 1.407 do CC.
3. "a". *Vide* art. 1.410, I, do CC.
4. "b". *Vide* art. 1.411 do CC.
5. "a". *Vide* art. 1.390 do CC.
6. "c". *Vide* art. 1.402 do CC.
7. "e". Dispõe o art. 1.394 do CC: "O usufrutuário tem direito à posse, uso, administração e percepção dos frutos". A percepção dos aluguéis (frutos civis) corresponde à fruição da coisa.
8. "e". *Vide* art. 1.393 do CC.
9. "a". *Vide* art. 1.411 do CC. Usufruto simultâneo é o constituído em favor de duas ou mais pessoas, ao mesmo tempo, extinguindo-se gradativamente em relação a cada uma das que falecerem, salvo se expressamente estipulado o direito de acrescer.
10. "Errada". *Vide* art. 1.393 do CC.
11. "Certa". *Vide* art. 1.410, I, do CC.
12. "b". *Vide* arts. 1.408 e 1.410, V, do CC.
13. "b". *Vide* art. 1.831 do CC.
14. "c". *Vide* art. 1.410, III, 2ª parte, do CC.
15. "b". *Vide* art. 1.652 do CC.

16. "c". *Vide* art. 1.394 do CC. "Tem o usufrutuário a posse direta e justa da coisa frugífera, cabendo ao nu-proprietário a posse indireta (CC, art. 1.197), sendo-lhe reconhecido, ainda em consequência, o uso dos interditos possessórios, além do desforço imediato, contra quem quer que venha a molestar a utilização da coisa, ou dela o prive, ou seja, contra terceiros e também contra o nu-proprietário, se este impedir ou dificultar o livre-exercício do usufruto" (*RT*, 496/199).
17. "d". *Vide* art. 1.390 do CC.
18. "d". *Vide* art. 1.403, II, do CC.
19. "a". *Vide* arts. 1.390 e 1.394 do CC.

25

DO DIREITO DO PROMITENTE COMPRADOR

25.1. CONCEITO

Consiste a promessa irretratável de compra e venda no contrato pelo qual o *promitente vendedor* **obriga-se a vender** ao compromissário comprador determinado imóvel, pelo preço, condições e modos convencionados, outorgando-lhe a escritura definitiva quando houver o adimplemento da obrigação. O *compromissário comprador*, por sua vez, **obriga-se a pagar o preço** e cumprir todas as condições estipuladas na avença, adquirindo, em consequência, direito real sobre o imóvel, com a faculdade de reclamar a outorga da escritura definitiva, ou sua adjudicação compulsória havendo recusa por parte do promitente vendedor[1].

Aproxima-se do contrato preliminar de venda, porque seu resultado prático é adiar a transferência do domínio do bem compromissado até que o preço seja totalmente pago, diferenciando-se dele, porquanto dá lugar à adjudicação compulsória.

Compromisso de compra e venda e contrato preliminar

Salienta Orlando Gomes[2] que "o *compromisso de venda* **não é verdadeiramente** um *contrato preliminar.* Não é por diversas razões que completam a originalidade do seu escopo, principalmente a natureza do direito que confere ao *compromissário.* Tem ele, realmente, o singular direito de se tornar proprietário do bem que lhe foi prometido *irretratavelmente* à venda, sem que seja inevitável nova declaração de vontade do *compromitente.* Bastará pedir ao juiz a *adjudicação compulsória*, tendo completado o pagamento do preço.

Assim sendo, **está excluída a possibilidade de ser o *compromisso de venda* um *contrato preliminar***, porque só é possível adjudicação compulsória nas **obrigações de dar** e, como todos sabem, o *contrato preliminar* ou *promessa de contratar* gera uma ***obrigação de fazer***, a de celebrar o contrato definitivo".

25.2. CARACTERÍSTICAS

Devem estar presentes, no aludido contrato:

- Todos os elementos característicos do gênero compra e venda **(coisa, preço e consentimento)**.

---

[1] Maria Helena Diniz, *Curso de direito civil brasileiro*, v. 4, p. 528-529.

[2] *Direitos reais*, p. 360-361.

■ A **promessa de transmissão da propriedade**.

O titular não tem os atributos do domínio sobre a coisa. Se os tivesse, não se poderia falar em direito real do promitente comprador, uma vez que a promessa se confundiria com a venda. Nesse caso, o promitente comprador, pelo só fato de o ser, já se equipararia ao comprador[3].

■ 25.3. NATUREZA JURÍDICA

Cuida-se de direito real, porque o adquirente tem a **utilização da coisa** e **pode dispor** do direito mediante cessão. Desfruta, ainda, da **sequela**, podendo **reivindicar** a coisa em poder de quem quer que a detenha — o que é apanágio do direito real. Pode, também, opor-se à ação de terceiros que coloquem obstáculos ao exercício do direito, havendo **oponibilidade *erga omnes*** — igualmente, um dos atributos dos direitos reais[4].

Orlando Gomes[5] considera o compromisso de compra e venda um **novo direito real**, mas não pleno ou ilimitado, como a propriedade, e sim um direito real ***sui generis***, que se reduziria a simples **limitação** do *poder de disposição* do proprietário que o constitui. Uma vez registrado, impedido fica de alienar o bem, e, se o fizer, o compromissário comprador, sendo titular de um direito de sequela, pode reivindicar a propriedade do imóvel.

Igualmente, Caio Mário da Silva Pereira considera a promessa de compra e venda um "**direito real novo**, pelas suas características, como por suas finalidades. E deve, consequentemente, ocupar um lugar à parte na classificação dos direitos reais. Nem é um direito real pleno ou ilimitado (propriedade), nem se pode ter como os direitos reais limitados que o Código Civil, na linha dos demais, arrola e disciplina"[6].

■ 25.4. EVOLUÇÃO DA PROMESSA DE COMPRA E VENDA NO DIREITO BRASILEIRO

O instituto ora em estudo passou por uma série de fases em nosso direito, acompanhando o crescimento urbano e o enorme aumento das vendas de terrenos loteados a prestação.

O sistema do **Código Civil de 1916** permitia que o promitente, com base no seu art. 1.088, **arrependesse-se** antes de celebrado o contrato definitivo. Com a expansão

---

3 Mário Müller Romitti, *Comentários ao Código Civil brasileiro*, v. XIII, p. 47; Caio Mário da Silva Pereira, *Instituições de direito civil*, v. IV, p. 445.

"Adjudicação compulsória. Inadmissibilidade. Compromisso de compra e venda. Descaracterização. Mero recibo particular de compra e venda que não contém as cláusulas necessárias para a transmissão da propriedade do imóvel. Exigibilidade de que o título apresentado preencha todas as condições da validade do contrato definitivo. Inteligência do art. 639 do CPC" (*RT*, 776/211).

4 Marco Aurélio S. Viana, *Comentários ao novo Código Civil*, v. XVI, p. 691.

5 *Direitos reais*, cit., p. 365-366.

6 *Instituições*, cit., v. IV, p. 445-446.

imobiliária e a crescente valorização dos terrenos urbanos, muitos loteadores inescrupulosos, estimulados pelo processo inflacionário e valendo-se desse permissivo, deixavam de outorgar a escritura definitiva, optando por pagar perdas e danos ao compromissário comprador, estipuladas geralmente sob a forma de devolução do preço em dobro, com a intenção de revender o lote, muitas vezes supervalorizado, com lucro.

Como o direito era de natureza pessoal, os adquirentes não podiam reivindicar o imóvel, mas apenas o pagamento das **perdas e danos**. Preferiam, então, os vendedores, como mencionado, pagar a indenização a que ficavam sujeitos, geralmente inferior ao proveito que poderiam auferir, a outorgar a escritura definitiva do imóvel.

Com o advento do **Decreto-Lei n. 58, de 10 de dezembro de 1937**, o compromisso tornou-se **irretratável**, conferindo **direito real** ao comprador, desde que levado ao registro imobiliário. Tal diploma veio estabelecer uma série de medidas de proteção aos promitentes compradores de imóveis loteados, impondo, dentre outras obrigações atribuídas ao vendedor, a de apresentar na circunscrição imobiliária a prova do domínio do imóvel, o plano de loteamento, a certidão negativa de impostos e de ônus reais, bem como um exemplar do contrato-tipo de vendas.

Tais documentos passaram a ser exigidos antes do início das vendas, devidamente registrados e fiscalizados pelo oficial do Registro de Imóveis e pelo juiz. Com tais providências, introduziu-se maior segurança no mercado imobiliário. A principal inovação consistiu em atribuir ao compromissário comprador **direito real oponível *erga omnes*, desde que o compromisso fosse registrado no Registro de Imóveis**, como referido. Um contrato nessas condições conferia ao titular o direito de **adjudicação compulsória**.

Se, pagas as prestações todas, o vendedor se recusasse a outorgar a escritura definitiva, o comprador poderia recorrer ao Judiciário, que lhe adjudicaria o imóvel objeto do contrato, mediante sentença. E, se o vendedor se negasse a receber as últimas prestações, o comprador poderia consignar o seu valor e, então, requerer a adjudicação compulsória.

O aludido Decreto-Lei n. 58/37 ampliou o rol dos direitos reais contemplados no Código anterior, com a criação da **promessa irretratável de venda** de um bem de raiz. Tal promessa, ou compromisso de compra e venda, é, como já foi dito, um contrato pelo qual as partes se **comprometem a levar a efeito um contrato definitivo** de venda e compra (*pactum de contrahendo*). O consentimento já foi dado, na promessa, convencionando os contratantes reiterá-lo na **escritura definitiva**.

O promitente comprador não recebe o domínio da coisa, mas passa a ter direitos sobre ela. Estes são, por isso, **direitos reais sobre coisa alheia** e consistem em desfrutar desta, em impedir sua válida alienação a outrem e no poder de ajuizar ação de adjudicação compulsória.

O regime instituído pelo Decreto-Lei n. 58/37 veio afastar, sem dúvida, os inconvenientes decorrentes da aplicação do citado art. 1.088 do Código Civil de 1916. Mas só se aplicava aos imóveis loteados. A **Lei n. 649**, de 11 de março de 1949, deu nova redação ao art. 22 do aludido Decreto-Lei n. 58/37, **estendendo tal proteção**

aos imóveis não loteados. Com a modificação introduzida posteriormente pela Lei n. 6.014, de 27 de dezembro de 1973, o citado art. 22 recebeu a seguinte redação:

> "Os contratos, sem cláusula de arrependimento, de compromisso de compra e venda e cessão de direitos de imóveis não loteados, cujo preço tenha sido pago no ato de sua constituição ou deva sê-lo em uma ou mais prestações, desde que inscritos a qualquer tempo, atribuem aos compromissários direito real oponível a terceiros, e lhes conferem o direito de adjudicação compulsória nos termos dos arts. 16 desta Lei, 640 e 641 do Código de Processo Civil".

A Lei n. 6.766, de 19 de dezembro de 1979, denominada **Lei do Parcelamento do Solo Urbano**, veio derrogar o Decreto-Lei n. 58/37, que hoje se aplica somente aos loteamentos rurais. O art. 25 da referida lei declara **irretratáveis e irrevogáveis** os compromissos de compra e venda de imóveis loteados. Qualquer cláusula de arrependimento, nesses contratos, ter-se-á, pois, por não escrita.

Em se tratando, porém, de imóvel não loteado, lícito afigura-se convencionar o arrependimento, afastando-se, com isso, a constituição do direito real. Inexistindo cláusula nesse sentido, prevalece a irretratabilidade.

Finalmente, o **Código Civil de 2002** dedicou um título ao direito do promitente comprador, atribuindo-lhe, no art. 1.417, **direito real** à aquisição do imóvel mediante promessa de compra e venda em que não se pactuou arrependimento, celebrada por instrumento público ou particular, devidamente registrado.

■ 25.5. A DISCIPLINA DO DIREITO DO PROMITENTE COMPRADOR NO CÓDIGO CIVIL DE 2002

■ 25.5.1. O art. 1.417 do Código Civil

O Código Civil de 2002 disciplina o direito do promitente comprador nos arts. 1.417 e 1.418. Dispõe o primeiro:

> "Mediante promessa de compra e venda, em que se não pactuou arrependimento, celebrada por instrumento público ou particular, e registrada no Cartório de Registro de Imóveis, adquire o promitente comprador direito real à aquisição do imóvel".

Trata-se, como expressamente mencionado, de **direito real à aquisição do imóvel, para o futuro**. Exige-se, para que se configure:

- ■ **inexistência** de cláusula de arrependimento;
- ■ **registro** no Cartório de Registro de Imóveis.

A **irretratabilidade** do contrato resulta da manifestação da promessa unilateral de vontade. Constitui condição para o nascimento do direito real. Não se reclama declaração expressa. Para a caracterização da irrevogabilidade basta a ausência de pactuação sobre o direito de arrependimento. **No silêncio do compromisso**, pois, quanto a esse direito, **a regra é a irretratabilidade**.

25.5.1.1. *Forma do contrato*

O aludido art. 1.417 põe fim a antiga polêmica sobre a forma do contrato, permitindo seja utilizado o **instrumento público** ou **particular**. A nova regra atinge apenas os imóveis não loteados, uma vez que o art. 26 da Lei n. 6.766/79, que disciplina o regime dos loteamentos urbanos, já facultava a celebração do contrato por instrumento público ou particular.

25.5.1.2. *Necessidade da outorga conjugal*

Malgrado alguma controvérsia que ainda paira sobre a necessidade da *outorga conjugal* ao promitente vendedor, **é ela indispensável**, por consistir em alienação de bem imóvel sujeita a adjudicação compulsória.

Segundo estatui o art. 1.647 do Código Civil, nenhum dos cônjuges pode, **sem autorização do outro**, exceto no regime da separação absoluta, "alienar ou gravar de ônus real os bens imóveis".

25.5.2. O art. 1.418 do Código Civil

Por sua vez, preceitua o art. 1.418:

> "O promitente comprador, titular de direito real, pode exigir do promitente vendedor, ou de terceiros, a quem os direitos deste forem cedidos, a outorga da escritura definitiva de compra e venda, conforme o disposto no instrumento preliminar; e, se houver recusa, requerer ao juiz a adjudicação do imóvel".

O direito de sequela atribuído ao compromissário comprador permite que exija o cumprimento da promessa de venda, esteja o imóvel com o promitente vendedor ou com o terceiro a quem foi alienado. Este o recebe onerado pelo direito real consubstanciado na aludida promessa. O promitente comprador, de acordo com o novo princípio, tem o poder de **exigir a escritura definitiva** do promitente vendedor, originariamente, e do terceiro, se o imóvel lhe tiver sido alienado após o registro do contrato.

Recusada a entrega do imóvel comprometido, ou alienado este a terceiro, "pode o promitente comprador, munido da promessa registrada, exigir que se efetive, **adjudicando-lhe o juiz o bem em espécie**, com todos os seus pertences. Ocorre, então, com a criação deste direito real, que a promessa de compra e venda se transforma de geradora de obrigação de fazer em criadora de **obrigação de dar**, que se executa mediante a entrega coativa da própria coisa"[7].

O aludido art. 1.418 defere a **adjudicação compulsória** ao titular de direito real. Segundo se infere do art. 1.417, retrotranscrito, esse direito real decorre do ***registro*** da promessa de compra e venda e da inexistência de cláusula de arrependimento.

[7] Caio Mário da Silva Pereira, *Instituições*, cit., v. IV, p. 450-451.

Afigura-se-nos, todavia, que assiste razão a Ruy Rosado de Aguiar Júnior quando, comentando o novo Código Civil, afirma: "Sabemos que as pessoas, quanto mais simples, menos atenção dão à forma e à exigência de regularizar seus títulos. A experiência revela que os contratos de promessa de compra e venda de imóveis normalmente não são registrados. **Não há nenhum óbice em atribuir-lhes eficácia entre as partes, possível mesmo a ação de adjudicação**, se o imóvel continua registrado em nome do promitente vendedor. O Código de Processo Civil (art. 639, *atual art. 466-B, do CPC/1973*) não exige o registro do contrato para o comprador ter o direito de obter do Juiz uma sentença que produza o mesmo efeito do contrato a ser firmado. Ademais, em se tratando de bens imóveis, a jurisprudência atribui ao promissário comprador a ação de embargos de terceiro, mesmo que o documento não esteja registrado; para os móveis, exclui o primitivo proprietário, promitente vendedor, da responsabilidade civil pelos danos causados com o veículo pelo promissário comprador"[8].

Já Orlando Gomes[9] dizia que o caráter real do compromisso de compra e venda **decorre de sua irretratabilidade, e não do registro** no Cartório de Imóveis. Levando-o a registro, impede-se que o bem seja alienado a terceiro. Ou seja: o registro só é necessário para a sua validade contra terceiros, produzindo efeitos, no entanto, sem ele, entre as partes.

Daí a jurisprudência do Superior Tribunal de Justiça, cristalizada na referida Súmula 239 e em julgados que proclamam:

> "A pretensão de adjudicação compulsória é de caráter pessoal, restrita assim aos contraentes, não podendo prejudicar os direitos de terceiros que entrementes hajam adquirido o imóvel e obtido o devido registro, em seu nome, no ofício imobiliário"[10].

Na mesma linha, sustenta Arnaldo Rizzardo[11] ser **possível a adjudicação compulsória mesmo sem o registro do compromisso**, malgrado os dizeres do art. 1.417 do novo Código. O art. 25 da Lei n. 6.766/79, aduz, veio esclarecer o efeito específico e único do registro: conferir "direito real oponível a terceiros".

---

8 Projeto do Código Civil — As obrigações e os contratos, *RT*, 775/27.

Proclama a Súmula 84 do STJ: "É admissível a oposição de embargos de terceiro fundados em alegação de posse advinda do compromisso de compra e venda de imóvel, ainda que desprovido de registro".

9 *Contratos*, p. 268.

Em parecer publicado na *RT*, 469/39, salientou Orlando Gomes: "O novo Código de Processo Civil limpou a área para a aceitação em sentença, independentemente da inscrição, da execução coativa em forma específica da obrigação de emitir declaração negocial contraída em promessa irretratável de venda (artigos 632 a 645 do CPC)".

10 REsp 27.246-RJ, 4ª T., rel. Min. Athos Gusmão Carneiro.

Dispõe a Súmula 168 do STF: "Para os efeitos do Decreto-Lei n. 58, de 10 de dezembro de 1937, admite-se a inscrição imobiliária do compromisso de compra e venda no curso da ação".

11 *Direito das coisas*, p. 1006.

Compete, pois, ao adquirente precaver-se contra expedientes ilícitos de venda sucessiva do mesmo bem, registrando o compromisso no ofício imobiliário. Todavia, mesmo sem o registro, poderá pleitear a adjudicação compulsória do imóvel registrado em nome do promitente vendedor.

25.5.2.1. *A cessão da promessa*

Destaque-se, ainda, a *cessibilidade* da promessa. É um direito que pode ser transferido mediante cessão por instrumento público ou particular. No entanto, para que produza efeitos em relação a terceiros, deve ser levada a registro.

25.5.2.2. *A ação de adjudicação compulsória*

Para que o compromissário comprador possa valer-se da ação de adjudicação compulsória, exige-se:

- ausência de direito de arrependimento;
- recusa do promitente vendedor em outorgar a escritura;
- pagamento integral do preço; e
- validade e eficácia do compromisso, inclusive no tocante à outorga conjugal.

Se necessário, ante a recusa injustificada do promitente vendedor em receber o pagamento das últimas prestações para, de má-fé, prejudicar o ajuizamento da aludida ação, pode efetuar a consignação ou depositar as prestações faltantes junto à inicial da referida ação[12].

25.5.2.3. *Inadimplência do compromissário comprador*

Se o compromissário comprador deixar de cumprir a sua obrigação, atrasando o pagamento das prestações, poderá o vendedor pleitear a **resolução do contrato**, cumulada com pedido de reintegração de posse. Antes, porém, terá de constituir em **mora** o devedor, notificando-o (judicialmente ou pelo Cartório de Registro de Imóveis) para pagar as prestações em atraso no prazo de trinta dias, se se tratar de imóvel loteado (Lei n. 6.766/79, art. 32), ou de quinze dias, se for imóvel não loteado (Decreto-Lei n. 745/69), ainda que no contrato conste cláusula resolutiva expressa. Neste último caso, a notificação prévia ou premonitória pode ser feita judicialmente ou pelo Cartório de Títulos e Documentos.

Embora a citação para a ação constitua em mora o devedor e seja considerada a mais severa das interpelações (CPC, art. 240), nos casos mencionados deve ser

---

12 "Adjudicação compulsória. Indispensabilidade da demonstração da efetiva quitação do preço ajustado. Exigência que não se afasta nem mesmo diante da revelia do requerido" (*RT*, 790/408). "Adjudicação compulsória. Compromisso de compra e venda. Contrato devidamente registrado, ultimado o pagamento integral do preço e estando quite com os impostos e taxas. Admissibilidade da medida se houver recusa no fornecimento da escritura de compra e venda" (*RT*, 783/438).

prévia. Dispõe a Súmula 76 do Superior Tribunal de Justiça que "a falta de registro do compromisso de compra e venda de imóvel não dispensa a prévia interpelação para constituir em mora o devedor"[13].

25.5.2.4. *Direito do compromissário comprador à restituição das importâncias pagas*

Têm os tribunais, especialmente o Superior Tribunal de Justiça, proclamado que "o compromissário comprador que deixa de cumprir o contrato em face da insuportabilidade da obrigação assumida tem o direito de **promover ação a fim de receber a restituição das importâncias pagas**".

Neste caso, "a promitente vendedora tem a obrigação de devolver, de uma só vez, as parcelas pagas pelo comprador inadimplente, assistindo-lhe o direito de reter um percentual a título de perdas e danos, sendo incabível, no entanto, o desconto pela fruição do imóvel quando tal pedido tratar-se de inovação recursal. O promitente comprador tem direito à indenização pelos valores gastos com benfeitorias úteis realizadas no imóvel quando inexiste ressalva no contrato e não estava de má-fé. Se a cláusula compensatória pela rescisão intempestiva do contrato pode ficar desprovida de caráter coativo, é razoável que o gasto com corretagem seja restituído pelo promitente comprador, especialmente quando há a obrigação pela restituição de benfeitorias"[14].

Nessa linha, as primeiras súmulas de jurisprudência da Seção de Direito Privado do Tribunal de Justiça de São Paulo:

> **1.** "O compromissário comprador de imóvel, mesmo inadimplente, pode pedir a rescisão do contrato e reaver as quantias pagas, admitida a compensação com gastos próprios de administração e propaganda feitos pelo compromissário vendedor, assim como com o valor que se arbitrar pelo tempo de ocupação do bem".
> **2.** "A devolução das quantias pagas em contrato de compromisso de compra e venda de imóvel deve ser feita de uma só vez, não se sujeitando à forma de parcelamento prevista para a aquisição".
> **3.** "Reconhecido que o compromissário comprador tem direito à devolução das parcelas pagas por conta do preço, as partes deverão ser repostas ao estado anterior, independentemente de reconvenção".

A Segunda Seção do Superior Tribunal de Justiça, no julgamento de recurso especial repetitivo (CPC, art. 543-C, atual art. 1.036), fixou a seguinte tese:

> "É abusiva a cláusula contratual que determina a restituição dos valores devidos somente ao término da obra ou de forma parcelada, na hipótese de resolução de contrato de promessa de compra e venda de imóvel, por culpa de qualquer dos contratantes. Assim,

---

13 "Compromisso de compra e venda. Notificação prévia. Constituição em mora do devedor. Ausência daquela que acarreta a extinção do processo. Inteligência do art. 1º do Decreto-Lei 745/69" (STJ, *RT*, 809/215).

14 STJ, AI 791.006-MG, 4ª T., rel. Min. Aldir Passarinho Júnior, j. 29-8-2006; EREsp 59.870-SP, 4ª T., rel. Min. Barros Monteiro, *DJU*, 9-12-2002 (in *RSTJ*, 171/206).

em tais avenças submetidas às regras do Código de Defesa do Consumidor, deve ocorrer a imediata restituição das parcelas pagas pelo promitente comprador — integralmente, em caso de culpa exclusiva do promitente vendedor/construtor, ou parcialmente, caso tenha sido o comprador quem deu causa ao desfazimento"[15].

Tal entendimento gerou a **Súmula 543**, *verbis*: "Na hipótese de resolução de contrato de promessa de compra e venda de imóvel submetido ao Código de Defesa do Consumidor, deve ocorrer a **imediata restituição das parcelas pagas pelo promitente comprador** – integralmente, em caso de culpa exclusiva do promitente vendedor/construtor, ou parcialmente, caso tenha sido o comprador quem deu causa ao desfazimento".

A aludida Corte tem considerado que a retenção, pelo promitente vendedor, de percentual entre 10% e 25% do valor pago, para cobrir despesas administrativas, seria razoável, conforme as circunstâncias de cada caso[16].

Por sua vez, a 3ª Turma do Tribunal em epígrafe decidiu que o **atraso na entrega de imóvel comprado na planta não dá, em regra, ao comprador o direito de receber pagamento de *dano moral*** da construtora responsável pela obra. Frisou o relator Ministro Villas Bôas Cueva: "O simples inadimplemento contratual não é capaz, por si só, de gerar dano moral indenizável, devendo haver consequências fáticas que repercutam na esfera de dignidade da vítima[17].

25.6. RESUMO

DO DIREITO DO PROMITENTE COMPRADOR	
COMPROMISSO DE COMPRA E VENDA	■ Trata-se de um contrato pelo qual as partes se comprometem a levar a efeito um contrato definitivo de venda e compra. O consentimento já foi dado, na promessa, convencionando os contratantes reiterá-lo na escritura definitiva.
DISCIPLINA LEGAL	■ O CC/2002 disciplina o direito do promitente comprador nos arts. 1.417 e 1.418. Dispõe o primeiro: "Mediante promessa de compra e venda, em que não se pactuou arrependimento, celebrada por instrumento público ou particular, e registrada no Cartório de Registro de Imóveis, adquire o promitente comprador direito real à aquisição do imóvel".
ADJUDICAÇÃO COMPULSÓRIA (CC, ART. 1.418)	■ O STJ tem admitido a propositura de ação de adjudicação compulsória mesmo não estando registrado o compromisso de compra e venda irretratável (Súmula 239). A autorização do cônjuge é indispensável, por consistir em alienação de bem imóvel sujeita à adjudicação compulsória.
RESCISÃO CONTRATUAL	■ Se o compromissário comprador deixar de cumprir a sua obrigação, atrasando o pagamento das prestações, poderá o vendedor pleitear a rescisão contratual, cumulada com pedido de reintegração de posse. Antes, porém, terá de constituir em mora o devedor, notificando-o para pagar as prestações em atraso no prazo de 30 dias, se se tratar de imóvel loteado (Lei n. 6.766/79, art. 32), ou de 15 dias, se for imóvel não loteado (Decreto-Lei n. 745/69), ainda que no contrato conste cláusula resolutiva expressa.

15 STJ, 2ª Seção, Recurso repetitivo, REsp 1.300.418-SC, rel. Min. Luis Felipe Salomão, j. 13-11-2013.

16 STJ, REsp 1.132.943-PE, 4ª T., rel. Min. Luis Felipe Salomão, disponível em: <http://www.editoramagister.com>. Acesso em: 4 set. 2013.

17 STJ, REsp 1.536.354, 3ª T., rel. Min. Villas Bôas Cueva, disponível em *Revista Consultor Jurídico*, de 16-6-2016.

25.7. QUESTÕES

1. (TJ/SP/Juiz de Direito/178º Concurso/VUNESP/2006) Desses assertos, só um é certo. Diga qual é.

a) Com a promessa de compra e venda, de que não conste cláusula de arrependimento, adquire o promitente comprador, desde que inscrito o compromisso no Cartório de Registro de Imóveis, o direito de sequela.
b) Para que o promitente comprador adquira direito real à aquisição do imóvel, é imprescindível conste da promessa de compra e venda cláusula expressa de irrevogabilidade.
c) Somente a promessa de compra e venda celebrada por instrumento público dá ao promitente comprador direito real.
d) Na promessa de compra e venda de imóvel não loteado, é condição legal da constituição do direito real à aquisição do imóvel a quitação do preço no ato.

2. (Defensoria Pública/RS/Defensor Público/2011) Assinale a alternativa que contém a afirmação CORRETA em relação ao assunto indicado. Direitos Reais.

a) O possuidor com justo título tem por si a presunção absoluta de boa-fé.
b) O possuidor de má-fé detém o direito de ressarcimento pelas benfeitorias necessárias e de levantamento das benfeitorias voluptuárias.
c) Não é cabível a constituição de usufruto que recaia em bens móveis e em um patrimônio inteiro.
d) O contrato de promessa de compra e venda, desde que escrito, confere ao seu titular direito real à aquisição do imóvel.
e) Resolvida a propriedade pelo implemento da condição ou pelo advento do termo, entendem-se também resolvidos os direitos reais concedidos na sua pendência.

3. (OAB Unificado/2010.2/2010) Por meio de uma promessa de compra e venda, celebrada por instrumento particular registrada no Cartório de Registro de Imóveis e na qual não se pactuou arrependimento, Juvenal foi residir no imóvel objeto do contrato e, quando quitou o pagamento, deparou-se com a recusa do promitente-vendedor em outorgar-lhe a escritura definitiva do imóvel. Diante do impasse, Juvenal poderá

a) requerer ao juiz a adjudicação do imóvel, a despeito de a promessa de compra e venda ter sido celebrada por instrumento particular.
b) usucapir o imóvel, já que não faria jus à adjudicação compulsória na hipótese.
c) desistir do negócio e pedir o dinheiro de volta.
d) exigir a substituição do imóvel prometido à venda por outro, muito embora inexistisse previsão expressa a esse respeito no contrato preliminar.

4. (TRF/3ª Região/Juiz Federal/XIII/Concurso/2006) O contrato de promessa de compra e venda:

a) produz o mesmo efeito que o contrato de compra e venda;
b) produz o mesmo efeito depois de pago todo o preço;
c) quando não cumprido pelo alienante, resolve-se em perdas e danos;
d) não produz o mesmo efeito que o contrato de compra e venda.

5. (TJSP/Titular de Cartório de Notas e de Registro/VUNESP/2014) Duas sendo as promessas de compra e venda sobre o mesmo imóvel,

a) produz efeitos aquela que foi registrada no Ofício Imobiliário, mas pode o outro promitente comprador averbar, na matrícula do imóvel, a pretensão que passa a ter contra o vendedor.
b) é de se observar, à validade e prevalência delas, a respectiva ordem cronológica, em homenagem ao princípio *prior in tempore, potior in jure.*
c) produz defeitos, simplesmente, a que foi registrada no Ofício Imobiliário, devendo o outro promitente comprador exercer sua pretensão diretamente contra o promitente vendedor, pois nenhuma pretensão lhe assiste contra o Ofício imobiliário.
d) ao Oficial registrador compete cancelar, de ofício, o registro da promessa de compra e venda mais moderna, e registrar a mais antiga, em atenção ao princípio da boa-fé objetiva.

6. (TJ/DFT/Juiz de Direito/2011) Disciplina a lei civil que "mediante promessa de compra e venda, em que se não pactuou arrependimento, celebrada por instrumento público ou particular, e registrada no Cartório de Registro de Imóveis, adquire o promitente comprador direito real à aquisi-

ção do imóvel". De acordo com referida previsão legal, considere as proposições abaixo e assinale a INCORRETA:

a) O direito real à aquisição do imóvel, no caso de promessa de compra e venda, sem cláusula de arrependimento, somente se adquire com o registro;

b) O promitente comprador, titular de direito real, pode exigir do promitente vendedor, ou de terceiros, a quem os direitos deste forem cedidos, a outorga da escritura definitiva de compra e venda, conforme o disposto no instrumento preliminar; e, se houver recusa, requerer ao juiz a adjudicação do imóvel;

c) O direito à adjudicação compulsória, quando exercido em face do promitente vendedor, não se condiciona ao registro da promessa de compra e venda no cartório do registro imobiliário.

d) O promitente comprador, munido de promessa de compra e venda, ainda que não registrada no cartório de imóveis, tem a faculdade de reivindicar de terceiro o imóvel prometido à venda.

7. (Defensoria Pública/Defensor Público/SP/Fundação Carlos Chagas) No tocante ao direito do compromissário/promitente comprador de bem imóvel, é correto afirmar que

a) segundo o STJ, o direito à adjudicação compulsória está condicionado ao registro da promessa de compra e venda no cartório de registro imobiliário.

b) é direito de natureza pessoal decorrente de contrato preliminar celebrado, obrigatoriamente, por escritura pública para imóveis de valor superior a trinta vezes o maior salário mínimo vigente no país, gerando a obrigação do vendedor de fazer o contrato definitivo.

c) conforme o STJ, o compromisso de compra e venda tem eficácia frente a terceiros ainda que não levado a registro no cartório imobiliário, como nas hipóteses de posse advinda do próprio compromisso e hipoteca firmada entre a construtora e o agente financeiro.

d) a Lei sobre o parcelamento do solo urbano veda, expressamente, o registro do compromisso de compra e venda como título da propriedade do lote adquirido, mesmo quando acompanhado da respectiva prova de quitação.

e) o Código Civil classifica-o como direito real à aquisição do imóvel, oponível *erga omnes*, desde que não pactuado o direito de arrependimento entre os contratantes, e ainda que a promessa de compra e venda não tenha sido registrada perante o cartório de registro imobiliário.

8. (PGE/SP/Procurador do Estado/Fundação Carlos Chagas/2012) Em matéria de compromisso de compra e venda,

a) é inadmissível o compromisso de compra e venda como justo título para efeito de usucapião ordinária, por não corresponder a negócio jurídico capaz de, em tese, transferir propriedade imóvel.

b) não tendo por objeto imóvel inserido em loteamento ou incorporação imobiliária, permite-se o exercício, pelo compromitente vendedor, do direito ao arrependimento, desde que pactuadas arras confirmatórias e não iniciada a execução do contrato.

c) hipoteca constituída em favor de instituição financeira por financiamento concedido à incorporadora produz efeitos sobre unidades habitacionais objeto de compromissos de compra e venda celebrados após o registro da garantia.

d) admite-se o uso da ação reivindicatória por iniciativa de adquirente titular de compromisso de compra e venda quitado e registrado.

e) segundo orientação jurisprudencial dominante, o direito à adjudicação compulsória é exclusivo do compromissário comprador titular de direito real.

9. (TRF/3ª Região/Juiz Federal/XVII Concurso/2013) Considerando o direito real do promitente comprador de imóvel, analise as assertivas abaixo e assinale a alternativa VERDADEIRA:

I. O contrato de promessa de compra e venda é analógico ao denominado *contrato preliminar*, pois para seu aperfeiçoamento necessita de uma nova e futura declaração de vontade;

II. O direito do promitente comprador de imóvel é considerado um direito real de aquisição e, uma vez pago o preço, independentemente de registro imobiliário, aquele faz jus à titularidade do bem, podendo ajuizar adjudicação compulsória em caso de recusa do transmitente;

III. Como o promitente comprador é titular de direito real, não se admite a medida de adjudicação compulsória por aquele, em caso de recusa da escrituração pelo vendedor, sem o prévio registro público do contrato;
IV. A cláusula que veda o arrependimento nesta espécie de direito real de aquisição pode ser considerada como nula, eis que fere o princípio da liberdade de contratar entre as partes;
V. O direito real de aquisição acima especificado abrange imóveis rurais ou urbanos, mas exige cláusula impeditiva de arrependimento, mediante pagamento à vista ou firmado em prestações.

a) Todas as assertivas estão corretas;
b) A assertiva II está incorreta, assim como a assertiva V;
c) As assertivas III e V estão corretas;
d) A assertiva II está correta;
e) As assertivas I e III estão corretas.

10. (TJSP/Juiz de Direito/185° Concurso/VUNESP/2014) Assinale a opção CORRETA.

a) A devolução das quantias pagas em contrato de compromisso de compra e venda de imóvel obedecerá rigorosamente à forma prevista em contrato.
b) O recebimento do seguro obrigatório implica em quitação das verbas especificamente recebidas, inibindo o beneficiário de promover a cobrança de eventual diferença.
c) Na implantação de *stent*, embora seja ato inerente à cirurgia cardíaca/vascular, não se configura abusiva a negativa de sua cobertura, se o contrato for anterior à Lei n. 9.656/98.
d) É abusiva a cláusula contratual de plano de saúde que limita o tempo de internação do segurado ou usuário.

11. (TJ/RR/Juiz de Direito/Fundação Carlos Chagas/2015) Mediante promessa de compra e venda de imóvel, em que se não pactuou arrependimento, celebrado por instrumento particular, o promitente comprador

a) adquire direito real à sua aquisição, desde que seja imitido na posse.
b) não poderá adquirir direito real à sua aquisição, pois é necessária a escritura pública.
c) adquire legalmente direito real à sua aquisição se o instrumento foi registrado no Cartório de Registro de Imóveis.
d) não adquirirá direito real à aquisição do imóvel antes que ocorra o pagamento integral do preço.
e) adquire direito real à sua aquisição a partir do registro do instrumento no Cartório de Registro de Títulos e Documentos, porque com essa providência o contrato se presume conhecido por terceiros.

12. (TJ/DF/Juiz de Direito/CESPE/2016) A respeito dos contratos regidos pelo Código Civil, assinale a opção CORRETA.

a) Na promessa de fato de terceiro, decorre do tratamento legal do Código Civil que o promitente responda pela ratificação e pela execução da obrigação.
b) O mandatário não se responsabiliza, ainda que agindo em nome próprio, desde que o negócio seja de conta do mandante.
c) No contrato de fiança, a sub-rogação opera-se automaticamente, salvo se o adimplemento pelo fiador tenha sido voluntário.
d) No que se refere ao contrato preliminar, a outra parte desobriga-se diante da inércia do estipulante.
e) A doação remuneratória, tal como a pura, não sujeita o doador às consequências do vício redibitório.

13. (Pref. Mun./São Luiz/MA/Procurador Municipal/Fundação Carlos Chagas/2016) "O regime jurídico dos direitos reais (sobre imóveis) adota o princípio da publicidade por meio do qual esses se exteriorizam e em que essa é constitutiva praticamente sempre dos direitos reais" (Arruda Alvim, *Comentários ao Código Civil brasileiro*, item 3.10, p. 229, Rio de Janeiro: GEN-Forense, 2009, v. I, t. I). Destarte, para que os direitos do promitente comprador de imóvel assumam a natureza de direito real, faz-se necessário:

a) o pagamento integral do preço.
b) o justo título.

c) a cláusula de arrependimento.
d) o registro da promessa de compra e venda.
e) o ajuizamento da ação de adjudicação compulsória.

■ GABARITO ■

1. "a". *Vide* art. 1.417 do CC.
2. "e". *Vide* art. 1.359 do CC.
3. "a". *Vide* art. 1.418 do CC.
4. "d". Consiste a promessa irretratável de compra e venda no contrato pelo qual o promitente vendedor *obriga-se a vender* ao compromissário comprador determinado imóvel.
5. "c". *Vide* art. 1.417 do CC.
6. "d". A pretensão de adjudicação compulsória é de caráter pessoal, restrita assim aos contraentes, não podendo prejudicar os direitos de terceiros que entrementes hajam adquirido o imóvel e obtido o devido registro, em seu nome, no ofício imobiliário, consoante já decidiu o STJ (REsp 27.246-RJ, 4ª T., rel. Min. Athos Gusmão Carneiro).
7. "c". Já dizia Orlando Gomes que o caráter real do compromisso de compra e venda decorre de sua irretratabilidade, e não do registro no Cartório de Imóveis (cf. *Contratos*, Forense, 9. ed., 1983, p. 268).
8. "d". "Ação reivindicatória. Pedido embasado em promessa de compra e venda irretratável e irrevogável. Admissibilidade, pois tal título transfere ao promitente comprador os direitos inerentes ao exercício do domínio" (STJ, REsp 55.941-DF, *DJU*, 2-2-1998, p. 109). Confira-se, ainda, o Enunciado 253 aprovado na III Jornada de Direito Civil realizada pelo Conselho da Justiça Federal: "O promitente comprador, titular de direito real (art. 1.417), tem a faculdade de reivindicar de terceiro o imóvel prometido à venda".
9. "d". *Vide* art. 1.418 do CC.
10. "d". *Vide* art. 51, IV, do Código de Defesa do Consumidor (Lei n. 8.078/90) e Súmula 302 do STJ.
11. "c". *Vide* art. 1.417 do CC.
12. "d". *Vide* art. 465 do CC.
13. "d". *Vide* art. 1.417 do CC.

26

DA CONCESSÃO DE USO ESPECIAL PARA FINS DE MORADIA

26.1. CONCEITO

A concessão de uso especial para fins de moradia e a concessão de direito real de uso são direitos reais sobre coisa alheia, introduzidos no Código Civil (art. 1.225, XI e XII) pela Lei n. 11.481, de 31 de maio de 2007. Buscam atender à ***função social*** da propriedade, especialmente com a regularização jurídica das **áreas favelizadas**. A mencionada lei confere nova redação ao aludido dispositivo do Código Civil e prevê medidas direcionadas à regularização fundiária de interesse social **em imóvel da União**. Embora constituído o direito real, **o bem continua pertencendo à Administração Pública**, não se concretizando a transferência do domínio.

26.2. REGULAMENTAÇÃO LEGAL

A concessão de uso especial para fins de moradia consta da Medida Provisória n. 2.220/2001, cujo art. 1º, com as modificações introduzidas pela **Lei n. 13.465, de 11 de julho de 2017**, disciplina a questão de forma análoga à usucapião especial prevista no art. 1.240 do Código Civil. O benefício se estabelece em favor da pessoa que comprovar **posse até 22 de dezembro de 2016**.

O § 1º do aludido art. 1º da citada Medida Provisória dispõe que a concessão de uso especial para fins de moradia será conferida **de forma gratuita ao homem ou à mulher, ou a ambos**, independentemente do estado civil. O § 2º, na sequência, **limita a concessão a uma única vez**. E o § 3º admite a *accessio possessionis*, permitindo que o herdeiro legítimo continue, de pleno direito, na posse de seu antecessor, desde que já resida no imóvel por ocasião da abertura da sucessão.

Por sua vez, o art. 2º da mencionada Medida Provisória, com alterações impostas pela aludida **Lei n. 13.465/2017**, confere o benefício às pessoas de baixa renda, ocupantes de terreno público, com área superior a duzentos e cinquenta metros quadrados, semelhantemente ao que dispõe o art. 10 do Estatuto da Cidade. Exige-se: a) posse até 22 de dezembro de 2016; b) imóvel com mais de duzentos e cinquenta metros quadrados; c) ocupação por população de baixa renda para moradia; d) posse mansa e contínua por 5 anos; e) impossibilidade de identificação dos terrenos ocupados pelo possuidor; f) ocupante não proprietário ou concessionário a qualquer título de outro imóvel rural ou urbano.

A obtenção do título de concessão para fins de moradia, segundo dispõe o art. 6º da Medida Provisória em apreço, dá-se pela via administrativa, perante o órgão competente da Administração Pública, ou pela via judicial, em caso de recusa ou omissão por parte deste. Em seguida, o título deve ser registrado no Cartório de Registro de Imóveis, para que tenha eficácia *erga omnes*.

A citada Lei n. 11.481/2007 introduziu o inciso VII ao art. 1.473 do Código Civil, pelo qual pode ser objeto de **hipoteca** "o direito de uso especial para fins de moradia" – o que facilita a obtenção de financiamento bancário para o exercício de alguma atividade econômica, com a concessão do *direito real* de uso (e não do direito de propriedade, que permanecerá sendo do Poder Público).

27

DA CONCESSÃO DE DIREITO REAL DE USO

27.1. CONCEITO

A inovação legal promove o revigoramento da concessão do direito real de uso, mediante a sua adoção para fins de regularização fundiária de interesse social e do aproveitamento sustentável das várzeas.

Como observam Cristiano Chaves de Farias e Nelson Rosenvald[1], "O objetivo do legislador foi inserir a concessão de uso dentre os instrumentos hábeis à legitimação de posse sobre bens públicos ocupados informalmente por **populações de baixa renda**, estendendo-se mesmo a terrenos de marinha e acrescidos, antes limitados à enfiteuse (art. 18, § 1º, Lei n. 9.363/98). Ademais, busca-se encontrar uma solução para as populações de varzenteiros que habitam, há várias gerações, as margens dos rios federais".

27.2. REGULAMENTAÇÃO LEGAL

O citado direito foi instituído pelo Decreto-lei n. 271, de 28 de fevereiro de 1967, tendo recebido nova redação o art. 7º, conferida pela Lei n. 11.481, de 31 de maio de 2007.

Dispõe o aludido dispositivo legal que "é instituída a concessão de uso de terrenos públicos ou particulares, remunerada ou gratuita, por tempo certo ou indeterminado, como **direito real resolúvel, para fins específicos de regularização fundiária de interesse social**, urbanização, industrialização, edificação, cultivo da terra, aproveitamento sustentável das várzeas, preservação das comunidades tradicionais e seus meios de subsistência ou outras modalidades de interesse social em áreas urbanas".

Em suma, a concessão de uso: a) **alcança terrenos públicos ou particulares**; b) pode ser gratuita ou onerosa; c) admite estipulação por tempo certo ou indeterminado; d) é direito real resolúvel; e) tem por finalidade a regularização fundiária de interesse social, urbanização, industrialização, edificação, cultivo da terra, aproveitamento sustentável das várzeas, preservação das comunidades tradicionais e seus meios de subsistência ou outras modalidades de interesse social e áreas urbanas; f) admite transmissão por ato *inter vivos* ou *causa mortis*; g) é outorgada

---

1 *Curso de direito civil*, v. 5, p. 745.

por termo administrativo ou escritura pública; h) requer registro no Cartório de Registro de Imóveis.

A concessão de uso poderá ser contratada por instrumento público ou particular, ou ainda por simples termo administrativo firmado pelo órgão estatal, a serem inscritos em livro especial no Cartório de Registro de Imóveis (Decreto-lei n. 271/67, art. 7º, § 1º). Será ela resolvida antes de seu termo final se o concessionário der ao imóvel destinação diversa da estabelecida no instrumento de concessão ou descumprir cláusula resolutória do ajuste, perdendo, nesse caso, as benfeitorias de qualquer natureza que tenha introduzido no imóvel (art. 7º, § 3º, do Decreto-lei n. 271/67).

O § 5º do mesmo art. 7º exige a **anuência prévia de entes estatais** para a efetivação da concessão, por claro interesse público, nos seguintes moldes: a) do Ministério da Defesa e dos Comandos da Marinha, do Exército ou da Aeronáutica, quando se tratar de imóveis que estejam sob sua administração; e b) do Gabinete de Segurança Institucional da Presidência da República, nos casos de áreas indispensáveis à segurança do território nacional, especialmente localizadas na faixa de fronteira e as relacionadas com a preservação e a exploração dos recursos naturais de qualquer tipo.

28

DA LAJE

■ 28.1. CONCEITO

O direito real de laje, como já mencionado no item 10.4, *retro*, consiste "na possibilidade de coexistência de unidades imobiliárias autônomas de titularidades distintas situadas em uma mesma área, de maneira a permitir que o proprietário ceda a superfície de sua construção a fim de que terceiro edifique a unidade distinta daquela originalmente construída sobre o solo" (art. 1.510-A do CC, introduzido pela Medida Provisória n. 759, de 22 de dezembro de 2016). Abrange a situação bastante comum da cessão da laje de suas casas pelos pais, para a construção na parte superior, com acesso independente, em benefício de seus filhos, genros e noras, que também participam, financeiramente ou com a mão de obra. Não se trata propriamente de transferência de "propriedade", uma vez que não abrange o solo, mas de direito real limitado à laje da construção original, desde que disponha de isolamento funcional e acesso independente.

A título meramente ilustrativo, propõe Pablo Stolze[1] que se imagine a hipótese do sujeito "que constrói um segundo andar em sua casa, conferindo-lhe acesso independente, e, em seguida, transfere o direito sobre o mesmo, mediante pagamento, para um terceiro, que passa a morar, com a sua família, nesta unidade autônoma. Não se tratando, em verdade, de transferência de 'propriedade' – que abrangeria, obviamente, o solo – este terceiro passa a exercer direito apenas sobre a extensão da construção original, ou seja, sobre a laje. Trata-se, portanto, de um direito real sobre coisa alheia – com amplitude considerável, mas que com a propriedade não se confunde –, limitado à unidade imobiliária autônoma erigida sobre a construção original, de propriedade de outrem".

■ 28.2. REGULAMENTAÇÃO LEGAL

A Medida Provisória n. 759, de 2016, alterou o rol de direitos reais do art. 1.225 do Código Civil, acrescentando, como inciso XIII, o direito sobre a *laje*. Posteriormente, o referido direito foi disciplinado pela **Lei n. 13.465, de 11 de julho de 2017**, que instituiu, na Parte Especial, Livro III, o Título XI, denominado "Da Laje", tratado inicialmente no art. 1.510, "A" a "E". Dispõe o primeiro:

---

1 Direito real de laje: primeiras impressões. Disponível em: www.jusbrasil.com.br. Acesso em 28 jun. 2017.

"Art. 1.510-A. O O proprietário de uma construção-base poderá ceder a superfície superior ou inferior de sua construção a fim de que o titular da laje mantenha unidade distinta daquela originalmente construída sobre o solo".

O referido direito real não se confunde com o condomínio horizontal, que confere direito à fração ideal do solo e das unidades autônomas, bem como das áreas comuns.

Dispõem os §§ 1º a 6º do dispositivo transcrito:

"§ 1º O direito real de laje contempla o espaço aéreo ou o subsolo de terrenos públicos ou privados, tomados em projeção vertical, como unidade imobiliária autônoma, não contemplando as demais áreas edificadas ou não pertencentes ao proprietário da construção-base.

§ 2º O titular do direito real de laje responderá pelos encargos e tributos que incidirem sobre a sua unidade.

§ 3º Os titulares da laje, unidade imobiliária autônoma constituída em matrícula própria, poderão dela usar, gozar e dispor.

§ 4º A instituição do direito real de laje não implica a atribuição de fração ideal de terreno ao titular da laje ou a participação proporcional em áreas já edificadas.

§ 5º Os Municípios e o Distrito Federal poderão dispor sobre posturas edilícias e urbanísticas associadas ao direito real de laje.

§ 6º O titular da laje poderá ceder a superfície de sua construção para a instituição de um sucessivo direito real de laje, desde que haja autorização expressa dos titulares da construção-base e das demais lajes, respeitadas as posturas edilícias e urbanísticas vigentes".

Verifica-se, pois, que a mencionada laje deverá estar isolada da construção original, constituindo habitação distinta. E a via de acesso a ela deverá ser independente da aludida construção.

Preceitua o art. 1.510-D:

"Em caso de alienação de qualquer das unidades sobrepostas terão direito de preferência, em igualdade de condições com terceiros, os titulares da construção-base e da laje, nessa ordem, que serão cientificados por escrito para que se manifestem no prazo de trinta dias, salvo se o contrato dispuser de modo diverso".

§ 1º O titular da construção-base ou da laje a quem não se der conhecimento da alienação poderá, mediante depósito do respectivo preço, haver para si a parte alienada a terceiros, se o requerer no prazo decadencial de cento e oitenta dias, contado da data de alienação.

§ 2º Se houver mais de uma laje, terá preferência, sucessivamente, o titular das lajes ascendentes e o titular das lajes descendentes, assegurada a prioridade para a laje mais próxima à unidade sobreposta a ser alienada".

Acentua o art. 1.510-E:

"A ruína da construção-base implica extinção do direito real de laje, salvo:

I – se este tiver sido instituído sobre o subsolo;

II – se a construção-base não for reconstruída no prazo de cinco anos.

Parágrafo único. O disposto neste artigo não afasta o direito a eventual reparação civil contra o culpado pela ruína".

O direito de laje constitui, destarte, um direito real em favor de terceiro, sobre unidade imobiliária autônoma erigida sobre a *laje* de determinada construção residencial, lançada em matrícula própria.

28.3. RESUMO

CONCESSÃO DE USO ESPECIAL PARA FINS DE MORADIA, CONCESSÃO DO DIREITO REAL DE USO E LAJE	
CONCESSÃO DE USO ESPECIAL PARA FINS DE MORADIA	■ É direito assegurado pelo art. 183, § 1º, da CF. Trata-se de instituto que constitui decorrência da política urbana prevista na Carta Magna.
CONCESSÃO DO DIREITO REAL DE USO	■ Dá-se por ato administrativo vinculado do Poder Público, sobre imóvel de propriedade da União Federal – ato que deverá ser levado ao registro imobiliário para que o direito real se constitua plenamente, como o exige o art. 1.227 do CC.
DA LAJE	■ Carateriza-se tal direito real quando o proprietário de uma construção-base cede a superfície superior ou inferior de sua construção a fim de que o titular da laje mantenha unidade distinta daquela originalmente construída sobre o solo, como descreve o art. 1.510-A do CC, com a redação dada pela Lei n. 13.465/2017.

29

DOS DIREITOS REAIS DE GARANTIA. DISPOSIÇÕES GERAIS

29.1. BREVE ESCORÇO HISTÓRICO

Nas sociedades primitivas desconhecia-se a existência da garantia real. Respondia o devedor com a sua pessoa, isto é, **com o próprio corpo** pelo pagamento de suas dívidas. Em alguns povos, era ele adjudicado ao credor. Em outros, tornava-se escravo do seu credor, juntamente com sua mulher e filhos.

Mesmo em Roma, na época da **Lei das XII Tábuas**, que representou a primeira codificação de seu direito, podia o devedor ser encarcerado pelo credor, que tinha o direito de vendê-lo e até matá-lo. Se houvesse mais de um credor, instaurava-se sobre o seu corpo um estranho concurso creditório, levando-o além do Tibre, onde se lhe tirava a vida, repartindo-se o cadáver.

Posteriormente, já numa fase mais avançada, com o progresso da civilização e da ordem jurídica, a ***Lex Poetelia Papiria*** aboliu a execução contra a pessoa do devedor, instituindo a responsabilidade sobre seus bens, se a dívida não procedia de delito[1].

Desde então tem sido adotado, nas diversas legislações, o princípio da **responsabilidade patrimonial**, segundo o qual é o patrimônio do devedor que responde por suas obrigações. Desse modo, o patrimônio do devedor constitui a **garantia geral** dos credores. Efetiva-se pelos diversos modos de constrição judicial (penhora, arresto, sequestro), pelos quais se apreendem os bens do devedor inadimplente para vendê-los em hasta pública, aplicando-se o produto da arrematação na satisfação do crédito do exequente.

Essa **garantia geral** pode, todavia, mostrar-se ineficaz, nas diversificadas relações contratuais. Não poucas vezes, em virtude de desequilíbrios financeiros, os débitos se acumulam e acabam ultrapassando o valor do patrimônio do devedor. Diz-se que este se encontra, então, em **estado de insolvência**, uma vez que o seu ativo, representado por seus bens, já não é suficiente para responder pelo seu passivo.

Para contornar tal situação, procuram os credores cercar-se de **maiores garantias**. Podem elas ser:

---

1 Caio Mário da Silva Pereira, *Instituições de direito civil*, v. IV, p. 321; Washington de Barros Monteiro, *Curso de direito civil*, v. 3, p. 337.

- **pessoais** ou **fidejussórias**; e
- **reais**.

29.1.1. Garantia fidejussória ou pessoal

A garantia fidejussória ou pessoal é aquela em que terceiro se responsabiliza pela solução da dívida, caso o devedor deixe de cumprir a obrigação. Decorre do contrato de *fiança* (CC, art. 818).

É uma garantia relativa, porque pode acontecer que o fiador se torne insolvente por ocasião do vencimento da dívida.

29.1.2. Garantia real

A garantia real é mais eficaz, visto que **vincula determinado bem** do devedor ao pagamento da dívida. Em vez de ter-se, como garantia, o patrimônio do devedor, no estado em que se acha ao se iniciar a execução, **obtém-se, como garantia, uma coisa**, que fica vinculada à satisfação do crédito. O Código Civil brasileiro contempla, no Título em epígrafe, as seguintes modalidades de garantia:

- **penhor**;
- **hipoteca**; e
- **anticrese** (art. 1.419).

A Lei n. 4.728, de 14 de julho de 1965, criou uma nova modalidade: a **alienação fiduciária**, disciplinada no novo Código Civil como *propriedade fiduciária* (arts. 1.361 a 1.368), já por nós estudada.

29.1.3. Conceito de direito real de garantia

Para Orlando Gomes, **direito real de garantia** é o que "confere ao credor a pretensão de obter o pagamento da dívida com o valor do bem aplicado exclusivamente à sua satisfação. Sua função é garantir ao credor o recebimento da dívida, por estar vinculado **determinado bem** ao seu pagamento. O direito do credor concentra-se sobre determinado elemento patrimonial do devedor. Os atributos de ***sequela*** e ***preferência*** atestam sua natureza substantiva e real"[2].

No caso do **penhor**, que tem por objeto bens móveis, e da **hipoteca**, que recai sobre imóveis, **o bem dado em garantia é penhorado**, havendo impontualidade do devedor, e levado à hasta pública. O produto da arrematação destinar-se-á preferencialmente ao pagamento do credor pignoratício ou hipotecário. Os quirografários só terão direito às sobras, que lhes serão rateadas.

Na **anticrese**, a coisa dada em garantia passa às mãos do credor, que procura pagar-se com as rendas por ela produzidas.

---

[2] *Direitos reais*, p. 378.

29.2. CARACTERÍSTICAS E DISTINÇÕES

Os **direitos reais de garantia** distinguem-se, em princípio:

- **Quanto ao objeto**, porque o ***penhor*** recai em **coisas móveis**, enquanto a ***hipoteca*** e a ***anticrese***, em bens **imóveis**. Tal distinção não pode, hoje, ser considerada absoluta, não só porque se admite penhor de imóveis, mas, também, hipotecas de móveis, por exemplo, a hipoteca de navios e aviões, e até de automóveis, como sucede em algumas legislações.
- **Quanto à titularidade da posse do bem dado em garantia**, afirma-se que, no ***penhor*** e na ***anticrese***, a coisa deve ser entregue ao credor, que passa a ser seu possuidor direto. Na ***hipoteca***, conserva-se em poder do devedor, ou de quem o dá em garantia, não ocorrendo o deslocamento da posse. Essa distinção também vem perdendo valor, uma vez que, hoje, admitem-se formas de ***penhor*** nas quais o bem continua em poder do proprietário, não se verificando a tradição que investe o credor pignoratício em sua posse.
- **Quanto à forma do exercício do direito**, o ***penhor*** e a ***hipoteca*** distinguem-se da ***anticrese***, porque tanto o credor pignoratício como o hipotecário podem, no caso de inadimplemento da obrigação, promover a venda judicial da coisa gravada para, com o preço apurado, satisfazerem-se preferencialmente. O **credor anticrético não dispõe do *jus vendendi***, mas tão somente do direito de **reter a coisa** enquanto a dívida não for paga[3].

29.2.1. Direitos reais de garantia: acessórios da obrigação

Trata-se o penhor, a hipoteca e a anticrese de direitos reais (CC, art. 1.419), pois são munidos das prerrogativas próprias de tais direitos, mas ***acessórios***, uma vez que visam a garantir uma dívida, que é a principal.

Sendo os direitos reais de garantia acessórios da obrigação, cujo cumprimento asseguram, **seguem o destino desta**. Assim, extinta a obrigação principal, desaparece o direito real de garantia, mas a recíproca não é verdadeira. Mesmo que, por exemplo, seja anulada a garantia, subsistirá a obrigação, cujo cumprimento se destina a assegurar.

29.2.2. Direitos reais de garantia e direitos reais de gozo

Os direitos reais de **garantia** não se confundem com os de ***gozo*** ou de ***fruição***. Estes têm por conteúdo o **uso e fruição das utilidades da coisa**, da qual o seu titular tem posse direta, implicando restrições ao *jus utendi* e *fruendi* do proprietário.

Nos direitos reais de garantia há vinculação de um bem, pertencente ao devedor, ao pagamento de uma dívida, **sem que o credor possa dele usar e gozar**, mesmo quando o tem em seu poder, como no penhor, sendo que qualquer rendimento desse bem é destinado exclusivamente à liquidação do débito, como na anticrese.

---

[3] Orlando Gomes, *Direitos reais*, cit., p. 383.

Os direitos reais de gozo são ***autônomos***, enquanto os de garantia são ***acessórios***.

29.2.3. Direitos reais de garantia e privilégios

Os direitos reais de garantia não se confundem, também, com os ***privilégios***. Estes asseguram **preferência** sobre todo o patrimônio do devedor e **decorrem da lei**, não assegurando poder imediato sobre os bens. Aqueles decorrem de **convenção** entre as partes e envolvem bens determinados, que ficam vinculados ao cumprimento da obrigação.

O art. 80, I, do Código Civil considera imóveis, para os efeitos legais, os direitos reais de garantia e as ações que os asseguram.

29.3. REQUISITOS DOS DIREITOS REAIS DE GARANTIA

29.3.1. Requisitos subjetivos

29.3.1.1. Capacidade geral para os atos da vida civil e especial para alienar

Para validade da garantia real, exige a lei, além da ***capacidade geral*** para os atos da vida civil, a especial para ***alienar***. Dispõe, com efeito, o art. 1.420 do Código Civil, na sua primeira parte, que "só aquele que pode **alienar** poderá empenhar, hipotecar ou dar em anticrese".

Justifica-se a exigência, porque o bem dado em garantia pode, não paga a dívida, ser penhorado e vendido em hasta pública. A penhora constitui um **começo de venda**, de alienação forçada. O estabelecimento da garantia real implica, pois, submissão a esse regime, que pode resultar, caso a dívida não seja saldada, na inexorável alienação judicial do bem.

Em regra, pois, **somente o proprietário pode dar bens em garantia**. Faz-se mister que, além do domínio, tenha a **livre disposição** da coisa. Nula será a constituição desse direito, feita por quem não preenche esse requisito. Se a garantia abrange diversos bens, mas alguns deles não pertencem ao devedor, somente quanto a estes não prevalece o ato.

29.3.1.2. Os impedidos de hipotecar, dar em anticrese e empenhar

Em linhas gerais, ***não podem*** hipotecar, dar em anticrese ou empenhar[4]:

a) os menores de 16 anos, que o art. 3º, I, do Código Civil considera absolutamente incapazes. Isso não significa que os filhos menores não possam, **por meio de seus genitores**, que os representam, oferecer, nos casos de necessidade ou evidente utilidade da prole, bens em garantia real de seus débitos, mediante **prévia autorização judicial** (art. 1.691);

b) os maiores de 16 anos e menores de 18, sem a assistência do representante legal. Mesmo devidamente assistidos, necessitam também de **licença da autoridade judiciária** competente;

[4] Washington de Barros Monteiro, *Curso*, cit., v. 3, p. 342-343.

c) os menores sob tutela, salvo se assistidos pelo **tutor** e autorizados pelo **juiz**. Os arts. 1.748, IV, e 1.750 do Código Civil de 2002 permitem que o tutor aliene bens do tutelado, desde que devidamente **autorizado pelo juiz**. Se pode o mais, isto é, alienar, evidentemente pode o menos, que é oferecer o bem em garantia real;

d) os interditos em geral, salvo se representados e autorizados pelo **juiz**. Aplicam-se à hipótese as mesmas razões mencionadas no caso dos menores sob tutela, por força do disposto no art. 1.781 do estatuto civil;

e) os pródigos, quando atuam sozinhos. Quando, porém, encontram-se **assistidos** por seu curador, podem fazê-lo, **sem mesmo necessidade de autorização judicial**, uma vez que a sua situação é regida por norma especial, o art. 1.782 do Código Civil;

f) as pessoas casadas, uma vez que o art. 1.647, I, do Código Civil proíbe os cônjuges de gravar de ônus reais os bens imóveis, **sem autorização do outro**, exceto no regime da separação absoluta. Não existe, todavia, a mesma restrição quanto ao **penhor**, que incide, em regra, apenas sobre bens **móveis**. A falta da vênia conjugal torna **anulável** o ato praticado, segundo dispõe o art. 1.649 do Código Civil, podendo o outro cônjuge, e não quem o praticou, pleitear-lhe a anulação, até dois anos depois de terminada a sociedade conjugal. Não existe regra idêntica para os **companheiros**, podendo suceder a alienação unilateral de um bem, ou a constituição de direito real, por um deles, ilaqueando a boa-fé do terceiro. Nas hipóteses mencionadas, serão preservados os interesses dos terceiros de boa-fé, resolvendo-se os eventuais prejuízos em perdas e danos dos companheiros[5];

g) o inventariante não pode igualmente constituir hipoteca ou outro direito real de garantia sobre bens que integram o acervo hereditário, **salvo mediante autorização judicial**. Todavia, o **herdeiro**, aberta a sucessão, pode dar em hipoteca sua parte ideal, que deverá ser separada na partilha e atribuída ao arrematante;

h) o falido, porque privado da administração de seus bens, também não pode, desde a decretação da quebra, constituir direito real de garantia, como prevê o art. 102 da nova Lei de Falências (Lei n. 11.101, de 9-2-2005). Dispõe o art. 66 da aludida lei que, "após a distribuição do pedido de recuperação judicial, o devedor não poderá alienar ou onerar bens ou direitos de seu ativo permanente, **salvo evidente utilidade reconhecida pelo juiz**, depois de ouvido o Comitê, com exceção daqueles previamente relacionados no plano de recuperação judicial";

i) o mandatário que não dispõe de poderes especiais e expressos.

29.3.1.3. *Hipoteca de bens de ascendente a descendente*

O *ascendente*, malgrado respeitáveis opiniões em contrário, **pode hipotecar bens a descendente**, sem consentimento dos outros, não se lhe aplicando a limitação

[5] Carlos Roberto Gonçalves, *Direito civil brasileiro*, v. VI, p. 557.

referente à venda, imposta no art. 497 do Código Civil, que deve ser interpretado **restritivamente**, sem ampliação analógica, por cercear o direito de propriedade.

Ressalva-se, no entanto, como lucidamente observa Aldemiro Rezende Dantas Júnior, que não poderiam o credor e o devedor, no caso ascendente e descendente, **após o vencimento da dívida**, ajustar com o credor a **dação da coisa em pagamento** da dívida, como o permite o art. 1.428, parágrafo único, do Código Civil, pois nesse caso estaria sendo feita a transferência do bem pelo ascendente ao descendente, e aí sim poderia ser facilmente burlada a norma legal que busca evitar que seja fraudada a igualdade dos quinhões dos herdeiros.

■ 29.3.1.4. *Revalidação da garantia em virtude da aquisição posterior do domínio*

Estabelece o § 1º do art. 1.420 do Código Civil que a aquisição superveniente da propriedade "**torna eficaz, desde o registro**, as garantias reais estabelecidas por quem não era dono".

A garantia que era ineficaz revigora-se com a aquisição ulterior do domínio, como se nunca tivesse padecido do defeito.

■ 29.3.2. Requisitos objetivos

Dispõe o art. 1.420 do Código Civil, na sua segunda parte, que "só os bens que se podem **alienar** poderão ser dados em penhor, anticrese ou hipoteca".

■ 29.3.2.1. *Bens fora do comércio*

Não podem, assim, ser objeto de garantia, sob pena de nulidade, os *bens fora do comércio*, como os públicos, os inalienáveis enquanto assim permanecerem, o bem de família, os imóveis financiados pelos Institutos e Caixas de Aposentadorias e Pensões (Decreto-Lei n. 8.618, de 10-1-1946).

■ 29.3.2.2. *Hipoteca da parte ideal do condômino*

O Código Civil de 2002 afastou qualquer dúvida que ainda pudesse subsistir a respeito dessa questão, admitindo de forma expressa que cada um dos coproprietários **pode oferecer sua própria quota em garantia real**.

Dispõe textualmente o § 2º do citado art. 1.420 que "a coisa comum a dois ou mais proprietários não pode ser dada em garantia real, na sua totalidade, sem o consentimento de todos; **mas cada um pode individualmente dar em garantia real a parte que tiver**".

E o art. 1.314 admite que cada um dos condôminos possa alhear a respectiva parte ideal, ou ***gravá-la***, oferecendo-a em garantia real. Para atender ao princípio da especialização, que orienta o registro imobiliário, deve descrever todo o imóvel e esclarecer que ele se encontra em comum, incidindo a garantia na parte ideal que lhe cabe.

29.3.3. Requisitos formais

Impõe a lei a observância de formalidades para que os contratos de penhor, hipoteca e anticrese tenham eficácia em relação a terceiros. Essa eficácia é alcançada pela **especialização** e pela ***publicidade***.

29.3.3.1. A especialização

A **especialização** é a descrição pormenorizada, no contrato, do **bem dado em garantia**, do **valor do crédito**, do **prazo fixado** para pagamento e da **taxa de juros**, se houver. É exigida no art. 1.424 do Código Civil, que assim dispõe:

> "Os contratos de penhor, anticrese ou hipoteca declararão, sob pena de não terem eficácia:
> I — o valor do crédito, sua estimação, ou valor máximo;
> II — o prazo fixado para pagamento;
> III — a taxa dos juros, se houver;
> IV — o bem dado em garantia com as suas especificações".

A finalidade da especialização é **demonstrar a situação do devedor**, colocando terceiros, que eventualmente tenham interesse em com ele negociar, a par de sua condição econômico-financeira. Podem também verificar quais os bens destinados preferencialmente à solução daquele débito e que serão excluídos da execução promovida pelos quirografários.

29.3.3.2. A publicidade

A **publicidade** é dada pelo **registro** do título constitutivo no **Registro de Imóveis** (hipoteca, anticrese e penhor rural, cf. arts. 1.438 e 1.492 do CC e 167 da LRP) ou no **Registro de Títulos e Documentos** (penhor convencional, cf. arts. 221 do CC e 127 da LRP).

A **tradição** constitui um elemento importante do **penhor**, embora possa ser constituído por instrumento particular. A sua eficácia em relação a terceiros é alcançada após o registro do contrato no **Registro de Títulos e Documentos**, como mencionado, na forma do art. 221 do Código Civil.

29.3.3.3. Consequência da ausência desses requisitos

A ausência desses requisitos não acarreta, porém, a nulidade do contrato, mas apenas a sua **ineficácia**, pois não produz os efeitos próprios de um direito real. **Valerá apenas como direito pessoal**, vinculando somente as partes que intervieram na convenção. Em consequência, fica o credor privado da sequela, da preferência e da ação real, restando-lhe apenas o direito de participar do concurso de credores, na condição de **quirografário**[6].

---

6 Silvio Rodrigues, *Direito civil*, v. 5, p. 340.

Embora o aludido art. 1.424 exija, em primeiro lugar, declaração sobre o total da dívida ou sua estimação, torna-se impossível, porém, em certos casos, a menção de quantia exata, como sucede nos contratos de financiamento para construção, ou de abertura de crédito em conta corrente. Em qualquer dessas hipóteses, **basta se estime o máximo do capital mutuado**, que ficará garantido; se ultrapassado, com fornecimento de novas somas, o mutuante tornar-se-á mero **credor quirografário pelo excedente**.

Se se omitir o prazo para o pagamento do débito, prevalecerão as normas gerais do direito civil, principalmente as dos arts. 331, 332 e 134[7].

29.4. EFEITOS DOS DIREITOS REAIS DE GARANTIA

Dispõe o art. 1.422 do Código Civil:

> "O credor hipotecário e o pignoratício têm o direito de **excutir** a coisa hipotecada ou empenhada, e **preferir**, no pagamento, a outros credores, observada, quanto à hipoteca, a **prioridade** no registro".

O principal efeito das garantias reais consiste no fato de o bem, que era segurança comum a todos os credores e que foi separado do patrimônio do devedor, **ficar afetado ao pagamento prioritário** de determinada obrigação. Visam elas a proteger o credor da insolvência do devedor. Com a sua outorga, a coisa dada em garantia fica sujeita, **por vínculo real**, ao cumprimento da obrigação.

Disso decorrem, ainda, os seguintes efeitos:

- direito de **preferência** ou **prelação**;
- direito de **sequela**;
- direito de **excussão**;
- **indivisibilidade**.

29.4.1. Direito de preferência

29.4.1.1. Conceito

Preferência é a **primazia** deferida a determinado credor, em virtude da natureza de seu crédito, de receber, preterindo aos concorrentes. O bem gravado é aplicado à satisfação exclusiva da dívida, sendo subtraído, no limite do seu valor, à execução coletiva[8]. Somente após pagar-se ao preferente, as sobras, se houver, serão rateadas entre os demais credores.

O direito de preferência subsume-se no seguinte princípio: *prior tempore potior iure*, de aplicação geral em matéria de direitos reais (primeiro no tempo, melhor no

[7] Washington de Barros Monteiro, *Curso*, cit., v. 3, p. 346.

[8] Carlos Roberto Gonçalves, *Comentários ao Código Civil*, v. 11, p. 565; Orlando Gomes, *Direitos reais*, cit., p. 378, n. 239.

direito). O credor com **garantia real** tem o direito de receber do preço obtido na execução da coisa onerada, **de preferência a qualquer outro**, de modo geral, o quanto baste para o seu pagamento integral. Se o preço for insuficiente, continuará credor sem privilégio, do que faltar[9]. A sua condição quanto a essa parte será, assim, a de credor **quirografário**.

O perfil da garantia real se revela mais nitidamente na insolvência do devedor: o credor privilegiado será pago **preferencialmente** com o produto da venda do bem dado em garantia, gozando assim da faculdade de receber sem se sujeitar ao rateio[10].

29.4.1.2. *Direito do credor anticrético*

A aludida primazia, no entanto, **não beneficia o credor anticrético**. O direito deste é regulado no art. 1.423 do Código Civil, que lhe assegura, em compensação, a prerrogativa de "**reter em seu poder** o bem, enquanto a dívida não for paga", direito que se extingue "decorridos quinze anos da data de sua constituição".

29.4.1.3. *Preferência do crédito real sobre o privilegiado. Exceções*

O crédito real prefere, pois, ao pessoal, **ainda que privilegiado**. Dispõe, com efeito, o art. 961 do Código Civil que "o crédito real prefere ao pessoal de qualquer espécie; o crédito pessoal privilegiado, ao simples; e o privilégio especial, ao geral".

Há, todavia, **exceções** a esse princípio, como proclama o parágrafo único do art. 1.422 retrotranscrito:

> "Excetuam-se da regra estabelecida neste artigo as dívidas que, em virtude de outras leis, devam ser pagas precipuamente a quaisquer outros créditos".

Foram tais **exceções** assim enumeradas por Washington de Barros Monteiro[11]:

a) em favor das **custas judiciais** com a execução hipotecária;

b) as despesas com a **conservação da coisa**, feitas por terceiro, com assentimento do credor e do devedor, depois da constituição da hipoteca;

c) a dívida proveniente de **salário de trabalhador agrícola**, pelo produto da colheita para a qual haja concorrido com o seu trabalho;

d) os **impostos e taxas** devidos à Fazenda Pública, em qualquer tempo (Dec. n. 22.866, de 28-6-1933; Lei n. 5.172, de 25-10-1966, art. 186);

e) as **debêntures** prevalecem também contra os outros créditos, hipotecários, pignoratícios e anticréticos, se as hipotecas, penhores e anticreses não se acharem anterior e regularmente inscritas (Dec. n. 177-A, de 15-9-1893, art. 1º, § 1º, ns. I e II).

---

9 Eduardo Espínola, *Direitos reais limitados*, cit., p. 316, nota 8.

10 Caio Mário da Silva Pereira, *Instituições*, cit., v. IV, p. 329.

11 *Curso*, cit., v. 3, p. 339.

■ 29.4.1.4. *Preferências estabelecidas na Lei de Falências (créditos decorrentes da legislação trabalhista, de acidentes do trabalho e outros)*

Além das hipóteses mencionadas, em que o credor com garantia real é preterido pelo que desfruta do privilégio, também a nova Lei de Falências (Lei n. 11.101, de 9-2-2005) manda pagar preferentemente aos credores com garantia real os créditos derivados da **legislação do trabalho**, limitados a cento e cinquenta salários mínimos por credor, e os decorrentes de **acidentes de trabalho** (art. 83), bem como os **extraconcursais** enumerados no art. 84.

■ 29.4.1.5. *Privilégios*

O Código Civil estatui, no art. 958, que "os títulos legais de preferência são os **privilégios** e os **direitos reais**".

Conclui-se, portanto, que, inexistindo preferência ou privilégio, o rateio se fará tão somente em atenção ao montante dos créditos, dividindo-se somente nessa proporção o patrimônio do devedor, sem precedência de qualquer credor.

Privilégio é um direito pessoal de ser pago de preferência aos outros, em consequência da **qualidade do crédito**. Representa, assim, um direito que a qualidade do crédito atribui ao credor de ser preferentemente pago em face dos demais credores. Constitui forma especial de satisfação do débito. Não é um direito real, senão uma relação jurídica acessória. **É um direito que decorre da lei.** Desse modo, não pode ser estabelecido por convenção. Diz-se que o *privilégio* é:

a) geral, quando se refere a todos os bens do devedor; e

b) especial, quando se refere apenas a determinados bens.

Dispõe o art. 961 do Código Civil, como já mencionado, que "o crédito real prefere ao pessoal de qualquer espécie; o crédito pessoal privilegiado, ao simples; e o privilégio especial, ao geral".

■ 29.4.1.6. *Crédito real*

É o originado pelos direitos reais de garantia a que se refere o Título X do Livro III (Direito das Coisas): **o penhor, a hipoteca e a anticrese**. Sem o vínculo real, o credor, **ainda que privilegiado**, não tem ação para reclamar, como especialmente ligada ao seu crédito, uma coisa determinada, sobre o valor da qual se efetive a sua preferência. Se o devedor alienar a coisa, o credor poderá recorrer à ação pauliana, com supedâneo no princípio da responsabilidade patrimonial do devedor, e não por um poder especial que o privilégio lhe confira.

Crédito especial privilegiado é o que recai sobre coisa determinada, em virtude do vínculo existente entre esta e a dívida (CC, arts. 963 e 964). Por esse motivo, exatamente prefere ao privilégio geral e ao crédito quirografário.

29.4.1.7. *Ordem de preferência*

De acordo, pois, com o sistema adotado pelo nosso ordenamento, a ordem de preferência entre os créditos é a seguinte:

I — créditos com **garantia real**, salvo as exceções já mencionadas;
II — créditos **pessoais**.

Entre estes últimos, a ordem de preferência é:

a) créditos que gozam de **privilégio especial** sobre determinados bens (CC, art. 964);
b) créditos providos de **privilégio geral** (art. 965);
c) créditos **despidos de privilégios**[12].

29.4.2. Direito de sequela

O *jus persequendi* é o direito de **reclamar e perseguir a coisa**, em poder de quem quer que se encontre, para sobre ela exercer o seu direito de excussão, pois o valor do bem está afeto à satisfação do crédito. Assim, quem adquire imóvel hipotecado, por exemplo, está sujeito a vê-lo levado à hasta pública, para pagamento da dívida que está a garantir.

Como esclarece Orlando Gomes, "o vínculo não se descola da coisa cujo valor está afetado ao pagamento da dívida. Se o devedor a transmite a outrem, continua onerada, transferindo-se, com ela, o gravame. **Acompanha, segue a coisa**, subsistindo, íntegro e ileso, seja qual for a modificação que sofra a titularidade do direito. O direito do credor tem, portanto, *sequela*"[13].

29.4.3. Direito de excussão

Estabelece o art. 1.422 do Código Civil, retrotranscrito, na sua primeira parte, que "o credor hipotecário e o pignoratício têm o direito de **excutir** a coisa hipotecada ou empenhada", isto é, de promover a sua venda em hasta pública, por meio do **processo de execução judicial** (CPC, art. 784, II). Para a sua propositura, desnecessária se torna outorga uxória. É requisito, porém, que a obrigação esteja vencida.

Ressalva o aludido dispositivo, na parte final, que, havendo mais de uma hipoteca sobre o mesmo bem, observar-se-á **"a prioridade no registro"**. Significa dizer que o credor da segunda hipoteca tem a garantia do bem hipotecado, mas goza do privilégio em **segundo plano**, em relação à primeira. O seu direito preferencial tem início depois de satisfeito o credor da hipoteca registrada em primeiro lugar, embora

[12] Washington de Barros Monteiro, *Curso*, cit., v. 3, p. 340.
[13] *Direitos reais*, cit., p. 378.

privilegiadamente em face dos quirografários. A ordem dos registros é que determina a prevalência da garantia, não a data do contrato[14].

O que caracteriza o direito real de garantia, o que é de sua essência, como foi dito, é o direito que assiste ao credor de se fazer pagar pelo produto resultante da venda da coisa onerada. Cabe-lhe, para tal fim, uma ação especial, a de ***excussão*** do penhor ou da hipoteca, por efeito da qual será pago pelo preço obtido na venda judicial, **com exclusão dos credores quirografários**, até o reembolso integral da importância que lhe for devida. Este seu direito subsiste, ainda quando a coisa onerada tenha passado para a posse e domínio de qualquer outra pessoa, sem o seu consentimento[15].

■ 29.4.4. Indivisibilidade

O princípio da *indivisibilidade* do direito real de garantia encontra-se expresso no art. 1.421 do Código Civil, nos seguintes termos:

> "O pagamento de uma ou mais prestações da dívida não importa exoneração correspondente da garantia, ainda que esta compreenda vários bens, salvo disposição expressa no título ou na quitação".

O pagamento parcial de uma dívida **não acarreta a liberação da garantia na proporção do pagamento efetuado**, ainda que esta compreenda **vários bens**, salvo se o contrário for convencionado. A coisa inteira, individual ou coletiva, divisível ou indivisível, continuará garantindo o remanescente da dívida[16].

Desse modo, se o devedor paga **metade** da dívida garantida, por exemplo, por **duas casas** de igual valor, **ambas continuam vinculadas ao pagamento do restante da dívida**, porque a garantia é indivisível. Ainda que o devedor efetue o pagamento de 90% da dívida, a coisa inteira continuará garantindo o remanescente do débito, uma vez que o pagamento parcial não altera a garantia. Não se dá a exoneração proporcional ao valor pago.

■ *29.4.4.1. Possibilidade de se convencionar a exoneração parcial da garantia*

A indivisibilidade não é, todavia, da essência dos direitos reais de garantia. **Admite-se, com efeito, que as partes convencionem a exoneração parcial**, seja no instrumento de constituição, seja em momento posterior. Pode, assim, ser consignada expressamente, no título, disposição em contrário, permitindo a liberação proporcional dos bens gravados, na medida da redução do débito. Neste caso, prevalece a exoneração por partes, independentemente da especificação no recibo.

---

14 Caio Mário da Silva Pereira, *Instituições*, cit., v. IV, p. 330.

15 Eduardo Espínola, *Direitos reais limitados*, cit., p. 315-316, nota 7.

16 "Já decidiu a Corte que, hipotecado o imóvel, 'não pode a penhora, em execução movida a um dos coproprietários, recair sobre parte dele'. Sendo indivisível o bem, importa indivisibilidade da garantia real, a teor dos artigos 757 e 758 do Código Civil (*de 1916*)" (STJ, REsp 282.478-SP, 3ª T., rel. Min. Menezes Direito, j. 18-4-2002).

Também quando o credor der a quitação, poderá mencionar que está liberando, por exemplo, determinados bens sobre os quais incide a garantia.

29.4.4.2. *Remissão do penhor ou da hipoteca pelos herdeiros*

O art. 1.429, em consequência do princípio ora em estudo, estabelece que "os sucessores do devedor **não podem remir parcialmente** o penhor ou a hipoteca na proporção dos seus quinhões; qualquer deles, porém, pode fazê-lo no todo".

Destarte, o sucessor do devedor não pode liberar o seu quinhão, pagando apenas a sua cota-parte na dívida. Terá, para tanto, de pagar a **totalidade do débito**, sub-rogando-se nos direitos do credor pelas cotas dos coerdeiros, nos termos do parágrafo único do aludido dispositivo.

29.4.4.3. *Remição pelo devedor*

Remição, em matéria de direitos reais de garantia, significa liberação da coisa gravada, **mediante pagamento do credor**. Não se confunde com o vocábulo *remissão*, que significa, no direito das obrigações, *perdão da dívida*, extinção desta sem pagamento.

Tem o devedor o direito de efetuar a remição. Mas esta só liberará os bens dados em garantia se for total. **Não se admite remição parcial**, por contrariar o princípio da indivisibilidade do direito real de garantia. Havendo amortização parcial da dívida, os bens permanecem integralmente onerados.

29.4.4.4. *Hipótese de desconsideração do princípio da indivisibilidade da garantia criada pela jurisprudência*

Assinala Aldemiro Rezende Dantas Júnior[17] que o princípio da indivisibilidade do direito real de garantia pode ser desconsiderado quando o credor exerce de **modo abusivo** o seu direito de recusar a liberação parcial da garantia, como sucede na hipótese de já haver recebido o pagamento de 90% da dívida e existirem outros bens de acentuado valor garantindo o remanescente.

Uma hipótese em que a jurisprudência tem admitido a divisão da garantia hipotecária é aquela, bastante comum, em que o **incorporador do condomínio edilício** não paga o financiamento obtido junto à instituição financeira e esta promove a execução hipotecária, **penhorando também unidades autônomas** cujos adquirentes já pagaram integralmente o preço ou se encontram rigorosamente em dia com o pagamento das prestações avençadas.

As decisões judiciais têm determinado a **liberação da hipoteca** incidente sobre as aludidas unidades, determinando que **a indivisibilidade fique restrita às frações ideais do terreno e demais partes comuns**, ao fundamento de que a incorporação imobiliária altera a situação jurídica e as características do terreno, com a sua divisão

[17] *Comentários*, cit., v. XIII, p. 90.

através do sistema de unidades autônomas, tornando-se, cada adquirente, dono exclusivo de seu apartamento[18]. Nessa trilha, proclama a Súmula 308 do Superior Tribunal de Justiça:

"A hipoteca firmada entre a construtora e o agente financeiro, anterior ou posterior à celebração da promessa de compra e venda, não tem eficácia perante os adquirentes do imóvel".

29.5. VENCIMENTO ANTECIPADO DA DÍVIDA

O art. 1.424 do Código Civil enumera os requisitos de eficácia dos contratos de penhor, anticrese e hipoteca. Dentre eles, inclui-se **"o prazo fixado para pagamento"** (inc. II). Todavia, para reforçar a garantia conferida ao credor, o aludido diploma antecipa o vencimento das dívidas com garantia real, nas hipóteses mencionadas nos cinco incisos do art. 1.425, *verbis*:

"A dívida considera-se vencida:

I — se, deteriorando-se, ou depreciando-se o bem dado em segurança, desfalcar a garantia, e o devedor, intimado, não a reforçar ou substituir;

II — se o devedor cair em insolvência ou falir;

III — se as prestações não forem pontualmente pagas, toda vez que deste modo se achar estipulado o pagamento. Neste caso, o recebimento posterior da prestação atrasada importa renúncia do credor ao seu direito de execução imediata;

IV — se perecer o bem dado em garantia, e não for substituído;

V — se se desapropriar o bem dado em garantia, hipótese na qual se depositará a parte do preço que for necessária para o pagamento integral do credor".

O **art. 333** do estatuto civil também prevê o vencimento antecipado das obrigações em geral, em algumas dessas hipóteses. Num e noutro dispositivo, objetiva o legislador **favorecer o credor**, diante de determinados fatos que evidenciam a diminuição da probabilidade de recebimento do crédito, se tiver de aguardar o termo final. Considerando vencida antecipadamente a dívida, os citados dispositivos permitem que o credor tome, incontinenti, as providências judiciais destinadas a fazer valer o privilégio, promovendo, enquanto ainda possível, a excussão da coisa hipotecada ou empenhada.

Anote-se que, ao estipularem a garantia, as partes podem estabelecer que, na ocorrência de determinado fato por elas previsto, além dos mencionados nos arts. 333 e 1.425, que independem de estipulação, torne-se logo exigível. É considerada, por exemplo, perfeitamente **lícita a cláusula de vencimento antecipado da dívida** na hipótese de ser constituída nova hipoteca sobre o mesmo imóvel.

Vence-se antecipadamente a obrigação, segundo o supracitado art. 1.425, em cinco hipóteses, ressalvando-se que "não se compreendem os juros correspondentes

[18] TJSP, Ap. 284.849-SP, 6ª Câm. Dir. Priv., rel. Des. Reis Kuntz.

ao tempo ainda não decorrido" (art. 1.426). Tais hipóteses são, a seguir, sucintamente analisadas:

I — Se, deteriorando-se ou depreciando-se o bem dado em segurança, desfalcar a garantia, e o devedor, intimado, não a reforçar ou substituir. Trata-se **de superveniente** insuficiência da coisa dada em segurança. Se esta sofre uma degradação física, deteriorando-se, ou uma desvalorização econômica, desvalorizando-se, incumbe ao devedor o dever de **colocar outra coisa** em seu lugar. Não o fazendo, malgrado intimado a fazê-lo, o credor terá a faculdade de excutir a garantia, mesmo não tendo chegado a obrigação ao seu termo. Mas, "se a garantia real tiver sido constituída por terceiro, não fica obrigado este a substituí-la ou reforçá-la, salvo se tiver procedido culposamente ou a isto se obrigou por cláusula expressa"[19].

II — Se o devedor cair em insolvência ou falir. O credor não está obrigado a se habilitar no processo falimentar, porque está resguardado com o objeto da garantia. Mas o Código Civil consignou o vencimento antecipado da dívida, porque **a falência determina o vencimento de todas as dívidas**, o que constitui vantagem de ordem geral. Tanto no caso de falência do comerciante como de liquidação de instituição financeira (Lei n. 6.024, de 13-3-1974, art. 18, *b*), de companhia de seguros (Decreto-Lei n. 73, de 21-11-1966, art. 94, *b*) e, ainda, de insolvência, ocorre tal antecipação do vencimento das obrigações, assegurado o pagamento pela garantia real.

III — Se as prestações não forem pontualmente pagas, toda vez que deste modo se achar estipulado o pagamento. Presume o legislador que a impontualidade do devedor revela sua insolvência. Como, porém, tal presunção pode não corresponder à verdade, declara o dispositivo em tela que "o recebimento posterior da prestação atrasada importa renúncia do credor ao seu direito de execução imediata". A jurisprudência tem decidido, iterativamente, não importar se a prestação não paga se refere apenas ao capital, ao capital mais juros, **ou apenas aos juros**, pois em qualquer dessas hipóteses haverá o vencimento antecipado, se outra coisa não se convencionou no contrato[20].

IV — Se perecer o bem dado em garantia, e não for substituído. Observa-se, aqui, o princípio, expresso no art. 77 do Código Civil de 1916, de que **perece o direito, perecendo o seu objeto**. Mas a indenização eventualmente devida por terceiro sub-roga-se na coisa destruída, assistindo ao credor **preferência** até completo reembolso. Ao credor assiste, todavia, o direito de optar entre a **execução imediata** e o pedido de reforço da garantia, permitido pelo inc. I do art. 1.425. Se a coisa gravada está no seguro, o credor com garantia real se sub-roga na indenização paga pela seguradora, até ser completamente reembolsado[21].

---

19 Caio Mário da Silva Pereira, *Instituições*, cit., v. IV, p. 334.

20 "Na dívida pignoratícia, vencida e não paga a prestação de juros que passou a integrar o capital, torna-se vencida a dívida toda, de acordo com o art. 762, III, do Código Civil (*de 1916*)" (*RT*, 322/228).

21 Caio Mário da Silva Pereira, *Instituições*, cit., v. IV, p. 334; Washington de Barros Monteiro, *Curso*, cit., v. 3, p. 349-350; Silvio Rodrigues, *Direito civil*, v. 5, p. 345.

V — Se se desapropriar o bem dado em garantia. Nesta hipótese, "**se depositará a parte do preço** que for necessária para o pagamento integral do credor". Se a desapropriação for parcial, os bens remanescentes continuarão gravados pelo saldo devedor. Mas só se vencerá a hipoteca antes do prazo estipulado, como prescreve o § 2º do art. 1.425, "se o perecimento, ou a desapropriação, **recair sobre o bem dado em garantia, e esta não abranger outras**". Caso contrário, subsistirá "a dívida reduzida, com a respectiva garantia sobre os demais bens, não desapropriados ou destruídos". Por conseguinte, quando houver outros bens dados em garantia, e o perecimento, ou a desapropriação, ocorrer em relação a apenas um deles, dar-se-á o vencimento antecipado apenas de **uma parte da dívida, proporcional ao bem destruído**. O restante da dívida permanece seguro, escorado pelos demais bens que compõem a garantia, devendo ser observado o prazo de vencimento inicialmente previsto. Vale ressaltar que a norma legal, nesse caso, abre exceção, em favor do devedor, ao princípio da indivisibilidade da garantia real, por reconhecer que o credor, ainda tendo garantia de parte da dívida, não tem motivo para pleitear o pagamento antecipado de toda ela[22].

■ 29.6. GARANTIA REAL OUTORGADA POR TERCEIRO

Dispõe o art. 1.427 do Código Civil:

> "Salvo cláusula expressa, o **terceiro** que presta garantia real por dívida alheia **não fica obrigado a substituí-la, ou reforçá-la**, quando, sem culpa sua, se perca, deteriore ou desvalorize".

Em regra, a garantia é oferecida por aquele que contrai a obrigação. Mas não precisa ser necessariamente assim, podendo o bem que a compõe pertencer a terceiro que, por amizade ou interesse, ofereça coisa sua em segurança da dívida de outrem.

Nesse caso, o terceiro não fica pessoalmente vinculado, não se transformando em codevedor nem em fiador, pois não assume responsabilidade que possa atingir todo o seu patrimônio, **a menos que o contrato reze o contrário**. Por tal razão, não fica obrigado a substituir ou reforçar a garantia se a coisa gravada se deteriora, ou se desvaloriza, pois só ela responde pela obrigação. Essa responsabilidade não se amplia aos demais componentes do patrimônio do terceiro.

Destarte, excutida a dívida, se o produto não for suficiente para a integral satisfação do credor, desonerar-se-á o terceiro, não respondendo pelo saldo devedor que por acaso remanescer. Igualmente, se o objeto da garantia vem a ser destruído, ou se desvaloriza, também desaparece ou se desvaloriza a garantia. Nessas hipóteses, o credor poderá exigir, com fulcro no art. 1.425 do Código Civil, já comentado, **que o**

---

[22] Aldemiro Rezende Dantas Júnior, *Comentários*, cit., v. XIII, p. 132.

devedor preste nova garantia, sob pena de considerar a dívida antecipadamente vencida. Não poderá, todavia, fazer essa mesma exigência ao terceiro[23].

Prevê a lei duas exceções, em que o terceiro é obrigado a restaurar a garantia:

- A **primeira** delas é quando **houver estipulação expressa em contrário** no título, ou seja, quando no instrumento, no qual se convencionou a garantia real, as partes inserirem cláusula dispondo que o terceiro estará obrigado a substituir ou reforçar a garantia, em caso de perda ou desvalorização do seu objeto.
- A **segunda** exceção ocorre quando a perda ou desvalorização do objeto da garantia decorrer **de culpa do próprio terceiro**, hipótese em que estará obrigado a reforçá-la ou substituí-la.

29.7. CLÁUSULA COMISSÓRIA

29.7.1. Conceito

Cláusula comissória é a estipulação que autoriza o credor a **ficar com a coisa dada em garantia**, caso a dívida não seja paga. É, muitas vezes, chamada de pacto comissório, mas não se confunde com o pacto comissório inserido nos contratos de compra e venda e que era disciplinado no art. 1.163 do Código de 1916 como cláusula resolutiva expressa.

O nosso direito **proíbe a cláusula comissória** nas garantias reais. Dispõe, efetivamente, o art. 1.428 do Código Civil:

> "É nula a cláusula que autoriza o credor pignoratício, anticrético ou hipotecário a ficar com o objeto da garantia, se a dívida não for paga no vencimento".

29.7.2. Finalidade da proibição

A principal razão da proibição é de **ordem moral**. Baseia-se no propósito de **proteger o devedor**, buscando resguardar o fraco contra o forte. Repugna ao direito que o credor possa submeter o devedor necessitado a cláusula dessa natureza. Por isso, a lei proíbe a *lex commissoria* estipulada a qualquer tempo, ou seja, quer quando convencionada simultaneamente com a outorga da garantia, quer em data posterior (*ex intervallo*).

A nulidade atinge a cláusula, mas não contamina todo o contrato (CC, art. 184), que prevalece no tocante às demais estipulações, operando então como se a avença comissória inexistisse.

As mesmas razões éticas de alto valor justificam a **proibição de cláusula comissória na propriedade fiduciária**. Dispõe o art. 1.365 do Código Civil que "é nula a cláusula que autoriza o proprietário fiduciário a ficar com a coisa alienada em garantia, se a dívida não for paga no vencimento".

[23] Washington de Barros Monteiro, *Curso*, cit., v. 3, p. 351; Aldemiro Rezende Dantas Júnior, *Comentários*, cit., v. XIII, p. 137.

■ 29.7.3. *Cláusula comissória e dação em pagamento*

Embora proibido o pacto que autoriza o credor a ficar com a coisa se a dívida não for paga no vencimento, **é permitido ao devedor**, todavia, **após o vencimento da obrigação**, entregar em pagamento da dívida a mesma coisa ao credor, que a aceita, liberando-o. Configura-se, neste caso, a **dação em pagamento** (*datio in solutum*), admitida no parágrafo único do aludido art. 1.428 do Código Civil, nestes termos:

> "Após o vencimento, poderá o devedor dar a coisa em pagamento da dívida".

A justificativa para tal permissão reside no fato de **não se tratar de pacto inserido no contrato real com a finalidade de fraudar**. A dação em pagamento decorre da vontade do devedor, que a isso não está obrigado, mas que pode fazer a opção, se lhe convier. Não se cuida de direito assegurado ao credor, mas de faculdade reconhecida ao devedor, que resulta da vontade livre daquele que deve. Não se vislumbra, na espécie, a pressão da necessidade impondo a solução ao devedor. Não mais vigora, *in casu*, o mesmo fundamento ético da proibição da *lex comissoria*[24].

■ 29.8. RESPONSABILIDADE DO DEVEDOR PELO REMANESCENTE DA DÍVIDA

Dispõe o art. 1.430 do Código Civil:

> "Quando, excutido o penhor, ou executada a hipoteca, o produto não bastar para pagamento da dívida e despesas judiciais, **continuará o devedor obrigado pessoalmente pelo restante**".

A garantia real não exclui a pessoal. Extinta ou esgotada a primeira, pode o credor valer-se da segunda, que é subsidiária daquela. Assim, se na hasta pública não se apurar quantia suficiente para pagamento da dívida, incluindo-se o valor principal e as parcelas referentes à cláusula penal, aos juros, à correção monetária e aos ônus da sucumbência, o credor poderá requerer a penhora de outros bens existentes no patrimônio do devedor, pelo saldo. Mas nesse caso estará atuando **na qualidade de credor quirografário.**

Não há necessidade de ajuizar nova execução. Pode o credor, na que está em curso, requerer a citação do devedor para, no prazo de três dias, pagar o valor remanescente ou nomear bens à penhora (CPC, art. 829), prosseguindo-se até a total satisfação do crédito.

Se houver **outros credores** na mesma situação, o produto será **rateado entre eles**, porque a obrigação do devedor não terá mais o caráter de real: não há mais um determinado bem, garantindo preferencialmente aquela dívida. O que havia foi excutido. Se o produto não bastou para a satisfação integral do débito, o devedor permanecerá obrigado, mas apenas pessoalmente. O que significa que, pelo saldo, o credor será **quirografário**.

---

[24] Marco Aurélio S. Viana, *Comentários*, cit., v. XVI, p. 718; Caio Mário da Silva Pereira, *Instituições*, cit., v. IV, p. 333.

■ 29.9. RESUMO

DIREITO REAL DE GARANTIA	
CONCEITO	■ Direito real de *garantia* é o que confere ao seu titular o poder de obter o pagamento de uma dívida com o valor ou a renda de um bem aplicado exclusivamente à sua satisfação. Não se confunde com o de *gozo* ou de *fruição*.
EFEITOS	■ direito de preferência (CC, art. 1.422); ■ direito de sequela; ■ direito de excussão (art. 1.422); ■ indivisibilidade (art. 1.421).
REQUISITOS	■ **Subjetivos:** a) capacidade genérica para os atos da vida civil; b) capacidade especial para alienar. ■ **Objetivos:** a) somente as coisas que podem ser alienadas podem ser dadas em garantia (CC, art. 1.420); b) podem recair sobre bem móvel (penhor) e imóvel (hipoteca); c) não podem ser objeto de garantia coisas fora do comércio (art. 1.420). ■ **Formais:** a) especialização (CC, art. 1.424); b) publicidade (arts. 1.438 e 1.492).
CLÁUSULA COMISSÓRIA	■ É a estipulação que autoriza o credor a ficar com a coisa dada em garantia, caso a dívida não seja paga. O art. 1.428 do CC proíbe expressamente cláusula dessa natureza.
VENCIMENTO ANTECIPADO DA DÍVIDA	■ Para maior garantia do credor, a lei antecipa o vencimento das dívidas com garantia real, independentemente de estipulação, nas hipóteses mencionadas no art. 1.425 do CC. O art. 333 prevê o vencimento antecipado das obrigações em geral em algumas dessas hipóteses.

30

DO PENHOR

30.1. CONCEITO

A palavra *penhor* é originária de *pignus* (derivada de *pugnus*, indicando que os bens do devedor permaneciam **sob a mão do credor**). No direito romano, a noção desse vocábulo era a de **garantia** constituída sobre um bem qualquer, **móvel ou imóvel**, abrangendo a ideia genérica de garantia com a vinculação da coisa. Mas não o distinguiam com precisão da hipoteca, como sucede no direito moderno.

Para Clóvis Beviláqua[1], penhor é o **direito real que submete coisa móvel ou mobilizável ao pagamento de uma dívida**. Eduardo Espínola[2], por sua vez, define o penhor como o **direito real, conferido ao credor de exercer preferência, para seu pagamento, sobre o preço de uma coisa móvel de outrem, que lhe é entregue, como garantia**.

Mas o vocábulo *penhor* pode ser usado para indicar o **contrato de natureza real**. Nessa acepção, Lafayette o conceitua como "a convenção, pela qual o devedor ou um terceiro entrega ao credor uma coisa móvel com o fim de sujeitá-la por um vínculo real ao pagamento da dívida"[3]. Lacerda de Almeida também o considera o negócio jurídico "pelo qual é garantido o pagamento de uma dívida com a entrega ao credor de uma cousa móvel para guardá-la e retê-la enquanto não é paga a dívida ou pagar-se pelo seu produto se não for satisfeita"[4].

Prescreve o art. 1.431 do Código Civil:

> "Constitui-se o penhor pela transferência efetiva da posse que, em garantia do débito ao credor ou a quem o represente, faz o devedor, ou alguém por ele, de uma coisa móvel, suscetível de alienação".

Com base nesse dispositivo, pode-se definir o penhor como **o direito real que consiste na tradição de uma coisa móvel, suscetível de alienação, realizada pelo devedor ou por terceiro ao credor, em garantia do débito**[5].

---

1 *Código Civil dos Estados Unidos do Brasil comentado*, obs. 1 ao art. 768 do CC/1916, v. 3, p. 338.

2 *Direitos reais limitados e direitos reais de garantia*, p. 327.

3 *Direito das coisas*, t. II, p. 17.

4 *Direito das cousas*, v. II, p. 86-87.

5 Caio Mário da Silva Pereira, *Instituições de direito civil*, v. IV, p. 338.

30.2. CARACTERÍSTICAS

O penhor apresenta as seguintes características: é direito *real*, *acessório* e só se perfecciona pela *tradição* do objeto ao credor.

Direito real

O penhor é direito real, conforme prescreve o art. 1.419 do Código Civil. Por conseguinte, tem **todos os caracteres comuns aos direitos reais de garantia:** recai diretamente sobre a coisa, opera *erga omnes*, é munido de ação real e de sequela, deferindo ao seu titular as prerrogativas da excussão e preferência.

Constitui-se mediante contrato, que deve ser levado ao **Registro de Títulos e Documentos** (LRP: Lei n. 6.015/73, art. 127, II) para valer contra terceiros, ou, no caso do penhor rural, ao **Registro de Imóveis** (LRP, art. 167, I, n. 15). Uma vez regularmente constituído, passa o credor a ter um direito que se liga à coisa (princípio da *aderência* ou *inerência*) e a segue em poder de quem quer que a detenha (sequela), vinculando-a à satisfação da dívida. Se esta não ocorrer, poderá excuti-la e pagar-se preferentemente, devolvendo ao devedor o eventual saldo.

Direito acessório

É, também, direito acessório e, como tal, **segue o destino da coisa principal**. Uma vez extinta a dívida, extingue-se, de pleno direito, o penhor; nula a obrigação principal, nulo será o penhor.

Assim, não pode o credor, paga a dívida, recusar a entrega da coisa a quem a empenhou (CC, art. 1.435, IV), mas pode exercer o **direito de retenção** até que o indenizem das despesas, devidamente justificadas, que tiver feito, não sendo ocasionadas por culpa sua (art. 1.433, II).

Só se perfecciona pela tradição do objeto ao credor

A lei, porém, criou **penhores especiais, dispensando a tradição**, por efeito da cláusula *constituti*, nos contratos de penhor rural, industrial, mercantil e de veículos.

Dispõe, com efeito, o parágrafo único do art. 1.431 do Código Civil que, "no penhor **rural, industrial, mercantil e de veículos**, as coisas empenhadas continuam em poder do devedor, que as deve guardar e conservar".

O penhor figura entre os contratos que não se aperfeiçoam unicamente com o acordo de vontade das partes (*solo consensu*), mas dependem da **entrega do objeto**. Não se trata, pois, de contrato consensual, mas de **contrato real:** exige, para se aperfeiçoar, além do consentimento, **a entrega (*traditio*) da coisa** que lhe serve de objeto, como também sucede com os de depósito, comodato, mútuo, anticrese e arras, exceto nas espécies elencadas no mencionado parágrafo único do art. 1.431.

A transferência da coisa para as mãos do credor tem a vantagem de impedir a alienação fraudulenta do objeto da garantia, além de dar publicidade ao negócio jurídico. A publicidade é reforçada pelo registro do título no Cartório de Registro de Títulos e Documentos.

30.3. OBJETO DO PENHOR

30.3.1. Penhor tradicional

O penhor recai, ordinariamente, sobre **bens móveis**, ou suscetíveis de mobilização. Tal peculiaridade constitui um dos traços distintivos entre o aludido instituto e a hipoteca. Mas se aplica somente ao **penhor tradicional**, visto que a lei criou **penhores especiais** que incidem sobre **imóveis** por acessão física e intelectual, como o penhor rural e o industrial (tratores, máquinas, colheitas pendentes e outros objetos incorporados ao solo), e ainda admite hipoteca sobre bens móveis, ou seja, sobre navios e aviões.

O penhor recai, como dito, em regra, sobre **coisa móvel**, que pode ser **singular** ou **coletiva**, **corpórea** ou **incorpórea** (crédito), de **existência atual** ou **futura** (safra futura). Nos outros direitos reais de garantia, todavia, o que fica afetado à satisfação da obrigação é o imóvel, como se dá no caso da hipoteca, ou a renda imobiliária, como sucede no caso da anticrese.

30.3.2. Penhor solidário

Quando o penhor incide sobre **diversas coisas singulares**, em garantia de um mesmo crédito, com cláusula de sujeitar cada uma delas à satisfação integral do débito, recebe o nome de "penhor solidário"[6].

30.3.3. Especificação dos bens

É imperioso que os bens dados em penhor sejam **enunciados e descritos com clareza**, sob pena de a garantia não valer contra terceiros. Faz-se mister, portanto, que se especifiquem ou se identifiquem de modo completo as coisas empenhadas, como o exige o art. 1.424, IV, do Código Civil.

Constituído o penhor sobre uma coisa, nela se compreendem, necessariamente, todas as **partes integrantes essenciais**, bem como os **acessórios** que não tenham sido excluídos. Assim também os **frutos e produtos**[7]. Quando o objeto do penhor for coisa fungível, bastará declarar-lhe a qualidade e a quantidade.

30.3.4. Nulidade do penhor de coisa alheia

Para que tenha validade a constituição do penhor, é necessário que a coisa oferecida em garantia **pertença ao próprio devedor**, pois é nulo o penhor de coisa alheia, salvo as hipóteses de domínio superveniente (CC, art. 1.420, § 1º) e de garantia oferecida por terceira pessoa (art. 1.427).

---

6 Enneccerus, Kipp e Wolff, *Derecho de cosas*, v. II, §§ 159 e s., apud Caio Mário da Silva Pereira, *Instituições*, cit., v. IV, p. 330.

7 Eduardo Espínola, *Direitos reais limitados*, cit., p. 336.

30.3.5. Necessidade de que o bem empenhado seja suscetível de alienação

Urge, ainda, que tal coisa seja suscetível de disposição por parte do proprietário. É **ineficaz** o penhor de **coisa fora do comércio**, bem como de **coisa alheia**, salvo, quanto a esta, a autorização ou ratificação do dono[8].

Tendo em vista que o penhor se destina a assegurar a satisfação de uma dívida, é pressuposto seu a circunstância de ser alienável a coisa empenhada, pois do contrário em nada aproveitaria ao credor. Na verdade, o que lhe oferece segurança de pagamento é a excussão da coisa e sua venda, na falta de cumprimento do avençado; e tal não seria possível, se fosse ela indisponível[9].

30.3.6. Subpenhor

Em princípio, não se admite um segundo penhor sobre a coisa, em face da transmissão da posse. Contudo, quando a posse continua com o devedor, nada impede que tal ocorra.

Dá-se o **subpenhor** (que pode ser proibido, no contrato) quando, instituído o penhor em favor de um credor, que recebe a posse, este, por sua vez, **institui o penhor em favor de terceiro**.

30.4. FORMA

O penhor é um *contrato solene*, pois a lei exige que seja constituído por **instrumento público ou particular** (CC, arts. 1.432 e 1.438), com a devida especificação.

É necessário, para valer contra terceiros, como já mencionado, que seja levado ao **Registro de Títulos e Documentos** (LRP, art. 127) ou, no caso do penhor rural, ao **Registro de Imóveis** (LRP, art. 167), salvo se se tratar de penhor legal. Cada interessado deve conservar consigo um exemplar do contrato, como prova da constituição do ônus real, para exercer seus direitos: o credor, para excutir; o devedor, para resgatar a dívida.

O instrumento do penhor, público ou particular, conterá, obrigatoriamente, a identificação e **completa qualificação das partes**, bem como o **valor do débito**, ou sua **estimação**, e o **prazo** fixado para pagamento. Não se exige declaração de valor dos objetos empenhados. Estes, como já dito, devem ser descritos com suas especificações, de modo a serem distinguidos dos congêneres, atendendo-se, assim, ao **princípio da especialização** consagrado no art. 1.424, I e II, do Código Civil. A taxa de juros, se houver, deve ser igualmente mencionada (art. 1.424, III).

30.5. DIREITOS DO CREDOR PIGNORATÍCIO

O art. 1.433 do Código Civil enumera os direitos do credor pignoratício, como segue.

---

[8] Washington de Barros Monteiro, *Curso de direito civil*, v. 3, p. 356; Caio Mário da Silva Pereira, *Instituições*, cit., v. IV, p. 340.

[9] Caio Mário da Silva Pereira, *Instituições*, cit., v. IV, p. 340.

Exercer a posse da coisa empenhada (inc. I)

A posse do bem empenhado é da essência do penhor. Todavia, como já comentado, tal asserção **só vale para o penhor comum**, pois o legislador a dispensa nos casos de penhor rural, industrial, mercantil e de veículos. É protegida pelos **interditos possessórios e pelo desforço imediato**, seja contra o devedor que embarace o seu exercício, seja contra terceiros que venham a molestá-la.

Pode o credor pignoratício, também, **reivindicar** a coisa de quem quer que injustamente a detenha.

Reter a coisa, "até que o indenizem das despesas devidamente justificadas, que tiver feito, não sendo ocasionadas por culpa sua" (inc. II)

O **direito de retenção** é exercido como decorrência da posse que foi transferida ao credor. Destina-se a **assegurar a este o ressarcimento das despesas que realizou**, desde que devidamente justificadas e não tenham sido ocasionadas por culpa sua. Consideram-se devidamente justificadas as necessárias à conservação, guarda e defesa da coisa empenhada.

Embora o credor tenha direito à posse do bem objeto do penhor, **não está autorizado a usá-lo**, salvo se assim foi ajustado pelas partes. Se as despesas foram realizadas para sanar estragos causados por uso não autorizado, ou decorrentes de negligência na guarda da coisa, **prejudicado ficará o direito de retenção**.

Ressarcir-se do prejuízo que houver sofrido por vício da coisa empenhada (inc. III)

Vale, como exemplo, a hipótese mencionada por Caio Mário da Silva Pereira[10], de contagiar-se o rebanho do credor de enfermidade portada pelo gado empenhado, com conhecimento do devedor, estendendo-se até aí o poder de retenção do penhor.

Conforme jurisprudência colacionada por Washington de Barros Monteiro, se se verificar que a coisa foi furtivamente obtida pelo devedor, nenhum direito assistirá ao credor. Deve simplesmente restituí-la ao dono. Entretanto, mudará o caso de figura se obtida por meio de estelionato ou de apropriação indébita. Nesse caso, indenizar-se-á o credor em atenção à sua boa-fé.

"Promover a execução judicial, ou a venda amigável, se lhe permitir expressamente o contrato, ou lhe autorizar o devedor mediante procuração" (inc. IV)

Para fins de execução judicial, o contrato será havido como título executivo extrajudicial (CPC/73, art. 585, III; CPC/2015, art. 784, V). Vencida e não paga a dívida, dispõe o credor desse meio para **excutir o penhor**, promovendo a penhora do bem na forma prevista nas normas processuais.

Poderá ainda promover a **venda amigável** da coisa empenhada se constar autorização expressa nesse sentido no contrato, ou mediante autorização posterior, em procuração com poderes específicos. Promovida a alienação, o credor se pagará com o que apurar, prestando contas ao devedor e restituindo-lhe o saldo, se houver.

---

10 *Instituições*, cit., v. IV, p. 344.

■ **Apropriar-se dos frutos da coisa empenhada que se encontra em seu poder** (inc. V)

A apropriação dos frutos pelo credor constitui, além de um reforço da garantia que lhe foi concedida, **um adiantamento das parcelas que lhe são devidas**.

Efetivamente, logo adiante, ao tratar das obrigações do credor pignoratício, o art. 1.435, III, determina que o valor dos frutos por ele apropriados seja **imputado** nas despesas de guarda e conservação, nos juros e no capital da obrigação garantida, sucessivamente. Nada obsta que a ordem na qual as dívidas deverão ser quitadas com o valor dos frutos apropriados pelo credor, estabelecida pela imputação legal, seja modificada pela vontade das partes, uma vez que a norma é de ordem privada (CC, art. 354)[11].

■ **Promover a venda antecipada, mediante prévia autorização judicial, sempre que haja receio fundado de que a coisa empenhada se perca ou deteriore, devendo o preço ser depositado** (inc. VI)

O seu dono pode, contudo, "impedir a venda antecipada, substituindo-a, ou oferecendo outra garantia real idônea".

A venda antecipada da coisa empenhada só pode ser realizada se houver **receio fundado** de que venha a se perder ou deteriorar, como nas hipóteses, por exemplo, de o penhor recair sobre **produto perecível**, como gêneros alimentícios, cujo prazo de validade está prestes a expirar, e de a garantia incidir sobre coisa móvel que não pode ficar muito tempo exposta à umidade, em período prolongado de chuva.

A avaliação desse requisito não fica sujeita ao alvedrio do credor, **cabendo ao juiz**, a quem a autorização foi requerida, a decisão, *cum arbitrio boni viri*. Ouvido o dono da coisa, este pode impedir a venda antecipada, promovendo a sua **substituição**, ou oferecendo outra garantia real idônea.

■ **Outros direitos do credor pignoratício**

Compreendem-se, ainda, entre os direitos do credor pignoratício, os de **sub-rogar-se no valor do seguro dos bens ou dos animais empenhados** e que venham a perecer, bem como no **preço da desapropriação ou da requisição dos bens ou animais** em caso de necessidade ou utilidade pública, até o limite necessário ao recebimento integral do seu crédito (CC, art. 1.425, V e § 1º).

■ **Flexibilização do princípio da indivisibilidade da garantia**

A seção concernente aos direitos do credor pignoratício contém ainda o art. 1.434, que assim dispõe:

> "O credor não pode ser constrangido a devolver a coisa empenhada, ou uma parte dela, antes de ser integralmente pago, podendo o juiz, a requerimento do proprietário, determinar que seja vendida apenas uma das coisas, ou parte da coisa empenhada, suficiente para o pagamento do credor".

Enquanto na primeira parte o dispositivo em tela reafirma a **indivisibilidade do direito real de garantia**, na segunda **flexibiliza esse princípio**, autorizando o juiz a

---

[11] Aldemiro Rezende Dantas Júnior, *Comentários ao Código Civil brasileiro*, v. XIII, p. 197.

fracionar o penhor, determinando a sua **excussão parcial**. Atende-se, dessa forma, ao princípio que inspirou a regra estabelecida no art. 805 do Código de Processo Civil, segundo a qual deve o juiz mandar que se faça a execução pelo modo menos gravoso para o devedor, quando por vários meios o credor puder promovê-la.

■ 30.6. OBRIGAÇÕES DO CREDOR PIGNORATÍCIO

As obrigações do credor pignoratício vêm elencadas no art. 1.435 do Código Civil.

■ Dever de guardar a coisa, como depositário

Incumbe-lhe, em primeiro lugar, o dever de "custódia da coisa, como depositário". Cabe-lhe, portanto, conservá-la com diligência e cuidado.

Malgrado o inc. I do mencionado art. 1.435 equipare o credor pignoratício ao **depositário**, nem todas as normas que regem o contrato de depósito se aplicam ao penhor, mas somente as que **lhe são compatíveis**.

■ Obrigação de ressarcir ao dono a perda ou deterioração de que for culpado

Estatui, ainda, o inc. I do dispositivo em apreço que o credor pignoratício é obrigado "a ressarcir ao dono a perda ou deterioração de que for culpado, **podendo ser compensada** na dívida, até a concorrente quantia, a importância da responsabilidade".

Tal dever é corolário da obrigação de restituir a coisa ao dono e de comunicar a este os riscos do perecimento.

■ Obrigação de defender a posse da coisa empenhada

O credor pignoratício é obrigado, igualmente, "à defesa da posse da coisa empenhada e a dar ciência ao dono dela, das circunstâncias que tornarem necessário o exercício de ação possessória" (inc. II).

Embora o credor tenha a posse direta da coisa, esta não anula a indireta do proprietário. Por isso, não obstante tenha aquele o dever de defender a sua posse *ad interdicta*, seja por meio das ações possessórias, seja pela defesa direta (legítima defesa e desforço imediato), **incumbe-lhe ainda o de dar ciência de eventual ameaça, turbação ou esbulho ao dono da coisa**, visto ser este o maior interessado e quem arcará com o prejuízo, pois estará perdendo a coisa empenhada sem que, em contrapartida, esteja sendo extinta a dívida.

■ Obrigação de efetuar a imputação dos frutos

Preceitua o art. 1.435, III, ainda, que o credor pignoratício é obrigado "a imputar o valor dos frutos, de que se apropriar (art. 1.433, inciso V) nas despesas de guarda e conservação, nos juros e no capital da obrigação garantida, sucessivamente".

Trata-se de **imputação legal**, cuja ordem pode ser alterada pela vontade das partes, como explicitado no item anterior. A apropriação dos frutos pelo credor, como se percebe, constitui um adiantamento das parcelas que lhe são devidas — o que demonstra que não se torna proprietário deles, devendo imputar o seu valor nas despesas especificadas no dispositivo em epígrafe.

■ Dever de restituir a coisa

Compete ao credor pignoratício, por fim, a obrigação de "entregar o que sobeje do preço, quando a dívida for paga", no caso de execução judicial e de venda amigável (art. 1.435, V). Nessas duas hipóteses, se o produto apurado for superior à importância devida, **cabe ao credor entregar o excedente ao devedor**.

Tal dever constitui mera consequência da circunstância de que o credor não se transforma em dono da coisa, mas apenas em possuidor equiparado a depositário.

30.7. DIREITOS E OBRIGAÇÕES DO DEVEDOR PIGNORATÍCIO

O Código Civil não dedicou uma seção específica para os direitos e obrigações do devedor pignoratício, como o fez em relação ao credor. Todavia, há uma perfeita simetria entre eles, pois a cada direito deste corresponde uma obrigação daquele; e a cada direito daquele corresponde uma obrigação deste.

Nessa circunstância, podem ser mencionados como ***direitos* do devedor pignoratício** os seguintes:

- O de **reaver a coisa dada em garantia**, quando paga a dívida, podendo, para tanto, valer-se dos interditos possessórios, em caso de recusa do credor em devolvê-la ou de subtração por terceiro.
- O de **conservar a titularidade do domínio e a posse indireta** da coisa empenhada, durante a vigência do contrato.
- O de **receber indenização** correspondente ao valor da coisa empenhada, em caso de perecimento ou deterioração por culpa do credor.

São ***obrigações* do devedor pignoratício:**

- **Ressarcir as despesas efetuadas pelo credor**, devidamente justificadas, com a guarda, conservação e defesa da coisa empenhada.
- **Indenizar o credor** dos prejuízos por este sofridos em virtude de **vícios e defeitos ocultos da coisa**.
- **Reforçar ou substituir a garantia real** se o bem dado em segurança deteriorar-se ou sofrer depreciação.
- **Obter prévia licença do credor**, se necessitar vender a coisa empenhada.

O Código Penal considera crime a "defraudação de penhor", punindo o devedor que "defrauda, mediante alienação não consentida pelo credor ou por outro modo, a garantia pignoratícia, quando tem a posse do objeto empenhado" (art. 171, § 2º, III)[12].

30.8. ESPÉCIES DE PENHOR

O penhor pode ser de várias espécies:

- **Quanto à fonte de onde promana**, divide-se em:

a) Convencional: resulta de um acordo de vontades.

[12] Washington de Barros Monteiro, *Curso*, cit., v. 3, p. 361-362.

b) Legal: emana da lei e se destina a proteger credores que se encontram em situações peculiares.

- **Quanto às suas características**, distingue-se em:

a) Comum ou tradicional: decorre da vontade das partes e implica a **entrega**, em garantia, de **coisa móvel** corpórea ao credor, por ocasião da celebração do negócio. É, em suma, o que se constitui **"pela transferência efetiva da posse"** de uma coisa móvel suscetível de alienação, pelo devedor ao credor ou a quem o represente, **"em garantia do débito"**, como descreve o art. 1.431 do Código Civil.

b) Especial: refoge ao padrão tradicional, estando sujeito a **regras específicas**, como sucede com os penhores rural, industrial, de títulos de crédito, de veículos e legal. Os penhores especiais apresentam, todos, **peculiaridades** que os distanciam do penhor tradicional, constituindo, algumas vezes, modalidades que mais se aproximam da hipoteca, como, *verbi gratia*, o penhor rural, que tem por objeto coisa imóvel por destinação física ou do proprietário, como culturas, frutos pendentes, máquinas etc., e se aperfeiçoa independentemente da tradição efetiva do objeto dado em garantia. Embora se valham da denominação ***penhor***, apenas **a ele se assemelham**. Mas aproveitam as principais regras que o disciplinam.

30.8.1. Penhor rural

30.8.1.1. Introdução

30.8.1.1.1. Espécies

O penhor rural compreende duas espécies:

- penhor **agrícola**; e
- penhor **pecuário.**

Podem eles ser unificados em um só instrumento e revestir a forma pública ou particular.

30.8.1.1.2. Características

Nessa espécie de penhor, **não ocorre a tradição da coisa** para as mãos do credor. A este é deferida a posse indireta, enquanto o devedor conserva a direta, como depositário.

Seria realmente iníquo o penhor rural se, para obter o crédito, o agricultor tivesse de deixar as máquinas destinadas ao plantio ou à colheita em poder do credor, em garantia.

30.8.1.1.3. Constituição do penhor rural

Preceitua o art. 1.438 do Código Civil de 2002:

> "Constitui-se o penhor rural mediante instrumento **público** ou **particular**, registrado no Cartório de **Registro de Imóveis** da circunscrição em que estiverem situadas as coisas empenhadas".

■ 30.8.1.1.4. Objeto

O penhor rural tem por *objeto* bens **móveis** e **imóveis por acessão física e intelectual** (CC, art. 79), sendo nesse sentido, como já mencionado, semelhante à hipoteca.

É cediço que a natureza do bem acessório é a mesma do principal. Assim, se a árvore é imóvel por acessão natural, os frutos dela pendentes são também assim considerados. Destarte, as pertenças, outrora tratadas como imóveis por acessão intelectual e agora como bens acessórios, têm a mesma natureza dos imóveis em que são empregadas, enquanto ali mantidas pelos proprietários.

É indispensável que a obrigação principal esteja voltada à **atividade rural**. Têm os tribunais, em mais de uma oportunidade, declarado nulos contratos de penhor rural que visavam a garantir dívidas não agrárias[13].

■ 30.8.1.1.5. Importância do registro do contrato

O registro confere **publicidade** à relação pignoratícia, permitindo a terceiros conhecer a real situação jurídica dos bens, bem como **viabiliza a emissão da cédula rural**, tornando mais ágil a operação de crédito nela baseada.

Antes do registro, inexiste a relação jurídica real, mas apenas um **vínculo pessoal**. Se houver um segundo credor pignoratício, com contrato registrado, irá este preferir ao primeiro credor na satisfação de seu crédito.

■ 30.8.1.1.6. Dispensa da autorização do cônjuge

O penhor rural **independe de vênia conjugal**, uma vez que o vínculo pignoratício abrange unicamente os **frutos e animais**, que são móveis propriamente ditos, embora acessórios do imóvel em virtude da destinação do proprietário.

■ 30.8.1.1.7. Emissão de cédula rural pignoratícia

O parágrafo único do art. 1.438 dispõe que, em se prometendo pagar **em dinheiro** a dívida garantida pelo penhor rural, poderá ser emitida **cédula rural pignoratícia**, que é título formal, líquido, certo e exigível pela importância nela indicada. É oponível a terceiros e dispensa outorga conjugal.

O aludido título é facilmente negociável, capaz de ser redescontado, e ganha autonomia ao começar a circular.

[13] STJ, REsp 35.109-5-MG, 4ª T., rel. Min. Sálvio de Figueiredo Teixeira, j. 3-9-1996.

30.8.1.1.8. Prazo de duração do contrato

A lei não estabelece limite temporal para os contratos garantidos com o **penhor tradicional**, dando liberdade às partes de fixarem prazos, mais ou menos extensos, conforme lhes aprouver. Todavia, limita a duração do *penhor rural* ao período correspondente ao da obrigação.

Assim, prescreve o art. 1.439 do Código Civil, com a redação dada pela Lei n. 12.873, de 24 de outubro de 2013, que "o penhor agrícola e o penhor pecuário não podem ser convencionados por prazos superiores aos das obrigações garantidas". Convencionada a "prorrogação", deve ser averbada à margem do registro respectivo, mediante requerimento dos interessados, para gerar efeitos em face de terceiros.

Acrescenta o § 1º do prefalado art. 1.439 que, "embora vencidos os prazos, permanece a garantia, enquanto subsistirem os bens que a constituem", pois constituem eles a garantia de satisfação do credor.

30.8.1.1.9. Direito assegurado ao credor de verificar o estado das coisas empenhadas

Por fim, proclama o art. 1.441 do Código Civil que o credor tem direito "a verificar o estado das coisas empenhadas, **inspecionando-as onde se acharem**, por si ou por pessoa que credenciar".

No penhor rural, o devedor permanece na posse do bem empenhado, em posição equiparada à de depositário, passando o credor à posição de depositante. Não tem este como preservar seus interesses senão mediante fiscalização pessoal ou por preposto seu.

Se o devedor impedir tal fiscalização, deve o credor recorrer aos **meios judiciais** para assegurar o seu direito à inspeção. Se verificar que a coisa empenhada está mal conservada, sofrendo processo de deterioração ou depreciando-se, pode o credor **considerar a dívida vencida**, na forma do art. 1.425, I, do Código Civil[14].

30.8.1.2. Penhor agrícola

O penhor agrícola recai sobre coisas relacionadas com a **exploração agrícola**.

Podem ser objeto dessa modalidade de penhor, segundo dispõe o art. 1.442 do Código Civil:

"I — máquinas e instrumentos de agricultura;

II — colheitas pendentes, ou em via de formação;

III — frutos acondicionados ou armazenados;

[14] Caio Mário da Silva Pereira, *Instituições*, cit., v. IV, p. 350; Marco Aurélio S. Viana, *Comentários*, cit., v. XVI, p. 745.

> IV — lenha cortada e carvão vegetal;
> V — animais do serviço ordinário de estabelecimento agrícola".

O penhor agrícola possibilita, portanto, a concessão de garantia sobre coisas futuras, ou seja, sobre **colheitas de lavouras em formação** (art. 1.442, II). Denota-se que o dispositivo em apreço inclui bens **imóveis por acessão natural**, como os frutos pendentes, e por destinação do proprietário, como as máquinas e os instrumentos agrícolas, ao lado de bens **móveis**, como a lenha cortada e os frutos estantes (os que já foram colhidos e se encontram armazenados, prontos para o consumo).

O penhor agrícola é negócio **solene**, porque a lei exige que seja feito por instrumento público ou particular, devidamente especializado. Deve ser registrado no Registro de Imóveis da circunscrição em que estiverem situados os bens ou animais empenhados, para ter eficácia contra terceiros.

O penhor abrange a safra **imediatamente seguinte**, no caso de frustrar-se ou mostrar-se insuficiente a que se deu em garantia. Se o credor não financiar a nova safra, poderá o rurícola constituir **novo penhor**, em quantia máxima equivalente à do primeiro. É o que dispõe o art. 1.443 do Código Civil, *verbis*:

> "O penhor agrícola que recai sobre colheita pendente, ou em via de formação, abrange a imediatamente seguinte, no caso de frustrar-se ou ser insuficiente a que se deu em garantia.
>
> Parágrafo único. Se o credor não financiar a nova safra, poderá o devedor constituir com outrem novo penhor, em quantia máxima equivalente à do primeiro; o segundo penhor terá preferência sobre o primeiro, abrangendo este apenas o excesso apurado na colheita seguinte".

■ 30.8.1.3. Penhor pecuário

O penhor pecuário incide sobre os **animais** que se criam pascendo, para a indústria pastoril, agrícola ou de laticínios. Dispõe, com efeito, o art. 1.444 do Código Civil:

> "Podem ser objeto de penhor os animais que integram a atividade pastoril, agrícola ou de laticínios".

Tal modalidade de penhor recai sobre o **gado em geral**, tal como o *vacum*, cavalar, muar, ovídeo e caprídeo. Mas não abrange os animais de serviço ordinário de estabelecimento agrícola, que podem ser objeto de penhor **agrícola**, como prevê o art. 1.442, V, do Código Civil, constituindo acessórios de tais estabelecimentos.

Para proteção dos direitos do **credor**, a lei **não permite a venda, sem sua anuência**, de qualquer dos animais apenhados. Preceitua, nesse sentido, o art. 1.445 do Código Civil:

> "O devedor não poderá alienar os animais empenhados sem prévio consentimento, por escrito, do credor.

Parágrafo único. Quando o devedor pretende alienar o gado empenhado ou, por negligência, ameace prejudicar o credor, poderá este requerer se depositem os animais sob a guarda de terceiro, ou exigir que se lhe pague a dívida de imediato".

Por fim, estatui o art. 1.446 do Código Civil:

"Os animais da mesma espécie, comprados para substituir os mortos, ficam sub-rogados no penhor.

Parágrafo único. Presume-se a substituição prevista neste artigo, mas não terá eficácia contra terceiros, se não constar de menção adicional ao respectivo contrato, a qual deverá ser averbada".

A substituição prevista neste artigo não se estende aos animais alienados com autorização do credor, mas **apenas aos da mesma espécie comprados para substituir os mortos**. Opera-se a sub-rogação no penhor de forma automática, militando presunção *juris tantum* nesse sentido. Tal presunção não opera, todavia, em relação a terceiros, senão quando constar de aditamento do contrato, com a respectiva averbação no Cartório de Registro de Imóveis, que dará publicidade à sub-rogação e segurança à substituição, evitando com isso eventual fraude contra credores.

■ 30.8.2. Penhor industrial e mercantil

O Código Civil de 2002 **unificou** os penhores industrial e mercantil, deles tratando numa única seção, na qual reúne diversos penhores disciplinados em leis especiais, sem descer às particularidades de cada um. A **legislação especial** permanece aplicável **subsidiariamente**, naquilo que não foi revogada pelo novo diploma civil.

Dispõe o art. 1.447 do aludido diploma:

"Podem ser objeto de penhor máquinas, aparelhos, materiais, instrumentos, instalados e em funcionamento, com os acessórios ou sem eles; animais, utilizados na indústria; sal e bens destinados à exploração das salinas; produtos de suinocultura, animais destinados à industrialização de carnes e derivados; matérias-primas e produtos industrializados.

Parágrafo único. Regula-se pelas disposições relativas aos armazéns gerais o penhor das mercadorias neles depositadas".

■ *30.8.2.1. Características*

O dispositivo transcrito enumera as coisas que podem ser objeto de penhor, sem distinguir as que se prestam ao penhor industrial e aquelas que admitem o penhor mercantil. As coisas empenhadas **continuam em poder do devedor**, que responde pela sua guarda e conservação, como expressamente prescreve o parágrafo único do art. 1.431.

Nesse ponto, o penhor industrial e mercantil **se aproxima do penhor rural** e se distancia do penhor comum ou tradicional.

■ 30.8.2.2. *Disciplina*

A disciplina do penhor industrial vem do Decreto-Lei n. 1.271, de 16 de maio de 1939, com as alterações que foram trazidas pela Lei Delegada n. 3, de 26 de setembro de 1962. O Decreto-Lei n. 413, de 9 de janeiro de 1969, dispõe a respeito dos títulos de crédito e dá outras providências.

O penhor de sal e bens destinados às instalações das salinas já era objeto do Decreto-Lei n. 3.168, de 2 de abril de 1941.

O penhor de produtos destinados à suinocultura e animais adquiridos pelos estabelecimentos a esta dedicados foram regulados pelo Decreto-Lei n. 1.697, de 23 de outubro de 1939, e Decreto-Lei n. 2.064, de 7 de março de 1940. O de animais destinados à industrialização de carnes é objeto do Decreto-Lei n. 4.312, de 20 de maio de 1942.

■ 30.8.2.3. *Ligação com o instituto dos armazéns gerais*

O penhor industrial e mercantil destina-se a garantir obrigação oriunda de negócio jurídico empresarial. À sua matéria ligam-se dois importantes institutos, sujeitos a regimes especiais: o dos **armazéns gerais** (Dec. n. 1.102, de 21-11-1903) e o dos **estabelecimentos de empréstimos sobre penhores e montes de socorros** (Dec. n. 24.427, de 19-6-1934)[15].

Os títulos emitidos pelos armazéns gerais são o **conhecimento de depósito** e o ***warrant***. O primeiro incorpora o direito de propriedade sobre as mercadorias, enquanto o *warrant* se refere ao crédito e valor destas. Certifica este o penhor desses bens.

■ 30.8.2.4. *Traço distintivo do penhor comum*

O que distingue o penhor industrial e mercantil do penhor comum é a **natureza da obrigação principal:** se de natureza empresarial, o penhor é mercantil ou industrial; se de natureza civil, o penhor é civil ou comum.

Obrigação comercial ou mercantil é aquela que se origina de ato praticado por comerciante, no exercício de sua profissão, ou aquela que decorre de ato que a lei considera mercantil, independentemente de quem o pratique.

■ 30.8.2.5. *Objeto do penhor industrial*

O penhor industrial compreende **toda sorte de equipamentos** instalados e em funcionamento, com acessórios ou sem eles. Pode abranger uma indústria inteira ou não. Não se define nesta categoria o penhor de máquinas, aparelhos ou congêneres, isolados, se não integrarem uma indústria[16].

---

[15] Washington de Barros Monteiro, *Curso*, cit., v. 3, p. 388.

[16] Caio Mário da Silva Pereira, *Instituições*, cit., v. IV, p. 350.

O rol apresentado pelo citado art. 1.447 fica dentro dos limites já traçados pelo Código Comercial e pelo Decreto-Lei n. 413/69. Não insere os títulos de dívida pública, ações de companhias ou empresas, papéis de crédito negociável em comércio. Não delimitando o objeto do penhor industrial e do penhor mercantil, mas apenas relacionando-o, pretende o diploma civil que, no caso concreto, tenha-se maior flexibilidade para a constituição do penhor, quanto ao seu objeto[17].

30.8.2.6. Modo de constituição do penhor industrial

O penhor industrial pode constituir-se mediante **instrumento público** ou **particular**, registrado no Cartório de **Registro de Imóveis** da circunscrição onde estiverem situadas as coisas empenhadas.

Poderá ser emitido título industrial ou mercantil pignoratício, transferível por endosso, em analogia com a cédula rural pignoratícia, observando-se a forma estabelecida em lei especial (CC, art. 1.448, *caput* e parágrafo único; Decreto-Lei n. 413/69 e Lei n. 6.840/80).

30.8.3. Penhor de direitos e títulos de crédito

30.8.3.1. Penhor de direitos

Estabelece o art. 1.451 do Código Civil:

> "Podem ser objeto de penhor direitos, suscetíveis de cessão, sobre coisas móveis".

Em geral, o penhor ou caução de direitos e títulos de crédito abrange ações negociadas em bolsa de valores ou no mercado futuro, títulos nominativos da dívida pública, títulos de crédito em geral, créditos garantidos por outro penhor, patentes de invenções, o *warrant* emitido por companhia de armazéns gerais, os conhecimentos de embarque de mercadorias transportadas por terra, mar ou ar e quaisquer documentos representativos de um direito de crédito, desde que passíveis de cessão.

O objeto do penhor, no dispositivo em apreço, é **o direito em si**. No caso do título de crédito, não é oferecido em garantia o instrumento material, mas, sim, o direito que ele representa. Porém, nem todo e qualquer direito pode ser dado em penhor, senão somente aqueles que incidam sobre coisas móveis e sejam suscetíveis de cessão, por exemplo, o direito de crédito tendo por objeto uma joia, um livro raro e valioso, o direito patrimonial do autor etc.

30.8.3.1.1. Modo de constituição

O penhor de direito deve ser constituído mediante instrumento público ou particular, "*registrado no Registro de Títulos e Documentos*", como preceitua o art. 1.452

---

[17] Marco Aurélio S. Viana, *Comentários*, cit., v. XVI, p. 754.

"Penhor mercantil. Validade do contrato perante terceiros que depende da discriminação do débito, com a sua quantia certa, do termo de vencimento, da taxa de juros, se houver, e da especificação do objeto em garantia, de modo a distingui-lo dos seus congêneres" (*RT*, 795/373).

do Código Civil, observando-se, ainda, o *princípio da especialização* comentado no item 30.4, *retro*. O citado dispositivo refere-se ao penhor de créditos, não representados por títulos de crédito.

A existência do contrato escrito é indispensável para evitar confusão do penhor com a cessão de direitos.

30.8.3.1.2. Notificação ao devedor

O Código Civil de 2002 transpõe para o penhor de créditos os princípios relativos à cessão destes (art. 290). Assim, para assegurar o seu direito, o credor pignoratício fará intimar o devedor para que o não pague ao credor primitivo, ainda que registrado esteja o penhor.

Dispõe, a propósito, o art. 1.453:

> "O penhor de crédito não tem eficácia senão quando notificado ao devedor; por notificado tem-se o devedor que, em instrumento público ou particular, declarar-se ciente da existência do penhor".

Enquanto não notificado, o devedor pode, validamente, pagar sua dívida ao credor originário, pois não pode ser obrigado a realizar buscas em cartórios para certificar-se de que os créditos de seu credor não foram empenhados[18].

30.8.3.1.3. Crédito objeto de vários penhores

Por seu turno, proclama o art. 1.456 que, "se o mesmo crédito for objeto de vários penhores, só ao credor pignoratício, cujo direito prefira aos demais, o devedor deve pagar; responde por perdas e danos aos demais credores o credor preferente que, notificado por qualquer um deles, não promover oportunamente a cobrança".

O dispositivo em epígrafe estabelece que o devedor tem de observar a preferência. Não tem ele a prerrogativa de escolher, arbitrariamente, a quem pagar, pois deve fazê-lo àquele cujo direito prefira aos demais. Na dúvida, consignará a quantia, para que o juiz decida a quem compete receber[19].

30.8.3.2. Penhor de título de crédito

O penhor de *título de crédito* é tratado a partir do art. 1.458 do Código Civil, verificando-se que **recai sobre o próprio instrumento**. O título de crédito é o documento no qual se incorpora a promessa da prestação futura a ser realizada pelo devedor, em pagamento da prestação atual realizada pelo credor.

---

[18] "Cambial. Duplicata. Endosso-caução. Falta de notificação do estabelecimento bancário. Por ser dívida quesível, materializada em título cambial circulável, o devedor da duplicata precisa ter ciência de a quem se deve dirigir a fim de realizar o pagamento. Se não recebe aviso do estabelecimento bancário, credor pela caução, haverá de procurar aquele perante quem se obrigou como adquirente das mercadorias e, pois, como sacado" (*RT*, 681/118).

[19] Caio Mário da Silva Pereira, *Instituições*, cit., v. IV, p. 355.

Dispõe o aludido art. 1.458:

> "O penhor, que recai sobre título de crédito, constitui-se mediante instrumento público ou particular ou endosso pignoratício, com a tradição do título ao credor, regendo-se pelas Disposições Gerais deste Título e, no que couber, pela presente Seção".

Nos dispositivos anteriores, o diploma civil trata do penhor que recai sobre créditos ordinários, ou seja, aqueles créditos que não se materializam em documentos escritos, mas apenas são provados por estes. No ora transcrito, incide especificamente sobre aqueles que, ao contrário, **materializam-se em um documento escrito**, que apresenta valor autônomo, desvinculado do direito que nele se concretiza.

Em verdade, como assinala Aldemiro Rezende Dantas Júnior, o penhor "recai sobre esse documento no qual o crédito se materializa, vale dizer, sobre o título de crédito propriamente dito, e não no crédito. Trata-se, pois, de penhor sobre coisa corpórea (o título), e não sobre coisa incorpórea (o crédito)"[20]. Se recaísse sobre o direito representado pelo título, teríamos o penhor de direitos.

30.8.3.2.1. Direitos do credor do penhor de títulos de crédito

O penhor de títulos de crédito começa a ter efeito com a **tradição** do título ao credor. Compete a este conservar a sua posse e recuperá-lo de quem quer que o detenha, fazendo uso dos meios judiciais convenientes, se necessário, não somente no seu próprio interesse, porque é o instrumento da garantia, como ainda no do empenhante, pois que este é o seu dono, e a ele deve o credor devolvê-lo, findo o penhor.

Prescreve o art. 1.459 do Código Civil:

> "Ao credor, em penhor de título de crédito, **compete o direito de:**
>
> I — **conservar a posse** do título e **recuperá-la** de quem quer que o detenha;
>
> II — usar dos **meios judiciais** convenientes para assegurar os seus direitos, e os do credor do título empenhado;
>
> III — fazer intimar ao devedor do título que não pague ao seu credor, enquanto durar o penhor;
>
> IV — **receber** a importância consubstanciada no título e os respectivos juros, se exigíveis, **restituindo o título ao devedor**, quando este solver a obrigação".

30.8.3.2.2. Proibição imposta ao devedor, depois de intimado, de pagar ao seu credor

Dispõe, por sua vez, o art. 1.460 do Código Civil que "o devedor do título empenhado que receber a intimação prevista no inciso III do artigo antecedente, ou se der por ciente do penhor, não poderá pagar ao seu credor. Se o fizer, **responderá solidariamente por este, por perdas e danos**, perante o credor pignoratício".

[20] *Comentários*, cit., v. XIII, p. 401.

Se, por qualquer meio, **o credor der quitação ao devedor** do título empenhado, **prejudicada fica a garantia, considerando-se vencida a dívida antecipadamente**, que deve ser imediatamente saldada. Preceitua, com efeito, o parágrafo único do supratranscrito art. 1.460 que, "se o credor der quitação ao devedor do título empenhado, deverá **saldar imediatamente a dívida**, em cuja garantia se constituiu o penhor".

Oferecido o título de crédito em penhor, o credor deste **perde a legitimação para reclamar de seu devedor o pagamento**. Se o fizer, sabendo do impedimento, responderá por perdas e danos solidariamente com o devedor que, notificado, também sabia que não podia pagar ao seu credor. Por isso, aquele que ofereceu a garantia fica obrigado a saldar imediatamente a dívida. A rigor, deveria o devedor do título opor ao seu credor exceção a ele oponível, recusando-lhe o pagamento, que só terá valor liberatório se efetuado ao credor pignoratício[21].

30.8.4. Penhor de veículos

Dispõe o art. 1.461 do Código Civil que "podem ser objeto de penhor os veículos empregados em qualquer espécie de transporte ou condução".

30.8.4.1. Permissão restrita aos veículos de transporte

Inovou o legislador, disciplinando em seção autônoma o penhor de veículos. Cuida o dispositivo ora transcrito do penhor de veículo automotor empregado no **transporte** de **pessoas ou coisas:**

- o de **passageiros** abrange o realizado por coletivos, como ônibus, lotações e táxis;
- o de **carga** compreende o efetuado por caminhões de grande ou pequeno porte.

O penhor pode ter por objeto **veículo individualizado** ou de **frota**. Excluem-se, todavia, os **navios e aeronaves**, porque, embora se considerem coisas móveis, são, por disposição de lei especial, objeto de **hipoteca**, não só por conveniência econômica, senão também porque são suscetíveis de identificação e individuação, tendo registro peculiar.

Para atender ao princípio da **especialidade**, o veículo deve ser precisamente descrito, especificando-se as suas características, como número do chassi e do motor, tipo, marca, cor etc.

30.8.4.2. Modo de constituição

Dispõe o art. 1.462 do Código Civil que o penhor de veículos se constitui "mediante **instrumento público** ou **particular**, registrado no **Cartório de Títulos e Documentos** do domicílio do devedor, e anotado no certificado de propriedade".

---

21 Caio Mário da Silva Pereira, *Instituições*, cit., v. IV, p. 357; Marco Aurélio S. Viana, *Comentários*, cit., v. XVI, p. 774.

30.8.4.3. *Característica especial*

Malgrado a similitude com o penhor comum, o penhor de veículos possui uma característica especial: **completa-se com a sua anotação no certificado de propriedade**. Desse modo, terceiros que venham a adquiri-los terão meios de verificar que se encontram empenhados, sem necessidade de exigir a apresentação de certidão fornecida pelo Cartório de Títulos e Documentos.

30.8.4.4. *Emissão de título de crédito*

Se o devedor prometer **pagar em dinheiro** a dívida garantida, poderá, como ocorre em outros penhores especiais, emitir *cédula de crédito*, como expressamente autoriza o parágrafo único do retrotranscrito art. 1.462.

30.8.4.5. *Exigência de contratação de seguro*

Tendo em vista que os veículos, com maior intensidade do que outros bens móveis, estão sujeitos a furtos e colisões, com prejuízo para o credor pignoratício, **o penhor deve ser precedido de seguro** contra "furto, avaria, perecimento e danos causados a terceiros" (CC, art. 1.463), como um **pré-requisito** para que se efetive. Ocorrendo o sinistro, o penhor sub-rogar-se-á na indenização paga pela seguradora, como prevê o art. 1.425, § 1º, do Código Civil.

30.8.4.6. *Permanência da posse direta do veículo com o devedor*

A posse direta do veículo permanece com o devedor empenhante (CC, art. 1.431, parágrafo único), que se torna **responsável por sua guarda e conservação**, bem como pelas **despesas de manutenção**, na condição de **depositário**, sujeito, portanto, às cominações por infidelidade. Não pode, assim, promover a **"alienação"** ou **"mudança"** do veículo empenhado, de modo a alterar as suas características essenciais a ponto de provocar a sua significativa desvalorização, sem prévia comunicação ao credor, sob pena de "vencimento antecipado do crédito pignoratício" (art. 1.465).

A finalidade da mencionada sanção é evitar que o devedor provoque a redução ou a extinção da garantia oferecida ao credor pignoratício.

30.8.4.7. *Direito de inspecionar o veículo*

O legislador, tendo em conta que o credor não tem a posse do veículo, mas é o principal interessado em que seja bem cuidado, assegura-lhe, no art. 1.464, o direito de verificar o seu estado, "inspecionando-o onde se achar, por si ou por pessoa que credenciar".

30.8.4.8. *Prazo de duração do contrato*

Por fim, dispõe o art. 1.466 do Código Civil que "o penhor de veículos só se pode convencionar pelo **prazo máximo de dois anos, prorrogável até o limite de igual tempo**, averbada a prorrogação à margem do registro respectivo".

Justifica-se a limitação, tal como sucede no penhor rural, tendo em vista que os veículos, por sua natureza e finalidade, estão sujeitos a desgaste natural e aos riscos decorrentes do seu uso. Por essa razão, **a prorrogação do prazo só pode ocorrer uma única vez**, devendo ser averbada à margem do registro respectivo. Se o prazo do penhor inicial constar do certificado de propriedade, também neste será feita a anotação.

30.8.5. Penhor legal

As espécies até aqui examinadas são de *penhor convencional*. A lei trata, também, de outra modalidade, denominada **penhor legal**, que não deriva da vontade das partes, de um contrato, mas da determinação do legislador. Esse penhor **independe de convenção**, resultando exclusivamente da vontade expressa do legislador.

A lei confere aos **donos de hotéis, pensões e pousadas**, ou de **imóveis arrendados ou locados**, o direito de constituir penhor sobre as bagagens, móveis, joias ou dinheiro que os hóspedes ou locatários tenham consigo no estabelecimento onde façam despesas ou ocupem, para garantia do pagamento destas.

Dispõe, efetivamente, o art. 1.467 do Código Civil:

> "São credores pignoratícios, independentemente de convenção:
>
> I — os **hospedeiros**, ou fornecedores de **pousada ou alimento**, sobre as bagagens, móveis, joias ou dinheiro que os seus consumidores ou fregueses tiverem consigo nas respectivas casas ou estabelecimentos, pelas despesas ou consumo que aí tiverem feito;
>
> II — o dono do **prédio rústico ou urbano**, sobre os bens móveis que o rendeiro ou inquilino tiver guarnecendo o mesmo prédio, pelos aluguéis ou rendas".

Destaca o legislador os casos em que, por **determinação legal**, certas situações autorizam a constituição de um penhor, criando para o credor de dívidas especificadas um **direito real de garantia**, o qual tem por objeto coisas que, não lhe pagando o devedor, poderão ser **vendidas** para seu pagamento preferencial sobre o preço.

30.8.5.1. Distinção entre penhor legal e direito de retenção

Não se confunde, todavia, o penhor legal assim constituído com o ***direito de retenção***, malgrado o dono do prédio rústico e o dono do prédio urbano tenham direito de reter os bens móveis existentes no interior do prédio na hipótese de não pagamento dos respectivos aluguéis, nem é ***simples privilégio*** com o qual pretendem identificá-lo algumas legislações, como a francesa[22].

Ao penhor legal, depois de judicialmente homologado, segue-se a **execução pignoratícia**, enquanto o direito de retenção constitui simples **meio de defesa**. O penhor legal constitui direito mais amplo que o simples direito de retenção e de maior eficácia que o privilégio pessoal.

---

[22] Eduardo Espínola, *Direitos reais limitados*, cit., p. 356-357.

Apresenta o instituto em apreço a singularidade de ficar ao critério do credor **tomar posse de uma ou mais coisas do devedor**, em garantia real de seu crédito, nos casos considerados, e de depender de homologação judicial, regulada no Código de Processo Civil, para tornar-se efetivo o penhor.

30.8.5.2. *Penhor em favor dos hospedeiros*

No primeiro inciso do aludido art. 1.467, assegura-se o penhor legal aos donos ou exploradores de **hotéis e estabelecimentos congêneres**, como pensões, pousadas, albergues, repúblicas, fornecedores de alimentos etc., **sobre bagagem, móveis, joias e dinheiro** que hóspedes e clientes tragam consigo ou tenham levado para o interior de um desses estabelecimentos.

Se estes deixam de pagar as despesas, sejam de hospedagem, alimentos ou outra espécie de consumo, assiste aos aludidos credores **o direito de apossar-se dos mencionados objetos**, devendo requerer ao juiz competente a **homologação do penhor legal dentro de um ano**, sob pena de prescrição da pretensão, nos termos do art. 206, § 1º, I, do mesmo diploma, e consequente **perecimento da garantia**. O automóvel de passeio, o utilitário e a motocicleta, que o devedor traz consigo e coloca na garagem do estabelecimento, são passíveis de penhor. O objeto do penhor legal são todas as coisas móveis alienáveis e penhoráveis, que se encontrem em poder do hóspede ou freguês, sendo próprias[23].

30.8.5.3. *Penhor sobre os bens móveis do arrendatário ou inquilino*

Igual direito tem o dono do **prédio rústico ou urbano** sobre os bens móveis que o arrendatário ou inquilino tiver guarnecendo o mesmo prédio, pelos aluguéis ou rendas, conforme estabelece o inc. II do citado art. 1.467. A garantia abrange **todos os móveis, indistintamente, que se encontrem no interior do prédio local**, não se estendendo aos que se situam alhures.

No caso de **imóvel urbano**, o penhor legal incide sobre a mobília do inquilino e sobre quaisquer móveis que se encontrem em seu interior, como joias, roupas, livros, quadros, animais domésticos e alimentos. Se se tratar de **prédio rústico**, destinado à cultura, o penhor compreenderá, além da mobília, animais de custeio, sementes, frutas colhidas, madeiras cortadas, instrumentos agrícolas etc.[24].

O senhorio ainda é contemplado, no art. 964, VI, do Código Civil, com o privilégio especial sobre as **alfaias e utensílios de uso doméstico**, nos prédios rústicos ou urbanos, quanto às prestações do ano corrente e do anterior.

---

23 Marco Aurélio S. Viana, *Comentários*, cit., v. XVI, p. 783; Washington de Barros Monteiro, *Curso*, cit., v. 3, p. 364.

24 Washington de Barros Monteiro, *Curso*, cit., v. 3, p. 363.

30.8.5.4. *Efetivação do penhor à vista de tabela de preços impressa*

Para justificar o penhor, não basta o hospedeiro ou fornecedor de pousada ou alimento apresentar uma conta qualquer. Só vale a que for "extraída **conforme a tabela impressa**, prévia e ostensivamente exposta na casa", contendo os "preços de hospedagem, da pensão ou dos gêneros fornecidos" (CC, art. 1.468). Neste caso, o hóspede ou consumidor não poderá alegar ignorância do custo da hospedagem ou do alimento, ou que o preço cobrado é por demais elevado, uma vez que dele tomou ciência de antemão.

Pressupõe a lei, portanto, a celebração de um **contrato de adesão** aos preços expostos, a serem cobrados pelos serviços a serem prestados. Comina a lei a pena de **nulidade do penhor, se a conta não se faz à vista da tabela impressa** e que se encontrava prévia e ostensivamente exposta na casa.

30.8.5.5. *Apreensão dos bens independentemente de autorização da autoridade judicial*

O art. 1.469 do Código Civil permite que o credor tome posse, em garantia, em cada um dos casos do art. 1.467, "de um ou mais objetos até o valor da dívida". Essa apreensão se faz **independentemente de prévia autorização da autoridade judiciária**.

A quantidade de bens a serem apreendidos se regulará pelo montante da dívida. Poderá, dependendo do caso, abranger vários ou apenas um. Se, por exemplo, o veículo guardado pelo hóspede na garagem do hotel for de valor suficiente para garantir o débito, não haverá necessidade de se apreenderem outros. Por conseguinte, a norma legal pressupõe duas providências:

- a **apuração do valor da dívida**;
- a **avaliação dos objetos empenhados**.

Como tais providências decorrem de ato unilateral, os valores apurados poderão ser impugnados judicialmente, por ocasião do procedimento de homologação judicial.

30.8.5.6. *Excussão do penhor independentemente de homologação judicial em caso de perigo na demora*

Preceitua ainda o art. 1.470 do Código Civil que "os credores, compreendidos no art. 1.467, podem fazer efetivo o penhor, antes de recorrerem à autoridade judiciária, **sempre que haja perigo na demora**, dando aos devedores comprovante dos bens de que se apossarem".

Verificada a inadimplência do devedor e apurado o valor da dívida, já o referido art. 1.469 autoriza ao credor o imediato apossamento dos bens que se mostrem suficientes para o pagamento. Depois desse ato de constrição, deve o credor se apresentar em juízo, para requerer a **homologação judicial** (CC, art. 1.471).

Conclui-se, desse modo, que o sentido da expressão "fazer efetivo o penhor, antes de recorrer à autoridade judiciária" é o seguinte: o credor, **"sempre que haja perigo na demora"**, pode promover a **excussão do penhor**, independentemente de homologação judicial.

30.8.5.7. *A homologação judicial*

Tomado o penhor, diz o art. 1.471 do Código Civil, "requererá o credor, ato contínuo, a sua *homologação judicial*". Por sua vez, dispõe o art. 703, § 1º, do Código de Processo Civil que, "na petição inicial, instruída com o contrato de locação ou a conta pormenorizada das despesas, a tabela dos preços e a relação dos objetos retidos, o credor pedirá a citação do devedor para pagar ou contestar na audiência preliminar que for designada".

Não basta, como já foi dito, que o credor tome posse dos objetos, nos casos previstos em lei. Exige-se a complementação do ato, por meio da **homologação judicial**, para que se obtenha a sua legalização e a constituição do direito real de garantia. Ocorrendo hipótese de penhor legal, o credor que deixar de requerer-lhe a homologação, nos termos da lei civil, cometerá **esbulho**, desde que não restitua o objeto apreendido[25].

30.8.5.8. *Início da execução pignoratícia*

Homologado o penhor, serão os autos entregues ao requerente, os quais **servirão de título** para iniciar em seguida a execução pignoratícia, com penhora dos objetos retidos e empenhados. Estes serão, todavia, devolvidos ao devedor, **se o penhor não for homologado**, ressalvado ao autor o direito de cobrar a dívida pelo procedimento comum, salvo se acolhida a alegação de extinção da obrigação (CPC, art. 706, § 1º).

Igual será o processo se se tratar de **credor pignoratício contemplado no art. 1.467, II, do Código Civil**. O locador não pago, depois de, pacificamente, sem recorrer à violência ou invasão da casa do inquilino, tomar posse dos objetos pertencentes ao devedor, de valor correspondente ao valor da dívida, requererá ao juiz homologação do penhor legal. **Em lugar da conta de despesas**, apresentará prova de propriedade do imóvel e do inadimplemento do aluguel, juntando ainda o contrato de locação ou arrendamento.

A homologação do penhor legal poderá ser promovida pela **via extrajudicial** mediante requerimento, que conterá os requisitos previstos no § 1º do art. 703 do Código de Processo Civil, do credor a notário de sua livre escolha. Recebido o requerimento, o notário promoverá a notificação extrajudicial do devedor para, no prazo de 5 (cinco) dias, **pagar o débito ou impugnar sua cobrança**, alegando por escrito uma das causas previstas no art. 704, hipótese em que o procedimento será encaminhado ao juízo competente para decisão (CPC, art. 703, §§ 2º e 3º).

[25] *RT*, 366/455.

30.8.5.9. *Prestação de caução idônea pelo locatário*

O art. 1.472 do Código Civil faculta ao "locatário impedir a constituição do penhor mediante caução idônea".

Exige-se que a caução seja idônea. Ela pode ser prestada mediante depósito em dinheiro, títulos de crédito em geral, títulos da União ou dos Estados, pedras e metais preciosos, hipoteca, penhor e fiança.

30.8.5.10. *Outras espécies de penhor legal*

Além dos casos de penhor legal previstos no art. 1.467 do Código Civil, há também:

- o penhor instituído em favor dos **artistas e auxiliares cênicos** sobre o material da empresa teatral utilizado nas apresentações, pela importância de seus salários e despesas de transporte (Decs. n. 5.492, de 16-7-1928, art. 16, e n. 18.257, de 10-12-1928, art. 27); e
- o estabelecido sobre as **máquinas e aparelhos utilizados na indústria** que se encontrem no prédio dado em locação (Decreto-Lei n. 4.191, de 18-3-1941). Quando as referidas máquinas e aparelhos estiverem instalados em imóvel alugado a terceiro, pode surgir dualidade de direitos reais de garantia sobre os mesmos objetos, decorrentes do penhor legal do locador e do penhor industrial, nascido da convenção. Nesse caso, o penhor cedular das máquinas e aparelhos utilizados na indústria **tem preferência** sobre o penhor legal do senhorio (Decreto-Lei n. 413, de 9-1-1969, art. 46)[26].

30.9. EXTINÇÃO DO PENHOR

O Código Civil destaca, no art. 1.436, as principais causas de extinção do penhor, estatuindo:

"Extingue-se o penhor:

I — extinguindo-se a obrigação;

II — perecendo a coisa;

III — renunciando o credor;

IV — confundindo-se na mesma pessoa as qualidades de credor e de dono da coisa;

V — dando-se a adjudicação judicial, a remissão ou a venda da coisa empenhada, feita pelo credor ou por ele autorizada".

Extinção da obrigação

Em primeiro lugar, resolve-se o penhor **extinguindo-se a obrigação** por ele garantida. Sendo direito **acessório**, extingue-se com a extinção do principal. Se ocorrer **novação**, em virtude de se contrair uma obrigação com a intenção de extinguir uma

[26] Washington de Barros Monteiro, *Curso*, cit., v. 3, p. 366.

anterior, resolve-se com esta o penhor que a assegurava, salvo se, ao novar-se, a garantia for transferida, mediante convenção, para a nova obrigação.

Para que o pagamento acarrete a resolução do penhor, há, todavia, de ser **integral**. Se a obrigação foi apenas parcialmente satisfeita, o penhor continua, na sua **integralidade**, garantindo o remanescente, por força do princípio da **indivisibilidade da garantia** insculpido no art. 1.421 do Código Civil. A garantia remanesce integralmente, ainda que reste uma só parcela para que o débito seja inteiramente saldado.

Urge salientar que, se a dívida se extingue por efeito de algum ato que determine a **sub-rogação**, legal ou convencional, **são transferidos ao novo credor** todos os direitos, ações, privilégios e garantias do primitivo, em relação à dívida, contra o devedor principal e os fiadores (CC, art. 349).

Perecimento da coisa

Em segundo lugar, resolve-se o penhor, **perecendo a coisa** (art. 1.436, II). Desaparecendo o objeto, igual sorte tem o direito. Se o direito real decorre da posse da coisa empenhada, extingue-se a garantia desde que a coisa venha a perecer. Dá-se, então, resolução da garantia **sem extinção da obrigação**, que passa a ser pura e simples, e sem privilégio. **O penhor fica sem objeto, mas o crédito sobrevive**, passando o seu titular, porém, à condição de **quirografário**, despido da preferência de que anteriormente desfrutava.

A extinção do penhor ocorre somente quando todo o objeto perece. Em caso de **deterioração**, que consiste em destruição parcial, a garantia permanece quanto à fração não atingida. Se a perda é resultante de **força maior** ou **caso fortuito**, o penhor se resolve, e o credor fica sem qualquer segurança especial; se se deve à **culpa do credor**, responde este pelo prejuízo resultante.

Na hipótese, porém, de o perecimento ter sido indenizado, seja em virtude de culpa de terceiro, seja em razão de seguro, **sub-roga-se a garantia** no valor recebido, e em relação a este subsiste o penhor. O mesmo se dá com a desapropriação, sobre cujo preço incidirá o direito do credor pignoratício (CC, art. 1.425, § 1º)[27].

Renúncia do credor

Em terceiro lugar, resolve-se o penhor pela **renúncia do credor** (art. 1.436, III). Nada obsta a que o credor, por um ato de vontade, renuncie à garantia pignoratícia, desde que **capaz e disponha de seus bens**. Neste caso, a abdicação afastará **apenas a garantia**, e não o crédito, que subsistirá na qualidade de quirografário. Todavia, **a renúncia a este** importa na daquela.

Dispõe, a propósito, o art. 387 do Código Civil:

> "A restituição voluntária do objeto empenhado prova a renúncia do credor à garantia real, não a extinção da dívida".

A renúncia pode ser **expressa**, resultando de ato *inter vivos* ou *mortis causa*, e **tácita**. Será ***tácita***, como esclarece o § 1º do citado art. 1.436, quando o credor:

---

[27] Caio Mário da Silva Pereira, *Instituições*, cit., v. IV, p. 358-359; Eduardo Espínola, *Direitos reais limitados*, cit., p. 352, nota 73.

- "**consentir na venda** particular do penhor sem reserva de preço";
- "**restituir a sua posse** ao devedor"; e
- "**anuir à sua substituição** por outra garantia".

Confusão

Em quarto lugar, extingue-se o penhor pela **confusão** (art. 1.436, IV). Ocorre tal modo de extinção da garantia real quando, por efeito de algum fato da vida jurídica, confundem-se, **na mesma pessoa**, as qualidades de **credor e dono** da coisa. Deixa de haver interesse na manutenção da garantia, com efeito, se a coisa empenhada passa a pertencer ao credor, por aquisição *inter vivos* ou *mortis causa*. Todavia, se a causa motivadora da confusão vem a desaparecer, como na hipótese de se anular o testamento que a gerou, restabelece-se a garantia[28].

Se a confusão se opera "tão somente quanto a **parte da dívida pignoratícia**, subsistirá inteiro o penhor quanto ao resto", como enfatiza o § 2º do aludido art. 1.436.

Adjudicação judicial, remição ou venda da coisa empenhada

Por fim, *em quinto lugar*, extingue-se o penhor dando-se **a adjudicação judicial, a remição ou a venda da coisa empenhada**, feita pelo credor ou por ele autorizada (art. 1.436, V). Observe-se que o texto menciona, por equívoco, o vocábulo "remissão", que significa perdão de dívida e é usado no direito das obrigações, quando **o correto é "remição"**, como mencionamos, que importa, em matéria de direitos reais, liberação da coisa gravada, mediante pagamento ao credor. As figuras mencionadas são disciplinadas no estatuto processual civil.

a) A **adjudicação judicial** se dá quando, após a avaliação e a praça, sem que se apresente lançador, o credor requer a incorporação ao seu patrimônio do bem em causa, oferecendo preço não inferior ao que consta do edital.

b) A **remição**, como explicado, consiste na prerrogativa concedida ao devedor solvente de excluir da penhora determinado bem, oferecendo antes da arrematação, ou da adjudicação, a importância da dívida, mais juros, custas e honorários advocatícios (CPC, art. 826).

c) A **venda amigável** do penhor só poderá ser efetivada se o permitir expressamente o contrato ou se concordarem as partes.

A enumeração das causas de extinção do penhor feita pelo legislador é meramente exemplificativa. Outras podem ainda ser apontadas, como:

- **Resolução da propriedade** da pessoa que constitui a garantia, em decorrência de causa preexistente, como vício ou defeito do contrato de aquisição.
- **Reivindicação** da coisa empenhada julgada procedente.
- **Nulidade** da obrigação principal.
- **Prescrição** desta.
- **Vencimento do prazo**, quando o penhor é constituído a termo.

[28] Caio Mário da Silva Pereira, *Instituições*, cit., v. IV, p. 360.

Extinto o penhor por qualquer das causas mencionadas, o credor deverá **restituir o objeto empenhado**. A extinção, todavia, somente produzirá efeitos "**depois de averbado o cancelamento do registro**, à vista da respectiva prova" (CC, art. 1.437). O cancelamento se faz por averbação à margem do registro respectivo. Faz-se mister que o interessado apresente prova da extinção do penhor ao oficial do cartório, que pode consistir em sentença ou documento autêntico de quitação ou de exoneração do título registrado, ou ainda de extinção por outra forma (LRP, art. 164).

30.10. RESUMO

DO PENHOR	
CONCEITO	▪ Trata-se de direito real que vincula uma coisa móvel ao pagamento de uma dívida. Constitui-se pela transferência efetiva da posse que, em garantia do débito ao credor ou a quem o represente, faz o devedor, ou alguém por ele, de uma coisa móvel, suscetível de alienação (CC, art. 1.431).
CARACTERÍSTICAS	▪ é direito real (CC, art. 1.419); ▪ é direito acessório; ▪ só se perfecciona pela tradição do objeto ao credor.
OBJETO	▪ O penhor recai sobre bens móveis, corpóreos ou incorpóreos. Entretanto, no penhor agrícola e no industrial, admite-se que recaia sobre imóveis por acessão física ou intelectual (tratores, máquinas e outros objetos incorporados ao solo).
ESPÉCIES	▪ convencional; ▪ legal; ▪ comum; ▪ especial: — penhor legal; — penhor rural; — penhor industrial; — penhor de títulos de crédito; — penhor de veículos.
EXTINÇÃO DO PENHOR (CC, ART. 1.436)	▪ tendo caráter acessório, extinguindo-se a obrigação; ▪ perecendo a coisa; ▪ renunciando o credor, expressa ou tacitamente; ▪ confundindo-se na mesma pessoa as qualidades de credor e de dono da coisa; ▪ dando-se a adjudicação judicial, a remição, ou a venda da coisa empenhada, quando permitida no contrato.
PENHOR RURAL	▪ **Espécies:** **a)** agrícola; **b)** pecuário. ▪ **Objeto:** **a)** podem ser objeto de ***penhor pecuário*** "os animais que integram a atividade pastoril, agrícola ou de laticínios" (CC, art. 1.444); **b)** o ***penhor agrícola*** possibilita a concessão de garantia sobre coisas futuras, ou seja, sobre colheitas de lavouras em formação (art. 1.442, II).
PENHORA INDUSTRIAL E MERCANTIL	▪ Essa modalidade de penhor pode ter por objeto "máquinas, aparelhos, materiais, instrumentos, instalados e em funcionamento, com os acessórios ou sem eles; animais, utilizados na indústria; sal e bens destinados à exploração das salinas; produtos de suinocultura, animais destinados à industrialização de carnes e derivados; matérias-primas e produtos industrializados" (CC, art. 1.447).

PENHOR DE DIREITOS	■ O CC admite penhor de direitos, suscetíveis de cessão, sobre coisas móveis, que se constitui mediante instrumento público ou particular, registrado no Registro de Títulos e Documentos. O titular do direito entregará ao credor pignoratício os documentos comprobatórios, salvo se tiver interesse legítimo em conservá-los (CC, art. 1.452).
PENHOR DE TÍTULOS DE CRÉDITO	■ Constitui-se mediante instrumento público ou particular ou endosso pignoratício, com a tradição do título ao credor (CC, art. 1.458). O devedor do título empenhado, que receber a intimação para não pagar ao seu credor ou se der por ciente do penhor, não poderá pagar a este e, se o fizer, responderá solidariamente por perdas e danos, perante o credor pignoratício (art. 1.460).
PENHOR DE VEÍCULOS	■ Só pode ser convencionado pelo prazo máximo de dois anos, prorrogável até o limite de igual tempo, averbada a prorrogação à margem do registro respectivo (CC, art. 1.466). Constitui-se mediante instrumento público ou particular, registrado no Cartório de Títulos e Documentos do domicílio do devedor, e anotado no certificado de propriedade (art. 1.462).
PENHOR LEGAL	São credores pignoratícios, independentemente de convenção: ■ os hospedeiros, ou fornecedores de pousada ou alimento, sobre as bagagens, móveis, joias ou dinheiro que os seus consumidores ou fregueses tiverem consigo nos respectivos estabelecimentos, pelas despesas ou consumo que aí tiverem feito; ■ o dono do prédio rústico ou urbano, sobre os bens móveis que o rendeiro ou inquilino tiver guarnecendo o mesmo prédio, pelos aluguéis ou rendas (CC, art. 1.467). Constitui meio direto de defesa (art. 1.470). Completa-se somente com a homologação (art. 1.471).

31

DA HIPOTECA

■ 31.1. CONCEITO

Hipoteca é o direito real de garantia que tem por objeto **bens imóveis, navio ou avião** pertencentes ao devedor ou a terceiro e que, embora não entregues ao credor, asseguram-lhe, preferencialmente, o recebimento de seu crédito[1].

No direito moderno, a hipoteca é concebida e regulada, de modo geral, como **direito real de garantia** que consiste em sujeitar um imóvel, **preferentemente**, ao pagamento de uma dívida de outrem, sem retirá-lo da posse do dono. Inocorrendo a *solutio*, o credor pode excuti-lo, alienando-o judicialmente e tendo primazia sobre o produto de arrematação, para cobrar-se da totalidade da dívida e de seus acessórios.

O Código Civil de 2002 procurou aperfeiçoar a disciplina do aludido direito real, incorporando várias inovações que serão adiante comentadas.

Pode-se afirmar que a hipoteca, como direito real de garantia, recaindo sobre bens imóveis, segundo o conceito admitido em nosso direito, assumiu grande importância, na vida dos povos modernos, pela frequência e pelo vulto das transações. Além disso, surgiram novas exigências de garantias reais, procurando-se estender a garantia hipotecária a coisas móveis, como a hipoteca dos navios e das aeronaves[2].

■ 31.2. CARACTERÍSTICAS

As principais características jurídicas da hipoteca, além das já citadas, são as seguintes:

■ Natureza civil

A hipoteca tem natureza civil, ainda que a dívida seja comercial e comerciantes as partes, como expressamente dispunha o art. 809 do Código Civil de 1916. O diploma de 2002 não reproduziu a solene afirmação, tendo em vista que o princípio é aceito tranquilamente em nosso direito e todas as obrigações, agora, com a **unificação** havida e a introdução do Livro do Direito de Empresa, **são civis**.

■ Direito real

É direito real, colocando-se ao lado do penhor e da anticrese na categoria das garantias que submetem uma coisa ao pagamento de dívida.

---

1 Silvio Rodrigues, *Direito civil*, v. 5, p. 390.

2 Eduardo Espínola, *Direitos reais limitados e direitos reais de garantia*, p. 400.

Tem por objeto **coisa imóvel**, que fica sujeita à solução do débito, podendo incidir ainda sobre **navio** ou **avião**, como já dito. Pode recair, também, sobre **bens móveis**, enquanto estes são acessórios de um imóvel, no caso dos imóveis por **acessão intelectual ou destinação do proprietário**, como sucede com as máquinas utilizadas nas empresas e os animais mantidos em uso nos serviços de uma fazenda (CC, arts. 1.473, I, e 1.474), uma vez que as pertenças, como denominados no art. 93 do mesmo diploma, **não constituem partes integrantes**.

- **Objeto de propriedade do devedor ou de terceiro**

O objeto gravado deve ser **de propriedade do devedor ou de terceiro**. Pode, efetivamente, o hipotecante ser pessoa diversa do devedor, embora costume o próprio devedor oferecer o seu imóvel em garantia.

- **Posse, pelo devedor, do bem hipotecado**

O devedor **continua na posse** do bem hipotecado. Ao contrário do que ocorre no penhor, o hipotecante **conserva em seu poder** o bem dado em garantia e sobre ele exerce todos os seus poderes, **usando-o segundo a sua destinação e percebendo-lhe os frutos**.

Todavia, o seu direito deixa de ser pleno, pois a coisa está vinculada à solução da dívida, pesando sobre ela o ônus representado pelo direito de garantia do credor sobre coisa alheia. O devedor, no entanto, só será desapossado, por via judicial e mediante excussão hipotecária, do bem dado em segurança do crédito, se se tornar inadimplente, deixando de cumprir a obrigação avençada.

- **Indivisibilidade**

A hipoteca grava o bem na sua **totalidade** (CC, art. 1.421), não acarretando exoneração correspondente da garantia o pagamento parcial da dívida. Desse modo, enquanto não liquidada, a hipoteca **subsiste por inteiro sobre a totalidade dos bens gravados**, salvo convenção em contrário. Se diversos os devedores, o ônus hipotecário não se extingue sem o pagamento integral do débito garantido, ainda que a obrigação não seja solidária.

- **Caráter acessório**

A hipoteca é direito real criado para assegurar a eficácia de um direito pessoal. Se este se extingue, desaparece também o ônus real, que não pode subsistir sem um crédito, cujo pagamento pretende garantir.

- **Negócio solene**

A hipoteca é, na modalidade convencional, **negócio solene.** Dispõe, com efeito, o art. 108 do Código Civil que "a **escritura pública** é essencial à validade dos negócios jurídicos que visem à constituição, transferência, modificação ou renúncia de direitos reais sobre imóveis de valor superior a trinta vezes o maior salário mínimo vigente no País".

- **Direitos de preferência e sequela**

O referido instituto confere ao seu titular os **direitos de preferência e sequela**. Trata-se de um corolário de sua natureza real. Se o bem for alienado, será transferido ao adquirente com o ônus da hipoteca que o grava, desde que tenha havido o prévio registro. Caso contrário, o adquirente não lhe sofre os efeitos.

Erige-se a hipoteca em direito real, oponível *erga omnes*, provida de **sequela** e que gera para o credor o poder de excutir o bem hipotecado, para se pagar **preferencialmente** com a sua venda em hasta pública.

■ Especialização e hipoteca

Assenta-se a hipoteca em dois princípios: o da **especialização** e o da **publicidade**, já abordados nos itens 26.3.3.1 e 26.3.3.2, *retro*, concernentes aos requisitos formais dos direitos reais de garantia.

■ 31.3. REQUISITOS JURÍDICOS DA HIPOTECA

A validade e eficácia da hipoteca dependem do preenchimento de requisitos de natureza **objetiva, subjetiva** e **formal**.

■ 31.3.1. Requisito objetivo

De acordo com o art. 1.473 do Código Civil, podem ser objeto de hipoteca:

> "I — os imóveis e os acessórios dos imóveis conjuntamente com eles;
> II — o domínio direto;
> III — o domínio útil;
> IV — as estradas de ferro;
> V — os recursos naturais a que se refere o art. 1.230, independentemente do solo onde se acham;
> VI — os navios;
> VII — as aeronaves;
> VIII — o direito de uso especial para fins de moradia;
> IX — o direito real de uso;
> X — a propriedade superficiária.
> Parágrafo único. A hipoteca dos navios e das aeronaves reger-se-á pelo disposto em lei especial.
> § 2º Os direitos de garantia instituídos nas hipóteses dos incisos IX e X do *caput* deste artigo ficam limitados à duração da concessão ou direito de superfície, caso tenham sido transferidos por período determinado".

Os incs. VIII, IX e X foram acrescentados pela Lei n. 11.481, de 31 de maio de 2007, sem renumeração, por evidente equívoco, do antigo parágrafo único.

Sendo condição natural da hipoteca a **acessoriedade**, pressupõe ela a **existência de uma dívida**, à qual adere e busca assegurar. Essa dívida pode ser **atual** ou **futura**, **condicional**, **a termo** ou **pura e simples**. A dívida futura ou eventual é frequente na hipoteca legal. Dispõe o art. 1.487 do Código Civil que "a hipoteca pode ser constituída para garantia de dívida futura ou condicionada, desde que determinado o valor máximo do crédito a ser garantido".

■ 31.3.1.1. *Hipoteca dos imóveis e seus acessórios*

Analisando-se o retrotranscrito art. 1.473, verifica-se que, em primeiro lugar, podem ser objeto de hipoteca **"os imóveis e os acessórios dos imóveis conjuntamente com eles"** (inc. I).

Assim, já se decidiu:

> "Se o bem imóvel foi hipotecado, consequentemente suas acessões — **construções** —, também o foram, como dispõe o art. 822 do CC (*de 1916; CC/2002: art. 1.474*). Muito embora a casa construída não tenha sido averbada no Registro competente, ela não existe como ser distinto do terreno, sendo um todo indivisível"[3].

■ 31.3.1.1.1. *Hipoteca de unidade autônoma em condomínio edilício*

As unidades autônomas em condomínio edilício (apartamentos, salas, escritórios, lojas, abrigos para veículos) podem ser dadas em hipoteca pelos respectivos proprietários, conjunta ou separadamente, com as respectivas frações ideais no solo e nas outras partes comuns, independentemente da anuência dos demais condôminos (CC, art. 1.331, § 1º). Destruído o edifício, subsiste a hipoteca relativamente ao solo.

Proclama a Súmula 308 do Superior Tribunal de Justiça:

> "A hipoteca firmada entre a construtora e o agente financeiro, anterior ou posterior à celebração da promessa de compra e venda, não tem eficácia perante os adquirentes do imóvel".

Vide a propósito a inovação trazida pelo art. 1.488, §§ 1º a 3º, do Código Civil (item 31.11, *infra*).

■ 31.3.1.1.2. *Hipoteca em condomínio tradicional*

No condomínio tradicional, somente com a concordância de todos pode ser hipotecado o imóvel na sua totalidade. Mas cada condômino pode gravar a respectiva **parte ideal** (CC, arts. 1.314 e 1.420, § 2º).

■ 31.3.1.1.3. *Hipoteca restrita aos bens alienáveis*

Só são passíveis de hipoteca imóveis que se achem **no comércio e sejam alienáveis**. Não podem ser hipotecados os onerados com cláusula de inalienabilidade ou os que se encontrem *extra commercium* (CC, art. 1.420).

Por abstratos, simples direitos hereditários não são suscetíveis de hipoteca, mesmo porque se torna impossível o seu registro no Cartório de Registro de Imóveis.

■ 31.3.1.1.4. *Inadmissibilidade de hipoteca de bens futuros*

Igualmente, não se admite a hipoteca de bens futuros. Em atenção ao **princípio da especialização**, incide ela sobre os bens especificamente designados na escritura,

---

3 TJDF, Ap. 50.455/98, 4ª T., *DJ*, 7-6-2000.

tornando-se impossível a existência de hipoteca sobre bens futuros ou ainda não concretizados, uma vez que não passam de mera esperança[4].

31.3.1.1.5. Hipoteca de bem de família

Assinala o art. 3º da Lei n. 8.009, de 29 de março de 1990, que a impenhorabilidade que caracteriza o bem de família é oponível em qualquer processo de execução, salvo se movido:

> "V — para execução de hipoteca sobre o imóvel **oferecido como garantia real** pelo casal ou pela entidade familiar".

Cuida-se de situação em que o devedor, na constituição de um contrato de mútuo qualquer, **oferece, como garantia real, o imóvel residencial da família**[5]. A solução tem sido estendida a outros casos em que o próprio devedor oferece à penhora o bem de família[6].

31.3.1.2. Hipoteca do domínio direto e do domínio útil

Em segundo e terceiro lugares, podem ser hipotecados o **domínio direto** e o **domínio útil**, isto é, o domínio do senhorio direto e o domínio do enfiteuta, se constituída a hipoteca na vigência do Código Civil de 1916, ou do superficiário. Doutrina, a propósito, San Tiago Dantas: "Ainda se tem de acrescentar uma observação: é que em hipoteca, tanto se pode oferecer a coisa de que se tem o **domínio pleno**, como aquela de que se tem, apenas, o **domínio útil**"[7].

31.3.1.3. Hipoteca de estradas de ferro

Em quarto lugar, permite o Código Civil (art. 1.473, IV) a hipoteca das **estradas de ferro**, que são imóveis aderentes ao solo, constituindo unidades econômicas relevantes disciplinadas em capítulo especial (arts. 1.502 a 1.505).

A ferrovia pode ser objeto de hipoteca, como **complexo abrangente do material fixo** (trilhos e o solo onde assentados, terrenos marginais, estações ao longo da linha, oficinas, edifícios utilizados para o serviço da via férrea) **e material rodante** (locomotiva, vagões), constituindo uma universalidade de fato. Ao destacá-la dentre

---

4 Washington de Barros Monteiro, *Curso de direito civil*, v. 3, p. 406-408; Planiol, Ripert e Boulanger, *Traité élémentaire de droit civil*, v. II, n. 3.660.

5 "Penhora. Bem de família. Imóvel objeto de garantia hipotecária do débito em execução. Inaplicabilidade do benefício. Art. 3º, V, da Lei 8.009/90. Embargos à arrematação improcedentes" (1º TACSP, Ap. 617.896, Conchas, 3ª Câm., rel. Juiz Antonio Rigolin, j. 26-12-1996).

6 "Penhora. Bem de família. Nomeado o bem à penhora, voluntariamente, renunciou a ré ao benefício concedido pela Lei, sendo-lhe defeso sustentar a ineficácia do ato. Embargos improcedentes" (1º TACSP, Ap. 578.115-SP, 6ª Câm., rel. Juiz Carlos Roberto Gonçalves, j. 6-12-1994). "Do mesmo modo, desaparece a impenhorabilidade se os bens protegidos foram ofertados à penhora pelo próprio devedor" (*RT*, 725/379; STJ, REsp 54.740-7-SP, 4ª T., rel. Min. Ruy Rosado de Aguiar).

7 *Programa de direito civil*, v. III, p. 429.

os imóveis suscetíveis de hipoteca, o Código Civil teve em conta a necessidade de atender ao serviço público por ela prestado e o alto valor econômico e social dessa via de transporte a distância de pessoas e mercadorias.

■ 31.3.1.3.1. Continuidade do funcionamento da via férrea hipotecada

Pode-se afirmar que a característica predominante na hipoteca das vias férreas reside na **continuidade do seu funcionamento**. Para tanto, prescreve o art. 1.503 do Código Civil que "os credores hipotecários **não podem embaraçar** a exploração da linha, nem contrariar as modificações, que a administração deliberar, no leito da estrada, em suas dependências, ou no seu material".

Seja qual for, porém, o domicílio da empresa que as explore, o ônus hipotecário será registrado "no Município da estação inicial da respectiva linha", como determina o art. 1.502.

■ 31.3.1.3.2. Extensão da hipoteca

A hipoteca pode compreender **toda a linha ou restringir-se apenas a um ramal**. A esse respeito, estatui o art. 1.504, primeira parte, que o gravame será circunscrito "à linha ou às linhas especificadas na escritura e ao respectivo material de exploração, no estado em que ao tempo da execução estiverem".

Se, no entanto, a hipoteca limitar-se a um ramal apenas, o registro efetuar-se-á de acordo com a regra geral, ou seja, na comarca em que situada estiver a primeira estação da linha principal[8].

■ 31.3.1.3.3. Direito dos credores hipotecários de impedir a venda da estrada ou de suas linhas

Os credores hipotecários têm o direito de **impedir operações** que possam romper a unidade da exploração comercial, tais como **a venda da estrada** ou de suas linhas, ou ainda a **fusão com outra empresa**, sempre que a garantia lhes parecer com isto enfraquecida (CC, art. 1.504, segunda parte). Trata-se de uma particularidade da hipoteca de vias férreas.

Na hipoteca comum, não pode o credor se opor à venda, pelo devedor, do bem imóvel hipotecado, sendo "nula a cláusula que proíbe ao proprietário alienar imóvel hipotecado" (CC, art. 1.475), uma vez que o credor hipotecário não é afetado pela aludida alienação, tendo em vista que o seu direito é oponível *erga omnes* e munido da sequela. Essa regra, no entanto, é **excepcionada** no caso da hipoteca de estrada de ferro[9].

---

8 Washington de Barros Monteiro, *Curso*, cit., v. 3, p. 426.

9 Aldemiro Rezende Dantas Júnior, *Comentários ao Código Civil brasileiro*, v. XIII, p. 800-801.

31.3.1.3.4. Preferência da União ou do Estado em caso de arrematação da via férrea

Outra característica da hipoteca de estrada de ferro é que, no caso de arrematação, não se expedirá carta ao maior licitante antes de intimação ao representante da União ou do Estado a que tocar a **preferência**, para utilizá-la no **prazo de quinze dias**, pagando o **preço da arrematação ou adjudicação** (CC, art. 1.505). Confere a lei à União, ou ao Estado, o direito de remir a via férrea, em nome do interesse público.

Com efeito, o objetivo do legislador, na hipótese, é ensejar a devolução da exploração da estrada de ferro a uma das mencionadas pessoas jurídicas de direito público interno, de preferência a que venha a cair em mãos particulares. Nula será a carta ao maior licitante, ou ao adjudicatário, sem prévia notificação da União ou do Estado[10].

31.3.1.4. Hipoteca de recursos naturais

Em quinto lugar, podem ser hipotecados os **recursos naturais** a que se refere o art. 1.230 (jazida, minas, pedreiras, demais recursos minerais, os potenciais de energia hidráulica, os monumentos arqueológicos etc.), independentemente do solo em que se acham.

Preceitua o art. 176 da Constituição Federal que "as jazidas, em lavra ou não, e demais recursos minerais e os potenciais de energia hidráulica constituem propriedade distinta da do solo, para efeito de exploração ou aproveitamento, e pertencem à União, garantida ao concessionário a propriedade do produto da lavra". Convertido o direito de exploração das aludidas riquezas minerais a uma **concessão** do Governo, podem ser dadas em garantia, **hipotecando-se as instalações fixas**.

O gravame sobre a autorização governamental será feito mediante averbação no Livro de Registro de Concessão da Lavra.

As **pedreiras**, que pela sua natureza não dependem de concessão, podem ser hipotecadas[11].

31.3.1.5. Hipoteca de navios

Em sexto lugar, figuram os **navios** como suscetíveis de hipoteca, embora sejam bens móveis (art. 1.473, V). O Código Civil limita-se a proclamar a possibilidade de o navio ser objeto de hipoteca, mas não regula a sua constituição. Esta é regida pelo disposto em **leis especiais**, conforme estabelece o parágrafo único do citado art. 1.473. As disposições do estatuto civil serão aplicáveis naquilo em que não conflitarem com as normas especiais.

Embora os navios sejam móveis, é admitida a hipoteca, por conveniência econômica e porque são **suscetíveis de identificação e individuação, tendo registro pe-**

---

10 Washington de Barros Monteiro, *Curso*, cit., v. 3, p. 427.

11 Caio Mário da Silva Pereira, *Instituições*, cit., v. IV, p. 375.

culiar, possibilitando a **especialização e a publicidade**, princípios que norteiam o direito real de garantia.

O navio pode ser objeto de hipoteca, quer se destine à navegação **fluvial** ou **marítima**, de **longa** ou **pequena cabotagem**.

■ *31.3.1.6. Hipoteca de aeronaves*

Também as **aeronaves** são hipotecáveis, conforme consta do inc. VII do aludido art. 1.473. Como sucede com a hipoteca incidente sobre navios, a de aviões também é regulada por **lei especial**, e não pelas disposições do Código Civil, como ressalta o parágrafo único do mencionado dispositivo.

Dispõe o art. 141 do Código Brasileiro de Aeronáutica (Lei n. 7.565, de 19-12-1986) que "a hipoteca constituir-se-á pela inscrição do contrato no **Registro Aeronáutico Brasileiro** e com a averbação no respectivo certificado de matrícula".

■ *31.3.1.7. Hipoteca do direito de uso especial para fins de moradia, do direito real de uso e da propriedade superficiária*

Como já mencionado, os incs. VIII, IX e X do art. 1.473 do Código Civil, retrotranscrito, que incluíram no rol dos bens que podem ser objeto de hipoteca o **direito de uso especial para fins de moradia, o direito real de uso e a propriedade superficiária**, foram acrescentados pela Lei n. 11.481, de 31 de maio de 2007.

Prescreve o § 2º do aludido dispositivo legal que os "direitos de garantia instituídos nas hipóteses dos incisos IX e X do *caput* deste artigo ficam limitados à duração da concessão ou direito de superfície, caso tenham sido transferidos por período determinado".

■ 31.3.2. Requisito subjetivo

Para a validade da hipoteca, exige a lei, além da **capacidade geral** para os atos da vida civil, a **especial para *alienar***. Apenas as coisas suscetíveis de alienação podem ser dadas em garantia, e "só aquele que pode **alienar poderá empenhar, hipotecar** ou dar em anticrese" (CC, art. 1.420). A exigência se justifica, porque o bem será levado a venda judicial se a dívida não for paga.

Embora só possa alienar quem é dono e, por conseguinte, não seja permitida a hipoteca de coisa alheia, dispõe o § 1º do mencionado art. 1.420 que "a propriedade superveniente torna eficaz, desde o registro, as garantias reais estabelecidas por quem não era dono".

■ *31.3.2.1. Restrições à liberdade de hipotecar impostas aos cônjuges*

Algumas restrições de natureza subjetiva à liberdade de hipotecar devem ser lembradas. Assim, **nenhum dos cônjuges** pode, sem autorização do outro, exceto no regime da separação absoluta, "**gravar de ônus real** os bens imóveis" (CC, art. 1.647, I). Cabe ao juiz suprir a outorga, quando um dos cônjuges a denegue sem motivo justo, ou lhe seja impossível concedê-la (art. 1.648).

Não existe, todavia, a mesma restrição quanto ao penhor, que incide, em regra, apenas sobre bens móveis.

31.3.2.2. *Hipoteca de bens do ascendente ao descendente*

O *ascendente*, malgrado respeitáveis opiniões em contrário, pode hipotecar bens a *descendente*, **sem consentimento dos outros**, não se lhe aplicando a limitação referente à venda, imposta no art. 496 do Código Civil, que deve ser interpretado restritivamente por cercear o direito de propriedade.

31.3.2.3. *Hipoteca de bens dos menores e dos curatelados*

Os menores sob **poder familiar** (CC, art. 1.691) ou **tutela**, bem como os **curatelados**, dependem de representação ou assistência e de **autorização judicial** para que possam gravar os seus bens com ônus reais.

Nas hipóteses de tutela e de curatela, podem os tutores e curadores **alienar** bens imóveis, mas somente mediante autorização do juiz (arts. 1.750 e 1.781). Se podem alienar, podem, por conseguinte, oferecer bens do incapaz em hipoteca, desde que previamente autorizados pelo juiz.

31.3.2.4. *Hipoteca dos bens dos pródigos*

Os *pródigos*, quando atuam sozinhos, não podem hipotecar. Quando, porém, encontram-se **assistidos por seu curador**, podem fazê-lo, **sem mesmo necessidade de autorização judicial**, uma vez que a sua situação é regida por norma especial.

Dispõe, com efeito, o art. 1.782 do Código Civil que a interdição do pródigo somente o priva de, sem curador, praticar atos que não sejam de mera administração do patrimônio, dentre os quais se insere o oferecimento de garantia real.

31.3.2.5. *Hipoteca de bens inventariados*

O **inventariante** não pode igualmente constituir hipoteca sobre bens que integram o acervo hereditário, salvo mediante **autorização judicial**. Todavia, o **herdeiro**, aberta a sucessão, pode dar em hipoteca sua **parte ideal**, que deverá ser separada na partilha e atribuída ao arrematante. Uma vez que o herdeiro pode ceder a terceiros os seus direitos hereditários, considerados imóveis para os efeitos legais (CC, art. 80, II), mediante escritura pública (art. 1.793), nada obsta a que os ofereça em garantia hipotecária.

Em caso de execução da dívida, os coerdeiros terão **preferência** para a arrematação, tanto por tanto (art. 1.794). A garantia oferecida pelo coerdeiro só pode concernir à **quota hereditária**. Será **ineficaz** se incidir sobre bem da herança considerado singularmente, aplicando-se analogicamente à hipótese o § 2º do citado art. 1.793, que trata da cessão de direitos hereditários.

Embora ineficaz, tal oferta poderá, todavia, por força do disposto no § 1º do art. 1.420 do Código Civil, produzir todos os efeitos, desde o momento em que se constituiu a garantia, se **o herdeiro cedente**, após a partilha, vier a ser contemplado com o aludido bem singular, dele se tornando **proprietário**.

■ 31.3.2.6. *Hipoteca de bens do falido*

O *falido*, porque privado da administração de seus bens, também **não pode**, desde a decretação da quebra, **oferecer bens em hipoteca**, como prevê o art. 102 da nova Lei de Falências (Lei n. 11.101, de 9-2-2005).

Dispõe o art. 66 da aludida lei que, "após a distribuição do pedido de recuperação judicial, o devedor não poderá alienar ou onerar bens ou direitos de seu ativo permanente, salvo evidente utilidade reconhecida pelo juiz, depois de ouvido o Comitê, com exceção daqueles previamente relacionados no plano de recuperação judicial".

■ 31.3.3. Requisito formal

A validade da hipoteca depende, além do preenchimento dos requisitos objetivo e subjetivo já estudados, da observância do requisito concernente à **forma** de sua constituição. Envolve este:

- o **título constitutivo**;
- a **especialização**; e
- o **registro** no Cartório de Registro de Imóveis.

■ 31.3.3.1. *O título constitutivo*

Constitui-se a hipoteca:

- por força de **contrato**, na hipoteca convencional;
- por **disposição legal**, na hipoteca legal; e
- por **sentença**, na hipoteca judicial.

O contrato, a lei e a sentença representam, portanto, o **título ou documento** que perpetua a declaração de vontade das partes e serve de suporte e fundamento para a incidência do ônus real.

Como o direito real surge com o registro no Cartório de Registro de Imóveis, há necessidade da existência de um instrumento escrito, cuja forma pode variar conforme a espécie de hipoteca, que possa ser registrado.

A espécie de hipoteca mais comum é a **convencional:** resulta do acordo de vontades entre o credor hipotecário, que recebe a garantia real, e quem a outorga, que pode ser o devedor principal ou terceiro hipotecante. A hipoteca é, portanto, um **contrato solene**, que exige também a participação das testemunhas instrumentárias.

Se o imóvel dado em hipoteca for de pequeno valor, pode ser adotada a **forma particular**. Se, todavia, o valor for superior a trinta vezes o maior salário mínimo vigente no País, será obrigatória a **escritura pública** (CC, art. 108).

31.3.3.2. A especialização

Dois **princípios** informam a hipoteca:

a) o da **especialização** (CC, art. 1.424); e
b) o da **publicidade** (art. 1.492).

Além da existência de um instrumento escrito, que lhe sirva de título, exige-se, para a validade da hipoteca, a observância dos aludidos princípios. O da **especialização** consiste na identificação das partes e do débito a ser garantido (valor, prazo etc.) e na descrição precisa e pormenorizada dos bens onerados: identificação, localização, dimensão etc.

A **especialização** tem duplo significado:

- a hipoteca garante um **crédito determinado**;
- a hipoteca é estabelecida sobre um **imóvel determinado**.

Desse modo, não se há falar em hipoteca geral ou ilimitada. Não havendo quantificação precisa do débito, far-se-á uma **estimativa**, ou se obterá a sua caracterização pela causa e outros fatores hábeis a determiná-lo, de modo a ter-se dívida **líquida e certa** ao tempo do vencimento. Exigindo-se a **descrição dos bens**, afasta-se a possibilidade de se constituir hipoteca sobre bens futuros, salvo no caso de aeronave (CBA, art. 138) e de navio em construção, bem como de prédio em construção ou apartamento em edifício coletivo, quando a referência ao memorial descritivo, plantas e projetos constituem os dados especializadores[12].

No caso de **hipoteca legal**, a especialização constará de **sentença**, sem a qual não haverá registro, não se chegando a formalizar a garantia real; no de **hipoteca judicial**, a especialização se fará na **sentença** e constará de mandado endereçado ao oficial do registro.

A falta de especialização impede o surgimento da garantia real, conduzindo à invalidade do negócio em relação a terceiros.

31.3.3.3. O registro da hipoteca

Somente com o *registro* da hipoteca **nasce o direito real**. Antes dessa providência, o aludido gravame não passará de um crédito pessoal, por subsistente apenas *inter partes*; depois do registro, **vale *erga omnes***.

O **registro** é, assim, indispensável à validade da hipoteca em relação a **terceiros**. Embora se afirme que vale entre as partes, independentemente desse registro, em realidade o seu valor é praticamente nenhum, como assevera Orlando Gomes[13], porque não assegura o direito de **preferência** na execução. O registro é necessário, des-

---

[12] Caio Mário da Silva Pereira, *Instituições*, cit., v. IV, p. 381; Marco Aurélio S. Viana, *Comentários*, cit., v. XVI, p. 799.

[13] *Direitos reais*, p. 416.

tarte, **para valer entre as partes e terceiros como direito real**. Daí a peremptória proclamação de Lacerda de Almeida: "No direito atual, hipoteca não registrada é hipoteca não existente"[14].

Decidiu, todavia, o Superior Tribunal de Justiça que **a ausência de averbação da hipoteca não significa nulidade da garantia**. Confira-se: "Se ausência de registro da hipoteca não a torna inexistente, mas apenas **válida *inter partes* como crédito pessoal**, impõe-se a aplicação do disposto no art. 3º, V, da Lei 8.009/1990 à espécie para se reconhecer a validade da penhora incidente sobre o bem de família de propriedade dos recorridos"[15].

■ *31.3.3.3.1. Registro no cartório do local do imóvel*

O registro confere a indispensável **publicidade** à hipoteca. Determina o art. 1.492 do Código Civil que as hipotecas sejam registradas "no cartório do **lugar do imóvel**, ou no de cada um deles, se o título se referir a mais de um".

É possível, com efeito, que o imóvel esteja localizado em mais de um lugar. Neste caso, é necessário proceder-se ao registro em **cada uma das circunscrições** em que ele esteja situado.

■ *31.3.3.3.2. Prazo de validade do registro*

O Código Civil não estabelece prazo para a efetivação do registro. Pode o ato, portanto, ser promovido a qualquer tempo. Uma vez efetuado, vale por **"trinta anos"**, no caso da hipoteca **convencional**. Decorrido esse prazo, ela deve ser reconstituída "por novo título e novo registro", sob pena de se tornar perempta (CC, art. 1.485, com redação determinada pela Lei n. 10.931, de 2-8-2004).

No tocante às hipotecas **legais e judiciais**, vale o registro enquanto perdurar a obrigação, "mas a especialização, em completando **vinte anos**, deve ser renovada" (CC, art. 1.498).

■ *31.3.3.4. Prioridade e preferência decorrentes da prenotação e do número de ordem*

Efetua-se o registro da hipoteca (LRP, arts. 167, I, n. 2, e 176) no Livro n. 2 (Registro Geral), em obediência à ordem de apresentação anotada no Livro n. 1 (Protocolo). O número de ordem "determina a **prioridade**, e esta a **preferência** entre as hipotecas" (CC, art. 1.493, parágrafo único). Assim, se forem instituídas duas ou mais hipotecas sobre o mesmo bem, em favor de credores diversos, **"não se registrarão no mesmo dia"** para que se positive qual delas é prioritária, a não ser que se mencione **"a hora em que foram lavradas"** (art. 1.494).

---

[14] *Direito das cousas*, v. II, p. 187.

[15] STJ, REsp 1.455.554, 3ª T., rel. Min. João Otávio de Noronha, disponível em: <http://www.conjur.com.br>. Acesso em: 6 jul. 2016.

A prioridade e a preferência não decorrem do registro da hipoteca, mas da **prenotação e do número de ordem**. Não se impede a constituição de duas hipotecas no mesmo dia, mas tão somente de **dois registros no mesmo dia**. Igualmente não se proíbe o registro de uma das hipotecas. Registra-se no mesmo dia o título que tiver a **prioridade** da apresentação. A outra hipoteca ou outro direito real é registrado no **dia seguinte**. Não se leva em conta se se trata de hipoteca convencional, legal ou judicial, pois inexiste entre elas qualquer primazia. Esta cabe sempre à hipoteca prenotada em primeiro lugar.

O dispositivo em apreço abre, todavia, uma **exceção:** permite que se proceda ao registro de duas hipotecas, ou de uma hipoteca ou um direito real, em favor de pessoas diversas, **desde que conste das duas escrituras a hora em que foram lavradas**. Neste caso, o oficial está autorizado a promover o registro da lavrada em primeiro lugar.

Quando se apresentar ao oficial do registro título de hipoteca que mencione a constituição de anterior, **não registrada**, "sobrestará ele", como prescreve o art. 1.495 do Código Civil, "na inscrição da nova, depois de a prenotar, até trinta dias, aguardando que o interessado inscreva a precedente; esgotado o prazo, sem que se requeira a inscrição desta, a hipoteca ulterior será registrada e obterá preferência".

Não se confunde tal situação com a do dispositivo anterior. O art. 1.494 veda dois registros no mesmo dia sobre o mesmo imóvel, em favor de pessoas diversas, enquanto o citado art. 1.495 alude à hipótese de ser apresentada uma única escritura, que consigne, porém, de modo expresso, **a existência de hipoteca anterior**, até então sem registro.

Nessa hipótese, cumpre ao oficial **prenotar a apresentação da segunda hipoteca e sobrestar-lhe por trinta dias o registro**. Será nulo o registro se o oficial o promover sem aguardar o aludido prazo. Se dentro nele se apresentar a primeira hipoteca, registrar-lhe-á o oficial, de acordo com o número de ordem que lhe competir, registrando em seguida a segunda, prenotada anteriormente.

Dispõe o art. 1.496 do Código Civil que, "se tiver dúvida sobre a legalidade do registro requerido, o oficial fará, ainda assim, a **prenotação** do pedido. Se a dúvida, dentro em noventa dias, for julgada improcedente, o registro efetuar-se-á com o mesmo número que teria na data da prenotação; no caso contrário, cancelada esta, receberá o registro o número correspondente à data em que se tornar a requerer".

O registro pode ser requerido por **qualquer interessado**, mediante exibição do título, como preceitua o parágrafo único do art. 1.492 do Código Civil. Não pode ser promovido *ex officio* pelo titular do cartório em virtude do **princípio da instância**, que não permite que o oficial proceda a registros *sponte sua*, mas somente a requerimento do interessado, ainda que verbal (LRP, art. 13). Até mesmo a instauração de procedimento de dúvida será feita a requerimento do interessado (LRP, art. 198).

Não apenas o credor e o devedor, portanto, podem promover o registro da hipoteca, senão também os **terceiros interessados** em geral, como, *verbi gratia*, os credores do credor hipotecário, o terceiro que ofereceu seu imóvel em garantia, o fiador do devedor, os herdeiros do credor ou do devedor etc. O maior interessado, porém, será sempre o próprio credor, uma vez que somente depois de registrada a hipoteca obtém ele os direitos de sequela e preferência.

31.4. ESPÉCIES DE HIPOTECA

31.4.1. Segundo a origem ou causa determinante

Sob esse prisma, a hipoteca pode ser:

- **convencional:** quando se origina do contrato, da livre manifestação dos interessados;
- **legal:** quando emana da lei para garantir determinadas obrigações (CC, art. 1.489); e
- **judicial:** quando decorre de sentença judicial, assegurando a sua execução.

31.4.2. Quanto ao objeto em que recai

Sob esse aspecto, a hipoteca pode ser:

- **comum**, quando incide sobre bem imóvel; e
- **especial**, submetida a regime legal específico, como a que tem por objeto aviões, navios ou vias férreas.

Vide o quadro esquemático abaixo:

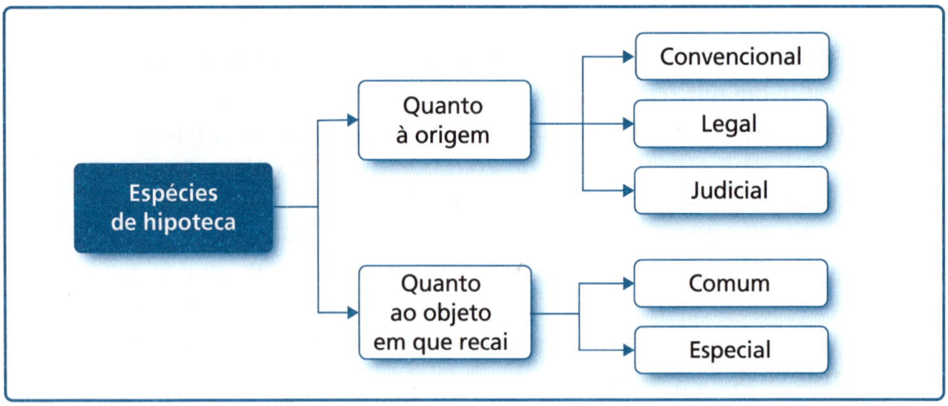

31.4.3. Hipoteca convencional

A hipoteca *convencional*, como foi dito, é aquela que se constitui por meio de um **acordo de vontades** celebrado entre o credor e o devedor da obrigação principal, podendo incidir sobre qualquer modalidade de prestação.

Com efeito, são suscetíveis de ônus real todas as obrigações de caráter econômico, sejam elas de **dar, fazer ou não fazer**. Nas primeiras, a hipoteca assegura a entrega do objeto da prestação; nas de fazer ou de não fazer, pode garantir o pagamento de indenização por perdas e danos.

Têm as partes, assim, a faculdade de reforçar as aludidas obrigações, estipulando a garantia hipotecária. Esta, para constituir-se validamente, deve preencher os requisitos objetivo, subjetivo e formal estudados no item anterior.

31.4.4. Hipoteca legal

A hipoteca *legal*, como foi observado, é um **favor concedido pela lei** a certas pessoas. Não deriva, portanto, do contrato, mas é imposta por lei, visando a **proteger algumas pessoas** que se encontram em determinadas situações ou que, por sua condição, merecem ser protegidas. Destarte, a **qualidade do credor**, e não do crédito, justifica a sua constituição[16].

Dispõe, assim, o art. 1.489 do Código Civil:

> "A lei confere hipoteca:
>
> I — às pessoas de direito público interno (art. 41) sobre os imóveis pertencentes aos encarregados da cobrança, guarda ou administração dos respectivos fundos e rendas;
>
> II — aos filhos, sobre os imóveis do pai ou da mãe que passar a outras núpcias, antes de fazer o inventário do casal anterior;
>
> III — ao ofendido, ou aos seus herdeiros, sobre os imóveis do delinquente, para satisfação do dano causado pelo delito e pagamento das despesas judiciais;
>
> IV — ao coerdeiro, para garantia do seu quinhão ou torna da partilha, sobre o imóvel adjudicado ao herdeiro reponente;
>
> V — ao credor sobre o imóvel arrematado, para garantia do pagamento do restante do preço da arrematação".

31.4.4.1. Especialização

Assim como a hipoteca convencional, a hipoteca legal subordina-se aos dois princípios basilares do regime hipotecário moderno: o direito real e, por consequência, a eficácia *erga omnes* do vínculo só se constituem após:

- a **especialização**; e
- o **registro**.

A **especialização** se faz em juízo. O pedido para a sua efetivação declarará a estimativa e será instruído com a prova do domínio dos bens, livres de ônus, dados em garantia.

31.4.4.2. Registro

Segundo a lição de Clóvis Beviláqua[17], dois momentos se observam na constituição dessa hipoteca:

---

[16] Orlando Gomes, *Direitos reais*, cit., p. 418.

[17] *Código Civil dos Estados Unidos do Brasil comentado*, obs. 1 ao art. 827 do CC/1916, v. 3.

- um **momento inicial**, em que ocorre o **fato constitutivo** ou gerador do vínculo (casamento, tutela, posse do cargo etc.), durante o qual existe apenas um vínculo potencial e indeterminado sobre imóveis do devedor, pois não vale contra terceiros;
- o **momento definitivo**, em que através da **especialização e registro** surge o direito real, provido de sequela e preferência.

O retrotranscrito art. 1.489 menciona as seguintes pessoas protegidas com a hipoteca legal:

31.4.4.3. *As pessoas jurídicas de direito público interno*

Têm elas hipoteca legal sobre os imóveis pertencentes aos **encarregados da cobrança, guarda ou administração** dos respectivos fundos e rendas.

A previsão legal objetiva instituir uma garantia contra os prejuízos que possam ser causados aos cofres públicos devido à má administração de tais pessoas. O ônus passa a incidir sobre os seus bens somente após a nomeação e posse no cargo.

31.4.4.4. *Os "filhos, sobre os imóveis do pai ou da mãe" que passar a outras núpcias, antes de fazer o inventário do casal anterior*

Ao sujeitar à hipoteca legal os bens dos genitores, visa a lei a impedir a **confusão de patrimônios**, em detrimento dos filhos do leito anterior, obstando que o patrimônio destes venha a ser usado para o sustento da nova família.

Com a partilha, definem-se os bens que comporão o quinhão dos mencionados filhos, evitando a apontada confusão. Estará afastado o risco de que esta venha a ocorrer se o cônjuge falecido não tiver deixado algum filho, assim como, ainda que tenha deixado algum, se o casal não tiver bens a partilhar.

31.4.4.5. *O ofendido, ou seus herdeiros, sobre os imóveis do delinquente*

O dispositivo visa a garantir o **ressarcimento do dano civil e das custas e demais despesas judiciais**, uma vez que o art. 942 declara que "os bens do responsável pela ofensa ou violação do direito de outrem ficam sujeitos à reparação do dano causado".

O Código de Processo Penal, no capítulo concernente às medidas assecuratórias, estatui que "a **hipoteca legal** sobre os imóveis do indiciado poderá ser requerida pelo ofendido em qualquer fase do processo, desde que haja certeza da infração e indícios suficientes da autoria" (art. 134). O procedimento é regulado no art. 135 do aludido diploma.

A hipoteca legal será, todavia, **cancelada**, se por sentença irrecorrível o réu for **absolvido** ou julgada **extinta a punibilidade** (CPP, art. 141). Se o delinquente vem a falecer, os seus imóveis serão transmitidos aos herdeiros, pelo princípio da *saisine* (CC, art. 943), mas permanecerão garantindo a reparação do dano.

31.4.4.6. *O "coerdeiro, para garantia do seu quinhão ou torna da partilha"*

O aludido dispositivo, no inc. IV, defere-lhe a hipoteca legal sobre o imóvel adjudicado ao herdeiro reponente. Aplica-se a regra à hipótese mencionada no art. 2.019, *caput* e § 1º, do Código Civil, em que é adjudicado o imóvel inventariado, **insuscetível de divisão cômoda**, a um único herdeiro, com o encargo de uma **reposição pecuniária** pela diferença que recebe. Neste caso, o imóvel adjudicado a maior é objeto de hipoteca legal, até que se efetive o pagamento pelo adjudicatário.

Malgrado o dispositivo em apreço mencione somente o **"herdeiro reponente"**, sem se referir ao **cônjuge**, o § 1º do citado art. 2.019 menciona a hipótese de o bem insuscetível de divisão ser adjudicado ao cônjuge, que se tornaria, assim, também **reponente**. Não há empeço a que se institua em seu favor a hipoteca legal, uma vez que o novo diploma incluiu o **cônjuge sobrevivente** no rol dos herdeiros necessários (art. 1.845), concorrendo em muitos casos com os descendentes e os ascendentes (art. 1.829).

31.4.4.7. *O credor, "sobre o imóvel arrematado", para garantia do pagamento do restante do* preço da arrematação

O procedimento de especialização é regulado nos arts. 1.205 e s. do Código de Processo Civil. Não dependerá de intervenção judicial a especialização de hipoteca legal sempre que o interessado, capaz de contratar, convencioná-la, por escritura pública, com o responsável (art. 1.210).

31.4.5. Hipoteca judicial

A hipoteca judicial, de origem francesa, é hodiernamente de reduzida importância prática. A sua criação foi inspirada no reconhecimento da importância, para a ordem social, de **alcançarem efetividade as decisões judiciais**. Por intermédio da hipoteca sobre os bens do vencido, a lei assegura ao exequente a satisfação do seu crédito.

Todavia, o resultado almejado pelo legislador pode ser obtido pela imediata **penhora dos bens do devedor**, sem as delongas de um processo de especialização hipotecária. Ainda que o devedor venha a alienar os seus bens, em fraude à execução, tal alienação será ineficaz perante o credor, que estará autorizado pelo juiz a penhorá-los, ainda que registrados em nome de terceiros (CPC, art. 792, IV).

Cumpre alertar que o direito de promover hipoteca judicial, decorrente de sentença condenatória, constitui **efeito imediato da sentença**, prevalecendo, depois de registrado, de modo absoluto, contra o adquirente, **não se confundindo, pois, com o direito de penhorar bens alienados em fraude à execução**, que supõe fraude do alienante e má-fé do terceiro adquirente, bem como a redução do devedor à insolvência.

A hipoteca judicial, que inexiste em inúmeras legislações, **não foi contemplada no Código Civil de 2002**. Mas é prevista no **art. 495 do Código de Processo Civil**, que assim dispõe: "A decisão que condenar o réu ao pagamento de prestação consistente em dinheiro e a que determinar a conversão de prestação de fazer, de não fazer ou de dar coisa em prestação pecuniária valerão como título constitutivo de hipoteca judiciária"[18].

■ 31.5. PLURALIDADE DE HIPOTECAS

Admite-se a efetivação de **novas hipotecas** sobre o imóvel anteriormente hipotecado, desde que com novo título constitutivo, em favor do mesmo ou de outro credor. Nesse sentido, dispõe o art. 1.476 do Código Civil:

> "O dono do imóvel hipotecado **pode constituir outra hipoteca** sobre ele, mediante novo título, em favor do mesmo ou de outro credor".

É possível, assim, seja o imóvel gravado de várias hipotecas, **a menos que o título constitutivo anterior vede isso expressamente**. Se o valor do prédio excede o da obrigação garantida com hipoteca, a ponto de a sobra bastar para assegurar outra obrigação, poderá o credor oferecê-la para garantir novo negócio. Se o credor, que pode ser o mesmo ou outra pessoa, convencer-se de que o valor do imóvel supera a dívida original, sendo o saldo suficiente para assegurar o resgate de novo empréstimo, poderá concedê-lo em troca da garantia subsidiária.

Mesmo havendo pluralidade de hipotecas, **o credor primitivo não fica prejudicado, porque goza do direito de preferência**. É de consignar que o devedor **deve revelar**, ao constituir nova hipoteca, **a existência da anterior**, mencionando esse fato no título constitutivo do ônus posterior, sob pena de, silenciando, cometer crime de estelionato na modalidade "alienação ou oneração fraudulenta de coisa própria" (CP, art. 171, § 2º, II).

■ 31.5.1. A subipoteca

A segunda hipoteca sobre o mesmo imóvel recebe o nome de *subipoteca*. Pode ser efetivada ainda que o valor do imóvel não a comporte.

Em razão da **preferência** entre os credores hipotecários, fixada pela ordem de registro dos títulos no Registro de Imóveis, que estabelece a prioridade, **o subipotecário não passa de um credor quirografário** em relação aos anteriores, que não serão prejudicados. Todavia, a lei lhe assegura a prerrogativa de **remir a hipoteca anterior**, a fim de evitar execução devastadora, que não deixe sobra para o pagamento de seu crédito (CC, art. 1.478).

A remição "consiste no pagamento da importância da dívida, com a consequente sub-rogação legal nos direitos do credor satisfeito (CC, arts. 346, I, e 1.478). Pode

[18] "A sentença valerá como título de hipoteca judiciária não apenas no caso de condenação do réu: a sentença de improcedência da ação vale como título constitutivo de hipoteca judiciária para garantir o pagamento da verba de sucumbência" (*JTACSP*, 149/40). "A hipoteca judiciária é consequência imediata da sentença, pouco importando a pendência ou não de recurso contra esta" (*RT*, 596/99; *RJTJSP*, 127/186; *JTACSP*, 124/72). "A impenhorabilidade do bem de família impede a constituição de hipoteca judicial" (STJ, RMS 12.373-RJ, 4ª T., rel. Min. Asfor Rocha, *DJU*, 12-2-2001, p. 115).

convir ao credor da segunda hipoteca fazer tal remição, pois assim evita que uma execução ruinosa ou inoportuna, promovida pelo credor preferencial, conduza a se obter, em praça, apenas o bastante para o resgate da primeira dívida, sem que remanesçam sobras para o pagamento das demais"[19].

31.5.2. Execução promovida pelo credor da segunda hipoteca

Preceitua o art. 1.477 do Código Civil:

> "Salvo o caso de insolvência do devedor, o credor da segunda hipoteca, embora vencida, não poderá executar o imóvel antes de vencida a primeira".

Como já exposto, a preferência entre os vários credores hipotecários se determina pela ordem de registro dos títulos constitutivos no Registro de Imóveis. **O direito do subipotecário só se exerce, portanto, após a satisfação do credor primitivo.** Por essa razão, prescreve o dispositivo supratranscrito que, mesmo vencida a segunda hipoteca, não pode o credor excuti-la antes de vencida a anterior. Ressalva a lei, todavia, a hipótese de **insolvência** do devedor, quando então se instaura execução geral contra o devedor comum, a que devem concorrer todos os credores.

Malgrado o aludido dispositivo mencione apenas o credor da segunda hipoteca, tem a jurisprudência proclamado que, "embora não vencida a hipoteca, pode o credor quirografário penhorar os bens dados em garantia, se manifesta a **insolvência** do devedor"[20].

31.6. EFEITOS DA HIPOTECA

O direito real de hipoteca produz efeitos a partir do **registro** do título constitutivo, mas só se apresenta em toda sua plenitude quando o titular promove a **execução judicial**. Antes disso, o direito do credor permanece em estado potencial. Se o devedor paga a dívida, a garantia não é utilizada, embora tenha cumprido a sua função.

Esse estado de latência pode cessar, todavia, nos casos de **vencimento antecipado da dívida** expressos em lei. Em alguns deles, o credor pode propor, de imediato, a execução hipotecária. Em outros, porém, com o perecimento da coisa ou sua desapropriação, verifica-se a sub-rogação real na indenização paga pela empresa seguradora ou pelo poder expropriante[21].

Os efeitos da hipoteca podem ser analisados sob três aspectos:

- em relação ao **devedor**;
- em relação ao **credor**; e
- em relação a **terceiros**.

---

[19] Silvio Rodrigues, *Direito civil*, cit., v. 5, p. 397.

[20] *RF*, 81/144; *RT*, 701/153.

[21] Orlando Gomes, *Direitos reais*, cit., p. 423-424.

■ 31.6.1. Efeitos em relação ao devedor

Uma vez constituída a hipoteca, e até a sua extinção ou a penhora efetuada na execução hipotecária, o devedor sofre limitações no direito de propriedade do bem gravado.

■ *31.6.1.1. Limitações sofridas pelo devedor*

Malgrado conserve a posse e, em consequência, a faculdade de usar e gozar do imóvel, assim como o direito de aliená-lo e até de constituir nova hipoteca, **é-lhe vedado constituir direito real diverso**, como a anticrese, por exemplo, em desrespeito ao vínculo hipotecário, assim como fica inibido de praticar atos que, de qualquer modo, direta ou indiretamente, importem **degradação da garantia**.

Assim, está impedido de demolir o prédio hipotecado, deteriorá-lo ou depreciá-lo, bem como alterar-lhe a substância ou modo como é normalmente explorado, se tal modificação implicar risco de diminuição do seu valor[22].

■ *31.6.1.2. Direito de alienar o bem hipotecado*

O Código Civil de 2002, afastando qualquer dúvida que pudesse existir anteriormente, declara peremptoriamente, no art. 1.475, como já foi comentado, que **"é nula a cláusula que proíbe ao proprietário alienar imóvel hipotecado"**. Não perde ele, com efeito, em virtude da hipoteca, o *ius disponendi*. A alienação transfere o domínio, mas este passa ao adquirente com o ônus hipotecário.

Anula-se somente a cláusula que a proíbe, mas não a hipoteca. O parágrafo único do aludido dispositivo, todavia, considera lícita a cláusula que estabeleça que o crédito hipotecário se torna exigível, vencendo-se antecipadamente, "se o imóvel for alienado".

■ *31.6.1.3. Incidência da penhora, preferencialmente, sobre o bem dado em garantia*

Vencida e não cumprida a dívida, o credor promove a **execução hipotecária**, recaindo a penhora **preferencialmente** sobre o bem dado em hipoteca. Este é subtraído do poder do devedor e apreendido judicialmente, sendo levado à **hasta pública**, para que o produto da arrematação sirva para a satisfação do credor. Se preferir, poderá o último requerer a sua **adjudicação**. Nesta fase, o direito de preferência se exerce plenamente.

Desde a **constrição judicial**, perde o devedor não apenas o direito de alienar o imóvel, como também o de receber os frutos. Cabe-lhe, todavia, o excesso de preço apurado na praça.

■ 31.6.2. Efeitos em relação ao credor

Constituída a hipoteca, o bem gravado permanece afetado à satisfação do crédito hipotecário. Vencida e não paga a dívida, pode o credor promover a **excussão da**

---

[22] Silvio Rodrigues, *Direito civil*, cit., v. 5, p. 398; Orlando Gomes, *Direitos reais*, cit., p. 424.

garantia, mediante a competente **execução hipotecária**, na qual o bem será penhorado e levado à hasta pública, como mencionado no item anterior. Se a execução for insuficiente para pagar o exequente, este poderá penhorar outros bens do devedor.

Arrematado o imóvel, o credor hipotecário se paga pelo preço obtido, ou mediante adjudicação do próprio bem, **com preferência sobre qualquer outro credor**, salvo os que o sejam por custas judiciais, tributos e dívidas oriundas do salário do trabalhador agrícola pelo produto da colheita para a qual houver concorrido com seu trabalho (CC, arts. 1.422 e parágrafo único e 964, VIII).

Se o bem hipotecado for penhorado por outro credor, não poderá ser validamente praceado sem a citação do credor hipotecário (CC, art. 1.501).

31.6.3. Efeitos em relação a terceiros

Na sua condição de direito real, a hipoteca produz efeitos em relação a terceiros, uma vez que, depois de registrada, **é oponível *erga omnes***, conferindo ao credor hipotecário o direito de sequela.

Assim, não vale de escusa ao adquirente do imóvel hipotecado a alegação de ignorância da existência do ônus, pois este figura obrigatoriamente no **Registro de Imóveis**. Sempre será lícito ao credor exercer o seu direito contra ele. Daí a razão por que ordinariamente o adquirente, nas compras e vendas de bens imóveis, exige do alienante certidão negativa de ônus reais incidentes sobre eles[23].

Nenhum outro credor poderá promover validamente a venda judicial do imóvel sem **citação do credor hipotecário**, nem disputar o rateio do seu produto, senão quanto às sobras, depois de pago preferencialmente o credor garantido[24].

31.7. DIREITO DE REMIÇÃO

Remição da hipoteca é a liberação ou resgate do imóvel hipotecado mediante o **pagamento**, ao credor, da dívida que visa a garantir.

O direito de remição **compete:**

- ao **próprio devedor**;
- ao **credor da segunda hipoteca**; e
- ao **adquirente do imóvel hipotecado**.

31.7.1. O devedor da hipoteca

Ao **devedor da hipoteca** se concede a prerrogativa de remi-la, dentro do processo de execução, depois da primeira praça e antes da assinatura do auto de arrematação ou de publicada a sentença de adjudicação, **"oferecendo preço igual ao da avaliação, se não tiver havido licitantes, ou ao do maior lance oferecido"**.

---

23 Silvio Rodrigues, *Direito civil*, cit., v. 5, p. 399.

24 Caio Mário da Silva Pereira, *Instituições*, cit., v. IV, p. 391.

Igual direito caberá **"ao cônjuge, aos descendentes ou ascendentes do executado"**, como expressamente dispõe o art. 1.482 do Código Civil, que trata especificamente da *remição* de imóvel hipotecado. Quando o remidor for cônjuge do executado, e sejam estes casados pelo regime de comunhão de bens, volta o bem remido ao patrimônio do casal, mas não poderá ser objeto de nova penhora, ou nova arrecadação, pelo saldo devedor resultante da execução em que se verificou a remição. Em relação à dívida executada, o bem remido substitui-se pela quantia paga pelo remidor[25].

31.7.2. O credor da segunda hipoteca

O art. 1.478 do Código Civil faculta a remição da hipoteca anterior **por parte do credor da segunda**, quando o devedor não se ofereça, no vencimento, a pagar a obrigação avençada. Efetuando o pagamento, o referido credor **se sub-rogará nos direitos da hipoteca anterior**, sem prejuízo dos que lhe competirem contra o devedor comum.

Visa o dispositivo a proteger o credor da hipoteca posterior, disponibilizando-lhe meios para evitar que o bem seja excutido em momento inadequado, como no de baixa cotação no mercado, por exemplo, ou por preço irreal, suficiente para pagar a hipoteca anterior, mas não a subipoteca, e ainda para superar a eventual inércia do credor[26].

31.7.3. O adquirente do imóvel hipotecado

A lei confere, também, ao **adquirente do imóvel hipotecado**, o direito de remi-lo. Preceitua, a propósito, o art. 1.481 do Código Civil:

> "Dentro em trinta dias, contados do registro do título aquisitivo, tem o adquirente do imóvel hipotecado o direito de remi-lo, citando os credores hipotecários e propondo importância não inferior ao preço por que o adquiriu".

Se o terceiro adquirente não efetua a remição, ou não paga a dívida hipotecária, **sujeita-se à excussão do imóvel**. Essa remição tem por fim forrar o adquirente dos efeitos da execução da hipoteca. Para evitar a fraude que resultaria de se avençarem o alienante, que é o devedor hipotecário, e o adquirente, no sentido de simular negócio por valor inferior ao real, confere a lei ao credor, único interessado, o direito de, notificado, requerer que o imóvel seja licitado. Na licitação, com a participação dos credores hipotecários, dos fiadores e do adquirente, será inexoravelmente alcançado o preço real do imóvel (CC, art. 1.481, § 1º)[27].

---

25 Moacyr Amaral Santos, *Comentários ao Código de Processo Civil*, v. III, p. 450.

"Se, em razão do regime de bens do casamento do devedor, o bem remido por seu cônjuge voltar ao patrimônio comum, poderá ser penhorado em outra execução, porém não naquela onde ocorreu a remição" (*JTACSP*, 157/275). Em sentido contrário, admitindo nova penhora do bem remido pelo cônjuge do executado, para garantia do saldo da dívida executada, sendo de comunhão universal o regime do casamento: STJ, REsp 14.695-SP, 3ª T., rel. Min. Dias Trindade, *DJU*, 16-121991, p. 18539.

26 Aldemiro Rezende Dantas Júnior, *Comentários*, cit., v. XIII, p. 587.

27 Silvio Rodrigues, *Direito civil*, cit., v. 5, p. 413.

O **prazo de trinta dias** para que o adquirente exerça seu direito de remir o bem hipotecado é **improrrogável**. Nada impede, todavia, que os credores hipotecários aceitem a proposta intempestiva feita pelo adquirente, concordando com a liberação do bem. Se forem vários os credores, todos terão de com ela concordar. O adquirente pode remir o bem gravado, **ou abandoná-lo**, furtando-se aos efeitos da execução, como o permite o art. 1.479 do Código Civil.

31.8. PEREMPÇÃO DA HIPOTECA

Exige o art. 1.424, II, do Código Civil, dentre outros requisitos, que o contrato hipotecário mencione **o prazo** fixado para o vencimento da hipoteca. Na **hipoteca convencional**, embora possa ser prorrogado, esse prazo terá validade por **trinta anos** e não poderá ser ultrapassado. Uma vez esgotado, o contrato hipotecário não subsiste. O direito de garantia somente se manterá se for reconstituído por **novo título e novo registro**, devendo a prorrogação ser requerida por **ambas as partes**, como preceitua o art. 1.485 do Código Civil.

Embora possam as partes estipular o prazo que lhes convier, e prorrogá-lo mediante simples averbação, este não ultrapassará o referido limite. Quando atingido, dá-se a ***perempção*** da hipoteca. Somente mediante novo instrumento, submetido a outro registro, pode-se preservar o mesmo número de ordem, na preferência da execução hipotecária, mantendo-se a garantia.

Urge salientar que a perempção pelo decurso do prazo atinge **somente a hipoteca convencional**. A **legal** prolonga-se indefinidamente, enquanto perdurar a situação jurídica que ela visa a resguardar, **"mas a especialização, em completando vinte anos, deve ser renovada"** (CC, art. 1.498).

Na hipótese de haver mais de uma hipoteca incidente sobre o mesmo bem, continuará a hipoteca com prazo prorrogado a ser a preferencial, **se a averbação foi tempestivamente feita**, ou seja, antes de seu vencimento. Se a prorrogação só vier a ser averbada depois do vencimento da primeira hipoteca, já terá surgido para o segundo credor hipotecário, por ocasião da averbação, o direito de executar a sua hipoteca ou de remir o bem, em relação ao primeiro ônus real que sobre ele recai.

31.9. PREFIXAÇÃO DO VALOR DO IMÓVEL HIPOTECADO PARA FINS DE ARREMATAÇÃO, ADJUDICAÇÃO E REMIÇÃO

Dispõe o art. 1.484 do Código Civil:

> "É lícito aos interessados fazer constar das escrituras o valor entre si ajustado dos imóveis hipotecados, o qual, devidamente atualizado, será a base para as arrematações, adjudicações e remições, dispensada a avaliação".

A faculdade conferida aos interessados facilita a execução, permitindo a **dispensa da avaliação** dos imóveis hipotecados. Desse modo, no edital que obrigatoriamente deve preceder a arrematação, o valor dos bens que dele constará será aquele ajustado pelas partes. Não se admite que uma delas, nessa fase, venha a solicitar, unilateralmente, a avaliação dos aludidos imóveis por perito designado pelo juiz, pois a norma legal é taxativa e não deixa margem a discordâncias futuras.

Nada obsta, todavia, que se proceda à *avaliação*, **estando todos os interessados de acordo** com a sua realização, nem que estes, ao invés de estimarem previamente o valor do bem, apenas estabeleçam parâmetros para a sua fixação.

O dispositivo em apreço exige, todavia, que se proceda à **atualização** dos imóveis hipotecados, por ocasião da arrematação, adjudicação ou remição. Entretanto, quando as partes estabelecerem, de comum acordo, o valor dos imóveis hipotecados e, por ocasião da execução, apesar de corrigido monetariamente, mostrar-se ele **ínfimo ou excessivo**, a solução será a **avaliação atual dos aludidos bens**, afastando a estimativa por elas feita, uma vez que não podem ser prejudicadas pelas circunstâncias mencionadas[28].

■ 31.10. HIPOTECAS CONSTITUÍDAS NO PERÍODO SUSPEITO DA FALÊNCIA

Dispõe o art. 129, III, da Lei n. 11.101, de 9 de fevereiro de 2005, que regula a recuperação judicial, extrajudicial e a falência do empresário e da sociedade empresária:

> "São **ineficazes** em relação à massa falida, tenha ou não o contratante conhecimento do estado de crise econômico-financeira do devedor, seja ou não intenção deste fraudar credores:
>
> (...)
>
> III — a constituição de direito real de garantia, inclusive a retenção, **dentro do termo legal**, tratando-se de dívida contraída anteriormente; se os bens dados em hipoteca forem objeto de outras **posteriores**, a massa falida receberá a parte que devia caber ao credor da hipoteca revogada".

Essa mesma regra já constava do art. 52, III, da anterior Lei de Falências (Decreto-Lei n. 7.661, de 21-6-1945). E o art. 823 do Código Civil de 1916 já estipulava serem "nulas, em benefício da massa, as hipotecas celebradas, em garantia de débitos anteriores, nos quarenta dias precedentes à declaração da quebra ou à instauração do concurso de preferência".

Presume-se a fraude de forma absoluta, ou seja, presume-se que o direito real contraído nesse período se funda na intenção do devedor de lesar credores e, por isso, o fato é objetivamente ineficaz. Todavia, prevalece o ônus real se apenas registrado no período suspeito, sendo a sua constituição **anterior ao termo legal**.

Assinale-se que só se anulará a hipoteca se constituída em garantia de dívida antiga; não assim se outorgada em segurança de débito novo. Se o ônus **nasce com a própria obrigação, válida será ainda que constituída no período suspeito**[29].

---

28 Washington de Barros Monteiro, *Curso*, cit., v. 3, p. 417-418; Marco Aurélio S. Viana, *Comentários*, cit., v. XVI, p. 821; Aldemiro Rezende Dantas Júnior, *Comentários*, cit., v. XIII, p. 656; Sílvio de Salvo Venosa, *Direito civil*, v. V, p. 579.

29 Washington de Barros Monteiro, *Curso*, cit., v. 3, p. 419.

31.11. INSTITUIÇÃO DE LOTEAMENTO OU CONDOMÍNIO NO IMÓVEL HIPOTECADO

Como inovação, o Código Civil de 2002 abre uma **exceção ao princípio da indivisibilidade** da hipoteca, no caso de o imóvel dado em garantia hipotecária vir a ser loteado ou nele se constituir condomínio edilício, permitindo que os interessados (credor, devedor ou donos) requeiram ao juiz a **divisão do ônus**, proporcionalmente ao valor de cada uma das partes. Não pode o credor opor-se ao desmembramento, se não houver diminuição de sua garantia.

Dispõe a esse respeito o art. 1.488 do aludido diploma:

> "Se o imóvel, dado em garantia hipotecária, vier a ser loteado, ou se nele se constituir condomínio edilício, poderá o ônus ser dividido, gravando cada lote ou unidade autônoma, se o requererem ao juiz o credor, o devedor ou os donos, obedecida a proporção entre o valor de cada um deles e o crédito.
>
> § 1º O credor só poderá se opor ao pedido de desmembramento do ônus, provando que o mesmo importa em diminuição de sua garantia.
>
> § 2º Salvo convenção em contrário, todas as despesas judiciais ou extrajudiciais necessárias ao desmembramento do ônus correm por conta de quem o requerer.
>
> § 3º O desmembramento do ônus não exonera o devedor originário da responsabilidade a que se refere o art. 1.430, salvo anuência do credor".

É muito comum o construtor e o loteador, para fazerem frente ao empreendimento, recorrerem a um empréstimo bancário, oferecendo em garantia hipotecária o próprio terreno a ser loteado ou no qual será erigido o edifício sobre o qual se instituirá o condomínio.

Nessas hipóteses, embora o gravame recaia em princípio apenas sobre o terreno, **passará a incidir, forçosa e automaticamente, sobre todas as unidades autônomas** que vierem a ser construídas, ou sobre todos os lotes nos quais se fracionar o prédio, em virtude do princípio da indivisibilidade da hipoteca e de seu caráter acessório. A hipoteca, proclama o art. 1.474 do Código Civil, **"abrange todas as acessões, melhoramentos ou construções do imóvel"**.

O art. 1.488 retrotranscrito confere aos proprietários de cada unidade desmembrada do imóvel originário o direito de requerer que a hipoteca **grave cada lote ou unidade autônoma de modo independente dos demais**, ficando cada um, feita a divisão, onerado apenas de modo proporcional, observada a proporção entre o seu valor e o crédito garantido pela hipoteca.

Malgrado o dispositivo em tela se refira apenas a ***loteamento***, que provoca a abertura de novas vias de circulação, envolve também o ***desmembramento***, no qual se aproveita o sistema viário existente (Lei n. 6.766/79, art. 2º, §§ 1º e 2º), sendo ambos espécies do gênero **parcelamento do solo**[30].

Ao se referir aos donos do imóvel, depois de mencionar o credor e o devedor, a aludida norma legal distingue entre a garantia prestada pelo devedor e a que o é por

[30] Marco Aurélio S. Viana, *Comentários*, cit., v. XVI, p. 828.

terceiro, no caso, os donos do imóvel. O devedor, que é o construtor ou incorporador, ou instituidor do loteamento, possui interesse em requerer essa divisão do ônus, para aumentar a segurança de cada promitente comprador — o que torna o investimento mais atraente para a sua clientela.

O maior interessado, no entanto, no fracionamento da garantia é o **promitente comprador**. A dúvida que o dispositivo, no entanto, não esclarece é sobre se **cada adquirente pode, isoladamente, requerer essa divisão no tocante a seu próprio quinhão**. A melhor opinião, segundo Sílvio Venosa, "é, sem dúvida, **nesse sentido**, pois exigir que todos o façam coletivamente, ou que a entidade condominial o faça, poderá retirar o alcance social que pretende a norma. Isso porque pode ocorrer que não exista condomínio regular instituído, como nos casos de loteamento, e principalmente porque todas as despesas judiciais ou extrajudiciais necessárias ao desmembramento correm por conta do requerente"[31].

As decisões judiciais, mesmo antes do advento do Código Civil de 2002, já vinham determinando a liberação da hipoteca incidente sobre as aludidas unidades, fixando a limitação da indivisibilidade às frações ideais do terreno e demais partes comuns, ao fundamento de que a incorporação imobiliária altera a situação jurídica e as características do terreno, com a sua divisão por meio do sistema de unidades autônomas, tornando-se, cada adquirente, dono exclusivo de seu apartamento[32].

Posteriormente, aos 22 de abril de 2005, foi publicada a **Súmula 308 do Superior Tribunal de Justiça**, do seguinte teor:

> "A hipoteca firmada entre a construtora e o agente financeiro, anterior ou posterior à celebração da promessa de compra e venda, não tem eficácia perante os adquirentes do imóvel".

Tendo em vista que o pagamento feito ao incorporador e devedor, pelo promitente comprador, pode não ser repassado à instituição financeira credora, que financiou o empreendimento, decidiu a aludida Corte que, para que tal divisão da hipoteca seja eficaz, será necessário que **os pagamentos sejam feitos diretamente ao banco credor**. Este, retendo dos valores pagos pelos adquirentes a parte correspondente à parcela da dívida referente ao empréstimo que fez ao construtor, repassará a ele o valor excedente. O direito do credor seria, assim, o de receber diretamente de cada cliente o pagamento da respectiva prestação[33].

O credor está legitimado a se opor ao pedido de desmembramento do ônus, na forma indicada no citado art. 1.488, desde que prove que ele **importa em diminuição de sua garantia**. A oposição deve ser, portanto, fundamentada, não se acolhendo mero capricho.

O desmembramento do ônus hipotecário não exonera o devedor originário (construtor ou loteador) de responder com os seus bens pelo restante do débito, se

---

[31] *Direito civil*, cit., v. V, p. 580-581.

[32] TJSP, Ap. 284.849-SP, 6ª Câm. Dir. Priv., rel. Des. Reis Kuntz.

[33] REsp 187.940, 4ª T., rel. Min. Ruy Rosado de Aguiar Júnior, *DJU*, 21-6-1999, p. 164.

o produto da execução da hipoteca for insuficiente para a solução da dívida e despesas judiciais, a não ser que o credor concorde com a liberação desse mesmo devedor originário. Na parte correspondente à unidade autônoma ou lote liberados, o crédito será quirografário, pois o imóvel não se encontra mais no patrimônio desse devedor.

Segundo Sílvio Venosa[34], "como esse direito de divisão proporcional do gravame decorre de uma situação de comunhão, não há prazo para que os proprietários das unidades, o credor ou o devedor requeiram essa medida, pois esse direito subjetivo insere-se na categoria dos direitos potestativos. Enquanto perdurar a indivisão do ônus, pode o requerimento ser feito. Ainda, por essa razão, nada impede seja requerida a divisão ainda que iniciada a excussão de todo o imóvel, ou que se oponha o interessado a ela **por meio de embargos de terceiro**".

31.12. CÉDULA HIPOTECÁRIA

A hipoteca **cedular** não constitui uma espécie à parte, mas apenas uma modalidade de **hipoteca convencional**, nos casos em que a lei admite a sua emissão para facilitar a circulação do crédito.

Procurando dinamizar a hipoteca como título cambial, o legislador criou a **cédula hipotecária**, destinada a financiamentos do Sistema Financeiro da Habitação, expedindo o Decreto-Lei n. 70, de 21 de novembro de 1966. Posteriormente, o Decreto-Lei n. 167, de 14 de fevereiro de 1967, instituiu a **cédula hipotecária rural**, que trata do financiamento rural concedido pelos órgãos integrantes do sistema nacional de crédito rural; e o Decreto-Lei n. 413, de 9 de janeiro de 1969, regulou a **cédula hipotecária industrial**, que dispõe sobre títulos de crédito industrial.

O Código Civil de 2002 permite, no art. 1.486, que o credor e o devedor, no título constitutivo da hipoteca, autorizem "a emissão da correspondente cédula hipotecária, na forma e para os fins previstos em lei especial". Constitui um **título de crédito** que representa o respectivo crédito hipotecário.

Trata-se de mais um instrumento destinado a promover o incremento do crédito, mas que depende de regulamentação em lei especial, como consta expressamente do citado dispositivo legal.

31.13. EXECUÇÃO DA DÍVIDA HIPOTECÁRIA

A excussão do imóvel hipotecado efetua-se sob forma de **execução por título extrajudicial** contra devedor solvente (CPC, art. 824 e s.). O art. 784, V, do aludido diploma incluiu "o contrato garantido por hipoteca" no elenco dos títulos executivos extrajudiciais.

A execução é dirigida contra o próprio devedor, que será citado para pagar o débito em três dias ou nomear bens à penhora. Se não pagar, nem fizer nomeação válida, o

[34] *Direito civil*, cit., v. V, p. 574.

oficial de justiça penhorará, **preferencialmente**, o imóvel dado em hipoteca[35]. A constrição poderá, todavia, estender-se a outros bens, se aquele se mostrar insuficiente para garantir a satisfação do crédito.

Será citada, igualmente, a **mulher do devedor**, uma vez que a penhora incide sobre direitos reais imobiliários (CPC, art. 73; CC, art. 1.647, I). O imóvel será penhorado **mesmo que esteja registrado em nome de terceiro**, a quem foi fraudulentamente alienado, exercendo o credor, para tanto, o direito de sequela que a lei assegura a todo titular de direito real.

A execução é de índole pessoal, e não real. O seu ajuizamento independe de outorga uxória, pois, com ele, exerce-se mero ato de administração[36].

Prescreve o art. 1.501 do Código Civil que "não extinguirá a hipoteca, devidamente registrada, a arrematação ou adjudicação, sem que tenham sido **notificados judicialmente** os respectivos credores hipotecários, que não forem de qualquer modo partes na execução".

Também o Código de Processo Civil, no art. 889, V, assinala que "Serão cientificados da alienação judicial, com pelo menos 5 (cinco) dias de antecedência, o credor pignoratício, hipotecário, anticrético, fiduciário ou com penhora anteriormente averbada, quando a penhora recair sobre bens com tais gravames, caso não seja o credor, de qualquer modo, parte na execução". A finalidade da regra é acautelar o direito do credor hipotecário, que não participa da execução[37].

A lei prevê dupla intimação do credor hipotecário e do senhorio direto: da penhora realizada (art. 799, I, com a cominação do art. 804). Se se tratar, porém, de excussão promovida pelo primeiro credor hipotecário, dispensável se torna a notificação do segundo credor com igual garantia.

O Decreto-Lei n. 70/66 autoriza o credor hipotecário, não sendo pago no vencimento, a optar entre a execução judicial, nos moldes da lei processual, **e a execução extrajudicial**, processada de forma simplificada por intermédio de um agente fiduciário.

Os bens vinculados à cédula hipotecária são impenhoráveis por outras dívidas do devedor, enquanto estiver vigente o contrato de financiamento. Nem mesmo a concor-

---

35 "Na execução de crédito pignoratício, anticrético ou hipotecário, a penhora, independentemente de nomeação, recairá sobre a coisa dada em garantia. Nesse caso, pode a penhora, sem ofensa à lei, ser concretizada no juízo da execução, diverso da situação dos bens, sem necessidade de se expedir carta precatória para a constrição judicial" (*RT*, 733/314).
No mesmo sentido: STJ, REsp 79.418-MG, 3ª T., rel. Min. Eduardo Ribeiro, *DJU*, 15-9-1997, p. 44373.

36 Washington de Barros Monteiro, *Curso*, cit., v. 3, p. 420.

37 "É nula a arrematação, se não se tiver cumprido o disposto no art. 698 do CPC, podendo o credor hipotecário impugná-la através de embargos de terceiro (art. 1.047, II) ou de ação de nulidade da arrematação. Mas essa nulidade somente pode ser alegada por aqueles em favor da qual foi estabelecida" (*RTFR*, 140/111, 151/57). "Cabe ao credor hipotecário, não intimado da alienação do objeto do gravame, escolher entre conservar seu direito real perante o adquirente ou desconstituir a arrematação. CPC, arts. 619 e 694, parágrafo único, inciso IV" (TFR, AC 91.859-SP, 5ª T., rel. Min. Torreão Braz, j. 14-4-1986, *Bol. do TFR*, 124/15).

dância do credor hipotecário é suficiente para afastar essa impenhorabilidade[38]. No entanto, estando findo o prazo do financiamento, o bem poderá ser penhorado por outros credores, mas o credor hipotecário terá a preferência na satisfação do seu crédito[39].

31.14. EXTINÇÃO DA HIPOTECA

O art. 1.499 do Código Civil enumera as causas que conduzem à extinção da hipoteca. Preceitua o aludido dispositivo:

> "A hipoteca extingue-se:
> I — pela extinção da obrigação principal;
> II — pelo perecimento da coisa;
> III — pela resolução da propriedade;
> IV — pela renúncia do credor;
> V — pela remição;
> VI — pela arrematação ou adjudicação".

O rol constante do dispositivo supratranscrito não esgota as possíveis hipóteses de extinção da hipoteca, que pode ocorrer, também, por exemplo:

- pela **consolidação da propriedade**, quando na mesma pessoa se concentram as qualidades de credor e dono do imóvel;
- pela **perempção legal**, quando a hipoteca é prorrogada pelas partes até perfazer trinta anos e então **se extinguir**, surgindo em seu lugar uma nova, mediante a constituição de novo título; e
- pela **anulação em virtude de fraude contra credores**, quando o devedor insolvente oferece garantia real a algum dos seus credores (CC, art. 163) etc.

A hipótese de consolidação da propriedade não equivale à confusão, que se configura quando na mesma pessoa se concentram as qualidades de credor e devedor da obrigação. Ademais, constitui esta causa de **extinção da obrigação principal**, enquanto **a consolidação apenas extingue a hipoteca**[40].

Retomando o exame das hipóteses elencadas no art. 1.499, temos que a hipoteca se extingue:

Extinção da obrigação principal

Tendo caráter acessório, **extingue-se uma vez extinta a obrigação principal** (inc. I), de conformidade com o tradicional princípio *accessorium sequitur suum principale*. Desaparecendo a dívida que estava a garantir, o ônus real extingue-se naturalmente, pois não tem existência autônoma e depende da obrigação principal.

---

38 STJ, REsp 13.682-SP, 4ª T., rel. Min. Barros Monteiro, *DJU*, 16-5-1994, p. 11771.

39 STJ, REsp 247.855-MG, 4ª T., rel. Min. Sálvio de Figueiredo Teixeira, *DJU*, 18-2-2002, p. 449.

40 Marco Aurélio S. Viana, *Comentários*, cit., v. XVI, p. 770.

A obrigação principal somente se extinguirá, acarretando em consequência a extinção da hipoteca, **se o pagamento ou adimplemento for integral**. Em caso de pagamento parcial, a hipoteca subsistirá integralmente, tendo em vista que o pagamento parcial não importa exoneração correspondente da garantia (CC, art. 1.421).

■ **Perecimento da coisa** (inc. II)

Trata-se de causa de extinção inerente à própria natureza da hipoteca. É mister salientar que a hipoteca só se extingue quando ocorre o **perecimento total** do imóvel hipotecado. Se for parcial, a garantia permanecerá sobre a parte remanescente, como resulta do art. 1.425, § 2º, do Código Civil.

Se a coisa que pereceu estava amparada por **seguro**, e houve o pagamento da indenização pela seguradora, **a garantia se sub-roga na importância paga**, nos termos do art. 1.425, § 1º. O mesmo sucede em caso de ser **desapropriado** o imóvel hipotecado ou ser **destruído** pela ação culposa de terceiro, vindo este a pagar a **indenização** pelos danos causados.

■ **Resolução da propriedade** (inc. III)

Admite-se que seja dado em hipoteca um imóvel cuja propriedade seja **resolutiva** ou **sujeita a termo**. O credor, que o aceitar, estará correndo o risco, no caso de pender condição resolutiva, de ocorrer o seu implemento. Se isto acontecer, estarão **resolvidos todos os direitos reais** concedidos sobre o imóvel, nos termos do art. 1.359 do Código Civil. O proprietário, em cujo benefício ocorreu essa resolução, irá recebê-lo **livre do ônus** que o gravava.

Se, no entanto, a propriedade se resolver por outra **causa superveniente**, como sucede no caso de doação revogada por ingratidão do donatário, **subsistirá o vínculo hipotecário anterior**, como se infere do art. 1.360 do Código Civil. A solução é a mesma no caso de ser atingido o **termo final** imposto ao negócio jurídico.

Em todas essas situações, frise-se, a hipoteca terá sido extinta pela via direta, ou seja, **subsistirá intacta a obrigação principal**, só que a partir daí sem essa garantia hipotecária que sobre o imóvel recaía[41].

■ **Renúncia do credor** (inc. IV)

Deve ela ser expressa. Trata-se de renúncia do ônus real, e **não da obrigação principal**. O seu efeito imediato é transformar o credor hipotecário em credor **quirografário**. Nada impede, com efeito, que o credor abdique de seu direito, em se tratando de hipoteca **convencional**. A hipoteca **legal**, todavia, inspirada num interesse de ordem pública, é **irrenunciável**[42].

Todavia, mesmo no caso das hipotecas legais, há **uma hipótese na qual se pode admitir a renúncia:** na situação prevista no art. 1.489, III, do Código Civil, concernente à hipoteca deferida pela lei ao ofendido sobre os imóveis do delinquente, tendo em vista que se trata, *in casu*, de hipoteca que atende apenas aos interesses privados da vítima[43].

---

41 Aldemiro Rezende Dantas Júnior, *Comentários*, cit., v. XIII, p. 776.

42 Orlando Gomes, *Direitos reais*, cit., p. 426; Caio Mário da Silva Pereira, *Instituições*, cit., v. IV, p. 408.

43 Clóvis Beviláqua, *Direito das coisas*, v. 2, p. 339.

Embora a renúncia, como ato abdicativo de direitos, deva ser **expressa e por escritura pública**, se o seu valor ultrapassar a taxa legal, **admite-se que seja tácita, em determinados casos**, por exemplo, quando o credor hipotecário, estando devidamente intimado, não comparece à praça para exercer sua preferência (CPC, art. 889, V). Ou, ainda, quando o credor, juntamente com o devedor, requer o cancelamento da hipoteca.

Remição (inc. V)

Pode ser efetuada pelo credor da segunda hipoteca, pelo adquirente do imóvel hipotecado, pelo executado, seu cônjuge, descendente ou ascendente. Efetivamente, resgatado o imóvel hipotecado pelas mencionadas pessoas, **deixa de existir o ônus real**.

Na hipótese de remição levada a efeito pelo **credor subipotecário**, o ato deste libera o imóvel da primeira hipoteca, mas o mantém vinculado à hipoteca subsequente, cujo credor exerceu o direito de remição.

Arrematação ou adjudicação do imóvel (inc. VI)

Pode ocorrer no mesmo processo ou em outro, desde que o credor hipotecário, notificado judicialmente da venda (segundo os arts. 1.501 do CC e 804 do CPC, é ineficaz a venda sem a intimação do credor), **não compareça para defender o seu direito**. Relembre-se que os credores hipotecários têm o direito de remir o imóvel hipotecado.

Realizada a praça de modo válido, com observância das formalidades legais, o arrematante ou adjudicante irá receber o imóvel livre de qualquer ônus.

Extinção pela averbação do cancelamento no Registro de Imóveis

Preceitua o art. 1.500 do Código Civil:

> "Extingue-se ainda a hipoteca com a averbação, no Registro de Imóveis, do cancelamento do registro, à vista da respectiva prova".

Sendo a hipoteca **direito real imobiliário**, que se adquire mediante o registro do título constitutivo, sua extinção só começa a ter efeito **em relação a terceiros** depois de **averbada**. Exige-se, portanto, o seu cancelamento. Qualquer que seja o momento em que se realizou a averbação, **retroage** à data em que a causa extintiva ocorreu[44].

O cancelamento da hipoteca opera do mesmo modo que o seu registro. Confere **publicidade** ao ato, tornando conhecida de todos a solução do débito pelo devedor. Pode ser requerido por este, ou por quem o represente, ao oficial do registro, com a apresentação da prova de extinção da hipoteca, pelo dono do imóvel, pelo adquirente ou pelo credor subipotecário[45].

---

44 Orlando Gomes, *Direitos reais*, cit., p. 427.

45 "Hipoteca. Cancelamento. Adquirente de boa-fé. Tendo a autora quitado integralmente o preço ajustado na escritura de compra e venda, impõe-se o cancelamento da hipoteca que recaiu sobre o imóvel, pois, repita-se, trata-se de adquirente de boa-fé, que não se obrigou junto ao financiador em relação ao aludido gravame. Registre-se, ainda, que a obrigação do cancelamento da hipoteca recai sobre quem fez o mencionado aponte" (TJRJ, Ap. 2004.001.01988, 4ª Câm. Cív., rel. Des. Reinaldo Pinto Alberto Filho, j. 22-3-2005).

31.15. RESUMO

DA HIPOTECA	
CONCEITO	■ Hipoteca é o direito real que tem por objeto bens imóveis, navio ou avião pertencentes ao devedor ou a terceiro e que, embora não entregues ao credor, asseguram-lhe, preferencialmente, o recebimento de seu crédito.
CARACTERÍSTICAS	■ o objeto gravado deve ser de propriedade do devedor ou de terceiro; ■ o devedor continua na posse do imóvel hipotecado; ■ é indivisível, pois grava o bem na sua totalidade (CC, art. 1.421); ■ tem caráter acessório; ■ na modalidade convencional, é negócio solene (art. 108); ■ confere ao seu titular os direitos de preferência e de sequela; ■ assenta-se em dois princípios: o da especialização e o da publicidade.
OBJETO	■ os imóveis; ■ os acessórios dos imóveis conjuntamente com eles; ■ o domínio direto; ■ o domínio útil; ■ as estradas de ferro; ■ os recursos naturais a que se refere o art. 1.230 do CC, independentemente do solo onde se acham; ■ os navios; ■ as aeronaves (art. 1.473).
ESPÉCIES	■ **Segundo a origem:** a) convencional; b) legal; c) judicial. ■ **Quanto ao objeto:** a) comum; b) especial.
PLURALIDADE DE HIPOTECAS	■ Admite-se seja o imóvel gravado de várias hipotecas, a menos que o título constitutivo anterior vede isso expressamente. Mesmo havendo pluralidade de hipotecas, o credor primitivo não fica prejudicado, porque goza do direito de preferência (CC, art. 1.476). A segunda hipoteca sobre o mesmo imóvel recebe o nome de ***subipoteca***.
DIREITO DE REMIÇÃO	■ O art. 1.478 do CC faculta a remição da hipoteca anterior por parte do credor da segunda quando o devedor não se ofereça, no vencimento, a pagar a obrigação avençada. Efetuando o pagamento, o referido credor se sub-rogará nos direitos da hipoteca anterior, sem prejuízo dos que lhe competirem contra o devedor comum.
PEREMPÇÃO	■ A hipoteca convencional tem validade por 30 anos. Embora possam as partes estipular o prazo que lhes convier, e prorrogá-lo mediante simples averbação, este não ultrapassará o referido limite. Quando atingido, dá-se a ***perempção***. Somente mediante novo instrumento, submetido a outro registro, pode-se preservar o mesmo número de ordem, na preferência da execução hipotecária, mantendo-se a garantia (CC, art. 1.485).
EXTINÇÃO (CC, ART. 1.499)	■ tendo caráter acessório, pela extinção da obrigação principal; ■ pelo perecimento da coisa; ■ pela resolução da propriedade; ■ pela renúncia do credor, que deve ser expressa; ■ pela remição, efetuada pelo credor da segunda hipoteca, pelo adquirente do imóvel hipotecado, pelo executado, seu cônjuge, descendente ou ascendente; ■ pela arrematação ou adjudicação, no mesmo processo ou em outro, desde que o credor hipotecário, notificado judicialmente da venda, não compareça para defender o seu direito.

32

DA ANTICRESE

32.1. CONCEITO

A anticrese é direito real sobre coisa alheia, em que o credor recebe a posse de coisa frugífera, ficando autorizado a **perceber-lhe os frutos e imputá-los no pagamento da dívida**.

Trata-se de uma garantia estabelecida em favor do credor, que retém em seu poder imóvel alheio, tendo o direito de explorá-lo para **pagar-se** por suas próprias mãos. Embora conhecida há séculos, é pouco utilizada, recaindo a preferência, hodiernamente, sobre a hipoteca. Apresenta o inconveniente de retirar do devedor a posse e gozo do imóvel, transferindo-os para o credor. Este é obrigado, por sua conta, a colher os frutos e pagar-se, como mencionado, com o seu próprio esforço.

O aludido instituto ainda **constitui embaraço à livre circulação do bem onerado**, uma vez que raramente haverá quem se interesse em adquirir imóvel cujos uso e gozo pertencem, por prazo mais ou menos longo, ao credor do alienante. Ademais, malgrado o art. 1.506, § 2º, do Código Civil permita ao devedor anticrético hipotecar o imóvel dado em anticrese, dificilmente encontrará quem aceite tal situação. Dessarte, esgota-se para o devedor a possibilidade de obter novos créditos garantidos pelo imóvel onerado, uma vez que não se podem conceber subanticreses[1].

Aduza-se que os inconvenientes da anticrese podem ser observados também do ponto de vista do credor: **não conferindo preferência, nem direito a excussão**, a anticrese constitui garantia de eficácia menor do que a hipoteca.

32.2. REQUISITOS

Requisito subjetivo

Como sucede no penhor e na hipoteca, a anticrese requer, também, ***capacidade das partes***, inclusive para o devedor dispor do bem. Não pode um cônjuge convencioná-la sem consentimento do outro, salvo se casados no regime da separação absoluta de bens (CC, art. 1.647, I).

Requisito objetivo

O instrumento de sua constituição deve ser **escrito**, particular ou público, exigido este se o valor exceder da taxa legal.

---

[1] Silvio Rodrigues, *Direito civil*, v. 5, p. 384.

■ 32.3. CARACTERÍSTICAS

A anticrese apresenta as seguintes características:

■ **É direito real de garantia (CC, art. 1.225, X), sendo munida do direito de sequela**

Uma vez registrada, adere à coisa, acompanhando-a em caso de transmissão *inter vivos* ou *mortis causa*. Desse modo, o credor pode opor seu direito ao adquirente do imóvel dado em garantia. Já os frutos da coisa gravada **não podem ser penhorados** por outros credores do devedor.

■ **Não confere preferência ao anticresista no pagamento do crédito com a importância obtida na excussão do bem onerado, nem sobre o valor da indenização, do seguro ou do preço expropriatório**

Só poderá opor-se à excussão alegando direito de **retenção**, necessário para solver seu crédito com os rendimentos do imóvel[2]. Dispõe, com efeito, o art. 1.423 do Código Civil que "o credor anticrético tem direito a reter em seu poder o bem, enquanto a dívida não for paga; extingue-se esse direito decorridos quinze anos da data de sua constituição".

■ **Impõe ao credor a obrigação de administrar o imóvel de acordo com a sua finalidade natural**

Não pode, destarte, aplicar as rendas que auferir com a retenção do bem de raiz em outros negócios, mas somente no pagamento da obrigação garantida. Responde ele pelos frutos que por sua negligência deixar de colher.

■ **O objeto deve ser, necessariamente, bem imóvel**

Com efeito, se incidir sobre bem móvel, ter-se-á penhor, e não anticrese. A **tradição real** do imóvel ao credor faz parte da essência do instituto, que confere a este a percepção dos frutos e rendimentos para pagar-se do seu crédito.

A anticrese **distingue-se do penhor comum**, porque tem por objeto bem imóvel, e o credor tem direito aos frutos, até o pagamento da dívida.

Também não se confunde com o **penhor rural**, em que a posse continua com o devedor.

Afasta-se da **hipoteca**, porque o credor hipotecário pode promover a excussão e venda judicial do bem hipotecado, sem ter a sua posse, o que não ocorre com o anticrético.

■ 32.4. EFEITOS DA ANTICRESE

A constituição da anticrese gera direitos e obrigações para o credor e devedor, elencados por Orlando Gomes[3]:

---

[2] Caio Mário da Silva Pereira, *Instituições de direito civil*, v. IV, p. 418; Maria Helena Diniz, *Curso de direito civil brasileiro*, v. 4, p. 459.

[3] *Direitos reais*, p. 408-409.

32.4.1. Direitos do credor anticrético

Resumem-se a:

- possuir o bem dado em garantia;
- perceber-lhe os frutos e rendimentos;
- retê-lo em seu poder até que a dívida seja saldada;
- reivindicar seus direitos contra o terceiro que adquira o imóvel;
- reivindicá-los contra os credores quirografários e os hipotecários posteriores à transcrição da anticrese;
- haver do produto da venda do bem anticrético, no caso de falência do devedor, o valor atual dos rendimentos que pudesse obter em compensação da dívida, à taxa de juros legal.

32.4.2. Obrigações do credor anticrético

Consistem em:

- guardar a coisa como se fosse sua;
- responder pelas deteriorações que o imóvel sofrer por culpa sua;
- responder pelos frutos que deixar de perceber por sua negligência;
- prestar contas ao proprietário da coisa.

32.4.3. Direitos do devedor anticrético

Reduzem-se a:

- reaver o imóvel tanto que paga a dívida;
- ser indenizado do dano oriundo de deterioração do imóvel por culpa do credor;
- ressarcir-se do valor dos frutos que o credor tenha negligentemente deixado de perceber;
- pedir contas ao credor.

32.4.4. Obrigações do devedor anticrético

Limitam-se a:

- entregar o imóvel ao credor;
- pagar a dívida;
- ceder ao credor o direito de perceber os frutos e rendimentos da coisa.

32.5. MODOS DE EXTINÇÃO DA ANTICRESE

São os seguintes:

- **Pela extinção da obrigação principal**

A anticrese, como todos os direitos reais de garantia, constitui relação jurídica **acessória**. A sua existência depende, portanto, da relação obrigacional, cujo resgate visa a assegurar. Assim, qualquer que seja a causa de extinção desta, reflete na anticrese, pondo-lhe termo automaticamente.

■ **Pelo perecimento do imóvel**

Perecendo o objeto, perece o direito, como é cediço. Todavia, ainda que o objeto da garantia esteja no seguro, o direito do credor **não se sub-roga** na indenização paga pelo **segurador**. Igualmente, não se sub-roga na indenização obtida pelo devedor, em caso de o prédio dado em garantia ser **desapropriado** (CC, art. 1.509, § 2º).

Nas hipóteses mencionadas, extingue-se a anticrese, subsistindo o crédito, porém sem a garantia real anterior.

■ **Pela caducidade**

Extingue-se a anticrese pela *caducidade*, transcorridos **quinze anos** de sua transcrição (CC, art. 1.423). Entende o legislador, como observa Silvio Rodrigues[4], que, se o credor não conseguiu, em tão largo intervalo, pagar-se de seu crédito, decerto não mais conseguirá, pois os frutos do imóvel são basicamente insuficientes para o resgate da dívida.

Ao credor remanescerá, não obstante, a condição de **quirografário.**

■ 32.6. RESUMO

DA ANTICRESE	
CONCEITO	■ Anticrese é direito real sobre coisa alheia, em que o credor recebe a posse de coisa frugífera, ficando autorizado a perceber-lhe os frutos e imputá-los no pagamento da dívida (CC, art. 1.506).
CARACTERÍSTICAS	■ é direito real de garantia; ■ requer capacidade das partes; ■ não confere preferência ao anticresista no pagamento do crédito com a importância obtida na excussão do bem onerado, pois só lhe é conferido o direito de retenção; ■ requer, para sua constituição, escritura pública e registro no registro imobiliário.
EXTINÇÃO	■ pelo pagamento da dívida; ■ pelo término do prazo legal ou caducidade (CC, art. 1.423); ■ pelo perecimento do bem anticrético (art. 1.509, § 2º); ■ pela desapropriação (art. 1.509, § 2º); ■ pela renúncia do anticresista; ■ pela excussão de outros credores quando o anticrético não opuser seu direito de retenção (art. 1.509, § 1º); ■ pelo resgate feito pelo adquirente do imóvel gravado (art. 1.510).

---

4 *Direito civil*, cit., v. 5, p. 388.

33

DA ENFITEUSE

■ 33.1. CONCEITO

O art. 2.038 do Livro Complementar — "Das Disposições Finais e Transitórias" — do Código Civil de 2002 **proíbe** constituição de enfiteuses e subenfiteuses e subordina as existentes, até sua extinção, às disposições do **Código Civil anterior** e leis posteriores, ficando defeso, neste caso, cobrar laudêmio ou prestação análoga nas transmissões de bem aforado, sobre o valor das construções ou plantações, bem como "constituir subenfiteuse" (§ 1º, I e II). A enfiteuse dos terrenos de marinha e acrescidos continua regida por lei especial (§ 2º).

A referida regra de transição justifica a inserção, nesta obra, dos comentários a respeito do instituto da enfiteuse.

Dá-se a enfiteuse, aforamento ou emprazamento "quando por ato entre vivos, ou de última vontade, o proprietário atribui a outrem **o domínio útil** do imóvel, pagando a pessoa, que o adquire, e assim se constitui enfiteuta, ao senhorio direto uma **pensão, ou foro, anual, certo e invariável**" (CC/1916, art. 678).

O proprietário é chamado de **senhorio direto**. O titular do direito real sobre coisa alheia é denominado **enfiteuta** e tem um poder muito amplo sobre a coisa. Pode usá-la e desfrutá-la do modo mais completo, bem como **aliená-la** e transmiti-la por **herança**. Por isso se diz que a enfiteuse é o mais amplo dos direitos reais sobre coisas alheias. O proprietário praticamente conserva apenas o nome de dono e alguns poucos direitos, que se manifestam em ocasiões restritas.

■ 33.2. OBJETO DA ENFITEUSE

O contrato de aforamento só pode ter por *objeto* **terras não cultivadas e terrenos que se destinem à edificação**.

A enfiteuse pode ser constituída, também, sobre **terrenos de marinha**, que margeiam o mar, rios e lagoas onde exista influência das marés e pertencem ao domínio direto da União. Está regulamentada no Decreto-Lei n. 9.760, de 5 de setembro de 1946, tendo semelhanças com a do Código Civil, especialmente no tocante à cessão de uso, pois também ali se estabelece o pagamento de foro. No entanto, não está sujeita a resgate, sendo a sua regulamentação, constante de legislação eminentemente de direito público, diferente em vários pontos da estabelecida no Código, possuindo, assim, natureza especial.

33.3. CARACTERÍSTICAS DA ENFITEUSE

A enfiteuse é **perpétua**, porque considerada arrendamento, e, como tal, é regida por tempo ilimitado (CC/1916, art. 679).

Dessa característica decorre o direito do enfiteuta de **transmitir os seus direitos**, por ato *inter vivos* ou *mortis causa*. Os bens enfitêuticos transmitem-se **por herança** na mesma ordem estabelecida a respeito dos alodiais, isto é, dos bens livres e desembaraçados, mas não podem ser divididos em glebas sem consentimento do senhorio. O aforamento, portanto, é **indivisível** se **não houver o consentimento do senhorio**, que pode ser tácito.

Os sucessores promoverão a **eleição de cabecel** que os represente perante o senhorio, tendo legitimação ativa e passiva para todas as questões (CC, art. 690). Se, porém, o senhorio direto convier na divisão do prazo, cada uma das glebas em que for dividido constituirá ***prazo distinto*** (art. 690, § 2º).

O enfiteuta tem a obrigação de pagar ao senhorio uma pensão anual, também chamada **cânon** ou **foro**. A falta de pagamento do foro por três anos consecutivos acarreta o **comisso**, que é uma forma de extinção da enfiteuse (CC/1916, art. 692, II).

O senhorio, por sua vez, tem **direito de preferência**, ou **prelação**, quando o enfiteuta pretende transferir a outrem o domínio útil em caso de venda judicial (CC, art. 689). Se não exercesse o direito de preferência, o senhorio teria direito ao **laudêmio**, isto é, uma porcentagem sobre o valor da transação, que podia ser convencionada livremente. Entretanto, seria de 2,5% sobre o preço da alienação, se outra não houvesse sido fixada no título de aforamento (art. 686).

O mencionado art. 2.038, § 1º, **proíbe**, todavia, nas enfiteuses existentes, "**cobrar laudêmio** ou prestação análoga nas transmissões de bem aforado, sobre o valor das construções ou plantações".

O direito de preferência também é assegurado **ao foreiro**, no caso de querer o senhorio **vender o domínio direto**, devendo, pois, ser também interpelado a exercê-lo (CC, arts. 684 e 685).

O enfiteuta está legitimado a gravar o bem emprazado com hipoteca, servidão e usufruto, condicionado o ônus a extinguir-se com a cessão do aforamento.

33.4. EXTINÇÃO DA ENFITEUSE

O art. 692 do Código Civil de 1916 prevê três modos de extinção da enfiteuse:

- **Pela "natural deterioração do prédio aforado**, quando chegue a não valer o capital correspondente ao foro e mais um quinto deste".
- **Pelo "comisso, deixando o foreiro de pagar as pensões devidas por três anos consecutivos**, caso em que o senhorio o indenizará das benfeitorias necessárias" (inc. II). A impontualidade e a rescisão contratual têm de ser pronunciadas pela autoridade judiciária competente. Podem as partes estabelecer no contrato que a falta de pagamento das pensões não acarreta o comisso. Dispõe a Súmula 122 do Supremo Tribunal Federal que "o enfiteuta pode purgar a mora enquanto não decretado o comisso por sentença".

Pelo falecimento do enfiteuta, sem herdeiros, salvo o direito dos credores (inc. III). Estes, pois, podem continuar com o aforamento até a liquidação dos débitos do falecido. Altera-se, desse modo, o princípio de que a herança vai ter ao Município, em falta de herdeiros, pois nesse caso o imóvel é devolvido ao senhorio. Trata-se, portanto, de hipótese de **sucessão anômala** ou **irregular**.

Além desses modos de extinção, peculiares à enfiteuse, outros existem, como:

- **o perecimento do objeto.** Como já afirmado, perecendo o objeto, perece o direito;
- **a desapropriação.** Neste caso, não cabe o laudêmio, pois não se trata de uma venda feita pelo foreiro, malgrado algumas opiniões em contrário;
- **a usucapião** do imóvel aforado, em caso de inércia do foreiro e do titular do domínio direto;
- **a renúncia** feita pelo enfiteuta, que deve ser expressa (CC/1916, art. 678);
- **a consolidação**, quando o enfiteuta exerce o direito de opção no caso de venda da nua-propriedade, passando a ter a propriedade plena, ou quando o senhorio direto exerce a opção, em caso de venda do domínio útil;
- **a confusão**, quando na mesma pessoa se reúnem as qualidades de enfiteuta e de senhorio direto, por ato *inter vivos* ou sucessão *mortis causa* (se um deles se torna herdeiro do outro ou ocorre a abertura da sucessão);
- **o resgate.** Quanto a este, dispõe o art. 693 do Código Civil de 1916 que "todos os aforamentos, inclusive os constituídos anteriormente a este Código, salvo acordo entre as partes, são **resgatáveis** 10 (dez) anos depois de constituídos, mediante pagamento de um laudêmio, que será de 2,5% (dois e meio por cento) sobre o valor atual da propriedade plena, e de 10 (dez) pensões anuais pelo foreiro, que não poderá no seu contrato renunciar ao direito de resgate, nem contrariar as disposições deste Capítulo". O resgate, portanto, tem a finalidade de **consolidar o domínio nas mãos do enfiteuta**, que não pode renunciar a tal direito, sendo nula eventual cláusula nesse sentido. Mas pode, querendo, continuar pagando o foro e não exercer o direito de resgate, mesmo tendo decorrido o prazo de dez anos. A expressão "salvo acordo entre as partes" somente se refere à possibilidade de diminuição, por avença, do prazo do resgate e do valor da indenização.

33.5. RESUMO

DA ENFITEUSE	
CONCEITO	■ Dá-se a enfiteuse "quando por ato entre vivos, ou de última vontade, o proprietário atribui a outrem o domínio útil do imóvel, pagando a pessoa, que o adquire, e assim se constitui enfiteuta, ao senhorio direto uma pensão, ou foro anual, certo e invariável" (CC/1916, art. 678).
CARACTERÍSTICAS	■ É ***perpétua***, porque considerada arrendamento, sendo regida por tempo ilimitado. ■ O direito do enfiteuta pode ser transmitido, por ato *inter vivos* ou *causa mortis*. ■ O aforamento é ***indivisível***, se não houver o consentimento do senhorio, que pode ser tácito.

	■ O enfiteuta tem a obrigação de pagar ao senhorio uma pensão anual, também chamada cânon ou *foro*. ■ O senhorio tem *direito de preferência*, quando o enfiteuta pretende transferir a outrem o domínio útil em caso de venda judicial. ■ Se não exercer o direito de preferência, o senhorio tem direito ao *laudêmio*, isto é, uma porcentagem sobre o valor da transação. ■ O direito de preferência também é assegurado ao *foreiro*, no caso de pretender o senhorio vender o domínio direto.
EXTINÇÃO	São três os modos de extinção peculiares à enfiteuse: ■ pela natural *deterioração* do prédio aforado, quando chegue a não valer o capital correspondente ao foro e mais um quinto deste; ■ pelo *comisso*, deixando o foreiro de pagar as pensões devidas por três anos consecutivos; ■ pelo *falecimento do enfiteuta*, sem herdeiros, salvo o direito dos credores. Extingue-se também a enfiteuse pelos seguintes modos: ■ pelo perecimento do objeto; ■ pela desapropriação; ■ pela usucapião do imóvel aforado; ■ pela renúncia feita pelo enfiteuta; ■ pela consolidação; ■ pela confusão; e ■ pelo resgate.

■ 33.6. QUESTÕES

1. (MP/SP/Promotor de Justiça/88º Concurso/2011) A respeito de direitos reais, é correto afirmar:

a) o direito real não se adquire pela ocupação.
b) o direito de superfície sobre imóveis rurais pode ser concedido por prazo indeterminado.
c) o exercício do usufruto não é transferível a título oneroso.
d) o prazo máximo do contrato de penhor de veículos é de 4 (quatro) anos.
e) o adquirente de imóvel hipotecado não pode se exonerar da hipoteca.

2. (MP/DFT/Promotor de Justiça/29º Concurso/30.10.2011) Tendo em foco os direitos reais, indique a única alternativa CORRETA:

a) "A" e "B" possuem o usufruto de um mesmo imóvel. De acordo com a regra geral, falecendo "A", ao quinhão de "B" será acrescida a parte de "A", passando "B" a desfrutar do bem com exclusividade.
b) As partes podem criar direitos reais inominados por meio de contrato, desde que sejam maiores e capazes, o objeto seja lícito e a forma seja prescrita e não defesa em lei.
c) Em caráter excepcional e à vista de motivos graves, é permitida a divisão judicial da coisa comum, antes de escoado o prazo de indivisão convencionado pelos condôminos, determinando o Juiz, a pedido de qualquer interessado, a extinção do condomínio.
d) Para assegurar a procedência do direito real, ao qual o título se refere, o oficial do registro deverá proceder à sua averbação no protocolo do cartório, cujos efeitos cessam em trinta dias se o interessado não cumprir as exigências legais opostas pelo oficial.
e) Se a dívida não for paga no vencimento, é autorizado ao credor excutir o bem hipotecado, não podendo, em virtude da proibição da cláusula comissória, receber do devedor, após o vencimento da dívida, a coisa em pagamento do débito.

3. (TRF/1ª Região/Juiz Federal/XIII Concurso/CESPE/UnB/2009) No que diz respeito ao penhor e à hipoteca, assinale a opção CORRETA.

a) Se um hóspede não pagar as despesas relativas ao consumo dos produtos do frigobar da pousada em que se hospedou durante determinado período, o fornecedor torna-se credor pignoratício das bagagens, dinheiro ou joias que o devedor tiver consigo no estabelecimento.
b) Um bem imóvel gravado do ônus real de servidão não pode ser objeto de hipoteca.
c) É válida a cláusula que proíba a venda do imóvel hipotecado pelo devedor.

d) A constituição de penhor sobre coisa móvel exige do proprietário a capacidade de aliená-lo. A aquisição superveniente da propriedade não torna eficaz a garantia real outorgada por quem não era proprietário do bem gravado pelo penhor.
e) Não se admite o penhor de títulos de crédito.

4. (PGE/SP/Procurador do Estado/Fundação Carlos Chagas/2009) Assinale a alternativa CORRETA.

a) O dono do imóvel não pode constituir mais de uma hipoteca sobre ele.
b) Se a propriedade resolver-se por causa superveniente, alheia ao título e posterior à transmissão do domínio, tal revogação acarretará efeitos *ex tunc*.
c) A passagem forçada é o direito que se encontra inserido no rol dos direitos reais, relativo ao proprietário que não tem acesso à via pública, nascente ou porto, de, mediante pagamento de cabal indenização, constranger o vizinho a lhe dar passagem, fixando-se a esta judicialmente o rumo, quando necessário.
d) O uso distingue-se do usufruto pela intensidade do direito, pois, enquanto o usuário retira toda utilização do bem frutuário, o usufrutuário só pode utilizá-lo limitado às suas necessidades e às de sua família.
e) O direito de superfície abrange o direito de usar o solo e, excepcionalmente, o subsolo se for inerente ao objeto da concessão feita.

5. (MP/SP/Promotor de Justiça/86º Concurso/2008) Assinale a alternativa CORRETA.

a) A hipoteca convencional extingue-se pela perempção legal, pois decorridos vinte anos de seu registro, sem que haja renovação, não mais será admissível qualquer prorrogação.
b) Têm o direito de resgatar o imóvel hipotecado: o credor subipotecário; o adquirente do imóvel hipotecado; o devedor da hipoteca ou os membros de sua família; a massa falida ou os credores em concurso.
c) É obrigação do devedor pignoratício imputar o valor dos frutos de que vier a se apropriar nas despesas de guarda e conservação, nos juros e no capital da obrigação garantida sucessivamente.
d) O usufruto convencional por alienação ocorre quando o dono do bem cede a nua-propriedade, reservando para si o usufruto.
e) O usufruto convencional por retenção se dá quando o proprietário o concede, mediante ato *inter vivos* ou *causa mortis*, conservando a nua-propriedade.

6. (OAB/MG/Exame de Ordem 08/2009) Maria deu em garantia hipotecária a João um apartamento, para garantia de dívida futura. Assinale a alternativa INCORRETA:

a) Maria poderá, ainda que constituída a hipoteca, alienar o apartamento.
b) Poderá Maria constituir nova hipoteca sobre o mesmo imóvel para garantia de outro credor.
c) A hipoteca é nula porque foi dada para garantir dívida inexistente à época de sua constituição.
d) Mesmo que o apartamento em questão tenha sido arrematado em ação de execução proposta por Joaquim, credor de Maria, não se haverá como extinta a hipoteca se João não tiver sido notificado judicialmente do ato de alienação.

7. (TJSP/Outorga de Delegações de Notas e de Registro/6º Concurso/2009) Na hipoteca convencional,

a) considera-se insolvente o devedor por faltar ao pagamento das obrigações garantidas por hipotecas posteriores à primeira.
b) é lícito às partes, no exercício da liberdade de contratar, estipular a proibição de alienação do imóvel hipotecado.
c) é defeso às partes convencionar que vencerá o crédito hipotecário, se o imóvel for alienado.
d) é nula a cláusula que proíbe ao proprietário alienar o imóvel hipotecado.

8. (Secretaria da Fazenda/RJ/Fiscal de Rendas/SEFAZ/2009) A respeito da hipoteca, analise as afirmativas a seguir:

I. É nula a cláusula que proíbe ao proprietário alienar imóvel hipotecado.
II. O dono do imóvel hipotecado pode constituir outra hipoteca sobre ele, mediante novo título, desde que em favor de credor diverso.
III. O adquirente do imóvel hipotecado, desde que não se tenha obrigado pessoalmente a pagar as dívidas aos credores hipotecários, poderá exonerar-se da hipoteca, abandonando-lhes o imóvel.

Assinale:

a) se somente a afirmativa I estiver correta.
b) se somente a afirmativa II estiver correta.
c) se somente a afirmativa III estiver correta.
d) se somente as afirmativas I e II estiverem corretas.
e) se somente as afirmativas I e III estiverem corretas.

9. (PGE/DF/Procurador/2007) Assinale a opção FALSA.

a) A propriedade fiduciária e o penhor somente incidem sobre bens móveis.
b) A hipoteca, o penhor e a anticrese constituem modalidade de direito real de garantia.
c) O dono de imóvel pode constituir outra hipoteca sobre ele, mediante novo título, em favor do mesmo credor ou de outro (hipoteca de 2° grau).
d) O dono de bem móvel pode instituir sobre ele propriedade fiduciária de 2° grau, do mesmo modo como ocorre com a hipoteca.
e) É nula cláusula que autoriza o proprietário fiduciário, o credor hipotecário, pignoratício, anticrético a ficar com o objeto da garantia, se a dívida não for paga no vencimento.

10. (Fazenda Nacional/Procurador/2007) São hipotecáveis:

a) os imóveis e seus acessórios; o domínio direto e o útil; estrada de ferro; as jazidas, minas, pedreiras e demais recursos minerais, independentemente do solo em que se acham; os navios e as aeronaves.
b) os imóveis; o domínio direto; o direito de uso especial para fins de moradia, as estradas de ferro, os navios, as aeronaves e o direito real de uso.
c) os imóveis e os seus acessórios; as jazidas, minas, pedreiras e demais recursos minerais; a propriedade superficiária; as estradas de ferro, os navios e as aeronaves.
d) os imóveis e os acessórios dos imóveis, conjuntamente com eles; o domínio direto e o domínio útil; as estradas de ferro; as jazidas, minas, pedreiras e demais recursos minerais, potenciais de energia hidráulica, independentemente do solo em que se acham; os navios, as aeronaves, o direito de uso especial para fins de moradia; o direito real de uso e a propriedade superficiária.
e) os imóveis; o domínio direto e o útil; as estradas de ferro; as jazidas, minas, pedreiras e demais recursos minerais, potenciais de energia hidráulica, independentemente do solo em que se acham; aeronaves; navios, o direito real de uso e a propriedade superficiária.

11. (OAB/CESPE/UnB/2008.1) Quanto aos direitos reais, assinale a opção CORRETA.

a) Se for constituído o usufruto em favor de duas pessoas, o direito de usufruto da que vier a falecer acrescerá automaticamente à parte do sobrevivente.
b) O titular de um direito real de habitação pode alugar o imóvel gravado e, com isso, obter renda para a sua subsistência ou de sua família.
c) É nula a cláusula que proíbe ao proprietário alienar imóvel hipotecado; contudo, podem os contratantes validamente firmar convenção acessória que autorize o vencimento antecipado do crédito hipotecário, se o imóvel for alienado.
d) O penhor é um contrato real que, para se aperfeiçoar, depende da tradição do bem, ou seja, não dispensa a transferência efetiva da posse da coisa empenhada para o credor, ainda que se trate de penhor mercantil ou de veículos.

12. (OAB/Exame da Ordem Unificado 2010.2/2010) Passando por dificuldades financeiras, Alexandre instituiu uma hipoteca sobre imóvel de sua propriedade, onde reside com sua família. Posteriormente, foi procurado por Amanda, que estaria disposta a adquirir o referido imóvel por um valor bem acima do mercado. Consultando seu advogado, Alexandre ouviu dele que não poderia alienar o imóvel, já que havia uma cláusula na escritura de instituição da hipoteca que o proibia de alienar o bem hipotecado.

A opinião do advogado de Alexandre

a) está incorreta, porque a hipoteca instituída não produz efeitos, pois, na hipótese, o direito real em garantia a ser instituído deveria ser o penhor.
b) está incorreta, porque Alexandre está livre para alienar o imóvel, pois a cláusula que proíbe o proprietário de alienar o bem hipotecado é nula.

c) está incorreta, uma vez que a hipoteca é nula, pois não é possível instituir hipoteca sobre bem de família do devedor hipotecário.
d) está correta, porque em virtude da proibição contratual, Alexandre não poderia alienar o imóvel enquanto recaísse sobre ele a garantia hipotecária.

13. (OAB/CESPE/UnB/2006.3) Com relação aos direitos reais sobre coisas alheias, assinale a opção CORRETA.

a) O penhor comum ou convencional só pode ser instituído por escrito e completa-se com a entrega da coisa móvel de propriedade do devedor ou de terceiro garantidor ao credor pignoratício, com a finalidade de garantir o pagamento de um débito.
b) O mesmo imóvel pode ser dado em garantia hipotecária a mais de uma dívida até o limite do valor venal do imóvel e exigindo-se para tanto que o credor originário e o da segunda hipoteca sejam a mesma pessoa e que haja sua concordância expressa com a divisibilidade da referida garantia.
c) Extingue-se a hipoteca com a alienação da propriedade, transformando-se a obrigação real em obrigação pessoal do devedor originário que assumiu a dívida perante o credor hipotecário.
d) A anticrese é um direito real de garantia com eficácia *erga omnes* em que o devedor ou um terceiro garantidor transmite a posse direta e indireta de bem móvel ao credor como garantia de uma dívida. Em hipótese de inadimplemento do débito garantido, poderá o credor promover a venda amigável do bem para o pagamento.

14. (MP/PR/Promotor de Justiça/2014) NÃO é súmula do Superior Tribunal de Justiça:

a) A hipoteca firmada entre a construtora e o agente financeiro, anterior ou posterior à celebração da promessa de compra e venda, não tem eficácia perante os adquirentes do imóvel;
b) O direito à adjudicação compulsória não se condiciona ao registro do compromisso de compra e venda no cartório de imóveis;
c) Caracteriza dano moral a apresentação antecipada de cheque pré-datado;
d) O conceito de impenhorabilidade do bem de família abrange também o imóvel pertencente a pessoas solteiras, separadas e viúvas;
e) A vaga de garagem que possui matrícula própria no registro de imóveis constitui bem de família para efeito de penhora.

15. (TJ/GO/Juiz de Direito/Fundação Carlos Chagas/2012) O dono do imóvel hipotecado

a) não poderá sobre ele constituir nova hipoteca, a não ser que a primeira venha a ser cancelada.
b) não poderá vendê-lo, salvo quitando a dívida e cancelando a hipoteca que a garante.
c) poderá constituir outra hipoteca sobre ele mediante novo título, em favor do mesmo ou de outro credor.
d) poderá vendê-lo desde que tenha a autorização do credor da primeira hipoteca e o seu cancelamento.
e) poderá vendê-lo, desde que dê ao credor hipotecário o direito de preferência na aquisição do imóvel.

16. (OAB/IX Exame de Ordem Unificado/Fundação Getulio Vargas/2012) De acordo com as regras atinentes à hipoteca, assinale a afirmativa CORRETA.

a) O Código Civil não admite a divisibilidade da hipoteca em casos de loteamento do imóvel hipotecado.
b) O ordenamento jurídico admite a instituição de nova hipoteca sobre imóvel hipotecado, desde que seja dada em favor do mesmo credor.
c) Segundo o Código Civil, o adquirente de bem hipotecado não pode remir a hipoteca para que seja extinto o gravame pendente sobre o bem sem autorização expressa de todos os credores hipotecários.
d) A hipoteca pode ser constituída para garantia de dívida futura ou condicionada, desde que determinado o valor máximo do crédito a ser garantido.

17. (TJSP/Juiz de Direito/184º Concurso/VUNESP/2013) Assinale a alternativa CORRETA.

a) É real o direito do comprador à aquisição do imóvel que a ele se prometeu vender por escritura pública, ainda que não registrado no Cartório de Registro de Imóveis.

b) Exercida a servidão aparente de forma contínua e sem oposição por 10 anos, pode ser ela usucapida.
c) Constitui direito real de garantia a penhora feita em processo de execução.
d) Diferentemente do usufruto, o direito de uso sobre coisa não constitui direito real.

18. (MP/RO/Promotor de Justiça/CESPE/UnB/2013) A respeito dos direitos reais de garantia, assinale a opção CORRETA.

a) Antes de vencida a dívida, o devedor hipotecário continua explorando o bem e pode constituir sobre ele outros ônus reais, como o usufruto.
b) Ao contrário da hipoteca, o penhor não se reveste de forma solene, porquanto a posse do bem empenhado será transferida ao credor.
c) O credor pignoratício detém posse *sui generis*, de forma que não pode pretender ressarcimento pelo vício da coisa dada em garantia.
d) A hipoteca não retira do proprietário do imóvel hipotecado o direito de usar e gozar da coisa; apenas causa restrições quanto à disposição.
e) O direito do credor hipotecário não fica suspenso até a data fixada para adimplemento da obrigação principal, podendo ele praticar atos que visem à conservação do bem.

19. (BACEN/Delegações de notas e de registro/CESPE/UnB/2013) O fato de alguém instituir hipoteca sobre seu imóvel e depois o vender a outrem, que pague o valor da hipoteca a fim de livrar o bem do vínculo real configura

a) imputação.
b) sub-rogação.
c) dação.
d) novação.
e) compensação.

20. (TJPI/Delegações de notas e de registro/CESPE/UnB/2013) No que se refere aos direitos reais de garantia, assinale a opção CORRETA.

a) O Código Civil veda a instituição de nova hipoteca sob o imóvel hipotecado.
b) É vedado ao absolutamente incapaz hipotecar imóvel de sua titularidade.
c) A hipoteca é incompatível com o cumprimento de obrigações de fazer.
d) Terreno gravado por hipoteca não poderá ser edificado.
e) O bem de família, a despeito de sua impenhorabilidade, pode ser objeto de hipoteca convencional.

21. (OAB/XIII Exame de Ordem Unificado/Fundação Getulio Vargas/2014) Antônio, muito necessitado de dinheiro, decide empenhar uma vaca leiteira para iniciar um negócio, acreditando que, com o sucesso do empreendimento, terá o animal de volta o quanto antes.

Sobre a hipótese de penhor apresentada, assinale a afirmativa CORRETA.

a) Se a vaca leiteira morrer, ainda que por descuido do credor, Antônio poderá ter a dívida executada judicialmente pelo credor pignoratício.
b) As despesas advindas da alimentação e outras necessidades da vaca leiteira, devidamente justificadas, consistem em ônus do credor pignoratício, sendo vedada a retenção do animal para obrigar Antônio a indenizá-lo.
c) Se Antônio não quiser quitar sua dívida com o credor pignoratício, o penhor estará automaticamente extinto e, declarada sua extinção, poder-se-á proceder à adjudicação judicial da vaca leiteira.
d) Caso o credor pignoratício perceba que, devido a uma doença que subitamente atingiu a vaca leiteira, sua morte está próxima, o CC/02 permite a sua venda antecipada, mediante prévia autorização judicial, situação que pode ser impedida por Antônio por meio da sua substituição.

22. (OAB/XVI Exame de Ordem Unificado/Fundação Getulio Vargas/2015) A Companhia GAMA e o Banco RENDA celebraram entre si contrato de mútuo, por meio do qual a companhia recebeu do banco a quantia de R$ 500.000,00 (quinhentos mil reais), obrigando-se a restituí-la, acrescida dos

juros convencionados, no prazo de três anos, contados da entrega do numerário. Em garantia do pagamento do débito, a Companhia GAMA constituiu, em favor do Banco RENDA, por meio de escritura pública levada ao cartório do registro de imóveis, direito real de hipoteca sobre determinado imóvel de sua propriedade. A Companhia GAMA, dois meses depois, celebrou outro contrato de mútuo com o Banco BETA, no valor de R$ 200.000,00 (duzentos mil reais), obrigando-se a restituir a quantia, acrescida dos juros convencionados, no prazo de dois anos, contados da entrega do numerário.

Em garantia do pagamento do débito, a Companhia GAMA constituiu, em favor do Banco BETA, por meio de escritura pública levada ao cartório do registro de imóveis, uma segunda hipoteca sobre o mesmo imóvel gravado pela hipoteca do Banco RENDA. Chegado o dia do vencimento do mútuo celebrado com o Banco BETA, a Companhia GAMA não reembolsou a quantia devida ao banco, muito embora tivesse bens suficientes para honrar todas as suas dívidas.

Nesse caso, é CORRETO afirmar que

a) o Banco BETA tem direito a promover imediatamente a execução judicial da hipoteca que lhe foi conferida.
b) a hipoteca constituída pela Companhia GAMA em favor do Banco BETA é nula, uma vez que o bem objeto da garantia já se encontrava gravado por outra hipoteca.
c) a hipoteca constituída pela GAMA em favor do Banco BETA é nula, uma vez que tal hipoteca garante dívida cujo vencimento é inferior ao da dívida garantida pela primeira hipoteca, constituída em favor do Banco RENDA.
d) o Banco BETA não poderá promover a execução judicial da hipoteca que lhe foi conferida antes de vencida a dívida contraída pela Companhia GAMA junto ao Banco RENDA.

23. (TJMG/Titular de Cartório de Notas e de Registro/CONSULPLAN/2015) Sobre penhor, anticrese e hipoteca, nos termos do Código Civil brasileiro, considere as seguintes afirmações:

I. O credor anticrético tem direito a reter em seu poder o bem, enquanto a dívida não for paga; extingue-se esse direito decorridos quinze anos da data de sua constituição.
II. É anulável a cláusula que autoriza o credor pignoratício, anticrético ou hipotecário a ficar com o objeto da garantia, se a dívida não for paga no vencimento.
III. Os sucessores do devedor podem remir parcialmente o penhor ou a hipoteca na proporção dos seus quinhões.

Está CORRETO apenas o que se afirma em:

a) I.
b) II.
c) I e II.
d) I e III.

24. (TJSC/Juiz de Direito/Fundação Carlos Chagas/2015) O instrumento do penhor deverá

a) mencionar o valor do crédito, sua estimação ou valor máximo; não poderá, entretanto, fixar taxa de juros.
b) observar necessariamente a forma de escritura pública, quando se tratar de penhor rural.
c) em qualquer de suas modalidades ser registrado no Cartório de Títulos e Documentos, por dizer respeito a garantia real com bens móveis.
d) ser levado a registro, no caso de penhor comum no Cartório de Títulos e Documentos e, no caso de penhor rural, no Cartório de Registro de Imóveis da circunscrição em que estiverem situadas as coisas empenhadas.
e) identificar o bem dado em garantia com as suas especificações e o valor mínimo do crédito concedido.

25. (PGE/MT/Procurador do Estado/Fundação Carlos Chagas/2016) Endividado, Ademir contraiu empréstimo de R$ 100.000,00 (cem mil reais) com o Banco Riqueza, oferecendo, como garantia, a hipoteca de um de seu imóveis. Paga parcialmente a dívida, Ademir alienou referido imóvel a Josué. A hipoteca

a) é extinta tanto pelo pagamento parcial da dívida como pela alienação da coisa.
b) é extinta pelo pagamento parcial da dívida.

c) não é extinta pelo pagamento parcial da dívida, mas impede a alienação da coisa.
d) não é extinta pelo pagamento parcial da dívida, nem impede a alienação da coisa, mas o credor hipotecário não poderá fazer valer o direito real de garantia contra o adquirente do bem.
e) não é extinta pelo pagamento parcial da dívida nem impede a alienação da coisa, mas o credor hipotecário poderá fazer valer o direito real de garantia contra o adquirente do bem.

■ GABARITO ■

1. "d". *Vide* art. 1.466 do CC.
2. "c". *Vide* art. 1.320, § 3º, do CC.
3. "a". *Vide* art. 1.467, I, do CC.
4. "e". *Vide* art. 1.369, parágrafo único, do CC.
5. "b". *Vide* arts. 1.478 a 1.483 do CC.
6. "c". *Vide* art. 1.487 do CC.
7. "d". *Vide* art. 1.475 do CC.
8. "e". *Vide* arts. 1.475 e 1.479 do CC.
9. "d". Inexiste previsão legal, autorizando a instituição de propriedade fiduciária de 2º grau, uma vez que o domínio do bem móvel é transferido ao credor.
10. "d". *Vide* art. 1.473 do CC.
11. "c". *Vide* art. 1.475 e parágrafo único do CC.
12. "b". *Vide* art. 1.475 do CC.
13. "a". *Vide* arts. 1.431, 1.432 e 1.438 do CC.
14. "e". *Vide* a redação contrária, da Súmula 449 do STJ.
15. "c". *Vide* art. 1.476 do CC.
16. "d". *Vide* art. 1.487 do CC.
17. "b". *Vide* art. 1.379 do CC.
18. "a". *Vide* art. 1.476 do CC. "O devedor *continua* na posse do bem hipotecado. Tal circunstância representa fator relevante na constituição da hipoteca. Ao contrário do que ocorre no penhor, o hipotecante conserva em seu poder o bem dado em garantia e sobre ele exerce todos os seus poderes, usando-o segundo a sua destinação e percebendo-lhe os frutos" (Carlos Roberto Gonçalves. *Direito civil brasileiro*, v. 5, 9. ed., p. 599).
19. "b". *Vide* art. 346, II, do CC.
20. "e". *Vide* art. 3º, V, da Lei n. 8.009/90.
21. "d". *Vide* art. 1.433, VI, do CC.
22. "d". *Vide* art. 1.477 do CC.
23. "a". *Vide* art. 1.423 do CC.
24. "d". *Vide* arts. 1.432 e 1.438 do CC.
25. "e". *Vide* item 28.2 (Características), *retro*.

REFERÊNCIAS

AGUIAR JÚNIOR, Ruy Rosado de. Projeto do Código Civil: as obrigações e os contratos. *RT*, 775/18, maio 2000.

ALLENDE, Guillermo L. *Panorama de derechos reales*. Buenos Aires: La Ley, 1967.

ALVES, Jones Figueirêdo. In: FIUZA, Ricardo (Coord.). *Novo Código Civil comentado*. São Paulo: Saraiva, 2002.

______. O adimplemento substancial como elemento decisivo à preservação do contrato. *Revista Jurídica Consulex*, n. 240, jan. 2007.

ALVIM, Agostinho. *Da compra e venda e da troca*. Rio de Janeiro: Forense, 1961.

______. *Da doação*. São Paulo: Revista dos Tribunais, 1963.

______. *Da inexecução das obrigações e suas consequências*. 3. ed. São Paulo: Ed. Jurídica e Universitária, 1965.

ALVIM, Pedro. *O contrato de seguro*. 2. ed. Rio de Janeiro: Forense, 1986.

AMORIM, José Roberto Neves. Convenção de condomínio e a legalidade das limitações. In: CASCONI, Francisco Antonio; AMORIM, José Roberto Neves (Coord.). *Condomínio edilício:* aspectos relevantes. São Paulo: Método, 2005. p. 190.

ARRUDA ALVIM NETO, José Manoel. Algumas notas sobre a distinção entre posse e detenção. In: ALVIM, Arruda; CÉSAR, Joaquim Portes de Cerqueira; ROSAS, Roberto (Coord.). *Aspectos controvertidos do novo Código Civil*: escritos em homenagem ao Ministro José Carlos Moreira Alves. São Paulo: Revista dos Tribunais, 2003.

______. Breves anotações para uma teoria geral dos direitos reais. In: CAHALI, Yussef Said (Coord.). *Posse e propriedade:* doutrina e jurisprudência. São Paulo: Saraiva, 1987.

ASCENSÃO, José de Oliveira. *A tipicidade dos direitos reais*. Lisboa, 1968.

______. *Direito civil — reais*. 4. ed. Lisboa: Coimbra Editora, 1987.

AZEVEDO, Álvaro Villaça. *Negócio jurídico*. 3. ed. São Paulo: Saraiva, 2000.

______. *Teoria geral dos contratos típicos e atípicos*. São Paulo: Atlas, 2002.

AZEVEDO JÚNIOR, José Osório de. *Compromisso de compra e venda*. 2. ed. São Paulo: Saraiva, 1983.

AZEVEDO MARQUES, J. M. de. *A ação possessória*. São Paulo: Secção de obras d'*O Estado de S. Paulo*, 1923.

BANDEIRA DE MELLO, Celso Antônio. Apontamentos sobre a desapropriação no direito brasileiro. *RDP*, 23/18, 1973.

BARASSI, Lodovico. *Diritti reali e possesso*. Milano, 1952. v. I e II.

BARBOSA MOREIRA, José Carlos. Legitimidade para a ação de nunciação de obra nova. *Ajuris*, n. 24, mar. 1982, p. 43 e s.

BESSONE, Darcy. *Da compra e venda:* promessa e reserva de domínio. Belo Horizonte: Bernardo Álvares, 1960.

______. *Direitos reais.* 2. ed. São Paulo: Saraiva, 1996.

BEVILÁQUA, Clóvis. *Código Civil dos Estados Unidos do Brasil comentado.* 8. ed. São Paulo: Francisco Alves, 1950. v. IV e V.

______. *Código Civil dos Estados Unidos do Brasil comentado.* Rio de Janeiro: Francisco Alves, 1915.

______. *Direito das coisas.* 5. ed. Rio de Janeiro: Forense, 1938. v. I e II.

______. *Teoria geral do direito civil.* 7. ed. atual. por Achilles Beviláqua e Isaías Beviláqua. Rio de Janeiro: Paulo de Azevedo, 1955.

BITTAR, Carlos Alberto. *Direito das obrigações.* Rio de Janeiro: Forense Universitária, 1990.

BONFANTE, Pietro. *Corso di diritto romano.* Roma: Società Editrice del Foro Italiano, 1933. v. III.

BORDA, Guillermo. *Manual de contratos.* Buenos Aires: Abeledo-Perrot, 1989.

BORGES, Marcos Afonso. Ação de imissão na posse. In: *Enciclopédia Saraiva do Direito.* São Paulo: Saraiva, 1978. v. 2.

BRITO, Rodrigo Azevedo Toscano de. *Incorporação imobiliária à luz do CDC.* São Paulo: Saraiva, 2002.

CAHALI, Yussef Said. *Divórcio e separação.* 10. ed. São Paulo: Revista dos Tribunais, 2002.

______. Nunciação de obra nova. In: CAHALI, Yussef Said (Coord.). *Posse e propriedade*: doutrina e jurisprudência. São Paulo: Saraiva, 1987.

CAMPOS, Diogo Leite de. *Contrato a favor de terceiro.* Coimbra: Almedina, 1980.

CARMONA, Carlos Alberto. *Arbitragem e processo.* 2. ed. São Paulo: Atlas, 2004.

CARVALHO DE MENDONÇA, Manoel Ignácio. *Contratos no direito civil brasileiro.* 2. ed. atual. por Achilles Beviláqua. Rio de Janeiro: Freitas Bastos, 1938.

CARVALHO SANTOS, J. M. de. *Código Civil brasileiro interpretado.* Rio de Janeiro: Freitas Bastos, 1934, v. VII e VIII; 10. ed., 1937, v. VIII.

______. *Código Civil brasileiro interpretado.* Rio de Janeiro: Freitas Bastos, 1955. v. 16.

CARVALHO, Afrânio de. *Registro de imóveis.* 3. ed. Rio de Janeiro: Forense, 1982.

CASES, José Maria Trepat. In: AZEVEDO, Álvaro Villaça (Coord.). *Código Civil comentado.* São Paulo: Atlas, 2003. v. VIII.

CASSETTARI, Christiano. *Multa contratual:* teoria e prática da cláusula penal. São Paulo: Revista dos Tribunais, 2009.

CASTRO, Amílcar de. *Comentários ao Código de Processo Civil.* 2. ed. São Paulo: Revista dos Tribunais, 1976. v. 8.

CAVALCANTI, José Paulo. *A falsa posse indireta.* 2. ed. Separata da *Revista do Instituto dos Advogados de Pernambuco*, 1990.

CENEVIVA, Walter. *Lei dos Registros Públicos comentada.* São Paulo: Saraiva, 1979 e 2007.

______. *Manual do registro de imóveis.* Rio de Janeiro: Freitas Bastos, 1988.

CHAVES, Antônio. *Tratado de direito civil.* São Paulo: Revista dos Tribunais, 1982. v. 2.

COELHO, Fábio Ulhoa. *Curso de direito comercial.* 6. ed. São Paulo: Saraiva, 2002. v. 1.

COLIN, Ambroise; CAPITANT, Henry. *Cours élémentaire de droit civil français.* 10. ed. Paris: Dalloz, 1948. t. II.

______. *Derecho civil.* 4. ed. Tradução da 2. ed. francesa por Demofilo de Buen. Madrid: Instituto Editorial Reus, 1961. v. II, t. 2.

COLTRO, Antonio Carlos Mathias. *Contrato de corretagem imobiliária*. São Paulo: Atlas, 2001.

COUTO E SILVA, Clóvis do. *Comentários ao Código de Processo Civil*. São Paulo: Revista dos Tribunais, 1977. v. XI, t. I.

COVELLO, Sérgio Carlos. *Contratos bancários*. São Paulo: Saraiva, 1981.

CRETELLA JÚNIOR, José. *Tratado de direito administrativo*. Rio de Janeiro: Forense, 1972. v. IX.

______. *Tratado geral de desapropriação*. 2. ed. Rio de Janeiro: Forense, 1980. v. I.

CRUZ E TUCCI, José Rogério. Da posse de boa-fé e os embargos de retenção por benfeitorias. In: CAHALI, Yussef Said (Coord.). *Posse e propriedade:* doutrina e jurisprudência. São Paulo: Saraiva, 1987.

CUNHA GONÇALVES, Luiz da. *Da compra e venda no direito comercial brasileiro*. 2. ed. São Paulo: Max Limonad, 1950.

______. *Da propriedade e da posse*. Lisboa: Edições Ática, 1952.

______. *Dos contratos em especial*. Lisboa: Edições Ática, 1953.

______. *Tratado de direito civil*. 2. ed. São Paulo: Max Limonad, s.d. v. XI, t. I.

DANTAS JÚNIOR, Aldemiro Rezende. In: ALVIM, Arruda; ALVIM, Thereza (Coord.). *Comentários ao Código Civil brasileiro*. Rio de Janeiro: Forense, 2004.

DELGADO, José Augusto. In: TEIXEIRA, Sálvio de Figueiredo (Coord.). *Comentários ao novo Código Civil*. Rio de Janeiro: Forense, 2004. v. XI, t. I.

______. Interpretação dos contratos regulados pelo Código de Proteção ao Consumidor. *Informativo Jurídico*. Biblioteca Ministro Oscar Saraiva, v. 8, n. 2.

DIAS, Maria Berenice. *Manual de direito das famílias*. 5. ed. São Paulo: Revista dos Tribunais, 2009.

DINAMARCO, Cândido Rangel. *Fundamentos do processo civil moderno*. 3. ed. São Paulo: Malheiros, 2000. t. II.

DINIZ, Maria Helena. *Curso de direito civil brasileiro*. 17. ed. São Paulo: Saraiva, 2002. v. 4.

______. *Tratado teórico e prático dos contratos*. 4. ed. São Paulo: Saraiva, 2002. v. 1.

______. *Tratado teórico e prático dos contratos*. 22. ed. São Paulo: Saraiva, 2007. v. 2.

DONIZETTI, Elpídio. *Para passar em concursos jurídicos*. 6. ed. São Paulo: Gen/Editora Método, 2010. n. 469.

DUGUIT, Léon. *Las transformaciones del derecho público y privado*. Tradução de Adolfo G. Posada, Ramon Jaén e Carlos G. Posada. Buenos Aires: Heliasta, 1975.

ELIAS FILHO, Rubens Carmo. *As despesas do condomínio edilício*. São Paulo: Revista dos Tribunais, 2005.

ENNECCERUS, Ludwig; KIPP, Theodor; WOLFF, Martin. *Tratado de derecho civil*: derecho de obligaciones. 2. ed. Barcelona: Bosch, 1950. v. 2.

ESPÍNOLA, Eduardo. *Direitos reais limitados e direitos reais de garantia*. Rio de Janeiro: Conquista, 1958.

______. *Dos contratos nominados no direito civil brasileiro*. Rio de Janeiro: Gazeta Judiciária, 1953.

______; ESPÍNOLA FILHO, Eduardo. *Tratado de direito civil brasileiro*. Rio de Janeiro: Freitas Bastos, 1941. v. X.

FABRÍCIO, Adroaldo Furtado. *Comentários ao Código de Processo Civil*. Rio de Janeiro: Forense, 1980. v. VIII, t. III.

FACHIN, Luiz Edson. *Comentários ao Código Civil*. São Paulo: Saraiva, 2003. v. 15.

FARIAS, Cristiano Chaves de; ROSENVALD, Nelson. *Direitos reais*. 5. ed. Rio de Janeiro: Lumen Juris, 2008.

FIGUEIRA JÚNIOR, Joel Dias. A propriedade fiduciária como novo instituto de direito real no Código Civil brasileiro de 2002. *Informativo INCIJUR*. Joinville, ano 3, n. 32, mar. 2002.

______. In: FIUZA, Ricardo (Coord.). *Novo Código Civil comentado*. São Paulo: Saraiva, 2002.

______. *Posse e ações possessórias*. Curitiba: Juruá, 1994. v. I.

FIUZA, Ricardo. In: FIUZA, Ricardo (Coord.). *Novo Código Civil comentado*. São Paulo: Saraiva, 2002.

FORTINI, Cristiana. A função social dos bens públicos e o mito da imprescritibilidade. *Revista Brasileira de Direito Municipal*, Belo Horizonte, n. 12, abr./jun. 2004.

FRANCISCO, Caramuru Afonso. *Estatuto da Cidade comentado*. São Paulo: Juarez de Oliveira, 2001.

FRANCO, J. Nascimento. *Condomínio*. 5. ed. São Paulo: Revista dos Tribunais, 2005.

FULGÊNCIO, Tito. *Da posse e das ações possessórias*. 5. ed. Rio de Janeiro: Forense, 1980. v. 1.

______. *Direito real de hipoteca*. 2. ed. Rio de Janeiro: Forense, 1960.

GAGLIANO, Pablo Stolze; PAMPLONA FILHO, Rodolfo. *Novo curso de direito civil*. São Paulo: Saraiva, 2008. v. IV, t. 2.

GATTI, Edmundo. *Teoría general de los derechos reales*. 3. ed. Buenos Aires: Abeledo-Perrot, 1984.

GERAIGE NETO, Zaidan. In: ALVIM, Arruda; ALVIM, Thereza (Coord.). *Comentários ao Código Civil brasileiro*. Rio de Janeiro: Forense, 2004. v. XII.

GIANCOLI, Brunno Pandori. Breves notas sobre o direito real de concessão de uso especial para fins de moradia e sobre os reflexos de sua introdução no Código Civil pela Lei n. 11.481/2007. Boletim *Phoenix* (órgão informativo do Complexo Jurídico Damásio de Jesus) n. 23, ago. 2007.

GIL, Antonio Hernandez. *La función social de la posesión*. Madrid: Alianza, 1969.

______. *La posesión*. Madrid: Civitas, 1980.

GOMES, Luiz Roldão de Freitas. *Contrato*. 2. ed. Rio de Janeiro: Renovar, 2002.

______. *Contrato com pessoa a declarar*. Rio de Janeiro: Renovar, 1994.

GOMES, Orlando. *Contratos*. 9. ed. Rio de Janeiro: Forense, 1983.

______. *Direito das sucessões*. Rio de Janeiro: Forense, 1970.

______. *Direitos reais*. 19. ed. atual. por Luiz Edson Fachin. Rio de Janeiro: Forense, 2004.

______. *Introdução ao direito civil*. 7. ed. Rio de Janeiro: Forense, 1983.

______. *Obrigações*. 4. ed. Rio de Janeiro: Forense, 1976.

GONÇALVES, Carlos Roberto. *Direito civil brasileiro*. São Paulo: Saraiva, 2003, v. I; 2004, v. II e III; e 2005, v. VI.

______. In: AZEVEDO, Antônio Junqueira de (Coord.). *Comentários ao Código Civil*. São Paulo: Saraiva, 2003. v. 11.

______. *Responsabilidade civil*. 8. ed. São Paulo: Saraiva, 2003.

GONÇALVES, Marcus Vinicius Rios. *Dos vícios da posse*. São Paulo: Oliveira Mendes, 1998.

______. *Procedimentos especiais*. 3. ed. São Paulo: Saraiva, 2003 (Coleção Sinopses Jurídicas, 13).

GONDIM NETO, J. G. C. *A posse indireta*. Rio de Janeiro: Universidade Federal, 1972.

GORLA, Gino. *Teoria e prática da compra e venda*. Tradução de Alcino Pinto Falcão. Rio de Janeiro: Konfino, 1960.

GRECO FILHO, Vicente. *Direito processual civil brasileiro*. São Paulo, Saraiva, 1985. v. 3.

GUIMARÃES, Karine de Carvalho. A função social da propriedade e a vedação de usucapião sobre bens públicos. *Jus Navigandi*, n. 1.691, 17-2-2008.

GUIMARÃES, Octávio Moreira. *Da posse e seus efeitos*. São Paulo: Saraiva, 1949.

HAENDCHEN, Paulo Tadeu; LETTERIELLO, Rêmolo. *Ação reivindicatória*. 3. ed. São Paulo: Saraiva, 1985.

HIRONAKA, Giselda Maria Fernandes Novaes. Concorrência do companheiro e do cônjuge na sucessão dos descendentes. In: DELGADO, Mário Luiz; ALVES, Jones Figueirêdo (Coord.). *Questões controvertidas no novo Código Civil.* São Paulo: Método, 2003.

IHERING, Rudolf von. *Du rôle de la volonté dans la possession.* Tradução de Meulenaere. Paris: Librairie A. Maresc, 1841.

______. *O fundamento dos interditos possessórios.* Tradução de Adherbal de Carvalho. Rio de Janeiro: Laemmert & C. Editores, 1900.

______. *Teoria simplificada da posse.* Tradução de Pinto de Aguiar. Bauru-SP: Edipro, 1999.

ITURRASPE, Jorge Mosset. *Contratos.* Buenos Aires: Ediar, 1992.

JOSSERAND, Louis. *Derecho civil.* Buenos Aires: EJEA, 1950. v. I. t. II.

LACERDA DE ALMEIDA, Francisco de Paula. *Direito das cousas.* Rio de Janeiro: Ed. J. Ribeiro dos Santos, 1908. v. I e II.

LAFAILLE, Héctor. *Tratado de los derechos reales.* Buenos Aires, 1943. v. III.

LEITE, Iolanda Moreira et al. Responsabilidade civil do construtor. In: *Responsabilidade civil*: doutrina e jurisprudência. São Paulo: Saraiva, 1984.

LIMONGI FRANÇA, Rubens. *A posse no Código Civil.* São Paulo: Bushatsky, 1964.

______. *Instituições de direito civil.* São Paulo: Saraiva, 1988.

LIRA, Ricardo Pereira. O direito de superfície e o novo Código Civil. In: ALVIM, Arruda; CÉSAR, Joaquim Portes de Cerqueira; ROSAS, Roberto (Coord.). *Aspectos controvertidos do novo Código Civil*: escritos em homenagem ao Ministro Moreira Alves. São Paulo: Revista dos Tribunais, 2003.

LÔBO, Paulo Luiz Netto. In: AZEVEDO, Antônio Junqueira de (Coord.). *Comentários ao Código Civil.* São Paulo: Saraiva, 2003. v. 6.

LOPES, João Batista. In: ALVIM, Arruda; ALVIM, Thereza (Coord.). *Comentários ao Código Civil brasileiro.* Rio de Janeiro: Forense, 2004. v. XII.

______. *Condomínio.* 8. ed. São Paulo: Revista dos Tribunais, 2003.

LOPEZ, Teresa Ancona. *Comentários ao Código Civil.* Coord. de Antônio Junqueira de Azevedo. São Paulo: Saraiva, 2003. v. 7.

LOTUFO, Renan. *Código Civil comentado.* São Paulo: Saraiva, 2003. v. 1.

______. *Questões relativas a mandato, representação e procuração.* São Paulo: Saraiva, 2001.

LOUREIRO, Francisco Eduardo. Usucapião coletivo e habitação popular. *RDI*, 51/150, 2001.

LUCCA, Newton de. In: TEIXEIRA, Sálvio de Figueiredo (Coord.). *Comentários ao novo Código Civil.* Rio de Janeiro: Forense, 2003. v. XII.

MALUF, Carlos Alberto Dabus. *As condições no direito civil brasileiro.* 2. ed. São Paulo: Saraiva, 1991.

______; MARQUES, Márcio Antero Motta Ramos. *O condomínio edilício no novo Código Civil.* 2. ed. São Paulo: Saraiva, 2005.

MARMITT, Arnaldo. *Comodato.* Rio de Janeiro: Aide, 1991.

MARQUES, Cláudia Lima. Diálogo entre o Código de Defesa do Consumidor e o novo Código Civil: do "diálogo das fontes" no combate às cláusulas abusivas. *Revista de Direito do Consumidor*, 45/71, jan./mar. 2003.

MATTIA, Fábio Maria de. *Aparência de representação.* São Paulo: Rumo Gráfica, 1984.

MATTIETTO, Leonardo. A representação voluntária e o negócio jurídico da procuração. *Revista Trimestral de Direito Civil*, v. 4, 2000.

MAXIMILIANO, Carlos. *Condomínio.* 5. ed. Rio de Janeiro: Freitas Bastos, 1961.

MEDEIROS DA FONSECA, Arnoldo. *Caso fortuito e teoria da imprevisão*. 3. ed. Rio de Janeiro: Forense, 1958.

_____. *Direito de retenção*. 2. ed. Rio de Janeiro: Forense, 1944.

MEIRELLES, Hely Lopes. *Direito de construir*. 2. ed. São Paulo: Revista dos Tribunais, 1965.

_____. *Direito de construir*. 3. ed. São Paulo: Revista dos Tribunais, 1979.

MONTEIRO, João Batista. *Ação de reintegração de posse*. São Paulo: Revista dos Tribunais, 1987.

MONTEIRO, Washington de Barros. *Curso de direito civil*. 34. ed. atual. por Carlos Alberto Dabus Maluf e Regina Beatriz Tavares da Silva. São Paulo: Saraiva, 1997. v. 5.

_____. *Curso de direito civil*. 37. ed. atual. por Carlos Alberto Dabus Maluf. São Paulo: Saraiva, 2003, v. 3; e v. 1, 39. ed. atual. por Ana Cristina de Barros Monteiro França Pinto, 2003.

MORAES, Alexandre de. *Direito constitucional*. 6. ed. São Paulo: Atlas, 1999.

MOREIRA ALVES, José Carlos. A detenção no direito civil brasileiro. In: CAHALI, Yussef Said (Coord.). *Posse e propriedade*: doutrina e jurisprudência. São Paulo: Saraiva, 1987.

_____. *A parte geral do Projeto do Código Civil brasileiro*. São Paulo: Saraiva, 1986.

_____. *A retrovenda*. São Paulo: Revista dos Tribunais, 1987.

_____. Legitimação para a ação de nunciação de obra nova. *Ajuris*, n. 24, mar. 1982, p. 43 e s.

_____. O Anteprojeto de 1973. *Revista de Informação Legislativa*, n. 40, out./dez. 1973.

_____. *Posse*. Rio de Janeiro: Forense, 1985, v. I, e 1990, v. II.

MOTA PINTO, Carlos Alberto da. *Teoria geral do direito civil*. Coimbra: Coimbra Editora, 1976.

NASCIMENTO, Tupinambá Miguel Castro do. *Usucapião (comum e especial)*. 5. ed. Rio de Janeiro: Aide, 1986.

NEGRÃO, Theotonio. *Código de Processo Civil e legislação processual em vigor*. 34. ed. São Paulo: Saraiva, 2002.

NEQUETE, Lenine. *Da prescrição aquisitiva (usucapião)*. 3. ed. Porto Alegre: Ajuris, 1981.

NERY JUNIOR, Nelson. Contratos no Código Civil: apontamentos gerais. In: FRANCIULLI NETTO, Domingos; MENDES, Gilmar Ferreira; MARTINS FILHO, Ives Gandra da Silva (Coord.). *O novo Código Civil*: estudos em homenagem ao Professor Miguel Reale. São Paulo: LTr, 2003.

_____; ANDRADE NERY, Rosa Maria de. *Código Civil comentado*. 5. ed. São Paulo: Revista dos Tribunais, 2007.

_____. *Código de Processo Civil comentado*. 3. ed. São Paulo: Revista dos Tribunais, 1997.

_____. *Comentários ao Código de Processo Civil, novo CPC — Lei n. 13.105/2015*. São Paulo: RT, 2015.

OLIVEIRA, Gleydson Kleber de. In: ALVIM, Arruda; ALVIM, Thereza (Coord.). *Comentários ao Código Civil brasileiro*. Rio de Janeiro: Forense, 2004. v. XII.

OLIVEIRA, Regis Fernandes de. *Comentários ao Estatuto da Cidade*. São Paulo: Revista dos Tribunais, 2002.

OTHON SIDOU, J. M. *A revisão judicial dos contratos*. 2. ed. Rio de Janeiro: Forense, 1984.

PAGE, Henri de. *Traité élémentaire de droit civil belge*. Bruxelles: Émile Bruylant, 1941. t. 5.

_____. *Traité élémentaire de droit civil belge*. 2. ed. Bruxelles: Émile Bruylant, 1962. t. 1.

PAIVA, Alfredo de Almeida. *Aspectos do contrato de empreitada*. Rio de Janeiro: Forense, 1955.

PEREIRA, Caio Mário da Silva. *Condomínio e incorporações*. 3. ed. Rio de Janeiro: Forense, 1977.

_____. Ideia de boa-fé. *RF*, 72/33, abr./jun. 1976.

_____. *Instituições de direito civil*. 19. ed. Rio de Janeiro: Forense, 2001, v. II; 19. ed., 2002, v. I; e 18. ed., 2004, v. IV.

PEREIRA, Lafayette Rodrigues. *Direito das coisas*. Atual. por Ricardo Rodrigues Gama. Campinas: Russel Editores, 2003. t. I e II.

PICANÇO, Melchíades. *A posse em face do Código Civil*. Rio de Janeiro: Ed. J. Ribeiro dos Santos, 1925.

PINTO DE CARVALHO, Luiz Camargo. Da extinção da responsabilidade dos fiadores, em contrato de locação. *Tribuna da Magistratura*. São Paulo: Apamagis, n. 128, 2003.

PINTO, Nelson Luiz. *Ação de usucapião*. São Paulo: Revista dos Tribunais, 1987.

PLANIOL, Marcel. *Traité élémentaire de droit civil*. Paris, 1915. v. II.

______; RIPERT, Georges; SAVATIER, René. *Traité élémentaire de droit civil*. Paris, 1915. v. II.

PONTES DE MIRANDA, Francisco Cavalcanti. *Comentários à Constituição de 1946*. 2. ed. 1953. v. IV.

______. *Comentários ao Código de Processo Civil*. Rio de Janeiro: Forense, 1976. t. VI e XI.

______. *Da promessa de recompensa*. Campinas: Bookseller, 2001.

______. *Tratado de direito privado*. 3. ed. Rio de Janeiro: Borsoi, 1972. v. 35, 38, 39, 43 e 45.

______. *Tratado de direito privado*. 3. ed. Rio de Janeiro: Borsoi, 1971, t. X e XI; 1977, t. XIII.

PORTO, Mário Moacyr. Responsabilidade civil do construtor. *RT*, 623/11, set. 1987.

______. *Temas de responsabilidade civil*. São Paulo: Revista dos Tribunais, 1989.

REALE, Miguel. *O Projeto do novo Código Civil*. 2. ed. São Paulo: Saraiva, 1999.

______. Um artigo-chave do Código Civil. Jornal *O Estado de S. Paulo*, de 21 de junho de 2003.

REQUIÃO, Rubens. *Do representante comercial*. 5. ed. Rio de Janeiro: Forense, 1994.

REYMOND, Jean Fréderic. *La promesse de vente pour soi ou pour son nommable*. Lausanne: Librairie de Droit F. Roth, 1945.

REZENDE, Astolpho. *A posse e sua proteção*. 2. ed. São Paulo: Lejus, 2000.

______. *Manual do Código Civil brasileiro*. Rio de Janeiro, 1918. v. VII.

RIBAS, Antonio Joaquim. *Da posse e das ações possessórias*. Rio de Janeiro: H. Laemmert & C. Livreiros-Editores, 1883.

RIBEIRO, Benedito Silvério. *Tratado de usucapião*. 3. ed. São Paulo: Saraiva, 2003. v. 1 e 2.

RIZZARDO, Arnaldo. *Contratos*. Rio de Janeiro: AIDE, 1988. v. 1.

______. *Direito das coisas*. Rio de Janeiro: Forense, 2004.

RODRIGUES, Manuel. *A posse*. 3. ed. Coimbra: Almedina, 1980.

RODRIGUES, Silvio. *Direito civil*. 27. ed. São Paulo: Saraiva, 2002. v. 5.

______. *Direito civil*. 28. ed. São Paulo: Saraiva, 2002. v. 3.

ROMITTI, Mário Müller. In: ALVIM, Arruda; ALVIM, Thereza (Coord.). *Comentários ao Código Civil brasileiro*. Rio de Janeiro: Forense, 2004. v. XIII.

ROPPO, Enzo. *O contrato*. Tradução de Ana Coimbra e M. Januário C. Gomes. Coimbra: Livraria Almedina, 1988.

RUGGIERO, Roberto de. *Instituciones de derecho civil*. Tradução espanhola da 4. ed. italiana. Madrid, 1929.

______. *Instituições de direito civil*. Tradução de Ary dos Santos. 3. ed. São Paulo: Saraiva, 1973. v. III.

SALLES, José Carlos de Moraes. *A desapropriação à luz da doutrina e da jurisprudência*. 4. ed. São Paulo: Revista dos Tribunais, 2000.

______. *Usucapião de bens imóveis e móveis*. 5. ed. São Paulo: Revista dos Tribunais, 1999.

SAN TIAGO DANTAS, Francisco Clementino. *Programa de direito civil*. 2. ed. Rio de Janeiro: Ed. Rio, 1981. v. III.

SANTOS, Gildo dos. Ação de imissão de posse. In: CAHALI, Yussef Said (Coord.). *Posse e propriedade*: doutrina e jurisprudência. São Paulo: Saraiva, 1987.

SANTOS, Moacyr Amaral. *Comentários ao Código de Processo Civil*. Rio de Janeiro: Forense, 1976. v. III.

SANTOS, Ricardo Bechara. *Direito de seguro no cotidiano*. 3. ed. Rio de Janeiro: Forense, 2000.

SAVIGNY, Friedrich Karl von. *Sistema del derecho romano actual*. Tradução de Jacinto Mesia y Manuel Poley. Madrid: Góngora, 1978. t. 1.

______. *Sistema del diritto romano attuale*. Tradução de Vittorio Scialoja. Torino: Unione Tipográfico-Editrice, 1900. v. IV.

______. *Traité de la possession en droit romain*. Bruxelles, 1893.

SEABRA FAGUNDES, Miguel. A desapropriação no direito constitucional brasileiro. *RDA*, 14/1-22, 1948.

______. *Da desapropriação no direito brasileiro*. 2. ed. Rio de Janeiro: Freitas Bastos, 1949.

SERPA LOPES, M. M. de. *Curso de direito civil*. 4. ed. Rio de Janeiro: Freitas Bastos, 1962. v. III.

______. *Curso de direito civil*. 3. ed. Rio de Janeiro: Freitas Bastos, 1962. v. IV.

______. *Curso de direito civil*. 3. ed. Rio de Janeiro: Freitas Bastos, 1964. v. VI.

SILVA, Jorge Cesa Ferreira da. *A boa fé e a violação positiva do contrato*. Rio de Janeiro: Renovar, 2002.

SILVA PEREIRA, Caio Mário. Cláusula *rebus sic stantibus*. *RF*, 92/797.

______. *Instituições de direito civil*. 11. ed. atual. por Regis Fichtner. Rio de Janeiro: Forense, 2003. v. III.

______. *Instituições de direito civil*. 19. ed. Rio de Janeiro: Forense, 2002. v. I.

______. *Lesão nos contratos*. 6. ed. Rio de Janeiro: Forense, 1999.

SILVA, Ovídio A. Baptista da. *A ação de imissão de posse*. São Paulo: Saraiva, 1981.

SIMÃO, José Fernando. Cláusula penal e abono de pontualidade ou cláusula penal e cláusula penal disfarçada. *Carta Forense*, nov. 2009.

SWENSSON, Walter Cruz. *Manual de registro de imóveis*. São Paulo: Saraiva, 1991.

TARCHA, Jorge; SCAVONE JÚNIOR, Luiz Antonio. *Despesas ordinárias e extraordinárias de condomínio*. São Paulo: Juarez de Oliveira, 1999.

TARTUCE, Flávio. *Direito civil*. 3. ed. São Paulo: Método, 2008.

______; SIMÃO, José Fernando. *Direito civil*. São Paulo: Método, 2008. v. 4 (Série Concursos Públicos).

TAVARES DA SILVA, Regina Beatriz. *Cláusula "rebus sic stantibus" ou teoria da imprevisão:* revisão contratual. Belém: CEJUP, 1989.

TEIXEIRA, José Guilherme Braga. In: ALVIM, Arruda; ALVIM, Thereza (Coord.). *Comentários ao Código Civil brasileiro*. Rio de Janeiro: Forense, 2004. v. XII.

THEODORO DE MELO, Adriana Mandim. *Apontamentos sobre a responsabilidade civil na denúncia dos contratos de distribuição, franquia e concessão comercial*. Belo Horizonte: Movimento Editorial da Faculdade de Direito da UFMG, 2001.

THEODORO JÚNIOR, Humberto. Ações possessórias. *Revista Brasileira de Direito Processual*. Rio de Janeiro: Forense, 1984. v. 44.

______. *Apontamentos sobre a responsabilidade civil na denúncia dos contratos de distribuição, franquia e concessão comercial*. Belo Horizonte: Movimento Editorial da Faculdade de Direito da UFMG, 2001.

______. Do contrato de agência e distribuição no novo Código Civil. *RT*, 812/22.

______. Do contrato de comissão no novo Código Civil. *RT*, 814/26.

______. Do transporte de pessoas no novo Código Civil. *RT*, 807/11.

______. *O contrato e seus princípios*. 2. ed. Rio de Janeiro: AIDE, 1999.

VAMPRÉ, Spencer. *Manual de direito civil brasileiro*. Rio de Janeiro: F. Briguiet, 1920. v. II.

VARELA, J. M. Antunes. *Direito das obrigações*. Rio de Janeiro: Forense, 1977. v. I.

VELOSO, Zeno. In: FIUZA, Ricardo (Coord.). *Novo Código Civil comentado*. São Paulo: Saraiva, 2002.

VENOSA, Sílvio de Salvo. *Direito civil*. 3. e 8. ed. São Paulo: Atlas, 2003. v. II e III.

______. *Lei do Inquilinato comentada*. 6. ed. São Paulo: Atlas, 2003.

______. *Obrigações e contratos*. 14. ed. São Paulo: Revista dos Tribunais, 2000.

______. In: AZEVEDO, Álvaro Villaça (Coord.). *Código Civil comentado*. São Paulo: Atlas, 2003. v. XII.

______. *Direito civil*. 4. ed. São Paulo: Atlas, 2004. v. V; 7. ed., 2007.

VIANA, Marco Aurélio S. *Comentários ao novo Código Civil*. In: TEIXEIRA, Sálvio de Figueiredo (Coord.). Rio de Janeiro: Forense, 2004. v. XVI.

WALD, Arnoldo. *Direito das coisas*. 11. ed. São Paulo: Saraiva, 2002.

______. *Obrigações e contratos*. São Paulo: Revista dos Tribunais, 1992.

ZEA, Arturo Valencia. *La posesión*. Bogotá: Temis, 1978.

ZULIANI, Ênio Santarelli. *Transação*. Rio de Janeiro: Seleções Jurídicas, 2001.